Handbuch Wirtschaft

So nutzt man den Wirtschaftsteil einer Tageszeitung

Herausgegeben von Jürgen Jeske
und Hans D. Barbier

Begründet von Jürgen Eick

Geschrieben von:

Hans D. Barbier, Hanno Beck, Björn-Peter Böer, Elke Bohl, Heinz Brestel,
Horst Dohm, Folker Dries, Jürgen Dunsch, Erich Erlenbach, Benedikt
Fehr, Nico Fickinger, Jens Friedemann, Georg Giersberg, Heike Göbel,
Ingried Hielle, Carl Graf Hohenthal, Karen Horn, Joachim Jahn,
Jürgen Jeske, Lothar Julitz, Carola Kaps, Inge Kloepfer,
Klaus Peter Krause, Konrad Mrusek, Hanno Mußler, Hans-Christoph
Noack, Barbara Odrich, Kerstin Papon, Martin Roth, Manfred Schäfers,
Dyrk Scherff, Holger Schmidt, Bettina Schulz, Kerstin Schwenn,
Holger Steltzner, Heinz Stüwe, Claus Tigges, Fred Zeyer

SOCIETÄTS**VERLAG**

Die Deutsche Bibliotek – CIP-Einheitsaufnahme

Handbuch Wirtschaft : So nutzt man den Wirtschaftsteil einer
Tageszeitung / hrsg. von Jürgen Jeske und Hans D. Barbier. Begr. von
Jürgen Eick. Geschrieben von: Hans D. Barbier . . . –
Frankfurt am Main : Societäts-Verl., 2000
ISBN 3-7973-0744-6

Alle Rechte vorbehalten · Societäts-Verlag
© 2000 Frankfurter Societäts-Druckerei GmbH
Satz: Fotosatz Janß, Pfungstadt
Druck und Verarbeitung:
freiburger graphische betriebe
Printed in Germany 2000
ISBN 3 7973 0744 6

Inhaltsverzeichnis

Zweiter Teil: Die Unternehmen

Dritter Teil: Börsen, Märkte, Geldanlage

Zur Einführung

Wirtschaft prägt unseren Alltag. Am Arbeitsplatz oder zu Hause, beim Geldverdienen, beim Geldausgeben und vor allem beim Geldanlegen. Wirtschaft prägt unseren Alltag als Arbeitnehmer wie als Arbeitgeber, als Mieter wie als Vermieter, als Patient wie als Arzt, als Kind mit Taschengeld wie als Rentner. Alles ist Wirtschaft. Leben heißt Wirtschaften, heißt Auswählen angesichts der Unbegrenztheit unserer Bedürfnisse und Wünsche und der Knappheit unserer Mittel. In einer modernen arbeitsteiligen Wirtschaft treffen wir Tag für Tag wirtschaftliche Entscheidungen, und wir müssen uns mit den wirtschaftlichen Entscheidungen anderer auseinandersetzen.

Wirtschaft geht daher jeden an, wie Jürgen Eick, langjähriger Mitherausgeber der Frankfurter Allgemeinen Zeitung und Begründer dieses Standardwerks 1971 im Vorwort der ersten Ausgabe schrieb. Jeder muss etwas von Wirtschaft verstehen, nicht nur um sein eigenes Leben zu bewältigen und zu gestalten, sondern auch, um als Staatsbürger in einer Demokratie verantwortungsvoll an der politischen Willensbildung mitzuwirken. Beides bedarf möglichst umfassender Informationen und Kenntnisse über die Wirtschaft und der Erläuterung der oft komplizierten Zusammenhänge. Das gilt um so mehr angesichts der wachsenden Komplexität moderner Wirtschaftsgesellschaften, die sich dem Bürger nicht mehr aus seinen Alltagserfahrungen erschließen. Ohne ausreichende ökonomische Grundkenntnisse sind im 21. Jahrhundert die Zusammenhänge zwischen Wirtschaft, Technik, Natur, Gesellschaft und Politik nicht mehr durchschaubar. Mangelnde ökonomische Kenntnisse führen jedoch zu Desorientierung, Zukunftsängsten, Fehlentscheidungen, vor allem aber zu politischer Verführbarkeit. Nur der ökonomisch aufgeklärte Bürger wird ein mündiger und eigenverantwortlich handelnder Bürger sein können.

Mit der ökonomischen Grundbildung ist es jedoch nach wie vor schlecht bestellt in Deutschland. Die allgemeine wirtschaftliche Unkenntnis, die schon Ludwig Erhard bei der Einführung der Marktwirtschaft beklagt hatte, besteht bis heute fort. Die wirtschaftswissenschaftliche Bildung ist weit hinter der naturwissenschaftlichen Bildung zurückgeblieben, obwohl sie einen elementaren Lebensbereich betrifft. An diesem Zustand haben auch unzählige Aufklärungsinitiativen aus der Wirtschaft, aber auch aus anderen Bereichen wenig ändern können. Das hängt zusammen mit der Wirtschaftsferne des deutschen Bildungssystems und mit weitverbreiteter Wirtschaftsfeindlichkeit in einem Land, dessen Wirtschaftsleistung anders als in den Vereinigten Staaten bis heute zu mehr als der Hälfte vom Staat bestimmt wird. Erst mit dem weltwirtschaftlichen Umbruch am Ende des 20. Jahrhunderts, dem Scheitern des Versorgungsstaates und dem Zwang zu mehr Privatinitiative, Eigenvorsorge und Selbstverantwortung hat sich das Interesse am Thema Wirtschaft erhöht. Auch die Tatsache, dass in Deutschland an der Schwelle zum 21. Jahrhundert eine Generation von Erben herangewachsen ist, die sich um ihre kleinen oder größeren Vermögen kümmert, hat nicht nur zu einem Börsenboom geführt, sondern auch das Bedürfnis nach wirtschaftlicher Aufklärung und Information verstärkt. Der Deutsche Lehrerverband hat daher zu Recht im Frühjahr 2000 eine ökonomische Grundbildung als Teil der Allgemeinbildung gefordert, weil ökonomisches Wissen Voraussetzung für die Teilhabe eines Menschen an der Gesellschaft ist. Arbeitgeberverbände und Gewerkschaften treten sogar für ein eigenständiges Unterrichtsfach Wirtschaft ein. Die Medien haben seit Jahren dem Aufklärungs- und Informationsbedürfnis Rechnung getragen durch vergrößerte und umfassendere Wirtschafts- und Finanzteile in den Zeitungen, durch neue Wirtschaftszeitschriften, durch Online-Angebote und durch mehr Wirtschaftsinformation im Fernsehen.

Diesem Ziel dient auch das vorliegende „Handbuch Wirtschaft", das als Einführung in Grundfragen und Tatsachen der Wirtschaft konzipiert ist und zugleich eine Anleitung zur richtigen Nutzung des Wirtschafts- und Finanzteils einer Tageszeitung darstellt. Kenntnis und Verständnis wirtschaftlicher Zusammenhänge müssen aber weit über den engeren Bereich Wirtschaft hinausgehen. Wer die Arbeit der Regierung und des Parlaments verfolgt, kann unschwer feststellen: Innenpolitik ist zu gut drei Viertel Wirtschafts-, Finanz- oder Sozialpolitik, Themen wie Arbeitslosigkeit, Gewerkschaften, öffentliche Verschuldung, Steuerbelastung, Bündnis für Arbeit, Gesundheitsreform, Rentenreform, Umweltschutz, Forschungsförderung, Aus- und Weiterbildung und selbst die Förderung von Kultur und Sport sind ganz oder überwiegend ökonomische Fragestellungen.

Obwohl Darstellungen von Wirtschaft heute allgemeinverständlicher sind, als sie je waren, bleiben Berührungsängste, gilt das Thema Wirtschaft als eine spröde und schwierige Materie. Das hängt einmal mit den unzureichenden ökonomischen Grundkenntnissen zusammen. Zum anderen stoßen sich viele an Fachausdrücken. Ein Minimum an Fachausdrücken ist aber leider unumgänglich, wenn bei gebotener Kürze Klarheit hergestellt werden soll. Dem Wirtschaftsjournalisten geht es da nebenbei bemerkt nicht anders als dem Sportjournalisten. Er kann nicht jedes Mal erklären, was Fachausdrücke wie Karenztage, Rücklagen oder Optionsscheine bedeuten. Ebenso wenig kann auch der Sportjournalist jedes Mal Begriffe wie Doping, Abseits oder Tie-break erklären. Dennoch wird heute mehr erklärt als früher, schon um im Zeitalter der bildhaften Information durch das Fernsehen die Lesefreundlichkeit zu erhöhen. Die Frage, in welchem Maße wirtschaftliche Zusammenhänge vereinfacht dargestellt werden sollen, stellt sich freilich für jedes Medium anders. Regionalzeitungen, die ihre Wirtschaftsteile meist auf die Verbraucher und deren Lesebedürfnisse zuschneiden, werden andere Themenschwerpunkte setzen und andere Darstellungsformen wählen als überregionale Tages- und Wirtschaftszeitungen, die zugleich die Fachleute kompetent informieren wollen. Auch im Internet und im Fernsehen gibt es populäre und weniger populäre Darstellungen. In allen Fällen gilt aber: Wer wirtschaftliche Zusammenhänge verstehen will, wird sich um die Materie bemühen müssen. Das „Handbuch Wirtschaft" soll ihm dabei helfen.

Es ist heute schwerer geworden, den immer stärker anschwellenden Fluss von Informationen zu sichten und die richtigen Informationen auszuwählen. Dabei wird auch den Medien nur ein kleiner Teil dessen bekannt, was auf der Welt passiert. Von diesen Nachrichten wiederum erreicht nur ein Teil die Bürger, weil der Rest in den Redaktionen als nicht wichtig genug oder als zu fragmentarisch beiseite gelegt wird. Immer mehr Entscheidungen, nicht zuletzt auf dem Feld der Wirtschaft, werden daher auf der Grundlage unzureichender Informationsbedingungen getroffen. Mit der Schaffung der Europäischen Wirtschafts- und Währungsunion müssen europäische Länder, weitere Unternehmen, neue Themen in den Wirtschaftsteilen berücksichtigt werden. Neben die nationale Gesetzgebung treten europäische Regelungen. Aber auch weiter entfernte Regionen und Unternehmen rücken in das Blickfeld, wollen berücksichtigt werden, seit große deutsche Konzerne im Zuge der Globalisierung noch mehr als bisher im Ausland tätig werden und selbst Mittelständler bis nach Fernost reisen, um Geschäfte zu machen. Der Zusammenbruch des Kommunismus hat für die Wirtschaftspolitik ein völlig neues Feld eröffnet: die Umwandlung der ehemaligen Kommandowirtschaften in Marktwirtschaften. Die elektronische Verknüpfung der internationalen Finanzmärkte zu einem großen Weltmarkt, an dem rund um die Uhr und rund um den Erdball gehandelt wird, hat eine Fülle zuvor nie gekannter Finanzinstrumente und Anlageformen hervorgebracht.

Die Vermittlung ökonomischer Grundkenntnisse muss daher schon in der Schule beginnen. Die gedruckten und die elektronischen Medien sind dabei eine wichtige Informationsquelle. Vor allem aber ist die Tageszeitung das Informationsforum, wo sich noch alles beieinander findet, was sonst auseinander strebt. In der Tageszeitung, die der deutsche Philosoph Arthur Schopenhauer einmal als „Sekundenzeiger der Weltgeschichte" bezeichnet hat, wird noch immer Tag für Tag versucht, auf engem Raum einen Überblick und eine Deutung aller Lebensbereiche zu geben: von der Wirtschaft bis zu Kultur und Sport, vom lokalen Geschehen bis zur großen Weltpolitik, von neuen Erkenntnissen der Wissenschaft bis zu praktischer Technik und vom philosophischen Gedanken bis zu Klatsch und Tratsch. Während überall die Spezialisierung Triumphe feiert, die zugleich Einengung bedeutet, will die Zeitung den großen allgemeinen Überblick geben, das Gesichtsfeld möglichst weit halten, Zusammenhänge herstellen und Erklärungen liefern.

Der wahre Journalist wird seine Aufgabe darin sehen, auch die kompliziertesten Vorgänge einfach, klar und auf das Wesentliche reduziert darzustellen, sodass sie für Interessierte eingängig zu lesen, vor allem aber gut zu verstehen sind. Das mag im Wirtschaftsteil etwas schwieriger sein als anderswo, vornehmlich dann, wenn sowohl der Spezialist kompetent informiert als auch der Nichtfachmann verständlich unterrichtet werden soll. Das ist aber kein intellektueller Hochmut, sondern eine Frage der intellektuellen Redlichkeit. Wem nützt es, wenn so vereinfacht wird, dass die Darstellung am Ende ungenau oder gar verfälscht wird?

Beim Thema Wirtschaft geht es immer wieder darum, die wesentlichen Vorgänge überschaubar zu machen und das Verstehen von Ereignissen und Zusammenhängen zu erleichtern. Das entspricht zugleich der Rolle, die Zeitungen im Informationszeitalter zukommt. Hintergrund, Nachrichtenanalyse, Erläuterung und Kommentare gewinnen an Gewicht neben der reinen Nachricht. Gerade im Wirtschaftteil kann die Zeitung verständlich machen, was online oder im Fernsehen nur zu kurz gemeldet wird, können komplizierte Sachverhalte analysiert werden. Dennoch bleibt gelegentlich der Wunsch nach weiterer Vertiefung des Gelesenen oder nach weiterer Erläuterung. Diesem Zweck soll das Buch dienen. Das Buch ist gedacht als Begleiter, aber auch als unabhängig zu nutzende Einführung oder als Nachschlagwerk.

Das Buch ist ein Gemeinschaftswerk der Wirtschaftsredaktion der Frankfurter Allgemeinen Zeitung. Es kann als Buch über die Wirtschaft gelesen oder von Fall zu Fall zu Rate gezogen werden.

Erster Teil: Wirtschaft und Wirtschaftspolitik

1. Die Ordnung der Wirtschaft

Die Agenda der Wirtschaftspolitik 2000 wird durch drei Themen bestimmt: durch das Phänomen der nicht zufällig auf amerikanisch so genannten New Economy, durch die Suche nach einer stabileren internationalen Finanzarchitektur und durch die Einführung der europäischen Gemeinschaftswährung mit ihren weitreichenden ökonomischen und politischen Folgen.

■ Schumpeters Welt: Die New Economy

Die New Economy ist allgegenwärtig. Sie bestimmt den Pulsschlag der Weltbörsen, ihre Spuren finden sich in serienweise konstruierten, hochvolatilen Aktienindizes, sie beflügelt die Phantasie von Informatikstudenten und Bankvorständen, sie gilt bis tief in konservativ geprägte Politikerkreise hinein als Wundermittel für einen inflationsfreien Boom und für die Rückkehr zur Vollbeschäftigung. Was die New Economy genau ist, lässt sich in plausibler Abgrenzung von der Alten Ökonomie kaum umfassend beschreiben. Sie hat jedenfalls etwas mit Computern, mit dem Internet, mit Information und Kommunikation zu tun. Soweit der Augenschein. Doch was steckt ökonomisch, gesellschaftlich und politisch dahinter?

Dies sind die wesentlichen Aspekte des Phänomens New Economy:

1. Das Wissen, der Umgang mit Wissen und die wirtschaftliche Nutzung von Wissen spielen eine zentrale Rolle. Wissen zu übermitteln ist billig geworden: der technische Fortschritt bei der Bereitstellung von Übertragungswegen und die Deregulierung der Telekommunikationsmärkte haben die Informations- und Transaktionskosten drastisch gesenkt. Dabei ist die Gesellschaft zur Wissens- und zur Informationsgesellschaft geworden. Wer mit den Informationstechniken nicht umgehen kann, wer abseits des großen Netzes der Wissensübertragung lebt, der fällt wirtschaftlich zurück. Ökonomische Leistung und Entlohnung bemessen sich nach der Verfügung über Wissen und nach der Geschicklichkeit in der Beschaffung von Wissen. Die Beherrschung des Computers gehört zu den Grundlagen einer gegenwartsgemäßen und zukunftssichernden Ausbildung. Die Produktionsmittel

gleiten ins Immaterielle: Nur wer die Software zu nutzen weiß, kann mitmachen in der Arbeitsteilung der globalisierten Wirtschaft. Wer neue Software entwickelt, streicht für kurze Zeit Pioniergewinne ein. Die New Economy ist Schumpeters Welt: Altes wird durch Erfinder und Unternehmer verdrängt; auf das Neue gibt es Risikoprämien, bis die Nachahmer kommen und die zunächst teure Neuerung zur preiswert verfügbaren Massenware machen.

2. Es entsteht ein neuer Typ von Unternehmen und mit ihm ein neuer Maßstab der Unternehmensbewertung. In den Unternehmen der alten Ökonomie gibt es etwas zu sehen und anzufassen: Fabrikhallen, Produktionsautomaten, Transportbänder und – trotz aller Automatisierung und trotz steigender Kapitalintensität – Menschen, die die Maschinen bedienen und warten. In einem typischen Unternehmen der New Economy ist nicht viel zu sehen und kaum etwas anzufassen. Die Aktivseite, also das Vermögen dieser Unternehmen besteht nicht aus umbautem Raum und zweckgebundenem Kapital, sondern aus einer speziellen Form von Wissen: aus Kundenbeziehungen. Diese Unternehmen werben nicht mit der Qualität ihrer Präzisionsautomaten zur Herstellung von Haushaltsgeräten, sondern mit der Zahl und der wirtschaftlichen Potenz derjenigen, die um einer kostenlosen Auskunft willen ihre Internet-Adresse anwählen. Diese Unternehmen sind oft nichts als eine virtuelle Plattform – die digitale Kartei einer globalen Klientel. Nach den Standards des normalen Bilanzrechts haben solche Unternehmen ein Vermögen von null: Kundenbeziehungen sind nicht aktivierbar. Gehen diese Unternehmen aber an die Börse, dann fliegt ihnen – nach Maßgabe der normalen Unternehmensbewertung zu atemberaubenden Kurse – Kapital zu, das in des Wortes reinster Bedeutung Risikokapital ist: Kapital zur Unterlegung einer unternehmerischen Idee, hergegeben für Renditen, die beim Börsengang bisweilen nicht mehr sind als eine Wette auf die Zukunft. Angst, sagen die Börsenprofis, müsse man aber nicht in stärkerem Maße haben als auf dem Markt der alten Industrien: die Kurve von Risiko und Chance tendiert auch in der New Economy zur Normalverteilung.

3. Nichts an der Neuen Ökonomie ist Zauberei. Aber manches ist doch ungewohnt und selbst für beobachtungsgeübte Ökonomen zunächst schwer zu durchschauen. So hat der amerikanische Nobel-Preisträger Robert Solow mit unüberhörbarem Erstaunen festgestellt: „Die Computer sieht man überall, nur nicht in der gesamtwirtschaftlichen Produktivitätsstatis-

tik." In der Tat hat es in Amerika eine ganze Reihe von Jahren gedauert, bis der Computer den Weg vom Büro bis in die Produktivität der Gesamtwirtschaft gefunden hat. Der Produktivitätsgewinn stellt sich erst nach einer Lernphase ein. Die Betriebe und die Gesellschaft haben Lernkosten zu entrichten, wenn sie sich einer neuen Technologie bedienen. Neu ist dieses Phänomen nicht: Das ist in der ersten und zweiten industriellen Revolution nicht anders gewesen. Auch damals haben die Menschen Lernkosten auf sich nehmen müssen, die viele sogar als soziale und politische Umwälzungen erlebt haben. Die Entrichtung von Lernkosten wird allerdings auch heute in vielen Fällen als drückend empfunden: Berufe werden obsolet, die neuen Fertigkeiten sind nicht jedermanns Sache, und nicht wenige werden aus der Bahn des Erwerbslebens geworfen. Wenn sich aber die Produktivitätsgewinne der vernetzten Computer erst auszuzahlen beginnen, dann schlagen sie erheblich zu Buche. Schätzungen gehen dahin, dass bald schon die Hälfte des Volkseinkommens entwickelter Gesellschaften für die Information und die Kommunikation bei der Organisation der Arbeitsteilung eingesetzt werden.

4. Die Neue Ökonomie hat den Vereinigten Staaten von Amerika den längsten Aufschwung der Nachkriegszeit mit den höchsten Zuwachsraten des Sozialprodukts, mit praktisch erreichter Vollbeschäftigung und mit dem geringsten Inflationsrisiko beschert. Auffallend ist das Bild der Produktivität: Vom ersten Jahrfünft zum zweiten Jahrfünft der neunziger Jahre – in einer Zeitphase also, als der Boom schon vergleichsweise alt war – hat sich die Rate des Produktivitätsfortschritts noch einmal um einen vollen Prozentpunkt erhöht. Das hat nicht nur Folgen für die Wachstumsrate, sondern auch für die Anpassungsfähigkeit der Wirtschaft an Schwankungen der Nachfrage und an das Auftauchen von Kapazitätsengpässen. Die neuen Informationstechnologien heben die Wirtschaft auf einen höher gelegenen Wachstumspfad, sie erleichtern aber gleichzeitig auch die Anpassung der Investitionen und der Lagerhaltung an variierende Tempogeschwindigkeiten des Wachstumsprozesses.

5. Die Steigerung der Produktivität und die Glättung des Wachstumsprozesses haben zu einem Phänomen geführt, das die Geldpolitiker irritiert und fasziniert: den langen Boom ohne Inflation. Viele der weltweit bewunderten, absichtsvoll nicht ganz scharf deutbar gewählten Redefiguren des amerikanischen Notenbankpräsidenten Alan Greenspan entstammen dem Staunen über die neue Situation. Nach den Erfahrungen früherer Muster

des Konjunkturzyklus hätte der Wachstumsprozess schon vor Jahren zu Angebotsengpässen, steigenden Arbeitskosten und einem Anstieg der Inflationsrate führen müssen. Aber immer wieder vertagte der Produktivitätsfortschritt den eigentlich als unvermeidlich geltenden Konflikt zwischen Aufschwung und Inflation. Manchem war das überraschende Maß an Stabilität sogar suspekt: Sorgen vor einer Deflation und dem Aufscheinen einer „keynesianischen Situation" wurden laut. Und die Notenbanken wurden ermahnt, ihren Stabilitätsauftrag in voller Symmetrie aufzufassen: der Inflation, aber auch der Deflation vorzubeugen. Doch erfahrene Notenbanker sind zu klug, um nicht zu ahnen, dass es den ewigen Boom ohne Stabilitätsrisiken auch in der Neuen Ökonomie nicht geben wird. Phasen einer auffällig steigenden Produktivität hat es auch bei früheren, als historisch geltenden technischen Zäsuren des Wirtschaftens gegeben. Als Perpetuum mobile aber steht die Produktivität nicht zur Verfügung. Überdies würden die Produktivitätssteigerungen der Informationstechnologie auf Dauer nur dann zu einem inflationsfreien Wachstum führen, wenn der Produktivitätseffekt das gesamtwirtschaftliche Angebot und die gesamtwirtschaftliche Nachfrage stets im gleichen Maße stimuliert. Das ist aber wohl nicht der Fall. In Amerika hat die Informationstechnologie zunächst den Angebotsspielraum der Wirtschaft erweitert. Dann sah es so aus, als ob in einer zweiten Phase die Nachfrage durch den Produktivitätsschub gefördert würde – und zwar auf dem Umweg über den boomenden Aktienmarkt, vor allem den Markt der so genannten Neuen Werte, also der Unternehmen, die in besonderem Maße mit der neuen Informationstechnologie arbeiten. Die Wertsteigerung der Aktien wird von den privaten Haushalten als Vermögenszuwachs wahrgenommen, der ihre Ausgabenwünsche beflügelt und ihre Ausgabenneigung erhöht. Hier könnte es zu inflationären Spannungen kommen. Das jedenfalls ist – anders als ein eher gefühltes denn begründbares Unbehagen an steil steigenden Aktienkursen und ungewohnten Bewertungsverhältnissen – das ökonomisch unterfütterte Risiko einer „asset-price bubble", einer „Blase", die den Geldpolitikern in ihren Gefahrenanalysen zunehmend ein paar besorgte Bemerkungen wert geworden ist.

6. Die New Economy ist ein amerikanisches Phänomen. Jedenfalls haben die Amerikaner – wieder einmal – gegenüber Europa einen Vorlauf der wirtschaftlichen Entwicklung. Jetzt aber geht auch Europa mehr und mehr „on line". Ob auch daraus ein Beschäftigungsboom erwächst, hängt nicht so sehr an der Übernahme von Techniken. Die sind als Import ver-

fügbar. Ob auch Europa eine Neue Ökonomie haben wird, hängt davon ab, ob die neuen Techniken der Wissensverarbeitung und der Informationsvernetzung gesellschaftlich und politisch angenommen werden. Beschäftigung und Wachstum nach amerikanischem Vorbild wird es nur dann geben, wenn der Produktivitätsimpuls der Informationstechnologie in Europa auf deregulierte Märkte stößt, wenn er die Bereitschaft zur Flexibilität und zur Hinnahme von Ungleichheiten vorfindet.

▨ Signale und Planken: Der Ruf nach einer neuen Finanzarchitektur

Die Bemühungen um eine Reform des Internationalen Währungsfonds (IWF) gehören mit zur Suche nach einer stabilen Ordnung der internationalen Geld- und Kapitalbewegungen. Die Globalisierung hat nicht nur die Märkte zusammenwachsen und den Wettbewerb härter werden lassen. Die Öffentlichkeit ist sensibler geworden, für die Risiken, die mit der Vernetzung der Kapitalmärkte verbunden sein können. Dabei neigt das öffentliche Urteil – wie gelegentlich die Währungsmärkte – zum „Überschießen". So hat in den späten neunziger Jahren eine Reihe von Finanz- und Währungskrisen die Angst vor einer großen Weltwirtschaftskrise aufkommen und den Ruf nach einer „neuen internationalen Finanzarchitektur" laut werden lassen. Doch Übertreibung und Hysterie sind schlechte Ratgeber. Mittlerweile hat sich die Angst vor einem Kollaps der Finanzbeziehungen und einem Zusammenbruch der Weltwirtschaft gelegt. Aber einige Lehren aus den Krisen und Turbulenzen in Asien, Südamerika und Russland sind zu ziehen: dabei geht es nicht um den politischen Entwurf einer neuen internationalen Finanzarchitektur, sondern um die Entpolitisierung der Währungen und um den Respekt vor der Wirkungsweise des Marktes.

1. Die Währungs- und Bankenkrisen in Japan und in Korea sind keine monetären Erscheinungen gewesen. Es waren Ausbrüche, die sich aus den Spannungen von vermachteten und bürokratisierten Wirtschafts- und Gesellschaftssystemen erklären. Investitionsfinanzierungen und Kredite in Japan und in Korea regelten sich nicht über den Markt, sondern durch die politische Vermittlung des Ministeriums für Handel und Industrie (Miti) in Japan und im personalen Netz der Großkonglomerate in Korea. Da dem Markt die Zuweisung des Kapitals an rentable Investitionen und die Entscheidung über das rechtzeitige Ausscheiden von unrentablen Unternehmen entzogen war, haben sich ganze Bündel von Marktrisiken unerkannt

zu Kreditrisiken verknäuelt. Der offene Ausbruch der Risiken traf die Finanzinstitutionen und die Währungen. Was auf den ersten Blick wie eine inhärenten Instabilität nationaler und internationaler Kredit- und Währungsbeziehungen aussah, war die Folge staatlicher Überregulierung und privater Kartellierung.

2. In Südamerika geraten Währungen unter Druck, wenn finanzwirtschaftliche Sanierungsprogramme aus ökonomischen oder politischen Gründen an Durchsetzbarkeit und Glaubwürdigkeit verlieren. Stützungskredite des Internationalen Währungsfonds können den Druck nicht von den Währungen nehmen, solange an den Märkten Zweifel am finanzwirtschaftlichen Kurs der Regierungen bleiben. Auch hier gilt: Was sich als marktbedingte Instabilität der Währungen darstellt, ist der Reflex des mangelnden Vertrauens in die Politik.

3. Die Rubelkrise war ein Misstrauensvotum der Märkte gegen den politischen, gesellschaftlichen, rechtlichen und wirtschaftlichen Zustand Russlands. Ungeklärte Macht- und Einflussverhältnisse in der immer noch von Kombinaten geprägten Grundstoffindustrie, die Durchsetzung der Wirtschaft mit ehemals politischem Personal, offene und verdeckte Riesendefizite in den öffentlichen Haushalten, ein mangelhaftes Konkursrecht und ein unzureichendes Banken- und Aufsichtsrecht hatten sich zu einem Gebilde verdichtet, das westliche Finanzanalysten als „Schwarzes Loch" charakterisierten: Kredite – private wie öffentliche – schienen darin spurlos zu verschwinden. Dass der Internationale Währungsfonds in dieser Situation mit Krediten aushalf, hatte Gründe, die eher in der geostrategischen Bedeutung Russlands als im Vertrauen der Ökonomen auf die heilsame Wirkung der Kredite und die Wahrscheinlichkeit ihrer Tilgung gründeten. Die Rubelkrise war die Offenbarung von politisch verdeckten Mängeln des „Transformationsprozesses", der in Russland lange nicht so weit vorangekommen war – und bis heute nicht vorangekommen ist –, wie es in den Wendungen der politischen Diplomatensprache dem immer noch etwas unheimlich wirkenden Riesen im Osten Europas gerne bescheinigt wird.

4. Der Ruf nach einer „Neuen Finanzarchitektur" führt in die Irre, wenn damit Beschränkungen des freien Kapitalverkehrs, politische Manipulationen von Währungskursen, das Verbot von derivativen Finanzinstrumenten oder die Einführung einer Anti-Spekulationssteuer (etwa in der Form der nach dem amerikanischen Ökonomen benannten Tobin-Steuer) gemeint ist.

5. Dennoch können auch monetäre Lehren aus den Währungskrisen gezogen werden. Bei der Wahl von Währungssystemen sollten sich die Regierungen für eines der beiden Extremmodelle entscheiden – für freie Wechselkurse oder den so genannten currency board, das heißt die absolute Festschreibung des Wechselkurses durch den Verzicht auf eine eigene Geldpolitik und die Bindung des Geldumlaufs an den Bestand einer fremden Ankerwährung. Die Banken- und Finanzaufsicht wird in manchen Ländern verbessert werden müssen. Die Risikoverhältnisse der Geld- und Kapitalmärkte müssen transparenter werden. Für Währungsfragen und die Organisation der Märkte können Institutionen wie der Internationale Währungsfonds und die Bank für internationalen Zahlungsausgleich Beraterdienste leisten und Standards empfehlen. Die Erfindung einer „Neuen Finanzarchitektur" bedeutet das alles nicht – allenfalls die Installation von Warnlampen und das Anbringen von Leitplanken auf den breiten Straßen eines ansonsten ungehinderten internationalen Geld- und Kapitalverkehrs.

■ Euroland: Einheit durch Vielfalt

Die Einführung der europäischen Gemeinschaftswährung Euro in zunächst elf Mitgliedsländern der Europäischen Union ist ein Meilenstein auf dem Weg zur wirtschaftlichen und politischen Integration Europas. Nicht zuletzt die Diskussion über die Osterweiterung der Europäischen Union macht aber deutlich, dass die Kräfte, die die Einführung des Euro auslöst und verstärkt, nicht alle in eine Richtung wirken: der Euro fördert einerseits die Integration des Währungsraumes „Euroland", sie macht diese durch ihre Währung ausgezeichnete Region andererseits aber auch zu einer Besonderheit im ausgreifenderen Gebilde der in forciertem Tempo größer werdenden Europäischen Union. Die Sprachbilder des „Europa der unterschiedlichen Geschwindigkeiten" oder des „Europa der variablen Geometrie" lassen erkennen, dass Form und Integrationsziel der Europäischen Union im Ungewissen liegen. Über ein paar Anhaltspunkte allerdings verfügt die Politik, die es sich zur Aufgabe macht, den Prozess der europäischen Integration über das Ende der Ära der politischen Blöcke hinaus fortzuführen. Es zeugt von der Dominanz des Wirtschaftlichen in der Politik, dass der Euro zu den beharrlich bewegenden Kräften dieses schwierigen Prozesses gehört.

1. „Euroland" ist nicht nur im Sprachgebrauch einer breiten Öffentlichkeit zu einem neuen Integrationskern in Europa geworden. Die Europäische Zentralbank gehört schon nach kurzer Zeit zu den europäischen Ein-

richtungen mit dem höchsten Aufmerksamkeitswert. Die gemeinschaftliche Währung hat die Kräfte des „Projektes Binnenmarkt" verstärkt. Die vormals nationalen Kapitalmärkte beginnen auch institutionell zusammenzuwachsen. Euro-Benchmarks und der Zusammenschluss von Börsen sind Zeichen und Folge der Vereinheitlichung. Der Euro prägt das Erscheinungsbild der europäischen Wirtschaft, die gemeinschaftliche Geldpolitik wird zur Führungsgröße der Erwartungen an den Kapitalmärkten. Die Konjunkturkonvergenz der Länder des Euro-Raumes macht Fortschritte. Konjunkturberichte und Konjunkturprognosen der amtlichen Stellen, der Forschungsinstitute und der Banken umfassen zunehmend mit großer Selbstverständlichkeit das Gebiet des Euro-Raumes. Die Konvergenz strahlt auch in den politischen Raum. Der Stabilitätspakt – mit seinen makroökonomischen Regeln für die Haushaltsfinanzierung – wird zum Nukleus einer abgestimmten Finanzpolitik. Damit bahnt sich der Übergang zu einer neuen Qualität der Politik an: die nationalen Parlamente und Regierungen geben die Souveränität über die Defizitfinanzierung der nationalen Etats ab. Die nächste Stufe im Prozess der Vereinheitlichung wäre erreicht, wenn wichtige Steuern harmonisiert würden. Dagegen aber regt sich Widerstand. Hier werden – nicht nur in Großbritannien – die Grenzen der Bereitschaft des Verzichtes auf national-individuelle Lösungen staatlicher Gestaltungsaufgaben erkennbar. Der Schritt vom währungsüberwölbten Binnenmarkt zur Staatlichkeit der Europäischen Union ist ein Qualitätssprung der Integration. Keine der Regierungen der Mitgliedsländer ist geneigt, diesen Sprung jetzt zu tun oder zu empfehlen.

2. Die Frage „Wie einheitlich kann und soll die Europäische Union sein?" stellt sich aber auch in der Diskussion über die angemessene Geschwindigkeit und die zuträgliche Form der geplanten Osterweiterung. Die Europäische Union ist auf diese Erweiterung institutionell nicht vorbereitet. Das gilt nicht nur für die Agrarmarktordnung, die unter den Bedingungen der Vollmitgliedschaft der Beitrittskandidaten nicht mehr zu finanzieren wäre. Und es geht auch nicht nur um die Frage, wie groß die Europäische Kommission sein wird und welchen Ländern welche Zahl von Kommissaren zusteht. Eine Europäische Union mit 25 oder 30 Mitgliedern ist nicht mehr entscheidungsfähig, wenn Einstimmigkeit die jede Tagesordnung beherrschende Entscheidungsregel bleibt.

3. Es zeigt sich aber, dass mit dem bloßen Rat, die Mehrheitsregel zum Standardverfahren des politischen Entscheidungsprozesses der Europäi-

schen Union zu machen, noch nichts gewonnen ist. Tatsache ist: Beide Verfahren – das Erfordernis der Einstimmigkeit und die Mehrheitsregel – sind mit so hohen Kosten verbunden, dass sie schon für sich genommen, das heißt ohne Beachtung der zu entscheidenden Politikgegenstände, die politische Integration der Europäischen Union verhindern können. In vielen Debatten und Abhandlungen werden nur die Kosten der Einstimmigkeit gesehen und bewertet. Diese Kosten bestehen in der Länge des Entscheidungsprozesses, in der Notwendigkeit des Schnürens ganzer Bündel von Kompromissen in jedem einzelnen Entscheidungsfall oder gar in der totalen Entscheidungsunfähigkeit der politischen Organe der Europäischen Union. Es sind nur ein paar versprengte Liberale, die auf die Kosten der Mehrheitsregel aufmerksam machen. Diese Kosten sind nicht europa-spezifisch. Sie fallen überall da an, wo so verfahren wird, wie es die Mehrheit beschließt. Man könnte sagen: Die Kosten der Mehrheitsregel bestehen im Überstimmtwerden der Minderheit. In kleinen Gruppen (etwa im Familienrat) oder in gewohnter Großumgebung (etwa bei der Gesetzgebung im nationalen Parlament) werden diese Kosten als erträglich empfunden, weil man sozusagen im Gesprächskontakt bleibt und Frustrationen abbauen kann. Die Kosten des Überstimmtwerdens aber werden – jedenfalls zunächst – höher erscheinen, wenn „die Deutschen" oder „die Briten" erleben müssen, dass sie künftig unter einer Regelung leben müssen, die ihnen „die Franzosen", „die Spanier", „die Dänen" und „die Polen" durch eine Abstimmung nach der Mehrheitsregel beschert haben. In der politischen Diskussion über die Erweiterung und den dann notwendigen Übergang zur Mehrheitsentscheidung als Standardregel wird dieses Problem nicht offen angesprochen. Aber dadurch verschwindet es nicht. So kann es dazu kommen, dass die Europäische Union vor eine kaum auflösbare Wahlentscheidung gestellt wird: durch das Beibehalten des Einstimmigkeitsprinzips handlungsunfähig zu werden oder durch den Übergang zur Mehrheitsentscheidung den inneren Zusammenhalt aufs Spiel zu setzen. In dieser Situation bietet sich das im Amsterdamer Vertrag von 1997 zur offiziellen Maxime erhobene Subsidiaritätsprinzip als Retter an. Die Vorschrift, nur das auf europäischer Ebene einheitlich zu regeln, was nicht auf jeweils nationaler Ebene entschieden werden kann, bedeutet einen sparsamen Umgang mit der wohl aus praktischen Gründen unumgänglichen Mehrheitsregel. Je weniger Steuern und Sozialvorschriften harmonisiert werden, umso geringer bleibt die Zahl der Konflikte und Abstimmungsniederlagen der Minderheiten. Zum Vorteil der Entwicklung der Europäischen Union leistet das Subsidiaritätsprinzip zweierlei: es bleibt die Suchleistung des Wettbewerbs um die bessere politische Lösung von Problemen erhalten und es werden die politischen Kosten der Integration so niedrig wie möglich gehalten. Die Maxime „Einheit durch Vielfalt" bewährt sich auch für die Zukunft der Europäischen Union.

Mit der Neuen Ökonomie, mit der Suche nach einer neuen internationalen Finanzarchitektur und mit den Folgen der Einführung des Euro und der Osterweiterung der Europäischen Union hat die Wirtschaftspolitik 2000 neue Stichworte gefunden, die ihre Kompetenz der Problemlösung herausfordern. Die grundlegenden Prinzipien der liberalen Wirtschaftspolitik und die konstitutionellen Elemente der liberalen Wirtschaftsordnung – Marktwirtschaft im demokratischen Rechtsstaat, Wettbewerb als Entdeckungsverfahren und Katalysator der Macht, Respekt vor dem privaten Eigentum, Stabilität des Geldwertes, Solidität der staatlichen Finanzen, Offenheit der Märkte und der Gesellschaft – werden durch die neuen Facetten alter Fragestellungen nicht obsolet. Oder um es mit den Worten des amerikanischen Finanzministers Lawrence Summers zu sagen. „Die neue Ökonomie gründet auf alten Tugenden". Es sind die Prinzipien, Werte und Tugenden, denen das wirtschaftspolitische Paradigma der Wirtschaftsredaktion der Frankfurter Allgemeinen Zeitung verpflichtet ist.

■ Das liberale Credo

Das sind die Fixpunkte des liberalen Credos: Freiheit, Eigentum, Wettbewerb und Stabilität. Für das soziale Zusammenleben der Menschen haben sie eine überragende und umfassende Bedeutung. Es sind Bausteine einer Lebensphilosophie, einer staatlichen Verfassungsidee und einer marktwirtschaftlichen Wirtschaftsordnung. Im Zentrum dieser Ordnung steht der Wettbewerb. Er leitet sich her aus dem elementaren Wunsch nach der Freiheit des Erkennens, des Versuchens und des Handelns. Dieser Wunsch nach Freiheit wiederum folgt aus der metaphysischen Überzeugung, die Welt in der der Mensch lebt, sei kein Uhrwerk, das über alle Zeiten der starren Mechanik eines großen Planes gehorcht.

Wettbewerb als freiheitliche Konkurrenz um die bessere Lösung in einer prinzipiell offenen Welt der Märkte braucht das private Eigentum. In der Garantie des Eigentums und seiner wirtschaftlichen Früchte liegt der Anreiz zum Wettbewerb. Die Möglichkeit seines Verlustes im Marktprozess folgt aus dem Grundsatz der Haftung. In einer freiheitlich organisierten Welt muss man einstehen für seine Handlungen – und: wo der Wettbewerb

Sie prägten die Ökonomie: Adam Smith, Joseph Alois Schumpeter, Walter Eucken, Friedrich A. v. Hayek (im Uhrzeigersinn von links oben)

Gewinne in Aussicht stellt, da muss man immer auch mit der Möglichkeit des Verlustes rechnen.

Die Verfassung der Freiheit braucht das Eigentum und sichert den Wettbewerb, Hinzukommen muss die Stabilität des Geldwertes: sie steht für das Beständigkeitsversprechen des Staates. Wer sich im Geiste der Freiheit auf den Wettbewerb einlässt und dabei seine Existenz einsetzt, der muss mit einem beständigen Geldwert rechnen dürfen. Ein manipulierter Geldwert bringt Täuschungs- und Betrugselemente in das freie Spiel der Marktwirtschaft.

Freiheit, Wettbewerb und Eigentum stehen für die Motorik der Wirtschaft. Die Stabilität steht für ihre Rechenbarkeit. Beide bedingen einander: Wo die Wirtschaft nicht mehr rechenbar ist, da wird der Innovator entmutigt, und wo Wettbewerb nicht zugelassen ist, da wird aus der Rechenbarkeit des Wagnisses die Rechnung der Planer. In einer guten Wirtschaftsordnung wird beides zusammengeführt: die dynamischen Elemente der Freiheit, des Eigentums und des Wettbewerbs – und das Beständigkeitsversprechen der Stabilität des Geldwertes.

In den Axiomen einer liberalen Wirtschaftsordnung werden Ansprüche der Individuen an die wirtschaftliche und politische Organisation ihres Gemeinwesens erkennbar: der Anspruch auf eine diskriminierungsfreie Konkurrenz um Lebenschancen auf den Märkten; der Anspruch auf einen Staat, der sich auf die Wahrnehmung unabdingbarer Aufgaben für die Gemeinschaft beschränkt und der die Freiheit der privaten Sphäre respektiert.

Das Prinzip des Wettbewerbs bestimmt die Marktordnung. Das Gebot der Stabilität bestimmt die Geldordnung. Die Priorität für die Freiheit prägt die Verfassung. Freiheit, Stabilität und Wettbewerb bestimmen insgesamt die Staats- und Wirtschaftsordnung einer Gesellschaft.

Die Vorteile von Wettbewerb und Stabilität gründen auf Erfahrung. Es wird dauerhaft nur in den Volkswirtschaften „Wohlstand für alle" (Ludwig Erhard) geschaffen, in denen der Wettbewerb die Kräfte des Marktes steuert und in denen das Geld einen verlässlichen Wert hat.

Die Erfahrung, dass dies so ist, ist nicht zeitgebunden: sie reicht von den ersten Anfängen marktorientierten Wirtschaftens im Europa des frühen Mittelalters über den beispiellosen Aufschwung der westdeutschen Wirtschaft nach der Währungs- und Wirtschaftsreform von 1948 bis hin zu den marktwirtschaftlich ausgerichteten Reformbemühungen der mittel- und osteuropäischen Ländern nach dem Zusammenbruch der sozialistischen Wirtschaften unter dem Herrschaftsbereich des sowjetischen Kommunismus. Wettbewerb bei offenen Grenzen und der stabile Wert einer konvertiblen Währung – das erklärt im Kern die werteschaffenden Energien einer Marktwirtschaft. Sie stehen daher zu Recht im Zentrum der Wirtschaftsreformen, die das Ende dieses Jahrhunderts prägen und die man als Transformationsprozess bezeichnet: die Überführung von Planwirtschaften in Marktwirtschaften.

■ Was der Wettbewerb leistet

Die ökonomischen Vorzüge einer wettbewerblich organisierten Wirtschaft offenbaren sich meist schon dem Augenschein. In der Marktwirtschaft steht der Unternehmer im Dienst der Kunden. In diese Lage bringen ihn nicht Demut, Caritas oder staatliche Anweisung, sondern die disziplinierenden Kräfte der Konkurrenz. In einer immer noch unübertroffenen Eindringlichkeit hat das einer der Väter der modernen Ökonomie, der schottische Moralphilosoph Adam Smith (1723 bis 1790) beschrieben. Er zeigt, wie sich der Widerspruch zwischen Eigennutz und Gemeininteresse durch den Wettbewerb auflöst; in der Konkurrenz um die Gunst der Kunden machen sich die Produzenten angenehm; das Streben nach Gewinn wird zum Motor der Dienstfertigkeit. Das ist nur im Wettbewerb so. Im Monopol ist der Anbieter König. Er hält zum Nachteil der Kunden die Menge knapp, damit der Preis einen lukrativen Gewinnaufschlag zulässt. Damit sichert sich der Monopolist nicht nur einen Einkommensanteil, der größer ist, als er unter Wettbewerbsbedingungen sein dürfte. Von den Gütern und Diensten, die unter dem Regime eines Monopols angeboten werden, wird in der Volkswirtschaft weniger produziert, als es den Wünschen der Kunden und dem realen Reichtum an Ressourcen entspricht. Darin vor allem – und nicht so sehr im Verteilungsvorteil – liegt das Ärgernis der Monopole.

Der Gewinn des Monopolisten ist Ausdruck seiner Machtstellung. Im Wettbewerb kann Gewinn nur derjenige erzielen, der die Kundschaft mit seiner Leistung überzeugt. Und solche Gewinne haben keinen Ewigkeitswert. Wie gewonnen, so zerronnen – im Wettbewerb des Marktes hat mancher sich schon von der Stichhaltigkeit dieser Volksweisheit überzeugen müssen.

■ Das Entdeckungsverfahren

Wer glaubt, auf Forschung und Entwicklung verzichten zu können, wer denkt, ein einmal eingeführtes Produkt verkaufe sich auf Dauer von selbst, wer meint, der Kunde habe keinen Anspruch auf Lieferpünktlichkeit, einwandfreie Ware und ein Mindestmaß an fairer Beratung, wer sich König wähnt, wo der Markt ihm die Dienerrolle zuweist – wer Unternehmertum in einer Marktwirtschaft so auffasst, dem bleibt ein schmerzhafter Lernprozess nicht erspart: der Umsatzeinbuße folgt der Gewinnrückgang, und wer dann noch nicht aufwacht, der fliegt aus dem Markt. Das ist Wettbewerb: Die Chance des Gewinns und das Risiko des Verlustes liegen dicht beieinander. Beim Würfelspiel ist das auch so. Worin aber liegt der Unterschied zwischen dem flüchtigen Reiz des Spiels und der gesellschaftlichen Bedeutung des Wettbewerbs auf den Märkten? Der Würfel entscheidet über die im Grunde immer gleichen Chancen in einem Nullsummenspiel: Neu geschaffen wird nichts – was der eine gewinnt, das verliert der andere. Wettbewerb schafft Werte im Produktionsprozess: durch den möglichst sparsamen Umgang mit Arbeit und Kapital, mit Rohstoffen und einem lebensfreundlichen Zustand der Natur; er schafft Werte durch die permanente Suche und das gelegentlich Finden neuer Produkte und neuer Verfahren.

Nicht jede Neuerung, die sich für kurze Frist als marktgängig erweist, ist ein Fortschritt. Doch wer den Wechsel der Moden bei Kleidung und Nahrung, bei Reisen und Gebrauchsgütern als Verschwendung beklagt, der sollte nicht übersehen, dass im demokratischen Abstimmungsverfahren einer Marktwirtschaft solcher Luxus nur deshalb verkäuflich ist, weil die dynamischen Kräfte einer Volkswirtschaft stark genug sind, neben dem Notwendigen auch das Verzichtbare für eine breite Masse verfügbar und erschwinglich zu machen. Und es gibt zahlreiche Neuerungen, denen der Charakter des Fortschritts kaum abgesprochen werden kann: aktive und passive Sicherheit des Automobils, Senkung der Transportkosten für Güter und Informationen, die Schonung der Umwelt ohne einschneidenden Verzicht auf Energieumwandlung und Nutzung der Ressourcen.

Der Wettbewerb ist, wie der Nobelpreisträger Friedrich August von Hayek (1899 bis 1992) es formuliert hat, ein Entdeckungsverfahren. Die Spannweite der Entdeckungen ist im Voraus nie abzuschätzen. Das ist unvermeidlich in einer Welt, die nicht determiniert ist wie eine Maschine, die vielmehr offen ist für das Unvorsehbare. Aber die Erfahrung zeigt eine beeindruckende Spanne der Leistungsfähigkeit des Entdeckungsverfahrens Wettbewerb: sie reicht von der geringfügig erscheinenden Kosteneinsparung im eingefahrenen Fertigungsprozess einer Fabrik bis zum umwälzenden Ersatz der Energiebasis ganzer Volkswirtschaften. Entscheidend ist: Der Wettbewerb führt zu Problemlösungen, an die vorher niemand gedacht hat. Daher sind Planwirtschaften allenfalls einigermaßen erfolgreich bei der imitierenden Aufholjagd in der Konkurrenz mit Marktwirtschaften. Am Rande des Unbekannten aber sind sie blind und unbeholfen, weil sie Künftiges nur als Fortschreibung des Vergangenen wahrnehmen können. Da es aber kein Gesetz der Geschichte gibt, mit dessen Hilfe sich die Zukunft aus der Vergangenheit herleiten ließe, lässt sich die Zukunft immer nur im tastenden Versuch erkunden. Dies zu können ist die Stärke von Wettbewerbswirtschaften.

■ Der Markt ist kein Computer

Wer die Marktwirtschaft als einen reinen Rechenapparat zum Ausgleich von Angebot und Nachfrage auffasst, der mag sich wohlgemut daranmachen, eine computergesteuerte Planwirtschaft zu konstruieren. In der Ökonomie der dreißiger Jahre war das einmal eine Modeerscheinung, die sich mit den Namen der in Amerika lebenden und lehrenden Ökonomen Oscar Lange und Abba P. Lerner verbindet. Der „Lange-Lerner-Sozialismus" hat bis in die sechziger Jahre hinein viele Köpfe in zahlreichen Seminaren erhitzt. Ein Zipfel davon fand sich im jugoslawischen Modell einer sozialistischen Konkurrenz-Wirtschaft verwirklicht.

Zumindest theoretisch ist es in der Tat möglich, die zahlreichen Entscheidungen über Sparen und Verbrauchen, Investieren und Verkaufen in ein mathematisches Gleichungssystem zu fassen und den Computer nach der Gleichgewichtslosung des Marktes suchen zu lassen, also das Gerüst der Mengen und Preise zu ermitteln, in denen alle individuellen Wirtschaftspläne ihre rechnerische Erfüllung finden. Praktisch ist das schon schwer vorstellbar in einer Welt, in der die Verbraucher nicht stets das gleiche wünschen und die Produzenten nicht unverändert das gleiche herstellen.

■ Der Irrtum des Konkurrenz-Sozialismus

Doch selbst wenn die Rechenaufgabe tatsächlich lösbar wäre, dann wäre das nur die blasse und teure Imitation der geringsten, der erstaunlichen Leistungen, zu denen der Wettbewerbsmechanismus fähig ist. Die viel bedeutendere Leistung, die tastende, oft irrende, aber bisweilen eben auch erfolgreiche Suche nach dem unbekannten Neuen lässt sich wohl grundsätzlich nicht am Computer simulieren. Auch in Wirtschaftssystemen gibt es keine künstliche Intelligenz. An der Unmöglichkeit der Simulation des Wettbewerbs als Entdeckungsverfahren sind die Planwirtschaften in der Konkurrenz mit den Marktwirtschaften gescheitert.

Es gibt keine mechanischen Lösungen im Kampf ums wirtschaftliche Überleben. Und Wettbewerb bedeutet kein reines Anpassungsverhalten. Sich dem Wettbewerb stellen heißt nämlich nicht, sich eine quasi von der Natur geschaffene, bisher verborgene Marktnische zu suchen. Es heißt vielmehr, sich mit einer neuen Idee eine Marktnische zu schaffen – so wie sich die natürliche Evolution mit der „Idee" eines neuen oder veränderten Organismus eine neue Lebensnische schafft. In dieser Sicht des Wettbewerbs begegnen sich der Erkenntnistheoretiker Karl Popper, der Sozialphilosoph Friedrich August von Hayek und der Entwicklungs- und Innovationsökonom Josef A. Schumpeter: Im Lichte ihrer Theorien ist die Marktwirtschaft ein Ergebnis der kulturellen Evolution, die seinerseits Kräfte freisetzt, die die kulturelle Evolution in Gang halten. Die voranschiebende Kraft dieses ungelenken, aber zielstrebig wirkenden Prozesses ist der Wettbewerb.

■ Wider die Ausbeutung

Wettbewerb ist das Gegenteil von Ausbeutung. Das gilt für die Behandlung der Kunden und für den schonenden Umgang mit der Natur. In den Zwängen einer wettbewerblichen Preis- und Kostenrechnung sind die Güter der Natur und der Anspruch kommender Generationen auf einen fairen Anteil an diesen Ressourcen besser aufgehoben als in der rein deklaratorischen Staatszielformulierung des Friedens mit der Natur in den Verfassungen von Industrienationen. Grundrechte können auch beim Preismechanismus gut aufgehoben sein. Gerade auch an solchen Beispielen wird deutlich, dass das Prinzip Wettbewerb für sich bereits Verfassungsrang genießt. Und es wird verständlich, warum das im deutschen Recht herausragende Regelwerk zur Sicherung des Wettbewerbs – das Gesetz gegen Wettbewerbsbeschränkungen – häufig als das Grundgesetz der Marktwirtschaft bezeichnet wird.

■ Die Kontrolle der Macht

Das Prinzip Wettbewerb hat Verfassungscharakter. Darin liegt, über das Ökonomische hinaus, seine politische Bedeutung. Die Marktwirtschaft ist das Pendant zur Demokratie. Wettbewerb ist ein Instrument zur Begrenzung auch von politischer Macht. Nicht jedes Großunternehmen stellt bereits einen Machtfaktor dar, der die Balance von Gewicht und Gegengewicht in einer pluralistischen Gesellschaft stört. Aber es ist sorgsam abzuwägen, wo die wirtschaftlichen Vorteile der großen Produktionseinheiten enden und wo die Risiken einer auch politisch bedeutsamen Machtposition beginnen. Diese Abwägung hat der Gesetzgeber zu leisten, wenn er die Kriterien der Marktbeherrschung zum Schutz des Wettbewerbs festlegt.

Doch es geht nicht nur um die Macht auf vergleichsweise engen, nationalen Märkten. Die Frage nach der Macht stellt sich auch – und in besonderem Maße – beim Konzept der strategischen Handelspolitik, also beim Versuch, die spontanen Kräfte des internationalen Wettbewerbs zugunsten heimischer Industrien durch Beschränkungen des Marktzugangs für Ausländer zu korrigieren – zum Beispiel, wenn es um die Basis der sogenannten Zukunftstechnologie geht, etwa bei der Herstellung von Chips oder von Flugzeugen.

Die strategische Handelspolitik ist eine Gefahr für den Wettbewerb. Doch die Weltwirtschaft bringt aus sich Gegenkräfte hervor. Sinkende Transportkosten und politische Entscheidungen – etwa das europäische Projekt „Binnenmarkt" – lassen nationale Märkte zum globalen Markt zusammenwachsen. Vor diesem Hintergrund sind dann auch die Großunternehmen und die Vermutung ihrer Macht zu sehen. Die Globalität der Märkte erlaubt es, Unternehmensgröße und Machtvermutung mit nicht zu kleinlichem Maß zu messen. Wettbewerbspolitik muss nicht auf die Idylle der kleinen Einheiten zielen. Entscheidend für die Beurteilung ökonomischer und politischer Macht sind nicht die absoluten, sondern die relativen Größen: der Marktanteil auf der Absatzseite und beim Zugriff auf die Ressourcen, die Bedeutung eines Unternehmens als Arbeitgeber in einer Region.

Dennoch bleibt die Ballung von Macht eine latente und bisweilen auch akute Gefahr. Selbst ungewollt kann die überragende Stellung eines Arbeitgebers auf einem lokalen oder regionalen Arbeitsmarkt zum politischen Drohpotential gegenüber dem Staat werden: im Falle einer privatwirtschaftlich unabwendbaren Betriebsschließung ist der Staat möglicherweise nicht mehr frei, eine Kreditbürgschaft zu versagen oder eine Subvention zu verweigern. Was der Kleine nicht bekommt, das wird dem Großen ohne viel Widerstand gewährt oder gar nachgetragen: darin liegt die Wettbewerbsverzerrung, die häufig mit der relativen Größe, mit dem Marktanteil, mit der Bedeutung als Arbeitgeber oder kommunalen Steuerzahler verbunden ist. Hier entsteht aus der Unternehmensgröße ein Machtpotential bei der an sich völlig legitimen Nachfrage nach staatlichen Hilfen.

Auf eine Machtvermutung, der mit den Rechtsregeln der Wettbewerbsgesetzgebung vorgeblich nicht beizukommen ist, reagiert die Politik mit zwei Modellen: mit einem bis zur Mythologie getriebenen Lob des Mittelstandes und mit der Industriepolitik. Eine wettbewerbspolitisch motivierte Mittelstandsförderung läuft auf Hilfe für die Kleinen zur marktinternen Domestizierung der Großen hinaus. Industriepolitik gibt sich als Hilfe für die Großen, will sie aber gleichzeitig – ebenfalls domestizierend – an die Kette des Staates und seiner Verwaltungseinheiten legen. Die Mittelstandspolitik als Antwort auf die Gefahren der Unternehmenskonzentration war – neben den damals verfügbaren Instrumenten des Wettbewerbsrechts – das vorherrschende Modell der fünfziger und frühen sechziger Jahre. Zutreffend war und ist sicherlich der Gedanke, dass der Wettbewerb der Vielen der Kooperation der Wenigen, also dem mehr oder weniger engen Oligopol, vorzuziehen ist. Diese These hat auch ihre politische Facette. Die Erfahrung, dass zum Ende der Weimarer Republik Teile der Großwirtschaft sich in den Dienst des Nationalsozialismus haben spannen lassen, ist in der Bundesrepublik zu einem starken Anti-Kartell-Argument und zur politischen Begründung der Sorgen um einen „gesunden" Mittelstand geworden. Was aber die Mittelstandspolitik leicht zum Instrument einer konservativen Idylle macht, ist die Vorstellung, es sei Aufgabe einer gestaltenden Wettbewerbspolitik, eine möglichst kleinpartiellierte Angebotsstruktur auch gegen die spontan sich entfaltenden Tendenzen des Marktes zu erhalten und durchzusetzen – sei es durch eine betriebsgrößenbezogene Förderung mit den Mitteln der Steuerpolitik, sei es durch eine das Größenwachstum hemmende Gesetzgebung, etwa in der Form eines eng ausgelegten Fusionsverbots. Diese Art von Mittelstandspolitik trägt ständestaatliche Züge und gerät ihrerseits in die Nähe von Ordnungsvorstellungen, die dem politischen Missbrauch zugänglich sind. Eine forcierte Mittelstandpolitik kann den Wettbewerb auf offenen Märkten nicht ersetzen.

▓ Irrwege der Industriepolitik

Das kann auch die Industriepolitik nicht. Auch sie stellt einen Irrweg dar, eine Schein-Alternative zum Wettbewerb, die voller Gefahren steckt. Die Versuchung, mit der Industriepolitik zu hantieren, ist groß – für die Politiker und für die Industrie selbst. Industriepolitik buhlt mit drei Versprechungen: die Macht der Konzerne unter das Kuratel des Staates zu stellen, das Ausscheiden alter Industrien nach Maßgabe des Sozialverträglichen zu verzögern und sich heute schon für die Märkte von morgen zu rüsten. Das Liebäugeln mit der Industriepolitik ist heute nicht mehr am Programm einer bestimmten Partei oder der Gewerkschaften festzumachen. Angebot und Nachfrage öffentlicher Fördermittel treffen sich mit zunehmender Nonchalance aller Beteiligten aus Politik und Wirtschaft im Konzept einer Industriepolitik, die in der Bundesrepublik über fast vier Jahrzehnte hin eher als Element sozialdemokratischer Programmatik galt. Diese Industriepolitik ist längst auch bei konservativen Politikern und in Kreisen der Wirtschaft hoffähig geworden.

Als Antwort auf die sogenannte japanische Herausforderung galt es lange als Ausweis einer nach vorne blickenden Strategie, den nationalen Industriepark nach den Champions der Zukunft zu durchsuchen, diese bevorzugt mit Forschungsmitteln auszustatten und zur Bildung von strategischen Allianzen mit Unternehmen auf anderen Teilen des Weltmarktes zu ermuntern. Solche Formen der internationalen Kooperation versprechen Vorteile einer betriebswirtschaftlich organisierten Arbeitsteilung über nationale Grenzen hinweg. Was sich als Arrangement eines Kostenvorteils durch Großserienfertigung ausgibt, ist jedoch in vielen Fällen der Versuch, sich die Märkte zu teilen. Es wird auch erkennbar, dass die Abwendung vom Prinzip Wettbewerb nicht nur ökonomische Nachteile hat, sondern darüber hinaus Risiken birgt, die bis in die Außenpolitik hineinreichen. Denn die auf Unternehmensebene geschmiedeten strategischen Allianzen können sich rasch als Trojanische Pferde des Bilateralismus im internationalen Handel erweisen: An die Stelle des Grundsatzes der Meistbegünstigung, wie er im Allgemeinen Zoll- und Handelsabkommen (Gatt) eingeführt wurde, in der Welt-Handels-Organisation (WTO) kodifiziert ist und im multilateralen Handel praktiziert wird, tritt das paarweise Feilschen um Quoten und Markenzugänge. Jeweils zwei einigen sich darauf, einen Dritten auszusperren oder doch mindestens zu benachteiligen. Wenn das zum Grundmuster des Welthandels würde, dann wäre das das Ende der freihändlerischen Errungenschaften der wirtschaftspolitischen Ära der Nachkriegszeit.

▉ Liebäugeln mit strategischen Allianzen

Industriepolitik mit ihren logischen Fortsetzungen der strategischen Allianzen und des Bilateralismus droht auch unter dem Vorzeichen der Globalisierung hoffähig zu werden. Eine neue Qualität soll sie in der Europäischen Gemeinschaft gewinnen: der Vertrag von Maastricht sieht sie ausdrücklich als zusätzliche Kompetenz der Kommission vor. Noch längst sind nicht alle ordnungspolitischen Risiken der Verträge über die Europäische Union ausgeleuchtet. Doch es wird auch hier erkennbar, wie verletzlich die marktwirtschaftliche Ordnung ist – vor allem dann, wenn Wirtschaftsfragen zum Gegenstand von Verhandlungen und Vereinbarungen werden, in denen Ziele der Außenpolitik dominieren.

Doch auch der innenpolitische Teil der Ordnungspolitik ist ein weites Feld für Sünden, Irrtümer oder Kompromisse von zweifelhaftem Wert. Ein Fremdkörper in einer strikt auf marktwirtschaftlichen Grundsätzen fußenden Ordnung der Wirtschaft ist die kollektive Lohnvereinbarung in der Tarifautonomie der Arbeitgeberverbände und Gewerkschaften. Die Tarifautonomie genießt einen rechtlichen Sonderstatus: obwohl der Tatbestand des Kartells eindeutig erfüllt ist, gilt hier das allgemeine Kartellverbot der Gesetzes gegen Wettbewerbsbeschränkungen ausdrücklich nicht.

■ Geduldete Macht: das Tarifkartell

Für die in der Bundesrepublik praktizierte Tarifautonomie werden respektabel klingende politische und soziale Gründe angeführt. Der Lohn soll kollektiv, aber staatsfrei ausgehandelt werden. Dass es besser ist, den Staat aus der Lohnfindung herauszuhalten, ist eine Erfahrung der krisenhaften Entwicklungen in der Zeit der Weimarer Republik. Doch das ließe sich auch durch individuelle Verträge bewerkstelligen. Die Autonomie des privaten Bereiches bliebe auch so gewahrt.

Für den Vorteil der Kollektivität wird ein anderes Argument ins Feld geführt: durch die Verhandlungen zwischen Gewerkschaften und Arbeitgeberverbänden wird der Verteilungskonflikt von den Betrieben ferngehalten und auf die Ebene der Verbände gehoben. Die kollektiv ausgehandelten Tarifverträge gelten sozusagen als der verbriefte Teil eines sozialen Friedens, dem die Qualität eines unsichtbaren Produktionsfaktors und eines Gütezeichens des Wirtschaftsstandorts Bundesrepublik Deutschland beigemessen wird.

Aber alle weitausholenden Begründungen können nicht darüber hinwegtäuschen, dass hier vom bewährten Prinzip der Konkurrenz abgewichen wird. Gewerkschaften und Arbeitgeberverbände sind nicht am Wettbewerb der Lohngebote interessiert, sondern an einem möglichst flächendeckend gleichen Verhandlungsergebnis.

Diese Gleichheit hat ihren Preis. Betriebe, die den ausgehandelten Tariflohn nicht bezahlen können, müssen ausscheiden, oder sie werden versuchen, durch Rationalisierung ihre Kosten zu senken. Von Entlassungen sind aber in erster Linie die Schwachen – die weniger gut Ausgebildeten, die weniger Produktiven – betroffen. Bei individuell freier Lohnverhandlung könnten diese Arbeitnehmer versuchen, ihren Nachteil beim Leistungsangebot durch eine geringere Lohnforderung auszugleichen. Sie würden je Stunde etwas weniger bekommen, hätten aber die Chance, überhaupt, etwa durch eigene Leistung, zu verdienen.

Es zeigt sich also: Das Abweichen von der marktwirtschaftlichen Ordnung ist mit hohen Kosten verbunden – mit Kosten der ökonomischen Ineffizienz in den Betrieben, mit Kosten der Ballung politisch bedeutsamer Macht in Unternehmen und Branchen und mit Kosten des Verlustes an Selbstbestimmung auf dem Arbeitsmarkt.

■ Eine Lanze für die Stabilität

Zu einer guten Wirtschaftsordnung gehört die Vorkehrung für die Stabilität des Geldwertes. Karl Schiller (Wirtschaftsminister von 1966 bis 1972) hat auch hier die treffende Formulierung gefunden, als er den Abgeordneten des Deutschen Bundestages in einer Haushaltsdebatte zurief: „Stabilität ist nicht alles, aber ohne Stabilität ist alles nichts."

Es ist ähnlich wie beim Wettbewerb: für den hohen Wert der Stabilität spricht schon der Augenschein. Zum Kreis der dauerhaft prosperierenden Volkswirtschaften gehört kein Land, das die Inflation ins Kraut schießen lässt. Und umgekehrt ist es so: Wo die Stabilität einen hohen Rang genießt, da wird investiert, da fallen respektable Wachstumsraten an, da bleibt die Arbeitslosigkeit eine sozial und politisch handhabbare Größe.

Der Ratschlag, man solle etwas mehr Inflation dulden, um etwas mehr an Beschäftigung zu gewinnen, ist verführerisch, aber er ist auch irreführend. Auf lange Sicht wird nur dort kräftig investiert und finden sich nur da gute Beschäftigungschancen auf dem Arbeitsmarkt, wo die Stabilität einen hohen Rang genießt. Zu Recht ist Bundeskanzler Helmut Schmidt in den siebziger Jahren für seine Äußerung kritisiert worden: „Fünf Prozent Inflation sind mir lieber als fünf Prozent Arbeitslosigkeit." Er ist kritisiert worden, weil seine Äußerung verstanden werden konnte als ein Programm unter der Überschrift: Beschäftigung durch Inflation. Schmidt hat es nicht so gemeint. Aber die Öffentlichkeit hat schon auf den Hauch eines solchen Programms sensibel und ablehnend reagiert.

Es gibt kaum ein Land, in dem der Stabilität ein so hoher Wert beigelegt wird wie in der Bundesrepublik. Zwei Erlebnisse radikaler Geldentwertung – die galoppierende offene Inflation der zwanziger Jahre und die zurückgestaute Inflation der Zwangswirtschaft des Zweiten Weltkriegs mit der offenen Entwertung der Reichsmark als Tauschmittel nach dem Ende des Krieges – haben die Deutschen empfindlich gegen Inflationsraten gemacht, die in anderen Ländern noch als moderat eingestuft werden. Vielleicht kann man heute sagen „eingestuft wurden", denn die Konvergenzphase vor der Einführung des Euro als europäischer Gemeinschaftswährung hat werbend für den Wert der Stabilität auch in den Ländern und Bevölkerungen gewirkt, die zuvor etwas weniger empfindlich gegenüber der Inflation waren.

Das Gift der Inflation

Um die Gefahren der Inflation zu begreifen, muss man sich die schleichende Wirkung einer zunächst harmlos erscheinenden Inflationsrate klarmachen: bei einer jährlichen Inflationsrate von 3,5 Prozent halbiert sich die Kaufkraft einer Währungseinheit – eines Euro, einer D-Mark, eines Dollar, eines Yen – bereits nach zwanzig Jahren. Und wenn die Inflation an Tempo gewinnt, dann verliert das Geld nach und nach seine Funktionen. Als erstes hört es auf, ein Mittel der Wertaufbewahrung zu sein; es beginnt die Flucht in die Sachwerte. In der Hyperinflation taugt es nicht mal mehr als handhabbare Recheneinheit; wo eine Fahrkarte für die Straßenbahn eine halbe Billion Mark kostet, da ist es kaum mehr möglich zu rechnen. Schließlich verliert das Geld die Funktion des Tauschmittels; niemand nimmt es mehr, es bilden sich Ersatzwährungen (Zigaretten) oder es setzt sich eine ausländische Währung als legale oder illegale Parallelwährung durch.

Die Empfindlichkeit auch gegenüber einer zunächst harmlos erscheinenden Geldentwertung hat ihre guten Gründe. Mit dieser Empfindlichkeit hat die Politik zu rechnen. Die teilweise heftig vorgetragene Kritik am Projekt der Europäischen Währungsunion speiste sich in Deutschland nicht aus der Angst vor dem Verlust an nationaler Souveränität, sondern aus der Sorge, eine gemeinschaftliche Währung werde weniger stabil sein, als die D-Mark es im Durchschnitt der vergangenen viereinhalb Jahrzehnte seit Erhards Währungsreform von 1948 gewesen war.

Dass in der Ära der D-Mark die Deutsche Bundesbank ihre Unabhängigkeit von der Politik behauptet hat, erklärt sich nicht in erster Linie aus der formalen Stellung, die ihr das Bundesbankgesetz zuwies, sondern aus dem Schutz durch die öffentliche Meinung: Wer sich an der Bundesbank vergreift, der vergreift sich an der D-Mark – das ist stets die überwiegende Meinung in der Bevölkerung gewesen. In der Bundesrepublik hat es keine andere Behörde mit einer vergleichbaren Dignität gegeben. Die Achtung vor der Institution entspricht der Angst vor der Inflation. Das ist keine Marotte. Die Stabilität des Geldwertes ist so etwas wie ein volkswirtschaftlicher Produktionsfaktor. Sie erklärt – zu einem guten Teil jedenfalls – den Reichtum der Nationen, dem schon Adam Smith auf der Spur war, als er die staatlichen Organisationen beschrieb, die einer prosperierenden Wirtschaft förderlich sind.

▉ Geld ist kein Schleier

Geld ist kein Schleier, der über den realen Größen des Wirtschaftens liegt – über der Ersparnis als Konsumverzicht, über der Investition als unternehmerischem Wagnis, über dem Sozialprodukt als verteilbarer Menge an Gütern und Diensten. Das Sozialprodukt, die Ersparnis, die Kapitalbildung und die Investitionen werden durch die Qualität des Geldes bestimmt. Geld entfaltet ein Eigenleben im Sparen und im Investieren. Gutes Geld fördert die Produktivität, schlechtes Geld führt zu hastigem Tausch. Die Qualität des Geldes ist für die Wirtschaftsordnung ein so bedeutender Faktor, weil sie die Länge der Investitionsketten bestimmt. Unternehmerisches Handeln ist Handeln im Ungewissen. Da muss wenigstens der Geldwert auf längere Sicht berechenbar bleiben.

Vor dem verteilbaren Ertrag stehen viele Situationen unternehmerischer Entscheidung: die Idee eines Produktes für einen noch unbekannten Markt, die Kreditaufnahme bei einer Bank, der Kauf von Vorprodukten und Maschinen, das Einstellen von Arbeitskräften, die Produktion – und dann erst kommt der Erfolgtest am Markt. Wer sich da in der Entwicklung der Inflationsrate auch nur um ein Zehntel irrt, verfehlt seine Kalkulation. Wo – wie in manchen Schwellen- und Transformationsländern noch vor wenigen Jahren – jährliche Inflationsraten von 800 Prozent herrschen, da schlägt das Irrtumszehntel mit 80 Prozentpunkten zu Buche. Wer will da noch rechnen?

In einer solchen Atmosphäre wird nicht auf lange Fristen investiert. Da werden schwungvolle Räder im Handel gedreht. Da werden Güter gehortet, um sie gegen andere Güter zu tauschen. Da nimmt die Wirtschaft mafiosen Charakter an – jedenfalls im Urteil derer, die außer wertlosem Geld nichts haben und sich daher am Drehen des großen Rades nicht beteiligen können.

Stabilität gehört zu einer guten Wirtschaftsordnung, weil sie die Voraussetzung für produktive Investitionen ist. Aber Stabilität gehört auch zu einer als fair und gerecht empfundenen Gesellschaftsordnung. Die Idee, gegen die Inflation könnte man sich schützen, wenn man nur seine Forderungen – zum Beispiel die Lohnforderung gegenüber dem Arbeitgeber oder die Rentenanwartschaft gegenüber der Sozialversicherung – an die

laufende Inflationsrate koppelte, ist das Kunstprodukt einer wirklichkeits-
fremden Theorie des inflationären Gleichgewichts. In der Inflation gibt es
kein verteilungsneutrales Gleichgewicht, weil nicht alle gewitzt oder ein-
flussreich genug sind, sich gegen die Entwertung des Geldes zu sichern. Es
bleiben diejenigen auf der Strecke, die die Rate der Geldentwertung unterschätzen oder die die Instrumente nicht kennen, die das Hantieren mit der
Inflation erleichtern. Es ist die Aufgabe der Geldpolitik, den Bürgern das
Risiko der falschen Inflationserwartung zu nehmen: durch das dauerhaft
eingelöste Versprechen der Stabilität.

■ Ein eigenwilliger Akteur: der Staat

Welche Rolle soll der Staat in der Wirtschaft und für die Wirtschaft
spielen? Sollte ihm eine Haupt- oder eine Nebenrolle zugewiesen werden?
Oder ist er ganz entbehrlich? Diese Frage bewegt Philosophen, Ökonomen
und Verfassungstheoretiker seit jeher. Eine bündige Antwort gibt es nicht.
Es kommt auf die Sichtweise an.

Wenn Liberale die unabdingbare Größe der Rolle des Staates vermessen,
dann orientieren sie sich zunächst am Axiom der individuellen Freiheit. In
einer griffigen, wenngleich vereinfachenden Formel könnte man ihr Urteil
etwa so formulieren: Die individuelle Freiheit soll möglichst groß, der Einfluss des Staates soll möglichst klein sein. Das ist kein Plädoyer für den
Nachtwächterstaat. Liberale wollen den Staat nicht schwach sehen. Sie
möchten seinen Aufgabenkreis auf das reduzieren, was nicht in privater
Entscheidung über den Markt geregelt werden kann. Aber dort, wo der
Staat tätig werden muss, da sollte er es kraftvoll und effizient tun.

Ganz ohne den Staat geht es in der Tat wohl nicht. Tauschwirtschaft im
völlig staatsfreien Raum ist allenfalls als erstes Stadium ihres spontanen
Entstehens in der zivilisatorischen Entwicklungsgeschichte der Menschheit
vorstellbar. Im frühen Morgenlicht der Geschichte der Menschheit hat es
wohl keine Vorstellung vom Staat gegeben. Sollte – wie es uns die natur-
rechtliche Staatsauffassung nahelegen will – in der Morgendämmerung
seines Erscheinens schon der frühe Mensch eine Staatsidee in sich getragen
haben? Wir wissen es nicht. Aber wir dürfen es bezweifeln, ohne damit
den Staat zu schmähen. Wie dem auch sei: Eine gute Wirtschaftsordnung
braucht ein Minimum an Staat, der – beispielsweise – den Wettbewerb
schützt und für wertverlässliches Geld sorgt.

Anarcho-liberale Theorien der Wirtschaftsordnung, die – fiktiv – völlig
auf den Staat verzichten, leisten zwar einen wichtigen intellektuellen Bei-

trag zur Suche nach dem möglichst „kleinen" Staat. Aber ganz ohne Staat wird die Marktwirtschaft in der Praxis nicht auskommen, selbst dann nicht, wenn man in der Suche nach marktwirtschaftlich-individuellen Lösungen für die Vorsorge gegen die Risiken des Lebens sehr weit geht, den heute üblichen Bereich der Sozialpolitik des Staates also für viel zu groß hält.

Eine ausufernde Bürokratie lähmt die Kräfte der Marktwirtschaft. Doch ohne ein Minimum an Organisation – vom Recht auf Eigentum bis zum Schutz der Umwelt – werden Marktwirtschaften nicht funktionieren. Das lehren nicht zuletzt die Erfahrungen mit der „Transformation", der Überführung der Planwirtschaften zu Marktwirtschaften in den Reformländern des ehemaligen Herrschaftsbereiches des Kommunismus.

■ Der Ordo-Liberalismus

Irgendwo zwischen einem möglichst hohen Maß an Freiheit des Einzelnen und der Aufrechterhaltung einer unverzichtbaren Ordnung ist der Staat anzusiedeln. Aber wo genau? Diesen Ort zu bestimmen, das ist die intellektuelle und politische Leistung des Ordo-Liberalismus in der Bundesrepublik nach dem Zweiten Weltkrieg gewesen. Franz Böhm (1895 bis 1977), Walter Eucken (1891 bis 1950), Wilhelm Röpke (1899 bis 1966), Alfred Müller-Armack (1901 bis 1978) und Alexander Rüstow (1885 bis 1963) zählen zu seinen herausragenden Vertretern.

Das Denken dieser Ökonomen kreiste um die Frage nach dem ausgewogenen Verhältnis politischer Elemente, für die jeweils die Begriffe „Liberalismus" und „Ordnung" stehen. Es zeigt sich, dass es hier eine eingebaute Spannung gibt. Unter dem Eindruck des Machtmissbrauchs des totalitären Staates der Nationalsozialisten stand für die Ordo-Liberalen der überragende Wert individueller Freiheit außer Zweifel. Sie suchten aber gerade deshalb auch nach einer den Staat und die Gesellschaft gestaltenden Ordnungskraft, weil sie meinten, eine Laisser-faire-Gesellschaft sei instabil und sie sei deshalb immer in der Gefahr, in den Totalitarismus umzukippen. Gesucht war also eine Ordnung, die die Freiheit stützt. In diesem Ziel waren sich diese Denker einig. In ihren geistigen Wurzeln, aber auch in der Vorstellung einer konkreten Ordnung, zeigen sich Unterschiede.

Die Leistung Böhms und Euckens besteht vor allem darin, die Aufmerksamkeit der Politiker auf die Interdependenz der Ordnungen gelenkt zu haben. Der Jurist Böhm hatte dabei vor allem die Entsprechung der Privatrechtsordnung und der Marktwirtschaft im Blick, aber auch die Entsprechung der Marktwirtschaft und der Demokratie mit eindrucksvollen Bildern geschildert. Etwa wenn er sagte, die Marktwirtschaft sei ein Plebiszit rund um die Uhr, und in keiner praktizierten Demokratie sei der Minderheitenschutz so ausgeprägt wie in der Marktwirtschaft. Auch Eucken hat die strukturelle Ähnlichkeit der Demokratie mit der Marktwirtschaft auf der einen Seite sowie der Diktatur mit der Planwirtschaft auf der anderen Seite betont, wobei Diktatur und Planwirtschaft auf dem äußersten rechten und auf dem äußersten linken Ende der politischen Skala gleichermaßen anzutreffen sind. Eucken beschreibt die Wirtschaftsordnung, die er empfiehlt, durch eine Reihe von Prinzipien. Zu ihnen zählen: die Preisbildung unter Bedingungen des Wettbewerbs, das Privateigentum, die Vertragsfreiheit, die volle Haftung für jegliches Handeln, ein wertbeständiges Geld.

Soziale Marktwirtschaft

Marktwirtschaft und Soziales war für die deutschen Ordo-Liberalen der dreißiger und vierziger Jahre – also für die Wegbereiter der wirtschaftlichen Nachkriegsordnung – kein Gegensatz. Im Gegenteil: alle sehen die soziale Leistung der Marktwirtschaft darin, dank ihrer überlegenen Effizienz einen wachsenden Wohlstand für die Masse der Menschen zu schaffen.

Bei Ludwig Erhard gerann diese Überzeugung zum unvergessenen Schlagwort und Buchtitel „Wohlstand für alle". Unterschiedliche Akzente allerdings setzen die deutschen Ordo-Liberalen in der Betonung des zusätzlich Notwendigen an sozialpolitischen Maßnahmen. Eucken erwähnt die Korrektur der Vermögensverteilung und – visionär für die damalige Zeit – den Schutz der Umwelt. Bei Müller-Armack, Röpke und Rüstow spielen Elemente der christlich-humanistischen Ethik eine wesentliche Rolle. So führt Röpke die Neigung vieler Menschen, den Verlockungen des Kollektivismus zu erliegen, auf ihre Entwurzelung aus dem Religiösen zurück. Und er stellt fordernd fest: Das Maß der Wirtschaft ist der Mensch, das Maß des Menschen ist sein Verhältnis zu Gott.

Die Gedanken der beiden wichtigsten Schulen des deutschen Ordo-Liberalismus – der „Freiburger Schule" (Hauptvertreter sind Böhm und Eucken) und der „Kölner Schule" (für sie steht vor allem der Name Müller-Armack) – flossen ein in das Konzept der „Sozialen Marktwirtschaft", das für den praktischen Gebrauch wesentlich von Müller-Armack formuliert und von Erhard in die politische Praxis getragen wurde. Aus Freiburg kommt die starke Betonung des Wettbewerbs, die Kölner Schule legt Wert auf die Idee des sozialen Ausgleichs.

Ludwig Erhard und die DM.

Hayek wird nicht zu den Ordo-Liberalen gezählt: Seine rabiate Abneigung gegen alle konstruierten Ordnungen und gegen den Begriff des Sozialen würden es in der Tat kaum rechtfertigen, ihn dieser Schule zuzuordnen; er hat sich aber, vor allem in seinen späten Jahren, mit „Freiburg" – wo er bis zu seinem Tod gelehrt und gewohnt hat – teilweise identifiziert, er hat insbesondere die Thesen der Freiburger gegen die Idee einer ständestaatlichen Ordnung gewürdigt.

Insgesamt galt den Ordo-Liberalen der Nachkriegszeit die „Soziale Marktwirtschaft" als der oftmals gesuchte Weg zwischen dem Laisser-faire des klassischen Liberalismus und der vom Kollektivismus geprägten Philosophie des Sozialdemokratismus, wie er sich etwa im (gescheiterten) schwedischen Modell darstellt.

Die Soziale Marktwirtschaft wurde – ausdrücklich unter dieser Bezeichnung – zunächst zum Programm der CDU, nachdem die Partei sich von den sozialistischen Thesen ihres Ahlener Programms getrennt hatte. In den fünfziger und sechziger Jahren wurde die Soziale Marktwirtschaft dann durch Erhard als Wirtschaftsminister zur beherrschenden Doktrin der Wirtschaftspolitik in der Bundesrepublik, und sie hat sich heute über die Parteigrenzen hinweg zum Markenzeichen deutscher Tüchtigkeit und Fähigkeit zum Konsens entwickelt. Die wirtschaftlichen Teile des Godesberger Programms der SPD von 1959 laufen in vielen Passagen auf das Konzept der Sozialen Marktwirtschaft hinaus.

Der Begriff „Soziale Marktwirtschaft" ist seit Jahrzehnten in international besetzten Foren und Diskussionsrunden zur Wirtschaftspolitik geläufig. Seit dem Umbruch von 1989 gilt sie in den mittel-ost-europäischen Reformländern als der politisch attraktive und ökonomisch vernünftige „dritte Weg", den man zu Blockzeiten mit allerlei Varianten des Sozialismus gesucht, aber dann doch nicht gefunden hatte.

■ Der Freiburger Imperativ

In der deutschen Geschichte der Wirtschaftspolitik der Nachkriegszeit lassen sich Wellen der wirtschaftlichen Überzeugungen und der jeweils vorherrschenden ökonomischen Doktrinen erkennen.

Die frühen Jahre nach der Währungsreform von 1948 standen ganz im Zeichen des „Freiburger Imperativs", der sich im wesentlichen auf den Begriff des Wettbewerbs reimte. Als Abgeordneter im Bundestag kämpfte Böhm leidenschaftlich für das Gesetz gegen Wettbewerbsbeschränkungen mit seinem Schwerpunkt des Kartellverbots. Die Macht der Kartelle gebrochen und die deutsche Volkswirtschaft sehr rasch nach außen geöffnet zu haben, gilt bis heute als unbestrittenes Verdienst der Politik der fünfziger Jahre.

Als in den sechziger Jahren der Machtwechsel zunächst zur großen Koalition und dann zur sozial-liberalen Koalition vollzogen wurde, änderte sich am Gedankengut der Sozialen Marktwirtschaft im Grunde nichts. Das Sozialsystem und die Mitbestimmung wurden ausgebaut, gleichzeitig wurde aber auch das Wettbewerbsrecht verschärft. Etwas Neues allerdings kam hinzu: der Glaube an die Steuerbarkeit der Konjunktur mit den Mitteln der Finanzpolitik, getragen durch die Vernunft der gesellschaftlichen Gruppen.

■ Am Steuerpult: John Maynard Keynes

Diese Welle des Spätkeynesianismus (die theoretische Lehre des englischen Ökonomen John Maynard Keynes war damals immerhin schon dreißig Jahre alt) war nicht auf die Bundesrepublik beschränkt. Sie fand aber hier ihren kodifizierten Ausdruck im Gesetz über die Stabilität und das Wachstum der Wirtschaft (Stabilitätsgesetz) und ihren Regisseur in Karl Schiller, der Politikvertreter, Verbände und Experten regelmäßig zur Konzertierten Aktion einlud. Wie vorher die Soziale Marktwirtschaft, so geriet nun die Konzertierte Aktion zum deutschen Vorbild einer auf Konsens bauenden Wirtschaftspolitik.

In den siebziger Jahren folgte die Ernüchterung. Der Staat als Glätter der Konjunktur wurde entzaubert. Die Politiker lasteten die Misserfolge der gegensteuernden Wirtschaftspolitik den beiden „Ölpreisexplosionen" an, die vorgeblich alle bewährten Mechanismen der Wirtschaftspolitik vorübergehend außer Kraft setzten.

Doch daran lag das Scheitern der keynesianisch begründeten Antizyklik nicht. Der Staat hatte sich mit einer Serie sogenannter Konjunkturprogramme in der Erwartungsbildung des Publikums verbraucht. Die Investoren hatten die „Fiskalillusion" verloren, wie liberale Ökonomen das nannten. Das heißt: Sie hatten die – oftmals – nur preis- und kostentreibende Politik staatlicher Nachfrageschübe zunehmend vorweg ins Kalkül gezogen und sich keine zusätzliche Rendite aus den Maßnahmen des Staates ausrechnen können. Die Konjunkturprogramme verpufften im Nominalen, ohne die Konjunktur real noch nennenswert beeinflussen zu können. Die Rezepte des Lord Keynes leben von der Überraschung und vom Erfolg derer, die an der Inflation gewinnen, weil andere daran verlieren. Ohne Senkung des Reallohnes funktioniert die keynesianische Konjunkturmechanik nicht. Wo alle richtig rechnen, sind die keynesianischen Instrumente stumpf. Diese theoretische Einsicht wurde in den siebziger Jahren zu praktischen Erfahrung der Unternehmer und der Tarifparteien. Damit hatte die Antizyklik ihre Schubkraft für die Produktion immer neuer, aber auch immer kleinerer Aufschwünge verloren.

■ Paradigmenwechsel: Monetarismus und Angebotspolitik

So gab es den Paradigmenwechsel zur Angebotspolitik. Zeitlich fiel er in etwa mit der „Wende" des Jahres 1982 zusammen, mit der Übernahme der Regierungsverantwortung in Bonn durch die konservativ-liberale Koalition. Die Rolle des Staates wurde neu vermessen und – zumindest konzeptionell – etwas kleiner angelegt: Stabilität, Privatisierung, Deregulierung, Abbau von Subventionen, Verringerung des Staatsanteils lautete, und lautet bis heute, die normative Botschaft der Angebotspolitiker.

Die Angebotspolitik gründet nicht auf einer abgrenzbaren Lehre. Es finden sich in dieser Politikempfehlung einer ganzen Reihe ökonomischer Doktrinen: die vorangekündigte Geldmengenpolitik auf der Grundlage der monetaristischen Lehre Milton Friedmans, das Bild des dynamisch-innovativen Unternehmers aus der Entwicklungstheorie Joseph Schumpeters (1883 bis 1950), Lehren aus der Verkrustungshypothese Mancur Olsons und sogar Spuren des politisch begründeten Radikal-Liberalismus James Buchanans.

Der Paradigmenwechsel der achtziger Jahre war nicht auf die Bundesrepublik beschränkt: Neu bestimmt und kleiner zugeschnitten wurde die Rolle des Staates vor allem im Großbritannien der Ära Margaret Thatcher, aber auch in den Reaganomics der Vereinigten Staaten und in der Wirtschaftspolitik der französisch Sozialisten unter François Mitterrand. Die praktische Politik ist allerdings in allen Ländern hinter der konzeptionellen Besinnung zurückgeblieben. Der Staat hat sich nirgendwo ernsthaft auf den Rückmarsch aus dem Wirtschaftskreislauf begeben. Es ist – vor allem in Großbritannien – einiges an Industrien und Dienstleistungen privatisiert worden. Es hat – insbesondere in Amerika – eine Welle der Deregulierung gegeben. Aber der Einfluss des Staates auf die Verwendung des Sozialprodukts ist hoch geblieben. Seit dem Ende der achtziger Jahre nehmen die Staatsanteile sogar wieder zu. In der Bundesrepublik wurde und wird das mit den Sonderlasten und Sonderaufgaben der Vereinigung erklärt. Aber auch ohne solche Herausforderungen kann sich die Politik nur schwer von Aufgaben trennen, die sie einmal übernommen hat. Der finanzwirtschaftlichen Reflex dieses Beharrungsvermögens ist die bisweilen grotesk unterentwickelte Fähigkeit der politischen Gremien und Ebenen, in den Etats zu sparen – also Mittel für Aufgaben freizusetzen, die in der Tat zumindest vorübergehend nach Eingriffen des Staates rufen.

◼ Das Ziel-Mittel-Schema

Um die Rolle des Staates in der Wirtschaftsordnung geht es auch bei den Zielen und Mitteln im Alltagsgeschäft der Wirtschaftspolitik. Drei Ziele gelten heute in allen demokratisch regierten Industrienationen als Vorgaben für die Politik: stabiler Geldwert, ein hohes Maß an Beschäftigung und ein dauerhaftes Wachstum.

Diese Ziele werden nicht immer befriedigend erreicht, bisweilen werden sie nicht einmal kraftvoll verfolgt, aber sie werden auch nicht grundsätzlich in Frage gestellt. Andere Ziele – ein gewisses Gleichmaß der Einkommensverteilung, soziale Grundsicherung, Schutz der natürlichen Umwelt, ein langfristiges Gleichgewicht in den Außenwirtschaftsbeziehungen – haben eher den Charakter von Nebenbedingungen, für die allerdings teilweise schon der Rang eines Grundrechts oder Staatsziels in der Verfassung reklamiert wird.

Auf den niederländischen Ökonomen Jan Tinbergen geht die Empfehlung zurück, die gesamte Wirtschaftspolitik so zu organisieren, dass möglichst jedem Ziel ein Mittel zugeordnet wird. Dieses Tinbergen-Schema hat ökonomische und politische Bedeutung. Hält man sich daran, so hat man die Chance, dass Ziele und Mittel sich nicht verheddern, dass es nicht zu unüberschaubaren Nebenwirkungen und inneren Widersprüchen der Politik kommt. Im politischen Sinne stellt das Tinbergen-Schema die Transparenz der Verantwortlichen sicher: man weiß, wer gefehlt hat, wenn ein Ziel deutlich verfehlt wurde.

In der Praxis wird das Tinbergen-Schema in keinem Land eingehalten. Und es zeigt sich überall, dass Fehlsteuerungen und Verwischung der Verantwortung die Folgen dieser Nichtbefolgung sind. Dabei wäre eine klare Zuordnung durchaus möglich. Angewandt auf den Zielkatalog des deutschen Stabilitätsgesetzes hat der Sachverständigenrat in seiner Frühzeit das Ziel-Mittel-Schema einmal so ausgefüllt: Für die Stabilität ist die Geldpolitik der Deutschen Bundesbank verantwortlich, die Verantwortung für die Beschäftigung liegt bei der Lohnpolitik der Tarifparteien, das angemessene Wachstum unterstützt der Staat durch die Bereitstellung einer leistungsfähigen Infrastruktur, finanziert aus Haushaltsmitteln, das außenwirtschaftliche Gleichgewicht regelt sich über freie Wechselkurse.

Aus verschiedenen Gründen ist diese klare Zuweisung auch in der politischen Praxis der Bundesrepublik nicht erfüllt. Den Tarifparteien ist es gelungen, die Verantwortung für den Beschäftigungsgrad an die allgemeine Wirtschaftspolitik und die Unterhaltung der Arbeitslosen an die Sozialpolitik zu delegieren. Die Tarifparteien haben die Verantwortung abgeschoben, um die Fehlleistungen der Lohnpolitik zu kaschieren. Und die Politik hat sie an sich gezogen, weil sie glaubte, eine Beschäftigungsgarantie ins Schaufenster ihres sozial- und wirtschaftspolitischen Angebots legen zu sollen. Haushalt und Steuern werden in den Dienst einer schier unübersehbaren Fülle von Zielen – der Familienförderung, des sozialen Ausgleichs, der Industrie- und Regionalpolitik – gestellt. Wachstumsvorsorge ist dabei kaum noch zu erkennen. Klar ist die Zuordnung lediglich bei der Geldpolitik: für die Stabilität des Euro (gemessen an seiner inneren Kaufkraft) ist die Europäische Zentralbank verantwortlich. Aus gutem Grund wird in der öffentlichen Debatte um den Wechselkurs des Euro immer wieder klargestellt, dass sich die Aufgabe der Europäischen Zentralbank auf die Stabilität im Sinne der inneren Kaufkraft beschränkt, die Zentralbank also nicht für den (frei schwankenden) Wechselkurs des Euro verantwortlich gemacht werden darf.

◼ Staatsversagen

Im teilweise absichtsvoll herbeigeführten Wirrwarr der Ziele und Mittel sind die Fehlerquellen und die Korrekturmöglichkeiten der Politik oftmals kaum zu erkennen. Das Beschäftigungsziel wird zwischen den Tarifparteien und dem Staat hin- und hergeschoben. Für die Infrastruktur bleibt nicht genug an Mitteln, wenn die Sozialaufgaben schubweise wachsen und immer größere Teile des Etats in Anspruch nehmen. Wachstumsimpulse, die der Staat mit Ausgaben für die Verkehrsinfrastruktur geben will, werden in ihrer Wirkung aufgehoben, wenn er die Kräfte der Wirtschaft gleichzeitig mit Steuern und Abgaben lähmt. Insgesamt zeichnet sich für die meisten Industriestaaten ab, dass der Staat langfristig immer mehr Aufgaben und Verantwortlichkeiten an sich zieht: Aufgaben, die er einmal übernommen hat, gibt er nicht an die Privaten zurück, neue finden sich laufend. Olsons Theorie der Sklerose – der Verkrustung der Volkswirtschaften im Korsett der Regulierung und unter der Last der Abgaben – steckt zum Teil schon in der systematischen Verletzung des Tinbergen-Schemas.

Eine kritische Betrachtung der Rolle des Staates in einer Reihe von westlichen Wirtschaftsverfassungen kommt zu keinem günstigen Urteil: der Staat erscheint im Gewand des verschwenderischen Sozialbetreuers und des gescheiterten Konjunkturlenkers. Die Daseinsvorsorge gegen die Risiken des Lebens ließe sich billiger und wohl auch gerechter auf die Grundlage individuell ausgerichteter, marktwirtschaftlich kalkulierter Sicherungseinrichtungen (private Versicherungen) organisieren. Und glättender als das konjunkturelle Gegensteuern ist eine langfristig verlässliche, auf Kontinuität angelegte Geld- und Finanzpolitik. Vieles, was in der politischen Diskussion als Marktversagen diagnostiziert wird, von der Arbeitslosigkeit bis zur Verschmutzung der Umwelt, ist bei Licht besehen als Staatsversagen zu beurteilen.

Der Wert der Rechtsordnung

Besser könnte der Staat aussehen, wenn er sich auf die Sicherung der institutionellen Grundlagen und auf die Wachstumsvorsorge konzentrierte. Dominierend sollte allerdings auch hier sein Einfluss nicht sein. Aber er kann doch das bereitstellen, was sich immer schon in den Entwicklungsländern und seit dem Ende der Blockzeit in den so genannten Transformations-Volkswirtschaften Mittel- und Osteuropas als Engpassfaktor erweist: eine gute Rechtsordnung, den Schutz der Rechte, die aus Eigentum und Vertrag folgen, den organisatorischen Rahmen für die Geldordnung und für den Kapitalmarkt. Da ließe sich auch in den entwickelten Industrienationen noch vieles verbessern. Die Wirkung auf die Wachstumsraten wäre wahrscheinlich beträchtlich.

Denn das Wachstum hängt immer weniger von den Gaben der Natur ab. In der Bewertung der Ressourcen, die das Wachstumspotenzial einer Volkswirtschaft bestimmen, hat sich in den letzten zweihundert Jahren ein bemerkenswerter Wandel vollzogen. Zunächst waren es die natürlichen Rohstoffen und die nach schierer Zahl bewerteten Arbeitskräfte, die den Rahmen für das mögliche Sozialprodukt der zunächst fast nur von der Urproduktion lebenden Volkswirtschaften setzten. Dann kam das produzierte Kapital hinzu. Es führte zu jener „Produktivität des Produktionsumweges", die bis in die Zeit nach dem Zweiten Weltkrieg der wesentliche Erklärungsfaktor der Wachstumspotentiale in West und Ost war. Der Wohlstandswettlauf entschied sich an der Zahl der Maschinen.

Unsichtbare Produktionsfaktoren

In den Produktionsfunktionen der volkswirtschaftlichen Gesamtrechner – also in den formalen Beziehungen zwischen den Einsatzfaktoren und dem erstellten Sozialprodukt einer Volkswirtschaft – tauchte in den sechziger

Jahren erstmals ein zunächst schwer zu erklärender „Restfaktor" an Produktivität auf. Der von den Wirtschaftsforschern mühsam herauspräparierte Inhalt dieses Restfaktors sollte bald zur bestimmenden Größe für die Wachstumsraten der westlichen Industrienationen werden: Informationen, Wissen, Ausbildung, das im Menschen verkörperte Humankapital. Die Erklärungsgrößen der Produktionsfunktion verschoben sich sozusagen vom Handgreiflichen – dem Ackerland, den Erzlagerstätten, den Dampfmaschinen und Fließbändern – zum Unsichtbaren: Dem Hantieren mit geisterhaften Informationseinheiten und der Umsetzung von Forschungsergebnissen und Ausbildungsinhalten in neue Produkte und neue Verfahren.

Bis an einen solchen Punkt der Entwicklung kommt die Marktwirtschaft – mindestens gedanklich – ganz gut ohne den Staat aus, jedenfalls im Prinzip. Realkapital bildet sich am besten unbeeinflusst von Steuern und Subventionen durch das marktgesteuerte Zusammenspiel von Sparen als Konsumverzicht und in Investieren als Ausdruck unternehmerischer Wagnisbereitschaft. Forschung und Entwicklung sind ebenfalls im Privatbereich gut aufgehoben. Selbst die Ausbildung – einschließlich des mit Recht als Vorbild geltenden dualen Systems der gewerblichen Ausbildung in der Bundesrepublik – läßt sich gut und kostengünstig in einem weitgehend staatsfreien Raum organisieren. Jedenfalls wird dafür nicht so viel Staat gebraucht, wie manche Bildungspolitiker meinen.

Doch die stillen, aber einschneidenden Veränderungen in der Produktionsfunktion gehen weiter. Auch Praktiker und Politiker wissen heute, was die Anhänger der sogenannten Institutionen-Ökonomik meinen, wenn sie die wachsende Bedeutung ihrer (alten, aber bis vor einigen Jahren in den Hintergrund gedrängten) Disziplin herausstellen: die Theorie der Rechtsverhältnisse und Organisationen.

Dass Eigentum und Vertragsfreiheit, Rechtsschutz und klare Haftungsverhältnisse für eine gedeihliche Entwicklung der Wirtschaft wichtig sind, wissen die Ökonomen eigentlich seit den Arbeiten ihres Stammvaters Adam Smith. Aber wie wichtig Arbeits- und Unternehmensrecht, Bankwesen und Börsenorganisation, Versicherungs- und Konkursrecht wirklich sind, ist erst für jedermann erkennbar geworden, seit sich die Planwirtschaften auf den Weg zur Marktwirtschaft gemacht haben. Wo die Rechtsfiguren der freien Verkehrswirtschaft und die Verwaltungserfahrungen gegliederten Staatswesen fehlen, da kommen die Reformen nicht voran oder sie nehmen – zum Schaden der Idee der Marktwirtschaft – mafiose Formen an: Treu und Glauben wollen geübt sein, am besten an den Kletterstangen eines kodifizierten Vertrags- und Haftungsrecht.

■ Standortqualitäten

Hier tun sich Aufgaben für den Staat auf. Es sind Aufgaben, für deren Erledigung nicht viel Geld gebraucht wird, sondern ein wacher Sinn für effizienzsteigernde Rechtsverhältnisse und Rahmenbedingungen des Wirtschaftens. Die heute auf fast allen Symposien zu hörende These, der Wettbewerb der Standorte werde auf einen Wettbewerb der Rechtsordnungen und Steuersysteme, der Verwaltungen und Sozialorganisationen hinauslaufen, ist nicht unplausibel. Sie ist im Kern auch nicht neu. Denn es sind immer die unbeweglichen Faktoren gewesen, die über den Wert eines Standorts entschieden haben. Als die Transportkosten überall auf der Welt hoch waren, mussten Arbeit und Kapital an die Orte der Erz- und Kohlelager wandern. Mit sinkenden Transportkosten wurde die Arbeit zum (relativ) immobilen Faktor, dessen Einsatz- und Entlohnungsbedingungen entscheidend dafür wurden, wohin sich das Kapital bewegte. Je arbeits- und kapitalsparender der technische Fortschritt wird, umso größer wird das relative Gewicht der ortsgebundenen Rahmenbedingungen: der Rechts- und Steuerordnung, der Regulierungen und Normen.

Der Wettbewerb der Politik um den besseren Standortwert der Volkswirtschaften wird sich nicht am staatlichen Förderaufwand für die Chip-Forschung und schon gar nicht am Schutz der jeweils heimischen Produzenten in abgeschotteten Handelsburgen entscheiden. Es wird vielmehr einen Wettbewerb um die attraktiveren Institutionen und Organisationen geben. Die Reform- und Entwicklungsländer können sich zunächst aufs Importieren von Elementen einer Rechts- und Wirtschaftsordnung beschränken: sie können und werden sich aussuchen, wessen Rechtssystem sie übernehmen wollen. Länder, die bei diesem Exportwettbewerb die Nase vorn haben, können auf solche Weise mehr für die Lieferchancen ihrer Industrien auf den neuen Märkten tun, als das mit Bürgschaften oder subventionierten Lieferkrediten je möglich wäre. Auch in ihrem Verhältnis untereinander werden die fortgeschrittenen Industrienationen in Konkurrenz um die bessere Rechts- und Wirtschaftsordnung treten. Deregulierung und Privatisierung werden dann abermals auf die Agenda der Politik gesetzt werden – nun nicht im innenpolitischen Wettbewerb der Parteien, sondern im außenwirtschaftlichen Wettbewerb ganzer Volkswirtschaften und Regionen.

Die zivilisatorische Evolution

Deregulierung heißt nicht Rückfall in die Rechtlosigkeit, sondern Suche nach dem weniger behindernden und doch schützenden Recht. Der Wettbewerb der Normen wird wichtiger werden als der Wettbewerb der Erzlager, Bodenqualitäten und Klimabedingungen. Künftige Beispiele für die Wirkung der komparativen Kosten als Motoren der Handelsströme zwischen Produktionsstätten und als Qualitätskriterien von Standorten werden nicht wie bei David Ricardo (1772 bis 1823) die Bedingungen der Erzeugung von Tuch und Wein sein, sondern der Vergleich von Rechtsordnungen. Auch in der Weltwirtschaft wird die Evolution des Natürlichen durch die Evolution des Zivilisatorischen abgelöst werden. Vorne sein werden diejenigen, die über den größeren Freiheitsgrad verfügen – über das höhere Maß an Freiheit für die Menschen und für die Freiheit der spontanen Entwicklung der Ordnungselemente des Staates und der Wirtschaft.

Die offene Gesellschaft

Die Marktwirtschaft ist die Wirtschaftsordnung der offenen Gesellschaft. Der Verteidigung der Idee und der Praxis der offenen Gesellschaft hat der Philosoph Karl Popper einen wesentlichen Teil seines Lebenswerks gewidmet. Die offene Gesellschaft ist die Gesellschaft der sokratischen Bescheidenheit des „Ich weiß, dass ich nichts (Gesichertes) weiß". Es ist die Gesellschaft des Versuchs und des Irrtums, die Gesellschaft des Wettbewerbs – des Wettbewerbs auch um die passendere Rechtsfigur im Unternehmensrecht, um das bessere Produkt auf den Märkten, um das kostengünstigere Verfahren im Betrieb und die ressourcenschonenderen Prozesse in der Volkswirtschaft. Das Wissen um die Irrtumsanfälligkeit allen Forschens und Versuchens liefert auch eine rationale Begründung für die Priorität der Freiheit in einem universalen Grundrechtskatalog der Menschheit: erst die Freiheit eröffnet die Chance, sich mit einer gängigen Meinung nicht zufrieden zu geben, einen neuen Versuch zu wagen, der die herrschende Lehre erschüttern könnte. Wenn die Natur nicht auf die Freiheit des individuellen Versuches angelegt wäre, dann gäbe es keine Möglichkeit, bessere Chancen des Überlebens zu entwickeln und zu erproben. Das gilt für Bakterien und für Menschen, für die Selektion der Genome und für die Bewährung von Theorien.

■ Wettbewerb der Ideen

Karl Popper ist der Hausphilosoph der liberalen Ökonomen: Was sie eint, ist ihr Kampf für den Wettbewerb – bei Popper ist es im weitesten Sinne der Wettbewerb der Theorien, bei den Ökonomen ist es der Wettbewerb um Marktanteile. Der Wettbewerb der Theorien steht im Gegensatz zur autoritär gestützten Doktrin oder zur tabuisierten Glaubenswahrheit. Der Wettbewerb auf den Märkten steht im Gegensatz zur Macht des Kartells, zur Garantie des Privilegs, zum staatlichen Schutz vor Außenseitern und Neuankömmlingen.

In der Marktwirtschaft ist auch die Wirtschaftspolitik ein Prozeß des Versuchs und des Irrtums. Das heißt nicht, dass es Blindversuche seien. Die Wirtschaftspolitik wird geleitet durch Theorien und Vermutungen, die ihrerseits Versuche sind – Versuche, Abläufe zu erklären und Zusammenhänge zwischen vermeintlich weit auseinander liegenden Phänomenen herzustellen.

So ist der Monetarismus eine inzwischen recht gut bestätigte Vermutung über den Zusammenhang zwischen der umlaufenden Geldmenge, den Produktionsmöglichkeiten einer Volkswirtschaft und der Entwicklung des Preisniveaus. Die daraus hergeleitete Geldpolitik ist der Versuch, das Preisniveau stabil zu halten, indem der Zuwachs der Geldmenge dem wachsenden Produktionspotential angepasst wird. Es ist die Politik der vorangekündigten Geldmengenexpansion, die die Bundesbank seit mehr als fünfzehn Jahren betrieben hat: nicht mit perfektem Erfolg, aber doch so erfolgreich, dass die Ergebnisse der Politik für die Stichhaltigkeit der ihr zugrunde liegenden Theorien sprechen. Darin liegt auch der Grund für die Forderung, die Europäische Zentralbank solle ihre Politik der „zwei Pfeiler" – die Geldmengensteuerung und die Beobachtung inflationsbedeutsamer Einflussgrößen – möglichst rasch in eine lupenreinere Form der Geldsteuerung überführen. Dass dies selbst wiederum als Lernprozess und das laufende Überprüfen einer Theorie verstanden wird, gehört zum intellektuellen Rüstzeug der offenen Gesellschaft.

■ Die Stückwerk-Technik

Da die offene Gesellschaft sich der Fehlerhaftigkeit aller Vermutungen und Versuche bewusst ist, vermeidet sie – wo irgend möglich – das ökonomische oder politische Großexperiment. Für die Steuerungstechnik der kleinen Experimente – also der Experimente, die jedes für sich zu vertretbaren Kosten zu revidieren sind – hat Popper ebenfalls die heute gängige Bezeichnung gefunden: es ist das piece-meal engineering, die „Stückwerk-Technik" im besten Sinne. Vorbilder für diese Stückwerk-Technik sind die tastende Evolution der Natur und der Markt. Die evolutorische Sicht ist das heute weithin unangefochtene Paradigma der Biologie. Auch Ökonomen bedienen sich zumindest der Begriffe und Bilder dieses Paradigmas mit einem gewissen Erfolg.

In zahllosen Versuchen setzt eine Volkswirtschaft – vertreten durch ihre Investoren – kleine Summen von Kapital ein: mal für die Markterprobung einer Produktidee, mal für den Erfolgstest einer Verfahrensneuheit. Manches wird sich als Fehlversuch herausstellen, aus anderen Kleinexperimenten wird sich eine neue Marktnische ergeben. Der erfolgreiche Versuch wird rasch einen größeren Marktanteil erobern. Dann treten Nachahmer auf und machen dem Ersterfinder die Marktnische streitig. Das Produkt oder das Verfahren wird aufgenommen in die Liste der Erfolge – und behauptet dort einen guten Platz bis zur nächsten erfolgreichen Erfindung. Dieses Erklärungsgerüst lässt sich mit den unterschiedlichsten Dingen füllen, mit dem Biotop einer Meeresbucht ebenso wie mit dem Bild des schöpferisch zerstörenden Unternehmers in der dynamischen Wirtschaftstheorie von Joseph A. Schumpeter.

◼ Die Risiken des Großversuchs

Wenn ein Großversuch sich als Irrtum herausstellt, dann sind die Folgen katastrophal. Das Scheitern der Planwirtschaften im kommunistisch regierten Teil der Welt ist ein Beleg für die ungeheuerlichen Kosten dieses Fehlversuchs der Ideologie, der alles beherrschenden Doktrin der Politik und der Wirtschaft. Was da an Kosten – von der Unterdrückung der Freiheit über die Ressourcenverschwendung bis zur Vergiftung der Umwelt – angelaufen ist, gehört zu den schmerzlichen Lehren dieses Jahrhunderts. Solche Erfahrungen vermitteln Einsichten, aber kein gesichertes Wissen – jedenfalls keines, das vor weiteren Irrtümern schützt. Offenheit ist auch eine Kategorie, die für die Zukunft gilt. Es gibt kein Ende der Geschichte. Gedanken zur Wirtschaftsordnung haben in der Geistesgeschichte einen langen Weg zurückgelegt. In langfristiger Deutung der zivilisatorischen Evolution wird die Marktwirtschaft als eine spontan entstehende Ordnung gesehen, die nicht auf einem explizit ausgehandelten Gesellschaftsvertrag beruht. Nach dieser Sichtweise hat die Marktwirtschaft im Prozess des zunächst mühsamen und keineswegs immer friedlichen Zustandekommens der ersten Tauschvorgänge auch ihre eigene Moral entwickelt. Das waren zunächst unkodifizierte Sitten und Gebräuche, die dem Tausch förderlich sind: Ehrlichkeit, Vertrauenswürdigkeit, Wahrheitsliebe, Zuverlässigkeit, Pünktlichkeit, Fairness. Weil die Tauschwirtschaft diese Kulturleistung erbracht hat, hat sie sich durchgesetzt. Denn nur eine Gesellschaft, die über diese Elemente einer Moral verfügt, kann die Transaktionskosten einer dezentralisierten, arbeitsteiligen, auf Wettbewerb beruhenden Wirtschaft niedrig halten.

Die Moral des Marktes wiederum fördert die Leistungsfähigkeit der Tauschwirtschaft. Daher hat sie gute Chancen, von den Mitgliedern der Gesellschaft eingehalten zu werden.

Das System der natürlichen Freiheit

Der Beginn der modernen Theorie der Marktwirtschaft wird gemeinhin mit dem Werk von Adam Smith (sein „Wohlstand der Nationen" erschien 1776) datiert. Smith verknüpft in einer umfassenden Ordnungstheorie die Ethik, den Markt und den Staat zu einem „System der natürlichen Freiheit". Ausgangspunkt seiner Morallehre, seiner Marktlehre und seiner Staatslehre ist das natürliche Selbstinteresse des Menschen, das aber Mitgefühl gegenüber dem Schicksal des Nächsten nicht ausschließt. Das Leistungsethos wird bei Smith zum Motor der „unsichtbaren Hand", die das Selbstinteresse mit dem Gemeininteresse versöhnt oder gar zu Deckung bringt.

Die Utopie braucht den Menschen, den es nicht gibt. In der Marktwirtschaft dagegen ergeben sich aus mittelmäßigen Motiven hervorragende Taten, ganz so, „als sei der Mensch von Natur aus schon edel, hilfreich und gut" (Herbert Giersch).

Und welche Rolle spielt der Journalist in der Demokratie und in der Marktwirtschaft? In einer Welt konkurrierender Theorien und rivalisierender Programme ist der Journalist das informationsvermittelnde Medium des Wettbewerbs. Er ist das nicht im Sinne einer vierten Gewalt. Woher käme denn deren Legitimation?

Der Journalist erlässt keine Normen, und er richtet nicht über „wahr" und „falsch" durch selbstgesetztes Recht. Er leiht der Kritik seine Stimme, indem er über neue Theorien und alternative Politikentwürfe samt deren Begründungen berichtet. Er macht die Diskussion möglich, die nichts anderes ist als Wettbewerb im Reich der Ideen und intellektuellen Entwürfe. Wo es nur ein Dogma gibt, da braucht man keine Boten der geistigen Auseinandersetzung. Journalisten können nur dort ihre Arbeit tun, wo der Wettbewerb den Alltag prägt: die Entscheidungen der Haushalte und Unternehmen, die wirtschaftspolitischen bedeutsamen Entscheidungen des Parlaments, der Regierung, der Notenbank, der Tarifparteien.

Nur in der offenen Gesellschaft wird der Journalist geduldet. Daher sollte er aus Selbstinteresse zu den Verteidigern einer Wirtschaftsordnung gehören, in der Freiheit und Wettbewerb auf den ersten Plätzen der Liste rangieren, die die wichtigsten konzeptionellen und institutionellen Elemente einer Marktwirtschaft enthält. Das Wirtschaftsressort der Frankfurter Allgemeinen Zeitung würde – wenn zehn Elemente zu wählen wären – für diese Liste votieren: Vertrags- und Gewerbefreiheit – Eigentumsgarantie – Wettbewerb – Stabiles Geld – Konvertible Währung – Offene Grenzen – Unabhängigkeit der Notenbank – Zweistufiges Banksystem – Verbot staatlicher Kreditfinanzierung durch die Notenbank – Soziale Hilfe in Notfällen.

In der Wirklichkeit sind viele Abweichungen von diesem Ideal zu beobachten. Von manchem gibt es zuwenig: Stabilität und Wettbewerb sind hier zu nennen. Von anderem gibt es zuviel: Die Eingriffe des Staates sind zahlreicher und gravierender, als es einer plausiblen Arbeitsteilung zwischen dem Markt und dem Staat entspricht. Wirtschaftspolitik steht im Spannungsverhältnis von Freiheit und Ordnung, sie ist die Kunst des Kompromisses. Schwierigkeiten und Ergebnisse der Suche nach dem Kompromiss kennzeichnen die Kernbereiche der Wirtschaftspolitik, die in den folgenden Kapiteln geschildert werden.

2. Die deutsche Wirtschaft im Euroraum

Die deutsche Wirtschaft ist – gemessen an den gängigen Vergleichswerten – die größte Volkswirtschaft in der Europäischen Union und damit auch im Euroraum der elf Länder, die zum 1. Januar 1999 den Euro als ihre Gemeinschaftswährung eingeführt haben. Aber die deutsche Wirtschaft ist keine „dominante Volkswirtschaft" in dem Sinne, dass ihre Außenbeziehungen von untergeordnetem Gewicht für ihre innere Stärke und Struktur wären. Die deutsche Wirtschaft prägt das Bild der Wirtschaftszahlen des Euroraums. Doch es gilt auch das Umgekehrte: es ist unverkennbar, dass die deutsche Wirtschaft ein Teil des Euroraumes ist, dass das wirtschaftliche Erscheinungsbild des Euroraumes mehr ist als nur der Rahmen der Wirtschaftstableaus der deutschen Wirtschaft. Die wechselseitigen Bedingtheiten sind bedeutsam für das Erstellen von Statistiken und für deren Deutung. Je mehr unter dem Einfluss der Gemeinschaftswährung die Konvergenz

voranschreitet, umso wichtiger werden – quer durch die ehemals „volkswirtschaftlichen" Gesamtrechnungen – europäische Werte werden: das gilt
für die konjunkturellen Momentaufnahmen ebenso wie für den Versuch
langfristiger Wachstums- oder Strukturvorhersagen.

◼ Konjunkturelle Situation und kurzfristige Perspektiven

Konjunkturell hat die deutsche Wirtschaft keinen übermäßig eindrucksvollen Start in die Europäische Währungsunion (EWU) gehabt. Unter den
elf Mitgliedsländern (siehe Tabelle 1) ist das gesamtwirtschaftliche Wachstum in der Bundesrepublik 1999 – ähnlich wie in Italien – mit nur 1,5
Prozent – eher schwach gewesen. Von der zunehmenden Aufhellung des
außenwirtschaftlichen Umfeldes, von der Stärkung der weltwirtschaftlichen
Nachfrage hat indessen der Export – ebenso wie von einer relativ hohen
Preis- und Kostenstabilität sowie vor allem von der anhaltend starken Abwertung des Euro gegenüber dem amerikanischen Dollar – kräftig profitiert. Diese Impulse haben mit der Zeit auf die Inlandsnachfrage ausge-
strahlt: Investitionen und Privater Verbrauch haben im Verlauf vermehrt
zum gesamtwirtschaftlichen Wachstum beigetragen – wenn auch hier die
Dynamik der Ausfuhr nicht erreicht worden ist. Bei weiterhin auch in den

Tab. 1: Bevölkerung, Fläche, Bruttoinlandsprodukt

Länder[1])	Bevölkerung		Fläche		Bruttoinlands-produkt	
	Mill.	Prozent	1000 km²	Prozent	Mrd. Ecu	Prozent
1. Deutschland	82,1	28,2	357	15,1	1929	32,9
2. Frankreich	58,7	20,2	544	23,0	1297	22,1
3. Italien	57,6	19,8	301	12,7	1059	18,0
4. Spanien	39,4	13,5	505	21,4	519	8,8
5. Niederlande	15,7	5,4	41	1,7	352	6,0
6. Belgien	10,2	3,5	31	1,3	223	3,8
7. Österreich	8,1	2,8	84	3,5	189	3,2
8. Finnland	5,2	1,8	338	14,3	115	2,0
9. Portugal	10,0	3,4	92	3,9	95	1,6
10. Irland	3,7	1,3	69	2,9	76	1,3
11. Luxemburg	0,4	0,1	3	0,1	16	0,3
EWU-Länder	290,8	100,0	2364	100,0	5871	100,0

1) 1998; nach dem Bruttoinlandsprodukt.
Quelle: Eurostat.

Tab. 2: Bruttoinlandsprodukt und BIP je Einwohner 1960 bis 2000[1])

Länder[2])	1960		1970		1980		1990		2000[3])	
	Mrd. Ecu	Ecu je Einw.	Mrd. Ecu	Ecu je Einw.	Mrd. Ecu	Ecu je Einw.	Mrd. Ecu	Ecu je Einw.	Mrd. Ecu	Ecu je Einw.
1. Deutschland[4])	469	8462	724	11935	945	15375	1182	18690	1557	18980
2. Frankreich	305	6685	554	10901	758	14074	940	16568	1109	18659
3. Italien	249	4956	485	9041	691	12237	861	14935	981	16643
4. Spanien	100	3287	203	6004	290	7744	398	10251	500	12665
5. Niederlande	71	6201	124	9524	180	12741	223	14889	288	18137
6. Belgien	58	6378	92	9593	128	13037	155	15510	185	18040
7. Österreich	44	6202	69	9275	100	13245	126	16250	157	19374
8. Finnland	35	7864	56	12090	78	16344	106	21293	129	24781
9. Portugal	14	1556	25	2807	40	4032	54	5488	70	7012
10. Irland	10	3557	15	5154	24	7100	36	10226	77	20243
11. Luxemburg	3	10399	5	12789	6	16349	8	22158	12	28395
EWU-Länder	1358	6017	2352	9565	3243	12503	4089	15263	5063	17255

1) Zu konstanten Preisen
2) Nach dem BIP 2000.
3) Schätzung Eurostat.
4) Einschließlich Ostdeutschland von 1991 an.
Quelle: Eurostat.

meisten anderen EWU-Ländern vergleichsweise hoher Preis- und Kostenstabilität haben (im Frühjahr 2000) gute Aussichten bestanden, dass die Arbeitslosigkeit 2001 zum erstenmal seit langem unter acht Prozent sinkt und
sich der reale Zuwachs des Bruttoinlandsproduktes zumindest dem Durchschnitt der EWU-Länder (rund drei Prozent) nähert. Allgemein kommt es
in der Währungsunion zu einer stärkeren Konvergenz des Wachstums.

■ Bevölkerung, Fläche, Bruttoinlandsprodukt

Nach dem demografischen und ökonomischen Potential zählt die deutsche Wirtschaft zu den führenden Industrienationen der Europäischen
Währungsunion. Mit einer Bevölkerung von 82 Millionen Menschen (das
entspricht einem Anteil von 28 Prozent) und einem Bruttoinlandsprodukt
von 1929 Milliarden Ecu (1998) – das entspricht einem Anteil von rund
einem Drittel – liegt Deutschland gemessen an diesen Indikatoren vor
Frankreich, Italien und Spanien an der Spitze der Rangliste (siehe auch
Tabelle 1). Bei Berücksichtigung der Bevölkerungszahl (Wohlstands-Indika-
toren) wird sich zeigen, dass sich die jeweiligen Positionen erheblich ver-

schieben können. Nach der geografischen Fläche sieht die Verteilung der Positionen etwas anders aus: Mit jeweils rund einer halben Million Quadratkilometern ist das Gebiet Frankreichs und Spaniens eindeutig größer. Finnland und Italien kommen mit jeweils rund 300 000 Quadratkilometern relativ nahe an die Fläche der Bundesrepublik Deutschland heran. Unter Berücksichtigung der Einwohnerzahl heißt das, dass die Bevölkerungsdichte in anderen EWU-Ländern zum Teil deutlich niedriger ist, was zum Beispiel unter ökologischen Gesichtspunkten – Energieverbrauch und Umweltbelastung- spürbare Vorteile in den weniger dicht besiedelten Ländern bedeuten kann.

■ Bruttoinlandsprodukt 1960 bis 2000

Die jeweiligen absoluten Größenordnungen sowie die relative Position der gesamtwirtschaftlichen Wertschöpfung sind in einer ersten Übersicht von Tabelle 1 aufgezeigt worden. Für die Frankfurter Allgemeine Zeitung hat Eurostat, das Statistische Amt der Europäischen Gemeinschaften, auf Anfrage nicht nur eine Schätzung der Realwerte für 2000 vorgenommen, sondern auch eine vergleichbare Reihe bis 1960 zurück für die einzelnen Länder von seinem Datenbestand zur Verfügung gestellt. Damit stehen für diese F.A.Z.-Veröffentlichung bisher in dieser Form weitgehend unveröffentlichte amtliche Zahlen für die Einschätzung des Befundes sowohl am aktuellen Rand als auch für die lang- und mittelfristige Entwicklung zur Verfügung.

Zunächst einmal wird deutlich, dass Deutschland bei der gesamtwirtschaftlichen Leistung (in konstanten Preisen) auch im Jahre 2000 mit nach dieser Berechnung 1557 Milliarden Ecu das führende Wirtschaftsland geblieben ist. Dieser Wert entspricht einem Anteil von fast einem Drittel des zusammenfassten EWU-Bruttoinlandsproduktes. Das bedeutet den ersten Rang vor Frankreich, Italien und Spanien. Zugleich zeigt sich, dass mehr als vier Fünftel der Wertschöpfung in der Union allein auf diese vier Länder entfallen und dass Deutschland dabei das größte Gewicht einnimmt.

In der langfristigen Entwicklung (seit 1960) hat die Bundesrepublik ihren führenden Rang an der Spitze der heutigen EWU-Länder zwar behauptet. Jedoch ist das Wachstum, wie es der Erfahrung beim Verhältnis von reifen zu weniger entwickelten Volkswirtschaften entspricht, nicht nur weniger kräftig als für den Durchschnitt, sondern auch erheblich weniger stark als bei einigen „jungen Volkswirtschaften im Aufholprozess" gewesen.

Während sich das reale Bruttoinlandsprodukt Deutschlands seit 1960 immerhin mehr als verdreifacht hat, ist demgegenüber die gesamtwirtschaftliche Leistung in den EWU-Ländern insgesamt auf fast das Vierfache gestiegen. Dahinter steht, dass sich das Bruttoinlandsprodukt sowohl in Spanien als auch in Portugal in diesen vierzig Jahren jeweils verfünffacht hat. Es hat sich in Irland – von einem vergleichsweise sehr niedrigen absoluten Niveau aus – nahezu verachtfacht. Damit hat sich in langfristiger Betrachtung die deutsche Wirtschaft – von einem relativ bereits hohen absoluten Ausgangsniveau aus – ihre führende Position erhalten können. Jedoch ist das Wachstum zum einen weniger stark als im Durchschnitt der EWU-Länder gewesen und zum anderen wesentlich niedriger als bei aufstrebenden jungen Volkswirtschaften wie Irland, Spanien und Portugal.

Höchst bemerkenswert ist die Entwicklung im vorangegangenen jüngsten Zehnjahreszeitraum 1990 bis 2000. In dieser Periode hat das reale Wachstum in Deutschland, folgt man Eurostat, zumindest über dem Durchschnitt gelegen. Die Bundesrepublik hat damit ihre relative Position an der Spitze noch einmal auf rechnerisch nunmehr 31 Prozent ausgebaut. Es gibt in dieser mittelfristigen Betrachtung indessen Volkswirtschaften, die zum Teil deutlich stärker gewachsen sind. Das trifft vor allem für Luxemburg und Irland zu. Während Luxemburg seine Wertschöpfung in diesen zehn Jahren um rund 50 Prozent gesteigert hat, ist das Bruttoinlandsprodukt in Irland mehr als verdoppelt worden.

◼ Bruttoinlandsprodukt je Kopf 1960 bis 2000

Den Ausstoß von Gütern und Dienstleistungen zu steigern, ist die eine Sache. Gleichzeitig – und angemessen im Verhältnis zu diesem Zuwachs – den Wohlstand der Bevölkerung zu mehren, das ist eine andere Sache. Es zeigt sich, dass alle EWU-Länder ihren Lebensstandard seit 1960 erhöht haben, im Durchschnitt auf knapp das Dreifache des Ausgangsniveaus von 1960. Noch wichtiger ist jedoch, dass sich unter Berücksichtigung von Bevölkerungszahl und Einwohnerentwicklung eine ganz andere Rangordnung beim Vergleich der Länder einstellt. Nicht mehr Deutschland, Frankreich, Italien und Spanien sind führend, sondern „kleine" Nationen wie Luxemburg, Finnland, Irland und Österreich. Deutschland liegt bei diesem Vergleich mit einem realen Bruttoinlandsprodukt je Kopf von 18980 Ecu (2000) erst an fünfter Stelle. Dahinter erst erscheinen Frankreich, die Niederlande. An letzter Position befindet sich Portugal, dessen überdurchschnittlicher Zuwachs beim Bruttoinlandsprodukt beim Lebensstandard durch den raschen Bevölkerungsanstieg offensichtlich deutlich geschmälert worden ist.

Für Deutschland gilt: Der Lebensstandard hat sich seit 1960 immerhin gut verdoppelt; die Bundesrepublik nimmt in dieser Rangordnung unter den EWU-Ländern eine mittlere Position ein. Zu berücksichtigen ist, dass seit der deutschen Einheit 16 Millionen Menschen aus der ehemaligen DDR dazugekommen sind. Deren Hypothek aus der früheren Planwirtschaft (niedrige Produktivität) hat zwangsläufig die relative Position Deutschlands (vorübergehend) beeinträchtigt: So war das Je-Kopf-Einkommen 1990 (also ohne Ostdeutschland) bereits fast genau so hoch wie 2000 gewesen. Mit 18690 DM hatte Deutschland damals an dritter Stelle hinter Luxemburg und Finnland gelegen.

■ Die Entstehung des Bruttoinlandsproduktes

Die von Eurostat veröffentlichte Volkswirtschaftliche Gesamtrechnung zeigt auf der Entstehungsseite des Bruttoinlandsproduktes, dass in den Mitgliedsländern der Union mit Ausnahme von Finnland die gesamtwirtschaftliche Wertschöpfung zu einem vergleichsweise hohen Anteil mit durchweg über drei Fünfteln bis zu fast drei Vierteln von den Dienstleistungsbereichen der Volkswirtschaft erbracht wird. Dahinter stehen die Anteile der Industrie (durchschnittlich knapp ein Drittel des Bruttoinlandsproduktes) und besonders der Landwirtschaft (weniger als drei Prozent im Mittel aller Länder) eindeutig zurück.

Diese Relationen mit dem sehr hohen Anteil der Dienstleistungen – hier werden unter anderem die Beiträge von Banken, Versicherungen, des Handels, der freien Berufe wie Rechtsanwälte, Architekten erfasst – zeigen, dass sich der Euroraum insgesamt im Vergleich auch zu anderen fortgeschrittenen Volkswirtschaften wie den Vereinigten Staaten oder Japan als Region in einem relativ hohen Entwicklungsstadium befindet. Die deutsche Volkswirtschaft nimmt auch hier – wie beim Bruttoinlandsprodukt je Kopf – eine mittlere Position ein (vergleiche auch Tabelle 3): Fast zwei Drittel der gesamtwirtschaftlichen Wertschöpfung werden in Deutschland von den Dienstleistungsbereichen erbracht; das entspricht dem Durchschnitt der EWU-Länder. An der Spitze liegt Luxemburg mit einem Anteil von fast drei Vierteln, was vor allem mit der Bedeutung des Fürstentums als internationaler Finanzplatz und gesuchtem Steuerparadies zusammenhängt. Am unteren Ende der Rangliste findet sich Finnland mit einem Anteil von knapp drei Fünfteln.

Tab. 3: Entstehung des Bruttoinlandsproduktes[1])

Länder[2])	Dienstleistungen		Industrie		Landwirtschaft	
	Anteil BIP in Prozent	∅ Wachstum 90/97 in %	Anteil BIP in Prozent	∅ Wachstum 90/97 in %	Anteil BIP in Prozent	∅ Wachstum 90/97 in %
1. Luxemburg	72,8	6,5	25,9	3,4	1,3	2,6
2. Niederlande	68,1	2,7	28,0	0,6	3,9	0,8
3. Belgien	67,6	1,9	30,4	1,2	2,0	2,1
4. Frankreich	67,6	1,5	29,0	0,5	3,4	0,6
5. Deutschland	65,4	3,1	33,2	– 0,7	1,4	0,2
6. Österreich	64,4	2,5	33,0	1,9	2,6	– 1,1
7. Italien	63,6	1,3	33,0	0,8	3,4	1,6
8. Spanien	62,2	1,8	33,8	1,2	4,1	– 0,8
9. Portugal	60,9	4,0	33,2	2,6	5,9	2,2
10. Finnland	56,7	0,5	37,5	2,4	5,8	0,1
EWU-Länder	65,1	2,1	32,0	0,4	2,9	0,6

1) 1997
2) Ohne Irland.
Quelle: Eurostat.

Bezeichnend ist, dass das gesamtwirtschaftliche Wachstum in den neunziger Jahren auf der Entstehungsseite des Bruttoinlandsproduktes ganz überwiegend von den Dienstleistungen erbracht worden ist. Mit einem durchschnittlichen Jahresanstieg von gut zwei Prozent haben die Dienstleistungen maßgeblich den Zuwachs des Bruttoinlandsproduktes bestimmt. Bemerkenswert ist, dass der mittlere Zuwachs in Deutschland mit gut drei Prozent spürbar über dem Durchschnitt der Union gelegen hat. Im Vergleich dazu hat der Dienstleistungsbereich in Luxemburg ganz überproportional, demgegenüber in Finnland ausgesprochen schwach zugenommen.

Das Produzierende Gewerbe ist die zweite bedeutende Komponente bei der Entstehung des Bruttoinlandsproduktes. Eurostat weist für die Union insgesamt einen mittleren Anteil von knapp einem Drittel aus. Auch hier befindet sich die Bundesrepublik Deutschland auf dem Durchschnittsniveau. Entsprechend dem hohen Gewicht der Dienstleistungen in Luxemburg liegt der Industrieanteil dort nicht viel höher als bei einem Viertel. Demgegenüber trägt das Produzierende Gewerbe in Finnland zu fast zwei Fünfteln zum Bruttoinlandsprodukt bei. Alles in allem ist der Wachstumsbeitrag der Industrie im Vergleich zu den Dienstleistungen mit einem mittleren Jahresanstieg von nur 0,4 Prozent ausgesprochen schwach gewesen.

Jedoch hat sich hier – wegen des hohen Gewichts der Bundesrepublik – die vorübergehende Flaute in Deutschland besonders nachteilig ausgewirkt. Im Vergleich dazu hat die industrielle Produktion in anderen EWU-Ländern mit mittleren Raten zwischen zwei und sogar gut drei Prozent zugenommen. Da es sich bei den Eurostat-Angaben offenkundig um Daten des Produzierenden Gewerbes handelt, kann die relativ ungünstige Wachstumsbilanz in Deutschland zu einem maßgeblichen Teil mit der jahrelangen schweren Rezession in der Bauwirtschaft erklärt werden. Die deutschen Bauinvestitionen wiederum haben ein vergleichsweise hohes Gewicht in der Union, das bei etwa einem Drittel der EWU-Bauinvestitionen liegt. Von ähnlicher Größenordnung ist die relative Bedeutung der anderen großen deutschen Industriebranchen: Chemie, Maschinenbau, Fahrzeugbau, Elektrotechnik/Elektronik.

Die Landwirtschaft ist jener Produktionszweig, dessen Bedeutung für die Wertschöpfung in der Vergangenheit stark gesunken ist. Sie ist in der Mitte der zweiten Hälfte der neunziger Jahre nur noch mit durchschnittlich knapp drei Prozent beteiligt gewesen (siehe auch Tabelle 3). Entsprechend der weit entwickelten Bedeutung von Dienstleistungen und Industrie hat der Anteil der Landwirtschaft an der Wertschöpfung in Deutschland, aber auch in Luxemburg deutlich niedriger gelegen. Vergleichsweise stark, nämlich mit jeweils fast sechs Prozent, ist die Landwirtschaft in Portugal und Finnland an der Entstehung des Bruttoinlandsproduktes beteiligt. Das Wachstum der Agrarproduktion ist in den neunziger Jahren mit durchschnittlich 0,6 Prozent nur geringfügig höher als in der Industrie gewesen. In Deutschland hat die Erzeugung von landwirtschaftlichen Gütern noch geringer zugenommen. Die Agrarproduktion hat in Finnland nahezu stagniert; sie ist in Österreich und Spanien in dieser Periode geschrumpft.

■ Die Verwendung des Bruttoinlandsproduktes

Die Verwendungsstruktur der gesamtwirtschaftlichen Wertschöpfung zeigt innerhalb der EWU für Deutschland sowohl bei den Anteilen für den Privaten Verbrauch als auch für Staatsverbrauch und die Bruttoanlageinvestitionen relativ geringe Abweichungen vom Unions-Durchschnitt (vergleiche auch Tabelle 4): Der Anteil am privaten Verbrauch liegt bei 57 Prozent des deutschen BIP. Die Anteile für den Staatsverbrauch werden mit 19 Prozent, für die Bruttoanlageinvestitionen (Ausrüstungs- und Bauinvestitionen) mit 21 Prozent ausgewiesen. Es überrascht nicht, dass Länder mit einem niedrigen Je-Kopf-Einkommen wie Portugal, Spanien und Italien eine

Tab. 4: Verwendung des Bruttoinlandsproduktes[1])

Länder[2])	Privater Verbrauch		Staatsverbrauch		Bruttoanlage-investitionen		Außen-beitrag
	Anteil BIP in Prozent	⌀ Wachs-tum 95/98 in %	Anteil BIP in Prozent	⌀ Wachs-tum 95/98 in %	Anteil BIP in Prozent	⌀ Wachs-tum 95/98 in %	Anteil BIP in Prozent
1. Portugal	64,2	2,4	18,7	0,4	25,9	2,3	− 9,6
2. Österreich	55,3	0,8	18,8	− 0,1	23,9	0,8	0,2
3. Luxemburg	46,8	1,1	12,2	0,2	23,8	0,9	16,7
4. Spanien	59,4	1,8	17,1	0,3	22,8	1,2	0,3
5. Irland	51,5	3,9	13,4	0,6	22,5	3,1	11,7
6. Niederlande	49,5	1,1	22,5	1,2	21,9	1,4	5,7
7. Deutschland	57,0	0,6	18,9	0,0	20,9	0,1	1,7
8. Belgien	54,0	1,2	21,1	0,3	20,7	0,7	3,9
9. Frankreich	55,0	0,9	23,6	0,4	18,4	0,4	2,6
10. Finnland	49,3	2,0	21,4	0,5	18,4	1,7	8,9
11. Italien	58,9	1,0	18,1	0,1	18,1	0,4	3,5
EWU-Länder	56,3	1,0	19,9	0,3	20,2	0,5	2,5

1) 1998.
2) Nach der Investitionsquote.
Quelle: Eurostat.

vergleichsweise hohe Konsumquote haben. Bemerkenswert ist indessen, dass Portugal – das Land mit dem niedrigsten Je-Kopf-Einkommen in der EWU – gleichzeitig mit 26 Prozent des Bruttoinlandsproduktes die höchste Investitionsquote hat. Es ist auch bezeichnend, dass die Investitionen in diesem Land in der zweiten Hälfte der neunziger Jahre – ebenso wie in Irland – weit überdurchschnittlich zugenommen haben. Das erklärt maßgeblich das spürbar überproportionale gesamtwirtschaftliche Wachstum dieser Länder auch in den neunziger Jahren. Demgegenüber wird für Deutschland nur eine durchschnittliche Investitionsquote ausgewiesen. Das Wachstum der Investitionen hat in der zweiten Hälfte der neunziger Jahre sogar spürbar unter dem mittleren Anstieg der Union gelegen; rechnerisch ist das sogar nicht mehr als eine Stagnation gewesen. Allerdings muss auch in diesem Zusammenhang wiederum die schwere Baurezession in Deutschland in der zweiten Hälfte der neunziger Jahre erwähnt werden, in deren Verlauf die Bauinvestitionen erheblich geschrumpft sind. Demgegenüber haben die Ausrüstungsinvestitionen in dieser Zeit zwar zugenommen. Jedoch ist deren Wachstum alles andere als besonders ausgeprägt gewesen. So hat es eben für die Bruttoanlageinvestitionen insgesamt zu nicht viel mehr als einer Quasi-Stagnation gereicht. Der Befund ist damit deutlich ungünstiger als in allen anderen EWU-Ländern.

Auch beim Staatsverbrauch liegt in der Union nach dem jeweiligen Anteil am Bruttoinlandsprodukt eine vergleichsweise inhomogene Struktur vor. Deutschland bewegt sich mit einer Quote von 19 Prozent nahezu auf dem Durchschnitt. Die Anteile in den einzelnen Ländern schwanken indessen zwischen 12 (Luxemburg) und 24 Prozent (Frankreich). Die vergleichsweise hohe Staatsquote in Frankreich hat in diesem Land, wie weiter hinten zu zeigen sein wird, auch zu der dort relativ hohen Verschuldung beigetragen. Was hier auf der Verwendungsseite des BIP indessen besonders auffällt, das ist das – im gesamtwirtschaftlichen Sinne positiv zu bewertende – durchweg geringe Wachstum des Staatsverbrauchs in der zweiten Hälfte der neunziger Jahre. Man soll sich indessen keinen Illusionen hingeben: Diese über Jahrzehnte durchaus unübliche öffentliche Bescheidenheit ist nichts anderes gewesen als der (heilsame) Zwang zur Mäßigung, um die Stabilitäts-Kriterien von Maastricht zu erfüllen.

■ Erwerbstätigkeit und Arbeitslosigkeit

Entsprechend der relativen Bevölkerungszahl ist auch die Struktur der Erwerbstätigkeit in der EWU weitgehend festgelegt. Mit rund 36 Millionen Beschäftigten liegt Deutschland eindeutig an der Spitze; das entspricht dem (aus anderen Strukturuntersuchungen bekannten) Anteil von rund einem Drittel. Es folgen Frankreich, Italien und Spanien mit Anteilen von 20, 18 und 11 Prozent. Damit hat Deutschland nicht nur die meisten Erwerbstätigen; es sind auch rund vier Millionen Menschen ohne Beschäftigung – ebenfalls die höchste Arbeitslosenzahl in der EWU. Allerdings bedeutet das nicht gleichzeitig die höchste Arbeitslosigkeit, nämlich relativ zur Zahl der Erwerbspersonen. In dieser Betrachtung ist die Situation vor allem in Spanien weitaus ungünstiger: Dort werden nach einer aktuellen Schätzung der deutschen Forschungsinstitute auch im laufenden Jahr noch gut 14 Prozent der Erwerbspersonen ohne Beschäftigung sein. In Italien liegt diese Quote ebenfalls über zehn Prozent, in Frankreich und Finnland nahe an zehn Prozent. In Deutschland, sagen die Institute voraus, wird die Arbeitslosigkeit im laufenden Jahr erstmals wieder auf 8,5 Prozent sinken. Ein grandioser Erfolg ist das indessen nicht: Auch nach diesem Rückgang liegt die Arbeitslosigkeit – auch im Verhältnis zu anderen EWU-Ländern – noch immer viel zu hoch. So weisen die Niederlande und Luxemburg mit jeweils rund 2,5 Prozent nahezu Vollbeschäftigung aus. Jeweils rund vier Prozent in Österreich und (selbst) in Portugal sind für Deutschland derzeit immer noch „Traumwerte". Selbst so vollmundigen Sprüchen wie die „Jagoda-Neu-auflage" einer einstigen Kohl-Prophezeiung von der Halbierung der Ar-beitslosigkeit in Deutschland liegt ein Referenzzeitraum von zehn Jahren zugrunde – und die Annahme eines weiter spürbar sinkenden Arbeitsan-gebots.

■ Verbraucherpreise und Kaufkraft

Die Europäische Währungsunion, so will es der Vertrag von Maastricht, soll eine Stabilitätsgemeinschaft werden. „Die wirtschaftliche Qualität des Euroraumes wird durch die Geldpolitik und den Geldwert bestimmt wer-den", hat Hans D. Barbier Anfang Januar 1999 in der Frankfurter Allgemei-nen Zeitung geschrieben: „Inflation verkürzt die Investitionsperspektive und führt auf Dauer zur Verarmung einer Region. Wenn sich aber die Stabilitätsversprechen der Politiker und die Stabilitätserwartungen der Bür-ger erfüllen, dann wird sich im Euroraum eine lange Investitionsperspek-tive entwickeln: mit allen positiven Folgen für die Bildung von Realkapital, für die Entwicklung der Produktivität, des Wachstums, der Beschäftigung und der Löhne, für die Staatseinnahmen und damit auch für die Erfüllung öffentlicher Aufgaben und fundamentaler Solidarversprechen." Karl Schil-ler hat eine solche Stabilitäts-Vision einmal auf seine Weise zusammenge-fasst: „Stabilität ist nicht alles, aber ohne Stabilität ist alles nichts."

Die Europäische Währungsunion ist jetzt gut eineinhalb Jahre jung. Auf kurze Sicht spricht viel dafür, die Entwicklung des Binnenwertes des Euro als einen erfolgreichen Start einzustufen. 1999 sind die Verbraucherpreise in der Gemeinschaft um durchschnittlich nicht viel mehr als ein Prozent gestiegen – bei nicht allzu großen Abweichungen von Land zu Land. Die Forschungsinstitute sagen auch für 2000 und 2001 mit Teuerungsraten der Lebenshaltung von jeweils unter zwei Prozent einen weiter moderaten Auf-trieb voraus. Dieses Stabilitätsszenario ist – bei einer spürbar unter dem Durchschnitt liegenden Teuerung – maßgeblich von der Entwicklung in Deutschland geprägt worden. Auch für 2000 und 2001 trauen die Institute der Bundesrepublik – nicht zuletzt mit Blick auf die bisher moderate Ent-wicklung der Lohnkosten – eine bessere Stabilität als im Durchschnitt der Partnerländer zu.

Es ist indessen die Frage, ob der rasante Verfall des Außenwerts des Euro vor allem gegenüber dem amerikanischen Dollar anhalten wird. Geschähe das, wären stärkere Auswirkungen einer importierten Inflation auf den

Tab. 5: Verbraucherpreise und Kaufkraft seit 1985[1])

Länder	Preis-Index 2000[2])	Kaufkraft-Index 2000[3])
1. Portugal	271,1	36,9
2. Spanien	198,7	50,3
3. Italien	188,9	52,9
4. Finnland	152,1	65,7
5. Irland	150,0	66,6
6. Österreich	139,4	71,7
7. Frankreich	137,6	72,6
8. Belgien	135,0	74,1
9. Luxemburg	133,7	74,8
10. Niederlande	133,1	75,1
11. Deutschland	**133,0**	**75,2**
EU-Länder	162,2	61,6

1) 1985 = 100,–.
2) Schätzung Forschungsinstitute
3) Eigene Berechnungen.
Quelle: Eurostat.

Binnenwert des Euro nicht mehr zu vermeiden. Bereits im Frühjahr 2000 sind zum Beispiel in Deutschland die Importpreise mit zweistelligen Raten gestiegen. Davon ist zunächst die Teuerung bei den Industriepreisen angeheizt worden. Deutliche Auswirkungen auf die Verbraucherpreise wären eine Frage der Zeit.

Auch ein Blick auf die langfristige Entwicklung der Lebenshaltung und deren Kehrwert, der Binnenkaufkraft des Geldes, in den Ländern der EWU ist alles andere als ermutigend. Eine historisch gewachsene „Stabilitätskultur" gibt es danach nur in wenigen Ländern, unter ihnen vor allem in Deutschland, in den Niederlanden, in Belgien und in Luxemburg.

Das zeigt die Entwicklung der Lebenshaltungspreise allein in den vergangenen fünfzehn Jahren. In dieser Zeit sind die Verbraucherpreise in den genannten vier Ländern mit jeweils rund 33 Prozent relativ verhalten gestiegen. Entsprechend hat die Binnenkaufkraft der Währung jeweils rund 25 Prozent an Wert verloren. Das ist in nur fünfzehn Jahren alles andere als ein „Stabilitätstraum". Dennoch sind diese Ergebnisse die besten im Vergleich der EWU-Länder: Finnland und Irland haben in dieser Zeit jeweils rund ein Drittel der Binnenkaufkraft von 1985 verloren. Die Währungen in Spanien und Italien haben jeweils rund die Hälfte eingebüßt, Portugal sogar fast zwei Drittel des Wertes von 1985. Das ist für fünfzehn Jahre keine gute Bilanz. Wollte man die Kaufkraftentwicklung gar seit vierzig Jahren, also seit 1960 zurückverfolgen, ergäben sich selbst für den „Stabilitäts-Primus" Deutschland erschreckende Ausmaße: Die Binnenkaufkraft hätte danach mehr als zwei Drittel ihres Wertes von 1960 verloren. Bei Portugal und Spanien ergäben sich nur noch marginale „Restwerte". Eine Einbeziehung Griechenlands, das jetzt ernsthaft an die Tore der EWU pocht, hätte schon rechnerisch traumatische Ergebnisse. Die gegenwärtige Preis- und Kostenstabilität ist vor allem zum einen eine Folge der gewiss nicht altruistischen Anstrengungen für Maastricht, zum anderen auch das Ergebnis der vorangegangenen Wirtschaftsflaute im Sog der damaligen so genannten Regionalkrisen der Weltwirtschaft und einer damit zusammenhängenden Verschärfung des Wettbewerbs. Die Chancen für eine künftige mittelfristig garantierte Stabilität im Euroraum – Deutschland wird sich diesem Sog als Mitglied der Währungsgemeinschaft anders als zur Zeit der von der Bundesbank garantierten harten D-Mark kaum entziehen können – stehen nicht gut.

▉ Intra-Außenhandel der Europäischen Union

Um Aussagen über Entwicklung und Bedeutung des EWU-Außenhandels machen zu können, wird mangels hier unmittelbar für diese Region zur Verfügung stehender Daten auf Angaben von Eurostat für die Europäische Union (EU) insgesamt zurückgegriffen. Aus diesen Angaben können – da alle EWU-Länder berücksichtigt werden – hinreichend zuverlässige Informationen sowohl für die Struktur als auch die Entwicklung des Außenhandels im Euroraum abgeleitet werden.

Zunächst und vor allem wird deutlich, dass der Außenhandel in den Ländern der EU und damit in der EWU in der Vergangenheit außerordentlich rasch gewachsen ist.

Der Export ist zweifellos eine der dynamischsten Wachstumskomponenten gewesen, die den gesamtwirtschaftlichen Fortschritt maßgeblich geprägt haben. Nach Eurostat hat sich die Ausfuhr insgesamt im Intra-Handel der EU-Länder – das sind die sogenannten Versendungen – seit 1960 von 24 auf 1237 Milliarden Ecu (1998) erhöht. Gleichzeitig hat die Ausfuhr im Extra-Handel, also im Warenverkehr mit Drittländern, in dieser Zeit von 24 auf 730 Milliarden Ecu zugenommen. Bei der Einfuhr (im Intra-Handel: den Bezügen) ist die Entwicklung ähnlich eindrucksvoll gewesen. Mit dieser

Tab. 6: Intra-Außenhandel der Europäischen Union
– Anteile am Länder-**Gesamt**-Export/Import (in Prozent)

Länder	1960		1970		1980		1990		1998	
	Export	Import	Export	Import	Export	Import	Export	Import	Export	Import
EU-Länder[1]) Mrd. Ecu[2])	24	24	76	78	330	329	787	787	1237	1176
in Prozent[3])	49	46	60	57	61	54	67	64	63	62
1. Portugal	42	55	53	58	66	49	81	72	82	77
2. Niederlande	68	60	77	67	77	58	81	64	79	58
3. Belgien/ Luxemburg	65	61	78	69	76	64	80	74	76	71
4. Spanien	65	40	52	44	54	33	68	62	71	69
5. Irland	88	70	78	76	79	79	79	74	70	62
6. Österreich	60	65	57	69	60	66	67	71	63	73
7. Frankreich	42	38	61	59	58	55	65	68	62	68
8. **Deutschland**	**53**	**48**	**59**	**58**	**61**	**55**	**64**	**62**	**56**	**58**
9. Italien	46	43	55	51	56	50	52	62	56	62
10. Finnland	62	62	64	61	58	48	62	61	56	66

1) Nach dem Anteil am jeweiligen Gesamt-Export.
2) Intra-Außenhandel.
3) Vom gesamten EU-Außenhandel.
Quelle: Eurostat.

Nachfrage haben die EU-Länder, soweit es sich um Importe im Sinne des Extrahandels handelt, maßgeblich die Konjunktur in den Drittländern gestützt und entscheidend zur Entwicklung des Welthandels beigetragen. Tabelle 6 (Intra-Außenhandel) zeigt, dass nach der Gründung der Europäischen Union, wie zu erwarten, die Außenhandelsverflechtung der Mitgliedsländer – hier sind ausschließlich die heutigen EWU-Partner aufgeführt – zunehmend enger geworden ist. Während 1960 noch gerade mal die Hälfte der Gesamtausfuhr innerhalb der Union abgewickelt worden war, hatte sich dieser Anteil bis zum Ende der neunziger Jahre auf über drei Fünftel erhöht. Bei den Bezügen ist die Tendenz ähnlich gewesen.

Deutschland ist über lange Zeit – bis etwa 1990 – mit ähnlichen Quoten für Extra- und Intrahandel – dieser Entwicklung weitgehend gefolgt. Allerdings hat dann in den neunziger Jahren offenbar eine Tendenzwende eingesetzt. Zwar ist auch am Ende der neunziger Jahre nach wie vor mehr als die Hälfte des gesamten Außenhandels in der Union abgewickelt worden. Jedoch ist in den neunziger Jahren der Anteil des Intrahandels bei der Ausfuhr von 64 auf 56 Prozent, bei der Einfuhr von 62 auf 58 Prozent zurückgegangen. Das bedeutet, dass in dieser Zeit die Außenhandels-Integration Deutschlands in der Europäischen Union zwar überragend geblieben ist, dass jedoch auf der anderen Seite Handelspartner aus Drittländern beim internationalen Warenaustausch zunehmend an Gewicht gewonnen haben. Wie im nächsten Abschnitt (Extra-Außenhandel) zu zeigen sein wird, handelt es sich dabei um eine bemerkenswerte Entwicklung: Deutschland hat in dieser Zeit seine Außenhandelsbeziehungen – anders als beim Durchschnitt der EU-Länder erkennbar – vor allem zur größten Handelsnation der Welt, den Vereinigten Staaten, verstärkt, ferner zu den aufstrebenden asiatischen Schwellenländern und den mittelosteuropäischen Reformländern.

Beim Intra-Außenhandel der Union ist im Vergleich zu Deutschland abschließend zu sagen, dass einerseits Länder wie besonders Portugal, die Niederlande, Belgien/Luxemburg, Spanien und Irland ihre jeweilige Außenhandelsverflechtung innerhalb der Union im Laufe der Zeit – anders als Deutschland – noch weiter verstärkt haben. So hat zum Beispiel Portugal am Ende der neunziger Jahre rund vier Fünftel seines gesamten Außenhandels innerhalb der Union abgewickelt. Für die Niederlande und Belgien/Luxemburg gilt das ebenso in der Tendenz zumindest für den Export. Auf der anderen Seite stehen die Beispiele Irlands, Österreichs und Frankreichs, die – wie Deutschland – in den neunziger Jahren ihre Ausfuhr relativ stärker auf Drittländer konzentriert haben.

◼ Extra-Außenhandel der Europäischen Union

Der Export der Mitgliedsländer der EU in Länder außerhalb der Union (Drittländer) hat sich seit 1960 von 24 auf 730 Milliarden Ecu (1998) erhöht. Gleichzeitig hat die Extra-Einfuhr in dieser Zeit, also der Import aus Ländern außerhalb der EU, von 28 auf 709 Milliarden Ecu zugenommen. Gemessen am Gesamt-Extra-Außenhandel der Union hat Deutschland seinen relativen Anteil beim Export seit 1960 von 22 auf 29 Prozent, bei der Einfuhr von 19 auf 24 Prozent gesteigert. Damit hat die Bundesrepublik ihre relative Position als stärkste Handelsnation innerhalb der EU beachtlich ausbauen können. Auf den Plätzen zwei bis fünf folgen Frankreich, Italien, die Niederlande und Belgien/Luxemburg – mit jeweils wesentlich geringeren Anteilen. „Schlusslichter" sind die „kleineren" Handelsnationen wie Österreich, Irland, Finnland und Portugal.

Ein Blick auf die Länderstruktur des Extra-Außenhandels zeigt, dass es im deutschen Außenhandel zum Teil deutlich andere Schwerpunkte als bei den EWU-Ländern insgesamt gibt. Während nämlich die EWU-Länder insgesamt im Durchschnitt 15 Prozent ihrer Extraausfuhr in die Vereinigten Staaten liefern, liegt dieser Anteil beim deutschen Warenaustausch bei 22 Prozent. Es fällt auf, dass die EWU-Länder rund elf Prozent ihrer Extraausfuhr in die mittelosteuropäischen Länder (MOE) liefern. Demgegenüber liegt dieser Anteil beim deutschen Extraaußenhandel rund doppelt so hoch. Der relative Unterschied beim Extraaußenhandel mit den asiatischen Schwellenländern Singapur, Südkorea, Taiwan (einschließlich der chinesischen Sonderverwaltungsregion Hongkong) ist zwar beim Verhältnis zum EWU-Durchschnitt rechnerisch weniger bedeutsam. Dennoch bleibt festzuhalten, dass die deutschen Unternehmen mit gut sechs beziehungsweise fast sieben Prozent relativ mehr Waren in diese Region liefern, als die EWU-Länder im Durchschnitt oder vergleichsweise mehr Waren von dort beziehen. Bei der Analyse der Warenstruktur im Extra-Außenhandel wird die relativ hohe Konzentration des deutschen Außenhandels auf Maschinen und Fahrzeuge sowie andere Fertigwaren deutlich. So werden mehr als die Hälfte der deutschen Extraausfuhr (EWU: 47 Prozent) als Maschinen und Fahrzeuge exportiert. Rund ein Drittel (EWU:28 Prozent) werden als andere Fertigwaren importiert. Etwa gleich hoch mit dem EWU-Durchschnitt (13 Prozent) ist der Anteil bei der Chemie-Extraausfuhr. Relativ deutlich niedriger als der EWU-Durchschnitt liegt der deutsche Anteil bei der Ausfuhr von Nahrungs- und Genussmitteln sowie von Rohstoffen und Energie.

Die öffentlichen Haushalte in der EWU

Deutschland und einige andere Mitgliedsländer der EWU haben bei den Kriterien für die öffentlichen Haushalte (siehe hierzu auch den folgenden Abschnitt) die Vorgaben von Maastricht vermutlich auch ohne Finanztricks erfüllt. In anderen Fällen hat offenbar eine „kreative Buchhaltung" über die Hürden hinweg geholfen. Als – in einigen Fällen – auch dieses Instrument nicht mehr zur Verschleierung taugte, hat der Ministerrat der EU – wie zum Beispiel bei der Verschuldung – unter anderem kurzfristig sichtbare Tendenzen in einer reichlich extensiven Vertragsauslegung als Vermutung für eine „spätere" Erfüllung auch der absoluten Größenordnungen unterstellt.

Zunächst einmal erschrecken die absoluten Größenordnungen bei der öffentlichen Verschuldung. Insgesamt hat in der EWU die Höhe der Staatsverschuldung 1999 bei 4408 Milliarden Ecu gelegen. Diese öffentlichen Verbindlichkeiten haben sich selbst in einer Zeit vermeintlich verstärkter

Konsolidierungsanstrengungen, nämlich in der zweiten Hälfte der neunziger Jahre für die Maastricht-Kriterien, von 1996 bis 1999 um runde 300 Milliarden Ecu weiter erhöht. Es überrascht nicht, dass Deutschland mit dem in der EWU größten wirtschaftlichen Potenzial nach der Höhe der öffentlichen Verschuldung mit 1210 Milliarden Ecu und einem Anteil von rund 28 Prozent in der „Rangliste" ziemlich weit oben liegt. Aber eben nur „ziemlich". Es wird noch übertroffen von Italien mit 1263 Milliarden Ecu und einem Anteil von rund 29 Prozent. Nach der Höhe der öffentlichen Verbindlichkeiten folgen dann Länder wie Frankreich, Spanien und Belgien. Am Ende der Rangliste stehen Finnland, Irland und Luxemburg, wobei in Luxemburg die öffentliche Verschuldung gerade mal bei (aufgerundet) einer Milliarde Ecu liegt. Echt abgebaut worden sind die öffentlichen Verbindlichkeiten seit 1996 nur in den Niederlanden sowie in Finnland. Wirklich interessant und noch aussagekräftiger wird die Größenordnung der Staatsschulden, wenn diese, so wie es nach Maastricht vorgesehen ist, in ihrer absoluten (aus der Vergangenheit) kumulierten Höhe dem jeweiligen Bruttoinlandsprodukt gegenübergestellt werden. Zum anderen gibt über die kurzfristige Haushaltsführung die sogenannte Neuverschuldung, der Finanzierungssaldo – ebenfalls in Prozent des Bruttoinlandsproduktes – Auskunft (siehe Tabelle 7).

Werden zunächst die kumulierten Bruttoschulden am BIP gemessen, dann zeigt sich, dass in der EWU insgesamt bis einschließlich 1999 – und nach einer Prognose der Forschungsinstitute bis 2001– von einer Erfüllung des Maastricht-Kriteriums (maximal 60 Prozent des Bruttoinlandsproduktes) keine Rede sein kann: Die Gesamtverschuldung der EWU-Länder hat 1999 bei 72 Prozent gelegen, sie wird vermutlich 2001 noch immer bei 71 Prozent liegen. Außer Frankreich, Deutschland, Portugal, Irland, Finnland und Luxemburg haben die übrigen Länder die Maastricht-Kriterien für die Bruttoverschuldung nicht erreicht. Darüber mag man im Falle Österreichs, Spaniens und der Niederlande (jeweils knapp über 60 Prozent) mit dem „Hobel der Nächstenliebe" hinweggehen. Es ist aber nach den Vertragsanforderungen von Maastricht nicht mehr nachvollziehbar, wenn Ländern wie Belgien und Italien mit einer Quote von jeweils rund 115 Prozent, also rund doppelt so hoch wie nach den Vorgaben erlaubt, die Teilnahme an der EWU erlaubt worden ist.

Etwas anders stellt sich der Befund nach einem weiteren Maastricht-Kriterium, nämlich gemessen und der Neuverschuldung. Diese darf nach den Vertragsvorgaben nicht über drei Prozent des jeweiligen Bruttoinlandsproduktes liegen. Auf kurze Sicht zeigen sich hier, wie erwähnt, die Erfolge

Tab. 7: Öffentliche Haushalte in der EWU

Länder[1]	Bruttoschulden[2]						Finanzierungssaldo[2]					
	1996	97	98	99	00[3]	01[3]	96	97	98	99	00[3]	01[3]
1. Belgien	128	123	117	114	111	109	– 3,7	– 2,0	– 1,0	– 0,9	– 0,5	– 0,3
2. Italien	122	120	116	115	112	109	– 7,1	– 2,7	– 2,8	– 1,9	– 1,5	– 1,1
3. Österreich	68	64	64	65	64	63	– 5,8	– 1,9	– 2,5	– 2,0	– 2,0	– 1,5
4. Spanien	68	67	65	64	62	61	– 5,0	– 3,2	– 2,6	– 1,1	– 0,4	– 0,1
5. Deutschland	60	61	61	61	61	60	– 3,4	– 2,6	– 1,7	– 1,1	– 1,1	– 1,6
6. Niederlande	75	70	67	64	61	59	– 1,8	– 1,2	– 0,8	+ 0,5	+ 0,5	± 0
7. Frankreich	57	59	59	59	58	58	– 4,2	– 3,0	– 2,7	– 1,8	– 1,4	– 1,2
8. Portugal	64	60	57	57	57	56	– 3,8	– 2,6	– 2,1	– 2,0	– 1,5	– 1,2
9. Irland	74	65	56	52	49	46	– 0,6	+ 0,8	+ 2,1	+ 2,0	+ 1,2	+ 2,0
10. Finnland	57	54	49	47	42	39	– 3,2	– 1,5	+ 1,3	+ 2,3	+ 4,4	+ 4,8
11. Luxemburg	6	6	6	6	6	6	+ 2,7	+ 3,6	+ 3,2	+ 2,4	+ 2,5	+ 2,5
∅ EWU-Länder	74	74	73	72	71	70	– 4,2	– 2,6	– 2,0	– 1,2	– 1,0	– 1,0

1) nach der Höhe der Bruttoschulden 2001.
2) in Prozent des Bruttoinlandsproduktes; Abgrenzung nach Maastricht.
3) Schätzung Forschungsinstitute.
Quelle: Eurostat; Forschungsinstitute (April 2000).

echter Anstrengungen, aber zum Teil auch offenkundige Ergebnisse „kreativer Buchführung". Unter diesen Voraussetzungen sind rein rechnerisch die Vorgaben (Neuverschuldung von unter 3 Prozent des Bruttoinlandsproduktes) von allen Ländern erfüllt worden. Höchst bemerkenswert ist es, dass Länder wie Irland, Finnland und Luxemburg in den letzten Jahren offenbar so solide in ihren Staatsfinanzen gewirtschaftet haben, dass sie in ihren Haushalten kurzfristig sogar Überschüsse (in der Tabelle mit Plus-Symbol) ausgewiesen haben. Alles in allem nimmt Deutschland in dieser Betrachtung eine mittlere und achtbare Rolle ein. Sparkommissar Hans Eichel wird dafür sorgen, dass die relative Bilanz noch etwas besser wird.

▮ Das Mosaik der Wirtschaftsnachrichten

Wer sich ein Bild von der Entwicklung der Wirtschaft einzelner Länder oder bestimmter Wirtschaftsräume wie der Europäischen Wirtschafts- und Währungsunion (Euroland) machen will, muss freilich das Mosaik der Wirtschaftsnachrichten lesen können. Meldungen über die Industrieproduktion, den Auftragseingang, über Export und Import, über den Konsum und über den Arbeitsmarkt zeigen Bewegungen, Verschiebungen oder neue Tendenzen in wirtschaftlichen Teilbereichen an. Die wichtigste, in die Zukunft weisende Schlüsselzahl ist dabei der Auftragseingang; denn die Bestellungen von heute bestimmen die Produktion von morgen. Da die Summe aller Vorgänge in Teilbereichen das ist, was gemeinhin als Konjunktur bezeichnet wird, sind fast alle Wirtschaftsmeldungen konjunkturträchtig. Aber wer hat schon die Zeit oder macht sich die Mühe, diese Einzelinformationen aus den verschiedensten Wirtschaftsbereichen sofort und mit dem richtigen Gewicht in das Gesamtbild der Konjunktur einzuordnen? Daher veröffentlichen Konjunkturforschungsinstitute, Verbände, Banken und andere Institutionen zusammenfassende Konjunkturberichte. Die Frankfurter Allgemeine Zeitung zieht im Wirtschaftsteil seit 1955 einmal im Monat ein Resümee der in den vergangenen Wochen erschienenen Konjunkturnachrichten, ähnlich wie andere Zeitungen. Seit 1999 kommt dazu in größeren Abständen eine Darstellung der Konjunkturentwicklung in „Euroland". Außerdem veröffentlicht das F.A.Z.-Institut jedes Jahr in Zusammenarbeit mit der DG Bank eine umfangreiche Wirtschaftsprognose für das kommende Jahr.

■ Frühindikator für konjunkturelle Wendepunkte

Seit Mitte Dezember 1989 erscheint im Wirtschaftsteil der Frankfurter Allgemeinen Zeitung auch regelmäßig ein Frühindikator zur Erkennung konjunktureller Wendepunkte: der F.A.Z.-Konjunkturindikator. Denn nichts bewegt mehr als die Frage, in welche Richtung sich die Wirtschaft entwickelt, wie die Konjukturaussichten sind. Einen Frühindikator, wie ihn die Frankfurter Allgemeine Zeitung veröffentlicht, gab es bis dahin offiziell in der Bundesrepublik Deutschland noch nicht. In den Vereinigten Staaten steht ein solches Hilfsmittel seit mehr als vierzig Jahren zur Verfügung: der Index of Leading Indicators.

Die Verwendbarkeit eines solchen konjunkturellen Frühindikators beruht darauf, dass es einzelne statistische Reihen gibt, die üblicherweise einen Vorlauf vor der gesamtwirtschaftlichen Entwicklung aufweisen. So ist allgemein bekannt, dass etwa die Entwicklung von Aktienkursen, Auftragseingängen oder Zinsen der Konjunktur vorauseilen. Im F.A.Z.-Konjunkturindikator werden die verschiedenen Reihen zu einem Wert zusammengefügt, um so auch dann ein Gesamturteil zu ermöglichen, wenn sich relevante statistische Reihen gegenläufig entwickeln.

Dem F.A.Z.-Konjunkturindikator, der im August 1993 mit Blick auf die Auswirkungen der Wiedervereinigung und die Entwicklung an den Finanzmärkten leicht modifiziert wurde, liegen folgende Einzelreihen zugrunde: die Auftragseingänge im Verarbeitenden Gewerbe, der F.A.Z.-Aktienindex,

F.A.Z.-Konjunkturindikator und Industrieproduktion
Januar 1978 bis April 2000[1]

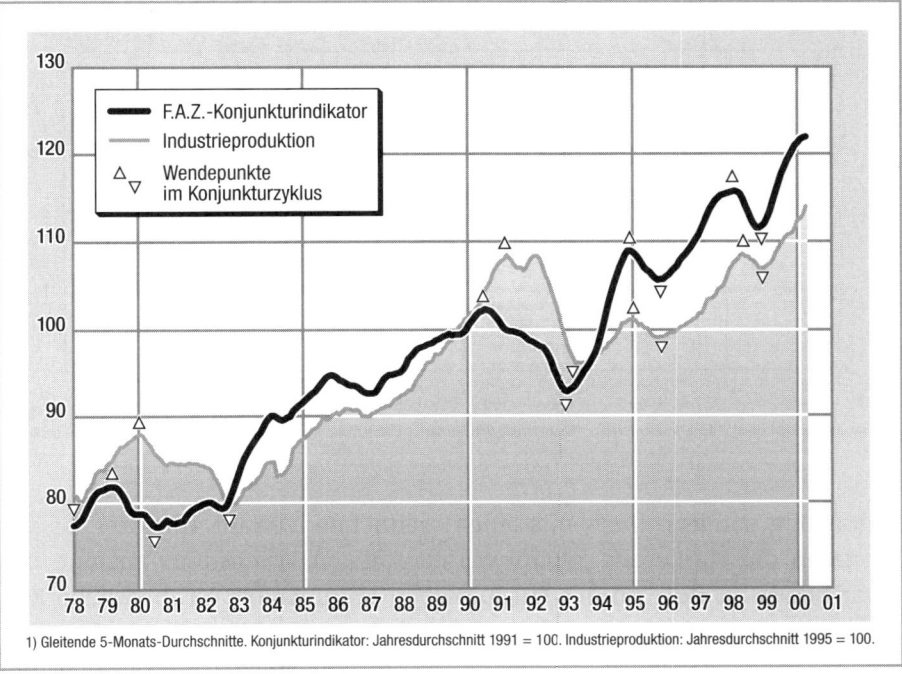

1) Gleitende 5-Monats-Durchschnitte. Konjunkturindikator: Jahresdurchschnitt 1991 = 100. Industrieproduktion: Jahresdurchschnitt 1995 = 100.

die Zahl der Stellenangebote in der Frankfurter Allgemeinen Zeitung, der Ifo-Geschäftsklima-Index für das Verarbeitende Gewerbe, der reale Außenwert der D-Mark sowie die Differenz zwischen lang- und kurzfristigen Zinsen. Alle genannten Variablen spielen zur Erklärung des Konjunkturverlaufs eine bedeutsame Rolle. Für die Berechnung wurde eine geeignete Berechnungsgrundlage gefunden, die bereits im Rückblick auf die Jahre bis 1975 einen klaren Zusammenhang mit der Industrieproduktion zeigt. Alle konjunkturellen Wendepunkte wurden mit einem deutlichen Vorlauf angezeigt, ausgeprägte Fehlinformationen wurden nicht geliefert.

Kurz vor dem Start der Europäischen Wirtschafts- und Währungsunion im Jahr 1999 hat die Frankfurter Allgemeine Zeitung dazu einen Euro-Indikator für die Konjunktur im Euroraum veröffentlicht, und zwar in Zusammenarbeit mit der DG Bank. Der DG-Bank-Euro-Indikator enthält neun Komponenten, die die wichtigsten Bereiche der Wirtschaft des Euro-Raums abdecken. Tests haben belegt, dass der Indikator nicht nur eine hohe Korrelation mit dem Wachstum des Bruttoinlandsprodukts in der Währungs-

DG-Bank-Euro-Indikator im Vergleich

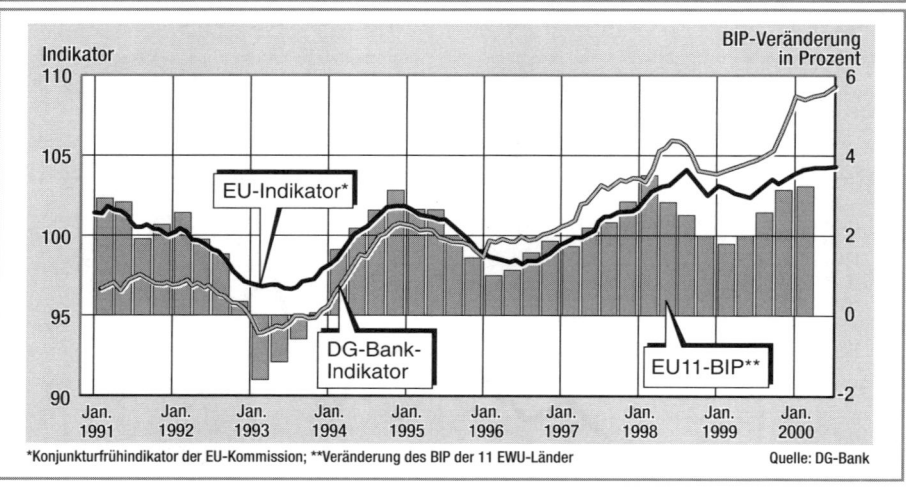

*Konjunkturfrühindikator der EU-Kommission; **Veränderung des BIP der 11 EWU-Länder   Quelle: DG-Bank

union hat, sondern auch mit einem zeitlichen Vorlauf von drei bis vier Monaten die Stärke des gesamtwirtschaftlichen Wachstums anzeigt, und zwar besser als der von der Europäischen Kommission veröffentliche Konjunkturindikator.

DG-Bank-Euro-Indikator

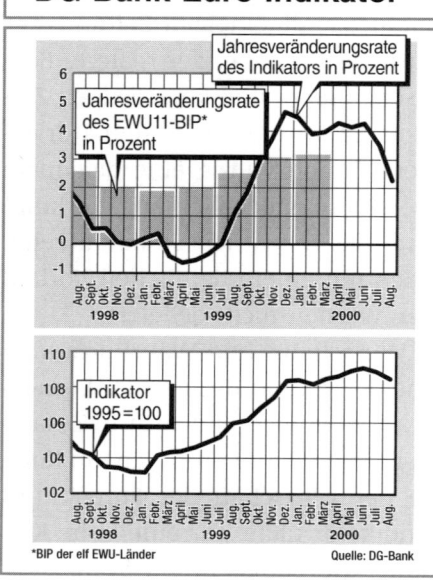

*BIP der elf EWU-Länder   Quelle: DG-Bank

Im Einzelnen gehen in den Indikator folgende Komponenten ein: Die Auftragseingänge, die Produktionserwartungen und die Einkaufsmanagerindizes bilden die Aussichten im Verarbeitenden Gewerbe ab. Die Baugenehmigungen dienen als Frühindikator des Baugewerbes. Das Verbrauchervertrauen soll die künftige Konsumnachfrage anzeigen. Ein europäischer Aktienindex, das reale Geldmengenwachstum und die Zinsstruktur bilden die Finanzmarktsituation ab. Die Zahl der offenen Stellen gibt Aufschluss über die Anspannung am Arbeitsmarkt.

3. Die Rolle der Verbände

■ Einwirkung auf den Gesetzgebungsprozess

In einem demokratischen Staat herrscht Gewaltenteilung. Das Parlament macht die Gesetze, die Regierung sorgt für deren Umsetzung und die Rechtsprechung für ihre Einhaltung. Das Grundgesetz weist den Parteien die Aufgabe zu, an der politischen Willensbildung mitzuwirken, von den Verbänden ist dagegen nicht die Rede. Die Tatsache, dass im Grundgesetz nur die Parteien erwähnt werden, mag dazu beigetragen haben, dass diese seit Bestehen der Bundesrepublik einen ungeheuren Machtzuwachs erfahren haben, der von vielen Menschen zunehmend in Frage gestellt wird. Die Bürger und die Wirtschaft wollen im Prozess der politischen Willensbildung nicht völlig ausgegrenzt werden. Sie wollen mitwirken und auf den Gesetzgebungsprozess Einfluss nehmen. Vom ersten Entwurf eines Gesetzes bis zu seiner Verabschiedung vergeht in aller Regel viel Zeit. Der Entwurf wird in den Ausschüssen des Parlaments von den Mitgliedern der Regierungskoalition und der Opposition überarbeitet; zu dem Gesetzesvorhaben finden – wenn es sich um ein wichtiges Thema handelt – Anhörungsverfahren statt, in denen die Politiker die Sachkenntnis der Fachleute suchen, und schließlich müssen bei vielen Vorhaben auch die Bundesländer zustimmen. Heutzutage kommt es häufig auch auf das Europäische Parlament und die Europäische Kommission an, deren Richtlinien als Vorgabe für die nationale Gesetzgebung zu gelten haben. Es gibt also viele Möglichkeiten, auf den Gesetzgebungsprozess einzuwirken. Diese Aufgabe nehmen die Verbände wahr.

Doch die Verbände sollen nicht nur den politischen Entscheidungsträgern die Interessen ihrer Mitglieder nahebringen. Sie sollen auch ihre Mitglieder auf wichtige politische Entwicklungen aufmerksam machen, damit sich diese rechtzeitig darauf einstellen können. In einer Welt, die von immer komplizierteren Regelwerken überzogen ist und in der zudem internationale Aspekte an Bedeutung gewinnen, wird es schwieriger, diese Aufgaben zufriedenstellend zu erfüllen. Über die Jahrzehnte ist so ein immer größeres Netzwerk von allgemeinen Wirtschafts- und spezialisierten Branchenverbänden entstanden, die untereinander teilweise auf das engste miteinander verflochten sind. Heute gibt es in Deutschland etwa 8000 hauptamtlich geführte Wirtschafts- und Berufsverbände; rechnet man die nicht hauptamtlich geführten Verbände und diejenigen, die nichts mit Wirtschaftsfragen zu tun haben, hinzu, sind es rund 23 000 Verbände. Die Interessen-Vertretungen, die am Sitz des Parlaments auf die Politik einwirken wollen, müssen sich beim Bundestag akkreditieren lassen. Diese Lobbyliste enthielt im Frühjahr 2000 insgesamt 2638 Verbände und Unternehmen.

Wenig geliebt

Große Unternehmen wollen sich häufig nicht allein auf die Verbände verlassen und beschäftigen deshalb am Regierungssitz eigene Vertreter, die ihre Interessen den Politikern nahebringen sollen. Schließlich geht es nicht nur um Einfluss auf die Gesetzgebung, sondern auch darum, Aufträge oder finanzielle Zuwendungen – etwa in Form von Forschungszuschüssen oder Export-Kreditfinanzierungen – zu erhalten. Mancher Unternehmer glaubt deshalb, dass es sinnvoller sei, sich direkt im Feld oder im Vorfeld der Politik zum Wohle seiner Firma zu engagieren. Andere halten dem entgegen, dass gerade die zunehmenden Verflechtungen von Parteien und Verwaltungen die Bedeutung und Wirkungsmöglichkeiten der Verbände noch erhöhten, weil diese am ehesten das Geflecht der Meinungsbildung durchschauten.

Die Tatsache, dass die Kontaktleute zur Politik nach der Wandelhalle in Westminster Lobbyisten genannt werden, zeigt, dass die Beschäftigung von Repräsentanten beim Parlament nicht ganz neu ist. In der ältesten Demokratie der Neuzeit, in Großbritannien, versuchen schon seit weit mehr als 100 Jahren sogenannte Lobbyisten die Politiker zu beeinflussen. Doch während andere Staaten den Lobbyismus als selbstverständlichen Bestandteil der Demokratie betrachten, tut man sich in Deutschland nicht immer so leicht damit. „Organisierte Gruppen rotten sich zusammen und nehmen den Staat als Beute", sagte der frühere sozialdemokratische Wirtschafts- und Finanzminister Karl Schiller. Und der christdemokratische Vater der Marktwirtschaft, Ludwig Erhard, scheute sich nicht, Lobbyisten als „Geschmeiß" zu bezeichnen, deren Einfluss die Demokratie auf Dauer nicht aushalte. Das war allerdings ein Fehlurteil, denn Lobbyisten und Verbände, zu denen man auch die Gewerkschaften rechnen muss, sind bei aller Interessenvertretung für Politiker und Beamte auch wertvolle Lieferanten von Informationen aus dem wirtschaftlichen Leben. Schließlich kommen nur noch ungefähr zehn Prozent der Politiker aus der Wirtschaft; übermächtig ist dagegen das Gewicht der Beamten, weshalb das alte Wortspiel immer noch stimmt: „Der Bundestag ist mal voller und mal leerer, aber immer voller Lehrer." Bei der ausgeprägten Wirtschaftsfremdheit im Parlament ist es kaum denkbar, dass die Politik ohne die Mitarbeit der Verbände auch nur ein einziges vernünftiges Gesetz zustande bringen würde, das hinterher praktikabel wäre.

Die Zuarbeit der Verbände ist auch durchaus erwünscht. Die Geschäfts-
ordnung des Bundestages sieht in Paragraph 70 vor, dass „ein Ausschuss
öffentliche Anhörungen von Sachverständigen, Interessenvertretern und
anderen Auskunftspersonen vornehmen" kann. Die gemeinsame Geschäfts-
ordnung der Bundesministerien legt in Paragraph 23 fest, dass die Spitzenverbände an der Vorarbeit zu Gesetzen mitwirken. Der Paragraph 62 ermöglicht die Vertretung der Verbände in Beiräten und Kommissionen der
Bundesregierung.

■ Die Gefahr des Korporatismus

Die Verbände machen gegenüber dem Staat Gruppeninteressen geltend,
die der Staat prüfen und gewichten muss, damit Gemeinwohl entstehen
kann. Zweifel sind dagegen berechtigt, wenn Verbände mit dem Staat gemeinsame Sache machen. „Wer den Korporatismus nicht als Bedrohung
der freiheitlichen Demokratie empfindet, sollte wenigstens sehen, dass korporatistischen Arrangements die fatale Tendenz innewohnt, zur Vertei-
lungs-Komplizenschaft auszuarten", hat der ehemalige Hauptgeschäftsführer des Bundesverbandes der Deutschen Industrie (BDI), Siegfried Mann,
einmal in der Frankfurter Allgemeinen Zeitung geschrieben. Eben deshalb
sind Vereinbarungen wie etwa das Bündnis für Arbeit so zweifelhaft, an
dessen Ausgestaltung die Spitzenverbände beteiligt sind. Schaden genommen hat der Lobbyismus auch durch die Spendenaffären, die Deutschland
mehrfach erschüttert haben. Beratungsverträge und finanzielle Zuwendungen haben den Verdacht der Korruption genährt. In Einzelfällen ist es
Unternehmen durchaus darum gegangen, Politiker zu bestechen. Doch
generell lässt sich das nicht behaupten. Gleichwohl ist die Scheckbuch-Di-
plomatie von Nachteil. Nicht zuletzt die Vorgänge um den ehemaligen
Bundeskanzler Helmut Kohl zeigen, wie wenig Verständnis in Deutschland
der Lobbyarbeit mit Geldzuwendungen entgegengebracht wird. Wenn
Wirtschaftsmacht über Geld direkt in die Politik fließt, so wird das insbesondere dann als unmoralisch empfunden, wenn es heimlich geschieht.
Während also in der Gesellschaft in der jüngsten Zeit neue Skepsis
gegenüber dem Lobbyismus laut geworden ist, wachsen auch in den Unternehmen selbst die Zweifel. Viele sind sich nicht mehr sicher, ob die
Verbände ihre Interessen gegenüber Dritten so erfolgreich vertreten, dass
sich die vielfach kostspielige Verbandsmitgliedschaft für sie wirklich lohnt.
Der Einfluss der Verbände auf die Politik ist schwerer nachvollziehbar, da
die Gesetzgebung wegen ihres Weges über Brüssel insgesamt weniger

transparent geworden ist. Hinzu kommt, dass die Verbände wegen ihrer Vielzahl teilweise miteinander um die Gunst der Mitglieder konkurrieren.

■ Nachdenken über Reformen

Seit Bestehen der Bundesrepublik ist eine festgefügte Verbandswelt entstanden, in der bisher vor allem darauf geachtet wurde, dass sich die gewachsene Ordnung nicht verändert. Die Arbeitgeberverbände verfechten die Interessen der Arbeitgeber gegenüber den Gewerkschaften im Rahmen des Tarifkartells. Dass dies immer weniger den Unternehmensinteressen entspricht, zeigen die Verbandsaustritte und verabredeten Tarifausnahmen. Die Handwerksverbände achten auf die Bewahrung der Handwerksordnung und ihrer meisterlichen Regelungen. Der Deutsche Industrie- und Handelstag (DIHT) agiert aus dem sicheren Bewusstsein heraus, dass alle Unternehmen der Zwangsmitgliedschaft in einer Industrie- und Handelskammer unterworfen sind. Selbst die sogenannten freien Verbände, zu denen der Bundesverband der Deutschen Industrie (BDI) gehört und die nicht wie ein Kartell organisiert sind, haben sich in der Vergangenheit darauf verlassen, dass sich ihre Mitgliederstruktur nicht verändern wird.

Der wachsende globale Wettbewerb hat indessen zur Folge, dass den Verbandsmitgliedern das Geld nicht mehr so locker in der Tasche sitzt. Austritte sind häufiger geworden. Die Verbände denken deshalb über Reformen nach. Es ist immer wieder einmal angeregt worden, dass etwa der BDI und der DIHT, aber auch die Arbeitgeberverbände enger zusammenarbeiten könnten. Noch immer sind die großen Verbände darum bemüht, möglichst viele Leistungen aus einer Hand zu erbringen, was zur Folge hat, dass es zu unnötiger Doppelarbeit kommt. Dabei macht es durchaus Sinn, etwa tarifpolitische Fragen den Arbeitgeberverbänden, Ausbildungsfragen dem DIHT und wettbewerbsrechtliche Fragen dem BDI anzuvertrauen. Immerhin haben BDI, DIHT und die Bundesvereinigung der Deutschen Arbeitgeberverbände in Berlin ein gemeinsames Haus bezogen, was sichtbarer Ausdruck eines Bemühens um intensivere Zusammenarbeit ist. Auch die Handelsverbände haben sich enger zusammengeschlossen und die Bundesvereinigung Deutscher Handelsverbände (BDH) mit dem Ziel gegründet, gemeinsame Positionen zu Fragen der Wirtschafts- und Sozialpolitik vereint zu vertreten.

Manche Kritiker gehen so weit, das Verbandswesen insgesamt in Frage zu stellen, weil es ihnen zu unflexibel erscheint. Es sei zu überlegen, ob Unternehmen zur Bewältigung bestimmter Anliegen nicht projektbezogene Zusammenschlüsse bilden und dabei eine starre Verbandsstruktur vermeiden sollten. Dieses Modell hat allerdings den Nachteil, dass damit die Unternehmen unmittelbar ins politische Rampenlicht treten müssten. Das kann unangenehm sein, denn um politische Forderungen durchzusetzen, muss man mit einer Entschlossenheit auftreten, mit der man sich nicht nur Freunde macht. Der Verband bietet ein neutralisierendes Gerüst: er nimmt eine Art Klassensprecherrolle für Unangenehmes wahr, ohne dass die Unternehmen namentlich in Erscheinung treten müssten. Diesen Vorteil wird die Wirtschaft auch in Zukunft nutzen wollen.

■ Die wachsende Bedeutung Brüssels

Der Kreis der Kontakte, die gepflegt werden müssen, ist heute viel weiter und erstreckt sich mit zunehmender Bedeutung auf die Europäische Kommission, das Europäische Parlament, die Welthandelsorganisation, die Weltbank oder den Internationalen Währungsfonds. Allerdings müssen die Verbände ihre Zusammenarbeit gerade außerhalb Deutschlands noch verstärken und verbessern. Zwar sind die großen Verbände in Brüssel oder Washington längst effizient vertreten. Sie pflegen gute Kontakte zu internationalen Organisationen, doch sie arbeiten noch weitgehend für sich allein. Dadurch gibt es etwa in Brüssel immer wieder Versuche, die deutschen Verbände mit ihren unterschiedlichen Interessen gegeneinander auszuspielen. Um diese zu beenden gibt es den Vorschlag, in Brüssel ein „deutsches Haus" einzurichten, in dem die großen Verbände zusammenwirken sollten. Dennoch bleibt es für die Verbände wichtig, den Kontakt zu den europäischen Dach- und Spitzenverbänden zu suchen. Denn sie haben immer noch die besten Verbindungen, was daran liegt, dass nahezu sämtliche europäische Spitzenverbände in offiziellen, beratenden EU-Gremien vertreten sind. Bei der Erstellung von Grundlagentexten, „Weiß-" und „Grünbüchern" liegt die Federführung oftmals bei Lobbyisten und Beratungsunternehmen.

In Brüssel werden drei Viertel aller politischen Entscheidungen getroffen, die deutsche Unternehmen direkt betreffen. In Fragen des Umwelt-, Gesundheits- und Verbraucherschutzes entscheidet die EU-Metropole, wie es weitergehen soll. Subventionen werden hier verteilt und wettbewerbspolitische Weichen gestellt. Entsprechend prominent und lang ist die Liste der deutschen Verbands- und Unternehmensvertretungen. Von den 30 Unternehmen, die den Frankfurter Börsenindex Dax repräsentieren, unterhalten rund 20 eigene Büros vor Ort. Die VW-Konzernzentrale beschäftigt in Brüssel mehr Mitarbeiter als in Berlin. Nahezu alle Unternehmen haben in den vergangenen Jahren ihre Repräsentanzen verstärkt und erwarten, weiter zu expandieren. Insgesamt gibt es etwa 3000 Interessenvertretungen in Brüssel. Neben Verbänden und Unternehmens-Repräsentanzen gibt es zahllose Unternehmensberater, Anwälte und Steuerberater, die sich zur Verfügung halten, mal mit dem einen, dann mit dem anderen Unternehmen zusammenarbeiten und Bündnisse auf Zeit organisieren. Schätzungen besagen, dass in Brüssel rund 13 000 Menschen als Lobbyist-for-hire arbeiten.

Dabei bemühen sich die Verbände und Lobbyisten nicht nur um die Brüsseler Beamten, sondern seit kurzem auch um die Europa-Parlamentarier. Diese haben seit der Verabschiedung des Vertrages von Amsterdam an Einfluss gewonnen. Sie können zwar keine Gesetze vorschlagen, aber sie können die Entwürfe der Kommission in drei Viertel aller Fälle verändern oder blockieren. Die Abgeordneten sind für das Interesse der Verbände und Unternehmen dankbar, da sie in der Regel ohne eigenen Apparat arbeiten und auf außerparlamentarische Hilfe angewiesen sind. Außerdem ist in Brüssel möglich, was in Deutschland verboten ist: Unternehmen kaufen sich einen EU-Parlamentarier. Die Abgeordneten müssen nur offenlegen, ob und für wen sie kommerziell arbeiten. Niemand zweifelt daran, dass die Verbands- und Unternehmens-Vertretung in Brüssel mit dem weiteren Zusammenwachsen Europas noch an Gewicht gewinnen wird. Doch auch außerhalb Europas wird die Interessenvertretung immer wichtiger. Es wird deshalb für die Verbände darauf ankommen, ihre starren Strukturen aufzugeben und globale Netzwerke aufzubauen, mit deren Hilfe sie auf die sich immer schneller wandelnde Welt besser reagieren können. Welche Formen die globalisierte Variante der Verbandsarbeit annehmen wird, ist schwer abzuschätzen. Eines aber ist gewiss: Die Zeit der Kartellisten geht absehbar zu Ende.

4. Die Berater und ihr Rat

▣ Wirtschaftspolitik im Dialog

Akademisch fundierter wirtschaftlicher Sachverstand ist in der Politik eine Seltenheit. Konrad Adenauer, der erste deutsche Bundeskanzler (CDU, 1949 bis 1963), war Jurist, ebenso wie Kurt Georg Kiesinger (CDU, 1966 bis 1969) und der heutige Kanzler Gerhard Schröder (SPD, seit 1998). Der Kanzler der Ostpolitik, Willy Brandt (SPD, 1969 bis 1974), war Journalist. Der Kanzler, der dann im Amt die deutsche Wiedervereinigung erlebte, Helmut

Kohl (CDU, 1982 bis 1998), hatte Geschichte, Rechts- und Staatswissenschaften studiert. Über eine wirtschaftliche Ausbildung verfügten nur zwei deutsche Bundeskanzler, die geradezu symbolisch für zwei verschiedene theoretische Denkrichtungen und dogmengeschichtliche Etappen stehen: der liberale Ludwig Erhard (CDU, 1963 bis 1966), der sich zuvor, auch im Amt des Wirtschaftsministers, gegen allerlei Widerstände für die Soziale Marktwirtschaft eingesetzt hatte, und der als Finanzminister ebenfalls bereits kabinettserfahrene Helmut Schmidt (SPD, 1974 bis 1982), mit dessen Billigung das Experiment der keynesianischen Globalsteuerung unternommen wurde. Unter den Wirtschafts- und Finanzministern Deutschlands ist die wirtschaftliche Fachausbildung gängiger, wenn auch nicht die Regel, während unter den Abgeordneten insgesamt nach wie vor Juristen und Lehrer die am häufigsten anzutreffenden Berufsgruppen darstellen. Das mag daran liegen, dass für akademisch ausgebildete Wirtschaftswissenschaftler die am Gehalt gemessenen Opportunitätskosten einer Politikerlaufbahn gegenüber einer Karriere in der Privatwirtschaft relativ hoch sind.

Ein Debakel bedeutet dies für die Qualität der Wirtschaftspolitik freilich noch nicht. Einerseits verfügen sämtliche Ministerien über einen bisweilen umfänglichen, zumeist aber bemerkenswert qualifizierten Mitarbeiterstab, der die Amtsinhaber mit sachlich-objektiven Ausarbeitungen zu Grundsatzfragen ebenso versorgt wie mit konkreten, dann aber häufig schon ideologisch abgesicherten Politikempfehlungen. Andererseits jedoch gibt es in Deutschland einen permanenten, zum Teil informellen, zum Teil aber auch öffentlich geführten Dialog zwischen der Politik und der – unabhängigen – Wirtschaftswissenschaft, der entscheidend zur Meinungsbildung sowohl der politisch Verantwortlichen als auch der Bevölkerung beiträgt. Die Wissenschaftler sind als ökonomisches Gewissen des Landes ein wichtiges politisches Korrektiv; sie zählen damit zu den Aktiva der Ordnungspolitik und der deutschen Stabilitätskultur. Bisher hat keine Regierung in Bonn oder Berlin darauf verzichtet, akademischen Rat in Wirtschaftsfragen in Anspruch zu nehmen, zumal dieser mehr der Schärfung des öffentlichen Bewusstseins und der Belebung einer sachlichen Diskussion dient als der unmittelbaren Einflussnahme auf den politischen Prozess.

Die unabhängige wissenschaftliche Politikberatung soll auf beiden Seiten des demokratischen Systems – beim Souverän ebenso wie bei der Legislative – so weit wie möglich objektiv Klarheit schaffen über die ideologischen Grundlagen und Alternativen, die praktischen Voraussetzungen und Nebenbedingungen sowie über die tatsächlichen Risiken und möglichen Konsequenzen bestimmter Entscheidungen, die wirtschaftliche Belange des Landes und seiner Bürger berühren. Damit können die wissenschaftlichen Ökonomen dazu beitragen, dass die politisch Verantwortlichen über alle notwendigen Informationen verfügen, um anstehende Entscheidungen zumindest halbwegs sachgerecht zu fällen – und dazu, dass die Bürger genug wissen, um zu beurteilen, ob sie diese Entscheidungen in den nächsten Wahlen honorieren oder sanktionieren sollen.

Der Reiz der wissenschaftlichen Politikberatung liegt gegenüber dem Stab der Parteien und der Ministerien (auch wenn dieser nicht nach jedem Regierungswechsel gänzlich ausgetauscht wird) vor allem in ihrer parteipolitischen Unabhängigkeit. Zwar haben auch Hochschullehrer und Institutsmitarbeiter parteipolitische Präferenzen, wie sich immer wieder nicht zuletzt darin zeigt, wer wem seinen Rat anbietet. Dabei gibt es regelmäßig eine Nähe zwischen „linken" politischen Strömungen und so genannten nachfragetheoretischen Wissenschaftsansätzen sowie zwischen liberalen oder „rechten" politischen Einstellungen und angebotstheoretischen Ideen – was vor allem an den jeweiligen verteilungspolitischen Grundüberzeugungen, den daraus abgeleiteten Vorstellungen über die Quelle volkswirtschaftlicher Dynamik sowie an der Einschätzung der makroökonomischen „Machbarkeit" liegt.

Trotz dieser politischen Vorauswahl gilt grundsätzlich, dass die Wissenschaftler sich erstens im Gegensatz zu den politisch Verantwortlichen samt deren Stab nicht um Wahlen und politische Mehrheiten zu kümmern brauchen. Sie sind nicht an Programm gebunden, und im Rahmen ihrer eigenen Überzeugungen gebietet es die fachliche Redlichkeit, die unterschwelligen politischen Visionen zu benennen und zu begründen, auf denen ihre Empfehlungen fußen. Zweitens können sich unabhängige Wissenschaftler aus demselben Grund erlauben, langfristig zu denken und Interessengruppen aus ihrem Kalkül auszuklammern. Sofern die Politiker auf ihren Rat hören, übt dies einen verstetigenden Einfluss auf die Wirtschaftspolitik aus. Zudem setzen Wissenschaftler Maßstäbe, indem sie gedanklich über das politisch Durchsetzbare hinausgehen. Kluge Politikberatung muss zwar dafür Sorge tragen, dass die eigenen Worte nicht als vollkommen weltfremd verhallen, aber sie kann sich immerhin den Verweis auf das Ideal gestatten. Und schließlich sind die Wissenschaftler keinesfalls für ihre Konzeptionen verantwortlich im Sinne eines demokratischen Mandats: Ihren Rat können und sollen sie nur zur Erwägung anbieten, nicht aber praktisch für dessen Durchsetzung sorgen. Die Verantwortung bleibt immer bei den gewählten Volksvertretern.

Für die Qualität dieser wissenschaftlichen Politikberatung sorgt zumindest tendenziell der Wettbewerb auf dem akademischen Markt. Die Konkurrenz der Wissenschaftler untereinander konzentriert sich nicht nur auf die öffentliche Präsenz, die Summe der jeweils erworbenen Gutachter- und Beraterverträge oder die Zahl der Mitgliedschaften in beratenden Gremien, sondern vor allem auf den wissenschaftlichen Ruf, der sich unerbittlich aus der wissenschaftlichen Fundierung der Beratungsempfehlungen ergibt. Dieses Ringen um den eigenen Ruf sorgt im Idealfall auch dafür, dass jene Wissenschaftler, die sich im Licht der Öffentlichkeit für politische Alltagsfragen engagieren, eine Synthese der drei klassischen, häufig arbeitsteilig von einander getrennten Sparten der ökonomischen Lehre zu Wege bringen: der Theorie, der Empirie und der Politikberatung. Ohne qualifizierte theoretische Untermauerung ist eine wahrhaft vorurteilsfreie Politikberatung nicht möglich, ebenso wenig wie ohne ausreichende empirische Prüfung und Absicherung. Nun sind jedoch nicht alle Wissenschaftler in allen drei Sparten ihrer Disziplin in gleicher Weise zu Hause. Das ist freilich auch nicht notwendig: Idealerweise bringt der Wettbewerb die Politikberater dazu, sich entsprechende Vorleistungen durch die Zusammenarbeit mit anderen Wissenschaftlern zu verschaffen. Das setzt allerdings zweierlei voraus: Erstens darf den Wissenschaftlern ihr akademischer Ruf nicht gleichgültig sein, und zweitens müssen auch die jeweiligen öffentlichen Auftraggeber halbwegs in der Lage sein, die Qualität ihrer Berater zu erkennen. Beides dürfte in der Realität nicht immer, aber doch häufig gegeben sein.

▉ Die Beiräte

Die wissenschaftliche Politikberatung findet in Deutschland auf mehreren Ebenen statt. Zum Teil ist die Konsultierung der Wissenschaft durch die Politik institutionalisiert, wobei sich im Laufe der Zeit eine gewisse Arbeitsteilung herauskristallisiert hat; zu einem anderen Teil jedoch erfolgt sie spontan. Institutionalisiert ist beispielsweise die Arbeit der Wissenschaftlichen Beiräte bei verschiedenen Bundesministerien, des Sachverständigenrats zur Begutachtung der gesamtwirtschaftlichen Entwicklung und der staatlich geförderten Wirtschaftsforschungsinstitute. Darüber hinaus gibt es jedoch auch private wissenschaftliche Institute, zahlreiche akademisch-ideelle Gruppierungen und einzelne Hochschullehrer, welche die Ergebnisse ihrer Forschungsarbeiten an die Politik und, über die Medien, an die Öffentlichkeit herantragen.

Der erste wissenschaftliche Beirat ist schon vor der Währungsreform entstanden. Im Januar 1948 trafen sich siebzehn Wirtschaftswissenschaftler und Juristen erstmals auf Einladung der Verwaltung für Wirtschaft des Vereinigten Wirtschaftsgebietes, der damals obersten Wirtschaftsbehörde der Bizone, in Königstein im Taunus; später wurde daraus der Wissenschaftliche Beirat beim Wirtschaftsministerium. In seiner Satzung heißt es lapidar: „Der Beirat soll den Bundesminister für Wirtschaft in voller Unabhängigkeit in allen Fragen der Wirtschaftspolitik beraten." Die Gutachten dieses Beirats zu verschiedenen wirtschafts- und sozialpolitischen Grundsatzfragen haben die Wirtschaftsordnung der Bundesrepublik Deutschland wesentlich mitgestaltet. Ein Jahr nach der Einrichtung des Beirats beim Wirtschaftsministerium entstand ein ähnliches Gremium beim Finanzministerium. Diese beiden Beiräte umfassen heute rund 40 ehrenamtliche, einander kooptierende Mitglieder ohne Stab. Sie tagen achtmal im Jahr und äußern sich regelmäßig zu wirtschafts- und ordnungspolitischen Grundsatzfragen, wobei sie auch konkrete, weniger idealistische als pragmatische Politikempfehlungen formulieren.

Der Sachverständigenrat

Der Sachverständigenrat zur Begutachtung der gesamtwirtschaftlichen Entwicklung, der „unerbittliche Rechnungshof der Wirtschaftspolitik", wie ihn der Saarbrücker Nationalökonom Olaf Sievert – jahrelang Stabsmitarbeiter, Mitglied und sogar Vorsitzender des Gremiums – genannt hat, bildet das am meisten beachtete, aufgrund seiner maßvollen Empfehlungen ebenso wie wegen seiner theoretischen Arbeiten am meisten anerkannte Beratungsgremium der deutschen Politik. Auf ihn gehen Konzepte zurück, die sowohl in der Wissenschaft als auch in der Öffentlichkeit zum Einmaleins gehören: konjunkturneutrale Haushaltspolitik, potentialorientierte Geldmengensteuerung sowie später, noch grundsätzlicherer Natur und in deutlicher Abgrenzung zum keynesianischen Geist der sechziger Jahre, aus dem der Rat ursprünglich geboren war, angebotsorientierte Wirtschaftspolitik.

Der Sachverständigenrat geht auf eine Idee des ersten deutschen Wirtschaftsministers Ludwig Erhard zurück. Doch Konrad Adenauer griff ein: „Erhard, woll'n Sie sich eine Laus in'n Pelz setzen?" So wurde der Rat erst 1963 unter Umgehung des Kabinetts gegründet. Nach Paragraf 1 des Gesetzes über die Bildung des Sachverständigenrats (SVRG) vom 14. August 1963 (Bundesgesetzblatt I, S. 635) ist es seine Aufgabe, periodisch die gesamtwirtschaftliche Entwicklung in der Bundesrepublik Deutschland zu begutachten, um die Urteilsbildung in allen wirtschaftspolitische verantwortlichen Instanzen sowie in der Öffentlichkeit zu erleichtern. Dazu fertigt er ein umfangreiches Jahresgutachten an, das der Bundesregierung bis zum 15. November jedes Jahres zugeleitet werden muss, rechtzeitig zu den abschließenden Haushaltsberatungen. Die Bundesregierung muss spätestens nach acht Wochen im Jahreswirtschaftsbericht Stellung nehmen. Neben dem obligatorischen Jahresgutachten kann der Sachverständigenrat auch von sich aus Sondergutachten anfertigen, wenn nach seiner Einschätzung aktuelle gesamtwirtschaftliche Fehlentwicklungen drohen (seit 1967).

In seinen Gutachten soll der Rat verschiedene makroökonomisch-prozesspolitische Optionen zur Beseitigung oder Verhinderung gesamtwirtschaftlicher Fehlentwicklungen herleiten. Diese sind in Paragraf 2 SVRG vor allem als ein Auseinanderdriften von Nachfrage und Angebot sowie als eine Gefährdung des damals populären „magischen Vierecks" (stabiles Preisniveau, hoher Beschäftigungsstand, außenwirtschaftliches Gleichgewicht, stetiges, angemessenes Wachstum) zu verstehen. Der Schwerpunkt des offiziellen Auftrags an den Rat liegt in der Analyse. Er darf zwar Empfehlungen geben, den Gesetzgeber jedoch in seiner Entscheidungsfreiheit nicht einschränken. Diese Gratwanderung hat der Sachverständigenrat seit jeher durch eine betont grundsätzliche Argumentation gelöst, bei der er seine Politikempfehlungen in ordnungspolitische Grundsätze einfasste – was freilich nicht minder häufig zu Kontroversen führte.

Der Rat ist beim Statistischen Bundesamt in Wiesbaden beheimatet und kann nicht nur über einen eigenen Mitarbeiterstab, sondern auch über den Apparat des Amtes verfügen. Er zählt fünf pauschal entlohnte Mitglieder, die nach Paragraf 1 SVRG „über besondere wirtschaftswissenschaftliche Kenntnisse und volkswirtschaftliche Erfahrungen verfügen müssen" – in der Regel sind die „fünf Weisen" Hochschulprofessoren. Damit ihre Unabhängigkeit gewährleistet ist, dürfen sie weder der Regierung noch einem Wirtschaftsverband oder dem öffentlichen Dienst (außer als Hochschullehrer) angehören. Sie werden auf Vorschlag der Regierung vom Bundespräsidenten für fünf Jahre berufen, wobei üblicherweise über einen der fünf Sitze mit den Gewerkschaften, über einen anderen mit dem Gemeinschaftsausschuss der deutschen Wirtschaft verhandelt wird. Damit ist die Wahl der Mitglieder immer ein Politikum, wie auch jüngst die Benennung von Jürgen Kromphardt und Bert Rürup durch die rot-grüne Bundesregierung gezeigt hat, in der Kritiker eine bewusste nachfragetheoretische Verschiebung im Paradigma des Rats gesehen haben. Den kooptierten Vorsitz im Rat hat der Kölner Nationalökonom Jürgen B. Donges inne; weitere Mitglieder sind Rolf Peffekoven und Horst Siebert.

Die Monopolkommission

Sehr viel spezieller, aber ebenfalls politikprägend wirkt die Monopolkommission, die im Rahmen der zweiten Novellierung des Gesetzes gegen Wettbewerbsbeschränkungen (GWB) 1973 geschaffen worden ist. Ihre Aufgabe besteht in der regelmäßigen, alle zwei Jahre in einem großen Hauptgutachten gebündelten und durch allfällige Sondergutachten ergänzte Begutachtung der Entwicklung der Unternehmenskonzentration in Deutschland. Ihre fünf Mitglieder werden auf Vorschlag der Bundesregierung vom Bundespräsidenten berufen.

Die Wirtschaftsforschungsinstitute

Die großen wirtschaftswissenschaftlichen Forschungsinstitute Deutschlands engagieren sich in der Politikberatung vor allem durch ihre Konjunkturprognosen. Zu diesen Instituten gehören:

- das Deutsche Institut für Wirtschaftsforschung (DIW) in Berlin, das – nicht erst seit dem Intermezzo des früheren Abteilungsleiters Heiner Flassbeck als Finanzstaatssekretär unter Oskar Lafontaine – für seine nachfragetheoretische Ausrichtung bekannt ist und sich in seinen Analysen viel mit Osteuropa befasst,
- das auf Kohle und Stahl spezialisierte Rheinisch-Westfälische Institut für Wirtschaftsforschung (RWI) in Essen,
- das weltwirtschaftlich und konsequent angebotspolitisch ausgerichtete Institut für Weltwirtschaft an der Universität Kiel (IfW),
- das nach der jüngsten Evaluierung vom Wissenschaftsrat zurechtgeschrumpfte HWWA-Institut für Wirtschaftsforschung in Hamburg,
- das für seine Stimmungsbarometer und Branchenanalysen bekannte, jüngst mit der Anbindung an die Universität institutionell verstärkte Ifo-Institut für Wirtschaftsforschung in München,
- das junge, besonders in seinen empirischen Arbeiten starke Zentrum für Europäische Wirtschaftsforschung (ZEW) in Mannheim
- sowie, als einziges Institut aus Ostdeutschland, seit 1992 das Institut für Wirtschaftsforschung Halle (IWH).

Alle sechs Institute gehören der Arbeitsgemeinschaft deutscher Forschungsinstitute an und stehen auf der so genannten blauen Liste der Bund-Länder-Komission für Bildungsplanung und Forschungsförderung, was bedeutet, dass sie wie insgesamt 82 deutsche Forschungseinrichtungen eine – im Gesamtetat unterschiedlich wichtige – Grundfinanzierung vom Bund und vom Land ihres Sitzes erhalten. Nur die in Umfang und Vollständigkeit einzigartige Bibliothek des Kieler IfW wird von sämtlichen Ländern unterstützt. Die Institute der blauen Liste unterliegen regelmäßigen Evaluierungen. Die Begutachtung der Wirtschaftsforschungsinstitute im Auftrag der Bund-Länder-Kommission gehört seit den siebziger Jahren zu den Aufgaben des Wissenschaftsrats, der schon 1957 ins Leben gerufen worden war. Dieses Gremium gibt Empfehlungen zur Entwicklung der Hochschulen, der Wissenschaft und der Forschung im Auftrag des Bundes, der Länder, der Bund-Länder-Kommission oder der Kultusminister der Länder.

Zweimal im Jahr untersuchen die großen Forschungsinstitute (außer ZEW) im Auftrag des Bundeswirtschaftsministeriums gemeinsam die Lage der deutschen und der Weltwirtschaft. In die Frühjahrs- und Herbstgutachten, die vor allem Prognosecharakter tragen, fließen die zum Teil sehr unterschiedlichen paradigmatischen Ausrichtungen und ökonometrischen Modelle der Institute ein. In einer gemeinsamen Arbeitssitzung entsteht dann ein inhaltlicher Kompromiss. Durch diesen nimmt die Qualität der Prognosen zwar in der Regel zu; doch dabei ist die wahre Kausalität längst nicht mehr nachzuvollziehen: Es ist nicht auszuschließen, dass die Positionen einzelner Institute gerade deswegen in bestimmte ideologische Richtungen übersteigert werden, weil man weiß, dass man nur so die Prognose nachhaltig beeinflussen kann. Der Gemeinschaftsprognose wird von Kritikern darüber hinaus vorgehalten, sie stelle ein Kartell der etablierten, staatlich geförderten Institute dar – zumal das ZEW bisher ausgeschlossen ist.

Seit 1978 widmen sich die Institute auch der so genannten Strukturberichterstattung. Darunter versteht man die Beobachtung langfristiger, das heißt konjunkturunabhängiger Veränderungen in der Wirtschaft, wobei Änderungen von Mengen- und Wertrelationen der Produktionsstruktur, Verschiebungen der Beschäftigtenstruktur sowie Wechselwirkungen mit der gesamtwirtschaftlichen Entwicklung im Vordergrund stehen. In die Analyse fließen zwar oft auch angebotsseitige Strukturveränderungen (Kapitalbildung, Innovationsaktivität, Produktivität, Kostenentwicklung, Lohnstruktur) ein, als dominierend gelten jedoch die nachfrageseitigen Faktoren (Verschiebungen zwischen privatem und staatlichem Konsum, zwischen konsumtiver und investiver Nachfrage, zwischen Inlands- und Auslandsnachfrage). Die Strukturberichterstattung soll helfen, strukturelle Fehlentwicklungen rechtzeitig zu erkennen und die damit verbundenen Anpassungsschwierigkeiten zu verringern.

■ Interessengebundene Institute

Zwei weitere, durch ihr Statut und ihre Finanzierung zwar vom Staat unabhängige, jedoch interessengebundene Forschungseinrichtungen erheben regelmäßig ihre Stimme in der öffentlichen wirtschaftspolitischen Debatte: das Institut der Deutschen Wirtschaft (IW) in Köln und das Wirtschafts- und Sozialwissenschaftliche Institut des Deutschen Gewerkschaftsbundes (WSI) in Düsseldorf. Das Kölner IW, eine gemeinsame Einrichtung von Wirtschafts- und Arbeitgeberverbänden sowie einzelner Unternehmen, gilt insbesondere mit seinem Heft „iwd" als publizistisches Organ der Arbeitgeber. Das lässt sich neben einer grundsätzlich marktwirtschaftlichen Ausrichtung der Argumentation auch an den inhaltlichen Schwerpunkten seiner Analysen ablesen: Vor allem stehen Fragen des internationalen Standortwettbewerbs, der Produktivität und der Lohnstückkosten im Mittelpunkt. Zwar sind die Untersuchungen des IW volkswirtschaftlich immer solide, doch führt die bewusst aufs Papier geschriebene Sorge um den Standort Deutschland gelegentlich zu einer gewissen Einseitigkeit auch in der Wahl der wissenschaftlichen Methoden. Das WSI hingegen, dessen Arbeit rund zur Hälfte in der Beratung der Gewerkschaften besteht, hat den Auftrag, wirtschaftliche Forschung im Interesse von Arbeitnehmern zu betreiben und damit der angeblichen Ignorierung dieser Interessen an den Hochschulen entgegenzuwirken. Dementsprechend stellt das Institut Fragen der Einkommensverteilung, der „sozialen Gerechtigkeit" und der Kaufkraft in den Vordergrund und fertigt regelmäßig einen Verteilungsbericht an.

■ Die Deutsche Bundesbank und die Banken

Auch die Deutsche Bundesbank hat sich über Jahrzehnte hinweg als kompetenter und kritischer Beobachter der gesamtwirtschaftlichen Entwicklung erwiesen, nicht nur mit Konjunkturanalysen und Stellungnahmen zur Finanz- und Wirtschaftspolitik, die regelmäßig in den Monatsberichten erschienen sind, sondern auch mit konzeptionellen Beiträgen zu Fragen der Geldpolitik, die in der Wissenschaft viel Gehör gefunden haben. Dazu hat ihre gesetzliche Unabhängigkeit von Weisungen der Regierung entscheidend beigetragen. Seit dem Verlust ihrer geldpolitischen Lenkungsaufgabe durch den Übergang zur Europäischen Währungsunion ist die Bundesbank nun als Beobachter und Mahner von einem latenten Zielkonflikt befreit: Als nurmehr lediglich ausführender Arm der Geldpolitik der Europäischen Zentralbank (EZB) kann sie ihr Augenmerk stärker über Fragen der Geldwertstabilität hinaus auf die Gesamtwirtschaft richten. Die makroökonomischen Ausarbeitungen der EZB spielen bisher keine vergleichbare Rolle – wegen des weniger stark nationalen Fokus', aber auch deswegen, weil sich die volkswirtschaftliche Analyseabteilung der EZB im Vergleich zur eingespielten Mannschaft der Bundesbank erst im Aufbau befindet.

Selbst wenn die aktive, normativ Stellung nehmende Politikberatung für sie nicht zählt – als objektive Beobachter des wirtschaftlichen Geschehens und der Wirtschaftspolitik spielen auch die Bankvolkswirte oder Analysten eine wichtige Rolle. Alle großen Kreditinstitute und Investmenthäuser verfügen über volkswirtschaftliche Abteilungen, in denen sowohl die Vorarbeiten für die interne Risikosteuerung als auch Entscheidungshilfen für die an private und institutionelle Kunden gerichtete Anlageberatung geleistet werden. In diesen Dienstleistungsabteilungen werden nicht nur Märkte, sondern auch die potentiellen Auswirkungen bestimmter wirtschaftspolitischer Entscheidungen geschätzt und beobachtet. Ein Großteil der Arbeit besteht aus der Anfertigung probabilistischer Prognosen, die aus ökonometrischen Simulationen verschiedener Szenarien gewonnen werden. Wichtig ist dabei zum Beispiel nur, ob mit höheren oder niedrigeren Zinsen zu rechnen ist, nicht aber, ob dies wirtschaftspolitisch wünschenswert ist. Mit diesen Berechnungen leisten die Bankvolkswirte einen wichtigen Beitrag zum Verständnis der Relevanz mancher wirtschaftspolitischer Entscheidungen – und im Gegensatz zu manchen Instituten garantiert bei ihnen der Wettbewerb um den Anleger, der eine verlässliche Information, nicht aber paradigmatisch-ideologisch gefällige Interpretationen nachfragt, ein hohes Maß an Objektivität.

■ Freie wissenschaftliche Gruppierungen

Durch eigene Publikationen oder durch die Presse finden die Aktivitäten freier wissenschaftlicher Gruppierungen in der Öffentlichkeit und auf diesem Umweg auch in der Politik Gehör. Zu nennen ist hier, stellvertretend für alle kleineren Zusammenschlüsse, der Verein für Socialpolitik, die traditionsreiche Vereinigung aller deutschsprachigen Ökonomen, auf deren Jahrestagungen immer auch zu aktuellen wirtschaftspolitischen Fragen Stellung genommen wird. Wichtig sind jedoch auch Zusammenschlüsse wie die Reformkommission Soziale Marktwirtschaft, die „European Constitutional Group" um den Ökonomen Roland Vaubel sowie dauerhafte Foren wie der liberale, aber parteiunabhängige Kronberger Kreis, der wissenschaftliche Beirat beim Frankfurter Institut – Stiftung für Marktwirtschaft und Politik, dem derzeit die Ökonomen Juergen B. Donges, Johann Eekhoff,

Martin Hellwig, Manfred J. M. Neumann, Olaf Sievert und der Rechtswissenschaftler Wernhard Möschel angehören.

■ Einzelne Hochschullehrer

Auch einzelne Hochschullehrer treten als Politikberater an die Öffentlichkeit – entweder im Alleingang, wie der Heidelberger Finanzwissenschaftler Manfred Rose, der unermüdlich für eine Konsumsteuer wirbt, als Kleingruppe, wie die vier Professoren um den Tübinger Nationalökonomen Joachim Starbatty, welche die Einführung des Euro 1998 noch mit einer Verfassungsbeschwerde zu verhindern versuchten, oder als Massenaufgebot wie die 155 Ökonomen, die sich ebenfalls 1998 gegen den Euro stemmten und damit prompt 59 Gegner kollektiv auf den Plan riefen.

■ Doktrinen und Werte

Auf die vielen wirtschaftspolitischen Fragen des Alltags gibt es keine einheitlichen, zwangsläufig korrekten Antworten. Das wirtschaftliche Geschehen ist von unzähligen Einflüssen abhängig, die zu entwirren und nach logischen Gesetzmäßigkeiten zu strukturieren die Wirtschaftstheorie angetreten ist. Doch viele Einflüsse überlagern sich und tendieren dazu, einander auszulöschen – wie, um ein simples mikroökonomisches Beispiel zu nehmen, bei den gegenläufigen Effekten einer Preiserhöhung für eine bestimmte Ware. Der so genannte Einkommenseffekt führt dazu, dass man sich nach der Preiserhöhung ärmer fühlt und nicht nur von der betroffenen Ware, sondern auch von anderen Gütern weniger kauft als bisher. Der so genannte Substitutionseffekt hingegen führt dazu, dass man gerade deshalb, weil eine Ware teurer geworden ist, sein gesamtes Einkaufsverhalten ändert und gleich mehr von den anderen Gütern kauft. Was ist nun der Saldo? Kauft man von den anderen Gütern insgesamt weniger oder mehr als vorher? Um das zu beurteilen, muss man Bescheid wissen über die Art und Weise, in der die Nachfrage nach einem bestimmten Gut auf Einkommens- und Preisveränderungen reagiert. Freilich kann man dies nicht immer im Einzelnen überprüfen. Das würde die intime Kenntnis der Präferenzen aller wirtschaftlich aktiven Menschen voraussetzen – was nicht nur kaum zu bewältigen wäre, sondern sich in einer freiheitlichen Gesellschaft ohnehin verbietet. Also müssen vereinfachende Verhaltensannahmen gemacht werden.

Mit den Annahmen, so plausibel sie im Einzelfall auch sein mögen, geht jedoch die Präzision verloren – denn darüber, was in Bezug auf das menschliche Verhalten plausibel ist, gibt es keinen Konsens. Vielmehr spiegeln sich in diesen Annahmen sowohl empirische Erfahrungen als auch normative Überzeugungen. Überzeugungen fußen auf der Plausibilität theoretischer Herleitungen – und derer gibt es viele. Ihnen gebührt vor allem deshalb immer ein Platz, weil auch die empirischen Erfahrungen nie abschließend wahr sein können. Erstens sind Einzeleinflüsse mathematisch nur mit Vorsicht zu isolieren, und zweitens folgt die Zukunft niemals exakt den Vorgaben der Vergangenheit.

Im Laufe der Jahrzehnte haben sich zwei Lehrmeinungen herauskristallisiert, die in einer permanenten intellektuellen Fehde die allgemeine Erkenntnis zwar zusehends vorangetrieben haben, sich aber letztlich nach wie vor nicht annähern konnten: die keynesianische Nachfragepolitik, die in den siebziger Jahren ihre Blütezeit hatte und deren Globalsteuerungsarsenal erst nach dem Regierungswechsel 1998 von Oskar Lafontaine, dem ersten Finanzminister der Regierung Schröder, wieder hervorgeholt worden war, und die monetaristisch-neoklassisch-liberale Angebotspolitik, die sich mit ihrer Betonung der Rahmenbedingungen in den achtziger Jahren auf der ganzen Welt als überlegene Doktrin erwiesen hatte. Beide Konzepte weisen dem Staat zwar die Verantwortung für das Funktionieren der Wirtschaft zu, die über das bloße „Laisser-faire" im Nachtwächterstaat hinausgeht. Die Unterschiede liegen im Grad des Einwirkens auf die Wirtschaft und des Vertrauens auf die Selbstheilungskräfte des Markts.

Keynesianische Nachfragepolitik: Die Anhänger der jetzt wieder zunehmend populären Lehre von John Maynard Keynes (1883 bis 1946) sind Stabilitätspessimisten; sie fürchten, dass die Wirtschaft bei einer Störung von außen nicht von selbst – oder nur langfristig, aber „langfristig sind wir alle tot" – aus dem Ungleichgewicht herausfindet und zum Vollbeschäftigungs-Gleichgewicht zurück gelangt. Das setzt voraus, dass der gesamtwirtschaftliche Anpassungsmechanismus über das Scharnier der Preise nicht hinreichend funktioniert. Denn wenn er, wie in der neoklassischen Theorie angenommen wird, korrekt arbeitete, dann gäbe es keine unfreiwillige Arbeitslosigkeit, die auf ein Ungleichgewicht hindeuten könnte; vielmehr sänken die Löhne, bis wieder ausreichend Arbeitskräfte nachgefragt würden (Markträumung).

Die Keynesianer sind der Ansicht, ein solches Versagen des Preismechanismus empirisch nachweisen zu können: Nach unten seien die Löhne unflexibel (rigide), heißt es. In einem Land allerdings, in dem die Löhne von einem Tarifkartell (Arbeitgeber auf der einen Seite, Arbeitnehmer auf der anderen Seite) ausgehandelt werden, die Arbeitslosen jedoch auf Staatskosten (vom Steuerzahler) alimentiert werden, mag man sich fragen, ob eine solche angebliche Gesetzmäßigkeit hingenommen werden kann und tatsächlich zu Staatseingriffen veranlassen sollte. Die Monetaristen, Angebotstheoretiker und Neoklassiker neigen konsequenterweise nicht dazu; sie fordern zur Lohnzurückhaltung auf. Dies wiederum lehnen die Nachfragetheoretiker häufig mit dem Hinweis auf das immer wieder hervorgeholte, aber seit jeher umstrittene „Kaufkraftargument" ab: Durch eine Steigerung der Kaufkraft lasse sich eine stärkere Nachfrage erzielen, die sich in höheren Umsätzen und Gewinnen niederschlage und damit die Gesamtwirtschaft in einem kumulativen Prozess immer weiter ankurbele. So muss auch der Staat mit seiner eigenen Nachfrage einspringen, wenn der private Konsum erlahmt, Investitionen ausbleiben oder der Export einbricht. Dadurch steigert er künstlich auch die Preise. Das senkt die Reallöhne und bringt so mehr Menschen in Lohn und Brot – zumindest glaubte das noch der Kanzler Helmut Schmidt, auf den der heute legendäre Satz „Lieber 5 Prozent Inflation als 5 Prozent mehr Arbeitslosigkeit" zurückgeht, eine Illustration des so genannten Phillips-Kurven-Trade-off. Die Stagflation (Arbeitslosigkeit und Inflation) der siebziger Jahre kippte diese Lehre wie auch den Rest der Globalsteuerungs- und Machbarkeitsideologie; man erkannte, dass die Phillips-Kurve, die den Zusammenhang zwischen Preisen und Beschäftigung beschreibt, langfristig ihre Lage verändert.

Das glättende Eingreifen indes ist ein keynesianisches Grundprinzip: Dem Staat wird zugetraut, das konjunkturelle Auf und Ab mit Hilfe einer antizyklischen Stabilisierungspolitik kurzfristig ausbalancieren zu können. Das heißt, dass der Staat in konjunkturellen Boomphasen sparen oder die Steuern erhöhen muss, um überschüssige Nachfrage abzuschöpfen. Die Fiskalpolitik bleibt dabei das alleinige Mittel der Wahl: Nach keynesianischer Auffassung gibt es zu viele gesamtwirtschaftliche Konstellationen, in der die Geldpolitik verpufft, weil der gesamtwirtschaftliche Anpassungsmechanismus außer Kraft gesetzt ist: zum Beispiel eine Investitions- oder Geldnachfrage, die auf Zinsveränderungen nicht mehr reagiert (Investitions- und Liquiditätsfalle).

Monetaristische Angebotspolitik: Die Vertreter dieser Denkrichtung, als deren Vorreiter der amerikanische Ökonom Milton Friedman (geboren 1912) gilt, weisen dem Staat allein die Gestaltung stabiler wirtschaftlicher Rahmenbedingungen (Ordnungspolitik) zu. Das gesamte Steuerungsarsenal der Keynesianer wird abgelehnt, nicht zuletzt aufgrund einer liberalen Einstellung, nach der eine so weit gehende Bevormundung des Einzelnen durch ein Kollektiv nicht zu ertragen ist. Der Staat hat nach Auffassung der

Angebotspolitiker dafür zu sorgen, dass sich das Arbeiten, Sparen, Investieren und Übernehmen von Risiken lohnt. Dazu gehört eine Drosselung des fiskalischen Zugriffs des Staats auf die Geldbörsen der Bürger: In Umkehrung der berühmten „Laffer-Kurve" können Steuersenkungen so starke Leistungsanreize schaffen, dass im Idealfall sogar das Steueraufkommen trotz sinkender Sätze wächst. Zudem muss sich der Staat auch mit seinen Ausgaben zurückhalten, um die Privaten nicht zu verdrängen. Dasselbe gilt für den Kapitalmarkt, den der Staat mit kreditfinanzierten Ausgaben verzerrt („crowding-out"). Deregulierung und Liberalisierung sollen dazu beitragen, dass privatwirtschaftliche Initiative entfesselt wird und Wettbewerb entsteht. Schließlich gehört zur Angebotspolitik auch, dass der Geldwert (sowohl der Binnen- als auch der Außenwert) stabil ist. Dabei hängt das Preisniveau nach Auffassung der Monetaristen allein von der Veränderung der Geldmenge ab. Deswegen warnen sie vor diskretionärer Geldpolitik und empfehlen statt dessen eine stete, an die Ausweitung des Produktionspotentials oder sogar an eine feste, in der Verfassung verankerte Rate gebundene Geldmengenexpansion. Zu den stärksten politischen Verfechtern dieses Ansatzes zählten Ronald Reagan in den Vereinigten Staaten und Margaret Thatcher in Großbritannien, auch die schwarz-gelbe Koalition in Deutschland bemühte sich nach der politischen Wende von 1982 um einen solchen Kurs.

5. Die Wettbewerbspolitik

Die deutsche Wettbewerbspolitik arbeitet mit zwei Arten von Gesetzen. Die eine soll dafür sorgen, dass es Wettbewerber gibt, die andere, dass sie sich anständig benehmen. Oder weniger salopp formuliert: Die eine dient dazu, Wettbewerb zu ermöglichen und seine Existenz zu sichern, und die andere, die Qualität des Wettbewerbs zu gestalten und zu schützen. Die erste Aufgabe obliegt dem Gesetz gegen Wettbewerbsbeschränkungen, die zweite Aufgabe haben im wesentlichen das Gesetz gegen den unlauteren Wettbewerb. die Zugabeverordnung, das Rabattgesetz, die Preisangabenverordnung, das Warenzeichengesetz, das Recht der Geschäftsbedingungen und das Patentgesetz.

■ Offene Märkte

Der Staat hat mit seiner Wettbewerbspolitik dafür zu sorgen, dass Freiheit zu Wettbewerb besteht. Wesentlicher Bestandteil dieser Freiheit ist, dass die Märkte für jedermann offen sind, der Zutritt zu ihnen nicht beschränkt ist. Sie enthält ferner die freie Unternehmertätigkeit (Gewerbefreiheit), die freie Konsumwahl, die freie Preisbildung.

Aber wo Freiheiten bestehen, sind sie immer auch gefährdet. Wer die Freiheit anderer einschränkt, weil er sich zuviel Freiheiten herausnimmt, missbraucht seine Freiheit. Das gilt auch für die Wettbewerbsfreiheit im Wirtschaftsleben. Daher bedarf es, damit sie erhalten bleibt, des Schutzes durch einen Ordnungsrahmen. In Deutschland wird dieser Rahmen durch das Gesetz gegen Wettbewerbsbeschränkungen (GWB) gezogen, im täglichen Sprachgebrauch kurz, aber unvollständig „Kartellgesetz" genannt. In Kraft getreten ist es am 1. Januar 1958.

■ Das Leitbild des Kartellgesetzes

Welchen Vorstellungen von Wettbewerb folgt das deutsche Kartellgesetz? Was ist sein Leitbild? Anfangs nahm es sich zum Leitbild das Modell der vollkommenen Konkurrenz. In diesem Modell besteht der „vollkommene" Markt aus vielen Anbietern und Nachfragern.

Keiner von ihnen hat (nach den im Modell gesetzten Bedingungen) die Kraft, den Preis von sich aus zu beeinflussen; jeder nimmt ihn als gegeben hin, passt sich mit Angebot und Nachfrage ihm an. Die wirtschaftliche Wirklichkeit ist aus dem Modell durch viele Annahmen sorgfältig entfernt.

Trotzdem haben die damaligen Gesetzgeber diesen Modellzustand als den idealen Wettbewerb missverstanden. Sie glaubten, eine Marktstruktur mit vielen Anbietern und Nachfragern sei die Voraussetzung für ein Marktverhalten, das wie von selbst Wettbewerb ergäbe, und als Marktpreis käme dann gleichsam automatisch ein Wettbewerbspreis heraus. Folglich nahmen sie in das Visier ihrer Wettbewerbsvorstellung hauptsächlich die Marktstruktur: Viele Unternehmen sicherten Wettbewerb, seien also gut, wenige gefährdeten ihn, seien also weniger gut. In Kurzfassung hieße das: Wettbewerb ist, wo viele Unternehmen sind. Aber abgeleitet ist diese Vorstellung aus dem Modell, in dem Wettbewerb gar nicht stattfindet. Als Leitbild für Wettbewerbspolitik taugt dies offenkundig nicht.

Bei dieser Vorstellung von Wettbewerb ist es daher auch nicht geblieben, andere kamen hinzu, so die vom funktionsfähigen Wettbewerb. Danach hat Wettbewerb zwar immer gewisse Unvollkommenheiten, gilt aber als funktionsfähig und damit als hinreichend, wenn er dem wirtschaftlichen Fortschritt dient sowie für ein ordentliches Angebot und für als passabel empfundene Preise sorgt. Man begnügt sich gewissermaßen mit ihm, solange er nur „funktioniert", solange er nur irgendwie „wirksam" ist. Die Kurzfassung dieser Vorstellung müsste lauten: Wettbewerb ist, was gute Ergebnisse bringt. Eine Wettbewerbspolitik, die sich daran orientiert, testet, ob die Marktergebnisse „stimmen". Und wenn sie „stimmen", konstatiert sie, es bestehe Wettbewerb.

Oder umgekehrt.

Solche Marktergebnis-Tests haben freilich ihre Tücken. Man muss nämlich Vorstellungen davon entwickeln, was man als Wettbewerbsergebnis, also als „gutes" Ergebnis gelten lassen will und was nicht. Marktergebnisse sind aber willkürlich interpretierbar und daher für die Feststellung, ob funktionsfähiger Wettbewerb auf einem Markt herrscht, ungeeignet. So kann zum Beispiel ein Preis, obwohl tatsächlich im Wettbewerb zustande gekommen, beim Marktergebnis-Test trotzdem höchsten Unwillen erregen, weil die Tester nicht glauben mögen, dass es ein Wettbewerbspreis ist. Sie können ihn als zu hoch hinstellen, weil er die Käufer angeblich ausbeutet (Beispiel: Benzinpreise der deutschen Mineralölgesellschaften). Sie können ihn als zu niedrig hinstellen, weil er die Konkurrenten in den Ruin treibt (Beispiel: Großunternehmen des Einzelhandels unterbieten Preise kleiner Einzelhändler).

Eine weitere Vorstellung von Wettbewerb findet sich im „Konzept der optimalen Wettbewerbsintensität", eine Weiterentwicklung der Vorstellung von funktionsfähigem Wettbewerb (mit dem betonten Marktergebnisdenken), stützt sich dabei aber auch auf die Entdeckung der angeblich richtigen Marktstruktur: Optimal würden die Marktergebnisse auf Märkten mit „weiten Oligopolen" ausfallen. Die Kurzformel hierfür: Wettbewerb ist, wo nicht zu viele und nicht zu wenige Unternehmen sind. Sind zu wenige da, sollen nach diesem Konzept Konzentrationen verhindert und Wettbewerbsbeschränkungen (begrenzt) zugelassen werden. Sind zu viele da, sollen Konzentrationen gefördert und Wettbewerbsbeschränkungen verhindert werden. Aber in diesem Konzept ist angelegt, „dass ununterbrochen in die Märkte hineininterveniert wird".

Allen drei Vorstellungen entgegen steht jene Denkrichtung, die besagt: Wettbewerb liegt vor, wenn niemand, auch nicht der Staat, den Anbietern und Nachfragern die Möglichkeit, Wettbewerb zu betreiben, nimmt, oder beschneidet, wenn niemand Wettbewerb künstlich be- oder verhindert. Anders ausgedrückt: wenn Freiheit zu Wettbewerb besteht. Kernpunkt dieser Vorstellung von Wettbewerb ist die Wettbewerbsfreiheit, definiert als „Abwesenheit von Zwang durch andere" (Erich Hoppmann). Als Zwang gilt, wenn jemand in seiner Entscheidungs- und Handlungsfreiheit derart eingeengt wird, daß er nicht mehr seinen eigenen Absichten folgen kann, sondern tun oder unterlassen muss, was der Zwangausübende will. Findet so ein Zwang auf Märkten statt, heißt er Wettbewerbsbeschränkung. Sind solche Beschränkungen vorhanden, müssen sie untersagt werden. Fehlen sie, herrscht Wettbewerb. Entscheidend sind also nicht Marktstruktur und Marktergebnis, sondern wettbewerbsbeschränkendes Marktverhalten. Eine Wettbewerbspolitik nach diesem „Konzept der Wettbewerbsfreiheit" biegt sich nicht „richtige" Strukturen oder Ergebnisse zurecht, sondern verbietet, was den Wettbewerb beschränkt: wenn sinnvoll und möglich generell, sonst fallweise.

Alle vier Vorstellungen von Wettbewerb haben sich im deutschen Kartellgesetz und in seiner Anwendung niedergeschlagen – die ersten drei stärker, die vierte schwach. So kam es, dass das Bundeskartellamt häufig etwas aufgreift, verfolgt und untersagt hat, was in Wirklichkeit Wettbewerb war. Insofern genügt das Kartellgesetz den Ansprüchen, die an eine freiheitliche Wirtschaftsordnung zu stellen sind, nicht. Trotzdem war es nicht verkehrt, das Gesetz zu machen. Auch zur guten Wettbewerbspolitik muss hingefunden werden.

Tatsächlich ist das Kartellgesetz auch immer wieder geändert und ergänzt worden, seit seinem Inkrafttreten sechsmal, zuletzt 1998. Die wenigsten Änderungen allerdings sind dem Konzept von der Wettbewerbsfreiheit gefolgt, sondern haben diese Freiheit eingeschränkt. Drei „Sündenfälle" tauchen die sechste Novelle sogar in ein besonders schlechtes Licht: Sie verbietet Verkäufe unter dem Einstandspreis (außer wenn sie nur gelegentlich stattfinden), sie macht den Sport zum wettbewerbspolitischen Ausnahmebereich und sie pfropft dem GWB das Vergaberecht auf (womit politische Ziele in das „marktwirtschaftliche Grundgesetz" geraten, die dort nichts zu suchen haben.

■ **Das Instrumentarium**

Das Instrumentarium des Gesetzes gegen Wettbewerbsbeschränkungen besteht aus einer Verhaltenskontrolle und einer Fusionskontrolle. Die Verhaltenskontrolle arbeitet teils nach dem Verbotsprinzip (= eine bestimmte Verhaltensweise ist grundsätzlich verboten), teils nach dem Missbrauchsprinzip (= eine an sich erlaubte Verhaltensweise gilt unter bestimmten Umständen als missbräuchlich und wird deshalb verboten). Daraus ergeben sich drei Kategorien von Eingriffen:

Die Verbote: Handlungen, bei denen es der Gesetzgeber für unstrittig hält, dass sie den Wettbewerb beschränken, sind im Gesetz grundsätzlich („per se") verboten. So verbietet gleich der erste Paragraf des Gesetzes, dass sich Unternehmen zu Kartellen zusammenfinden. Es verbietet ferner ein zwischen Unternehmen abgestimmtes Verhalten („Frühstückskartelle"), die Preisbindung der zweiten Hand, das Erzwingen gleichförmigen Verhaltens, die Aufforderung zu Lieferboykott und Bezugssperre sowie (seit 1998) den Verkauf unter Einstandspreis.

Die Missbrauchsaufsicht: Handlungen, bei denen nicht von vornherein, nicht „per se" feststeht, dass sie den Wettbewerb immer nur beschränken, sondern ihn durchaus auch fördern können, unterliegen einer Missbrauchsaufsicht. Sie werden dann als „missbräuchlich" nur unter bestimmten Umständen untersagt. Der wichtigste Umstand dabei ist, ob ein Unternehmen (oder eine Gruppe von Unternehmen) im Sinne des Gesetzes „marktbeherrschend" ist. Muss ein Unternehmen nach den Begriffen des Gesetzes als marktbeherrschend eingestuft werden, darf es gewisse Handlungen (wie Behinderungen und sogenannte Diskriminierungen) nicht mehr vornehmen, die nicht-marktbeherrschenden Unternehmen noch erlaubt sind; sie gelten als Missbrauch der marktbeherrschenden Stellung, den die Kartellbehörde untersagen kann.

Die Fusionskontrolle: Damit es zu marktbeherrschenden Stellungen möglichst gar nicht erst kommt, jedenfalls nicht durch einen Zusammenschluss von Unternehmen, lässt das Gesetz nicht zu, dass sich bestimmte Unternehmen zusammenschließen. Grundsätzlich zwar sind Fusionen erlaubt, aber Fusionen, die zur Marktbeherrschung führen, nicht. Mit Fusionen lässt sich auch das Verbot von Kartellen und abgestimmten Verhaltensweisen umgehen. Fusionen wirken als Wettbewerbsbeschränkung stärker und dauerhafter, denn Kartelle brechen leichter auseinander, und abgestimmte Verhaltensweisen lösen sich leichter auf als Unternehmenszusammenschlüsse.

■ Verbote

Das Kartellverbot und seine Ausnahmen: Gleich in seinem ersten Paragrafen enthält das Gesetz ein für Unternehmen grundsätzliches Verbot, Kartelle zu schließen, also Absprachen zu einem gemeinsamen Zweck zu treffen, zum Beispiel über Preise, Produktionsmengen oder Aufteilungen von Absatzgebieten. Verboten sind sie seit der sechsten Novelle schon bei ihrem Abschluss, nicht erst dann, wenn sie praktiziert werden.

Doch sind auch Freistellungen vom Kartellverbot möglich: Normen- und Typenkartelle, Konditionen-, Spezialisierungs- und Rationalisierungskartelle können zugelassen werden. Strukturkrisenkartelle kann die Kartellbehörde auf Antrag ebenfalls erlauben. Ausgenommen vom Verbot sind unter bestimmten Bedingungen auch Kartelle kleiner und mittlerer Unternehmen, wenn sie gemeinsam Waren einkaufen oder Dienstleistungen beziehen, und andere mittelständische Kooperationen (Mittelstandskartelle). 1998 ist, angelehnt ans EU-Wettbewerbsrecht, noch eine Generalklausel für sonstige Kooperationen mit sehr weitem Interpretationsspielraum hinzugekommen. Eine weitere Generalklausel räumt darüber hinaus dem Bundeswirtschaftsminister die Möglichkeit ein, ein Kartell auf Antrag dann zu erlauben, „wenn ausnahmsweise die Beschränkung des Wettbewerbs aus überwiegenden Gründen der Gesamtwirtschaft und des Gemeinwohls notwendig ist". Diese im Gesetzgebungsverfahren heftig diskutierten Durchbrechungen des Kartellverbots haben allerdings in der folgenden wirtschaftlichen Praxis bei weitem nicht jene Bedeutung bekommen, wie einst befürchtet. Auch sind 1998 die Ausnahmen für Rabatt-, Einfuhr- und Ausfuhrkartelle gestrichen worden; bis dahin waren sie vom Kartellverbot ebenfalls freigestellt gewesen.

Abgestimmte Verhaltensweise: Unternehmen ist ein aufeinander abgestimmtes Verhalten verboten. Weil dem Kartellverbot sehr ähnlich, wurde es 1998 in Paragraf 1 untergebracht.

Boykott/Liefer- und Bezugssperren/Ausüben von Zwang: Unternehmen dürfen andere Unternehmen nicht zu Liefer- oder Bezugssperren auffordern, in der Absicht, bestimmte Unternehmen unbillig zu beeinträchtigen (Paragraf 21, Absatz 1 GWB). Auch dürfen Unternehmen anderen Unternehmen weder Nachteile androhen oder zufügen noch Vorteile versprechen oder gewähren, um sie zu einem nach dem Kartellgesetz verbotenen Verhalten zu veranlassen. Sie dürfen sie auch nicht zwingen, einem erlaubten Kartell beizutreten, mit anderen Unternehmen zu fusionieren und sich in wettbewerbsbeschränkender Absicht am Markt gleichförmig zu verhalten (Paragraf 21, Absatz 2 und 3).

Diskriminierung/Unbillige Behinderung: Für marktbeherrschende Unternehmen gilt ein allgemeines Diskriminierungsverbot. Sie dürfen ein anderes Unternehmen weder unmittelbar noch mittelbar unbillig behindern. Ferner dürfen sie ein anderes Unternehmen ohne sachlich gerechtfertigten Grund gegenüber gleichartigen Unternehmen nicht unterschiedlich behandeln. Sie dürfen ihre Marktstellung auch nicht dazu ausnutzen, dass andere Unternehmen ihnen Vorzugsbedingungen gewähren. Gegenüber kleinen und mittleren Wettbewerbern gilt das Behinderungsverbot für ein Unternehmen auch schon dann, wenn es „überlegene Marktmacht" hat. (Paragraf 20).

Preisbindung der zweiten Hand: Paragraf 14 GWB verbietet sie. Das Verbot bedeutet, dass ein Lieferant („erste Hand", Beispiel: Autohersteller) seinen Abnehmern („zweite Hand", Beispiel: Autohändlern) nicht vorschreiben darf, sein Produkt zu dem von ihm bestimmten Preis weiterzuverkaufen; die Abnehmer sollen in der Gestaltung ihrer Weitergabepreise frei sein, also untereinander in Preiswettbewerb treten können. Verboten ist die Preisbindung, weil sie diesen Preiswettbewerb ausschließt. Seit 1973 gilt das Verbot auch für Markenartikel, die bis dahin von ihm ausgenommen waren. Erlaubt sind für sie aber unverbindliche Preisempfehlungen (Paragraf 23). Dagegen weiterhin von dem Verbot ausgenommen ist die Preisbindung von Verlagserzeugnissen wie Zeitungen, Zeitschriften, Bücher (Paragraf 15).

Preisempfehlungen: Sie sind grundsätzlich verboten. Ein Unternehmen darf den Abnehmern seiner Waren nicht empfehlen, diese Waren zu einem bestimmten Preis oder innerhalb einer bestimmten Preisspanne weiterzuverkaufen (Paragraf 22). Aber Mittelstandsunternehmen sind unter besonderen Bedingungen von diesem Verbot ausgenommen.

Patentverträge: Unter ein Per-se-Verbot fallen auch Verträge über den Erwerb oder die Nutzung von Rechten an Patenten, Gebrauchsmustern und Sortenschutz, falls sie den Nutzer zugleich solchen Beschränkungen unterwerfen, die über den Inhalt dieser Schutzrechte hinausgehen. Doch sind sie erlaubt, wenn sie das Ausüben des Schutzrechts hinsichtlich Art, Umfang, technischem Anwendungsbereich, Menge, Gebiet oder Zeit beschränken (Paragraf 17).

Ausschließlichkeitsbindungen: „Per se" nicht verboten sind Vertriebsbindungen sowie Kopplungs- und Ausschließlichkeitsverträge. Aber für sie gibt es ein Kann-Verbot. Nach Paragraf 16 GWB kann die Kartellbehörde solche Bindungen und Verträge für unwirksam erklären, und zwar dann, wenn sie einen Vertragsbeteiligten darin beschränken, Waren und Leistungen frei zu verwenden, zu beziehen und zu liefern, oder wenn sie ihn verpflichten, auch andere Waren oder Leistungen abzunehmen, die zur eigentlichen Lieferung sachlich oder handelsüblich nicht dazugehören (Kopplungszwang). Hinzukommen muss freilich, dass das Ausmaß solcher Beschränkungen den Wettbewerb auf dem betreffenden Markt wesentlich beeinträchtigt.

Missbrauch einer marktbeherrschenden Stellung: Er ist seit 1999 (sechste Kartellnovelle) als unmittelbar wirkendes Verbot untersagt (Paragraf 19). Jeder kann gegen ihn vor einem Zivilgericht klagen, ohne dass die Wettbewerbsbehörde selbst tätig werden muss. Bis dahin sah das Kartellgesetz im Missbrauchsfall Bußgeld und Schadenersatz erst dann vor, wenn sich ein Unternehmen über eine Verfügung der Behörde, den Missbrauch abzustellen, hinweggesetzt hatte. Mit dieser Neuregelung hat sich der deutsche Gesetzgeber dem EU-Wettbewerbsrecht angepasst.

◼ Die Missbrauchsaufsicht

Der Missbrauchsaufsicht der Wettbewerbsbehörde unterliegen erlaubte Kartelle, unverbindliche Preisempfehlungen, die Preisbindung von Verlagserzeugnissen sowie solche Unternehmen, die dem Gesetz nach als marktbeherrschend gelten. Im Mittelpunkt der Missbrauchsaufsicht und der öffentlichen Aufmerksamkeit steht die über marktbeherrschende Unternehmen. Einen Missbrauch sieht das Gesetz zum einen in der Behinderung von Wettbewerbern (Behinderungsmissbrauch), zum anderen in der Ausbeutung von Kunden und Lieferanten (Ausbeutungsmissbrauch, s. S. 116), ohne dass das Gesetz diese beiden Begriffe erwähnt. Das Gesetz führt als Beispiele einige Missbrauchstatbestände in allgemein gehaltener Form auf (Paragraf 19). Danach liegt Missbrauch vor,

– wenn ein marktbeherrschendes Unternehmen die Wettbewerbsmöglichkeiten anderer Unternehmen ohne sachlich gerechtfertigten Grund in einer Weise beeinträchtigt, die für den Wettbewerb auf dem Markt erheblich ist;

– wenn ein marktbeherrschendes Unternehmen Preise verlangt (oder Geschäftsbedingungen durchsetzt), die von denen abweichen, die sich mit hoher Wahrscheinlichkeit bei wirksamen Wettbewerb ergeben würden;

– wenn ein marktbeherrschendes Unternehmen ungünstigere Preise verlangt (oder ungünstigere Geschäftsbedingungen durchsetzt), als es sie auf vergleichbaren Märkten von gleichartigen Abnehmern verlangt, es sei denn, dass der Unterschied sachlich gerechtfertigt ist;

– wenn ein marktbeherrschendes Unternehmen sich weigert, einem anderen Unternehmen gegen angemessenes Entgelt Zugang zu seinen Netzen oder anderen Infrastruktureinrichtungen zu gewähren, wenn es diesem anderen Unternehmen sonst nicht möglich ist, auf den vor- oder nachgelagerten Märkten als Wettbewerber des marktbeherrschenden Unternehmens tätig zu werden. Gemeint sind Märkte für leitungsgebundene Produkte wie Informationsübermittlung, Strom, Gas, Wasser.

Man kann die vier Beispielfälle auch so ausdrücken: Ein marktbeherrschendes Unternehmen missbraucht seine Stellung, wenn es andere behindert, wenn es andere „ausbeutet", wenn es andere diskriminiert und wenn es anderen den Zugang versperrt. Die Kartellbehörde kann dann das missbräuchliche Verhalten untersagen.

◼ Marktbeherrschung

Als marktbeherrschend sieht das Gesetz (Paragraf 19 GWB) ein Unternehmen dann an, wenn es entweder gar keine Konkurrenten hat oder wenn es zumindest keinem wesentlichen Wettbewerb ausgesetzt ist. Als marktbeherrschend gilt aber auch derjenige, der gegenüber seinen Konkurrenten eine „überragende" Marktstellung innehat, zum Beispiel durch seine besondere Finanzkraft, durch seinen Zugang zu den Beschaffungs- und Absatzmärkten, durch seine Verflechtungen mit anderen Unternehmen, durch seine Fähigkeit, sein Angebot oder seine Nachfrage auf andere Güter umzustellen, sowie dadurch, dass Schranken für den Marktzutritt anderer Unternehmen bestehen. Berücksichtigt wird dabei außerdem, ob und wie es der Marktgegenseite möglich ist, auf andere Unternehmen auszuweichen.

Als marktbeherrschend gelten auch zwei oder mehr Unternehmen zusammen, wenn sie auf den gleichen Märkten tätig sind, dort aber zwischen ihnen ein wesentlicher Wettbewerb nicht besteht, und wenn für sie die gleichen Voraussetzungen zutreffen, bei denen auch ein einzelnes Unternehmen als marktbeherrschend angesehen wird. Hiermit wird ein marktbeherrschendes Oligopol beschrieben.

Marktbeherrschung in der Praxis festzustellen, ist freilich schwierig. Weil es dabei nämlich auf die Marktanteilshöhe ankommt, muss herausgefunden werden, welches denn der tatsächliche, der „relevante" Markt ist. Dabei lässt sich der Markt eng oder weit abgrenzen. Bei engerer Abgrenzung kommt tendenziell ein höherer Marktanteil heraus, bei weiterer Abgrenzung tendenziell ein niedrigerer. Die Kartellbehörde neigt eher zu enger, die Unternehmen immer zu weiter Abgrenzung. Je mehr man in die Abgrenzung auch die Substitutionskonkurrenz einbezieht, um so größer fällt der relevante Markt aus. Nimmt man noch die potentielle Konkurrenz ins Blickfeld, weitet sich der Markt ins Ungewisse, und die Marktanteile der aktuellen Konkurrenten schrumpfen auf ein Maß von Bedeutungslosigkeit. Insofern haben Marktabgrenzungen je nach Branche und Produkt einen mehr oder minder starken Willkürcharakter. Im Kartellgesetz ist festgelegt, wann eine Marktbeherrschung zu vermuten ist. Maßstab ist der Marktanteil. Die Unternehmen können die Vermutung durch Nachweis, dass die Wettbewerbsbedingungen wesentlichen Wettbewerb zwischen ihnen erwarten lassen, widerlegen.

Die Fusionskontrolle

Für die Fusionskontrolle lautet die Regel (Paragraf 36 GWB) so: Wenn zu erwarten ist, dass durch die Fusion von Unternehmen eine marktbeherrschende Stellung entsteht oder verstärkt wird, untersagt die Kartellbehörde das Fusionsvorhaben – es sei denn, die Unternehmen weisen nach, dass die Fusion die Wettbewerbsverhältnisse auch verbessert und dass diese Verbesserung die Nachteile der marktbeherrschenden Stellung überwiegt (sogenannte Abwägungsklausel). In zwei Bagatellklauseln sind außerdem kleinere Fusionsfälle von der Untersagung freigestellt (Paragraf 35, Absatz 2).

Als Zusammenschluss (Fusion) gilt eine ganze Reihe von Tatbeständen. Paragraf 37 zählt sie im Einzelnen auf. Dabei liegt eine Fusion nicht nur dann vor, wenn sich Unternehmen miteinander verschmelzen oder wenn ein Unternehmen ein anderes aufkauft, sondern auch dann, wenn nur Teile eines anderen Unternehmens erworben werden. Fusionswillige müssen den geplanten Zusammenschluss vor dessen Vollzug beim Bundeskartellamt anmelden.

Ist eine Fusion untersagt, können sich die beteiligten Unternehmen um eine „Ministererlaubnis" bemühen. Der Bundesminister für Wirtschaft erteilt die Erlaubnis dann, wenn die durch die Fusion festgestellte Wettbewerbsbeschränkung von gesamtwirtschaftlichen Vorteilen aufgewogen wird oder die Fusion durch ein überragendes Interesse der Allgemeinheit gerechtfertigt ist. Dabei darf der Minister dies nur dann erlauben, wenn das Ausmaß der Wettbewerbsbeschränkung die marktwirtschaftliche Ordnung nicht gefährdet. Er kann die Erlaubnis auch mit Beschränkungen und Auflagen verbinden. (Paragraf 42).

Die Kartellbehörden

Immer wenn im Gesetzestext das Wort „Kartellbehörde" auftaucht, ist damit entweder das Bundeskartellamt in Bonn (bis Ende 1999 in Berlin) gemeint oder das Bundesministerium für Wirtschaft oder die Landeskartellämter bei der jeweils zuständigen obersten Landesbehörde. Wer von diesen drei Behörden wann zuständig ist, legt Paragraf 48 GWB fest. Um Anordnungen durchzusetzen oder Verstöße zu ahnden, können Zwangs- und Bußgelder verhängt (Paragraf 81) sowie Mehrerlöse abgeschöpft (Paragraf 34) werden. Das Bundeskartellamt ist eine unabhängige Behörde. Seine Beschlussabteilungen arbeiten „justizförmlich" an das Gesetz gebunden. Das Bundeswirtschaftsministerium ist nicht weisungsberechtigt. Es darf vom Amt keine politischen Entscheidungen verlangen.

■ Die Ausnahmebereiche

Eine ganze Reihe von Wirtschaftsbereichen waren bis 1998 von allen oder einzelnen Vorschriften des Gesetzes gegen Wettbewerbsbeschränkungen ausgenommen. Dazu gehörten – das Gesetz führte sie im Einzelnen auf – die Verkehrswirtschaft mit Binnenschiffahrt, Bahn, Güter- und Personenbeförderung, die Land- und Forstwirtschaft, die Banken und Versicherungen, darunter auch die Deutsche Bundesbank und die Kreditanstalt für Wiederaufbau (KfW), die Montanunion mit Kohle und Stahl, die öffentliche Versorgungswirtschaft mit der Strom-, Gas- und Wasserversorgung und das Branntweinmonopol. Insofern beschränkte sich der Wettbewerb als Ordnungsprinzip auf die private gewerbliche Wirtschaft (Industrie, Handwerk und Handel). Ausnahmebereiche werden statt durch den Wettbewerb vom Staat gelenkt und beaufsichtigt – mit Regulierungen des Marktes und des Marktzutritts, mit Eingriffen in die Preisbildung und in die Angebotsmenge.

Mit der sechsten Kartellnovelle (1998) ist hier eine Wende eingeleitet worden. Der Ausnahmebereich Verkehrswirtschaft wurde ganz gestrichen, auch der für Strom und Gas. Netzbetreiber wie Deutsche Bahn, Strom- und Gaserzeuger sowie Deutsche Telekom müssen Wettbewerbern zum Durchleiten ihre Netze öffnen. Diesen Zugang zu verweigern, gilt als Missbrauch. Ausgenommen sind weiterhin Bundesbank und Kreditanstalt für Wiederaufbau (Paragraf 130). Für Banken, Versicherungen und Landwirtschaft sind die Ausnahmeregelungen deutlich eingeschränkt worden. Zugleich ist es aber zu einem Fehltritt gekommen: Neu eingeführt wurde ein Ausnahmebereich Sport, womit eine zentrale Vermarktung der Fernsehrechte, zum Beispiel sämtlicher Spiele der Fußball-Bundesliga-Vereine, ermöglicht wird (Paragraf 31).

Gelegentlich lassen sich Ausnahmebereiche freilich auch ökonomisch begründen. So, wenn ein natürliches Monopol vorliegt oder wenn es sich um öffentliche Güter handelt. Von einem natürlichen Monopol spricht man, wenn ein einziger Anbieter ein bestimmtes Gut zu niedrigeren Kosten bereitstellen kann als zwei oder mehr Anbieter. Das trifft zum Beispiel für ein Stromnetz und ein Schienennetz zu. Doch bedeutet das keineswegs, dass dann auch die Erzeugung von Strom und die Transportleistung per Eisenbahn natürliche Monopole wären, wie gern behauptet, und dass sie damit dem Wettbewerb entzogen werden müssten. Immerhin wird auch ein Straßennetz im Wettbewerb genutzt. Straßen sind zugleich in der Regel ein öffentliches Gut: Niemand kann von ihrer Nutzung ausgeschlossen werden, und beliebig viele Menschen können sie in Anspruch nehmen.

Gleichwohl sind die meisten Bereichsausnahmen nicht ökonomisch, sondern politisch begründet. Daran hat sich seit Mitte der neunziger Jahre Beachtliches geändert. Monopole in der Ferninformation (Telekommunikation), in der Versorgung mit Strom, in der Beförderung von Post wurden aufgebrochen und Wettbewerber, wenn auch anfangs begrenzt, zugelassen; die Zwänge, dies zu tun, waren zu groß geworden: EU-Vorschriften für mehr Wettbewerb und offene Märkte, neue Techniken, zusätzliche wirtschaftliche Freiheiten, die Möglichkeiten im Internet (Beispiel: E-Commerce), die „Globalisierung" der Wirtschaft.

▮ Die Monopolkommission

Seit Anfang 1974 gibt es in Deutschland eine Monopolkommission, eingeführt mit der zweiten Kartellnovelle. Die gesetzliche Grundlage für ihre Arbeit findet sich in den Paragrafen 44 bis 47 GWB. Die Kommission soll, unter wirtschafts- und vor allem wettbewerbspolitischen Gesichtspunkten, den jeweiligen Stand der Unternehmenskonzentration in Deutschland darstellen und beurteilen, ebenso deren absehbare Entwicklung. Sie soll ferner würdigen und kritisch begleiten, wie die Vorschriften über marktbeherrschende Unternehmen und die Fusionskontrolle angewendet werden. Sie soll außerdem sagen, ob sie Gesetzesänderungen für notwendig hält, und dann entsprechende Vorschläge machen. Zu diesen Zwecken legt sie alle zwei Jahre ein Hauptgutachten vor. Die Bundesregierung muss zu diesen Gutachten Stellung nehmen. Daneben kann die Kommission nach eigenem Ermessen Sondergutachten anfertigen, und die Bundesregierung kann die Kommission mit Sondergutachten beauftragen. Haben Unternehmen, die fusionieren wollen, den Bundeswirtschaftsminister um eine Sondererlaubnis für ihre geplante, aber vom Bundeskartellamt untersagte Fusion gebeten („Ministererlaubnis"), muss der Minister vor seiner Entscheidung die Stellungnahme der Monopolkommission zu dem Vorhaben einholen.

Die Hauptgutachten der Kommission sind eine Fundgrube für die mit Wettbewerbspolitik Befassten und die an Wettbewerbspolitik Interessierten. Neben der umfassenden Darstellung der Unternehmenskonzentration in Deutschland finden sich in ihnen viele Sonderuntersuchungen einzelner Wirtschaftsbereiche, eine Fülle von Darstellungen und Beurteilungen zu aktuellen wettbewerbspolitischen Fragen sowie Empfehlungen und Missbilligungen zur Anwendung und Änderung des geltenden Wettbewerbsrechts. Adressaten von Lob und Tadel sind das Bundeskartellamt, die Gerichte, die Bundesregierung, der Gesetzgeber.

Auf Kritik der Kommission stößt auch das Bundeskartellamt. Das hängt damit zusammen, dass das Kartellgesetz dieser Behörde gleichsam die aktivste Rolle in der Sicherung des Wettbewerbs zumisst. Die Gerichte dagegen – das Kammergericht in Berlin und der Bundesgerichtshof in Karlsruhe – haben als Berufungsinstanz das Kartellamt häufig gebremst, wenn es versuchte, die Grenzen des Kartellgesetzes auszuloten, und dabei seine Kompetenzen überschritt. Diese Urteile stießen bei der Monopolkommission in der Regel auf Zustimmung. Sie untermauerte mit ökonomischen und wettbewerbspolitischen Argumenten, was die Richter im wesentlichen nach dem geltenden Gesetz und dessen rechtlichen Maßstäben zu beurteilen hatten.

◾ Unlauterer Wettbewerb

Neben dem Gesetz gegen Wettbewerbsbeschränkungen gibt es andere Wettbewerbsgesetze. Sie sollen sicherstellen, dass es im Wettbewerb lauter und gesittet zugeht, dass Preise und Qualität von Waren und Dienstleistungen den Wettbewerb bestimmen, dass Täuschungen unterbleiben, dass der Verbraucher eine bessere Marktein- und -übersicht (Markttransparenz) bekommt, dass die Leistungen leicht vergleichbar sind, dass Vertragsbedingungen ausgewogen statt einseitig ausfallen, dass besondere Anstrengungen im Wettbewerb (Aufbau von Produktmarken, Erfindungen) geschützt werden, so dass der Anreiz zu ihnen nicht erlischt.

Das Gesetz gegen den unlauteren Wettbewerb (UWG): Es soll für Lauterkeit im Wettbewerb sorgen. Handlungen, die gegen die guten Sitten verstoßen, sind verboten (Paragraph 1 UWG). Als unlauter gilt zum Beispiel, wenn ein Unternehmen seine Abnehmer zum Kauf veranlasst, indem es sie täuscht oder irreführt. Nachahmungen gehören ebenfalls dazu, ferner „Schneeballsysteme" bei der Kundenwerbung. Als unlauter gilt auch, wenn man Konkurrenten behindert. Als eine solche Behinderung sieht das Gesetz zum Beispiel eine Preisunterbietung an, wenn sie nicht gegenüber allen Konkurrenten vorgenommen wird, sondern sich gezielt gegen einen einzelnen richtet, um ihn aus dem Markt zu drängen. Andere Vorschriften betreffen Sonderangebote, Räumungsverkäufe, Anschwärzen von Wettbewerbern, geschäftliche Verleumdungen und anderes mehr. Vergleichende Werbung ist seit der Änderung vom Jahr 2000 im Grundsatz erlaubt. Damit wurde die EU-Richtlinie über irreführende und vergleichende Werbung von 1997 in nationales Recht umgesetzt.

Die Zugabenverordnung: Sie erlaubt unentgeltliche Nebenleistungen

(Zugaben) nur in bestimmten Fällen, und sie müssen zur Hauptleistung in einem angemessenen Verhältnis stehen. Das Ziel ist, dass Zugaben dem Kunden nicht eine besondere Preiswürdigkeit und Qualität der Hauptleistung vortäuschen, zumal deren Kosten in den Preis der Hauptleistung einkalkuliert zu werden pflegen. Die Verordnung ist umstritten.

Das Rabattgesetz: Es legt fest, dass Rabatte an die Endverbraucher 3 Prozent vom Preis im allgemeinen nicht überschreiten dürfen. Ob der Rabatt in Form eines Preis- oder eines Mengennachlasses gewährt wird, spielt dabei keine Rolle. Begründungen für diese Regelung lauten: Hohe Rabatte seien für Verbraucher eine besondere Verlockung, sie seien vorher auf den Preis aufgeschlagen und täuschten den Verbrauchern eine Preissenkung vor, die in Wirklichkeit nicht bestehe; Rabatte, die in ihrer Höhe stark voneinander abwichen, erschwerten den Verbrauchern den Preisvergleich, das aber sei ihnen nicht zuzumuten. Das Gesetz ist noch umstrittener als die Zugabeverordnung.

Die Preisangabenverordnung: Sie ist ein Schutzgesetz für Letztverbraucher. Sie schreibt Anbietern unter anderem vor, die Preise samt Umsatzsteuer und anderen Bestandteilen anzugeben, also als tatsächliche Endpreise, Ware in Schaufenstern mit Preisschildern zu versehen, in Gaststätten Preisverzeichnisse auf die Tische zu legen und in jedem Hotelzimmer dem Gast mit dem Zimmer- und Frühstückspreis vertraut zu machen. Banken müssen die Preise ihrer Kredite als jährlichen Prozentsatz, als „effektiven Jahreszins" und einschließlich der übrigen Kreditkosten angeben.

Das Markengesetz (bis Ende 1994 Warenzeichengesetz genannt): Es schützt Unternehmen, die für ihr Produkt ein Waren- oder Markenzeichen erworben haben, davor, dass Konkurrenten das Zeichen nachahmen oder missbrauchen. Den Abnehmern erleichtert es in der Angebotsvielfalt die Unterscheidung und damit die Information, weil die Zeichen ihnen eine bestimmte und vertraute Beschaffenheit signalisieren. Das Gesetz (Neufassung. 1. Januar 1995) dient auf diese Weise dem Qualitätswettbewerb. 1996 wurde das EU-Markenrecht in das deutsche Gesetz mit eingearbeitet.

Das Gesetz zur Regelung des Rechts der Allgemeinen Geschäftsbedingungen: Es soll verhindern, dass vorformulierte Vertragsbedingungen (= Allgemeine Geschäftsbedingungen, AGB) die Abnehmer unverhältnismäßig benachteiligen und die meisten oder alle Vertragsrisiken ihnen aufbürden, statt für eine gleichgewichtige Risikoverteilung zu sorgen. Die Abnehmer sollen mit dem „Kleingedruckten" nicht einseitig belastet werden. Tatsächlich ist das aber nicht gelungen; die Risiken werden auf die Verbraucher zu stark abgewälzt. Eine Erleichterung wurde 1996 eingefügt.

Das Patentgesetz: Es sichert Erfindern zu, dass sie ihre Erfindungen zwanzig Jahre lang allein verwerten dürfen, ohne befürchten zu müssen, dass andere die Erfindung gleichzeitig ebenfalls zu Geld machen. Das Patent ist also ein dem Erfinder verliehenes, aber zeitlich befristetes Monopol. Der Staat nimmt diese vorübergehende Wettbewerbsbeschränkung in Kauf, damit der Anreiz, Erfindungen zu machen, groß genug ist und bestehen bleibt. Bestünde der Patentschutz nicht, würden Erfinder nicht jenen Vorsprung vor Nachahmern haben, der es ihnen erlaubt, ihre Entwicklungskosten wieder hereinzubekommen und als Belohnung einen höheren Gewinn zu erzielen, als er im sofortigen Wettbewerb möglich wäre.

Das Ladenschlussgesetz: Es schreibt dem Einzelhandel vor, wann er seine Geschäfte öffnen darf und wann nicht. Ursprünglich wollte der Gesetzgeber damit den Arbeitsschutz der in den Läden Angestellten und das Einhalten der Arbeitszeitbestimmungen sichern. Aber der Sinn dieses Ziels ist überholt und widerlegt. Zum Wettbewerb gehört auch die Freiheit des Einzelhändlers, die für sein Geschäft günstigste Öffnungszeit aufzuspüren und wahrzunehmen. Das Gesetz beschränkt ihn in dieser Freiheit und behindert damit den Wettbewerb. Die Mehrheit der Monopolkommission hat in ihrem 8. Hauptgutachten an dem Gesetz kein gutes Haar gelassen. Der im Oktober 1989 eingeführte Dienstleistungsabend einmal in der Woche ist für sie keine durchgreifende Verbesserung. Sie tritt dafür ein, das Gesetz ersatzlos zu streichen und die Öffnungszeiten völlig freizugeben. Dies zu erreichen, ist 1996 gescheitert, doch mit Wirkung vom 1. November 1996 wurde die Regelung gelockert. Seitdem dürfen die Läden länger geöffnet sein.

Das Gesetz zum Widerruf von Haustürgeschäften: Es schützt einen Verbraucher davor, dass er von Anbietern entgeltlicher Leistungen zu Hause oder anderswo (Arbeitsplatz, Straße, Bus, Bahn, Freizeitveranstaltung) überrumpelt wird und zu einem Vertragsabschluss über eine entgeltliche Leistung veranlasst wird, dies aber später bereut. Seine Zusage wird erst dann wirksam, wenn er sie nicht binnen einer Woche schriftlich widerruft.

Der internationale Rechtsschutz: Zu ihm gehört die Pariser Übereinkunft zum Schutz des gewerblichen Eigentums. Sie schützt Patente, Muster, Marken und vor unlauterem Wettbewerb. Ferner gibt es das Madrider Abkommen über die Unterdrückung falscher Herkunftsangaben, ergänzt durch die Stockholmer Zusatzvereinbarung, sowie das Madrider Abkommen über die internationale Registrierung von Fabrik- und Handelsmarken.

■ Das Wettbewerbsrecht der Europäischen Union

Eine Wettbewerbspolitik der Europäischen Union gibt es erst mit dem EWG-Vertrag von 1957, der dann 1997 mit dem Vertrag von Amsterdam zum EG-Vertrag erweitert wurde. Enthalten sind die Wettbewerbsregeln jetzt in den Artikeln 81 bis 86 (zuvor in den Artikel 85 bis 90). Verboten sind darin Absprachen und abgestimmte Verhaltensweisen, die den Wettbewerb im Gemeinsamen Markt verhindern, einschränken oder verfälschen. Dazu gehören vor allem Preiskartelle, Produktionsabsprachen, Marktaufteilungen, Diskriminierungen und das Erzwingen von Kopplungsgeschäften. Verboten ist es außerdem, eine marktbeherrschende Stellung missbräuchlich auszunutzen, sofern dies den Handel zwischen den Mitgliedstaaten beeinträchtigt. Dies entspricht im großen und ganzen dem, was auch das deutsche Gesetz gegen Wettbewerbsbeschränkungen enthält.

Lange Zeit aber haben Regeln darüber gefehlt, unter welchen Umständen Unternehmen nicht fusionieren dürfen. Die Europäische Kommission in Brüssel hat zwar seit 1973 immer wieder auf eine EG-Fusionskontrolle gedrungen, doch die Mitgliedstaaten, vertreten durch den EG-Ministerrat, haben sich viele Jahre dagegen gesperrt. Die Kommission hat trotzdem versucht, gegen Fusionen, die sie meinte verhindern zu müssen, vorzugehen, und sich so lange damit beholfen, die Kartell- und Missbrauchsverbote so weit zu interpretieren, dass sie Spielraum auch für Fusionsverbote gewann. In mehreren Fällen hat sie sich vom Europäischen Gerichtshof die Rechtmäßigkeit dieses Vorgehens bestätigen lassen.

Erst im September 1990 ist eine regelrechte EG-Fusionskontrolle eingeführt worden – nach langem Ringen, denn die Vorstellungen über den Charakter einer solchen staatlichen Aufsicht waren (und sind nach wie vor) zu unterschiedlich. Acht der zwölf Mitgliedstaaten hatten bis dahin überhaupt keine Fusionskontrolle, und Länder wie Großbritannien, Frankreich und Deutschland, die Zusammenschlüsse national schon vorher überwachten, taten dies nach Wertmaßstäben, die erheblich voneinander abwichen. Unterschiedliche Auffassungen gab (und gibt es noch immer) gerade in dem springenden Punkt, welche Ziele die gemeinsame Fusionskontrolle verfolgen soll: den Wettbewerb zu sichern (so die deutsche Vorstellung) oder Fusionen zu ermöglichen, die ehrgeizige Wünsche der politischen Führung herbeigenehmigen und dann zu staatlicher Investitionslenkung missraten (so die französische Vorstellung).

Die europäische Fusionskontrolle (Ratsverordnung Nr. 4064/89) beschränkt sich im Grundsatz auf Zusammenschlüsse von „gemeinschaftsweiter Bedeutung" (Ausnahme: Artikel 22, Absatz 3). Die Mitgliedstaaten wenden ihr eigenes Wettbewerbsrecht auf diese Fusionen nicht an (Artikel 21, Absatz 2). Zuständig ist die EU-Wettbewerbsbehörde dann, wenn die Fusionspartner zusammen einen bestimmten Welt- oder EU-Umsatz auf die Waage bringen. Doch bleibt die Fusion der EU-Kontrolle dann entzogen, wenn das neue Unternehmen zwei Drittel seines EU-Umsatzes oder mehr in nur einem Mitgliedstaat erzielt. In diesem Fall ist die nationale Wettbewerbsbehörde zuständig. Auf deutsches Drängen hin kann die europäische Kompetenz unter bestimmten Umständen an die nationale Kompetenz abgetreten werden (Artikel 9).

Geprüft werden Fusionen darauf hin, ob sie mit dem Gemeinsamen Markt vereinbar sind (Artikel 2). Gilt die Fusion als mit dem Gemeinsamen Markt unvereinbar, wird sie untersagt. Gilt sie als vereinbar, darf sie stattfinden. Die Billigung einer Fusion kann mit Bedingungen und Auflagen verknüpft werden (Artikel 8, Absatz 2). Als unvereinbar mit dem Gemeinsamen Markt gelten Fusionen dann, wenn sie auf diesem Markt oder auf wesentlichen Teilmärkten zu einer marktbeherrschenden Stellung führen oder eine solche Stellung verstärken und falls eine solche Stellung wirksamen Wettbewerb erheblich behindern würde.

Bei dieser Kontrolle muss die EG-Wettbewerbsbehörde Verschiedenes berücksichtigen, darunter: die Struktur aller betroffenen Märkte, den tatsächlichen oder potentiellen Wettbewerb von Unternehmen innerhalb und außerhalb der Gemeinschaft, die Marktstellung und Finanzkraft der beteiligten Unternehmen, die Wahlmöglichkeiten von Lieferanten und Abnehmern, den Zugang zu den Beschaffungs- und Absatzmärkten, die Marktzutrittsschranken, die Interessen der Zwischen- und Endverbraucher, aber auch „die Entwicklung des technischen und wirtschaftlichen Fortschritts, sofern diese dem Verbraucher dient und den Wettbewerb nicht behindert".

Gerade in diesem letzten Abwägungskriterium steckt allerdings ein Pferdefuß. Technischer und wirtschaftlicher Fortschritt ist ein dehnbarer Begriff. Der Spielraum für seine Interpretation lässt eine Fusionsbewertung zu, die mit Wettbewerb nichts mehr zu tun hat. Misslich ist ferner, dass sich die EG-Wettbewerbsbehörde bei ihrer Fusionskontrolle auch an den allgemeinen Zielen des EWG-Vertrages ausrichten muss, wie sie in dessen Artikel 2 niedergelegt sind. Zu diesen allgemeinen Zielen gehört auch, dass sich das Wirtschaftsleben innerhalb der Gemeinschaft harmonisch entwickelt, dass sich die Wirtschaft beständig und ausgewogen ausweitet, dass sich die Stabilität vergrößert, dass die Lebenshaltung beschleunigt gehoben wird und die Beziehungen zwischen den Mitgliedstaaten enger werden.

Ein weiteres allgemeines Ziel für die Fusionskontrolle ist, den wirtschaftlichen und sozialen Zusammenhalt der Gemeinschaft zu stärken, wie es Artikel 130a des EWG-Vertrages formuliert.

In allen diesen höchst schwammigen, inhaltsleeren, nahezu beliebig interpretierbaren Formulierungen steckt eine Fülle von Möglichkeiten, Fusionen trotz Marktbeherrschung zuzulassen und sie vom eigentlich vorgesehenen Verbot auszunehmen. Sie bieten sich geradezu an, ein staatliches Instrument für strukturpolitische Planung („Industriepolitik") und das Einfallstor für zusätzlichen wirtschaftspolitischen Dirigismus des Staates zu werden. Würden mit derartigen Zielvorstellungen und staatlichem Segen Unternehmen fusioniert, liefe das darauf hinaus, die Wettbewerbsbehörde umzufunktionieren in eine EG-Konzernschmiede. Die EG-Fusionskontrolle weicht insofern also erheblich von der deutschen Fusionskontrolle ab. Doch hat sich dies in der wettbewerbspolitischen Praxis bisher nicht wesentlich bemerkbar gemacht. Es kommt also sehr darauf an, wie „wettbewerbsorientiert" die mit der Kontrolle betrauten Beamten und die Kommissare das EG-Recht anwenden.

Zu einem Europäischen Kartellamt, das zudem auch so unabhängig ist wie das Bundeskartellamt, haben sich die Mitgliedstaaten nicht entschlossen. Wettbewerbsbehörde ist damit einzig und allein die Generaldirektion Wettbewerb der Europäischen Kommission mit einem Wettbewerbskommissar an der Spitze. Dieser Kommissar und seine Direktion entscheiden aber nicht allein; alle anderen Kommissare stimmen bei Wettbewerbsentscheidungen mit. Der Wettbewerbskommissar muss also eine Mehrheit seiner Kollegen auf seine Seite bringen, um mit seiner eigenen Entscheidung durchzukommen. Dieses Verfahren ermöglicht nationale Einflussnahmen, verschlechtert die Transparenz der Entscheidungsgründe und setzt sich damit Verdächtigungen auf Kungelei aus. So kann das Ergebnis einer Entscheidung aus „politischen" Gründen vorgegeben sein, doch diese wahren Gründe lassen sich hinter Begründungen verbergen, die zusammengesucht werden, damit sie gerichtsfest sind.

■ Großfusionen

Besonderes Aufsehen pflegen Großfusionen zu erregen, auch Riesen-, Elefanten-, Mammut- oder Megafusionen genannt. Viele sehen solche Fusionen und ihre Häufung mit Besorgnis. Aber solange selbst eine Megafusion nicht zur Marktbeherrschung führt, der Fusionsgigant seine starke Marktstellung nicht missbraucht, hinreichend starke Konkurrenten vorhanden sind, Wettbewerbsfreiheit herrscht und potentieller Wettbewerb nicht erdrückt wird, kann ein Eingreifen der Wettbewerbsbehörden unterbleiben.

Tatsache ist nämlich, dass die Fusionsgiganten nicht auf abgeschotteten, engen nationalen Märkten tätig sind, sondern rund um den Globus, wo ihnen noch genug Konkurrenz entgegentritt. Die nationalen Märkte sind längst aufgebrochen, die Volkswirtschaften mit ihren Unternehmen und ihren Märkten wachsen global zusammen, der für die wettbewerbspolitische Beurteilung „relevante Markt" ist für die Fusionsgiganten der Weltmarkt geworden. Der EU-Binnenmarkt vollendet sich, wird ein Wirtschaftsraum mit nunmehr gemeinsamer Währung und ist mit den übrigen Märkten auf dem Erdball eng verknüpft. Zölle sind gestrichen oder so stark gesenkt worden, dass diese Schutzzäune nun fehlen und die Märkte noch offener geworden sind.

Gefallen sind auch technische Grenzen der Informationsübermittlung; Elektronik, Satelliten und Internet ermöglichen die sekundenschnelle, nahezu totale Kommunikation um den Globus herum und tragen zu einer Markttransparenz bei, die Ökonomen nur in ihren Theoriemodellen zu verwenden wagten und von denen sie einst allenfalls geträumt haben. Damit sind atemraubende Fusionen auch eine Folge der raschen Globalisierung des wirtschaftlichen und privaten Lebens. Mit dieser Übermittlungstechnik ist es auch möglich geworden, dass sich die Konzern-Zentralen an nahezu beliebiger Stelle auf der Erde niederlassen könnten – auf heiteren, warmen Inseln, in Staaten, die von Marktwirtschaft und Wettbewerb mehr halten als von Korporatismus, Zunftwesenresten und von ausbeuterischer sozialer Überregulierung, in Ländern, die ihre Wirtschaft mit zu hohen Steuern nicht strangulieren. So werden auch ganze Staatswesen und Politiksysteme in den globalen Wettbewerb hineingezogen.

Auch Megafusionen sind Ausdruck von Wettbewerb. Ob sie nach Wunsch gelingen, weiß man erst später; ihr Ergebnis ist offen, weil Zukunftsmusik. Auch großen Konzernen sollte zustehen, über eine Megafusion nach weiteren Synergie-Effekten, Größenvorteilen und sonstigen Effizienzverbesserungen zu streben.

Im Spektakulären immer neuer großer Fusionsankündigungen gerät im Übrigen leicht aus dem Blickfeld, dass nicht immer nur zusammengeschmiedet wird, sondern dass Konzerne Unternehmen auch abstoßen, sich sogar von ganzen Konzernteilen trennen – teils mit, teils ohne Zusammenhang mit einer Fusion – und sich auf ihr Kerngeschäft (wieder) konzentrieren. Übersehen werden zudem Auflösungen früherer Fusionen, die weit stiller und unbemerkter vonstatten gehen als einst deren Ankündigung und Vollzug.

Längst auch greift die Fusionskontrolle der amerikanischen Antitrust-Behörde und der EU-Wettbewerbsbehörde über die staatlichen Grenzen der Vereinigten Staaten und der Europäischen Union hinaus. Und ließe sich Übermacht eines Unternehmens weder durch Verhaltenskontrolle durch die Wettbewerbsbehörden noch durch potentiellen Wettbewerb und Freiheit zu Wettbewerb wirksam zügeln, kann man zum letzten Mittel greifen und entflechten, wie es in den Vereinigten immer wieder einmal geschehen ist.

■ Fehlentwicklungen

Wettbewerbsgesetze sollen Anbieter und Nachfrager davor schützen, dass Unternehmen auf den Märkten in ihrem Verhaltensspielraum nicht mehr hinreichend durch Konkurrenten gezügelt („kontrolliert") werden können und dass sie dann diesen Spielraum zu Lasten von Mitwettbewerbern und Kunden ausdehnen, indem sie zu Verhaltensweisen übergehen, die den Wettbewerb beschränken. Zu mehr als zu diesem Schutz sind Wettbewerbsgesetze nicht da, zu mehr dürfen sie auch nicht da sein. Doch kommt es immer wieder zu Missverständnissen, Fehldeutungen und Versuchungen, die darauf hinauslaufen, mit Hilfe des Gesetzes vor Wettbewerb statt den Wettbewerb zu schützen.

Zu diesen Versuchungen gehört der nachträglich ins deutsche Wettbewerbsgesetz bugsierte „Preismissbrauch" marktbeherrschender Unternehmen, als Gegenstück zum „Behinderungsmissbrauch" auch als „Ausbeutungsmissbrauch" diskreditiert. Danach soll ein Preis dann missbräuchlich sein, wenn er von demjenigen Preis abweicht, den das Unternehmen ohne seine marktbeherrschende Stellung verlangen würde, oder der sich, wie es das Gesetz ausdrückt, „mit hoher Wahrscheinlichkeit bei wirksamen Wettbewerb ergeben würde". Um das zu prüfen, muss die Kartellbehörde also eine Situation simulieren, als ob Wettbewerb bestünde.

Wettbewerbspolitisch entscheidend ist, dass Preise nicht durch Behinderungspraktiken und damit durch Wettbewerbsbeschränkungen zustande kommen. Solange das nicht der Fall ist, sind sie ein Ausdruck und Ergebnis von Leistung im Wettbewerb, also Wettbewerbspreise. Darauf, ob ein Unternehmen im Sinne des Gesetzes marktbeherrschend ist, darf es dabei nicht ankommen. Der Staat hat in einer freiheitlichen Wirtschaftsordnung bei der Preisbildung wie bei anderen Marktergebnissen nichts zu suchen. Die Kartellbehörde soll nicht Preiskommissar spielen. Sonst laufen Vorschriften im Namen des Wettbewerbs Gefahr, eben das zu behindern, was sie eigentlich schützen sollen: den Wettbewerb. Gefordert ist die Behörde dagegen, wenn Missbrauch durch Behinderung vorliegt.

Auch der Versuchung, das Diskriminierungsverbot zu erweitern und so vor allem die Großunternehmen im Lebensmittel-Einzelhandel zu zügeln, ist der Gesetzgeber erlegen. Die Lobby der kleinen und mittleren Einzelhändler drängte darauf, Ungleichbehandlungen durch die Lieferanten bei Rabatten, Provisionen und sonstigen Konditionen zu verbieten, soweit sie „sachlich nicht gerechtfertigt" seien und den Wettbewerb zum Nachteil ihrer Klientel beeinträchtigten. Dahinter steckt der Zorn darüber, dass Großunternehmen mit vielen Filialen ihren Lieferanten Nebenleistungen abnötigen wie zum Beispiel Geld für die Aufnahme ins Sortiment („Listungsgebühr"), für die Übernahme der Preisauszeichnung oder für eine sogenannte Regalpflege. Kleineren Händlern gelingt das nicht.

Aber nicht jede Ungleichbehandlung ist schon eine Diskriminierung. Auch Nebenleistungen sind ein Ausdruck von Wettbewerb, sind Leistungswettbewerb und damit sachlich gerechtfertigt. Zwischen Geschäftspartnern zu differenzieren ist erlaubt und für den freien Wettbewerb auch notwendig. Den gescholtenen Nebenleistungen stehen Gegenleistungen gegenüber. Kaufleute verstehen, sie in Mark und Pfennig zu bewerten. Wenn der Lieferant unter Wettbewerbsdruck mit Nebenleistungen zwischen Groß- und Kleinabnehmern differenziert, dann deswegen, weil er die Gegenleistung (Aufnahme seiner Ware in das Regal des Händlers) unter diesen Umständen für akzeptabel und notwendig hält. Der große Abnehmer bedeutet ihm zwangsläufig mehr als der kleine; er bietet ihm Absatzleistungen, die der kleine in diesem Unfang nicht bietet. Aber andererseits ist dem Kleinen nicht verwehrt, ebenfalls groß zu werden, denn die Märkte sind offen; auch der Große hat einmal klein angefangen. Oder der Kleine muss sein Geschäft konsequenter auf das ausrichten, was ihn so wohltuend vom Riesen-Supermarkt unterscheidet: auf die besondere Dienstleistung. Wenn ihm das nicht gelingt, ist er kein Opfer von Diskriminierung, sondern ein Opfer mangelnder Fähigkeit, sich im Wettbewerb anzupassen und zu behaupten.

Andere Versuchungen bestehen darin, „systematische" Verkäufe unter Einstandspreis zu unterbinden, auch Lockvogelangebote genannt. Man brandmarkt sie als „wettbewerbswidrige Preisschleuderei" oder als „ruinösen Preiskampf". Aber wer sich so äußert, übersieht, dass kein Kaufmann gezwungen werden sollte, in Einstandspreisen für jede einzelne Ware zu denken. Er verkennt, daß die Leistung eines Handelsunternehmens als Gesamtleistung zu werten ist, dass Leistung und das Sichbehaupten im Wettbewerb gerade darin bestehen, das Unternehmen als Ganzes voran und über die Runden zu bringen, nicht jede einzelne Ware für sich.

Versuchungen, Wettbewerb im Namen des Wettbewerbs zu unterbinden, entstehen, wenn sich bestimmte Unternehmensformen im Wettbewerb nicht mehr durchsetzen (Beispiel: Tante-Emma-Läden), oder wenn ganze Wirtschaftszweige in Schwierigkeiten geraten, weil sie dem Wandel durch Wettbewerb und technischen Fortschritt, dem Wandel der Gewohnheiten und im Denken unterliegen und zu erliegen drohen (Beispiele: Kohlebergbau, Massenstahlherstellung, Landwirtschaft, Binnenschifffahrt, Kursmakler). Und mit ihnen anfällig sind Politiker, Parteien, Regierungen, Gewerkschaften, Verbände, die sich die Gunst von Wählern und Mitgliedern erhalten wollen oder sich weiteren Zulauf davon versprechen. Aber die Wirtschaft vor solchen Veränderungen zu schützen, ist das Gesetz gegen Wettbewerbsbeschränkungen nicht gemacht. Es soll Wettbewerb sichern, aber nicht Marktergebnisse korrigieren und Strukturen konservieren.

Neben seinen sonstigen Unvollkommenheiten hat das deutsche Wettbewerbsgesetz einen Hauptfehler: Es befasst sich nur mit den Wettbewerbsbeschränkungen der privaten Wirtschaft. Den größten Sünder gegen den Wettbewerb lässt es ungeschoren: den Staat. Die Wettbewerbspolitik klammert die staatlichen Wettbewerbsbeschränkungen aus. Das wiegt deswegen besonders schwer, weil der entscheidende wettbewerbspolitische Handlungsbedarf nicht bei den privaten, sondern bei den staatlichen Wettbewerbsbeschränkungen besteht. Dazu kommt, dass der Staat, weil mit hoheitlicher Gewalt ausgestattet, den Wettbewerb ziemlich dauerhaft und nachhaltig beschränken kann, damit weitaus mehr Schaden anzurichten pflegt und deshalb besonders gefährlich ist. Dagegen finden private Beschränkungen des Wettbewerbs in der Regel ihre Grenzen im potentiellen Wettbewerb, also darin, dass sie mögliche Konkurrenten auf den Plan rufen, oder im Substitutionswettbewerb (Konkurrenz gleichsam aller Güter um den Geldbeutel der Verbraucher). Sie können auf diese Weise in der Wirkung begrenzt sein, an Wirkung verlieren und auch ganz verschwinden. Bei staatlichen ist das kaum der Fall, weil gesetzliche Kraft sie stützt.

Wirtschaftsbereiche, in denen der Staat den Wettbewerb beschränkt, sind die für Strom, Gas, Fernwärme, Wasser, Kohle, Verkehr, Arbeit, Post und Ferninformation (Telekommunikation) sowie Landwirtschaft, Gesundheitswesen (Krankenhäuser, Ärzte, Apotheken, gesetzliche Krankenversicherung), gesetzliche Rentenversicherung und Wohnungswirtschaft. Liberalisierungsschritte gibt es inzwischen für Strom, Gas, Verkehr, Post und Ferninformation. Staatliche Eingriffe in den Wirtschaftsablauf finden darüber hinaus durch vielfältige Subventionen mit Finanzhilfen, Steuervergünstigungen, Bürgschaften, Kapitalbeteiligungen statt. Staatliche Protektion schützt auch vor Importkonkurrenz.

Gemessen an dieser Fülle von staatlichen Eingriffen in den Wettbewerb sind die privaten Wettbewerbsbeschränkungen gleichsam Kinkerlitzchen. Die Fülle zeigt, in welchem gewaltigen Umfang hoheitlicher Zwang die individuelle Freiheit beeinträchtigt oder beseitigt, den Wettbewerb außer Kraft setzt und ein großes Stück wirtschaftlicher Leistungskraft unnötig verschenkt.

In der europäischen Wettbewerbspolitik liegen die Hauptgefahren darin, dass sie die Entscheidungsverfahren politisiert sowie die Wettbewerbsregeln durch Nichtanwendung aushöhlt und dass die Gemeinschaft durch ihre protektionistische Handelspolitik (Beispiele: Antidumping-Verfahren, Selbstbeschränkungsabkommen) ihre Wettbewerbsregeln untergräbt.

6. Regulierung: **Wettbewerb mit Schiedsrichter**

Kommunikation hat in einer arbeitsteiligen Wirtschaft eine herausragende Bedeutung. Die Schlüsselstellung von Telekommunikation und Post für die wirtschaftliche Entwicklung wurde schon erkannt, bevor der Begriff „Informationsgesellschaft" geprägt wurde. Heute haben nach Schätzungen von Fachleuten 70 bis 80 Prozent aller wirtschaftlichen Vorgänge mit In-

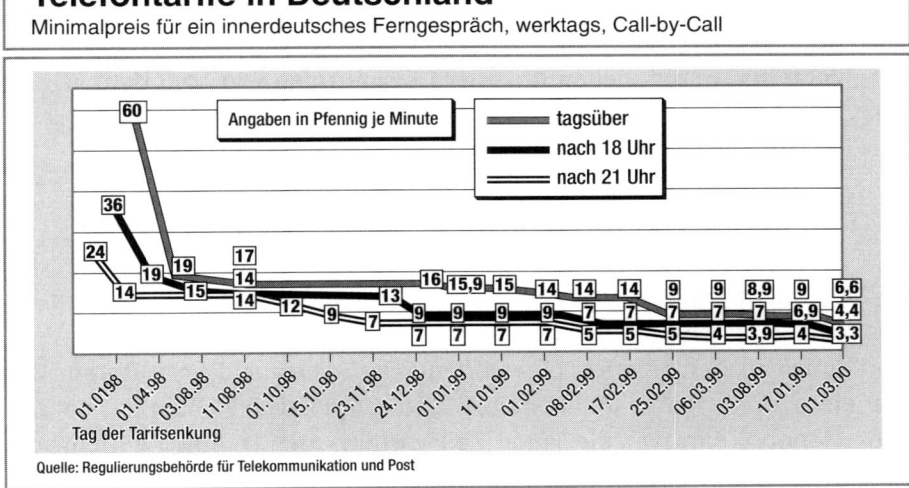

Telefontarife in Deutschland
Minimalpreis für ein innerdeutsches Ferngespräch, werktags, Call-by-Call

Angaben in Pfennig je Minute
— tagsüber
— nach 18 Uhr
— nach 21 Uhr

Tag der Tarifsenkung

Quelle: Regulierungsbehörde für Telekommunikation und Post

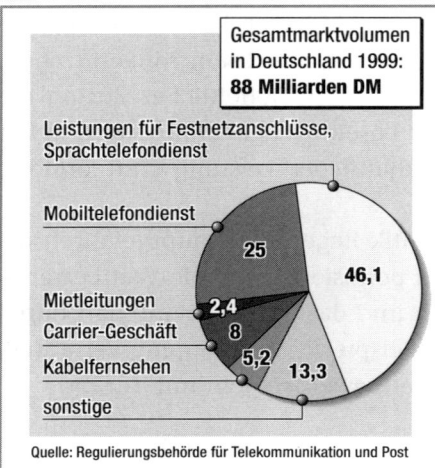

Der Telekom-Markt
Marktsegmente in Prozent

Gesamtmarktvolumen
in Deutschland 1999:
88 Milliarden DM

Leistungen für Festnetzanschlüsse,
Sprachtelefondienst

Mobiltelefondienst

25

46,1

Mietleitungen   2,4
Carrier-Geschäft   8
Kabelfernsehen   5,2   13,3
sonstige

Quelle: Regulierungsbehörde für Telekommunikation und Post

formation und Kommunikation zu tun. Telekommunikation erleichtert den Informationsaustausch, indem kleine und große Entfernungen scheinbar mühelos überbrückt werden. Telekommunikationsdienste bilden die Voraussetzung für wirtschaftliche Tätigkeit. Sie sind die Basis für einen schnellen Transfer von Wissen in Wirtschaft und Gesellschaft. Qualität und Preise dieser Dienste sind deshalb ein wichtiger Faktor im Wettbewerb zwischen Wirtschaftsstandorten. Erst durch Telekommunikation wird das Zusammenwachsen früher getrennter Märkte in der ganzen Welt möglich. Global agierende Unternehmen lassen den Bedarf an Telekommunikationsdiensten weiter zunehmen. Der Umbruch, der mit dem Vordringen moderner Informationstechnik und der Nutzung des weltweiten Computernetzes, des Internet, einhergeht, wird schon mit der industriellen Revolution des 19. Jahrhunderts verglichen: Neue Märkte entstehen, Arbeitsprozesse verändern sich durch elektronische Vernetzung, der elektronische Handel (E-Commerce) bietet neue Absatzwege und Verbraucher können sich schnell und notfalls weltweit über Preise informieren. Auch die Informationsgesellschaft kommt nicht ohne Transport von Gütern aus. Hier liegt eine Verknüpfung zum Postmarkt. Die Post bietet den traditionellen Weg der Übermittlung von Nachrichten, den Brief. Der Brief wird einerseits durch andere Kommunikationswege ersetzt, gewinnt auf der anderen Seite aber in der Werbung an Bedeutung.

■ Liberalisierungsschritte in Telekommunikation und Post

Die Errichtung und der Betrieb von Telefonnetzen galt lange Zeit als staatliche Aufgabe. Der Telefondienst lag deshalb in den meisten Ländern traditionell in den Händen einer öffentlichen Fernmeldeverwaltung. Der Bau eines landesweiten Telefonnetzes und sein Betrieb stellten ein natürliches Monopol dar, war die lange Zeit vorherrschende Ansicht. Denn die hohen erforderlichen Investitionen machten es unwirtschaftlich, mehrere

Telefonnetze parallel zueinander zu errichten. Aus diesem Grund blieb nach dem Fall der Mauer der Aufbau eines modernen Telekommunikationsnetzes in den neuen Bundesländern allein der Deutschen Telekom vorbehalten.

Die zwischenzeitlich guten Erfahrungen mit dem Wettbewerb, aber auch technische Neuerungen haben die These vom natürlichen Monopol in der Telekommunikation längst widerlegt. Größenvorteile sind nicht mehr das allein ausschlaggebende Kriterium für den Erfolg am Markt. Innovative kleinere Anbieter können, einen wettbewerbsfördernden Rechtsrahmen vorausgesetzt, angemietete oder eigene Netzinfrastruktur rentabel betreiben. Die Hürden für einen Markteintritt sind nicht mehr so hoch. Es zeigt sich, dass die ganze Breite der technischen Möglichkeiten in der Telekommunikation nur im Wettbewerb ausgeschöpft werden kann.

Es hat einige Zeit gedauert, bis diese Erkenntnisse ihren Niederschlag in politischen Entscheidungen gefunden haben. Großbritannien und die Vereinigten Staaten waren weltweit die Vorreiter der Liberalisierung. In Großbritannien wurde schon 1981 mit dem Telecommunications Act eine teilweise Marktöffnung beschlossen. Zusätzlich zu British Telecom wurde mit Mercury (heute: Cable & Wireless) eine zweite Telefongesellschaft zugelassen, deren Marktanteil zunächst aber bescheiden blieb. In Amerika wurde die dominierende Telefongesellschaft AT&T 1984 entflochten – in sieben regionale Anbieter, die sich auf Ortsgespräche beschränken mussten und dafür einen Monopolstatus erhielten, und eine Ferngesprächsgesellschaft, die sich dem Wettbewerb zu stellen hatte. Die Folge war ein starker Preisrückgang. In Deutschland vollzog sich der Weg in den Wettbewerb in drei Schritten, begleitet jeweils von heftigen politischen Auseinandersetzungen. Telekommunikation und Post waren seit jeher Aufgaben der Deutschen Bundespost. Mit der Postreform I wurden am 1. Juli 1989 die betrieblichen Aufgaben von den hoheitlichen getrennt. Durch Gesetz wurden – als Teil der Bundesverwaltung – die drei Unternehmen Telekom, Postdienst und Postbank gegründet, denen die unternehmerischen Aufgaben übertragen wurden. Die Aufsicht und die Eigentümerfunktion nahm der Bundesminister für Post und Telekommunikation wahr. Der staatliche Monopol für Telefonendgeräte wurde aufgegeben, im größten Teil des Marktes war aber weiterhin kein Wettbewerb zugelassen. Eine weitere Ausnahme bildete der Mobilfunk, der damals noch als Randbereich der Telekommunikation galt: Im Jahr 1990 erhielt neben der Telekom mit Mannesmann Mobilfunk erstmals ein privates Konsortium eine Lizenz für ein digitales Funktelefon-Netz. Es folgten Lizenzen für die so genannten E-Netze. Die Auflage, nach der Aufbauphase einen bestimmten Prozentsatz

der Bevölkerung zu versorgen, übertrafen alle Lizenznehmer. So wurde im
Mobilfunk erstmals in Deutschland der Nachweis erbracht, dass ein flächendeckendes Telekommunikationsnetz im Wettbewerb aufgebaut werden kann. Zugleich sorgte die Konkurrenz für sinkende Geräte- und Ge-
sprächspreise und rasant steigende Nutzerzahlen. Die Einbindung in die
Bundesverwaltung erwies sich für die Telekom schnell als Nachteil. Politische Abhängigkeiten und Einflussmöglichkeiten bestanden fort. Im Unterschied zu anderen Telefongesellschaften war ihr die Kapitalbeschaffung
an der Börse verwehrt. Und mit ihren ersten Engagements im Ausland,
die der globale Markt Telekommunikation erforderte, bewegte sich die
Telekom auf rechtlich unsicherem Terrain. Deshalb wurde 1994 die Postreform II beschlossen. Deutsche Telekom, Deutsche Post und Deutsche
Postbank wurden am 1. Januar 1995 Aktiengesellschaften. Damit war die
Voraussetzung geschaffen für den Börsengang der Telekom im November
1996, der den ersten Privatisierungsschritt für das Bundesunternehmen
bedeutete. Heute ist die Telekom, gemessen an der Börsenkapitalisierung,
das mit Abstand größte deutsche Unternehmen. Zugleich mit der Überführung der Bundespost-Nachfolgeunternehmen in eine private Rechtsform wurde die Verantwortung des Bundes für „flächendeckend angemessene und ausreichende Dienstleistungen" im Postwesen und der Telekommunikation im Grundgesetz verankert. Die Dienstleistungen selbst würden
als privatwirtschaftliche Tätigkeiten von den Unternehmen und anderen
privaten Anbietern erbracht, heißt es im neuen Verfassungsartikel 87 f.
Den vollständigen Übergang in den Wettbewerb brachte dann das Telekommunikationsgesetz (TKG) am 1. Januar 1998. Mit diesem letzten Libe-
ralisierungsschritt wurde eine auch im internationalen Vergleich sehr wett-
bewerbsfreundliche Ordnung geschaffen. Der Grundsatzbeschluss war
schon früh auf europäischer Ebene gefallen: Der Rat der Europäischen
Union hatte am 22. Juli 1993 die Entschließung gefasst, die öffentlichen
Sprachtelefondienste bis zum Jahresanfang 1998 zu liberalisieren. Die
Grundlage bildeten Richtlinien aus dem Jahr 1990 zur Einführung eines
offenen Netzzugangs und über den Wettbewerb bei Telekommunikationsdiensten, die in den Folgejahren weiter konkretisiert wurden.

■ Wettbewerb beim Telefon – eine Erfolgsgeschichte

Die Marktöffnung in der Telekommunikation ging einher mit steigender
Nachfrage der Kunden, dem Auftreten zahlreicher neuer Anbieter und
einem kräftigen Preisrutsch bei Fern- und Auslandsgesprächen. Schon un-

Neue Unternehmen drängen auf den Markt
Zahl der Anbieter von Telekommunikationsdienstleistungen

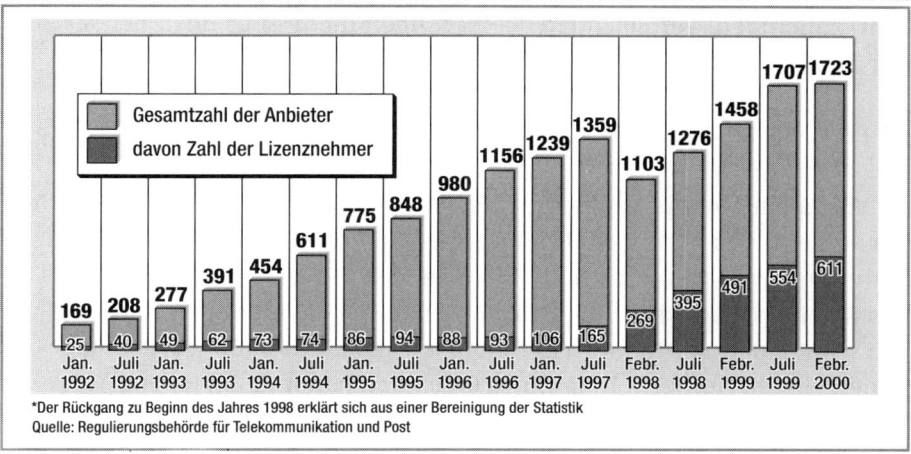

Gesamtzahl der Anbieter

davon Zahl der Lizenznehmer

*Der Rückgang zu Beginn des Jahres 1998 erklärt sich aus einer Bereinigung der Statistik
Quelle: Regulierungsbehörde für Telekommunikation und Post

mittelbar nach dem Ende des Monopols konnten die Verbraucher zwischen verschiedenen Anbietern wählen. Die Wettbewerbsintensität ist allerdings bei Fern- und Auslandsgesprächen deutlich höher als im Ortsnetz, wo die Deutsche Telekom in den meisten Gemeinden weiterhin Alleinanbieter ist. Die Zahl der Anbieter von Dienstleistungen der Telekommunikation ist seit Mitte 1996 um rund 500 auf mehr als 1700 angestiegen (Grafik 1). Die meisten Neulinge gibt es auf den Gebieten Sprachtelefondienst und Internet-Zugang. Bis Ende 1999 erhielten 255 Unternehmen eine Netz- oder Sprachtelefondienst-Lizenz. Schon an diesen Zahlen werden Dynamik und Wachstum der Telekommunikation deutlich.

Eine Veränderung durch den Wettbewerb spürte jeder Telefonkunde beim Blick auf die monatliche Rechnung: Für Ferngespräche im Inland sanken die Preise von Ende 1997 bis Anfang 2000 um bis zu 85 Prozent. Auslandsgespräche in die zehn wichtigsten Zielländer wurden tagsüber um bis zu 93 Prozent billiger. Insgesamt sind die Verbraucher in den ersten beiden Jahren des Wettbewerbs bei ihrer Telefonrechnung um gut zwölf Prozent entlastet worden. Zwar wird bei sinkenden Preisen deutlich mehr telefoniert, aber der Umsatz mit Festnetzanschlüssen ging unter dem Strich zurück. Der gesamte deutsche Markt für Dienstleistungen der Telekommunikation von rund 50 Milliarden Euro expandiert gleichwohl weiter. Ein Viertel steuert inzwischen der Mobilfunk bei, dessen Teilnehmerzahl von einer knappen Million 1992 auf mehr als 23 Millionen zum Jahrtausendwechsel gestiegen war. Tarifsenkungen und maßgeschneiderte Angebote für Privatkunden sind die treibenden Faktoren. Weltweit wird die Zahl der Handynutzer nach Prognosen von 400 Millionen auf 1,7 Milliarden im Jahr 2010 zunehmen. Vergleichbare Steigerungen gibt es nur noch bei der Zahl der Internet-Nutzer.

■ Eine starke Aufsicht

Wenn ein Monopol aufgebrochen wird, stellt sich nicht von allein Wettbewerb ein. Das hatten die Erfahrungen anderer Länder auch für die Telekommunikation gezeigt. Die Politik war sich bei Verabschiedung des TKG deshalb über eines klar: Eine bloße Abschaffung des Monopols reichte nicht, um schnell den Wettbewerb in Gang zu bringen. Deshalb wurden über das allgemeine Kartellrecht hinaus marktbeherrschende Anbieter von Telekommunikationsdiensten besonderen Verpflichtungen unterworfen (asymmetrische Regulierung). Eine starke Aufsicht soll die neuen Anbieter davor schützen, vom bisherigen Monopolisten an die Wand gedrückt zu werden. Zahlreiche Fachleute empfahlen, diese Aufgabe dem Bundeskartellamt, also der allgemeinen Wettbewerbsaufsicht, zu übertragen. Der Gesetzgeber hat aber anders entschieden. Mit der Begründung, dass die Marktöffnung in der Telekommunikation besondere technische Fachkenntnisse erfordere, wurde eine Regulierungsbehörde für Telekommunikation und Post in Bonn eingerichtet. Sie ist dem Bundeswirtschaftsminister zugeordnet, soll aber – ähnlich wie das Kartellamt – weitgehend unabhängig von der Politik arbeiten können. Das Ministerium darf ihr allgemeine Weisungen erteilen, aber nicht in Einzelfällen eingreifen. Das ist von besonderer Bedeutung, solange der Bund als Mehrheitsgesellschafter der Deutschen Telekom und der Deutschen Post in Versuchung kommen könnte, über die Regulierung Eigentümerinteressen zu Lasten anderer Anbieter zu verfolgen. Die Entscheidungen der Behörde treffen dreiköpfige Beschlusskammern. Die Verwaltungsakte können vor Gericht angefochten werden. Da dem Zeitfaktor in Wettbewerbsfragen große Bedeutung zukommt, ist es wichtig, dass Rechtsmittel keine aufschiebende Wirkung haben. Die Regulierungsbehörde vergibt Lizenzen, die Voraussetzung sind, um Übertragungswege und/oder Sprachtelefondienst für die Öffentlichkeit anbieten zu können. Sie teilt in Versteigerungen oder Ausschreibungen knappe Funkfrequenzen zu und nimmt zahlreiche technische Aufgaben wahr. Das Hauptziel ihrer Arbeit ist es, auf chancengleichen und fairen Wettbewerb hinzuwirken. Dazu hat die Aufsichtsbehörde zahlreiche Eingriffsrechte. Die Deutsche Telekom als marktbeherrschender

Anbieter muss sich Änderungen ihrer Telefongebühren und der Entgelte für Mietleitungen im Vorhinein genehmigen lassen (Ex-ante-Regulierung). Das Gleiche gilt für Zusammenschaltungsentgelte, die die Telekom von anderen Anbietern für die Mitnutzung ihres Netzes verlangen kann. Für Preise, die ein marktbeherrschendes Unternehmen für andere Dienstleistungen der Telekommunikation verlangt, besteht eine Ex-post-Regulierung: Sie können im Nachhinein auf Missbrauch untersucht werden. Die Telekom als marktbeherrschendes Unternehmen muss laut TKG ihren Konkurrenten Zugang zu ihrem Netz und zu ihren intern genutzten Leistungen gewähren, und zwar zu den Bedingungen, die sie sich intern selbst einräumt. Das betrifft beispielsweise die Überlassung des Teilnehmeranschlusses eines Telekom-Kunden, der zu einer anderen Gesellschaft wechseln will. Wettbewerb beim Telefon funktioniert nur, wenn sich die Kunden unterschiedlicher Gesellschaften gegenseitig erreichen können. Deshalb sind alle Anbieter verpflichtet, Verhandlungen über die Netzzusammenschaltung mit anderen Betreibern zu führen. Führt dies zu keiner Einigung, kann eine der Parteien die Aufsicht anrufen, die dann die Zusammenschaltung anordnet.

Die Regulierungsbehörde hat auf dieser Rechtsgrundlage zahlreiche für den Wettbewerb wichtige Entscheidungen getroffen. So hatte die Telekom von Kunden, die ihre Ferngespräche mit einer anderen Telefongesellschaft führen wollen, für die Umstellung des Anschlusses einmalig 94,99 DM verlangt. Nach einem längeren Verfahren hat das Amt schließlich eine Gebühr von zunächst 27 DM genehmigt, die sich im Zeitablauf in zwei Schritten auf 10 DM verringerte. Eine Gebührenforderung gegenüber Kunden, die mit ihrem Anschluss zur Konkurrenz wechseln und ihre Rufnummer behalten wollen, wurde ganz abgelehnt. Zusammenschaltungsentgelte, die von Telekom und Mannesmann Arcor vertraglich vereinbart worden waren, wurden von der Behörde abgesenkt. Damit legte sie einen für die Wettbewerber günstigeren Preis für eine Vorleistung fest, die einen Großteil der Kosten der neuen Anbieter ausmacht. Der Großteil der Endkundentarife wurde so genehmigt, wie von der Telekom beantragt. Entscheidungskriterium für die Aufsichtsbehörde sind laut Gesetz aber nicht die tatsächlichen Kosten der Telekom, sondern die Kosten der effizienten Leistungsbereitstellung. Etwaige unwirtschaftliche Strukturen der Telekom sollen die Entgelthöhe nicht beeinflussen. Die Ermittlung der Kosten der effizienten Leistungsbereitstellung ist regelmäßig strittig. Im Streit um die angemessene Miete für den Teilnehmeranschluss beispielsweise stützten sich Behörde und Telekom jeweils auf unterschiedliche komplexe Kostenmodelle. Bei der Ermittlung der Netzkosten sind regelmäßig die anzusetzende Kapitalverzinsung und die Nutzungsdauer der Anlagen strittig. Gleiches gilt für die Zurechnung von Gemeinkosten für Verwaltung und Marketing auf einzelne Dienste. In Fällen, in denen die Telekom nach Ansicht des Amts keine aussagefähigen Kostenunterlagen vorgelegt hat, wurde im Blick auf Vergleichswerte aus anderen Ländern entschieden.

Die Regulierungsbehörde sieht sich nicht nur gefordert, wenn es darum geht, dem früheren Monopolisten überhöhte Preisforderungen zu verwehren. Schon im zweiten Jahr des Wettbewerbs lehnte sie Tarifanträge ab, weil sie den Endkundengesprächspreis als nicht kostendeckend einstufte. Damit will sie eine Behinderung der Wettbewerber ausschließen, die noch weitgehend auf die Zusammenschaltung mit dem Telekomnetz angewiesen sind. Tatsächlich steht die Telekom in der Versuchung, von ihren Konkurrenten hohe Preise für die Zusammenschaltung zu verlangen, ihren Endkunden aber niedrige Minutenpreise in Rechnung zu stellen. Deshalb verlangt die Behörde einen ausreichenden Abstand zwischen Zusammenschaltungs- und Endkundenpreisen.

Der Gesetzgeber wollte für Telekommunikation und Post nicht auf Dauer eine separate Wettbewerbsordnung etablieren. Deshalb wurde der Übergangscharakter der Bestimmungen zur Regulierung hervorgehoben. Wenn der Übergang vom Monopol zum funktionsfähigen Wettbewerb geschafft ist, erübrigt sich die Regulierung. Die Telekom hat mehrfach eine Lockerung angemahnt. Sie verweist auf den heftigen Wettbewerb und die Tatsache, dass sie sich gegen kapitalkräftige Konkurrenten behaupten muss. Außerdem sieht sie sich durch die Genehmigungsprozedur von Tarifen, die zumeist zehn Wochen dauert, im Wettbewerb benachteiligt. Die Monopolkommmission muss laut TKG alle zwei Jahre in einem Bericht die Frage beantworten, ob auf den Märkten der Telekommunikation ein funktionsfähiger Wettbewerb besteht. Ende 1999 hat das Gremium dies verneint. Der Wettbewerb bei Fern- und Auslandsgesprächen sei nicht von sich aus funktionsfähig, sondern eine Folge der Regulierung, lautete die Begründung. Neben der Regulierung der Vorleistungen (Zusammenschaltung) bleibe eine Genehmigungspflicht der Endkundenpreise notwendig, weil die Telekom ansonsten über Quersubventionierung und Preisdumping Wettbewerber verdrängen könne. Eine nachträgliche Preismissbrauchsaufsicht statt der Ex-ante-Regulierung komme zu spät. Inzwischen wurde die Telekom bei Zusammenschaltungsleistungen für Auslandstelefonate aus der Regulierung entlassen, weil sie hier ihre marktbeherrschende Stellung verloren hat.

◼ Erst wenig Wettbewerb auf dem Briefmarkt

Die Regulierungsbehörde hat für die Postmärkte vergleichbare Kompetenzen wie in der Telekommunikation. Der Rechtsrahmen für die Postmärkte ähnelt dem der Telekommunikation. Die Aufgaben der Regulierungsbehörde, die Lizenzpflicht für Briefsendungen bis 1000 Gramm, die Entgeltregulierung für marktbeherrschende Anbieter und die Vorschriften über einen Universaldienst sind vergleichbar. Der Unterschied liegt im Grad der Marktöffnung: Zwar besteht bei Paket- und Kurierdiensten Wettbewerb, für die Briefbeförderung hat die Deutsche Post aber noch ein Monopol. Mit dem Postgesetz, das am 1. Januar 1998 in Kraft getreten ist, behielt das Unternehmen eine so genannte Exklusivlizenz für Briefsendungen und adressierte Kataloge bis 200 Gramm und einem Einzelpreis bis 5,50 DM sowie für Massendrucksachen (Infopost) bis 50 Gramm. Wettbewerber der Post auf dem Briefmarkt kommen deshalb bisher nur auf sehr geringe Marktanteile. Mit einer „allgemeinen Weisung" an die Regulierungsbehörde im Frühjahr 2000, die Geltungsdauer des Briefportos ohne Prüfung durch die Aufsicht um 28 Monate bis Ende 2002 zu verlängern, hat der Bundeswirtschaftsminister im Frühjahr 2000 nach Ansicht von Fachleuten die Unabhängigkeit und das Ansehen der Wettbewerbsaufsicht beschädigt. Mit den Einnahmen aus der Exklusivlizenz, die bis Ende 2002 befristet ist, wollte der Gesetzgeber die Post in die Lage versetzen, beträchtliche Pensionslasten und die Kosten eines Angebots in allen Teilen des Landes zu tragen. Im Gesetz ist Universaldienst (analog zum TKG) als flächendeckendes Mindestangebot von Postleistungen in einer bestimmten Qualität zu einem erschwinglichen Preis definiert. Was konkret unter den Universaldienst fällt, wurde in Rechtsverordnungen festgelegt. In der Telekommunikation sind das der Sprachtelefondienst mit ISDN-Leistungsmerkmalen, die Telefonauskunft sowie die Bereitstellung von Telefonbüchern und öffentlichen Telefonzellen. Als entsprechende Grundversorgung mit Postleitungen wurden Briefe bis 2000 Gramm (einschließlich Einschreiben, Wertsendungen, Nachnahme und Eilzustellung), Pakete bis 20 Kilogramm und die Beförderung von Zeitungen und Zeitschriften festgesetzt. Zusätzlich sind nicht nur bestimmte Höchstlaufzeiten vorgeschrieben, sondern auch die Zahl von 12000 stationären Vertriebsstellen, von denen bis Ende 2002 mindestens 5000 mit unternehmenseigenem Personal betrieben werden müssen. Außerdem wird festgelegt, dass für Kunden in bebauten Gebieten die nächste Poststelle höchstens 2000 Meter und der nächste Briefkasten höchstens 1000 Meter entfernt sein darf. Vor dem Hintergrund der Rationalisierungsanstrengungen der Post haben diese Vorgaben für das Unternehmen große Bedeutung.

In der Telekommunikation wird der Universaldienst bisher im Wettbewerb erbracht. Gelegentlich wird bezweifelt, dass dies bei der Post genau so funktionieren würde. Lücken in der Grundversorgung hat die Regulierungsbehörde bisher nicht feststellt. Träte der Fall ein, griffe ein ganzes Regelwerk nach dem Postgesetz. Die Behörde kann ein marktbeherrschendes Unternehmen, bis Ende 2002 nur die Deutsche Post, dazu verpflichten, den Universaldienst zu erbringen oder sie kann die betreffende Dienstleistung ausschreiben. Weist das verpflichtete Unternehmen nach, dass die Erträge aus dieser Dienstleistung nicht kostendeckend sind, kann es einen Ausgleich verlangen. Dieser wird aus einer Abgabe bestritten, zu der alle Anbieter mit mehr ale einer Million DM Umsatz herangezogen werden.

Die Regulierungsbehörde hat zwar schon mehrere hundert Lizenzen zur Briefbeförderung vergeben, die Post-Wettbewerber kommen aber bislang zusammen nur auf einen sehr geringen Marktanteil. Zudem hat die Post zahlreiche Klagen angestrengt, um die Grenze zwischen Wettbewerbs- und Monopolbereich gerichtlich überprüfen zu lassen.

7. Die Finanz- und Steuerpolitik

Auf jedem Markt gelten Regeln, an die sich die Teilnehmer halten müssen. Wer etwas kauft, will sicher sein, dass die Ware hinterher sein Eigentum ist, über das er frei verfügen kann. Der Verkäufer bringt seine Güter nur dann auf den Markt, wenn er die Gewissheit hat, dass ihm niemand den Preis diktiert. Instanz für das Aufstellen und Überwachen der Regeln einer Marktwirtschaft ist der Staat. Zugleich stellt er Güter bereit, die über den Markt von privaten Produzenten gar nicht oder nur unzureichend angeboten werden können, weil sie Eigenschaften haben, die eine Preisbildung schwierig machen oder verhindern. Sicherheit, eine gute Rechtsordnung, saubere Luft und bestimmte Infrastruktureinrichtungen sind solche Güter. Etwas Staat braucht also jede Marktwirtschaft. Strittig ist, wieweit die öffentliche Daseinsvorsorge reichen soll. Von der Bildung, über den Wohnungsbau zur Bahn oder zum Telefonnetz bis hin zur umfassenden sozialen Sicherung wird vieles von Politikern zur Staatsaufgabe gemacht, bevor der Markt überhaupt eine Chance hatte, seine Leistungsfähigkeit unter Beweis zu stellen. Manchmal sorgt auch der technische Fortschritt dafür, dass – zum Beispiel in der Telekommunikation und im Verkehr – einst unbestrittene Staatsaufgaben privat angeboten werden können.

Oft dauert es trotzdem lange, bis der Staat den Rückzug antritt, seine Fürsorge zugunsten privater Initiative aufgibt oder seine Unternehmen verkauft: Erste Schritte zur Privatisierung der Bundesbahn und der Bundespost wurden 1994/95 unternommen, abgeschlossen sind die Vorhaben bis heute nicht. Die Bundeshaushaltsordnung (BHO) verlangt, dass sich der Bund als Unternehmer nur engagieren darf, wenn ein „wichtiges Interesse des Bundes vorliegt" und sich der angestrebte Zweck nicht besser auf andere Weise verwirklichen lässt. Wann ein Bundesinteresse „wichtig" ist, ist nicht näher definiert, eine Verwaltungsvorschrift stellt lediglich klar, dass es nicht ausreicht, wenn der Bund mit dem Unternehmen nur Einnahmen erzielen will. Trotz dieser schwammigen Vorschriften haben sich der Bund und einige Länder in den vergangen beiden Jahrzehnten von allen großen Industriebeteiligungen getrennt. Auslöser vieler Privatisierungen war dabei nicht die Erkenntnis, dass der Staat häufig ein schlechter Unternehmer ist, sondern finanzielles Begehren. Durch den Verkauf von Staatsunternehmen erhielt der Bund von 1990 bis 1999 fast 50 Milliarden DM.

■ Der Staat kostet Geld

Um seine Aufgaben erfüllen zu können, braucht der Staat Geld. Das beschafft er sich in erster Linie, indem er von Bürgern und Unternehmen Steuern und Abgaben verlangt. Reichen die Einnahmen nicht aus, nimmt der Staat Kredite auf. Den Zugriff auf das Eigentum der Bürger und die Verwendung der Mittel muss die Regierung in einer Demokratie vor dem Wähler regelmäßig rechtfertigen. In Zeiten wachsender Steuer- und Abgabenbelastung und hoher Staatsverschuldung kommt der Finanzpolitik daher eine Schlüsselrolle im Werben um die Wählergunst zu. Der Finanzminister verfügt stets über eine herausgehobene Position in der Regierung, kostspielige Vorhaben der anderen Ressorts können an seinem Vetorecht scheitern. Allerdings ist sein Posten auch besonders konfliktträchtig. Berühmt wurde der Ausspruch des früheren Finanzministers Theo Waigel, Finanzministerjahre seien „Hundejahre" und daher mit sieben zu multiplizieren. Das Budgetrecht gilt als „Königsrecht" des Parlaments, Posten im Haushaltsausschuss sind unter den Abgeordneten begehrt. Die Haushaltsdebatten zählen oft zu den Höhepunkten der Legislaturperiode.

Tab. 1: Staatsquote im internationalen Vergleich

Land	Staatsausgaben in vH des BIP[1])		
	1980	1990	2000
Deutschland[2])	49,0	46,1	47,0
Belgien	57,8	53,5	49,9
Dänemark	56,2	56,0	53,4
Finnland	38,1	44,5	46,9
Frankreich	46,1	49,8	53,6
Griechenland	30,4	48,2	41,1
Großbritannien und Nordirland	43,0	41,8	41,1
Irland	48,2	39,0	31,5
Italien	42,1	54,0	48,5
Japan	32,0	31,3	39,8
Kanada	38,8	46,7	41,5
Luxemburg	50,4	–	42,9
Niederlande	55,8	54,1	47,7
Norwegen	43,8	49,7	47,0
Österreich	48,1	48,6	49,0
Portugal	23,6	40,6	43,5
Schweden	60,1	59,1	58,5
Spanien	32,2	42,5	40,5
USA	31,4	35,2	32,2

1) Basis Volkswirtschaftliche Gesamtrechnung.
2) Ab 1991 Gebietsstand nach dem 3. 10. 1990.
Quelle: Finanzbericht 2000, Bundesministerium der Finanzen.

■ Der Staatsanteil

Wie sehr der Staat den finanziellen Spielraum der Bürger einengt und damit ihre Entscheidungsspielräume begrenzt, lässt sich vor allem an zwei Kennziffern ablesen: der Staatsquote und der Abgabenquote.

Die Staatsquote gibt den Anteil der Staatsausgaben (einschließlich der Zahlungen aus den gesetzlichen Sozialversicherungen) am Bruttoinlandsprodukt wieder, dem Wert aller im Inland hergestellten Waren und Dienstleistungen eines Jahres. Seit Jahren liegt die Staatsquote in Deutschland nahe 50 Prozent, 1995 hat sie diese Marke sogar kurzfristig übersprungen:

Also rund die Hälfte dessen, was in Deutschland erwirtschaftet wird, wird heute in staatlicher Regie ausgegeben. 1960 belief sich die Staatsquote dagegen erst auf 32,5 Prozent. Nach Berechnungen des amerikanischen Ökonomen Robert A. Musgrave hat der deutsche Staat 1950 pro Kopf 236,40 DM ausgegeben, 1990 waren es – um die Inflation bereinigt – bereits 1114,70 DM. Mit dem Prinzip der Marktwirtschaft scheint ein derart hoher Staatsanteil kaum vereinbar, auch wenn andere europäische Länder vergleichbare Entwicklungen durchgemacht haben, sodass sich Deutschland hier im Mittelfeld bewegt. Höhere Staatsquoten haben zum Beispiel Frankreich und einige skandinavische Länder, dagegen liegt die Staatsquote in den Vereinigten Staaten nahe 30 Prozent, in Japan immerhin noch knapp unter 40 Prozent. Die großen Unterschiede zwischen den Industrienationen erklären sich zum großen Teil durch die unterschiedliche Finanzierung der Sozialversicherungen.

Über die Ursachen des Ausgabenwachstums gehen die Meinungen der Wissenschaftler auseinander. Während manche die These vertreten, dass das demokratische Entscheidungssystem das Anwachsen der Staatstätigkeit begünstigt, machen andere technologische oder demografische Faktoren für den Anstieg der Staatsquote verantwortlich, wieder andere meinen, dass der Bürger mit steigendem Pro-Kopf-Einkommen möglicherweise eine stärkere Bereitstellung öffentlicher Güter wünsche.

Die Abgabenquote ist ein Maß für die Belastung der Volkswirtschaft mit Steuern und Sozialversicherungsbeiträgen, sie spiegelt ebenfalls das Anwachsen der Staatstätigkeit. Sie lag 1970 bei 34,4 Prozent und kletterte dann kontinuierlich auf über 40 Prozent. Als Ergebnis der Konsolidierungspolitik der achtziger Jahre sank sie 1990 auf 38,5 Prozent, um kurz darauf im Zuge der Wiedervereinigung wieder deutlich anzusteigen auf 43,1 Prozent (1999). Seither sinkt sie leicht.

▧ Grenzen der Staatsverschuldung

Auch in reichen Industrieländern übersteigen die Ausgaben zumeist die Einnahmen des Staates. Ausgeglichene Haushalte oder gar Überschüsse wie sie der amerikanische Finanzminister seit 1998 präsentieren kann, sind in den meisten Ländern immer noch eine Ausnahme. Statt die Ausgaben den begrenzten Einnahmen anzupassen und dadurch möglicherweise Wählergruppen zu verprellen, gehen Regierungen in aller Regel eben einfachere Wege: Entweder über Steuererhöhungen oder über die Aufnahme neuer Schulden werden die Einnahmen erhöht.

Man muss schon in die sechziger Jahre zurückblicken, um ein Jahr zu finden, in dem ein deutscher Finanzminister ohne Aufnahme neuer Kredite ausgekommen ist. Seither sind die Schulden des Bundes durch jährliche Neuverschuldung regelrecht explodiert und zwar gänzlich unabhängig davon, ob Christ- oder Sozialdemokraten die Regierung geführt haben: Seit Mitte der siebziger Jahre kommen stets zweistellige Milliardenbeträge hinzu, vorläufiger Höhepunkt bildet das Jahr 1996 mit 78 Milliarden DM. Seither ist die Nettokreditaufnahme, das ist der Betrag, der zur Finanzierung des Defizits eines Haushaltsjahres am Kapitalmarkt aufgenommen werden muss, wieder rückläufig. Bis 2006 wollen SPD und Grüne einen ausgeglichenen Haushalt vorlegen – ein ehrgeiziges Ziel angesichts einer für 2001 noch veranschlagten Neuverschuldung von rund 45 Milliarden DM.

Insgesamt beträgt die Bundesschuld rund 1.5 Billionen DM (2000). Allein zur Bedienung der Schulden wendet der Bund jährlich ein gutes Fünftel seiner Steuereinnahmen auf. Da Länder und Gemeinden ähnlich ausgabefreudig waren, erreicht die Schuld des Gesamtstaates heute fast 2,4 Billionen DM (2000). Pro Kopf sind das 29200 DM. Die öffentliche Verschuldung übersteigt damit die Sparguthaben der Bürger, die etwa 1,6 Billionen DM betragen.

Die Aufnahme von Schulden ist für sich genommen allerdings noch kein Zeichen schlechter Finanzpolitik. Denn genauso wie ein Unternehmen sich Geld leiht, um Investitionen finanzieren zu können, deren Erträge seine Zukunft sichern, muss auch der Staat die Möglichkeit haben, Investitionen über Schulden zu finanzieren. Ein ausgeglichener Haushalt ist kein Wert an sich. Voraussetzung für die Kreditaufnahme sollte allerdings sein, dass mit Hilfe der Schulden nur Vorhaben finanziert werden, die der nachfolgenden Generation, die mit der Schuldentilgung belastet wird, auch noch zugute kommt, und nicht einfach zusätzliche Konsumausgaben.

Genau diese Vorgabe an die Finanzpolitik macht das Grundgesetz in Artikel 115. Danach darf die Kreditaufnahme eines Jahres die Summe der Investitionsausgaben nur übersteigen, wenn dies zur Abwendung einer gesamtwirtschaftlichen Störung notwendig ist. Dass diese Vorschrift letztlich eher eine psychologische Barriere darstellt als ein echtes Hemmnis vor ausufernden Schulden, liegt daran, dass Politiker eher großzügig in der Interpretation dessen sind, was zu den Investitionen zählt. Hilft auch dies nicht, werden Schulden auch schon mal in Nebenhaushalte verlagert. Bundesfinanzminister Theo Waigel fand noch einen weiteren Kniff. Seiner Interpretation nach, die vom Bundesverfassungsgericht noch überprüft wird, gilt die Verfassungsgrenze nur zum Zeitpunkt der Haushaltsaufstellung:

Komme es im Laufe des Jahres durch unvorhergesehene Ereignisse zur Überschreitung der Grenze, sei dies kein Verstoß gegen Artikel 115.

Der Maastricht-Vertrag

Artikel 115 ist inzwischen nicht mehr die einzige Richtschnur für die Verschuldung. Mit dem 1991 im niederländischen Maastricht gefassten Beschluss der Staaten der Europäischen Union, dem Binnenmarkt eine einheitliche Währung zu geben, wurden auch einige verbindliche Spielregeln für die Finanzpolitik beschlossen. Sie verpflichten die Euro-Länder zu Haushaltsdisziplin, ohne jedoch die Finanzpolitik wirklich zu vergemeinschaften. Der Maastricht-Vertrag legt Obergrenzen für die jährliche Nettokreditaufnahme und das gesamtstaatliche Defizit der Euro-Mitglieder fest. Voraussetzung, um den Euro einführen zu können, ist damit eine Neuverschuldung von höchstens drei Prozent des Bruttoinlandsproduktes. Außerdem dürfen die gesamten staatlichen Schulden 60 Prozent des Bruttoinlandsproduktes nicht überschreiten. Der Maastricht-Vertrag ist allerdings so formuliert, dass Abweichungen möglich sind, insbesondere das zweite Kriterium halten mehrere Startländer nicht ein.

Um auch nach Einführung des Euro Haushaltsdisziplin zu wahren, wurde der Maastricht-Vertrag 1996 um den Europäischen „Stabilitäts- und Wachstumspakt" ergänzt. Er verpflichtet die Euro-Teilnehmer zur jährlichen Vorlage eines Stabilitätsprogramms, aus dem die mittelfristige Haushaltsplanung hervorgeht. Zugleich sieht der Pakt finanzielle Sanktionen gegen die Länder vor, deren Neuverschuldung die 3-Prozent-Marke überschreitet. Die Strafen greifen allerdings nicht automatisch, sondern bedürfen einer politischen Entscheidung, Ausnahmen sind im Falle schwerer Rezessionen möglich. Daher gibt es Zweifel, ob die Sanktionen je praktische Bedeutung erlangen werden. Ungeklärt ist bisher auch, wie eventuelle Strafen – sollten sie Deutschland treffen – im Föderalstaat zwischen Bund und Ländern aufgeteilt werden. Der Versuch, eine nationale Regelung zu schaffen, ist bislang gescheitert.

Wofür der Staat Geld ausgibt

In der Geschichte deutscher Finanzpolitik sind mehrere Phasen erkennbar. Im Mittelpunkt der Ausgaben steht bis Mitte der fünfziger Jahre der Wiederaufbau des kriegszerstörten Landes. Ziel ist die Wiederherstellung der Infrastruktur und die Förderung von Investitionen, um das Wachstum

Nettokreditaufnahme des Bundes

Geplante Entwicklung bis 2006

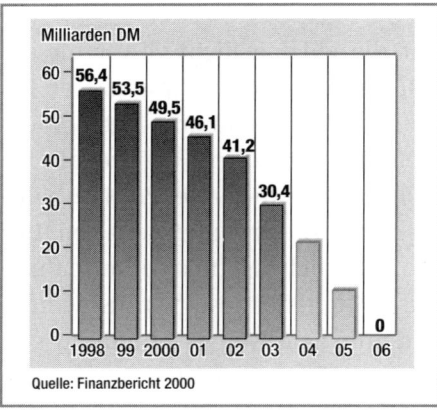

Milliarden DM

Quelle: Finanzbericht 2000

anzuregen. Kriegsheimkehrer und Flüchtlinge müssen eingegliedert, Hinterbliebene versorgt werden. Hohe Kosten verursacht die Stationierung der Alliierten.

Bald darauf rücken Umverteilungsziele ins Zentrum, die soziale Sicherung wird ausgeweitet. Die Dynamisierung der Renten, Wohngeld, Bundessozialhilfegesetz und Vermögensbildungsgesetz werden auf den Weg gebracht, das Kindergeld auf den Bund übertragen. Subventionen halten nicht wettbewerbsfähige Branchen wie den Steinkohlebergbau am Leben und verzögern den Wandel in der Landwirtschaft und anderen Branchen. Zugleich wird der Ausbau der Bundeswehr vorangetrieben. Die Ausgaben steigen sprunghaft an, zwischen 1956 und 1966 verdreifacht sich der Haushalt.

Nach dem ersten schweren Wachstumseinbruch 1966/67 wird die Finanzpolitik in den Dienst der keynesianischen Globalsteuerung gestellt. Schon seit längerem beschäftigt sich die Politik mit den vom Ökonomen John Meynard Keynes angestoßenen Überlegungen, die Haushaltspolitik zum Ausgleich konjktureller Schwankungen einzusetzen. Danach soll der Staat seine Ausgaben in einer Rezession erhöhen, um das Wachstum anzuregen, in Phasen guter Konjunktur dagegen durch Zurückhaltung einer Überhitzung gegensteuern. Dem Geiste dieser Überlegungen entspringt 1967 das „Stabilitätsgesetz". Es verpflichtet Bund und Länder mit ihrer Wirtschafts- und Finanzpolitik vier Ziele gleichzeitig anzusteuern: die Stabilität des Preisniveaus, einen hohen Beschäftigungsstand, außenwirtschaftliches Gleichgewicht und angemessenes Wirtschaftswachstum. Kurzfristige Erfolge dieser Politik der Globalsteuerung werden durch einen rasanten Anstieg der Neuverschuldung erkauft. Schnell hintereinander verabschiedet die Bundesregierung zwei Konjunkturprogramme. Die Nettokreditaufnahme, die sich zuvor zumeist im Bereich einiger hundert Millionen DM bewegt hat, springt 1967 auf 6,6 Milliarden DM, im Folgejahr beträgt sie noch einmal 5,7 Milliarden DM. Zwar gelingt es 1969 durch verschiedene Bremsmaßnahmen noch einmal, einen fast ausgeglichenen Haushalt vorzulegen, doch dann gibt es trotz anspringender Konjunktur kein Halten bei der Verschuldung mehr. Rücklagen werden, wie es im Rahmen der Globalsteuerung eigentlich geboten wäre, auch in wirtschaftlich guten Jahren nicht mehr gebildet.

Die siebziger Jahre bringen trotz weiterer kreditfinanzierter Konjunkturprogramme den Anstieg der Inflation und der Arbeitslosenzahlen, mit dem Ölpreisschock sind die Wirtschaftswunderjahre zu Ende. Die sozialliberale Koalition baut den Sozialstaat ungeachtet finanzieller Engpässe aus. Als Sündenfall erweist sich unter anderem die Einführung der flexiblen Altersgrenze, die die Rentenkasse auf Jahrzehnte durch Frührentner stark belastet. In den siebziger Jahren sei der Grundstock zum heutigen Schuldengebirge gelegt worden, bekennt später der damalige SPD-Finanzminister Hans Apel. „Die Verschuldung war das Ergebnis vieler nicht sachgerechter Kompromisse."

Der Koalitionswechsel 1982 läutet zunächst eine Phase der Haushaltskonsolidierung ein. Zur Einsicht, dass sich der Staat zurücknehmen müsse, trägt der enorme Anstieg der Zinsausgaben bei. 1982 musste der Bund bereits neun Prozent seiner Ausgaben für die Bedienung der Schulden aufwenden. CDU und FDP treten mit dem Ziel an, die öffentlichen Haushalte zu sanieren. Es gelingt ihnen, die Neuverschuldung in den achtziger Jahren deutlich zu senken. Ein langer Aufschwung mit jährlichen Wachstumsraten von gut fünf Prozent sorgt für sinkende Arbeitslosenzahlen. 1990 hat die Regierung von Helmut Kohl einige messbare Erfolge vorzuweisen: die Staatsquote ist gegenüber 1982 von 49,8 auf 44 Prozent gesunken, die Abgabenquote von 42,5 auf knapp unter 40 Prozent, die Neuverschuldung des Gesamtstaates hat sich auf zwei Prozent des Bruttosozialproduktes halbiert. Im Zuge der Wiedervereinigung und unter dem Druck der schwersten Rezession der Nachkriegszeit 1993 verlässt die Koalition diesen Kurs. Liegt die Neuverschuldung in den achtziger Jahren im Schnitt bei 29 Milliarden DM, klettert sie in den neunziger Jahren auf durchschnittlich 55 Milliarden DM. Für den Aufbau Ost stellen Bund und alte Länder jährlich rund 100 Milliarden DM zur Verfügung. Da der Kanzler voreilig sein Wort gegeben hat, die Einheit werde nicht zu Steuererhöhungen führen, werden die Mittel überwiegend kreditfinanziert. Ein Teil der Kosten wird in die Sozialversicherungen verlagert, die Sozialbeiträge steigen stark. Letztlich greift die Koalition dann doch auf verschiedene Steuererhöhungen zurück, zudem wird der Solidaritätszuschlag auf die Einkommensteuer eingeführt. Am Ende der Regierung Kohl drücken die Zinslasten noch gewaltiger als am Anfang, sie verschlingen nun 19 Prozent der Bundesausgaben.

Die rot-grüne Koalition zögert nach der Wahl 1998 zunächst, einen Konsolidierungskurs einzuleiten, entscheidet sich dann aber unter dem

Druck der Schulden doch für ein erstes Sparprogramm. Ziel ist es, die Neuverschuldung bis 2006 auf Null zu drücken.

■ Die Finanzverfassung

In einem Föderalstaat wie der Bundesrepublik ist jede staatliche Ebene (Gebietskörperschaft) für ihre Haushaltsplanung verantwortlich. Bund, Länder und Gemeinden stellen ihre Haushalte selbständig und unabhängig voneinander auf. Zweimal jährlich treffen sich zwar die verantwortlichen Minister von Bund und Ländern mit der Bundesbank und Vertretern der Kommunen im Finanzplanungsrat, um sich zumindest etwas abzustimmen. Doch sind die Empfehlungen des Finanzplanungsrates, etwa das Ausgabenwachstum unterhalb einer bestimmten Grenze zu halten, unverbindlich. Das macht es in einem Föderalstaat schwierig, Vorgaben wie die des Maastricht-Vertrages zur Defizitbegrenzung einzuhalten, da keine Gebietskörperschaft von einer anderen gezwungen werden kann, bei gemeinsamen Zielen zu kooperieren.

Wofür eine Regierung Geld ausgibt, liegt nicht nur in ihrem politischen Ermessen, sondern hängt auch mit der Aufgabenverteilung zwischen den staatlichen Ebenen zusammen, die wiederum im Grundgesetz geregelt ist. Manche Zuständigkeit ist inzwischen auch an die Europäische Union übertragen worden, besonders gilt dies für die Agrarpolitik. Nach der Verfassung sind generell die Bundesländer für die Gesetzgebung und Verwaltung zuständig, soweit das Grundgesetz nicht ausdrücklich anderes vorsieht. Daraus zu schließen, dass in erster Linie die Länder das Sagen haben, wäre jedoch falsch. Eher scheint heute das Gegenteil der Fall. Mehrere Grundgesetzänderungen haben die Bundeskompetenzen – mit Billigung oder gar auf ausdrücklichen Wunsch der Länder – erweitert; die Länder versprachen sich dadurch Entlastung ihrer Haushalte. Der Bund ist daher nicht mehr nur für gesamtstaatliche Aufgaben wie Verteidigung, soziale Sicherung oder Außenpolitik zuständig, sondern über die mit der Finanzreform 1969 ins Grundgesetz aufgenommenen Gemeinschaftsaufgaben auch für Ausbau und Neubau von Hochschulen, für regionale Wirtschaftsförderung und für die Verbesserung der Agrarstruktur und des Küstenschutzes. Auch bei Bildungsplanung und Forschungsförderung können Bund und Länder zusammenwirken. Diese Bereiche liegen eigentlich in Länderzuständigkeit ebenso wie Rechtspflege, Polizei und Krankenhäuser. Als kleinste Einheit sind die Gemeinden für Dienstleistungen wie die Versorgung mit Wasser und Strom oder die Müllabfuhr verantwortlich.

Geringer noch sind die Länderkompetenzen auf der Einnahmeseite. Das Recht, eigenständig Steuern zu erheben, haben sie kaum, Steuergesetze sind nach Artikel 105 in der Regel Bundesgesetze, an denen die Länder über den Bundesrat mitwirken. Zugleich sorgt ein komplizierter Finanzausgleich zwischen allen Ebenen dafür, dass die finanzschwachen Länder an der Finanzkraft der stärkeren Länder (horizontaler Finanzausgleich) und an der des Bundes (vertikaler Ausgleich) teilhaben. Durch das Ausgleichssystem werden Unterschiede in der Wirtschaftskraft der Länder nahezu nivelliert. Das Prinzip dieses „kooperativen Föderalismus" ist in die Kritik geraten, weil es das Entstehen wettbewerbsfähiger Länderstrukturen behindert. Schlechte Wirtschafts- und Finanzpolitik wird durch Zuschüsse noch belohnt, gute durch Abflüsse bestraft.

Aufgrund einer Klage der großen Zahlerländer Baden-Württemberg, Bayern und Hessen hat das Bundesverfassungsgericht in Karlsruhe Ende 1999 die Neuregelung des Finanzausgleichs aufgegeben. Bis Ende 2002 müssen sich Bund und Länder auf sachgerechte Maßstäbe für die Steuerverteilung einigen, andernfalls wird das Finanzausgleichsgesetz verfassungswidrig. In diesem Maßstäbegesetz müssen etwaige Vergünstigungen im Finanzausgleich, zum Beispiel die Privilegierung der Stadtstaaten und Küstenländer, begründet werden, sollen sie beibehalten werden.

▉ Der Bundeshaushalt

Die Regierung schuldet dem Bürger Rechenschaft über die Verwendung der Steuergelder. Daher sollte das gesamte Haushaltsverfahren möglichst transparent sein. Unabhängige Rechnungshöfe kontrollieren darüber hinaus, ob mit den Mitteln sorgsam gewirtschaftet wurde.

Das Haushaltsverfahren ist gesetzlich bis ins Detail geregelt. Alle Einnahmen und Ausgaben eines Jahres müssen im Haushaltsplan aufgelistet werden. Der Haushaltsplan besteht aus einer Zusammenfassung (dem Gesamtplan) und den Einzelplänen, in denen die Ausgaben der einzelnen Ministerien oder einzelner Verwaltungszweige (zum Beispiel „Bundesschuld") veranschlagt sind. Jeder Einzelplan untergliedert sich in Kapitel, in denen bestimmte Sachgebiete zusammengefasst sind, jedes Kapitel enthält wiederum die Einzelposten, die in der Haushältersprache „Titel" genannt werden. Ein Bundeshaushaltsplan ist ein dickes Paket, es enthält 1100 Einnahmetitel und rund 7500 Ausgabetitel.

Für die Haushaltsaufstellung gelten bestimmte Grundsätze: Der Haushalt ist jährlich zu erstellen und zwar so rechtzeitig, dass er vor Beginn des

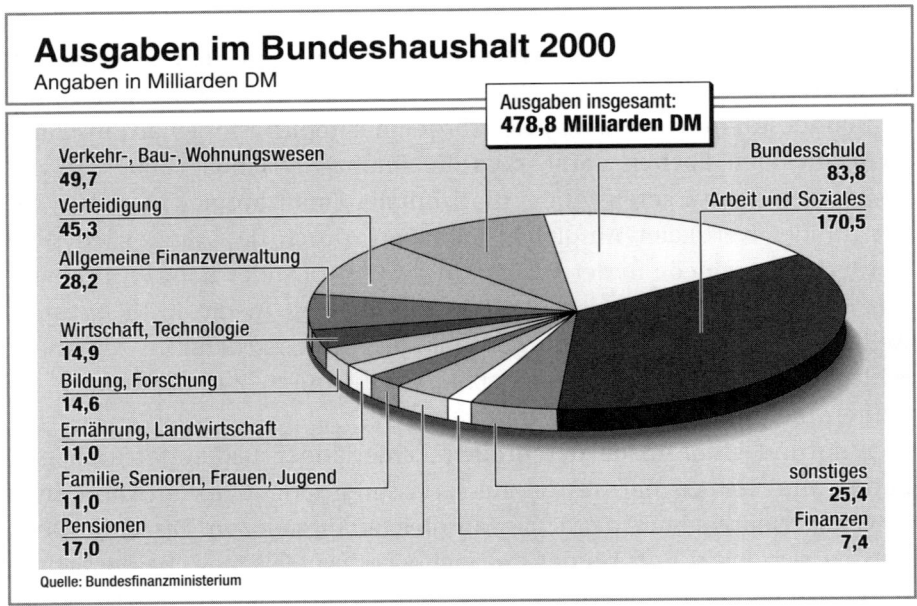

Ausgaben im Bundeshaushalt 2000
Angaben in Milliarden DM

Ausgaben insgesamt:
478,8 Milliarden DM

Verkehr-, Bau-, Wohnungswesen
49,7

Verteidigung
45,3

Allgemeine Finanzverwaltung
28,2

Wirtschaft, Technologie
14,9

Bildung, Forschung
14,6

Ernährung, Landwirtschaft
11,0

Familie, Senioren, Frauen, Jugend
11,0

Pensionen
17,0

Bundesschuld
83,8

Arbeit und Soziales
170,5

sonstiges
25,4

Finanzen
7,4

Quelle: Bundesfinanzministerium

Haushaltsjahres vom Gesetzgeber beschlossen ist. Alle Einnahmen gelten zur Deckung aller Ausgaben, außerdem muss der Haushalt rechnerisch ausgeglichen sein. Er muss vollständig alle voraussichtlichen Einnahmen und Ausgaben enthalten. Ausnahmen sind für sogenannte Sondervermögen und Bundesunternehmen zulässig. Die Bezeichnung Sondervermögen ist irreführend: Bei den rund 15 Sondervermögen des Bundes handelt sich in der Mehrzahl um bedeutende Nebenhaushalte, in denen Schulden verwaltet werden, die der Bund bedienen muss. Der größte ist der Erblastentilgungsfonds. Ihm sind Verbindlichkeiten der früheren DDR und der Treuhandanstalt im Umfang von rund 350 Milliarden DM übertragen, die der Bund über mehrere Generationen tilgen will. Bedeutend ist mit knapp 80 Milliarden DM auch das „Bundeseisenbahnvermögen", das die Schulden enthält, die der Umwandlung von Bundes- und Reichsbahn in eine Aktiengesellschaft im Wege standen.

Ergänzt wird der Haushaltsplan durch den Finanzplan. Er zeigt über einen Zeitraum von fünf Jahren, wie sich Einnahmen und Ausgaben nach Einschätzung der Bundesregierung voraussichtlich entwickeln werden. Da der Finanzplan lediglich eine Absichtserklärung darstellt, muss er nicht vom Bundestag gebilligt werden.

■ Das Haushaltsverfahren

Die Aufstellung des Haushaltsplans für das kommende Jahr beginnt jeweils ein Jahr im Voraus. Nachdem das Bundesfinanzministerium zu Jahresbeginn das „Aufstellungsrundschreiben" verschickt hat, in dem es die haushaltpolitische Lage schildert, melden die einzelnen Ministerien ihren Bedarf an. Viele Ausgabenposten stehen fest, weil sie auf gesetzlichen Vorgaben beruhen und damit raschen Änderungen durch die Regierung entzogen sind. Nur rund fünf Prozent der Ausgaben ist ungebunden und so zum Beispiel für rasch wirksame Sparmaßnahmen verfügbar. Die Struktur der Ausgaben wird seit Jahren von vier großen Blöcken bestimmt: der sozialen Sicherung, den Zinsausgaben sowie den Ausgaben für Verteidigung und Verkehr, die zusammen fast drei Viertel des Haushalts ausmachen.

Die Ausgabenwünsche werden zunächst auf Beamtenebene, später durch die Staatssekretäre mit dem Bundesfinanzministerium abgestimmt. Die dann noch verbliebenen Streitfragen klärt der zuständige Minister mit dem Finanzminister direkt in den „Chefgesprächen". Diese häufig öffentlichkeitswirksam ausgetragenen Auseinandersetzungen haben auch den Zweck, dem Wähler zu zeigen, wofür und wie stark sich der Minister politisch einsetzt.

Über den Einnahmespielraum entscheidet in erster Linie die Steuerschätzung. Jeweils im Frühjahr, während der Haushaltsaufstellung, und im Herbst vor der Verabschiedung des Haushaltsgesetzes trifft sich der Arbeitskreis „Steuerschätzung". Unter Leitung des Bundesfinanzministeriums prognostizieren hier Finanzbeamte von Bund und Ländern mit Fachleuten der Wirtschaftsforschungsinstitute, des Sachverständigenrates, des Städtetages und der Bundesbank sowie des Statistischen Bundesamtes die Entwicklung des Steueraufkommens als Basis der Etatplanungen von Bund und Ländern.

Die Schätzung ist ein mehrtägiges Ritual, das nach außen signalisieren soll: Die Zahlen sind weder geschönt noch geschwärzt, parteipolitisch unabhängig und wissenschaftlich fundiert und damit unangreifbar. Das Schätzergebnis wird unverändert in den Etatentwurf übernommen.

Stehen die Einnahmen und Ausgaben fest, wird der Haushaltsplan im Kabinett verabschiedet. Dies gelingt meist kurz vor der Sommerpause des Parlaments. Die erste Sitzungswoche nach der Sommerpause ist traditionell die Haushaltswoche, der Haushaltsplan wird als Gesetz im Bundestag eingebracht. Die Regierung nimmt die mehrtägige erste Lesung zum Anlass, ihre Politik darzustellen, die Opposition übt meist heftige Kritik. In den kommenden Wochen wird der Etat dann vom Haushaltsausschuss beraten

Tab. 2: Entwurf zum Bundeshaushalt 2000

Einzelplan	Soll 1999	Entwurf 2000	Veränderung gegen Vorjahr
	– in Mio. DM		– v. H. –
01 Bundspräsidialamt	40,2	34,9	– 13,2
02 Deutscher Bundestag	1 159,9	1 078,3	– 7,2
03 Bundesrat	27,4	48,0	75,3
04 Bundeskanzleramt	2 930,0	2 708,5	– 4,5
05 Auswärtiges Amt	3 841,4	3 448,2	– 5,3
06 Inneres	7 225,7	6 990,3	– 3,2
07 Justiz	731,3	708,2	– 3,2
08 Finanzen	7 809,1	7 409,1	– 2,8
09 Wirtschaft	16 180,3	14 039,9	– 0,5
10 Ernährung, Landwirtschaft, Forsten	11 548,8	11 016,2	– 4,6
11 Arbeit und Soziales	172 412,2	170 042,2	– 1,4
12 Verkehr	47 955,9	49 749,3	3,7
14 Verteidigung	47 048,5	45 333,0	– 3,7
15 Gesundheit	1 607,7	1 809,9	12,8
16 Umwelt, Naturschutz, Reaktorsicherheit	1 125,8	1 088, –	3,4
17 Familie, Senioren, Frauen und Jugend	11 848,0	10 905,3	– 7,3
19 Bundesverfassungsgericht	27,9	26,6	– 4,7
20 Bundesrechnungshof	159,7	167,6	4,9
23 Wirtschaftliche Zusammenarbeit und Entwicklung	7 783,3	7 009,0	– 8,7
30 Bildung, Wissenschaft, Forschung und Technologie	14 930,2	14 589,9	– 2,3
32 Bundesschuld	85 851,3	83 791,8	– 2,4
33 Versorgung	16 814,4	17,481,2	4,0
60 Allgemeine Finanzverwaltung	27 053,1	27 877,7	3,0
Gesamtsumme	485 700,0	478 200,0	– 1,8

Quelle: Bundesfinanzministerium

und in aller Regel auch um einige Milliarden DM korrigiert. Die Haushälter gelten daher als besonders einflussreiche Abgeordnete. Die zweite und dritte Lesung des Haushalts im Bundestag erfolgt zumeist kurz vor Weihnachten, wiederum durch eine mehrtägige Debatte. Den Bundesrat muss das Haushaltsgesetz ebenfalls passieren, dort können die Länder die Regierungspläne zwar kritisieren und verzögern, aber nicht blockieren. Gesetz

ist der Haushalt erst, wenn er – in der Regel im Dezember – im Bundesgesetzblatt verkündet wird.

Gelingt es nicht, den Haushalt rechtzeitig zu verabschieden, regelt Artikel 111 im Grundgesetz die vorläufige Haushaltsführung. Bis der Haushalt
in Kraft ist, darf der Bund nur solche Zahlungen leisten, die erforderlich
sind, um die Verwaltung aufrechtzuerhalten und um rechtliche Verpflichtungen zu erfüllen.

■ Haushaltsvollzug und Kontrolle

In aller Regel kommt es im Laufe des Haushaltsjahres zu Abweichungen
von den Planungen. Meistens sind die Entwicklungen aus Sicht des Finanzministers negativ: Manches Jahr entwickelt sich die Konjunktur schlechter
als prognostiziert, bleibt das Steueraufkommen hinter den Erwartungen
zurück, während höhere Arbeitslosenzahlungen den Bund zu höheren Zuschüssen an die Arbeitslosenversicherung zwingen. Seltener einmal gibt es
unerwartete Zusatzeinnahmen, zum Beispiel weil der Verkauf eines Bun-
desunternehmens mehr einbringt als geplant.

Der Bundesfinanzminister hat verschiedene Instrumente, um im laufenden Haushaltsjahr auftretende Engpässe aufzufangen. Er kann in bestimm-
tem Umfang Mehrausgaben genehmigen, Teile des Haushalts sperren oder
von den Ressorts die Erwirtschaftung einer „Minderausgabe" verlangen. In
diesem Fall gibt er nur die Summe vor, die eingespart werden muss, keine
bestimmten Kürzungen. Erst wenn die Abweichungen so groß sind, dass
die Neuverschuldung den im Haushaltsgesetz genehmigten Rahmen übersteigt und zudem auch keine in früheren Jahren nicht ausgeschöpften
Kreditgenehmigungen des Parlaments mehr verfügbar sind, muss die Regierung einen Nachtragshaushalt vorlegen und vom Parlament genehmigen lassen. Da ein Nachtragsetat in aller Regel von der Opposition als
Ausweis unfähiger Finanzpolitik kritisiert wird, sind Nachträge selten.

Für die Kontrolle des Haushalts richtete schon im 18. Jahrhundert Preu-
ßenkönig Friedrich Wilhelm I eine „General-Rechen-Kammer" als unabhängiges Prüforgan ein. Heute prüfen der Bundesrechnungshof und die 16
Landesrechnungshöfe die Haushaltsführung von Bund und Ländern. Der
Bundesrechnungshof ist eine oberste Bundesbehörde und als unabhängiges
Organ der Finanzkontrolle nur dem Gesetz unterworfen, sein Präsident
wird auf zwölf Jahre mit der Kanzlermehrheit gewählt. Die Mitglieder des
Bundesrechnungshofes besitzen richterliche Unabhängigkeit. Der Rechnungshof prüft jährlich Ausgaben und Einnahmen von rund 1000 Milliar-

den DM. Das Ergebnis legt er Bundestag und Bundesrat in einem Bericht, den sogenannten „Bemerkungen", vor, in denen Einsparmöglichkeiten aufgezeigt werden. Der Bundesrechnungshof hat über seine Argumente und den dadurch öffentlich erzeugten Druck hinaus keine Mittel, um seine Vorstellungen auch durchzusetzen.

Neben den staatlichen Rechnungshöfen gibt es eine private Institution, die sich regelmäßig mit dem Finanzgebaren der öffentlichen Hand auseinandersetzt. Der Bund der Steuerzahler – ein gemeinnütziger Verein, der sich als parteipolitisch neutrale Interessenvertretung der Steuerzahler versteht – prangert jährlich in seinem Schwarzbuch „Die öffentliche Verschwendung" große und kleine Fälle krasser Verschleuderung von Steuergeldern an. Insgesamt schätzt der Verband die staatliche Verschwendung auf rund 60 Milliarden DM im Jahr.

■ Steuerpolitik

Auf kaum einem Feld ist der Gesetzgeber so aktiv wie in der Steuerpolitik. Jedes Jahr werden Steuergesetze geändert, mal sorgt die Einkommensteuer, mal die Mehrwertsteuer für Schlagzeilen. Ist es um die beiden ergiebigsten Steuerquellen ruhig, wird über die Erbschaftsteuer nachgedacht, der Zinsabschlag debattiert oder um den Solidaritätszuschlag gestritten, rund 800 Seiten stark waren allein die Steuerrechtsänderungen zum Jahr 2000. Geht es um das Erfinden von Einnahmequellen, ist der Einfallsreichtum des Staates groß. Jüngeren Datums ist die Verpackungsteuer, mit der seit 1992 manche Kommunen Einwegverpackungen belegen, um Abfall zu vermeiden und ihre Haushaltskasse aufzubessern. Seit 1999 bedient sich der Bund über die Stromsteuer am Energiebedarf der Bürger. Insgesamt kennt das deutsche Steuerrecht mehr als 50 Steuern. Selten wird eine einmal eingeführte Steuer wieder abgeschafft, zuletzt gelang dies 1998 bei der Gewerbekapitalsteuer. Sie war Jahrzehnte lang in der Kritik, weil sie von Unternehmen unabhängig vom wirtschaftlichen Ergebnis – also auch in Verlustjahren und damit aus der Substanz – gezahlt werden musste. Die aus ähnlichen Gründen umstrittene Vermögensteuer ruht dagegen nur. Sie wird seit 1997 nicht mehr erhoben, weil ein Verfassungsentscheid umfangreiche Änderungen erforderlich macht, die das Aufkommen deutlich schmälern würde. Trotzdem misslang die völlige Abschaffung der Vermögensteuer, denn still hegen die Länder, denen das Aufkommen zusteht, die Hoffnung, irgendwann ließe sich wieder ein mit dem Grundgesetz vereinbarer Weg zur Erhebung finden.

Das deutsche Steuerrecht ist historisch gewachsen, es gilt heute als besonders kompliziert und nur noch Spezialisten im Detail zugänglich. Die im internationalen Vergleich hohen nominalen Steuersätze der Einkommen- und Gewerbesteuer werden durch zahllose Ausnahmen gemildert, die sich einzelne Gruppen nach und nach erkämpft haben. Einkommen ist nicht gleich Einkommen. So macht der Fiskus einen Unterschied, ob jemand sein Geld tagsüber oder nachts, an Feiertagen oder unter der Woche verdient hat. Steuerlich begünstigt wird durch eine Kilometerpauschale derjenige, der mit dem Auto ins Büro fährt, benachteiligt, wer den öffentlichen Verkehr nutzt. Die angeblich aus Gründen des Umweltschutzes eingeführte Stromsteuer trifft gewerbliche Unternehmen, die in der Regel viel Energie verbrauchen, kaum, der Friseur und der Händler an der Ecke müssen die Stromsteuer dagegen voll zahlen. Mit Steuerermäßigungen lockt der Staat mal hier, mal dort zu Investitionen, die sich sonst vielleicht nicht rechnen würden. Ein Beispiel war die nach der Wiedervereinigung eingeführte Sonderabschreibung für die neuen Bundesländer, die dort die Bauwirtschaft anregen sollte. Vielerorts entstanden daraufhin zu üppig dimensionierte Bürohäuser, die nun leer stehen.

Statt Steuern nur mit dem Ziel zu erheben, ausreichende Einnahmen für den Staat zu erhalten, verfolgt die Regierung über Steuern auch viele andere Zwecke, ob im Umweltschutz, in der Gesundheits-, Sozial- oder Familienpolitik. Ein Beispiel ist die 1998 beschlossene „ökologische Steuerreform", in deren Rahmen die Stromsteuer eingeführt und regelmäßige Anhebungen der Mineralölsteuer vereinbart wurden. Das Aufkommen dient der Subvention der Rentenbeiträge. Der ehemalige Verfassungsrichter Paul Kirchhof hält die Steuerung über Steuern inzwischen für bedenklich, er sieht die vom Grundgesetz garantierten Freiheitsrechte bedroht. Der eigentliche Zweck von Steuern, den Haushalt zu finanzieren, sei zum Nebenzweck geworden. Dies zwinge zu einer verfassungsrechtlichen Neubewertung, denn auch für lenkende Eingriffe gebe es ein Übermaßverbot. Wenn der Staat weiter über Steuern das Verhalten seiner Bürger steuere, komme irgendwann der Punkt, wo er Investitionslenkung betreibe, warnt Kirchhof.

Im Wust der Vorschriften sind nur noch wenige Steuerprinzipien erkennbar. Viele Steuerzahler haben dadurch das Gefühl, sie würden ungerechtfertigt und stärker als ihr Nachbar zur Kasse gebeten. Bücher, die Tricks zum Steuersparen verraten, sind Bestseller. Den Fiskus zu umgehen gilt als Kavaliersdelikt, der Bund der Steuerzahler spricht vom Verfall der Steuermoral.

Es ist nicht egal, ob ein Staat seine Einnahmen über ein gutes oder schlechtes Steuerrecht erzielt. Das Steuersystem sollte den Wettbewerb nicht behindern oder verzerren. Die Steuerbürokratie kostet Geld, die Prognose von Steuereinnahmen wird durch die ständigen Rechtsänderungen in manchen Jahren fast unmöglich. Unternehmen verzögern oder beschleunigen Investitionen oder Neueinstellungen, wenn sich Steuerrechtsänderungen ankündigen. Welch enorme Wirkung das Steuerrecht auf die Wirtschaft haben kann, zeigt beispielhaft die Ankündigung der rotgrünen Koalition, sie werde den Gewinn, den Kapitalgesellschaften beim Verkauf von Anteilen an anderen Kapitalgesellschaften erzielen, steuerfrei stellen. An den Börsen schossen noch am selben Tag die Aktien von Versicherungskonzernen und Banken mit großem Anteilsbesitz nach oben. Nachdem die Regierung dieses Vorhaben durchgesetzt hat, könnte eine Entflechtungswelle einsetzen. Da Unternehmen in anderen Rechtsformen jedoch keine vergleichbaren steuerlichen Begünstigungen erhalten sollen, wird die Steueränderung möglicherweise auch dazu führen, dass schon kleinere Unternehmen künftig verstärkt als Kapitalgesellschaften (GmbH, AG) firmieren, mit einschneidenden Folgen für die deutsche Unternehmenskultur, in der die Figur des Eigentümer-Unternehmers ihre dominierende Rolle verlieren könnte.

■ Wie sieht ein gutes Steuerrecht aus?

Steuern haben starken Einfluss auf das Wirtschaftswachstum und auf die Einkommensverteilung. Die ökonomische Theorie beschäftigt sich daher seit langem mit der Frage, wie ein Staat seine Steuern so erheben kann, dass das wirtschaftliche Verhalten der Bürger nicht negativ beeinflusst wird. Doch darüber, wie ein effizientes Steuersystem aussieht, gehen die Ansichten ebenso auseinander wie über Fragen der Steuergerechtigkeit.

Immerhin gibt es einen gewissen Konsens über Grundprinzipien: Die Steuer sollte an der Leistungsfähigkeit des Einzelnen anknüpfen. Sie sollte horizontal gerecht sein, das heißt jeden Steuerpflichtigen bei gleicher Leistungsfähigkeit auch gleich besteuern.

Umstrittener ist schon die vertikale Gerechtigkeit: Soll die Steuer mit steigendem Einkommen gleichmäßig wachsen, oder rechtfertigt ein höheres Einkommen einen noch stärkeren Zugriff des Staates? Die deutsche Lohn- und Einkommensteuer folgt einem progressiven Tarif. Die Steuersätze steigen mit dem Einkommen an; wer mehr verdient, muss daher überproportional zahlen. Müssen von der ersten steuerpflichtigen D-Mark 19,9 Pfennig (ab 2001) abgeführt werden, sind es oberhalb von 107 600 DM schon

48,5 Pfennig. Dagegen ist die Körperschaftsteuer, wie die Einkommensteuer der Kapitalgesellschaften genannt wird, proportional konzipiert. Jede D-Mark Gewinn ist (von 2001 an) gleichmäßig mit 25 Pfennig belastet.

Umstritten ist auch, ob der Staat seine Einnahmen besser aus direkten Steuern auf Einkommen und Ertrag erzielt oder aus indirekten Steuern, die wie die Mehrwert- oder Tabaksteuer beim Konsum ansetzen. In Deutschland ist das Verhältnis etwa hälftig. Direkte Steuern lassen sich besser auf die Leistungsfähigkeit des Einzelnen zuschneiden. Konsumsteuern, zu denen immer mehr Ökonomen raten, sind dagegen leichter zu erheben und wirken weniger nachteilig auf die Leistungsbereitschaft.

Zu den Besteuerungsprinzipien gehört auch, dass alles Einkommen einmal, aber auch nur einmal besteuert werden sollte. Diesem Grundsatz zufolge müssen Gewinne entweder vom Unternehmen oder vom Anteilseigner versteuert werden. Doppelbesteuerungsabkommen mit zahlreichen Staaten sollen verhindern, dass im Ausland von deutschen Steuerpflichtigen erwirtschaftete Erträge zweimal – im In- und Ausland – versteuert werden müssen. Die Debatte um die Einführung der nachgelagerten Besteuerung von Renten wurzelt ebenfalls in diesem Grundsatz.

Einen Konsens gibt es darüber, dass ein gutes Steuerrecht möglichst einfach sein sollte. Diese Forderung umzusetzen, ist trotzdem schwierig, denn je einfacher die Besteuerung, desto weniger kann sie auf die besonderen Umstände Rücksicht nehmen, die die individuelle Leistungsfähigkeit beeinflussen. Bekannt geworden ist der Versuch des CDU-Politikers Gunnar Uldall, in Deutschland Anhänger für die Idee zu gewinnen, die Einkommensteuer durch einen einfachen Drei-Stufen-Tarif zu ersetzen mit Stufen von 8, 18 und 28 Prozent und dafür fast alle Abzugsmöglichkeiten zu streichen. Keine Partei hat sich jedoch ernsthaft dafür eingesetzt, diesen radikalen Weg durchzusetzen.

■ Grenzen der Besteuerung

Wie stark darf der Staat den Steuerzahler belasten? Das Bundesverfassungsgericht hat dazu, zumindest was die direkte Besteuerung angeht, mehrfach recht präzise Vorgaben gemacht. Danach darf der Staat nur auf das Einkommen zugreifen, das dem Bürger verbleibt, nachdem er seinen lebensnotwendigen Grundbedarf und den seiner Familie erfüllt hat. Als Richtschnur für das steuerfrei zu stellende Existenzminimum gilt dabei die Sozialhilfe. Diese Vorgabe ist durch das jüngste Familienurteil (veröffentlicht Januar 1999) noch einmal ausgeweitet worden. Seither muss der Staat zum steuerfreien Existenzminimum aller Eltern, die Kinder großziehen, auch den Aufwand für die Betreuung und Erziehung hinzurechnen.

Umstrittener als diese Untergrenze der Besteuerung ist die Obergrenze. Das Verfassungsgericht hatte 1995 in seiner Entscheidung zur Vermögen- und Erbschaftsteuer auch darauf hingewiesen, dass die steuerliche Gesamtbelastung die Hälfte des zu versteuernden Einkommens nicht wesentlich überschreiten darf. Seither streiten Steuerrechtler über die Auslegung und die Verbindlichkeit dieses „Halbteilungsgrundsatzes". Die jüngere Rechtsprechung des Bundesfinanzhofs zufolge ist der Halbteilungsgrundsatz nicht verbindlich, weil er nicht zu den tragenden Gründen der Entscheidung über die Vermögensteuer gehört habe. Eine Steuerlast von 60 Prozent sei noch keine verfassungswidrige Übermaßbesteuerung. Diese liege erst vor, wenn die Existenz des Steuerpflichtigen durch eine „Erdrosselungsteuer" bedroht werde.

■ Steuersystematik

Es gibt zahlreiche Versuche, die vielen verschiedenen Steuern zu klassifizieren und einer Systematik zu unterwerfen. Zu den gebräuchlichsten gehört die Unterscheidung in direkte und indirekte Steuern. Die direkten Steuern knüpfen am Einkommen oder Ertrag einer natürlichen oder juristischen Person an (Lohn- und Einkommensteuer, Gewerbesteuer), die indirekten am Verbrauch (Umsatzsteuer, Tabaksteuer, Mineralölsteuer). Unterschieden wird zudem zwischen Personensteuern und Realsteuern, die an einem Vermögensobjekt anknüpfen. Zu letzteren gehört die Gewerbe- und die Grundsteuer. Heute weniger verwendet wird die Unterscheidung in Besitz- und Verkehrsteuern.

In Abhängigkeit davon, wohin die Steuer fließt (Ertragskompetenz), wird außerdem zwischen Bundes-, Landes-,Gemeinde- und Kirchensteuern unterschieden. Gemeinschaftssteuern stehen mehreren Ebenen zu. Das Grundgesetz regelt in Artikel 106 die Ertragskompetenz. Danach stehen dem Bund allein zu: Zölle, Kapitalverkehrsteuer, Versicherungsteuer, Wechselsteuer, der Solidaritätszuschlag, außerdem die Verbrauchsteuern (zum Beispiel Branntwein-, Schaumwein-, Tabak-, Kaffee- und Mineralölsteuer, nicht aber die Biersteuer). Den Ländern alleine steht das Aufkommen der Erbschaft- und Grunderwerbsteuer zu, der Kraftfahrzeugsteuer, Biersteuer, Rennwett- und Lotteriesteuer, die Feuerschutzsteuer und die Spielbankabgabe. Die wichtigste Steuer der Kommunen ist die Gewerbesteuer, von der sie allerdings eine Umlage an Bund und Länder abführen müssen. Allein behalten die Kommunen die Grundsteuer, sowie örtliche Verbrauchsteuern (wie Hunde- und Vergnügungsteuer).

Die wichtigsten Gemeinschaftssteuern sind: die Lohn- und Einkommensteuer und die Umsatzsteuer. Von der Lohn- und Einkommensteuer erhalten Bund und Länder derzeit je 42,5 Prozent, die Kommunen 15 Prozent. Die Umsatzsteuer teilten sich Bund und Länder bis 1995 im Verhältnis 56 (Bund) zu 44 Prozent (Länder). Inzwischen erhält der Bund vorab 56,3 Prozent zum Ausgleich seiner Zusatzausgaben für die Rentenversicherung, vom verbleibenden Aufkommen erhalten die Kommunen 2,2 Prozent, vom Rest wiederum bekommen der Bund 50,5 Prozent und die Länder 49,5 Prozent.

■ Die Gesetzgebungskompetenz

In der Steuergesetzgebung gibt zwar der Bund den Ton (Artikel 105) an, um die Einheitlichkeit der Besteuerung zu gewährleisten. Er hat nicht nur die ausschließliche Gesetzgebung über alle ihm allein zustehenden Steuern, sondern auch die konkurrierende Gesetzgebung über die übrigen Steuern, wenn ihm das Aufkommen zumindest teilweise zusteht. Doch bei allen Gemeinschaftssteuern haben die Länder über den Bundesrat ein gewichtiges Mitbestimmungsrecht. Denn Bundesgesetze über Steuern, deren Aufkommen den Ländern oder Gemeinden ganz oder zum Teil zufließt, bedürfen der Zustimmung des Bundesrates, heißt es in Artikel 105.

In den vergangenen Jahren haben die Länder oft spektakulär ihre Macht ausgeübt. Manches Mal entschieden erst nächtliche Verhandlungen im Vermittlungsausschuss von Bundestag und Bundesrat, ob und wie eine Steuerreform zustande kam. 1997 ließen die Länder das wichtigste Steuerprojekt der alten Bundesregierung, eine umfassende Reform der Einkommensteuer auf der Grundlage der „Petersberger Beschlüsse", scheitern. Vordergründig argumentierte die Länderkammer, in der die SPD damals die Mehrheit hatte, damit, die Steuerausfälle seien für die Länderhaushalte nicht zu verkraften. Tatsächlich spielten parteipolitische Erwägungen eine große Rolle. Das Vorhaben der alten Koalition, im Gegenzug zur Absenkung des Steuertarifs auch Vergünstigungen der Arbeitnehmer zu kürzen oder abzuschaffen (wie die Steuerbegünstigung der Sonntags, – Feiertags – und Nachtarbeit, der Arbeitnehmerpauschbetrag, die Kilometerpauschale) und die Renten stärker zu besteuern, wollte die Bundes-SPD verhindern. Die Petersberger Beschlüsse beruhten dabei auf den zunächst auch von der SPD sehr gelobten Vorschlägen einer Steuerkommission unter Vorsitz des Ökonomen Peter Bareis (Bareis-Kommission). Die Kommission hatte 1994 vorge-

schlagen, die Steuersätze deutlich zu senken, zugleich aber die Bemessungsgrundlage durch das Abschaffen von Ausnahmen und Vergünstigungen bei
der Einkommensteuer zu verbreitern. Die SPD hat mit Hilfe der über den
Bundesrat geführten Steuerdiskussion ihren Wahlerfolg von 1998 vorbereitet.

Inzwischen haben sich die Machtverhältnisse umgekehrt. Die von der
SPD und den Grünen im Bund geplanten Steuergesetze müssen durch den
von Unionsländern dominierten Bundesrat.

▣ Das Steueraufkommen

Das Steueraufkommen erreicht im Jahr 2001 fast 950 Milliarden DM. Davon erhalten Bund und Länder je etwa 400 Milliarden DM, die Kommunen
gut 100 Milliarden DM, der Rest fließt an die Europäische Union.

Die beiden ergiebigsten Steuern sind die Einkommen- und die Umsatzsteuer.

Maß für die Steuerbelastung der Volkswirtschaft ist die Steuerquote, die
den Anteil der Steuern am Bruttoinlandsprodukt wiedergibt. Sie liegt trotz
der hohen nominalen Steuersätze im internationalen Vergleich niedrig, bei
rund 22 Prozent, weil zahlreiche Vergünstigungen die Steuerlast mindern.
Über die individuelle Steuerbelastung sagt die Steuerquote nichts aus.

▣ Die wichtigsten Steuern

Die Einkommensteuer:

Die bedeutendste Einnahmequelle der öffentlichen Haushalte ist in
Deutschland die Einkommensteuer, auf sie entfallen ein gutes Drittel des
Steueraufkommens, fast 350 Milliarden DM. Zur Einkommensteuer, die das
Einkommen natürlicher Personen besteuert, gehören auch die Lohnsteuer,
die Kapitalertragsteuer und der Zinsabschlag. Erhoben wird die Einkommensteuer durch Steuerabzug. Über eine Fülle von Vorschriften versucht
die Einkommensteuer der persönlichen finanziellen Leistungsfähigkeit
Rechnung zu tragen. Steuerpflichtig sind alle Einkünfte aus Land- und
Forstwirtschaft, aus Gewerbebetrieb, aus selbständiger Arbeit, aus nicht-
selbständiger Arbeit, aus Kapitalvermögen, aus Vermietung und Verpachtung sowie sonstigen Einkünften, zu denen zum Beispiel der Ertragsanteil
der Rente gehört, oder Einkünfte aus Spekulationsgeschäften.

Die Einkünfte werden nach unterschiedlichen Methoden ermittelt. Dabei dürfen Unternehmer betriebsbedingte Aufwendungen gewinnmin-

Tab. 3: Steuereinnahmen 2001 und 2004 (in Millionen DM)

	2001	2004
I. Gemeinschaftliche Steuern insgesamt	664.090	762.700
Lohnsteuer	279.000	311.500
Veranlagte Einkommensteuer	19.200	29.200
Nicht veranl. Steuer vom Ertrag	21.830	28.680
Zinsabschlagsteuer	15.060	16.320
Körperschaftsteuer	40.500	57.200
Steuern vom Umsatz	288.500	321.800
II. Bundessteuern insgesamt	158.805	176.055
Mineralölsteuer	83.900	94.600
Stromsteuer	6.820	9.280
Tabaksteuer	23.300	23.800
Branntweinsteuer	4.100	3.800
Versicherungsteuer	14.000	14.000
sonstige Bundessteuern zusammen	26.685	30.575
III. Zölle	6.100	5.800
IV. Ländersteuern insgesamt	39.225	41.670
Kraftfahrzeugsteuer	15.050	16.125
Vermögensteuer	400	0
Biersteuer	1.680	1.660
Grunderwerbsteuer	11.375	12.050
Erbschaftsteuer	6.590	7.505
Rennwett- und Lotteriesteuer	3.600	3.780
Feuerschutz/übr. Steuer	550	550
V. Gemeindesteuern insgesamt	72.900	84.475
Gewerbesteuer	53.200	62.900
Grundsteuer A	655	670
Grundsteuer B	17.400	19.200
Grunderwerbsteuer	395	410
Übrige Gemeindesteuern	1.250	1.295
VI. Steuereinnahmen insgesamt	941.120	1.070.700

Quelle: Arbeitskreis „Steuerschätzung" Mai 2000

dernd geltend machen. Das Pendant bei den anderen Einkunftsarten sind die Werbungskosten, Aufwendungen, die zur Sicherung der Einnahmen bestimmt sind (dazu gehören jedoch nicht Kosten für Lebensführung wie Nahrung, Kleidung). Die Einkünfte aller Einkunftsarten werden zusammengerechnet, wobei die Verrechnung von Gewinnen mit Verlusten inzwischen einer Obergrenze unterliegt. Freibeträge und Sonderausgaben mindern die Steuerlast weiter. Das so ermittelte zu versteuernde Einkommen stellt die Bemessungsgrundlage für den progressiv ausgestalteten Einkommensteuertarif dar.

Ehepaare können sich steuerlich zusammen veranlagen lassen. Das bedeutet, dass ihr Einkommen beim Jahresausgleich zunächst addiert wird, dann geteilt. Dann wird der auf die Hälfte entfallende Steuertarif angewendet und die so ermittelte Steuer verdoppelt. Das Verfahren lohnt sich aufgrund des progressiven Tarifs für Ehepaare, wenn das Einkommen sehr unterschiedlich ist.

Entscheidend für die Höhe der Einkommensteuer ist also die Ausgestaltung sowohl der Steuerbemessungsgrundlage als auch des Steuertarifs. In der Regel wird jede Senkung der Steuersätze durch die Verbreiterung der Bemessungsgrundlage vom Gesetzgeber zumindest teilweise ausgeglichen. Dies gilt auch für die geplanten Senkungen des Einkommensteuertarifs bis 2005. Lag das Tarifniveau bei Amtsantritt der neuen Bundesregierung 1998 bei 25,9 bis 53 Prozent (für gewerbliche Einkünfte 47 Prozent), sind es im Jahr 2005 noch 15 bis 45 Prozent. Die niedrigeren Sätze werden jedoch auf eine größere Einkommensbasis erhoben, der Spitzensteuersatz greift voraussichtlich deutlich früher als bisher, Unternehmen verlieren Abschreibungsmöglichkeiten.

Die Körperschaftsteuer:

Juristische Personen wie Kapitalgesellschaften (AG, GmbH) unterliegen nicht der Einkommen-, sondern der Körperschaftsteuer, die derzeit ein Aufkommen von 40 Milliarden DM erreicht (2001). Anders als die Einkommensteuer ist der Tarif der Körperschaftsteuer proportional, der Steuersatz sinkt von 2001 an auf 25 Prozent. Um zu vermeiden, dass der Gewinn, der in einer Kapitalgesellschaft entsteht, zweimal versteuert wird (zunächst vom Unternehmen mit der Körperschaftsteuer und nach der Ausschüttung beim Anteilseigner über die Einkommensteuer), gab es bisher ein kompliziertes sogenanntes Vollanrechnungsverfahren. Die Reform der Körperschaftsteuer hat das Anrechnungsverfahren abgeschafft, künftig versteuert der Anteilseigner generell die Hälfte seiner Dividende (Halbeinkünfteverfahren), zum Ausgleich der steuerlichen Vorbelastung von 25 Prozent im Unternehmen. Dadurch wird eine Doppelbesteuerung aber nicht mehr in jedem Fall vermieden.

Die Mehrwertsteuer (Umsatzsteuer):

An zweiter Stelle rangiert dem Aufkommen nach mit 230 Milliarden DM (2001) die Umsatzsteuer, die 1968 zur Mehrwertsteuer ausgestaltet worden ist. Sie zielt darauf, den Endverbraucher von Gütern und Dienstleistungen zu belasten. Da es technisch nicht möglich ist, die Umsatzsteuer direkt beim Konsument einzuziehen, ist der Steuerschuldner das Unternehmen, auf das der Umsatz entfällt. Die Umsatzsteuer ist daher eine indirekte Steuer. Das Unternehmen kann die Steuer über den Preis an den Verbraucher weitergeben. Allerdings gelingt es bei starkem Wettbewerb nicht immer, die Steuer vollständig zu überwälzen. Durch den sogenannten Vorsteuerabzug wird sichergestellt, dass tatsächlich nur der Letztverbrauch besteuert wird. Der Unternehmer darf von seiner Umsatzsteuer die Umsatzsteuerbeträge als Vorsteuer abziehen, die ihm andere Unternehmer für Vorleistungen offen in Rechnung gestellt haben.

Die Mehrwertsteuer ist oft angehoben worden. Bei der Einführung des heutigen Systems 1968 startete sie mit 10 Prozent, nach sechs Erhöhungen beträgt der Normalsatz nun 16 Prozent. Der ermäßigte Steuersatz für Lebensmittel, Personennahverkehr, Bücher und bestimmte Kunstgegenstände beträgt 7 Prozent. Nicht der Mehrwertsteuer unterliegen zum Beispiel Mieten (Nullsatz). In der Gestaltung der Mehrwertsteuersätze ist die Regierung heute eng an Europäisches Recht gebunden, das auf eine Angleichung der indirekten Steuern zielt. Danach muss der Normalsatz mindestens 15 Prozent betragen, darunter darf es höchstens zwei ermäßigte Sätze geben, die in Zukunft mindestens 5 Prozent betragen müssen.

Die Gewerbesteuer:

Hauptfinanzquelle der Städte und Gemeinden ist mit einem Aufkommen von derzeit 53 Milliarden DM (2001) die Gewerbesteuer. Sie ist zugleich die einzige nennenswerte Steuer, deren Sätze die Kommunen selber gestalten können. Gegenstand der Gewerbesteuer ist der Gewerbebetrieb, unabhängig davon, wem er gehört und wohin die Erträge fließen. Nicht der Gewerbesteuer unterliegen Landwirte und Freiberufler oder andere Selbständige.

Die Gewerbesteuer galt ursprünglich als eine Art Entgelt für die Nutzung der Infrastruktur und für Lasten, die Unternehmen der Gemeinde verursachen. Entsprechend war die Ausgestaltung: Die Steuer knüpfte nicht nur am Ertrag an, sondern auch am Kapital und an der Lohnsumme, damit war sie auch relativ unabhängig von konjunkturellen Entwicklungen. Seit langem fordert die Wirtschaft die Abschaffung dieser in anderen Ländern weitgehend unbekannten Steuer. Nach und nach zeigte der Protest Wirkung, die Lohnsumme als Steuergrundlage fiel weg, Freibeträge wurden erhöht, die Gewerbekapitalsteuer 1998 abgeschafft. Dadurch hat sich die Gewerbesteuer zu einer reinen Ertragsteuer entwickelt, einer Sonderlast vor allem für mittelständische Unternehmen. Künftig dürfen diese Unternehmen die Gewerbesteuer daher mit ihrer Einkommensteuerschuld verrechnen. Damit wird die Begründung der Steuer als einer Art Äquivalent für verursachte Lasten weiter ausgehöhlt.

Damit scheint klar, dass die Gewerbesteuer keine Zukunft hat. Ein konsensfähiges Reformkonzept gibt es allerdings bisher nicht, obwohl auch die Kommunen inzwischen Interesse an einem Ersatz haben. Sie fordern jedoch, dass ihnen die Möglichkeit erhalten bleiben muss, das Aufkommen über das Festlegen von Steuersätzen oder Zuschlägen selbst zu bestimmen, wie dies beim Hebesatzrecht der Gewerbesteuer der Fall ist. Sie können sich dabei auf das Grundgesetz (Artikel 28) stützen, das ihnen eine mit Hebesatzrecht ausgestattete wirtschaftskraftbezogene Steuerquelle zugesteht. Im Gespräch ist daher zum Beispiel, den Kommunen ein Zuschlagsrecht zur Einkommensteuer zu geben.

8. Die Sozialpolitik

Eine funktionierende Marktwirtschaft bietet den Menschen die besten Chancen, ihre unterschiedlichen Talente zu nutzen und dadurch Einkommen zu erzielen. Allein die Nachfrage bewertet das Angebot, der Ertrag hängt nicht von Herkunft oder Beziehungen ab; insofern ist das Wettbewerbssystem im Kern auch sozial. Je größer die Mobilität und die Bereitschaft, hinzuzulernen, Neues zu wagen und Risiken einzugehen, desto besser sind die Aussichten auf persönlichen Wohlstand und allgemeines Wirtschaftswachstum. Zu Beginn der Industrialisierung wurde aber auch die Kehrseite des Marktes deutlich. Wer alt oder krank war und deswegen im Wettbewerb nicht mehr mithalten konnte, litt Not. Mittel und Möglichkeiten zur privaten Vorsorge waren beschränkt. Mehr als die Hälfte der Bevölkerung lebte am Rand des Existenzminimums. Bismarcks Sozialgesetzgebung zielte Ende des 19. Jahrhunderts darauf, die Arbeiterschaft vor solchen existenziellen Notlagen zu schützen. Dahinter stand auch die Erkenntnis, dass es der freien Entfaltung der Kräfte förderlich sein kann, wenn der Einzelne die Gewissheit auf ein Mindestmaß an sozialer Sicher-

Sozialbudget[1])[2])
Leistungen in Milliarden DM
Sozialleistungsquote, Sozialbudget pro Einwohner 1960 bis 1998

Jahr	Sozialbudget			Pro Einwohner DM	nachrichtlich[3])	
	insgesamt				Bruttoinlandsprodukt	
	Mrd. DM	Veränderung in %[3])	Quote[4])[5])		Mrd. DM	Veränderung in %[5])
1960	65,6	–	21,7	1 164	302,7	–
1965	106,6	+ 10,2	23,2	1 818	459,2	+ 8,7
1970	175,8	+ 10,5	26,0	2 899	675,1	+ 8,0
1971	201,3	+ 14,5	26,9	3 285	749,5	+ 11,0
1972	228,7	+ 13,6	27,8	3 708	823,1	+ 9,8
1973	258,6	+ 13,1	28,2	4 173	917,3	+ 11,4
1974	298,1	+ 15,3	30,3	4 805	983.8	+ 7,3
1975	343,2	+ 15,1	33,4	5 551	1 026,0	+ 4,3
1976	368,3	+ 7,5	32,9	5 986	1 120,3	+ 9,2
1977	391,5	+ 6,3	32,8	6 375	1 195,0	+ 6,7
1978	412,3	+ 3,3	32,1	6 723	1 283,4	+ 7,4
1979	437,8	+ 6,2	31,5	7 135	1 388,4	+ 8,3
1980	473,8	+ 8,3	32,3	7 695	1 471.5	+ 6,0
1981	506,8	+ 7,0	33,0	8 217	1 534,8	+ 4,3
1982	524,2	+ 3,4	33,0	8 504	1 588,1	+ 3,5
1983	533,3	+ 1,7	32,0	8 683	1 668,5	+ 5,1
1984	551,4	+ 3,4	31,5	9 014	1 750,9	+ 4,9
1985	572,7	+ 3,9	31,4	9 385	1 823,2	+ 4,1
1986	600,5	+ 4,9	31,2	9 834	1 925,3	+ 5,6
1987	626,7	+ 4,4	31,5	10 261	1 990,5	+ 3,4
1988	653,8	+ 4,3	31,2	10 639	2 096,0	+ 3,3
1989	671,4	+ 2,7	30,2	10 818	2 224,4	+ 6,1
1990	730,9	–	29,0	–	2 522,8	–
1991	882,3	–	30,0	11 031	2 938,0	–
1992	997,9	+ 13,1	31,6	12 382	3 155,2	+ 7,4
1993	1 058,0	+ 6,0	32,7	13 033	3 235,4	+ 2,5
1994	1 107,5	+ 4,7	32,6	13 602	3 394,4	+ 4,9
1995	1 181,3	+ 6,7	33,5	14 466	3 523,8	+ 3,8
1996p	1 236,3	+ 4,7	34,5	15 096	3 586,8	+ 1,8
1997p	1 246,9	+ 0,9	33,9	15 197	3 675,8	+ 2,5
1998p	1 272,1	+ 2,0	33,5	15 509	3 799,4	+ 3,4

1) Stand August 1999
2) Ab 1990 (2. Halbjahr) einschl. neue Bundesländer. Angaben ab 1990 nur eingeschränkt mit den Vorjahren vergleichbar.
3) Jahresdurchschnittliche Änderung gegenüber dem ausgewiesenen Vorjahr in Prozent. Angaben für 1990 und 1991 nicht sinnvoll.
4) Sozialleistungen im Verhältnis zum Bruttoinlandsprodukt in %.
5) BIP ab 1991 nach neuem ESVG (ESVG 1995) berechnet; daher ist die absolute Höhe der Sozialleistungsquote ab 1991 nur bedingt mit den Vorjahren vergleichbar.
Quelle: Bundesministerium für Arbeit und Soziales.

Sozialbudget
Leistungen nach Funktionen[1] 1960 bis 1998

in Millionen DM

Funktionen	1960	1970	1980	1990	1991	1996p	1997p	1998p
Sozialbudget insgesamt	**65 641**	**178 837**	**473 760**	**730 861**	**882 318**	**1 236 308**	**1 246 942**	**1 272 058**
Ehe und Familie	**10 823**	**31 839**	**71 934**	**93 082**	**118 452**	**166 606**	**172 808**	**174 810**
Kinder, Jugendliche	6 819	15 848	39 951	56 905	76 721	104 668	111 476	111 628
Ehegatten	3 383	14 677	28 215	30 870	35 650	53 639	52 700	54 527
Mutterschaft	621	1 313	3 768	5 306	6 081	8 299	8 632	8 685
Gesundheit	**18 141**	**50 732**	**151 516**	**249 940**	**300 190**	**417 605**	**411 369**	**417 742**
Vorbeugung, Rehabilitation	1 403	3 824	9 584	16 090	18 945	29 371	24 290	24 706
Krankheit	12 037	35 990	112 211	180 311	214 209	275 888	269 930	273 587
Arbeitsunfall, Berufskrankheit	1 651	4 618	11 747	16 910	20 461	25 226	25 269	25 565
Invalidität (allgemein)	3 050	6 301	17 974	36 629	46 575	87 120	91 868	93 884
Beschäftigung	**1 784**	**5 834**	**28 743**	**62 042**	**99 012**	**160 951**	**160 597**	**159 506**
Berufliche Bildung	540	2 471	8 930	16 644	22 401	29 052	25 421	25 597
Mobilität	378	1 957	6 002	8 239	16 070	22 189	19 361	23 764
Arbeitslosigkeit	866	1 406	13 812	37 158	60 541	109 710	115 755	110 145
Alte und Hinterbliebene	**29 080**	**73 936**	**188 301**	**294 330**	**330 857**	**443 749**	**455 873**	**470 367**
Alte	25 634	67 617	175 218	280 319	315 675	424 671	436 423	450 660
Hinterbliebene	3 446	6 319	13 083	14 011	15 182	19 078	19 450	19 707
Übrige Funktionen	**5 813**	**13 497**	**33 267**	**31 468**	**33 807**	**47 398**	**46 366**	**49 603**
Folgen politischer Ereignisse	2 790	4 265	6 790	4 100	4 088	10 861	8 870	9 463
Wohnen	580	1 844	4 852	8 518	9 614	12 743	13 043	13 422
Sparen/Vermögensbildung	1 248	6 045	18 768	15 228	16 217	19 276	20 592	22 690
Allgemeine Lebenshilfen	1 195	1 342	2 857	3 622	3 888	4 518	3 860	4 028

1) Ab 1990 (2. Halbjahr) einschl. neue Bundesländer. Angaben ab 1990 nur eingeschränkt mit den Vorjahren vergleichbar.
Quelle: Bundesministerium für Arbeit und Sozialordnung.

heit hat, ihn also auch eine unternehmerische Fehlentscheidung nicht gleich ins Elend wirft.

Aus dem anfänglichen Mindestschutz ist der umfassende Fürsorgestaat geworden, der den Bürger vor allen Lebensrisiken zu schützen sucht. Ehrgeiz und Antriebkräfte des Einzelnen werden dadurch zunehmend gelähmt. An vielen Stellen wird der Wettbewerb über die Sozialpolitik bereits ausgehebelt.

Die Sozialpolitik ist in Konflikt mit der Marktwirtschaft geraten:

Das umfassende staatliche Sozialnetz bedingt eine immer höhere Steuer- und Abgabenbelastung, Leistung am Markt lohnt sich durch die hohen Abzüge immer weniger. Die vermeintliche Sicherheit, die dem Individuum vom Staat oder von einem Kollektiv gewährt werde, müsse es sich selber teuer erkaufen, warnte schon Ludwig Erhard, einer der Väter der sozialen Marktwirtschaft. Die soziale Marktwirtschaft könne nicht gedeihen, „wenn die Bereitschaft, für das eigene Schicksal Verantwortung zu tragen und aus dem Streben nach Leistungssteigerung an einem ehrlichen freien Wettbewerb teilzunehmen, durch vermeintliche soziale Maßnahmen auf benachbarten Gebieten zum Absterben verurteilt wird", schrieb er 1957 in dem Klassiker „Wohlstand für Alle". Doch mit seinem Plädoyer, die beste Sozialpolitik sei eine gute, Wachstum ermöglichende Wirtschaftspolitik, hat sich Erhard nicht durchsetzen können.

„Grundsätzlich stehen fast jedem Bürger Sozialleistungen der einen oder anderen Art zu", schreibt die Bundesregierung in ihrem nur alle vier Jahre veröffentlichten Sozialbericht. Er weist das Sozialbudget aus, die Summe der sozialen Transfers. Sie erreichten 1998 knapp 1300 Milliarden DM, pro Einwohner fast 16000 DM. Mehr als jede dritte D-Mark, die in Deutschland erwirtschaftet wird, fließt in die vom Staat organisierte soziale Absicherung. Die Sozialleistungsquote, die das Ausmaß der Umverteilung wiedergibt, erreichte nach der Wiedervereinigung Mitte der neunziger Jahre fast 35 Prozent. Seither ist sie leicht rückläufig.

◼ Anfänge der sozialen Sicherung

Das soziale Sicherungsnetz in Deutschland, das Reichskanzler Otto von Bismarck Ende des 19. Jahrhunderts begründet hat, erreichte dagegen anfangs nur jeden zehnten Bürger. Als „Geburtsurkunde" der deutschen Sozialversicherung gilt die „Kaiserliche Botschaft" von 1881. Sie enthält drei Gedanken: Die Arbeiter sollten gegen Krankheit, Unfall, Invalidität und materielle Not im Alter versichert werden, sie sollten einen Rechtsanspruch auf diese

Leistungen haben und die Versicherung sollte auf der Grundlage der Selbstverwaltung geführt werden. 1883 wurde mit der Einführung der gesetzlichen Krankenversicherung begonnen, 1894 folgte zum Schutz bei Betriebsunfällen die gesetzliche Unfallversicherung, 1889 wurde die Invaliditäts- und Alterssicherung für Arbeiter begründet, die 1911 auch für Angestellte und Witwen geöffnet wurde. Die Altersgrenze für die Rente lag mit 70 Jahren angesichts der damaligen Lebenserwartung hoch, im Schnitt soll die Rente knapp ein Fünftel des Durchschnittseinkommens betragen haben. Heute wird die Altersrente dagegen mit durchschnittlich 59 Jahren in Anspruch genommen, sie beträgt knapp 70 Prozent des Durchschnittseinkommens.

1914 trat die Reichsversicherungsordnung in Kraft. Sie fasste die verschiedenen Sozialversicherungsgesetze in einer Vorschrift zusammen und ermöglichte den Aufbau einheitlicher Versicherungsbehörden und -verfahren. Als dritte große Säule nach der Kranken- und Rentenversicherung entstand 1927 die Arbeitslosenversicherung. Damit schienen für längere Zeit alle Risiken gedeckt. Das gegliederte Versicherungssystem wurde nach 1945 beibehalten, die Grundprinzipien – Leistung gegen Beitrag, sozialer Ausgleich und Selbstverwaltung – gelten ungeachtet zahlreicher Veränderungen der einzelnen Zweige bis heute. Vor dem Hintergrund des Wirtschaftswachstums erfolgt bis Anfang der siebziger Jahre der großzügige Ausbau der Leistungen der Systeme, einen Schlusspunkt setzt die Rentenreform 1972, die inflationär hochgerechnete Überschüsse von 200 Milliarden DM verteilen soll. Angesichts der wachsenden wirtschaftlichen Schwierigkeiten wird seit Mitte der siebziger Jahre versucht, das Erreichte zu sichern und Wildwuchs zu beschneiden. Sparmaßnahmen an einer Stelle werden letztlich immer wieder durch Ausweitungen an anderer konterkariert. Vor dem Hintergrund der längeren Lebenserwartung und damit des steigenden Risikos, im Alter zum Pflegefall zu werden, wurde nach langem Streit 1995 sogar noch die gesetzliche Pflegeversicherung als neuer Sozialversicherungszweig errichtet.

■ Die Prinzipien der Sozialversicherung

Eine echte Versicherung kalkuliert die Prämie nach dem Risiko und der Leistungshöhe. In den kollektiven Zwangssystemen, denen jeder automatisch angehört, der die gesetzlichen Kriterien erfüllt, haben diese Versicherungsprinzipien nur sehr eingeschränkt Geltung. Die Sozialversicherungsbeiträge sind – bis zu einer jährlich steigenden Obergrenze – an die Höhe

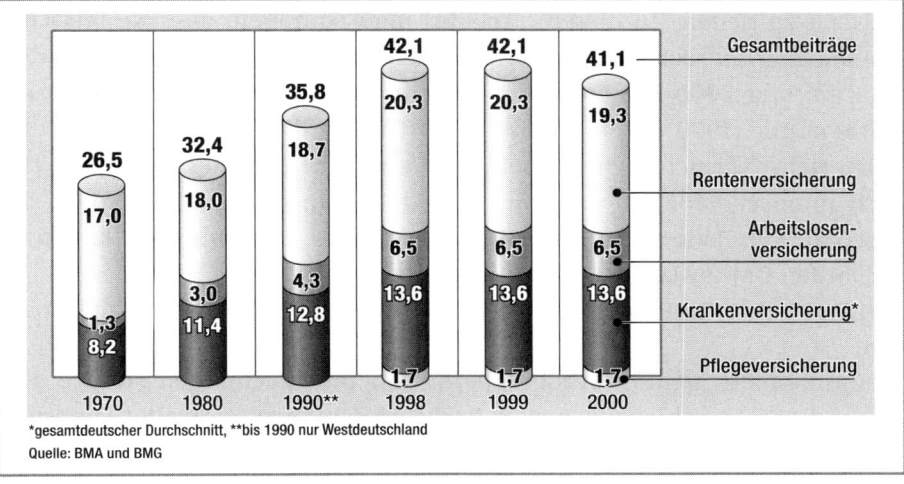

Beitragssätze zur Sozialversicherung
Angaben in Prozent (jeweils Jahresanfang)

*gesamtdeutscher Durchschnitt, **bis 1990 nur Westdeutschland
Quelle: BMA und BMG

des Einkommens gebunden. Viele Leistungen werden ganz unabhängig von der Beitragshöhe gewährt, da ein sozialer Ausgleich erreicht werden soll. Der Leistungskatalog ist auch nicht dauerhaft festgelegt, sondern ändert sich mit politischen Zielsetzungen. Die Finanzierung der Leistungen schließlich erfolgt in allen Sozialversicherungszweigen im Umlageverfahren: Die eingenommenen Beiträge werden nicht angespart, sondern direkt zur Bezahlung von Leistungen wieder ausgegeben. Das macht diese Systeme besonders anfällig für konjunkturelle und demografische Schwankungen.

Als unterste Sicherung, die in Notlagen oder bei Bedürftigkeit jeder ohne Beitragsleistung in Anspruch nehmen kann, gibt es die aus Steuern finanzierte Sozialhilfe. Dabei liegt die Sozialhilfe zum Teil dicht an den untersten Tariflöhnen. Dies ist ein Beispiel dafür, dass das Sozialsystem inzwischen leistungswidrige Anreize setzt. Vielfach ist es für den Einzelnen rational, statt von Arbeit von Transfereinkünften zu leben. So ist es für Arbeitnehmer meist finanziell attraktiv, staatlich subventionierte Angebote zur Frühverrentung anzunehmen: Denn wer länger arbeitet, gar noch über die reguläre Altersgrenze für den Rentenbezug hinaus, muss Einbußen bei der Summe seiner Bezüge hinnehmen.

Die Kosten der sozialen Sicherung

Umfragen zufolge scheint die Mehrheit der Bevölkerung mit dem Sozialstaat zufrieden. Zu diesem Ergebnis mag beitragen, dass die tatsächlichen Kosten der sozialen Sicherung für den Einzelnen kaum durchschaubar sind. Im Jahr 2000 fließen rund 41 Prozent des Bruttolohns in die Sozialversicherung, 1970 waren es dagegen erst knapp 27 Prozent. Die Belastung teilen sich – vermeintlich – Arbeitgeber und Arbeitnehmer zur Hälfte, faktisch mindert natürlich auch der Arbeitgeberanteil das Einkommen der Beschäftigten. Jeder Beitragspunkt bedeutet eine Belastung von knapp 17 Milliarden DM im Jahr.

Diese hohen Lohnnebenkosten begünstigen den Abbau von Arbeitsplätzen.

Damit nicht genug: Wissenschaftlichen Untersuchungen zufolge gibt es rund 150 verschiedene soziale Transferleistungen, verwaltet von etwa 40 Behörden.

Über Steuern werden enorme zusätzliche Mittel für die Sozialpolitik bereitgestellt. Da die Ausgaben die Beitragseinnahmen der Renten- und Arbeitslosenversicherung regelmäßig übersteigen, zahlt der Bund Zuschüsse aus dem Haushalt. Aus Steuern finanziert werden außerdem zahlreiche weitere Sozialleistungen wie Sozialhilfe, Erziehungsgeld, die Wohnungs- und Ausbildungsförderung und manches mehr. Den mit weitem Abstand größten Einzeletat hat der Bundesarbeitsminister zur Verfügung. Er ist verantwortlich für 37 Prozent der Bundesausgaben.

Wer was vom Staat erhält und wieviel er letztlich davon aus eigener Tasche zahlt, ist nicht offensichtlich. Weil der Staat soviel vom Einkommen fordert und wenig transparent umverteilt, wird private Absicherung vernachlässigt. Dabei sind die Einkommen heute so hoch, dass sich die Mehrheit der Bürger entsprechend ihren Bedürfnissen selber absichern könnte, der Staat allenfalls eine Grundsicherung bieten müsste.

Arbeitslosigkeit als Folge der Sozialpolitik

Dass hohe Lohnnebenkosten zur Arbeitslosigkeit beitragen, wird inzwischen von keiner Partei mehr bestritten. Alle haben sich einer Senkung der Lohnnebenkosten verschrieben, besonders weit gesteckt sind die Ziele allerdings nicht. Die 1998 gewählte Koalition von SPD und Grünen strebt die Verringerung auf unter 40 Prozent an, dasselbe Ziel hatte auch die vorhergehende Regierung von Union und FDP anvisiert. Über den Weg, die Sozialbeiträge zu begrenzen oder gar zu senken, wird zudem weiter heftig gestritten. Um die eigentlich notwendigen Sparmaßnahmen im Sicherungssystem zu vermeiden oder zumindest zu mildern, neigen die meisten Politiker eher dazu, die Systeme über höhere Steuerzuschüsse aus der Bundeskasse zu entlasten, statt Leistungskürzungen zu beschließen. Die jüngsten Steuererhöhungen in Deutschland dienten alle der Stabilisierung des Rentensystems: 1998 wurde von Union und FDP zu diesem Zweck die Mehrwertsteuer von 15 auf 16 Prozent angehoben. SPD und Grüne haben dazu 1999 die Stromsteuer eingeführt, die nun regelmäßig – zusammen mit der Mineralölsteuer – erhöht wird, um den Rentenbeitrag im Griff zu halten.

■ Die Rentenversicherung

Im Mittelpunkt der Reformdebatte steht seit langem die gesetzliche Rentenversicherung, das größte soziale Sicherungssystem in Deutschland. Zu ihr gehören die Rentenversicherungen der Arbeiter, Angestellten und die knappschaftliche Rentenversicherung der Bergleute. Mit jährlichen Ausgaben von 400 Milliarden DM sowie rund 50 Millionen Versicherten ist die Rentenversicherung der teuerste und umfassendste Zweig der Sozialversicherung. Knapp die Hälfte der Sozialbeiträge fließt in die Rentenkasse zur Finanzierung von 22 Millionen Alters- und Hinterbliebenenrenten sowie Invaliditätsrenten und Rehabilitationsmaßnahmen im Umfang von knapp 8 Milliarden DM. Im Durchschnitt erhalten Männer eine Altersrente von 1900 DM, Frauen von 800 DM (1998). Die sogenannte Standard – oder Eckrente liegt etwas höher: Wer 45 Jahre lang Beiträge auf dem Niveau eines Durchschnittseinkommens zahlt, erhält netto 2020 DM im Westen, 1752 DM im Osten (2001) und erreicht damit netto knapp 70 Prozent des Durchschnittseinkommens.

Im Jahr 2000 hat der von Arbeitgebern und Arbeitnehmern gemeinsam aufgebrachte Rentenbeitrag 19,3 Prozent des Bruttoeinkommens erreicht, zuvor hatte er kurzfristig die als eine Art Schallmauer der Belastbarkeit angesehene Grenze von 20 Prozent überschritten. Zum Vergleich: Zum Zeitpunkt der Einführung des heutigen Systems der lohndynamischen Rente 1957 betrug der Beitragssatz 14 Prozent. Auch der Bundeszuschuss aus Steuergeldern hat sich deutlich erhöht, er finanziert inzwischen knapp 30 Prozent der Rentenausgaben. Müssten die Beitragszahler sämtliche Leistungen allein finanzieren, läge ihr Beitragssatz daher bereits 9 Punkte höher, bei rund 28 Prozent.

Das Umlageverfahren

Mit ihren Beiträgen sparen die Beitragszahler nicht für ihre eigene spätere Rente. Beiträge und Bundeszuschuss fließen – mit Ausnahme einer gesetzlich vorgeschriebenen Schwankungsreserve von rund einer Monatsausgabe – unmittelbar an die jeweilige Rentnergeneration. Dieses Prinzip wird Umlageverfahren genannt. Dahinter steht die Idee des Generationenvertrages: Immer die jeweils im Berufsleben stehende Generation sorgt für die jeweils im Ruhestand befindliche. Über die jährliche Erhöhung der Renten werden die Rentner dabei an der Wohlstandsentwicklung beteiligt. Das Umlageverfahren birgt Risiken: Sinkt die Zahl der Beschäftigten – ob aufgrund von Arbeitslosigkeit oder aufgrund einer ungünstigen Bevölkerungsentwicklung –, wird die Aufgabe, die Rentnergeneration zu unterhalten, für die aktive Generation schwerer.

Für Deutschland ist die demografische Prognose besonders ungünstig. Mussten 1995 hundert Beschäftigte etwa 41 Rentner unterhalten, werden es im Jahr 2040 unter ungünstigen Annahmen etwa 90 Rentner sein. Um das Jahr 2010 beschleunigt sich die ungünstige Entwicklung, dann treten die geburtenstarken Jahrgänge in Ruhestand, während das Erwerbspersonenpotential abnimmt. Die ungünstige Relation verschärft sich noch durch die höhere Lebenserwartung, die den Bezug der Rente bis 2040 um rund vier Jahre verlängern dürfte. Der Rentenbezug ist zudem immer früher möglich. Zwar liegt die gesetzliche Altersgrenze bei 65 Jahren, doch sorgen allerlei Frühverrentungs- und Vorruhestandsprogramme dafür, dass die Altersrente im Schnitt tatsächlich schon mit 59 Jahren in Anspruch genommen wird. Diese Entwicklung drückt die Beitragssätze nach oben. Nach Schätzungen von Wissenschaftlern ist, wenn weitere Sparmaßnahmen ausbleiben, damit zu rechnen, dass der Beitragssatz im Jahr 2030 knapp 25 Prozent erreicht.

Die Reformansätze

Vor diesem Hintergrund gelten weitere Reformen zur Entlastung des Rentensystems als dringlich. Einiges ist schon geschehen. Die Formel, nach der die Renten erhöht werden, ist mehrfach verändert worden: Anfangs folgten die Renten den Bruttolöhnen, mit dem Ergebnis, dass die Renten schneller stiegen als die verfügbaren Einkommen der Beschäftigten. Dies wurde durch die Rentenreform 1992 korrigiert, bis 1999 folgten die Renten den Nettolöhnen. Auch die neue Formel hat sich inzwischen als auf Dauer nicht finanzierbar erwiesen. Als Sparmaßnahme ist daher die Koppelung an die Lohnentwicklung von der rot-grünen Koalition für 2000 und 2001 ausgesetzt worden. In diesen zwei Jahren folgen die Renten nur der Inflationsrate. Für die Zeit nach 2001 wird im Rahmen einer weiteren Reform der gesetzlichen Alterssicherung ein neuer Anpassungsmechanismus gesucht. Vermutlich werden die Rentner danach nicht mehr voll an der Entwicklung der Nettolöhne teilhaben, der jährliche Anstieg der Renten dürfte gedämpft werden.

Das Rentenniveau von 70 Prozent des durchschnittlichen Nettoarbeitsentgelts, das ein Versicherter nach 45 Beitragsjahren bisher erreichen konnte, wird durch die Umstellung der Formel vermutlich nach und nach herabgesetzt. In Zukunft wird die gesetzliche Rente daher wohl zunehmend zu einer Art Basissicherung leicht oberhalb der Sozialhilfe. Wer den im Berufsleben gewonnenen Lebensstandard im Alter sichern will, wird die Versorgungslücke durch ergänzende private oder betriebliche Altersvorsorge schließen müssen. Alle Parteien sind sich im Grundsatz darüber einig, diese beiden Komponenten auszubauen. Denn bisher passt das Bild von der Säule, neben der zwei Zahnstocher stehen: rund 85 Prozent der Alterseinkommen werden im Umlageverfahren finanziert, 10 Prozent privat und nur fünf Prozent betrieblich. Die Alterseinkünfte von Haushalten mit mittlerem Einkommen stammen zu 80 Prozent aus der gesetzlichen Rentenversicherung, Haushalte mit oberen Einkommen stützen ihre Alterseinkünfte dagegen nur zur Hälfte auf gesetzliche Systeme.

Unterschiedliche Ansichten bestehen in den Parteien aber darüber, welches Verhältnis zwischen gesetzlicher und privater/betrieblicher Vorsorge künftig bestehen soll und wie der Ausbau der kapitalgedeckten Vorsorge erreicht werden kann.

▪ Kapitalgedeckte Vorsorge

Im Unterschied zum Umlageverfahren der gesetzlichen Rentenversicherung spart der Einzelne bei der privaten und betrieblichen Altersvorsorge Einkommensteile für sein Alter an. Dieser Teil des Alterseinkommens ist – anders als ein Rentenanspruch der gesetzlichen Versicherung – wirkliches Eigentum und damit auch vererbbar. Zudem sind die auf dem Kapitalmarkt erzielbaren Renditen selbst bei vorsichtiger Anlage inzwischen höher als die Renditen des Umlagesystems, bei dem das Verhältnis zwischen Beitrag und Leistungen seit Jahren immer ungünstiger wird. Darauf deuten inzwischen viele Untersuchungen, auch wenn sie methodisch nach wie vor umstritten sind.

Aus der Erkenntnis, dass Altersvorsorge über den Kapitalmarkt effizienter ist – die Beiträge also höhere Renten abwerfen als im Umlagesystem –, haben bisher nur einige Länder Lateinamerikas (bekanntestes Beispiele ist Chile) die Konsequenz gezogen, die staatliche Altersvorsorge entsprechend zu organisieren. Die Mehrzahl der traditionellen Industrieländer verfügt wie Deutschland über historisch gewachsene umlagefinanzierte Verfahren, die nun auch ähnlichen Schwierigkeiten ausgesetzt sind. Systemwechsel vom Umlage- zum Kapitaldeckungsverfahren gelten jedoch als zu teuer, daher gibt es in fast allen Ländern Bestrebungen, das Umlagesystem durch kapitalgedeckte Elemente stärker zu ergänzen.

In Deutschland konzentriert sich die politische Diskussion darauf, den Steueranreiz zu erhöhen, um kapitalgedeckte Vorsorge auf freiwilliger Basis für das Alter attraktiv zu machen. In der Sache geht es dabei vor allem um die Einführung der nachgelagerten Besteuerung. Danach würden künftig Einkommensteile, die für die Altersvorsorge verwendet werden, generell steuerfrei gestellt. Erst die im Alter zufließenden Erträge und Renten müssten versteuert werden. Um die Ausweitung betrieblicher Alterssicherung zu erreichen, wird über Möglichkeiten nachgedacht, die Betriebsrente für den Arbeitgeber kalkulierbarer zu machen. Dazu gehört, dass er künftig dem Beschäftigten nicht mehr eine bestimmte Leistung (defined benefit) zusichern muss, er soll stattdessen auch die Möglichkeit haben, lediglich Beitragszusagen (defined contribution) zu machen. Auf dieser gesetzlichen Grundlage könnten dann auch in Deutschland Pensionsfonds nach angelsächsischem Muster entstehen.

■ Die Grundrente

Ein anderer Weg zur Reform der Umlagesysteme wäre die Umstellung des Rentensystems auf komplette Steuerfinanzierung. Jedermann erhielte dann ohne Beitragsleistung eine steuerfinanzierte Grundrente. Für eine weitergehende Absicherung wäre jeder selbst verantwortlich. Für diesen Weg, der in Deutschland bisher nicht ernsthaft erwogen worden ist, wirbt seit langem der sächsische Ministerpräsident Kurt Biedenkopf. Sein vom Institut für Wirtschaft und Gesellschaft (IVG) in Bonn weiterentwickeltes Konzept einer solidarischen Grundrente sieht einen Rentenanspruch von netto 1300 DM vor. Zur Finanzierung müssten die direkten Steuern auf Gewinn und Einkommen um die Hälfte erhöht werden, die indirekten Steuern um gut ein Viertel. Ihre Befürworter argumentieren, die Grundrente sei unabhängiger von Bevölkerungs- und Arbeitsmarktentwicklungen. Gegner warnen, sie sei leistungsfeindlich und für politischen Missbrauch anfällig. Erste Schritte zur Grundrente plant die rot-grüne Koalition. Sie will zwar am bestehenden Beitragssystem festhalten, jedem Rentner bei Bedürftigkeit jedoch eine von Beitragsleistungen unabhängige Mindestrente geben.

■ Die Arbeitslosenversicherung

Arbeitslosigkeit gehört zu den großen Risiken jedes Arbeitnehmers in der Marktwirtschaft. Eine Absicherung durch private Versicherungen läge in einer liberalen Ordnung nahe. Doch ist dies nicht so einfach. Dann bestünde die Möglichkeit, dass ältere, behinderte und ungelernte Arbeitnehmern oder Beschäftigte in bedrohten Wirtschaftszweigen sich nicht versichern können. Zumindest müssten sie mit deutlich höheren Beiträgen rechnen. Auch könnte mancher darauf spekulieren, dass ihn die Allgemeinheit schon unterstützt, wenn er in Not geraten sollte – und erspart sich selbst die Beiträge für die Arbeitslosenversicherung. Im Falle des Falls müsste dann die Gemeinschaft einspringen. Das spricht für eine Versicherungspflicht. Man kann disputieren, ob eine staatliche Grundabsicherung sinnvoll ist. In Deutschland gibt es ein öffentliches Auffangnetz seit 1927, als das Gesetz über Arbeitsvermittlung und Arbeitslosenversicherung in Kraft trat. Arbeitnehmer und Arbeitgeber sollten sich die Beiträge teilen. Daran hat sich nichts geändert – nur wurde aus der Reichsanstalt für Arbeitsvermittlung und Arbeitslosenversicherung nach dem Krieg die Bundesanstalt für Arbeit mit Sitz in Nürnberg. Die neue Institution wird drittelparitätisch von Arbeitgebern, Arbeitnehmern und dem Staat verwaltet. Ihre Aufgabe ist es, die betroffenen Arbeitnehmer während der Arbeitslosigkeit finanziell abzusichern. Die Leistungen hängen nur bedingt von den vorangegangenen Beitragszahlungen ab. Zugleich werden Umverteilungsziele verfolgt, beispielsweise erhalten Arbeitslose mit Kindern mehr Unterstützung als solche ohne Kinder. Mit dem Arbeitsförderungsgesetz wurde 1969 der Katalog hin zu einer aktiven Beschäftigungspolitik erweitert. Durch das Vorruhestandsgesetz von 1984 und das Altersteilzeitgesetz von 1998 sind Arbeitsmarktlasten auf die Rentenversicherung verlagert worden. Mit Abschlägen bei vorzeitigem Rentenbezug soll dies nunmehr vermieden werden. Die Bundesanstalt hat mittlerweile einen Etat von mehr als 100 Milliarden DM, etwa 45 Prozent fließen in die Beschäftigungsförderung.

In Deutschland ist die Absicherung breiter als in anderen Ländern der Europäischen Union. Nach der letzten Statistik erhalten hierzulande vier von fünf Arbeitslosen Leistungen. Im Durchschnitt der EU erhält nur jeder Zweite Mittel aus der Arbeitslosenversicherung. Besonders niedrig sind die Quoten in den südlichen Ländern. Dort bekommt nur jeder Dritte Geld vom Staat. Dagegen können in Großbritannien alle und in Dänemark sowie Schweden neun von zehn der registrierten Arbeitslosen mit finanzieller Hilfe vom Staat rechnen. In Deutschland sind die Auflagen im Vergleich zu anderen Ländern geringer, beispielsweise was die räumliche und berufliche Mobilität sowie die Begründungspflicht für abgelehnte Arbeitsangebote betrifft. Die OECD fordert schon seit längerem, weniger Mittel für den Unterhalt der Arbeitslosen auszugeben und dafür möglichst frühzeitig in deren Beschäftigung oder Qualifizierung zu investieren.

■ Soziale Absicherung bei Erwerbslosigkeit

In Deutschland gibt es zwei Formen der Unterstützung: das Arbeitslosengeld und die Arbeitslosenhilfe. Sie unterscheiden sich in ihren Leistungsumfang und der Anspruchsberechtigung. Beides setzt zunächst voraus, dass der Arbeitslose sich persönlich beim Amt meldet und prinzipiell dem Arbeitsmarkt zur Verfügung steht, also bereit ist, zumutbare Angebote anzunehmen. Andernfalls kann das Arbeitsamt die Leistungen für drei Monate sperren. Voraussetzung für den Bezug von Arbeitslosengeld ist, dass der Arbeitnehmer in den vorangegangenen drei Jahren mindestens zwölf Monate Beiträge gezahlt hat. Dann erhält er mindestens für sechs Monate Geld. Die Dauer der Leistung steigt mit dem Lebensalter und den vorangegangenen Beschäftigungszeiten. Ein Arbeitsloser, der jünger als 45 Jahre ist, kann höchstens ein Jahr Arbeitslosengeld erhalten. Die Förderungshöchstdauer steigt für Arbeitslose, die mindestens 57 Jahre alt sind, auf 32 Monate. Derzeit erhält ein Arbeitsloser mit mindestens einem Kind 67 Prozent seines früheren Nettogehalts, Arbeitslose ohne Kinder 60 Prozent (jeweils bis zu einem Höchstbetrag).

Dem Arbeitslosengeld folgt die Arbeitslosenhilfe. Dies setzt jedoch Bedürftigkeit voraus. Dafür kann sie in der Regel unbegrenzt gezahlt werden. Eigenes Vermögen und Unterhaltsansprüche gegen Dritte werden berücksichtigt. Die Sätze sind niedriger als beim Arbeitslosengeld. Arbeitslose mit mindestens einem Kind erhalten 57 Prozent des vorangegangenen Nettoeinkommens, solche ohne Kinder 53 Prozent. Das Entgelt, das dem zugrunde liegt, wird jedes Jahr um 3 Prozent vermindert. Anders als das Arbeitslosengeld ist die Arbeitslosenhilfe keine Versicherungsleistung im eigentlichen Sinne. Die Hilfe zahlt die Bundesanstalt nur im Auftrag des Bundes aus, die Leistungen werden aus dem Etat des Arbeitsministers finanziert. Der Aufwand liegt bei 22 Milliarden DM.

Der zweite Arbeitsmarkt

Die aktive Arbeitsförderung ist seit 1969 immer mehr ausgebaut worden, hat aber den Anstieg der Arbeitslosenzahlen auf mehr als 4 Millionen gleichwohl nicht verhindern können. Mit der deutschen Einheit war der Einsatz der arbeitsmarktpolitischen Instrumente massiv ausgeweitet worden. Durch Fortbildung und Umschulung, Arbeitsbeschaffungsmaßnahmen, Kurzarbeitergeld sowie durch Vorruhestand und Altersübergangsgeld sind bis zu 2 Millionen Menschen vor der Arbeitslosigkeit bewahrt worden, wie das zuständige Ministerium hervorhebt. Doch das kostete nicht nur viel Geld, sondern war auch vielfach wenig effektiv. Auf eine teure Weiterbildung folgte nur zu oft die nächste Arbeitslosigkeit. Nunmehr wird die Eingliederung von Problemgruppen in den ersten Arbeitsmarkt angestrebt. In den jüngeren Bundesländern wird die Beschäftigung älterer Arbeitsloser intensiv gefördert. Doch das alles sind Reparaturmaßnahmen. Vielfach besteht sogar die Gefahr, dass die öffentlich finanzierte Beschäftigung auf Kosten des unsubventionierten Arbeitsmarktes geht.

Negative Anreize

Zwischen sozialen Leistungen wie der Arbeitslosenhilfe und der Sozialhilfe und Arbeitseinkommen muss ein Unterschied herrschen, damit es sich lohnt, eine Beschäftigung aufzunehmen und auf die Transferzahlung zu verzichten. Dies sieht das Sozialgesetzbuch auch ausdrücklich vor. Doch in der Praxis wird das Abstandsgebot vielfach verletzt. Dies betrifft vor allem ungelernte Arbeitnehmer mit vielen Kindern. So liegt der Kinderzuschlag in der Sozialhilfe über dem Kindergeld, außerdem gibt es neben den Regelsätzen noch Geld für die Wohnungskosten und weitere Fälle wie Einrichtung, Kleider, Einschulung. Dennoch hat die rot-grüne Koalition zuletzt entschieden, die Kindergelderhöhung auch den Sozialhilfeempfängern zugute kommen zu lassen. Je höher die Sozialtransfers ausfallen, umso weniger attraktiv ist es, eine gering bezahlte Beschäftigung aufzunehmen. Das Arbeitseinkommen wird weitgehend auf die Sozialhilfe angerechnet. Der Grenzabgabensatz ist sehr hoch. Daher wird diskutiert, den Übergang zu erleichtern, indem das Entgelt weniger auf die Sozialhilfe angerechnet wird. Dies soll in Modellversuchen geklärt werden.

In der Kostenfalle

Die sozialen Leistungen sind mit den Jahrzehnten gewachsen. Der Staat gibt mittlerweile knapp ein Drittel der in Deutschland erwirtschafteten Leistung für Soziales aus. Das hat seinen Preis. Die Steuerlast und Abgabenlast spiegelt das Ausgabenverhalten wider. Die Arbeitgeber müssen daher nicht nur die Löhne zahlen, sondern auf Grund staatlicher, tariflicher und freiwillig übernommenen Verpflichtungen etwa noch einmal soviel an Nebenkosten tragen. Aber auch der Arbeitnehmer findet auf seiner Gehaltsabrechnung eine lange Liste an Abzügen. Für beide verliert ein Arbeitsverhältnis mit steigenden Sozialabgaben an Reiz. Das ist ein Grund für die hohe Arbeitslosigkeit. Beschäftigung findet nicht oder neben den herkömmlichen Wegen statt. Beide Seiten sind in einer solchen Situation verstärkt daran interessiert, ohne festen Arbeitsvertrag zusammenzuarbeiten. Dies erklärt die Entwicklung der vergangenen Jahre: Als die geringfügigen Beschäftigungsverhältnisse noch sozialversicherungsfrei waren und nur gering besteuert wurden, stieg ihre Zahl stetig an. Zugleich arbeiteten immer mehr Menschen als Selbstständige. Pauschal wuchs die Schwarzarbeit. Die rot-grüne Bundesregierung hat, um dem entgegenzuwirken, komplexe Regeln zur Identifikation von sogenannten Scheinselbständigen erlassen, um sie wieder in die Sozialversicherungen einzugliedern. Auch die geringfügigen Beschäftigungsverhältnisse hat sie neu geregelt. Die Arbeitgeber müssen nunmehr auch für sie an die Sozialversicherungen zahlen. So soll die Aufspaltung regulärer Arbeitsplätze gestoppt werden. Zugleich wird dieser Bereich verstärkt kontrolliert. Die Menschen und Unternehmen werden jedoch nach neuen Wegen suchen, um die teuren Sozialversicherungen zu vermeiden. Wirtschaft und Arbeitsmarkt befinden sich in einer Kostenfalle.

Wurzelbehandlung

Wer die Arbeitslosigkeit bekämpfen will, darf nicht an Symptomen kurieren, sondern muss an den tiefer liegenden Ursachen ansetzen. Angebot und Nachfrage nach Arbeit sind nicht gottgegeben, sondern hängen von den Rahmenbedingungen ab. Entscheidend ist der Ertrag der Arbeit im Verhältnis zu den Lohnkosten. Das ist wieder abhängig von Tarifverträgen und Sozialpolitik. Als Faustformel gilt: In Zeiten hoher Arbeitslosigkeit sollte die Produktivität stärker steigen als die Löhne einschließlich aller Nebenkosten. Da die Arbeitsmarktpolitik selbst in Lohnkosten eingeht, wirken sich jede Ausweitung von Leistungen und Fördermittel negativ auf den ersten

Arbeitsmarkt aus. Nachdem die gesamten Sozialversicherungsbeiträge im Zuge der deutschen Einheit auf mehr als 40 Prozent des Bruttoeinkommens gestiegen sind, hat sie die rot-grüne Koalition faktisch eingefroren. Mit der sogenannten Öko-Steuer wird der Rentenversicherungsbeitrag künstlich gedrückt. Ein größerer Teil der Ausgaben wird nicht mehr über Beiträge, sondern über Steuern finanziert. Neben dem Staat sind die Tarifparteien gefordert. Sie haben in den drei vergangenen Jahrzehnten Lohnerhöhungen verabredet, die weniger produktive Unternehmen und Menschen aus dem Markt gedrängt haben. Arbeit ist durch Maschinen ersetzen worden. Grundsätzlich müsste auf dem Arbeitsmarkt wieder stärker differenziert werden: nach der Qualifikation der Arbeitnehmer (wozu auch Abschläge für Arbeitslose gehören, um diesen den Einstieg zu erleichtern), nach der Arbeitslosigkeit in den Regionen und nach der Ertragskraft der Unternehmen. Nach vorherrschender Ansicht der Wirtschaftswissenschaftler sollte das Tarifvertragsrecht und Betriebsverfassungsrecht in diesem Sinne reformiert werden – zumindest wenn sich die Tarifparteien gegen solche Öffnungsklauseln weiterhin sperren.

■ Reparaturwerkstatt „Bündnis für Arbeit"

Die rot-grüne Bundesregierung will jedoch die Reformen nicht in eigener Verantwortung vornehmen. Vielmehr will sie zusammen mit den Gewerkschaften und Unternehmensverbänden die Maßnahmen zur Bekämpfung der Arbeitslosigkeit vereinbaren. Dazu hat sie ein „Bündnis für Arbeit, Ausbildung und Wettbewerbsfähigkeit" ins Leben gerufen. In unregelmäßigen Abständen trifft man sich auf Spitzenebene, um über die Lehrstellenlage, eine beschäftigungsorientierte Lohnpolitik oder einen vorgezogenen Ruhestand (Rente mit 60 oder Ausbau der Altersteilzeit) zu beraten. Herausgekommen sind nicht einklagbare Ausbildungszusagen und Erklärungen über eine beschäftigungsorientierte Lohnpolitik einschließlich einer Beschäftigungsbrücke zwischen Alt und Jung – womit das Problem auf die Tarifparteien zurückverlagert worden ist. So schließt sich der Kreis. Schließlich war das Bündnis eingerichtet worden, um die Folgen ihrer Absprachen zu Lasten Dritter (der Staat als Finanzier der Arbeitslosen und die Betroffenen selbst) zu korrigieren.

Ähnliche Treffen im Kanzleramt hat es allerdings unter anderen Vorzeichen schon früher gegeben. Erst sprach man unter Wirtschaftsminister Karl Schiller von der Konzertierten Aktion, dann unter Bundeskanzler Helmut Kohl vom Runden Tisch. Die Namen ändern sich, das Ziel bleibt: In kleinem

Kreis sollen sich die Vertreter der Arbeitgeber, der Arbeitnehmer und des Staates als Moderator treffen, um das jeweils zentrale Ziel im Konsens leichter erreichen zu können. Früher war es die Preisniveaustabilität, dann der Aufbau Ost, und heute ist es die Bekämpfung der Arbeitslosigkeit. Dabei geht es immer auch um die tarifpolitische Strategie. Will man über moderate Lohnerhöhungen mehr Beschäftigung schaffen oder die Arbeit mit einer Begrenzung der Überstunden und einem früheren Renteneintritt umverteilen? Hinter den Antworten stehen unterschiedliche Interessen und wirtschaftspolitische Überzeugungen. Daher laufen solche Konsensrunden Gefahr, entweder sich in wenig aussagekräftigen Allgemeinplätzen zu verlieren, oder am internen Konflikt zu scheitern. Sie werden später reanimiert, da eine Bündnisrunde der Regierung die Chance bietet, Verantwortung zu delegieren und Handeln vorzutäuschen. Doch das geht auf Kosten der marktwirtschaftlichen und demokratischen Ordnung. Das „Kartell der Tarifparteien" soll mit einem neuen institutionellen Überbau gerettet werden. Andere Interessengruppen sind ausgesperrt, ebenso die Abgeordneten, die später den Bündnisvereinbarungen in Gesetzesform zustimmen müssen. Das belastet das Selbstverständnis und die Arbeit des Bundestags. Letztlich passen Kanzlerrunden nicht zu den funktionierenden Mechanismen des Marktes und der parlamentarischen Demokratie.

■ Die Krankenversicherung

Das Gesundheitswesen ist ein gewichtiger Wirtschaftsfaktor in Deutschland und – nicht zuletzt wegen der demographischen Entwicklung einer immer älter werdenden Bevölkerung – eine Zukunftsbranche. Den Deutschen ist ihre Gesundheit jährlich rund 530 Milliarden DM wert, was mehr als zehn Prozent des Bruttoinlandsprodukts entspricht. Mehr als vier Millionen Menschen arbeiten im Gesundheitssektor. Über 45 Prozent der Kosten des Gesundheitswesens werden von der gesetzlichen Krankenversicherung beglichen; weitere wichtige Leistungsträger sind die privaten Versicherungen, die Pflege-, die Renten- und die Unfallversicherung. Die gesetzliche Krankenversicherung ist der älteste Zweig der Sozialversicherung; in ihr sind rund 90 Prozent der Bevölkerung krankenversichert. Nur wer im Jahr 2000 in Westdeutschland monatlich mehr als 6450 DM und im Osten mehr als 5325 DM verdiente, war nicht krankenversicherungspflichtig. Die Gesundheitspolitik in Deutschland ist nicht allein Aufgabe des Staates, sondern einer Vielzahl von Beteiligten. Dazu gehören neben der Bundesregierung, den Ländern und Kommunen auch die Versicherungen

Ausgaben und Einnahmen der gesetzlichen Krankenversicherung

vorläufige Werte je Mitglied 1998 in DM	West	Veränderungen zu 1997 in %	Ost	Veränderungen zu 1997 in %
Einnahmen insgesamt	5 116,71	1,94	4 120,45	– 0,14
Ausgaben insgesamt	5 074,70	2,03	4 147,57	1,41
Ausgaben im Einzelnen				
Behandlung durch Ärzte	857,09	1,72	589,52	1,92
Behandlung durch Zahnärzte	308,54	2,89	273,83	2,55
Zahnersatz	123,87	– 27,20	87,43	– 38,48
Arzneien	666,18	5,50	627,38	1,85
Heil- und Hilfsmittel	379,94	4,76	274,56	5,81
Krankenhausbehandlung	1 728,63	3,07	1 478,82	4,08
Krankengeld	278,48	3,69	244,66	6,87
Kuren (einschl. AHB)	99,28	12,26	71,30	7,31
Leistungen im Ausland	15,95	– 4,62	1,49	– 10,51
Gesundheitsförderung, soziale Dienste	26,43	7,34	23,11	0,02
Betriebs- bzw. Haushaltshilfe	12,80	3,17	1,42	7,46
häusl. Krankenpflege	63,26	3,08	45,33	– 11,36
Fahrkosten	81,68	6,11	90,34	2,85
Ausgaben für Leistungen insgesamt	4 794,16	1,92	3 910,85	0,88
Netto-Verwaltungskosten	264,01	5,45	239,51	4,72

Quelle: BMG

und ihre Selbstverwaltungen, freie gemeinnützige Organisationen, Selbsthilfegruppen und die Beschäftigten im Gesundheitswesen.

Wesentliches Merkmal der Krankenversicherung ist der Solidarausgleich zwischen Gesunden und Kranken, gut Verdienenden und weniger gut Verdienenden, zwischen Jungen und Alten, Alleinstehenden und Familien. Nichterwerbstätige Ehegatten und Kinder werden beitragsfrei mitversichert. Die gesetzlichen Krankenkassen bieten ihre weitgehend gleichen Leistungen, zu die sie der Staat verpflichtet, zu unterschiedlichen Beitragssätzen an. Dies erklären die Kassen mit der Struktur ihrer Versicherten. So verweisen die Ortskrankenkassen darauf, dass ihnen rund 40 Prozent Rentner angehörten. Auch sei bei ihnen der Anteil Arbeitsloser besonders hoch, weshalb sie hohe Kosten und weniger Einnahmen hätten. Kassen mit einer günstigen Versichertenstruktur, wie etwa die Betriebskrankenkassen, die viele jüngere und gesunde Mitglieder haben, können günstigere Beitragssätze anbieten. Wegen der unterschiedlichen Situation bei Einnahmen und Ausgaben ist 1994 der sogenannte Risikostruktur-Ausgleich (RSA) eingeführt worden, durch den übermäßige Unterschiede zwischen den gesetzlichen Krankenversicherungen austariert werden sollen. 1999 sind im Rahmen des RSA rund 23 Milliarden DM umverteilt worden, wobei allein die Ortskrankenkassen 19 Milliarden DM erhalten haben, während die Ersatzkassen 15 Milliarden DM und die Betriebs- und Innungskrankenkassen etwa fünf Milliarden DM in den RSA einzahlen mussten.

Seit einigen Jahren stehen die gesetzlichen Krankenkassen miteinander im Wettbewerb, weil die Versicherten seit 1996 ihre Kasse wechseln dürfen. Dadurch ist in jüngster Zeit eine Wanderungswelle von den teureren Orts- und Ersatzkassen zu den billigeren Betriebskrankenkassen ausgelöst worden. Diese Entwicklung hat zu Spannungen zwischen den Kassen geführt. Die Orts- und Ersatzkassen haben für die Festlegung von Mindestsätzen bei den Versicherungsbeiträgen plädiert. Die Bundesregierung will indessen die Wahlfreiheit aufrechterhalten. Vom Wettbewerb ausgenommen bleiben vorerst die Bundesknappschaft, die landwirtschaftlichen Krankenkassen sowie die Seekrankenkassen. Sie sind ausschließlich für versicherungspflichtige Bergleute, Landwirte und Seeleute zuständig.

■ Die Gesundheitsreform 2000

Die vielschichtigen Aufgaben der gesetzlichen Krankenversicherung haben einen permanenten Anstieg der Kosten zur Folge, mit dem die Entwicklung der Einnahmen nicht Schritt halten kann. So nahmen die Ausgaben in Westdeutschland 1998 gegenüber dem Vorjahr um 2,03 Prozent auf 5074 DM je Mitglied und im Osten um 1,41 Prozent auf 4147 DM zu. Dagegen legten die Einnahmen nur um 1,94 Prozent auf 5116 DM im Westen zu, während sie im Osten sogar um 0,14 Prozent auf 4120 DM abnahmen. Diese Entwicklung stimmt die Kassen, aber auch die Politik besorgt. Für die finanzielle Entwicklung werden von Kassen, Ärzten, Krankenhäusern und Politikern eine Vielzahl von Gründen genannt, wobei man sich immer wieder gegenseitig die Schuld zuschiebt. Einige Argumente seien hier aufgeführt: Die älter werdende Bevölkerung geht öfter zum Arzt, der medizinische Fortschritt bringt steigende Kosten mit sich, zu viele Ärzte und Überkapazitäten in den Krankenhäusern treiben die Ausgaben in die Höhe, die Versicherten verhalten sich bei der Nachfrage ärztlicher Leistungen unverantwortlich, die Kassen verwalten die Mittel unwirtschaftlich. Aus diesem Strauß von Argumenten suchen sich die Akteure diejenigen heraus, die ihnen im Streit um die knappen Mittel am besten passen. Während die Kassen behaupten, dass sich im Gesundheitssektor jedes Angebot seine Nachfrage selbst schaffe, weshalb es darauf ankomme die Zahl der Ärzte und Krankenhausbetten zu begrenzen, schieben die Ärzteverbände den Kassen und Politikern die Schuld zu. Sie kritisieren, dass die Patienten nicht dazu angeregt würden, sich bei Arztbesuchen wirtschaftlich zu verhalten. Schließlich kann der Patient nahezu unbegrenzt ärztliche Leistungen nachfragen, ohne dass er selbst auch nur die Rechnung zu sehen bekommt. Der Streit über den Kostenanstieg ist jedoch alt, und die politischen Parteien bemühen sich immer wieder um Kostendämpfungsgesetze, die sich in der Vergangenheit allerdings alle nicht bewährt haben.

Die rot-grüne Koalition hat Ende 1999 eine weitere Gesundheitsreform verabschiedet, mit der sie sowohl Kosten dämpfen, als auch eine von ihr als gerechter empfundene Gesundheitspolitik umsetzen will. So sind etwa Elemente der privaten Versicherungswirtschaft aus der gesetzlichen Krankenversicherung wieder herausgenommen worden, die die Vorgängerregierung eingeführt hatte. Seit dem 1. Januar 2000 gibt es keine generellen Wahlmöglichkeiten mehr zwischen Kostenerstattung und Sachleistungen, keine Rückzahlung von Beiträgen und auch keine Wahl von Selbstbehalten. Wesentliche Inhalte der Reform sind die Einführung von Fallpauschalen in Krankenhäusern, durch die Kosten gespart werden sollen. Die Stellung der Hausärzte soll gestärkt und der ambulante Sektor besser mit dem stationären verzahnt werden. Um der hohen Ausgaben für Arzneimittel Herr zu werden, wurde die Einführung einer Positivliste beschlossen, die alle Medikamente enthalten soll, die von den Kassen erstattet werden. Darüber hinaus wurde beschlossen, schrittweise von 2001 an einen neuen gesamtdeutschen Risikostruktur-Ausgleich einzuführen, durch den die Ost-Krankenkassen gestärkt werden sollen.

Mit der bisherigen Gesundheitsreform 2000 ist aber außerhalb der rotgrünen Koalition niemand zufrieden. Weder die Kassen noch die Ärzte glauben, dass die drängenden Probleme dadurch besser beherrschbar werden. Deshalb wird der Streit über eine Reform des Gesundheitswesens fortgesetzt. Vermutlich lassen sich die notwendigen Strukturveränderungen nur im überparteilichen Konsens erreichen. Es geht aber nicht nur um den Abbau von Überkapazitäten bei Krankenhäusern und Ärzten. Auch der Risikostruktur-Ausgleich muss in Zukunft weiter überarbeitet werden. Ein Gremium von Wissenschaftlern soll den Risikostruktur-Ausgleich überprüfen und dem Bundestag bis März 2001 die Ergebnisse dieser Untersuchung vorlegen. Die Pflegeversicherung soll ebenfalls umgestaltet werden.

Die Pflegeversicherung

Die Struktur der Gesellschaft ändert sich. Sie wird nicht nur immer älter; es gibt auch weniger Familien, dafür aber immer mehr Alleinstehende. Das bedeutet, dass es zunehmend mehr Menschen gibt, die – im Alter, oder weil sie behindert sind – der Pflege bedürfen. Diese Pflege wird zunehmend weniger von anderen Familien-Mitgliedern übernommen, sondern als gesamtgesellschaftliche Aufgabe empfunden. Aus diesem Grund ist nach langen Diskussionen am 1. Januar 1995 die obligatorische Pflegeversicherung unter dem Dach der gesetzlichen Krankenversicherung eingeführt worden. Die Pflegekassen sind eigenständige Körperschaften des öffentlichen Rechts, organisatorisch sind sie aber den Krankenkassen angegliedert. Sie verfügen über kein eigenes Verwaltungspersonal und bedienen sich des medizinischen Dienstes der Krankenversicherung. Die Pflegekassen erstatten ihre Verwaltungskosten den Krankenkassen und übernehmen pauschal 50 Prozent der Kosten des Medizinischen Dienstes der Krankenversicherung. 1998 betrug der Ersatz der Verwaltungskosten rund eine Milliarde DM, hinzu kamen die Aufwendungen für den Medizinischen Dienst, über 450 Millionen DM.

Der Aufbau einer solchen Pflegeversicherung dauert Zeit. Deshalb ist für die Gewährung von Leistungen eine Vorversicherungzeit Bedingung, die seit dem 1. Januar 2000 fünf Jahre innerhalb der letzten zehn Jahre vor der Antragstellung beträgt. Auf diese Weise ist es gelungen, bis Ende 1998 Überschüsse von rund 9,8 Milliarden DM anzuhäufen. Seither hat die Bundesregierung der Versicherung aber jährlich Mittel von rund 400 Millionen DM entzogen, um damit den Bundeshaushalt zu sanieren. Wie das Bundesfinanzministerium im Frühjahr 2000 in einem Bericht für den Bundestag wissen ließ, muss die Pflegeversicherung bis 2003 mit Defiziten rechnen, die jährlich bis zu 700 Millionen DM erreichen dürften. Das Ministerium ist aber der Meinung, dass diese Defizite nicht von Dauer sein werden, da die Einnahmen auf Basis der dem Rentenversicherungsbericht 1999 zugrunde liegenden Eckwerte schneller wachsen werden als die Ausgaben. Trotzdem bleibt die Pflegeversicherung permanent dem Risiko ausgesetzt, dass ihre Mittel auf längere Sicht nicht ausreichen. Gleichwohl hat es sich die Bundesregierung in der Koalitionsvereinbarung zum Ziel gesetzt, die Qualität der Pflege und die Betreuung der Pflegebedürftigen trotz eingeschränkter Finanzspielräume zu verbessern. Dabei soll die Rücklage der Pflegeversicherung vorrangig für die dauerhafte Stabilisierung des Beitragssatzes verwendet werden. Dieser ist gesetzlich auf 1,7 Prozent festgesetzt

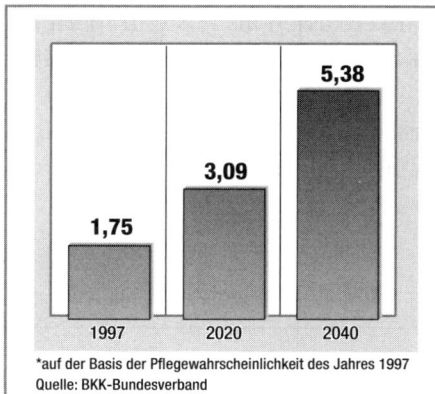

Entwicklung der Pflegebedürftigkeit

Pflegebedürftige in Millionen*

5,38

3,09

1,75

1997   2020   2040

*auf der Basis der Pflegewahrscheinlichkeit des Jahres 1997
Quelle: BKK-Bundesverband

worden, wobei auch hier die Arbeitgeber – wie bei der gesetzlichen Krankenversicherung – die Hälfte des Beitrages tragen. Der Pflegeversicherung ist von Anfang an bewusst ein enger finanzieller Rahmen gesteckt worden. Damit war klar, dass die Versicherung keineswegs den gesamten Bedarf abdecken können würde, der mit der Pflegebedürftigkeit verbunden ist. Es ging vielmehr immer nur um eine Teilabsicherung gegen das Risiko der Pflegebedürftigkeit. Die Versicherung kann also nur Zuschüsse zu den Kosten einer häuslichen oder vollstationären Pflege leisten. Der Bundesregierung ist daran gelegen, die Versicherung zur Betreuung Demenzkranker und die teilstationäre Pflege auszubauen. Damit sind allerdings hohe Kosten verbunden. Der Aufwand für die Behandlung in Pflegeheimen wird auf etwa drei bis 3,2 Milliarden DM jährlich geschätzt. Die gesetzlichen Krankenkassen plädieren dafür, die eigenständige Pflegeversicherung aufzugeben und deren Aufgaben vollständig bei den gesetzlichen Kassen zu integrieren. Dadurch würde natürlich das Gewicht der gesetzlichen Kassen zunehmen. Sie argumentieren allerdings, dass die Pflegeleistungen auf diese Weise effizienter und kostengünstiger erbracht werden könnten.

■ Mehr Wettbewerb

Der Gesundheitssektor ist insgesamt wenig wettbewerbsorientiert organisiert. Alle Bundesregierungen haben bisher gerade auf diesem Gebiet dem Wettbewerb misstraut und auf die soziale Bedeutung einer umfassenden medizinischen Betreuung verwiesen. Daran soll sich auch trotz wachsender finanzieller Engpässe nichts ändern. Gleichwohl wäre es sinnvoll, über einige Wettbewerbselemente nachzudenken. So sollten die Krankenkassen nur noch einen Regelleistungskatalog vorhalten, der politisch festgelegt werden müsste. Weitergehende Leistungen wären von den Kunden freiwillig und zusätzlich zu versichern. Der Wettbewerb würde es mit sich bringen, dass die Kassen bemüht wären, die gesundheitlichen Regelleistungen in ordentlicher Weise zu erbringen, da sie sonst bald keine Versicherten mehr hätten, weil diese zur Konkurrenz abgewandert wären. Um das Gesundheitssystem transparenter zu machen und die Kostenkontrolle zu verbessern, sollten Direktverträge zwischen den Ärzten und Krankenhäusern als Leistungserbringern und den Krankenkassen als Kostenträgern abgeschlossen werden. Damit müssten die Kassen nicht länger mit ineffizient wirtschaftenden – also im wettbewerblichen Vergleich teuren – Ärzten und Krankenhäusern zusammenarbeiten. Die Politik, Ärzte und Kassen wären gut beraten, neue Überlegungen vorurteilslos zu diskutieren, anstatt auf überholten Reformkonzepten zu beharren.

9. Die Verkehrspolitik

■ Das Netzwerk für den Standort

Fortbewegung ist ein Grundbedürfnis des Menschen. Für den Erfolg in einer arbeitsteiligen Wirtschaft spielt die Mobilität eine entscheidende Rolle. Wachstum, Wohlstand und wettbewerbsfähige Arbeitsplätze sind ohne sie nicht denkbar. Die Globalisierung fordert und fördert die Mobilität heute mehr denn je – selbst im Internet-Zeitalter. Wenn der Transport nicht virtuell substituiert werden kann, ist die unvermeidliche Konsequenz von Ortsveränderungen der Verkehr. Ein leistungsfähiges Verkehrssystem ist deswegen eine der wichtigsten Voraussetzungen für die Wettbewerbsfähigkeit der Wirtschaft. Wirtschaftswachstum ohne Verkehrswachstum ist (noch) eine Illusion. Bei der Standortwahl eines Unternehmens bildet die Verkehrsanbindung nicht zufällig in der Regel einen bedeutenden Faktor. Gerade die Industrie ist auf ein effizientes und kostengünstiges Transport- und Logistikangebot angewiesen, denn die Transportkosten sind ein Teil der Produktkosten.

Der Staat besitzt als größter Eigentümer der Verkehrsinfrastruktur entscheidenden Einfluss auf die Entwicklung des Verkehrs. Er muss mit seiner Verkehrspolitik dafür sorgen, dass die Infrastruktur nicht zum Engpass für die gesamte wirtschaftliche Entwicklung wird. Er muss den Rahmen für eine dauerhafte Mobilität setzen. Verkehrspolitiker müssen Visionen haben und langfristig denken, denn allein Planung und Genehmigung von Verkehrswegen dauern nicht selten 20 Jahre. Die Nutzungszeiten gehen noch weit darüber hinaus.

Der Bau von Verkehrswegen entscheidet über die Wettbewerbsfähigkeit

einzelner Regionen. Die Verkehrsplanung ist Teil der Standort- und Strukturpolitik eines Landes; dabei ist die Verkehrspolitik eng mit der allgemeinen Wirtschafts- und Umweltpolitik verknüpft. Mobilität und nachhaltiger
Klima- und Umweltschutz werden nicht selten als Gegensatz begriffen, denn
Luftverschmutzung, Lärm und Landverbrauch sind unerfreuliche Begleiter-
scheinungen von Verkehr. Der technische Fortschritt – zum Beispiel die
Entwicklung schadstoffarmer Autos und schallgedämpfter Flugzeuge – oder
die Verkehrslenkung durch Telematik und Tempolimits können nur in begrenztem Maße zur Schonung der natürlichen Ressourcen beitragen. Einen
Ausgleich zwischen widerstreitenden Interessen zu finden, wie sie etwa
beim Bau einer Straße oder eines Flughafens entstehen, ist deshalb auf
Dauer eine Aufgabe der Politik im Bund, in den Ländern und Kommunen.

■ Das Verkehrswachstum und die Finanzierung

In Deutschland, in Europa und in der Welt wächst das Verkehrsaufkom-
men. Bis zum Jahr 2010 wird der Straßenverkehr in Deutschland voraussichtlich um ein Drittel zunehmen; bis 2030 könnte er sich sogar verdoppeln. Im Flugverkehr wird bis 2010 mit jährlichen Wachstumsraten von
fünf Prozent beim Passagier- und Frachtaufkommen sowie den Flugbewe-
gungen gerechnet. Das Verkehrswachstum in einem dichten Netz behindert die Mobilität: Stauungen auf Straßen sind gang und gäbe; auch bei
der Eisenbahn und in der Luft führen knapper werdende Kapazitäten immer häufiger zu Verspätungen. Nach Berechnungen des ADAC werden
täglich im Stau auf Deutschlands Straßen 33 Millionen Liter Sprit vergeudet.
Dabei gehen 13 Millionen Stunden Zeit durch unproduktives Ausharren
verloren. Der volkswirtschaftliche Schaden wird auf rund 200 Milliarden DM im Jahr beziffert.
Die Gestaltungsmöglichkeiten der Verkehrspolitiker sind wesentlich geprägt durch die Höhe der öffentlichen Mittel. So stehen dem Aus- und
Neubau sowie der Sanierung von Verkehrswegen – abgesehen von umwelt-
politischen Erwägungen, die manches Vorhaben eher als Fluch denn als
Segen erscheinen lassen – finanzielle Probleme entgegen. Der Etat des
Bundesverkehrsministeriums ist zwar mit einem Volumen von rund 50
Milliarden DM (2000) nach wie vor einer der größten Einzelposten des
Bundeshaushalts. Doch die Sparpläne des Bundes nehmen auch den Ver-
kehrshaushalt nicht aus. Immer weniger Geld steht für Investitionen in die
Infrastruktur zur Verfügung. In den Jahren 1999 bis 2002 werden insgesamt
rund 70 Milliarden DM dafür ausgegeben. Die Haushaltsmittel sollen in

nächster Zeit besonders dahin gelenkt werden, wo Engpässe im Straßen-, Schienen- und Wasserstraßennetz zu entschärfen sind.

Der Bundesverkehrswegeplan von 1992, mit dem kurz nach der deutschen Einheit der Ausbaubedarf des deutschen Fernstraßennetzes bis zum Jahr 2012 ermittelt wurde, hat sich nicht einmal ein Jahrzehnt später als „Wunschzettel" erwiesen. Der Plan ist „unterfinanziert"; für seine Umsetzung fehlen dem Bund rund 90 Milliarden DM. Um jedes einzelne Vorhaben wird zwischen Regierung und Opposition heftig gerungen. Denn die Projekte sind auch Motoren für den Arbeitsmarkt: Ein Investitionsvolumen von einer Milliarde DM sichert durchschnittlich 12 000 Arbeitsplätze, namentlich in der örtlichen Bauwirtschaft. Die Verkehrswirtschaft selbst beschäftigt direkt und mittelbar rund 4,3 Millionen Menschen in Deutschland.

Länder und Kommunen betreiben mit Rücksicht auf ihre knappen Kassen eine noch zurückhaltendere Investitionspolitik als der Bund. So sind etwa die Investitionen der Kommunen, die zu einem erheblichen Teil in Verkehrsprojekte fließen, in den vergangenen zehn Jahren von 65 auf rund 48 Milliarden DM im Jahr zurückgegangen. Der Geldmangel der öffentlichen Hand ist am Zustand vieler Straßen und Bahnstrecken abzulesen. Das gilt für die Situation in den alten und den neuen Ländern. Denn trotz der gewaltigen Anstrengungen im Rahmen der Verkehrsprojekte Deutsche Einheit, die vorwiegend den vielbenutzten Hauptadern des Straßen- und Schienenverkehrs gelten, bleibt der Investitionsbedarf im Osten Deutschlands hoch. In der Zeit von 1991 bis 1998 wurden in den neuen Ländern 76 Milliarden DM in Verkehrsvorhaben investiert (davon 69 Milliarden DM in die Einheitsprojekte), 40 Prozent des gesamten deutschen Investitionsvolumens. Im Westen werden indes kaum mehr neue Straßen und Bahnstrecken gebaut.

Die private Finanzierung von Verkehrswegen, für die verschiedene Konzessions- und Betreibermodelle existieren, ist eine bislang spärlich genutzte Chance. Dabei ist der Einwand, der Staat begebe sich in eine verdeckte Verschuldung, wenn er Modelle privater Vorfinanzierung wähle, die später wegen der Zinsverpflichtungen teurer würden als ein reines Staatsprojekt, nicht ganz von der Hand zu weisen. Der hoheitliche Auftraggeber darf im Rahmen einer „public-private-partnership" nicht so stark in ein privates Modell verwickelt werden, dass der private Betreiber kein wirtschaftliches Risiko mehr trägt. Über privatwirtschaftliche Modelle, die diese Voraussetzung erfüllen, wird jedoch in Zukunft mehr nachgedacht werden, wenn Infrastruktur-Engpässe abgebaut werden sollen. Die derzeit geltenden gesetzlichen Beschränkungen für privat finanzierten Verkehrsvorhaben stehen auf dem Prüfstand. Allerdings dürften private Projekte, die sich etwa über Nutzungsgebühren finanzieren müssten, nicht selten an mangelnder Wirtschaftlichkeit scheitern.

■ Die Liberalisierung in Europa

Das Zusammenwachsen Europas hat den Blick für die Notwendigkeit einer grenzüberschreitenden Infrastruktur geschärft: Transeuropäische Netze sollen geschaffen werden; dafür vergibt die Europäische Union (EU) Mittel. Viele EU-Länder wie Frankreich, Italien und Spanien haben ihre Autobahnnetze in den vergangenen Jahren stark ausgebaut. Mit der Entstehung eines gemeinsamen europäischen Binnenmarktes hat sich auch die nationale Verkehrspolitik mehr und mehr nach Brüssel verlagert. Der deutsche Verkehrsmarkt war traditionell durch eine starke Regulierung geprägt, etwa durch Marktzutrittsschranken wie Kontingente und Konzessionen oder staatlich festgelegte Tarife. Mit der Harmonisierung der europäischen Verkehrspolitiken sind jedoch nach einem Grundsatzurteil des Europäischen Gerichtshofes, das den EU-Ministerrat zur Herstellung der Dienstleistungsfreiheit im Verkehr verpflichtete, seit Beginn der neunziger Jahre energische Liberalisierungsbestrebungen einhergegangen: Dazu zählen die Freiheit des Marktzugangs und der Preissetzung im Luftverkehr, die Kabotagefreiheit (Recht des Unternehmers zur Beförderung in anderen EU-Ländern) im Straßengüterverkehr und in der Binnenschifffahrt, die Abschaffung der obligatorischen Tarife im Straßengüterverkehr, in der Binnenschifffahrt und bei der Eisenbahn sowie die Bahnreform und die Zulassung von Wettbewerb auf der Schiene. Die europäische Deregulierung hat die Konkurrenz und damit den Druck auf Kosten und Preise der Verkehrsunternehmen verschärft. Das gilt für Deutschland, eines der wichtigsten Transitländer im europäischen Verkehr, ganz besonders. Chancengleichheit im Wettbewerb ist dennoch ein Fernziel, denn nach wie vor werden die Unternehmen in den EU-Ländern bei der Besteuerung und in Haftungsfragen sehr unterschiedlich behandelt. Große Divergenzen bestehen überdies bei der Erhebung von Straßenbenutzungsgebühren.

Die Verkehrsliberalisierung in der EU verändert auch die Rahmenbedingungen für den Öffentlichen Personennahverkehr (ÖPNV). Zur Schonung der Umwelt wird die Nutzung von Bussen und Bahnen propagiert. Gut acht Prozent des Personenverkehrs übernimmt in Deutschland der ÖPNV. Vor allem in den Ballungszentren macht der öffentliche Nahverkehr, den Städte und Gemeinden als Teil ihrer „Daseinsvorsorge" für den Bürger betreiben, dem Individualverkehr Konkurrenz. Doch der Wettbewerb ist verzerrt: Über den kommunalen Querverbund wird der defizitäre ÖPNV jedes Jahr mit Milliardenbeträgen subventioniert. Meistens nutzen die Kommunen dazu die Gewinne aus anderen Sparten ihrer Stadtwerke, zum Beispiel aus der Stromerzeugung. Die EU-Kommission hat an dieser Beihilfepraxis Anstoß genommen. Eher früher als später wird der steuerliche Querverbund im europäischen Kontext nicht mehr zu halten sein. Ein Umdenken bei der Finanzierung des Nahverkehrs ist deshalb angebracht. Die Kommunen schließen in einem solchen Fall die Erhebung einer Nahverkehrsabgabe oder Steuererhöhungen nicht aus.

■ Der Straßenverkehr

Die Straße trägt in Deutschland die Hauptlast der Mobilität: Mehr als 80 Prozent des individuellen Personenverkehrs und fast 70 Prozent des Güterverkehrs werden über die Straße abgewickelt. 1999 waren in Deutschland mehr als 42 Millionen Personenfahrzeuge zugelassen. Vor allem kurze Strecken werden mit dem Fahrzeug bewältigt. Das gilt auch für den Güterverkehr: Rund 80 Prozent der Transporte entfallen auf Strecken von weniger als 100 Kilometern Länge.

Die Straßen verfallen, obwohl die Straßenbenutzer immer mehr zahlen: So hat die Einführung der Ökosteuer im Jahr 1999, die in Stufen steigt, die Mineralölsteuer weiter verteuert. Die Belastung der Autofahrer und Transportunternehmer mit der Kraftfahrzeug- und Mineralölsteuer sowie Autobahngebühren (für Lastwagen), die 1999 noch bei rund 85 Milliarden DM lag, wird im Jahr 2003 rund 100 Milliarden DM erreichen. Indes werden die Einnahmen aus der Straßenbenutzung nicht durchweg zweckgebunden für die Infrastruktur verwendet. Nur rund ein Drittel geht zurück in den Straßenbau. Der überwiegende Anteil der Mineralsteuer beispielsweise fließt in die allgemeinen Haushaltmittel; die Ökosteuer wird zu einem erheblichen Teil zur Finanzierung der gesetzlichen Rentenversicherung verwendet. Während ein „Road-Pricing" für Personenfahrzeuge zurzeit nicht geplant ist, droht dem Güterverkehr auf Bundesautobahnen die Erhebung einer entfernungsabhängigen Lastwagen-Maut bis zum Jahr 2003. Die deutsche Wirtschaft lehnt diese Pläne ab. Schon seit 1995 muss das Güterkraftgewerbe für Lastwagen eine zeitbezogene Vignettengebühr zahlen. Begründet werden Abgaben für die Straßennutzung zumeist damit, dass auch die vom Verkehr verursachten Kosten, die nicht in private Rechnungen flössen, aufgebracht werden müssten. Die Berechnung dieser Kosten und ihre Zuordnung auf die einzelnen Verkehrsträger als „Verursacher" ist sehr umstritten. Die EU-Kommission beziffert im Grünbuch „Faire und effiziente Preise im Verkehr" die externen Kosten (Umwelt-, Unfallfolge- und Staukosten), welche die Allgemeinheit trage, auf rund 500 Milliarden DM im Jahr in Europa; sie rechnet diese Kosten zu 90 Prozent dem Straßenverkehr zu. Die Kommission folgert daraus, dass der Straßenverkehr, würde er seine tatsächlichen Wegekosten tragen, erheblich an Attraktivität gegenüber der Schiene verlöre. Sie befürwortet zur besseren „Kostenwahrheit" Straßenbenutzungsgebühren. Eine im Frühjahr 2000 veröffentlichte Studie des Deutschen Instituts für Wirtschaftsforschung (DIW) kommt dagegen zu dem Ergebnis, die Benutzer der deutschen Straßen in Personen- und Nutzfahrzeugen deckten durch ihre Steuern und Abgaben die Wegekosten vollständig.

Die Bahn

Seit der Bahnreform von 1994 sucht die Deutsche Bahn AG unter wechselnden Vorständen ihren Weg von der „Behördenbahn" zu einem wettbewerbsfähigen Unternehmen, einem europäischen Anbieter von Logistik-Dienstleistungen. Sie muss sich mit anderen Verkehrsträgern in Deutschland, vor allem Auto und Flugzeug, sowie mit anderen europäischen Bahnen messen. Die Bahn besitzt, obwohl in Deutschland rund 130 private Bahnen ihre Dienste anbieten, als Schienenanbieter nach wie vor fast ein Monopol. Das Unternehmen soll, so sieht es die Bahnreform vor, im Jahr 2003 die Kapitalmarktfähigkeit erreichen. Zu diesem Zweck soll sie bis dahin einen jährlichen Gewinn von bis zu fünf Milliarden DM erzielen. 2003 enden die Zuwendungen des Bundes für die Finanzierung von Investitionen auf dem Gebiet der ehemaligen DDR-Reichsbahn sowie der beamtenrechtlichen Ansprüche durch das Bundeseisenbahnvermögen, die derzeit noch einen zweistelligen Milliardenbetrag im Jahr ausmachen. Eine Veräußerung von Bahn-Anteilen an private Eigner kommt dann in Betracht, ist allerdings durch das Grundgesetz auf eine Minderheit beschränkt.

Die Bahn befindet sich in einem Zwiespalt zwischen Politik und Markt, zwischen der Erfüllung eines Versorgungsauftrages und gewinnorientierter Geschäftstätigkeit. Dadurch verbietet sich die einseitige Konzentration auf lukrative Strecken. Das Schienennetz muss auf Haupt- und Nebenstrecken modernisiert und ausgebaut werden. Denn die Bahn muss ihr Angebot verbessern und Kundennähe beweisen, um nicht Fahrgäste im Nah- und Fernverkehr an den Individualverkehr zu verlieren. Ihr Marktanteil im Personenverkehr ist ohnehin schon auf weniger als sieben

Prozent geschrumpft. Anderen Anbietern muss sie den Zugang zum Netz gewähren, überhöhte Trassenpreise dürfen sich nicht als Hürden für den Wettbewerb erweisen. Wegen der geringeren Geschwindigkeit und Flexibilität wird die Bahn im Güterverkehr der Straße auf mittlere Sicht keine hohen Marktanteile abnehmen können; das gilt vor allem für die kurzen Entfernungen bis 100 Kilometer. Ihr Marktanteil im Gütertransport liegt derzeit bei gut 15 Prozent. Die Hoffnungen richten sich vor allem auf den kombinierten Verkehr, die Verknüpfung von Bahn und Lastwagen. Nur in logistischen Komplettlösungen für lange Distanzen liegt eine Chance, einen Teil des prognostizierten Wachstums im Straßengüterverkehr auf die Schiene zu verlagern. Effiziente Umschlaganlagen als Schnittstellen sind eine entscheidende Voraussetzung, wenn dieses Prinzip (auch grenzüberschreitend) funktionieren soll. Kapazitätsprobleme sind aber auch durch andere Kooperationen besser in den Griff zu bekommen, etwa durch Vernetzung von Schiene und Straße im Personenverkehr sowie von Bahn und Flugzeug. Bisher entfällt auf den kombinierten Verkehr allerdings nur ein geringer Teil des Marktes, viele Güterverkehrszentren (Transportgewerbegebiete mit Schienen- und/oder Wasserwege-Anschluss) sind nicht ausgelastet.

Die Idee, den Schienenverkehr durch den Einsatz von Höchstgeschwindigkeitszügen zwischen den Ballungszentren attraktiver zu machen und so wachsende Verkehrsströme umzulenken, hat einen Dämpfer bekommen. Nach jahrelangen Planungen wurde Anfang 2000 das Vorhaben „Transrapid" wegen der hohen Rentabilitätsrisiken für die Bahn als Betreiber vorerst aufgeben. Auf der Strecke zwischen Berlin und Hamburg sollte von 2006/2007 an die Magnetschnellbahn mit einem Tempo von bis zu 400 Stundenkilometern fahren. Offiziell wird zwar nach einer anderen Referenzstrecke gesucht, doch die Chancen für die Realisierung des technisch faszinierenden, aber betriebswirtschaftlich umstrittenen Transrapid scheinen derzeit sehr klein.

▮ Luftverkehr

Das Flugzeug hat sich in den vergangenen Jahren auf langen, mittleren und sogar auf kurzen Strecken für viele Geschäfts- und Privatreisende sowie für Frachtkunden zum Verkehrsmittel der Wahl entwickelt. Die europäische Liberalisierung hat das Angebot auf vielen Strecken verbilligt. In der Personenbeförderung entfällt auf das Flugzeug inzwischen ein Marktanteil von gut vier Prozent; in der Güterfracht ist es lediglich 0,1 Prozent. Mit der Globalisierung wächst der Kapazitätsbedarf, besonders an den internationalen Luftdrehkreuzen. Das führt zu einer Überlastung des Luftraums, zu Verspätungen in der Luft und zu Wartezeiten am Boden. Inzwischen startet jedes dritte Flugzeug in Europa unpünktlich. Schätzungen zufolge kosten die Verspätungen im Flugverkehr allein die Fluggesellschaften jährlich mehr als fünf Milliarden DM. Um eine weitere Zuspitzung zu vermeiden, müssen die deutschen Flughäfen ausgebaut werden. Viele von ihnen, die im Jahr 2000 annähernd 140 Millionen Fluggäste aufgenommen haben, werden den Mengenanforderungen schon heute nicht mehr gerecht. Bisher haben allerdings der Bau und die Erweiterung von Flughäfen nicht Eingang in den Bundesverkehrswegeplan gefunden. Mindestens ebenso wichtig wie der Flughafenausbau erscheint die Stärkung und Harmonisierung der zahlreichen europäischen Flugsicherungssysteme. Viele der zurzeit 68 nationalen Kontrollzentralen leiden unter Kapazitätsproblemen. Hier wird vielfach eine Privatisierung gefordert. Helfen könnte auch eine gemeinsame europäische Luftraumplanung ohne nationale Grenzen und militärische Sperrzonen.

Die nationalen Fluggesellschaften sind dazu übergegangen, immer größere internationale Allianzen zu bilden, um im Wettbewerb bestehen zu können. Zu dieser Entwicklung hat die seit 1993 geltende Preisfreiheit innerhalb der EU beigetragen. Die Kartellbehörden haben den Gesellschaften Konzentration gestattet und sie bei umfassenden Kooperationen gewähren lassen. Die Fluggesellschaften tragen die Wegekosten des Luftverkehrs über Start- und Landegebühren sowie durch ihre Beiträge zur Flugsicherung. Die Forderung von Umweltschützern, auch Flugkraftstoffe zu besteuern, hat sich hingegen nicht durchsetzen können.

■ Die Schifffahrt und die Fernleitungen

Die Binnenschifffahrt gilt im Gütertransport als Reservekapazität für Schiene und Straße. Auch See- und Küstenschifffahrt verfügen über freie Kapazitäten. Ihr Vorteil ist der sichere, energiesparende Transport, ihr Nachteil das langsame Tempo und die geringe Flexibilität. Dass die Binnenschifffahrt lange ein besonders stark regulierter Verkehrsmarkt war, wirkt bis heute nach. Immer wieder griff der Staat etwa mit Abwrackaktionen in den Markt ein. Die Flotte ist deswegen stark veraltet, Neubauten werden fast gar nicht mehr in Dienst gestellt, eine Strukturerneuerung lässt auf sich warten. Derzeit hat die auf Rohstoffe und Massengüter ausgerichtete Binnenschifffahrt einen Anteil von 13,5 Prozent am Güterverkehr in Deutschland. Dabei erreicht das Wasserverkehrsnetz mit rund 7300 Kilometern

Länge immerhin fast zwei Drittel des Autobahnnetzes. Doch die verladen-
den Unternehmen sehen ihre Anforderungen nicht erfüllt. Eine Modernisierung der Schifffahrtswege wird dringend angeraten. Dennoch hinkt das
Investitionsvolumen deutlich hinter Schiene und Straße her: Von den 17
Verkehrsprojekten Deutsche Einheit betrifft nur eines die Wasserwege, nämlich den Ausbau des Mittellandkanals, der Ost-West-Verbindung von Berlin
nach Hannover, mit der Herstellung des Wasserstraßenkreuzes Magdeburg.

Der Anteil der Fernleitungen für Erdöl und Mineralölprodukte am Gütertransport ist in den vergangenen Jahren vor allem durch die höheren Importe russischen Erdöls wieder geringfügig auf gut drei Prozent gewachsen.

10. Die Umweltpolitik

■ Leitbild Nachhaltigkeit

Globalisierung gibt es nicht nur auf den Märkten, sondern auch in der
Umweltpolitik. Die großen Probleme sind zu Beginn des 21. Jahrhunderts
globaler Natur, wie gebräuchliche Schlagworte zeigen: Treibhauseffekt, Ozon-
loch, bedrohte Tiger und Tropenwälder, umkämpftes Süßwasser. Das wirkt
sich aus. Die Umweltpolitik ist zunehmend international geworden. Ein Meilenstein wurde dafür 1992 mit dem sogenannten Erdgipfel von Rio de Ja-
neiro gesetzt. Seitdem ist das Wort Nachhaltigkeit in aller Munde. Geprägt
hatte den Begriff der nachhaltigen Entwicklung die Brundtland-Kommis-
sion. Die Vollversammlung der Vereinten Nationen hatte 1983 die „Weltkom-
mission für Umwelt und Entwicklung" eingesetzt, die fortan nach ihrer
Vorsitzenden, der damaligen norwegischen Ministerpräsidentin Gro Har-
lem-Brundtland, benannt werden sollte. Ihre Definition lautete: „Die gegenwärtige Generation soll ihren Bedarf befriedigen, ohne die Fähigkeit künftiger Generationen zur Befriedigung ihres eigenen Bedarfs zu beeinträchtigen."

Seit Rio wird die enge Verbindung von Umweltschutz und Entwicklung
beschworen. Konkret heißt das: Wenn die Menschen in der Dritten Welt
aus nackter Not Wälder zu Feldern machen, dann bekommt das langfristig
auch der Rest der Welt beim Klima zu spüren. Umwelt, Wirtschaft und
soziale Sicherheit gelten daher als eng miteinander verwoben. Sie sind die
Eckpunkte eines Zieldreiecks, das hinter dem neuen Leitbild steht. Die
neuen Nachhaltigkeitsregeln lauten etwas vereinfacht und verkürzt: Es darf
nicht mehr Wald geschlagen werden, als nachwächst (Regenerationsfähig-
keit). Es dürfen nicht mehr Kohlendioxyd und andere Gase und Stoffe emit-

Kohlendioxyd-Emissionen
Veränderung gegenüber 1990 in Prozent

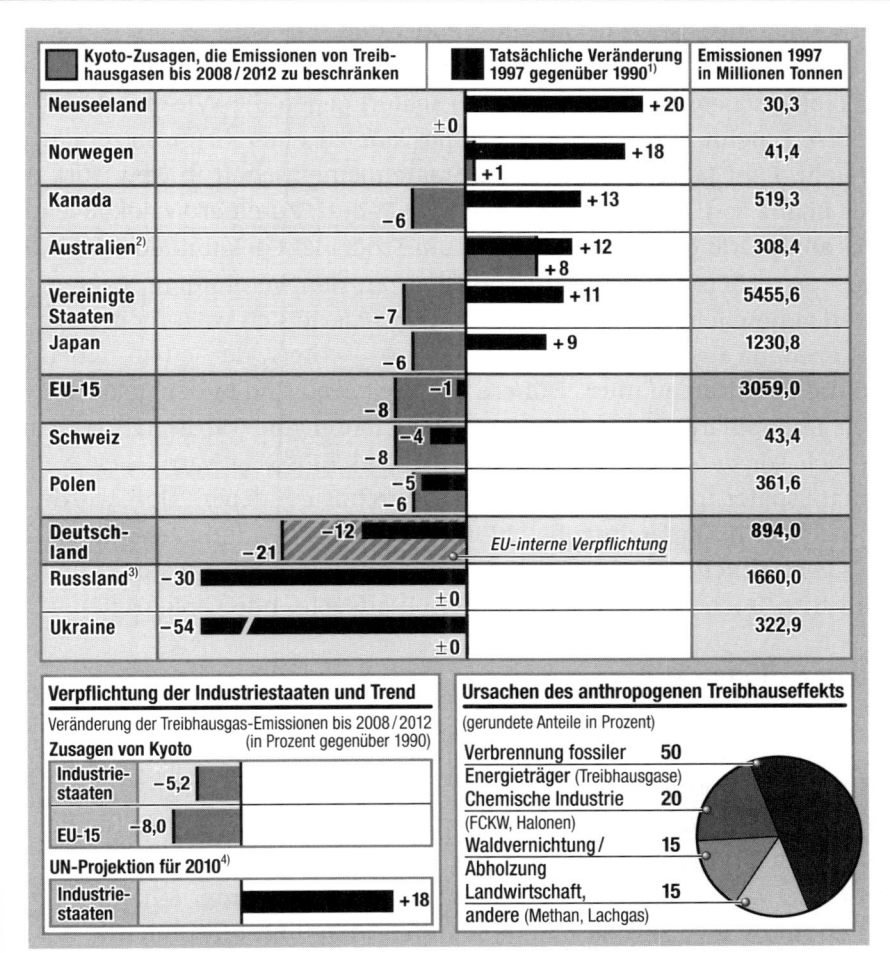

	Kyoto-Zusagen, die Emissionen von Treibhausgasen bis 2008/2012 zu beschränken	Tatsächliche Veränderung 1997 gegenüber 1990[1]	Emissionen 1997 in Millionen Tonnen
Neuseeland	±0	+20	30,3
Norwegen	+1	+18	41,4
Kanada	−6	+13	519,3
Australien[2]	+8	+12	308,4
Vereinigte Staaten	−7	+11	5455,6
Japan	−6	+9	1230,8
EU-15	−8	−1	3059,0
Schweiz	−8	−4	43,4
Polen	−5 / −6		361,6
Deutschland	−21	−12	894,0
Russland[3]	−30	±0	1660,0
Ukraine	−54	±0	322,9

EU-interne Verpflichtung

Verpflichtung der Industriestaaten und Trend

Veränderung der Treibhausgas-Emissionen bis 2008/2012 (in Prozent gegenüber 1990)

Zusagen von Kyoto

| Industriestaaten | −5,2 |
| EU-15 | −8,0 |

UN-Projektion für 2010[4]

| Industriestaaten | +18 |

Ursachen des anthropogenen Treibhauseffekts

(gerundete Anteile in Prozent)

Verbrennung fossiler Energieträger (Treibhausgase)	50
Chemische Industrie (FCKW, Halonen)	20
Waldvernichtung/ Abholzung	15
Landwirtschaft, andere (Methan, Lachgas)	15

1) Nicht berücksichtigt sind Emissionen aus: dem internationalen Transportverkehr mit Schiff oder Flugzeug, der Verbrennung von Biomasse, der Land- und Forstwirtschaft. 2) Stand: 1996. 3) Stand: 1994. 4) Michael Zammit Cutajar (Exekutivsekretär der Klimarahmenkonvention der Vereinten Nationen) im Oktober 1999.
Quellen: Zwischenstaatliche Sachverständigengruppe über Klimawandel (IPCC); Vereinte Nationen; Umweltbundesamt; Eurostat

tiert werden, als Natur und Klima langfristig verkraften (Absorptionskraft und Reinigungsfähigkeit). Und es dürfen nicht mehr Rohstoffe verbraucht werden, als künftig durch neue Techniken weniger gebraucht werden (Fortschrittseffekt) – das heißt, neue Lagerfunde, moderne Fördergeräte und größere Effizienz müssen zusammen mehr erbringen, als infolge steigender Bevölkerungszahlen und wachsender Volkswirtschaften nachgefragt wird.

Nur dann wird es beispielsweise nie dazu kommen, dass irgendwann sämtliche Ölvorkommen vollständig ausgebeutet sein werden.

1992 hatten 178 Staaten der Erde allerdings festgestellt, dass sich die Menschheit zielstrebig in die andere Richtung bewegt.

Daher haben sie die Konventionen zum Schutz des Klimas, zum Erhalt der biologischen Vielfalt und (wenig später) gegen die Wüstenbildung beschlossen. Beim Wald hat es allerdings nur zu einer Grundsatzerklärung gereicht. Fünf Jahre später, als die Staatengemeinschaft in New York erstmals Bilanz zog, hat sich daran wenig geändert. Zu einer Waldkonvention ist es allem Drängen der Deutschen zum Trotz nicht gekommen. Überhaupt sind dort größere Fortschritte vor allem an den Vereinigten Staaten von Amerika gescheitert. Ihre Delegation verweigerte sich weitergehenden Beschlüssen, da sie Widerstand im Kongress fürchtete, der jedem neuen Abkommen zustimmen muss. Höhere Energiekosten sind in dem großen Land noch unpopulärer als anderswo. Zudem hatten die Wirtschaftsverbände deutlich vor den Folgen weitergehender Beschlüsse gewarnt. Erst wenige Monate später in Kyoto sollte es einen Durchbruch geben. Dort wurde ein Protokoll zum Klimaschutz beschlossen, mit dem den Industriestaaten erstmals verbindliche Minderungsziele vorgegeben werden – wenn es denn in Kraft tritt. Doch das erforderte weitere kräftezehrende Gipfeltreffen.

▪ Ein typisches Dilemma

Der Verhandlungsmarathon, der jedem Fortschritt im Klimaschutz vorausgeht, ist typisch für die internationale Umweltpolitik. Hinter dem Feilschen um Kohlendioxyd-Emissionen und die Bedingungen für den Handel mit Verschmutzungsrechten steht das Ringen um die Wettbewerbsgleichheit. Ein Land, das entschieden vorangeht, mutet seinen Unternehmen höhere Kosten und seiner Bevölkerung einen niedrigeren Lebensstandard zu. Kein Land kann sich jedoch allein gegen den Klimawandel stemmen. Wer also beim internationalen Klimaschutz zuerst handelt, droht zu verlieren. Also passiert ohne internationale Abkommen im Zweifel nichts oder zu wenig.

Einen ähnlich gelagerten Fall kennt man aus der ökonomischen Literatur unter dem Stichwort Gefangenendilemma, wenn auch hier die Betroffenen zu ihrem gemeinsamen Schaden handeln. Dort hat man es mit zwei Bankräubern in Untersuchungshaft zu tun. Sie müssen sich entscheiden, ob sie mit dem Staatsanwalt zusammenarbeiten oder ob sie alles abstreiten. Beide sitzen in unterschiedlichen Zellen, können sich demnach nicht abstimmen. Wenn jeder alles abstreitet, dann müssen sie mangels an Beweisen freigesprochen werden. Wenn beide gestehen, werden beide zu zehn Jahren Haft verurteilt. Wenn nur einer mit dem Staatsanwalt zusammenarbeitet, bekommt er als Kronzeuge der Anklage zwei Jahre, sein sich der Zusammenarbeit verweigernder Mittäter fünfzehn Jahre. Wenn beide die riskante Strategie wählen und alles abstreiten, was ihnen die Höchststrafe einbringen kann, kommen sie sofort frei. Der wahrscheinliche Fall: beide gestehen und erhalten jeweils eine Haftstrafe von zehn Jahren, also zusammen zwanzig Jahre – das denkbar schlechteste Ergebnis. Wenn nur einer gesteht, kommen sie zusammen auf eine Gefängnisstrafe von 17 Jahren. Das suboptimale Ergebnis ist eine Folge der gegenläufigen Interessenlage und fehlender Abstimmungsmöglichkeit. Beim internationalen Umweltschutz ist der Fall ähnlich gelagert – nur stellen sich alle schlechter, wenn sie nichts tun. Dann gibt es noch mehr Treibhausgase, weniger Arten, größere Wüsten, kleinere Regenwälder und knapperes Süßwasser.

■ Ein öffentliches Gut

Ohne Absprache stellen sich alle schlechter. Dies ist kennzeichnend für eine Situation mit externen Effekten, die jedem Umweltproblem zu Grunde liegen. Luft, Urwälder, Flüsse, Meere sind öffentliche Güter, die jeder nutzen kann, aber für die sich keiner allein verantwortlich fühlt. Dabei besteht eine doppelte Verwendungskonkurrenz: das eine Mal zwischen dem unmittelbaren Konsum der Natur und seiner Inanspruchnahme als Aufnahmemedium für Emissionen aus Produktion – das andere Mal zwischen der Ausbeutung der Natur heute und der Umweltqualität künftiger Generationen. Ein rationaler Umweltpolitiker bedient sich in dem Abwägungsprozess ökonomischer Mechanismen. Dabei geht er in Schritten vor. Zunächst muss er entscheiden, welchen Umweltstandard er anstrebt – oder anders gewendet: welche Emissionen er zulassen darf. Dann kann er mit Abgaben versuchen, das knappe Gut „Nutzung der Umwelt" so zu verteuern, dass diese Vorgabe erreicht wird. Das ist ein Weg, um die externen Umweltkosten zu internalisieren. Dann fließt die Nutzung des öffentlichen Guts in die Kalkulation jedes Einzelnen ein. Das Problem ist dabei, die richtige Höhe für die Abgabe zu finden. Ist sie zu hoch, nutzen die Produzenten und Verbraucher die Natur weniger, als geplant war. Ist sie zu klein, wird die Umwelt übermäßig beansprucht.

Das spricht für das Lizenz-Modell. Dabei werden zunächst die „erträglichen" Belastungsmengen bestimmt. Anschließend wird diese Summe in Lizenzen oder Zertifikate aufgeteilt. Das sind Rechte, die Umwelt in einem genau bestimmten Ausmaß zu nutzen oder zu beschmutzen. Der Staat kann sie zunächst kostenlos abgeben oder verkaufen. Anschließend sind sie frei handelbar. Der Vorteil des Konzepts: die Gesamtsumme der Emissionen steht fest, der Markt sorgt dafür, dass sie dort vermieden werden, wo es am wenigsten kostet. Weitere Fortschritte sind denkbar. So kann der Staat Rechte aus dem Markt nehmen oder aufkaufen. Es ist aber auch denkbar, dass Umweltorganisationen Verschmutzungsrechte erwerben und stilllegen. Als Vorbild eines solchen Lizenzhandels gilt das amerikanische Programm zur Bekämpfung des sauren Regens. Es wurde 1990 ins Leben gerufen. Mittlerweile werden die Emissionsrechte recht lebhaft gehandelt. Dank der größeren Flexibilität sollen die Anpassungskosten nur etwa halb so hoch sein, wie ursprünglich erwartet worden war. Dem Emissionshandel soll auch beim internationalen Klimaschutz eine größere Rolle zukommen.

Anders als auf nationaler Ebene gibt es jedoch auf internationaler Ebene keine Institution, die die Emissionen und die Nutzung zum Wohle aller begrenzen kann. Gerade kleinere Staaten können darauf hoffen, die Position des nichtzahlenden Trittbrettfahrers einzunehmen. Die Welt steckt daher in einem Dilemma: Jeder sucht nach seinem Vorteil, aber alle stellen sich dabei schlechter. Gesucht wird daher eine Verhandlungslösung, von der alle profitieren. Die ökonomische Literatur bietet zahlreiche Modelle strategischen Verhaltens, die auf dem Gefangenen-Dilemma aufbauen. Dabei müssen die Individuen oder Staaten allerdings nicht nur einmal entscheiden, ob sie die kooperative oder defensive Strategie wählen. Die Beteiligten sehen sich nicht nur einmal, sondern treffen wiederholt aufeinander. Damit gehen die Folgen früherer Beschlüsse in die neuen Bewertungen ein, was die Bereitschaft zur Zusammenarbeit befördern dürfte. Theoretisch ist dennoch unklar, ob es ohne ein dominierendes Land zu einer Kooperation der Staaten kommt. Anders ist es, wenn ein wirtschaftlich oder militärisch mächtiges Land andere Staaten auf eine Linie zwingen kann. Die Vereinigten Staaten sind in der Zeit des Übergangs von einem Jahrhundert zum nächsten die économie dominante. Solange sie sich der Rolle des wohlwollenden Öko-Hegemons verweigern, stockt der internationale Umweltschutz. Das bestätigen alle Erfahrungen. Zumeist dominieren in Amerika kurzfristige ökonomische Erwägungen das langfristige Interesse an dem internationalen öffentlichen Gut „Schutz der Lebensgrundlage".

■ An der Spitze der Bedürfnispyramide

Wirtschaftsentwicklung und Umweltschutz hängen miteinander zusammen. Allerdings ist nicht eindeutig geklärt, wann sie einander befördern und wann sie gegeneinander konkurrieren. Vieles spricht dafür, dass die materielle Grundversorgung geklärt sein muss, damit soziale Bedürfnisse wie die Sorge um die langfristige Zukunft des blauen Planeten an Bedeutung gewinnen. Die Ökonomen reden in diesem Zusammenhang von einer Bedürfnispyramide, weil höherwertige Ziele eine materielle Basis erfordern. Dass dies so ist, belegt die verbreitete Ausbeutung der Umwelt in der Dritten Welt. Dort werden nach wie vor die Urwälder brandgerodet, um Nahrungsmittel anzubauen. Doch schon nach wenigen Jahren ist der zuvor fruchtbare Boden erschöpft oder weggeschwemmt. Die Menschen haben in ihrer Not häufig keine andere Möglichkeit, um zu überleben, selbst wenn das heißt, dass damit ihrem Lebensraum langfristig die Versteppung droht, der Wasserspiegel dauerhaft sinkt und seltene Tier und Pflanzenarten für immer verschwinden.

Der empirische Gehalt der Bedürfnispyramide lässt sich auch am deutschen Beispiel nachvollziehen. Nach dem Zweiten Weltkrieg durchliefen die Deutschen die Präferenzordnung kollektiv von unten nach oben: Auf die Esswelle folgte erst das Familienauto als Statussymbol, dann die Urlaubsreise in immer fernere Weltgegenden. Materiell gesättigt, entdeckten die Deutschen dann den Umweltschutz. Er sollte sie mehr als zwei Jahrzehnte nicht mehr loslassen.

Eine nationale Aufgabe

Die einzigartige Erfolgsgeschichte begann 1971, als der damalige Innenminister Hans-Dietrich Genscher das erste Umweltprogramm des Bundes verkündete. Seitdem kommt dem Schutz der Grundlagen der Natur der gleiche Rang zu wie anderen großen öffentlichen Aufgaben. Seine Bedeutung ist seitdem lange Zeit nur gewachsen. Die erlaubten Grenzwerte für den Ausstoß von Schwermetallen, Dioxinen, Schwefelverbindungen und anderen Umweltgiften aus Industrieschloten, Müllverbrennungsanlagen, Kraftwerken oder auch Autoauspuffen wurden stetig gesenkt. Gleiches galt für die Einleitungen in Flüsse und Seen. Die Vorgaben wurden an den Stand der Technik gekoppelt und stetig verschärft. Ende der siebziger Jahre entstand mit den Grünen eine dem Umweltschutz verpflichtete Partei. Dahinter stand die Sorge um die Risiken der Kernkraft, die Endlichkeit der Ressourcen und die Überbeanspruchung der Natur. Gängige Schlagworte lauteten damals: Atomkraft nein danke, ein Planet wird geplündert oder Waldsterben.

Aber auch die anderen Parteien verschrieben sich zunehmend dem Schutz der Natur. Sie alle haben sich in ihren Programmen mit nur kleinen sprachlichen Variationen der ökologischen Marktwirtschaft verpflichtet. Nach der kerntechnischen Katastrophe von Tschernobyl ist 1996 das Bundesumweltministerium als eigenes Ressort entstanden. Später, 1994, hat es der Umweltschutz sogar noch zum Staatsziel mit Verfassungsrang gebracht. Erster Umweltminister wurde Walter Wallmann, der das Haus jedoch nur kurz führte. Dann kam Klaus Töpfer, der das Amt prägte und öffentlichkeitswirksam für die Belange der Natur warb. Ihm folgte Angela Merkel (alle CDU), die schon mit enger werdenden Spielräumen fertig werden musste. Mit Jürgen Trittin ist nun der erste grüne Politiker in einer Position, von der die Parteigründer nur träumen konnten – er ist derjenige, der den Umweltschutz voranbringen soll.

■ Konkurrenz der Ziele

Der grüne Minister tut sich sichtlich schwerer als sein Vorgänger damit, seine Anliegen durchzusetzen. Das liegt nicht nur an den jeweiligen persönlichen und parteipolitischen Strukturen. Vielmehr hat ein Paradigmenwechsel stattgefunden. Immer mehr Menschen glauben, inzwischen gebe es genug Gesetze gegen die Umweltgefährdungen. Das haben Umfragen des Instituts für Demoskopie Allensbach gezeigt. Der Anteil der Befragten, der dies denkt, ist nach der jüngsten Befragung kontinuierlich gestiegen: von 15 Prozent im Jahr 1970 auf 24 Prozent im Jahr 1984 und 26 Prozent im Jahr 1990. 1997 war schon jeder Zweite davon überzeugt, dass die gesetzlichen Umweltschutzbestimmungen ausreichen. Mittlerweile dürfte dieser Anteil sogar noch weiter gestiegen sein. Die Schwerpunktverschiebung im politischen Zielkanon zeigt auch ein anderes Ergebnis. Zuletzt hielten nur noch 13 Prozent der Befragten den Umweltschutz für wichtiger als die Verminderung der Arbeitslosigkeit, 1994 war dieser Anteil mit 26 Prozent noch doppelt so hoch gewesen. Das deutet darauf hin, dass der Umweltschutz in der Mitte der neunziger Jahre sein Zenit überschritten hat. In wirtschaftlich härteren Zeiten wird anderes schnell zweitrangig.

Mancher befürchtet nun, dass dem Umweltschutz die Luft ausgehen könnte. Zum einen scheinen wirtschaftliche Fragen seit Mitte der neunziger Jahre alles andere zu überlagern. Daher werben die Umweltpolitiker verstärkt mit ökonomischen Argumenten um Rückhalt in der Koalition, der Wirtschaft, der Bevölkerung. Sie verweisen darauf, dass der Umweltschutz als Kostenfaktor nur eine untergeordnete Rolle spielt – nur in der Energie- und Wasserwirtschaft soll er mehr als 2 Prozent der betrieblichen Kosten ausmachen. Sie berichten, dass mittlerweile rund eine Million Menschen im Umweltschutz und damit so viele wie im Fahrzeugbau arbeiten. Oder sie verweisen auf den internationalen Markt der Umwelttechnik, der sich nach den letzten Schätzungen im Jahr 2005 auf 1300 Milliarden Mark belaufen soll. Zum anderen könnte der Umweltschutz ein Opfer seines eigenen Erfolges werden: Die Luft über der Ruhr ist – die richtige Wetterlage vorausgesetzt – schon lange nicht mehr grau; die Flüsse sind so sauber geworden, dass beispielsweise im Rhein Zander, Hecht, Meerneunauge, Brasse, Rotauge, Aal und sogar Lachs wieder heimisch sind und auch der Mensch sich wieder ins Wasser wagen könnte, ohne einen Ausschlag oder Durchfall zu riskieren; der vielbeschworene Müllnotstand ist nicht nur ausgeblieben, vielmehr konkurrieren heute die Betreiber von Deponien und Abfallöfen um jede Tonne; und die Wälder sind zwar weiterhin krank, leben aber allen vorangegangenen Nachrufen zum Trotz immer noch.

■ Unsichtbare Gefahren

Wie der Rat von Sachverständigen für Umweltfragen, ein unabhängiges Beratungsgremium, das 1971 eingerichtet wurde, in seinem Gutachten „Schritte ins nächste Jahrtausend" im Jahr 2000 schreibt, gewinnen die schleichenden Umweltrisiken gegenüber den klassischen Umweltproblemen wie Luftverschmutzung und Gewässerverunreinigung an Bedeutung. Sie träten wie Klimafolgeschäden, Artenschwund, der Verlust fruchtbarer Böden oder die Vernichtung von Tropenwald längerfristig auf, seien jedoch irreversibel. Anders als Smog hätten die unsichtbaren Probleme wie die zunehmende Belastung des Grundwassers, des Flächenverbrauchs oder der Verlust der Artenvielfalt Schwierigkeiten, auf die Agenda der Politiker zu kommen. Der Rat hält die Zusammenhänge zwischen Umweltbelastungen und Allergien sowie Gesundheitsrisiken durch Lärm und ultraviolette Strahlung für unterschätzt. Doch bei den unsichtbaren und langfristigen Problemen wachsen die Prognoseunsicherheiten. Damit entzieht sich die Umweltpolitik immer stärker dem ökonomischen Kalkül. Die Schäden unterlassener Schutzmaßnahmen sind nicht mehr zu berechnen. Vielfach werden erst spätere Generationen von einer heute eingeleiteten Politik profitieren, was sich auf die gesellschaftliche Bewertung der damit verbundenen Kosten auswirken dürfte. Es dauert beispielsweise Jahrzehnte, bis die Gase in der Atmosphäre abgebaut werden, die die schützende Ozonschicht zerstören oder zum Klimawandel beitragen. Der Vorsorgeaspekt tritt in den Vordergrund, der nachsorgende Umweltschutz am Ende des Schornsteins und

Einleitungsrohrs („end of the pipe") verliert an Bedeutung. Das wirkt sich auf die Instrumente der Umweltpolitik aus. Sie müssen den geänderten Bedingungen angepasst werden.

■ Erstes Instrument ist das Ordnungsrecht

Am Anfang der Umweltpolitik stand das Ordnungsrecht. So sollten mit der preußischen Gewerbeordnung von 1845 oder den Wittelsbacher Wassergesetzen von 1852 die schlimmsten Verschmutzungen verhindert werden. Ohne Gebote und Verbote wurden die öffentlichen Güter sauberes Wasser und saubere Luft durch Einzelne übermäßig beansprucht. Beides schien zunächst unbegrenzt vorhanden zu sein. Doch mit dem Wachstum stiegen die Belastung und das Schutzbedürfnis. Mit den Jahrzehnten kamen immer mehr Regeln hinzu. Heute herrscht ein Dschungel von etwa zwanzig Bundesgesetzen mit einem dichten Unterholz an Verordnungen, technischen Anleitungen und europäischen Normen. Beispielsweise gibt es neben dem Kreislaufwirtschaft- und Abfallgesetz (mit der neuen Zielvorgabe: Vermeiden vor Verwerten vor Beseitigen), die Verpackungsverordnung (die für das Grüne-Punkt-System verantwortlich ist und eine Schutzvorschrift für Getränkemehrweg-Verpackungen enthält), die technische Anleitung Siedlungsabfall (danach dürfen vom Jahr 2005 an nur noch erdähnliche Stoffe deponiert werden, das heißt, dann muss sämtlicher Abfall durch den Müllofen wandern) und eine europäische Richtlinie über Verpackungen und Verpackungsabfälle (in der Mindest- und Höchstanforderungen für die Verwertung vorgegeben werden). Für die Genehmigung einer Industrieanlage finden sich wiederum zentrale Vorschriften im Gesetz zum Immissionsschutz, zum Wasserhaushalt oder zur Umweltverträglichkeitsprüfung und den darauf aufbauenden Vorschriften, wobei die verschiedenen Behörden je nach Rechtsgrundlage andere Regeln anwenden. Zum Beispiel stellen die unterschiedlichen Gesetze verschiedene Anforderungen an den Stand der Technik, den der Betreiber einer Anlage beachten muss: Das eine Mal orientiert man sich nur an den fortschrittlichen, das andere Mal an technisch und wirtschaftlich durchführbaren Verfahren. Zugleich müssen je nach Rechtsnorm die Unterlagen unterschiedlich lange ausliegen, um den Betroffenen Einsicht und Chance zu geben, dagegen vorzugehen.

Ein langfristiges Ziel ist daher ein Umweltgesetzbuch. Wie vor gut hundert Jahren das Bürgerliche Gesetzbuch das zersplitterte Zivilrecht gebündelt hat, soll später einmal das UGB das Geflecht im Umweltrecht lichten. Doch das erweist sich immer mehr als ein Jahrhundertwerk: Nach ersten

Vorarbeiten aus den siebziger Jahren und einem sogenannten Professoren-Entwurf Anfang der neunziger Jahre liegt seit 1997 der Gesetzentwurf einer speziell dafür eingerichteten Sachverständigenkommission vor. Samt Begründung umfasst er 1700 Seiten. Mit 800 Paragrafen würde er die Zahl der geltenden Vorschriften mehr als halbieren. Dabei regen die Sachverständigen auch Neues an: eine Umweltkommission, in der die wichtigsten gesellschaftlichen Gruppen vertreten sein sollen, mit Anhörungsrecht und Vorschlagsrecht; ein Klagerecht für Umweltverbände; ein Klagerecht für Unternehmen, die sich durch Verstöße eines Konkurrenten gegen das Umweltrecht diskriminiert fühlen; eine ökologische Produktprüfung durch Behörden; Umweltabgaben auf die Grundwasserentnahme, den Straßenverkehr, den Luftverkehr und Abfälle. Vieles davon mag aus ökologischer Sicht wünschenswert erscheinen, ist aber zugleich aus ökonomischer Perspektive bedenklich. Das Umweltgesetzbuch oder zumindest weite Teile davon stießen schon auf den Widerstand der Wirtschaftsverbände. Daher sollte in einem ersten Schritt nur das Genehmigungsrecht neu geregelt werden. Das bot sich an, da ohnehin zwei einschlägige europäische Normen in das deutsche Recht übertragen werden mussten. Diese Absicht scheiterte am Grundgesetz, da der Bund im Wasserrecht nur die Kompetenz hat, Rahmenvorschriften zu erlassen. Darüber soll nun mit den Ländern verhandelt werden – das Umweltgesetzbuch wird sich damit weiter verzögern.

▓ Ökonomische Hebel im Dienst der Natur

Das Ordnungsrecht ist immer da unverzichtbar, wo emittierte Stoffe sehr regional wirken und Menschen oder Natur unmittelbar gefährden. In dem Maße, in dem solche Umweltgifte herausgefiltert oder durch neue Produktionstechniken völlig vermieden werden, nimmt die Bedeutung des Ordnungsrechts für die Umweltpolitik ab. Jede weitere Verschärfung der Auflagen kostet immer mehr, bringt aber immer weniger. Auch beim Umweltrecht gilt vielfach das Gesetz des abnehmenden Grenznutzens, ganz abgesehen davon, dass der Kontrollaufwand und die Verwaltungskosten immer größer werden. Bei weniger akuten Umweltproblemen liegt es daher nahe, nach billigeren Wegen zu suchen, wie bestimmte Ziele erreicht werden können. Ein gutes Beispiel ist dafür die deutsche Klimapolitik. Unabhängig von den internationalen Verpflichtungen hatte sich die konservativ-liberale Bundesregierung verpflichtet, den Ausstoß an Kohlendioxyd um 25 Prozent bis zum Jahr 2005 gegenüber 1990 zu senken. Auch die anderen Treibhausgas-Emissionen sollen deutlich reduziert werden. Im

Durchschnitt der Jahre 2008 bis 2012 soll der Ausstoß an sechs Treibhaus-
gasen um 21 Prozent gegenüber 1990 reduziert werden. Das ist der deutsche Beitrag im Rahmen der EU-Lastverteilung der Kyoto-Verpflichtungen.
Bis Ende des Jahrzehnts wurde der Kohlendioxyd-Ausstoß um 15,5 Prozent
gedrückt. Dazu hat der Strukturwandel in der ostdeutschen Industrie erheblich beigetragen. Hinzu kamen Maßnahmen wie die Verschärfung der
Verordnungen zum Wärmeschutz oder zu den Heizanlagen. Die Industrie
hat sich verpflichtet, ihren Ausstoß je produzierter Einheit um insgesamt
20 Prozent bis zum Jahr 2005 zu senken. Im Gegenzug hat die Bundesregierung auf die Wärmenutzungsverordnung verzichtet. Mit der Selbstverpflichtung hofft die Industrie, das Ziel billiger erreichen zu können.

Auch die rot-grüne Koalition hält an dem Klimaschutzziel und der
Selbstverpflichtung der Industrie fest. Sie fördert Gas- und Dampfanlagen,
die Kraft-Wärmekoppelung und die erneuerbaren Energien und denkt an
eine weitere Verschärfung der Wärmeschutzverordnung. Große Erwartungen setzt sie vor allem auf die Öko-Steuer. Die erste Stufe trat im April 1999
in Kraft. Ihre zentralen Elemente sind: Erhöhung der Steuersätze auf Benzin
und Diesel um 6 Pfennig je Liter, für Erdgas um 0,32 Pfennig je Kilowattstunde und für Heizöl um 4 Pfennig je Liter und der Einführung einer
Stromsteuer von 2 Pfennig je Kilowattstunde. Damit wurde der Rentenbeitrag um 0,8 Prozentpunkte gesenkt. Später wurden vier weitere Steuererhöhungen bis 2003 beschlossen (auf Kraftstoffe um jeweils 6 Pfennig und
auf den Stromverbrauch jeweils 0,5 Pfennig). Dahinter steht die Vorstellung
einer doppelten Dividende: indem über Anreize die Umweltqualität besser
und über die Senkung der Arbeitskosten die Beschäftigung steigen werde.
Doch sowohl der Sachverständigenrat zur Begutachtung der gesamtwirtschaftlichen Entwicklung als auch sein umweltpolitisches Pendant melden
Zweifel an, da ihnen die Zielsetzung nicht klar erscheint. Die Wirtschafts-
weisen warnen davor, die Einnahmen aus der Ökosteuer für die Sozialversicherungen zu reservieren. Die Arbeitslosigkeit müsse anders bekämpft
werden. Beide Räte halten ein System für ökonomisch und ökologisch überlegen, bei dem Lizenzen für den Kohlendioxyd-Ausstoß vergeben werden.
Als zweitbeste Lösung gilt beiden eine Steuer, die an den Emissionen ansetzt.

11. Die Energiepolitik

Der unverzichtbare Faktor

Ohne Energie stünden alle Räder still und blieben alle Häuser kalt. Die zuverlässige Verfügbarkeit von Energie ist für ein Land und seine Wirtschaft daher von allergrößter Wichtigkeit. Der Bedarf an Energie hat mit der Weiterentwicklung der menschlichen Zivilisation ständig zugenommen. Von der Steinzeit bis in das neunzehnte Jahrhundert hinein waren Brennholz, Wasser und Wind die wichtigsten Energieträger. Mit der Erfindung der Dampfmaschine gewann die Kohle schnell an Bedeutung. In der zweiten Hälfte des neunzehnten Jahrhunderts kamen das Erdöl und das Erdgas hinzu und seit dem Zweiten Weltkrieg die Kernenergie. Im vergangenen Jahrzehnt fanden schließlich die erneuerbaren Energien wachsendes Interesse.

Die Förderung von Kohle, Öl und Gas sowie die Produktion von Elektrizität sind keine staatlichen Aufgaben. Sie werden besser von privaten Unternehmen übernommen. In Deutschland hat der Staat in den vergangenen Jahren damit begonnen, sich zunehmend aus dem Energiegeschäft zu lösen; in vielen anderen Ländern – etwa in Frankreich – ist noch heute ein wichtiger Teil der Energieerzeugung in staatlicher Hand. Seit 1935 wurde in Deutschland die Elektrizitäts- und die Gasversorgung, an der private, gemischtwirtschaftliche und öffentliche Unternehmen beteiligt sind, durch das Energiewirtschaftsgesetz geregelt. Dieses Gesetz ist 1998 völlig überarbeitet worden mit dem Ziel, mehr Wettbewerb bei der Versorgung mit Elektrizität und Gas zu schaffen.

Die Energiepolitik ist im Bundeswirtschaftsministerium angesiedelt. Die selbstgestellte Aufgabe der Energiepolitik beschränkt sich nicht darauf, die Versorgung mit Energie sicherzustellen. Vielmehr sieht sie sich auch im Dienste eines Zielgeflechts, in dem wirtschaftliche, ökologische und soziale Komponenten miteinander konkurrieren. In diesem Zielbündel spielt das „ausgewogene" Verhältnis der einzelnen Energieträger eine besondere Rolle. Aus dem Zielgeflecht der Energiepolitik erklärt sich beispielsweise die Förderung des deutschen Steinkohle-Bergbaus, der ohne Subventionen auf dem Weltmarkt nicht konkurrenzfähig wäre. Auch die Bemühungen der rot-grünen Bundesregierung um den Ausstieg aus der Kernkraft gehören dazu, der „unumkehrbar" sein soll. Da aber 19 Kernkraftwerke in Deutschland am Netz sind, muss auch deren Sicherheit kontrolliert und die Entsorgung der radioaktiven Abfälle organisiert werden. Für diese Auf-

Weltenergieverbrauch (in Millionen Tonnen Steinkohle-Einheiten)

Jahr	Kern-energie	Kohle	Erdöl	Erdgas	Wasser-kraft	Sonstige	Insgesamt
1998	895	3 171	4 841	2 881	323	1 510	13 621
2020	1 499	4 844	6 109	4 756	416	1 809	19 433
2050	4 561	5 916	6 529	6 729	497	2 903	27 135

Quelle: **Weltenergierat**

gaben ist der Staat gemeinsam mit den Kraftwerksbetreibern zuständig. Das Bundeswirtschaftsministerium hat 1999 einen „Energiedialog 2000" eingeleitet, durch den ein neuer gesellschaftlicher und politischer Grundkonsens über Leitlinien einer langfristigen Energiepolitik hergestellt werden soll. Der Bundesregierung geht es nach eigenen Angaben dabei um einen marktwirtschaftlichen Ordnungsrahmen, Investitionsfreiheit der Unternehmen und langfristig subventionsfreie Energieversorgungs-Strukturen.

■ Der Versorgungsmix

Die Versorgung Deutschlands mit Primärenergie beruht im wesentlichen auf dem Einsatz von Erdöl und Erdgas, von Stein- und Braunkohle sowie von Atomenergie. In begrenztem Umfang wird auch Wasser zur Erzeugung von Strom eingesetzt. Der Anteil erneuerbarer Energien, zu denen neben Wind und Wasser auch die Sonnenenergie oder Bioenergien zählen, nimmt dank erheblicher staatlicher Förderung ebenfalls kräftig zu, wird aber auf absehbare Zeit gleichwohl auf einem niedrigen Niveau bleiben. Die Internationale Energieagentur (IEA) der Organisation für wirtschaftliche Zusammenarbeit und Entwicklung (OECD) und der Welt-Ener-

Primärenergieverbrauch in Deutschland (in Mio. t SKE)

Jahr	Mineral-öl	Stein-kohle	Braun-kohle	Erdgas	Kern-energie	Wasser-kraft und Sonstige	Ins-gesamt
1998	196,3	69,5	51,6	102,5	60,2	11,8	491,9
2005	201,0	58,9	50,0	111,4	63,2	17,0	501,4
2010	200,0	58,1	47,6	120,4	55,9	18,7	500,7
2020	191,7	58,4	48,9	130,1	20,0	22,2	471,1

Quelle: **Prognos AG/EWI 1999**

gierat (WEC) versuchen, regelmäßig Einschätzungen des Energiebedarfs und der vorhandenen Ressourcen zu geben. Diese Prognosen sind allerdings äußerst schwierig und mit vielen Fragezeichen behaftet. Zwar lässt sich das Wachstum der Weltbevölkerung einigermaßen einschätzen, doch für die wirtschaftliche und politische Entwicklung der Welt gilt das schon nicht mehr. Durch den stark beschleunigten Globalisierungsprozess der vergangenen Jahre haben sich die Verhältnisse in vielen Ländern binnen kurzer Zeit so verändert, dass der Energiebedarf dort stark zugenommen hat. Grundsätzlich ist zu vermuten, dass die weniger entwickelten Länder in näherer Zukunft wesentlich mehr Energie verbrauchen werden als bisher, während der Energiekonsum der industrialisierten Welt vor dem Hintergrund weiteren wirtschaftlichen Wachstums stagnieren, bestenfalls aber leicht abnehmen wird. Der Welt-Energierat erwartet, dass der Energieverbrauch der gesamten Welt von 13,6 Milliarden Tonnen Steinkohle-Einheiten (SKE) im Jahr 1998 bis 2020 auf 19 Milliarden Tonnen SKE und bis 2050 weiter auf 27 Milliarden Tonnen SKE ansteigen dürfte.

Ein derartig großer Bedarf an Energie führt zu der besorgten Frage, ob es überhaupt genug Erdöl, Erdgas und Kohle gibt, um diese Nachfrage zu befriedigen. Oder werden in absehbarer Zeit alternative Energien zur Verfügung stehen, die unbegrenzt vorhanden sind? Bisher spricht alles dafür, dass die Menschheit sich vorerst weiterhin mit den herkömmlichen Energieträgern begnügen muss. Das sind vor allem die fossilen Energieträger Erdöl, Erdgas, Steinkohle und Braunkohle. Für das Jahr 2020 wird der Anteil dieser Energieträger unverändert auf 80 Prozent der Weltenergie-Versorgung veranschlagt. Bei einem weiter steigenden Gesamtenergie-Bedarf wird bis 2050 ein Absinken auf 68 Prozent und bis 2100 auf 45 Prozent prognostiziert. Substantiell erhöhte Marktanteile der regenerativen Energieträger werden erst nach 2020 erwartet. Grundsätzlich ist der Welt-Energierat der Auffassung, dass alle energiewirtschaftlichen Optionen genutzt werden müssen, um die Versorgung der Welt mit Energie künftig zu gewährleisten. Die Atomenergie, deren Anteil an der internationalen Energieversorgung rund sechs Prozent beträgt, bleibt ebenfalls wichtig, auch wenn sie mit großen Risiken behaftet ist. Bemerkenswert ist, dass der Weltverbrauch an Kernenergie nach Einschätzung des Welt-Energierats von 895 Millionen Tonnen SKE im Jahr 1998 bis 2020 auf rund 1500 Millionen Tonnen SKE und bis 2050 schließlich auf 4560 Millionen Tonnen SKE ansteigen werde. Diese Entwicklung wird damit begründet, dass ein grundlegender Umbau des Energiesystems nicht vor Mitte des Jahrhunderts möglich erscheint. Voraussagen darüber, wann die Energie-Ressourcen der Welt

Netto-Stromerzeugung der allgemeinen Versorgung in Deutschland 1999
457,4 Milliarden Kilowattstunden (Anteile in Prozent)

	in Milliarden Kilowattstunden	in Prozent
Wasserkraft	20,7	4,5
Kernenergie	159,2	34,8
Braunkohle	119,4	26,1
Steinkohle	114,5	25,0
Heizöl	1,5	0,3
Erdgas	34,7	7,6
sonstige (erzeugte Gase, Biomasse, Müll, Photovoltaik)	7,4	1,7
Insgesamt	457,4	100,0

Quellen: Statistisches Bundesamt; VDEW

erschöpft sind, haben sich bisher alle als falsch erwiesen. Die bekannten wirtschaftlich gewinnbaren Vorräte weisen auf eine statistische Reichweite von rund 40 Jahren beim Erdöl, 65 Jahren beim Erdgas und über 200 Jahren bei der Kohle. Doch es werden immer noch neue Vorkommen an Kohle, Öl oder Gas entdeckt; außerdem macht es die Weiterentwicklung der Technik möglich, Vorkommen zu erschließen, die gestern noch als unerreichbar galten.

■ Die Rolle des Öls

Erdöl bleibt vorerst der wichtigste Energieträger in Deutschland. Auch wenn es bei der Erzeugung von Elektrizität nur eine untergeordnete Rolle spielt, hat es auf dem deutschen Energiemarkt doch einen Anteil von fast 40 Prozent. Das liegt an der Bedeutung des Erdöls als Brennstoff für Heizungen und als Ausgangsprodukt für die meisten Treibstoffe, die im Verkehr benötigt werden. Außerdem bildet Erdöl eine wichtige Rohstoffgrundlage der chemischen Industrie. Die Mineralölwirtschaft erwartet, dass Erdöl im Wärme- und Strommarkt weitere Anteile verlieren wird. Gleichwohl soll der Ölanteil an der deutschen Energieversorgung im Jahr 2010 immer noch rund 36 Prozent betragen. Das entspricht auch den Erwartungen für den internationalen Energiemarkt. Die Versorgung Deutschlands mit Öl erfolgt im wesentlichen durch die großen Mineralölkonzerne, die miteinander im Wettbewerb stehen. Auch die Förderländer konkurrieren miteinander. Die Preise für Rohöl und für die daraus erzeugten Produkte werden also am

Markt gebildet. Die Mineralölwirtschaft ist zuversichtlich, dass die Sicherheit der Ölversorgung gewährleistet ist. Der Anteil der Organisation erdölexportierender Länder (Opec) an den Ölimporten ist von zeitweise mehr als 90 Prozent auf unter 50 Prozent gesunken. Das Öl aus der Nordsee hat wesentlich zur Differenzierung der Ölversorgung beigetragen. Doch die Bedeutung der Ölimporte aus den Opec-Ländern, insbesondere aus den arabischen Staaten, nimmt wieder zu, da das Nordsee-Öl knapper wird. Der enorme Preisanstieg des Erdöls im Jahr 1999 war ein Hinweis auf die wieder wachsende Macht der Opec. Die westlichen Industriestaaten haben schon seit langem sicherheitshalber ein Vorratskonzept entwickelt, das kurzfristige Störungen bei der Ölversorgung beheben kann. So wird ständig ein Vorrat für mindestens 90 Tage auf Lager gehalten. Dieser Krisen-Mechanismus ist von der Internationalen Energieagentur entwickelt worden und hat sich zum Beispiel während der Golfkrise 1990/91 bewährt.

■ **Erdgas wird wichtiger**

Erdgas hat in den vergangenen Jahrzehnten zunehmend an Bedeutung gewonnen. Das ist einmal damit zu erklären, dass große Erdgasvorräte entdeckt worden sind, zum anderen aber auch mit der relativen Umweltfreundlichkeit dieses Energieträgers. Erdgas emittiert beim Verbrennen sehr viel weniger Kohlendioxid als alle anderen Energieträger. Der Weltenergierat erwartet, dass der Erdgas-Verbrauch in der Welt von 2881 Millionen Tonnen SKE im Jahr 1998 bis 2020 auf 4756 Millionen Tonnen SKE anwachsen dürfte; 2050 soll der Erdgas-Verbrauch der Welt fast 6730 Millionen Tonnen SKE betragen. In Deutschland ist Erdgas inzwischen der zweitwichtigste Energieträger. Sein Anteil am Primärenergie-Verbrauch liegt über 21 Prozent. Der Erdgas-Verbrauch nimmt langsam weiter zu und betrug 1999 insgesamt 103,3 Millionen Tonnen SKE. Knapp 50 Prozent des in Deutschland genutzten Erdgases wird von den Privathaushalten verbraucht, etwa 42 Prozent nutzt die Industrie, und der Rest wird von öffentlichen Kraftwerken verbrannt. Erdgas ist nach Angaben des Bundesverbandes der deutschen Gas- und Wasserwirtschaft bei Haushalten und Industrie heute eindeutig die bevorzugte Wunschenergie. 75 Prozent aller zum Bau genehmigten Wohnungen und Häuser werden mit Erdgas beheizt. Die deutsche Gaswirtschaft bezieht Erdgas auf der Basis langfristiger Lieferverträge aus Russland, Norwegen, den Niederlanden und Deutschland selbst. Norwegen hat in den vergangenen Jahren als Lieferant stark an Bedeutung gewonnen, doch die größten Erdgas-Reserven der Welt lagern in Russland.

◼ Der Wettbewerb der Energieträger

Die Energiepolitik bemüht sich seit einiger Zeit – nicht zuletzt unter Druck aus Brüssel –, auf dem Gasmarkt für Wettbewerb zu sorgen. Die großen Gasgesellschaften schließen mit den Produzenten langfristige Lieferverträge ab. Das Gas wird in Rohrleitungen nach Deutschland gepumpt und dort in die regionalen Pipeline-Netze eingespeist. Die örtliche Gasversorgung übernehmen kleinere Gesellschaften, die das Gas von den großen Importeuren beziehen. Bisher wurden die Pipelines nur von deren Besitzern genutzt. Doch der Staat und die Kommission der Europäischen Gemeinschaft zwingen die Gasgesellschaften dazu, ihre Rohrleitungssysteme auch Dritten zur Verfügung zu stellen. Die wichtigsten Verbände haben im März 2000 ein Eckpunktepapier unterzeichnet, das umgehend zu einer Verbändevereinbarung für die Gasdurchleitung führen sollte. Probleme bereitet es dabei nicht nur, sich über das Durchleitungs-Entgelt zu verständigen. Anders als beim Strom gibt es rund 200 verschiedene Qualitäten von Gas, die nicht ohne weiteres gemischt werden können. Wie sich das Durchleitungs-Verfahren einspielen wird, bleibt deshalb noch abzuwarten. Offen ist auch, wie sich der Wettbewerb auf die Gaspreise auswirken wird. Bisher werden diese für die Kleinverbraucher in Abhängigkeit von den Heizölpreisen festgesetzt. Dazu wird die Entwicklung der Ölpreise über mehrere Monate verglichen und dann ein Mittelwert festgesetzt. Aus diesem wird der Gaspreis abgeleitet. Dieses Verfahren hatte zur Folge, dass die Gaspreise in Anlehnung an die fallenden Ölpreise von 1985 bis Anfang 1999 um über 50 Prozent gesunken sind; analog zu den steigenden Ölpreisen kam es dann wieder zu einem kräftigen Anstieg der Gaspreise. Die Gaswirtschaft hält nichts davon, die Gaspreise völlig dem Wettbewerb zu überlassen. Ihrer Meinung nach schützt sie die Bindung an die Ölpreise vor der Willkür der wenigen Förderländer, die sonst oligopolistische Macht ausüben und kräftige Preiserhöhungen erzwingen könnten.

Zur Erzeugung von Elektrizität müssen zunächst Primärenergien – Kohle, Atomenergie oder Erdöl – eingesetzt werden. Strom hat beim Endenergieverbrauch einen Anteil von rund 18 Prozent. Seit der Liberalisierung der Strommärkte im Jahr 1998, wodurch die Durchleitung von Elektrizität durch die Netze Dritter möglich geworden ist, hat sich in Deutschland ein massiver Wettbewerb der Elektrizitätsbranche entwickelt. In der Folge sind die Strompreise für industrielle Kunden um bis zu 50 Prozent gesunken, und auch Kleinverbraucher kommen zunehmend in den Genuss niedrigerer Strompreise, weil sie ihren Lieferanten frei wählen können. Die Liberalisierung des Strommarktes ist in Deutschland am weitesten fortgeschritten. Auch europäische Anbieter bemühen sich, hierzulande als Akteure tätig zu werden. Das führt allerdings bisweilen zu Verstimmungen, weil andere Länder sich mit der Umsetzung der dem Wettbewerb zugrundeliegenden EU-Richtlinie sehr viel Zeit lassen und ihre Märkte vorerst verschlossen bleiben. So ist etwa Frankreich sehr daran interessiert, nach Deutschland Strom zu liefern, während deutsche Energieversorgungs-Unternehmen in Frankreich nur unter großen Schwierigkeiten Elektrizität anbieten können.

■ Streitobjekt Kernkraft

In den siebziger Jahren wurde noch allgemein erwartet, dass die fossilen Energien durch die Kernenergie abgelöst werden würden. Schon damals gab es allerdings auch die Besorgnis, dass es schreckliche Atomunglücke geben könnte, dass die Entsorgung der abgenutzten Brennelemente schwierig und sehr teuer werden könnte und dass möglicherweise politisch instabile Länder mit kernwaffenfähigem Material beliefert würden. Die neue rot-grüne Bundesregierung hat nach der Bundestagswahl im Herbst 1998 in ihrer Koalitionsvereinbarung festgelegt, aus der Atomkraft auszusteigen. Dabei soll dieser Ausstieg unumkehrbar sein. Dieses politische Vorhaben macht es erforderlich, Alternativen zur Kernenergie zu entwickeln. Mit einem Anteil von 36 Prozent liegt die Atomkraft in der Stromerzeugung deutlich vor der Braunkohle (27 Prozent) und der Steinkohle (25 Prozent). Die 19 deutschen Kernkraftwerke produzieren rund 22000 Megawatt Strom. Eine solche Leistung ist nicht ohne weiteres durch Energiesparen und den verstärkten Einsatz regenerativer Energien zu ersetzen. Die Bundesregierung will nicht zuletzt deshalb den Atomausstieg über einen längeren Zeitraum strecken. Nach Vorstellungen der rot-grünen Koalition soll das letzte Atomkraftwerk etwa im Jahr 2018 vom Netz gehen. Das bedeutet aber noch nicht das Ende der Atompolitik, denn die Kernkraftwerke müssen noch Jahrzehnte gesichert und anschließend abgebaut werden. Auch müssen die radioaktiven Materialien gesichert werden. Die Bundesregierung will dazu ein neues nationales Entsorgungskonzept erarbeiten, das unter anderem die Errichtung standortnaher Zwischenlager und die Beendigung der Wiederaufarbeitung vorsieht. Das Endlager, in das in etwa 20 bis 30 Jahren die radioaktiven Abfälle verbracht werden sollen, muss noch gefunden werden. Die Regierung will dazu neben Gorleben auch andere mögliche Standorte untersuchen. Die deutsche Wirtschaft, aber auch die konservativen und liberalen Parteien betrachten das Ausstiegs-Vorhaben skeptisch. Sie zweifeln daran, dass sich der damit verbundene Ausfall an Stromproduktion kostengünstig und umweltfreundlich ersetzen lässt. Es ist sowieso zu bezweifeln, dass es einen unumkehrbaren Ausstieg geben kann, da in einer Demokratie jede zukünftige Regierung Beschlüsse ihrer Vorgänger revidieren kann. Andere Länder wie Frankreich oder Russland wollen auch in Zukunft auf die Kernenergie setzen. In den Vereinigten Staaten sind die Laufzeiten der Kernkraftwerke kürzlich verlängert worden, und in der außereuropäischen Welt werden auch neue Kernkraftwerke gebaut.

Die Bundesregierung verspricht sich viel von den regenerativen Energien. Deshalb hat sie ein umfassendes Programm zur Förderung erneuerbarer Energien aufgelegt. Seit dem 1. April 2000 hat das „Erneuerbare-Energien-Gesetz" das alte Stromeinspeisungsgesetz abgelöst. Dieses neue Gesetz schreibt nicht nur Abnahme-Verpflichtungen, sondern auch feste Vergütungssätze für Strom aus Wasserkraft, Biomasse, Windkraft, Deponiegas und Photovoltaik vor. Bei Sätzen zwischen 13 und 99 Pfennig je Kilowattstunde summieren sich die Mehrkosten der Stromversorger, die zur Abnahme der erneuerbaren Energien gezwungen sind, nach eigener Einschätzung von 1,3 Milliarden DM im Jahr 1999 auf 2,4 Milliarden DM im Jahr 2000. Später sollen die Mehrkosten auf über drei Milliarden DM ansteigen. Die rot-grüne Koalition erwartet einen Anstieg des Versorgungsbeitrags der erneuerbaren Energieträger beim Primär-Energieverbrauch von gegenwärtig etwa 2 auf 3,5 Prozent und bei der Stromerzeugung von 5 auf 9 Prozent bis 2010. Ziel der Regierung ist es, den Anteil der erneuerbaren Energien bis 2010 zu verdoppeln. In der Politik gibt es starke Bedenken gegen übermäßig sinkende Stromkosten. Nicht zuletzt deshalb hat die rot-grüne Koalition auch eine Ökosteuer eingeführt.

Obwohl Braun- und Steinkohle wegen ihrer hohen Kohlendioxid-Emissionen mehr als alle anderen Energieträger zur Erwärmung der Erdatmosphäre beitragen, dürften sie als Brennmaterial in der Zukunft noch an Bedeutung gewinnen. In Deutschland wird nach neuesten energiewirtschaftlichen Studien Steinkohle in der Stromerzeugung im Jahr 2020 der wichtigste Energieträger vor Braunkohle und Erdgas sein. Danach dürfte der Steinkohle-Verbrauch allmählich abnehmen, weil eine Effizienz-Revolution bei der Nutzung der Kohle zu erwarten ist. In Deutschland wird es aber noch für lange Zeit einen Kohlebergbau geben.

Braunkohle wird im Tagebau abgebaut. Sie findet sich in großen Mengen im Gebiet zwischen Köln und Aachen. In den neuen Bundesländern gibt es große Tagebaue südlich von Leipzig und in der Lausitz. Allerdings

sind die Ressourcen der Braunkohle sehr viel begrenzter als bei der Steinkohle, die in Deutschland noch für mindestens 300 Jahre reichen soll. Mit
einer Förderung von etwa 180 Millionen Tonnen ist Deutschland der größte
Braunkohle-Produzent der Welt. Nach Abschluss der Restrukturierungs-
maßnahmen in Ostdeutschland soll hier die Gesamtförderung etwa 80 Millionen Tonnen betragen, während die restlichen 100 Tonnen weiterhin aus
dem Rheinland kommen sollen. Die Braunkohle wird weitgehend in der
Stromerzeugung verwendet; die Kraftwerke sind dazu mit aufwendigen
Filteranlagen ausgerüstet worden, um die Umweltbelastung gering zu halten.

Der Streit um den Atomausstieg hat in den vergangenen Jahren vergessen lassen, dass die Steinkohle eigentlich das größte Sorgenkind der Energiepolitik ist, da sie auf dem Weltmarkt nicht wettbewerbsfähig ist. Eine
Tonne deutscher Steinkohle ist mehr als 200 DM teurer als die gleiche
Menge Importkohle. Damit die deutsche Steinkohle überhaupt Abnehmer
findet, muss sie vom Staat auf das Preisniveau des Weltmarktes hinunter-
subventioniert werden. Mit einem Verbrauch von rund 70 Millionen Tonnen SKE pro Jahr ist Deutschland der größte nationale Steinkohlenmarkt
in Westeuropa. Deutschland ist heute das größte Steinkohlen-Förderland
der EU vor Großbritannien, Spanien und Frankreich. Seit 1998 ist Deutschland auch der größte Importeur von Steinkohle. Der Abbau der teuren
deutschen Steinkohle wird von den Bergwerken und den Gewerkschaften
mit dem Argument begründet, dass aus Gründen einer sicheren Energieversorgung eine nationale Energiereserve aufrechterhalten werden müsse.
Außerdem sei nicht sicher, ob die Preise für Importkohle nicht plötzlich
anstiegen, wenn der deutsche Bergbau seine Zechen schlösse. Diese Argumente werden angesichts der gewaltigen, abbaubaren Kohlevorkommen
der Welt von rund 800 Milliarden Tonnen SKE inzwischen von allen Parteien bezweifelt. Dem Staat geht es vor allem darum, durch die Subvention
Zeit zu gewinnen, damit sich die Kohlereviere ohne Spannungen umstruk-
turieren können.

■ Der Kohlekompromiss

Die Bundesregierung hat mit dem Steinkohle-Bergbau und den Gewerkschaften am 13. März 1997 eine Vereinbarung geschlossen, die der deutschen Steinkohle bis 2005 eine gesicherte Perspektive gibt. Danach dürfte
wieder um ein Auslaufen der Fördermittel gefeilscht werden, da auch die
rot-grüne Bundesregierung gegen Dauersubventionen für die Steinkohle

ist. Bundeskanzler Gerhard Schröder will aber auf alle Fälle auch nach 2005 im Ruhrgebiet einen lebensfähigen Kern des Steinkohle-Bergbaus erhalten. Der vereinbarte Kompromiss sieht für die Jahre 1997 bis 2005 einen Finanzrahmen für die Steinkohle von 69,16 Milliarden DM vor. Diese Mittel soll der Bergbau nutzen, um in der gewonnenen Zeit Zechen zu schließen, Personal abzubauen und die Förderung zu verringern. Vorgesehen war die Schließung von einer Zeche pro Jahr. Doch die externen Rahmenbedingungen haben sich seit 1997 weiter verschlechtert. Deshalb muss die Anpassung schneller erfolgen. Im Jahr 2000 ist die Schließung von drei der bei Jahresanfang noch bestehenden 15 Förderanlagen vorgesehen. Seit dem 1. Januar 1999 sind alle deutschen Steinkohle-Bergwerke unter dem Dach der Deutschen Steinkohle AG vereint. Die neue Bergwerkplanung sieht derzeit eine schrittweise Reduzierung der Förderung von fast 42 Millionen Tonnen SKE im Jahr 1998 auf 26 Millionen Tonnen SKE im Jahr 2005 vor. In der gleichen Zeit soll die Belegschaft von fast 72000 Mann auf 36000 Mann halbiert werden. Der Bergbau hebt ebenso wie die Bundesregierung in ihrem Subventionsbericht von 1999 hervor, dass der Bergbau in den Jahren 1997 bis 2000 von allen Wirtschaftssektoren am stärksten zum Abbau der Finanzhilfen beigetragen habe.

Doch es spricht alles dafür, dass der Energiesektor in Deutschland noch lange gefördert werden wird, zumal neben der Steinkohle ja auch die erneuerbaren Energien und die Kraft-Wärme-Kopplung unterstützt werden. Der Bundesverband der Deutschen Industrie (BDI) fordert, die Energieversorgung vorrangig über den Markt zu steuern. Mit dieser Überlegung tut sich die Politik weiterhin schwer. Das mag aber auch damit zu tun haben, dass die Europäische Union ihr eindeutig die Aufgabe zuweist, die Energieversorgung sicherzustellen.

12. Die Lohnpolitik

Die Tarifautonomie gilt als einer der wichtigsten Erfolgsfaktoren der sozialen Marktwirtschaft, des wirtschaftlichen Wiederaufstiegs Deutschlands, aber zugleich auch als ein systemimmanenter Widerstand für die wirtschaftspolitische Neupositionierung an der Schwelle von der Industrie- zur Informationsgesellschaft. Die zugrunde liegende Idee ist überzeugend und schlüssig. Die Löhne und Gehälter sowie die Arbeitszeit sollen von den Betroffenen – Arbeitgebern und Arbeitnehmern – in eigener Verantwortung ausgehandelt werden. Der Staat hat sich zurückzuhalten, es sei denn, er ist selbst Arbeitgeber. Dies gilt auch für alle anderen wirtschaftsfernen Interessengruppen und Parteien. Das Regelungswerk – Tarifverträge genannt – bestimmt Mindeststandards, die von den Vertretern der Arbeitnehmer (Gewerkschaften) und denen der einzelnen Unternehmen (Arbeitgeberverbände) in einem selbstbestimmten Ablauf ausgehandelt wurden.

Die Tarifautonomie genießt zudem den Schutz der Verfassung. Schmerzliche historische Erfahrungen haben bei den Vätern des Grundgesetzes hierfür den Ausschlag gegeben. Sie vertrauten dabei auf die Selbstverantwortung der Handelnden. Die rechtliche Grundlage der Tarifautonomie findet sich im Grundgesetz im Artikel 9 Absatz 3. Darin heißt es: „Das Recht, zur Wahrung und Förderung der Arbeits- und Wirtschaftsbedingungen Vereinigungen zu bilden, ist für jedermann und für alle Berufe gewährleistet. Abreden, die dieses Recht einzuschränken oder zu behindern versuchen, sind nichtig, hierauf gerichtete Maßnahmen sind rechtswidrig …" Dieses so genannte Koalitionsrecht wird im Allgemeinen auf die Zusammenschlüsse von Arbeitnehmern und Arbeitgebern, also Gewerkschaften und Arbeitgeberverbände, beschränkt. Das Grundrecht der Tarifautonomie impliziert auch nach herrschender Meinung das Recht zum Arbeitskampf, zum Streik und zur Aussperrung. Ein staatliches Verbot von Arbeitskämpfen selbst im Falle eines Notstands wird vom Grundgesetz ausdrücklich untersagt.

1. Die Tarifautonomie

Die Grundidee der Tarifautonomie ist daher die, dass Betroffene ihre Angelegenheiten selbstverantwortlich regeln und auch die Konsequenzen für ihr Handeln selbst tragen sollen. Wie weit allerdings ihre gesellschaftspolitische Verantwortung reicht, wenn sie zum Beispiel Tarifabschlüsse vereinbaren, die negative Konsequenzen für Beschäftigung oder Branchenkonjunktur zeitigen, ist nicht geklärt. Dabei ist die oben beschriebene Selbstverantwortung ein weiterer Baustein des Subsidiaritätsprinzips, das zu den tragenden Säulen der sozialen Marktwirtschaft zählt.

Den ersten Tarifvertrag in Deutschland schlossen die Buchdrucker im Jahr 1873 ab. Zum Jahresende 1999 gab es mehr als 51500 Tarifverträge, was zugleich verdeutlicht, welche unübersichtliche und sehr komplexe Vertragslandschaft entstanden ist. Dennoch, das breite Publikum bekommt nur immer einen Ausschnitt mit. Medien berichten überwiegend nur über die Tarifverhandlungen großer Wirtschaftsbranchen wie der Metall- und Elektroindustrie, der chemischen Industrie oder des Baugewerbes sowie des öffentlichen Dienstes. Als Angestellter oder Arbeiter ist die Wahrnehmung von Tarifpolitik ebenfalls nur eine sehr selektive und zumeist subjektive. Die Gesamtwirkungen von Tarifpolitik, ihre wirtschafts-, arbeitsmarkt- und gesellschaftspolitischen Folgen, sind für den Einzelnen häufig nicht mehr abzuschätzen. Dennoch gibt es diese Folgen, sogar im klassischen Bereich der Tarifpartnerschaft. Denn es gibt mehr und mehr Branchen, bei denen allgemein gültige Tarifverträge, die nicht nur für die Mitgliedsunternehmen eines Arbeitgeberverbands bindend sind, eher die Regel als die Ausnahme sind. Hierfür gibt es zwei Stichwörter: Tarifflucht und Neue Ökonomie.

Tarifflucht: In den vergangenen Jahren hat sich in einigen Branchen, vor allem in der Metall- und Elektroindustrie und hier sehr häufig in den neuen Bundesländern, eine Bewegung weg von der regelnden Ordnung der tradierten Lohnpolitik ergeben. Was später noch genauer im Kapitel „Das Tarifvertragssystem" beschrieben wird, lässt sich mit Überforderung und wenig passender Problemlösung am besten beschreiben. Die im Kompromiss erzielte Einigung über Arbeitszeit und Lohnzahl empfanden immer mehr Unternehmen als existenzbedrohend und traten aus ihrem Arbeitgeberverband aus, um selbst mit ihrem Betriebsrat oder ihren Mitarbeitern einen Abschluss zu finden, der der Leistungsfähigkeit ihres Unternehmens besser entsprach und dem Erhalt der bestehenden Arbeitsplätze eher diente. Für Arbeitgeber und Gewerkschaften bedeutet dies, dass ihre jeweilige Organisationsbasis bröckelt und jeder Partner bei den Tarifverhandlungen für eine schmelzende Grundgesamtheit spricht. Doch das führt zu einer schleichenden Auszehrung des Flächentarifs, die systemnotwendige Bindewirkung löst sich auf und die Attraktivität lässt nach. Ein lang anhaltender Prozess wie der eben beschriebene könnte bedeuten, dass auf Sicht die vielfach öffentlich geschätzte und im Binnenverhältnis kritischer gesehene Tarifautonomie ausgehöhlt werden könnte.

Neue Ökonomie: Verstärkt wird dieser systembedrohende Prozess noch dadurch, dass in traditionellen Industriebranchen Verbände Unternehmen als Mitglieder und Gewerkschaften Arbeitnehmer als zahlende und unterstützende Mitglieder verlieren, aber neue Branchen und Unternehmen häufig nicht als erweiterte Plattform sozialpartnerschaftlichen Treibens hinzustoßen. Besonders auffällig wird dies bei den neuen Unternehmen und Gesellschaften in der Informations-, Internet- und Telekommunikationsbranche sowie bei den neuen Gesellschaften der Bio- und Gentechnologie. Zwar sind diese vielfach erst am Anfang ihrer Entwicklung, die Mitarbeiterzahl ist eher klein, und häufig reicht es auch noch nicht zu einem

Unternehmensgewinn, doch es gibt fast kein Interesse bei Mitarbeitern oder Geschäftsführung, sich in Gewerkschaften oder Arbeitgeberverbänden zu organisieren. Dabei schaffen diese Unternehmen viele und neue Arbeitsplätze. In der Aufbau- und Expansionsphase dieser Unternehmen sind Arbeitskräfte eher gesucht, als im Überfluss vorhanden, die Entlohnung richtet sich nach den empfundenen Knappheitsrelationen des Arbeitsmarkts. Daher weisen die Gewerkschaften einen eher geringen Organisationsgrad auf oder sind gar nicht vorhanden, während bei „alten Industrien", die nicht zur „Neuen Ökonomie" zählen, der Grad der Bindewirkung der Tarifverträge wegen der schrumpfenden Zahl an Beschäftigten, Unternehmen und den betriebswirtschaftlichen Erträgen abnimmt. Damit befinden sich Gewerkschaften und Arbeitgeberverbände – die Träger der Tarifautonomie – in einer schwierigen Lage.

▮ Die Gewerkschaften

Seit dem Ausbruch des Ersten Weltkriegs sind Gewerkschaften als berufene Arbeitnehmerverbände anerkannt. Ihrem Wesen nach bündeln sie die Interessen ihrer Mitglieder und sind die Partner beim Abschluss von Tarifverträgen. Gewerkschaften wirken in der Betriebsverfassung nach dem Betriebsverfassungsgesetz von 1972 und in den Unternehmen nach dem Mitbestimmungsgesetz von 1976 mit. Zudem sind sie in vielfachen Gremien vertreten, weil sie es ablehnen, nur Tarifpartner zu sein, und sich vielmehr aus geschichtlichen Gründen als gesellschaftliche Gegenmacht verstehen. Mit ihren Alternativentwürfen zur Veränderung der Lebens- und Arbeitswelt beziehen sie Positionen, die durchaus im Widerspruch zu denen von Parteien, Kirchen, Medien oder Verbänden stehen können. Ob dieser umfassende Anspruch der Gewerkschaften gedeckt ist, ist staatsrechtlich umstritten, doch bilden Gewerkschaften einen wichtigen Baustein in der korporatistischen Gesellschaft Deutschlands.

Entstanden sind Gewerkschaften als Kinder der Industrialisierung des 19. Jahrhunderts. Als „Gewerkevereine" gestartet, waren sie eine Antwort auf die sich deutlich verändernden Lebens- und Arbeitsbedingungen in der industriellen Massenproduktion. Der Industriearbeiter, der mit tausend anderen zu jedem Schichtwechsel durch das Werkstor geht, der nach den Vorgaben des Taylorismus seine Arbeit absolviert und für den eine flächendeckende Mindestregelung über Entlohnung und Arbeitszeit befriedigende Antworten gibt, ist bis heute noch das vorherrschende Leitbild deutscher Gewerkschaften.

Die bislang gültige Gewerkschaftsstruktur seit 1945 ist getragen von dem Willen zur Einheit. Die Gewerkschaften sollten fern von ideologischen Positionen integrieren, und der Deutsche Gewerkschaftsbund (DGB) wurde als Einheitsgewerkschaft gegründet. Dieser Einheitsgedanke wurde allerdings nicht durchgehalten, so dass sich zum Beispiel christliche Gewerkschaften gründeten, die aber mangels Zuspruch keine entscheidende Rolle im Nachkriegsdeutschland spielen konnten. Auch die Deutsche Angestellten-Gewerkschaft (DAG), als Standesorganisation von Angestellten gegründet, belegt, dass der Gedanke der Einheitsgewerkschaft gescheitert ist. Dabei ist aber zu berücksichtigen, dass die DAG mit ihrer Rolle als eigenständiger Tarifpartner nur im öffentlichen Dienst, im Handel und bei Banken und Versicherern eine eigenständige Rolle spielen konnte. Die Entwicklung zur Dienstleistungsgesellschaft der vergangenen anderthalb Jahrzehnte ist, was ihre Mitgliederentwicklung anbelangt, fast an ihr vorbeigegangen. In den klassischen Industriebranchen konnte sie nie so richtig Fuß fassen, auch nicht in ihrer Zielgruppe, den Angestellten.

Der DGB, die Dachorganisation von Einzelgewerkschaften, die sich nach Branchenzugehörigkeit definieren, konnte seine Mitgliederzahlen bis Anfang der neunziger Jahre relativ stabil halten, wobei die deutsche Einheit und die Vertretung der Arbeitnehmer in den ostdeutschen Bundesländern (Mitgliederanstieg von 4 Millionen) hier Berücksichtigung finden muss. Ende 1991 zählte der DGB noch rund 11,8 Millionen Mitglieder, bis zum Jahresende 1999 sank die Zahl auf 8,04 Millionen. Der DGB ist das politische Sprachrohr aller Einzelgewerkschaften und führt selbst keine Tarifverhandlungen. Dies obliegt den Einzelgewerkschaften wie zum Beispiel der IG Metall, die gegenwärtig die größte Einzelgewerkschaft ist. Obwohl seit vielen Jahren eine Reform des DGB diskutiert wird und viele Strategiepapiere geschrieben worden sind, hat sich an der traditionellen Rolle des DGB nicht sehr viel verändert, wenn sich auch in den vergangenen Jahren die Gewichte zugunsten der Mitgliedergewerkschaften verschoben haben. Denn hier ist seit gut fünf Jahren ein Konzentrationsprozess im Gange, der die Gewerkschaftslandschaft nachhaltig verändert hat.

■ Neuausrichtung der Mitgliedergewerkschaften im DGB

Existierten vor acht Jahren noch 16 Einzelgewerkschaften im DGB und zusätzlich die DAG als wichtiger Partner der Tarifpolitik, so ist diese Zahl bis zum Jahresende 1999 auf 11 gesunken. Es hat, wie bei der Wirtschaft, ein gewaltiger Konzentrations- und Fusionsprozess eingesetzt. Die traditionsreichen Gewerkschaften Leder, IG Bergbau und Energie sowie die IG Chemie, Papier, Keramik haben sich im Oktober 1997 zur IG Bergbau, Chemie, Energie (IG BCE) zusammengeschlossen. Die Gewerkschaft Gartenbau, Land- und Forstwirtschaft ist mit der bisherigen IG Bau, Steine, Erden zur IG Bauen, Agrar, Umwelt (IG Bau) zusammengegangen. Die mitgliederstärkste Organisation, die IG Metall, hat die bisherigen Mitglieder der Gewerkschaft Textil und Bekleidung sowie der Gewerkschaft Holz und Kunststoff in ihren Reihen. Das Vorgehen gleicht sich im Prinzip: Kleine Gewerkschaften, die Mitglieder aus Branchen vertreten, deren Bedeutung im Strukturwandel der Wirtschaft abnimmt und damit auch deren Beschäftigten- und Mitgliederzahlen, lehnen sich an große Mitgliedergewerkschaften an, weil sie erkannt haben, dass sie auf Sicht weder die finanzielle noch politische oder organisatorische Kraft haben, die Interessen ihrer Mitglieder zu vertreten. Im Gegenzug müssen sie in Kauf nehmen, dass die Interessen ihrer Mitglieder in dem viel größeren Umfeld häufig nur noch eine Nebenrolle spielen. Oder pointiert gesagt, sie flüchten sich in die Fusion mit einem mächtigen Partner, um nicht als Organisation später unterzugehen. Für diese Schlussfolgerung spricht auch, dass sich der Charakter der IG Metall, die besonders ausgeprägt die Gegenmachtposition einnimmt, ebenso wenig geändert hat wie bei der IG BCE, die ihre moderate und kreative wie recht undogmatische Tarifpartnerschaft weiter pflegt, als seien die ehemalige IG Bergbau oder die Gewerkschaft Leder nicht dabei.

Im Prinzip ähnlich sind die Motive der fünf Gewerkschaften, die im Jahr 2001 zur „Vereinten Dienstleistungsgewerkschaft" (Verdi) fusionieren wollen. Auch hier zwingen mindestens vier Partner die rückläufige Tendenz der Mitgliederzahlen, die dadurch fast nicht mehr zu finanzierenden Gewerkschaftsstrukturen, die sich wandelnde Branchen- und Wirtschaftsstruktur zum Handeln. Allein die Gewerkschaft Öffentliche Dienste, Transport und Verkehr (ÖTV), mit fast 1,6 Millionen Mitgliedern traditionell eine der größten DGB-Gewerkschaften, scheint keine aktuelle Sorge um ihr Überleben zu haben. Allerdings ist auch bei der ÖTV die Überzeugung langsam gereift, dass sie durch die Privatisierung und Ausgründung von Wirtschaftsbetrieben von Bund, Ländern und Gemeinden mittelfristig ihre Basis verliert. So steht zu erwarten, dass sich wie geplant die Gewerkschaft Handel, Banken, Versicherungen (HBV), die IG Medien, die Deutsche Postgewerkschaft (DPG), die lange verfemte DAG sowie − möglicherweise zu einem späteren Zeitpunkt − die ÖTV zu Verdi zusammenschließen werden.

Und die fünf Gewerkschaften sind gewillt, es nicht nur mit einer Abwehrstrategie bewenden zu lassen. Sie wollen mit ihrem Zusammenschluss

Neuausrichtung der DGB-Mitgliedsgewerkschaften
Konzentrationsprozess und Mitgliederzahlen[1)]

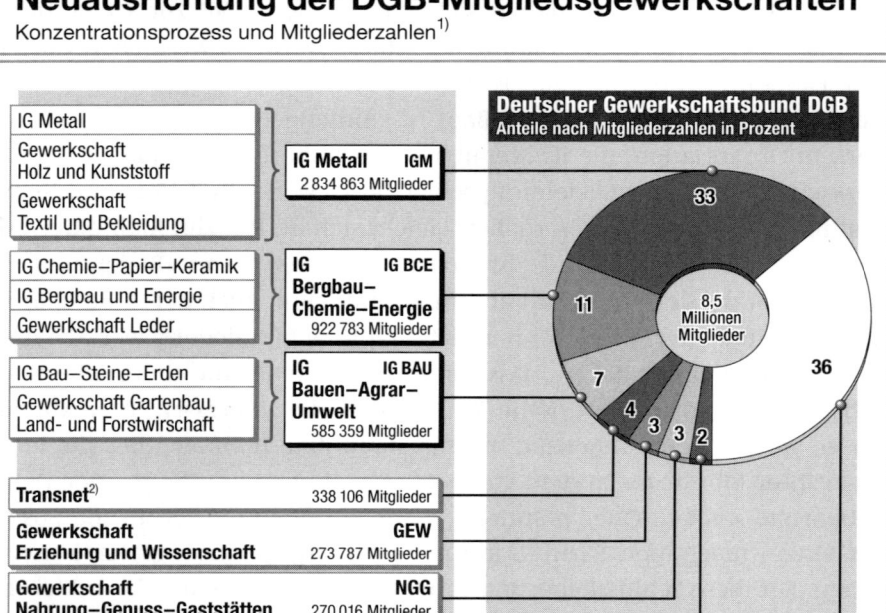

Deutscher Gewerkschaftsbund DGB
Anteile nach Mitgliederzahlen in Prozent

IG Metall	
Gewerkschaft Holz und Kunststoff	**IG Metall IGM** 2 834 863 Mitglieder
Gewerkschaft Textil und Bekleidung	

IG Chemie–Papier–Keramik	
IG Bergbau und Energie	**IG IG BCE Bergbau– Chemie–Energie** 922 783 Mitglieder
Gewerkschaft Leder	

| IG Bau–Steine–Erden | |
| Gewerkschaft Gartenbau, Land- und Forstwirtschaft | **IG   IG BAU Bauen–Agrar– Umwelt** 585 359 Mitglieder |

Transnet[2)]   338 106 Mitglieder

Gewerkschaft Erziehung und Wissenschaft   **GEW**   273 787 Mitglieder

Gewerkschaft Nahrung–Genuss–Gaststätten   **NGG**   270 016 Mitglieder

Gewerkschaft der Polizei   **GdP**   190 617 Mitglieder

Gewerkschaft Öffentliche **ÖTV** Dienste, Transport und Verkehr 1 526 891 Mitglieder	
Gewerkschaft Handel, **HBV** Banken und Versicherungen 457 720 Mitglieder	**Vereinte Verdi Dienstleistungs- gewerkschaft**[3)] 3 083 015 Mitglieder
Deutsche Post- **DPG** gewerkschaft 457 168 Mitglieder	
IG Medien 179 072 Mitglieder	

| Deutsche Angestellten- **DAG** Gewerkschaft 462 164 Mitglieder | |

Verdi
Anteile nach Mitgliederzahlen in Prozent

HBV   ÖTV
DPG
IG Medien
DAG

33   8,5 Millionen Mitglieder   36   11   7   4   3   3   2

15   15   3,1 Millionen Mitglieder   50   6   15

1) Mitgliederzahlen: Stand Jahresende 1999 (DGB: teilweise vorläufige Angaben). 2) Bis zum 16. Mai 2000 Gewerkschaft der Eisenbahner Deutschlands (GdED). 3) Zusammenschluss 2001 geplant.   Quellen DGB, DAG

eine „passende Antwort" auf die neuen Wirtschafts- und Branchenstrukturen in Deutschland geben. Denn von der Entwicklung zur dienstleistungsgeprägten Wirtschaft haben diese wie andere Gewerkschaften nicht profitiert. Wie die DAG hat auch die HBV bei Banken und Versicherern nur einen relativ schwachen Organisationsgrad, während sie im von E-Commerce und Konzentration bedrohten Handel eher stark bei den Beschäftigten verankert ist. Viele Unternehmen der Informationstechnologie sind faktisch gewerkschaftsfrei, oder verschiedene Organisationen wie die DPG, die IG Metall, die IG BCE oder eine der anderen Verdi-Gewerkschaften buhlen ohne großen Erfolg um neue Mitglieder. Stattdessen soll sich Verdi um die Erschließung dieses organisatorischen Brachlandes kümmern, die gesamte Gewerkschaftsbewegung für kommende Zeiten absichern und den DGB stärken. Gemessen an den vereinigten Mitgliederzahlen würde Verdi einschließlich der ÖTV zum Start den ersten Platz vor der IG Metall und der IG BCE innerhalb der DGB-Gewerkschaften belegen. Beobachter befürchten, dass sich der Bedeutungsverlust der Gewerkschaften auch künftig weiter fortsetzen wird, solange sie nicht auf den Wandel der Wirtschafts- und Wertestrukturen reagieren und sich eher nach dem traditionellen Weltbild ausrichten und den Innovationstreibern verschließen.

■ Die Bundesvereinigung der Deutschen Arbeitgeberverbände

Wie Gewerkschaften als Verhandlungspartner ihrer Mitglieder auftreten, so werden Unternehmen von den Arbeitgeberverbänden vertreten. Dies ist jedenfalls bisher die gebräuchlichste Form gewesen. Denn im Prinzip kann jedes Unternehmen mit seinen Mitarbeitern oder mit einer oder mehreren Gewerkschaften Tarifverträge abschließen. Dazu bedarf es nicht zwingend notwendig der Mitgliedschaft in einem Arbeitgeberverband. Diese separat abgeschlossenen Haus- oder Firmenverträge sind in der Vergangenheit hierzulande eher die Ausnahme gewesen, was sich zunehmend ändert. Die Gründe hierfür, Tarifflucht der Unternehmen oder andere Prioritäten und scheinbare Gesetzmäßigkeiten von Gesellschaften der so genannten Neuen Ökonomie (Internet, Telekommunikation, Bio- oder Gentechnologie), sind schon angeführt worden.

Ursprünglich führte der Zusammenschluss von Arbeitern zu „Gewerkevereinen" zur Gründung der Arbeitgeberverbände. Diese Gegenreaktion der Arbeitgeber lässt sich am besten an der zeitlichen Abfolge der Gründungen aufzeigen. Der Deutsche Buchdruckerverein etablierte sich 1869 und damit drei Jahre später als die Druckergewerkschaft. Ziel dieses Zusammenschlusses von Arbeitgebern war es und ist es in der Regel bis heute, der organisierten Arbeitnehmerschaft als geschlossene Einheit bei Tarifverhandlungen gegenübertreten zu können. Zudem bieten Tarifverträge einen Schutz vor einem Unterbietungswettbewerb von Konkurrenten, weil das Lohnniveau oder die Arbeitszeit innerhalb der Branche geregelt (Mindestbedingung) ist. Dieser Vorteil der vergleichbaren Arbeitskosten stützt die Ansicht von Kritikern, dass die Arbeitgeberverbände ebenso Partner eines Kartells seien wie die Gewerkschaften. Denn die Praxis zeigt, dass innerhalb einer Branche, selbst bei Unternehmen mit glänzenden wirtschaftlichen Ergebnissen, das Lohnniveau vergleichbar ist.

Das organisatorische Gegengewicht zum DGB – der Verband der Verbände – ist die Bundesvereinigung der Deutschen Arbeitgeberverbände (BDA). Als sozialpolitische Spitzenorganisation befindet sie sich damit auf gleicher Ebene mit den anderen Spitzenverbänden der Industrie: dem Bundesverband der Deutschen Industrie (BDI), dem Deutschen Industrie- und Handelstag (DIHT) sowie dem Zentralverband des Deutschen Handwerks (ZDH). Die Aufgabe der BDA besteht in der tarifpolitischen Beratung der Mitgliedsverbände, im Lobbyismus in der Sozialpolitik gegenüber Parteien und Regierungen sowie der Koordinierung der Arbeitgeberpolitik. Hier nimmt die BDA für sich in Anspruch, ausgleichend gegenüber „Branchenegoismen" zu wirken und im tarifpolitischen Tauziehen eine ähnliche Lohnleitzahl durchsetzen zu können, relativ unabhängig von der jeweiligen Branchenkonjunktur. Deshalb gewinnt auch die erste Lohnfindung eines Jahres bei einer bedeutenden Branche eine besondere Aufmerksamkeit. Denn vielfach wird zu Recht vermutet, dass der Lohnabschluss eine Art „Pilotfunktion" für die noch kommenden Tarifverhandlungen der unterschiedlichsten Branchen besitzt. Dabei spielen häufig gesamtwirtschaftliche Rahmenbedingungen, die Branchenkonjunkturen, die Produktivitätsentwicklungen oder der jeweilige Wettbewerbsdruck nur eine untergeordnete Rolle. Wie könnte es sonst sein, dass der öffentliche Dienst oder die Metall- und Elektroindustrie eine Vorgabe für die Textilwirtschaft oder für die Nahrungs- und Genussmittelbranche liefern?

Die BDA wurde 1950 gegründet, zu ihren Mitgliedern zählen ausschließlich Verbände (55), und geführt wird der Verband durch einen ehrenamtlichen Präsidenten und einen hauptamtlichen Hauptgeschäftsführer. Der Etat der BDA ist im Vergleich zum DGB bescheiden und wird nach wie vor hauptsächlich vom größten und einflussreichsten Mitgliedsverband, dem Arbeitgeberverband Gesamtmetall, bestritten. Daher hat Gesamtmetall, wie auch die IG Metall auf der Gegenseite, einen starken Einfluss auf die Linie der BDA. Dennoch ist trotz des Übergewichts von Gesamtmetall dieser Verband ein gutes Beispiel für die nachlassende Bindewirkung auch auf der Arbeitgeberseite. Wenigen großen Unternehmen und Konzernen stehen Abertausende von Klein- und Mittelbetrieben gegenüber. Herrscht beispielsweise eine gute Automobilkonjunktur mit stabiler Nachfrage, so dürften die deutschen Automobilkonzerne bestrebt sein, möglichst ohne Streiks und Arbeitskampf zu einer schnellen Lösung in der Tarifrunde zu kommen.

Dieser Tarifvertrag gilt in der Regel dann auch für andere regionale Tarif-
bezirke. Damit dürfte ein Lohnabschluss, der vielleicht für Autohersteller
akzeptabel ist, für ein Unternehmen in Mecklenburg-Vorpommern oder für
einen Zulieferbetrieb für die Werftindustrie nur schwer zu verkraften sein.
Die mögliche Reaktion ist die genannte Tarifflucht von Unternehmen. Anderen Unternehmen, die ihr tarifpolitisches Schicksal lieber selbst in die
Hand nehmen wollen, sind die Regelungen, Vorschriften und Vorbehalte
der Flächen-, Branchen- und Manteltarifverträge zu starr, zu wenig individuell für die Bedürfnisse des jeweiligen Unternehmens. Sie, wie manche
Kritiker des Korporatismus, fordern nicht nur eine Reform der Arbeitgeber-
verbands- und der Gewerkschaftsstrukturen – sie verlangen zugleich eine
Art „Deregulierung", mehr Mitsprache und Gestaltungsmöglichkeit der Unternehmen und Betriebe.

■ 2. Das Tarifvertragssystem

Tarifverträge haben in Deutschland eine lange Tradition. Als Geburts-
stunde gilt das Jahr 1873, in dem der „erste allgemeine Tarif der Buchdrucker" vereinbart wurde. Vierzig Jahre später galten immerhin schon 13.500
Tarifverträge, die mit 2 Millionen Arbeitern aber erst knapp 10 Prozent
aller damals Beschäftigten erfassten. Unter dem nationalsozialistischen Regime wurden 1933 Koalitionsfreiheit und Tarifautonomie beseitigt und
staatliche Tarifordnungen eingeführt. Erst nach dem Zweiten Weltkrieg
konnten Tarifverträge wieder frei ausgehandelt werden. In der Deutschen
Demokratischen Republik wurden Tarifautonomie und Koalitionsfreiheit
am 1. Juli 1990, drei Monate vor der Wiedervereinigung, eingeführt. Das
inzwischen in ganz Deutschland maßgebliche Tarifvertragsgesetz (TVG) trat
am 9. April 1949 in Kraft, seitdem wurden insgesamt 317 371 Tarifverträge
in das Tarifregister beim Bundesministerium für Arbeit und Sozialordnung
(BMA) eingetragen, das sind im Durchschnitt mehr als 6300, im Schnitt der
neunziger Jahre sogar mehr als 7800 Tarifverträge im Jahr – und entspricht
rein rechnerisch etwa 30 Verträgen je Arbeitstag. Davon waren Ende 1999
noch 51 568 Tarifverträge in Kraft. Sie gelten für rund 25 Millionen Arbeitnehmer, das sind neun von zehn sozialversicherungspflichtig Beschäftigten.
Im Gegenzug zur wachsenden Regelungsdichte nimmt die Anziehungskraft
des Flächentarifs ab. Zwar blieb die Zahl der neu geschlossenen Tarifverträge mit rund 7700 zuletzt unverändert. Die Zahl der gültigen Tarifverträge ist dagegen von Ende 1998 bis Ende 1999 um 2028 gestiegen – fast
ausschließlich eine Folge der zunehmenden Zahl an Haustarifen.

Insgesamt gültige Tarifverträge am Jahresende 1999

	Mantel-TV	TV mit Mantelbe-dingungen	Vergütungs-TV	Änderungs- und Parallel-TV	Zusammen
Flächen-TV					
West	1 086	5 449	2 170	19 170	27 875
Ost	267	830	492	2 569	4 158
Zusammen	1 353	6 279	2 662	21 739	32 033
Firmen-TV					
West	3 611	5 680	3 198	3 153	15 642
Ost	1 160	1 125	952	656	3 893
Zusammen	4 771	6 805	4 150	3 809	19 535
Insgesamt	**6 124**	**13 084**	**6 812**	**25 548**	**51 568**

Quelle: Bundesministerium für Arbeit und Sozialordnung: Tarifvertragliche Arbeitsbedingungen im Jahre 1999

■ Das Verhandlungsmandat kehrt von den Verbänden zurück in die Firmen

Tarifverträge können weder die Arbeitnehmer noch der Betriebsrat schließen, sondern nur „Gewerkschaften, einzelne Arbeitgeber sowie Vereinigungen von Arbeitgebern" (§ 2 TVG). Die meisten Unternehmen machen von der Möglichkeit Gebrauch, die Tarifpolitik an ihre Verbände zu delegieren. Auf diese Weise kommen Verbands- oder Flächentarifverträge zustande, die nicht für einzelne Betriebe, sondern für ganze Branchen gelten. Weit mehr als die Hälfte aller derzeit geltenden Tarifverträge sind solche Verbandstarifverträge. Sie umfassen mehr als 300 Wirtschaftszweige.

Betriebe, die keinem Arbeitgeberverband angehören, haben mehrere Möglichkeiten, ihre Arbeitsbedingungen zu regeln. Sie können erstens einen bestehenden, bereits auf Verbandsebene ausgehandelten Flächentarif übernehmen, zweitens mit jedem Beschäftigten einen individuellen Arbeitsvertrag schließen oder drittens selbst mit der Gewerkschaft einen so genannten Firmen- oder Haustarifvertrag vereinbaren. Bekannt sind vor allem die Verträge großer Unternehmen (zum Beispiel Volkswagen, Lufthansa oder Telekom). Doch auch im Mittelstand erfreuen sich die Firmentarife wachsender Beliebtheit: In den alten Bundesländern hat sich die Zahl der Betriebe mit Haustarifverträgen zwischen 1990 und 1999 von 2100 auf 3998 fast verdoppelt und in den neuen Bundesländern von 450 auf 1843 sogar mehr als vervierfacht. In ganz Deutschland sind inzwischen schon vier von zehn geltenden Tarifverträgen Firmentarife, Tendenz steigend.

Dennoch kann nach Meinung des Bundesarbeitsministeriums „nicht von einer wesentlichen Verlagerung der Tarifautonomie in die Betriebe gesprochen werden". Denn im Geltungsbereich der Flächentarife seien rund 22 Millionen, im Bereich der Firmentarife dagegen nur 3 Millionen Arbeitnehmer beschäftigt. Nach Angaben des Nürnberger Instituts für Arbeitsmarkt- und Berufsforschung (IAB) waren 1998 in ganz Deutschland 64,8 (West: 67,8; Ost: 50,5) Prozent aller Beschäftigten in Betrieben mit Flächentarifverträgen und 8,8 (West: 8,0; Ost: 12,7) Prozent in Betrieben mit Haustarifen beschäftigt. Jeder vierte Beschäftigte in den alten und jeder dritte Beschäftigte in den neuen Bundesländern unterlag keiner Tarifbindung. Betrachtet man statt der Beschäftigten die Betriebe, so galt für 43,4 (West: 47,7; Ost: 25,8) Prozent der Unternehmen ein Flächentarif und für 5,3 (West: 4,8; Ost: 7,6) Prozent ein Firmentarif. Mit 51,3 Prozent war in ganz Deutschland jeder zweite Betrieb nicht tarifvertraglich gebunden.

Streng genommen gilt ein Tarifvertrag nur für die beiden unmittelbar am Abschluss beteiligten Parteien: für den Arbeitgeber also nur, wenn er den Vertrag direkt mit der Gewerkschaft geschlossen hat oder Mitglied im Arbeitgeberverband ist; für den Arbeitnehmer nur, sofern er Mitglied der Gewerkschaft ist (§§ 3,4 Absatz 1 TVG). Um aber den Betriebsfrieden zu wahren, erhalten in der Regel alle Beschäftigten die im Tarifvertrag vereinbarten Leistungen. Eine Diskriminierung innerhalb der Belegschaft würde nämlich nicht nur einen hohen Verwaltungsaufwand verursachen, sondern die bisherigen Nichtmitglieder gleichsam zum Eintritt in die Gewerkschaft einladen.

■ Die Fessel der Allgemeinverbindlichkeit

Weder Arbeitgeber noch Arbeitnehmer können sich einem Tarifvertrag entziehen, wenn dieser für allgemeinverbindlich erklärt worden ist (§ 5 TVG). Dies stellt allerdings nicht die Regel, sondern die Ausnahme dar und war nur bei 591 (1,2 Prozent) aller 49 540 zu Jahresbeginn 1999 geltenden Tarifverträgen der Fall. Dennoch sind die Folgen nicht zu unterschätzen: Allein bei Lohn und Gehalt wurden dadurch für rund eine Million Arbeitnehmer die Einkommensbedingungen erstmals tariflich geregelt. Vor allem in den neuen Bundesländern ist eine rapide Zunahme allgemeinverbindlicher Tarifverträge zu verzeichnen: Zu Beginn des Jahres 1991 waren es erst 7, Anfang 1999 schon 179. In Westdeutschland ist die Zahl der allgemeinverbindlichen Tarifverträge dagegen von ihrem Höchststand im Jahr 1991 (615) kontinuierlich auf zuletzt 412 gesunken. Am stärksten betroffen ist das Baugewerbe. Auf diese Branche entfielen zuletzt 212 aller allgemeinverbindlichen Tarifverträge, weitere 75 auf den Handel, 62 auf die Entsorgungswirtschaft, Reinigungsunternehmen und die Körperpflegebranche.

Das Bundesarbeitsministerium kann einen Tarifvertrag immer dann für allgemeinverbindlich erklären, wenn die tarifgebundenen Arbeitgeber mindestens die Hälfte der vom Tarifvertrag betroffenen Arbeitnehmer beschäftigen und wenn an der Allgemeinverbindlichkeit ein öffentliches Interesse besteht. Voraussetzung ist außerdem, dass eine Tarifvertragspartei die Erklärung beantragt hat und hierüber im Tarifausschuss – einem mit je drei Arbeitgeber- und Gewerkschaftsvertretern besetzten Gremium – Einvernehmen erzielt wurde. Seit dem 1. Januar 1999 kann das Ministerium über das Arbeitnehmer-Entsendegesetz sogar ohne Zustimmung des Tarifausschusses allein durch Rechtsverordnung faktisch die tariflichen Normen auf dem Bau festlegen. Die Politik regiert hier mit protektionistischer Hand in die Tarifautonomie hinein. Sie legt Mindeststandards fest, die für alle Arbeitgeber verbindlich sind, und behindert dadurch massiv den Wettbewerb – in der Bauwirtschaft vor allem zwischen den heimischen Betrieben und im Ausland ansässigen Firmen, denen vorgeworfen wird, Bauarbeiter zu Niedriglöhnen zu beschäftigen und dadurch die Arbeitsplätze deutscher Fachkräfte zu gefährden. Die Folge: Der notwendige Strukturwandel wird verzögert, Verbraucher und Steuerzahler müssen auf Kostenvorteile und Wohlstandsgewinne aus der internationalen Arbeitsteilung verzichten.

■ Eine Vielzahl von Verträgen

Das Arbeitnehmer-Entsendegesetz ist ein Beispiel dafür, wie sich die Regierung über die Tarifautonomie hinwegsetzen kann. Solche Eingriffe sind allerdings selten. Insgesamt lässt sich eine Dreiteilung der Zuständigkeiten beobachten. Die soziale Sicherung im Falle von Arbeitslosigkeit, Krankheit oder Invalidität ist weitgehend gesetzlich geregelt und wird auch nur selten durch tarifliche Leistungen aufgestockt. Bei den allgemeinen Arbeitsbedingungen hat der Staat gesetzliche Rahmenbedingungen vorgegeben wie zum Beispiel den Mindesturlaub von vier Wochen oder die Vorschrift, dass kein Arbeitnehmer länger als 10 Stunden am Tag arbeiten darf. Auch die Entgeltfortzahlung bei Krankheit und an Feiertagen, Kündigungs- und Arbeitsschutz sind gesetzlich vorgeschrieben. Diese Mindestbedingungen werden allerdings häufig durch tarifliche Regelungen verbessert. Die unmittelbaren Arbeits- und Einkommensbedingungen dürfen die Tarifvertragsparteien dagegen völlig frei aushandeln.

Dazu gibt es unterschiedliche Tarifverträge: Die Vergütungstarifverträge regeln, gewöhnlich für ein Jahr, die Einkommensbedingungen der Beschäftigten. Man unterscheidet zwischen Ausbildungsvergütungstarifverträgen für Lehrlinge, Lohntarifverträgen für Arbeiter, Gehaltstarifverträgen für Angestellte und Entgelttarifverträgen (in den Wirtschaftszweigen, die nicht mehr zwischen Arbeitern und Angestellten unterscheiden). In den so genannten Mantel- oder Rahmentarifverträgen, die meist eine Laufzeit von mehreren Jahren haben, wird das ganze Spektrum der Arbeitsbedingungen festgelegt, von Einstellung, Probezeit und Kündigung über Arbeitszeit, Schichtarbeit, Überstunden, Zuschläge und Urlaub bis hin zur Einstufung in Vergütungsgruppen, Akkordbedingungen und der Entgeltfortzahlung im Krankheitsfall. Gelegentlich werden über einzelne dieser Punkte gesonderte Tarifverträge mit Mantelbestimmungen geschlossen, zum Beispiel über Altersteilzeit, Vorruhestand, Beschäftigungssicherung oder zusätzliche Altersversorgung. Hinzu kommen die so genannten Änderungsverträge, in denen bestehende Tarifverträge modifiziert werden. Von Parallelverträgen ist die Rede, wenn ein Tarifvertrag von mehreren Gewerkschaften in unveränderter Form geschlossen wird. Dies war bisher meist der Fall, wenn für eine Branche oder ein Unternehmen neben einer DGB-Gewerkschaft auch noch die Deutsche Angestellten-Gewerkschaft (DAG) zuständig war, die durch den geplanten Zusammenschluss zur Vereinten Dienstleistungsgewerkschaft (Verdi) im Frühjahr 2001 wieder unter das Dach des DGB zurückkehren will.

◼ Die langsame Öffnung des Flächentarifs

Nicht nur der Staat hat seine Verhandlungsmacht weitgehend an die Tarifvertragsparteien delegiert. Diese können ihr Mandat ihrerseits an die Betriebsparteien weitergeben, tun dies allerdings nur in einem äußerst eng umgrenzten Rahmen. Wie stark der Flächentarif für dezentrale und damit sachgerechtere Lösungen geöffnet wird, bestimmen allein die Gewerkschaften und Arbeitgeberverbände: also gerade die Organisationen, die ihr Entstehen weitgehend dem System kollektiver Verhandlungen verdanken. Mehr als eine konditionierte Öffnung des Flächentarifs wollen sie den Betriebsparteien denn auch nicht zugestehen – aus unterschiedlichen Motiven: Die Arbeitgeber sehen durch Öffnungsklauseln die Solidarität im Verband gefährdet, die Gewerkschaften fürchten einen zunehmenden Einfluss des Betriebsrates. Um beiden Entwicklungen entgegenzuwirken, sollen die Betriebsparteien nur aus bereits vorgegebenen Tarifbausteinen auswählen dürfen. Die Anhänger des Flächentarifs wissen dabei das Gesetz auf ihrer Seite. Denn Unternehmensleitung und Betriebsrat dürfen, selbst wenn sie es wollen, „Arbeitsentgelte und sonstige Arbeitsbedingungen, die durch Tarifvertrag geregelt sind oder üblicherweise geregelt werden", nicht in einer Betriebsvereinbarung aushandeln. Das verbietet ihnen der so genannte Tarifvorbehalt im Betriebsverfassungsgesetz (§ 77 Absatz 3 BetrVG). Abweichende Abmachungen sind nur zulässig, wenn sie der Tarifvertrag ausdrücklich erlaubt, heißt es in § 4 Absatz 3 TVG.

◼ Der Streit um das Günstigkeitsprinzip

Auch die Richtung etwaiger Abweichungen ist in diesem Paragrafen vorgegeben. Da der Flächentarif Mindestbedingungen festlegen soll, sind Änderungen nur zugunsten der Arbeitnehmer möglich. Niemand darf dagegen durch eine betriebliche Vereinbarung schlechter gestellt werden. Dieses so genannte Günstigkeitsprinzip ist aber nur dann problemlos zu handhaben, wenn unmittelbar vergleichbare Dinge wie Einkommen oder Arbeitszeit gegenübergestellt werden. Die vielen in den vergangenen Jahren geschlossenen betrieblichen „Bündnisse für Arbeit" erfordern dagegen eine differenziertere Abwägung: Wie ist ein vorübergehender Lohnverzicht der Beschäftigten im Blick auf eine befristete Beschäftigungsgarantie zu bewerten? Welches Gut wiegt höher, die Sicherung des Einkommens oder die des Arbeitsplatzes? Das Votum der Betroffenen ist meist eindeutig, wie Anfang 2000 die Schieflage des Frankfurter Baukonzerns Philipp Holzmann bewiesen hat: Um ihre Stelle zu sichern und den Konkurs des Unternehmens abzuwenden, waren die Beschäftigten zu Lohneinbußen und unbezahlter Mehrarbeit bereit. Doch die Rechtsprechung des Bundesarbeitsgerichts (BAG) steht einer solchen Auslegung des Günstigkeitsprinzips entgegen. Es räumte den Gewerkschaften 1999 ein Klagerecht bei tarifwidrigen Betriebsvereinbarungen ein. Die FDP sowie einzelne Politiker von Bündnis 90/Die Grünen und der CDU haben daher im Einklang mit den Spitzenverbänden der deutschen Wirtschaft eine eindeutige Definition des Günstigkeitsprinzips im TVG sowie gesetzliche Öffnungsklauseln gefordert. Danach sollen künftig auch gegen den Willen der Tarifvertragsparteien Abweichungen vom Flächentarif nach unten möglich sein, sofern der Betriebsrat oder eine qualifizierte Mehrheit der Beschäftigten dem zustimmt.

◼ Das deutsche Modell:
Auf einem Mittelweg hin zu moderierter Tarifpolitik?

Die Frage, welche Ebene welche Regelungskompetenzen erhalten soll, ist Folge der in der Bundesrepublik herrschenden Aufgabenverteilung zwischen Staat, Verbänden und Betriebsparteien. Das deutsche Modell ist indessen nur eines von mehreren möglichen. In einigen Staaten wie zum Beispiel in Frankreich, das gesetzlich die Einführung der 35-Stunden-Woche beschlossen hat, wird die Regierung in nationale Tarifverhandlungen eingebunden; in anderen Ländern wie den Vereinigten Staaten handelt jeder Betrieb selbst mit der Gewerkschaft die Arbeits- und Einkommensbedingungen aus. In den Niederlanden zum Beispiel wurde unter dem Druck des Staates mit dem Abkommen von Wassenaar eine organisierte Dezentralisierung erreicht: So wird auf nationaler Ebene eine Leitlinie vorgegeben, die dezentral in den Betrieben realisiert werden muss. Auch in Deutschland hat man zwischen den Extremformen nationaler, staatlich gelenkter und völlig dezentraler Tarifpolitik einen Mittelweg gewählt, der freilich nicht institutionell – zum Beispiel durch verbindliche Abmachungen im Bündnis für Arbeit – verankert ist: Die meisten Tarifverhandlungen sind regional und auf einzelne Branchen bezogen. Das ist nicht ohne Risiko. Denn zumindest in der Theorie ist jedes radikale Modell der Mischvariante überlegen: Zentrale, vom Staat moderierte Verhandlungen werden, so ist jedenfalls zu vermuten, eher Rücksicht auf die gesamtwirtschaftliche Lage nehmen, dezentrale Verhandlungen dürften dagegen den betrieblichen Realitäten am besten gerecht werden – und dadurch am ehesten zusätzliche Beschäftigung fördern oder wenigstens den Personalabbau lindern, der durch zu hohe Arbeitskosten verursacht wird. Der deutsche Mittelweg, so ist zu befürchten, führt zu keinem von beiden: Er droht nicht nur die gesamtwirtschaftlichen Rahmenbedingungen aus dem Auge zu verlieren, sondern auch durch starre Einheitsbedingungen den Abbau von Arbeitslosigkeit zu behindern. Warum hat man sich in der Bundesrepublik dennoch für diesen Weg entschieden?

◼ Sozialer Frieden durch Ausschluss von Wettbewerb

Die Arbeitgeber profitieren davon in zweifacher Weise: durch das, was man gemeinhin „sozialen Frieden" nennt, und durch die Aushebelung des Wettbewerbs. Denn der Flächentarif schafft für die gesamte Branche einheitliche Mindestbedingungen und verhindert, dass sich die Konkurrenten durch niedrigere Löhne Kostenvorteile verschaffen. Das Risiko eines Arbeitskampfes wird kollektiviert und der Konflikt mit der Belegschaft, den die Unternehmen scheuen, an die Verbände delegiert. So bleibt der Betriebsfrieden gewahrt. Während der Laufzeit eines Tarifvertrags sind die Gewerkschaften außerdem an die Friedenspflicht gebunden. Kommt es danach zu einem Arbeitskampf, werden die betroffenen Unternehmen von ihrem Verband finanziell unterstützt.

Die Gewerkschaften haben ihrerseits ein Interesse daran, für die ganze Branche geltende Mindestbedingungen festzulegen, weil sie auf diese Weise nicht in einen aufwendigen und kräftezehrenden „Häuserkampf" gezwungen werden, sondern die Tarifbewegungen zusammenfassen und zeitlich synchronisieren können. Schon mit wenigen Schwerpunkt-Streiks oder einer Strategie der Nadelstiche lassen sich in einer immer arbeitsteiligeren Wirtschaft flächendeckende Wirkungen erzielen. Das setzt die Arbeitgeber unter Druck, schont aber die Streikkasse.

Die Delegation des Verhandlungsauftrags an die Gewerkschaften hilft schließlich auch den Arbeitnehmern, denen das Bundesverfassungsgericht in seinem Urteil vom 4. Juli 1995 eine „strukturelle Unterlegenheit" beim Abschluss von Arbeitsverträgen bescheinigt. Dieses Defizit wird nun durch kollektives Handeln ausgeglichen. Die Gewerkschaft, die an ihrer Stelle den Arbeitgebern gegenübertritt, wird vermutlich höhere Löhne und bessere Arbeitsbedingungen aushandeln und sie vor einem drohenden Verlust des Arbeitsplatzes zu schützen suchen. Der einheitliche Standard des Flächentarifs bei Einkommen und Arbeitsbedingungen schafft zudem ein Stückweit Markttransparenz und erspart den Arbeitnehmern dadurch Suchkosten und Stellenwechsel.

Die Arbeitslosen allerdings profitieren von alledem nicht. Das Festschreiben von Mindestbedingungen im Flächentarif verhindert zumeist eine flexible Reaktion auf veränderte Knappheitsrelationen und führt dadurch zu steigender Arbeitslosigkeit (wie es beispielsweise nach dem Fall der Berliner Mauer massiv der Fall war). Auch für die Beschäftigten zahlen sich überhöhte Mindeststandards allenfalls kurzfristig aus. Denn all jene Betriebe, deren Leistungskraft unter dem im Flächentarif berücksichtigten Mittelwert liegt, müssen versuchen, die Lohnsteigerungen durch eine höhere Produktivität auszugleichen. Das kann zu ersten Entlassungen führen. Gelingt der Ausgleich über die Produktivität nicht, steigen die Lohnstückkosten. Können diese in Form von höheren Preisen an die Verbraucher weitergegeben werden, macht das einen Teil des Nominallohnzuwachses wieder zunichte. Lassen sich die gestiegenen Lohnstückkosten (zum Beispiel

wegen einer straffen Geldpolitik oder eines scharfen internationalen Preis-
wettbewerbs) nicht auf die Verbraucher überwälzen, wird die Produktion
unrentabel. Betriebsschließungen und Entlassungen oder eine Verlagerung
von Produktionsstätten ins Ausland sind die Folge. Die Arbeitslosigkeit
steigt, und der Aufwand für deren Alimentierung fällt wie ein Bumerang
auf die noch Beschäftigten zurück.

◼ Die Flucht aus den Verbänden

Insbesondere die mangelnde Flexibilität des Flächentarifs hat in der
jüngsten Zeit die Verbandsflucht gefördert. Unternehmen, die sich durch
zu teure Tarifabschlüsse oder Arbeitszeitverkürzungen bedroht sehen,
wechseln in Arbeitgeberverbände ohne Tarifbindung, die so genannten
OT-Verbände. Durch den Austritt aus dem Arbeitgeberverband endet aber
nicht gleichzeitig die Tarifbindung des Unternehmens. Zunächst einmal
gilt die Tarifgebundenheit fort, bis der Tarifvertrag endet (§ 3 Absatz 3
TVG). Selbst nach Ablauf des Tarifvertrags wirken seine Rechtsnormen so
lange weiter, bis sie durch eine andere Abmachung ersetzt worden sind
(§ 4 Absatz 5 TVG). Während der Fortgeltung wird der Arbeitgeber weiterhin so behandelt, als wäre er noch Mitglied des Arbeitgeberverbandes.
Neue Tarifverträge oder Änderungen, die nach dem Austritt aus dem Arbeitgeberverband vereinbart werden, gelten dagegen für den ausgetretenen Betrieb nicht mehr. Auch die Friedenspflicht endet mit dem Verbands-
austritt. Eine neue Tarifbindung könnte also mit Streiks durchgesetzt werden. Diese spielen möglicherweise während der Nachwirkung eine Rolle.
Sofern die Gewerkschaft stark genug ist, das ausgetretene Unternehmen zu
einem Firmentarif zu zwingen, entkommt der Arbeitgeber der Tarifbindung durch die Verbandsflucht nicht. Er kann womöglich aber bessere
Bedingungen für sich aushandeln. Kann die Gewerkschaft keinen Haustarif
erzwingen, darf der Arbeitgeber dagegen die Arbeits- und Einkommensbedingungen nach seinen Wünschen ändern.

Ein Beispiel: Ein 1996 geschlossener Tarifvertrag endet am 31. Dezember
2000. Das Unternehmen tritt zum 31. Dezember 1998 aus dem Arbeitgeberverband aus. Am 1. Juni 1999 wird Arbeitnehmer A eingestellt, am 1. Oktober 1999 tritt Arbeitnehmer B in die Gewerkschaft ein. Vom 1. Januar 2001
an wird eine Einkommenserhöhung um 3 Prozent vereinbart. Folge: Die beiden Arbeitnehmer haben trotz des vorherigen Verbandsaustritts des Arbeitgebers vollen Rechtsanspruch auf den alten Tarifvertrag. An der im neuen Vertrag vorgesehenen Einkommenserhöhung partizipieren sie aber nicht mehr.

In der Praxis haben sich neben der Möglichkeit des Verbandsaustritts andere Formen der Tarifflucht durchgesetzt: Existierende Unternehmen gliedern Betriebsteile aus, spalten sich, fusionieren oder ändern ihre Rechtsform; neu geschaffene Unternehmen treten einem Arbeitgeberverband gar nicht erst bei. Sofern neue Unternehmen oder Rechtsträger entstehen, tritt nach dem Bürgerlichen Gesetzbuch (§ 613a Absatz 1 BGB) der neue Unternehmensinhaber in sämtliche Rechte und Pflichten ein, die zum Zeitpunkt des Übergangs bestanden. Was in einem Tarifvertrag oder in einer Betriebsvereinbarung geregelt wurde, wird folglich Inhalt des neuen Arbeitsverhältnisses und darf grundsätzlich nicht innerhalb eines Jahres zu Lasten des Arbeitnehmers geändert werden.

3. Die Tarifverhandlungen

Wenn die Medien über Tarifverhandlungen berichten, so springen sie mitten in den Ablauf einer Tarifrunde. Denn zuvor ist vieles schon geschehen, was Bestandteil des oft kritisierten „Rituals" ist. Dennoch schafft dieses Regelwerk für beide Tarifparteien ein Stück Verlässlichkeit und Planungssicherheit. Tarifverträge sind Vereinbarungen auf Zeit, und sie enthalten Kündigungsfristen und Termine. Lohn- und Gehaltsverträge haben in der Regel eine kürzere Laufzeit, die fast nie deutlich mehr als zwei Jahre beträgt. Häufiger ist eine Laufzeit von etwa zwölf Monaten das Ziel der Gewerkschaften, da sie der Auffassung sind, dass ihre Reaktionsgeschwindigkeit auf wirtschaftliche Veränderungen der Rahmenbedingungen bei längeren Vertragsbindungen beeinträchtigt wird. Ein weiterer Ordnungsfaktor eines Tarifvertrags ist neben Laufzeit und Lohnhöhe auch die so genannte „Friedenspflicht". Dieser Begriff beschreibt einen Zustand, der auch bis zu einem Quartal über das Ende der Laufzeit eines Tarifvertrags hinausgehen kann, für den beide Seiten übereinkommen sind, eine friedliche Lösung – ohne Arbeitskampfmaßnahmen – zu finden. Bei verschiedenen Branchen gibt es Vereinbarungen, dass die Friedenpflicht – keine Streiks, keine Aussperrungen – bis zum Scheitern einer Tarifverhandlung oder einer Schlichtung gilt.

In der Regel kündigt eine Gewerkschaft einen Tarifvertrag einige Monate vor dessen Auslaufen. Verbunden mit diesem Signal für eine Lohn- oder Gehaltsrunde sind verschiedene Forderungen: Sie betreffen die gewünschte Lohnerhöhung, vermögenswirksame Leistungen oder in jüngster Zeit Themen neuer Altersteilzeitregelungen sowie „Beschäftigungsbrücken" zwischen älteren und jüngeren Arbeitnehmern. Bei den beiden zuletzt genannten Themen spiegelt sich die seit einigen Jahren hohe Arbeitslosigkeit in Deutschland wider, die zum Teil auch durch die von Arbeitgeberverbänden und Gewerkschaften ausgehandelten Lohnabschlüsse verursacht wurden. Nun versuchen vor allem Gewerkschaften, Modelle zu entwickeln und zum Bestandteil von Tarifverhandlungen zu machen, die älteren Arbeitnehmern den früheren Ausstieg aus dem Erwerbsleben ermöglichen und zugleich Platz schaffen für jüngere Arbeitnehmer, damit diese überhaupt einen Arbeitsplatz finden oder ein bestehender abgesichert wird. Es herrscht die Vorstellung vor, dass Arbeitsvolumen begrenzt ist und dass diese Arbeitsmenge nur ausreichend verteilt werden müsse. Ob diese Strategie – auch wenn sie nur von Unternehmen und Beschäftigten ohne Zuhilfenahme von Sozialversicherungskassen oder Steuern finanziert wird – sinnvolle Ansätze wider den Strukturwandel und seine Folgen sind, bezweifeln viele Experten. Gleichwohl zeigen diese Ansätze eines: Gewerkschaften sind sich, im Gegensatz zu Anfang oder Mitte der neunziger Jahre, um ihrer Verantwortung für die Höhe der Arbeitslosigkeit bewusster geworden. Dennoch geht in die Findung der Lohnforderung vor allem die Produktivität, die Preissteigerungsrate und ein Umverteilungsanspruch (Unternehmensgewinne versus Lohnsumme) ein. Die Forderung, die stets über dem tatsächlich gewünschten Tarifabschluss liegt, dient zudem zur Mobilisierung der Mitgliedschaft, die trotz langjähriger Erfahrung häufig zu wenig zwischen Verhandlungsposition und realitätsnäherem Abschluss zu differenzieren vermag.

Verhandelt wird entweder zentral für die gesamte Branche oder regional nach Tarifbezirken. Einigen Tarifbezirken kam in der Vergangenheit eine gewisse Pionierfunktion zu, beispielsweise Nordwürttemberg in der Metallindustrie. Im Gegensatz dazu versuchen die Tarifpartner der chemischen Industrie schwierige Tarifverhandlungen als „zentrale Verhandlungen" zu führen. Arbeitgeber und Gewerkschaften treten sich dabei in zahlenmäßig entsprechenden Tarifkommissionen, angeführt von einem „Verhandlungsführer", gegenüber. Zumeist werden in den ersten Gesprächen, in der „ersten Runde", noch einmal die eigenen Positionen ausführlich begründet, auch um der Gegenseite zu signalisieren, welche der einzelnen Forderungen den höchsten Stellenwert besitzt. Kommt es dann in den freien Verhandlungen, drei Verhandlungsrunden sind fast immer die Regel, zu einer Einigung, müssen Gremien beider Seiten diesem Kompromiss zustimmen. Die Arbeitgeberverbände haben „sozialpolitische Ausschüsse" eingerichtet, die Gewerkschaften „Große Tarifkommissionen". Beide Gremien verbindet, dass ihre Zusammensetzung repräsentativ ist.

Arbeitskampf und Streik

Doch nicht immer finden die Tarifpartner in freien Verhandlungen zum Ziel. Dann werden die Verhandlungen als gescheitert erklärt. Doch um einen Arbeitskampf als letztes Mittel („ultima ratio") zu vermeiden, haben sich in vielen Branchen Arbeitgeber und Gewerkschaften auf eine Schlichtungsordnung verständigt, die dann zum Tragen kommt. Die Person des Schlichters ist ein neutraler Dritter, häufig eine Person des öffentlichen Lebens („elder statesman"), die das grundsätzliche Vertrauen beider Seiten genießt, aber wechselseitig von einer Seite vorgeschlagen wird. Die Funktion des Schlichters ist nicht die eines Richters, er darf sich nicht auf eine Seite schlagen. Stattdessen muss er im Verhandlungsweg versuchen, eine Lösung zu finden, die von beiden Seiten getragen werden kann. Vielfach spielen auch verbands- oder gewerkschaftspolitische Kalküle bei einem Schlichtungsverfahren eine Rolle. Denn in einem Schlichtungsverfahren kann entweder die Gewerkschaft oder der Arbeitgeberverband Positionen, die vorher als „nicht diskutierbar" galten, ohne Ansehensverlust teilweise aufgeben, weil man sich ja einem Schlichtungsspruch um der Sache willen unterworfen hat. Ein Schlichter kann zur Vermeidung eines Arbeitskampfes oder zur Befriedung eines Arbeitskampfes herangezogen werden. Denn Arbeitskämpfe sind die letzten Druckmittel und für beide Seiten teuer. Voraussetzung ist, dass vorher andere Lösungswege sich als ungangbar erwiesen haben. Ein Recht auf Streik gibt es allerdings nicht. Im Streikfall haben aber die Arbeitgeber die Möglichkeit, nach Vorgaben der Verhältnismäßigkeit, Arbeitnehmer auszusperren – ihnen also den Zugang zu ihrem Arbeitsplatz zu verwehren und ihnen für die Zeit der Aussperrung auch keinen Lohn zu zahlen.

Ein Streik, ein Arbeitskampf, kann nicht einfach vom Zaun gebrochen werden. Er erfordert zumeist eine Urabstimmung in den Unternehmen der betroffenen Branche. Allerdings muss nicht in allen Unternehmen zur Urabstimmung aufgerufen werden. Voraussetzung ist hingegen, dass eine Mehrheit der befragten Mitglieder einem Arbeitskampf zustimmt, auch in dem Bewusstsein, dass ihre Einkommen im Streikfall niedriger ausfallen werden. Denn der Arbeitgeber braucht Streikenden keinen Lohn zu zahlen, dafür tritt die Gewerkschaft mit dem meist niedrigeren Streikgeld an seine Stelle. Dem Arbeitgeber bleiben immer noch die Kosten des Produktionsausfalls. Ein Arbeitskampf ist daher ein Wettstreit zwischen Arbeitgeber- und Arbeitnehmervertretung, wem zuerst der finanzielle Atem ausgeht.

Deutschland ist in den vergangenen Jahrzehnten ein durchaus streikarmes Land gewesen, verglichen mit seinen europäischen Nachbarländern. Aber es hat auch hierzulande „große Arbeitskämpfe" gegeben. Im Jahr 1957 streikten die Metallarbeiter Schleswig-Hosteins für die Lohnfortzahlung im Krankheitsfall, sechs Wochen dauerte der Streik um die Einführung der 35-Stunden-Woche in der Druck- und Metallindustrie (1984); und auch der außerordentliche Streik in der ostdeutschen Metallindustrie 1993 ist ein Beispiel für harte Arbeitskampfauseinandersetzungen.

Im vergangenen Jahrzehnt haben die Gewerkschaften ihre Strategie geändert. An die Stelle großer flächendeckender Streiks, die teuer und aufwendig zu organisieren sind, ist die so genannte „Neue Beweglichkeit" getreten. Nicht ganze Branchen streiken auf einmal, sondern Schwerpunkt sind einzelne wichtige Zulieferbetriebe für die Automobilindustrie. Hier machen sich die Gewerkschaften die veränderte Produktionsorganisation der Unternehmen zunutze. Ein Beispiel mag dies illustrieren: Autohersteller habe große Teile ihrer Produktion an wichtige Zulieferer vergeben, die ganze Systeme (Armaturenbrett, Kabelbäume) direkt an die Produktionsstraße liefern. Hierdurch wird zudem die Lagerhaltung des Produzenten minimiert, so dass im Streikfall nur ein Systemlieferant bestreikt werden muss, um die Autoproduktion stillzulegen und den Betrieb bei anderen Zulieferern nachhaltig einzuschränken. Damit erreicht die Gewerkschaft eine hohe Wirkung bei einer möglichst geringen Beanspruchung ihrer Streikkasse.

Doch diese Taktik der Gewerkschaften ist schwieriger geworden. Seit der Novellierung des Arbeitsförderungsgesetzes (AFG) Paragraf 116 im Jahr 1986 ist eine Kompensierung für mittelbar betroffene Arbeitnehmer durch Kurzarbeitergeld auf Kosten der anderen unbeteiligten Beitragszahler aus den Sozialkassen ausgeschlossen. Diese Neufassung ist bei den Gewerkschaften auf heftigen Widerstand gestoßen, weil sie nun verpflichtet sind, Arbeitnehmern in nicht umkämpften Tarifgebieten, in denen aber vergleichbare Forderungen erhoben wurden, ebenfalls Streikunterstützung (Streikgelder) zu gewähren. Nach wie vor sprechen die Gewerkschaften in diesem Zusammenhang von einer „kalten Aussperrung" zu Lasten ihrer Streikkassen. Sie haben die Abschaffung des früheren Paragrafen 116 AFG und jetzigen Paragrafen 146 Sozialgesetzbuch (SGB) III ganz oben auf ihrer Agenda wirtschaftspolitischer Änderungswünsche.

Umstritten ist die Trennung, die von den Gewerkschaften vorgenommen wird, in Streik, Warnstreik und Erzwingungsstreik. Allerdings macht auch hier die Rechtsprechung keinen Unterschied mehr. Sie erlaubt auch Warnstreiks während der Friedenspflicht, die die Gewerkschaften als spontane Arbeitsniederlegung empörter Belegschaften interpretieren.

Das Abwehrmittel der Aussperrung können Arbeitgeber nicht unbegrenzt anwenden. Auch hier gilt der Grundsatz der Verhältnismäßigkeit. Betrifft ein Streik rund ein Viertel der Arbeitnehmer in einem Tarifgebiet, so können weitere 25 Prozent der Beschäftigten ausgesperrt werden. Eine gezielte Aussperrung von Gewerkschaftsmitgliedern einer bestimmten Gewerkschaft ist rechtswidrig.

■ 4. Die Tarifpolitik

Tarifpolitik hat es schon zu Bismarcks Zeiten gegeben: 1873 wurde der erste Tarifvertrag geschlossen. Bis zum Ersten Weltkrieg galten solche – meist betrieblichen oder lokalen – Vereinbarungen aber nur für eine Minderheit der Arbeiter. Erst in der Weimarer Republik setzte sich der Tarifvertrag als überbetriebliches Ordnungssystem durch. Ende der zwanziger Jahre wurden seine Grundlagen durch Weltwirtschaftskrise und Massenarbeitslosigkeit erschüttert und die Tarifautonomie durch staatliche Zwangsschlichtung ausgehöhlt. Unter der Herrschaft des Nationalsozialismus wurden am 2. Mai 1933 die Gewerkschaften verboten, am 14. Dezember 1933 die Arbeitgeberverbände zur Auflösung gezwungen. Betriebsordnungen und staatlich diktierte Tarifordnungen bestimmten die Arbeitsbedingungen. Nach dem Ende des Zweiten Weltkriegs bildete sich daher eine reguläre Tarifpolitik nur sehr langsam wieder heraus. Durch den vom alliierten Kontrollrat verfügten Lohnstopp, der die Löhne und Gehälter auf dem Stand vom 8. Mai 1945 einfror, blieben zunächst die früheren Tarifordnungen in Kraft, die noch die Prioritäten der nationalsozialistischen Kriegs- und Rüstungsproduktion widerspiegelten. Erst mit der Aufhebung des Lohnstopps am 3. November 1948, ein knappes halbes Jahr nach der Währungsreform vom 21. Juni 1948, wurde die volle Tarifvertragsfreiheit wieder hergestellt. Die Entscheidung für eine marktwirtschaftliche Ordnung war gefallen.

Die folgenden Jahrzehnte waren geprägt von unterschiedlichen Entwicklungen und Zielsetzungen. Anfang der fünfziger Jahre versuchten die Bundesvereinigung der Deutschen Arbeitgeberverbände (BDA) und der Deutsche Gewerkschaftsbund (DGB) zunächst, eine Sozialpartnerschaft zu installieren und das neue Ordnungsmodell durch Vereinbarungen zwischen den Spitzenverbänden auszufüllen. Durch die Einigung auf freiwillige Schlichtungsverfahren konnte die Einführung einer staatlichen Zwangsschlichtung verhindert werden. In der zweiten Hälfte der fünfziger Jahre stärkten das hohe Wirtschaftswachstum und der Arbeitskräftemangel die

Verhandlungsposition der Gewerkschaften. Diese erreichten 1956 eine Ver-
kürzung der Wochenarbeitszeit auf 45 Stunden mit vollem Lohnausgleich.
Fernziel war die Einführung der 40-Stunden- und der Fünf-Tage-Woche
(„Samstags gehört Vati mir"). Von großer Bedeutung war auch der mehr
als vier Monate dauernde Streik von 1956/57 in der schleswig-holsteini-
schen Metallindustrie um die Lohnfortzahlung im Krankheitsfall, dessen
Ergebnis später teilweise Grundlage einer gesetzlichen Regelung wurde. In
der Lohnpolitik vertrat die BDA das Konzept der produktivitätsorientierten
Lohnpolitik, wonach Lohnsteigerungen nicht über dem gesamtwirtschaftlichen Produktivitätszuwachs liegen sollten, um die Geldwertstabilität nicht
zu gefährden.

Anfang der sechziger Jahre drängten die Gewerkschaften zunächst auf
eine betriebsnahe Tarifpolitik, mit der die höheren Effektivverdienste in
Tarifverträgen festgeschrieben werden sollten. Die BDA lehnte dies aus
„übergeordneten volkswirtschaftlichen Gesichtspunkten" ab und warnte
vor einer „Balkanisierung der Tarifpolitik". Die Gutachten des 1963 gegründeten Sachverständigenrats zur Begutachtung der gesamtwirtschaftlichen
Entwicklung erhoben das Konzept der produktivitätsorientierten Lohnpolitik zur herrschenden Meinung. Auch die Bundesregierung formulierte
1963 in ihrem Jahreswirtschaftsbericht erstmals Leitlinien für die Tarifpolitik und verlangte die Kopplung der Einkommenszuwächse an die Produktivitätsentwicklung. Nach der Rezession von 1966/67, welche die Hoffnung
auf ein krisenfreies kontinuierliches Wirtschaftswachstum zerstörte, wuchs
der Glaube an den Nutzen und die Notwendigkeit staatlicher Interventionen. Die im Stabilitäts- und Wachstumsgesetz von 1967 vorgesehene Konzertierte Aktion – eine institutionalisierte Zusammenarbeit von Regierung,
Bundesbank, Wirtschaftsverbänden und Gewerkschaften – sollte die Tarifparteien in die staatliche Einkommenspolitik einbinden. Die vom Bundeswirtschaftsministerium unter Karl Schiller vorgelegten Orientierungsdaten
zur Lohnentwicklung im Rahmen der Globalsteuerung lehnten Arbeitgeber
und Gewerkschaften als Eingriff in die Tarifautonomie ab.

Anfang der siebziger Jahre kam es, zunächst ausgehend von einer Streik-
welle in der Eisen- und Stahlindustrie, zu massiven Arbeitskämpfen, die
1973 einen Rekordwert erreichten. Die Gewerkschaften setzten drastische,
teils zweistellige Tarifanhebungen durch – darunter die Einkommensver-
besserung um 11 Prozent für den öffentlichen Dienst, die 1974 in einem
vierwöchigen Arbeitskampf durchgesetzt wurde und die nach Meinung
vieler Beobachter zum Sturz des damaligen Bundeskanzlers Willy Brandt
beigetragen hat. Erstmals wurde in der Öffentlichkeit Kritik am „Tarifkar-

tell" laut, das überhöhte Lohn- und Preissteigerungen zugelassen und dadurch seine Macht zu Lasten der Steuerzahler und Verbraucher missbraucht habe. Nie zuvor in der Geschichte der Bundesrepublik war die Umverteilung zu Gunsten der Arbeitnehmer größer als zwischen 1968 und 1974. Erst die Wirtschaftskrise von 1974/75 beendete die Zeit der Vollbeschäftigung, führte zu erhöhten Rationalisierungsanstrengungen und einem deutlichen Anstieg der Arbeitslosigkeit und brachte die Gewerkschaften dadurch in die Defensive. Diese reagierten mit der Forderung nach einer weiteren Arbeitszeitverkürzung auf 35 Wochenstunden, welche die Arbeitgeber aber abwehren konnten. 1978 kam es zu schweren Arbeitskämpfen, in denen die Gewerkschaften auf Schwerpunktstreiks setzten und die Arbeitgeber mit flächendeckenden Aussperrungen reagierten.

Die achtziger Jahre waren nicht nur durch die Rezession im Gefolge der zweiten Ölkrise von 1981/82, sondern auch durch den Antritt der christlich-liberalen Koalition geprägt. Die Gewerkschaften setzten der Trendwende massiven Widerstand entgegen und kämpften weiter für die Einführung der 35-Stunden-Woche. 1984 erlebte Deutschland mit dem sechswöchigen Streik in der Metallindustrie und dem zwölf Wochen dauernden Arbeitskampf in der Druckindustrie die bis dato härteste Tarifauseinandersetzung der Nachkriegszeit, in der die Arbeitgeber eine halbe Million Arbeitnehmer aussperrten. Im Schlichtungsverfahren unter Georg Leber wurde die Wochenarbeitszeit zunächst auf 38,5 Stunden verringert, 1987 wurde sie weiter auf 37 und 1990 auf 35 Stunden verkürzt. Im Gegenzug setzten sich die Arbeitgeber mit ihrem Ruf nach einer flexibleren und „elastischeren" Tarifpolitik durch. Durch Arbeitszeitkorridore und Arbeitszeitkonten mit Ausgleichszeiträumen erhielten die Betriebe mehr Spielraum.

◼ Die neunziger Jahre:
Beschäftigungssicherung und Erosion des Tarifkartells

Die neunziger Jahre und die Wiedervereinigung stellten die Tarifpolitik vor erhebliche Herausforderungen. Obwohl sich BDA und DGB im September 1990 für eine zurückhaltende Lohnangleichung „unter Berücksichtigung des Produktivitätsfortschritts" ausgesprochen hatten, kam es in den beiden Folgejahren zu einer drastischen Erhöhung der Einkommen in den neuen Ländern. Die Arbeitsproduktivität lag aber noch weit hinter dem Westniveau zurück. Als Folge waren die Lohnstückkosten in den neuen Ländern doppelt so hoch wie in den alten. Dem Tarifkartell wurde abermals schwerwiegendes Versagen vorgeworfen: Zur Sicherung der eigenen Macht

habe es den Niedergang der ostdeutschen Wirtschaft durch eine Hochlohn-
strategie beschleunigt. 1993 kündigten die Metallarbeitgeber fristlos den
Stufenplan zur Angleichung der Löhne und Gehälter und erreichten nach
einem zweiwöchigen Arbeitskampf eine zeitliche Streckung der Angleichung. Zudem wurden Härteklauseln vereinbart. Die auf den Konjunktur-
aufschwung im Zuge der Wiedervereinigung folgende Rezession sowie
Massenarbeitslosigkeit und Globalisierung leiteten 1994 auch in Westdeutschland eine Wende in der Tarifpolitik ein. Beschäftigungssicherungs-
verträge sahen erstmals Arbeitszeitverkürzungen ohne Lohnausgleich vor,
sofern die Unternehmen auf betriebsbedingte Kündigungen verzichteten.
Spektakulärer Vorläufer war im Herbst 1993 die Einführung der Vier-Tage-
Woche bei Volkswagen mit einer Wochenarbeitszeit von 28,8 Stunden und
entsprechenden Einkommenseinbußen gewesen. 1996 sorgten der Streit
um die gesetzliche Absenkung der Lohnfortzahlung im Krankheitsfall sowie
das Arbeitnehmer-Entsendegesetz für Schlagzeilen.

Spätestens in der zweiten Hälfte der neunziger Jahre wurden auch die
Anzeichen für die Erosion des Flächentarifs unübersehbar: Unternehmen
treten aus den Arbeitgeberverbänden aus oder halten die Vereinbarungen
des Flächentarifs nicht mehr ein, die Gewerkschaften nehmen diesen Ver-
tragsbruch stillschweigend hin. Neue Betriebe, vor allem Mittelständler und
Dienstleister, bleiben den Arbeitgeberverbänden fern. Auch die Gewerkschaften haben drastische Mitgliederverluste zu beklagen. Ende 1991 waren
noch 11,8 Millionen Arbeitnehmer unter dem Dach des DGB organisiert,
Ende 1999 nur noch 8,04 Millionen, fast ein Drittel weniger. Um vor allem
für junge Beschäftigte wieder attraktiver zu werden, haben die Gewerkschaften am 1. Mai 2000 erstmals in ihrer mehr als hundertjährigen Geschichte eine 10 Millionen DM teure Imagekampagne gestartet.

▪ Schlingerkurs unter der rot-grünen Koalition

Der Antritt der rot-grünen Koalition im Herbst 1998– nach der 16 Jahre
dauernden Regierung von Konservativen und Liberalen – blieb nicht ohne
Folgen für die Tarifpolitik. SPD und Bündnis 90/Die Grünen nahmen nicht
nur eine Reihe von Deregulierungsmaßnahmen der Kohl-Regierung zurück. Der damalige Finanzminister Oskar Lafontaine leitete auch einen
Paradigmenwechsel ein und bestätigte die Gewerkschaften in ihrer Forderung nach einem Ende der Bescheidenheit: In der Tarifrunde 1999 wurden
deutliche Reallohnsteigerungen für die Beschäftigten erzielt. Nach der von
Lafontaine und vielen Gewerkschaftern propagierten Kaufkrafttheorie – für

die sich freilich das keynesianische Gedankengebäude nicht in Anspruch nehmen lässt – sollen die steigenden Einkommen der Arbeitnehmer die gesamtwirtschaftliche Nachfrage stimulieren und über diese Konjunkturbelebung zum Abbau der Arbeitslosigkeit beitragen. Dass dieser Weg in die Irre führt, ist unmittelbar einsichtig, denn sonst könnte sich die Wirtschaft ja in jeder Schwächephase gleichsam am eigenen Schopf aus dem Konjunktursumpf ziehen. Dass es dazu nicht kommt, hat mehrere Gründe: Zum einen fließt nur ein Teil der Lohnerhöhung an die heimischen Unternehmen zurück; der Rest wird vom Staat und den Sozialversicherungen abgeschöpft, gespart oder zum Kauf ausländischer Produkte verwendet. Zum anderen stellen die gestiegenen Löhne für die Unternehmen erhöhte Kosten dar, die durch die darauf fälligen Sozialabgaben noch einmal zusätzlich in die Höhe getrieben werden. Die Folge: Obwohl jede Lohnerhöhung den Arbeitgebern überproportional hohe Kosten verursacht, steht nur ein Bruchteil davon den Arbeitnehmern zur Stärkung der Binnennachfrage zur Verfügung.

Nach dem Rücktritt Lafontaines kam es am 6. Juli 1999 denn auch zu einer Kurskorrektur. Die Bundesvereinigung der Deutschen Arbeitgeberverbände (BDA) und der Deutsche Gewerkschaftsbund (DGB) verständigten sich auf Grundzüge einer mittel- und langfristig verlässlichen Tarifpolitik, bei der Produktivitätssteigerungen „vorrangig der Beschäftigungsförderung dienen" sollen. Diese Erklärung wurde in leicht veränderter Form am 9. Januar 2000 in die Erklärung des „Bündnis für Arbeit, Wettbewerbsfähigkeit und Ausbildung" aufgenommen. Der „sich am Produktivitätszuwachs orientierende, zur Verfügung stehende Verteilungsspielraum" werde „vorrangig für beschäftigungswirksame Vereinbarungen genutzt", heißt es in dem Papier. Damit haben – wenn auch indirekt – Lohnleitlinien Einzug in das Bündnis gehalten. Die Delegation der tarifpolitischen Verantwortung an den Kanzlertisch hat indessen die Tarifautonomie beschädigt und den Beteiligten, vor allem aber den Arbeitslosen wenig Nutzen gestiftet. Denn längerfristige Tarifabschlüsse wurden in der Vergangenheit auch ohne Moderation des Kanzleramtes erzielt. Und die teuren Frühverrentungsmodelle, denen die Arbeitgeber in der Hoffnung auf moderate Lohnanhebungen zugestimmt haben, werden im Saldo Stellen vernichten. Um mehr Arbeitsplätze zu schaffen, hätte das Volumen der Abschlüsse – einschließlich der Kosten der „Beschäftigungsbrücke" – deutlich unterhalb des Produktivitätsfortschritts liegen müssen.

Tarifpolitik unter dem Euro: Der Irrweg der Koordinierung

Auch der Start der Europäischen Wirtschafts- und Währungsunion und die Einführung der Gemeinschaftswährung Euro am 1. Januar 1999 hat die Tarifpolitik beeinflusst. Die bisher national ausgerichteten Gewerkschaften richten ihren Blick zunehmend auf die Nachbarstaaten. Beispiel für eine grenzüberschreitende Tarifpartnerschaften ist die Zusammenarbeit der nordrhein-westfälischen IG Metall mit den niederländischen und belgischen Metallgewerkschaften. Als ein erster Schritt zu einer europäischen Zusammenarbeit ist auch die lohnpolitische Abstimmung der belgischen, deutschen, luxemburgischen und niederländischen Gewerkschaften zu verstehen, die im September 1998 aus Furcht vor einer gegenseitigen Unterbietungskonkurrenz in der „Erklärung von Doorn" eine Kooperation vereinbart haben. Danach sollen Tarifabschlüsse erzielt werden, deren Volumen der Summe aus Preisentwicklung und Produktivitätsfortschritt entspricht. Der Europäische Metallgewerkschaftsbund (EMB) hat schon 1995 konkrete Grundsätze zur Koordinierung der Tarifpolitik beschlossen, die unter anderem den Aufbau eines Informationssystems, die Beteiligung ausländischer Gewerkschafter an nationalen Tarifverhandlungen, die zeitliche Synchronisierung nationaler Tarifbewegungen und die Entwicklung europaweiter Kampagnen vorsehen. Im Dezember 1998 verabschiedete der EMB eine „europäische Koordinationsregel", nach der sich die Gewerkschaften verpflichten, „den Ausgleich der Inflationsrate und gleichgewichtige Beteiligung am Produktivitätszuwachs" in ganz Europa zu einer Leitlinie der Tarifpolitik zu machen. Diese Koordinierung der europäischen Tarifpolitik ist indessen gefährlich, weil sie den Lohnwettbewerb aushebelt. Nach der Vergemeinschaftung der Geldpolitik und der Festschreibung der Wechselkurse sind in Europa die Arbeitseinkommen der einzige Puffer zum Ausgleich national unterschiedlicher Fiskalpolitiken geblieben. Würde auch die Tarifpolitik vereinheitlicht, könnten verschlechterte Standortbedingungen nicht mehr durch Lohnmäßigung wettgemacht werden. Die Abwanderung von Unternehmen und Kapital oder verstärkte Rationalisierungsanstrengungen – und damit jeweils verbunden der Verlust von Arbeitsplätzen – wären die Folge.

Tarifpolitik ist kein Nullsummenspiel

Tarifpolitik ist, wie der Präsident des Kieler Instituts für Weltwirtschaft, Horst Siebert, betont, kein Nullsummenspiel, bei dem die einen gewinnen, was die anderen verlieren. Gewerkschaften und Arbeitgeber sind vielmehr Partner, die im selben Boot sitzen und beide von einem richtigen tarifpolitischen Kurs profitieren können: Wenn die Unternehmen florieren, entwickeln sich auch Arbeitsplätze und Einkommen der Arbeitnehmer positiv. Den Gewerkschaften kommt daher nicht mehr die Rolle der „Gegenmacht" zu, die von den Traditionalisten immer noch eifrig gepflegt wird, sondern die Aufgabe eines Beraters: Sie sollen den Arbeitnehmern in einer Arbeitswelt, die sich durch Globalisierung und neue Informations- und Kommunikationstechniken rasant verändert, mit Rat und Tat zur Seite stehen. Entsprechend müssen sich die Schwerpunkte der Gewerkschaftsarbeit ändern. Standen bisher das Aushandeln möglichst großer Einkommenszuwächse und immer kürzeren Arbeitszeiten – möglichst mit vollem Lohnausgleich – im Vordergrund der Tarifpolitik, so wird es künftig darum gehen, Modelle der Arbeitnehmerbeteiligung am Unternehmenserfolg und flexible Entgeltkomponenten sowie intelligente Arbeitszeitsysteme und Qualifizierungsmöglichkeiten zu finden, um den Anschluss der Beschäftigten an die Neue Ökonomie nicht zu verlieren.

■ Die Umverteiler dominieren

Noch aber steht die Tarifpolitik im Zeichen der Umverteilung von Einkommen und Arbeit: Zum einen sollen sich die Arbeitnehmer – notfalls durch Arbeitskampf – ein möglichst großes Stück des Produktions- und Einkommenszuwachses sichern. Zum anderen soll das bestehende Arbeitsvolumen entweder durch Überstundenabbau und Teilzeitarbeit auf mehr Köpfe oder durch Frühverrentungsmodelle von den Älteren auf die Jungen verteilt werden. Doch beide Wege führen in die Irre:

Die Umverteilung von Arbeit durch eine Verringerung der Wochenarbeitszeit ist, selbst wenn die Beschäftigten die entsprechenden Lohnabschläge hinnehmen, aufgrund des zusätzlichen organisatorischen und administrativen Aufwands nicht kostenneutral. Jede Arbeitszeitverkürzung – sofern sie betrieblich überhaupt möglich ist und geeignetes zusätzliches Personal zur Verfügung steht – dürfte daher Rationalisierungsmaßnahmen und einen Stellenabbau nach sich ziehen. Zum gleichen Ergebnis wird eine Verringerung der Lebensarbeitszeit durch Frühverrentung führen, da in der Regel nicht alle frei werdenden Stellen mit neuen Mitarbeitern wiederbesetzt werden. Das Einkommen der Beschäftigten können die Gewerkschaften schließlich nur innerhalb des Rahmens zu erhöhen versuchen, der durch den Produktivitätszuwachs vorgegeben ist. Jeder Versuch, die Einkommensverteilung darüber hinaus zu Gunsten der Arbeitnehmer zu verändern, wird die Zahl der Erwerbslosen erhöhen.

In diesem Zielkonflikt zwischen Mitgliederinteressen und Gemeinwohl sind die Gewerkschaften gefangen. Vorrang in diesem Konflikt sollte die Bekämpfung der Arbeitslosigkeit haben – nicht nur, weil die Gewerkschaften diesen gesellschaftspolitischen Auftrag immer wieder selbst für sich reklamieren, sondern auch, weil von einer wachsenden Zahl Erwerbsloser ein nicht unerheblicher Druck auf die Löhne und Arbeitsbedingungen der Beschäftigten ausgehen dürfte.

■ Auf der Suche nach der Lohnzahl

Welches aber ist die richtige Lohnzahl? Nach dem Willen der Gewerkschaften sollen Tarifabschlüsse nicht nur die Preissteigerung ausgleichen und die Arbeitnehmer am Produktivitätsfortschritt teilhaben lassen, sondern auch noch die Einkommensverteilung zu ihren Gunsten ändern. Ist diese Forderung „berechtigt" oder „angemessen"?

Auf diese Fragen gibt das Konzept der produktivitätsorientierten Lohnpolitik eine Antwort. Der so genannte kosten- oder beschäftigungsneutrale Verteilungsspielraum ist danach durch zwei Größen bestimmt: durch die Produktivität der Beschäftigten (die Menge oder den Wert von Gütern oder Dienstleistungen, die in einem bestimmten Zeitraum hergestellt oder erbracht werden) und durch die Wettbewerbsposition des Betriebes (und damit die Absatzmöglichkeiten der Produkte). Dem liegt folgender Gedanke zugrunde: Ein Unternehmen, das einen möglichst hohen Gewinn erzielen will, wird immer dann einen zusätzlichen Arbeitnehmer einstellen, wenn dieser mehr erwirtschaftet, als er das Unternehmen kostet. Was er produziert, ergibt sich aus der Produktivität und dem Absatzpreis, was er kostet, aus dem Lohn und den Lohnzusatzkosten. Letztere erreichen inzwischen beachtliche Ausmaße. 1999 betrugen sie in der ostdeutschen Industrie 68,1 Prozent, im westdeutschen produzierenden Gewerbe 81,6 und im westdeutschen Kreditgewerbe sogar 102,7 Prozent. Etwa die Hälfte dieser zusätzlichen Kosten sind nicht durch die Tarifvertragsparteien, sondern den Gesetzgeber verursacht, zum Beispiel in Form von Beiträgen zur Renten-, Kranken- und Arbeitslosenversicherung.

In dynamischer Betrachtung heißt dies: Ein Unternehmen wird nur so lange zusätzliches Personal beschäftigen, wie der Anstieg der Nominallöhne (einschließlich der Zusatzkosten) hinter der Summe aus Produktivitätsfortschritt und Preissteigerungsrate zurückbleibt. Andersherum gewendet:

Höhere Löhne führen nur dann nicht zu mehr Arbeitslosigkeit, wenn sie entweder durch vorhergehende Produktivitätsgewinne aufgefangen werden oder wenn das Unternehmen die höheren Kosten am Markt überwälzen kann. Je stärker aber ein Betrieb – oder verallgemeinernd: eine Volkswirtschaft – in die internationale Arbeitsteilung eingebunden ist und je strikter die jeweilige Notenbank der Sicherung der Geldwertstabilität verpflichtet ist, um so kleiner ist dieser Überwälzungsspielraum. Es kann somit nur der Produktivitätszuwachs verteilt werden, der zuvor durch einen vermehrten Kapitaleinsatz oder eine erhöhte Qualifikation und größere Anstrengungen der Beschäftigten erwirtschaftet wurde. Wird dieses Maß überschritten, ist mit einem Stellenabbau zu rechnen. Aus diesen Überlegungen hat der Sachverständigenrat zur Begutachtung der gesamtwirtschaftlichen Entwicklung schon 1964 die Formel der kostenniveauneutralen Lohnpolitik abgeleitet. Danach sollen die Löhne nicht stärker wachsen als die Arbeitsproduktivität.

Unter den gemachten Annahmen der neoklassischen Gedankenwelt – der Betrieb setzt, geleitet vom Motiv der Gewinnmaximierung, nur Arbeit und Sachkapital ein, kann diese beiden Produktionsfaktoren beliebig substituieren und die produzierten Güter auch in beliebiger Menge absetzen – ergibt sich also ein eindeutiger inverser Zusammenhang zwischen Lohnhöhe und Beschäftigung. Arbeitslosigkeit entsteht in diesem Modell – anders als in der keynesianischen Theorie – nicht unfreiwillig und als Folge von stabilen Ungleichgewichten auf den Gütermärkten, sondern freiwillig und ist durch einen zu hohen Reallohn verursacht. Um die Arbeitslosigkeit zu verringern, muss der Anstieg der Löhne und Gehälter folglich unter der Summe aus Produktivitätsfortschritt und Preissteigerung zurückbleiben; um Vollbeschäftigung zu erreichen, müssen die Einkommen so lange sinken, bis der Arbeitsmarkt geräumt ist.

■ Deregulierung tut Not

Falls es nicht zu einem solchen Ausgleich kommt, deutet das auf Funktionsstörungen hin, die beispielsweise durch Marktrigiditäten wie gesetzliche und tarifvertragliche Mindestbedingungen, oligopolistische Strukturen oder unvollkommene Transparenz verursacht sein können. Das neoklassische Theoriegebäude setzt nämlich, damit ein Gleichgewicht überhaupt erreicht werden kann, unter anderem vollkommene Konkurrenz und vollkommene Information sowie eine vollkommene Mobilität und eine völlige Substituierbarkeit der Arbeitnehmer voraus – Bedingun-

Entscheidung über Arbeitsplätze

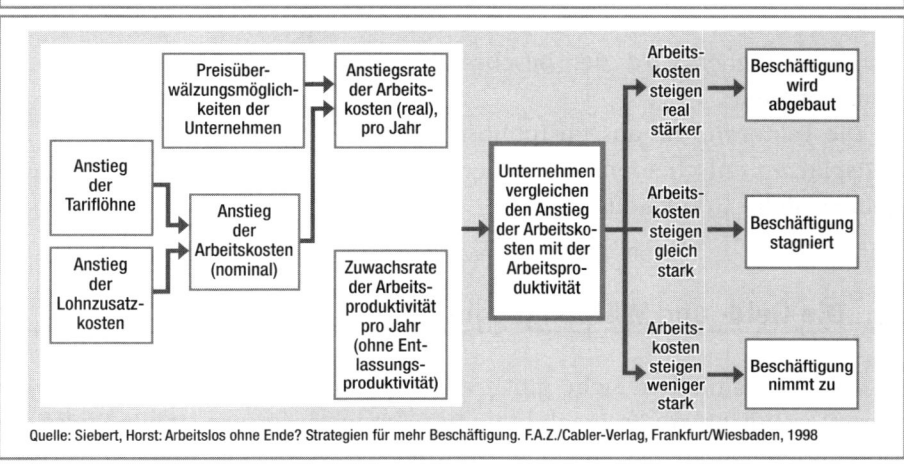

Quelle: Siebert, Horst: Arbeitslos ohne Ende? Strategien für mehr Beschäftigung. F.A.Z./Gabler-Verlag, Frankfurt/Wiesbaden, 1998

gen, die einer empirischen Überprüfung natürlich nicht standhalten. Deswegen wird aber die grundsätzliche Aussage des Modells nicht in Zweifel gezogen. Vielmehr leiten daraus die meisten Ökonomen, darunter nicht zuletzt der Sachverständigenrat, die Forderung her, all jene Funktionsstörungen zu beseitigen, die den Ausgleichsmechanismus behindern: durch eine strikte Deregulierung des Arbeitsmarktes und ein Aufbrechen des Tarifkartells.

Die eben dargestellten einzelwirtschaftlichen Zusammenhänge lassen sich auf makroökonomischer Ebene verallgemeinern: Als Messzahl für den Umverteilungserfolg der Gewerkschaften wird in der Regel die Entwicklung der Lohnquote herangezogen. Sie gibt an, welchen Anteil die Löhne und Gehälter (also die Einkünfte der abhängig Beschäftigten) am Volkseinkommen (der Summe aller Einkünfte einschließlich derjenigen aus Unternehmertätigkeit und Vermögen) haben. Eine steigende Lohnquote zeigt somit an, dass es den Gewerkschaften gelungen ist, die Einkommensverteilung zu Gunsten der Arbeitnehmer und zu Lasten der Unternehmer und Kapitalbesitzer zu verändern. Dass die Arbeitnehmer ebenfalls in zunehmendem Maße Einkünfte aus Wertpapier- oder Immobilienbesitz erzielen, wird dabei meist außer Acht gelassen. Versuchen die Gewerkschaften aber, die Lohnquote zu erhöhen, wird das zu einer höheren Erwerbslosigkeit führen. Denn die Lohnquote ist die Lohnsumme (der Durchschnittslohn multipliziert mit der Zahl der Beschäftigten) bezogen auf das Volkseinkommen (das reale Volkseinkommen multipliziert mit dem Preisniveau). Die Lohnquote steigt folg-

lich immer dann, wenn die Lohnsumme stärker wächst als das Volkseinkommen. Das ist wiederum dann der Fall, wenn die Zunahme des Nomi-
nallohns größer ist als die Zunahme der Produktivität plus der Inflationsrate. Dann aber wird der beschäftigungsneutrale Verteilungsspielraum
überschritten.

Die Faktoren, die aus tarifpolitischer Sicht über die Schaffung von Arbeitsplätzen entscheiden, hat Siebert (1998, S. 45) anschaulich zusammengefasst (siehe Grafik Seite 233)

13. Die Geld- und Währungspolitik

Aus ökonomischer Sicht gibt es eine Reihe von Argumenten für die
Vorteilhaftigkeit von Preisstabilität. Zum einen verbessern stabile Preise die
Durchschaubarkeit des relativen Preismechanismus und helfen auf diese
Weise sicherzustellen, dass der Markt die realen Ressourcen an jedem Ort
und zu jedem Zeitpunkt effizient verteilt. In diesem Sinne schafft Preissta-
bilität ein Umfeld, in dem beispielsweise Strukturreformen schneller zu
Ergebnissen führen können als bei Inflation. Darüber hinaus verringern
stabile Preise die Inflationsprämien, die in den langfristigen Zinssätzen am
Kapitalmarkt enthalten sind. Im Vertrauen auf die Preisstabilität werden
Gläubiger von ihren Schuldnern eine geringere Verzinsung verlangen als
in einem inflationären Umfeld. Niedrigere langfristige Zinsen aber wirken
stimulierend auf Investitionen und Wachstum. Schließlich verhindert Preisstabilität auch eine große und willkürliche Umverteilung des Vermögens
und der Einkommen, wie sie während einer Inflation oder Deflation vorkommen.

Eine Reihe von empirischen Untersuchungen für eine Vielzahl von Ländern hat ergeben, dass Länder mit niedrigen Inflationsraten im Durchschnitt ein höheres Wirtschaftswachstum verzeichnen können als Staaten,
in denen die Geldentwertung sich rasch vollzieht.

■ Das Europäische System der Zentralbanken

Mit dem Übergang zur Dritten Stufe der Europäischen Wirtschafts- und
Währungsunion am 1. Januar 1999 haben die Notenbanken der zunächst
11 Teilnehmerländer die Verantwortung der Geldpolitik auf die Europäische Zentralbank (EZB) übertragen. Zusammen bilden sie das Eurosystem,
das fortan die Geldpolitik im gemeinsamen Währungsraum gestaltet. So-

Europäische Geldpolitik: EZB-Präsident Wim Duisenberg (rechts) und Vizepräsident Christian Noyer

lange nicht alle Mitgliedsländer der Europäischen Union zugleich an der Währungsunion teilnehmen, unterscheidet sich das Eurosystem vom Europäischen System der Zentralbanken (ESZB). Dem ESZB gehören neben der Europäischen Zentralbank die Notenbanken aller EU-Mitgliedsländer an.

Das Entscheidungsgremium des Eurosystems ist der Rat der EZB. Er besteht aus dem Präsidenten, dem Vizepräsidenten und den bis zu sechs Direktoriumsmitgliedern der EZB sowie den Gouverneuren der nationalen Notenbanken der Teilnehmerländer. Die Beschlüsse des Rates werden mit einfacher Mehrheit der anwesenden Mitglieder gefasst. Die Währungshüter treffen sich alle zwei Wochen, in der Regel donnerstags, am Sitz der EZB in Frankfurt am Main. Zweimal im Jahr finden die Treffen außerhalb Frankfurts in einem Mitgliedsland statt. Die EZB kümmert sich zusammen mit den nationalen Notenbanken anschließend um die Umsetzung der Entscheidungen.

◼ Die Politik der Europäischen Zentralbank

Der Vertrag von Maastricht verpflichtet die Europäische Zentralbank (EZB) und die Notenbanken der Mitgliedsländer der Europäischen Währungsunion zur Sicherung der Preisstabilität. Um dieses Ziel zu erreichen, räumt der Vertrag dem Europäischen System der Zentralbanken (ESZB) ein hohes Maß an institutioneller Unabhängigkeit ein. Damit wird der Erkenntnis Rechnung getragen, dass unabhängige Notenbanken, also solche, die frei von politischer Einflussnahme ihre Entscheidungen treffen können, bessere Erfolge in der Inflationsbekämpfung vorweisen als jene, die dem direkten Zugriff des Staates unterworfen sind. Zugleich erkennt der Vertrag damit an, dass die Europäische Zentralbank den besten Beitrag für das Wohlergehen und die wirtschaftliche Entwicklung leistet, indem sie die Stabilität des Geldwertes sichert.

Nun gibt es verschiedene Wege für eine Zentralbank, einen übermäßigen Preisniveauanstieg zu verhindern. Zu beachten ist in diesem Zusammenhang, dass die Notenbank dieses so genannte Endziel nicht auf direktem Wege steuern kann. Sie muss sich darum bestimmter Instrumente und Orientierungsgrößen bedienen, die einen Einfluss auf die Preisentwicklung haben. Der Übertragungsmechanismus von der Geldpolitik auf die Preise und die reale Wirtschaft ist nicht bis ins Detail bekannt. Darum ist es ratsam für eine Notenbank, sich an einer geldpolitischen Strategie auszurichten. Die Strategie stellt insofern das konzeptionelle Gerüst für die Geldpolitik dar.

Nach einem langen und intensiven Diskussionsprozess hat sich die EZB im Herbst 1998 für ein geldpolitisches Konzept entschieden, das ihrer Ansicht nach den besonderen Umständen der Währungsunion und den damit verbundenen Unsicherheiten am besten gerecht wird. Die bloße Übertragung der Geldpolitik der Bundesbank oder einer anderen Zentralbank schien den Währungshütern nicht sinnvoll. Klar wie keine andere Notenbank in der Welt hat die EZB ein geldpolitisches Konzept formuliert in der Absicht, ihre Entscheidungen für die Öffentlichkeit nachvollziehbar zu machen. Zugleich soll die Strategie dem gesamten Entscheidungsprozess eine klare Struktur verleihen: Sie muss sicherstellen, dass dem Rat der EZB, der aus den sechs Mitgliedern des Direktoriums und den Präsidenten der teilnehmenden Notenbanken besteht, alle Informationen zur Verfügung stehen, die nötig sind, um geldpolitische Beschlüsse zu fassen. Der EZB-Rat muss in einem analytischen Rahmen arbeiten, der es erlaubt, die Entwicklungen im wirtschaftlichen Umfeld in den geldpolitischen Instrumenten umzusetzen. Über die Zeit führt die Ausrichtung an einer Strategie auch zu einer Verstetigung der Geldpolitik, die die Verlässlichkeit der Zentralbank erhöht. Wichtig ist hierbei nicht zuletzt die mittel- bis langfristige Ausrichtung der Strategie, weil sie nur dann den privaten Marktteilnehmern eine Orientierungshilfe für die Bildung der Inflationserwartungen bieten kann.

Die Strategie der EZB besteht im Wesentlichen aus drei Elementen:
- einer quantitativen Festlegung dessen, was Preisstabilität bedeutet. Demnach ist Preisstabilität erreicht, wenn der harmonisierte Index der Verbraucherpreise im Euroraum mit einer Jahresrate von weniger als zwei Prozent steigt,
- einer herausragenden Rolle der Geldmenge, die in der Verkündung eines Referenzwertes für das Geldmengenwachstum zum Ausdruck kommt,
- sowie einer breit fundierten Beurteilung der Aussichten für die künftige Preisentwicklung und die Risiken für die Preisstabilität im Euro-Gebiet.

Die beiden letzten Elemente werden auch als die beiden „Säulen" der Strategie bezeichnet.

Der Rat der EZB hat beschlossen, eine quantitative Definition von Preisstabilität zu veröffentlichen. Damit soll allen am Wirtschaftsleben Beteiligten eine Orientierungshilfe für die Erwartungen der künftigen Preisentwicklung gegeben werden. Zugleich erhält die Öffentlichkeit eine Vorgabe zur Beurteilung des Erfolgs der Geldpolitik. Die Formulierung „weniger als zwei Prozent" gibt die Obergrenze an, die mit Preisstabilität nach Ansicht der EZB vereinbar ist. Gleichzeitig wird durch das Wort „steigt" klar, dass auch eine Deflation, also ein dauerhafter Rückgang des Preisindex, nicht mit Preisstabilität zu vereinbaren ist.

Die erste Säule der Strategie misst der Geldmenge im Euroraum eine herausragende Rolle bei. Damit stützt sich die EZB auf die Überzeugung, dass Inflation letztlich ein monetäres Phänomen ist. Eine Zentralbank vermag die monetären Impulse auf die Preissteigerungsraten eher zu steuern als die Preissteigerungsrate selbst. Um die wichtige Bedeutung der Geldmenge zu betonen, hat die EZB den Referenzwert für das Geldmengenwachstum beschlossen. Er bezieht sich auf die so genannte Geldmenge M3, die nicht nur den Bargeldumlauf und die traditionellen Einlagekomponenten der breiten Geldmenge umfasst, sondern auch Geldmarktfondsanteile und von Finanzinstituten ausgegebene Schuldverschreibungen.

Für die Ableitung des Referenzwertes des Geldmengenwachstums spielen das Bruttoinlandsprodukt des Euro-Gebiets, die Umlaufgeschwindigkeit des Geldes und die Definition der Preisstabilität eine Rolle.

Im Herzen Frankfurts: Der Euro-Tower, Sitz der Europäischen Zentralbank

Die EZB stellt bei der Berechnung des Referenzwertes sicher, dass dieser im Einklang mit der Preisstabilität steht. In diesem Zusammenhang ist es wichtig, dass eine stabile Beziehung zwischen der Geldmenge und dem Preisniveau im Euro-Währungsgebiet besteht.

Unter diesen Voraussetzungen signalisieren deutliche und länger dauernde Abweichungen des Geldmengenwachstums vom Referenzwert Risiken für die Preisstabilität.

Dieses geldpolitische Konzept verpflichtet die Währungshüter allerdings nicht darauf, auch kurzfristige Abweichungen durch geldpolitische Maßnahmen zu korrigieren. Aufgrund von Sondereinflüssen und statistischer Verzerrungen sind Ausschläge im Geldmengenwachstum möglich, die keinen Anlass zur Sorge aus stabilitätspolitischer Sicht geben.

Die zweite Säule der geldpolitischen Strategie besteht in einer breit fundierten Beurteilung der Aussichten für die Preisentwicklung. Die EZB ist der Auffassung, dass die monetären Daten zwar wichtige Informationen liefern, sie allein aber kein vollständiges Bild über die wirtschaftliche Lage im Euro-Raum liefern. Zu diesem Zweck stützt sich die Geldpolitik auch auf die Analyse einer Reihe von Konjunkturindikatoren. Hierzu zählen verschiedene Messgrößen für die reale Wirtschaftstätigkeit, die Löhne, die Anleihenkurse und die Renditestrukturkurve, sowie Preis- und Kostenindizes, Branchen- und Verbraucherumfragen und der Wechselkurs. Diese Indikatoren bündelt die EZB zu einer internen Inflationsprognose, um die Perspektiven für die Preisentwicklung zu beurteilen. Diese Prognose ist im Euroraum angesichts der Verhaltensunsicherheiten sowie der institutionellen und strukturellen Ungewissheiten recht schwierig. Außerdem kann eine Prognose nicht alle Einflussfaktoren, die für die Geldpolitik von Bedeutung sind, berücksichtigen. Die EZB weiß darum und interpretiert die Inflationsprognose mit Vorsicht und Sorgfalt. „Auf der Grundlage seiner Strategie wird der EZB-Rat vollständige und umgehende Erläuterungen seiner Einschätzung der gesamten wirtschaftlichen Lage, einschließlich der wirtschaftlichen Überlegungen, die diesen zugrunde liegen, liefern", schrieb die EZB in ihrem Monatsbericht im Januar 1999.

◼ Direktes Inflationsziel

Die Strategie der EZB stellt freilich nur ein mögliches geldpolitisches Konzept dar. Andere Notenbanken gehen durchaus unterschiedlich vor, um Preisstabilität zu sichern. In Mode gekommen ist seit einigen Jahren eine Politik der direkten Inflationssteuerung. Sie wird beispielsweise von der

Bank von England, der Bank von Israel und der Schwedischen Reichsbank verfolgt. Die direkte Inflationssteuerung wird vor allem in Ländern verwendet, die in der Vergangenheit hohe Inflationsraten aufwiesen. Um die Erwartungen der Marktteilnehmer zu stabilisieren, wird von Regierung oder Zentralbank ein Inflationsziel veröffentlicht, das die Verpflichtung auf Preisstabilität deutlich macht. Dieses Ziel wird dann mit der Inflationsprognose der Zentralbank verglichen. Die Geldmenge ist in dieser Prognose nur ein Bestandteil. Viele andere Daten, beispielsweise die Importpreise und die Lohnstückkosten, fließen ebenfalls ein. Die Inflationsziele werden häufig als Korridore vorgegeben oder stellen die Obergrenze der gewünschten Teuerungsrate dar. Liegt die prognostizierte Inflationsrate über dem Zielwert, dann signalisiert dies geldpolitischen Handlungsbedarf: Die Zentralbank muss die Zinsen erhöhen, um die Inflation zu senken. Umgekehrt zeigen Vorhersagen für die Inflation, die unterhalb des Zielwertes liegen, dass die Geldpolitik recht locker ist. Ob daraus schon ein Handlungsbedarf für die Währungshüter entsteht, hängt davon ab, wie exakt das Inflationsziel formuliert ist.

Das direkte Inflationsziel ist keine starre Regel, sondern lässt der Notenbank ein recht hohes Maß an Flexibilität: Weder wird ein einziger Indikator für die Prognose herangezogen, noch muss das Ziel ständig eingehalten werden. Die Öffentlichkeit erhält mit dem Inflationsziel einen Maßstab für den Erfolg und eine Orientierung für den Handlungsrahmen der Zentralbank. Frei von Problemen ist die auf den ersten Blick schlüssig erscheinende Inflationssteuerung freilich nicht. Auf der einen Seite muss das Inflationsziel um der Glaubwürdigkeit der Geldpolitik willen möglichst genau vorgegeben werden. Auf der anderen Seite darf nicht übersehen werden, dass die aktuellen Inflationsraten häufig von Faktoren beeinflusst werden, für die die Notenbank keine Verantwortung hat. Das gilt beispielsweise für die indirekten Steuern. Eine Erhöhung der Mehrwertsteuer wird sich in einem Anstieg der Verbraucherpreise niederschlagen, die Notenbank aber hat keinen Einfluss darauf. Die Zentralbank ist dann in der schwierigen Lage, der Öffentlichkeit erklären zu müssen, dass Zielverfehlungen aus solchen Gründen nicht ihr anzulasten sind.

Die direkte Inflationssteuerung setzt darüber hinaus im Prinzip voraus, dass der gesamte Übertragungsmechanismus der Geldpolitik bis zum Ziel der Preisstabilität bekannt sein muss, wenn die Währungshüter vorausschauend handeln wollen. Das ist jedoch nicht der Fall. Die Wirkungskanäle der Geldpolitik sind nicht nur lang und indirekt, sie ändern sich auch mit der Zeit.

◼ Geldmengenziel

Die geldpolitische Strategie der EZB ist verschiedentlich als Mischstrategie zwischen einem direkten Inflationsziel und einem Geldmengenziel bezeichnet worden. In der Tat nimmt das Konzept der EZB wichtige Teile der Politik der Deutschen Bundesbank auf, die seit Mitte der siebziger Jahre Geldmengenziele verfolgt hat. Zwischen 1975 und 1998 hat die Bundesbank versucht, die Preise durch die Steuerung der Geldmenge stabil zu halten. Am Beginn dieses Konzepts steht eine sinnvolle Abgrenzung eines so genannten Geldmengenaggregats. Dabei ist es wichtig, neben dem Bargeldumlauf auch solche Formen von Geld einzubeziehen, die einen hohen Grad an Liquidität aufweisen. Hierzu zählen beispielsweise Termingelder mit kurzen Laufzeiten und Sichteinlagen auf Sparkonten. Zugleich muss das gewählte Geldmengenaggregat durch die Zinspolitik der Notenbank gut zu steuern sein und einen engen Zusammenhang zum Endziel der Preisstabilität aufweisen. Wie nun die EZB hat die Bundesbank zur Ableitung des Geldmengenziels auf die drei wichtigsten Bestimmungsfaktoren der monetären Entwicklung zurückgegriffen: das reale Wirtschaftswachstum, Veränderungen in der Umlaufsgeschwindigkeit des Geldes und eine Preiskomponente. Daraus hat die Bundesbank den stabilitätsgerechten Wert für die Geldmengenausweitung pro Jahr errechnet. Meist hat die Bundesbank allerdings kein Punktziel vorgegeben, sondern einen Korridor um diesen Wert gelegt. Damit hat sie dem Umstand Rechnung getragen, dass eine Feinsteuerung der Geldmenge nicht möglich ist. Der Korridor zeigte demnach die erlaubte Schwankungsbreite an, in deren Grenzen nach Ansicht der Bundesbank keine Gefahr für die Preisstabilität bestand.

Im Gegensatz zur EZB, die nur einen Referenzwert für das Geldmengenwachstum vorgibt und sich auf diese Weise einen größeren Spielraum für ihre Entscheidungen geschaffen hat, verpflichtete sich die Bundesbank explizit auf ein Geldmengenziel. Die EZB hat auch keinen Korridor um den Referenzwert bekannt gegeben, weil sie fürchtet, in Handlungszwang zu geraten, wenn sich das Geldmengenwachstum der oberen oder unteren Grenze näherte.

Die wohl wichtigste Voraussetzung für die Geldmengensteuerung liegt in der Stabilität der Geldnachfrage. Stabilität bedeutet in diesem Zusammenhang, dass sich die Entwicklung der Geldmenge durch einige wenige Faktoren erklären lässt, die über die Zeit hinweg nicht stark schwanken. Nach der deutschen Wiedervereinigung und der Krise im Europäischen Wechselkurssystem Anfang der neunziger Jahre kamen Zweifel daran auf, ob die Stabilität der Geldnachfrage in Deutschland immer noch vorhanden sei. Die Bundesbank setzte die Geldmengensteuerung trotz vielfacher Kritik fort, weil sie keine Hinweise auf dauerhafte Instabilitäten der Geldnachfrage hatte.

Die Geldmengenorientierung bietet eine Reihe von Vorteilen: Sie vereinfacht den geldpolitischen Steuerungsprozess, weil sich die Notenbank auf eine einzige Variable konzentrieren kann, die – vorausgesetzt, die Geldnachfrage ist stabil – einen ausreichenden Zusammenhang zum Ziel der Preisstabilität aufweist, ohne dass die Notenbank den genauen Übertragungsmechanismus der Geldpolitik kennen muss.

Der Bundesbank ist verschiedentlich vorgeworfen worden, das Geldmengenziel zu häufig verfehlt zu haben. Dabei sollte man aber nicht aus den Augen verlieren, dass letztlich nicht das Geldmengenziel im Mittelpunkt der Politik steht, sondern die Vermeidung von Inflation. Geldmengenziele sind hierfür nur Mittel zum Zweck. An den Erfolgen der Bundesbank bei der Sicherung der Preisstabilität besteht indes kein Zweifel.

■ Andere Zwischenzielstrategien

Die Geldmenge diente der Bundesbank, anders als die Inflationsprognose der Bank von England, als Zwischenziel zur Erreichung der Preisstabilität. Die Geldmenge ist allerdings nicht das einzige mögliche Zwischenziel. In der Diskussion über die geldpolitische Strategie der EZB wird dieser gelegentlich empfohlen, eine Zinsgröße als Zwischenziel in das Konzept aufzunehmen.

Dafür kommen im Prinzip eine Reihe von Zinsen in Frage. Aufgrund der guten Kontrollierbarkeit könnte die Notenbank versuchen, die nominellen Zinsen am Geldmarkt zu steuern. Die enge Verbindung der Geldmarktzinsen zu den Entscheidungen der Zentralbank aber ist zugleich der Nachteil, weil sie keine verlässlichen Signale für die geldpolitische Ausrichtung geben können. Hinzu kommt, dass nicht nur in Deutschland der Zusammenhang zwischen kurzfristigen Nominalzinsen und der gesamtwirtschaftlichen Nachfrage und zur Preisentwicklung nicht genügend eng ist.

Auch die Verwendung der Kapitalmarktzinsen, also der Zinsen für längerfristige Schuldtitel, wird gelegentlich diskutiert. Der Zusammenhang zwischen Inflation und Zins ist am Kapitalmarkt recht eng. Das liegt daran, dass die Gläubiger von den Schuldnern eine Inflationsprämie verlangen, die sich in der Verzinsung niederschlägt. Doch die Zinsen am Kapitalmarkt können sich auch aufgrund veränderter konjunktureller Aussichten und neuer Gewinnschätzungen der Unternehmen ändern. Darüber hinaus richten sich die Inflationserwartungen der Marktakteure häufig an den Inflationsraten der Vergangenheit aus. Diese Erwartungsbildung ist mit Unsicherheit behaftet. Zu beachten ist weiterhin, dass der Einfluss der Notenbank auf die langfristigen Zinsen am Kapitalmarkt recht gering ist. Änderungen der Notenbankzinsen rufen keine großen Veränderungen der Kapitalmarktzinsen hervor. Als Zwischenziel scheinen daher auch Kapitalmarktzinsen wenig geeignet für die EZB.

Gleichwohl geben Kapitalmarktzinsen einen wichtigen Hinweis auf die Glaubwürdigkeit der Geldpolitik. Schwanken sie nur wenig, dann zeigt dies, dass die Unsicherheit über die Inflationsentwicklung und damit die Inflationsprämie gering ist: Das Stabilitätsversprechen der Notenbank wird ernst genommen.

Erst seit einiger Zeit finden sich Vorschläge in der Diskussion, die Notenbank solle die kurzfristigen Realzinsen als Zwischenziel verwenden. Diese Forderung stützt sich auf die Überlegung, dass der gleichgewichtige Realzins das Zinsniveau anzeigt, bei dem die Kapazitäten der Volkswirtschaft voll ausgelastet sind und das Inflationsziel eingehalten wird. Sind die Realzinsen höher, dann ist die Konjunktur schwach und die Inflation sinkt. Niedrigere Realzinsen hingegen deuten auf eine konjunkturelle Überhitzung und auf Inflationsgefahren hin. Die Geldpolitik soll sich demnach bemühen, den Realzins auf seinem Gleichgewichtsniveau zu halten. Die größte Schwierigkeit für einen solchen Ansatz besteht schon ganz zu Beginn: in der empirischen Ermittlung des Gleichgewichtszinssatzes. Wollte die EZB beispielsweise den realen Gleichgewichtszins im Euroraum berechnen, und würde sie sich dafür an den langfristigen Durchschnitten der Teilnehmerländer orientieren, stünde sie vor einem Problem: Die Währungen der jetzigen Euro-Länder waren zuvor durch das Europäische Wechselkurssystem miteinander verbunden. Die Vermutung liegt nahe, dass die Realzinsen in einigen dieser Länder künstlich hoch gehalten wurden, um den Wechselkurs zu stützen. Zweifelhaft ist aber auch, ob die Notenbank überhaupt in der Lage ist, den Realzins dauerhaft zu beeinflussen. Dieser hängt vor allem von realwirtschaftlichen Faktoren wie beispielsweise der Produktivitätsentwicklung ab.

◼ Wechselkursziel

Einige Länder binden den Wechselkurs ihrer Währungen an eine andere, als wertstabil anerkannte ausländische Währung. Auf diese Weise soll die Stabilität aus dem Ausland importiert werden. Die Zentralbank hat dann die Aufgabe, diesen Wechselkurs zu verteidigen. Damit ein Wechselkurs als Zwischenziel dienen kann, sind allerdings eine Reihe von Voraussetzungen nötig. Zunächst muss es ein Land geben, an dessen Währung man die eigene Währung binden kann. Das so genannte Ankerland muss international glaubwürdig sein und einen guten Ruf haben. Als traditionelle Ankerländer dienen daher Amerika und auch Deutschland. Von Vorteil ist es darüber hinaus, wenn ein großer Teil des Außenhandels mit dem ausgewählten Ankerland stattfindet. Die Notenbank muss ihre geldpolitischen Entscheidungen dann im Zweifelsfall nur an der Aufrechterhaltung des festen Wechselkurses ausrichten. Im Fall der tendenziellen Abwertung der heimischen Währung muss sie mit Hilfe von Zinserhöhungen den Kurs stützen. Besteht die Gefahr einer Aufwertung, muss sie eine lockerere Geldpolitik machen, um den Aufwertungsdruck zu beseitigen. Schwierigkeiten entstehen bei der Verwendung des Wechselkurses als Zwischenziel immer dann, wenn das notwendige Zinsniveau nicht zur wirtschaftlichen Lage des Landes passt. Kommt es zum Beispiel während einer konjunkturellen Schwächephase zu einem Abwertungsdruck auf die heimische Währung, dann müsste die Notenbank ungeachtet der wirtschaftlichen Situation die Zinsen erhöhen, um den Wechselkurs zu stützen. Die wirtschaftlichen Schwierigkeiten würden dadurch noch verstärkt.

■ Der Taylor-Zins-Ansatz

In eine ähnliche Richtung wie die Realzinssteuerung gehen auch die Vorschläge des amerikanischen Ökonomen John B. Taylor, wonach die Zentralbank Änderungen im kurzfristigen Zins an der aktuellen Inflationsrate und an der herrschenden Konjunktursituation ausrichten sollte. Im Gegensatz zu einem Geldmengen- oder auch einem direkten Inflationsziel, bei dem es der Notenbank allein um die Stabilität der Preise geht, erweitert Taylor den Zielkatalog um ein Wachstumsziel. Der so genannte Taylor-Zins wird berechnet, indem der reale Gleichgewichtszins um die prognostizierte Inflationsrate bereinigt wird und dann die Output- und die Inflationslücke addiert werden. Bei der Outputlücke handelt es sich um die Differenz zwischen dem aktuellen Wirtschaftswachstum und seinem Trendwert, die Inflationslücke bezeichnet den Unterschied zwischen der aktuellen und der anvisierten Teuerungsrate. Ziel von Taylor war es zu Beginn der neunziger Jahre, eine einfache und zugleich robuste Regel zu schaffen, mit der sich die Geldpolitik der amerikanischen Notenbank erklären ließe.

Abgesehen von den schon beschriebenen Schwierigkeiten bei der Bestimmung des realen Gleichgewichtszinses wirft die Empfehlung von Taylor eine Reihe weiterer Probleme auf, wenn sie als Handlungsanweisung für die Geldpolitik formuliert wird. Der wichtigste Einwand bezieht sich auf die Unabhängigkeit der Notenbank, wie sie für die EZB im Vertrag von Maastricht festgelegt wurde. Die Unabhängigkeit wäre in Gefahr, wenn die Währungshüter – wie es nach Taylors Regel vorgeschrieben wäre – mit einer besonders expansiven Geldpolitik auf Fehlentscheidungen der Wirtschaftspolitik, die ein niedrigeres Wirtschaftswachstum zur Folge hätten, reagieren müssten. Dies wäre vorstellbar für den Fall, dass die Konjunktur durch überhöhte Tarifabschlüsse oder eine falsche Fiskalpolitik einen Dämpfer erhielte. Die Taylor-Regel entspricht auch nicht den Anforderungen, die an eine vorausschauende Geldpolitik gestellt werden. Nur in der Outputlücke als Inflationsindikator enthält dieses Konzept ein vorausschauendes Element. Weil aber Zinsänderungen nur mit einiger Verzögerung auf die Preisentwicklung wirken, sollten die Entscheidungen nicht an der aktuellen oder gar der vergangenen, sondern an der erwarteten Inflationsentwicklung ausgerichtet werden.

◼ Die Geldpolitik der Federal Reserve Bank

Anfang der neunziger Jahre führten Verhaltensänderungen der privaten Anleger und der Finanzwirtschaft in den Vereinigten Staaten dazu, dass die Geldnachfrage nicht mehr ausreichend stabil war, um eine Geldmengenstrategie durchzuführen. Die amerikanische Wirtschaft wendete sich in dieser Zeit immer mehr von der Kreditfinanzierung der Investitionen ab und finanziert sich seither besonders stark über den Kapitalmarkt. Diese Entwicklung war mit einem Rückgang der Bankeinlagen verbunden, und es war schließlich nicht mehr möglich, den richtigen Geldbegriff abzugrenzen.

Im Gegensatz zur EZB ist die Federal Reserve Bank (Fed) nicht nur zur Sicherung der Preisstabilität verpflichtet. Sie muss darüber hinaus auch das Wirtschaftswachstum und die Beschäftigung im Auge haben. Auf der Suche nach einer neuen Strategie entschied sich die Fed gegen ein direktes Inflationsziel, weil sie der Ansicht war, dieses Konzept lasse sich mit ihrem gesetzlichen Auftrag nicht vereinbaren.

Die Fed verfügt nicht über eine klare Strategie, die für die Öffentlichkeit nachvollziehbar wäre. Stattdessen schaut die Notenbank auf eine Vielzahl von Daten, um sich ein Bild von der Inflationsentwicklung und dem Zustand der amerikanischen Wirtschaft zu machen. Eine wichtige Rolle spielen reale Variablen wie die kurzfristigen Realzinsen und die Zinsstrukturkurve. Die Zinsstruktur bildet die verschiedenen Zinssätze am amerikanischen Kapitalmarkt in Abhängigkeit von den Anleihelaufzeiten ab.

Der lange während Wirtschaftsaufschwung Amerikas in den neunziger Jahren ist nach Ansicht einer Reihe von Ökonomen der besonnenen und klugen Politik der Fed zu verdanken.

■ Die Übertragung der Geldpolitik auf die Wirtschaft

Weder die Fed noch die Europäische Zentralbank oder eine andere Notenbank in der Welt können die Preisentwicklung mit den ihnen zur Verfügung stehenden Mitteln direkt steuern. „Die Zentralbanken haben es mit einem komplexen Transmissionsprozess zu tun, bei dem ihre geldpolitischen Maßnahmen zu Veränderungen des allgemeinen Preisniveaus führen", schrieb die EZB in ihrem Monatsbericht im Januar 1999. Dieser Übertragungsmechanismus der geldpolitischen Impulse ist gekennzeichnet durch eine Reihe von Kanälen mit langen und zudem nicht vollständig vorhersehbaren Wirkungsverzögerungen. Hinzu kommt, dass sich der Übertragungsmechanismus als Reaktion auf Verhaltensänderungen von allen am Wirtschaftsleben Beteiligten ständig ändert. Wenn sich eine Notenbank also zu einer geldpolitischen Maßnahme entscheidet, dann rechnet sie damit, letztlich reale Größen wie Konsum, Investitionen, Beschäftigung und das Preisniveau zu beeinflussen.

Die Europäische Zentralbank versucht mit den ihr zur Verfügung stehenden Instrumenten zunächst, den Geldmarktzins im Euroraum zu steuern. Durch die Veränderung der Refinanzierungsbedingungen kann sie den Geldmarktzins, der im Handel unter Geschäftsbanken berechnet wird, recht gut beeinflussen. Eine Erhöhung der Geldmarktzinsen erhöht somit die Kosten der Banken. Diese werden versuchen, die gestiegenen Kosten in Form höherer Kreditzinsen an die Kunden weiterzugeben. Auch am Kapitalmarkt steigen tendenziell die Zinsen, weil die Banken die noch günstigeren Refinanzierungsbedingungen nutzen wollen, indem sie Mittel durch den Verkauf langfristiger Wertpapiere aufnehmen. Im Normalfall weisen also Geldmarkt- und Kapitalmarktzinsen dieselbe Tendenz auf. Allerdings schwanken Geldmarktzinsen mehr als die Zinsen für festverzinsliche Wertpapiere mit längeren Laufzeiten.

Steigende Kreditzinsen haben beispielsweise zur Folge, dass Unternehmen ihre Investitionsentscheidungen noch einmal überdenken. Aber auch private Haushalte könnten ihre Nachfrage nach langlebigen Wirtschaftsgütern wie Eigentumswohnungen, Autos oder Möbel einschränken.

Darüber hinaus wirkt die Geldpolitik auf die Realwirtschaft über den so genannten Vermögenseffekt. Demnach kann eine Erhöhung der Geldmarktzinsen zu Kursverlusten am Aktienmarkt und bei den festverzinslichen Wertpapieren führen. Wenn aufgrund einer Zinserhöhung die Renditen am Kapitalmarkt steigen, bedeutet das Kursverluste für die Anleihen. Zugleich machen höhere Renditen die Anlage am Anleihemarkt im Vergleich zu Aktien attraktiver: Anleger schichten von Aktien in Anleihen um, am Aktienmarkt fallen die Kurse. Diese Vermögensverluste dämpfen wiederum die Konsum- und die Investitionsnachfrage. Dieser Vermögenseffekt ist besonders groß in Ländern, in denen ein Großteil der Bevölkerung Aktien besitzt, beispielsweise, um für das Rentenalter vorzusorgen.

Von Bedeutung ist außerdem der Wechselkurskanal. Tendenziell führt eine Zinserhöhung zu einer Aufwertung der heimischen Währung und eine Zinssenkung zu einer Abwertung. Das liegt daran, dass höhere Zinsen eine Anlage in dieser Währung im internationalen Vergleich attraktiver machen, während niedrigere Zinsen die Attraktivität und damit die Nachfrage schmälern. Bei einer Aufwertung der Währung werden Exporte teurer und Importe billiger. Sinkende Importpreise aber wirken dämpfend auf die allgemeine Preisentwicklung.

Die EZB steht darüber hinaus vor der Schwierigkeit, dass es innerhalb des gemeinsamen Währungsraumes recht unterschiedliche Finanzierungsgewohnheiten der Unternehmen gibt, mit entsprechenden Folgen für die Übertragung der Geldpolitik. Während in Deutschland die Finanzierung über den traditionellen Bankkredit nach wie vor von großer Bedeutung ist, finanzieren sich Unternehmen in anderen Ländern schon in starkem Maße über die Inanspruchnahme des Kapitalmarkes, beispielsweise durch die Auflegung von Unternehmensanleihen. Die EZB und andere Notenbanken sind derzeit darum bemüht, die Folgen dieser Entwicklung für die Geldpolitik zu untersuchen.

◼ Transparenz der Geldpolitik

Seit einigen Jahren sind viele Zentralbanken darum bemüht, ihre Ziele, ihre Strategie und die Hintergründe der zinspolitischen Entscheidungen offen zu legen und zu begründen.

Als Folge der größeren Unabhängigkeit der Notenbanken hat sich auch die Rechenschaftspflicht erhöht. In einer Demokratie kann die Unabhängigkeit einer Zentralbank nicht losgelöst von ihrem Auftrag gesehen werden. Aus diesem Grund sind im Vertrag von Maastricht beispielsweise weit gehende Berichtspflichten für das Europäische System der Zentralbanken vorgesehen. Die EZB ist verpflichtet, dem Europäischen Parlament, dem Europäischen Rat der Wirtschafts- und Finanzminister (Ecofin), der EU-Kommission und dem Europäischen Rat einen Jahresbericht über die Geldpolitik vorzulegen. Der Präsident der EZB und die Mitglieder des Direktoriums müssen darüber hinaus dem Europäischen Parlament und seinen Ausschüssen für Anhörungen zur Verfügung stehen. Das Statut des ESZB und der EZB sieht außerdem vor, viermal im Jahr Tätigkeitsberichte vorzulegen.

Hinter dem Bemühen um Transparenz steht der Wunsch der Zentralbank, die Unsicherheit der Marktteilnehmer über den künftigen geldpolitischen Kurs zu verringern und die Inflationserwartungen möglichst fest auf dem angestrebten niedrigen Niveau zu halten. Vor allem eine Notenbank wie die EZB, die auf den Erhalt der Preisstabilität verpflichtet ist, hat ein Interesse daran, ihre Absichten klar und überzeugend zu vermitteln. Denn nur wenn die Öffentlichkeit darauf vertraut, dass die Zentralbank alles dafür tun wird, um ihren Auftrag zu erfüllen, kann eine auf Stabilität gerichtete Geldpolitik ihre Wirkungen vollständig entfalten. Gelingt es den Währungshütern hingegen nicht, die am Wirtschaftsleben Beteiligten von ihrem Willen zur Stabilität zu überzeugen, dann steigen die Inflationserwartungen, und die Geldpolitik ist zu einem restriktiveren Kurs gezwungen. In diesem Fall sind in den langfristigen Kapitalmarktzinsen die oben beschriebenen Risikoprämien für die Inflation enthalten.

Transparenz in der Geldpolitik ist daher grundsätzlich wünschenswert und von großer Bedeutung, wenn es für die Zentralbank darum geht, Glaubwürdigkeit zu gewinnen. Die EZB steckte zu Beginn der Währungsunion genau in solch einer Situation: Als neue Institution ohne stabilitätspolitische Erfolge musste sie um Vertrauen werben und um Glaubwürdigkeit bemüht sein.

Nun besteht aber durchaus keine Einigkeit zwischen Notenbankern, Wissenschaftlern und der Öffentlichkeit darüber, mit welchen Mitteln diese notwendige Transparenz der Geldpolitik am besten hergestellt werden kann. Nützlich aber erscheint zunächst die Formulierung eines Endziels, wie es die EZB getan hat. Die Verpflichtung auf mehr als ein Ziel scheint nur dann transparent zu sein, wenn den einzelnen Zielen eine eindeutige Rangfolge zugeordnet wird. Auch das trifft auf die EZB zu, die zwar vom Maastrichter Vertrag verpflichtet wird, die Wirtschaftspolitik im Euroraum zu unterstützen. Sie muss das aber nur insoweit tun, als das Ziel der Preisstabilität dadurch nicht gefährdet wird. Für die Federal Reserve Bank hingegen gibt es keine Gewichtung ihrer Ziele. In einem gewissen Maß führt das zu weniger Transparenz, weil nicht von vornherein klar ist, welches der Ziele Vorrang hat.

Die Festlegung einer geldpolitischen Strategie, wie es die EZB oder die Bank von England getan haben, erhöht im Prinzip ebenfalls die Transparenz. Die Notenbanker müssen allerdings abwägen zwischen dem Wunsch nach Klarheit, der die Bekanntgabe einer möglichst einfachen Entscheidungsregel nahe legt, und den recht großen Unsicherheiten der Wirkungszusammenhänge, die eher für die Verwendung einer möglichst großen Zahl von geldpolitischen Indikatoren spricht.

Die „Zwei-Säulen-Strategie" ist zu Beginn der Währungsunion von vielen Beobachtern als nicht transparent kritisiert worden. Dies ist verständlich, weil die Orientierung an zwei Kriterien – der Geldmenge und den Preisaussichten – grundsätzlich die Gefahr birgt, dass sie widersprüchliche Signale senden. Dies war schon kurz nach dem Start der Währungsunion der Fall, als das Geldmengenwachstum deutlich oberhalb des Referenzwertes lag, was unter normalen Umständen auf Inflationsgefahren in der Zukunft gedeutet hätte. Auf der anderen Seite war die wirtschaftliche Stimmung im Euroraum nach den Turbulenzen an den Finanzmärkten in Asien, Russland und Lateinamerika auf einem Tiefpunkt. Die zweite Säule gab der EZB das Signal, dass mit weiter fallenden Inflationsraten zu rechnen sei. Die EZB betrachtete damals dieses Signal als das ausschlaggebende und senkte Anfang April 1999 die Leitzinsen. Diese Entscheidung muss aber wohl vor dem Hintergrund der besonderen Unsicherheit gesehen werden, die mit dem Übergang zur Währungsunion verbunden war. Die Währungshüter müssen widersprüchliche Signale, die sie von den beiden Säulen der Strategie erhalten, auch künftig nach ihrem eigenen Urteil gewichten und dann entscheiden. Dieser Spielraum in der Geldpolitik stellt allerdings hohe Anforderungen an die Informationspolitik der EZB. Damit die Entscheidungen für die Öffentlichkeit nachvollziehbar sind, müssen die Einschätzungen der Lage und die Hintergründe der Politik frühzeitig und verständlich vermittelt werden.

Der Schaffung von Transparenz dient nicht zuletzt die Bekanntgabe der aktuellen geldpolitischen Beschlüsse und die mögliche Vorbereitung der Märkte auf künftige Zinsschritte. Die umgehende Bekanntgabe der Entscheidungen nach dem Treffen des jeweiligen Gremiums ist in vielen Ländern zur Selbstverständlichkeit geworden. Weniger groß ist bisher die Neigung der Notenbanken, die Öffentlichkeit über ihre Einschätzungen über mögliche Zinsänderungen in der Zukunft zu informieren. Die Zurückhal-

tung entspringt der Befürchtung, dass solche Aussagen von den Finanzmärkten schon als die Vorankündigung von Zinsänderungen verstanden
werden könnten, was die Notenbank unter Zugzwang setzen könnte.

Erfahrungen mit solchen Ankündigungen, die diese Vermutung zu bestätigen scheinen, hat die Federal Reserve Bank vor nicht langer Zeit gemacht. Im Bemühen um mehr Transparenz in der Geldpolitik hatte der
Offenmarktausschuss der Fed im Dezember 1998 beschlossen, unmittelbar
im Anschluss an die Sitzungen bekannt zu geben, wie die Mehrheit der
Mitglieder die Richtung der künftigen Zinspolitik einschätzt. Es zeigte sich
allerdings rasch, dass diese Ankündigungen eher für Missverständnisse als
für Klarheit sorgten. Die Fed hat daraufhin beschlossen, die Zinstendenzen
durch eine Beurteilung der Risiken für eine ausgewogene wirtschaftliche
Entwicklung zu ersetzen, die sich auf die absehbare Zukunft bezieht. Die
Mitglieder des Offenmarktausschusses wählen dabei zwischen drei standardisierten Formulierungen: Sie stellen entweder ein Übergewicht der
Inflationsrisiken oder ein Übergewicht der Risiken für das Wachstum fest,
oder sie kommen zu dem Schluss, dass die Risiken ausgeglichen sind.

Das neue Konzept soll den Akteuren an den Finanzmärkten verdeutlichen, dass die Fed nur die Risiken abschätzen kann, diese Risiken aber
immer dann neu beurteilt werden müssen, wenn neue Informationen vorliegen.

In der Informationspolitik der EZB haben die Pressekonferenzen, die alle
vier Wochen, immer nach der ersten Ratssitzung im Monat, stattfinden,
große Bedeutung. Der Präsident der EZB erläutert die monetäre und wirtschaftliche Lage sowie die geldpolitischen Beschlüsse. Anschließend stehen
der Präsident und der Vizepräsident für Fragen bereit. Die Europäische
Zentralbank hat sich, anders als beispielsweise die Fed und die Bank von
England, gegen die Veröffentlichung der Sitzungsprotokolle entschieden.
Auch das hat ihr den Vorwurf mangelnder Transparenz eingetragen. Die
EZB fürchtet, die Veröffentlichung des Abstimmungsverhaltens der einzelnen Ratsmitglieder würde dazu führen, dass nationale Interessen eine Rolle
in der Geldpolitik spielen. Das Ziel der einheitlichen Geldpolitik des Euro-
systems ist es aber gerade, frei von Einflüssen der Nationalstaaten und mit
Blick auf den gesamten Euroraum zu entscheiden.

■ Die Währungspolitik

Die Währungspolitik ist einer der wichtigsten Bereiche der Außenwirt-
schaftspolitik. Jedes Land, das Beziehungen zum Ausland unterhält, muss

sich entscheiden, welche Währungsbeziehungen zu den anderen Staaten gelten sollen. Für die meisten Länder ist die Währungspolitik daher gleichbedeutend mit der Wechselkurspolitik. Die Währungs- und Finanzkrisen der neunziger Jahre, die steigende Mobilität internationalen Kapitals und die wachsenden Kapitalströme in die Entwicklungsländer haben der Debatte über geeignete Wechselkursregime neuen Schwung verliehen. Dabei haben die Wechselkursregime von heute weder konzeptionell noch funktionell etwas gemein mit den Vorstellungen und Zielen, die dem System fester Wechselkurse zugrunde lagen, das 1944 in Bretton Woods im amerikanischen Bundesstaat New Hampshire gegründet worden war und bis Anfang der siebziger Jahre die Währungen der Welt miteinander verbunden hat. Das Konzept des Bretton-Woods-Systems beruhte auf festen, gleichwohl anpassungsfähigen Wechselkursen. Auf diese Weise sollten unliebsame Wechselkursschwankungen vermieden und Abwertungen einzelner Währungen mit dem Ziel, die Wettbewerbsfähigkeit zu erhöhen, verhindert werden. Auf der anderen Seite sollte durch die Möglichkeit der Anpassung des Wechselkurses sichergestellt werden, dass es nicht zu dauerhaften Ungleichgewichten im Währungsverbund kam. In dieser Welt fester Wechselkurse sollte Kapitalmobilität nur eine eingeschränkte Rolle spielen. Kapitalverkehrskontrollen sollten verhindern, dass kurzfristige Kapitalströme einzelne Länder in Zahlungsbilanzschwierigkeiten brachten. Zwischenzeitlich auftretende Zahlungsbilanzungleichgewichte wurden mit Hilfe des Internationalen Währungsfonds, der damals zusammen mit der Weltbank als Bretton-Woods-Institution gegründet wurde, überwunden.

Derzeit können die Wechselkurse der bedeutenden Währungen der Welt frei schwanken, getrieben im Wesentlichen von den Kräften des Marktes. Die kurzfristige Schwankungsanfälligkeit ist höher als unter festen Kursen, und auch mittel- und langfristig können die Ausschläge beachtlich sein. Auf der anderen Seite kann es nicht zu dauerhaften Über- oder Unterbewertungen einer Währung kommen, die sich im Zusammenbruch eines festen Kurses unter dem Druck der Spekulation entlädt und zu nachteiligen Folgen für die Wirtschaft führt. Die Industrienationen haben Kapitalverkehrskontrollen weitgehend abgeschafft, und auch in den aufstrebenden Ländern wird die Neigung hierfür größer. Viele Schwellenländer haben sich – freilich unter dem Druck der Krise der neunziger Jahre – dazu entschlossen, ihre Währungen ebenfalls frei schwanken zu lassen. Andere aufstrebende Länder haben sich unterdessen für die völlige Aufgabe ihrer geld- und währungspolitischen Souveränität entschieden, ihrer Währungen fest an eine so genannte Ankerwährung gekoppelt und versuchen mit

Hilfe dieses Currency Board, die Stabilität des Ankerlandes zu importieren. Währungspolitisch lässt sich der Beginn des neuen Jahrhunderts mit diesen zwei Tendenzen beschreiben: Freie Wechselkurse auf der einen, und festgezurrte Kurse in Form eines Currency Board oder gar einer Währungsunion auf der anderen Seite.

Dollar, Euro und Yen

Die Gründung des Euro von zunächst 11 Ländern der Europäischen Union zu Beginn des Jahres 1999 hat auch die Welt der Währungen verändert. Nie zuvor hat eine so große Zahl souveräner Staaten ihre Währungen und die Verantwortung für die Geldpolitik aus freien Stücken aufgegeben und gegen eine gemeinsame Währung getauscht. Zwar war auch die Deutsche Mark international von Bedeutung; sie diente den übrigen europäischen Währungen lange Zeit als Vertrauensanker innerhalb des Europäischen Wechselkursmechanismus und wurde in den Ländern des ehemaligen Ostblocks vielfach als Zahlungsmittel benutzt. Der Euro aber spielt international schon deshalb eine größere Rolle und hat ein größeres Gewicht, weil er die Währung für rund 300 Millionen Menschen und damit dem Dollar der Vereinigten Staaten ebenbürtig ist.

Die Kurse von Dollar, Euro und Yen können am internationalen Devisenmarkt frei schwanken, sieht man einmal von den Interventionen ab, die vor allem die Bank von Japan in den vergangenen Jahren immer wieder vorgenommen hat. Die Europäische Zentralbank (EZB) darf gemäß ihrer geldpolitischen Strategie ebenfalls in das Geschehen am Devisenmarkt eingreifen, allerdings nur in eng abgesteckten Grenzen. Demnach sind ihr Interventionen nur für den Fall erlaubt, dass von der Entwicklung des Euro-Wechselkurses Gefahren für die Preisstabilität im Euro-Raum ausgehen. Dies wäre beispielsweise dann der Fall, wenn eine fortgesetzte Schwäche des Euro zunächst die Import-, dann die Produzenten- und schließlich die allgemeine Teuerung mittelfristig auf mehr als zwei Prozent treiben würde. Die EZB könnte dann einen Teil ihrer Dollar-Währungsreserven gegen Euro verkaufen in der Absicht, über das höhere Angebot an Dollar dessen Kurs zu drücken. Im umgekehrten Fall könnte die EZB mit Hilfe von Dollar-Käufen versuchen, den Euro-Kurs zu schwächen. Dies wäre aber nur dann zulässig, wenn eine lange dauernde Stärke des Euro die Preisstabilität in der Weise bedrohen würde, dass mit einem Sinken des allgemeinen Preisniveaus (Deflation) gerechnet werden müsste. Zu beachten ist, dass die EZB nur das Recht, nicht aber die Pflicht zur Intervention besitzt. Die

Währungshüter können auch mit anderen Mitteln wie beispielsweise der Zinspolitik versuchen, Gefahren abzuwenden, die sich aus großen Wechselkursveränderungen für die Preisstabilität ergeben.

Die Verantwortung für den Wechselkurs des Euro haben gleichwohl nicht die Europäische Zentralbank, sondern die Finanzminister der Teilnehmerländer der Währungsunion. Da aber die Wechselkurspolitik mit der Geldpolitik im Einklang stehen muss, legt der Vertrag von Maastricht fest, dass das vorrangige Ziel der Wechselkurspolitik der Europäischen Union die Gewährleistung der Preisstabilität ist. In diesem Zusammenhang weist der Vertrag dem Eurosystem, also der EZB und den nationalen Notenbanken der Teilnehmerländer, die „grundlegende Aufgabe" zu, „Devisengeschäfte im Einklang mit Artikel 109 durchzuführen". Artikel 109 des Vertrages von Maastricht sieht vor, dass der Ministerrat – in der Zusammensetzung der Finanzminister – einstimmig „förmliche Vereinbarungen über ein Wechselkurssystem für den Euro gegenüber Drittlandswährungen" treffen kann. Außerdem bestimmt Artikel 109, dass der Ministerrat mit qualifizierter Mehrheit „allgemeine Orientierungen" für die Wechselkurspolitik des Eurosystems aufstellen kann. Der Ministerrat hat in einem Bericht an den Europäischen Rat der Staats- und Regierungschefs im Dezember 1997 klargestellt, dass es ein Wechselkurssystem des Euro gegenüber Drittwährungsländer aller Voraussicht nach in absehbarer Zeit nicht geben werde. Zugleich kündigte der Ministerrat damals an, Orientierungen für Wechselkurse nur in Ausnahmefällen, beispielsweise im Fall einer klaren Fehlentwicklung des Wechselkurses, aufzustellen. Die Tatsache, dass die EZB kein Wechselkursziel besitzt, erleichtert den Währungshütern die geldpolitische Arbeit, weil sie sich allein auf die Sicherung der Preisstabilität konzentrieren können. Gleichwohl hat es während der Einführungsphase des Euro und kurz nach dem Start der Währungsunion eine lebhafte Debatte zwischen Politik, Währungshütern und Wissenschaftlern über die Möglichkeit einer Stabilisierung der Wechselkurse von Dollar, Euro und Yen gegeben.

■ Zielzonen für Wechselkurse

Der amerikanische Ökonom John Williamson hat in den achtziger Jahren die Idee der Wechselkurszielzonen entwickelt, um die Schwankungsanfälligkeit der Wechselkurse zu verringern. Demnach würden für Dollar, Euro und Yen zunächst zentrale Leitkurse festgelegt und diese dann um ein Wechselkursband ergänzt. Die oberen und unteren Enden dieser Bänder sollen die maximal zulässigen Schwankungen der Wechselkurse darstellen. Würde der Wechselkurs an eine Grenze stoßen, dann wären die beteiligten Notenbanken zur Intervention verpflichtet. Das Band müsste nach Williamsons Vorstellungen gemäß den Inflationsunterschieden der beteiligten Länder fortlaufend angeglichen werden.

Die Diskussion über die Vor- und Nachteile fester und flexibler Wechselkurse ist nicht neu. Die Errichtung von Wechselkurszielzonen aber birgt eine Reihe von Schwierigkeiten, die es schon aus theoretischer Sicht nicht ratsam erscheinen lassen, einen solchen Versuch zu unternehmen. Die erste Schwierigkeit ergibt sich gleich zu Beginn, bei der Auswahl der angemessenen Leitkurse. Die Ermittlung der Wechselkurse nach der Kaufkraftparitätentheorie könnte nur ein erster Schritt sein, der überdies nicht unproblematisch wäre. Beispielsweise können die Maßnahmen, die europäische Regierungen zur Verringerung der Arbeitslosigkeit planen oder schon in die Wege geleitet haben, den so genannten langfristigen Gleichgewichtskurs zwischen Euro und Dollar ändern. Darüber hinaus ließe sich fragen, warum Regierungen oder Notenbanken besser wissen sollen als die Märkte, welches der angemessene Wechselkurs ist. Die nächste Schwierigkeit würde die Bemessung der Bandbreiten darstellen. Williamson plädiert für jeweils 10 Prozent erlaubter Schwankung um den Leitkurs, also ein Band von 20 Prozent Breite. Ganz abgesehen davon, dass sich bei weiten Zielzonen für die Wechselkurse im Alltag nicht viel ändern würde, so wird doch auch ein großes Risiko unmittelbar deutlich: Die Notenbanken würden Gefahr laufen, in eine Spekulationsfalle zu geraten. Dies könnte leicht geschehen, wenn sich der Wechselkurs einem Bandende näherte. An den Finanzmärkten würde dies unweigerlich zu einer einseitigen Spekulationsbewegung führen. Es gibt genügend Beispiele großer Spekulationswellen in der Vergangenheit. In allen Fällen konnten die Spekulanten sicher sein, dass es zu einer anderen Kursbewegung als der von ihnen erwarteten nicht kommen würde. Insofern könnte die Errichtung von Wechselkurszielzonen gerade eine Einladung an die Spekulation sein, die Interventionsbereitschaft der Notenbanken zu testen.

Für die beteiligten Notenbanken, das gilt für die Federal Reserve Bank ebenso wie für die Europäische Zentralbank oder die Bank von Japan, hätten Wechselkursbänder zwischen Dollar, Euro und Yen noch eine weitere wichtige Folge: Durch eine Verpflichtung zur Intervention würde das Ziel der Sicherung der Preisstabilität dem Ziel der Wechselkurssicherung untergeordnet. Leicht ist eine Situation vorstellbar, in der sich Europa in einer Phase des wirtschaftlichen Aufschwungs befindet, in der der Euro gegenüber Dollar und Yen an Wert gewinnt. Dann könnte die Europäische

Zentralbank gezwungen sein, die Zinsen zu senken, um den Euro für ausländische Kapitalgeber weniger attraktiv zu machen und auf diese Weise zu schwächen. Gleichzeitig würde sie aber durch die Bereitstellung zusätzlicher Liquidität die Inflationsgefahren erhöhen. Hinzu kommt, dass durch die Verpflichtung zur Intervention am Devisenmarkt das Statut der Europäischen Zentralbank und der Primat der Preisstabilität ausgehebelt würden. Darüber hinaus sind die Möglichkeiten einer Notenbank, den realen Wechselkurs dauerhaft zu beeinflussen, begrenzt.

Ein stabiler Wechselkurs nutzt einer Volkswirtschaft umso mehr, je offener sie ist. Der Offenheitsgrad des Euro-Raums, also der Anteil des Außenhandels am Bruttoinlandsprodukt, beträgt aber nur rund 17 Prozent. Für Amerika liegt dieser Wert mit rund 11 Prozent noch niedriger. Eine bestens koordinierte Wirtschafts-, Finanz- und Geldpolitik zwischen Amerika, Europa und Japan wäre eine unverzichtbare Voraussetzung für das Gelingen einer Wechselkursvereinbarung. Schon im amerikanischen Kongress aber gibt es keine Bereitschaft, die heimische Finanzpolitik an Wechselkursvorgaben auszurichten.

■ **Der Europäische Wechselkursmechanismus**

Auf einem Gipfeltreffen in Dublin einigte sich der Europäische Rat der Staats- und Regierungschefs auf ein Nachfolgesystem für das Europäische Währungssystem (EWS), das mit Beginn der Währungsunion enden würde. Das EWS II hat die Aufgabe, die Währungen der Länder, die auf dem Weg zur Mitgliedschaft in der Währungsunion sind, in einem stabilen Rahmen an den Euro zu binden. Die Mitgliedschaft im EWS II ist zwar grundsätzlich freigestellt, doch gilt eine erfolgreiche Teilnahme – das heißt ohne Abwertung der Währung gegenüber dem Euro – für die Dauer von mindestens zwei Jahren als Zulassungskriterium für den Beitritt zum Euro. Artikel 109j des Maastrichter Vertrages zählt als eines der Konvergenzkriterien die „Einhaltung der normalen Bandbreiten des Wechselkursmechanismus des Europäischen Währungssystems seit mindestens zwei Jahren ohne Abwertung gegenüber der Währung eines anderen Mitgliedsstaates" auf. Im Analogieschluss trifft diese Bestimmung auch auf das EWS II zu.

Im EWS II sind die Währungen auf bilateraler Basis mit dem Euro verbunden. Die Leitkurse werden durch ein Abkommen zwischen den Wirtschafts- und Finanzministern der am EWS II teilnehmenden Länder, der EZB und der Notenbanken der beteiligten Länder festgelegt. Um diese Leitkurse dürfen die Wechselkurse in einem Band von jeweils 15 Prozent nach oben und nach unten schwanken. Es ist aber auch möglich, engere Bandbreiten zu vereinbaren. Zu Beginn der Währungsunion nahmen zunächst Griechenland und Dänemark am EWS II teil. Griechenland hätte zwar gerne schon von Beginn an zum Euroraum gehört, erfüllte aber im entscheidenden Jahr 1997 die Konvergenzkriterien nicht vollständig. Wie Großbritannien und Schweden hat sich Dänemark aus freien Stücken entschieden, sich dem Euro nicht sofort anzuschließen. Als einziges dieser drei Länder nimmt Dänemark mit der Landeswährung Krone am EWS II teil. Für die griechische Drachme wurde eine Schwankungsbreite von jeweils 15 Prozent um den Leitkurs zum Euro vorgesehen, die Krone darf nur jeweils 2,25 Prozent nach oben und unten abweichen.

Die Vereinbarung des EWS II sieht vor, dass bei Erreichen der oberen oder unteren Bandenden, der so genannten Interventionspunkte, in unbegrenzter Höhe am Devisenmarkt interveniert wird, um die bilateralen Leitkurse aufrechtzuerhalten. Abgestimmte Interventionen sind auch schon vor dem Erreichen der Interventionspunkte möglich. Wichtig ist in diesem Zusammenhang, dass es für die Europäische Zentralbank keine Pflicht zur Intervention gibt. Es liegt in ihrem Ermessen zu entscheiden, ob durch einen Eingriff am Devisenmarkt die interne Preisstabilität des Euro gefährdet würde. Die Sicherung der Preisstabilität hat in jedem Fall den Vorrang. Die Finanzierung der Intervention ist Sache der Zentralbank, deren Währung unter Verkaufsdruck geraten ist. Die Last der Anpassung liegt demnach vor allem bei den Notenbanken der anderen Länder und nicht bei der EZB oder den nationalen Notenbanken der Teilnehmerländer.

■ Wechselkursregime von Entwicklungs- und Transformationsländern

Ungeachtet der Tendenz zu freien Wechselkursen oder einem Festkurssystem in Form eines Currency Board gibt es immer noch eine Vielzahl unterschiedlicher Wechselkursregime in der Welt. Angesichts der unterschiedlichen Entwicklungsstände und der ökonomischen Rahmenbedingungen ist das auch nicht verwunderlich. Eines aber ist wohl allen diesen Ländern gemein: Sie müssen ihren Außenhandel und auch die Finanzierung in einer Währung abwickeln, die nicht ihre eigene ist. Wenn sich diese Länder für ein Wechselkursregime entscheiden, müssen sie die Kursschwankungen zwischen den bedeutenden Währungen der Welt als gegeben hinnehmen. Im Gegensatz zu den führenden Industrienationen, die durch ihr Handeln die Bedingungen der Weltwirtschaft und an den globalen Finanzmärkten beeinflussen können, vermögen Entwicklungs- und Transformationsländer dies nicht.

Auf der Suche nach einem geeigneten Wechselkursregime müssen diese Länder eine Reihe von Entwicklungen der vergangenen Jahre beachten: Die internationale Mobilität des Kapitals ist seit Beginn der achtziger Jahre enorm gestiegen. Das gilt vor allem für die Kapitalströme in Entwicklungsländer. Darin spiegeln sich die Liberalisierung der Kapitalbilanzen und die wachsende Integration der Kapitalmärkte wider. Größere Kapitalzuflüsse aber haben auch das Risiko plötzlicher Abflüsse erhöht. Während der Finanzkrise Ende der neunziger Jahre in Asien, Russland und Lateinamerika war diese Umkehr des Kapitalstroms ein weit verbreitetes Phänomen.

Zu bedenken ist ferner, dass die Verbindlichkeiten in fremder Währung von Entwicklungsländern häufig deren Vermögenswerte in der Fremdwährung übersteigen. Damit ist ein plötzlicher Wertverlust der heimischen Währung mit erheblichen Nachteilen verbunden, weil sich die Auslandsschulden sehr schnell sehr hoch auftürmen können. Eine Bedienung der Verbindlichkeiten, auch das hat die Krise in Asien gelehrt, ist dann kaum noch möglich.

Auch der Grad an Offenheit der Entwicklungsländer für den internationalen Handel hat in den vergangenen Jahrzehnten deutlich zugenommen. Nach Berechnungen des Internationalen Währungsfonds hat sich der durchschnittliche Außenhandel der Entwicklungsländer als Anteil am Bruttoinlandsprodukt von 30 Prozent gegen Ende der sechziger Jahre auf rund 40 Prozent am Ende der neunziger Jahre erhöht. Gleichzeitig hat sich der Export mehr und mehr von Rohstoffen hin zu verarbeiteten Gütern verschoben.

Vor diesem Hintergrund haben sich vor allem noch solche Länder für eine Bindung des Wechselkurses an eine andere Währung entschieden, deren Volkswirtschaften im internationalen Vergleich recht klein sind und die ihren Außenhandel zum überwiegenden Teil mit nur einem Land treiben, das zugleich über eine hinreichend stabile Geld- und Währungspolitik verfügt. Nach Angaben des IWF haben derzeit Länder mit einem Bruttoinlandsprodukt von weniger als 5 Milliarden Dollar im Jahr zum überwiegenden Teil ihre Währungen an eine Ankerwährung gebunden. Für kleine Inselstaaten der Karibik, einige Länder Zentralamerikas und einige Inseln im Pazifik ist der Dollar die Ankerwährung. Einige ehemalige französische Kolonien in Afrika haben sich seit Jahren an den französischen Franc gebunden, der Anfang 1999 durch den Euro ersetzt wurde. Andere Länder, die über eine etwas größere Zahl wichtiger Handelspartner verfügen, haben ihre Währungen an einen Korb aus anderen Währungen gebunden.

Freilich gibt es eine Reihe von Wechselkursregimen, die Währungen in unterschiedlicher Weise aneinander binden. Die Unterschiede betreffen vor allem die Festigkeit der Bindung.

◼ Das Currency Board

Eine besondere Form des festen Wechselkurses stellt das Currency Board dar. Dabei handelt es sich um die stärkste Bindung zweier Währungen, sieht man einmal von einer Währungsunion oder der Einführung einer ursprünglichen Fremdwährung als eigene Landeswährung (Dollarisierung) ab. Unter einem Currency Board gibt es einen festen Wechselkurs zwischen der heimischen und einer Ankerwährung. Gleichzeitig kann die heimische Geldmenge nur in dem Maße wachsen, wie sie durch Devisenreserven der Zentralbank gedeckt ist. Schrumpfen die Devisenreserven, dann wird – gemäß dem festen Wechselkurs – auch die heimische Geldmenge kleiner. In seiner reinen Form hat ein Currency Board zur Folge, dass die Zentralbank keinen Einfluss auf die kurzfristigen Zinsen im Land mehr hat. Ausgleichsgeschäfte am Geldmarkt führen dazu, dass die Zinsen denen des Ankerlandes folgen. Damit ist die Errichtung eines Currency Board gleichbedeutend mit der Aufgabe der geldpolitischen Souveränität. Darin aber liegt gerade einer der erhofften Vorteile: Das Land dokumentiert auf diese Weise den starken Willen, eine vernünftige, Vertrauen schaffende Wirtschaftspolitik zu machen, die die wirtschaftliche Entwicklung fördert.

Um ein Currency Board einrichten und erfolgreich durchhalten zu können, bedarf es vor allem eines gesunden Bankensystems. Die Zentralbank ist nicht in der Lage, Banken, die sich in Schwierigkeiten befinden, Kredite zu gewähren. Eine weitere Bedingung für das Funktionieren eines Currency Board ist eine solide, auf Konsolidierung ausgerichtete Fiskalpolitik. Kredite der Zentralbank an die Regierung sind ebenfalls untersagt. Die „Kosten", die mit dieser Form der Wechselkursbindung verbunden sind, beruhen auf der Unfähigkeit der Zentralbank, kurzfristige Zinsschwankungen auszugleichen. Das kann in dem ein oder anderen Fall zu Schwierigkeiten bei Kreditinstituten führen.

In der Vergangenheit haben vor allem solche Länder ein Currency Board errichtet, die unter hohen Inflationsraten litten. Häufig hat sich dieser Weg als geeignet erwiesen, die Preisstabilität zu erhöhen. Argentinien, Hongkong und Bulgarien sind Beispiele hierfür. Ein Currency Board lässt sich aber nicht nur gegenüber einer einzigen Währung einrichten, sondern auch gegenüber einem Währungskorb. Die Gewichte, die die einzelnen

Korbwährungen erhalten, können beispielsweise die Handelsverflechtungen widerspiegeln. Der Vorteil eines solchen Currency Board besteht darin, dass sich die kurzfristigen Schwankungen des nominalen und des realen effektiven Wechselkurses geringer ausfallen als bei einer einzigen Ankerwährung.

◼ Wechselkursbindung mit Bandbreiten

Eine Reihe von Schwellenländern hat ihre Währung in der Weise an eine Ankerwährung – beispielsweise den Dollar – gebunden, dass es zwar keinen ganz festen Wechselkurs gibt, die erlaubte Schwankungsbreite um einen Leitkurs aber begrenzt ist. Die Regierung des Landes, das seine Währung anbindet, verpflichtet sich zur Intervention am Devisenmarkt, wenn ein bestimmter Wechselkurs erreicht wird. Die Verpflichtung auf solche Bandbreiten kann von der Regierung öffentlich angekündigt werden, es besteht aber auch die Möglichkeit, die Märkte durch Interventionen bei den bestimmten Kursen über die Bandbreiten zu informieren. Der wesentliche Unterschied einer Wechselkursbindung mit Bandbreiten zum Konzept der Zielzonen besteht darin, dass sich die Schwellenländer einseitig auf dieses Regime festlegen. Ist beispielsweise der Dollar die Ankerwährung, so gibt es für die amerikanische Notenbank keine Pflicht zur Intervention. Die Vereinbarung von Zielzonen zwischen Währungen setzt ein Abkommen der beteiligten Länder voraus.

◼ Kriechende Wechselkursbindungen

Manche Länder, in denen die Inflationsrate beträchtlich höher ist als in dem Land mit der Ankerwährung, entscheiden sich für eine andere Form der Wechselkursbindung: In einer so genannten kriechenden Bindung, in der Fachsprache als Crawling Peg bezeichnet – wird der nominale Wechselkurs im Einklang mit der Inflationsdifferenz abgewertet. Auf diese Weise wird eine reale Aufwertung der Währung gegenüber der Ankerwährung verhindert. Ein Beispiel mag dies deutlich machen: Zu Beginn eines Jahres kostet ein bestimmtes Auto in Brasilien 40 000 Real und in den Vereinigten Staaten 20 000 Dollar. Der Wechselkurs des Real ist zu diesem Zeitpunkt mit 2 Real je Dollar festgelegt. Es spielt daher keine Rolle, wo ich das Auto kaufe. Angenommen, die jährliche Inflationsrate in Brasilien läge bei 5 Prozent, die in Amerika nur bei 3 Prozent. Dann würde dasselbe Auto am Jahresende in Brasilien 42 000 Real kosten und in Amerika 20 600 Dollar.

Bliebe der Wechselkurs unverändert, dann wäre es für einen Brasilianer am Jahresende günstiger, das Auto in Amerika zu kaufen, da er umgerechnet dort nur 41 200 Real bezahlen müsste. Obwohl der Wechselkurs sich nominal nicht geändert hätte, wäre es zu einer realen Aufwertung des Real in Höhe der Inflationsdifferenz von 2 Prozentpunkten gekommen. Um dies zu verhindern, müsste der nominale Wechselkurs um eben diese 2 Prozent abgewertet werden. Am Ende des Jahres müssten demnach 2,04 Real für einen Dollar bezahlt werden.

Ein Land, das sich für ein Crawling Peg entscheidet, hat zwei Möglichkeiten: Es kann die Abwertung an den Inflationsraten der Vergangenheit ausrichten und auf diese Weise verhindern, dass es zu einer Aufwertung kommt, die den wirtschaftlichen Rahmenbedingungen widerspricht. Der Nachteil dieser Form des Peg ist, dass es auf mittlere Sicht keinen nominalen Anker für die Währung gibt. Das hat in vielen Fällen dazu geführt, dass es keine Erfolge im Bemühen gab, die Inflationsraten zu senken. Um dieser Schwierigkeiten Herr zu werden, haben zum Beispiel Israel und Polen für einige Zeit die nominalen Abwertungsraten des Wechselkurses im Vorhinein angekündigt. Auf diese Weise sollten die Erwartungen der Marktteilnehmer gelenkt und die Preisbildung beeinflusst werden. Wichtig für den Erfolg dieses aktiven Crawling Peg ist zugleich, dass die Ankündigung und auch der Wille der Regierung, das Regime durchzuhalten, an den Märkten ernst genommen werden. Kommen am Markt erst Zweifel auf, dann kann es, wie auch bei Wechselkursbandbreiten, zu spekulativen Attacken auf die Währung kommen.

■ Der Managed Float

Auf dem Weg von festen zu völlig flexiblen Wechselkursen stellt der Managed Float ein wichtiges Währungsregime dar. In einem Managed Float ist der Wechselkurs sowohl kurz- als auch langfristig weitgehend den Marktkräften überlassen. Die Notenbank greift nur gelegentlich mit Hilfe von Interventionen oder Änderungen der Geldpolitik in das Geschehen ein, um kurzfristig größere Wechselkursausschläge zu verhindern. Es gibt aber keine Verpflichtung, den Wechselkurs auf einem bestimmten Niveau zu stabilisieren oder in irgendwelchen Bandbreiten zu halten. Es hat sich gezeigt, dass die Unabhängigkeit der Zentralbank von politischer Einflussnahme ein wichtiger Faktor für den Erfolg eines Managed Float ist. Es muss klar sein, dass die Geldpolitik sich auf das Ziel der Preisstabilität konzentrieren kann und kein zusätzliches Geld für die Regierung drucken muss.

14. Die Europäische Union

■ Die Idee des Jean Monnet

Man schrieb das Frühjahr 1940. Die deutschen Truppen hatten in wenigen Wochen Frankreich überrollt. Die französische Regierung war nach Bordeaux ausgewichen. Premierminister Paul Reynaud sah nur noch wenig Hoffnung, und auch bei den verbündeten Briten wusste man nicht mehr weiter. Da fasste sich ein französischer Patriot in London ein Herz. Jean Monnet schlug Winston Churchill, der ein paar Tage zuvor zum englischen Kriegspremier ernannt worden war, den völligen Zusammenschluss Frankreichs und Großbritanniens vor. Außer einer Zollunion und einer gemeinsamen Währung sollte es hüben wie drüben nur noch ein Parlament, ein Kabinett und eine Armee geben. Jeder Franzose, jeder Engländer sollte in jedem der beiden Länder sämtliche Bürgerrechte genießen.

Jean Monnet, der Jahre später entscheidende Anstöße für die Vereinigung Europas geben sollte, leitete in jenen Kriegstagen in London ein französisch-britisches Komitee. Es hatte sich zur Aufgabe gestellt, die Produktionspotentiale Frankreichs und Großbritanniens unter Kriegsgesichtspunkten zu organisieren. In seinen Lebenserinnerungen schreibt Monnet, dass Churchill zusammenzuckte, als er seinen radikalen Vorschlag hörte. Doch dann habe der „Romantiker" in dem Engländer gesiegt: Die britische Regierung übernahm Monnets Plan und versuchte, die französische Regierung für die Fusion zu gewinnen. Doch dazu war es schon zu spät. In Bordeaux hatte mit Marschall Pétain die „Kapitulationspartei" die Regierung übernommen. Jahrzehnte später schrieb Monnet, dass die dramatischen Ereignisse im Juni 1940 sein Denken und sein Handeln tief beeinflusst hätten.

Das Vorhaben Monnets war nur ein, wenn auch ungewöhnlich dramatischer Versuch einer europäischen Einigung. In der Geschichte hat es immer wieder Bemühungen gegeben, den zersplitterten Kontinent an einen Tisch zu bringen. Die europäischen Denker waren besonders während und nach Kriegen vom europäischen Einigungsgedanken durchdrungen. So schrieb Walter Rathenau, der spätere Außenminister der Weimarer Republik und Gründer der AEG, im Jahre 1913: „Die Wirtschaft Europas muss früher oder später zu einer Gemeinschaft verschmelzen; dies wird zur Milderung der Konflikte, zur Kräfteersparnis und zu solidarischer Zivilisation führen." Ein paar Jahre später hat Richard Graf Coudenhove-Calergi mit der Gründung der „Paneuropa-Union" weithin aufhorchen lassen. 1929

Der Werdegang der Europäischen Union

1957 25. März   **Römische Verträge** über die Europäische Wirtschaftsgemeinschaft (EWG) und die Europäische Atomgemeinschaft (Euratom) von Belgien, Deutschland, Frankreich, Italien, Luxemburg und den Niederlanden unterzeichnet.

1958 1. Januar   **Römische Verträge** treten in Kraft.

1967 1. Juli   Die **Europäische Gemeinschaft** entsteht durch Zusammenfassung von Europäischer Wirtschaftsgemeinschaft, Montanunion und Euratom.

1968 1. Juli   **Europäische Zollunion:** Abschaffung der Binnenzölle, einheitliche Außenzölle.

1973 1. Januar   **Beitritt von Dänemark, Großbritannien und Irland.** Die norwegischen Wähler verweigerten 1972 in einem Referendum die Zustimmung zum Beitritt.

1979 1. Januar   Das **Europäische Währungssystem (EWS)** tritt in Kraft.
7.–10. Juni   **Europäisches Parlament:** erste Direktwahl.

1981 1. Januar   **Beitritt Griechenlands.**

1986 1. Januar   **Beitritt von Spanien und Portugal.**
17./28. Februar   **Einheitliche Europäische Akte** (Schaffung des Binnenmarktes zum 31. Dezember 1992) von den zwölf Mitgliedsländern ratifiziert.

1992 7. Februar   **Verträge von Maastricht** (europäischer Binnenmarkt, europäische Währungsunion) von den Außen- und Finanzministern unterzeichnet.

1992/93   **Volksabstimmungen über Maastrichter Verträge:** Irland und Frankreich dafür, Dänemark zunächst dagegen (am 18. Mai 1993 aber schließlich Votum für Annahme).

1993 1. Januar   **Europäischer Binnenmarkt.**
1. November   **Verträge von Maastricht** treten in Kraft.

1994 1. Januar   **Europäisches Währungsinstitut (EWI)** errichtet.
28. November   **Norwegen: Ablehnung des EU-Beitritts** in weiterem Referendum.

1995 1. Januar   **Beitritt von Finnland, Österreich und Schweden.**
26. März   **Zweites Schengener Abkommen** (Durchführungsübereinkommen zum Verzicht auf Kontrollen im Personen- und Warenverkehr an den Binnengrenzen) wird angewandt zwischen Belgien, Deutschland, Frankreich, Luxemburg, den Niederlanden, Portugal und Spanien, seit 1998 auch Italien und Österreich.

1998 1. Juni   **Europäische Zentralbank (EZB)** in Frankfurt am Main eingerichtet.
10. November   **Beitrittsverhandlungen mit Estland, Polen, Slowenien, Tschechischer Republik** und **Zypern.**

1999 1. Januar   **Der Euro wird gemeinsame Währung** der Teilnehmerländer Belgien, Deutschland, Finnland, Frankreich, Irland, Italien, Luxemburg, Niederlande, Österreich, Portugal und Spanien.
1. Mai   **Vertrag von Amsterdam** über Reformen der EU tritt in Kraft.
10.–11. Dezember   **Beitrittsverhandlungen mit Bulgarien, Lettland, Litauen, Malta, Rumänien** und der **Slowakei** eröffnet; die **Türkei** wird als Beitrittskandidat anerkannt.

2001 1. Januar   **Griechenland** wird **zwölftes Mitglied der Euro-Zone.**

schlug der französische Außenminister Aristide Briand eine europäische Union im Rahmen des Völkerbundes vor; für seine Verständigungspolitik mit Deutschland hatte Briand zusammen mit Gustav Stresemann schon 1926 den Friedensnobelpreis erhalten.

Die europäische Einigung nahm freilich erst nach dem Zweiten Weltkrieg konkrete Formen an. Im September 1946 gab Churchill in einer Rede in Zürich gewissermaßen das Startsignal: Er rief die Völker des vom Krieg verwüsteten Kontinents dazu auf, die „Vereinigten Staaten von Europa" zu gründen – ohne Großbritannien. Schon damals zeigte es sich, dass sich die Briten der europäischen Einigungsbewegung nur zögernd anschließen wollten. Selbst wenn man berücksichtigt, dass Großbritannien inzwischen sein Weltreich weitgehend verloren hat, hat sich an der „Euroskepsis" bis heute wenig geändert.

Zu Beginn der fünfziger Jahre kam der entscheidende Anstoß zur Gründung der Europäischen Wirtschaftsgemeinschaft wiederum aus Frankreich: Monnet hatte die Vision, die Kohle- und Stahlwirtschaft Frankreichs und Deutschlands so miteinander zu verzahnen, dass ein Krieg zwischen den beiden „Erbfeinden" künftig nicht mehr möglich sein werde. In Robert Schuman, dem damaligen französischen Außenminister, und dem deutschen Kanzler Konrad Adenauer fand Monnet zwei entscheidende Mitstreiter, die die Vision in die Tat umsetzten. 1951 wurde mit dem Vertrag der Europäischen Gemeinschaft für Kohle und Stahl (EGKS) – häufig „Montanunion" genannt – der Grundstein für die spätere Europäische Gemeinschaft gelegt. Neben Deutschland, Frankreich und Italien gehörten ihr Belgien, die Niederlande und Luxemburg an. Und von Anfang an ging es den „Gründervätern" nicht nur um die wirtschaftliche, sondern letztlich auch um die politische Einigung.

■ Die Römischen Verträge

Was mit der Montanunion begonnen hatte, ist sechs Jahre später auf eine breitere Basis gestellt worden. Die Unterzeichner der Römischen Verträge von 1957, mit denen die Europäische Wirtschaftgemeinschaft ins Leben gerufen wurde, taten dies in dem Bewusstsein, auf festerem Grund nun einen entscheidenden Schritt voranzukommen. Ihr wichtigstes Ziel bestand darin, nach und nach einen Binnenmarkt ohne Schranken und Zölle zwischen den zunächst sechs Mitgliedern (Frankreich, Deutschland, Italien und den Benelux-Ländern) zu schaffen. Heute wird häufig übersehen, dass die vier „Grundfreiheiten" als Ziel des Gemeinsamen Marktes schon in den

Römischen Verträgen als Wille und Vorstellung festgeschrieben wurden: der freie Verkehr von Personen, Waren, Dienstleistungen und Kapital. Aber es sollte noch 35 Jahre dauern, bis die meisten Hindernisse zwischen den Nationalstaaten aus dem Wege geräumt werden konnten. Zwar wurden anfangs die Zölle rasch beseitigt; aber die nichttarifären Schranken – vor allem unterschiedliche Normen und Gesetze – ließen sich nur nach und nach abtragen. Erst Mitte der achtziger Jahre ist der bisher letzte und insgesamt erfolgreiche Anlauf unternommen worden, mit dem festen Zieldatum Ende 1992 den Binnenmarkt zu vollenden.

Zur Geschichte der Gemeinschaft gehören auch vier Erweiterungsrunden. Die in den sechziger Jahren am Widerstand General Charles de Gaulles gescheiterten Bemühungen um den Beitritt Großbritanniens konnten erst zu Beginn der siebziger Jahre wieder aufgenommen werden. Irland und Dänemark traten mit hinzu, so dass es im Laufe des Jahres 1972 einen „Dreisprung" gab: am 1. Januar 1973 ist die alte Sechsergemeinschaft um die drei im Norden liegenden Länder erweitert worden. Dies hat das Zusammenleben in der EU ebenso nachhaltig beeinflusst wie der spätere Beitritt Griechenlands (1. Januar 1981) sowie die „Süderweiterung" um Spanien und Portugal (1. Januar 1986). Schweden, Finnland und Österreich sind am 1. Januar 1995 beigetreten. Mit jedem Neuankömmling ist die EU ein Stückchen größer und bunter, aber auch komplizierter und träger geworden: Wenn fünfzehn Regierungen am Tisch sitzen, dauert es länger, bis Kompromisse gefunden und Entscheidungen getroffen werden können. Außerdem ist in der Gemeinschaft in vielen Fragen ein „Nord-Süd-Konflikt" entstanden, den es in den Gründerjahren nicht gab. Er macht sich insbesondere in der Haushalts- und Regionalpolitik bemerkbar und hat den reichen EU-Ländern im Norden schon manch schlaflose Nacht bereitet.

Die Gemeinschaft hat, aufs Ganze gesehen, sicherlich viel erreicht. Nach dem Wort eines altgedienten EU-Botschafters werden die Kriege von einst heute am Verhandlungstisch ausgetragen. Kriege sind zwar weitgehend unmöglich geworden, dafür gibt es Konflikte und Schwierigkeiten anderer Art. So gleicht die EU einem Haus, das nie fertig wird. Auch das Binnenmarktprogramm hat nicht alle Unterschiede und Schranken zwischen den Mitgliedsländern restlos beseitigen können. Als Beispiele seien Teile der Steuern, die Währungen, die sozialen Sicherungssysteme sowie das weite Feld der Lohnpolitik genannt. Und viele fragen sich zu Recht, ob eine Staatengemeinschaft nicht besser beraten ist, wenn sie auf die totale Harmonisierung aller Lebens- und Arbeitsbereiche verzichtet und bewusst bestimmte Unterschiede in Kauf nimmt. Die Vereinigten Staaten von Amerika sind ein Beispiel dafür, dass 51 Bundesstaaten ganz gut mit einigen, zum Teil beträchtlichen Unterschieden in der Gesetzgebung leben. Die EU ist inzwischen ebenfalls vom Ideal der „Totalharmonisierung" abgerückt und stützt sich mehr und mehr auf den Grundsatz der gegenseitigen Anerkennung unterschiedlicher Normen. Ärgerliches Detail fehlender Harmonisierung: Den praktischen „Euro-Stecker" gibt es bis heute nicht, so dass der mitgeführte Reisefön oder Rasierapparat zwischen Lappland und Sizilien nur mit zahlreichen Adaptern benutzt werden kann.

Für viele Bürger sind die Entscheidungen der Organe der Europäischen Gemeinschaft ein Buch mit sieben Siegeln. Was die EU-Kommission vorschlägt und der Ministerrat oft nach langwierigen und komplizierten Prozeduren beschließt, ist in den Augen der Bürger häufig abstrakt und wird kaum verstanden. Hinzu kommt, dass vieles hinter verschlossenen Türen geschieht und nur spärlich an das Licht der Öffentlichkeit gelangt. Daran haben auch die 1992 begonnenen Versuche, mehr Transparenz und Klarheit in den Entscheidungsprozeduren zu schaffen, wenig geändert. Auch wenn der Ministerrat jetzt öfter öffentlich tagt, werden die Beschlüsse der EU kaum verstanden. Dies ist ein wichtiger Grund für die in vielen EU-Ländern anzutreffende Euro-Verdrossenheit. Die wichtigsten Organe sind die EU-Kommission, der Ministerrat, das Europäische Parlament, der Europäische Gerichtshof sowie der Europäische Rat der Staats- und Regierungschefs, der in den vergangenen Jahren als oberstes Entscheidungsorgan zunehmend an Bedeutung gewonnen hat.

■ Die Kommission

Die Kommission der Europäischen Gemeinschaft mit Sitz in Brüssel hat das alleinige Vorschlagsrecht für Verordnungen, Richtlinien und Empfehlungen. Ihr gehören zur Zeit 20 Kommissare an. Die großen EU-Länder (Frankreich, Deutschland, Großbritannien, Italien und Spanien) entsenden jeweils zwei Kommissare nach Brüssel, die kleinen Länder (Belgien, Luxemburg, Niederlande, Irland, Dänemark, Griechenland, Portugal, Schweden, Finnland und Österreich) je einen Kommissar. Nach den Römischen Verträgen sind die Kommissare an nationale Weisungen nicht gebunden. Dennoch wird gelegentlich gegen diesen Grundsatz verstoßen, wobei sich häufig die Kommissare der südlichen Mitgliedsländer als Interessenvertreter ihrer Nation gebärden. Die Behörde setzt sich aus den 20 Kabinetten der Kommissare und insgesamt rund zwei Dutzend Generaldirektionen zusammen. Sie ist Arbeitgeber von etwa 20 000 Menschen (Stand: Frühjahr 2000),

Der Amtssitz der Europäischen Kommission: das Breydell-Gebäude im Vordergrund.
Im Hintergrund der alte Amtssitz Berlaymont.

darunter knapp 5 500 im höheren Dienst. In den Generaldirektionen, die nach Aufgabenbereichen gegliedert sind, werden die Vorschläge der Kommissare vorbereitet. Aufgrund ihres Vorschlagsmonopols hat die Brüsseler EU-Behörde im Entscheidungsgeflecht der Gemeinschaft eine vergleichsweise starke, wenn auch häufig überschätzte Position. Denn in vielen Fällen kommen die Anstöße zu Verordnungen oder Richtlinien von den Mitgliedsregierungen und nicht aus den Reihen der Kommission.

Obwohl sich die EU-Behörde seit 1992 verstärkt darum bemüht, dem Grundsatz der Subsidiarität Rechnung zu tragen und nicht mehr alles aufzugreifen, was auch die Mitgliedsländer erledigen können, ist der „Regelungsdruck" noch immer groß. Es gibt kaum einen Lebensbereich, mit dem sich die Beamten der Kommission nicht beschäftigen. Über einheitliche Normen beim Katastrophenschutz wird ebenso lange und gründlich nachgedacht wie über möglichst sichere Innenausstattungen für Autos oder die Gaspedalstellung von Gabelstaplern. Nach dem Gipfeltreffen der Staats- und Regierungschefs in Edinburgh (Dezember 1992) hat die Behörde damit begonnen, das gesamte Gemeinschaftsrecht auf überflüssige Gesetzgebungen abzuklopfen. Bei neuen Vorschlägen muss die Kommission jetzt begründen, weshalb eine Verordnung oder Richtlinie nötig ist. Besonders Briten und Deutsche wollen, dass die Brüsseler Behörde mehr denn je nach dem Grundsatz verfährt: „Weniger ist mehr". Diesem Ziel dienen auch die „Weiß- und Grünbücher", mit denen die Haltung der Mitgliedsländer „abgeklopft" werden soll.

■ Der Ministerrat

Mächtiger als die Kommission ist der Ministerrat der EU, denn er entscheidet letztlich, ob ein Vorschlag der Behörde angenommen wird oder nicht. Im Ministerrat arbeiten die Mitgliedsregierungen mit Vertretern der EU-Kommission zusammen; er ist das wichtigste Gesetzgebungsorgan der Gemeinschaft. Seit Inkrafttreten der Einheitlichen Europäischen Akte im Jahre 1986 ist der Zwang zu einstimmigen Beschlüssen im wesentlichen auf Haushalts- und Finanzfragen beschränkt worden; auf diese Weise sind die früher üblichen Vetos einzelner Mitglieder weitgehend wirkungslos geworden. In den meisten Fällen entscheidet der Ministerrat mit Mehrheit. Großen Ländern wie Deutschland oder Frankreich fällt es noch immer schwer, in wichtigen Fragen (Beispiel: Umwelt- und Gesundheitsschutz) überstimmt zu werden. In der Frühzeit der Gemeinschaft wurden fast alle Fragen vom Rat der Außenminister entschieden; mit der wachsenden Spezialisierung und „Auffächerung" der Politik haben sich im Lauf der Jahre auch die Fachministerien ihre eigenen Ministerräte geschaffen. Mehr als in der Kommission wird in den Sitzungen des Ministerrates häufig nach den jeweiligen nationalen Interessen diskutiert und nach Mehrheiten gesucht. An der Härte der Auseinandersetzungen kann man vielfach studieren, wie wenig das Gemeinschaftsinteresse auch nach mehr als vierzig Jahren Zusammenlebens im Vordergrund steht: Noch immer triumphiert der nationale Eigennutz, häufig im europäischen Mäntelchen. Alle wichtigen Entscheidungen werden im „Ausschuss der Ständigen Vertreter" der Mitgliedsländer bei der Gemeinschaft vorbereitet. Dieses Schlüsselorgan, in dem die EU-Botschafter Kompromissmöglichkeiten auszuloten pflegen, ist in den vergangenen Jahren immer wichtiger geworden; häufig wird im Ausschuss die eigentliche Arbeit geleistet. Manchmal weiß man nicht, ob man die Diplomaten bewundern oder bedauern soll: Tage- und nächtelang müssen sie über schwierigsten Fragen brüten, die in Portugal völlig anders gesehen werden als in Dänemark. Schon in den Sitzungen des Ausschusses ergeben sich gelegentlich Koalitionen, die dann den Durchbruch im Ministerrat vorbereiten. Besonders wenn es um finanzielle Fragen geht, stehen sich Nettozahler und Nettoempfänger gegenüber und feilschen um jeden Euro. Von ausschlaggebender Bedeutung ist dann und wann die Stimme des Vorsitzes, der alle sechs Monte im Turnus auf ein anderes EU-Land übergeht. Besonders kleinere Mitgliedsländer, die sich im Vergleich zu den „Großen" nur auf einen bescheidenen Beamtenstab stützen können, haben gelegentlich Schwierigkeiten mit der Rolle des Moderators. Sie müssen sich umso mehr die EU-Kommission als Verbündeten suchen.

Der Ministerrat erlässt Verordnungen, die verbindlich sind und unmittelbar in jedem Mitgliedsland gelten. Demgegenüber müssen Richtlinien von den Mitgliedstaten in nationales Recht umgesetzt werden, wobei der Ministerrat es den einzelnen Ländern überlässt, welche gesetzgeberischen Mittel dabei gewählt werden. Lediglich die Ziele der Richtlinie sind für alle Mitgliedstaaten verbindlich. Empfehlungen und Stellungnahmen sind nicht verbindlich.

Das Europa-Parlament

Gegenüber Kommission und Ministerrat hat das Europa-Parlament eine vergleichsweise schwache Position. Die 622 direkt gewählten Abgeordneten (Stand: Herbst 2000) haben traditionell in der Haushaltspolitik der Gemeinschaft das letzte Wort. Seit 1986 erhielt es Zug um Zug erweiterte Mitwirkungsrechte in der Gesetzgebung. Mit dem Maastrichter Vertrag von 1991 erhielten die Abgeordneten das Recht, insbesondere bei der Verabschiedung von Binnenmarkt-Gesetzen gleichberechtigt mit den Regierungen zu beschließen. Das so genannte Mitentscheidungsverfahren („Kodezision") wurde mit dem Amsterdamer Vertrag von 1997 auf weitere Politikfelder wie Umweltschutz und Forschung ausgedehnt. Dagegen besitzt das Parlament zum Beispiel in der Steuer- oder Agrarpolitik nach wie vor nur begrenzte Mitspracherechte. Einmal im Monat kommen die Parlamentarier in Straßburg zu einer Plenarsitzung zusammen. Nach einem Beschluss der Staats- und Regierungschefs kann das Parlament auch in Brüssel zu außerordentlichen Sitzungen zusammentreten, was für die Abgeordneten schon deshalb Vorteile hat, weil sie in Brüssel ihre ständigen Büros haben. Das Parlamentssekretariat mitsamt den Dolmetschern hat demgegenüber seinen Sitz in Luxemburg. Die Dreiteilung des Sitzes, die von den Regierungschefs als endgültig bestätigt worden ist, führt zu einem teils belächelten, teils beklagten „Wanderzirkus", der ebenso umständlich wie kostspielig ist und Abgeordnete wie Hilfskräfte zwischen Brüssel, Luxemburg und Straßburg ständig auf Trab hält.

Seit 1979 werden die Parlamentarier alle fünf Jahre direkt von den Bürgern der Mitgliedsländer gewählt. Die Wahlbeteiligung liegt in aller Regel niedriger als bei Wahlen zu den nationalen Parlamenten, was von vielen als Zeichen der „Europaferne" der Wähler gewertet wird. Wie in den nationalen Parlamenten schließen sich die Abgeordneten zu Fraktionen zusammen. Nach dem Ergebnis der Direktwahl von 1999 waren die in der Europäischen Volkspartei (EVP) zusammengeschlossenen Christlichen Demokraten und die Sozialdemokraten die beiden größten Fraktionen. In wichtigen Fragen versuchen EVP-Abgeordnete und Sozialdemokraten häufig, „Große Koalitionen" zu bilden. Anders als in den nationalen Parlamenten sind die Fraktionsgrenzen in Straßburg durchlässiger und weniger durch ideologische Barrieren abgegrenzt: Man orientiert sich häufig am „europäischen Interesse", was zwangsläufig zu vielen Gemeinsamkeiten zwischen den Fraktionen führt. Das Parlament versteht sich seit langem als Motor und Speerspitze der europäischen Integration, auch wenn ihm das Initiativrecht noch immer vorenthalten wird. Die Abgeordneten sind stolz darauf, zum einzigen direkt gewählten Vielvölkerparlament der Welt zu gehören. Nach der deutschen Wiedervereinigung im Oktober 1991 und der daher nötig gewordenen Aufstockung der Zahl der deutschen Vertreter von 81 auf 99 ist eine Diskussion über die Repräsentanz der unterschiedlich großen Mitgliedsländer im Parlament in Gang gekommen. Außerdem wird versucht, das Wahlrecht zu reformieren.

■ Der Europäische Gerichtshof

Der Europäische Gerichtshof in Luxemburg teilt in gewisser Weise das Schicksal des Europa-Parlaments in Straßburg: Er ist bei den Bürgern kaum bekannt und wirkt fast im Verborgenen. Die fünfzehn Richter und acht Generalanwälte wachen über die Wahrung, Auslegung und Anwendung der europäischen Verträge in den Mitgliedsländern, wobei sie sich häufig – auch dies ist eine Parallele zum Europa-Parlament – als Motor der europäischen Einigung verstehen. Zunächst soll das Gericht Streitigkeiten unter den Mitgliedstaaten über das Gemeinschaftsrecht klären. In vielen Fällen geht es aber auch um die Klärung von Konflikten zwischen der EU-Kommission und den Mitgliedstaaten; sie haben in den letzten Jahren zugenommen. Häufig geht es um die Frage, ob die EU-Richtlinien richtig und fristgerecht in den Mitgliedsländern verwirklicht worden sind. 1989 ist zur Entlastung der Richter ein Europäisches Gericht erster Instanz geschaffen worden, das bisher überwiegend mit kartell- und beamtenrechtlichen Fragen beschäftigt ist. Momentan dauert ein Verfahren vor dem Gerichtshof etwa 21 Monate, was vielfach als zu lange empfunden wird. Dies gilt besonders für jene Verfahren, bei denen das Urteil nur als Klärung in nationalen Streitigkeiten gefragt ist.

In bisher rund 5100 Entscheidungen hat der Gerichtshof dem europäischen Recht in den Mitgliedsländern Respekt zu verschaffen gesucht, wobei viele Entscheidungen kritisiert worden sind. Auch heute noch fällt es den Mitgliedsländern schwer, die Luxemburger Urteile anzuerkennen und den Vorrang europäischen Rechts vor der nationalen Gesetzgebung und Rechtsprechung zu akzeptieren. In Deutschland wird vor allem der vom Gericht entwickelte Grundsatz der grenzüberschreitenden Zahlung von Kindergeld und anderen Sozialleistungen („Sozialexport") scharf kritisiert. Nach diesem Grundsatz muss zum Beispiel die deutsche Kindergeldkasse auch dann Leistungen erbringen, wenn ein italienischer Arbeitnehmer in Deutschland beschäftigt ist, seine Kinder aber bei der berufstätigen Mutter in Italien leben. Auf Unverständnis stieß auch das Urteil der Luxemburger Richter im Streit um das deutsche Reinheitsgebot beim Bier: Danach dürfen nach anderen Rezepten gebraute Biersorten aus den übrigen Mitgliedsländern vom deutschen Markt nicht ferngehalten werden. In einem ähnlichen Fall ist Italien dazu verurteilt worden, auch jene Nudeln ins Land zu lassen, die im Widerspruch zu einem italienischen Gesetz nicht ausschließlich aus Hartweizengrieß bestehen. Seit dem inzwischen berühmten „Cassis-de-Dijon"-Urteil dürfen Nahrungsmittelgesetze kein Handelshemmnis sein.

Die weitaus meisten Verfahren dienen der Überprüfung und Auslegung des jeweiligen nationalen Rechts im Vergleich zum übergeordneten Gemeinschaftsrecht. Entschieden wird im Vorlageverfahren, das heißt, ein nationales Gericht stellt den europäischen Richtern eine Rechtsfrage. Nur über diese Frage wird entschieden, nicht über den Einzelfall, der in den Händen des nationalen Gerichts bleibt. Daneben können sich auch einzelne Personen nach Luxemburg wenden, wenn sie sich in ihren europäischen Rechten verletzt fühlen. Sie müssen dazu vorher ein nationales Gericht nicht anrufen. Damit wird deutlich, dass der einzelne EU-Bürger durchaus unter dem direkten Schutz der fünfzehn Luxemburger Richter steht – ein Grundsatz, der den Bürgern Europa näher bringen kann.

■ Der Europäische Rat

Man hat sie eine „Weltmacht für Stunden", aber auch den größten „Ideenfriedhof der Welt" genannt: die Gipfelkonferenzen der Staats- und Regierungschefs der Gemeinschaft. Zwar gab es schon in der Frühzeit der EWG regelmäßig wiederkehrende Gipfelkonferenzen, aber den Europäischen Rat als oberstes Entscheidungsgremium gibt es erst seit 1974. Seither tagt der Europäische Rat mindestens zweimal im Jahr, fast immer im Juni und Dezember in dem Land der jeweiligen EU-Präsidentschaft. Die Gipfeltreffen dauern meistens eineinhalb oder zwei Tage; das genügt, um die wichtigsten politischen Fragen zu erörtern und Schlussfolgerungen zu ziehen. Häufig erteilen die „Chefs" Aufträge an Kommission und/oder Ministerrat, damit der eine oder andere Beschluss in die Tat umgesetzt wird.

Die Staats- und Regierungschefs zusammen mit dem Kommissionspräsidenten am runden Tisch repräsentieren eine Völkergemeinschaft von inzwischen mehr als 375 Millionen Menschen. Das ist ein Markt- und Machtpotential, das größer ist als das der Vereinigten Staaten, Russlands oder Japans. Freilich sind die Regierungschefs häufig so uneins, dass sie auf den Gipfeln lediglich als „Partikularmächte" in Erscheinung treten und oft nur mühsam in der letzten Nacht zu Beschlüssen gelangen. Nach mehr als fünfzig Sitzungen des Europäischen Rats hat sich inzwischen ein Ritual entwickelt, das jede Gipfelkonferenz in ein enges Korsett zwängt und für Überraschungen kaum noch Raum lässt. Das beginnt bereits mit der Anfahrt der Teilnehmer in gepanzerten Limousinen zum hermetisch abgeriegelten Konferenzort, setzt sich fort über die stundenlangen Erörterungen und zwingt die „Chefs" auch während des Essens noch zu konzentriertem Zuhören – eine Tugend, die keiner der Teilnehmer gut beherrscht. Lediglich bei den „Kamingesprächen" am Abend des ersten Tages, wenn die Chefs in kleinem Kreis über die internationale Lage plaudern, geht es ein wenig entspannter zu.

Von der ursprünglichen Idee eines zwanglosen Treffens im kleinen Kreis haben sich die Sitzungen des Europäischen Rats weit entfernt. Sie sind heute das wichtigste Medienereignis am Ende einer jeden EU-Präsidentschaft und werden von mehr als tausend Journalisten aus aller Welt beobachtet und kommentiert. Häufig genug steht der Aufwand, der dafür getrieben wird, in keinem Verhältnis zu den Ergebnissen. Die Schlussfolgerungen sind in aller Regel eine wortreiche Sammlung bester Absichten, die häufig schon nach wenigen Tagen von den Gipfelteilnehmern Lügen gestraft werden. Man denke nur an die Beteuerungen, die Uruguay-Runde des Allgemeinen Zoll- und Handelsabkommens (Gatt) möglichst rasch abzuschließen, die Märkte offen zu halten und die Haushaltsdefizite energischer als bisher zu reduzieren.

Eine besondere Rolle auf den Gipfeltreffen spielen die Dolmetscher: ohne ihre guten Dienste können sich weder Gerhard Schröder mit Jacques Chirac noch Tony Blair mit José Maria Aznar unterhalten. Da die EU im Jahre 2000 elf Amtssprachen hatte und jeder Konferenzteilnehmer in seiner Muttersprache spricht, ergeben sich daraus nicht weniger als 110 verschiedene Sprachkombinationen. Der Dolmetscherdienst der EU löst das Problem dadurch, dass in jeder der neun Kabinen drei besonders versierte Dolmetscher und Dolmetscherinnen sitzen; sie beherrschen neben ihrer Muttersprache zwei, manchmal auch drei weitere Sprachen. Der Dolmetscherdienst der EU ist mit Abstand der größte der Welt, weitaus größer als derjenige der Vereinten Nationen. Er verfügte im Frühjahr 2000 über etwa 600 hochqualifizierte, fest angestellte Kräfte; hinzu kamen noch mehr als 1 600 freiberufliche Dolmetscher, die auf Abruf zur Verfügung stehen. Der Dolmetscherdienst, der auch für die normalen Kommissions- und Ministerratssitzungen arbeitet, muss jeden Tag mehr als 700 Kräfte zu den verschiedensten Sitzungen zur Verfügung stellen. Er kostet die Gemeinschaft jährlich rund 150 Millionen DM.

■ Die Kompetenzen der Gemeinschaft

Nach den Anfängen in der Kohle- und Stahlpolitik hat sich die Gemeinschaft im Lauf der Jahre immer mehr Kompetenzen erstritten. So ist die EU heute nicht nur für die gesamte Landwirtschaftspolitik, die Handelspolitik (mit Ausnahme der Rüstungsgüter), Teile der Wettbewerbspolitik sowie die

Regionalpolitik zuständig. Auch in der Förderung von Forschung und Entwicklung, der Energiepolitik, in der Verkehrwirtschaft sowie der Telekommunikation pflegen die Ministerräte den einzelnen Mitgliedsregierungen wichtige Daten zu setzen.

Wie weit der nationale Souveränitätsverlust inzwischen reicht, wird den Mitgliedsregierungen immer dann bewusst, wenn sie von der Mehrheit überstimmt werden. Lediglich die Wirtschafts- und Konjunkturpolitik bleibt vorerst weitgehend die Domäne der Einzelstaaten, auch wenn die Kommission in jeder Konjunkturflaute den Versuch unternimmt, gemeinsame Ankurbelungsprogramme vom Ministerrat beschließen zu lassen. Nach Artikel 99 des EG-Vertrags müssen die Mitgliedstaaten die Konjunkturpolitik lediglich als eine „Angelegenheit von gemeinsamem Interesse" betrachten. Daran hapert es bis heute. Es lassen sich einige wichtige Politikbereiche unterscheiden.

■ Die Finanzverfassung

Seit den siebziger Jahren besitzt die EU eine eigene Finanzverfassung und stellt, ähnlich wie ein Nationalstaat, jährlich einen Haushalt auf. Die Finanzverfassung billigt der EU vier verschiedene Einnahmequellen zu: Zölle, Abgaben („Abschöpfungen"), einen Anteil an den Mehrwertsteuereinnahmen der Mitgliedsländer sowie einen Anteil am Bruttosozialprodukt. Die beiden letztgenannten Einnahmequellen sind die mit Abstand wichtigsten. Da die Gemeinschaft in den vergangenen Jahren zunehmend neue Aufgaben übernehmen musste, sind ihre Ausgaben rascher als erwartet gestiegen. So muss alle paar Jahre über die Anhebung der oberen Einnahmegrenzen verhandelt werden. Mit den Einnahmen finanziert die Gemeinschaft ihre Ausgaben für die gemeinsame Landwirtschaftspolitik, die Regionalpolitik sowie die in letzter Zeit überproportional zunehmenden Hilfsprogramme für Mittel- und Osteuropa. Auch die steigenden Personalausgaben und sonstigen Verwaltungskosten der Behörde müssen daraus bestritten werden. Länder, die mehr in die gemeinsame Kasse einzahlen, als sie von dort an Rückflüssen (etwa in Form von Regionalprogrammen) erhalten, nennt man „Nettozahler". Die ärmeren Länder, die weniger Geld nach Brüssel überweisen, als sie von dort zurückerhalten, sind die „Nettoempfänger". Lange Zeit war Deutschland neben den Niederlanden der einzige „Nettozahler". Das hat sich mit der Finanzreform von 1988 grundlegend geändert. Im Frühjahr 2000 waren neben Deutschland auch Großbritannien, Frankreich, Österreich und Belgien Geldgeber.

Die Gemeinschaft hat inzwischen für fast alle Agrarerzeugnisse Marktordnungen beschlossen. Die Marktordnungen sollen eine Art „Sicherheitsnetz" für Marktungleichgewichte sein, das heißt, sie sollen die Bauern vor
Preisverfall und rückläufigen Einkommen schützen. Mit den Marktordnungen treten staatliche Stellen in Aktion, die im Auftrag der Gemeinschaft
überschüssige Erzeugnisse aufkaufen. Sie nehmen die Produkte aus dem
Markt und versuchen sie ihrerseits zu verkaufen. Die Hochpreispolitik der
EU hat nicht verhindern können, dass die Einkommen der Landwirte im
Vergleich zu den Durchschnittseinkommen anderer Wirtschaftszweige weniger stark gestiegen sind. Andererseits hat die Preisstützung zu immer
höheren Überschüssen geführt, die mit weiteren Subventionen aus der
EU-Kasse auf den Exportmärkten zu den niedrigeren Weltmarktpreisen angeboten werden. Alle Versuche, dieses teure und letztlich wirkungslose
interventionistische System zu ändern, sind weitgehend fehlgeschlagen.
Seit Mitte der achtziger Jahre versucht man, mit Quoten für die Milcher-
zeugung, Abschlachtprämien für Rinder und Flächenstilllegungen der
Überproduktion Herr zu werden. Seit den Reformen von 1992 an ist eine
Kehrtwendung der bisherigen Politik versucht worden: massive Preissen-
kungen werden durch direkte Einkommenszahlungen an die Erzeuger kompensiert. Gleichzeitig sind die direkten Einkommensübertragungen an
zahlreiche Auflagen gebunden worden, wie zum Beispiel Flächenstilllegungen und Verringerung des Viehbestandes.

Nachdem der Abbau der Handelsschranken anfänglich mit der Beseitigung der Zölle und Mengenbeschränkungen rasch vorangekommen war,
blieb die Errichtung des Binnenmarktes bis in die achtziger Jahre hinein
weitgehend stecken. Wegen des Zwangs zur Einstimmigkeit ließen sich
Entscheidungen im Ministerrat über die weitere Beseitigung der Handelsschranken nur schwer treffen. Mitten in dieser Phase der „Euro-Sklerose"
kam es 1985 zu einem entscheidenden Impuls: Mit dem „Weißbuch" und
dem Programm „EG 92" kam die Vollendung des Binnenmarktes ein gutes
Stück voran. Außerdem hatten die Staats- und Regierungschefs in der 1986
unterzeichneten „Einheitlichen Europäischen Akte" das Ziel des schranken-
losen Binnenmarktes mit der Frist des 31. Dezember 1992 vertraglich fest
verbunden. Etwa 280 gesetzgeberische Maßnahmen sind in den sieben
Jahren zwischen 1985 und Ende 1992 beschlossen worden. Die Spannweite
reicht von der Angleichung der Normen über die Vereinheitlichung tier-
hygienischer Vorschriften bis zur Beseitigung von Mehrwertsteuerhürden.
Auch wenn nicht alles gelungen ist, hat das Programm „EG 92" schon lange
vor dem Zieldatum der Gemeinschaft neue Dynamik verliehen. Unterneh-

mer und Verbraucher haben sich erfolgreich auf den Binnenmarkt mit seinen wachsenden Möglichkeiten eingestellt und profitieren von ihm. Allerdings bleibt er in mancher Hinsicht ein Torso:

So hat man sich in vielen Fällen auf Übergangsregelungen beschränkt oder andere Schritte auf später verschoben. Ärgerlich ist, dass es bislang bei einem Übergangssystem der Mehrwertsteuer bleibt, wonach die Steuern wie bisher im Bestimmungsland der Ware erhoben werden. Nur mit der Besteuerung der Waren nach den Sätzen im Ursprungsland wären „Exporte" und „Importe" entfallen, wäre der Binnenmarkt für die Unternehmen hergestellt.

■ Die größte Handelsmacht der Welt

Die Europäische Union war im Frühjahr 2000 die größte Handelsmacht der Welt; sie trug insgesamt 21 Prozent zum gesamten Welthandel bei. (Zum Vergleich: Die Vereinigten Staaten bestritten als zweitgrößte Handelsnation etwa 15 Prozent und Japan elf Prozent des gesamten Welthandels.) Besonders Deutschland, Frankreich, die Niederlande und Großbritannien sind die „klassischen" Handelsländer in der EU, die über die Jahre hinweg mehr als andere Länder sowohl vom innergemeinschaftlichen wie auch vom Handel mit Drittländern profitiert haben. Ihr Interesse am Freihandel ist jedoch unterschiedlich entwickelt: Während Großbritannien, die Niederlande und Deutschland einen liberalen Ansatz verfolgen und ihre Märkte weitgehend offen halten wollen, herrscht in Frankreich eine eher protektionistische Grundhaltung vor. Dies erschwert immer wieder den Konsens, auch nach den jüngsten Abmachungen im Rahmen der Welthandelsorganisation WTO über die Offenhaltung der Märkte. Die WTO-Verhandlungen haben gezeigt, dass es im „Handelsdreieck" zwischen der EU, den Vereinigten Staaten und Japan zunehmend knirscht: Die drei größten Handelsmächte der Welt geraten immer wieder aneinander und werfen sich wechselseitig Protektionismus vor. Besonders in Zeiten wirtschaftlicher Rezession sind die Abschottungstendenzen unverkennbar, was die regelmäßig wiederkehrenden „Handelskriege" zeigen. Dabei hat die EU zunehmend Mühe, unter Beweis zu stellen, dass der Binnenmarkt nicht zur „Festung Europa" wird. Aber auch die Vereinigten Staaten und Japan sind keine Musterknaben. Das Bekenntnis zum freien Wettbewerb und die Bekämpfung der Kartelle und Marktabsprachen sind Bestandteil der Römischen Verträge und gehören bis heute zu den Schwerpunkten der Wirtschaftspolitik. Der innergemeinschaftliche Wettbewerb ist von Anfang an nicht sich selbst überlassen wor-

Die Europäische Union im Welthandel

Anteile der wichtigsten Handelsmächte am Welt-Güterhandel 1999 in Prozent[1]

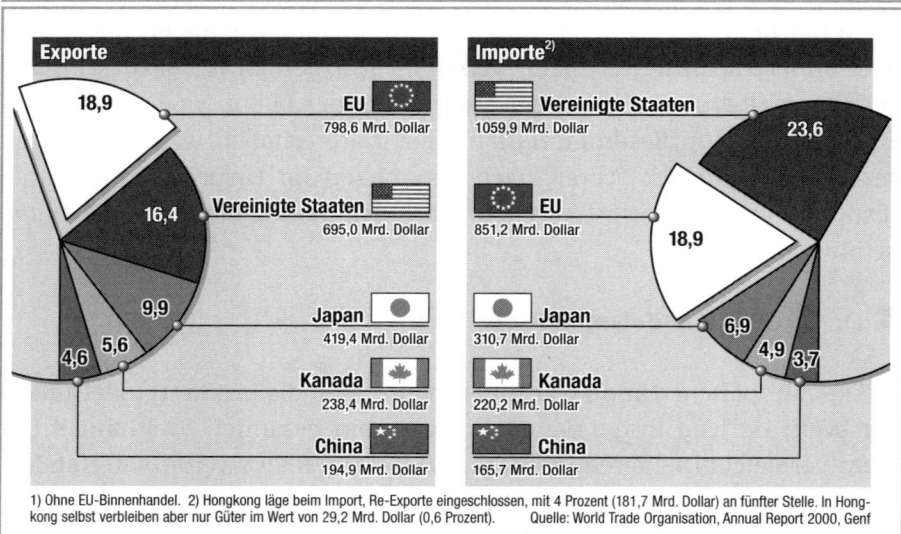

Exporte

18,9	EU	798,6 Mrd. Dollar
16,4	Vereinigte Staaten	695,0 Mrd. Dollar
9,9	Japan	419,4 Mrd. Dollar
5,6	Kanada	238,4 Mrd. Dollar
4,6	China	194,9 Mrd. Dollar

Importe[2]

23,6	Vereinigte Staaten	1059,9 Mrd. Dollar
18,9	EU	851,2 Mrd. Dollar
6,9	Japan	310,7 Mrd. Dollar
4,9	Kanada	220,2 Mrd. Dollar
3,7	China	165,7 Mrd. Dollar

1) Ohne EU-Binnenhandel. 2) Hongkong läge beim Import, Re-Exporte eingeschlossen, mit 4 Prozent (181,7 Mrd. Dollar) an fünfter Stelle. In Hongkong selbst verbleiben aber nur Güter im Wert von 29,2 Mrd. Dollar (0,6 Prozent).   Quelle: World Trade Organisation, Annual Report 2000, Genf

den; vielmehr sind die Gemeinschaftsorgane, allen voran Kommission und Ministerrat, dazu verpflichtet worden, das Ordnungsprinzip des unverfälschten Wettbewerbs zu gewährleisten. Besonders deutlich wird dies im Kartellverbot (Artikel 81), bei der Missbrauchsaufsicht über marktbeherrschende Unternehmen (Artikel 82) und in der Fusions- und Beihilfenkontrolle. Häufig gegen den Widerstand nationaler Regierungen versucht die zuständige Generaldirektion der Brüsseler Kommission, den Wind des Wettbewerbs kräftig wehen zu lassen. Erst seit September 1990 gibt es eine europäische Fusionskontrolle, über die seither kontrovers diskutiert wird. Genau so wichtig ist die Beihilfenkontrolle (Artikel 87 bis 89), die die Kommission zur strengen Prüfung aller staatlichen Subventionen unter dem Gesichtspunkt der Wettbewerbsverzerrung zwingt. Es kommt immer wieder vor, dass Unternehmen offen oder versteckt gewährte staatliche Beihilfen zurückzahlen müssen. In Deutschland haben Kohlepfennig und „Jahrhundertvertrag" zu Gunsten der deutschen Steinkohle die Brüsseler Wettbewerbshüter immer wieder auf den Plan gerufen; auch diese Beihilfen müssen von der Kommission genehmigt werden. Das wird in Deutschland oft übersehen.

Die Förderung des technischen Fortschritts gehört seit jeher zu den Zielen der Gemeinschaft. Allerdings verbergen sich hinter dem Wort der „Industriepolitik" unterschiedliche Formen der Förderung. Zum einen geht

Einnahmen und Ausgaben der EU 2000

Haushaltsplan 2000 in Milliarden Euro

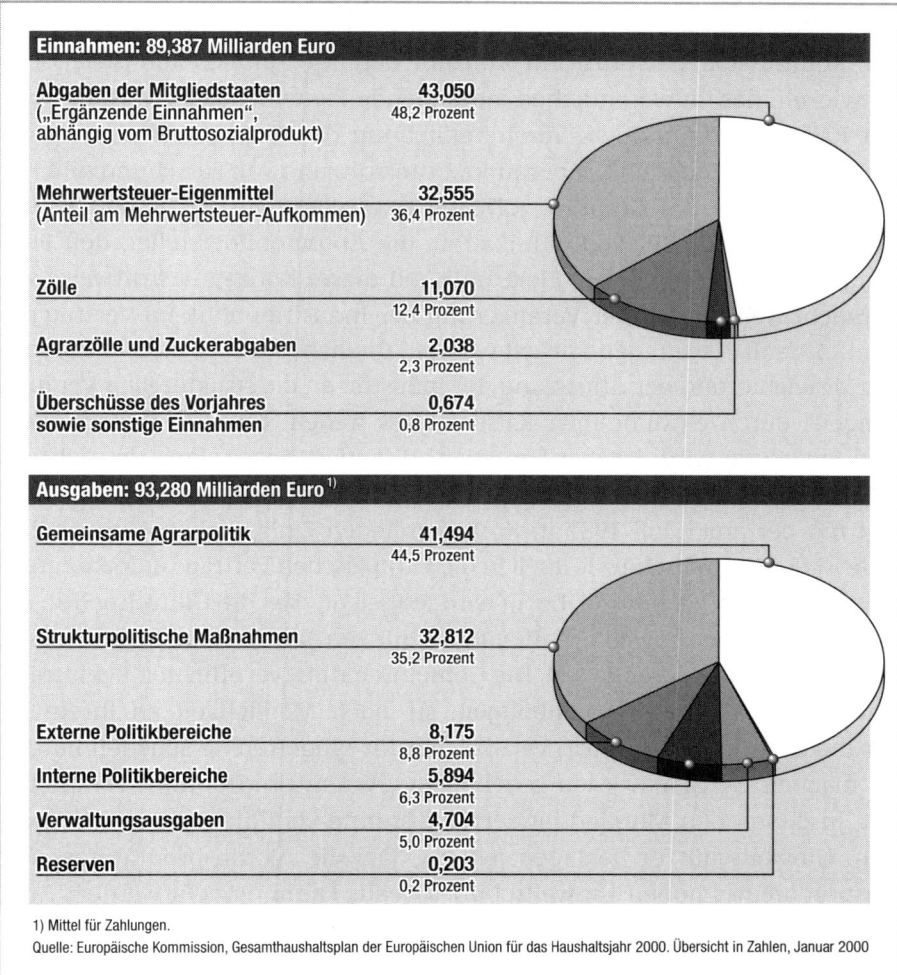

Einnahmen: 89,387 Milliarden Euro

Abgaben der Mitgliedstaaten ("Ergänzende Einnahmen", abhängig vom Bruttosozialprodukt)	**43,050** 48,2 Prozent	
Mehrwertsteuer-Eigenmittel (Anteil am Mehrwertsteuer-Aufkommen)	**32,555** 36,4 Prozent	
Zölle	**11,070** 12,4 Prozent	
Agrarzölle und Zuckerabgaben	**2,038** 2,3 Prozent	
Überschüsse des Vorjahres sowie sonstige Einnahmen	**0,674** 0,8 Prozent	

Ausgaben: 93,280 Milliarden Euro[1]

Gemeinsame Agrarpolitik	**41,494** 44,5 Prozent	
Strukturpolitische Maßnahmen	**32,812** 35,2 Prozent	
Externe Politikbereiche	**8,175** 8,8 Prozent	
Interne Politikbereiche	**5,894** 6,3 Prozent	
Verwaltungsausgaben	**4,704** 5,0 Prozent	
Reserven	**0,203** 0,2 Prozent	

1) Mittel für Zahlungen.

Quelle: Europäische Kommission, Gesamthaushaltsplan der Europäischen Union für das Haushaltsjahr 2000. Übersicht in Zahlen, Januar 2000

es um die Unterstützung der so genannten Zukunftstechnologien, zum anderen wollen Kommission und Ministerrat, aber auch die alten Industriezweige (Kohle und Stahl) schützen. Vielfach soll der Prozess des technischen Wandels „politisch beherrscht" werden. Dabei kommt die Industriepolitik nach den Vorstellungen der EU-Organe häufig in Konflikt mit dem marktwirtschaftlichen Prinzip. Dennoch vertreten Kommission und Mehrheit der Mitgliedsländer die Auffassung, dass Industriepolitik und Marktwirtschaft keinen Gegensatz bilden.

Vielmehr verlange die Stärkung der internationalen Wettbewerbsfähigkeit besonders gegenüber den Vereinigten Staaten und Japan eine „von oben" vorgegebene industriepolitische Flankierung, die den Strukturwandel beschleunigen und die Kräfte der europäischen Industrie bündeln soll. Die Kommission hat dazu ein Konzept der horizontalen Industriepolitik entwickelt, das im wesentlichen auf folgende Elemente setzt: Verbesserung der Rahmenbedingungen, Vereinheitlichung der Normen, Förderung der grenzüberschreitenden Kooperation, Unterstützung von Forschung und Entwicklung sowie das Gespräch („Dialog") zwischen Wirtschaft und Politik. Vor allem für die Telekommunikation, die Automobilhersteller, den Flugzeugbau und die moderne Elektronik soll dieses Konzept schrittweise verwirklicht werden. Mit der Verankerung der Industriepolitik im Vertrag (Artikel 157) soll es weiter entwickelt werden. Danach kann die EU Maßnahmen zur „Erleichterung der Anpassung der Industrie an die strukturellen Veränderungen" durch einstimmigen Ratsbeschluss treffen. Unter Wissenschaftlern und Praktikern wird darüber kontrovers diskutiert. Seit Anfang der siebziger Jahre ist die Umweltpolitik Bestandteil der gemeinschaftlichen Aufgaben. Aber erst mit der am 1. Juli 1987 in Kraft getretenen Einheitlichen Europäischen Akte ist der Umweltschutz formell in die Europäischen Verträge aufgenommen worden (Artikel 174 bis 176). Darin wird festgelegt, dass die Umweltpolitik der EU nicht nur die Umwelt erhalten und schützen, sondern auch der menschlichen Gesundheit dienen soll. Die Gemeinschaft ist verpflichtet, Beeinträchtigungen der Umwelt vorzubeugen, sie nach Möglichkeit an ihrem Ursprung zu bekämpfen sowie Verursacher für eingetretene Schäden haftbar zu machen. Seither werden regelmäßig „Aktionsprogramme" verabschiedet, in denen den Mitgliedsländern bestimmte Leitlinien vorgegeben werden. Umweltschützer beklagen jedoch, dass die Aktionsprogramme dem Anspruch eines hohen Umweltschutz-Niveaus kaum gerecht werden. Auch ist der Gedanke des Umweltschutzes in den Mitgliedsländern unterschiedlich ausgeprägt: Während die skandinavischen Mitgliedstaaten, die Niederlande und Deutschland ein möglichst hohes Niveau anstreben, gehören Italien, Spanien, Portugal und Belgien eher zu den „Bremsern". Aber auch dort wächst langsam die Einsicht, dass die EU zu einer „Umweltgemeinschaft" mit vorbildlich hohen Standards werden müsse.

■ Neue Aufgaben im Binnenmarkt

Der Ausgleich zwischen den unterschiedlich entwickelten Regionen der Gemeinschaft gehörte von Anfang an zu den herausragenden Zielen der

Gemeinschaftspolitik. Letztlich handelt es sich dabei um das politische Ziel der Solidarität zwischen den reicheren und den ärmeren Regionen, das bei jeder Vertragsänderung zum Gegenstand oft langwieriger und zermürbender Verhandlungen wird. So wäre zum Beispiel der Maastrichter Vertrag vom Dezember 1991 am Widerstand Spaniens gescheitert, wenn die Strukturfonds nicht spürbar aufgestockt worden wären. Die Grundidee der Regionalpolitik besteht darin, alle Regionen möglichst gleichmäßig an den Vorteilen des Binnenmarktes teilnehmen zu lassen und ihnen ein „ausgewogenes Wachstum zu ermöglichen". Für die vier ärmsten EU-Länder (Griechenland, Irland, Portugal und Spanien) ist im Vertrag von Maastricht zusätzlich ein „Kohäsionsfonds" geschaffen worden, der diesen Prozess beschleunigen soll. Im Laufe der Jahre haben sich die Strukturmittel überproportional erhöht; im Jahr 2000 erreichten sie den Betrag von etwa 66 Milliarden DM. Die Fördermittel, die überwiegend in den Straßenbau, den Umweltschutz und in andere Verbesserungen der Infrastruktur fließen, haben zuletzt rund 37 Prozent des Gemeinschaftshaushalts erreicht. Dabei handelt es sich um nicht rückzahlbare Zuschüsse, die in der Regel zu 50 Prozent für Investitionsvorhaben vergeben werden. Die andere Hälfte muss von den Empfängerländern bereitgestellt werden. Nach der deutschen Vereinigung profitieren auch die neuen Bundesländer spürbar von den Hilfen aus Brüssel.

■ Der Vertrag von Maastricht

Für die einen ist er ein Monstrum, für die anderen ein Meilenstein auf dem Weg zu den Vereinigten Staaten von Europa. Selten zuvor ist über ein Thema in der Gemeinschaft so leidenschaftlich gestritten worden wie über den Vertrag von Maastricht. Der Name der niederländischen Stadt steht für die bisher umfassendste Reform der Europäischen Verträge; am 9. und 10. Dezember 1991 haben die Staats- und Regierungschefs in Maastricht ein umfangreiches Vertragspaket verabschiedet. In Dänemark und Großbritannien wird auch heute noch heftig um das Für und das Wider gestritten, obwohl beide Regierungen sich eine Reihe von Ausnahmen aus dem Vertrag erstritten haben: die Briten aus der Endstufe der Währungsunion und der Sozialpolitik, die Dänen zusätzlich aus der Außen- und Sicherheitspolitik und aus der Zusammenarbeit in der Justiz- und Innenpolitik. Zudem schienen auch die Bürger in Deutschland und einigen anderen EU-Ländern zunehmend Zweifel an der Richtigkeit des eingeschlagenen Weges zu haben. Ein erheblicher Teil von ihnen äußerte Vorbehalte gegen die „Vergemeinschaftung der Währungen" und den damit einhergehenden Verlust an Souveränität und nationaler Identität. Grob skizziert lässt sich der Maastrichter Vertrag über die Europäische Union wie folgt darstellen:

Mit dem Vertrag soll die Europäische Union verwirklicht werden. Durch das Prinzip der Subsidiarität – was die Mitgliedsländer und Regionen selbst regeln können, sollen die zentralen Organe in Brüssel nicht in die Hand nehmen – wollen die Fünfzehn dafür sorgen, dass die Entscheidungen in der Union möglichst bürgernah getroffen werden. Die Union hat außerdem die nationale Identität ihrer Mitgliedstaaten, deren Regierungssysteme und Eigenheiten zu beachten. Zu diesem Zweck ist ein „Ausschuss der Regionen" ins Leben gerufen worden, der (wie der bereits bestehende Wirtschafts- und Sozialausschuss) die Aufgabe hat, Ministerrat, Parlament und Kommission zu beraten. Dem Ausschuss gehören 222 Mitglieder und ebenso viele Stellvertreter an. Deutschland stellt davon je 24. Ziele der Union sind unter anderem, zu einem ausgewogenen und dauerhaften wirtschaftlichen und sozialen Fortschritt beizutragen sowie Schritt für Schritt eine gemeinsame Außen- und Sicherheitspolitik, auf längere Sicht auch eine gemeinsame Verteidigungspolitik festzulegen. Der Vertrag sieht schließlich die Einführung einer Unionsbürgerschaft und in der Justiz- und Innenpolitik die engere zwischenstaatliche Zusammenarbeit der Mitgliedstaaten vor.

■ Die Wirtschafts- und Währungsunion

Mit der unwiderruflichen Festlegung der bilateralen Wechselkurse der Währungen von zunächst elf EU-Ländern hat am 1. Januar 1999 eines der wichtigsten Kapitel europäischer Politik begonnen: die Wirtschafts- und Währungsunion ist nach den Vorgaben des Maastrichter Vertrages in ihr entscheidendes Stadium getreten. Seit Mitte der neunziger Jahre haben die Mitgliedsländer ihre Wirtschafts- und Finanzpolitik zunehmend – und mit Erfolg – einander angeglichen. Vom Ausmaß dieser Konvergenz hatten die Väter des Vertrages die Auswahl der Gründungsmitglieder der Euro-Zone abhängig gemacht. Besondere Bedeutung kam dabei dem Erfordernis gesunder öffentlicher Finanzen zu: die Nettoneuverschuldung durfte höchstens drei Prozent und die Gesamtverschuldung höchstens 60 Prozent des Bruttoinlandsprodukts erreichen. Die Aussicht, das Examen nicht zu bestehen, wirkte auf die meisten Länder disziplinierend. Sie strengten sich an, ihre Haushalte zu konsolidieren und mit guten Konvergenzdaten aufzuwarten. Lediglich Griechenland, Schweden, Dänemark und Großbritannien konnten oder wollten 1999 noch nicht der Euro-Zone beitreten. Die Euro-Mitglieder haben inzwischen damit begonnen, ihre Wirtschafts- und Finanzpolitik möglichst eng abzustimmen – mit wechselndem Erfolg. Dass der Euro gegenüber dem Dollar 1999 und auch im Frühjahr 2000 beständig an Wert verlor, war ein deutliches Zeichen für das fehlende Vertrauen der Märkte in eine widerspruchsfreie, dynamische Wirtschaftspolitik der Euro-Gruppe. So blieb mancher Zweifel am Gelingen der Währungsunion bestehen.

Der Vertrag von Amsterdam

Im Juni 1997 kam es in Amsterdam zu einer weiteren grundlegenden Reform der europäischen Verträge. Sie sollte einerseits das politische Defizit ausgleichen, das der Maastrichter Vertrag übriggelassen hatte, und andererseits die Gemeinschaft auf die Erweiterung um die mittel- und osteuropäischen Reformstaaten vorbereiten. Besonders die für das letztgenannte Ziel nötige Überarbeitung der Entscheidungsprozeduren (Ausdehnung der Mehrheitsabstimmungen im Ministerrat, Neugewichtung der Stimmen von großen und kleinen Mitgliedsländern) blieb im Amsterdamer Vertrag weit hinter den Erwartungen zurück. Deshalb sahen sich die Staats- und Regierungschefs gezwungen, im März 1999 eine weitere Reform in Gang zu setzen und wenigstens das nachzuholen, was 1997 in Amsterdam am fehlenden Einigungswillen gescheitert war. Dennoch hat der neue Vertrag die EU ein kleines Stück vorangebracht. Das betrifft zum Beispiel die Außen-, Sicherheits- und Verteidigungspolitik, deren Defizite besonders während des Balkan-Krieges überaus deutlich geworden waren. So schuf der Amsterdamer Vertrag die Figur des „Hohen Repräsentanten der Gemeinsamen Außen- und Sicherheitspolitik" samt einer Analyse- und Planungseinheit beim Ministerrat.

Zum ersten „Hohen Repräsentanten" (oder „Mister Gasp") ist der vormalige Nato-Generalsekretär Javier Solana ernannt worden, der der EU-Außen- und Sicherheitspolitik Gesicht und Stimme zu geben versucht. Seit Herbst 1999 verhandelten die EU-Regierungen außerdem über die Aufstellung einer schnellen Eingreiftruppe von bis zu 60000 Mann, die mitsamt dem Euro-Korps zu einem ersten Kristallisationspunkt einer europäischen Armee werden soll. Im Frühjahr 2000 wurden dazu ein politischer Ausschuss sowie ein Militärausschuss ins Leben gerufen.

Ein weiteres wichtiges Ergebnis des Amsterdamer Vertrages war die bessere Bündelung der bislang nur locker koordinierten Innen- und Rechtspolitik. Zwar wurden die Asyl- und die Visapolitik, die Einwanderung, die Kontrollen an den EU-Außengrenzen sowie die Zusammenarbeit in Zivilsachen unter das Dach der Gemeinschaft gestellt, doch in den Verfahren blieb es bei der Einstimmigkeit. Erst im Jahr 2002 soll der Übergang zu Abstimmungen mit qualifizierter Mehrheit geprüft werden. Das Schengener Abkommen über den Wegfall der Personenkontrollen an den Binnengrenzen der EU ist in den Rechtsrahmen der Gemeinschaft eingebracht worden, und die Polizeibehörde Europol haben die Staats- und Regierungschefs in Amsterdam mit bestimmten operativen Befugnissen ausgestattet. Von Bedeutung ist auch, dass ein „Beschäftigungskapitel" in den Vertrag eingefügt wurde: Es macht den Kampf gegen die Arbeitslosigkeit und das Bemühen um mehr Beschäftigung zu einer Priorität der Gemeinschaft. Seither erlässt der Ministerrat auf Vorschlag der Kommission „Leitlinien", an die sich die Mitgliedsländer halten müssen.

■ Die Öffnung nach Osten

Schon bald nach dem Verschwinden des Eisernen Vorhangs wurde klar, dass die vom sowjetischen Joch befreiten mittel- und osteuropäischen Staaten in die beiden Bündnissysteme des Westens, die EU und die Nato, drängten. Die Altmitglieder der EU konnten und wollten sich der Wiedervereinigung des alten Kontinents nicht verschließen, auch wenn es in einigen EU-Ländern von Anfang an ein unterschwelliges Unbehagen an der Aufnahme der „armen Verwandten" im Osten und vor allem an den finanziellen Folgen gab. Für Polen, Ungarn, Tschechien und die übrigen früheren Satelliten Moskaus war der Beitritt zur EU von Anfang ein hohes strategisches Ziel und die Krönung des rasch nach der Befreiung einsetzenden politischen wie auch wirtschaftlichen Reformprozesses. Die EU entwarf für die größte Erweiterung in ihrer Geschichte einen Stufenplan, der die Reformländer Schritt für Schritt auf den späteren Beitritt vorbereiten sollte. Wichtige Elemente waren die Assoziierung, die Vereinbarung einer „Heranführungsstrategie" sowie die Gewährung von Vor-Beitrittshilfen.

Die ungewöhnliche Herausforderung an den Reformwillen auf beiden Seiten war ein wichtiger Grund dafür, dass es trotz aller Beteuerungen der Staats- und Regierungschefs, die große historische Aufgabe beherzt anzugehen, ziemlich lange dauerte, bis die im Osten ersehnten Beitrittsverhandlungen beginnen konnten: im Sommer 1997 legte die EU-Kommission die „Agenda 2000" mit umfangreichen Reformen in der Agrar-, Regional- und Haushaltspolitik samt einer Beurteilung der zehn Kandidaten aus Mittel-

und Osteuropa vor. Sie schlug vor, zunächst nur mit den am weitesten fortgeschrittenen Ländern Polen, Ungarn, Tschechien, Slowenien, Estland sowie mit Zypern konkrete Beitrittsverhandlungen zu beginnen; der Rest (Bulgarien, Lettland, Litauen, Rumänien und die Slowakei) sollte im „Wartezimmer" weiter auf eine EU-Vollmitgliedschaft vorbereitet werden. Die Staats- und Regierungschefs folgten diesem Vorschlag, so dass mit den sechs Vorläufern im Frühjahr 1998 die Verhandlungen aufgenommen werden konnten – neun Jahre nach dem Verschwinden des Eisernen Vorhangs.

An der Zweiteilung des Beitrittsprozesses gab es viel Kritik, besonders in Lettland und Litauen, wo man sich gegenüber Estland zurückgesetzt fühlte. Es dauerte aber noch fast zwei Jahre, bis eine neue Kommission unter ihrem politisch-strategisch denkenden Präsidenten Romano Prodi die Aufhebung der Zweiteilung vorschlug. Auf ihrem Gipfeltreffen in Helsinki (Dezember 1999) vereinbarten die Staats- und Regierungschefs, künftig nach dem „Startlinienmodell" mit allen Beitrittskandidaten zu verhandeln: jedes Land sollte vom Start weg die gleichen Chancen erhalten, ins Ziel zu gelangen. Im Frühjahr 2000 wurde freilich deutlich, dass sich trotz der langen Vorbereitung manche Enttäuschung breit machte: besonders in Polen, aber auch in einigen anderen Reformstaaten befürchtete man Verzögerungen bei den Verhandlungen. Das Zieldatum 2002 für die ersten Beitritte wurde fraglich, da sich die Übernahme des gemeinschaftlichen Agrarmodells in die Länge zog und die dringend gebotene Überarbeitung der EU-Entscheidungsprozeduren manchen von Amsterdam bekannten Widerstand in einigen Mitgliedstaaten hervorrief.

15. Der internationale Währungsfonds und die Weltbank

■ Die reformbedürftigen Schwestern

Mehr als 50 Jahre nach ihrer Gründung gelten die Weltbank (International Bank for Reconstruction and Development-IBRD) und der Internationale Währungsfonds (International Monetary Fund-IMF) nach wie vor als unersetzliche Säulen des weltwirtschaftlichen Gebäudes. Beide Institutionen sind jedoch aufgrund der dramatischen politischen und wirtschaftlichen Veränderungen der letzten 10 Jahre zu einer kritischen Bestandsaufnahme und einem grundlegenden Überdenken ihrer Rolle im internationalen Finanz- und Währungssystem gezwungen worden. Dieser Reformprozess, der mit dem Fall der Mauer, dem Zusammenbruch der

Sowjetunion und dem explosiven Wachstum der Finanzmärkte begann, hat mit der mexikanischen Pesokrise Ende 1994 an Brisanz gewonnen. Seit den jüngsten Finanzkrisen – in Asien im Sommer 1997, in Russland im August 1998 und in Brasilien im März 1999– hat die Intensität der Reformdebatte noch weiter zugenommen. In ihrem Mittelpunkt steht der Währungsfonds und seine kontrovers diskutierte Rolle während der jüngsten Finanzkrisen; über den Inhalt und das Ausmaß der Reformen gibt es nach wie vor große Meinungsverschiedenheiten zwischen Politikern der verschiedenen Mitgliedsländer, Wissenschaftlern und Nichtregierungsorganisationen. Die einen wollen den Währungsfonds stärken, andere befürworten seine strikte Beschränkung auf das Kerngeschäft – makroökonomische Überwachung und kurzfristige Überbrückungskredite im Falle von Zahlungsungleichgewichten. Wieder andere wollen ihn ganz abschaffen. Die Weltbank erhitzt weniger die Gemüter. Auch für sie gilt jedoch: stärkere Konzentration auf das Kerngeschäft der Armutsbekämpfung und die Schaffung öffentlicher Güter. Da es ein mühsames und zeitraubendes Unterfangen ist, die Meinungen von 182 Anteilseignern unter einen Hut zu bringen, vollzieht sich der Wandel in den beiden kooperativen Einrichtungen langsam und bedächtig. Das Reformwerk ist ein evolutorischer Prozess, der – da er immer wieder von unerwarteten Entwicklungen im internationalen Wirtschaftsgeschehen überrascht wird – nie vollständig beendet sein dürfte.

Die Geschäftspolitik beider Finanzinstitutionen wird von jeweils 24 Exekutivdirektoren überwacht. Die fünf wichtigsten Industrieländer – die Vereinigten Staaten, Japan, Deutschland, Frankreich und Großbritannien – haben Anrecht auf einen ständigen Vertreter im Direktorium. Die restlichen Mitglieder bilden Wahlgruppen. An der Spitze dieser Aufsichtsgremien steht bei der Weltbank ein Präsident, beim Währungsfonds ein geschäftsführender Direktor. Die bisher geltende Tradition, dass ein Amerikaner die Weltbank und ein Europäer den Währungsfonds leitet, dürfte seit den heftigen Auseinandersetzungen um die Besetzung des Chefsessels des Währungsfonds im Frühjahr 2000 der Vergangenheit angehören. Für die Zukunft gilt: ein offenes Wahlverfahren für Bewerber aus aller Welt. Oberstes Entscheidungsorgan sind in den beiden Schwesterorganisationen die Gouverneursräte (Board of Governors), in denen alle Mitgliedsländer entweder durch ihre Zentralbankpräsidenten, den Finanz- oder den Entwicklungsminister vertreten sind. Sie kommen einmal im Jahr anlässlich der Jahrestagung von Weltbank und Währungsfonds zusammen. Ansonsten stimmen sie über wichtige Fragen brieflich ab. Seit 1973 stehen der Internationale Währungs- und Finanzausschuss (International Monetary and Financial

Committee) und der Entwicklungsausschuss (Development Committee) den Gouverneuren beratend zur Seite. Sie treffen sich zweimal im Jahr und sind spiegelbildlich zu den Direktorien mit jeweils 24 Gouverneuren besetzt. In allen Gremien wird nach dem jeweiligen Kapitalanteil der Mitgliedsländer abgestimmt. Die Bundesrepublik Deutschland gehört seit 1952 den beiden Bretton-Woods Organisationen an; ihre Stimme hat dank ihrer wirtschaftlichen Bedeutung Gewicht. Beim Fonds haben Deutschland und Japan nach den Vereinigten Staaten mit je 5,71 Prozent die zweithöchste Quote. Als potenzieller Kreditgeber steht Deutschland im Rahmen der Neuen Kreditvereinbarung (47 Milliarden Dollar) ebenfalls auf Platz zwei unter den insgesamt 25 Gebern. Bei der Weltbank hat Deutschland nach den Vereinigten Staaten und Japan mit 8,7 Milliarden Dollar den drittgrößten Kapitalanteil. Dieselbe Reihenfolge gilt für die Internationale Finanzgesellschaft (International Finance Corporation, dem privatwirtschaftlichen Arm der Weltbankgruppe). Zum Kapital der IDA (International Development Association, einer Weltbankeinrichtung für die ärmsten Länder) trägt Deutschland jeweils 11 Prozent bei. Für die Refinanzierung der Weltbank ist der deutsche und inzwischen der europäische Kapitalmarkt eine der wichtigsten Anleihequellen. Mit Ausnahme von Kuba und Nordkorea gehören heute alle Staaten der Erde den beiden Organisationen an. Gegründet wurden sie von nur 44 Ländern 1944 in Bretton Woods, im amerikanischen Bundesstaat New Hampshire. Es war die Absicht der Gründungsväter, eine Wiederholung der tiefen Wirtschaftskrise zu vermeiden. Nie wieder sollten ruinöse Abwertungswettläufe und selbstsüchtiger Protektionismus die Welt in wirtschaftliches und politisches Chaos stürzen.

◼ Die Option für feste Wechselkurse

Der Internationale Währungsfonds erhielt damals die Aufgabe, als Hüter über das System fester Wechselkurse die währungspolitische Zusammenarbeit zwischen den Mitgliedsländern zu fördern, die Ausweitung und das ausgewogene Wachstum des Welthandels zu erleichtern, für die Stabilität der Währungen und für ein reibungsloses Funktionieren des multilateralen Zahlungssystems zu sorgen. Außerdem sollte er Ungleichgewichte in den Zahlungsbilanzen der Mitgliedsländer möglichst rasch beseitigen helfen. Zu diesem Zweck vergibt der Währungsfonds Kredite an Mitgliedsländer mit vorübergehenden Zahlungsbilanzschwierigkeiten. Durch den Rückgriff auf rasch verfügbare kurzfristige Überbrückungskredite wollten die Väter des Bretton-Woods-Systems, der amerikanische Treasury-Beamte

Harry Dexter White und der englische Nationalökonom John Maynard Keynes – verhindern, dass Länder in Zahlungsbilanzschwierigkeiten zu Kontrollmaßnahmen Zuflucht nehmen, die gegen das Interesse der internationalen Staatengemeinschaft und deren zunehmende wirtschaftliche Verflechtung verstoßen.

Die beispiellose Wohlstandsvermehrung, die die Welt nach dem Zweiten Weltkrieg erlebt hat, bestätigt die Weitsicht der Gründungsväter. Auch ihre Vision von den „weltumspannenden Organisationen" hat sich mit dem Ende des Kalten Krieges und dem Beitritt der ehemals kommunistischen Staaten Mittel- und Osteuropas zu Weltbank und Währungsfonds erfüllt. Die Institutionen entwickelten sich freilich ganz anders, als von Keynes und White vorgesehen. Entgegen den Vorstellungen der Gründer hatte es der Internationale Währungsfonds von Anfang an schwer, sich bei den Industrieländern Gehör zu verschaffen. Mit dem Zusammenbruch des Fixkurssystems von Bretton-Woods im Jahre 1973, dem Übergang zu frei schwankenden Wechselkursen und der immer größer werdenden Mobilität der internationalen Kapitalströme nahm sein Einfluss auf die Wirtschaftspolitik der führenden Industrieländern noch weiter ab. Die Klientel des Währungsfonds waren nach dem Ende des Festkurssystems bald ausschließlich die Entwicklungsländer, während die großen Industrieländer für ihre wirtschafts- und währungspolitische Abstimmung mehr und mehr auf exklusive Zirkel wie die Zehner- und die Siebenergruppe auswichen. Dennoch erhielt der Fonds 1978 ein für alle Mitgliedsländer geltendes Überwachungsmandat (surveillance); mit Hilfe jährlicher Konsultationen sollte der Währungsfonds in die Lage versetzt werden, Wechselkursprobleme und Zahlungsbilanzungleichgewichte frühzeitig zu erkennen und Korrekturen anzufordern. Mit jeder neuen Finanz- oder Währungskrise – angefangen von den Turbulenzen im Europäischen Währungssystem über die mexikanische Pesokrise bis hin zu den Krisen in Asien, Russland und Brasilien – ist die Überwachungsfunktion weiter ausgebaut worden. Unter den Stichworten Transparenz und Krisenprävention ist die statistische Berichterstattung der Mitgliedsländer vollständiger, aktueller und für jedermann einsehbar geworden; außerdem hat der Fonds eine Vielzahl von Standards und Codices entwickelt, die als Messlatten einer vernünftigen Wirtschafts- und Finanzpolitik sowie einer soliden Banken und Finanzstruktur gelten und von den Mitgliedsländern umgesetzt werden sollen. Auch die Krisenmittel wurden aufgestockt, damit der Fonds für künftige Währungskrisen besser gewappnet ist und ein Überschwappen der Krise auf andere Länder (Ansteckungsgefahr) vermieden werden kann.

Horst Köhler

◼ Internationale Liquidität und Sonderziehungsrechte

In der Öffentlichkeit ist der Internationale Währungsfonds heute vorwiegend als Kreditgeber, Krisenhelfer und teilweise höchst umstrittener wirtschaftspolitischer Ratgeber bekannt. Als Hüter der internationalen Liquidität spielt er dagegen angesichts der Globalisierung der Finanzmärkte kaum noch eine Rolle. Aus heutiger Sicht ist die Sorge um die ausreichende Liquiditätsversorgung, die 1969 zur Schaffung der „Sonderziehungsrechte"- Währungsreserven aus der Retorte – führte, kaum noch zu verstehen. Hinter dem sogenannten Papiergold verbergen sich Kreditlinien, die sich die Mitglieder des Fonds gegenseitig gewähren und die mit Hilfe eines Währungskorb bewertet werden. Ingesamt sind in zwei Allokationen nur 21,4 Milliarden Sonderziehungsrechte geschaffen worden. Dieser Betrag wird sich mit der Ratifizierung der vierten Satzungsänderung des Währungsfonds zwar verdoppeln, auch dann bleibt die Bedeutung der Sonderziehungsrechte angesichts der Weltwährungsreserven von insgesamt 1400 Milliarden Sonderziehungsrechten aber verschwindend gering.

In den zahlreichen Währungs- und Finanzkrisen seit Zusammenbruch des Festkurssystems hat sich der Währungsfonds mit immer größeren Finanzpaketen engagiert und damit eine heftige Diskussion über das sogenannte „moral hazard" Problem ausgelöst. Denn je größer die Gewissheit, der Fonds werde im Krisenfall die Investoren finanziell herauspauken, desto leichtsinniger und rücksichtsloser verhalten sich die privaten Geldgeber, aber auch die verantwortlichen Politiker. In der seit der Pesokrise anhängigen Diskussion über die Stärkung der Finanzarchitektur und die Reform des Währungsfonds ist inzwischen vereinbart worden, dass der Fonds größere Zurückhaltung üben und der Privatsektor einen angemessenen Beitrag zur Krisenüberwindung leisten müsse. Wie fest oder flexibel die Regeln zur Einbindung des Privatsektors ausfallen werden, wird zwischen den Mitgliedsländern noch ausgefochten.

■ Kredite gegen Auflagen

Der Internationale Währungsfonds finanziert seine Kredittätigkeit aus den Kapitaleinlagen seiner Mitgliedsländer, die derzeit 300 Milliarden Dollar betragen und alle fünf Jahre überprüft werden. Die Höhe dieser sogenannten Mitglieds-Quoten richtet sich nach der relativen Wirtschaftskraft der Mitgliedsländer. Je reicher das Land, desto höher seine Quote und seine Stimmrechte. Mit 18 Prozent der Gesamtquote sind die Vereinigten Staaten nicht nur das wichtigste Mitgliedsland des Fonds, sie haben auch das Privileg der Sperrminorität. Die Quote bestimmt auch den Zugang zu den Krediten des Fonds. Jedes Land in Zahlungsbilanznot kann für einen bestimmten Zeitraum maximal das Dreifache seiner eingezahlten Quote ziehen. Voraussetzung ist die Einleitung wirtschaftlicher Reformen mit dem Ziel, die Ursachen des makroökonomischen Ungleichgewichts möglichst rasch zu beseitigen. Die wirtschaftspolitischen Auflagen des Fonds (Konditionalität) variieren je nach Ausmaß der wirtschaftlichen Schwierigkeiten und der Beanspruchung der Fondsmittel. Wegen dieser Auflagen wird der Fonds vor allem vor dem Hintergrund der Asien- und Russlandkrise immer stärker kritisiert. Sie gelten als schablonenhaft, vielfach vertieften sie auch die Armut der sozialschwachen Bevölkerungsgruppen. Auf diese Kritik hat der Währungsfonds mit verschiedenen Korrekturen und bewusster Beachtung der sozialen Auffangnetze innerhalb der Mitgliedsländer geantwortet.

Überhaupt hat der Fonds auf die wechselnden Bedürfnisse seiner Mitgliedsländer mit bemerkenswerter Flexibilität reagiert und mit großer Phantasie immer wieder neue Kreditmechanismen, zuletzt die vorbeugende Kreditlinie (CCL) geschaffen. Inzwischen hat sich der Trend aber gekehrt; im Zuge der Rückbesinnung auf das Kerngeschäft wird auch die lange Liste so genannter Kreditfazilitäten deutlich verkürzt. Übrig bleiben werden auf jeden Fall die normale kurzfristige Beistandsfazilität und in modifizierter Form die mittelfristige erweiterte Kreditline (EFF) und die CCL. Der Währungsfonds wird auch sein insgesamt umstrittenes Dossier für die ärmsten Länder in Form der „Armutsreduzierung und Wachstumsfazilität" behalten. Über diese langfristig ausgelegte Kreditlinie für die ärmsten Entwicklungsländer leistet der Fonds nicht nur seinen Beitrag zur Armutsbekämpfung, sondern auch zu der Entschuldung der ärmsten hochverschuldeten Entwicklungsländer (HIPC). Auf ausdrücklichen Wunsch der Mitgliedsländer sollen die Zuständigkeiten von Währungsfonds und Weltbank, die sich über die Jahre mehr und mehr vermischt und überschnitten haben, wieder sauber getrennt werden. Das heißt: Der Währungsfonds ist für die makroökonomische Stabilisierung und Überwachung zuständig, die Weltbank kümmert sich um Struktur- und Investitionspolitik.

■ Die Bank für die Entwicklungsländer

Die Weltbank kann sich in punkto Anpassungsfähigkeit an das sich rasch wandelnde internationale Wirtschaftsumfeld mit dem Internationalen Währungsfonds messen. Ihre ursprüngliche Gründungsaufgabe, die im Wiederaufbau des kriegszerstörten Europas und Asiens bestand, hat die Weltbank schon in den frühen fünfziger Jahren zugunsten der Entwicklungsländer geändert. 1960 wurde mit der Gründung der Internationalen Entwicklungsgesellschaft (IDA) ein besonderer Kreditschalter für die ärmsten Entwicklungsländer in Schwarzafrika und Asien geschaffen. An diese bedürftige Klientel vergibt die IDA langfristige zinslose Kredite. Diese werden aus Budgetmitteln einer Gebergruppe aus 40 Industrie- und ehemaligen Entwicklungsländern finanziert. Die Refinanzierung der IDA findet im Drei-Jahres-Rhythmus statt und ist über die Jahre, aufgrund der offensichtlichen Entwicklungshilfemüdigkeit und der ausgebluteten Staatskassen in den Industrieländern, schwieriger geworden. Zur Weltbankgruppe gehören heute neben der Weltbank und der IDA auch die Internationale Finanzgesellschaft (IFC) und die Internationale Versicherungsagentur (MIGA), Der IFC obliegt seit 1956 die Förderung produktiver privater Unternehmen in den Entwicklungsländern. Die IFC versteht ihre Aufgabe vornehmlich als Katalysator für in- und ausländisches Kapital, zeichnet aber auch Eigenkapital und vergibt Kredite an Privatunternehmen. Wichtig ist ihre Rolle auch im Aufbau von Kapitalmärkten und Finanzsystemen. In Mitteleuropa war sie eine der treibenden Kräfte der Privatisierung und der Schaffung eines marktwirtschaftlichen Umfeldes. Das jüngste Kind in der Weltbankgruppe, die MIGA, besteht seit 1988. Ihre Aufgabe ist es, ausländische Direktinvestitionen in den Entwicklungsländern gegen nicht-kommerzielle-politische Risiken abzusichern. Die MIGA steht Entwicklungsländern auch bei der Verbesserung der Rahmenbedingungen für Investitionen zur Seite.

Um der Privatwirtschaft besser dienen zu können, hat die Weltbankgruppe alle ihre privatwirtschaftlichen Aktivitäten heute nach dem Prinzip des „one stop shopping" gebündelt und gewisse Teile der IFC mit den Privatsektoraktivitäten der Weltbank verwoben. Kundennähe, partizipatorischer Prozess, „ownership", Partnerschaften, Qualität der Projektarbeit und nachweisbare Entwicklungsergebnisse „im Feld" sind heute die bestimmenden Faktoren der Entwicklungszusammenarbeit. Außerdem befürwortet die Weltbank mit dem „Comprehensive Development Framework" einen holistischen Entwicklungsprozess, an dem nicht nur alle Gruppen der Bürgergesellschaft teilhaben, sondern die jeweiligen Länder ihre Entwicklungsstrategie selbst formulieren (ownership). Insgesamt bewältigt die Weltbank zusammen mit ihren Töchtern IDA und IFC ein Kreditvolumen um die 25 Milliarden Dollar im Jahr. Mit Ausnahme der IDA-Gelder werden alle Mittel zu kommerziellen Bedingungen im internationalen Kapitalmarkt aufgenommen und auch zu kommerziellen Bedingungen vergeben. Mit einer jährlichen Netto-Kreditaufnahme von 10 bis 12 Milliarden Dollar ist die Weltbank außerdem der größte Emittent an den internationalen Finanzmärkten.

■ Die Regionalinstitute

Neben der Weltbank gibt es regionale Entwicklungsbanken für Lateinamerika, Afrika, Asien und Osteuropa. Die Inter-American Development Bank besteht schon seit 1959 und hat ihren Sitz in Washington. Die African Development Bank wurde 1965 in Abidjan, Elfenbeinküste, ins Leben gerufen. Ein Jahr später wurde die Asian Development Bank in Manila gegründet. Das jüngste Mitglied in dieser Runde ist die European Bank for Reconstruction and Development. Sie wurde 1991 mit dem Ziel geschaffen, die schwierige marktwirtschaftliche Umwandlung in Mittel- und Osteuropa mit Rat und Krediten zu begleiten. Ihr Sitz ist in London; sie ist die einzige der Regionalbanken, die vornehmlich mit dem Privatsektor arbeitet. Nur 40 Prozent ihrer Mittel werden über staatliche Stellen abgewickelt.

Die Regionalbanken und die Weltbank bemühen sich mehr denn je darum, Doppelarbeit zu vermeiden und andere internationale Institutionen wie die Welthandelsorganisation (WTO) oder die Internationale Arbeitsorganisation (ILO) in ihre Arbeit einzubinden. In der Breite ihres Entwicklungsengagements ist die Weltbank allerdings einmalig. Von der Infrastruktur bis zur Familienplanung, von der Industrie bis zur Umweltpolitik, vom sozialen Netz bis zur Wiederaufbauhilfe, von dem Kampf gegen Aids bis hin zur Erhaltung des kulturellen Erbes kümmert sich die Weltbank um alle Aspekte der Entwicklungspolitik. Immer stärker versteht sich die Weltbank aber auch als „knowledge bank", als Zentrum entwicklungspolitischer Expertise, das alle Informationen über Entwicklungserfahrungen und erprobte Entwicklungspraktiken bündelt. Aus diesem Grund gibt es bereits zahlreiche „globale Netzwerke", die bestimmte Sachthemen grenzübergreifend behandeln. Die Weltbank führt außerdem den Vorsitz in zahlreichen so genannten Beratungsgruppen, in denen die Hilfs- und Finanzierungsstrategie für eine Reihe von wichtigen Mitgliedsländern koordiniert wird. Zur intellektuellen entwicklungspolitischen Auseinandersetzung trägt sie mit ihrem jährlichen Weltentwicklungsbericht und mit häufigen Studien und Analysen bei.

Ihre Hauptaufgabe sieht die Weltbank allerdings im Kampf gegen die Armut und die Eingliederung aller Bevölkerungsgruppen in den globalen Entwicklungsprozess. Reform- und Lernprozess gehen auch hier – genau wie bei allen anderen Entwicklungsherausforderungen – Hand in Hand. Eine der vielversprechenden Neuerungen im Kampf gegen die Armut sind die kommunalen Entwicklungsprojekte, in denen ganze Gemeinden aktiv teilnehmen und lernen, ihr Schicksal selbst in die Hand zu nehmen.

16. Die Handelspolitik

Ökonomen wissen, dass Arbeitsteilung den Wohlstand mehrt. Das gilt nicht nur innerhalb eines Landes, sondern auch für die wirtschaftliche Kooperation mehrerer Staaten. Um die Vorzüge des Freihandels aufzuzeigen, benutzte der Urahn der modernen Ökonomie, Adam Smith, einen anschaulichen Vergleich: Jedes Land sollte wie ein guter Familienvater niemals selbst etwas herzustellen versuchen, was es anderswo billiger kaufen könnte. Ein anderer angelsächsischer Ökonom, David Ricardo, prägte dazu im Jahre 1817 einen wichtigen Begriff der Handelstheorie: den relativen Kostenvorteil („comparative advantage").

Danach sollte sich ein Land nicht nur auf die Produktion jener Güter spezialisieren, bei denen seine absoluten Kosten niedriger sind. Denn Handel steigert auch den Wohlstand, wenn bereits die relativen Kosten bei einem Gut kleiner sind, etwa deshalb, weil in einem Land die Bauern dank besserer Böden und wärmerem Klima produktiver sind als an einem anderen Standort, an dem vielleicht die Industrie vergleichsweise günstigere Bedingungen hat. Jeder spezialisiert sich also auf das Gut, bei dem er relativ gesehen preisgünstiger ist, und tauscht gegen andere Produkte, wobei es im Prinzip einerlei ist, ob der Handel Ware gegen Ware oder gegen das Tauschmittel Geld erfolgt.

Damit Rohstoffe, Fertigwaren und auch Dienstleistungen gehandelt werden können, müssen sie indes Grenzen überwinden. Das ist, wie selbst jeder Tourist weiß, nicht so einfach. Bei vielen Gütern gibt es tarifäre Handelshürden, müssen also Zölle gezahlt werden. Sie sind immer noch recht hoch bei landwirtschaftlichen Produkten, aber auch bei gewissen Elektronik-Geräten. Bei anderen Produkten gibt es zwar keine Tarife je nach Wert oder Gewicht einer Ware. Doch die nicht-tarifären Grenzbarrieren, also die technischen oder gesundheitlichen Vorschriften eines Landes, beeinflussen den Handel ebenso stark wie Zölle: Sie sind sogar mit ihrer selektiven Wirkung für eine internationale Arbeitsteilung noch schädlicher, weil Politiker damit Warenströme steuern können.

Manche Grenz-Barrieren sind blanker Protektionismus, dienen dem Schutz einheimischer Anbieter vor ausländischer Konkurrenz. Andere Hürden werden intelligenter begründet: Sie sollen etwa nationale Interessen sichern (Rüstung), ein Volk vor gesundheitlichen Risiken bewahren (Gentechnik), junge Industrien schützen (Erziehungszoll-Argument) oder kulturelle Eigenheiten erhalten, etwa die kleinbäuerliche Struktur einer Landwirtschaft oder die heimische Filmindustrie vor der Hollywood-Konkurrenz.

■ Kampf zwischen Liberalen und Protektionisten

In der Geschichte des Handels gab es immer eine Auseinandersetzung zwischen Protektionisten und Liberalen. Oft siegten die Zollschützer, weil die (wenigen) Verlierer einer Marktöffnung sich politisch leicht in einer Lobby organisieren lassen. Die Liberalen fanden dagegen nicht so leicht Verbündete für eine Marktöffnung, weil die Gewinner des Freihandels, zum Beispiel die Konsumenten, nicht so gut organisiert sind wie Agrar- oder Industrieverbände. Überdies sind die Kosten des Protektionismus nicht sofort sichtbar, weil Zölle wie eine verdeckte Verbrauchs-Steuer wirken, die man dem Staat, nicht aber gewissen Lobbyisten anlastet.

Der rigide Protektionismus der dreißiger Jahre hatte in ökonomischer und auch in politischer Hinsicht fatale Folgen: Er verschärfte die Weltwirtschaftskrise und erleichterte indirekt den Aufstieg Hitlers. All dies mündete in der Katastrophe des Zweiten Weltkriegs. Die westlichen Alliierten zogen daraus eine historische Lehre für die Wirtschaft: Amerika und Großbritannien halfen nach dem Krieg ein Handelssystem gründen, das durch engere, ökonomische Verflechtungen zwischen Nationen zusätzlich zu den politischen Institutionen, wie etwa den Vereinten Nationen (UNO), den Frieden möglichst dauerhaft sichern sollte. Zwar klingt für manchen die Behauptung arg vollmundig, dass Handel internationale Konflikte vermeiden könne. Doch bei näherem Zusehen ist dies keine Floskel: Gemeinsame ökonomische Interessen fördern gemeinsame politische Interessen, weil Handel am besten im Frieden gedeiht. Das sieht man etwa an der Europäischen Union, die sich als Zollunion auch diese Wechselwirkung nutzbar machte. Überdies vermag ein faires internationales Handelssystem wirtschaftlichen Streit zu vermeiden oder zumindest auf eine friedliche Weise zu schlichten. Im neunzehnten Jahrhundert wurden gelegentlich Kanonenboote in Marsch gesetzt, um Handelsinteressen zu verteidigen, seit dem Zweiten Weltkrieg feilscht man um Zölle und schlichtet Streit zwischen den Nationen vor allem in Genf, zunächst im Rahmen des Gatt und seit 1995 in der Welthandelsorganisation (World Trade Organisation – WTO).

■ Das GATT – ein erfolgreiches Provisorium

Das GATT (General Agreement on Tariffs and Trade, auf Deutsch: Allgemeines Zoll- und Handelsabkommen), das im Jahre 1948 von 23 Staaten geschaffen wurde, war höchst erfolgreich, obwohl es eigentlich ein jahrzehntelanges Provisorium war. Denn ursprünglich sollten die Regeln für den Warenverkehr nur Teil einer umfassenden Internationalen Handelsorganisation (ITO) sein, die in der Havanna-Charta geplant war. Doch dieses umfassende Vorhaben misslang, weil der amerikanische Kongress und auch andere Parlamente eine Ratifikation der Charta verweigerten. So blieb das GATT-Abkommen gewissermaßen ein Torso, und das GATT-Sekretariat ein institutionelles Provisorium. Doch das hinderte nicht den ökonomischen Erfolg. Mit acht Handelsrunden, bei denen die durchschnittlichen Zoll-Sätze für Industriegüter von einst 40 auf knapp 4 Prozent sanken, und der Erweiterung des GATT zur Welthandelsorganisation (WTO) Mitte der neunziger

Die GATT-Handelsrunden

Jahr	Ort/Name	Verhandlungsgegenstand	Länder
1947	Genf	Zölle	23
1949	Annecy	Zölle	13
1951	Torquay	Zölle	38
1956	Genf	Zölle	26
1960–1961	Genf (Dillon-Runde)	Zölle	26
1964–1967	Genf (Keenedy-Runde)	Zölle und Antidumping-maßnahmen	62
1973–1979	Genf (Tokio-Runde)	Zölle, nichttarifäre Maßnahmen Rahmenabkommen	102
1986–1994	Genf (Uruguay-Runde)	Zölle, nichttarifäre Maßnahmen, Bestimmungen, Dienstleistungen, geistiges Eigentum; Beilegung von Streitigkeiten, Textilien, Landwirtschaft, Schaffung (Gründung) der Welthandels-organisation (WTO), etc.	123

Quelle: Welthandelsorganisation (WTO), Genf 1999

Jahre wurde die internationale Arbeitsteilung verbessert und der Güteraustausch beträchtlich ausgeweitet. Heute gehören 138 Staaten der Handelsorganisation an und weitere 30 Länder verhandeln über einen Beitritt. Darunter sind China und Russland. Wie sehr die Verflechtung der Weltwirtschaft sich in den Jahrzehnten nach dem Krieg intensivierte, das belegen vor allem zwei Zahlen: 1950 betrug der Welthandel lediglich 8 Prozent der Welt-Produktion, 1997 waren es bereits 26 Prozent.

Die globale Integration der Wirtschaft erreichte Ende der neunziger Jahre ein derartiges Ausmaß, dass dafür der neue Begriff „Globalisierung" geprägt wurde. Da Kritiker das neue Wort eher zu politischen Zwecken nutzten als die Protagonisten der Globalisierung, bekam es einen negativen Beigeschmack. Globalisierung wurde in der Öffentlichkeit vielfach zum Synonym für grenzüberschreitende Groß-Fusionen und für Arbeitsplatz-Verlagerungen in Niedriglohn-Länder. Zugleich avancierte die Welthandelsorganisation für Gewerkschafter, Umweltschützer und Kapitalismus-Kritiker zum Globalisierungs-Gespenst, was sich am auffälligsten bei den Demonstrationen und Straßenschlachten anlässlich der dritten WTO-Ministerkonferenz Ende 1999 in der amerikanischen Hafenstadt Seattle zeigte.

Führende Exportländer im Welt-Warenhandel
(Milliarden Dollar und Prozentsätze)

Exportländer	Wert	Anteil	Änderung pro Jahr in Prozenten	
			1998	1999
USA	695,0	12,4	− 1	2
Deutschland	540,5	9,6	6	0
Japan	419,4	7,5	− 8	8
Frankreich	299,0	5,3	5	− 2
Verein. Königreich	268,4	4,8	− 3	− 2
Kanada	238,4	4,2	0	11
Italien	230,8	4,1	1	− 5
Niederlande	204,1	3,6	4	2
China	194,9	3,5	1	6
Belgien-Luxemburg	184,1	3,3	6	3
Hongkong, China	174,8	3,1	− 7	0
Binnen-Exporte	22,2	0,4	− 10	− 10
Südkorea	144,2	2,6	− 3	9
Mexiko	136,7	2,4	6	16
Taiwan	121,6	2,2	− 9	10
Singapur	114,6	2,0	− 12	4

Quelle: WTO, Genf 2000

■ Globalisierung kein historisches Novum

Oft wird der Eindruck erweckt, die Globalisierung sei historisch etwas Neues. Doch das trifft nicht zu. Schübe einer Internationalisierung gab es seit dem Mittelalter, etwa im Städtebund der Hanse. Sehr eng war die internationale Arbeitsteilung schon Ende des letzten Jahrhunderts, als Kolonialmächte die Welt unter sich aufteilten, Telegraphen, Eisenbahnen und Dampfschiffe die Distanzen im Transport und in der Kommunikation erheblich verkürzten. Nationalismus, Protektionismus und zwei Weltkriege unterbrachen für einige Jahrzehnte diesen Prozess. Nun wächst die Welt auf eine geradezu atemberaubende Art wieder enger zusammen, und wiederum sind es in erster Linie die Fortschritte im Verkehr und in der Kommunikation sowie die Kapitalströme, die die Globalisierung vorantreiben.

Zwischen 1960 und 1990 halbierten sich etwa die Betriebskosten je Flug-Meile, der Preis eines Drei-Minuten-Telefonats von New York nach Lon-

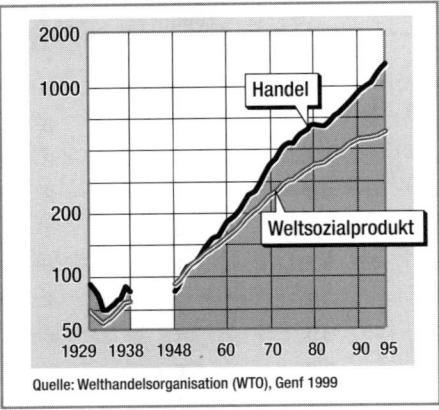

Handel übertrifft Welt-Produktion

1950=Index 100 (logarithmische Skala)

Quelle: Welthandelsorganisation (WTO), Genf 1999

don sank von etwa 50 Dollar im Jahre 1960 auf 35 Cents im Jahre 1999. Allein in den neunziger Jahren hat sich der Strom ausländischer Direktinvestitionen auf der Welt vervierfacht auf jährlich mehr als 800 Milliarden Dollar, was die Bildung eines global vernetzten Werkplatzes vorantrieb. Man schätzt, dass die 60 000 international tätigen Unternehmen auf der Welt (und das sind nicht allein die so genannten Multis, sondern auch hoch spezialisierte, mittelständische Betriebe) inzwischen eine halbe Million Tochtergesellschaften besitzen. Die internen Konzern-Umsätze in solchen Firmen-Netzwerken übertreffen mittlerweile das Volumen der Welt-Exporte, das von den Zollbehörden erfasst wird.

Der private Kapitalfluss in der Form ausländischer Direktinvestitionen von Unternehmen und die geringeren Kosten der Raum-Überwindung sind es, die die Globalisierung hauptsächlich vorantreiben, die Volkswirtschaften immer enger miteinander vernetzen. Die WTO ist eher der Advokat dieses Prozesses. Nicht die Handelsorganisation bestimmt die Zölle und Handelsregeln, sondern das tun die WTO-Mitgliedsstaaten. Sie verhandeln so lange, bis unter den Mitgliedern Einstimmigkeit herrscht. Insofern trifft die Kritik nicht zu, in dieser internationalen Organisation würden die Staaten mehr und mehr ihre Souveränität einbüßen, würden sie etwa gezwungen, Gentechnik oder Wachstumshormone im Fleisch zu akzeptieren. In der Regel wird kein Land überstimmt, weil jede Entscheidung Konsens verlangt. Jeder Staat kann sich einem der vielen WTO-Abkommen entziehen, indem er den Vertrag nicht ratifiziert, also nicht in nationales Recht umsetzt.

Auch wenn in formeller Hinsicht alle Mitglieder gleich sind und die Herrschaft des Rechts allen (vor allem den politisch schwachen Staaten) nützt, so kennt diese Gleichheit realistischerweise gewisse Grenzen, die von der ökonomischen Macht gesetzt werden. In der WTO geben die Europäische Union und Vereinigten Staaten den Ton an, weil sie fast 40 Prozent des Welthandels kontrollieren. Ohne die beiden machen Zoll-Ver-

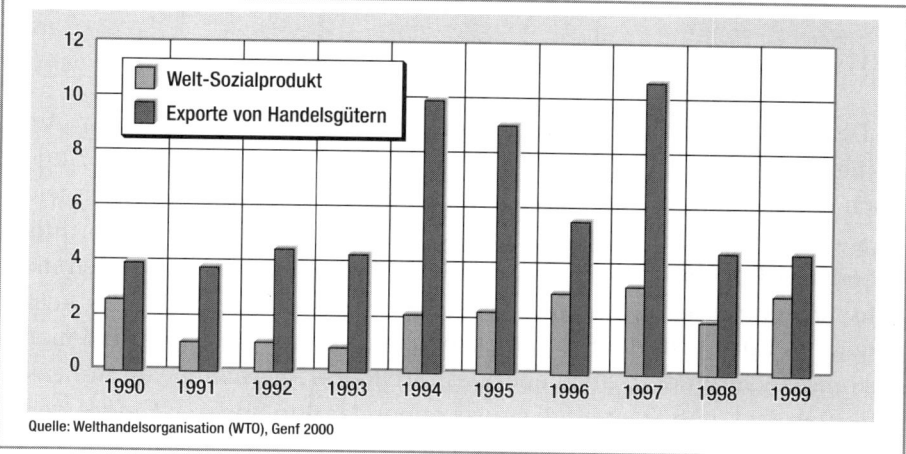

Welt-Güterhandel und Bruttosozialprodukt
Jährliche Wachstumsraten in Prozent

Welt-Sozialprodukt

Exporte von Handelsgütern

Quelle: Welthandelsorganisation (WTO), Genf 2000

einbarungen also wenig Sinn. Lehnen die beiden ökonomischen Mächte gewisse Regeln ab, dann treten diese auch nicht in Kraft. Das führt immer häufiger zur Frustration unter den Entwicklungsländern, die inzwischen in der WTO zwei Drittel der Mitglieder stellen, aber nur ein geringes Handelsvolumen auf die politische Waage legen können.

Unter Ökonomen ist es umstritten, ob regionaler Zollabbau den globalen Freihandel fördert oder hemmt, ob also Handelsverträge zwischen einigen wenigen Staaten die Warenströme umlenken oder aber die Integration der Weltwirtschaft schrittweise erleichtern. Oft waren Freihandels-Assoziationen Vorreiter der Multilateralisierung, wenn sie nicht einen Handelsblock bildeten und Dritte ausschlossen. Dies gilt etwa für die Europäische Gemeinschaft, die als Zollunion die Markthürden gegen Importe einheitlich festlegt und auch in der WTO mit einer Stimme spricht. Deutsche Handelsdiplomaten sind daher in dieser Organisation lediglich Beobachter. Eine Freihandels-Union dagegen, wie etwa die nordamerikanische Nafta, hat Zollfreiheit zwischen den Vereinigten Staaten, Kanada und Mexiko, legt aber die Höhe der jeweiligen Markthürde gegen Drittstaaten nicht fest. Inzwischen gibt es mehr als hundert regionale Handelsverträge. Solche Abkommen müssen der WTO gemeldet werden, und man überprüft sie jeweils auf ihre internationalen Folgen. Bisher sah man in ihnen meist eine Ergänzung und nicht einen Widerspruch zur multilateralen Liberalisierung. Doch dieser Befund könnte sich ändern, wenn die WTO in eine Krise geriete und Staaten stattdessen regionale „Handelsfestungen" bilden würden.

■ Welthandel gleicht dem Straßenverkehr

Der Welthandel gleicht in gewisser Hinsicht dem Straßenverkehr: Auch er fließt von alleine, weil Arbeitsteilung und Tausch allen Vorteile bringen. Doch wie es auf Autobahnen ohne Verkehrszeichen und Vorschriften leicht zu Stauungen oder Unfällen kommt, so kann es auch im Handel Störungen geben. Es ist daher sinnvoll, mit multilateral vereinbarten Regeln den möglichst störungsfreien Warenfluss zu sichern und die Herrschaft des Rechts gegen das Faustrecht der Mächtigen zu garantieren. Solche internationalen Abkommen verhindern auch eher das „Freifahrer"-Verhalten von Außenseitern: Das sind jene Staaten, die zwar offene Märkte anderer Länder gerne nutzen, sich selbst aber abschotten.

Die wichtigste Handels-Regel, die eine Diskriminierung zwischen Staaten unterbinden hilft und zugleich Anreize zur Teilnahme an Verträgen schafft, ist die Meistbegünstigungsklausel („Most-favoured-nation-clause", kurz: MFN). Sie ist die Grundregel des Gatt, und steht daher auch in Artikel Eins des Allgemeinen Zoll- und Handelsabkommens. Meistbegünstigung besagt, dass der günstigste Zolltarif, der einem Land für ein bestimmtes Produkt eingeräumt wird, auch für alle anderen WTO-Mitglieder gilt. Solche Tarife werden zunächst in der Handelsorganisation bilateral ausgehandelt, dann aber in Listen „gebunden" und damit gewissermaßen multilateralisiert. Eine andere, wichtige Gatt-Bestimmung ist die sogenannte Inländerbehandlung („national treatment"). Danach dürfen importierte Güter oder Dienste, sobald sie die Grenze passiert haben, von den Behörden nicht schlechter behandelt werden als einheimische Produkte. Das Gatt als Institution gibt es zwar nicht mehr, doch seine Regeln, die in 38 Artikeln festgelegt sind, wurden übernommen in die WTO und seitdem durch weitere Vereinbarungen ergänzt.

Mit der Uruguay-Runde, die fast acht Jahre dauerte (1986 bis 1994), wurden die einst nur auf Waren beschränkten Gatt-Abkommen auch auf Dienstleistungen erweitert (Gats – General Agreement on Trade in Services). Außerdem schuf man Vorschriften für geistige Eigentumsrechte (Trips – Trade related aspects of intellectual property rights) sowie für Investitionen im Ausland. Bei geistigen Eigentumsrechten (Patente, Marken, Warenmuster) verpflichteten sich die Staaten unter anderem, internationale

Bestimmungen über den Schutz von Erfindungen zu beachten und Marken-Piraterie zu verhindern.

Einer der größten Fortschritte bei der Umwandlung des Gatt zur WTO war die Schaffung eines besseren Schiedssystems. Selbst die Großmacht Amerika akzeptiert inzwischen Entscheidungen der so genannten Panels; das sind juristische Gremien mit meist drei Handelsexperten. Auch das Gatt hatte solche Schiedsinstanzen, weil es im Handel oft zu Konflikten kommt, wenn Vorschriften verletzt werden oder Streit um die Auslegung gewisser Regeln entsteht. Das ist auch kein „Handelskrieg", wie Medien oft in übertriebener Manier behaupten, sondern einer der üblichen juristischen Dispute, die es in jedem Rechtssystem gibt. Das Gatt-System hatte indes die Schwäche, dass die Mitglieder einen unangenehmen Schiedsspruch zunächst verschleppen und dann seine Annahme verweigern konnten. In der WTO mit ihrem dreistufigen System ist das nicht mehr möglich. Erst versuchen die Konfliktparteien selbst durch Konsultationen den Streit beizulegen. Gelingt dies nicht, wird ein Panel ernannt. Gegen den ersten Spruch kann Berufung eingelegt werden. Werden alle Instanzen durchlaufen, kann ein Handelsstreit in der WTO maximal 15 Monate dauern. Er endet entweder damit, dass ein Staat die inkriminierte Markthürde beseitigt oder, wenn er das Grenzregime nicht ändern will, den Handelspartnern beim Zugang für ein anderes Produkt eine Kompensation gewährt. Auf diese Weise wird die Balance aus Rechten und Pflichten der Mitgliedsstaaten wieder hergestellt.

Manchmal wird die WTO als Freihandels-Institution bezeichnet. Das ist sie im strengen Sinn des Wortes nicht. Schon die Gründer des Gatt waren keine Idealisten, die glaubten, auf Anhieb eine ökonomisch grenzenlose Welt schaffen zu können. Sie erlaubten Zölle und auch andere Formen des Grenzschutzes. Man verfolgte lediglich das Ziel, Protektionismus schrittweise abzubauen. Einerseits durch die fortlaufende Senkung der Zölle, andererseits durch die Schaffung von Regeln, die den Handel möglichst fair gestalten. So gibt es Bestimmungen über Subventionen, über Dumping (Exportpreis unter inländischem Preis) und über die Vergabe großer öffentlicher Aufträge. Zugleich gibt es aber auch Ausnahmen von den Regeln, die man indes mit den Partnern aushandeln muss und die meist befristet sind. Dazu zählt etwa die so genannte Schutzklausel: Sie erlaubt einem Staat, bei einer Importflut zeitweise die Grenze zu schließen, also die WTO-Verpflichtungen für ein bestimmtes Produkt auszusetzen. Ähnliches gibt es für Zahlungsbilanz-Probleme. Ein Staat, der seinen Markt wegen einer ökonomischen Notlage für gewisse Importe zeitweise schließt, muss im Umfang

des entgangenen Geschäfts den WTO-Partnern bei anderen Gütern eine
Kompensation gewähren, damit wiederum die Interessen-Balance gewahrt
wird.

■ Keine bürokratischen Alpträume in der WTO

Welthandel braucht keine große Bürokratie, auch wenn der jährliche
Wert der Güterströme (Waren und Dienste) inzwischen über sechs Billionen
Dollar erreicht hat. Ausfuhr und Einfuhr müssen nicht international gesteuert oder gelenkt werden, Unternehmen entdecken Export-Chancen ohne
staatliche Hilfe und nutzen sie auch, sofern die multilateralen Handelsregeln verlässlich sind. Daher ist die WTO, verglichen mit anderen Sonder-
organisationen der Vereinten Nationen in Genf, eine relativ kleine Institution. Bürokratische Alpträume muss man in ihren Fluren nicht fürchten,
das „Centre William Rappard" am Genfer See gleicht einer Mischung aus
Staatskanzlei und wissenschaftlicher Akademie. Das WTO-Sekretariat hat
500 Mitarbeiter und ein jährliches Budget von umgerechnet 150 Millionen
Mark. Es wird geleitet von einem Generaldirektor. Dieser führt nicht etwa
die Verhandlungen, sondern er ist mit seinem Sekretariat lediglich Hilfs-
organ der WTO-Mitglieder, die sich in diversen Ausschüssen und Gremien
regelmäßig treffen. Die WTO ist keine (gewählte) Exekutivbehörde, die Entscheidungen vollzieht, sondern eher ein Gremium, in dem die Mitglieder
Beschlüsse fassen und auch Schiedssprüche billigen müssen. Das Sekretariat
kann nicht einmal das Wappen der WTO allein bestimmen.

Die reguläre Arbeit obliegt dem „General Council" (Allgemeiner Rat), in
dem die Botschafter der Mitgliedsstaaten sitzen, wobei die Europäische
Union als Zollunion für alle 15 europäischen Staaten entscheidet. Der Rat
prüft, ob die Regeln im Welthandel eingehalten werden, oder er setzt ein
Panel ein, um Konflikte zwischen Mitgliedern zu schlichten. Die langfristig
anspruchsvollere Aufgabe der WTO liegt darin, Zölle weiter zu senken und
neue Regeln zu schaffen für Produkte oder für neue ökonomische Transaktionen (Finanzdienste, E-Commerce). Dazu wird entweder eine neue Handelsrunde gestartet, bei der man mehrere Themen bündelt, oder die Staaten vereinbaren Gespräche über einen Sektor, zum Beispiel über Informationstechnik oder Telekommunikation. Solche Verhandlungen startet die
Minister-Konferenz, die alle drei Jahre einberufen wird und nur ausnahmsweise in Genf stattfindet.

Von den acht Gatt-Verhandlungen war die Uruguay-Runde die längste.
Sie ist benannt nach dem Land, in dem sie 1986 gestartet wurde. Die

Vorläufer hießen unter anderem Kennedy-Runde (1964-67) oder Tokio-Runde (1973-79). Die Uruguay-Runde dauerte deswegen acht Jahre, weil die europäische Gemeinschaft sich lange gegen Subventionskürzungen und Zollsenkungen bei Agrargütern wehrte. Daran scheiterte Ende 1990 sogar eine Ministerkonferenz in Brüssel, die eigentlich die Verhandlungen hätte beenden sollen. Die europäische Gemeinschaft war erst nach internen Reformen ihrer Agrarpolitik in der Lage, Ende 1994 einen Kompromiss zu akzeptieren. Dieser sah vor, in einer sechsjährigen Periode die Agrar-Zölle um 36 Prozent zu senken, die internen Subventionen um 20 Prozent und die Exporthilfen um 36 Prozent zu kürzen. Weil zuvor jedoch alle Mengenbeschränkungen in Zölle umgewandelt wurden, begann der Zollabbau von einem sehr hohen Niveau. Mit dem Abkommen wurde zwar erstmals eine gewisse Disziplin in den Agrarhandel eingeführt, doch weil zugleich aus Gründen des Umweltschutzes und der Förderung bäuerlicher Familienbetriebe gewisse Subventionen zulässig blieben, ist die Landwirtschaft weiterhin weniger liberalisiert als der industrielle Güterhandel.

▪ In Seattle erlahmt der liberale Schub

Als Ende 1999 in Seattle die so genannte Millenniums-Runde scheiterte, bei der vor allem die Europäische Union ein großes Verhandlungspaket mit globalen Regeln für Wettbewerb und Investitionen, mit Umwelt-Normen und sozialen Mindeststandards vorgeschlagen hatte, erlahmte zunächst der Liberalisierungsschub in der WTO. Das lag nicht allein an den heftigen Protesten der Aktivisten, sondern auch an Gegensätzen zwischen den Mitgliedsstaaten. Während die öffentliche Kritik an der Globalisierung die Politiker aus den Industriestaaten dazu animierte, die Handelsregeln um soziale und ökologische Normen zu ergänzen, wehrten sich Entwicklungsländer heftig gegen solche Forderungen. Sie witterten dahinter neue Formen des Protektionismus. Das Interesse der armen Länder bestand vor allem darin, Nachbesserungen für die Uruguay-Runde zu erlangen.

Das Debakel in Seattle hatte zwei Folgen: Zum einen nährte es den Verdacht, dass große, ehrgeizige Handelsrunden aus politischen Gründen künftig nicht mehr möglich sind. Auf der anderen Seite zwang es die WTO zur Schadensbegrenzung, um den Eindruck der Lähmung zu vermeiden. Da man keine neuen Themen aufnehmen konnte, beschränkte man sich zunächst auf jene sektoriellen Verhandlungen (Agrarprodukte und Dienstleistungen), die bereits bei der Uruguay-Runde vereinbart worden waren. Selbst diese Gespräche konnten jedoch nur mit einiger Verspätung gestartet werden. Am leichtesten gelang dies noch bei Dienstleistungen, da hier die Gegensätze zwischen den Staaten weniger groß sind als bei landwirtschaftlichen Produkten.

Im Artikel 20 des Agrar-Abkommens aus der Uruguay-Runde war festgeschrieben worden, dass das langfristige Ziel neuer Verhandlungen eine „substantielle, progressive Reduktion der staatlichen Hilfe für die Bauern und des Grenzschutzes" sein sollte. Zugleich war auf Drängen der Europäischen Union ein Passus eingefügt worden, der auf die „handelsfremden Aspekte" der Landwirtschaft verwies. Denn für die EU hat diese Branche eine multifunktionelle Rolle: Sie soll die Nahrungsmittel-Versorgung in Krisenzeiten sichern, die Umwelt bewahren helfen und ferner regionalpolitischen Zielen dienen, indem sie Abwanderung aus strukturschwachen Gebieten verhindert. Damit soll ein Teil der staatlichen Hilfe weiter gerechtfertigt werden. Allerdings dürfen gemäß früherer Vereinbarungen Zahlungen nicht mehr an die Produktion gekoppelt sein (was einst Butterberge und Milchseen schuf), sondern müssen als direktes Einkommen an jene Bauern gehen, die man für „Landschaftspfleger" hält oder aus regionalen Gründen in einem Berggebiet halten will.

Während der Uruguay-Runde wurden bereits entsprechende Kategorien staatlicher Hilfe für die Landwirtschaft definiert, die nach den Farben der Verkehrsampel entweder als „grün" (erlaubt) oder als „gelb" bezeichnet werden (gelb steht für reduzieren). Neben der „roten" Hilfe (verboten) gibt es noch eine „blaue" Kategorie von Subventionen, die nur gezahlt werden dürfen, wenn zugleich Land aus der Produktion genommen wird. Der größte Agrarexporteur, die Vereinigten Staaten, möchte dagegen die künftigen Verhandlungen mit dem Ziel einer völligen Beseitigung der staatlichen Unterstützung führen. Ähnliches verlangen die achtzehn großen Agrar-Ausfuhrländer der „Cairns-Gruppe", zu denen neben Australien auch Kanada, Brasilien und Argentinien zählen. Das lehnt die EU ab, und sie hat zumindest bis zum Ablauf einer Friedensklausel im Jahre 2003 einen gewissen Spielraum bei der Abwehr solcher Forderungen.

Die neuen Agrar-Gespräche in der WTO dürften wiederum zäh und langwierig sein. Dafür gibt es neben sachlichen Gründen auch verhandlungstaktische Ursachen: Sektorielle Handels-Gespräche sind meistens schwieriger, weil bei lediglich einer Produkt-Gruppe Kompromisse zwischen den Staaten nicht so leicht zu erreichen sind. Dies gelingt eher, wenn über mehrere Güter hinweg Konzessionen möglich sind, unterschiedliche Export-Interessen auf den Tisch gelegt werden können. Die Vorliebe der EU für eine breite Handelsrunde hängt also auch damit zusammen, dass die Union den weiteren Schutz der Bauern leichter durch Konzessionen bei anderen Produkten erkaufen kann. Auf Agrargüter entfallen noch zehn Prozent des Welthandels, doch in etlichen armen Ländern ist die Abhängigkeit von landwirtschaftlichen Exporten viel höher. Daher sind an einer Marktöffnung in Europa nicht nur die Vereinigten Staaten interessiert, die der größte Agrarexporteur der Welt sind. Auch viele Entwicklungsländer möchten gerne mehr Devisen mit dem Agrarhandel verdienen.

Während die Uruguay-Runde auf eine unheilvolle Weise vom europäisch-amerikanischen Agrar-Konflikt dominiert wurde, ist seitdem die Palette strittiger Themen erheblich umfangreicher geworden. Diese entzweien auch einen viel größeren Kreis von WTO-Mitgliedern. So gibt es Gegensätze zwischen Industrieländern beim Handel mit Hormonfleisch oder mit gentechnisch veränderten Substanzen. Hinzu kommen Auseinandersetzungen zwischen dem Norden und dem Süden bei Umwelt- und Sozialnormen.

Der Streit über den Einsatz von Wachstumshormonen im Rindfleisch, den die EU vor dem Schiedsgericht der WTO verlor, hat gezeigt, wie schnell heute ein Disput um Handelsregeln fast Züge eines Kultur-Konflikts annehmen kann. Denn je offener Märkte bei niedrigen Zöllen werden, umso eher „stolpern" Importeure über nichttarifäre Handelshürden. Das sind Vermarktungsvorschriften, also nationale Bestimmungen darüber, was in einem Land (oder in einer Zollunion wie der EU) als sicher und gesund angesehen wird. Während in Amerika der Einsatz von Hormonen im Tierfutter und auch die Gentechnik viel weniger Ängste wecken, lehnen vor allem deutschsprachige Länder solchen „Fortschritt" auf dem Teller ab. Der Schiedsspruch wurde daher teilweise so interpretiert, als ob die Handelsorganisation wie ein globaler Regulierer verordnen könne, was auf den Tisch kommt. Das WTO-Abkommen über die Sicherheit der Nahrungsmittel setzt indes keine eigenen Standards, sondern übernimmt unter anderem den „Kodex Alimentarius" der Weltgesundheitsorganisation. Man verlangte daher beim Importverbot für Hormonfleisch den wissenschaftlichen Nachweis eines Risikos, den die EU aber bisher nicht erbrachte. Unter gewissen Umständen akzeptiert die WTO allerdings auch ein nationales Vorsichtsprinzip: Dieses ist im Artikel 20 des Gatt-Vertrages enthalten, der den Staaten ermöglicht, den Handel zum Schutz von Mensch, Tier und Natur zu beschränken. Dabei darf aber nicht zwischen Handelspartnern diskriminiert werden.

Konflikte zwischen Nord und Süd entzünden sich in der Welthandelsorganisation seit einigen Jahren immer häufiger daran, wie „grün" oder wie „sozial" Handelsregeln sein sollten. Während die Industrieländer Um-

weltnormen und Sozialstandards befürworten, befürchten Entwicklungsländer neue Formen eines Protektionismus der Reichen. Gewerkschaften
werfen etwa Niedriglohn-Ländern „soziales Dumping" vor, weil diese gewisse Konventionen der Internationalen Arbeitsorganisation (ILO) nicht einhalten. Sie wollen daher notfalls mit Handels-Sanktionen in der Dritten
Welt soziale Mindeststandards durchsetzen. Die Entwicklungsländer lehnen
dies ab. Für soziale Normen, so argumentieren sie, ist die Arbeitsorganisation zuständig und nicht die Handelsorganisation. Das wurde 1996 bei der
ersten WTO-Ministerkonferenz beschlossen, und daran wollte man auch
beim Treffen in Seattle nicht rütteln lassen.

▇ Interessen-Kollision bei Öko-Normen

Eine ähnliche Interessen-Kollision gibt es bei ökologischen Normen: Der
Norden will sie, der Süden lehnt sie ab. Dieser Gegensatz ist bereits sichtbar,
wenn es lediglich um die Kennzeichnung umweltfreundlicher Produkte
geht, etwa durch Öko-Label. Darüber gibt es eine schon jahrelange Debatte
im WTO-Umweltausschuss. Die Industrieländer drängen darauf, Konflikte
zwischen Handel und Umwelt zu verringern, weil das Image der WTO bei
Naturschützern schlecht ist. Dies liegt einerseits daran, dass die Handelsorganisation die Umweltdebatte regelrecht verschlafen hat. Erst Anfang der
neunziger Jahre erkannte sie die Brisanz des Themas. Dann trugen Schiedssprüche zum Bild einer Organisation bei, die den freien Handel offenbar
über Sorgen von Tierschützern stellt. So unterlag Amerika mit einem Importverbot für mexikanischen Thunfisch, weil sich in den Netzen auch die
(geschützten) Delphine verfangen können. In diesem Verbot sah das Gatt
eine unzulässige Einmischung in Fangmethoden anderer Länder. Das Urteil
der Schiedsinstanz wurde jedoch nicht angenommen, weil es bei allen
Gatt-Mitgliedern ein gewisses Unbehagen über den allzu legalistischen
Spruch gab. In einem zweiten Urteil unterlag Amerika mit einem Importverbot für asiatische Garnelen, weil man in den Fangmethoden eine Gefahr
für die geschützten Meeresschildkröten sah.

Auch wenn die Konflikte in der Handelsorganisation bisher meist Tier-
schützer erregten, so steckt dahinter ein generelles Problem zwischen Ökonomie und Ökologie: Widersprüche zwischen Handelsliberalisierung und
Umweltschutz entstehen, weil negative externe Effekte des Konsums oder
der Produktion wegen mangelnder Eigentumsrechte bei gewissen öffentlichen Gütern (Luft, Wasser, biologische Vielfalt) nicht oder nur teilweise
in das individuelle Kalkül eingehen. Insofern kann eine Zunahme des Han-

dels ökologische Schäden vermehren, etwa durch eine Erleichterung des Exports tropischer Hölzer aus nicht nachhaltiger Forstwirtschaft. Es gibt indes auch Beispiele dafür, dass Handel Umweltschäden vermindert: So kann etwa der Einsatz von Pestiziden in der Landwirtschaft eingedämmt werden, wenn Agrar-Produkte vermehrt aus klimatisch günstigeren Regionen kommen, wo man der Natur chemisch nicht so viel „nachhelfen" muss. Auf der anderen Seite dient der Hinweis auf den Welthandel und damit auf ausländische Konkurrenten oft dazu, nationale Umweltauflagen abzuwehren. Tatsächlich können „dreckige" Industrien, wenn sie in einem Land verboten werden, an ökologisch weniger sensible Standorte verlagert werden.

Die Wechselwirkung zwischen Welthandel und Umweltschutz ist komplex und nicht, wie es vor allem ökologische Aktivisten suggerieren, in jedem Fall positiv oder negativ. Die Folgen für die Umwelt hängen oft davon ab, ob es zuvor gelungen ist, mit internationalen Vereinbarungen schädliche ökologische Folgen zu bannen, zum Beispiel beim Verbot fluorhaltiger Kohlenwasserstoffe, die die Ozonschicht zerstören.

Wenn die Staatengemeinschaft den Welthandel „grüner" machen will, so gibt es zwei Möglichkeiten: Man kann ökologische Normen in das WTO-Regelwerk einfügen oder internationale Umwelt-Abkommen in anderen Gremien schaffen. Viele Ökonomen halten die zweite Variante für besser, weil nach ihrer Ansicht Handelshürden nur die zweitbeste Lösung sind. Sie packen das Übel nicht an der Wurzel, verhindern also Emissionen nicht schon bei der Produktion oder beim Konsum. Gleichwohl brauchen auch internationale Umwelt-Abkommen gewisse Bestimmungen über den Handel. Dies gilt zum Beispiel nicht allein für die ökologisch „saubere" Beseitigung von Sondermüll. Ohne spezielle Handelsregeln im Müll-Vertrag (Basler Konvention aus dem Jahre 1989) würde man Sonderabfall über die Grenzen verschieben in Länder, die beim Umweltschutz weniger sensibel sind und auch nicht die entsprechende Entsorgungstechnik besitzen. Ähnliches gilt etwa für Exportverbote bei gefährdeten Tierarten. In solchen Abkommen muss gewährleistet sein, dass sie einerseits Vorrang haben vor WTO-Normen und zum anderen nicht kollidieren mit dem Verbot der Diskriminierung von Handelspartnern. Sonst könnte das WTO-Schiedsgericht womöglich solche Umwelt-Abkommen unterlaufen.

Obwohl gerade Umweltschützer, wie etwa Greenpeace, die WTO oft kritisieren, haben sie doch ein gewisses Faible für die Handelsorganisation. Denn sie wissen, dass das eine starke und wichtige Institution ist. Wenn man ökologische Normen in den Handel einfügt, dann hat man gewissermaßen einen großen Knüppel in der Hand, um diese Regeln auch international durchzusetzen. Denn Handelssanktionen haben hohe Kosten in Form entgangener Exporteinnahmen und können somit ökologisches Wohlverhalten erzwingen. Ähnliches gilt für soziale Normen: Die ILO prüft zwar regelmäßig die Einhaltung ihrer Konventionen, etwa das Verbot von Kinderarbeit und gewerkschaftlicher Freiheiten, doch die Arbeitsorganisation hat außer öffentlichen Appellen keine „handfesten" Sanktionen, und daher werden viele ihrer Normen nicht eingehalten.

▓ Grüne wollen mit am Tisch sitzen

Die vielen und meist sehr selbstbewussten Gruppen der Zivilgesellschaft, die man auch Nichtregierungsorganisationen nennt („non-governmental organisations NGO"), machen aus der WTO gerne ein Monster, das ohne demokratische Kontrolle globale Regeln setzt, also etwa allen Bürgern Gentech-Nahrung aufzwingen kann. Außerdem wird die WTO als williger Handlanger der Multis dargestellt. Dieses Bild ist ein Zerrbild, um politische Wirkungen zu erzielen. Man will einerseits Zugang bekommen zu den Gremien der WTO, wie es in anderen UN-Organisationen bereits der Fall ist. Die Gruppen wollen mit am Tisch sitzen, wenn die Handelsregeln formuliert werden. Andererseits soll der Öffentlichkeit bedeutet werden, die WTO diktiere die Politik der Staaten, sei also eine Diktatur. Tatsächlich diktieren die Mitgliedsstaaten die WTO, und ihre Regierungen sind mehr oder minder demokratisch gewählt. Die Handelsorganisation kann nur dann nationale Regeln unterlaufen, wenn es einen Schiedsspruch gibt. Doch dieser orientiert sich seinerseits an der juristischen Auslegung von Bestimmungen, die die WTO-Mitglieder früher einstimmig beschlossen haben.

Die heftigere Kritik an der Handelsorganisation hat heute vor allem zwei Gründe: Die WTO vermag das Unbehagen an der Globalisierung zu bündeln, das sich auf der linken und auch auf der rechten Seite des politischen Spektrum regt. Außerdem hat die WTO etwas Geheimbündlerisches an sich, weil es beim Handel um Milliarden-Interessen geht. Und da lassen sich die Regierungen und ihre Handelsdiplomaten nicht gerne in die Karten blicken. Die öffentliche Transparenz der Entscheidungen ist jedoch unter dem Druck der Zivilgesellschaft bereits zu einem Thema geworden, was allerdings autokratisch regierten Mitgliedsstaaten nicht gefällt. Sie stört es bereits, wenn im Internet mehr Dokumente als früher zugänglich gemacht werden. Ähnlich wie Währungsfonds und Weltbank wird aber auch die WTO nicht umhin kommen, ihre Prozeduren öffentlich zu machen, um das Misstrauen gegen die Globalisierung zu verringern und die Vorteile enger Arbeitsteilung besser zu verdeutlichen.

17. Die Transformation

■ Vom zentralen Plan zur Marktwirtschaft

„Man weiß, wie man aus Kapitalismus Sozialismus macht – aber nicht, wie aus Sozialismus soziale Marktwirtschaft wird." Thüringens Ministerpräsident Bernhard Vogel (CDU) hat es im Dezember 1992 treffend zugespitzt: Der wirtschaftliche Systemwandel (Transformation), der nach dem Verschwinden des Eisernen Vorhangs nicht nur Ostdeutschland, sondern auch den übrigen mittel- und osteuropäischen Planwirtschaften an der einstigen Kandare der Sowjetunion den Weg zu Freiheit und Wohlstand eröffnen sollte, stellte eine institutionelle Revolution ohne Vorbilder dar. Der Enthusiasmus angesichts der einmaligen historischen Situation war groß – die Ratlosigkeit zunächst aber auch.

Man wusste zwar aus der konzeptionellen Vorgeschichte der Sozialen Marktwirtschaft in Deutschland, was die – von dem liberalen Freiburger Nationalökonomen Walter Eucken in seinem wegweisenden Werk „Die Grundsätze der Wirtschaftspolitik" so genannten – konstituierenden, einander ergänzenden Prinzipien einer funktionsfähigen Marktwirtschaft waren: Privateigentum an Produktionsmitteln und Immobilien, gekoppelt mit freier Verfügung und Übertragbarkeit des Eigentums, freie Preisbildung im Wettbewerb, Geldwertstabilität durch Steuerung der Geldmenge nach festen Spielregeln mittels einer von der Politik unabhängigen Zentralbank, offene, frei für jedermann zugängliche Märkte für Güter und Kapital, Vertragsfreiheit, Haftung der Verantwortlichen für allfällige Fehlentscheidungen, Stetigkeit und Verlässlichkeit der staatlichen Wirtschaftspolitik. Man kannte auch die Notwendigkeiten einer aktiven Ordnungspolitik, das heißt so genannter regulierender Prinzipien einer funktionsfähigen Marktwirtschaft, die verhindern, dass die wirtschaftlichen Freiheiten von Einzelnen zum Schaden der Anderen verkehrt werden: Regeln gegen Beschränkungen des Wettbewerbs auf den Güter-, Arbeits- und Kapitalmärkten, ein offenes, protektionsfreies Außenhandelssystem, Privatrechtsordnung und Rechtssicherheit, ein Haushaltsrecht für den Staat und eine mit der wirtschaftlichen Ordnung vereinbare, freiheitlich-demokratische politische

Ordnung, versehen mit einer verlässlichen und unbestechlichen Verwaltung.

Doch über die deutsche Wirtschaftswunder-Nachkriegsgeschichte hinaus hatte man kaum Erfahrungen mit dem Systemwandel, das heißt mit der Transformationspolitik, mit dem dynamischen Prozess, in dem man zur Verwirklichung all dieser Prinzipien gelangen würde. Und auch die in diesem Zusammenhang als Vorbild viel zitierte Einführung der Sozialen Marktwirtschaft in der Bundesrepublik Deutschland nach dem Zweiten Weltkrieg bietet keinen wirklich guten Vergleich. Sie musste zwar ebenfalls an ein höchst ineffizientes zentralverwaltungswirtschaftliches System anknüpfen – jenes der nationalsozialistischen Diktatur. Doch dank seiner vergleichsweise kurzen, wenn auch politisch verheerenden Lebensdauer hatte dieses System die wirtschaftlichen Mentalitäten der Bürger noch nicht so nachhaltig beschädigt und die Institutionen des Markts nicht so dauerhaft zerstört wie später der Sozialismus in Osteuropas. Vor allem aber lag zwischen dem Nationalsozialismus und dem Wiederaufbau Westdeutschlands die alles verändernde Katastrophe: der nicht nur wirtschaftliche, sondern auch gesellschaftliche, politische und rechtliche Zusammenbruch eines Landes, das sich in der internationalen Staatengemeinschaft zum verbrecherischen Paria gemacht hatte. Der Neubeginn der mit Währungsreform, solider Geldpolitik und liberaler Wirtschaftsverfassung aus Schutt und Asche wieder aufstehenden Bundesrepublik Deutschland spielte sich daher nicht nur auf einem niedrigeren Ausgangsniveau ab als später der Systemwandel Osteuropas, unvergleichbar war vielmehr auch das Geflecht an außenpolitischen Abhängigkeiten und besatzungsrechtlichen Vorgaben.

Selbst die Erfahrungen der Entwicklungsländer ließen sich nicht 1:1 auf die Verhältnisse in Ostdeutschland oder Ost- und Mitteleuropa übertragen, wiederum vor allem wegen vielfältiger Unterschiede in den äußeren Bedingungen der jeweiligen Länder (Mentalitäten, Entwicklungsniveau, politische Strukturen). Zudem verfügte auch die Entwicklungsökonomik über keine klaren Rezepte. Jahrzehntelang stocherte sie angesichts der unendlichen Schwierigkeiten der „Dritten Welt" im dichten Nebel, vollzog sie zudem das unerquickliche Auf und Ab der volkswirtschaftlichen Dogmengeschichte im Banne des keynesianischen Machbarkeitsglaubens und seiner Gegner mit, von der wiederbelebten Frage des Nutzens von „Erziehungszöllen" bis hin zu der vor allem mit Albert Hirschmann verbundenen Debatte über „balanced" oder „unbalanced growth".

Es gab also für den Osten keinen konkreten Fahrplan für den Übergang zur Marktwirtschaft. Es waren keine mühelos anzuwendenden Rezepte zur

Hand. Dementsprechend sah sich auch die Wirtschaftswissenschaft dem Vorwurf ausgesetzt, sie sei in ihrem Elfenbeinturm eingeschlafen und habe die Arbeit an Reformvorschlägen für den Osten vernachlässigt. Zum größten Teil waren die Vorwürfe jedoch ungerechtfertigt, zum Teil auch ungerecht. Es war schlicht unrealistisch, ein fertiges Katalogmodell für die Systemtransformation zu verlangen, nach dem die Auswahl und Abfolge der einzelnen notwendigen wirtschaftspolitischen Schritte bestimmt werden konnten. Mechanistische, immer maximalen Erfolg versprechende Verhaltensanleitungen hat es in der Theorie der Wirtschaftspolitik noch nie gegeben und wird es nie geben können. In der Theorie der Transformation, die sich nun nach dem Verschwinden des Eisernen Vorhangs nicht nur in Deutschland entwickelte, war man daher auf zweierlei angewiesen: auf das Erkennen von Grundzusammenhängen anhand von Analogieschlüssen ohne Apodiktik und auf das allmähliche Ansammeln von osteuropaspezifischen Erfahrungen.

Dabei stellten sich viele Fragen, die umso komplizierter wurden, je näher man ins Detail zu gehen genötigt war: Müssen sämtliche Institutionenreformen auf einen Schlag verwirklicht werden (Schocktherapie) oder ist ein allmählicher, sozial abgefederter Wandel möglich? Was soll man tun mit der auf einmal offen zu Tage tretenden, bisher verdeckten Arbeitslosigkeit? Was ist die optimale Sequenz der einzelnen Liberalisierungs- und Deregulierungsschritte? Welche Rolle spielt dabei der Anreiz zur Eingliederung der Reformstaaten in die Europäische Union und der damit verbundene Druck zur Übernahme der diversen EU-Regulierungen, des „acquis communautaire"? Müssen makroökonomische oder mikroökonomische Reformen im Vordergrund stehen? Welche Methoden führen in der Privatisierung zu einer optimalen neuen Wirtschaftsstruktur, und welche Risiken treten dabei neu auf? Wie errichtet man einen Kapitalmarkt? Was sind die geeigneten Wechselkursmechanismen? Für welche Länder eignen sich feste, für welche vielmehr flexible Wechselkurse? Was geschieht bei einer plötzlichen Liberalisierung des Außenhandels? Wäre ein Dritter Weg nicht doch noch möglich?

■ Das Phantom eines Dritten Weges

Der real existiert habende, diktatorische Sozialismus war politisch gekennzeichnet durch den Missbrauch staatlicher Macht und wirtschaftlich durch das Fehlen von Privateigentum an den Produktionsmitteln sowie die zentralstaatliche Lenkung des Wirtschaftsprozesses. Zwischen Leistung und

Einkommen bestand keine feste Beziehung mehr. Am wahnhaften Glauben an die Beherrschbarkeit der mikroökonomischen Verflechtungen einer Wirtschaft, an der daraus resultierenden systematischen Fehlleitung der Ressourcen und der damit verbundenen Umverteilungsmaschinerie ist der Sozialismus schließlich zu Grunde gegangen. Konsequenterweise hat der amerikanische Politikwissenschaftler Francis Fukuyama das Verschwinden des Eisernen Vorhangs und den wirtschaftlichen Zusammenbruch des Sozialismus möglicherweise ein wenig vorschnell als Ende der Geschichte gefeiert, als Endpunkt der ideologischen Evolution der Menschheit und als Beginn der weltumspannenden Gültigkeit der westlichen liberalen Demokratie als endgültige Form der menschlichen Regierung. Vorschnell ist dieses Urteil wohl schon deshalb, weil der „schleichende Sozialismus" wohl stets eine drohende Gefahr bleiben wird, das heißt die Aushöhlung der Marktwirtschaft durch ein verdecktes, schwer kontrollierbares Vordringen des Staates zu Lasten des Einzelnen in allen möglichen Wirtschaftsbereichen. Doch es ist auch nicht konsensfähig.

Zu viele Menschen wehren sich noch dagegen, aus dem Sieg der Marktwirtschaft über den Sozialismus als wirtschaftliches System gleichzusetzen mit einem Verlust der sozialistischen Ideale. Soziale Gerechtigkeit, Solidarität, Freiheit für Unterdrückte, Hilfe für die Schwachen – das sind diese Ideale, an deren immerwährende Gültigkeit die Unbelehrbaren immerfort glauben möchten und die sie in einer alles andere als zwingenden logischen Verbindung an den Topos „Sozialismus" knüpfen. Denn erstens hat die Marktwirtschaft historisch bewiesen, dass sie besser als die Zentralverwaltungswirtschaft in der Lage ist, den legendären Kuchen zu erwirtschaften, der nachher zwischen den Bürgern verteilt werden kann: Wachstum ist die beste Sozialpolitik. Und zugleich fallen die trauernden Kämpfer für den Sozialismus einem alten Fehler zum Opfer, nämlich der Vermengung von individual- und ordnungsethischen Kategorien. Für Gerechtigkeit sorgen kann nur ein Individuum, nicht aber eine Gesellschaftsordnung, solidarisch sollte man sich klugerweise nur in der Kleingruppe verhalten, nicht aber in der anonymen Masse.

Ausgeträumt sein müsste daher eigentlich auch der Traum vom Dritten Weg irgendwo in der Mitte zwischen Sozialismus und Markt, wie ihn der polnische Ökonom Oskar Lange einst träumte, der von einem Marktsozialismus sprach und damit logisch betrachtet nichts anderes als die theoretische Bankrotterklärung des Sozialismus verkündete. Dass dieser Traum von einer paradigmatischen Versöhnung von Kapitalismus und Sozialismus aber noch immer nicht ausgeträumt ist, dass ihn die politische „neue Mitte" ebenso wieder ausgräbt wie manche Reformstaaten, liegt an der Dehnbarkeit, Offenheit und letzlichen Ziellosigkeit des Begriffs, an der angeblichen Milde, die darin ruht, weder das eine noch das andere zu wollen: weder Kollektivismus noch Egoismus, weder Gleichmacherei noch Mangel an Solidarität, weder staatliche Bevormundung noch Minimalstaat. Dabei hat die historische Erfahrung gezeigt, dass die Einführung einiger marktwirtschaftlicher Elemente ohne eine grundlegende Reform des Plansystems zu nichts führen kann – man blicke nur auf Ungarn und Polen in den siebziger und achtziger Jahren. Auch das so genannte jugoslawische Modell brachte keinen Durchbruch auf dem Weg zu mehr Freiheit und Wohlstand.

Für die Reformstaaten ist das Gerede von einem Dritten Weg ein süßes Gift. Denn Maßnahmen, die angebliche sozialistische Errungenschaften erhalten sollen, sind mit der Marktwirtschaft nicht vereinbar. Dazu zählen staatliche Preisfestsetzungen für Grundnahrungsmittel, Kindergärten, Wohnungen und Devisen ebenso wie die Beschwörung der Solidargemeinschaft und eine überbordende Sozialpolitik. Nur ein bisschen Marktwirtschaft, das gibt es nicht. Wer die Früchte des Markts ernten will, muss seine Funktionsprinzipien akzeptieren und für widerspruchsfreie Spielregeln sorgen. Die Marktwirtschaft ist jedem so genannten Dritten Weg überlegen.

▪ Schocktherapie oder allmählicher Wandel

Radikale Reformer wie der Harvard-Ökonom Jeffrey Sachs, der unter anderem die polnische und die russische Regierung beraten hat, halten eine plötzliche Liberalisierung und Deregulierung sowie einen forcierten, rapiden Strukturwandel für unumgänglich. Je schneller die Marktmechanismen für eine effiziente Allokation sorgen, je rascher die hoffnungslos veralteten Industrien geschlossen werden, desto billiger für das ganze Land. Doch vor den sozialen Folgen solch radikaler Einschnitte schreckten die meisten Regierungen zurück – und verschleppten ihr Problem. Dabei ist freilich zu berücksichtigen, dass die Bereitschaft der jeweiligen Bevölkerung, immer weitere Verschlechterungen der wirtschaftlichen Lage hinzunehmen, nicht zuletzt auch zeitlich begrenzt ist. Wenn der schmerzhafte Prozess des Wandels zu lange andauert, beginnen sich Partikularinteressen zu organisieren und Druck auf die Regierung auszuüben. Damit sind dann jedoch einer Verwässerung der Reformen Tür und Tor geöffnet. Um das zu vermeiden, müssen Reformen zügig ins Werk gesetzt werden. Nur Polen hat sich dieser Logik der Schocktherapie nach einigem Zögern weitestgehend angeschlossen – und die Früchte dessen sind heute deutlich zu erkennen. Polen hat der Tschechischen Republik als Vorreiter der Reformen und als solide neue Marktwirtschaft mittlerweile den Rang abgelaufen. Es hat sich erwiesen: Der ordnungspolitisch unsaubere Gradualismus ist kein Erfolg versprechender Weg.

■ Makroökonomische oder mikroökonomische Reformen

Die Frage, ob makroökonomische (auf ein Gleichgewicht der gesamtwirtschaftlichen Aggregate zielende) oder mikroökonomische (das Geflecht der individuellen wirtschaftlichen Anreize betreffende) Reformen am Anfang des Systemwandels zu stehen hätten, hat sich als besonders umstritten und ihre Beantwortung im Nachhinein als besonders wichtig erwiesen. Theoretisch ist klar, dass sich die Makrodaten als künstliche Aggregate aus den individuellen Entscheidungen der wirtschaftlichen Akteure ergeben und dass die mikroökonomischen Reformen demnach logischerweise am Anfang einer wirtschaftlichen Transformation stehen müssten. Doch nach dem Verschwinden des Eisernen Vorhangs hatte man in vielen Fällen zunächst keine Zeit für die Arbeit an den Grundlagen wie umfassende Privatisierung, Auflösung der Verflechtungen zwischen Banken und Unternehmen, Entschuldung der Banken, Abbau von Subventionen, Steuervorteilen und Protektion, Einführung harter Budgetrestriktionen sowie eines Konkursgesetzes, Stabilisierung und Finanzmarktreform. Tatsächlich schienen erst einmal Symptomkuren – obschon nicht der Weisheit letzter Schluss – erforderlich. Denn die makroökonomischen Probleme knebelten die Reformstaaten förmlich: Nach den ersten Liberalisierungsschritten kletterte in den meisten Staaten Mittel- und Osteuropas die Inflation auf astronomische Höhen, die Produktion kam zum Erliegen, die Arbeitslosigkeit stieg rasant. Viele Länder, insbesondere Ungarn, litten unter einer nicht einmal mittelfristig aufrechtzuerhaltenden Auslandsverschuldung, die durch stetig wachsende Außenhandelsdefizite immer weiter wuchs, verbunden mit einem chronischen Staatsdefizit. An diesen makroökonomischen Größen hat der Internationale Währungsfonds (IWF), der die meisten Reformstaaten wegen deren Kreditbedarf auf dem Weg in die Marktwirtschaft begleitete, mit seinen Ratschlägen regelmäßig angesetzt – auf der Suche nach einem halbwegs stabilen gesamtwirtschaftlichen Gleichgewicht. Zudem haben makroökonomische Reformen durchaus auch mikroökonomische Auswirkungen wie zum Beispiel die Drosselung der Inflation, die den „automatischen", aber unverdienten Schuldenabbau unmöglich macht und damit zu harten Budgetrestriktionen beiträgt.

Die Konzentration auf die Makroökonomik indes verselbständigte sich und versperrte auf Dauer allzu sehr den Blick auf die allem Wirtschaften zu Grunde liegenden mikroökonomischen Strukturen. Ein Jahrzehnt nach dem Verschwinden des Eisernen Vorhangs zeigt sich, dass jene Länder, die zwar zur Bereinigung ihrer makroökonomischen Ungleichgewichte mehr Zeit gebraucht haben als andere, dabei aber gründlichere mikroökonomische Reformen auf den Weg gebracht haben, auf Dauer erfolgreicher und stabiler daherkommen. Gerade Ungarn, das lange mit seiner Verschuldung hat kämpfen müssen, dabei aber die mikroökonomischen Reformen anders als beispielsweise die Tschechische Republik nicht vernachlässigt hat, kann als Vorbild gelten.

▓ Die Privatisierung

Die Privatisierung der ehemaligen Staatsbetriebe gilt als wichtigstes Kernstück der Transformation. Im Rückblick haben sich zwei Imperative klar herausgebildet: Damit ein Land wirtschaftlich möglichst rasch auf seine eigenen Füße gestellt werden kann, muss die Privatisierung vor allem zügig erfolgen, und sie muss so organisiert sein, dass sie geordnete Eigentumsverhältnisse mit klaren Beteiligungsmehrheiten stiftet und ein Maximum an frischem ausländischen Investitionskapital ins Land bringt.

Doch so eindeutig ließ sich das im Vorhinein nicht sagen. Zu widerstreitend waren die mit der Privatisierung verbundenen politischen Ziele, zu unsicher war die Kenntnis über den Wert des jeweiligen Volksvermögens. So klar die Notwendigkeit zur Privatisierung als Weg zur Belebung der privatwirtschaftlichen Initiative und zur Sicherung eines verantwortungsbewussten Umgangs mit den volkswirtschaftlichen Ressourcen erkannt wurde, so unklar waren die Vorstellungen darüber, wie die praktische Entstaatlichung auszusehen habe. Ebenso wie in Ostdeutschland gab es in allen Staaten Mittel- und Osteuropas eine heftige Debatte darüber, ob im Blick auf die „soziale" Gerechtigkeit die Bevölkerung am ehemaligen Volksvermögen zu beteiligen sei oder ob im Blick auf die Kapitalknappheit vielmehr vor allem darauf geachtet werden sollte, finanzkräftige Investoren ins Land zu ziehen. Strittig und letztlich pragmatisch zu beantworten war auch, ob die Sanierung oder der zügige Abverkauf der zum großen Teil maroden Staatsbetriebe im Vordergrund der Tätigkeit in den jeweiligen Privatisierungsbehörden zu stehen habe oder ob beides nicht irgendwie miteinander zu vereinbaren sei. Oftmals versperrten auch ungeklärte Eigentumsfragen aus der vorsozialistischen Zeit den Weg zur raschen Entstaatlichung.

Die Privatisierung setzt zunächst die Schaffung eines geeigneten Rechtsrahmens voraus. Private müssen frei zu wirtschaftlichen Tätigkeiten zugelassen werden und müssen sich auf ein Handels- und Gesellschaftsrecht stützen können, das die Verantwortlichkeiten klar festlegt. Dann brauchen die staatlichen Betriebsstätten eine marktfähige Unternehmensform als Aktiengesellschaft oder als Gesellschaft mit beschränkter Haftung. Erst danach kann die Übertragung von Eigentumsrechten erfolgen, die wiederum nach verschiedenen Methoden vorgenommen werden kann. Grob wird unterschieden zwischen 1) dem direkten Verkauf über internationale, formal standardisierte Ausschreibungen und Auktionen oder über Investmentfonds an der Börse, was den besten Zugang zu frischem, auch ausländischem Kapital erlaubt, 2) dem Management-Buy-Out oder Employee-Buy-Out, bei dem das betriebsspezifische Wissen am besten erhalten bleibt, aber kaum frisches Kapital zuströmt, und 3) der Massen- oder Couponprivatisierung, bei der die Belegschaften und die Bürger entweder gratis oder gegen kleine Geldbeträge zumeist handelbare Beteiligungsscheine am Volksvermögen erhalten. Bei dieser administrativ außerordentlich aufwendigen Methode zerfasern die Eigentumsverhältnisse, wachsen die Transaktionskosten bis zur Bündelung von Kapitalmehrheiten erheblich und stockt die Kapitalzufuhr. Die erhoffte Belebung der neu gegründeten Kapitalmärkte bleibt zumeist ebenfalls aus. Doch ohnehin steht bei der Coupon-Privatisierung nicht die Effizienz der Entstaatlichung, sondern die zumindest scheinbare Beteiligung der Bevölkerung und damit die politische Akzeptanz der Privatisierung im Vordergrund.

Die vor allem auf den Aufbau eines Mittelstandes zielende so genannte kleine Privatisierung, das heißt die Privatisierung der kleinen und mittleren Betriebe (darunter befinden sich vor allem Einzelhandelsgeschäfte und Restaurants), ist in allen Staaten Mittel- und Osteuropas am schnellsten und unproblematischsten verlaufen. Zwar war auch hier zumeist der Verkauf durch Versteigerung vorgesehen, doch der Kapitalmangel der interessierten Bürger zwang meistens dazu, dass der Staat zunächst das Eigentumsrecht behielt und die Betriebe vermietete. Die so genannte große Privatisierung hingegen bereitet in den meisten Ländern auch heute noch Kopfzerbrechen. Einerseits sind die sozialistischen Großbetriebe wegen immenser Überkapazitäten und maroder Anlagen schwer zu verkaufen, andererseits gehören viele von ihnen auch heute noch zu so genannten strategischen Sektoren, über welche die Regierungen nach wie vor die Hoheit behalten wollen. Dazu zählen vor allem die angeblichen natürlichen Monopole der öffentlichen Dienste wie Elektrizitätsversorgung, Telekommunikation, Eisenbahn und Post.

Insgesamt gibt es heute im ehemals sozialistischen Osten kaum mehr ein Land, das weniger als 50 Prozent seiner Wirtschaftsleistung nicht privatwirtschaftlich erzielt. Besonders große Fortschritte haben dabei Ungarn, die Tschechische und die Slowakische Republik gemacht. Nach einer Schätzung der Osteuropa-Bank in London von 1999 entfällt in diesen Ländern auf die Privatwirtschaft ein Anteil von 75 bis 80 Prozent der gesamten Wertschöpfung. Das geringste Gewicht hingegen hat die Privatwirtschaft noch in der Ukraine und in Bulgarien.

■ Die Erfahrungen in Ostdeutschland

Die Systemtransformation in Ostdeutschland gilt im Vergleich mit den anderen ehemals sozialistischen Planwirtschaften als besonders erfolgreich. Sie kann in der Tat zwar noch nicht als abgeschlossen, aber durchaus als bisher zumindest oberflächlich einigermaßen geglückt gelten. Grundsätzlich funktioniert die Wirtschaft dort nach den Regeln des arbeitsteiligen, vor allem auf privater Initiative fußenden Marktes; der Preismechanismus zielt auf eine knappheitsgerechte Allokation der Ressourcen. Dabei hat Ostdeutschland im Unterschied zu seinen östlichen Nachbarn von Anfang an auf die finanzkräftige Unterstützung aus dem Westen bauen können – was allerdings dazu geführt hat, dass in Ostdeutschland eine Transferökonomie errichtet worden ist, die zumindest den Systemwandel in den Köpfen auf das Bedenklichste behindert. Denn finanzielle Alimentation vermindert die Bereitschaft zur Anpassung und bestärkt die Kräfte, die schon immer auf Hilfe von außen gesetzt haben. Jede dritte D-Mark, die 1999 im Osten ausgegeben wurde, war nicht dort erwirtschaftet. 1999 hat Ostdeutschland rund 670 Milliarden DM Ressourcen verbraucht. 452 Milliarden DM davon stammten aus eigener, ostdeutscher Wertschöpfung, 144 Milliarden DM aus öffentlichen Transfers und 73 Milliarden DM aus Kapitalimporten, von denen wiederum 30 Milliarden aus öffentlicher Kreditaufnahme und nur der Rest aus privatem Kapitalzufluss kamen. Mehr als drei Viertel der Transfers stellten dabei indes keine speziellen Sonderleistungen für den Osten dar, sondern ergaben sich aus den Strukturen des deutschen Sozialstaats.

Ein selbst tragendes Wachstum ist jedoch im Osten trotz oder gerade wegen der umfangreichen, mehr konsum- als investitionsorientierten Transfers nicht in Gang gekommen. Die kräftigen Wachstumsraten des Bruttoinlandsprodukts aus der Zeit nach der Wende sind schon 1994 eingebrochen und haben sich seither nicht wieder erholt. Dazu haben nicht nur das Zusammenbrechen der Ostmärkte und die Krise der Weltkonjunktur beigetragen, sondern auch eine verfehlte, auf übermäßig rasche Anpassung an das Westniveau ausgerichtete Lohnpolitik. Auch das Auslaufen des Fördergebietsgesetzes 1996 hat sich bemerkbar gemacht, das mit Abschreibungen und Steuervergünstigungen ein Investitionsstrohfeuer angefacht hatte. Schwerer wiegt noch die falsche Weichenstellung durch übermäßige Kapitalsubventionen. Die Kapitalausstattung in den Unternehmen Ostdeutschlands ist mittlerweile besser als im Westen, aber die Arbeitsproduktivität bleibt geringer.

Das ostdeutsche Bruttoinlandsprodukt je Erwerbstätigem betrug 1999 rund 60 Prozent des Westniveaus und hat sich damit seit 1996 nicht mehr verändert. Dies ist vor allem der Reflex der Wirtschaftsstruktur: Es werden vor allem lokale Märkte beliefert. Die Bauwirtschaft macht mit rund 40 Prozent noch einen Besorgnis erregend hohen Anteil der ostdeutschen Wertschöpfung aus, das Verarbeitende Gewerbe ist nach wie vor sehr klein, ebenso wie das eng mit der Industrie verbundene Dienstleistungsgewerbe. Der Infrastruktur-Nachholbedarf Ostdeutschlands liegt bei mehreren hundert Milliarden DM.

Der größte wirtschaftspolitische Fehler nach der Wiedervereinigung war wohl die übereilte Anpassung der Löhne in den neuen Ländern an das Westniveau. Mit einem Stellenmangel, der 1999 unter Berücksichtigung der verdeckten Arbeitslosigkeit bei rund 25 Prozent lag, übertreffen die Folgen dieser Entwicklung – die Löhne erreichten schon 1997 gut 73 Prozent des Westniveaus, nach 20 Prozent 1990 und 7 Prozent 1988– sogar die Verwerfungen, die sich unter anderem für den Arbeitsmarkt aus der deutsch-deutschen Währungsumstellung zum wenig realitätsgerechten Aufwertungskurs von durchschnittlich 1:1,8 ergeben haben. Ökonomisch wäre gerade vor diesem Hintergrund eines klassischen Aufwertungsschocks, der das Arbeitsplatzrisiko drastisch erhöhte, dringend Lohnzurückhaltung notwendig gewesen. Doch indem man die Bevölkerung im Osten an der Wertschöpfung teilnehmen lassen wollte, hat man genau diese abgewürgt. Von produktivitätsorientierter Lohnpolitik war keine Spur – und die Folgen waren absehbar. Auch die schlagartige Übertragung nicht nur des Tarifvertragsgesetzes, sondern des gesamten Arbeits- und Sozialrechts sowie des Steuer- und Finanzsystems der Bundesrepublik auf die neuen Länder stellten eine Überforderung mit schweren Folgen dar.

Erfolgreich, aber alles andere als unumstritten und mühelos war auch der Kraftakt der Privatisierung in Ostdeutschland. Die Umwandlung der wirtschaftlichen Verfügungsrechte in der ehemaligen DDR erforderte mehr als vier Jahre. Die Option der Coupon-Privatisierung ist für Ostdeutschland von Anfang an verworfen worden. Mit der Verabschiedung des 1. Treuhandgesetzes durch die Volkskammer der DDR wurde zum 1. März 1990 die Treuhandanstalt gegründet, zum 7. März wurden sämtliche volkseigene Betriebe (VEB) der DDR – nach Entflechtung waren dies 12354 Unternehmen – in Kapitalgesellschaften im Eigentum der Treuhand umgewandelt und die 1972 enteigneten Kleinbetriebe soweit wie möglich an ihre früheren Besitzer zurückgegeben. Zunächst war eine generelle Privatisierung des volkseigenen Erbes nicht vorgesehen; erst am 17. Juni verabschiedete die Regierung unter Ministerpräsident Lothar de Maizière ein „Gesetz zur Privatisierung und Reorganisation des volkseigenen Vermögens" (Treuhandgesetz). Nun war die primäre Aufgabe der Treuhand, schnell zu privatisieren; der Ruf nach einer staatlichen Sanierung ebbte jedoch nur langsam ab. Beim Abverkauf durch die Treuhand sollte nicht eine Maximierung der Verkaufspreise und damit der Staatseinnahmen vorrangig sein – anfangs hoffte man noch, mit dem Abverkauf der DDR-Betriebe substanzielle Erlöse zu erzielen, am Ende jedoch verbuchte die Treuhand ein Defizit von 256 Milliarden DM. Vielmehr sollten mit den Käufern möglichst günstige Investitions- und Arbeitsplatzzusagen ausgehandelt werden. Die Unternehmen wurden bis zur Entscheidung über ihre Sanierbarkeit mit Liquiditätsbürgschaften und Gesellschafterdarlehen am Leben erhalten und danach entweder entschuldet oder liquidiert.

18. Das Internet: Ein Welt-Markt-Platz

Die Welt hat einen neuen Marktplatz bekommen: das Internet. Die Internet-Wirtschaft hält nicht nur die Börsen in Atem. Auch die Wirtschaftspolitik muss mit dem neuen Phänomen rechnen – und weiß doch noch nicht so recht, wie. Manchem Wirtschaftspolitiker mögen schon die Fragen exotisch erscheinen, denen er sich zu stellen hat. Wo und nach Maßgabe welcher Wertberechnungen sollen Umsätze besteuert werden, deren Entstehungs- und Abwicklungsorte virtuell im großen Netz hin- und hergeschoben werden können? Wie sollen Eigentumsrechte und Gebührenordnungen greifen, wenn Kunst und Unterhaltung als digitale Datenpakete kostenlos angeboten und im Verfahren der häuslichen Selbstbedienung nachgefragt werden? Was vermögen Wettbewerbsgesetze, denen das weltumspannende Netz die Operationsbasis des räumlich relevanten Marktes entzieht?

Das Internet hat seinen Ursprung im amerikanischen Militär. Mitte der sechziger Jahre suchten die Militärs nach einem Kommunikationssystem, das selbst nach der teilweisen Zerstörung durch einen Nuklearangriff noch funktionierte. Der Datenaustausch zwischen zwei miteinander verbundenen Computern A und B musste auch dann noch funktionieren, wenn die direkte Verbindung zwischen A und B zerstört wurde. Das amerikanische Verteidigungsministerium entwickelte daraufhin 1969 das Arpanet, eine Verbindung zwischen zunächst vier Computern. Den Transfer der Daten regelten Übertragungsprotokolle, die heute unter der Bezeichnung TCP/IP, die Abkürzung für Transmission Control Protocol/Internet Protocol, bekannt sind. Diese Protokolle teilen die Daten in mehrere Pakete auf und schicken sie auf die Reise zu ihrem Empfangsort. Die Pakete suchen sich dabei den schnellsten Weg. Kommen Sie an einer Stelle nicht weiter, suchen sie sich den nächstbesten Weg. Sind alle Datenpakete am Bestimmungsort angekommen, werden sie wieder in ihren Ursprungszustand zusammengesetzt. Dies hat zur Folge, dass eine E-Mail, die zum Beispiel von Hamburg nach München geschickt wird, teilweise über New York geleitet werden kann, ohne dass der Empfänger das merkt.

Nachdem die Verbindungen zwischen den Computern funktionierten, übernahmen die Wissenschaftler in den amerikanischen Universitäten die Führungsrolle und verknüpften ihre lokalen Computernetze miteinander. Dabei erwies sich der große Vorteil des Internet-Protocols, nämlich die Möglichkeit, auf bestehenden Netzwerk-Systemen aufsetzen zu können, als sehr hilfreich. Mit dieser Technik ist es bis heute gelungen, mehr als 50 000 Einzelnetze miteinander zu verbinden – zum großen Internet. Dieser Erfolg wäre aber nicht möglich gewesen, wenn nicht der Amerikaner Tim Berners-Lee am Entwicklungszentrum Cern in Genf 1989 einen so genannten Browser entwickelt hätte, mit dem er Dokumente, die auf den Internet-Rechnern gespeichert waren, einfach finden und lesen konnte. Berners-Lee hat damals das World Wide Web (www) erfunden, den prominentesten Dienst im Internet.

Der Durchbruch für das World Wide Web gelang aber erst, als ein amerikanischer Student namens Marc Andreesen 1993 eine grafische Benutzeroberfläche für einen Browser entwickelte, den Mosaic Browser. Andreesen gründete die Firma Netscape. Ihm ist es zu verdanken, dass sich das Internet in der Folgezeit explosionsartig entwickelte – viel schneller als das Fernsehen oder das Radio. Inzwischen haben mehr als 200 Millionen Menschen in aller Welt Zugang zu diesem neuen Medium, allein 20 Millionen in Deutschland. Das Internet hat sich innerhalb weniger Jahre zu einem festen Bestandteil des gesellschaftlichen und wirtschaftlichen

Lebens in den Industrieländern entwickelt. Bereits heute werden in Deutschland mehr elektronische Nachrichten (E-Mails) verschickt, als Briefe versendet werden. Jede Universität, fast jedes Unternehmen und jede Behörde verbreitet die Informationen über das Internet. Ob Bankgeschäfte, Reisebuchungen, Unterhaltung: Das Internet greift bereits heute tief in die Gewohnheiten der Menschen ein. Die gesellschaftlichen Auswirkungen liegen vor allem in einer stärkeren Demokratisierung. Alle Nutzer können auf das Wissen der Welt, das im Internet gespeichert ist, zugreifen. Darin liegt aber auch die Gefahr einer Teilung der Gesellschaft in Menschen, die auf dieses Wissen zugreifen können, und den Nicht-Nutzern.

■ Der Internet-Markt

Spätestens mit dem Beginn des neuen Jahrtausends ist das Internet aus den Schlagzeilen der Wirtschaftspresse nicht mehr wegzudenken. Der Kauf des Mediengiganten Time Warner durch den Online-Dienst America Online (AOL), die feindliche Übernahme von Mannesmann durch Vodafone oder die milliardenschweren Investitionen der Banken – in allen Fällen spielt das Internet die dominante oder zumindest eine wichtige Rolle.

In den Vereinigten Staaten, dem Mutterland des Internet, spielt das neue Medium inzwischen eine wichtige Rolle in der Volkswirtschaft. Bereits 1999 hat die Internet-Wirtschaft 6 Prozent zum amerikanischen Bruttoinlandsprodukt beigetragen und 2,5 Millionen neue, hochwertige Arbeitsplätze geschaffen. Pionierunternehmen wie Netscape, AOL, Yahoo, Amazon oder Ebay haben die Entwicklung des neuen Mediums geprägt. Diese Unternehmen sind mit dem Netz gewachsen und spielen – trotz eines wachsenden Engagements der großen Computerkonzerne wie Microsoft, Oracle oder Sun – weiterhin eine wichtige Rolle. An den Börsen werden diese Unternehmen inzwischen weit höher bewertet als traditionelle deutsche Industriebetriebe.

In Deutschland ist die volkswirtschaftliche Bedeutung des Internet-Marktes noch nicht so hoch, wächst aber zur Zeit sprunghaft an. Tausende neuer Unternehmen wie Multimedia-Agenturen, Dienstleister für Internet-Zugänge und Softwarehäuser sind bereits entstanden. Internet-Spezialisten sind hochbegehrt. Um diese Spezialisten hat sich ein harter Wettbewerb zwischen etablierten Unternehmen und neuen Internet-Firmen entfacht. Denn überall im Land werfen gestandene Manager, Banker und Juristen ihre sicheren Arbeitsplätze hin und gründen Internet-Unternehmen. Ob Auktionshäuser, Preisagenturen, Meinungsseiten oder Plattformen für den elektronischen Handel – beinahe täglich wird der virtuelle Marktplatz im Internet größer. Diese neue Gründergeneration wird aber längst nicht mehr von den typischen Garagenunternehmern verkörpert, sondern hat ihre Wurzeln häufig in Elite-Universitäten, renommierten Investmentbanken oder Unternehmensberatungen. Getragen von der gemeinsamen Begeisterung über die Möglichkeiten des Internet, die Ökonomie im Netzwerk neu zu erfinden, wählen immer mehr Jungmanager den Weg der Selbständigkeit.

Allerdings haben es die Start-Ups in Deutschland ungleich schwerer als in Amerika, denn hier haben die Großunternehmen den kleinen Pionieren nicht so viel Vorsprung gelassen. Entsprechend werden die meisten kapitalintensiven Sektoren im Internet inzwischen auch von diesen Großunternehmen beherrscht. In der Infrastruktur, also der Bereitstellung der Datenleitungen und Einwahlpunkte ins Internet, gehören die Deutsche Telekom, der amerikanische Telekommunikationsriese MCI Worldcom (über die Tochtergesellschaft Uunet), der britisch-amerikanische Mobilfunk-Anbieter Vodafone (über Mannesmann Arcor) und Mediaways, ein Gemeinschaftsunternehmen von Bertelsmann und Debis, zu den dominanten Anbietern. Daneben existieren eine Reihe weiterer Unternehmen am Markt, die sich in den meisten Fällen inzwischen in der Hand ausländischer Unternehmen befinden. Zu den größeren Unternehmen gehören Ision (zu Schweizer Distefora-Gruppe gehörend) und ECRC (eine Tochtergesellschaft von Cable & Wireless aus England).

Der heiß umkämpfte Markt für Internet-Zugänge wird von T-Online, einer Tochtergesellschaft der Deutschen Telekom, und AOL Europe beherrscht. Daneben haben sich auch Mannesmann Arcor und Lycos Europe, ein Gemeinschaftsunternehmen der amerikanischen Internet-Gesellschaft Lycos und dem deutschen Medienkonzern Bertelsmann, einen beachtlichen Marktanteil erkämpft. Dieser Markt wird zur Zeit von einem heftigen Streit um die Nutzung des Telefon-Ortsnetzes geprägt. Die Deutsche Telekom lässt sich ihre Vormachtstellung im Ortsnetz teuer bezahlen. Die bevorstehende endgültige Deregulierung des deutschen Telekommunikationsmarktes könnte die Karten neu mischen und den neuen Anbietern bessere Chancen einräumen.

Die Inhalte im Internet werden meist von den traditionellen Medienhäusern bereitgestellt. Dazu gehören vor allem der Medienkonzern Bertelsmann, die Fernsehsender Pro Sieben und RTL, die Magazine Focus und Spiegel sowie die meisten Tageszeitungen. Daneben haben sich auch einige neue Anbieter etabliert, zum Beispiel die Tomorrow Internet AG aus Hamburg.

Unter den Betreibern der Portale, also der hochfrequentierten Einstiegsseiten ins Internet, fallen vor allem die Tochtergesellschaften der amerikanischen Marktführer Yahoo, Lycos, Microsoft und Altavista ins Gewicht. Deutsche Anbieter wie Web.de oder Endemann haben es bisher nicht geschafft, ähnlich hohe Marktanteile zu erreichen.

Im elektronischen Handel, dem E-Commerce, liegt der deutsche Ableger des amerikanischen Weltmarktführers Amazon in Führung, gefolgt von Bertelsmann (mit den Marken BOL, GetMusic und Andsold). Traditionelle Versandhäuser wie der Otto-Versand und Quelle spielen ebenfalls wachsende Rollen in diesem heiß umkämpften Markt. Über seine Tochtergesellschaften hat sich auch der Metro-Konzern gut im Internet-Handel etabliert. Im lukrativen Segment der Bank- und Aktiengeschäfte im Internet dominiert die Comdirect-Bank, eine Tochtergesellschaft der Commerzbank. Mit Abstand folgen die Deutsche Bank 24, Consors, die Direktanlagebank und die Postbank.

■ Das Internet revolutioniert die Wirtschaft

Wirtschaftsakteure werden in Zukunft über das Internet miteinander kommunizieren. Waren werden elektronisch bestellt, erfasst und ausgeliefert. Datenströme eilen den Güterströmen voraus und bestimmen ihren Weg. Das Internet hat innerhalb weniger Jahre ganze Branchen, vor allem die Medien, die Banken und den Handel, völlig umgekrempelt. Tausende neuer Unternehmen wurden gegründet, die einen nie zuvor erlebten Börsenboom ausgelöst haben. Inzwischen ist klar: Die Erfindung des Internet ist in ihrer Bedeutung für die Entwicklung der Menschheit auf eine Stufe mit der Erfindung des Rades und der Dampfmaschine zu stellen.

Für Nicholas Negroponte, Direktor des renommierten Media Lab am Massachusetts Institute of Technology, wird sich der Charakter des Internet aber nochmals ändern. „Heute sind die dominanten Akteure im Internet noch Menschen. Bald werden es Maschinen sein." In viele Produkte werden in Zukunft Computer-Chips eingebaut, die dann über das Internet miteinander vernetzt werden. „Zum Beispiel werden Wetterinformationen über das Internet in wenigen Jahren nicht mehr an die Autofahrer, sondern direkt an die Reifen und das Fahrwerk des Autos gesendet. Bei Straßenglätte wird die Fahrweise dann automatisch angepasst", führt der Visionär als Beispiel an.

Negropontes Vision bedeutet in letzter Konsequenz nicht mehr und nicht weniger als die Erfüllung des alten Traums der Marktwirtschaftler –

Tim Berners-Lee, Erfinder des World Wide Web (www)

der Traum von der Welt ohne Transaktionskosten. Denn die eigentliche Revolution im Internet findet – scheinbar unsichtbar – hinter den Kulissen der öffentlichen Diskussion statt. Dort wird über Übertragungsprotokolle, Standardisierungsgremien, Internet-Kataloge und SAP-Anbindungen diskutiert – mit dem alles beherrschenden Ziel, Geschäftsprozesse künftig elektronisch im Internet abzuwickeln. Die Automatisierungswelle, die in den achtziger Jahren die Produktionsprozesse grundlegend neu gestaltet hat, lässt sich im Internet-Zeitalter innerhalb weniger Jahre auf das gesamte Wirtschaftsgeschehen übertragen. Das Internet liefert die technische Plattform für diese neue Ökonomie, die erstmals in der Lage ist, die Flexibilität des traditionellen Wirtschaftsgeschehens, in dem jeder mit jedem Verträge schließen und handeln kann, elektronisch abzubilden.

Was auf den Gütermärkten bald geschehen wird, lässt sich am Beispiel der Finanzmärkte heute schon ansatzweise beobachten. Aktienkäufe und –verkäufe laufen dort weitgehend elektronisch ab. Sind bestimmte Schwellenwerte erreicht, werden in den Handelscomputern Kettenreaktionen ausgelöst, die von den Menschen vorher definiert wurden. Käufer und Verkäufer schließen automatisch Verträge ab, ohne lange Suche oder aufwendige Verhandlungen. Der neue Marktpreis bildet sich binnen weniger Sekunden. Intermediäre wie die Handelsmakler werden in diesem System bald keine Funktion mehr haben.

An den Gütermärkten werden diese technischen Änderungen jedoch deutlich tiefere Spuren hinterlassen als an den Finanzmärkten. Im Durchschnitt sind die Hälfte der Kosten eines Industrieunternehmens heute noch Transaktionskosten, die nicht zur eigentlichen Wertschöpfung beitragen. Dazu gehören vor allem arbeitsintensive Prozesse wie die Suche nach Vertragspartnern und die anschließenden Vertragsverhandlungen, aber auch Maklerprovisionen und viele interne Verwaltungstätigkeiten. Diese Transaktionskosten fallen im Internet in den meisten Fällen nicht mehr an. Denn auf elektronischen Marktplätzen wird eine aufwendige Suche nach Vertragspartnern weitgehend entfallen. Auch die Maklerprovisionen schmelzen dramatisch zusammen, was viele Geschäfte erstmals rentabel macht. Die bisher aufwendige Suche nach dem günstigsten Lieferanten ist mit den intelligent gemachten elektronischen Produktkatalogen bald ein Kinderspiel.

In den Unternehmen wird das Internet die Kontakte zu Geschäftspartnern und Lieferanten dramatisch ändern. Zum Beispiel im Beschaffungswesen. Wer bisher einen Bleistift benötigte, füllte einen Zettel aus, schickte ihn an die Einkaufsabteilung, die den Stift dann bestellte und bei Lieferung im Rechnungswesen buchte. Warenwert: 2 DM, Verwaltungsaufwand: 250 DM. In Zukunft ordert der Mitarbeiter im hauseigenen Intranet selbst. Das Rechnungswesenprogramm registriert den Vorgang und stößt einen Beschaffungsauftrag über das Internet an einen Händler an. Der liefert das

Produkt, und der Mitarbeiter muss lediglich den Empfang am Bildschirm bestätigen. Buchung und Rechnung laufen wieder automatisch – zu einem Bruchteil der Verwaltungskosten, da keine manuellen Tätigkeiten mehr notwendig sind.

All dies sind nur Beispiele für die bevorstehende tiefgreifende Neuordnung der Wirtschaftsabläufe, die das Internet hervorrufen wird. Im Kern wirkt das Internet wie ein gewaltiges Effizienzprogramm, das Gewinner und Verlierer hervorbringen wird. Profitieren werden auch die Unternehmen, die schnell die neue Technik einsetzen, da sie die Effizienzgewinne und damit die Wettbewerbsvorteile einstreichen. Die Nachzügler werden Marktanteile einbüßen, Ignoranten werden aus dem Markt gedrängt. Parallel zu dieser Entwicklung wächst der Druck auf den Arbeitsmarkt: Viele Arbeitsplätze im Einkauf, in der Verwaltung und im Vertrieb werden wegfallen. Intermediäre aller Art, die keine oder nur eine geringe Wertschöpfung erbringen, werden ebenfalls aus dem Wirtschaftsgeschehen verdrängt.

Zweiter Teil: Die Unternehmen

1. Unternehmensnachrichten gehen viele an

Bei der Wirtschaftspolitik, wie sie im ersten Teil dieses Buches beschrieben wird, geht es um die Voraussetzungen, um die Rahmenbedingungen des wirtschaftlichen Handelns von Unternehmern und Arbeitnehmern. Es geht um die Grundfrage, wie die Menschen mit Gütern und Dienstleistungen versorgt werden sollen, ob über den Markt und private Unternehmen als Anbieter auf diesem Markt oder durch staatliche Leistungen. Es geht darum, welche Freiheitsspielräume der Staat den Unternehmen eröffnet und welche Grenzen er ihnen setzt: auf den Märkten, in ihren Beziehungen untereinander, im Verhältnis zu den Endverbrauchern und bei der Gestaltung der Arbeitsbedingungen. Es geht darum, wo der Staat nur einen Datenkranz für die Unternehmen flicht und wo und wie er in unternehmerische Entscheidungen und betriebliche Abläufe selbst regulierend eingreift. Die Antworten auf diese Fragen fallen in einzelnen Ländern je nach der politischen Verfassung sehr unterschiedlich aus. In Kommandowirtschaften kommunistischer Prägung wie in der früheren Sowjetunion spielten private Unternehmen kaum eine Rolle. Das Gegenstück dazu bilden bis heute die Vereinigten Staaten mit ihrer nur wenig eingeschränkten freien Marktwirtschaft, die den Unternehmen große Spielräume lässt.

In der Bundesrepublik Deutschland mit ihrer Ordnung der sozialen Marktwirtschaft bestimmt und beschränkt der Staat heute in vielerlei Weise die Tätigkeit von Unternehmen: durch die Steuerpolitik, durch Subventionen, durch die Wettbewerbspolitik, die Sozialpolitik, die Arbeitsbedingungen, durch Bestimmungen über Sicherheit, Bauvorschriften, Außenhandelsregelungen und vieles andere mehr. Zugleich spielt der Staat selbst eine gewichtige Rolle in der Wirtschaft, wie die sogenannte Staatsquote (Gesamtausgaben des Staates in Prozent des Bruttosozialprodukts) zeigt: Sie ist von einem Drittel im Jahr 1960 auf mehr als die Hälfte Anfang der neunziger Jahre gestiegen, während sie in den Vereinigten Staaten und Japan noch heute bei etwa einem Drittel liegt. Mit zunehmendem globalen Wettbewerb muss sich freilich auch der Staat zurücknehmen. Daher soll auch in Deutschland die Staatsquote deutlich unter 50 Prozent gesenkt werden.

Unternehmensberichterstattung beschreibt das Tun der Unternehmen am konkreten Fall. Dabei wird in den Medien die lebendige Vielfalt der Unternehmen und Unternehmer nachgezeichnet, wird beschrieben, wie

Unternehmen unter den vorgegebenen Rahmenbedingungen handeln, werden Erfolge und Misserfolge von Unternehmen dargestellt und werden ihre Jahresabschlüsse analysiert. Da jedes Unternehmen auf vielfältige Weise in der Gesellschaft verankert ist – als Arbeitgeber und Umweltfaktor an seinem Standort, als Kapitalgesellschaft mit seinen Anteilseignern, als Kunde und Lieferant mit anderen Unternehmen, als Kreditnehmer mit dem Kreditgewerbe, als Steuerzahler mit dem Staat –, haben Unternehmensberichte weittragende Bedeutung und sind nicht allein für Fachleute bestimmt. Vor allem das neu erwachte Interesse einer breiteren Öffentlichkeit an Aktien und Börse hat Unternehmensberichten mehr Aufmerksamkeit gebracht, allerdings unter dem speziellen Gesichtspunkt der Attraktivität der Geldanlage („Shareholder Value"). In die Schlagzeilen geraten Unternehmen durch außergewöhnliche Ereignisse wie Großfusionen (Daimler-Chrysler) oder Übernahmen (Deutsche Bank/Bankers Trust und Vodafone/Mannesmann), durch Betrugsfälle (wie der Fall des Baulöwen Schneider), durch Umweltskandale oder spektakuläre Zusammenbrüche. Schon eine der klassischen Wirtschaftsnachrichten aus dem 16. Jahrhundert ist eine Insolvenzmeldung, die ein Agent des Handelshauses Fugger an die Zentrale in Augsburg geschrieben hat: „Aus Antwerpen vom 9. Dezember 1570. Hier haben die Genuesen auf der Börse ein Wettlaufen angestellt und sind diese Woche zwei Häuser der Genuesen bankrott gegangen, und zwar: Giovanni Grimaldi und dann Pedro Francesco et Pedro Christophoro Spinola, hinter welchen Spinola hier alle Deutschen stecken. Man hat es für ein wohlfundiertes Haus gehalten, das hier lange Zeit gehandelt hat. Die Creditoren geben sich selbst guten Trost. Es ist aber zu besorgen, dass es mit diesen wie mit anderen Bankrotten gehen wird. Zuerst ist allemal genug vorhanden, zuletzt kann niemand etwas kriegen."

Bilanzanalysen müssen werten

Da die regelmäßige Unternehmensberichterstattung in Zeitungen anfangs durch die Aktienemissionen der Gründerjahre und später durch die Bilanzanalyse geprägt wurde, fließen auch wertende Elemente ein, sind Nachricht und Meinung nicht so streng getrennt wie in der übrigen Berichterstattung. Nicht nur die Fachleute möchten wissen, wie sie die Darstellung und die Daten von Unternehmen einzuordnen und zu bewerten haben. Schon die alte Frankfurter Zeitung hatte sich im vorigen Jahrhundert, wie in ihrer Geschichte nachzulesen ist, ein „selbständiges Urteil" und eine „in jeder Hinsicht freimütige Stellungnahme" zu eigen gemacht. Das stellt an Souveränität und Kompetenz der Journalisten hohe Anforderungen. Sie sollen das Wichtige vom Unwichtigen scheiden, die Stärken und Schwächen der Unternehmen erkennen, sie sollen die positiven Wendepunkte ebenso frühzeitig herausfinden wie die Krisenzeichen, sie sollen das Unsolide brandmarken, im Ganzen aber doch darauf achten, dass die notwendige kritische Begleitung der Unternehmen nicht zum reinen Negieren unternehmerischer Tätigkeit wird. In zunehmendem Maße kommen jedoch heute in den Medien auch Analysten zu Wort, nicht zuletzt mit Blick auf die Börsenbewertung. Daneben bleibt jedoch das Interesse an Produkten, Absatzstrategien, unternehmerischen Konzepten, Investitionen und an Arbeitsplätzen sowie Umweltschutz.

2. Die Unternehmer

▦ Der Kapitalist von Adam Smith

Der Unternehmer als handelnde Person taucht erst spät in den Wirtschaftswissenschaften auf. Der Klassiker Adam Smith beschreibt in seinem Buch „Der Wohlstand der Nationen" den Kapitalisten. Er stellt sehr lebendig den Fabrikanten oder den Kaufmann vor, der sein eigenes oder geliehenes Kapital zur Gewinnerzielung, also zum Eigennutz, in eine Unternehmung investiert. Bei Smith ist auch erstmals vom Unternehmergewinn als Entgelt für Mühe und Risiko die Rede, der zu unterscheiden ist vom Unternehmerlohn als Entgelt für Aufsicht und Leitung eines Unternehmens (wie es heute angestellten Managern zukommt) und der notwendigen Verzinsung für das eigene oder fremde Kapital, das im Unternehmen arbeitet. Und für Smith bleiben der Wettbewerb am Markt, die Entwicklung einer Volkswirtschaft auch offen. Wettbewerb und neue Techniken zwingen die Unternehmer zu Anpassungen, weil sich die Gewinnspanne verringert. Smith schildert auch anschaulich, wie die Handwerker durch die Zünfte und die Kaufleute durch Absprachen solche Gewinnrückgänge zu verhindern suchen. Dennoch bleibt der Smithsche Unternehmer blass, wenn er schreibt, der Unternehmer werde ungeachtet seiner egoistischen Motive von der unsichtbaren Hand des Marktes geleitet und trage dadurch, ohne es zu wollen und ohne es zu wissen, zum gesellschaftlichen Fortschritt bei. Aus Eigennutz wird durch das Marktsystem Gemeinnutz.

Karl Marx billigte dem kapitalistischen Unternehmer eine deutlichere Rolle zu. Er schrieb im Kommunistischen Manifest, dass die Bourgeoisie in ihrer Klassenherrschaft „massenhaftere und kolossalere Produktionskräfte" geschaffen habe als alle vergangenen Generationen zusammen. Er machte vor allem den Begriff „Profit" als Ausdruck für Gewinn oder Ertrag von Unternehmen populär. Dennoch war auch bei Marx der Unternehmer keine treibende Kraft, sondern ein Getriebener des kapitalistischen Systems und seiner Gesetzmäßigkeiten, wie sie Marx sah.

■ Die Helden des Joseph A. Schumpeter

Zum eigenständig Handelnden wurde der Unternehmer erst Anfang dieses Jahrhunderts bei dem Ökonomen Joseph A. Schumpeter, der ihn als Pionierunternehmer, als schöpferischen Zerstörer, kurz als Heldenfigur des wirtschaftlichen Wandels beschrieben hat. Schumpeters Unternehmer ist weder Kapitalist, noch bloßer Unternehmensgründer oder Erfinder, er ist vielmehr ein „Macher", der neue Kombinationen durchsetzt, der zum Beispiel neue Güter oder Produktionsqualitäten oder neue Produktionsmethoden einführt, der neue Absatzwege oder neue Bezugsquellen erschließt oder der Unternehmen effizienter organisiert etwa in Gestalt von Konzernen. Dieser schöpferische Unternehmer bricht aus dem wirtschaftlichen Alltag aus und sieht Chancen da, wo sie andere nur undeutlich oder gar nicht wahrnehmen. Er zerstört Altes, um Neues zu schaffen. Ihm geht es nicht allein um Gewinn, sondern auch um Sieg im Konkurrenzkampf. Schumpeters Unternehmer ist nicht mehr das Instrument des Marktes, er bewegt die Märkte und führt Umbrüche in ganzen Branchen und letztlich in der Volkswirtschaft herbei. Die schöpferische Zerstörung trifft freilich auch den Pionier, wenn die „Nachahmer" dem Schumpeterschen Helden folgen. Damit ist auch vorgezeichnet, wie Entwicklung und Wachstum einer Volkswirtschaft vorangetrieben werden: durch die Unternehmer. Kein Wunder, dass Schumpeters Unternehmensbild in einer Zeit starken wirtschaftlichen Wandels wie in den neunziger Jahren des 20. Jahrhunderts wiederentdeckt worden ist.

■ Die Rolle der Manager

Während in den Anfängen der Industrialisierung die Funktion des Unternehmers und Eigentümers oder Kapitalisten noch in einer Person vereint ist, tritt mit der Entstehung von Kapitalgesellschaften und den dahinterstehenden Finanziers der angestellte Unternehmer auf, der heutige Manager. Auch er handelt unternehmerisch, wenn er neue Kombinationen durchsetzt, wenn er innoviert und verändert. Peter F. Drucker, der aus Österreich stammende amerikanische Management-Theoretiker, hat geschrieben, dass das Unternehmerische weder eine Wissenschaft noch eine Kunst sei, sondern praktisches Handeln. Auch für ihn ist die Unternehmereigenschaft nicht unbedingt mit dem Eigentum verknüpft, sondern mit der Fähigkeit zur Innovation. Vor diesem Hintergrund haben sich die Begriffe verwischt: Der angestellte Vorstandsvorsitzende eines Konzerns wird ebenso als Unternehmer bezeichnet wie der Eigentümer-Unternehmer. In der breiten Öffentlichkeit verbindet sich mit dem Begriff aber nach wie vor die Vorstellung vom selbständigen Unternehmer.

Das Vordringen der angestellten Manager hat zur These von der „Managerherrschaft" geführt, der weitgehend autonomen Kontrolle der Unternehmen durch die Manager, die von den Kleinaktionären als Eigentümer nicht mehr kontrolliert und in Schranken gehalten werden können. Die Manager steuern zwar das Unternehmen, tragen aber anders als der Alleineigentümer nicht mehr die vollen finanziellen Folgen. Die Mehrheit der deutschen Großunternehmen ist heute in diesem Sinn „managerkontrolliert". Ob sich diese Managerherrschaft – wie befürchtet – negativ auswirken muss, hängt letztlich von der Gestaltung der Unternehmensverfassung und dem Einfluss der Aktionäre ab. Der Sturz bekannter Spitzenmanager großer Konzerne durch die Eigentümer und zahlreiche Übernahmeschlachten mit dem Ziel, den Shareholder Value, den Unternehmenswert für den Aktionär, zu erhöhen, zeigen, dass hier Verkrustungen aufgebrochen werden.

◼ Das politische Klima ist wichtig

Die Einstellung der Gesellschaft zu den Unternehmern unterliegt immer wieder Wandlungen. Während sie in den Zeiten des Wiederaufbaus und des Wirtschaftswunders überwiegend positiv gesehen wurden, standen späten die sechziger und die siebziger Jahre unter den sozialdemokratischen Kanzlern Willy Brandt und Helmut Schmidt im Zeichen von Gesellschaftsreformen, von Umverteilung, mehr Mitbestimmung, Wirtschaftsdemokratie-Überlegungen und der Überzeugung, dass der Staat mehr vermag als die Privatwirtschaft. In diesem Klima verschlechterte sich auch das Unternehmerbild in der Öffentlichkeit deutlich. Es geriet teilweise zum Feindbild. Erst als das Wachstum der Wirtschaft im Gefolge der Ölkrisen nachließ und die zur Beseitigung der Arbeitslosigkeit notwendigen Investitionen ausblieben, wurde der Unternehmer offiziell wieder aufgewertet. Nach der politischen Wende von 1982 besserte sich das gesellschaftspolitische Klima gegenüber den Unternehmern. Während die Unternehmensgründungen Anfang der siebziger Jahre abnahmen und der Unternehmensbestand sank, nehmen seit den frühen achtziger Jahren Gründungen und Unternehmensbestand wieder zu. Die vielfach befürchtete „Unternehmerlücke" ist bisher nicht aufgetreten, der Wille zur Selbständigkeit nicht geschwunden. Der Anteil der Selbständigen an den Erwerbstätigen in Deutschland hält sich in einem für eine hochentwickelte Volkswirtschaft üblichen Rahmen. Die Standortdebatte der neunziger Jahre hat im Zusammenhang mit der hohen Arbeitslosigkeit zu der Forderung nach einer neuen „Kultur der Selbständigkeit" geführt. Als Vorbild erscheinen dabei die Vereinigten Staaten, wo junge risikofreudige Unternehmensgründer zusammen mit Wagnisfinanziers immer wieder neue Betriebe errichten und dann zugleich Tausende neuer Arbeitsplätze schaffen wie im Silicon Valley. Inzwischen ist auch in Deutschland durch die Möglichkeiten der „New Economy" des Internets, durch den verbesserten Zugang zur Börse (Neuer Markt) und den Wandel des Meinungsklimas eine neue, zum Teil sehr erfolgreiche Gründergeneration herangewachsen.

Ob sich freilich in Deutschland ein „Unternehmersinn in der breiten Masse" entwickeln wird, wie ihn schon vor Jahrzehnten der Betriebswirtschaftler Eugen Schmalenbach für das Gedeihen einer freien Wirtschaft gefordert hatte, steht dahin. Während in den Vereinigten Staaten Reichtum nach wie vor akzeptiert und unternehmerischer Erfolg bewundert wird und auch der kleine Mann eher „unternehmerisch" denkt und handelt, bleibt Reichtum in Deutschland verdächtig, wird der unternehmerische Aufstieg oft von Neid verfolgt, bleibt das Denken und Handeln eher sicherheitsorientiert und wenig fortschrittsfreundlich. Aber auch hier gibt es Anzeichen für einen Wandel, seitdem die Arbeitsplätze selbst in renommierten Großbetrieben nicht mehr so sicher sind wie früher.

■ Wie sich Unternehmer selbst sehen

Wie sehen sich Unternehmer in Deutschland selbst? Eine Repräsentativbefragung durch das Institut für Demoskopie Allensbach im Auftrag der Frankfurter Allgemeinen Zeitung ergab 1988, dass für drei Viertel der Befragten das Unternehmerdasein mehr eine Freude als eine Last war, und neunzig Prozent glaubten, in keinem anderen Beruf glücklicher werden zu können. Ebenso empfanden mehr als neunzig Prozent die Herausforderungen des Marktes und die damit verbundenen Risiken für das Unternehmen als positiv. Von den Befragten waren drei Viertel angestellte und ein Viertel selbständige Unternehmer. Knapp die Hälfte empfand sich als „Aufsteiger". Mehr als achtzig Prozent war das Wichtigste am Unternehmerdasein, unabhängig zu sein und etwas bewirken und gestalten zu können.

Die meisten Unternehmer sahen ihre Verantwortung in erster Linie für ihre Mitarbeiter und die Arbeitsplätze. Danach wurden mit Abstand genannt die Verantwortung für die Zukunftssicherung des Unternehmens, eine gesellschaftlich-soziale Verantwortung und erst dann eine Verantwortung gegenüber den Kapitaleignern. Mehr als neunzig Prozent der Unternehmer glaubten, dass sie bestimmte Werte verkörpern. Genannt wurden dabei in der Reihenfolge Werte wie Korrektheit, Geradlinigkeit, Solidität, Verantwortungsbereitschaft, erfolgsorientierte Eigenschaften wie Durchsetzungsvermögen oder Einsatzbereitschaft, die Verantwortung für die Mitarbeiter und Arbeitstugenden wie Zuverlässigkeit, Pflichtgefühl und Fleiß. Dagegen wurden nur zu einem verschwindend kleinen Teil (weniger als drei Prozent) Schumpetersche Eigenschaften wie Wagnisbereitschaft, Kreativität und Innovationsdrang angeführt. Zwei Drittel der befragten Unternehmer meinten in der Befragung, dass ihre Wertvorstellungen Gemeinsamkeiten mit denen der Mitarbeiter aufweisen, ein Viertel der Befragten glaubte dagegen, dass sich eher zwei Welten auftun. Diese Antwort entspricht den Ergebnissen anderer Befragungen, wonach „die Unternehmer" als Klischee eher negativ empfunden werden, während der eigene Arbeitgeber, also der persönlich bekannte Unternehmer, als Nahbild positiv geschildert wird.

Die Mehrzahl der Befragten war auch bereit, öffentliche Verantwortung außerhalb des Unternehmens zu übernehmen. Die Verantwortung für die Umwelt wurde klar bejaht. Auf der anderen Seite ist Beliebtheit für die Unternehmer nicht so wichtig. Als besonders wichtige Eigenschaften empfinden Unternehmer vielmehr Selbstvertrauen, Gerechtigkeit und Selbstbeherrschung. Für fast zwei Drittel der Befragten ist jemand aus der Familie, Vater oder Großvater, Vorbild. Christliche Wertvorstellungen sind für fast sechzig Prozent wichtig oder sehr wichtig. Die befragten Unternehmer haben im Durchschnitt sechzig Stunden wöchentlich gearbeitet, über vierzig Prozent auch samstags. Siebzig Prozent hatten ihren Urlaub im letzten Jahr ganz oder größtenteils genommen. Mehr als die Hälfte sah durch ihren Beruf allerdings das Familienleben beeinträchtigt.

3. Die Unternehmen

Ebenso vielschichtig wie der Begriff des Unternehmers ist der Begriff des Unternehmens. Oft wird auch von einer Firma, einer Gesellschaft, einem Betrieb gesprochen. Während das Unternehmen, die Unternehmung in der Betriebswirtschaftslehre für das rechtlich-technisch organisierte Unternehmen steht und den finanziellen und rechtlichen Außenaspekt betont, bezeichnet der Begriff Betrieb das Technisch-Organisatorische, die Produktionsstätte, die Fabrik. So kann ein Unternehmen aus zahlreichen Betrieben bestehen. Aber es wird häufig von einem Betrieb gesprochen, wenn das ganze Unternehmen gemeint ist. Der Begriff Firma wird ebenfalls oft gebraucht, wenn eigentlich das Unternehmen gemeint ist. Firma ist jedoch nur der Name im rechtlichen Sinn, unter dem ein Kaufmann seine Geschäfte betreibt. Von Gesellschaft spricht man im Sinn von Kapital- oder Konzerngesellschaft.

Unternehmen werden unterschieden nach den Eigentumsträgern in private und öffentliche Unternehmen sowie in gemischtwirtschaftliche Unternehmen, bei denen sowohl private wie auch staatliche oder öffentlich-rechtliche Eigner beteiligt sind. (Siehe auch das Kapitel über die Rechtsform der Unternehmen.)

■ Fast drei Millionen Unternehmen

In Deutschland gab es 1997 rund 2,8 Millionen umsatzsteuerpflichtige Unternehmen verschiedenster Art, angefangen von den landwirtschaftlichen Gewerbebetrieben über die Industrieunternehmen, die Handwerksunternehmen, die Handelsunternehmen, die Verkehrsbetriebe, die Unternehmen des Kredit- und Versicherungsgewerbes bis hin zu den Dienstleistungsbetrieben und den freien Berufen, die sich selbst nicht als Gewerbe verstehen. In dem Zuwachs spiegelt sich seit 1990 auch die Wiedervereinigung und die damit verbundene Gründungswelle wider. Nach der Umsatzsteuerstatistik sind rund 71 Prozent der Steuerpflichtigen Einzelunternehmen, nur rund 15 Prozent entfallen auf Gesellschaften mit beschränkter Haftung (GmbH) und Aktiengesellschaften, der Rest auf andere Rechtsformen. Aufgeteilt nach Wirtschaftsbereichen, zeigt sich deutlich das Vordringen der Dienstleistungsunternehmen und die abnehmende Bedeutung des produzierenden Gewerbes. So entfielen im Jahr 1997 von den 2,8 Millionen Unternehmen nur noch rund 22 Prozent auf Unternehmen des produzierenden Gewerbes, also Industrie und Baugewerbe. 27 Prozent wa-

Klein-, Mittel- und Großbetriebe nach Größenklassen

| Größenbereich (Umsatz in DM) | Zahl der Unternehmen | | | | Veränd. 1980/1997 in Proz. |
| | absolut | | in Prozent | | |
	1980[1])	1997[2])	1980[1])	1997[2])	
klein (20 000/32 500 – 1 Mill. DM)	1 432 229	2 275 785	84,8	81,3	+ 58,9
mittelgroß (1–100 Mill. DM)	253 747	515 475	15,0	18,5	+ 102,8
klein und mittelgroß	1 685 976	2 791 260	99,8	99,8	+ 65,5
groß (100 Mill. DM und mehr)	2 713	6 499	0,2	0,2	+ 139,6
Insgesamt	1 688 689	2 797 759	100,0	100,0	+ 65,7

1) Alte Bundesländer.
2) Deutschland.
Quelle: Wirtschaft und Statistik, Kleinbetriebe 1980 ab 20 000 DM Umsatz, 1997 ab 32 500 DM.

ren Unternehmen des Groß- und Einzelhandels und 49 Prozent Dienstleistungsbetriebe im weitesten Sinn. Die Umsatzsteuer-Statistik zeigt auch ein Weiteres: Das populäre Bild ist falsch, dass große Aktiengesellschaften und mächtige Industriekonzerne die wirtschaftliche Szenerie des Landes prägen, während die kleinen und mittelgroßen Unternehmen ein stilles Dasein im Schatten der Großen führen. In Wirklichkeit stellen die Klein- und Mittelbetriebe den breiten Unterbau einer Pyramide dar, deren Spitze eine kleine Gruppe von Großunternehmen bildet. Zu den Kleinunternehmen rechnet man Betriebe mit bis zu 49 Beschäftigten oder 1 Million DM Jahresumsatz. Als mittelgroß gelten Unternehmen mit 50 bis 499 Beschäftigten oder Jahresumsätzen von 1 bis 100 Millionen DM. Groß sind Unternehmen mit mehr als 500 Beschäftigten oder Jahresumsätzen von mehr als 100 Millionen DM. Das Bild ist ähnlich wie in den Vereinigten Staaten, wo ebenfalls mehr als neunzig Prozent der knapp fünf Millionen Wirtschaftsunternehmen Kleinbetriebe sind.

■ Mehr als 99 Prozent sind Klein- und Mittelbetriebe

Von den 2,8 Millionen umsatzsteuerpflichtigen Unternehmen in Deutschland sind – grob nach diesen Umsatzgrößenklassen geordnet – 99,9 Prozent kleine und mittlere Unternehmen. Sie beschäftigten fast zwei Drit-

Klein-, Mittel- und Großbetriebe nach Marktanteilen

Größenbereich (Umsatz in DM)	Umsätze Mill. DM (ohne Steuer)		Marktanteil		
			in Prozent		Veränd. 1980/1997 in Proz.
	1980[1])	1997[2])	1980[1])	1997[2])	
klein (20 000/32 500 – 1 Mill. DM)	341 565	570 230	10,9	8,0	+ 66,7
mittelgroß (1–100 Mill. DM)	1 342 810	2 777 131	42,4	39,0	+ 106,8
klein und mittelgroß	1 684 375	3 347 361	53,3	47,0	+ 98,8
groß (100 Mill. DM und mehr)	1 475 817	3 767 829	46,7	53,0	+ 155,3
Insgesamt	3 160 192	7 115 190	100,0	100,0	+ 125,2

1) Alte Bundesländer.
2) Deutschland.
Quelle: Wirtschaft und Statistik, Kleinbetriebe 1980 ab 20 000 DM Umsatz, 1997 ab 32 500 DM.

tel der Erwerbstätigen in der Privatwirtschaft, bilden vier Fünftel aller Auszubildenden aus, vereinigten knapp die Hälfte des Gesamtumsatzes der Wirtschaft auf sich und sind für 40 Prozent der jährlichen Bruttoinvestitionen in der Wirtschaft verantwortlich. Anders gesagt: Weniger als ein halbes Prozent der Unternehmen sind Großunternehmen, die freilich mehr als die Hälfte aller Umsätze bestreiten.

Bei dieser Einteilung, die auch unseren Tabellen zugrunde liegt, ist freilich ein sehr grober Raster aufgelegt worden, der alle Wirtschaftsbereiche in dasselbe Schema presst. Dabei wird vor allem nicht berücksichtigt, dass ein großer Handwerksbetrieb oder ein großes Einzelhandelsunternehmen, verglichen mit großen Industriegesellschaften, nur noch mittelgroß erscheinen. In früheren Untersuchungen des Instituts für Mittelstandsforschung (1975) hatte man einmal eine Einteilung getroffen, wonach ein Unternehmen in der Industrie als groß gilt, wenn es mehr als 25 Millionen DM umsetzt, im Handwerk ab 2 Millionen DM Umsatz, im Einzelhandel ab 10 Millionen DM und im Dienstleistungsbereich ab 2 Millionen DM. Bei dieser etwas feineren Einteilung läge der Anteil der Großunternehmen an der Gesamtzahl der Unternehmen bei mehr als 2 Prozent statt 0,1 Prozent, der Marktanteil wäre noch größer und läge bei gut 70 Prozent.

Allgemein lässt sich feststellen, dass in den letzten zwanzig Jahren die

Zahl der Großunternehmen gestiegen ist, bedeutend schneller als die Zahl der mittelgroßen Gesellschaften. Die Großen haben trotz ihrer geringen Zahl besonders ihren Marktanteil kräftig ausweiten können. Der Umsatz hat inzwischen die Grenze von 50 Prozent überstiegen. Dagegen ist der Marktanteil der kleinen und mittelgroßen Unternehmen geschrumpft. Diese Entwicklung hängt auch damit zusammen, dass zahlreiche Unternehmen gewachsen sind. Frühere Befürchtungen, dass damit die Markteintrittsschranken für gründungswillige Unternehmer generell höher werden, müssen unter den Bedingungen der Internet-Wirtschaft so nicht mehr zutreffen. Allerdings kann niemand die Frage beantworten, wie groß die für einen funktionsfähigen Wettbewerb ausreichende Zahl von Klein-, Mittel- und Großbetrieben überhaupt sein muss und ob in der Bundesrepublik nicht in einigen Bereichen zu viele Klein- und Mittelbetriebe existiert haben. Diese Frage ist im Einzelhandel immer wieder diskutiert worden. Auf der anderen Seite zeigt sich, dass selbst in Bereichen, die bislang als Domäne der mittelständischen Wirtschaft galten, wie dem Dienstleistungsgewerbe, die Konzentration ebenfalls zunimmt und die Bedeutung von Großunternehmen wächst, die hier als Filialbetriebe auftreten. Der Stand der Unternehmenskonzentration in Deutschland wird seit 1976 von der Monopolkommission in Gutachten analysiert und bewertet. Die Entwicklung ist durchaus nicht einheitlich. So stehen Wirtschaftszweigen, in denen die Konzentration zunimmt, andere Branchen gegenüber, in denen sie abnimmt. Als Paradebeispiel für Strukturwandel und Konzentration gilt seit vielen Jahren der Lebensmittelhandel.

▉ Deutschlands größte Unternehmen

Die Frage der Größe und Macht von Unternehmen weckt aber auch jenseits aller wettbewerbspolitischen Erwägungen Interesse. Wie im Spitzensport finden Ranglisten der größten oder erfolgreichsten Unternehmen breite Aufmerksamkeit. Als Maßstab für Größe gilt nach wie vor der jeweilige Umsatz. Die Frankfurter Allgemeine Zeitung veröffentlicht seit 1959 regelmäßig eine Übersicht über „Die hundert größten Unternehmen". Heute finden sich ähnliche Übersichten in verschiedenen Zeitungen und Zeitschriften. Als die erste Zusammenstellung erschien, zehn Jahre nach Erhards Schritt in die freie Marktwirtschaft, hatten die führenden deutschen Industrieunternehmen Umsätze von zwei bis drei Milliarden DM erreicht. Sie waren über ihre Vorkriegsgröße hinausgewachsen, hatten ihre Produktivkräfte aber vorwiegend auf Deutschland konzentriert. In vier Jahrzehnten sind daraus Weltunternehmen geworden, multinationale Konzerne, deren Geschäft im Ausland meist größer ist als das in Deutschland und die sich inzwischen selbst in Amerika einkaufen, wie die Verbindung DaimlerChrysler zeigt oder die Übernahme von Bankers Trust durch die Deutsche Bank. Der DaimlerChrysler-Konzern als größte deutsch-amerikanische Industriegruppe erreicht heute einen Weltumsatz von knapp 300 Milliarden DM. Mit den damaligen Umsatzvolumina von drei Milliarden DM und weniger wäre ein Industrieunternehmen heute in Deutschland im letzten Fünftel der hundert Größten zu finden. In der ersten Liste mit den Zahlen von 1958 war Krupp der größte deutsche Konzern, ein Unternehmen, das noch den früheren Glanz der deutschen Schwerindustrie an Rhein und Ruhr widerspiegelte. Die Tatsache, dass nun der Auto- und Flugzeugbauer aus Süddeutschland an der Spitze steht, zeigt die Verlagerung der Schwerpunkte strukturell wie geographisch. Dennoch sind sowohl Daimler als auch Siemens und das Volkswagenwerk damals wie heute unter den ersten fünf vertreten.

Im Jahr 1958 war unter den fünfzig größten Industrieunternehmen der westlichen Welt noch kein deutsches zu finden. Die damals größten Gesellschaften, Krupp und Siemens, mit jeweils drei Milliarden DM Umsatz, wären erst auf Platz 52 dieser von der amerikanischen Zeitschrift „Fortune" zusammengestellten Weltrangliste aufgetaucht. Inzwischen hat sich das Bild deutlich gewandelt. Unter den fünfzig größten Unternehmen der Welt (Industrie, Handel, Banken, Versicherungen und Dienstleister zusammen) sind nach der Fortune-Aufstellung für das Jahr 1999 sieben deutsche: Daimler-Chrysler, Volkswagen, Siemens, Allianz-Holding, Deutsche Bank, E.ON und die Metro-Gruppe. Dieser Aufstieg deutscher und anderer europäischer Unternehmen hat zugleich die These des französischen Publizisten Jean Jacques Servan-Schreiber aus den sechziger Jahren widerlegt, wonach die Welt schon längst von amerikanischen Konzernen allein beherrscht sein müsste. Das Gegenteil ist eingetreten. Von den fünfzig größten Unternehmen „im Weltformat" ist nur noch gut ein Fünftel amerikanisch. Inzwischen sind im Zuge der weltwirtschaftlichen Veränderungen neue Konkurrenten für Europas und Amerikas Großunternehmen aufgetaucht: die Unternehmen aus Fernost, vor allem aus Japan. Die Japaner sind unter den 500 größten Unternehmen der Welt mit 107 Konzernen vertreten, Südkorea mit 12 Gesellschaften, Dagegen stehen 179 amerikanische und 159 europäische. Von den zehn größten Unternehmen der Welt sind heute sechs japanische Konzerne. Von den zehn größten Handels- und Industriekonglomeraten kommen neun aus Japan.

Aktuelle Ranglisten der größten Unternehmen können im Internet unter folgenden Adressen abgerufen werden:

Eine Diskette mit sämtlichen Unternehmensranglisten und Artikeln der jährlich in der Frankfurter Allgemeinen Zeitung erscheinenden Redaktionsbeilagen „Die hundert größten Unternehmen" ist über das F.A.Z.-Archiv zu beziehen: http://www.FAZ.de/archiv

Businessweek: 1000 weltweit größte Unternehmen nach Marktkapitalisierung: http://www.businessweek.com/common
frames/gb.htm/2000/00 28/b3689009.htm

Fortune: 500 weltweit größte Unternehmen nach Umsatz
http://www.fortune.com/fortune/global500/

Financial Times: 500 weltweit größte Unternehmen nach Marktkapitalisierung: http://www.ft.com/specials/ft5 glob.htm

4. Der Mittelstand – eine deutsche Besonderheit

Wenn von Unternehmen in Deutschland die Rede ist, dann tauchen auch immer wieder die Begriffe „Mittelstand" und „mittelständisch" auf. Der Mittelstand gilt im Ausland als typisch deutsches Phänomen, auch als eine deutsche Erfolgsgeschichte. Die Begriffe sind schwer zu übersetzen, weil in ihnen viel von deutscher Mentalität und Historie mitschwingt. Die Amerikaner sprechen von „small business", wollen damit aber nur eine Größenordnung charakterisieren.

Dagegen schwingt in dem deutschen Begriff „Mittelstand" ähnlich wie in dem französischen „classe moyenne" sehr viel Qualitatives mit: Tradition, bürgerliche Wertvorstellungen, Sicherheitsdenken, der Wunsch nach etwas staatlichem Schutz und zum Teil auch antikapitalistische Effekte.

■ Ein Hauch von Ständestaat

Der Begriff „Mittelstand" hat seine Wurzeln in der Übergangszeit von der feudalen Ordnung des Mittelalters zum modernen Verfassungsstaat. In vielen europäischen Ländern gab es als Übergangsform den Ständestaat, in dem das Bürgertum die Mitte zwischen den Ständen des Adels und der Bauern bezeichnete. Den Ständestaat gibt es nicht mehr, er ist auch in

Deutschland Mitte des 19. Jahrhunderts mit Aufklärung und bürgerlicher Revolution verschwunden. Der Begriff „Mittelstand" und manche Elemente ständischen Denkens und ständischer Ordnung sind jedoch geblieben.

Ursprünglich umfasste der Mittelstand in Deutschland nur die selbständigen Handwerker und Gewerbetreibenden, die kleinen und mittleren Händler und Unternehmer sowie die Bauern. Nach dem Ersten Weltkrieg kam zu diesem alten Mittelstand ein neuer Mittelstand hinzu: die höheren Beamten und Angestellten. Es gibt daher keine klare Abgrenzung. Nach Umfragen sieht sich mehr als ein Drittel der westdeutschen Bevölkerung als Mittelstand – ein Hinweis auf den in der Bundesrepublik erreichten Wohlstand und das bürgerliche Bewusstsein weiter Kreise der Bevölkerung.

■ Marx und Engels hatten Unrecht

Der selbständige Mittelstand, also die Klein- und Mittelbetriebe, haben sich in Deutschland über Jahrhunderte hinweg allen wirtschaftlichen und technischen Veränderungen zum Trotz gut behaupten können. Sie sind der lebendige Beweis für die Irrtümer von Marx und Engels, die 1848 in ihrem Kommunistischen Manifest verkündeten: „Die bisherigen Mittelstände, die kleinen Kaufleute, Industriellen und Rentiers, die Handwerker und Bauern, alle diese Klassen fallen ins Proletariat hinab, teils dadurch, dass ihr kleines Kapital für den Betrieb der großen Industrie nicht mehr genügt, teils dadurch, dass ihre Geschicklichkeit von neuen Produktionsmethoden entwertet wird." Zwar sind viele kleine und mittlere Unternehmen verschwunden, weil sie sich nicht rechtzeitig an den Strukturwandel angepasst haben. Doch nach wie vor sind in Deutschland neun von zehn Unternehmen kleine und mittelgroße Unternehmen. Die mit der Internet-Wirtschaft zusammenhängende Gründerwelle hat dem Mittelstand neue Chancen eröffnet und neuen Auftrieb gegeben.

Zum gewerblichen Mittelstand gehören außer den Klein- und Mittelbetrieben vor allem die Handwerksunternehmen (rund 850 000 in ganz Deutschland mit mehr als sechs Millionen Beschäftigten Ende 1999), der kleine und mittelgroße Handel einschließlich der Handelsvermittler, die Makler, die Gastwirte und andere Dienstleistungsunternehmen. Dazu kommen die freien Berufe. Sie erbringen vornehmlich geistige, meist auf qualifizierter Ausbildung beruhende persönliche Leistungen. Sie verstehen sich daher nicht als Gewerbe und sind von der Gewerbesteuer befreit. Allerdings gibt es inzwischen auch hier Strukturveränderungen hin zu größeren Einheiten, etwa den großen Anwaltssozietäten, die eine Vielzahl von Partnern umfassen. Der einzelne Anwalt arbeitet dabei nach wie vor selbständig, doch es gibt wie in einem größeren Unternehmen eine gemeinsame Infrastruktur. In ganz Deutschland gibt es inzwischen 701 990 Freiberufler (Anfang 2000), 256 675 davon sind Heilberufe und etwa 191 074 rechts-, wirtschafts- und steuerberatende Berufe.

■ Volkshochschule des Unternehmertums

Die ausgewogene Wirtschaftsstruktur mit ihrem breiten Mittelfeld hat nicht nur die konjunkturelle Anfälligkeit der Wirtschaft vermindert, sie hat vor allem verhindert, dass Deutschland wie andere Länder mit starken Klassenunterschieden ein soziales Spannungsfeld wurde. Dass sich die Klein- und Mittelbetriebe in Deutschland so gut entwickeln konnten und können, hängt nicht zuletzt auch mit der föderalistischen Struktur der Bundesrepublik zusammen. Die Bundesrepublik hat im Westen zwar einige große industrielle Ballungsgebiete wie das Rhein-Main-Gebiet oder das Ruhrgebiet, aber zugleich eine überaus vielfältige und wirtschaftlich aktive Provinz. Auch außerhalb der großen Städte sitzen viele kleine und mittelgroße Firmen, die in alle Welt exportieren.

Diese Unternehmen sind wichtig für den Wettbewerb und das Funktionieren der sozialen Marktwirtschaft. Sie sind auch von großer Bedeutung für den deutschen Arbeitsmarkt; denn hier sind in den achtziger und neunziger Jahren die meisten Arbeitsplätze entstanden. Das besonders im Ausland bewunderte System der deutschen Berufsausbildung, das praktische Ausbildung mit einer Berufsschule verknüpft, hat in diesen Unternehmen seine stärkste Stütze. Zwei Drittel aller Erwerbstätigen arbeiten in Klein- und Mittelbetrieben. Vier Fünftel der Ausbildungsplätze werden von mittelständischen Betrieben bereitgestellt. Sie tragen damit die Hauptlast der Heranbildung von Fachkräften. Nicht minder wichtig sind die Klein- und Mittelbetriebe aber auch als „Volkshochschule des Unternehmertums". Für viele, die später einmal in großen Unternehmen Führungspositionen einnehmen, ist die Erziehung zur Verantwortung und zum selbständigen unternehmerischen Handeln in einem kleineren Betrieb eine unentbehrliche Vorschule.

Die Stärken und Schwächen

Gewerbliche Klein- und Mittelbetriebe haben auch in Deutschland ihre spezifischen Stärken und Schwächen. Ihre Stärken liegen vor allem in einer größeren Beweglichkeit. Ihre Schwächen hängen im wesentlichen damit zusammen, dass ihr Schicksal aufs engste mit der Person des Inhabers verknüpft ist. Mehr als in Großbetrieben spielt der menschliche Faktor eine Rolle. Viele Geschäftsbeziehungen sind daran schon gescheitert, weil man die Mentalität der Inhaber solcher Unternehmen nicht verstanden hat.

Die Finanzierung: Zwei verlorene Weltkriege und ihre Folgen, eine Inflation und eine Währungsreform haben dazu geführt, dass in allen Unternehmen ausreichend breite Kapitalbasis nur in beschränktem Umfang gebildet werden konnte. Seither zwingt bei wachsendem Kostendruck und vergleichsweise hohen Steuern die wirtschaftliche Anpassung zu ständig neuen Investitionen. Sie übersteigen in der Regel die Selbstfinanzierungsmöglichkeiten. Erst in den achtziger Jahren hat, sich die Börse auch für Familiengesellschaften geöffnet, seitdem die Bundesregierung einen neuen geregelten Aktienmarkt geschaffen hat mit geringeren Anforderungen als im sogenannten amtlichen Handel. Gleichzeitig sind neue Wege zur Beschaffung von Eigenkapital eingeschlagen worden (Wagniskapitalgesellschaften). Dennoch besteht bei vielen Klein- und Mittelbetrieben häufig eine Abneigung, Teilhaber oder Aktionäre in das Unternehmen aufzunehmen. Anders als in Amerika verkörpert das mittelständische Unternehmen in Deutschland oft ein Stück Tradition und wird nicht nur als Vehikel zum Geldverdienen angesehen. Im Allgemeinen werden die Finanzierungsschwierigkeiten von Klein- und Mittelbetrieben heute weniger auf das Kapitalangebot als auf die Qualität der Unternehmensführung zurückgeführt.

Die Familie: Die meisten Klein- und Mittelbetriebe sind Familienunternehmen. Nicht selten sehen Familien, besonders in weitverzweigten Nachfolgegenerationen, in ihrem Unternehmen nur eine Pfründe. Ebenso kann sich die Familie bei notwendigen großen Investitionsvorhaben als Hindernis erweisen. Das gilt besonders dann, wenn die Beteiligung der Familie an der Geschäftsführung und an Grundsatzentscheidungen nicht auf ein Mindestmaß beschränkt wurde. Ein Problem bildet auch immer wieder die Nachfolge. Bei neunzig Prozent der Familienunternehmen ist hier keine ausreichende Vorsorge getroffen, weder personeller noch organisatorischer

Art. Der Wirtschaftswissenschaftler Horst Albach hat daher zu Recht darauf verwiesen, dass Kontinuität im Familienunternehmen nicht Familienkontinuität, sondern Unternehmenskontinuität bedeuten muss.

Die Unternehmensführung: Erfolg oder Misserfolg von Klein- und Mittelbetrieben hängt entscheidend von dem „Können" des Unternehmers ab, der an der Spitze steht. Oft werden Betriebe von genialen Technikern geführt, die aber keine guten Kaufleute sind. Eine Gefahrenquelle liegt auch darin, dass der mittelständische Unternehmer nicht wie der Vorstand einer Aktiengesellschaft jederzeit abberufen werden kann. Der Mittelstandsspezialist Professor Eberhard Hamer zählt in seinem Buch „Das mittelständische Unternehmen" als Nachteile auf: Überlastung des Alleinunternehmers, Familienrücksichten, persönliche Schwächen, Gefahr der Aufgabenhäufung, unzureichende Delegation von Entscheidungen, mangelnde unternehmerische Kenntnisse und strategische Orientierung, unzureichende Information. Dagegen stehen seiner Ansicht nach als Vorteile: einheitliche Willensbildung, zentralisierte Entscheidungsbefugnis, schnelle, flexible und unbürokratische Entscheidungsmöglichkeit, keine Machtkämpfe wie in einem Vorstand.

Produktion, Organisation, Marketing: Auch auf diesen Gebieten liegen die Vorteile im Wesentlichen in der Möglichkeit schnellen, flexiblen Handelns und in der Nähe zu den Mitarbeitern und den Kunden. Die Nachteile sind in mangelnden Informationsmöglichkeiten, unzureichender Marktforschung, der fehlenden Größe für eigene Forschung und Entwicklung, Kostennachteilen durch hohe Personalzusatzkosten, Mängeln im Rechnungswesen, unzureichender Kontrolle zu sehen.

Der Arbeitsmarkt: Die Großbetriebe und ihre Produkte sind in der Öffentlichkeit meist bekannter und daher für viele Arbeitnehmer anziehender als kleine und mittlere Unternehmen, von deren Tätigkeitsfeld sie zuvor noch nichts gehört haben. Ebenso genießen Großunternehmen häufig mehr Sozialprestige als Klein- und Mittelbetriebe. Klein- und Mittelbetriebe können mit den Großunternehmen auch meistens nicht konkurrieren in der Bezahlung, bei den (in den Großunternehmen inzwischen abnehmenden) Sozialleistungen, den Weiterbildungsmöglichkeiten und den Aufstiegschancen. Dafür gibt es in Klein- und Mittelbetrieben oft eine höhere Motivation durch die direkten menschlichen Beziehungen und eine bessere Einbindung in die Gesamtleistung des Unternehmens. Auch hat sich in Rezessionen gezeigt, dass Arbeitsplätze in Klein- und Mittelbetrieben oft länger gehalten werden als in Großunternehmen.

Staatliche Wirtschaftspolitik: In fast allen westeuropäischen Ländern wie auch in den Vereinigten Staaten (durch Small Business Administration) erhalten kleine und mittelgroße Unternehmen Hilfestellung von Seiten des Staates. Allerdings hat es in der Bundesrepublik nie ein ausgesprochenes „Mittelstandsgesetz" gegeben. Schon Ludwig Erhard, der im Mittelstand immer auch etwas Qualitatives sah, hat eine ideologisierende Mittelstandspolitik oder gar eine Schutzpolitik abgelehnt und in einer guten allgemeinen Wirtschaftspolitik mit vernünftigen Rahmenbedingungen die beste Mittelstandspolitik gesehen. Allerdings wurden in zahlreichen Gesetzen wie dem Gesetz gegen Wettbewerbsbeschränkungen (Mittelstandsempfehlung in Paragraf 38) die Interessen kleiner und mittlerer Unternehmen berücksichtigt. Auch mit der Handwerksordnung und in dem Ladenschlussgesetz wurden – unter Erhard – politische Kompromisse geschlossen, die die Gewebefreiheit zugunsten mittelständischer Interessen begrenzten. 1970 wurde von der Bundesregierung (SPD/FDP-Koalition) die vorherige Mittelstandsabteilung im Bundeswirtschaftsministerium in eine Abteilung „Strukturpolitik für kleine und mittlere Unternehmen" umbenannt und damit auch nach außen deutlich gemacht, dass man Abschied von den ideologisch befrachteten Begriffen „Mittelstand" und „Mittelstandspolitik" nehmen wollte. Gleichzeitig wurden Grundsätze einer solchen Strukturpolitik für kleine und mittlere Unternehmen veröffentlicht. Aufgabe einer solchen Strukturpolitik ist bis heute, die Anpassung an den wirtschaftlichen und technischen Wandel zu erleichtern, Wettbewerbshemmnisse abzubauen, soziale Härten zu mildern und die Eigeninitiative zu fördern. Die weltwirtschaftlichen Veränderungen seit den achtziger Jahren haben den Druck in Richtung Deregulierung und Liberalisierung verstärkt, die zum Teil in Handwerk und Handel auf Widerstand stößt, etwa bei der Handwerksordnung oder dem Ladenschluss.

Gefördert werden Klein- und Mittelbetriebe durch eine Reihe von Finanzierungshilfen und Zuschüssen für Investitionen und Existenzgründungen, aber auch bei Forschungsvorhaben und für Beratung. Federführend für diese Programme sind die staatliche KfW Kreditanstalt für Wiederaufbau in Frankfurt und die Deutsche Ausgleichsbank in Bonn. Der Grundstock für diese Förderung wurde übrigens unmittelbar nach dem Krieg durch die Marshallplan-Gelder gelegt (ERP-Mittel, wobei ERP für European Recovery Program steht).

Außer den staatlichen Hilfen hat in Deutschland auch der Gedanke der Selbsthilfe eine große Tradition. Es geht bei diesem Gedanken darum, die Kleinen durch Zusammenschluss oder Zusammenarbeit leistungsfähiger im Wettbewerb mit den Großen zu machen. Im Vordergrund steht das Genossenschaftswesen, das heißt die gewerblichen und ländlichen Kreditgenossenschaften (Volksbanken und Raiffeisenkassen) und die Einkaufsgenossenschaften im Handel und im Handwerk. Zu den wichtigen Selbsthilfeeinrichtungen gehören ferner die von Handel und Handwerk gegründeten Kreditgarantiegemeinschaften. Sie sichern durch Ausfallbürgschaften die Kredite von Unternehmen ab, die selbst nicht über ausreichende Kreditsicherheiten verfügen. Die 1949 von Verbänden der Industrie errichtete heutige IKB Deutsche Industriebank AG in Düsseldorf, die die Nachfolge der 1924 gegründeten Deutschen Industriekreditbank antrat, hat speziell die Versorgung der kleinen und mittleren Industriebetriebe mit Investitionskrediten zur Aufgabe. Weiter sind eine Reihe von Kapitalbeteiligungsgesellschaften gegründet worden, die Beteiligungskapital für Klein- und Mittelbetriebe bereitstellen. Zu den Selbsthilfeeinrichtungen zählen ferner die zahlreichen Institutionen, die sich die Beratung von Klein- und Mittelbetrieben zum Ziel gesetzt haben.

5. Menschen in der Wirtschaft

Mit dem Wachstum der Unternehmen, vornehmlich mit dem Vordringen der Aktiengesellschaften, die im Französischen bezeichnenderweise Société Anonyme heißt, traten die handelnden Menschen oft hinter das Unternehmen zurück. Als schließlich die Bilanzanalyse in den Mittelpunkt der Unternehmensberichterstattung rückte, verschwanden die Menschen manchmal ganz hinter den Zahlenwerken.

Aber Wirtschaft ist kein seelenloses Räderwerk, das Unternehmen kein anonymer Apparat. Für ein Unternehmen und damit auch für alle an dem Unternehmen Interessierten ist eine Personalentscheidung oft bedeutsamer als eine Finanzmaßnahme. Das zeigt der zunehmend schnellere Wechsel in den Vorstandsetagen. Er ist Ausdruck für die Schwierigkeiten, Unternehmen in Zeiten raschen Wandels richtig und mit Erfolg zu führen. Der amerikanische Wirtschaftsnobelpreisträger Gary S. Becker nennt die zweite Hälfte des zwanzigsten Jahrhunderts das Zeitalter des Humankapitals und vertritt die Ansicht, dass der Wohlstand eines Landes mehr noch als früher davon abhängt, wie das Können und Wissen einer Bevölkerung wirtschaftlich nutzbar gemacht werden kann., Das 21. Jahrhundert wird demgemäß als ein Jahrhundert der Wissensgesellschaft gesehen, in der menschliches Wissen zur wichtigsten Ressource wird.

Hinzu kommt, dass in den letzten Jahren mit der Popularisierung von Wirtschaftsthemen auch das Interesse an den Personen weiter zugenommen hat. Wirtschafts- und Unternehmensberichte werden in den Medien zunehmend personalisiert.

■ Der Führungsnachwuchs kommt aus allen Schichten

Die Frankfurter Allgemeine Zeitung hat Mitte der sechziger Jahre zum ersten Mal eingehend untersucht, woher das Führungspersonal der deutschen Wirtschaft kommt. Es kommt, wie schon der Ökonom Joseph A. Schumpeter feststellte, aus allen Schichten. Eine weitere Befragung von knapp 1700 selbständigen Unternehmern, Vorständen und Aufsichtsräten Ende der sechziger Jahre (Max Kruk, „Die großen Unternehmer", Societäts-Verlag Frankfurt) ergab folgendes Bild: Vorstandssessel sind anders als in der Frühzeit des Kapitalismus keine „Erbhöfe" mehr. Vor allem aber: Spitzenstellungen in der Wirtschaft sind im Prinzip für viele erreichbar. Allerdings hat sich die mit den Sonderbedingungen nach dem Krieg zusammenhängende vergleichsweise große soziale Durchlässigkeit der Anfangsjahre der Bundesrepublik geändert, und zwar seit dem Generationswechsel in den siebziger Jahren. Der Spielraum für sozialen Aufstieg hat sich wieder verengt, wie aus der Mannheimer Elite-Studie von 1981 hervorgeht (siehe dazu: Michael Hartmann, „Topmanager", Campus Verlag, Frankfurt).

Während Ende der sechziger Jahre rund 53 Prozent der Aufsichtsräte und Vorstandsmitglieder aus sogenannten höheren Schichten kamen, also aus dem sozialen Bereich, dem sie selbst angehören, sind das in der Studie von 1981 bereits 66 Prozent gewesen. Damit haben sich die Verhältnisse in Deutschland im internationalen Vergleich wieder normalisiert, auch gegenüber den Vereinigten Staaten, wo sich die Wirtschaftselite in hohem Maße aus sich selbst rekrutiert.

Nach Berufsgruppen kommen von der in den neunziger Jahren abtretenden Generation von Topmanagern rund 31 Prozent aus Unternehmenshaushalten. Bei rund 22 Prozent sind die Väter Beamte des gehobenen und höheren Dienstes und bei weiteren 10 Prozent sind sie Direktoren, Geschäftsführer oder Vorstände. Rund 8 Prozent stammen aus Haushalten höherer Angestellter (Prokuristen/Abteilungsleiter) und 7,5 Prozent aus Haushalten einfacher oder mittlerer Beamter. Nur gut 5 Prozent der Spitzenmanager kommen aus Arbeiterhaushalten. Bei knapp 4 Prozent sind die Väter kleine oder größere Landwirte und bei 3 Prozent Freiberufler. Nach Bildungsabschlüssen haben etwa 90 Prozent der in den neunziger Jahren noch tätigen Spitzenmanager Abitur, und mehr als drei Viertel haben auch ein Studium mit Erfolg absolviert. Dabei stehen zwei Fächer, nämlich Betriebswirtschaft und Jura (76 Prozent), im Vordergrund. 11 Prozent haben Naturwissenschaften studiert, und knapp 9 Prozent haben ein Ingenieurstudium absolviert.

Eine Umfrage von 1999 der Personalberatung Heidrick & Struggles Mülder & Partner bei 212 Führungskräften bestätigt diese Tendenz. Kamen 1982 noch 11 Prozent der Topmanager aus Arbeiterhaushalten, waren es 1999 nur noch 3 Prozent. Dagegen kommt ein Drittel aus der Oberschicht, und zwei Drittel stammen aus der Mittelschicht, vor allem aus Familien leitender Angestellter. Von der Ausbildung her gesehen hat sich der Anteil der Nichtakademiker von 22 auf 8 Prozent verringert.

Mit der Umstrukturierung und Verschlankung der Unternehmen sowie dem Abbau von Hierarchie-Ebenen gewinnen beim Aufstieg unternehmerisches Denken und andere persönlichkeitsbezogene Merkmale an Bedeutung, während die Bedeutung von Fachkenntnissen abnimmt. Es werden also mehr Generalisten als Spezialisten gefragt. Das wiederum kommt jedoch dem Nachwuchs aus höheren Schichten zugute, die in dieser Hinsicht schon vom Elternhaus her über bessere Voraussetzungen verfügen.

■ Gibt es genügend Führungsnachwuchs?

Tut sich in einer immer komplexer werdenden Welt mit allenthalben wachsenden Anforderungen an die Qualifikation am Ende eine Managerlücke auf? Werden durch den beschleunigten Strukturwandel nicht mehr Manager verschlissen, als neue nachwachsen? Führt der Wertewandel in einer Wohlstandsgesellschaft dazu, dass die für eine Unternehmensführung notwendigen Eigenschaften wie Risikobereitschaft, Mobilität und Flexibilität verkümmern? Richtig ist, dass seit Jahrzehnten immer wieder darüber geklagt wird, die großen Führungspersönlichkeiten würden seltener. Richtig ist auch, dass die Suche nach dem geeigneten Nachfolger an der Spitze von Unternehmen schwieriger geworden ist. Ebenso richtig ist aber, dass in Deutschland noch immer alle Führungspositionen gut besetzt worden sind und die vermeintlich blasseren Nachfolger die Unternehmen oft überraschend gut weiter vorangebracht haben. Außer Frage steht, dass an Führungskräfte heute höhere Anforderungen gestellt werden, ebenso wie in vielen Berufen mehr Qualifikation als früher erforderlich ist. In einer hochentwickelten Industriegesellschaft müssen Führungskräfte nicht nur komplexere Techniken verstehen, international denken können und lebenslang lernbereit sein. Sie müssen vor allem mit Menschen umgehen können, die nicht Untergebene im herkömmlichen Sinn sind, sondern qualifizierte Mitarbeiter im wörtlichen Sinn.

Der Management-Theoretiker Peter F. Drucker hat das in seinem Buch „Neue Realitäten" treffend so beschrieben: „Da es sich bei den Mitspielern in einer informationsgestützten Organisation um Spezialisten handelt, kann man ihnen nicht vorschreiben, wie sie ihre Arbeit tun sollen. Es wird wohl kaum einen Orchesterdirigenten geben, der einem Horn auch nur einen Ton entlocken könnte, geschweige denn dem Hornisten zeigen könnte, wie er zu spielen hat. Der Dirigent weiß jedoch wohl, die Fähigkeit und das Wissen des Hornisten in die Gesamtleistung des Orchesters einzubinden. Diese Einbindung und Bündelung ist das Modell für die Führungskraft … Allerdings haben heute weder Wirtschaft noch Verwaltung eine Partitur, nach der sie sich richten können. Die Partitur wird erst während des Spielens geschrieben."

Es ist daher nicht einfach geworden, den richtigen Führungsnachwuchs zu rekrutieren, vor allem für die Spitzenposition. Als Trugschluss hat sich erwiesen, Manager, oder genauer gesagt, unternehmerisch denkende Führungskräfte könnten auf Management-Schulen am Fließband produziert werden. Vieles ist erlernbar, aber eben nicht alles, was man zur Führung von Unternehmen braucht. Und auch heute noch gilt, dass Menschen mit und ohne Studium, Wirtschaftler wie Nichtwirtschaftler an die Spitze von Unternehmen gelangen können – sofern sie die notwendigen unternehmerischen Fähigkeiten und Eigenschaften besitzen. Hinzu kommt das bisher noch kaum erschlossene Potential an weiblichem Nachwuchs, das viel zu langsam in den Hierarchien der Unternehmen vorrückt, aber in den Strukturen der Internet-Wirtschaft mehr und mehr Chancen erhält. Für das Heranziehen von Führungsnachwuchs sind daher heute nicht nur Bildung und Ausbildung, sondern ebenso sehr systematische Auswahl und Förderung in den Unternehmen selbst erforderlich. Daran fehlt es oft.

6. Die Gründung eines Unternehmens

Wer ein Unternehmen gründen will, braucht nicht nur eine Geschäftsidee und Eigenkapital oder Geldgeber. Auch eine Entscheidung über die Rechtsform muss der angehende Selbständige treffen, bevor er auf den

Markt treten kann. Schließlich soll der Aufbau einer neuen Existenz nicht damit enden, dass sich der Gründer mit seinem Privatvermögen bis über beide Ohren verschuldet, wenn mit seinem „Start-up-Unternehmen" etwas schief geht. Doch nicht nur Haftungsfragen – etwa gegenüber Kunden, Lieferanten und Kreditgebern – sind zu berücksichtigen. Wenn von vornherein ein oder mehrere Partner eingebunden werden sollen, muss vertraglich geregelt werden, wer welche Aufgaben und Entscheidungsbefugnisse erhält: Denn nicht jeder pfiffige Tüftler bewährt sich zugleich als harter Rechner und Verhandler im kommerziellen Tagesgeschäft. Und nicht zuletzt muss bei der Wahl der Rechtsform beachtet werden, dass auch der Fiskus seinen Anteil fordert, falls es in der Kasse klingelt. Leider hat die Kompliziertheit des deutschen Steuerrechts, dessen Zustand selbst von renommierten Hochschullehrern als chaotisch bezeichnet wird, dazu geführt, dass die einigermaßen klaren Gestaltungsmöglichkeiten des Handels- und Gesellschaftsrechts in der Praxis aus steuerlichen Erwägungen durch allerlei Sonderkonstruktionen (beispielsweise die GmbH & Co. KG) überlagert worden sind. Je nach der gewählten Rechtsform gelten Besonderheiten beispielsweise bei der Besteuerung von Erträgen, Veräußerungsgewinnen und Erbschaften sowie bei der Möglichkeit, die Abgabenlast durch Vergütungen an den Unternehmer und durch Rückstellungen für seine spätere Altersversorgung zu mindern.

Zusätzlich beachtet werden müssen die Bestimmungen des öffentlichen Rechts. Ein Gewerbe muss danach bei der zuständigen Behörde der jeweiligen Kommune angemeldet werden. Obwohl das Grundgesetz prinzipiell Gewerbefreiheit garantiert, bedürfen darüber hinaus nach der Gewerbeordnung sowie etlichen Spezialgesetzen bestimmte Tätigkeiten, die ohne Sachverstand und Zuverlässigkeit des Betreibers das Gemeinwohl besonders gefährden könnten, einer Genehmigung. Der entsprechende Katalog reicht von Apotheke, Arbeitnehmerüberlassung und Arbeitsvermittlung bis zum Versteigerungsgewerbe.

■ Einzelunternehmen

Bürokratisch am wenigsten aufwendig ist der Betrieb einer Einmann-Firma. Der Nachteil: Eine Einzelperson, die selbst und ohne Zwischenschaltung einer juristischen Person ein Unternehmen betreibt, haftet voll und ganz mit ihrem Privatvermögen. Der „Papierkrieg" mit dem Finanzamt bleibt dagegen begrenzt. Denn Verdienste müssen lediglich als „Einkünfte aus Gewerbebetrieb" versteuert werden; die Gründung einer Kapitalgesellschaft würde hingegen dazu führen, dass diese obendrein selbst Körperschaftsteuer zahlen müsste. Falls es sich um einen Gewerbebetrieb handelt und die Gewinne einen Freibetrag von 48 000 DM überschreiten, muss der Einzelunternehmer zusätzlich Gewerbesteuer abführen. Nicht als gewerblich tätig gilt insbesondere, wer freiberuflich – etwa als Arzt, Anwalt oder Architekt – arbeitet, Land- oder Forstwirtschaft betreibt; ebenso, wer lediglich sein eigenes Privatvermögen verwaltet oder als Arbeitnehmer abhängig beschäftigt ist.

Ins Handelsregister eintragen lassen müssen sich gewerbetreibende Einzelunternehmer nach dem Handelsgesetzbuch nur, wenn ihre Tätigkeit einen „in kaufmännischer Weise eingerichteten Geschäftsbetrieb" erfordert; allerdings muss der Gewerbetreibende gegebenenfalls nachweisen, dass dies nicht der Fall ist. Die Industrie- und Handelskammern gehen davon aus, dass die Grenze bei Umsätzen von mehr als 800 000 DM jährlich liegen dürfte. Kleingewerbetreibende sowie Land- und Forstwirte können sich freiwillig anmelden. Die Folge: Wer in dem amtlichen Verzeichnis als Kaufmann oder Kauffrau verzeichnet ist, kann sich einen Firmennamen aussuchen, unter dem er im Rechtsgeschäftsverkehr auftreten darf. Dieser darf allerdings nicht bereits anderweitig vergeben sein; zudem muss er sich – auch mit Blick auf das Wettbewerbs- und das Markenrecht – von den Namen der Konkurrenten ausreichend unterscheiden. Seit dem Handelsrechtsreformgesetz von 1998 sind Phantasienamen zulässig: Der Friseur Otto Müller kann seine Rechnungen also nunmehr unter dem Namen „Struwwelpeter" ausstellen.

Wer Rechte in Anspruch nimmt, bekommt allerdings auch Pflichten auferlegt: Ein eingetragener Kaufmann muss zahlreiche Sonderregeln gegen sich gelten lassen, die den Geschäftsverkehr zwischen Profis beschleunigen sollen und deshalb manche Bestimmungen des allgemeinen Zivilrechts und des Verbraucherschutzes außer Kraft setzen. So gilt bei Kaufleuten in bestimmten Fällen, anders als beim Normalbürger, Schweigen als Zustimmung, und sie müssen Handelsbücher führen.

■ Gesellschaft bürgerlichen Rechts

Wer seine Geschäftstätigkeit nicht alleine ausüben will, kann sich mit einem oder mehreren Mitstreitern zu einer Gesellschaft bürgerlichen Rechts (GbR) – auch BGB-Gesellschaft genannt – zusammenschließen. Hierfür bedarf es nicht einmal eines schriftlichen Vertrages oder gar eines Gangs zum Notar; eine mündliche Abrede reicht ebenso aus wie schlüssiges Verhalten.

Um im Fall späterer Streitigkeiten bestimmte Vereinbarungen beweisen zu können, ist bei einer Existenzgründung allerdings dringend dazu zu raten, wenigstens die Grundzüge des gemeinsamen Projekts niederzuschreiben. Dadurch lässt sich auch vermeiden, dass sich nach dem Bürgerlichen Gesetzbuch beim Ausscheiden auch nur eines Gesellschafters die GbR auflöst.

Weil keine vorgeschriebenen Förmlichkeiten den Rechtsschutz Außenstehender garantieren, wird der GbR im Prinzip keine eigene Rechtspersönlichkeit zuerkannt (wenngleich Juristen seit Generationen nicht müde werden, darüber zu streiten, ob diese hergebrachte Auffassung nicht vielleicht ein verfehltes Dogma darstellt). Die GbR ist damit die Grundform einer Personengesellschaft – also all jener Zusammenschlüsse, bei denen im Gegensatz zur Kapitalgesellschaft die persönliche Mitwirkung und Haftung der Teilhaber im Vordergrund stehen. Gläubigern haftet jeder Gesellschafter unbegrenzt auch mit seinem Privatvermögen; Einschränkungen können nur im Einzelfall vertraglich vereinbart werden, wie der Bundesgerichtshof im Jahr 1999 in einer vielbeachteten Entscheidung festgestellt hat. Auch der Fiskus besteuert lediglich die einzelnen Mitunternehmer, indem er ihre jeweilige Einkommensteuer-Schuld gesondert feststellt.

■ Offene Handelsgesellschaft

Betreiben allerdings die Gesellschafter einer GbR gemeinsam ein Kleingewerbe und lassen ihre Firma freiwillig ins Handelsregister eintragen, wird diese zur Offenen Handelsgesellschaft (OHG). Dieselbe Rechtsfolge tritt ein, wenn sie ein Gewerbe von einer solchen Größe verfolgen, dass ein kaufmännisch eingerichteter Geschäftsbetrieb erforderlich ist. Da dies gesetzlich vermutet wird, sind viele BGB-Gesellschaften in Wirklichkeit eine OHG. Die Eintragung ins Handelsregister ist in diesen Fällen Pflicht und hat nur deklaratorische Bedeutung. Die OHG ist also eine Sonderform der Personengesellschaft: Sie unterscheidet sich von der GbR nur durch den Zweck, ein Gewerbe von nicht unerheblichem Umfang auszuüben. Seit der Reform des Handelsgesetzbuchs von 1998 steht auch denjenigen Unternehmen die OHG offen, die lediglich ihr eigenes Vermögen verwalten, also etwa Holdings (welche nur die Geschäftstätigkeiten ihrer Tochtergesellschaften steuern), Besitzgesellschaften (die nach einer so genannten Betriebsaufspaltung das Tagesgeschäft einer Betriebsgesellschaft überlassen haben) und (geschlossenen) Immobilienfonds.

Die OHG ist lange Zeit im Mittelstand beliebt gewesen, weil sie von ihrer Grundkonstruktion her Kapital, Arbeit und Kredit zusammenführt: Die Betriebsinhaber sind gleichberechtigt zur Mitarbeit und zum Einbringen von Geld- oder Sachmitteln verpflichtet. Und da sie mit ihrem gesamten Privatvermögen haften, sind sie kreditwürdiger als zum Beispiel eine Gesellschaft mit beschränkter Haftung. Sogar nach ihrem Ausscheiden haften die Teilhaber noch fünf Jahre lang für zuvor begründete Verbindlichkeiten. Das hat aber auch zur rückläufigen Bedeutung der OHG beigetragen.

Die Vorschriften des Handelsgesetzbuchs über die Binnenstruktur der OHG können allerdings zu einem großen Teil im Gesellschaftsvertrag abbedungen werden. Die Jungunternehmer können folglich durch eine flexible Gestaltung auf ihre individuellen Bedürfnisse und Verhältnisse Rücksicht nehmen, wenn sie Lasten und Befugnisse nicht gleichmäßig verteilen wollen. Das gemeinsame Gesellschaftsvermögen gehört ihnen gesamthänderisch, sie können also über die ihnen zustehende Quote an Bargeldbestand, Wertpapierdepot oder sonstigem Firmenbesitz nicht einzeln verfügen. Gewinne werden jedem Mitunternehmer auf seinem Kapitalkonto gutgeschrieben; das Gesetz gibt ihm einen Anspruch auf entsprechende Entnahmen. Auch kann zusätzlich eine Vergütung für eine Tätigkeit als Geschäftsführer vereinbart werden. Übrigens dürfen sich die Gesellschafter auf Grund eines gesetzlichen Wettbewerbsverbotes nicht ohne Zustimmung ihrer Partner an einem Konkurrenzunternehmen derselben Branche beteiligen, sonst machen sie sich schadensersatzpflichtig. Oft werden solche Konkurrenzschutzklauseln außerdem für die Zeit nach einem Ausscheiden eines Mitinhabers verabredet.

Nach außen hin stattet das Handelsgesetzbuch die OHG zum Schutz ihrer Vertragspartner mit einer Reihe von Rechten, aber auch unverrückbaren Pflichten aus. Dabei wird sie wie eine selbständige juristische Person behandelt. So kann sie unter ihrem Firmennamen Verträge schließen und Prozesse führen; beim Erwerb von Immobilien wird sie selbst (anstelle der einzelnen Gesellschafter) ins Grundbuch eingetragen. Sie gilt als Kaufmann und muss ihre Bücher nach den detaillierten Vorgaben des Handelsgesetzbuchs führen, also auch jährlich eine Handels- sowie – gemäß den Vorschriften des Steuerrechts – eine Steuerbilanz aufstellen. Wenn nichts anderes vereinbart wird, darf jeder Mitinhaber die OHG einzeln vertreten und die üblichen Rechtsgeschäfte abschließen; es kann jedoch auch einem Angestellten hierfür eine umfassende Vollmacht (Prokura) erteilt werden. Aber Vorsicht: Gegenüber Vertragspartnern wird der Ausschluss einzelner Gesellschafter von der Vertretung der Firma nur dann verbindlich, wenn dies im Handelsregister eingetragen und damit für Außenstehende erkennbar ist. Der Umfang der jeweiligen Vertretungsmacht ist nach außen hin sogar zwingend festgelegt: Wenn ein Gesellschafter gegen interne Beschränkungen auf bestimmte Befugnisse verstößt, haftet er zwar seinen Mitinhabern gegenüber auf Schadensersatz – doch der Vertrag mit dem jeweiligen Geschäftspartner bleibt gültig.

Gegenüber der früheren Gesetzeslage führt das Ausscheiden eines Gesellschafters heute zwar im Prinzip nicht mehr zur Auflösung der Gesellschaft. Mit dem Heranwachsen der „Erbengeneration" steht aber in zahlreichen Unternehmen ein Generationswechsel bevor. Insbesondere inhabergeführte Familienunternehmen sollten daher am besten gleich bei der Gründung im Gesellschaftsvertrag Vorkehrungen für eine spätere Übergabe der Geschäftsleitung treffen.

◼ Kommanditgesellschaft

Häufiger kommt es vor, dass sich mehrere Gesellschafter zur mehr oder weniger gleichberechtigten Führung eines Unternehmens zusammentun wollen – darüber hinaus aber weitere Teilhaber benötigen, die eigentlich nur Kapital beisteuern sollen. Deren Mitsprache soll daher ebenso begrenzt bleiben wie ihre Haftung gegenüber Außenstehenden. Hierfür bietet das Handelsgesetzbuch die Möglichkeit, eine Kommanditgesellschaft (KG) zu gründen. Von der OHG unterscheidet diese sich nur dadurch, dass es neben den voll, also auch mit ihrem gesamten persönlichen Vermögen haftenden Gesellschaftern (den Komplementären) eine zweite „Klasse" von Miteigentümern gibt, die für die Ansprüche Dritter nur bis zur Höhe ihrer Einlage einzustehen haben (die Kommanditisten). Von beiden Arten der Teilhaber muss es zumindest jeweils einen geben.

Hauptsächlich bietet die KG das Grundmodell für eine gesellschaftsrechtliche Konstruktion, bei der zwar der äußeren Form nach eine Personengesellschaft geschaffen wird, ohne dass aber in Wirklichkeit ein einziger Mensch mit seinem Privatvermögen haftet: die weit verbreitete GmbH & Co. KG. Hier ist einziger Komplementär eine Gesellschaft mit beschränkter Haftung; die anderen Gesellschafter sind Kommanditisten, haften also ebenfalls nur begrenzt. Diese juristische Verschachtelung eines eigentlich simplen wirtschaftlichen Sachverhalts lässt sich auf die Spitze treiben, wenn ein einzelner Unternehmer zunächst eine Einpersonen-GmbH gründet (was mittlerweile ausdrücklich zulässig ist) und diese sodann in eine KG einbringt, an der er sich wiederum selbst als einziger Kommanditist beteiligt. Wer heute erwägt, zu dieser beliebten Gestaltungsmöglichkeit zu greifen, sollte aber bedenken, dass der ursprüngliche Beweggrund hierfür ein steuerlicher Aspekt war: die bereits 1976 abgeschaffte volle Doppelbesteuerung von Kapitalgesellschaften und ihrer Gesellschafter, die mit der Unternehmenssteuerreform des Jahres 2000 nur in abgemilderter Form wiederkehrt. Das inzwischen im Vordergrund stehende Motiv einer Haftungsbeschränkung lässt sich auch auf einfacherem Weg, etwa durch Errichtung einer GmbH, erreichen. Zum Schutz der Gläubiger muss der Firmenname einen Hinweis auf die Haftungsbeschränkung beinhalten. Zudem hat der Bundestag 1999 mit dem Kapitalgesellschaften- und Co.-Richtlinie-Gesetz auf Grund einer zehn Jahre alten Richtlinie der Europäischen Union (und nach mehrfacher Verurteilung durch den Europäischen Gerichtshof in Luxemburg) Kommanditgesellschaften, deren einziger „Vollhafter" eine beschränkt haftende juristische Person ist, zu einer verschärften Prüfung und Offenlegung ihrer Jahresabschlüsse gezwungen.

Eine zusätzliche Bedeutung hat die Rechtsform der KG mittlerweile dadurch erlangt, dass sie bevorzugt zur Gründung so genannter Anlagegesellschaften genutzt wird. Diese werben oft mit dem Aspekt besonderer Steuerersparnis („Abschreibungsgesellschaften") um das Geld von Anlegern, deren Risiko als Kommanditisten begrenzt bleibt. Typisch ist hier, dass sich die Zahl der Gesellschafter nicht mehr, wie sich das der Gesetzgeber im 19. Jahrhundert vorgestellt hatte, auf einen überschaubaren Kreis beschränkt. Vielmehr werden so viele Geldgeber beteiligt, dass der Charakter der KG sich der einer Kapitalgesellschaft annähert. Die gesetzlichen Vorschriften lassen es zu, dass eine solch große Zahl von Kommanditisten – wie bei einer rechtlich selbständigen Körperschaft – durch besondere Gremien an der laufenden Geschäftsführung beteiligt wird. Häufiger allerdings werden die Gesellschaftsverträge von den Initiatoren der Abschreibungsmodelle so ausgestaltet, dass – gerade umgekehrt – die Einflussmöglichkeiten der Kommanditisten weitestgehend beschnitten werden. Der Bundesgerichtshof hat deshalb im Laufe der Zeit durch seine Rechtsprechung für einen gewissen Schutz der Anleger gesorgt – etwa durch Regressansprüche gegen die Gründer einer solchen „Massen-KG" für unrichtige Angaben in Werbeprospekten. Dem Gesetz sind diese Beschränkungen kaum zu entnehmen; sie beruhen auf einer Rechtsfortbildung durch Zivilgerichte, die hierbei die Vorschriften über Kapitalgesellschaften für eine analoge Anwendung herangezogen haben. Bei solchen Publikumsgesellschaften ist aber stets zu bedenken, dass sich selbst steuerlich attraktive Verlustzuweisungen von deutlich über 100 Prozent auf längere Sicht nur auszahlen, wenn sich die Investition auch betriebswirtschaftlich lohnt. Zudem hat der Bundestag mit dem so genannten Steuerentlastungsgesetz

1999/2000/2002 den Paragrafen 2b ins Einkommensteuergesetz eingefügt, der – bei aller Kritik von Steuerrechtlern an dem außerordentlich unbestimmten Gesetzwortlaut – die Absetzbarkeit planmäßig herbeigeführter Buchverluste einschränkt. Freilich war auch der zuvor häufig geäußerte Vorwurf nicht berechtigt, hier würden „Steuerschlupflöcher" missbraucht. Vielmehr wurden hier (ökonomisch fragwürdige) Investitionsanreize genutzt, die der Bundestag beispielsweise in den neuen Bundesländern bewusst geschaffen hatte.

■ Gesellschaft mit beschränkter Haftung

Wer fürchten muss, dass sich sein geplantes Unternehmen als „Flop" erweist, tut gut daran, seine Haftung auf das Firmenvermögen zu begrenzen und seine privaten Besitztümer vor Pfändung oder Zwangsversteigerung zu schützen. Die einfachste Möglichkeit hierfür ist die Gründung einer Gesellschaft mit beschränkter Haftung (GmbH) – eine Rechtsform, die das GmbH-Gesetz im Jahr 1892 geschaffen hat, ohne dabei auf hergebrachte Vorbilder zurückgreifen zu können. Während die Aktiengesellschaft mit jahrhundertelanger Tradition auf eine große Zahl von Mitgliedern sowie einen hohen Kapitalbedarf ausgerichtet ist, bietet die GmbH das juristische Gerüst für einen überschaubaren Kreis von Geschäftspartnern. Mittlerweile ist auch ausdrücklich eine Einpersonen-„Gesellschaft" zulässig. Eine GmbH ist, verglichen mit der Aktiengesellschaft, recht einfach auf die Beine zu stellen: Es bedarf nur eines notariell beurkundeten Vertrags, der Eintragung ins Handelsregister und eines Stammkapitals von 25 000 Euro. Der Rechtsrahmen lässt sich weitgehend individuell zurechtzimmern. Rund ein Viertel dieser Gesellschaften wird übrigens eigens als Komplementär für eine der bereits beschriebenen GmbH & Co. KG gegründet. Vielfach greifen außerdem große Konzerne auf die Möglichkeit der Haftungsbeschränkung durch eine GmbH zurück, wenn sie – oftmals in dreistelliger Zahl! – risikoträchtige Tätigkeitsbereiche auf eigenständige Rechtsträger auslagern wollen. So lassen diese sich zugleich einem eigenständigen Kostenmanagement unterwerfen, und der Einfluss der Arbeitnehmervertretung lässt sich zurückdrängen.

Der Firmenname muss hier einen Zusatz enthalten, der auf die Haftungsbeschränkung hinweist. Bereits mit Beurkundung des Gesellschaftsvertrags entsteht eine so genannte Vor-GmbH. Um in dieser Phase eine persönliche Haftung zu vermeiden, sollten die Gründer dem Namen daher zusätzlich ein „i. G." (= in Gründung) hinzufügen, wenn sie schon einmal

Räume anmieten oder einen Firmenwagen bestellen wollen. Für die tatsächliche Aufbringung und spätere Erhaltung des Stammkapitals, das schließlich eine „Garantiesumme" für die Firmengläubiger darstellt, sollen zahlreiche Vorschriften sorgen. Hierzu gehört, dass das Einbringen von Sachwerten statt Bar- oder Buchgeld nur unter erschwerten Bedingungen erlaubt ist. Unter bestimmten Umständen wird sogar ein Darlehen von Gesellschaftern an ihre eigene Firma als Eigenkapital eingestuft, wenn sie zu diesem Zeitpunkt in einer Krise steckt und anschließend durch Überschuldung oder Zahlungsunfähigkeit tatsächlich insolvent wird. Die Folge: Der vermeintliche Kredit muss vom Insolvenzverwalter nicht mehr zurückgezahlt werden. Tricks wie das berüchtigte „Hin- und Herzahlen" – die vorgesehene Bareinlage wird zwar geleistet, aber durch ein Gegengeschäft sofort wieder zurückgereicht – gelten als eine verdeckte Sacheinlage, mit der der Gesellschafter seine Einlagepflicht nicht erfüllt. Wegen dieser oder ähnlicher Verschleierung der wahren Verhältnisse setzt er sich der Gefahr einer so genannten Durchgriffshaftung aus: Gläubiger können sich nun direkt an seinem persönlichen Vermögen schadlos halten.

Die GmbH ist eine juristische Person und unterliegt als „Kaufmann" den Regeln des Handelsgesetzbuchs, auch hinsichtlich der Rechnungslegung. Notwendigerweise hat sie zumindest zwei Organe: einen oder mehrere Geschäftsführer (die oftmals selbst Gesellschafter sind) sowie die Gesellschafterversammlung. Darüber hinaus kann ein Aufsichtsrat gegründet werden; wenn ein Unternehmen wegen seiner Größe den Mitbestimmungsgesetzen unterfällt, ist dies sogar vorgeschrieben. Gesellschafter können ihren Geschäftsanteil in der Regel vererben oder weiterveräußern. Bei Streitigkeiten dürfen die Mitunternehmer aus „wichtigem Grund" einen missliebigen Partner ausschließen, müssen ihn dann aber abfinden.

Kapitalgesellschaften wie GmbH und AG unterliegen der Körperschaftssteuer. Damit ihre Anteilseigner nicht doppelt belastet werden, galt in der Bundesrepublik jahrzehntelang das Anrechnungsverfahren: Die Gesellschafter konnten ihre eigene Einkommensteuerschuld um die von ihrem Unternehmen entrichteten Abgaben vermindern. Die rot-grüne Bundesregierung hat allerdings im Jahr 2000 dieses bei grenzüberschreitenden Geschäftsbeziehungen umständliche und missbrauchsanfällige System durch ein „Halbeinkünfteverfahren" ersetzt: Hierbei entfällt die Anrechnungsmöglichkeit; zum Ausgleich muss der Anleger nur die Hälfte seiner Einkünfte aus der Investition in ein Unternehmen versteuern.

Aktiengesellschaft

Seit die Deutschen die Börse entdeckt haben, ist auch die Aktiengesellschaft (AG) stärker in den Blickpunkt der Öffentlichkeit gerückt. Unternehmensgründern bietet sie den Vorteil, durch einen Börsengang (going public; Initial public offering/IPO) Geld einsammeln zu können, das sie – anders als Bankdarlehen oder als Unternehmensanleihen am so genannten Rentenmarkt – nicht verzinsen müssen und das deshalb in ihrer Bilanz als Eigenkapital aufgeführt wird. Das steigert zugleich den Bekanntheitsgrad der eigenen Produkte. Zunehmend spielen Aktien auch eine Rolle als „Akquisitionswährung" bei den viel beachteten Zusammenschlüssen und Übernahmen von Firmen (Fusion, Merger, Take-over). Oder Unternehmen spalten einzelne Geschäftsfelder ab, um wenigstens diese auf den Kapitalmarkt zu bringen (spin off). Anleger wiederum erhalten die Gelegenheit, auch schon mit kleinen Beträgen am Erfolg eines Unternehmens teilzuhaben; denn wenn dieses Gewinne erzielt, schüttet es zumeist einen Teil davon als Dividende an die Anteilseigner aus. Meist steht im Vordergrund aber das Motiv, auf Kursgewinne an der Börse zu spekulieren, zumal diese nach Ablauf einer „Haltefrist" von (inzwischen) einem Jahr nicht versteuert werden müssen. Da die Aktionäre den Gläubigern des Unternehmens nur mit ihrer Einlage haften, bleibt ihr Risiko kalkulierbar. Volkswirtschaftlich betrachtet bieten Aktiengesellschaften den Nutzen, dass sie die Beiträge von Kleinanlegern sammeln und so bündeln, dass damit beträchtliche Investitionen finanziert werden können. Beteiligungsgesellschaften bietet die AG besonders einfache Möglichkeiten, mit Wagniskapital (venture capital) bei einer Neugründung mitzuwirken, um nach wenigen Jahren ihren Anteil an dem – mittlerweile hoffentlich erfolgreichen – Unternehmen mit Gewinn wieder abzustoßen.

Das Leitbild des Aktiengesetzes war ursprünglich das börsennotierte Großunternehmen mit einem breit gestreuten und anonymen Kreis von Anteilseignern. Auch für den Mittelstand attraktiv geworden ist diese Rechtsform spätestens durch eine Gesetzesreform von 1994, die einige Erleichterungen für kleine Aktiengesellschaften gebracht hat. Auch eine „Einmann-Gründung" ist heute möglich. Eine Aktiengesellschaft entsteht in der Praxis meist durch Umwandlung eines bereits bestehenden Unternehmens, das bis dahin in einer anderen Rechtsform gewirtschaftet hat und dem dieses „Kleid" zu klein geworden ist. Aber auch eine direkte Gründung durch Einreichen einer notariell beurkundeten Satzung zum Handelsregister ist möglich. Größere Gesellschaften müssen, nicht zuletzt wegen ihrer gesellschaftlichen Macht, ihren Jahresabschluss detailliert offen legen. Dieser beinhaltet Handels- (nicht aber die oft separate Steuer-)bilanz sowie Gewinn- und Verlustrechnung nebst Anhang und Lagebericht. Strenge Publizitätsvorschriften sollen im Interesse der Gläubiger dafür sorgen, dass das Grundkapital (mindestens 50 000 Euro) tatsächlich eingebracht wird. Außer bei einer förmlichen und im Handelsregister veröffentlichten Kapitalherabsetzung darf es nicht zurückgezahlt oder ausgeschüttet werden. Daher sind auch so genannte Sachgründungen, bei denen die Gründer nicht Geld, sondern andere Vermögenswerte beisteuern, nur unter erschwerten Bedingungen möglich. Ob die Mittel überhaupt für die angestrebten Geschäfte ausreichen, prüft der Registerrichter allerdings nicht. Wem die Anmeldeprozedur dennoch zu lange dauert, der kann legal einen auf Vorrat gegründeten „Unternehmensmantel" kaufen.

Da eine AG eine juristische Person ist, braucht sie Organe, um handeln zu können. Im Tagesgeschäft ist dies insbesondere der weitgehend eigenverantwortlich handelnde Vorstand – angestellte Manager, die an „ihrer" Firma nicht notwendigerweise eigene Anteile halten. Allerdings wird heutzutage bei börsennotierten Unternehmen vielfach ein erheblicher Teil des Gehalts leistungsabhängig gezahlt und besteht in Bezugsrechten für ihre Aktien (stock options). Der Vorstand wird bestellt, kontrolliert und – bei Misswirtschaft – notfalls auch abberufen durch den Aufsichtsrat. Dieser setzt sich zusammen aus Vertretern der Aktionäre, die auf der Hauptversammlung – dem dritten Organ – gewählt werden. Großinvestoren können in der Gesellschaftssatzung ermächtigt werden, eigene Vertreter direkt in das Kontrollgremium zu entsenden. In größeren Unternehmen kommt zudem (vor allem auf Grund der Vorschriften des Mitbestimmungsgesetzes von 1976) eine Arbeitnehmerbank dazu. Der Bundesgerichtshof hat 1982 in einer weithin beachteten Entscheidung festgestellt, dass die Hauptversammlung auch „ungeschriebene Zuständigkeiten" besitzt: Bei grundlegenden Maßnahmen wie der Ausgliederung des wichtigsten Betriebs einer AG muss sie vom Vorstand befragt werden.

Da die Aktionäre die Eigentümer ihres Unternehmens sind, wird nicht nur zunehmend ihre Bedeutung als Maßstab für den Unternehmenserfolg betont (shareholder value). Auch gibt ihnen das Aktiengesetz eine Reihe von Rechten an die Hand. Insbesondere dürfen sie an den zumindest einmal jährlich stattfindenden Hauptversammlungen teilnehmen und haben dort Rede-, Auskunfts- und Stimmrecht; diese Befugnisse dürfen sie auf ihre depotführende Bank oder auf Aktionärsvereinigungen übertragen. (Nur wer statt Stammaktien so genannte Vorzugsaktien besitzt, darf in der Regel nicht mit abstimmen, wird zum Ausgleich aber zumeist bei den Ausschüttungen bevorzugt.) Damit entscheiden sie über Änderungen der Satzung, in der unter anderem der Gegenstand und das Grundkapital des jeweiligen Unternehmens festgelegt sind, ebenso wie über die Verwendung des Gewinns und die Entlastung von Vorstand und Aufsichtsrat (die auch als Verwaltung bezeichnet werden). Beschließt das Aktionärstreffen eine Heraufsetzung des Grundkapitals, werden zumeist neue („junge") Aktien ausgegeben. Die Bundesregierung hat im Jahr 2000 eine Gesetzesgrundlage auf den Weg gebracht, damit diese Rechte auch auf elektronischem Weg ausgeübt werden können. Erleichtert wurde zugleich die Ausgabe der zunehmend verbreiteten Namensaktien, deren Eigentümer – anders als die von Inhaberaktien – bei dem Unternehmen registriert werden. Durch ein Übernahmegesetz sollte zudem im europäischen Gleichklang geklärt werden, inwieweit der Anspruch von Aktionären auf Gleichbehandlung auch beim Aufkauf von Aktienpaketen durch ein anderes Unternehmen gilt und dass sich das Management gegenüber solch „feindlichen" Bestrebungen neutral verhalten muss.

Die einzelnen Anteilseigner benötigen Schutz gegen eine mögliche Übervorteilung – sei es durch die Unternehmensleitung oder durch meist vorhandene Großaktionäre. Diese sind oftmals selbst wiederum ein Unternehmen. Der gemeinsame Verbund bildet einen Konzern, über den das Aktiengesetz zahlreiche Vorschriften enthält, um das „Ausplündern" von abhängigen Unternehmen durch ihre Obergesellschaft zu Lasten einer Anlegerminderheit zu verhindern – sei es mittels förmlicher Gewinnabführungs- und Beherrschungsverträge oder auch nur faktisch durch Ausüben von Einfluss. Auch nach dem Wertpapierhandelsgesetz müssen Investoren das Erreichen bestimmter Anteilsschwellen der betroffenen Gesellschaft sowie dem Bundesaufsichtsamt für den Wertpapierhandel in Frankfurt melden. Die „außenstehende" Minderheit (und sogar jeder einzelne Anleger) kann zu einer Vielzahl von Rechtsmitteln greifen, um ihre eigenen Interessen und die ihres Unternehmens zu wahren – von der Auskunfts-, Anfechtungs- und Nichtigkeitsklage bis zum so genannten Spruch(stellen)verfahren. Kritiker beklagen allerdings einen professionell betriebenen Missbrauch dieser Instrumente. Dem hehren Ziel der Aktionärsdemokratie diene es nicht, dass nach der geltenden Rechtslage einige wenige bundesweit auftretende „räuberische Aktionäre" die Möglichkeit hätten, Hauptversammlungen über Tage hinweg in die Länge zu ziehen, durch umfangreiche Fragenkataloge formale Anfechtungsgründe zu provozieren und schließlich durch Androhen von Prozessen sinnvolle Unternehmensentscheidungen zu blockieren – nur um sich dann unter der Hand ihr Klagerecht durch hohe Geldzahlungen abkaufen zu lassen.

Wegen einiger spektakulärer Unternehmenspleiten und Beinahe-Zusammenbrüche sind Leitung und Überwachung insbesondere der Aktiengesellschaften (corporate governance) in die Diskussion geraten. Zwar hat der Bundestag mit dem Gesetz zur Kontrolle und Transparenz im Unternehmensbereich (KonTraG) von 1998 versucht, durch Änderungen vor allem in Aktiengesetz und Handelsgesetzbuch Konsequenzen hieraus zu ziehen. Vorstand und Aufsichtsrat wurden stärker in die Haftung genommen, die Rolle der Abschlussprüfer gestärkt. Wegen der vielfach kritisierten Überkreuzbeteiligungen in der „Deutschland AG" wurde zudem die Höchstzahl der möglichen Mandate von Aufsichtsratsmitgliedern enger begrenzt. Doch zeichnet sich ab, dass all dies nicht ausreicht. So soll durch eine Änderung der Wirtschaftsprüferordnung der Berufsstand der Bilanzkontrolleure zu einer stärkeren Selbstkontrolle (peer review) gezwungen werden. Der Gang an die Börse ist allerdings keine Einbahnstraße: Großaktionäre von Unternehmen, denen die vom Aktienrecht erzwungene Mitbestimmung anderer Anteilseigner und die Transparenz vor dem Kapitalmarkt nicht behagen oder deren Aktienkurs sich nicht wie erhofft entwickelt hat, wählen gelegentlich den Weg des „Going private" – durch Umwandlung in eine Personengesellschaft und Einstellung der Börsennotierung (Delisting).

■ Kommanditgesellschaft auf Aktien

Die Kommanditgesellschaft auf Aktien (KGaA) ist eine Mischform aus KG und AG; ihr rechtlicher Rahmen findet sich insbesondere im Aktiengesetz. Wie bei der KG gibt es in diesen Unternehmen zwei Arten von Gesellschaftern: Vollhaftende Teilhaber einerseits, deren Stellung der der Komplementäre in einer KG entspricht, sowie nur mit ihrer Einlage haftende Kommanditaktionäre andererseits. Auch diese Gesellschaft ist eine juristische Person, ihr Grundkapital muss mindestens 50 000 Euro betragen. Die Kommanditaktionäre üben ihre Rechte in einer Hauptversammlung aus. Die persönlich haftenden Gesellschafter übernehmen die Rolle eines AG-Vorstands. Sie werden aber nicht vom Aufsichtsrat bestellt, sondern erlangen diese Stellung durch ihre Vermögenseinlage automatisch. Auch hier sind gesellschaftsrechtliche „Verschachtelungen" zulässig: Nach einer Entscheidung des Bundesgerichtshofs darf sogar der einzige „persönlich" haftende Gesellschafter eine juristische Person sein. Ihre Bedeutung im Wirtschaftsleben war – jedenfalls bis zu diesem Urteil – gering. Aber es gibt auch erfolgreiche Mittelständler wie die Köllnflockenwerke im holsteinischen Elmshorn, die sich 1998 in eine KGaA umgewandelt haben, um auf Dauer den Einfluss der Gründerfamilie zu erhalten; bekannte Beispiele sind auch die Chemieunternehmen Henkel KGaA (Düsseldorf) und Merck KGaA (Darmstadt). Für große Unternehmen bietet diese Rechtsform wegen des Fehlens eines Arbeitsdirektors die Möglichkeit, die gesetzlich vorgeschriebene Mitbestimmung der Arbeitnehmer etwas zu reduzieren.

■ Partnerschaftsgesellschaft und Freiberufler-Kapitalgesellschaft

Für Zusammenschlüsse von Freiberuflern wurde 1995 die neue Rechtsform der Partnerschaft(sgesellschaft) geschaffen. Da Ärzte, Anwälte oder Architekten im Rechtssinn kein Gewerbe ausüben, sind ihnen OHG und KG verschlossen. Dass inzwischen aber auch keine standesrechtlichen Bedenken mehr gegen eine Beteiligung beispielsweise von Rechtsanwälten an einer GmbH bestehen (und sogar Anläufe zur Gründung einer Anwalts-AG unternommen wurden), hat den Andrang auf dieses neue Modell gebremst. Die Partnerschaft ist eine besondere Personengesellschaft. Auch branchenübergreifende Vereinigungen sind möglich. An den Amtsgerichten wird für sie ein eigenes Register geführt. Der Name muss den Namen mindestens eines der Partner, die Berufsbezeichnungen sämtlicher vertretenen Berufe sowie den Zusatz „und Partner" oder „Partnerschaft" enthalten. Mitglieder können nur natürliche Personen sein. Durch ihren Zusammenschluss begründen sie ein Gesamthandsvermögen, mit dem sie für einander haften. Mit seinem privaten Hab und Gut (und seiner Berufshaftpflichtversicherung) muss dagegen angesichts des individuellen Charakters der Dienstleistungen seit einer Gesetzesänderung nur noch derjenige Partner geradestehen, der den jeweiligen Auftrag bearbeitet hat.

■ Europäische wirtschaftliche Interessenvereinigung

Für grenzüberschreitende Tätigkeiten wurde 1985 als erste – und wegen jahrzehntelanger Streitigkeiten um eine europaweite Aktiengesellschaft noch immer einzige – Gesellschaftsform europäischen Rechts, die Europäische wirtschaftliche Interessenvereinigung (EWIV), ins Leben gerufen. Sie ist aber aufgrund von Einschränkungen noch immer wenig verbreitet. So darf sie nicht mehr als 500 Arbeitnehmer beschäftigen, und eine Reihe von Funktionen – etwa als Holding – ist ihr von vornherein gesetzlich verwehrt. Die EWIV ähnelt der deutschen OHG, lässt aber auch Freiberufler als Mitglieder zu. Sie muss mindestens zwei Mitglieder in verschiedenen Mitgliedstaaten der Europäischen Union besitzen. In Deutschland muss sie in das Handelsregister eingetragen werden.

■ Weitere Rechtsformen

Für Unternehmensgründer, denen diese Palette an Rechtsformen nicht ausreicht, hält das Gesellschaftsrecht noch einige weitere Möglichkeiten bereit. Wer etwa nach außen hin nicht als Teilhaber am Geschäft eines anderen in Erscheinung treten will, kann sich als stiller Gesellschafter hieran beteiligen. So entsteht beispielsweise eine „GmbH & Still", die aber nur hinter den Kulissen existiert. In typischen Fällen bekommt der heimliche Anleger etwas vom Gewinn ab, ohne mitarbeiten zu müssen. Wenn der Geldgeber darüber hinaus an möglichen Verlusten teilhat, wird bei Rechtsstreitigkeiten die Abgrenzung zum „partiarischen Darlehen" schwierig, bei dem kein fester Zinssatz als Entgelt vereinbart wird.

Ins Geschäftsleben eintreten kann auch ein Wirtschaftlicher Verein. Rechtsfähigkeit erlangt er durch behördliche Prüfung und anschließende staatliche Verleihung – ein umständlicher und selten beschrittener Weg, mit dem die Bestimmungen für Kapitalgesellschaften nicht umgangen werden dürfen. Aus dem Gedanken der Selbsthilfe sind die Eingetragene Genossenschaft (eG) und der Versicherungsverein auf Gegenseitigkeit (VVaG) entstanden. Heute tätigen sie ihre Geschäfte vielfach nicht mehr nur mit ihren eigenen Mitgliedern; von deren jeweiligem Bestand hängt aber die Höhe des Kapitals ab. Sollen soziale, wissenschaftliche oder kulturelle Belange gefördert werden, kommt als Trägerin eines Unternehmens eine Stiftung in Betracht. Die hiermit verbundenen Steuervorteile hat der Bundestag erst im Jahr 2000 ausgeweitet. Für ganz neue Perspektiven hat außerdem der Europäische Gerichtshof in Luxemburg gesorgt, indem er es 1999 für zulässig erklärte, dass Bürger der Europäischen Union ein Unternehmen in einem anderen Mitgliedsland der Gemeinschaft als „Briefkastenfirma" gründen, um den strengeren Vorschriften ihres Heimatstaates zu entgehen.

7. Die Führung von Unternehmen

Unternehmen brauchen Luft zum Atmen. Die Marktwirtschaft sichert ihnen die notwendigen Spielräume. Hierzu gehört vor allem das Privateigentum. Sind Unternehmen deshalb Privatsache? Als Teil größerer Gemeinwesen, der Kommunen, der Länder, des Gesamtstaates, unterliegen auch sie gesetzlichen Beschränkungen: Die Sicherheit der Produktionsanlagen muss gewährleistet sein, die Umweltvorschriften sind zu beachten, die Geschäftsbücher müssen ordentlich geführt werden. Zugleich gibt es Regeln für die Geschäftsführung, beginnend schon bei kleinen Personengesellschaften und Ein-Mann-GmbHs und sich verschärfend bis zu den großen Aktiengesellschaften. Als GmbH und AG spielen Kapitalgesellschaften heute im Wirtschaftsleben eine führende Rolle. Ihre Führungsstruktur ähnelt sich in vielem. Aber es gibt auch Unterschiede.

■ Die Führung der GmbH

Den Rahmen für die Aktiengesellschaften setzt das Aktiengesetz von 1965, für GmbHs tut dasselbe das „Gesetz betreffend die Gesellschaften mit beschränkter Haftung", dessen erste Fassung aus dem Jahr 1892 stammt. Diese Unternehmen haben zwei Führungsgremien, den oder die Gesellschafter und einen oder mehrere Geschäftsführer. Die Gesellschafter können dabei wählen, die unternehmerische Leitung kann bei den Fremdgeschäftsführern oder bei ihnen selbst liegen. In jedem Fall sind die Geschäftsführer, anders als der Vorstand einer AG gegenüber dem Aufsichtsrat, von den Weisungen der Gesellschafter abhängig. Man kann es auch umgekehrt sagen: Die Gesamtheit der Gesellschafter, die in Gesellschafterversammlungen zusammenkommen, ist der Souverän der GmbH. Zudem kann jeder einzelne Gesellschafter direkt Weisungen erteilen, da er das Recht hat, von den Geschäftsführern Auskunft über die Angelegenheiten der Gesellschaft und Einsicht in die Bücher zu erhalten. Die Zuständigkeit der Gesellschafterversammlung erstreckt sich, soweit Gesetz oder Satzung nicht etwas Gegenteiliges bestimmen, grundsätzlich auf alle Angelegenheiten. Vorrangig sind dies die Feststellung des Jahresabschlusses und der Beschluss über die Ergebnisverwendung, die Bestellung und Abberufung von Geschäftsführern sowie die Überwachung der Geschäftsführung.

Einen Aufsichtsrat muss die GmbH erst dann bilden, wenn sie mehr als 500 Arbeitnehmer beschäftigt. Wie bei der AG stellen dort die Arbeitnehmer gemäß Betriebsverfassungsgesetz ein Drittel der Mitglieder. Der Anteil erhöht sich auf die Hälfte, wenn die Mitarbeiterzahl größer als 2000 ist, da dann das Mitbestimmungsgesetz von 1976 die Zusammensetzung bestimmt. (Siehe die Ausführungen zur Mitbestimmung.)

■ Vorstand und Aufsichtsrat in der AG

In den Aktiengesellschaften sind die Verantwortungsbereiche klarer voneinander abgegrenzt. Dies rührt zum einen daher, dass die Macht auf drei Organe verteilt ist: Vorstand, Aufsichtsrat und Hauptversammlung, das heißt die Zusammenkunft der Kapitalinhaber. Außerdem sind die Rechte und Pflichten stärker normiert. Dies wird besonders deutlich bei Vorstand und Aufsichtsrat, die zusammen die „Verwaltung" der Gesellschaft bilden. Im Vergleich zur GmbH fällt besonders auf, dass der Vorstand eine größere Eigenständigkeit besitzt. Als alleiniges Geschäftsführungs- und Vertretungsorgan leitet er das Unternehmen „unter eigener Verantwortung", wie es im Aktiengesetz heißt. Der Aufsichtsrat darf also nicht in das tägliche Geschäft „hineinfunken". Dieser Versuchung können allerdings mächtige Aufsichtsratsvorsitzende leicht erliegen. Dies geschieht vor allem dann, wenn sie – was häufig vorkommt – zuvor Vorstandsvorsitzende waren und sich von jener Verantwortung innerlich nicht lösen. Die Satzung der Gesellschaft oder auch der Aufsichtsrat selbst kann neben der allgemeinen Aufsicht bestimmte Geschäfte (meist größere Investitionen) der Zustimmung des Kontrollorgans unterwerfen. Lehnt der Aufsichtsrat ab, hat der Vorstand theoretisch das Recht, die Hauptversammlung anzurufen, die mit einer Mehrheit von mindestens drei Viertel der abgegebenen Stimmen das Vorhaben doch noch verabschieden kann. Der Gesetzgeber hat sich hier auf das Letztentscheidungsrecht der Aktionäre als den Kapitalbesitzern besonnen. Es bleibt aber in den meisten Fällen theoretisch, da ein solches Vorgehen die Atmosphäre zwischen Vorstand und Aufsichtsrat so vergiften würde, dass die notwendige „kritische Partnerschaft" kaum mehr gewährleistet sein dürfte.

Der Vorstand handelt als Kollegialorgan. Dies bedingt zum Beispiel Mehrheitsentscheidungen, sofern nicht sowieso das Prinzip der Einstimmigkeit oder der Suche nach einem Konsens verfolgt wird. Tendenzen zu einer Direktorialverfassung mit einem „starken Mann" an der Spitze, vergleichbar dem Chief Executive Offier (CEO) in Amerika, widersprechen diesem Prinzip. Zum Vorstand gehören auch die stellvertretenden Mitglieder. Bestellt und abberufen werden die einzelnen Vorstandsmitglieder vom Aufsichtsrat. Der Vorstand kann aus seiner Mitte zwar einen Sprecher als „Primus inter pares", aber nicht den Vorsitzenden bestellen. Dieses Recht liegt ebenfalls beim Aufsichtsrat, gegenüber dem der Vorstand im übrigen eine umfangreiche Berichtspflicht hat. Das Aktiengesetz nennt im Einzelnen: den laufenden Gang der Geschäfte, die geplante Geschäftspolitik, die Rentabilität der Gesellschaft sowie Geschäfte, die für die Rentabilität oder Liquidität des Unternehmens von erheblicher Bedeutung sein können. Damit nicht genug. Im Gesetz steht außerdem die Generalklausel, dass dem Aufsichtsratsvorsitzenden „aus sonstigen wichtigen Anlässen" zu berichten ist. Hieraus ist ein intensiver Dialog mit dem Vorstandsvorsitzenden entstanden. Abgesehen davon kann der Aufsichtsrat vom Vorstand jederzeit Berichte anfordern. Wenn dies ein einzelnes Mitglied für nötig hält, muss er dieses Verlangen an den Aufsichtsrat richten. Direkt tätig zu werden, bleibt ihm versagt.

■ Der Aufsichtsrat – ein zahnloser Tiger?

Vor einigen Jahren erschien in einer Fachzeitschrift ein ironisch gemeinter Artikel über die Rolle von Aufsichtsräten (Sebastian Hakelmacher: Der Aufsichtsrat – ein sensibles Organ, in: Die Wirtschaftsprüfung, Heft 4/1991, S. 104–109). Der Autor, ein unter Pseudonym schreibender Fachmann, fällt darin ein vernichtendes Urteil: „Abgebrühte Aufsichtsräte wissen, dass sie bis auf den Vorstand nichts zu bestellen haben." Und später heißt es im Text, ein verantwortungsbewusster Vorstand werde „Informationen an den Aufsichtsrat nur in homöopathischen Dosen geben. Außerdem wird er vermeiden, dass Aussagekraft oder Aktualität der mitgeteilten Daten beim Aufsichtsrat Stresssituationen auslösen." In dieselbe Kategorie fallen Einschätzungen wie die, das Kontrollgremium sei im Normalfall ein „zahnloser Tiger" oder „ein Muster ohne Wert".

Das Verhältnis zwischen Vorstand und Aufsichtsrat sorgt immer wieder für Diskussionen. In dem Kontrollgremium sitzen zwar die Vertreter von „Kapital und Arbeit", die durch Hauptversammlung und Arbeitnehmergremien bestellt werden. Zudem verleiht ihm das Aktiengesetz gegenüber dem Vorstand eine Reihe von Rechten bis hin zur Abberufung und zur Klage auf Schadenersatz, die deutlich machen, dass die Anteilseigner und die Arbeitnehmer letztlich das Sagen haben. Andererseits regt sich immer wieder der Verdacht, dass die Aufsichtsräte dieses Amt als intellektuelle Freizeitbeschäftigung ansehen und ihrer Kontrollpflicht nicht genügen. Die Fälle, in denen bei einem insolventen Unternehmen gefragt wird, wie das Abgleiten in die Pleite dem Aufsichtsrat entgehen konnte, sind Legion.

Die Kritik einer zu laschen Kontrolle der Vorstände ist immer wieder zu hören. Meist verbindet sie sich mit der Forderung, die Zahl von zehn Aufsichtsratsmandaten, die eine Person im Höchstfall annehmen kann, sei zu vermindern. Vor wenigen Jahren wurde dem insofern Rechnung getragen, als Aufsichtsratsvorsitze heute doppelt zählen. Worauf es jedoch ankommt, ist eine „Kultur der Aufsichtsratstätigkeit": Es ist die Überzeugung, dass die „Verwaltung" eines Unternehmens beider Organe bedarf und diese ihre Aufgabe voll erfüllen müssen. Hauptamtliches Management und Aufsichtsrat als Honoratiorenverein sind kein tragfähiges Fundament. Grundsätzlich können die Aufsichtsräte die Geschicke ihrer Gesellschaft durchaus beeinflussen. Offensichtlich ist dies bei einem Großaktionär, der eine „angemessene Vertretung" in diesem Gremium verlangt. Auch Kreditinstitute nutzen bis heute diese Form der Einflussnahme. Sie weisen allerdings gerne darauf hin, dass sie in den meisten Fällen von Vorständen, anderen Aufsichtsratsmitgliedern oder großen Aktionären in die Aufsichtsräte gebeten würden. Dennoch bleibt festzuhalten: Die mögliche Verbindung aus Beteiligung am Unternehmen, Sitz im Aufsichtsrat und gewichtigen Kreditengagements lässt ein Kraftfeld entstehen, dem sich Vorstände nur schwer entziehen können.

Die Vorstände in Aktiengesellschaften sind keine Ausführungsorgane des Aufsichtsrats und der Hauptversammlung. Paragraf 76 des Aktiengesetzes gibt ihnen das Recht und die Pflicht, die Gesellschaft „unter eigener Verantwortung" zu leiten. Doch wie weit reicht die Verantwortung? Begründet sie gar eine Vorrangstellung in einzelnen Fragen, weil dies „im Interesse des Unternehmens" ist? Aktuell wird dieser Punkt bei sogenannten „feindlichen Übernahmen". Der Begriff bezeichnet die Erscheinung, dass der Übernahmeversuch gegen den Willen des Managements erfolgt, wie dies im Kampf zwischen dem Reifenhersteller Continental (als Ziel des Übernahmeversuchs) und Pirelli 1991 und, bis zum Einlenken des Vorstands, bei Mannesmann und Vodafone 1999/2000 der Fall war. Bei einer erfolgreichen Übernahme verlieren die Vorstände in aller Regel Amt und Privilegien, da der Mehrheitsaktionär die Führung mit Leuten seines Vertrauens besetzen möchte.

Das Management des Übernahmeobjekts führt für das von ihm vertretene, angebliche „Interesse des Unternehmens" gerne folgende Gründe ins Feld:

–   Übernahmen müssen industrielle Vorteile für die beteiligten Unternehmen bringen. Diese können in erster Linie die amtierenden Vorstände kennen und aushandeln.

- Die Übernahme schafft eine Abhängigkeit, die zur Einschränkung der Kapazitäten und zum Verlust von Arbeitsplätzen führen kann. Es verschwindet ein Konkurrent vom Markt.
- Der Übernahmeinteressent plant unter Umständen die Zerschlagung einer „gewachsenen Einheit" mit Risikoausgleich zwischen starken und schwachen Sparten, wie sie das bestehende Unternehmen darstellt. Im Extremfall heißt das Ziel Liquidation der unrentablen und „Verschlankung" oder auch Weiterverkauf der lukrativen Teile, wenn deren Erlös den Preis für die Übernahme übertrifft.

Schon anlässlich des Falles Conti/Pirelli hat Professor Ulrich Immenga, der ehemalige Vorsitzende der Monopolkommission, an den Vorrang der Aktionäre gegenüber dem Vorstand, ihrem Handlungsbeauftragten, erinnert. Nur sie hätten darüber zu befinden, ob der angebotene Preis für ihre Anteile interessant ist oder nicht. Zur Frage eines „Eigeninteresses" des Unternehmens, das der Vorstand zu vertreten habe, schreibt er: „Die Existenz der Gesellschaft beruht auf der Bereitschaft der Anleger, der Verwaltung treuhänderisch Mittel zur unternehmerischen Verwendung zu überlassen. Etwas anderes kann nur gelten, wenn Aktionäre versuchen, außerhalb der Regeln des Gesellschaftsrechts die Substanz des Unternehmens anzugreifen, um diese sich selbst zuzuwenden. Dem Herrschaftswechsel in der Gesellschaft kann jedoch kein verselbständigtes Unternehmen entgegenstehen." Auch an einer Zerschlagung kann Immenga nichts grundsätzlich Anstößiges finden. Das „Ausschlachten" könne ganz im Gegenteil gesamtwirtschaftlich sinnvoll sein, wenn die Einzelteile für andere Marktteilnehmer einen höheren Wert besitzen als das Gesamtunternehmen für den gegenwärtigen Inhaber. Die in einem Unternehmen gebundenen Ressourcen wanderten „zum besten Wirt".

◼ Ein Kodex für gute Unternehmensführung

Unternehmensführung wird heute gerne mit dem englischen Begriff „Corporate Governance" umschrieben. Es ist aber nicht nur ein Wechsel der Sprache, sondern der Einstellung, der sich hierin niederschlägt. Unter dem Eindruck des Zusammenwachsens der internationalen Kapitalmärkte nimmt „Corporate Governance" Maß an den besten Unternehmen der Welt, die dadurch auf den größten Zuspruch unter den Investoren und folglich die günstigste Kapitalbeschaffung hoffen können. Die wesentlichen Punkte einer verantwortlichen, auf langfristige Wertschöpfung abzielenden Unternehmensführung hat die OECD im Mai 1999 formuliert. Im

Mittelpunkt stehen dabei wegen der breit gefächerten Eigentumsstruktur die börsennotierten Gesellschaften. So befassen sich die OECD-Grundsätze ausführlich mit den Rechten der Aktionäre, zum Beispiel dem (ungehinderten) Handel ihrer Papiere, dem Wahlrecht zum Aufsichtsrat, den Bezugsrechten bei Kapitalerhöhungen und der Stellung im Fall von Mehrheitsübernahmen. Andere Prinzipien können für Unternehmen aller Art gelten, so die Ausführungen zu Offenlegung und Transparenz und die Regeln zur Trennung von geschäftlichen und privaten Interessen der Führungskräfte. In Deutschland haben viele der Grundsätze schon einen Niederschlag in den Gesetzen gefunden. Dessen ungeachtet gibt es auf mehreren Ebenen Initiativen zur Ausfüllung und Fortentwicklung des gesetzlichen Rahmens.

8. Formen der Erfolgsbeteiligung von Mitarbeitern

Unternehmer machen Gewinn und erzielen, wie es in der amtlichen Statistik heißt, (durchaus wechselnde) Einnahmen aus Unternehmertätigkeit. Die Arbeitnehmer hingegen, vom Hilfsarbeiter bis zur Führungskraft, beziehen feste Löhne und Gehälter. Dies ist die Standardformel für die Einkommen. Aber schon immer bestand in den Betrieben der Wunsch, besondere Leistungen der Beschäftigten gesondert zu entlohnen. Die Formen sind vielfältig: Sie reichen von Leistungszulagen über Nacht- und Feiertagszuschläge bis hin zu Treueprämien für langjährige Betriebszugehörigkeit. In eine andere Richtung zielen Belegschaftsaktien: Sie sollen die Arbeitnehmer direkt am Erfolg des Unternehmens teilhaben lassen. Die Belegschaftsaktien werden kostenlos oder stark vergünstigt angeboten. Wegen der geringen Zahl zu verteilender Anteile verglichen mit dem Gesamtkapital eines Unternehmens werden die Mitarbeiter auf diesem Weg aber nicht Mit-Unternehmer, wenngleich einzelne Befürworter der Belegschaftsaktie dies behaupten. Mit Belegschaftsaktien kommt für die Mitarbeiter eines Betriebs zu dem Arbeitsplatzrisiko ein Kursrisiko in den Aktien hinzu. Angesichts der langjährigen Börsenhausse ist dennoch auch unter Arbeitnehmern Aktienbesitz immer beliebter geworden. Dies gilt noch mehr für die Gruppe der Manager und Führungskräfte. Amerikanische Vorbilder in der Managerentlohnung und das Augenmerk auf den „Shareholder Value", also die stete Steigerung des Unternehmenswerts durch eine ausgewogene Unternehmensführung, haben dazu geführt, dass die leitenden Angestellten zunehmend nach Aktienoptionsplänen als Bestandteil ihrer Vergütung

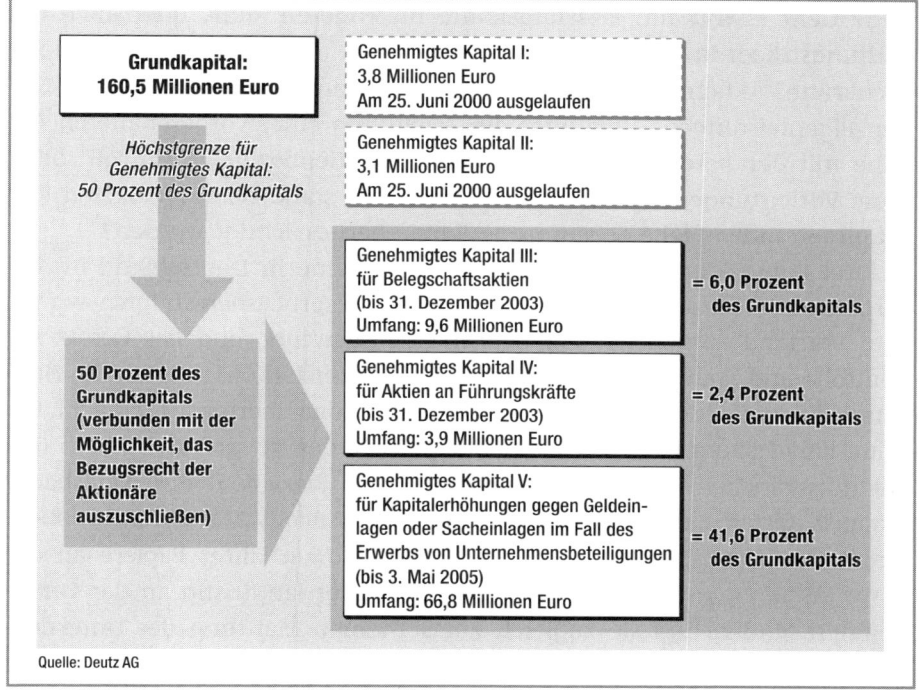

Mitarbeiterbeteiligung, Kapitalbeschaffung und Akquisitionsfinanzierung

Beispiel: Deutz AG. Anträge zur Hauptversammlung 2000

Grundkapital:
160,5 Millionen Euro

Höchstgrenze für
Genehmigtes Kapital:
50 Prozent des Grundkapitals

50 Prozent des
Grundkapitals
(verbunden mit der
Möglichkeit, das
Bezugsrecht der
Aktionäre
auszuschließen)

Genehmigtes Kapital I:
3,8 Millionen Euro
Am 25. Juni 2000 ausgelaufen

Genehmigtes Kapital II:
3,1 Millionen Euro
Am 25. Juni 2000 ausgelaufen

Genehmigtes Kapital III:
für Belegschaftsaktien
(bis 31. Dezember 2003)
Umfang: 9,6 Millionen Euro
= 6,0 Prozent
des Grundkapitals

Genehmigtes Kapital IV:
für Aktien an Führungskräfte
(bis 31. Dezember 2003)
Umfang: 3,9 Millionen Euro
= 2,4 Prozent
des Grundkapitals

Genehmigtes Kapital V:
für Kapitalerhöhungen gegen Geldein-
lagen oder Sacheinlagen im Fall des
Erwerbs von Unternehmensbeteiligungen
(bis 3. Mai 2005)
Umfang: 66,8 Millionen Euro
= 41,6 Prozent
des Grundkapitals

Quelle: Deutz AG

fragen: Sie wollen die Gegenleistung für ihren Beitrag zum Erfolg des Betriebs auch als Aktienbesitzer erhalten.

Die einfachste Form stellen „Phantomaktien" dar, wie sie zum Beispiel der Softwarekonzern SAP aufgelegt hat. Dabei erhalten die Mitarbeiter eine bestimmte Zahl von „Rechten". Jedem „Recht" entspricht eine Aktie. Nach einem Jahr werden die Aktienkurse des Unternehmens miteinander verglichen und ein eventueller Gewinn multipliziert mit der Zahl der auf jeden Mitarbeiter entfallenden „Rechte" direkt ausbezahlt. Viele Neugründungen in den zukunftsträchtigen Gebieten Informationstechnik, Internet, Telekommunikation und Biotechnologie zahlen aus Mangel an flüssigen Mitteln sogar den überwiegenden Teil des Gehalts in Aktien aus. Dies ist populär, denn die Mitarbeiter halten schnell große Anteile an „ihren" Unternehmen und können sich über die exorbitante Bewertung dieser Branchen an den Finanzmärkten freuen. Junge Nachwuchskräfte haben auf diese Weise die Chance, in wenigen Jahren zu Millionären zu werden. Bei einem Platzen der Spekulationsblase geht dieser Reichtum allerdings ebenso rasch verloren.

Am Beginn eines Aktienoptionsplanes (englisch „Stock-Option-Plan") steht eine ganze Reihe von Fragen. Wie groß soll der Kreis der Berechtigten sein? Geht es nur um Führungskräfte im engeren Sinne oder auch um Leistungsträger in Konzerngesellschaften sowie um besonders qualifizierte Fachkräfte? Aktienprogramme erfordern von den Managern unter Umständen Eigenleistungen, etwa über die Zeichnung einer vorgeschalteten Anleihe mit der Berechtigung zum späteren Aktienbezug. Wie groß sollen diese Vorleistungen sein? Und als Letztes: Wie stark sollen in solchen Programmen individuelle Leistungsmerkmale berücksichtigt werden?

Drei Entwicklungen haben Aktienoptionspläne in Deutschland in den vergangenen Jahren geprägt: Der Kreis der Anspruchsberechtigten wurde, vom Vorstand ausgehend, immer stärker ausgeweitet, und das Gesetz zur Kontrolle und Transparenz im Unternehmensbereich (KonTraG) hat die Hilfskonstruktion des Aktienbezugs über Wandelanleihen überflüssig gemacht. Die dritte Entwicklung ist besonders auffällig. Viele der Neugründungen in den Zukunftsbranchen Internet und Biotechnologie „bezahlen" ihre Mitarbeiter mangels ausreichendem Kapital und laufender Anlaufverluste mit Optionen. Diese wiederum spekulieren auf die „Kursexplosion" ihrer Papiere an der Börse. Aktienoptionen sollen die Leistungsträger langfristig an das Unternehmen binden und sie zugleich zur ständigen Mehrung des Unternehmenswertes anhalten. Die Meßlatte bildet dabei der Börsenkurs. Daher hat sich folgendes Verfahren des Aktienbezugs eingebürgert. Im ersten Jahr eines zum Beispiel fünf Jahre laufenden Programms erhalten die Manager eine vorher festgelegte Zahl von Bezugsrechten (Optionen). In den Folgejahren können die Optionen in Stufen eingelöst werden, sofern der Aktienkurs eine bestimmte, bei Auflegung des Programms festgelegte Höhe erreicht. Einlösen wird der Manager die Optionen aber erst, wenn der Aktienkurs den „Ausübungspreis" übertrifft. Nur in diesem Fall nämlich erzielt er einen Gewinn.

Ein Beispiel macht das Verfahren deutlich. Bei einem aktuellen Aktienkurs seines Unternehmens von 50 Euro erhält ein Mitarbeiter 200 000 Optionen. Die erste Hälfte davon kann er nach frühestens zwei Jahren und längstens zehn Jahren einlösen. Vorausgesetzt ist, dass der Kurs der Aktie 20 Prozent hinzugewonnen hat, der „Ausübungspreis" also bei 60 Euro liegt. Der tatsächliche Börsenkurs nach zwei Jahren beträgt 62 Euro. Aus 100 000 Optionen zieht der Manager mithin einen Buchgewinn von 200 000 Euro. Entschließt er sich innerhalb eines Jahres zum Verkauf der

Aktien, weil zum Beispiel der Kurs weiter kräftig in die Höhe geht, fällt darüber hinaus Spekulationssteuer an.

Aus Optionen können Spitzenmanager im Lauf der Jahre Millionen ansammeln – sofern der Aktienkurs den gegenüber der Gegenwart erhöhten „Ausübungspreis" übertrifft. Dabei gilt die Devise, es kommt darauf an, wie man es macht, konkret: wie hoch ein Aufsichtsrat die Ausübungshürde für seine Führungskräfte legt. In den ersten Modellen Mitte der neunziger Jahre reichte eine relativ geringe Erhöhung des Aktienkurses über eine relativ lange Zeitspanne (etwa 20 Prozent in fünf Jahren), um mit den Bezugsrechten „ins Geld" zu kommen. Solche Programme haben harsche Kritik auf sich gezogen, von „Selbstbedienung" der Manager war – oftmals zu Recht – die Rede. Der Grund ist einleuchtend: Die Optionsinhaber konnten von der allgemeinen Börsenhausse profitieren, ohne eine spezielle Leistung für das Unternehmen erbracht zu haben. Daher enthalten die meisten Aktienoptionsprogramme inzwischen neben der Ausübungshürde eine weitere Bestimmung dergestalt, dass ein Vergleichswert übertroffen werden muss, sei es ein allgemeiner Aktienindex, ein Branchenindex oder die Aktienkursentwicklung wichtiger Wettbewerber. Manche Unternehmen nehmen auch Maß an der Entwicklung des eigenen Ergebnisses je Aktie, das in einem Geschäftsjahr erzielt wird.

Woher erhalten die Unternehmen die Aktien, die sie im Austausch gegen die Bezugsrechte liefern müssen? Sie tun dies zum Beispiel im Rahmen von Aktienrückkaufprogrammen an der Börse, die allerdings die Anteilseigner in einer Hauptversammlung genehmigen müssen. Solche Rückkaufaktionen sind bis zu zehn Prozent des gezeichneten Kapitals möglich und können mehreren Zwecken dienen – einer Stabilisierung des Aktienkurses, der Auszahlung von Kapital an die Aktionäre und eben auch der Bedienung von Optionsprogrammen. Die andere Möglichkeit besteht in der Schaffung einer Kapitalreserve über ein sogenanntes „bedingtes Kapital". Auch einem solchen Kapitalrahmen muss die Hauptversammlung zustimmen, werden doch Aktienbesitz und Dividendenanspruch über die eintretende Kapitalausweitung „verwässert". Aktienoptionen als Gehaltsbestandteil sollten in Umfang und Wert allgemein und mit Blick auf jedes Vorstandsmitglied im Detail im Geschäftsbericht erwähnt werden, sofern es Unternehmen mit der Transparenz ernst meinen. Dies ist in Amerika gesetzlich vorgeschrieben, in Deutschland aber weder Pflicht noch eine gute Übung. Schlimmer noch: Aktienoptionen laden deren Inhaber zum Missbrauch ein. Dieser kann in einer „kreativen" Bilanzierung mit kurssteigernden Gewinnausweisen liegen oder in der Nutzung von Insiderwissen beim Einlösen der Optionen. Daher verordnen die meisten Gesellschaften ihren bezugsberechtigten Managern Stillhaltefristen, indem vor einer Hauptversammlung oder der Veröffentlichung von Quartalsberichten mehrere Tage lang keine Optionen gegen Aktien getauscht und keine Aktien veräußert werden dürfen.

9. Die Kapitalbeschaffung der Unternehmen

Jedes Unternehmen, ob Gärtnerei, Automobilzulieferer oder Telekommunikationskonzern, benötigt für seine Tätigkeit Mitarbeiter und Kapital. Qualifizierte Mitarbeiter gewinnt es über interne Schulungen, Stellenanzeigen in den Medien und Personalberater. Das Kapital eines Betriebs speist sich zunächst einmal aus der Einlage der Anteilseigner, dem Stammkapital oder Grundkapital. In einer Aktiengesellschaft besteht es aus mindestens 50 000 Euro und ist als „gezeichnetes Kapital" auf der Passivseite der Bilanz erkennbar. Doch mit dem Wachstum eines Unternehmens gehen neue Kapitalerfordernisse einher – zur Bezahlung weiterer Mitarbeiter, zur Finanzierung höherer Vorräte und zum Kauf neuer Maschinen und Anlagen. Hierzu dient zunächst der jährlich erwirtschaftete Gewinn. Er geht in die Gewinnrücklagen und reichert das Eigenkapital an. Zugleich bildet ein Unternehmen Rückstellungen, zum Beispiel für die Pensionsverpflichtungen gegenüber Mitarbeitern, die in den Ruhestand treten, oder für mögliche Verluste und andere Wechselfälle im Leben eines Betriebs. Solche Posten sind Fremdkapital, es gehört gedanklich schon einem Gläubiger. Auch mit diesem Geld kann allerdings gearbeitet werden, sofern klar ist, dass die Einlösung der Verpflichtung nicht zu einem finanziellen Engpass führt. Darüber hinaus nimmt ein Unternehmen in der Jahresrechnung Abschreibungen vor, um den Wertverlusten seiner Wirtschaftsgüter Rechnung zu tragen oder erworbene Firmenwerte (Goodwill) zu verringern. Dies mindert den unter dem Strich stehenden Gewinn, ohne dass sich deswegen zunächst weniger Geld in der Kasse befindet. Aus diesen Gründen – wegen der Abschreibungen und der Bildung von Rückstellungen – wird eher der gesamte Mittelzufluss oder „Cash-Flow" als allein der Gewinn betrachtet, wenn man sich einen Überblick über die gesamten Gelder verschaffen will, die ein Unternehmen im Verlauf eines Geschäftsjahres ansammelt.

▪ Die Gewinnung zusätzlicher Mittel

Es gibt allerdings Zeiten, in denen Unternehmen über die interne Kapitalbildung hinaus zusätzliche Mittel benötigen. Es ist dies eine Erfahrung,

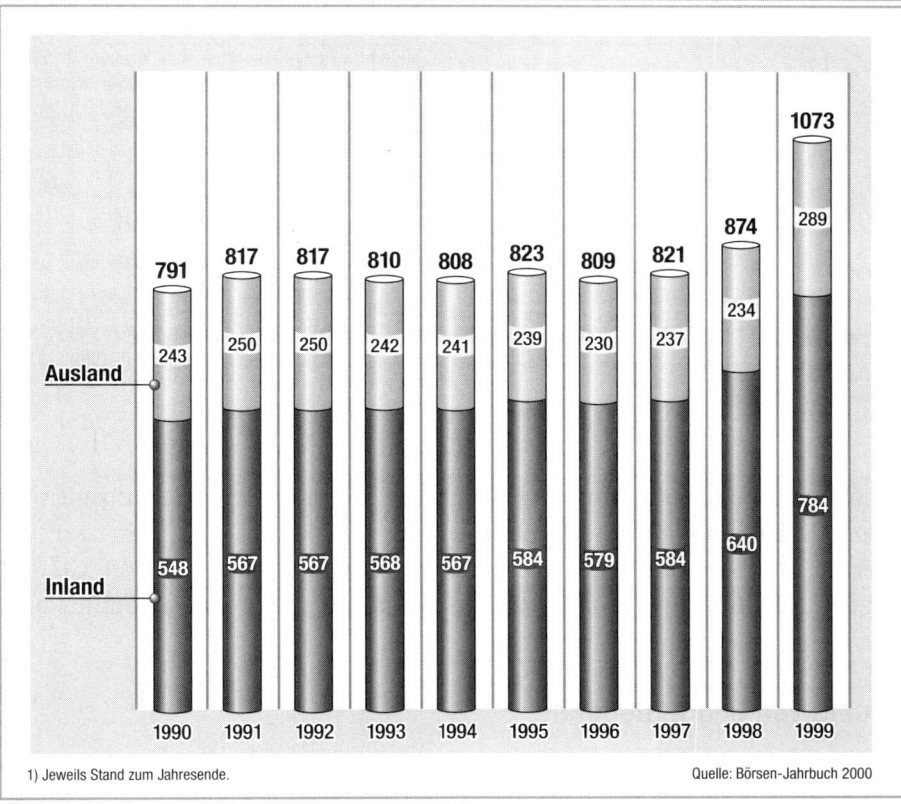

Unternehmen an der Börse
Zahl der Gesellschaften an den Handelsplätzen in Deutschland (ohne Freiverkehr)[1]

1) Jeweils Stand zum Jahresende.   Quelle: Börsen-Jahrbuch 2000

die jeder in seinem Privatleben macht: Das junge Paar braucht Möbel für die Wohnung, der frischgebackene Familienvater ein größeres Auto, und wenig später regt sich der Wunsch nach einem Eigenheim. Die dafür notwendigen Kredite liefern die Banken. Allerdings verlangen sie dafür Zinsen, sodass darauf zu achten ist, dass die Rückzahlungsverpflichtung aus Zins und Tilgung des Kredits nicht zu hoch ausfällt. Kredite sind Fremdmittel, und jeder, ob Privatmann oder Unternehmen, ist gut beraten, in seinem Gesamtvermögen auf eine sichere „Eigenkapitalquote" zu achten.

Größere Unternehmen greifen heutzutage aber zunehmend noch nach einer anderen Möglichkeit zur Gewinnung von Fremdkapital. Sie geben unter ihrem Namen Anleihen. Mit ihrem „guten Namen" beschaffen sich große Konzerne auf diese Weise Mittel in Milliardenhöhe. Die Banken, die

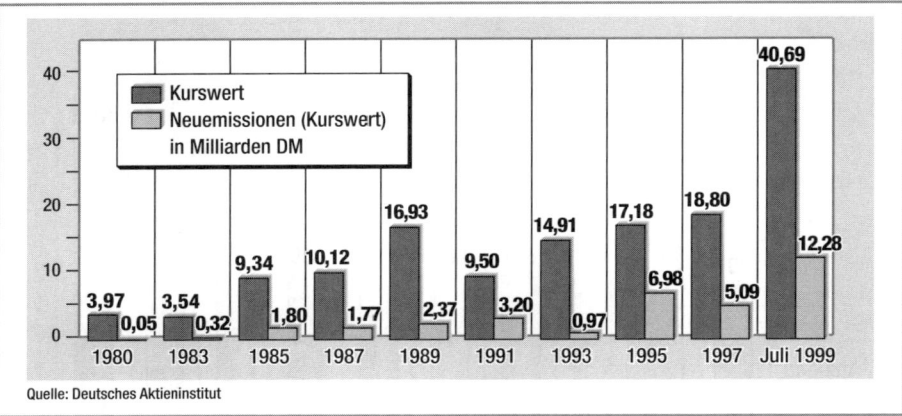

Aktienemissionen inländischer Emittenten
Börsennotierte Gesellschaften

Kurswert
Neuemissionen (Kurswert)
in Milliarden DM

	1980	1983	1985	1987	1989	1991	1993	1995	1997	Juli 1999
Kurswert	3,97	3,54	9,34	10,12	16,93	9,50	14,91	17,18	18,80	40,69
Neuemissionen	0,05	0,32	1,80	1,77	2,37	3,20	0,97	6,98	5,09	12,28

Quelle: Deutsches Aktieninstitut

daneben für Unternehmen noch viel kompliziertere Finanzierungsformen unter Ausnutzung von internationalen Zins- und Währungsdifferenzen bereitstellen, sehen dies gerne. Sie verlagern das Kreditrisiko auf die Gläubiger der Anleihen und können stabile Einnahmen aus der Auflegung und Platzierung der Anleihen erwarten.

■ **Geld von den Aktionären**

Neben der Möglichkeit, Fremdkapital aufzunehmen, können Unternehmen natürlich auch ihre Eigenkapitalbasis verstärken, indem sie zusätzliches Geld von ihren Anteilseignern erbitten. Sofern ein überzeugendes Konzept wie zum Beispiel die Gewinnung neuer Märkte dahintersteht, werden die Eigentümer die Mittel gerne bereitstellen. Sie können auf diese Weise auf eine höhere Ausschüttung und (in börsennotierten Gesellschaften) auf einen Kursgewinn der Aktien hoffen. Andererseits besteht der Vorteil der Geschäftsführung darin, dass die zu zahlenden Dividenden der Ertragslage angepasst werden können, wohingegen Kredite und Anleihen zu weitgehend festen Zinssätzen bedient werden müssen.

Einer Kapitalerhöhung müssen in einer Aktiengesellschaft die Anteilseigner in einer Hauptversammlung zustimmen. In den meisten Fällen beantragt der Vorstand allerdings eine „Generalvollmacht". Er stellt den Antrag zur Schaffung eines „genehmigten Kapitals". Die Ermächtigung darf die Hälfte des bestehenden Grundkapitals und eine Laufzeit von höchstens

Vor- und Nachteile eines Börsengangs

Vorteile

Erweiterung der Finanzierungsbasis

Hohes Image und verbesserter Bekanntheitsgrad

Geringe Abhängigkeit von Fremdkapitalgebern

Leichterer Zugang zu Kapitalmärkten

Rückzahlung von Gesellschaftsdarlehen

Leichter Handel der Anteile

Flexibilität beim Verkauf

Größere Attraktivität für qualifizierte Mitarbeiter und Führungskräfte (Aktienoptionen)

Nachteile

Börseneinführungskosten

Erweiterte Publizitätsanforderungen

Laufende Kosten durch Geschäftsbericht, Hauptversammlung und Publizität

Öffentlichkeit der Hauptversammlung

Quelle: Deutscher Industrie- und Handelstag

fünf Jahren nicht überschreiten. Sie verschafft der Unternehmensführung ein flexibles Instrument, das bei Bedarf und abhängig von der Lage am Kapitalmarkt schnell genutzt werden kann.

Ein „genehmigtes Kapital" kann für eine ganze Reihe von Zwecken verwendet werden. Ganz allgemein vermag auf diese Weise der Vorstand die Eigenkapitalquote der Gesellschaft zu verbessern. Die Kapitalvollmacht kann des Weiteren zur Ausgabe von Belegschaftsaktien oder zur Erstellung eines Aktienbezugsplans für die Führungskräfte genutzt werden. Aus dem Zweck der Maßnahmen ergibt sich, dass den Aktionären in diesen beiden Fällen kein Bezugsrecht zusteht. Dasselbe gilt für ins Auge gefasste Unternehmenskäufe, die ein Vorstand mit Aktien der Gesellschaft finanzieren will. In diesen Fällen beantragt er ein „genehmigtes Kapital" für eine Kapitalerhöhung gegen Sacheinlagen mit Bezugsrechtsausschluss. Schließlich kann das Bezugsrecht noch ausgeschlossen werden, wenn die Kapitalerhöhung gegen bar erfolgt, zehn Prozent des Grundkapitals nicht übersteigt und nahe am aktuellen Börsenkurs stattfindet.

Neben dem „genehmigten Kapital" können die Aktionäre auch ein „bedingtes Kapital" schaffen. Dieses wird dann notwendig, wenn das Unternehmen Anleihen mit Bezugsrechten auf Aktien ausgegeben hat. In diesen Fällen sichert das „bedingte Kapital" diese Bezugsrechte, durch die allerdings ein (wie bei bestimmten Formen des „genehmigten Kapitals") „Verwässerungseffekt" zu Lasten der bisherigen Aktien entsteht. Ein Kapitalrahmen in dieser Form ist des Weiteren gesetzlich zugelassen zur Vorbereitung eines Zusammenschlusses von Unternehmen und für bestimmte Fälle der Ausgabe von Belegschaftsaktien.

■ **Wachsende Bedeutung von Beteiligungsgesellschaften**

Die zunehmende Konzentration der Unternehmen auf ihre Kerngeschäfte, verbunden mit der Abspaltung von Randgebieten, die Nachfolgeprobleme in deutschen Familiengesellschaften und der hohe Anlagebedarf nicht zuletzt angelsächsischer Großinvestoren haben den Unternehmen zu einer weiteren und immer wichtigeren Kapitalquelle verholfen. Dies sind die Kapitalbeteiligungsgesellschaften in ihren vielfältigen Formen. Ähnlich einem traditionellen Investmentfonds sammeln diese „Private Equity Gesellschaften" Kapital aus mehreren Quellen. Dieses wird in eher traditionellen Unternehmen angelegt oder als „Venture Capital" in Neugründungen, etwa der Internet-Wirtschaft oder der Biotechnologie. In den allermeisten Fällen stellen die Beteiligungsgesellschaften das Geld nicht einfach bereit, sondern streben eine aktive Rolle an: Sie übernehmen die Mehrheit, stellen ein Management nach ihren Wünschen zusammen und versuchen, das Unternehmen nach einigen Jahren der Aufbauarbeit gewinnbringend an der Börse zu verkaufen. Im Falle des „Management-Buy-In" (MBI) beteiligt sich die von außen kommende Führung an dem Betrieb. Mindestens ebenso bedeutsam sind Management-Buy-Outs (MBO). Hier entschließen sich die bisher für den Teilbetrieb Verantwortlichen zur Leitung des neuen Unternehmens und gewinnen eine „Private-Equity-Gesellschaft" als Investor. Private-Equity-Transaktionen sind meist dadurch gekennzeichnet, dass neben die Eigenkapitalfinanzierung ein hoher Fremdfinanzierungsanteil tritt. Dieser kann deutlich mehr als die Hälfte des Gesamtpakets ausmachen.

10. Kooperationen – Akquisitionen – Fusionen

Mehr denn je sehen Unternehmen die Notwendigkeit, geschäftliche Verbindungen einzugehen, die über Lieferanten- und Kundenbeziehungen hinausreichen. Es herrscht „Paarungszeit" in der Wirtschaft, wobei meistens immer weitreichendere Fusionen im Mittelpunkt des Interesses stehen. Wer aber nur auf die „Fusionswelle" starrt, verkennt die vielen anderen Formen, die Unternehmensverbindungen annehmen können. Sie reichen von der losen Kooperation über Gemeinschaftsunternehmen mit

Eine gescheiterte Fusion: Deutsche Bank und Dresdner Bank im März 2000, hier bei der Bekanntgabe des Plans durch die Vorstandssprecher Rolf Bremer und Bernhard Walter.

meist gleichberechtigter Kapitalbeteiligung bis hin zu Mehrheitsübernahmen oder aber auch Fusionen, auf deutsch „Verschmelzungen".

Was steht hinter solchen Verbindungen? Unter dem Motto „Gemeinsam sind wir stärker" wird versucht, technisches Wissen zu bündeln, Kosten zu sparen oder neue Märkte zu erschließen. Wie sich in der Telekommunikation und auf den verschiedenen Feldern des Internet deutlich zeigt, geraten gerade neue Märkte schnell in den Sog von Zusammenschlüssen. Nach der ersten Welle von Neugründungen in diesen lukrativen Tätigkeitsfeldern folgt die zweite der Konsolidierung: Im Zeichen der Globalisierung gehen mächtige Marktteilnehmer zusammen. Zugleich saugen sie die schwächeren Konkurrenten auf. Dabei sind die Beträge für Zukäufe und Fusionen in den vergangenen Jahren stetig gewachsen.

■ Von der Zusammenarbeit zur Verschmelzung.

Am Beginn einer engeren Zusammenarbeit von zwei Unternehmen steht in vielen Fällen die Kooperation. Sie bleibt auf ein enges Feld begrenzt und grenzt die Bewegungsfähigkeit der Beteiligten nur geringfügig ein: Die großen Fachgeschäfte einer Stadt gründen eine Werbegemeinschaft, Unternehmen wenden sich in einem kleineren Land gemeinsam an einen Importeur, zwei Hersteller entwickeln zusammen ein neues Produkt. Allerdings gibt es auch festere Formen, etwa die Einkaufsgemeinschaften im Einzelhandel, die einen wesentlichen Teil des Geschäfts umfassen. Wenn Kooperationen enger werden, kann schnell die Gefahr wettbewerbswidriger Absprachen entstehen und die Hemmschwelle des Kartellgesetzes erreicht werden. Formen stärkerer Zusammenarbeit gehen häufig mit dem Erwerb von Kapitalbeteiligungen einher. Die Rede ist nicht von reinen Finanzbeteiligungen ohne weitergehende Interessen. Vielmehr geht es hier um industrielle Verbindungen, die durch einen Kapitalerwerb untermauert werden.

Wird eine wechselseitige Beteiligung vereinbart, spricht man von einer „Kreuzbeteiligung" oder auch „Überkreuzbeteiligung", wie zwischen der Allianz und der Münchner Rückversicherung. Dies geschieht gerne bei „strategischen Allianzen". Sie werden gegründet in der Absicht, dauerhafte gegenseitige Vorteile zu schaffen statt einer einseitigen Einflussnahme. „Strategische Allianzen" dienen aber immer wieder dazu, Firmenübernahmen „auf leisen Sohlen" zu kaschieren. Es empfiehlt sich daher, die Inhalte solcher Allianzen unter dem Gesichtspunkt des Gleichgewichts genau zu prüfen.

Ein bedeutsamer Schritt in der Unternehmensentwicklung ist die Konzernbildung, da die Gleichberechtigung aufgegeben wird und stattdessen gesellschaftsrechtliche Abhängigkeitsverhältnisse entstehen. Auch das Aktiengesetz hebt darauf ab. Entsprechend wird unterstellt, dass bei einem Unternehmen im Mehrheitsbesitz eines anderen eine „Abhängigkeit" und eine Konzernbildung erfolgt. In diesem Fall spricht man von einem „faktischen Konzern". Zum Schutz der freien Aktionäre ist dabei jedes Jahr ein von den Wirtschaftsprüfern und vom Aufsichtsrat geprüfter „Abhängigkeitsbericht" zu erstellen und sind wirtschaftliche Nachteile für die Minderheit als Folge der Konzernbildung auszugleichen. Das zweite Kriterium für die Konzernbildung ist, wie schon erwähnt, die „einheitliche Leitung". Sie wird dann besonders sichtbar, wenn der „faktische Konzern" sich in einen „Vertragskonzern" verfestigt. Als Mittel hierzu dient der „Beherrschungsvertrag", oftmals (aber nicht notwendigerweise) verbunden mit einem „Ergebnisabführungsvertrag". Ergebnisabführungsvertrag heißt, dass die Obergesellschaft Gewinn oder Verlust übernimmt. Die außenstehenden Aktionäre werden bei Beherrschungs- und Ergebnisabführungsverträgen dadurch geschützt, dass ihnen ein wirtschaftlich sinnvolles Abfindungsangebot für ihre Aktien unterbreitet oder eine Garantiedividende gezahlt werden muss. Ergebnisabführungsverträge haben auch eine bedeutsame steuerliche Seite. Sie erlauben, das steuersparende Verrechnen von Verlusten der einen mit den Gewinnen der anderen Gesellschaft: beide gelten als steuerliche Einheit.

Mehrheitliche Firmenübernahmen werden gerne als „Fusionen" bezeichnet. Eine solche Benennung führt allerdings in die Irre, muss doch „Fusion" mit „Verschmelzung" übersetzt werden. Die Fehldeutung rührt nicht zuletzt aus der „Fusionskontrolle" der Kartellbehörden, die sich unterschiedslos mit Mehrheitserwerbern und mit Verschmelzungsvorgängen befassen. Dies ist verständlich, zielt doch das Interesse der Kartellwächter auf die mögliche wettbewerbsschädliche Zusammenballung wirtschaftlicher Macht. Die Fusion vollzieht sich vielfach als „Verschmelzung durch Neubildung", bei der die Vermögen auf eine neue Gesellschaft übertragen werden. Beispiele sind die Daimler-Chrysler AG und die Thyssen-Krupp AG. Mindestens ebenso bedeutsam ist die „Verschmelzung durch Aufnahme". Hier überträgt ein Unternehmen sein Vermögen auf ein anderes. Im Gegenzug für die Abgabe der Aktien erhalten die Aktionäre neue Anteile der übernehmenden Gesellschaft. Einer der bedeutendsten Fälle war die frühere Zusammenführung der Fried. Krupp GmbH und der Hoesch AG in der Fried. Krupp AG Hoesch-Krupp. Aufnehmender Teil war Krupp, wobei zusätzlich Name und Rechtsform wechselten. In jüngerer Zeit kam es darüber hinaus zur Verschmelzung der Viag AG in München auf die Veba AG in Düsseldorf, die beide ihren Schwerpunkt in der Energieversorgung haben.

■ Die Aktie als Währung

Welche Art der Verschmelzung zweier Unternehmen gewählt wird, ob durch Neugründung oder durch Aufnahme, hängt von einer Vielzahl praktischer und steuerlicher Faktoren ab. Allerdings hat die Neugründung über eine „new company" (Newco) in den vergangenen Jahren an Beliebtheit gewonnen, da auf diese Weise eine „Fusion unter Gleichen" dargestellt werden kann. Auch diese Welle schwappte zu uns aus Amerika herüber.

Sie hatte dort einen bilanztechnischen Ursprung. Bei einer Akquisition im klassischen Sinn müssten, wie anderswo auch, erworbene Firmenwerte (Goodwill) – etwa ein gutes Management oder bekannte Marken – in den Folgejahren abgeschrieben werden. Dies mindert den auszuweisenden Gewinn und kann an den Kapitalmärkten zum Nachteil ausschlagen. Bei einer „Fusion unter Gleichen" (Merger of Equals) konnte diese Aufdeckung vermieden und so der Gewinnausweis hoch gehalten werden. In Deutschland erlaubt das Umwandlungsgesetz Zusammenschlüsse ohne die Aufdeckung von Firmenwerten. Dennoch gewann auch hier die „Fusion unter Gleichen" eine große Anziehungskraft – nicht zuletzt deshalb, weil auf diese Weise die Hoffnung besteht, den Anschein eines „Juniorpartners" zu vermeiden. Nur: In den seltensten Fällen sind die Partner in einem Zusammenschluss gleich stark. Daher entsteht immer wieder die verquere Situation, dass eine „Fusion unter Gleichen" behauptet wird, wo in Wahrheit der Stärkere den Schwächeren „schluckt", so geschehen zum Beispiel 1998 zwischen Bayerischer Vereinsbank und Bayerischer Hypotheken- und Wechselbank.

Eine Fusion besitzt gegenüber einer traditionellen Firmenübernahme in bar den großen Vorteil, dass die Anteilseigner des hinzustoßenden Unternehmens nicht abgefunden werden müssen, sondern mit neuen Aktien ausgestattet werden. Bei den Größenverhältnissen und Preisen, die viele Zusammenschlüsse heute erreicht haben, können auf diese Weise leicht Milliardenbeträge gespart werden. Daher bieten in vielen Fällen heutzutage auch Unternehmenskäufer nicht mehr Bargeld, sondern eigene Papiere an: Die Aktie wird zur „Akquisitionswährung". Dies erzeugt den Zwang zu einer möglichst hohen Bewertung der eigenen Wertpapiere an der Börse und hat den Nachteil, dass unter Umständen „mit einem Federstrich" unerwünschte Aktionäre in den Kreis der Eigentümer kommen.

■ Irrpfade auf dem Königsweg

Fusionen und Mehrheitsübernahmen erschienen als ein Königsweg, um gegenüber der Konkurrenz schnell einen Vorteil in Größe und Macht zu erlangen und auf neuen Märkten rasch vordringen zu können. Doch merkwürdig: Untersuchungen bestätigen immer wieder, dass 70 bis 80 Prozent der Zusammenschlüsse ihre zuvor formulierten Ziele nicht erreichen oder sogar scheitern. Denn die Fallen bei einer Unternehmensallianz sind groß: Die Vorstände harmonieren nicht miteinander, die beiden Unternehmen haben sich in den wechselseitigen Möglichkeiten überschätzt, die Kosten der Zusammenführung laufen aus dem Ruder, und im Verlauf der zeitrau-

Die großen Firmenübernahmen

	Käufer	Kaufobjekt	Branche	Jahr	Mrd. Dollar	Mrd. Pfund	Mrd. Eur	Mrd. DM
						Kaufpreis		
1	Vodafone Group (GB)	Mannesmann (D)	Telekommunikation	2000				371,0
2	AOL (USA)	Time Warner (USA)	Internet/Medien	2000	165			345,0
3	MCI Worldcom (USA)	Sprint (USA)	Telekommunikation	1999	115			240,4
4	Pfizer (USA)	Warner-Lambert (USA)	Pharma	2000	90			188,2
5	Exxon (USA)	Mobil (USA)	Öl	1998	79			150,9
6	Travelers (Citigroup) (USA)	Citicorp (USA)	Banken	1998	72			150,5
7	NationsBank (USA)	Bank America (USA)	Banken	1998	63			131,7
8	SBC Communications (USA)	Ameritech (USA)	Telekommunikation	1998	62			129,6
9	Vodafone Group (GB)	Air Touch Communications (USA)	Telekommunikation	1999	62			129,6
10	AT&T (USA)	MediaOne (USA)	Telekommunikation/Kabel-TV	1999	58			121,3
11	AT&T (USA)	Tele-Communications (USA)	Telekommunikation	1998	55			115,0
12	Total Fina (F)	Elf Aquitaine (F)	Mineralöl	1999	53			110,8
13	Bell Atlantic (USA)	GTE (USA)	Telekommunikation	1998	53			110,8
14	Qwest (USA)	US West (USA)	Telekommunikation	1999	49			102,4
15	BP (GB)	Amoco (USA)	Öl	1998	49			102,4
16	France Télécom (F)	Orange (GB)	Telekommunikation	2000			40	78,8
17	Pacific Century Cyber Works (Ho)	Cable & Wireless HKT (Hongkong)	Telekommunikation	2000	38			146,0
18	Viacom (USA)	CBS (USA)	Medien	1999	37			77,4
19	Global-Crossing (Bermuda)	US West (USA)	Telekommunikation	1999	37			77,4
20	MCI Worldcom (USA)	MCI Communications (USA)	Telekommunikation	1997	37			77,4
21	Zürich Versich. (CH)	BAT (GB)	Tabak/Finanz	1997		22		69,9
22	Sandoz (Novartis) (CH)	Ciba-Geigy (CH)	Pharma	1996	36			75,3

Dollar 2,09068; Engl. Pfund 3,175; Euro 1,95583

Quelle: FAZ-Archiv, A. Otto, Tel. 2925

Stand: 6. 6. 2000

benden Neuorganisation zieht die Konkurrenz, die sich auf das eigentliche Geschäft und die Kunden konzentrieren kann, davon. Besonders gefährdet sind Zusammenschlüsse, die sich im reinen Kostensenken ohne bessere geschäftliche Perspektiven erschöpfen. Als schwierigster Punkt gestaltet sich die Mitarbeiterführung. Da in den meisten Fällen Unternehmen aus derselben Branche zusammengehen, müssen aus Konkurrenten sozusagen über Nacht Partner werden. Dieses Umdenken in den „Unternehmenskulturen" zu verankern, erfordert meist eine große Kraftanstrengung. Wenn darüber hinaus durch das Bündnis viele Arbeitsplätze entbehrlich werden, kommt es leicht zu einem Aderlass der Leistungsträger, die woanders bessere Möglichkeiten sehen und auch entsprechend umworben werden. Fusionen und Akquisitionen bleiben ein wichtiges Instrument der industriellen Entwicklung, der frühere Überschwang im Glauben an ihre Kraft hat aber inzwischen einer nüchterneren Betrachtungsweise Platz gemacht. So haben die milliardenschweren Investitionen des Automobilherstellers BMW bei dem britischen Konkurrenten Rover Ende der neunziger Jahre nur gelehrt, dass nicht jeder Zukauf auch Mehrwert bringt, sondern in einem großen Fehlschlag enden kann.

■ Ein Regelwerk für Übernahmen

Das „Fusionsfieber" der vergangenen Jahre hat in der Öffentlichkeit nicht nur Zustimmung gefunden. Selbst wohlmeinende Beobachter haben je länger, desto mehr gefragt, ob die Übernahmen nicht mit einem Regelwerk zu unterlegen seien. 1995 trat in Deutschland ein Übernahmekodex in Kraft, der allerdings freiwilliger Natur war, keine Sanktionsmöglichkeiten enthielt und daher nicht die gewünschte durchgreifende Wirkung entfaltete. In der EU einigten sich die Mitgliedsländer 1999 grundsätzlich auf eine verpflichtende Regelung. Nach der endgültigen Verabschiedung der Richtlinie haben die einzelnen Staaten vier Jahre Zeit, sie in eigenes Recht umzusetzen.

Der Druck zur Verabschiedung von Übernahmegesetzen entsteht aus folgendem Gedankengang. Durch eine Übernahme verliert die bisherige Geschäftsführung ihre Macht; die Kontrolle über ein Unternehmen geht auf den Vorstand des Käufers über. Unter diesen Umständen ist es nur fair, wenn die zunächst verbleibenden Aktionäre darüber entscheiden können, ob sie ihre Papiere auch nach dem Wechsel der „Unternehmenskontrolle" behalten oder ebenfalls an den Erwerber der „Kontrollmehrheit" veräußern. Unter finanztechnischen Gesichtspunkten, so die einleuchtende Argumentation, wird der Kapitalmarkt transparenter. Die Folge: Der Aktienkauf ist sicherer mit Vorteilen für die Anleger und die Kapitalbeschaffung der Unternehmen.

Ein Übernahmegesetz wie das auch in Deutschland geplante greift in die Freiräume eines Unternehmenskäufers ein. Daneben wirft es eine ganze Reihe praktischer Fragen auf. Relativ unstrittig ist, dass die „Kontrollmehrheit" schon unterhalb der Stimmen- und Kapitalmehrheit einsetzt. Angesichts vieler Hauptversammlungspräsenzen von 50 Prozent und weniger reichen in solchen Unternehmen schon etwa 30 Prozent der Stimmen für eine sichere Mehrheit. Das Problem ist daher offenkundig: Bei welchem Aktienanteil soll ein Abfindungsangebot an die übrigen Miteigentümer des Unternehmens zur Pflicht werden? Und damit zusammenhängend: Müssen sich die Aktionäre eventuell mit einem niedrigeren Preis abfinden als dem, den ein Erwerber zur Erlangung der „Kontrollmehrheit" bereit war zu zahlen? Müssen sie sich mit einer Abfindung in Aktien der neuen Muttergesellschaft begnügen, oder dürfen sie eine Barkomponente verlangen? Bei der Übernahme von Mannesmann durch den Mobilfunk-Konkurrenten Vodafone im Jahr 2000 war dies ein großer Streitpunkt in Deutschland. Nach dem britischen Übernahmekodex hätte Vodafone in ihrem Heimatland ein Barangebot unterbreiten müssen.

■ „Feindliche Übernahmen"

Schwierig wird es, wenn eine Übernahme „feindliche" Züge annimmt, das heißt auf den Widerstand der Führung der „Zielgesellschaft" trifft. Einigkeit besteht darin, dass ein Übernahmekampf zeitlich begrenzt werden soll, zum Beispiel auf 60 Tage. In dieser Zeitspanne muss der Kaufinteressent die „Kontrollmehrheit" erlangen. Im anderen Fall wird die Offerte hinfällig. Fraglich ist, inwieweit sich das Management der „Zielgesellschaft" gegen eine unerwünschte Offerte wehren und dafür das Geld der Aktionäre, das im Unternehmen steckt, verwenden darf. Ein weitgehendes „Neutralitätsgebot" wird einer sachlichen Information der Anteilseigner nicht entgegenstehen. Andererseits dürften sich unter dem Übernahmegesetz „Anzeigenschlachten" wie die von Mannesmann gegen Vodafone Anfang 2000 nicht oder nur nach Zustimmung einer Hauptversammlung wiederholen. Möglicherweise darf ein Vorstand auf der Grundlage des geplanten Gesetzes aktiv nach einem Konkurrenzangebot, einem sogenannten „weißen Ritter", suchen.

Wenn der „feindliche" Interessent siegt, muss der bisherige Vorstand fast ohne Ausnahme weichen. Die in diesem Fall und in anderen Fällen

Abfindungen für Manager

Manager	Arbeitgeber	Jahr	Abfindungs-summe in Mio. DM
Bob Eaton	Daimler-Chrysler	2000	270,0
Frank Newman	Bankers Trust	1999	200,0
Klaus Esser	Mannesmann	2000	60,0
Udo Stark	Agiv	2000	24,0
Bernd Pischetsrieder	BMW	1999	15,0
Helmut Werner	Mercedes-Benz	1997	8,0
Kajo Neukirchen	Hoesch	1992	4,8
Georg Kulenkampff	Metro	1998	4,7
Ignacio Lopez	VW	1996	4,0
Johannes Ludewig	Deutsche Bahn	1999	3,0
Heinz Schimmelbusch	MG	1997	1,5
Friedrich Hennemann	Bremer Vulkan	1996	1,4
Roland Farnung	RWE	1998	1,4

Quellen: Zeitungen und Zeitschriften. Die Werte sind zum Teil geschätzt.

gezahlten Abfindungen haben wegen der inzwischen erreichten Höhen viel böses Blut erzeugt. Andererseits ist zu bedenken, dass ein Vorstand in einem Abwehrkampf den Wert der Aktie kräftig in die Höhe treiben kann. Unstrittig ist, dass der Übernahmeinteressent eine Geschäftsführung nicht aus dem Unternehmen „herauskaufen" und diese sich nicht darauf einlassen darf. Dies würde gegen die Treuepflichten des Aktiengesetzes verstoßen. Etwas anderes wird dem Übernehmer aber nach dem geplanten Gesetz im Falle einer überragenden Mehrheit von 90 oder 95 Prozent aller Voraussicht nach möglich sein: ein realistisches Abfindungsangebot, auf das sich die verbliebenen Aktionäre dann zwangsweise einlassen müssen.

11. Die Rechnungslegung der Unternehmen

■ Der jährliche „Rechenschaftsbericht"

„Die Klage ist das Lied des Kaufmanns", lautet ein geflügeltes Wort. Gemeint ist damit, dass Unternehmer gerne die Lage schwieriger darstellen, als sie eigentlich ist. Ob der Kaufmann Grund zur Klage oder nicht doch eher zur Freude hat, erweist sich am Ende des Geschäftsjahres. Dann nämlich stellt er den „Jahresabschluss" fertig. Er weiß endgültig, ob er mehr eingenommen als ausgegeben, also Gewinn gemacht hat, oder ob die Kosten höher waren als die Erträge, also am Jahresende ein Verlust hinzunehmen ist. Früher, als die Buchführung noch von Hand geschrieben wurde, schrieb man den Gewinn mit schwarzer, den Verlust zur Unterscheidung und als Warnsignal mit roter Tinte. Im übertragenen Sinn spricht man noch heute bei Gewinn von schwarzen Zahlen und bei Verlust von roten Zahlen.

Ohne EDV wäre in einem modernen Unternehmen die Buchführung heute kaum möglich. Alle Geschäftsvorfälle vom Einkauf über Lohnzahlungen und Steuern bis zum Verkauf werden in Buchungssätzen festgehalten. Ein Unternehmen mit 100 Millionen DM Umsatz hat etwa 200 000 Einzelbuchungen. Die EDV sorgt aber nicht nur dafür, diese Menge zu bewältigen. Sie erlaubt zu fast jeder Zeit, den Erfolg oder Misserfolg festzustellen. Dennoch hat die einmal jährlich vorgeschriebene Bilanz ihre Bedeutung. Es geht darum, zum Stichtag festzustellen, ob man im abgelaufenen Jahr das Vermögen erhöhen, einen Gewinn erwirtschaften und das Eigenkapital vermehren konnte. Der Jahresabschluss zeigt nicht nur dem Management, ob es erfolgreich war. Der ausgewiesene Gewinn ist auch die Grundlage für Dividenden an die Eigentümer, für Steuern an den Staat und zunehmend für Gewinnbeteiligungen an die Mitarbeiter.

▪ Bilanz, Erfolgsrechnung, Anhang

Den Kern der Rechnungslegung stellt das Dritte Buch des HGB dar. Der Abschnitt I nennt die wesentlichen, für alle Vollkaufleute und Unternehmen wichtigen Vorschriften. Sie bilden die „Grundsätze ordnungsgemäßer Buchführung und Bilanzierung". Der Abschnitt II behandelt die weitergehenden Vorschriften für Kapitalgesellschaften. Die Pflichten wachsen dabei mit der Größe der Unternehmen, vor allem in der Rechnungslegung und in der Publizität. Es gibt drei Größenklassen mit den Merkmalen Bilanzsumme, Umsatz und Beschäftigte (siehe Tabelle). Im Abschnitt III stehen die ergänzenden Vorschriften für eingetragene Genossenschaften.

Der Jahresabschluss besteht aus der Gewinn- und Verlustrechnung, der Bilanz und (bei Kapitalgesellschaften) aus dem erläuternden Anhang. Der Lagebericht, den Kapitalgesellschaften darüber hinaus erstellen müssen und der in den Geschäftsberichten meist eine prominente Stelle einnimmt, gehört dagegen nicht zum Jahresabschluss im engeren Sinn. Er wird aber

Größenkategorien für Unternehmen nach § 267 HGB

Größenkategorie	Bilanzsumme	Umsatz	Beschäftigte
Klein	≤ 5,31 Mio DM	≤ 10,62 Mio DM	≤ 50
Mittel	≤ 21,24 Mio DM	≤ 42,48 Mio DM	≤ 500
Groß	> 21,24 Mio DM	> 42,48 Mio DM	> 500

von den unabhängigen Wirtschaftsprüfern auf seine Übereinstimmung mit dem Abschluss geprüft und im Bestätigungsvermerk (Testat) entsprechend erwähnt. Das Handelsgesetzbuch sagt, dass gemäß dem Grundsatz von Treu und Glauben der Jahresabschluss ein den tatsächlichen Verhältnissen entsprechendes Bild der Vermögens-, Finanz- und Ertragslage vermitteln soll. Hierzu gehören: eine klare und übersichtliche Darstellung, die Behandlung einer dem ordnungsgemäßen Geschäftsgang entsprechenden Zeitspanne sowie die Verwendung der deutschen Sprache und der D-Mark oder des Euro als Währung.

Am Schluss der Jahresrechnung steht die Unterschrift des Kaufmanns unter Angabe des Datums. In Aktiengesellschaften legt der Vorstand dem Aufsichtsrat den testierten Jahresabschluss vor. Dieser prüft und billigt ihn; damit ist der Abschluss „festgestellt". In manchen Unternehmen geschieht dies auch durch die Hauptversammlung; in den meisten Fällen wird der Abschluss den Eigentümern aber nur noch „vorgelegt". Der Konzernabschluss wird nicht „festgestellt", sondern vom Aufsichtsrat nur zur Kenntnis genommen. Jahresabschluss, Lagebericht, Testat, Bericht des Aufsichtsrats sowie Vorlage und Beschluss zur Ergebnisverwendung für das Einzelunternehmen müssen im Bundesanzeiger veröffentlicht und danach beim zuständigen Amtsgericht (auch Registergericht genannt) eingereicht werden. Hierbei werden aber mittelgroßen und vor allem kleinen Kapitalgesellschaften Erleichterungen zugestanden.

■ Aktiengesellschaft und Konzern

Große Unternehmen bestehen heutzutage aber aus vielen Einzelgesellschaften. Sie bilden, wenn sie unter einheitlicher Leitung stehen, einen so genannten Konzern. In den vergangenen Jahrzehnten ist die Konzernbildung stark vorangeschritten. Hatten die Unternehmen zunächst versucht, ihre Tätigkeit zur Risikoabsicherung auf eine breitere Grundlage zu stellen, so suchten sie später vornehmlich neue Märkte und kostengünstigere Standorte für ihre einfacheren Produktionen. Im Rahmen der Globalisierung als Folge der liberalisierten Weltmärkte ist der wichtigste Motor der Konzernbildung das Marktanteilsmotiv. Wer erfolgreich sein will, muss weltweit eine führende Position auf seinem Markt einnehmen. Unternehmen wie Daimler-Benz, Siemens, die Veba oder die Allianz umfassen heute mehrere hundert Gesellschaften. Damit werden die Konzernbilanzen immer wichtiger, welche die Mutter- und Tochtergesellschaften zusammenfassend so darstellen, als sei der Konzern ein einheitliches Unternehmen. Dabei werden die konzerninternen Vorgänge, vor allem gegenseitige Lieferungen zwischen Konzerngesellschaften, im Rechenwerk beseitigt. Diesen Vorgang nennt man „Konsolidierung".

Der Einzelabschluss für ein Unternehmen ist daher fast bedeutungslos geworden. Vor allem zur externen Beurteilung einer Aktie oder einer großen Gesellschaft ist immer der Konzernabschluss heranzuziehen, weil er alle Beteiligungen einschließt, in denen eventuell Risiken lauern. Mehr und mehr Großunternehmen sind zu Obergesellschaften geworden, die neben ihrer eigenen Tätigkeit einen weiten Kranz von Beteiligungen steuert, wie etwa die Volkswagen AG mit Audi, Seat und Skoda. Immer häufiger sind auch die Fälle, in denen die Obergesellschaft zur geschäftsführenden Holding verkleinert wird, die nur noch Aufgaben der strategischen Planung, der Forschung und Entwicklung und der Konzernfinanzierung wahrnimmt. Statt Eigenumsätzen weisen solche Holdinggesellschaften nur noch Beteiligungsergebnisse aus den Tochterunternehmen und Erträge aus den Finanzgeschäften aus. Solche Einzelabschlüsse sind nur wenig aussagekräftig.

Der Einzelabschluss muss aber sein, weil nur das einzelne Unternehmen Dividende und Steuern zahlt. Aber gerade diese Maßgeblichkeit des Abschlusses für Zahlungen an Eigentümer und das Finanzamt macht ihn so anfällig für Manipulationen. Wer zahlt schon gern mehr, als er unbedingt muss? Daher ist der Einzelabschluss stark so genannten Bilanzmanipulationen unterworfen. Das sind – abgesehen von kriminellen Fällen, die strafrechtliche Konsequenzen haben – ganz legale, also vom Gesetzgeber zugelassene Möglichkeiten, den Gewinn möglichst niedrig auszuweisen. Dafür gibt es Ermessensspielräume bei den Rückstellungen oder Sonderabschreibungen. Der Konzernabschluss ist für nichts maßgebend. Der Konzern – er ist nicht rechtsfähig – zahlt weder Steuern noch Dividenden. Deshalb gibt es hier keine Notwendigkeit zu lügen. Der Konzernabschluss ist daher nicht nur der umfassendere, er ist auch der, der in der Regel ein wahres Bild über die Finanz- und Ertragslage der dazugehörigen Unternehmen gibt.

■ Deutsches Recht – angelsächsisches Recht

Für Unternehmen mit Sitz in Deutschland gilt deutsches Recht, vor allem das Handelsgesetzbuch (HGB), das Aktiengesetz und einige Sondergesetze, hier vor allem das Gesetz zur Kontrolle und Transparenz im Unternehmensbereich (KonTraG), das im Mai 1998 in Kraft trat. Danach sind in Deutschland auch künftig alle Abschlüsse für einzelne Unternehmen nach den Vorschriften des HGB aufzustellen. Der Konzernabschluss darf aber nach internationalen Regeln aufgestellt werden. Das sind zum einen die vom international besetzten International Accounting Standards Committe in London aufgestellten International Accounting Standards (kurz IAS) und zum anderen die in den Vereinigten Staaten vor allem von der Börsenaufsicht geforderten Grundsätze US-Gaap (US-Generally Accepted Accounting Principles). Diese Ausnahmen für den Konzernabschluss gewährt man, weil vor allem von der Börse in New York ein Jahresabschluss nach deutschem Recht nicht akzeptiert wird. Er ist mit Jahresabschlüssen nach IAS oder US-Gaap nur schwer zu vergleichen.

Das liegt nicht daran, dass das eine Regelwerk zu richtigen und das andere zu falschen Ergebnissen führt. Alle drei Regelwerke beruhen auf jahrelangen Erfahrungen und führen mittel- bis langfristig zum gleichen Ergebnis. Ob ein Unternehmen rentabel wirtschaftet, also Gewinn erzielt, oder überschuldet ist, ist nicht abhängig von den Buchführungsregeln. Verlustsituationen und Überschuldung zeigen alle an. Daran ändert auch der spektakuläre Jahresabschluss von Daimler-Benz nichts, der für das Geschäftsjahr 1993 nach deutschem HGB-Recht einen Gewinn und nach amerikanischem Recht einen Verlust auswies. Bei den meisten Unternehmen sind die Auswirkungen auf den Jahreserfolg eher gering.

Die deutschen Regeln – wie sie sich heute im HGB manifestieren – sind über Jahrhunderte gewachsen. Sie orientieren sich an Unternehmen, die ihr Wachstum mit Bankkrediten finanziert haben. Das Interesse der Gläubiger, also der Banken, ist es, Zinsen und Tilgung zu erhalten, also eigentlich die langfristige Zahlungsfähigkeit des Unternehmens. Daher erlaubt der Gesetzgeber, in guten Jahren so genannte Polster anzulegen; bilanztechnisch nennt man sie „stille Reserven". Sie mindern in guten Jahren durch ihre Bildung den Gewinn, verhindern aber in schlechten Jahren durch ihre Auflösung ein Abrutschen in die Verlustzone und damit die eventuelle Zahlungsunfähigkeit. Die Folge ist eine Glättung des Gewinns über mehrere Jahre. Nach außen hin wird ein gleichbleibender Ertrag gezeigt, obwohl es dem Unternehmen in einem Jahr sehr gut und im anderen schlecht geht.

Vergleich der Rechnungslegungsvorschriften US-Gaap, IAS und HGB

Kriterium	US-Gaap	IAS	HGB
Zielgruppe	Investoren	Investoren	Keine singuläre Interessengruppe. Im Zweifel stehen die Gläubiger-Interessen oben an
Einfluss des Steuerrechts	Keiner	Keiner	Stark wegen der Maßgeblichkeit der Handelsbilanz für die Steuerbilanz
Maßgeblichkeit für die Ausschüttung	Nein	Nein	Einzelabschluss ja Konzernabschluss nein
Jahresabschluss	Ein vollständiger Abschluss besteht aus: – Bilanz – Gewinn- und Verlustrechnung – Kapitalfluss-rechnung – Gesamtleistung – Eigenkapitalver-änderungs-rechnung – ergänzender Anhang Börsennotierte Unternehmen müssen zudem – Kennzahlen je Aktie – Segmentberichte offen legen.	Ein vollständiger Abschluss besteht aus: – Bilanz – Gewinn- und Verlustrechnung – Kapitalfluss-rechnung – Eigenkapitalver-änderungen – erläuternder Anhang Börsennotierte Unternehmen müssen zudem – Kennzahlen je Aktie – Segmentberichte offen legen.	Für Nicht-Kapital-gesellschaften: – Bilanz – Gewinn- und Verlustrechnung Zusätzlich für Kapitalgesell-schaften: – Anhang – Lagebericht (Befreiung für kleine Unter-nehmen) Konzernabschluss börsennotierter Unternehmen zusätzlich: – Kapitalfluss-rechnung – Segmentberichte
Gewinn- und Verlustrechnung	Umsatzkosten-verfahren ist vorherrschend	Sowohl Gesamt- als auch Umsatz-kostenverfahren	Sowohl Gesamt- als auch Umsatz-kostenverfahren

Quelle: Sven Hayn/Georg Graf Waldersee: IAS/US-Gaap/HGB im Vergleich, Stuttgart 2000.

Das ist ein aus Kreditgebersicht wie auch aus der eines traditionellen Anlegers, der langfristig am Unternehmensgewinn teilhaben will, sinnvoll.

In Amerika herrscht eine andere Sichtweise vor, die über den Sharehol-der-value-Ansatz auch in Deutschland zunehmend Einfluss gewinnt. Amerikanische Unternehmen haben sich nicht so sehr über Hausbanken als über den Kapitalmarkt, also die Börse, finanziert. Ihre Rechnungslegung musste vor allem Anlegerinteressen gerecht werden. Für den Anleger steht aber nicht die langfristige Zahlungsfähigkeit des Unternehmens im Vordergrund. Er will recht zeitnah wissen, welches Unternehmen den meisten Gewinn abwirft, um kurzfristig sein Geld in das entsprechende Unternehmen zu investieren. Er ist an keiner Glättung der Gewinne interessiert. Daher sind in den Rechenwerken nach IAS oder US-Gaap die jährlichen Unterschiede viel größer. Über einen Mehrjahreszeitraum stimmen sie aber mit den Ergebnissen nach HGB überein.

Die Frage, welche Grundsätze – deutsche oder angelsächsische – sich durchsetzen, ist müßig. Der amerikanische Kapitalmarkt ist der größte der Welt und damit der maßgebliche. Er verlangt von allen Unternehmen die Anerkennung seiner Regeln, und das ist US-Gaap. Die IAS-Regeln, die einmal entwickelt wurden, um einen internationalen Standard zu haben, in denen Erkenntnisse und Erfahrungen möglichst vieler Länder einfließen, nähern sich unter dem Druck der amerikanischen Börsenaufsicht auch den US-Gaap an.

In Deutschland gehen immer mehr Unternehmen dazu über, neben dem Einzelabschluss nach HGB (das ist wegen der Maßgeblichkeit für die Steuerbilanz verpflichtend) einen Konzernabschluss nach IAS (inzwischen Standard bei Großchemie und Banken) oder US-Gaap vorzulegen. Begonnen haben all jene Gesellschaften, die Ihre Aktien in Amerika an der Börse notiert haben oder die sehr viele amerikanische Investoren zu ihren Aktionären zählen. Um dem Neuen Markt der Deutschen Börse eine internationale Akzeptanz zu verschaffen, ist auch bei den zumeist kleinen oder mittleren Werten eine Rechnungslegung nach international anerkannten Regeln vorgeschrieben. Wer nicht in die Zweitklassigkeit abrutschen will, obwohl er weder in Amerika noch am Börsensegment Neuer Markt gelistet ist, sieht sich immer stärkerem Druck ausgesetzt, die internationalen Regeln zu berücksichtigen. Daher gehört wenig Phantasie dazu, vorherzusagen, dass es bald überwiegend Einzelabschlüsse nach HGB und Konzernabschlüsse nach IAS oder US-Gaap geben wird.

Deutsch bleibt weiterhin die Sprache des Abschlusses, der auch alle Beträge in D-Mark oder Euro ausweisen muss. Ebenso sind die Prüfungs- und Offenlegungsvorschriften für HGB-Abschlüsse und solche nach amerikanischem Recht identisch. Die Bestandteile eines Jahresabschlusses sind bei börsennotierten Konzernen immer die gleichen:

- Bilanz
- Gewinn- und Verlustrechnung

- Kapitalflussrechnung
- Anhang
- Lagebericht
- Segmentberichterstattung
- Kennzahlen je Aktie
- weitere kursrelevante Daten

Wesentliche Unterschiede zwischen deutschen und amerikanischen Rechnungsgrundsätzen ergeben sich:

- **beim Ausweis von Rückstellungen, Rücklagen und Wertberichtigungen**

  Da nach deutschem Steuerrecht ein nach Handelsrecht erstellter Jahresabschluss eines Unternehmens gleichzeitig die Grundlage für die Steuerbilanz bildet, beeinflussen steuerliche Überlegungen dessen Erstellung recht stark. Unternehmen werden daher in ihren Jahresabschlüssen möglicherweise Bewertungsmethoden anwenden, die in offiziellen Verlautbarungen als konservativ oder vorsichtig bezeichnet werden, häufig aber nur den Gewinn schmälern sollen, um Steuern zu sparen. Deutsche Rechnungslegungsgrundsätze erlauben nämlich die Bildung von Rückstellungen für ungewisse Verbindlichkeiten und drohende Verluste. Die Höhe dieser Rückstellungen entspricht den erwarteten Aufwendungen der Gesellschaft. Nach amerikanischen Rechnungslegungsgrundsätzen wird die Rückstellung für drohende Verluste erst dann ergebniswirksam, also gewinnmindernd, wenn es wahrscheinlich ist, dass sich der Wert eines Vermögensgegenstands vermindert hat oder eine Verpflichtung entstanden ist und zugleich der Mindestbetrag des Verlusts angemessen geschätzt werden kann. Weniger konkret bestimmbare Rückstellungen für Verbindlichkeiten aus zukünftigen Verlusten, Kosten oder Risiken erfüllen nach amerikanischen Rechnungslegungsgrundsätzen nicht die Voraussetzung für eine Rückstellungsbildung.

- **bei dem Geschäftswert (Firmenwert oder Goodwill)**

  Nach deutschen Rechnungslegungsgrundsätzen kann der Unterschied zwischen dem höheren Kaufpreis und dem niedrigeren Zeitwert des Reinvermögens, der als Teil einer Akquisition erworben wird (Goodwill), entweder direkt innerhalb der Bilanz (und damit ergebnisneutral) mit dem Eigenkapital verrechnet oder aktiviert und über die Nutzungsdauer (im Allgemeinen zwischen 5 und 15 Jahren) ergebnismindernd abgeschrieben werden. Nach amerikanischen Rechnungslegungsgrundsätzen muss der Goodwill aktiviert und ergebniswirksam über eine Nutzungsdauer von nicht mehr als 40 Jahren abgeschrieben werden.

– **beim Sachanlagevermögen**

In den deutschen Unternehmen wird das Sachanlagevermögen teilweise nach höheren steuerlichen Abschreibungssätzen abgeschrieben. Vor allem zum Aufbau in den neuen Bundesländern wurden viele Sonderabschreibungen erlaubt. Nach amerikanischen Rechnungslegungsgrundsätzen wird das Sachanlagevermögen linear oder degressiv über die voraussichtliche Nutzungsdauer abgeschrieben. Außerdem erfordern amerikanische Rechnungslegungsgrundsätze für Anlagen, deren Herstellung längere Zeit benötigt, die Aktivierung des Zinsaufwands als Teil der Anschaffungs- beziehungsweise Herstellungskosten. Deutsche Rechnungslegungsgrundsätze kennen dieses Erfordernis nicht.

– **bei den Pensionsrückstellungen**

Unternehmen bewerten Verbindlichkeiten für Pensionen und ähnliche Verpflichtungen einschließlich der Gesundheitsfürsorge, nach versicherungsmathematischen Gutachten auf der Grundlage des Eintrittsalters gemäß den deutschen Steuervorschriften. Amerikanische Rechnungslegungsgrundsätze sind in dieser Hinsicht strenger, vor allem im Hinblick auf die Anwendung versicherungstechnischer Annahmen, und verlangen eine andere versicherungsmathematische Methode.

■ **Die Gewinn- und Verlustrechnung**

Auf die Gewinn- und Verlustrechnung, auch Erfolgsrechnung genannt, fällt als erstes der Blick, wenn die Rechnungslegung eines Unternehmens betrachtet wird. Dies kommt daher, weil die entscheidende Größe, das Jahresergebnis, den Schwerpunkt dieser Aufstellung bildet. Auch die Medien tragen diesem Sachverhalt Rechnung: Sie sprechen nicht als erstes vom Umsatz, der nur anzeigt, wieviel Geschäftsvolumen bewegt wurde, sondern stellen das Ergebnis, Gewinn oder Verlust, zumindest sofort daneben, um zu zeigen, wieviel bei den Geschäften im Jahr „unter dem Strich" herausgekommen ist.

Der Sachverhalt scheint einfach: Zur Feststellung des Jahresergebnisses werden die Umsätze aus dem laufenden Geschäft sowie die Erträge der Tochter- und Beteiligungsgesellschaften und des Finanzbereichs (Vermie-

Konzern-Gewinn- und Verlustrechnung der Thyssen-Krupp AG (nach US-Gaap)

Konzern-Gewinn- und Verlustrechnung		in Mio Euro
	Anhang-Nr.	**1998/99**
Umsatzerlöse	21	29.794,1
Herstellungskosten des Umsatzes		– 24.576,7
Bruttoergebnis vom Umsatz		**5.217,4**
Vertriebskosten		– 2.698,3
Allgemeine Verwaltungskosten		– 2.189,9
Sonstige betriebliche Erträge	1	914,2
Sonstige betriebliche Aufwendungen	2	– 494,5
Betriebliches Ergebnis vor Steuern		**748,9**
Finanzergebnis	3	– 125,1
Ergebnis vor Steuern und Anteilen anderer Gesellschafter		**623,8**
Steuern vom Einkommen und vom Ertrag	4	– 315,9
Anteile anderer Gesellschafter am Gewinn/Verlust		– 41,0
Konzern-Jahresüberschuss		**266,9**
Ergebnis je Aktie (in Euro)		0,55
Aktienanzahl zur Berechnung des Ergebnisses je Aktie*		483.949.899

Siehe begleitende Erläuterungen im Konzernanhang bzw. bezüglich Personal- und Materialaufwand die ergänzenden Angaben und Erläuterungspflichten nach § 292a HGB.
Der Konzernabschluss wurde mit dem gesetzlichen Umrechnungskurs von DM in Euro umgerechnet.

* 1. 10. 1998 – 4. 12. 1998: 343.000.000 ehemalige Thyssen Aktien für 65 Tage.
   5. 12. 1998 – 30. 9. 1999: 514.489.044 Thyssen-Krupp Aktien für 300 Tage.

tung und Verpachtung, Wertpapiere und Ähnliches) addiert und die Aufwendungen abgezogen. Umsatz sind die Erlöse aus dem eigentlichen Geschäft, bei einem Möbelproduzenten die Möbel, bei einer Handelskette die von ihr „vermittelten" Waren, bei einer Bank die erbrachten Dienstleistungen. Es gilt normalerweise das Bruttoprinzip, also ohne Abzüge und Verrechnungen. Eine Ausnahme bildet die Mehrwertsteuer, die in erster Linie von Handelsunternehmen ausgewiesen wird.

Doch wenn man die Gewinn- und Verlustrechnung von oben nach unten durchgeht, beginnen schon bei der ersten Position, dem Umsatz, die Schwierigkeiten. Die Frage lautet: Gesamtkosten- oder Umsatzkostenverfahren? Das Bilanzrichtliniengesetz lässt beide Verfahren zu. Bei dem zuvor in Deutschland gepflegten Gesamtkostenverfahren werden den Erlösen alle im Jahr angefallenen Aufwendungen gegenübergestellt, beim international gebräuchlicheren Umsatzkostenverfahren diejenigen für die verkauften Produkte (ohne Periodenabgrenzung). Äußerlich zeigen sich die Unterschiede darin, dass im Gesamtkostenverfahren die Veränderungen im Bestand der fertigen und unfertigen Erzeugnisse (also die Produktion „auf Halde" oder die Verkäufe aus dem Lager) sowie aktivierte Eigenleistungen (hauptsächlich selbsterstellte Anlagen und selbsterzeugte Roh-, Hilfs- und Betriebsstoffe) berücksichtigt werden und somit eine „Gesamtleistung" angegeben werden kann. Im Umsatzkostenverfahren wird auf die Herstellungskosten und die weiteren Aufwendungen und Erträge im laufenden Geschäft abgehoben und davon das Beteiligungs- und das Zinsergebnis deutlich abgesetzt.

Für den kritischen Bilanzleser sind vor allem Sammelpositionen von Interesse wie „Sonstige betriebliche Erträge" oder „Außerordentliche Erträge". Hier werden Einnahmen verbucht, die nicht aus dem eigentlichen Geschäftszweck generiert werden und somit geeignet sind, ein falsches, weil zu positives Bild vom Unternehmen zu vermitteln. Über den Verkauf von Unternehmen, Beteiligungen oder Immobilien wird hier oft ein Ertrag verbucht, der ja nicht mit dem eigentlichen Geschäftszweck erwirtschaftet und daher auch nicht dem Umsatz zugeschlagen werden darf. Umgekehrt kann ein Verlust am Jahresende auftreten bei gutem Geschäftsgang. So war es bei Daimler. Im bilanztechnisch hochinteressanten Jahr 1995 wies der Konzernabschluss von Daimler-Benz das „Ergebnis der gewöhnlichen Geschäftstätigkeit" (Verkauf von Autos und andere echte Umsätze abzüglich der dafür aufgewandten Kosten), ein „außerordentliches Ergebnis", den „Jahresüberschuss" und die Ausschüttung/den Bilanzgewinn der Muttergesellschaft aus. Das außerordentliche Ergebnis sollte Sondertatbestände erheblicher Tragweite abdecken. Bei Daimler-Benz waren dies 1995 in erster Linie die Auflösung der AEG und die Beendigung des Engagements bei dem Flugzeughersteller Fokker; beide trugen entscheidend zu dem schon legendären Konzernverlust von 5,7 Milliarden DM bei.

In der Praxis erweist sich die Abgrenzung der verschiedenen erwirtschafteten Ergebnisse als sehr schwer. Manches Unternehmen versucht, in den „Sonstigen betrieblichen Erträgen" und den „Sonstigen betrieblichen Aufwendungen" Teile des außerordentlichen Ergebnisses zu verstecken. Man kann auf die dahinter steckende Absicht nicht häufig genug hinweisen:

- Schlechte Unternehmen stellen sich besser dar, als sie sind, um ihre Kreditwürdigkeit zu halten;
- Gute Unternehmen stellen sich schlechter dar, als sie sind, um Steuern zu sparen.

Der „Jahresüberschuss" ist der „Gewinn nach Steuern". Als Betrag „unter dem Strich" der Gesamtrechnung gilt er als wichtige Kenngröße. Aussage-kräftiger für den Unternehmenserfolg ist allerdings meist das „Ergebnis der gewöhnlichen Geschäftstätigkeit", da der „Jahresüberschuss" Sonderposten enthalten kann und die Steuerposition oft wenig mit dem aktuellen Ge-schäftsverlauf zu tun hat. Im Übrigen wird der Jahresüberschuss gerne auf die ins Auge gefasste Dividende zugeschnitten. So auch bei Daimler-Benz im Jahr zuvor: Nach der Rücklagendotierung und der Verrechnung mit konzernfremden Gesellschaften tauchte aus den Tiefen der Jahresrechnung 1994 wie durch ein Wunder in etwa die Dividendensumme der Mutterge-sellschaft auf.

Die aussagefähigste Gewinn-Kennziffer ist daher die, die nicht in der Gewinn- und Verlustrechnung steht: Der Gewinn nach DVFA/SG. Die Deut-sche Vereinigung für Finanzanalyse und Anlageberatung (DVFA) und die Schmalenbachgesellschaft (SG) haben ein Schema zur Gewinnberechnung entwickelt, das alle (rechtlich zulässigen) Manipulationen rückgängig macht und den „wirklichen" in diesem Jahr mit dem Geschäftszweck er-wirtschafteten Gewinn ermittelt. Für alle Vergleiche über die Zeit (mehrere Jahre) oder auch über mehrere Unternehmen und Branchen ist das die wertvollste Größe. Dieses DVFA/SG-Ergebnis nennen in der Regel nur Groß-unternehmen und börsennotierte Aktiengesellschaften.

Kleine und mittlere Gesellschaften sind auch in anderen Positionen we-niger offen. Das Bilanzrichtliniengesetz erlaubt ihnen, mehrere Positionen zu einem „Rohergebnis" zusammenzufassen. Beim Gesamtkostenverfahren kommen so zum Umsatz die Veränderung des Bestands an fertigen und unfertigen Erzeugnissen, andere aktivierte Eigenleistungen und sonstige betriebliche Erträge hinzu. Davon abgezogen wird der Materialaufwand. Beim Umsatzkostenverfahren werden vom Umsatz zunächst die Herstel-lungskosten abgezogen. Das auf diese Weise ermittelte „Bruttoergebnis vom Umsatz" wird dann mit den sonstigen betrieblichen Erträgen zusam-mengefasst. Die dahinterstehende Absicht ist klar: Den Unternehmen wird die Offenlegung ihrer Verkäufe und Lagerveränderungen „erspart". Die Vorschriften zielen vielmehr in Richtung „Wertschöpfung" im Unterneh-men, deren Wert aber durch die Einbeziehung der „sonstigen betrieblichen Erträge" mehr denn je nur annäherungsweise erreicht wird.

■ Die Bilanz: Passivseite

Der im Unternehmen verbleibende Gewinn stärkt die Passivseite der Bilanz. Dies verwundert nicht, denn die rechte Seite der Bilanz vermittelt einen Überblick über das Kapital, mit dem die Betriebe arbeiten. Die gesamten Passiva sind dabei entweder Eigenkapital, das den Inhabern der Gesellschaft gehört, oder Fremdkapital, das außenstehende Gläubiger (meist Banken) bereitgestellt haben. Das Eigenkapital steht dem Unternehmen grundsätzlich zur Verfügung, solange es besteht. Dazu gehören in Aktiengesellschaften das gezeichnete Kapital (Grundkapital) der Aktionäre, das mit einer Dividende zu bedienen ist, und die Rücklagen. Sie stammen entweder aus dem Jahresgewinn, dann sind sie Gewinnrücklagen, oder aus dem Aufgeld (Agio) von Kapitalerhöhungen; in diesem Fall stehen sie in der Kapitalrücklage. Wenn Unternehmen Rücklagen in Aktien umwandeln und diese an die Aktionäre ausgeben, sprechen Vorstände gern von „Gratisaktien". Da die Rücklagen als Eigenkapital aber ebenfalls den Anteilseignern gehören, ist der Begriff irreführend. Den Aktionären wird nichts geschenkt, da das neue Aktienkapital aus ihrem Besitz stammt. Der Unterschied besteht nur darin, dass Rücklagen zu ausschüttungsberechtigtem Kapital werden. Statt von „Gratisaktien" zu sprechen, ist es daher besser, die Begriffe „Zusatzaktien" oder „Berichtigungsaktien" zu verwenden. Den Vorgang selbst nennt man „Kapitalerhöhung aus Gesellschaftsmitteln".

Das Fremdkapital besteht aus Verbindlichkeiten etwa gegenüber Lieferanten, aus Bankschulden sowie gegebenen Anleihen und aus den Rückstellungen. Die Trennung zwischen Eigen- und Fremdkapital rührt aus der Herkunft des Kapitals, je nachdem, ob es von den Eigentümern oder den Gläubigern der Gesellschaft stammt. Über das Eigenkapital kann das Unternehmen ohne zeitliche Begrenzung verfügen, während für Bankkredite und Anleihen Rückzahlungstermine bestehen. Ein zweiter wichtiger Unterschied: Die Dividende können die Unternehmen nach der Ertragslage ausrichten und in einem schlechten Jahr ganz ausfallen lassen. Zinsen für Bank- und Anleihenschulden sind fixe Kosten und „drücken" die Betriebe unabhängig vom Geschäftsgang. Gerade in Krisenzeiten ist es daher notwendig, über ein möglichst hohes Eigenkapital zu verfügen. Der häufigste Fall für Insolvenz ist nach wie vor Überschuldung, das heißt zu wenig Eigenkapital. Eine Mischung aus Eigen- und Fremdkapital stellt der Sonderposten mit Rücklageanteil dar. Dieser Posten ist durch die Steuergesetzgebung in die Bilanzen gekommen. Er umfasst „Rücklagen", die erst bei ihrer Auflösung zu versteuern sind. Das Wort „Rücklagen" steht dabei bewusst

Konzern-Bilanz der Thyssen-Krupp AG (nach US-Gaap)

AKTIVA		in Mio Euro
	Anhang-Nr.	30. 09. 1999
Immaterielle Vermögensgegenstände		4.268,6
Sachanlagen		11.635,8
Finanzanlagen	I	1.591,8
Anlagevermögen		**17.496,2**
Vorräte		6.010,2
Forderungen aus Lieferungen und Leistungen		5.206,0
Übrige Forderungen und Sonstige Vermögensgegenstände		1.178,2
Wertpapiere		37,6
Flüssige Mittel		767,9
Umlaufvermögen		**13.199,9**
Latente Steuern		**1.787,8**
Rechnungsabgrenzungsposten		**165,3**
Summe Aktiva (davon kurzfristig: 13.820,4 Mio Euro)		**32.649,2**

PASSIVA		
Gezeichnetes Kapital		1.315,3
Kapitalrücklage		4.668,2
Gewinnrücklagen		2.085,4
Kumulierte erfolgsneutrale Eigenkapitalveränderungen		– 15,1
Eigene Anteile		– 0,8
Eigenkapital		**8.053,0**
Ausgleichsposten für Anteile anderer Gesellschafter		**293,3**
Rückstellung für Pensionen und ähnliche Verpflichtungen		6.780,2
Übrige Rückstellungen		3.338,4
Rückstellungen (davon kurzfristig: 3.023,1 Mio Euro)		**10.118,6**
Finanzverbindlichkeiten		6.998,9
Verbindlichkeiten aus Lieferungen und Leistungen		2.824,0
Übrige Verbindlichkeiten		2.899,9
Verbindlichkeiten (davon kurzfristig: 6.784,8 Mio Euro)		**12.722,8**
Latente Steuern (davon kurzfristig: 104,8 Mio Euro)		**1.362,8**
Rechnungsabgrenzungsposten (davon kurzfristig: 79,6 Mio Euro)		**98,7**
Summe Passiva		**32.649,2**

Siehe begleitende Erläuterungen im Konzernanhang.
Der Konzernabschluss wurde mit dem gesetzlichen Umrechnungskurs von DM in Euro umgerechnet.

in Anführungszeichen, denn die Stunde der Wahrheit kommt bei der Auflösung von Sonderposten: Soweit sie als Steuer an das Finanzamt abgeführt werden, waren sie eben keine Rücklagen, sondern Rückstellungen. Kritische Leser von Bilanzen teilen daher normalerweise den Sonderposten in Eigen- und Fremdkapital auf, zum Beispiel im Verhältnis eins zu eins.

■ Die Bilanz: Aktivseite

Wofür hat die Gesellschaft das ihr zur Verfügung stehende Geld verwendet – das Kapital der Aktionäre, die Rücklagen, die Kredite und die Rückstellungen? Ist es sinnvoll angelegt, um die Ziele des Unternehmens zu fördern? Oder liegen, um zwei Beispiele zu nennen, zu hohe Vorräte auf Lager und wurden bei den Abnehmern zu viele Forderungen nicht eingetrieben? Hierüber gibt die Aktivseite der Bilanz Auskunft. Dort erscheint das Vermögen. Hier sind alle Grundstücke, Gebäude, Maschinen und Warenvorräte, alle Forderungen und sonstigen Rechte sowie alle Barmittel verzeichnet, über die das Unternehmen verfügt. Je nach ihrer Zweckbestimmung im Betrieb zählen sie entweder zum Anlage- oder zum Umlaufvermögen. Ein Grundstück, auf dem ein Fabrikgebäude steht, eine Maschine, die der Produktion dient, ein Auto, das als Lieferwagen benutzt wird, die Aktien einer Tochtergesellschaft – sie alle gehören zum Anlagevermögen. Denn sie sind dazu bestimmt, dauernd dem Geschäftsbetrieb zu dienen.

Dagegen würde dasselbe Grundstück, wenn es ein Grundstücksmakler gekauft hätte, bei diesem zum Umlaufvermögen gehören, ebenso die Maschine im Verkaufsraum einer Maschinenfabrik, das Auto im Schaufenster einer Vertriebsfirma oder Aktien, die zur kurzfristigen Geldanlage an der Börse erworben wurden. Alle diese Gegenstände dienen dem Betrieb nur vorübergehend, ihr Zweck ist die baldige Veräußerung. Nicht immer lässt sich klar zwischen Anlage- und Umlaufvermögen entscheiden, zum Beispiel bei Wertpapieren. Den Unternehmen eröffnen sich auf diese Weise Spielräume, mit denen sie das Verhältnis beider Vermögensarten zueinander steuern und zum Beispiel ein zu hohes Umlaufvermögen drücken können.

Ein Sonderfall ist der Rechnungsabgrenzungsposten; er dient der sauberen Abgrenzung von Aufwendungen, die mehrere Geschäftsjahre betreffen. Hat das Unternehmen zum Beispiel zum 1. Oktober die Miete für seine Geschäftsräume auf ein ganzes Jahr im Voraus gezahlt, so kann das laufende Geschäftsjahr, wenn es am 31. Dezember endet, nur mit einem Viertel der Summe als Aufwand belastet werden; drei Viertel sind gleichsam eine Forderung an den Vermieter (auf Bereitstellen der gemieteten Räume). Sie werden als Rechnungsabgrenzung bilanziert, können jedoch für Zwecke der Bilanzanalyse den Forderungen zugerechnet werden.

◼ Das Niederstwertprinzip

Alle Bilanzposten erscheinen in Mark und Pfennig. Das ist klar für den Kassenbestand und die Bankguthaben, das gilt aber auch für Gegenstände oder Urkunden, die bestimmte Rechte verbriefen (Wertpapiere). Welchen Wert ein solcher Gegenstand am Bilanzstichtag hat, ist allerdings nicht ohne weiteres feststellbar. Das Handelsrecht hat hierfür Grundsätze entwickelt, die, dem traditionellen Brauch eines „ehrbaren Kaufmanns" folgend, auf dem Prinzip der Vorsicht beruhen: eher zu niedrig als zu hoch bewerten, schon damit nicht etwa ein Gewinn ausgewiesen – und womöglich ausgeschüttet – wird, der nicht echt erwirtschaftet ist, sondern aus der Substanz stammt. Dieser Grundsatz findet seinen Ausdruck im Niederstwertprinzip. Es besagt, dass von den zwei Werten, die für ein bestimmtes Gut in aller Regel objektiv feststellbar sind, nämlich dem Betrag, den die Firma bei der Anschaffung oder Herstellung dafür aufgewandt hat (Anschaffungs- oder Herstellungskosten), und dem Preis, der für dieses Gut bei der Beschaffung am Bilanztag zu zahlen wäre (Börsen- oder Marktpreis), stets der niedrigere anzusetzen ist. Die Vorsichtsmaßnahme kann in einem Unternehmen zu stillen Reserven führen; man denke nur an Aktien, deren Kurs beim Erwerb niedrig war und der dann stark in die Höhe geht.

Das Niederstwertprinzip gilt für alle Gegenstände des Umlaufvermögens, vor allem also für die Vorräte, aber auch für Wertpapiere und für Forderungen, zum Beispiel für Forderungen in ausländischer Währung: Hat sich durch eine Veränderung der Devisenkurse oder durch die Auf- oder Abwertung einer Währung das Umtauschverhältnis geändert, dann hatte die Forderung im Zeitpunkt ihres Entstehens, gerechnet in D-Mark, einen anderen „Wert" als am Bilanzstichtag.

Wenn aber nicht festgestellt werden kann, wann der am Bilanzstichtag vorhandene Bestand einer bestimmten Ware angeschafft worden ist, muss zu bestimmten Annahmen gegriffen werden. Der Fall ist nicht so selten. Er tritt immer dann ein, wenn gleichartige Güter bei der Lagerhaltung vermischt werden, also Flüssigkeiten gleicher Art zusammengeschüttet, Kohle oder andere Schüttgüter auf einen Haufen geworfen werden. Hier erlaubt das Einkommensteuergesetz zu unterstellen, dass die zuerst oder dass die zuletzt angeschafften Gegenstände zuerst verbraucht oder veräußert worden sind. Die eine Methode heißt „first in, first out" oder – nach den

Anfangsbuchstaben – die „Fifo-Methode", die andere „last in, first out" oder die „Lifo-Methode". Da bei der Fifo-Methode die zuletzt angeschafften Gegenstände als noch vorhanden (nicht „out") unterstellt werden, bedeutet ihre Anwendung in Zeiten steigender Preise eine Bewertung zu relativ hohen Preisen, die Lifo-Methode umgekehrt einen relativ niedrigen Wertansatz. Nach welcher Methode das Vorratsvermögen bewertet wird, müssen Aktiengesellschaften im Geschäftsbericht darlegen, ebenso jede wesentliche Änderung.

■ Investitionen, Abschreibungen, Cash-flow

Die Gewinn- und Verlustrechnung als Spiegel der Geschäftätigkeit in einem Jahr und die Bilanz als Offenlegung der Vermögenslage am Jahresende sind in vielfacher Weise miteinander verknüpft. So fließt etwa der Gewinn aus der Gewinn- und Verlustrechnung in die Rücklagen auf der Passivseite der Bilanz. Bei den Zinserträgen mag sich ein Unternehmensvorstand entschließen, diese zum Kauf weiterer Wertpapiere zu verwenden, die dann auf der Aktivseite der Bilanz erscheinen. Besonders deutlich wird der Zusammenhang bei den Investitionen und deren Finanzierung, die im Idealfall aus dem Gewinn, aus Abschreibungen auf frühere Anschaffungen und auch aus der Zuführung zu bestimmten Rückstellungen, also dem „Cash-flow", dargestellt werden können. Die Investitionen, vermindert durch die Abschreibungen, erhöhen das Anlagevermögen und in gleichem Maße die Bilanzsumme. Dieser Erhöhung entspricht eine ebenso hohe Anreicherung der Finanzierungsquellen auf der Passivseite, die Bilanzsummen bei Aktiva und Passiva bleiben damit gleich. Die Abschreibungen mindern optisch den Gewinn und tauchen daher in der Erfolgsrechnung auf.

Die Entwicklung von Investitionen und Abschreibungen kann im „Anlagespiegel" genauer verfolgt werden. Der Leser erhält dadurch einen Einblick in den künftigen Investitionsbedarf des Unternehmens. Er kann zum Beispiel abschätzen, wie alt die Anlagen und Maschinen sind. Das Handelsgesetzbuch setzt hier ausführliche Regeln. Danach müssen in der Bilanz oder im Anhang die Entwicklung des Anlagevermögens und des Postens „Aufwendungen für die Ingangsetzung und Erweiterung des Geschäftsbetriebs" einzeln dargestellt werden. Am Anfang stehen dabei die Anschaffungs- und Herstellungskosten, gefolgt von den Zugängen, Abgängen, Umbuchungen und Zuschreibungen des Geschäftsjahres. Einen weiteren Posten bilden die insgesamt getätigten Abschreibungen. Die außerdem verlangten Abschreibungen des Geschäftsjahres sind entweder in der Bilanz oder im Anhang zu vermerken. Blickt man heute in die Geschäftsberichte großer Gesellschaften, so zeigt sich, dass der Anlagespiegel neben der eigentlichen Bilanz und der Gewinn- und Verlustrechnung die dritte große Übersicht darstellt.

Auf Bilanzpressekonferenzen ist oft zu hören, hohe Investitionen hätten die Ertragslage erheblich belastet. Dies verwundert auf den ersten Blick und darf nicht zu der falschen Annahme führen, Investitionen seien einseitige Kosten. Häufig wird fälschlicherweise davon ausgegangen, Unternehmen könnten durch hohe Investitionen ihre Steuerschuld mindern. Investitionen sind eine Art der Gewinnverwendung. Wenn genügend flüssige Mittel vorhanden und die Abschreibungen nicht zu klein sind, sollten die Käufe von Grundstücken, Anlagen oder Maschinen, also die Sachanlageinvestitionen, oder der Erwerb von Unternehmensbeteiligungen, dies sind neue Finanzanlagen, keine Schwierigkeiten bereiten. Schaut man genau hin, erkennt man, dass in vielen Fällen hohe Investitionen mit einer deutlich steigenden Verschuldung einhergehen. Der Niederschlag solcher Kraftanstrengungen zeigt sich sowohl auf der Aktiv- als auch auf der Passivseite der Bilanz. Die Spuren sind aber ebenso in der Gewinn- und Verlustrechnung zu finden, weil Investitionen auch mit Kosten verbunden sind, die in der laufenden Rechnung ihren Niederschlag finden. Die eventuell gestiegene Verschuldung führt zwangsläufig zu höheren Zinsaufwendungen im Geschäftsjahr. Sofern die Kredite erst gegen Jahresende aufgenommen wurden, kommt die Wahrheit im darauffolgenden Jahr ans Tageslicht.

Abschreibungen durch neue Investitionen mindern den Gewinn – schaffen aber damit auch Raum für Neuinvestitionen. Dies wird verständlich, wenn man sich klarmacht, wie Abschreibungen wirken. Gegenstände des Anlagevermögens sind „zum dauernden Gebrauch" im Unternehmen bestimmt, nicht zur Veräußerung. Deshalb kann der Wert dieser Gegenstände in der Bilanz, anders als beim Umlaufvermögen, unabhängig von der Entwicklung der Marktpreise bemessen werden. Ausgangspunkt sind auch hier die Anschaffungs- oder Herstellungskosten. Auch im Anlagevermögen kommt es zu Wertminderungen – nicht durch die Entwicklung der Marktpreise, sondern in erster Linie durch die „Abnutzung" des Gegenstandes. Die jährliche Abnutzung, nach der die Höhe der jährlichen „Abschreibung" (im Steuerrecht heißt sie „Absetzung für Abnutzung", abgekürzt AfA) hauptsächlich angesetzt werden soll, richtet sich vornehmlich nach der voraussichtlichen Gesamtdauer der Nutzung.

Ist die Nutzungsdauer eines Vermögensteils zeitlich unbegrenzt, kann

Konzern-Kapitalflussrechnung der Thyssen-Krupp AG (nach US-Gaap)

Konzern-Kapitalflussrechnung	
in Mio Euro	1998/99
Konzern-Jahresüberschuss	266,9
Gewinn/Verlust aus Anteilen anderer Gesellschafter	41,0
Abschreibungen Anlagevermögen	1.571,3
Andere nicht zahlungswirksame Aufwendungen und Erträge	– 61,9
Veränderungen bei Aktiva und Passiva:	
Vorräte	– 65,1
Forderungen aus Lieferungen und Leistungen	– 274,7
Übrige Aktiva, soweit nicht Investitions- oder Finanzierungstätigkeit	422,6
Pensionsrückstellungen	55,3
Übrige Rückstellungen	– 378,6
Verbindlichkeiten aus Lieferungen und Leistungen	73,0
Übrige Passiva, soweit nicht Investitions- oder Finanzierungstätigkeit	– 71,4
Ergebnis aus Anlagenabgang	– 73,9
Zunahme der Flüssigen Mittel durch die laufende Geschäftstätigkeit	**1.504,5**
Investitionen Finanzanlagen	– 1.619,0
Übernommene Flüssige Mittel aus dem Erwerb von Gesellschaften	368,5
Investitionen Sachanlagen	– 1.946,2
Investitionen Immaterielle Vermögensgegenstände	– 80,8
Desinvestitionen Finanzanlagen	240,1
Abgegebene Flüssige Mittel aus dem Verkauf von Gesellschaften	– 0,3
Desinvestitionen Sachanlagen	185,6
Desinvestitionen Immaterielle Vermögensgegenstände	34,2
Verwendung der Flüssigen Mittel für Investitionstätigkeit	**– 2.817,9**

er sich nicht „abnutzen" und braucht daher im Normalfall auch nicht abgeschrieben zu werden; das gilt für Grundstücke und für Beteiligungen oder andere Finanzanlagen. Beträgt die voraussichtliche Nutzungsdauer eines Gegenstandes, etwa einer Maschine, zum Beispiel zehn Jahre, so müssen die zehn Jahresabschreibungen so dotiert sein, dass der Buchwert am Ende der Nutzungszeit gleich Null und die Maschine abgeschrieben ist. Natürlich kann der Wert eines Anlagegegenstandes auch durch andere

Konzern-Kapitalflussrechnung	
in Mio Euro	1998/99
Anleihen Einzahlungen	38,3
Anleihen Rückzahlungen	– 326,7
Verbindlichkeiten Kreditinstitute Einzahlungen	3.538,6
Verbindlichkeiten Kreditinstitute Rückzahlungen	– 1.082,8
Abnahme Schuldschein-/sonstige Darlehen	– 124,8
Abnahme Akzeptverbindlichkeiten	– 130,3
Abnahme Wertpapiere des Umlaufvermögens	3,6
Dividenden Obergesellschaften aus dem Vorjahr	– 369,6
Gewinnausschüttungen an Konzernfremde	– 10,8
Sonstige Finanzierungsvorgänge	– 96,6
Zunahme der Flüssigen Mittel aus Finanzierungstätigkeit	**1.438,9**
Einfluss von Wechselkursänderungen auf die Flüssigen Mittel	– 1,7
Zunahme der Flüssigen Mittel	**123,8**
Flüssige Mittel am 1. 10. 98	644,1
Flüssige Mittel am 30. 9. 99	**767,9**

Siehe begleitende Erläuterungen im Konzernanhang.
Der Konzernabschluss wurde mit dem gesetzlichen Umrechnungskurs von DM in Euro umgerechnet.

Faktoren als die Abnutzung beeinträchtigt werden, beispielsweise durch Erfindungen, gegenüber denen die laufende Maschine veraltet erscheint. Solchen Faktoren kann – und muss – durch außerordentliche oder Sonderabschreibungen Rechnung getragen werden.

Geringwertige Wirtschaftsgüter schreiben die Unternehmen meist schon im Jahr der Anschaffung vollständig ab. Unter den weiteren Abschreibungsmethoden spielen zwei eine besondere Rolle, die lineare und die degressive Methode. Bei der linearen Methode wird die Höhe der jährlichen Abschreibung in einem festen Prozentsatz der Anschaffungs- oder Herstellungskosten bemessen, bei der degressiven zumeist – nicht immer – in einem festen Satz des jeweiligen Restbuchwertes. Ein Beispiel: Wurde eine Maschine, die voraussichtlich zehn Jahre lang genutzt werden kann, mit einem Aufwand von 1000 angeschafft, dann beträgt die Abschreibung bei der linearen Methode jährlich 100, nämlich je 10 Prozent von 1000. Bei der degressiven Methode kann der Abschreibungssatz 20 Prozent betragen. Dann macht die Abschreibung im ersten Jahr 200 aus (20 Prozent von 1000), der Restbuchwert zu Beginn des zweiten Jahres beläuft sich auf 800; im zweiten Jahr werden 160 abgeschrieben (20 Prozent von 800), Restbuchwert 640; im dritten Jahr ergibt sich eine Abschreibung vom 128 (20 Prozent von 640), Restbuchwert 512; und so fort. Am Ende des zehnten Jahres steht die Maschine noch mit reichlich 100 in der Bilanz; dieser Betrag wird dann in der Regel ausgebucht.

Das Beispiel macht den Unterschied deutlich: Degressive Abschreibungen sind in den ersten Jahren der Nutzungsdauer höher als lineare, später entsprechend niedriger. Die raschere Abschreibung zu Beginn entspricht in den meisten Fällen der tatsächlichen Wertminderung durch Ingebrauchnahme, Verschleiß, oft auch durch technisches Veralten. Die degressive Abschreibung hat sich daher bei Firmen mit guter Ertragslage stark eingebürgert. Sie reduziert zwar rechnerisch den Gewinn besonders deutlich. Doch der entsprechende Betrag verbleibt im Unternehmen und steht, zusammen mit der Steuerersparnis aus dem geringeren Gewinn, für Neuanschaffungen zur Verfügung.

Die verdienten Abschreibungen und der Gewinn, soweit er nicht ausgeschüttet wird, schaffen das finanzielle Fundament für die künftigen Investitionen, mit denen die Unternehmen ihre Produktion modernisieren und erweitern. Im Daimler-Benz-Konzern standen 1992 für Investitionen von 8,4 Milliarden DM Abschreibungen von 5,5 Milliarden DM und neue Gewinnrücklagen von 816 Millionen DM zur Verfügung. Dies gibt einen Hinweis darauf, dass die selbst erwirtschafteten Mittel – wie es tatsächlich der Fall war – nicht ausreichten, um alle Investitionen zu finanzieren. Allerdings hat die in Deutschland bislang gepflegte, betont vorsichtige Bilanzpolitik dazu geführt, dass gerade hierzulande in weiteren Positionen der Bilanz oft hohe Beträge stecken, die den Unternehmen auf lange Zeit zur Verfügung stehen. Als Beispiel seien die Pensionsrückstellungen genannt. Bilanzanalytiker rechnen solche Beträge daher den Abschreibungen und dem Gewinn (zumeist vor Steuern) hinzu, um daraus den „Cash-flow" als Maßzahl für die Kraft des Unternehmens zur Selbstfinanzierung zu ermitteln. Entwickelt wurde diese Kennziffer einst von Banken in Amerika zum Zweck der Kreditwürdigkeitsprüfung. Sie ist aber inzwischen international verbreitet. Nicht immer jedoch demonstriert ein hoher Cash-flow auch Stärke. Ein deutlich gesunkener Gewinnausweis und andererseits unumgängliche Sonderabschreibungen legen eher die gegenteilige Vermutung nahe. Dies unterstreicht, dass eine seriöse Bilanzanalyse umfassend sein muss und sich nicht nur an einzelne Kennzahlen klammern kann.

■ Der Geschäftsbericht

Der breiten Öffentlichkeit, an vorderster Stelle den Aktionären, werden Lagebericht und Jahresabschluss in dem Geschäftsbericht vorgestellt, den ein Unternehmen herausgibt. Die aus dem Gesetz resultierende Pflicht ist vielfach zur Kür geworden: Bei vielen, vor allem börsennotierten Gesellschaften stellt der Geschäftsbericht heute sehr viel mehr dar als ein Zahlenwerk mit Erläuterungen. Er ist „Visitenkarte", die oft auch in einer Kurzfassung und in Fremdsprachen erscheint. Unabdingbar sind Fremdsprachenversionen dann, wenn die Aktien der Gesellschaft an ausländischen Börsen notiert sind. Professionelle Texter, Layouter und Fotografen feilen an diesem Werk, Sonderteile über spezielle Arbeitsgebiete oder gesellschaftliche Aktivitäten sollen eine umfassende Sicht auf das Unternehmen ermöglichen. Wettbewerbe um den besten Geschäftsbericht des Jahres haben sich eingebürgert. Im Geschäftsbericht großer Kapitalgesellschaften stehen zunächst die Angaben, die auch bei Gericht eingereicht werden müssen, also Lagebericht, Gewinn- und Verlustrechnung sowie Bilanz nebst Anhang, Bericht des Aufsichtsrats, Testat der Wirtschaftsprüfer und Vorschlag zur Gewinnverwendung. Dabei ist der Konzern – wenn es sich um einen solchen handelt – immer mehr in den Mittelpunkt der Berichterstattung gerückt.

Geschäftsberichte bieten aber noch weitere Informationen. Hierzu gehören die Namen der Mitglieder von Vorstand und Aufsichtsrat der AG einschließlich der im Geschäftsjahr ausgetretenen und hinzugekommenen. Auch stellvertretende Vorstandsmitglieder stehen auf dieser Liste, da sie gegenüber der Öffentlichkeit alle Rechte und Pflichten eines Vorstandes haben. Vorsitzende und Stellvertreter werden kenntlich gemacht, im Aufsichtsrat die Vertreter der Kapital- und der Arbeitnehmerseite deutlich unterschieden. Zudem werden bei den Mitgliedern des Aufsichtsrats deren „hauptamtliche" Tätigkeit und bei den Vorstandsmitgliedern die Ressortzuständigkeiten benannt. Viele Unternehmen nennen auch Aufsichtsratspositionen ihrer Vorstände und Aufsichtsräte in anderen Unternehmen, um personelle Verflechtungen offen zu legen.

Alle Kapitalgesellschaften müssen einen Lagebericht erstellen. Der Leser soll hieraus ein wahrheitsgetreues Bild über den Geschäftsverlauf und die Lage der Gesellschaft gewinnen. Darüber hinaus hat der Lagebericht auch die Aufgabe, die Forschung und Entwicklung im Unternehmen, Vorgänge besonderer Bedeutung nach Schluss des Geschäftsjahres und die voraussichtliche Zukunftsentwicklung zu schildern.

Manche Gesellschaften nehmen den Lagebericht als kurze Zusammenfassung und bieten daran anschließend ausführlichere Kapitel zu Einzelthemen wie Ertragslage, Mitarbeiter, Soziales und Umwelt oder auch über die verschiedenen Sparten und Regionen. Zu den weiteren Informationen gehören heutzutage oft ein – meist grundsätzlich-unternehmensstrategisches – Vorwort des Vorstandsvorsitzenden, ein Abschnitt über die Finanzen und (bei börsennotierten Gesellschaften) ein Kapitel über die Aktie. Im Mittelpunkt des Kapitels Finanzen steht meist die Bilanzstruktur, die Darstellung des Cash-flow, das internationale Finanzmanagement und die so genannte „Wertschöpfung". Sie gibt die Eigenleistung des Unternehmens an, die in seinen Produkten steckt, und die Verteilung an die mit der Gesellschaft verbundenen Personen und Institutionen.

■ Der Anhang

Der Anhang ist der nach Gewinn- und Verlustrechnung und Bilanz drittwichtigste Teil zur Beurteilung der wirtschaftlichen Lage eines Unternehmens. Hier werden viele Positionen, die in den Zahlenwerken nur pauschal in einer Zeile erscheinen, näher aufgeschlüsselt und erläutert. Der Anhang unterliegt zwar keinen besonderen Formvorschriften, doch soll er zum wahrheitsgetreuen Bild der Gesellschaft beitragen, das der Gesetzgeber fordert. Tatsächlich kann man vor allem am Anhang erkennen, wie gut ein Unternehmen die Öffentlichkeit informiert.

Das Handelsgesetzbuch verlangt insbesondere folgende Angaben: die angewandten Bilanzierungs- und Bewertungsmethoden und deren Abweichungen sowie die Grundlagen der Währungsumrechnung. Die Abweichungen der Bilanzierungs- und Bewertungsmethoden sind zu begründen und ihr Einfluss auf die Vermögens-, Finanz- und Ertragslage ist gesondert darzustellen. Damit soll dem Grundsatz der Bewertungsstetigkeit Rechnung getragen werden. Alle Kapitalgesellschaften müssen darüber hinaus folgende Angaben machen: Gesamtbetrag der Verbindlichkeiten mit einer Restlaufzeit von mehr als fünf Jahren und der durch Pfandrechte oder ähnliche Rechte gesicherten Verbindlichkeiten; Aufteilung der Ertragsteuern auf das Ergebnis der gewöhnlichen Geschäftstätigkeit und das außerordentliche Ergebnis; die den Mitgliedern der Geschäftsführung und des Aufsichtsrats gewährten Kredite unter Angabe der wesentlichen Bedingungen; Name und Sitz von Unternehmen, an denen eine Beteiligung von mindestens 20 Prozent gehalten wird, einschließlich des Anteils am Kapital, das Eigenkapital und das Jahresergebnis; Name und Sitz bestimmter Mutterunternehmen. Mittelgroße und große Kapitalgesellschaften sind außerdem zu folgenden Informationen verpflichtet: Sie müssen den Gesamtbetrag der sonstigen finanziellen Verpflichtungen, die Beeinflussung des Jahresergebnisses aufgrund der Anwendung von Vorschriften des Steuerrechts, die Gesamtbezüge der Mitglieder des Geschäftsführungs- und des Aufsichtsorgans sowie der früheren Mitglieder dieser Organe nennen und die nicht gesondert ausgewiesenen Rückstellungen, wenn sie einen erheblichen Umfang haben, erläutern. Bei den großen Kapitalgesellschaften kommt noch die Aufgliederung der Umsatzerlöse nach Tätigkeitsbereichen sowie nach geographisch bestimmten Märkten hinzu.

■ Das Testat der Wirtschaftsprüfer

Das Testat ist ein äußerlich relativ bescheidener Prüfhinweis auf einer der letzten Seiten des Geschäftsberichtes. Er ist in der jüngeren Vergangenheit aber immer wieder heftig diskutiert worden, weil Unternehmen strauchelten, die erst kurz vorher geprüft worden waren. In einigen Fällen, so vor allem bei dem Baukonzern Philipp Holzmann, wurde den Wirtschaftsprüfern Versagen vorgeworfen.

Jede Kapitalgesellschaft (AG oder GmbH) mit mehr als 10 Millionen DM Umsatz im Jahr oder mehr als 50 Mitarbeitern muss ihren Jahresabschluss durch einen Wirtschaftsprüfer prüfen lassen. Dieser prüft, ob der Jahresabschluss den gesetzlichen Vorschriften entspricht und unter Beachtung der Grundsätze ordnungsgemäßer Buchführung ein den tatsächlichen Verhältnissen entsprechendes Bild der Vermögens-, Finanz- und Ertragslage der Gesellschaft vermittelt. Das betrifft also vor allem die Daten des abgelaufenen Geschäftsjahres. Eine korrekte Darstellung schließt nicht aus, dass das Unternehmen in wenigen Monaten insolvent, also zahlungsunfähig wird oder überschuldet ist.

Daraus hat der Gesetzgeber Konsequenzen gezogen und die Qualität der Abschlussprüfung im KontraG verbessert. Danach muss eine Prüfung heute so angelegt sein, dass Fehler, arglistige Handlungen und Verstöße gegen gesetzliche Vorschriften erkannt werden. Außerdem ist ein Abschluss heute nur dann vollständig, wenn das Unternehmen die künftigen Risiken zutreffend darstellt. Auch das gehört zum Prüfungsauftrag.

Bei Aktiengesellschaften verlangt das Gesetz sogar, dass im zu prüfenden Unternehmen ein Risikomanagementsystem besteht, dass alle relevanten Risiken, die auf dieses Unternehmen zukommen können, rechtzeitig erkennt.

Aber auch die erweiterten Prüfungen werden nicht verhindern, dass man auch künftig Betrug nicht aufdeckt. Ist es doch gerade ein Merkmal von Betrug, verdeckt zu bleiben und muss doch jede Prüfung eine Stichprobenprüfung bleiben. Ein Unternehmen mit 50 Millionen DM Umsatz hat etwa 100 000 Buchungen im Jahr. Leicht ist zu erkennen, in welche Größenordnungen es bei Unternehmen mit Milliarden-Umsätzen geht. Da kommt es darauf an, dass der Prüfer oder das Prüfungsteam erkennen, wo die Schwachstellen sind und wo man genauer prüfen sollte. In Zukunft wird sich auch jede Wirtschaftsprüfungsgesellschaft selbst darauf hin überprüfen lassen müssen, ob ihr Prüfungsansatz geeignet ist, das zu gewährleisten.

■ Die Konzern-Konsolidierung

Kleine und mittlere Unternehmen bestehen bis heute in vielen Fällen aus einer einzigen rechtlichen Einheit, die zum Ende des Geschäftsjahres einen „Einzelabschluss" erstellt. Doch die Großunternehmen sind fast ausnahmslos als Konzerne organisiert, mit immer bedeutenderen Teilen im Ausland. Ein Konzern ist vergleichbar mit einer Familie. Wie diese hat er keine eigenen Rechte und Pflichten. Träger von Rechten und Pflichten sind nur die einzelnen Unternehmen im Konzern. Nur sie können klagen oder verklagt werden, nur sie haben Mitarbeiter, zahlen Steuern oder Dividenden. Dennoch ist der Konzernabschluss der entscheidende, fasst er doch alle unter einheitlicher Leitung stehenden Unternehmen zusammen. Außerdem eliminiert er alle Tätigkeiten mit Schwester- oder Tochtergesellschaften und verhindert so ein unechtes Wachstum durch Verkäufe unter Konzerngesellschaften. Diesen Vorteilen stehen auch große Mängel im Konzernabschluss gegenüber. Je nach dem, zu welchem Preis interne Lieferungen verrechnet werden, kann man Gewinne dort entstehen lassen, wo man sie steuerlich anfallen lassen will. Hinzu kommen Wahlrechte bei der Währungsumrechnung, die Konsolidierungswahlrechte und die Tatsache, dass die Bewertungsmethoden im Konzern von denen in der Muttergesellschaft abweichen können. Sie müssen nur nach dem Recht im Land des Mutterunternehmens zulässig sein und im Konzernanhang dargelegt werden. Die größeren Unschärfen in der Konzernrechnung sind der Preis für die grundsätzlich begrüßenswerte Zusammenfassung großer Konglomerate. Der verstärkten Verbreitung der Konzernbetrachtung kann dieser Nachteil nichts anhaben.

Der Zeitungsleser wird sich normalerweise nicht für die Einzelheiten der Konsolidierung interessieren. Er sollte aber wissen, welche Befreiungen es in der Konsolidierung gibt, warum bestimmte Unternehmen trotz der Konzernzugehörigkeit nicht konsolidiert werden und welche Alternativen zur Vollkonsolidierung bestehen. Mit diesem Einblick versteht er besser einerseits das Bemühen des Gesetzgebers um den „true and fair view" in der Rechnungslegung und andererseits die Politik der Unternehmen. Die Konzernrechnung (Abschluss, Lagebericht, Bestätigungsvermerk) muss wie die Unterlagen der Einzelabschlüsse mittelgroßer und großer Kapitalgesellschaften in den ersten neun Monaten des darauffolgenden Geschäftsjahres veröffentlicht werden.

Kleinere Kapitalgesellschaften sind von der Aufstellung eines Konzernabschlusses befreit, wenn ihnen keine börsennotierte Gesellschaft angehört und wenn bestimmte Schwellenwerte nicht überschritten werden.

Eine weitere Befreiung betrifft Teilkonzerne. Dem Grunde nach wären sie ebenfalls zur eigenständigen Rechnungslegung verpflichtet. Davon darf unter bestimmten Bedingungen abgewichen werden, da die Obergesellschaft ja einen Konzernbericht erstellt. Diese kann auch in einem anderen Land der Europäischen Gemeinschaft ihren Sitz haben. Voraussetzung ist nur, dass der Gesamtkonzern seinen Bericht in Deutschland sowie in deutscher Sprache vorlegt und das befreite Unternehmen einen entsprechenden Hinweis mit Name und Sitz der berichtenden Muttergesellschaft veröffentlicht.

Dass es ein Verbot gibt, gewisse Tochtergesellschaften zu konsolidieren, verwundert auf den ersten Blick. Es soll aber verhindern, dass durch die Einbeziehung einer sehr unterschiedlichen Tätigkeit das Bild des Konzerns nachhaltig verfälscht wird. Gemeint sind damit nicht neue Sparten im Rahmen einer Geschäftsausweitung, wohl aber zum Beispiel Wohnungsbauunternehmen und Unterstützungskassen in Industriebetrieben. Wahlrechte entspringen verschiedenen Quellen. Eingeschränkte Rechte kann eine Gesellschaft geltend machen, wenn sie in einer KGaA trotz Stimmenmehrheit nicht Komplementär ist. Unvertretbar hohe Verzögerungen können in Entwicklungsländern entstehen. Eine Weiterveräußerungsabsicht nehmen besonders gerne Banken in Anspruch. Sie behaupten dann, dass zum Beispiel ein Industrieengagement nicht zu ihrem Dauerbesitz werden soll. Die Beteiligungsübersicht müssen die Konzerne auch veröffentlichen. Allerdings ist dieser Bestimmung mit der Einreichung beim Handelsregister Genüge getan.

Was geschieht, wenn eine Firma nicht unabhängig, aber doch auch kein vollständig kontrollierter Konzernteil ist. Ein immer wichtigeres Beispiel für solche, nur zum Teil konsolidierte Gesellschaften sind Gemeinschaftsunternehmen (Joint-ventures), in denen sich mehrere „Mütter" die Herrschaft teilen. Gemeinschaftsunternehmen stehen also außerhalb der „verbundenen Unternehmen", mit denen das Handelsgesetzbuch neben den direkten auch die indirekten Tochtergesellschaften erfasst.

Bei einer Nichteinbeziehung von Konzerngesellschaften als voll konsolidierte „Töchter" oder als Gemeinschaftsunternehmen prüfen die Konzerne, ob sie nach der Equity-Methode verfahren müssen. In diesem Fall spricht man von einem „assoziierten Unternehmen" und unterstellt zwar keinen beherrschenden, aber doch einen maßgeblichen Einfluss. Dieser wird als vorhanden angenommen, wenn die Beteiligung zwischen 20 Prozent und 50 Prozent beträgt. Auch hier kommt es nicht auf die Kapitalanteile, sondern auf die Stimmrechte an.

Zum Verständnis der „Equity-Methode" ist ein Wort zur Technik der Konsolidierung unerlässlich. Die Aufgabe besteht darin, das Tochterunternehmen, das zunächst „nur" eine Beteiligung in der Muttergesellschaft ist, mit allen Aktiva und Passiva in den Konzernkreis zu integrieren. Zu diesem Zwecke greifen die Bilanzexperten zu drei Maßnahmen. In der „Kapitalkonsolidierung" verrechnen sie die Beteiligungswerte des Mutterunternehmens mit dem anteiligen Eigenkapital der „Tochter". In der „Schuldenkonsolidierung" verrechnen sie konzerninterne Forderungen, Schulden und Rechnungsabgrenzungsposten. In der „Erfolgskonsolidierung" eliminieren sie konzerninterne Gewinne und Aufwendungen.

Die „Equity-Methode" ist bescheidener. Man nennt sie auch Eigenkapitalmethode – dies deswegen, weil das anteilige Eigenkapital des Beteiligungsunternehmens im Konzernabschluss nicht verrechnet wird und damit optisch untergeht, sondern mit dem Buchwert der Beteiligung auf der Aktivseite der Bilanz verglichen wird. Ein sich ergebender höherer Betrag auf der Aktivseite ist, wie bei der Kapitalkonsolidierung, ein Geschäftswert (Goodwill). Dieser Hoffnungswert auf künftige Geschäfte darf mit Eigenkapital des Konzerns verrechnet oder über mehrere Jahre abgeschrieben werden. Im ersten Fall bleibt der Vorgang in der Bilanz, im zweiten kommt die Gewinn- und Verlustrechnung ins Spiel. Entsteht auf der Passivseite ein höherer Betrag, nennt man dies auch „Badwill". Dahinter steht die Annahme, dass für das assoziierte Unternehmen weniger gezahlt wurde als das anteilige bilanzielle Eigenkapital. Der auf der Passivseite erscheinende Ausgleichsbetrag ist eine Art „Zitterprämie" für eine als eher schwach eingestufte Beteiligung. Sie darf vom Unternehmen vereinnahmt werden, wenn sich die Befürchtungen als gegenstandslos erwiesen haben und sie tatsächlich zu Gewinn wird. Der Gewinn eines „at equity" ausgewiesenen Unternehmens schlägt sich nämlich in einer entsprechenden Mehrung des Eigenkapitals nieder.

Der Konzernanhang enthält eine Reihe weiterer Pflichtangaben und Erläuterungen. Zu den Pflichtangaben gehört die Mitarbeiterzahl im Jahresdurchschnitt, zu den Erläuterungen die gewählte Währungsumrechnung. Hier herrscht große Freiheit, zur Wahl stehen allerdings grundsätzlich drei Kurse: Die Stichtagskurse (meist für die Bilanz und den Jahresgewinn), die Jahresdurchschnittskurse (meist für die Gewinn- und Verlustrechnung) und die (historischen) Anschaffungskurse, zum Beispiel für das Anlagevermögen und die Abschreibungen.

12. **Wie gut ist ein Unternehmen?**

Die Meldungen und Berichte im Wirtschaftsteil einer Tageszeitung sind keine Untersuchungen von Bilanzanalysten der Banken oder von Rating-Agenturen. Sie befassen sich mit den Unternehmen im Blick der breiten Öffentlichkeit. Dazu gehören nicht nur private und institutionelle Kapitalanleger, sondern auch Kunden, Lieferanten und die Mitarbeiter, die sich für Lieferfristen, Strategien zur Fertigungstiefe, Personalplanung, Umweltschutzmaßnahmen und anderes interessieren. Doch ist auch für den Zeitungsleser mit die wichtigste Frage, wie gut das Unternehmen dasteht, ob sich die Ertragslage vielleicht verbessert oder verschlechtert hat, ob Gewinnmargen und Marktanteile größer oder kleiner geworden sind. Der Journalist ist daher ebenfalls zu einer Bilanzbetrachtung aufgerufen. Er wird sich in seiner Einschätzung nicht auf wenige Kennzahlen wie Umsatz und Jahresüberschuss verlassen, aber zum Beispiel stärker die Erfolgsrechnung als die Bilanz betrachten. Dabei belässt er es nicht nur bei den nackten Zahlen und dem Aufspüren von Sondereinflüssen, sondern sucht den Vorjahres- oder manchmal gar den Mehrjahresvergleich und stellt geeignete Beziehungsmuster her.

Das wichtigste Hilfsmittel bildet der Vergleich mit dem Vorjahr. Zu beachten ist allerdings, ob die Bewertungsmaßstäbe geändert wurden. Häufig ist ein Mehrjahresvergleich sinnvoll, etwa zur Verdeutlichung einer Gewinnerosion oder eines regional unterschiedlichen Umsatzwachstums. Viel schwieriger stellt sich der Vergleich verschiedener Unternehmen dar. Auto

Konzern-Eigenkapitalentwicklung der Thyssen-Krupp AG nach US-Gaap

Konzern-Eigenkapitalentwicklung

Mio €	Gezeichnetes Kapital	Kapitalrücklage	Gewinnrücklagen	Kumulierte erfolgsneutrale Eigenkapitalveränderung			Eigene Anteile	Eigenkapital gesamt
				Unterschiedsbetrag aus der Währungsumrechnung	Unrealisierte Ergebnisse aus Marktbewertung Wertpapiere	Unterschiedsbetrag aus der Pensionsbewertung		
Stand am 30. 9. 1998	**876,9**	**1.118,7**	**3.074,7**	**– 57,1**	**0,1**			**5.013,3**
Konzern-Jahresüberschuss			266,9					266,9
Erfolgsneutrale Eigenkapitalveränderungen (Other Comprehensive Income)				48,1	6,6	– 12,8		41,9
Gesamte Eigenkapitalveränderungen (Comprehensive Income, gesamt)								**308,8**
Kapitalerhöhung/Erwerb Krupp	438,4	2.571,1						3.009,5
Umgliederung infolge Verschmelzung		978,4	– 978,4					0,0
Dividendenzahlung			– 280,6					– 280,6
Erwerb eigener Anteile							– 81,0	– 81,0
Ausgabe eigener Anteile							80,2	80,2
Sonstige Veränderungen			2,8					2,8
Stand am 30. 9. 1999	**1.315,3**	**4.668,2**	**2.085,4**	**– 9,0**	**6,7**	**– 12,8**	**– 0,8**	**8.053,0**

Siehe begleitende Erläuterungen im Konzernanhang.
Der Konzernabschluss wurde mit dem gesetzlichen Umrechnungskurs von DM in Euro umgerechnet.

ist nicht gleich Auto, und die Werkzeugmaschinen des einen Herstellers sind mit denen eines anderen in der Einsatzmöglichkeit oft nicht vergleichbar. Zudem offenbart der nähere Augenschein, welch unterschiedliches Innenleben vordergründig gleichartige Unternehmen haben. Dies beginnt bei der Lage der Fabriken, setzt sich fort im Anteil des Auslandsgeschäftes und endet bei der Ausschüttungspolitik. Insofern muss man auch bei dem Vergleich mehrerer Unternehmen einer Branche aus die Unterschiede in Produkten, Kunden oder Produktionstiefe berücksichtigen.

■ Das Ergebnis je Aktie

Eine der wichtigsten Kennzahlen der Unternehmen ist das „Ergebnis je Aktie" nach DVFA/SG. Die beiden Kürzel stehen für die Deutsche Vereinigung für Finanzanalyse und Anlageberatung und die Schmalenbach-Gesellschaft Deutsche Gesellschaft für Betriebswirtschaft, in denen die meisten Bilanzexperten organisiert sind. Sie haben sich 1990 auf ein gemeinsames Schema geeinigt, das für deutsche Unternehmen zu einer Richtschnur geworden ist. Das DVFA/SG-Ergebnis soll das von Sondereinflüssen bereinigte Jahresergebnis offen legen. Sondereinflüsse, die das Ergebnis optisch verbessern, können größere Firmenverkäufe, eine unerwartete Steuererstattung oder auch ein Währungsgewinn sein. Zu den ergebnismindernden Faktoren zählen zeitlich begrenzte Sonderabschreibungen und der unerwartete Ausfall eines Schuldners bei einem Großauftrag. Zugleich macht das Ergebnis je Aktie deutlich, ob in der Dividende der Aktiengesellschaft noch viel „Luft" ist oder ob sie den Gewinn aus dem normalen Geschäft fast aufzehrt.

Nehmen wir noch einmal das Beispiel Daimler. Dort ist die Dividende für 1992 bei 13 DM je Aktie verblieben, der Gewinn je Aktie fiel hingegen von 55 auf knapp 30 DM. Es gibt also ein augenfälliges Anzeichen dafür, dass die nachhaltige Ertragskraft des Konzerns deutlich gesunken ist. Kritisch muss man fragen, ob sich Daimler-Benz diese Dividende geleistet hätte, wäre sie nicht im Jahr zuvor erst von 12 auf 13 DM angehoben worden. Und noch eines macht die Kennzahl nach DVFA/SG deutlich. Während der ausgewiesene Konzernjahresüberschuss um 25 Prozent sank, brach der Ertrag aus dem normalen Geschäft um 45 Prozent ein. Allerdings ist das DVFA/SG-Ergebnis ebenfalls ein Näherungswert. Wenn es daher auf den Pfennig genau ausgewiesen erscheint, wird eine Genauigkeit vorgetäuscht, die allein aus der Berechnung des Computers rührt. Ähnlich wie ein „Ergebnis je Aktie" lässt sich auch ein „Cash-flow je Aktie" ermitteln, der auf die Finanzkraft des Unternehmens abhebt. Das DVFA/SG-Ergebnis ist für die Unternehmensanalyse von erheblichem Wert, doch hat es zwei entscheidende Nachteile: Es ist international kaum verbreitet und es lässt sich nicht direkt aus dem Jahresabschluss ermitteln. Vielmehr sind meist weitere Nachfragen bei den Unternehmen notwendig, die die Mitglieder der DVFA bei regelmäßigen Betriebsbesuchen vornehmen.

Oft bietet sich zur weiteren Ausleuchtung der Gewinn- und Verlustrechnung der Vergleich des Gewinns mit dem Umsatz an. Man ermittelt dann eine „Umsatzrendite" als Gewinn in Prozent vom Umsatz. Ist die Ausgangsgröße das Ergebnis der gewöhnlichen Geschäftstätigkeit (also der Gewinn vor Ertragssteuern), dann erhält man die Bruttoumsatzrendite. Geht man vom Jahresüberschuss, also dem Gewinn nach Steuern, aus, ermittelt man die Nettoumsatzrendite. Wegen der hohen Steuersätze in Deutschland ist es für eine aussagekräftige Angabe immer notwendig zu verdeutlichen, ob man von der Umsatzrendite brutto oder netto spricht. Gute Nettoumsatzrenditen beginnen etwa bei drei Prozent. Die Umsatzrendite, in Deutschland noch die häufigste Leistungskennziffer für den Unternehmenserfolg, wird aber zunehmend abgelöst durch Kennzahlen, die sich statt am Umsatz am Kapital orientieren.

Das ist Ausfluss des Shareholder-value-Ansatzes. Danach ist für die Anleger wichtig, wie sich ihr Kapital im Unternehmen verzinst. Die meisten Unternehmen geben daher neben der Umsatzrendite auch die Kapitalrendite an. Dabei kann einmal der Gewinn auf das Gesamtkapital (identisch mit dem Gesamtvermögen in der Höhe) bezogen werden. Das ergibt die Gesamtkapital- oder Vermögensrendite. Er kann aber auch nur auf das Eigenkapital bezogen werden und heißt dann Eigenkapitalrendite. Zunehmend wird aber nicht der Jahresüberschuss als Ertragskennziffer genommen, sondern der Gewinn vor Steuern (auf englisch EBT earnings before taxes). Bei der Gesamtkapitalrendite bietet es sich an, den Gewinn vor Steuern und Zinsen als sogenanntes EBIT (earnings before interest and taxes) dem Kapital gegenüberzustellen. Manchmal wird der Jahresüberschuss außer um Steuern und Zinsen noch um die Abschreibungen erweitert und dieses EBITDA dann als Gewinngröße verwandt. Diese Kennziffern haben den zuvor so beliebten ROI (return on investment) verdrängt, der auch die Rentierlichkeit einer Investition messen sollte – aber aus Unternehmenssicht, während die obigen Renditekennziffern dies aus Anlegersicht tun.

Je nachdem, was man wissen will, kann man aus den Jahresabschlusszahlen vom Exportanteil bis zum Umsatz je Mitarbeiter vieles errechnen.

Letzteres ist in solchen Fällen besonders sinnvoll, in denen ein Unternehmen zum Beispiel gesagt hat, bei einem gewissen Umsatz je Mitarbeiter
gelange es in die Gewinnzone („Break even"), und damit einen Personalabbau rechtfertigt. Andererseits macht die Angabe keinen Sinn, wenn Unternehmen mit unterschiedlicher Fertigungstiefe verglichen werden.

Durch Auswertung der Bilanzzahlen – ähnlich wie aus der Gewinn- und
Verlustrechnung – kann man auch aus der Bilanz durch den Vergleich
einiges herauslesen. Genannt sei die Relation von Anlagevermögen und
Vorräten zur Bilanzsumme. Auf der Passivseite ist besonders die Eigenkapitalquote wichtig, gibt sie doch einen Hinweis auf den von festen Verbindlichkeiten freien Manövrierraum des Unternehmens. Die Eigenkapitalquote
sollte mindestens 30 bis 40 Prozent betragen.

Hohes Eigenkapital macht ein Unternehmen weniger risikoanfällig, kreditwürdiger und renditestärker. Die wichtigste Aufgabe des Eigenkapitals
liegt in seiner Haftung: Es trägt das Risiko im Falle des Verlustes und
verringert damit als eine Art Puffer ganz wesentlich die Gefahr der Insolvenz. Aber gerade beim Eigenkapital schneiden deutsche Unternehmen im
internationalen Vergleich schlecht ab. Zu Unrecht, wie die Bundesbank
herausgefunden hat. Die Vergleichbarkeit von Eigenkapitalquoten in Europa wird danach vor allem durch die unterschiedliche Erhebung beeinträchtigt. Während in Frankreich, Italien und Spanien fast nur freiwillig mel-
dende Kapitalgesellschaften erfasst werden, besteht das entsprechende
deutsche Datenmaterial etwa zur Hälfte aus Jahresabschlüssen von Personengesellschaften und Einzelkaufleuten. Wesentliche Teile der für betriebliche Zwecke verwertbaren Vermögenswerte erscheinen bei Personengesellschaften und Einzelkaufleuten aber aus steuerlichen Gründen nicht in der
Bilanz. Zudem bilden diese Firmen in der Regel wegen der persönlichen
Haftung der Inhaber keine Rücklagen.

Zudem wird in Europa trotz Harmonisierung der Rechnungslegung in
den einzelnen Ländern unter Eigenkapital etwas ganz anderes verstanden.
Für Deutschland erfasst die Bundesbank nur Bilanzgrößen, die tatsächlich
als Haftsubstanz zur Verfügung stehen. Alle nicht werthaltig angesehenen
Aktiva werden vom bilanzierten Eigenkapital abgezogen. Demgegenüber
werden in anderen Ländern fast keine Bereinigungen des handelsrechtlich
ausgewiesenen Eigenkapitals vorgenommen. Ein wichtiger Unterschied ergibt sich auch aus der in vielen Ländern zulässigen Neubewertung von
Vermögensgegenständen. Damit sollen inflationsbedingte Substanzverluste
ausgeglichen werden. In Deutschland ist dies verboten, hier darf eine Bewertung maximal zu den historischen Anschaffungskosten erfolgen. In

Deutschland wird auch nur der einbehaltene Teil des Gewinns im Eigenkapital erfasst, in den andern Ländern der gesamte Jahresüberschuss. Allein dadurch fällt nach den Berechnungen der Bundesbank die deutsche Eigenkapitalquote in der Regel ein bis zwei Prozentpunkte niedriger aus als bei vergleichbaren ausländischen Unternehmen.

Unter Berücksichtigung dieser länderspezifischen Unterschiede schneiden die deutschen Unternehmen in Europa nicht schlecht ab. Nach entsprechenden Korrekturen erhöht sich die deutsche Eigenkapitalquote um fast 12 Prozentpunkte auf gut 30 Prozent. Sie liegt damit sogar leicht über den ausgewiesenen Eigenkapitalquoten in Frankreich, Italien und Spanien von durchschnittlich 28 Prozent. Die Bundesbank warnt aber davor, sich zufrieden zurückzulehnen. Die Insolvenzstatistiken zeigten, dass auch die deutsche Eigenkapitalquote noch zu niedrig sei und nicht ausreichend Reserven zur Verfügung stelle, um Krisen zu überstehen.

■ Die goldene Bilanzregel

Die „Kontoform" der Bilanz legt besonders eine horizontale Analyse nahe. Dabei geht es im wesentlichen darum, inwieweit bestimmte Positionen auf der Aktivseite durch solche auf der Passivseite und umgekehrt abgedeckt sind. Dies ist leicht einzusehen, spiegelt die Bilanz doch das Vermögen (auf der Aktivseite) und dessen Finanzierung (auf der Passivseite) wider. Ein wichtiges Merkmal ist das Verhältnis zwischen Eigenkapital und Anlagevermögen. Eine Faustregel für Industrieunternehmen besagt, dass das Anlagevermögen möglichst in vollem Umfang durch – nicht rückforderbares – Eigenkapital finanziert sein sollte („Goldene Bilanzregel"). Ein klassischer Fall für das Erfüllen dieser Anforderung ist bis heute Siemens. Viele andere Gesellschaften können sich – zum Beispiel als Folge einer starken Investitionstätigkeit bei relativ schwacher Kapitaldecke – bei weitem nicht eines derart hervorragenden Status erfreuen. In einer „weicheren" Version finanzieren Eigenkapital und langfristige Schulden das Anlagevermögen; langfristig deshalb, weil damit eine sichere Kalkulationsbasis besteht. Die Amerikaner pflegen in ihren Bilanzanalysen auch das „Working Capital" anzugeben; das ist der Betrag, um den das Eigenkapital und die langfristigen Verbindlichkeiten höher sind als das Anlagevermögen: „working" deshalb, weil dieser Betrag gleichsam im Umlaufvermögen arbeitet.

Die horizontale Betrachtung der Bilanz führt auch zu den Kennzahlen im Umkreis der Liquidität. Man spricht von der „Primärliquidität" oder

„Liquidität ersten Grades" und meint den Prozentsatz, zu dem das kurzfristig fällige Fremdkapital aus den vorhandenen flüssigen Mitteln bedient werden kann. Ausgehend von der Tatsache, dass ein Teil der in den ersten Monaten eines neuen Jahres fälligen Verbindlichkeiten natürlich aus Zahlungen der Schuldner beglichen werden kann, werden oft die Forderungen in die Liquiditätsberechnung einbezogen. Man erhält auf diese Weise die „Sekundärliquidität" oder „Liquidität zweiten Grades". Nicht immer lassen die aus der Bilanz abgeleiteten Liquiditäts-Kennzahlen ein Urteil über die wirkliche Zahlungsbereitschaft eines Unternehmens zu. Unter Umständen können auch kurze Zeit nach dem Bilanzstichtag beträchtliche Verpflichtungen fällig werden, die im Jahresabschluss keinen Niederschlag gefunden haben, weil sie an diesem Tage noch nicht bestanden haben; dazu können Steuerzahlungen, Zinsen auf selbst begebene Schuldverschreibungen und Ähnliches gehören. Immer wichtiger wird auch das „operative Ergebnis", das den unmittelbaren Betriebserfolg widerspiegelt. Das „Betriebsergebnis" enthält hingegen auch kalkulatorische Kosten wie etwa Abschreibungen zu Wiederbeschaffungswerten und kalkulatorische (d. h. in Normaljahren anzusetzende) Zinsen oder Dividenden auf das Eigenkapital.

Zahlen und Prozentsätze allein sagen jedoch nicht genügend über die Lage eines Unternehmens. Fachleute plädieren daher dafür, die „Politik hinter den Bilanzzahlen" zu entschlüsseln, indem zum Beispiel die Erläuterungen des Anhangs stärker beachtet werden. Dennoch lassen auch die reinen Zahlen Schlussfolgerungen zu. So hat sich in wissenschaftlichen Untersuchungen gezeigt, dass im Idealfall gute Unternehmen, die meist noch besser sind, als sie sich darstellen, überwiegend degressiv abschreiben, bei den Pensionsrückstellungen einen Zinssatz von weniger als sechs Prozent wählen, nicht klar nachvollziehbare Sonderabschreibungen in einer Höhe von mehr als 30 Prozent der Jahresabschreibungen nutzen, die sonstigen Rückstellungen ohne Nennung von Gründen um mehr als 20 Prozent steigen lassen, den Betrag für Aufwandsrückstellungen erhöhen und mehr als zehn Prozent der Bilanzsumme in Wertpapieren (des Umlaufvermögens) anlegen oder als flüssige Mittel zur Verfügung haben.

Vorsicht ist dagegen geboten, wenn in einem Jahresabschluss der Betrag für aktivierte Ingangsetzungs- und Erweiterungsaufwendungen erhöht wird, Fehlbeträge von Pensionsrückstellungen nicht passiviert oder geringwertige Wirtschaftsgüter nicht sofort voll abgeschrieben werden. Diese Maßnahmen legen den Schluss auf eine schwierige wirtschaftliche Situation nahe. Dasselbe gilt für eine plötzliche Verlängerung der Abschreibungsfristen. Zudem zeigt sich immer wieder, dass Unternehmen in wirtschaftlich guter Lage zu präzisen Aussagen im Jahresabschluss bereit sind, während Unternehmen in schlechter Lage sich eher vage äußern und sich bestenfalls zu Tendenzäußerungen herablassen, wie jener, dass man die Ertragslage verbessern wolle.

Generell muss aber anerkannt werden, dass die Unternehmen heute viel offener und umfassender informieren. Das ist ein Erfolg des Shareholder-value-Ansatzes und der Angleichung kontinental-europäischer Regeln an angelsächsisches, vor allem amerikanisches Recht.

13. Banken und Versicherungen

Auf der ganzen Welt ist seit Jahren eine steigende Nachfrage nach Versicherungsschutz zu verzeichnen. Das ist unter anderem das Spiegelbild steigender Einkommen und des Strukturwandels in der Wirtschaft. Bio- und Gentechnik, neue Medien und neue Informationstechnologien bis hin zum Internet sind hierfür Stichworte. Der Welthandel wächst und damit wachsen auch die Transportrisiken.

Versicherung ist daher auch ein weltumspannender Markt mit einem Volumen von etwa 2200 Milliarden Euro Beitragseinnahmen im Jahr geworden. Den größten einzelnen Versicherungsmarkt bilden nach wie vor die Vereinigten Staaten von Amerika, obwohl ihr Marktanteil in den vergangenen zwei Jahrzehnten von 44 auf 34 Prozent zurückgegangen ist. In dieser Zeit hat sich der Anteil Japans von 14 auf 21 Prozent erhöht. Die Europäische Union bringt es heute auf 30 Prozent Marktanteil; 1980 waren es 27 Prozent gewesen. Die drei größten Versicherungsmärkte der Union sind Großbritannien (28 Prozent Anteil), Deutschland (21 Prozent) und Frankreich (18 Prozent). Reichlich die Hälfte des Beitragsaufkommens entfällt in Europa auf die Sparte Lebensversicherung. In den einzelnen Ländern gibt es jedoch große Abweichungen von dieser Durchschnittszahl. Den höchsten Anteil hat die Sparte Leben in Großbritannien (68 Prozent). In Deutschland sind es dagegen nur 43 Prozent.

■ Wie Versicherungen entstanden sind

Am Anfang stand sicherlich die Aufgabe, mit Ereignissen fertig zu werden, die plötzlich in das Leben der Menschen eingreifen können: Ein früher Tod des Ernährers der Familie oder Heimsuchungen durch Unglücksfälle wie Feuer oder Überschwemmung. Deshalb bestand die Urform der Versi-

Die Bankenmetropole Frankfurt am Main

cherung in der Formulierung der Regeln für praktische Hilfe in solchen Fällen. Im Alten Testament finden sich zum Beispiel Heiratsregeln, die das Überleben einer Witwe sichern sollten. Im Gesetzbuch des babylonischen Königs Hamurabi war festgehalten, was nach Raubüberfällen auf Karawanen zu geschehen habe. Aus Ägypten und Griechenland sind kulturbezogene Vereine bekannt, die Hilfe bei Krankheit leisteten und für das Begräbnis sorgten. Der Bogen lässt sich weiter spannen über die im Mittelalter entstandenen Gilden und Zünfte, in denen auch Gedanken der Vorsorge verwurzelt waren.

Vorläufer eines organisierten Versicherungswesens sind die Seeversicherungen, die Ende des 14. Jahrhunderts aufkamen, und „Feuerkontrakte", wie sie etwa 1591 in Hamburg unterschrieben wurden. Daraus entstanden regelrechte Feuerversicherungen. Die 1676 in Hamburg gegründete Feuerkasse gilt als die älteste noch bestehende Versicherungseinrichtung der Welt.

Die Grundlagen für die heute weit verbreitete Kapital bildende Lebensversicherung wurden mit der Entwicklung so genannter Sterbetafeln sowie der Statistik und Wahrscheinlichkeitsrechnung im 17. und 18. Jahrhundert geschaffen. Mit der Entwicklung des Versicherungswesens sind vor allem die Namen Pascal, Huygens, Leibniz, Neumann, Halley und Gauß verknüpft. Einen besonderen Aufschwung für das Versicherungswesen brachte die Industrialisierung im 19. Jahrhundert.

■ Der deutsche Versicherungsmarkt

Insgesamt sind in Deutschland knapp 2000 Versicherungsunternehmen tätig. Der weitaus größte Teil davon sind jedoch regionale Klein- und Spezialversicherer. In der Statistik werden fast 900 erfasst. Dem Gesamtverband der Deutschen Versicherungswirtschaft gehören jene Versicherungsunternehmen an, denen am Markt eine gewisse Bedeutung zukommt. Dabei handelt es sich um rund 460 Gesellschaften, die etwa 97 Prozent des gesamten Prämienaufkommens in Deutschland auf sich vereinigen. Dieses stellte sich 1999 auf knapp 130 Milliarden Euro.

Der Rechtsform nach dominieren die Aktiengesellschaften (296 Mitglieder) vor den Versicherungsvereinen auf Gegenseitigkeit (81 Mitglieder) und den öffentlich-rechtlichen Versicherern (32 Mitglieder). Dem Gesamtverband gehören auch 48 Mitglieder an, bei denen es sich um Zweigniederlassungen ausländischer Versicherer handelt.

■ Die Versicherungsarten

Die Individualversicherung, auch Privatversicherung, Vertragsversicherung oder Assekuranz genannt, ist ein wichtiger Wirtschaftszweig in

Deutschland. In manchen Fällen tritt die Individualversicherung in Konkurrenz zur Sozialversicherung, für die in Deutschland 1881 mit einer Thronrede des Kaisers zur Eröffnung des Reichstages die Grundlage gelegt wurde. Heute umfasst die als Zwangsversicherung eingeführte Sozialversicherung die Bereiche Krankheit (einschließlich Pflege), Unfall, Arbeitslosigkeit und Altersversorgung. In anderen Fällen kann man Schutz nur bei einer privaten Versicherung finden, etwa gegen Unfälle außerhalb des Arbeitslebens. Die gesetzliche Unfallversicherung deckt nur Arbeitsunfälle ab. Seit 1996 gibt es zu der staatlichen Pflichtversicherung gegen Arbeitslosigkeit das erste ergänzende Angebot einer privaten Versicherungsgesellschaft.

In der Versicherungswirtschaft werden vier große Bereiche unterschieden: Lebensversicherung, private Krankenversicherung, Schaden- und Unfallversicherung sowie Rückversicherung. Gemäß dem Grundsatz „Pflegeversicherung folgt der Krankenversicherung" haben die privaten Krankenversicherer 1995 für die bei ihnen Versicherten deren Pflegepflichtversicherung übernommen. Die Schaden- und Unfallversicherung umfasst als wichtigste Sparten die Kraftfahrtversicherung in ihren verschiedenen Ausprägungen, die Allgemeine Haftpflichtversicherung und die Unfallversicherung. In der reinen Sachversicherung liegt, am Beitragsaufkommen gemessen, die Wohngebäudeversicherung an der Spitze. Die Schadenversicherung hat aber vor allem auch Bedeutung für die Unternehmen, die Risiken abdecken wollen, die mit der unternehmerischen Tätigkeit zusammenhängen. Die wichtigsten Sparten sind hier die Feuerversicherung, die Maschinenversicherung, die Betriebshaftpflichtversicherung, die Produktionshaftpflichtversicherung, die Kreditversicherung und die Transportversicherung.

▪ Die Gefahrengemeinschaft der Versicherten

Wer eine Versicherung abschließt, kann damit zwar nicht ein Ereignis als solches abwenden, wohl aber dessen finanzielle Folgen. Eine Versicherung wandelt die nach Zeitpunkt und Höhe ungewissen möglichen finanziellen Folgen eines ungünstigen Ereignisses um in eine der Höhe nach feststehende Periodenzahlung. Dadurch wird ein Risiko für den einzelnen überschaubar und tragbar. Die Umwandlung ungewisser Ereignisse in rechenbare Größen findet aber auch bei dem Partner des Kunden, bei dem Versicherungsunternehmen, statt. Man spricht von der Bildung einer Gefahrengemeinschaft.

Der Wert des Hausrates einer vierköpfigen Familie kann schnell 100 000 DM erreichen. Wer jedoch kann, wenn der Hausrat verloren geht, diesen ohne weiteres ersetzen? Die meisten Familien wären bei einem Verlust ihres Hausrats ruiniert. Folglich liegt es nahe, sich gegen dieses Risiko zu versichern. Das ist gegen Zahlung einer erschwinglichen Jahresprämie möglich. Wenn das Versicherungsunternehmen mit vielen möglichen Betroffenen einen Versicherungsvertrag abgeschlossen hat, lässt diese Vielzahl der Verträge erwarten, dass in einer Rechnungsperiode (meist das Kalenderjahr) immer nur ein Teil der Kunden einen Schaden erleidet.

Das „Gesetz der großen Zahl" sowie die Unabhängigkeit der versicherten Risiken voneinander sind die Grundlagen des Versicherungsgeschäfts. Es gibt Erfahrungswerte, wie häufig Hausrat durch Brand oder andere Ereignisse verloren geht. Auf dieser Grundlage kann der Beitrag (auch Prämie genannt) berechnet werden. Freilich besteht der Beitrag an die Versicherung nicht nur aus dem Teil, der die (erwarteten) Schäden abdeckt. Der Versicherung entstehen auch Kosten, und sie möchte einen Gewinn machen. Auch diese Positionen werden in den Beitrag eingerechnet.

Ähnlich werden die Beiträge für Kapital bildende Lebensversicherungen errechnet. Der Beitrag besteht, auch wenn dies den Kunden bislang nur in Ausnahmefällen im Einzelnen dargelegt wird, aus drei Teilen. Das sind der Risikobeitrag, der Sparbeitrag und der Kostenbeitrag. Der Risikobeitrag ist das Entgelt für die ständige Leistungsbereitschaft der Versicherung im Todesfall sowie – falls versichert – auch bei Berufsunfähigkeit. Der Sparbeitrag ist jener Teil der Prämie, der verzinslich angesammelt wird für eine Leistung im Erlebensfall. Aus dem Kostenbeitrag schließlich deckt das Versicherungsunternehmen seine Aufwendungen und seinen Gewinn.

Der Beitrag für eine Kapital bildende Lebensversicherung verändert sich während der Vertragslaufzeit nicht. Seine Höhe steigt allerdings mit dem Lebensalter bei Vertragsbeginn. Denn das Risiko, vorzeitig zu sterben, ist für einen älteren Menschen im Durchschnitt höher als für einen jüngeren, und außerdem bleibt weniger Zeit, die vereinbarte Summe, die bei Ablauf der Versicherung ausgezahlt werden soll, anzusparen.

■ Der Versicherungsvertrag

Die Beziehungen zwischen Kunde und Versicherungsunternehmen gründen sich auf einen Vertrag. Der Inhalt dieses Vertrages muss nicht immer wieder neu ausgehandelt werden. Vielmehr gibt es meist einen allgemeinen Rahmen (Allgemeine Versicherungsbedingungen), der im Einzelfall mit den besonderen Merkmalen – etwa Höhe der Versicherungssumme – vervollständigt wird. Das „Kleingedruckte" ist, auch wenn viele Kunden sich damit kaum beschäftigen, Vertragsbestandteil. Seit dem 7. Juni 2000 beschäftigt sich eine Kommission von 19 Sachverständigen mit einer Reform des Versicherungsrechts. Es soll verständlicher gemacht werden.

Lange Jahre hat das Bundesaufsichtsamt für das Versicherungswesen, das heute in Bonn ansässig ist, Versicherungsbedingungen amtlich genehmigt und damit stellvertretend für die Kunden ein waches Auge auf ihren Inhalt gehabt. Mitte 1994 ist aber in der Europäischen Union ein gemeinsamer Binnenmarkt auch für private Versicherungen geschaffen worden. Damit hat sich auch die Rolle des Bundesaufsichtsamtes verändert. Die vorherige Genehmigung von Versicherungsbedingungen (und von Tarifen) ist entfallen. Daher muss jetzt der Kunde darauf achten, welche Risiken bei einem bestimmten Angebot ein- beziehungsweise ausgeschlossen sind.

■ Der gemeinsame europäische Versicherungsmarkt

In der Europäischen Union gilt seit Mitte 1994 für Versicherungsunternehmen das Sitzlandprinzip. Ein Versicherer, einmal in seinem Sitzland zugelassen, darf dann in allen Ländern der Gemeinschaft – wie schwierig dies organisatorisch oder vertriebstechnisch auch sein mag – tätig werden; er wird allein im Sitzland beaufsichtigt. Immerhin gilt daneben die Regel, dass für Verträge mit privaten Versicherungskunden das Recht des Wohnsitzes des Versicherungsnehmers anzuwenden ist. Jedenfalls hat sich das Versicherungsangebot in Deutschland vergrößert. Das verstärkte Auftreten ausländischer Anbieter macht es noch schwieriger, sich die „richtige" Versicherung herauszusuchen.

Im europäischen Ausland sind zum Teil andere Versicherungsverträge üblich als bisher in Deutschland, zum Beispiel „All-Risk-Policen". Bei diesen Policen muss bestimmt werden, was nicht versichert ist. In Deutschland ist man dagegen gewohnt, danach zu fragen, was versichert ist. Aber die Einstellungen wandeln sich auch bei uns. Allerdings herrscht in Deutschland nach wie vor eine „Vollkasko-Mentalität" sowie die Vorstellung, man müsse von einer Versicherung das zurückerhalten, was man eingezahlt habe. Das macht die Versicherung weithin zu einem reinen Geldwechselgeschäft und zu einer unnötig teuren Angelegenheit. Eigentlich sollte sie darin bestehen, dass kleinere Schäden selbst getragen und nur größere, existenzbedrohende Risiken in Deckung gegeben werden. Das ist hierzulande aber noch nicht allgemeine Ansicht.

Wie Versicherungen verkauft werden

Die meisten Menschen, die in der Versicherungswirtschaft tätig sind, beschäftigen sich mit dem Verkauf von Versicherungen. Es gibt etwa 75 000 hauptberuflich tätige Versicherungsvertreter und etwa 300 000 Menschen, die die Versicherungsvermittlung als Nebenberuf betreiben. Ferner gibt es etwa 3000 Versicherungsmakler, das sind Unternehmen, die keine bestimmte Versicherungsgesellschaft vertreten, sondern ihre Kunden an verschiedene Gesellschaften vermitteln. Bei den Versicherungsunternehmen selbst arbeiten knapp 240 000 Angestellte. Daneben werden knapp 14 000 Lehrlinge ausgebildet.

Nach wie vor werden Versicherungsverträge an mögliche Interessenten eher herangetragen und ihnen verkauft, als dass sich die Kundschaft selbst um Versicherungsschutz bemüht. Allerdings deutet sich hier doch ein Wandel an. Das hat auch mit der sich verstärkenden Nutzung des Internet zumindest als Informationsquelle zu tun. Bei Auto- oder Reiseversicherungen suchen sich die Kunden immer häufiger selbst Anbieter heraus. Deshalb treten auch immer mehr so genannte Direktversicherer in Erscheinung. Das sind Versicherer, die keinen eigenen Außendienst unterhalten. Sie wickeln ihre Geschäfte über Telefon und die Post und zunehmend auch über das Internet ab.

Das Internet als ergänzenden Informations- und Vertriebsweg nutzen aber auch Versicherungsgesellschaften, die auf die traditionellen Vertriebskanäle setzen. Derzeit werden immer noch etwa 75 Prozent der Versicherungsverträge über persönliche Kontakte abgeschlossen. Der Marktanteil der Direktversicherer wird auf etwa 5 Prozent geschätzt. Das Internet steckt als Vertriebsweg noch in den Kinderschuhen. Der Marktanteil der Versicherungsmakler wird auf etwa 10 Prozent veranschlagt, mit steigender Tendenz. Eine wachsende Bedeutung erlangt der Versicherungsvertrieb über Kreditinstitute. Ihr Marktanteil wird auf etwa fünf Prozent geschätzt.

Etwa die gleiche Marktbedeutung haben so genannte Strukturvertriebe. Das sind Unternehmen, die meist ohne feste Bindung an ein bestimmtes Versicherungsunternehmen eine Außendienstorganisation aufgebaut haben und sie zum Vertrieb von Finanzprodukten einsetzen. Diese Art des Verkaufs von Versicherungen ist allerdings nicht unumstritten. Sogar in der Versicherungsbranche selbst gibt es Vorbehalte. Es heißt, dass ein Versicherungsunternehmen allenfalls einen geringen Einfluss auf diesen Vertriebsweg hat. Er gilt auch als relativ teuer. Ferner ist die so genannte Stornoquote bei Verträgen, die über Strukturvertriebe abgeschlossen werden, oft vergleichsweise hoch. Als Storno bezeichnet man die vorzeitige, nicht dem Versicherungsvertrag entsprechende Aufhebung des Vertrages. Das geschieht meist in den ersten fünf Jahren nach Vertragsabschluss. Ausgedrückt wird das Storno im Stornosatz (Stornoquote). Bezugsgröße ist heute der Jahresbeitrag (früher die Versicherungssumme).

■ Wie die Deutschen versichert sind

In Deutschland bestehen etwa 480 Millionen Versicherungsverträge einschließlich gewerblicher Policen. Abgesehen von der Haftpflichtversicherung für das Kraftfahrzeug ist in Deutschland die Hausratversicherung am weitesten verbreitet. 75 Prozent der Haushalte haben ihren Hausrat versichert. Mit deutlichem Abstand folgt die private Haftpflichtversicherung, die in 61 Prozent der Haushalte vorhanden ist. Dabei gilt gerade die private Haftpflichtversicherung als eine, auf die man am wenigsten verzichten sollte. Es folgt die Lebensversicherung in verschiedenen Ausprägungen in 54 Prozent der Haushalte, 45 Prozent der Haushalte sind rechtsschutzversichert, 40 Prozent haben eine private Unfallversicherung abgeschlossen. 11 Prozent aller deutschen Haushalte sind vollständig privat krankenversichert. Ein Durchschnittshaushalt gibt gut sechs Prozent seines Haushaltsnettoeinkommens für den privaten Versicherungsschutz aus.

■ Versicherungen als Kapitalanleger

Die in Deutschland tätigen Versicherungsunternehmen haben zur Erfüllung ihrer Verpflichtungen Vermögensanlagen gebildet. Diese wiesen Ende 1999 einen Bilanzwert von 807 Milliarden Euro auf. Der weitaus größte Teil dieser Mittel ist in festverzinslichen Wertpapieren angelegt. Versicherungsgesellschaften bevorzugen dabei die Namensschuldverschreibung, weil diese als nicht börsennotierte Titel im Falle von allgemeinen Zinssteigerungen nicht abgeschrieben werden müssen. 43 Prozent des Vermögens waren in solchen Namenstiteln sowie in weiteren Schuldscheinforderungen und Darlehen angelegt. Auf andere Wertpapiere, vor allem börsennotierte Anleihen, aber auch auf Aktien, entfielen weitere 35 Prozent des Vermögens. Die Hypotheken-, Grund- und Rentenschuldforderungen erreichten 8 Prozent. In Grundstücken und ihnen gleichgestellten Rechten waren 3 Prozent angelegt. Der Rest der Vermögensanlagen verteilt sich auf Beteiligungen, auf Darlehen und Vorauszahlungen auf Versicherungsscheine sowie auf Ausgleichsforderungen.

Der Löwenanteil der Vermögensanlagen entfällt, wie nicht anders zu erwarten, auf die Lebensversicherungsunternehmen, deren Geschäftsschwerpunkt die Kapital bildende Lebensversicherung ist. Aus den von ihnen angesammelten Vermögensteilen soll später die Versicherungsleistung erbracht werden. 62 Prozent des Vermögens aller Versicherungsgesellschaften entfiel auf die Lebensversicherer. Rechnet man die Pensions- und Sterbekassen hinzu, die weitere 8 Prozent der Vermögensanlagen verwalten, dann entfallen auf diese beiden Gruppen 70 Prozent des gesamten Vermögens der Branche. Die Schaden- und Unfallversicherer kommen auf einen Vermögensanteil von 11 Prozent, die Krankenversicherer auf 8 Prozent und die Rückversicherungsunternehmen schließlich auf 10 Prozent. Die laufenden Erträge der Versicherungsunternehmen (Erstversicherer) aus ihren Kapitalanlagen erreichten zuletzt knapp sieben Prozent. Die laufenden Erträge werden jedoch im allgemeinen noch aus Kursgewinnen angereichert. Diese entstehen beim Verkauf von Vermögensanlagen, wenn der Erlös höher ist als der Bilanzwert. Bewertungsreserven müssen jetzt in den Geschäftsberichten genannt werden.

■ Die Versicherungsbilanz

Der Jahresabschluss eines Versicherungsunternehmens spiegelt die Besonderheiten des Versicherungsgeschäfts wider. Das Unternehmen hat versprochen, bestimmte Leistungen zu erbringen, und dieses Versprechen schlägt sich in den einzelnen Bilanzpositionen nieder. Je nach der Sparte, in der ein Versicherungsunternehmen tätig ist, sieht eine Bilanz etwas anders aus. Bei einem Lebensversicherungsunternehmen nehmen auf der Aktivseite die Kapitalanlagen den allergrößten Teil ein. Im Jahresabschluss für 1999 der Allianz Lebensversicherungs-AG in Stuttgart sind es 81 Milliarden Euro bei einer Bilanzsumme von 85 Milliarden Euro, also 95 Prozent. Auf der Passivseite dominieren die so genannten versicherungstechnischen Rückstellungen. Bei der Allianz Leben sind es 70 Milliarden Euro, 82 Prozent der Bilanzsumme. Der wichtigste Posten darunter ist die Deckungsrückstellung (60 Milliarden Euro, 70 Prozent). Sie wird nach versicherungsmathematischen Grundsätzen gebildet und durch den Deckungsstock (Kapitalanlagen) gesichert. Der Deckungsstock ist ein von dem Versicherungsunternehmen zu bildendes Sondervermögen. Die Deckungsrückstellung wird gebildet, damit das Versicherungsunternehmen jederzeit seine Verpflichtungen aus den Versicherungsverträgen erfüllen kann. In diesem Zusammenhang spielt der Rechnungszins eine wichtige Rolle. Dieser Rechnungszins – bis 30. Juni 2000 lag er bei 4 Prozent, seither beträgt er 3,25 Prozent – dient den Versicherungsunternehmen zur Kalkulation der von ihnen garantierten Leistungen.

Auf diese Weise rechnen die Versicherer in der Lebensversicherung mit einem geringeren Ertrag aus ihren Vermögensanlagen, als sie tatsächlich erzielen. Der erzielte Überschuss muss zu mindestens 90 Prozent an die Versicherten verteilt werden; tatsächlich wird den Kunden ein höherer Satz zugestanden. Es gibt verschiedene Möglichkeiten, die Versicherten an solchen Überschüssen zu beteiligen. In der Lebensversicherung werden die Überschüsse meist zu einer laufenden Erhöhung der Versicherungssumme verwendet. Bilanztechnisch wird die Überschussbeteiligung über die Rückstellung für Beitragsrückerstattung abgewickelt. Sie ist in der Bilanz der Allianz Leben der zweitwichtigste Posten unter den versicherungstechnischen Rückstellungen (9 Milliarden Euro, 10 Prozent der Bilanzsumme). Die Rückstellung dient als Puffer zum Ausgleich von Schwankungen im Überschuss. Ziel ist es, eine möglichst gleichmäßige Überschussbeteiligung zu erreichen.

Die Höhe künftiger Überschüsse kann trotz der gebildeten Rückstellung für Beitragsrückerstattung von den Versicherungsunternehmen nicht garantiert werden. Denn die Verhältnisse auf dem Kapitalmarkt und den anderen Anlagemärkten ändern sich. Wenn es am deutschen Kapitalmarkt zu einem Rückgang der Zinsen kommt, wird dies zu einem Rückgang der durchschnittlichen Kapitalerträge führen und damit auch niedrigere Überschussbeteiligungen für die Versicherten nach sich ziehen.

■ Die Rückversicherung

Entstanden ist die Rückversicherung nach dem großen Brand in Hamburg 1842. Das erste Rückversicherungsunternehmen wurde 1846 in Köln gegründet und nahm seine Geschäfte 1852 auf. Rückversicherung heißt, dass sich Versicherungsunternehmen ihrerseits wieder bei anderen speziellen Versicherungsgesellschaften versichern. Sie geben einen Teil der von ihnen eingenommenen Beiträge an den Rückversicherer weiter, der dafür Leistungszusagen erteilt. Rückversicherer entwickeln nun auch Verfahren, Risiken an Kapitalmärkte weiterzugeben. Auf diese Art und Weise werden versicherte Risiken noch weiter gestreut und über die gesamte Welt verteilt. Die Versicherung bestimmter großer Risiken wie jene eines Kernkraftwerks oder einer Bohrinsel beruhen darauf, dass möglichst viele Versicherer aus der ganzen Welt mit entsprechend winzigen Anteilen beteiligt sind.

■ Die privaten Großbanken

Unter großen Schmerzen häuten sich die deutschen und europäischen Großbanken seit Jahren. Vier große Entwicklungen kennzeichnen dabei die Entwicklung im europäischen Bankgewerbe:

1. Konsolidierung eines im internationalen Vergleich – gerade in Deutschland – zu üppigen standardisierten Privatkundengeschäfts.
2. Die Notwendigkeit, sich als Bank im gemeinsamen Euroraum strategisch neu positionieren und fokussieren zu müssen.
3. Die abnehmende Bedeutung der Banken als Kreditvermittler infolge der gestiegenen Rolle des Kapitalmarktes.
4. Das Internet und der darauf aufbauende E-Commerce.

Gescheiterte Fusionen auf nationaler Ebene wie die zwischen Deutscher Bank und Dresdner Bank im Frühjahr 2000, sowie zwischen Dresdner Bank und Commerzbank kurz darauf, finden sich neben Beispielen einer erfolgreichen Inlandskonsolidierung zur Realisierung von Kostensynergien wie in Spanien (Banco Santander/Banco Central Hispanoamericano 1999). Hinzu kommen grenzüberschreitende, erfolgreich abgeschlossene Fusionen und Akquisitionen wie die des Credit Commercial de France (CCF) durch die britische Hongkong Shanghai Banking Corporation (HSBC) im Jahr 2000 und vergleichbare Transaktionen in Skandinavien (Merita/Nordbanken 1998).

Sie alle deuten Ausmaß und Geschwindigkeit der Veränderungen im europäischen Finanzgewerbe an. Schon in den frühen neunziger Jahren hatte sich beispielsweise die britische Lloyds Bank durch eine klare Beschränkung auf das Privatkundengeschäft in Großbritannien – und darauf aufbauende gezielte Zukäufe im Inland – zur dominierenden Privatkunden-Bank entwickelt. Insgesamt kam es in den neunziger Jahren zu 49 Käufen beziehungsweise Fusionen im europäischen Bankgewerbe. Zehn davon waren grenzüberschreitende Transaktionen. Alternativ zu grenzüberschreitenden Fusionen und Akquisitionen haben mehrere Banken versucht, sich durch ein Netz von Kooperationen, zuweilen unterlegt durch wechselseitige Kapitalbeteiligungen im Euroraum, zu positionieren. Das bekannteste Beispiel hierfür ist das Netzwerk zwischen der aus einer Fusion entstandenen spanischen Bank BSCH (Banco Santander Central Hispano), der britischen Royal Bank of Scotland, der französischen Societe Generale, der deutschen Commerzbank und der San Paolo IMI in Italien.

Die Einführung des Euro und – damit einhergehend – die Schaffung eines europäischen Finanzmarktes hat bei der Inlandskonsolidierung häufig als Katalysator gewirkt und zugleich die grenzüberschreitenden Zusammenschlüsse überhaupt erst ausgelöst, da die Banken zur Formulierung von Strategien für ihre Position im Euroraum gezwungen waren. So tritt das alte, insbesondere in Kontinentaleuropa vorherrschende Geschäftskonzept einer Universalbank, die alle Bankgeschäfte aus einer Hand für alle Kunden in möglichst allen Regionen anbietet, zunehmend in den Hintergrund zugunsten von stärker auf einzelne Geschäftsbereiche fokussierten Geldinstituten. Zugleich steigt die Bedeutung des Kapitalmarktes: Zum einen in der Unternehmenslandschaft als Refinanzierungsquelle, zum anderen bei privaten Haushalten für die Anlage ihrer Ersparnisse, nicht zuletzt wegen der gestiegenen Unsicherheit bezüglich der staatlichen Alterssicherungssysteme.

Für die Banken hat diese stärkere Kapitalmarktorientierung fundamentale Auswirkungen. Denn die traditionelle Rolle der Banken als Kreditverleiher, als so genannte Intermediäre zwischen den Ersparnissen der Anleger einerseits und den Refinanzierungsbedürfnissen der Unternehmen andererseits, geht verloren.

Zugleich gewinnen die mit Wertpapieren in Verbindung stehenden Geschäftsfelder der Banken, also das Investmentbankgeschäft, (das heißt die Beratung von Unternehmen bei der Emission von Wertpapieren, der Wertpapierhandel und die Beratung bei Unternehmenskäufen bzw. Fusionen), das Asset Management (Verwaltung von Fonds für institutionelle und private Anleger) und die Anlageberatung von Privatkunden deutlich an Gewicht. Es verwundert daher nicht, dass sich alle vier privaten deutschen Großbanken diesen Geschäften verschrieben haben, während sie das klassische Kreditgeschäft mit Privat- und Geschäftskunden eher abbauen wollen, sofern nicht über die Kreditbeziehung die Möglichkeit zum Absatz weiterer Produkte mit höheren Margen gegeben ist. Diese Gewichtsverlagerung macht sich auch in den Gewinn- und Verlustrechnungen der Großbanken bemerkbar: Seit Ende der neunziger Jahre übersteigt das vom Wertpapiergeschäft getriebene Provisionsergebnis in den meisten Fällen das vom Kreditgeschäft getriebene Zinsergebnis.

Beschleunigt wird dieser Fokussierungs- und Konsolidierungsprozess zusätzlich durch die neuen Informationstechnologien wie das Internet und den darauf aufbauenden E-Commerce. Die große Gefahr des Internet für die Banken – wie für andere Industrien auch – besteht darin, dass sich neue Wettbewerber aus der bisher integrierten Wertschöpfungskette der Geschäftsbanken einzelne, jedoch hochprofitable Bestandteile herausschneiden und so die etablierten Anbieter an ihrer empfindlichsten Stelle treffen.

Denn es sind zumeist die profitabelsten Kundenbeziehungen, die die Banken hier verlieren.

Das bemerkenswerteste Beispiel ist der Marktauftritt von Online-Brokern wie E-Trade, Ameritrade und Charles Schwab in den Vereinigten Staaten oder etwa Consors in Deutschland. Der Effekt: Die Margen im Wertpapierhandel mit Privatkunden sind deutlich unter Druck gekommen. Eine Standardtransaktion, die in den Vereinigten Staaten bis vor wenigen Jahren noch hundert Dollar kostete, ist heute je nach Anbieter für acht bis dreißig Dollar zu haben. Zudem führt das Internet zu einer deutlich erhöhten Transparenz für die Bankkunden hinsichtlich des Produktangebots und vor allem der Preise. Es wird in absehbarer Zeit technisch möglich sein, über das Internet seine Bankverbindung von einem Anbieter ohne großen Aufwand zu einem anderen zu wechseln. In einem persönlichen Finanzportal, an dem viele Finanzdienstleister bereits mit Hochdruck arbeiten, kann man sich dann sein Bankkonto (bei Bank A), sein Wertpapierdepot (bei Online-Broker B), seinen Hypothekarkredit (bei Bank C), Bausparkonten, Lebensversicherungen und vieles mehr in einer einzigen integrierten Bildschirm-Maske anzeigen lassen.

Als ein wesentliches Hindernis für die weitere Konsolidierung im europäischen Bankgewerbe erweist sich die starke, in Geschäftsbereichen wie dem standardisierten Privatkundengeschäft gar marktbeherrschende Stellung öffentlich-rechtlicher Kreditinstitute, insbesondere in Deutschland. Durch die staatliche Bestandsgarantie sind sie in der Lage, Finanzgeschäfte zu deutlich günstigeren Konditionen anbieten zu können als ihre Wettbewerber. Diese Wettbewerbsverzerrungen sind der Europäischen Kommission seit langer Zeit ein Dorn im Auge. Eine für alle Beteiligten dauerhaft tragfähige Lösung steht jedoch noch aus. Aber auch hier zeigt sich, dass der gemeinsame Europäische Binnenmarkt lange Zeit festgefügte Strukturen einem Anpassungsdruck aussetzt, zu dem es auf nationaler Ebene allein nie gekommen wäre.

◾ Der deutsche Sparkassensektor

Die deutschen Sparkassen sind fast ausschließlich kommunale Kreditinstitute und rechtlich selbständige Anstalten des öffentlichen Rechts. Träger der Sparkassen sind die Kommunen; sie sichern die wirtschaftliche Basis der Institute und halten sie funktionsfähig (das ist die so genannte „Anstaltslast"). Gegebenenfalls müssen die Kommunen den Sparkassen bei Liquiditätsschwierigkeiten Mittel zuführen.

Im Rahmen der „Gewährträgerhaftung" haften die Kommunen gegenüber den Gläubigern der Sparkassen, wenn deren Vermögen nicht mehr
zur Befriedigung der Gläubiger ausreicht. Diesen Verpflichtungen der Träger der Sparkassen stehen einige Einflussmöglichkeiten gegenüber. So beschließen die Gewährträger über die Satzung der Sparkassen und können
mittelbar über die Besetzung der Sparkassenorgane Einfluss auf das Geschäft der Sparkassen nehmen. Außer den kommunalen Sparkassen gibt es
auch einige freie Sparkassen, die nicht von den Kommunen, sondern von
Privatpersonen getragen und in privatrechtlicher Rechtsform geführt werden.

Die Spitzeninstitute der Sparkassen, die Landesbanken, sind ebenfalls
rechtlich selbständige Anstalten des öffentlichen Rechts. Kapitaleigner der
Landesbanken sind zum Teil das jeweilige Land alleine, zum Teil das Land
und die Sparkassen über ihren jeweiligen regionalen Sparkassen- und Gi-
roverband, zum Teil die Sparkassen alleine. In jüngster Zeit haben auch die
Verflechtungen der Landesbanken untereinander zugenommen; Landesbanken beteiligen sich also zunehmend an anderen Landesbanken. Die
Landesbanken führen die Bankgeschäfte für das jeweilige Land und die
Kommunen und sollen die Gebietskörperschaften bei der Erfüllung ihrer
Aufgaben unterstützen. In ihrer Funktion als Zentralbanken der Sparkassen
wickeln sie des Weiteren den überörtlichen bargeldlosen Zahlungsverkehr
der Sparkassen ab, verwalten deren Liquiditätsreserven und sorgen für den
Liquiditätsausgleich zwischen den einzelnen Instituten.

Den Sparkassen sind im wesentlichen zwei Aufgaben gestellt: Sie sollen
das Sparen und die Vermögensbildung fördern und die örtliche Kreditversorgung sichern unter besonderer Berücksichtigung wirtschaftlich schwä-
cherer Bevölkerungsschichten, des Mittelstandes und der öffentlichen
Hand. Die Geschäftätigkeit der Sparkassen soll sich nur auf das Gebiet des
jeweiligen Gewährträgers beschränken (Regionalprinzip). Im Zeitalter des
Online-Banking droht aber zunehmend eine Verletzung dieses Regional-
prinzips. Die als öffentliche Aufgaben bezeichneten Tätigkeiten der Spar-
förderung und der örtlichen Kreditversorgung werden von den Kritikern
des Sparkassensystems nicht als Rechtfertigung für die Existenz öffentlich-
rechtlicher Institute anerkannt. Ihrer Ansicht nach kommt es durch die
Anstaltslast und die Gewährträgerhaftung zu einer Wettbewerbsverzerrung
zu Ungunsten privater Institute. Durch die Gewährträgerhaftung werde den
Landesbanken am Markt eine höhere Kreditwürdigkeit eingeräumt, was
ihre Refinanzierung günstiger gestalte als die privater Banken. Zudem haben die Länder einigen Landesbanken Kapital zu stark vergünstigten Kon-

ditionen überlassen, was von den privaten Banken als wettbewerbsverzerrende Subvention der Landesbanken durch die Länder gewertet wird. Neben diesen wettbewerbspolitischen Gründen führen Kritiker des öffentlich-rechtlichen Bankenwesens auch ordnungspolitische Argumente für eine Privatisierung der Sparkassen ins Feld: Das öffentliche Engagement sei nicht hinreichend gerechtfertigt, zudem würde eine Privatisierung den Ländern und Kommunen beträchtliche Erlöse in deren Kassen spülen.

■ Die Volks- und Raiffeisenbanken

Die Wurzeln der Volksbanken und Raiffeisenbanken reichen zurück bis in die Mitte des 19. Jahrhunderts. Die Industrielle Revolution hatte viele Handwerker und Bauern wirtschaftlich in Bedrängnis gebracht, ungezählte besitzlose Arbeiter ins Elend gestürzt. Sozialreformer sannen auf Abhilfe. Fast gleichzeitig entwickelten Hermann Schultze-Delitzsch (1808 bis 1881) und Friedrich Wilhelm Raiffeisen das Konzept der genossenschaftlichen Hilfe zur Selbsthilfe. Schultze-Delitzsch schloss 1849 Tischler und Schuhmacher zur ersten modernen Genossenschaft zusammen. Schon ein Jahr später gründete er mit dem „Vorschussverein" eine erste gewerbliche Krediteinrichtung; daraus sind die heutigen Volksbanken hervorgegangen. Ähnlich schuf Raiffeisen 1864 mit dem „Heddersdorfer Darlehenskassen-Verein" eine Kreditgenossenschaft für die Landbevölkerung. Das Beispiel machte Schule – nicht nur in Deutschland, sondern auch in vielen anderen Ländern.

Anderthalb Jahrhunderte später, Ende 1999, gab es allein in Deutschland 2030 Volksbanken und Raiffeisenbanken mit zusammen mehr als 18 000 Niederlassungen. Sie zählten 15 Millionen Mitglieder und annähernd 40 Millionen Kunden. Die addierte Bilanzsumme dieser Banken betrug mehr als eine Billion DM. Rechnet man weitere genossenschaftliche Kreditinstitute hinzu – das Spitzeninstitut DG Bank, die drei regionalen Zentralbanken, die Hypothekenbanken sowie die Bausparkasse Schwäbisch Hall –, betrug das gesamte Bilanzvolumen des genossenschaftlichen Bankwesens sogar mehr als 1,7 Billionen DM.

Der anhaltend große Zulauf belegt, dass sich die Genossenschaftsbanken immer wieder erfolgreich an die Erfordernisse der Kundschaft angepasst haben. Doch trotz des permanenten Wandels im Detail haben die Grundideen der Gründerväter weiter Gültigkeit. So gilt weiterhin, dass die Geschäftspolitik der Volks- und Raiffeisenbanken nicht etwa fernab in einer Konzernzentrale festgelegt wird, sondern in jeder einzelnen Bank autonom, unter Mitwirkung der Genossen vor Ort, denen die Bank gehört. Dabei gilt weiterhin das Prinzip, dass jeder Teilhaber bei Abstimmungen eine und nur eine Stimme hat – egal, ob er reich ist und viele Anteile hält, oder nur einen einzigen. Dies stellt sicher, dass die Genossenschaft ihren eigentlichen Zweck im Auge behält, nämlich für alle Mitglieder gleichermaßen Leistungen zu erbringen. Anders als eine normale Geschäftsbank verfolgt eine Genossenschaftsbank nicht das Ziel, für ihre Eigentümer einen möglichst hohen Gewinn zu erzielen; im Vordergrund steht vielmehr das gemeinsame Anliegen, Mitglieder und Kunden – private Haushalte, Freiberufler, Handwerksbetriebe und Unternehmen – kostengünstig und effizient mit modernen Bankprodukten zu bedienen sowie ihnen dabei zu helfen, wirtschaftlich unabhängig zu werden.

Die Volks- und Raiffeisenbanken haben zahlreiche Verbände gegründet. Durch diese Bündelung der Kräfte geben sie ihren Interessen in der Politik Gewicht. Eine wichtige Aufgabe ist ferner, die Mitgliedsbanken regelmäßig zu überprüfen – um das Vertrauen der Öffentlichkeit in die Solvenz der Genossenschaftsbanken zu erhalten. Der Bundesverband verwaltet zudem einen „Feuerwehrfonds", eine Art Versicherung, die einspringt, falls eine genossenschaftliche Bank in finanzielle Schwierigkeiten geraten sollte.

Um den gestiegenen Ansprüchen der Kundschaft zu entsprechen, haben die Volks- und Raiffeisenbanken zahlreiche Spezialunternehmen ins Leben gerufen. Dazu zählt die international tätige DG Bank, die zu den zehn größten Banken in Deutschland zählt. Mit ihren Stützpunkten in aller Welt kann die DG Bank Unternehmen bei Geschäften im Ausland zur Seite stehen. Ferner wickelt sie für viele Volks- und Raiffeisenbanken Börsenaufträge ab und betreibt das Kapitalmarktgeschäft. So etwa zählt sie bei der Begleitung mittelständischer Unternehmen an die Börse zu den führenden Häusern. Ähnliche Dienste leisten auch die genossenschaftlichen Zentralbanken. Die Aufgabenteilung sorgt immer wieder für Auseinandersetzungen.

Zum genossenschaftlichen Verbund zählen weiter die Union-Investment-Gruppe, die zu den größten Investmentfonds-Anbietern gehört, Deutschlands größte Bausparkasse Schwäbisch Hall, die R+V–Versicherung, die alle wichtigen Versicherungsarten offeriert, ferner die DG Hyp und die Münchner Hypothekenbank.

Sicherheit und Liquidität der Banken

Neben der Gewinnerzielung können Sicherheit und Liquidität als die drei grundlegenden ökonomischen Ziele von Banken betrachtet werden.

Während die Absicht der Gewinnerzielung keiner näheren Erläuterung bedarf, ergeben sich aus den beiden anderen Zielen für das Verständnis von Banken grundlegende Normen.

Die Sicherheit eines Geldinstituts wird maßgeblich durch Bonitäts-, Zinsänderungs- und Währungsrisiken beeinflusst. Bonitätsrisiken führen zu Verlusten, wenn Kreditnehmer ihre Zins- und Tilgungsleistungen nicht mehr erfüllen können. Die Ursache liegt meist in der Fehleinschätzung der persönlichen oder sachlichen Kreditwürdigkeit eines Kreditnehmers. Zinsänderungsrisiken entstehen bei vertraglichen Festzinsvereinbarungen, wenn die Zinsbindungsdauer von gewährten Krediten und den zu ihrer Finanzierung aufgenommenen Mitteln voneinander abweicht. Dies ist bei den Banken – mit Ausnahme der spezialisierten Hypothekenbanken, die sich fristenkongruent refinanzieren müssen – der Fall, denn sie leben letztlich im Kreditgeschäft davon, kurzfristige, niedriger verzinsliche Einlagen langfristig zu höheren Zinsen auszuleihen, was mit dem Begriff der Fristentransformation bezeichnet wird. Aber selbst bei variablen Konditionsvereinbarungen bleibt für das Geldinstitut ein Zinsänderungsrisiko bestehen, wenn Anpassungen an veränderte Geld- und Kapitalmarktsätze nicht gleichzeitig und nicht in gleichem Ausmaß im Kredit- und Einlagengeschäft durchgesetzt werden können. Währungsrisiken entstehen aus Wechselkursveränderungen, wenn sich zwischen der Aufnahme und der Rückzahlung des Kapitals in Fremdwährung Kursunterschiede einstellen. Nach dem Zusammenbruch des Bretton Woods-Systems fester Wechselkursparitäten und der darauffolgenden Freigabe der Wechselkurse und auch durch die enorme Zunahme der internationalen Kapitalströme hat dieses Risikopotential in den vergangenen Jahren erheblich zugenommen.

Die Eingrenzung und Überwachung dieser Risiken geschieht durch gesetzliche Bestimmungen, in deren Folge die Bankenaufsicht (durch das Bundesaufsichtsamt für das Kreditwesen) und schließlich durch freiwillige Maßnahmen der Geldinstitute. Nach den gesetzlichen Bestimmungen des Kreditwesengesetzes (KWG), insbesondere den Eigenkapitalgrundsätzen, und aufsichtsrechtlichen Restriktionen erfüllt das Eigenkapital einer Bank dabei die Funktion des Risikoausgleichs. Stille Reserven bleiben außer Ansatz. Der Umfang der Kredit- und Beteiligungsengagements einer Bank wird an das so genannte haftende Eigenkapital geknüpft. Es umfasst im wesentlichen das eingezahlte Kapital, die Rücklagen zuzüglich des den Rücklagen zuzuführenden Reingewinns. Über den Pflichtkatalog hinaus führen die Banken umfangreiche Bewertungen ihrer einzelnen Kreditengagements durch, analysieren Branchen und praktizieren spezielle Absicherungsmaßnahmen wie die Abtretung von Sicherheiten, z. B. Grundpfandrechten. Hinzu kommt die Diversifizierung des Gesamt-Portefeuilles nach Unternehmensgröße, Branchen und Ländern. Zinsänderungs- und Währungsrisiken werden durch den Abschluss von Gegengeschäften, absichernden Transaktionen am Terminmarkt und Swaps (d. h. den Austausch von Zins- und/oder Währungsverpflichtungen) eingegrenzt.

Die Liquiditätspolitik einer Bank zielt darauf, dass sie, wie andere Unternehmen auch, jederzeit in der Lage sein muss, die an sie gestellten Zahlungsansprüche erfüllen zu können. Die Sicherung der Liquiditätsposition geht bei einer Bank jedoch über die reine Gelddisposition, also den Ausgleich der Zahlungsströme, hinaus, indem sie die Beschaffung und Auflösung liquiditätsnaher Werte (wie z. B. Staatsanleihen mit kurzer Laufzeit) und die Möglichkeit des Rückgriffs auf Refinanzierungsquellen (beispielsweise Kreditlinien bei anderen Kreditinstituten) einschließt.

Im Lauf der Zeit wurden eine ganze Reihe von Regeln und Grundsätzen entwickelt, die dem Liquiditätsbedürfnis Rechnung tragen sollen. Die erste war die aus dem 19. Jahrhundert stammende „Goldene Bankregel", der zufolge Kredite und Einlagen jeweils hinsichtlich Laufzeit und Betrag übereinstimmen sollen. In dieser Strenge jedoch ist die Anwendung dieser Regel nicht notwendig, da die Bank, solange keine Zweifel an ihrer Bonität bestehen, jederzeit zusätzlich über den Geld- und Kapitalmarkt Mittel beschaffen kann. Vor allem aber erfordern die Zahlungsgewohnheiten der Kunden, die Einlagen bei den Banken halten, die strenge Anwendung der Goldenen Bankregel nicht. Den Aspekt der Zahlungsgewohnheiten berücksichtigt die so genannte Bodensatztheorie. Sie geht davon aus, dass nicht alle zu einem bestimmten Zeitpunkt fälligen Einlagen – Einlagen auf Girokonten sind zum Beispiel grundsätzlich ja täglich fällige Gelder – gleichzeitig von den Kunden abgezogen werden. Vielmehr verbleibt erfahrungsgemäß ein nennenswerter Teil der Einlagen, der Bodensatz eben, über den die Kunden nicht verfügen, bei der Bank. Dieser Bodensatz steht dem Geldinstitut somit für langfristige Ausleihungen mit Fristentransformation zur Verfügung.

14. Die Publizität der Unternehmen

Publizität ist die Brücke vom individuellen wirtschaftlichen Handeln zur Umgebung, von der jedes Unternehmen getragen wird. Der Sinngehalt des Wortes „Publizität" ist indes doppeldeutig geblieben wie das lateinische „publicare", das wörtlich „öffentlich machen" heißt. Es bedeutet einerseits veröffentlichen, andererseits (öffentlich) preisgeben. Das eine meint *freiwillig*, das andere *unfreiwillig*.

Bis heute ist die Unternehmens-Publizität eine Medaille mit zwei Seiten geblieben. Auf der einen Seite steht in großen Lettern die Maxime „Pflicht" und darunter „Anspruch der Öffentlichkeit auf Bekanntgabe wichtiger unternehmerischer Daten"; auf der anderen Seite ebenso deutlich „unternehmerisches Eigeninteresse" mit dem zusätzlichen Motto „Offenheit macht sich bezahlt". Eine Seite muss die andere nicht ausschließen. Die großzügige Publizität eines Unternehmens, die nicht nur allen gesetzlich vorgeschriebenen Mindestforderungen, sondern auch den weitergehenden Ansprüchen der Öffentlichkeit entspricht, fällt fast immer positiv auf das Ansehen des publizierenden Hauses (und damit seiner Produkte oder Dienstleistungen) zurück. Das ist eine Erkenntnis, aus der der Begriff „Public Relations" geboren wurde. Bei börsenorientierten Aktiengesellschaften kommt immer stärker der Anspruch der Kapitalmärkte auf Öffentlichkeit hinzu. Diesem wiederum tragen die Unternehmen dadurch Rechnung, dass sie intensive „Investor Relations" im Kontakt mit Aktienanalysten und Großanlegern pflegen.

■ Publizität wozu?

Beispiele für Meinungspflege begegnen dem Leser eines Wirtschaftsteils täglich: Die Vorstände vieler Unternehmen stellen sich vor der Veröffentlichung des Jahresabschlusses einem Kreis von Wirtschaftsjournalisten zu eingehenden Erläuterungen; mancher Geschäftsbericht enthält mehr Informationen, als gesetzlich mit dem Lagebericht gefordert; manche Verwaltung nutzt die Hauptversammlung zu ergänzenden Ausführungen. Ausführliche Zwischenberichte informieren über die Situation. Homepages im Internet schaffen eine globale Möglichkeit der Selbstdarstellung. Besondere Anlässe wie Betriebsversammlungen, Firmenjubiläen und Messeeröffnungen bieten willkommene Gelegenheiten für eine weitergehende öffentliche Präsenz.

Aber immer noch gibt es eine Reihe von Gesellschaften, die in den gesetzlichen Auflagen zur Veröffentlichung ihrer Jahresabschlüsse einen nachteiligen Eingriff in ihre Unabhängigkeit erblicken statt eine Gelegenheit, in die Offensive zu gehen. Sie befolgen nur die Mindestvorschriften, die für sie das Publizitäts-Maximum bedeuten. Doch auf dem Boden der zumeist unnötigen Vorbehalte gedeihen besonders gut das Misstrauen gegenüber Unternehmen und die öffentliche Fehleinschätzung ihrer tatsäch-

Dies heißt Öffentlichkeitsarbeit: Man muß nicht nur gut sein, man muß es auch zeigen.

lichen Rolle und Aufgabe in unserer Gesellschaft. Durch eine zu geringe Publizitätsbereitschaft entgeht den Betrieben die Möglichkeit, sich der Öffentlichkeit als aktives Mitglied einer von selbständigen, verantwortungsbewussten Unternehmen geprägten Wirtschaftsordnung zu präsentieren. Gleichzeitig wird die Chance verpasst, dem Unternehmen Ansehen am Markt zu verschaffen, wobei der „Markt" neben dem Absatzfeld mehr denn je auch den Arbeits-, Kapital- und Beschaffungsmarkt umfasst. Dem gegenüber stehen wiederum jene Unternehmen, die nur die andere Seite der Medaille – das Eigeninteresse – sehen. Sie verwechseln den Begriff Publizität und Öffentlichkeit mit einer schönfärberischen Werbung für das eigene Haus, seine Produkte und seine Vorhaben zur Steigerung des Absatzes. Dem liegt ein häufig anzutreffendes Missverständnis von Öffentlichkeitsarbeit zugrunde: Es geht nicht um Werbung und Reklame, sondern um Information und Aufklärung, die zu mehr Transparenz und Verständnis führt und damit letztlich auch dem Einzelunternehmen zugute kommt.

Wirtschaftsberichterstattung ist populär geworden. Sie ist heutzutage keine Domäne der „Qualitätspresse" mehr. Boulevardzeitungen, Anleger-magazine, Fernsehsendungen, ja selbst manche Modezeitschriften befassen sich mit Wirtschaftsthemen. Sie alle müssen sich an dem Anspruch messen lassen, Aussagen der Wirtschaft kompetent zu bündeln und durch ein kritisches Prisma zur Öffentlichkeit zu lenken und sie andererseits reflek-tierend in die Wirtschaftsunternehmen zurückzugeben. Für diese kritische Vermittlung, die Auswahl und Kommentierung einschließt, findet sie in mehreren Gesetzen eine Grundlage.

Wichtige Bestimmungen zur Publizität enthalten:
- das Handelsgesetzbuch mit seinen Bestimmungen über das Handelsre-gister
- das Aktienrecht einschließlich des Gesetzes zur Kontrolle und Transpa-renz im Unternehmensbereich von 1998
- das Publizitätsgesetz für Großunternehmen von 1969 und das Bilanz-richtliniengesetz von 1985
- das Wertpapierhandelsgesetz von 1994 sowie das Börsengesetz von 1996
- das Kapitalgesellschaften- und Co.-Richtliniengesetz aus dem Jahr 2000

■ Das Handelsregister

Das Handelsgesetzbuch fordert sowohl von jedem Einzelkaufmann (so-fern er „Vollkaufmann" und nicht Kleingewerbetreibender ist) als auch von Personen- und Kapitalgesellschaften, dass die Firma in ein vom zuständigen Amtsgericht geführtes und jedermann einzusehendes Handelsregister ein-getragen wird. Diese Eintragung muss neben den Namen des oder der Inhaber, der Gesellschafter (abgesehen von der anonymen AG) und derje-nigen, die das Unternehmen nach außen vertreten dürfen, auch den Un-ternehmenszweck und (bei Kapitalgesellschaften) die Höhe des haftenden Kapitals enthalten. Neueintragungen, Änderungen und Löschungen im Handelsregister müssen im Bundesanzeiger und mindestens einer anderen Zeitung veröffentlicht werden. Entsprechende Verpflichtungen bestehen für Genossenschaften, die im Genossenschaftsregister eingetragen sind. Leitgedanke der Eintragungspflicht ist der Gläubigerschutz. Die Geschäfts-partner einer Firma können sich im Handelsregister informieren, wer hin-ter der Firma steht, wer sie zu vertreten berechtigt ist und inwieweit die Gesellschafter für Forderungen haften.

Das „öffentliche" Handelsregister ist eine wichtige, oft unterschätzte

Quelle der Unternehmensberichterstattung, denn die scheinbar langweiligen Eintragungen bieten nicht selten Hinweise auf unternehmenspolitische Vorgänge, die die unmittelbare Wiedergabe im Wirtschaftsteil oder eine Recherche erfordern. Manche Pflichtveröffentlichung einer Gesellschaft wird so zu einem Schritt zur Publizität. Einer Handelsregister-Neueintragung kann zum Beispiel entnommen werden, dass an diesem oder jenem Ort eine neue Gesellschaft gegründet worden ist, die einen Produktionsbetrieb aufbauen will; was sie herstellen will, kann oft dem „Unternehmenszweck" entnommen werden. In anderen Fällen wird die Gründung einer Tochtergesellschaft zum Aufbau eines Zweigwerkes angezeigt. Nicht selten steht auch erstmals im Handelsregister zu lesen, dass Unternehmen den Eigentümer gewechselt haben. Kapitalerhöhungen werden angezeigt, Wechsel in der Geschäftsführung, der Eintritt neuer Kommanditisten, Sitzverlegungen einer Firma, Umwandlungen in eine andere Rechtsform, schließlich auch eine Liquidation.

Der geübte Handelsregisterleser liest häufig mehr zwischen den Zeilen dieses nüchternen Registers, als die Unternehmen scheinbar an Publizität preisgegeben haben. Stutzig machen könnte zum Beispiel der Name eines neuen Geschäftsführers unter einer bisher anonymen Firma – der Name eines Mannes, von dem man weiß, dass er einem bekannten Konzern angehört, oder bei dem gar nur aus seinem Wohnort (der zugleich Sitz des Konzerns ist) eine fremde Einflussnahme vermutet werden könnte. Manche Sitzverlegung eines Unternehmens führt den Beobachter zu ähnlichen Schlüssen und veranlasst einen aufmerksamen Redakteur zum Recherchieren. Eine Kapitalherabsetzung wiederum erweckt zumindest fragendes Interesse, ob das betreffende Unternehmen den Geschäftsbetrieb einschränkt oder etwa wegen größerer Verluste zum „Kapitalschnitt" gezwungen gewesen ist. Das führt sofort zur Anschlussfrage: Was ist der Grund eventueller Schwierigkeiten?

◼ Die Publizitätsbestimmungen des Aktiengesetzes

Die Berichterstattung über Unternehmen ist gewachsen mit dem Aufkommen der Aktiengesellschaft und dem Börsenhandel von Aktien. Der Anleger von Kapital in einem Unternehmen, der Aktionär, der zu dieser Gesellschaft keine unmittelbare persönliche Bindung mehr hatte, wollte wissen, wie sie florierte, ob sie sicher dastand und gute Perspektiven bot oder ob ein „Aussteigen" geraten war. Er bekam zwar einmal im Jahr den Geschäftsbericht mit dem Jahresabschluss zugestellt; darüber hinaus trat die Verwaltung aber oft nur dann an die Öffentlichkeit, wenn sie Geld haben wollte, beim Verkaufsangebot oder bei der Börsenzulassung neuer Aktien. Was Jahresabschluss und Geschäftsbericht angeht, so gelten für die Publizität heute gesetzliche Mindestvorschriften (siehe dazu auch den Abschnitt „Geschäftsbericht"). Auch jene Aktiengesellschaften, deren Anteile in festen Händen – etwa bei Familienmitgliedern oder Großaktionären – liegen, müssen „publizieren". Gewisse Erleichterungen der Publizitätspflicht hat das Bilanzrichtliniengesetz von 1985 – das nur noch nach Größenklassen von Kapitalgesellschaften, nicht aber ihrer Rechtsform unterscheidet – für kleinere Gesellschaften gebracht; in keinem Fall allerdings für börsennotierte Werte. Größere Unternehmen müssen darüber hinaus einen Konzernabschluss erstellen und veröffentlichen.

Das Aktiengesetz schreibt unter anderem vor, dass der von der Hauptversammlung festgestellte Jahresabschluss der AG – Bilanz sowie die Gewinn- und Verlustrechnung mit Anhang – zusammen mit dem Lagebericht nicht nur dem Amtsgericht und damit zu jedermanns Einsicht eingereicht, sondern auch in den „Gesellschaftsblättern" publiziert werden muss. Gesellschaftsblatt ist, bindend für alle, der Bundesanzeiger. Außerdem kann die Unternehmenssatzung normale Tageszeitungen wie zum Beispiel die F.A.Z. als sogenannte Pflichtblätter für diese Veröffentlichung vorsehen; bei großen Unternehmen, deren Aktien an der Börse gehandelt werden, ist dies die Regel. In der Einladung zur Hauptversammlung im Bundesanzeiger werden zusammen mit der Tagesordnung auch der Gewinnverwendungsvorschlag und damit vor allem die von der Verwaltung vorgeschlagene Dividende, gegebenenfalls auch der Vorschlag einer Kapitalerhöhung oder einer Kapitalberichtigung aus Gesellschaftsmitteln veröffentlicht. Solche Fakten werden im Wirtschaftsteil der Zeitungen auch Interessierten zugänglich gemacht, die nicht zu den regelmäßigen Lesern des Bundesanzeigers gehören. Hierzu gehört eine Neuerung, die 1998 das Gesetz zur Kontrolle und Transparenz im Unternehmensbereich, das sogenannte KontraG gebracht hat: Seither müssen Aufsichtsräte neben ihrem Beruf auch die eventuelle Mitgliedschaft in anderen gesetzlich zu bildenden Kontrollgremien offen legen.

◼ Das Publizitätsgesetz für Großunternehmen

Es dauerte lange, bis die Publizitätsscheu mancher großer Unternehmen und Konzerne schwand, die – zum Teil Eigentum nur einer Familiengruppe oder einer Person – keine „reine Privatsache" mehr sein können. Wie viel vom Schicksal großer, von Einzelunternehmern geführter Unternehmen abhängt, haben die großen Zusammenbrüche der Nachkriegszeit gezeigt. Erinnert sei an Namen wie Borgward oder Schlieker. Betroffen wurden Tausende von Belegschaftsangehörigen mit ihren Familien, eine Vielzahl von Lieferanten und Abnehmern, Kreditgebern und Schuldnern. Erinnert sei auch an den Fall Fried. Krupp, die, als Einzelfirma im Besitz von Alfried Krupp von Bohlen und Halbach, in Schwierigkeiten zu geraten drohte. Der Staat musste durch Leistung einer Bürgschaft – die nicht in Anspruch genommen wurde, also letztlich ohne Belastung der Steuerzahler – einspringen, um dem Unternehmen über die Krise hinwegzuhelfen. Wenn jedoch die öffentliche Hand dafür haften soll, dass ein Großunternehmen nicht illiquide wird, dann ist auch der Anspruch der Allgemeinheit berechtigt, zu erfahren, wie es um das Unternehmen steht, bevor es in Schwierigkeiten gerät.

Nicht zuletzt unter dem Eindruck des Falles Krupp hat der Bundestag 1969 die Publizitätspflicht für Großunternehmen beschlossen. Unter dieses Gesetz, im wesentlichen eine Präzisierung des Handelsgesetzbuches, fallen große GmbHs, Personengesellschaften und Einzelkaufleute, sofern für drei aufeinanderfolgende Abschlussstichtage zwei der folgenden drei Merkmale zutreffen:
- eine Bilanzsumme von mehr als 125 Millionen DM,
- ein Jahresumsatz von über 250 Millionen DM,
- eine im Jahresdurchschnitt 5000 Beschäftigte übersteigende Belegschaft.

Die davon betroffenen Gesellschaften müssen eine Jahresbilanz, eine Gewinn- und Verlustrechnung und einen Geschäftsbericht aufstellen, die einen sicheren Einblick in die Vermögens- und Ertragslage geben. Diese Unterlagen muss das Unternehmen dem Handelsregister einreichen und damit öffentlich machen. Einzelkaufleute und Personenhandelsgesellschaften sind von der Erstellung einer Gewinn- und Verlustrechnung befreit, müssen aber neben der Bilanz, in der das Eigenkapital zu einem Posten zusammengefasst sein darf, noch folgende Angaben veröffentlichen: Umsatzerlöse, Erträge aus Beteiligungen, Personalaufwendungen und Zahl der Beschäftigten. Da das Eigenkapital nicht aufzugliedern ist, wird das Privatvermögen nicht publik: Es geht nur um die Unternehmens-, nicht um die Unternehmer-Publizität. Es hat sich bald herausgestellt, dass diese Offenheit den neu publizierenden Unternehmen ebenso wenig schadet, wie die Publizitätsfortschritte im Aktiengesetz den Aktiengesellschaften geschadet haben. Im Gegenteil, Offenheit macht sich bezahlt. Der Leser des Wirtschaftsteils kann damit einen Überblick über die unternehmerische Struktur erhalten, der für ein Mindestmaß marktwirtschaftlicher Transparenz unerlässlich ist. Durch das Bilanzrichtliniengesetz, mit dem die Rechnungslegung deutscher Unternehmen an Richtlinien der Europäischen Gemeinschaft angepasst worden ist, wurde die Publizitätspflicht für die Jahresabschlüsse – nebst Lagebericht – auf Kapitalgesellschaften mittlerer Größe ausgedehnt. Sie haben ihre Jahresabschlüsse beim Handelsregister zu hinterlegen.

▪ Berichterstattung auch während des Geschäftsjahres

Publizität hat viele Facetten. Das Gesetz zur Kontrolle und Transparenz im Unternehmensbereich hat eine seit langem bemängelte Lücke geschlossen, indem es börsennotierte Unternehmen zu einer gesonderten Berichterstattung über die großen Geschäftsfelder und auf eine Kapitalflussrechnung verpflichtet. Ein anderer Mangel bestand bis vor kurzem darin, dass die Unternehmen trotz der immer schnelllebigeren Kapitalmärkte ihre Aktionäre nur einmal im Jahr über den Geschäftsverlauf und die Aussichten unterrichten mussten. Hier hat inzwischen das Börsengesetz Abhilfe geschaffen. Freilich ist die Lage verworren. Eine Verpflichtung besteht allein für diejenigen Börsenwerte, die im Amtlichen Handel notiert sind; sie beschränkt sich zudem auf Halbjahresberichte, die spätestens zwei Monate nach dem Stichtag vorliegen müssen. Nur Gesellschaften, die in den M-Dax oder in das „Blue-Chip-Segment" Dax 30 aufrücken, sind zudem zu Quartalsberichten verpflichtet. Dasselbe gilt für die Werte des Neuen Marktes und des S-Max (mit ausgewählten Adressen des Amtlichen Handels und des Geregelten Marktes). Diese Anforderung beruht aber allein auf einem privatrechtlichen Vertrag dieser Unternehmen mit der Deutschen Börse AG. Überhaupt keine Vorschriften existieren bisher für den Geregelten Markt als Ganzes.

▪ Verschärfung der Berichtspflicht

Die Ausweitung der Publizitätsanforderungen insbesondere durch das Bilanzrichtliniengesetz (BiRiLiG) ist in mittelständischen Familienunternehmen nicht gerade mit Überschwang begrüßt worden. Viele störte eine angeblich ungebührliche „Neugier" von Außenstehenden, nicht zuletzt von Konkurrenten und Vertragspartnern. Sie wichen daher mit Vorliebe auf die

Rechtsform einer GmbH & Co. KG aus, die sich in der Praxis ähnlich einer einfachen Gesellschaft mit beschränkter Haftung (GmbH) darstellte, aber als reine Personengesellschaft ohne Veröffentlichungspflichten arbeiten konnte. Freilich stieß diese deutsche Besonderheit in der Europäischen Union je länger, desto stärker auf Kritik. Unabhängig davon ignorierten 90 bis 95 Prozent der in die Berichtspflicht geratenen 600 000 GmbHs das Gesetz, da es nur Gesellschafter, der Betriebsrat oder Gläubiger einklagen konnten.

Diese Missstände versucht das umständlich klingende Kapitalgesellschaften- und Co.-Richtlinien-Gesetz (KapCoRiLiG) vom März 2000 zu beheben. Es unterwirft auch die offenen Handelsgesellschaften und die Kommanditgesellschaften, die nicht wenigstens eine natürliche Person als persönlich haftenden Gesellschafter (Komplementär) haben, den für Kapitalgesellschaften geltenden Bilanz-, Prüfungs- und Offenlegungsregeln des Handelsgesetzbuches. Nicht nur das: Nunmehr können auch Außenstehende die Berichtspflicht einklagen. Als Schwellenwerte gelten dabei 13,5 Millionen DM Jahresumsatz, 6,7 Millionen DM Bilanzsumme und 50 Beschäftigte. Neu ist ein Ordnungsgeld von bis zu 25 000 Euro, wenn die Berichtspflicht nicht spätestens zwölf Monate nach dem Abschlussstichtag erfüllt wird.

◼ Die Anforderungen der Börse

Als Folge der umfangreichen (und für viele inzwischen undurchschaubaren) gesetzlichen Vorschriften erstreckt sich die Pflicht zur Veröffentlichung von Jahresabschlüssen inzwischen auf schätzungsweise gut 75 Prozent der gesamtwirtschaftlichen Produktion in Deutschland. Darüber hinaus stellen die Wertpapierbörsen, wie schon in der Zwischenberichterstattung gesehen, weitere Publizitätsanforderungen. Dies ist verständlich, da die meisten das Wirtschaftsleben stark beeinflussenden Großkonzerne an der Börse notiert sind. Von besonderer Bedeutung sind dabei die so genannte Ad-hoc-Publizität und die Veröffentlichung von Beteiligungserwerben.

Ad-hoc-Publizität bedeutet die unverzügliche Bekanntgabe aller Unternehmensentscheidungen, die „erhebliche" Auswirkungen auf den Aktienkurs haben könnten. Dahinter steht die Überlegung, dass jegliches „Insiderwissen" sozusagen verdampft, wenn es öffentlich wird. „Öffentlichkeit" meint dabei aus praktischen Gründen die wesentlichen Marktteilnehmer, im Fachjargon „Bereichsöffentlichkeit" genannt. Allerdings hat das Internet auch dem kleinen Aktienbesitzer die Tür zum Kreis der professionellen

Marktteilnehmer geöffnet. Nach dem geplanten Zusammenschluss der Börsen in Frankfurt und London werden die deutschen Unternehmen, deren Aktien in Großbritannien notiert sind, auch die britischen Veröffentlichungspflichten befolgen müssen. Hinter der Forderung nach Ad-hoc-Publizität steht der Wunsch nach einer zeitnahen Information über mögliche Einschnitte im Geschäftsverlauf einer Aktiengesellschaft. In der Flut von jährlich mehr als 3000 Mitteilungen, der die Anleger in Deutschland inzwischen ausgesetzt sind, ist jedoch eher das Gegenteil eingetreten: Wegen ihrer vorgeblichen Bedeutung sind die Ad-hoc-Mitteilungen vielerorts zu einem Werbeinstrument verkommen.

Das Wertpapierhandelsgesetz enthält eine weitere wichtige Informationspflicht, nämlich die Bekanntgabe von Beteiligungshöhen an börsennotierten Gesellschaften. Wer bei Aktientransaktionen die Schwellen von 5 Prozent, 10 Prozent, 20 Prozent, 50 Prozent oder 75 Prozent der Stimmrechte über- oder unterschreitet, hat dies binnen sieben Kalendertagen dem Unternehmen sowie dem Bundesaufsichtsamt für den Wertpapierhandel in Frankfurt zu melden und die genaue Höhe seines Stimmrechtsanteils anzugeben. Die Aktiengesellschaft ihrerseits ist innerhalb von neun Kalendertagen zur Unterrichtung der Öffentlichkeit verpflichtet. Die Meldepflicht greift im Falle von Zu- und Verkäufen, ist aber natürlich vor allem ein Mittel, um das frühere heimliche „Anpirschen" eines Übernahmeinteressenten zu vereiteln. Demselben Zweck dient die Bestimmung, dass indirekt (etwa über ein Tochterunternehmen) oder treuhänderisch verwaltete Stimmrechte der Beteiligung hinzuzurechnen sind. Gemeldet werden müssen allein die Stimmrechte an Aktiengesellschaften des Amtlichen Handels, Meldepflichtiger ist dagegen jedermann, also auch eine vermögende Privatperson, die sich in ein Unternehmen einkauft. Befreiungsmöglichkeiten von der Berichtspflicht gibt es nur für Finanzdienstleister, die an einer Börse der Europäischen Union oder des Europäischen Wirtschaftsraums zum Handel zugelassen sind.

15. Kleinaktionäre und institutionelle Investoren

Der Vorteil einer Aktiengesellschaft (AG) besteht unter anderem darin, dass sie auf relativ einfache Weise, in der Regel über die Börse, Kapital bündeln kann. Die Aktionäre, die Eigentümer einer AG, können sich ihrerseits auch leicht wieder aus ihrem Engagement zurückziehen. Ist ein Anteilseigner mit seinem Unternehmen unzufrieden, erteilt er seiner Bank

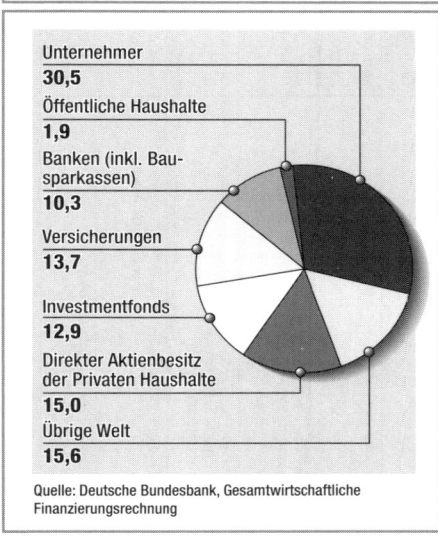

**Aktionärsstruktur
in Deutschland**
Angaben in Prozent (Ende 1998)

Unternehmer
30,5

Öffentliche Haushalte
1,9

Banken (inkl. Bau-
sparkassen)
10,3

Versicherungen
13,7

Investmentfonds
12,9

Direkter Aktienbesitz
der Privaten Haushalte
15,0

Übrige Welt
15,6

Quelle: Deutsche Bundesbank, Gesamtwirtschaftliche
Finanzierungsrechnung

einen Verkaufsauftrag: Von einem Tag auf den anderen vermag er sich von seinem Eigentum zu trennen.

Das Recht des jederzeitigen Verkaufs ist die schärfste Waffe eines Aktionärs. Aber auch für die Dauer seines Aktienbesitzes ist er mit Rechten und Kontrollmöglichkeiten ausgestattet. Einmal im Jahr müssen Vorstand und Aufsichtsrat (sie bilden zusammen „die Verwaltung" einer AG) in der Hauptversammlung den Eigentümern Rede und Antwort stehen. Alle fünf Jahre wählen diese ihre Vertreter im Aufsichtsrat; die Arbeitnehmer tun dasselbe in einem getrennten Verfahren (siehe hierzu das Kapitel über die Mitbestimmung). Der Aufsichtsrat wiederum kontrolliert den im Tagesgeschäft eigenverantwortlich tätigen Vorstand. Dieses sogenannte „Trennsystem" ist keineswegs überall verbreitet. In der angelsächsischen Welt zum Beispiel werden beide Funktionen von einem einheitlichen „Board" wahrgenommen.

■ **Aktionäre, Vorstand und Aufsichtsrat in der Hauptversammlung**

Die Anteilseigner in einer Aktiengesellschaft haben zahlreiche Rechte. Die Pflichten sind dagegen vergleichsweise gering und schnell aufgezählt. Die Hauptpflicht des Aktionärs besteht in der Erfüllung seiner Einlagepflicht, der er mit der Bezahlung der von ihm erworbenen Wertpapiere nachkommt. Soweit Aktionäre gesetzwidrig Zahlungen von der Gesellschaft erhalten haben, haften sie den Gläubigern persönlich für die Schulden der AG. Ansonsten können sie höchstens einen „Totalverlust" ihrer Aktien erleiden. Dies geschieht dann, wenn das Unternehmen in einer Insolvenz untergeht.

Die Liste der Rechte, die in der Hauptversammlung wahrgenommen werden können, ist um einiges länger. Sie umfasst „Verwaltungsrechte" wie das Teilnahme- und Auskunftsrecht sowie das Stimmrecht in der Aktionärs-

Aktionärsrechte im europäischen Vergleich

	Einberufungsfrist HV	Regelung für ausländische Aktionäre	Stimmrechtsvertretung ohne Einschränkungen möglich?	Beschlußfähigkeit der HV	Gegenanträge möglich?	Erweiterung der Tagesordnung möglich?
Belgien	zwei Wochen	Antrag auf persönliche Benachrichtigung	grundsätzlich ja	ordentl. HV: kein Quorum; bei ao. HV muß mindestens Hälfte des Grundkapitals anwesend sein	nein	nein
Dänemark	höchstens vier Wochen, spätestens acht Tage	in der Regel keine, abweichende Regelungen per Satzung möglich	grundsätzlich ja; Einschränkungen per Satzung möglich	keine Regelung über Quorum	nein	für jeden Aktionär per schriftlichen Antrag möglich
Deutschland	mindestens ein Monat vorher	Unterlagen auf Anfrage; in der Praxis Versendung der Einladung über Depotbanken	ja, durch Vollmacht des Aktionärs	kein Quorum erforderlich	ja, innerhalb einer Woche nach Einberufung	ja, wenn Minderheit 5 % am Grundkapital oder 500 000 € erreicht
Frankreich	Tagesordnung: 30 Tage vorher; Termin in der Regel 15 Tage vorher	Unterlagen auf Anfrage	nein, nur Ehegatten oder andere Aktionäre; Vertretung muß vorher angezeigt werden	ein Viertel des Grundkapitals muß auf HV vertreten sein	nein	möglich vor Einberufung der HV, wenn Minderheit zwischen 0,5 und 5 % am Grundkapital besitzt
Großbritannien	persönliche Benachrichtigung 20 Tage vor HV; per Satzung auch Einladung per Post möglich	Unterlagen auf Anfrage	grundsätzlich ja, aber Vollmacht muß 48 Stunden vor HV vorliegen	mindestens zwei Aktionäre müssen anwesend sein	nein, aber Aktionäre können Änderungsantrag zu einzelnen Tagesordnungspunkten machen	Minderheit muß über mindestens 20 % der Stimmen verfügen[2]
Irland	21 Tage vorher durch persönliche Ladung	ja, auf Anfrage und soweit Aktionär im Aktienbuch eingetragen ist	grundsätzlich ja, aber Vollmacht muß 48 Stunden vor HV vorliegen und Vertreter muß namentlich benannt werden	mindestens zwei (nur private „companies") bzw. drei Aktionäre müssen anwesend sein	nein, aber Aktionäre können Änderungsantrag zu einzelnen Tagesordnungspunkten machen	nicht möglich, aber Minderheit von 10 % am Grundkapital kann ao. HV einberufen
Italien	mindestens 15 Tage vorher	ja, Zusendung möglich	ja, aber Vertretung durch AG-Angestellte, Wirtschaftsprüfer oder Bankangestellte nicht möglich[3]	nur bei erster HV, danach entfällt Quorum	nein	nein, aber Minderheit von mindestens einem Drittel des Grundkapitals kann Vertagung der HV beantragen
Luxemburg	mindestens 16 Tage vor HV; bei Namensaktien: persönliche Einladung acht Tage vor HV	keine besonderen Regelungen	grundsätzlich ja, Einschränkungen per Satzung möglich	bei ordentlicher HV kein Quorum	nein	nein, aber Minderheiten von mindestens 20 % des Grundkapitals kann Vertagung der HV beantragen
Niederlande	mindestens 15 Tage	Antrag auf Aufnahme in Adreßliste möglich, dann aber oft nur Zusendung des Geschäftsberichts	ja, per schriftlicher Vollmacht	in der Regel kein Quorum; abweichende Bestimmungen per Satzung möglich	nein	nein
Österreich	mindestens 14 Tage, Tagesordnung mindestens sieben Tage	keine besonderen Regelungen	ja, per schriftlicher Vollmacht	in der Regel kein Quorum; abweichende Bestimmungen per Satzung möglich	nein	ja, wenn Minderheit 5 % des Grundkapitals hält (abweichende Regelung per Satzung möglich)
Portugal	mindestens einen Monat[1]	keine besonderen Regelungen	nein, nur durch Ehegatten/direkte Verwandte oder andere Aktionäre; Vertretung muß Sitzungsleiter angezeigt werden	kein Quorum erforderlich	ja, wenn Minderheit 5 % am Grundkapital vertritt	ja, wenn Minderheit 5 % des Grundkapitals hält
Spanien	mindestens 15 Tage	Anforderung beim Vorsitzenden des Verwaltungsrates möglich	ja	nur bei erster HV muß mindestens ein Viertel des Grundkapitals vertreten sein	nein	nicht möglich, aber Minderheit von 5 % des Grundkapitals kann ao. HV einberufen

1) bei Versand per Einschreiben 21 Tage;
2) mindestens 100 Aktionäre, die im Schnitt mindestens 100 £ für ihre Anteile bezahlt haben;
3) zusätzlich Größenbeschränkungen: bei Gesellschaftskapital von bis zu 10 Mrd. Lit kann eine Person nicht mehr als 50 Aktionäre vertreten; 10 bis 50 Mrd. Lit: 100 Aktionäre; mehr als 50 Mrd. Lit: 200 Aktionäre.

Quelle: Deutsche Schutzvereinigung für Wertpapierbesitz.

versammlung. Hierbei gilt das Prinzip „jede Aktie eine Stimme". Hat ein Unternehmen neben Stammaktien mit Stimmrecht noch Vorzugsaktien ohne Stimmrecht ausgegeben, müssen diese zum Ausgleich mit einem höheren Dividendenanspruch ausgestattet sein. Darüber hinaus besitzt jeder Aktionär das Recht zur Anfechtung von Beschlüssen der Hauptversammlung, das allerdings vor Gericht eingeklagt werden muss. Nicht weniger wichtig sind die „Vermögensrechte". Hierzu gehören das Recht auf Dividende, also auf einen Anteil am Gewinn, den das Unternehmen im Geschäftsjahr erwirtschaftet hat, sowie auf den Bezug neuer Aktien im Falle einer Kapitalerhöhung. Wird das Unternehmen durch Beschluss der Hauptversammlung aufgelöst, hat jeder Aktionär entsprechend der Zahl seiner Aktien Anspruch auf den „Liquidationserlös".

Es verwundert immer wieder, in welch geringem Maße die Aktionäre insbesondere von ihrem Auskunftsrecht Gebrauch machen. Dabei können sie dies nur in der Hauptversammlung tun; während des Geschäftsjahres müssen Vorstand und Aufsichtsrat nur ihrer allgemeinen Publizitätspflicht nachkommen, nicht aber eventuelle Anfragen einzelner Aktionäre beantworten. Die Aussprache in der Hauptversammlung soll sich auf Punkte beschränken, die die Gesellschaft unmittelbar betreffen. Die Defizite in der deutschen „Aktionärsdemokratie" führen aber dazu, dass Hauptversammlungen, trotz einiger hoffnungsvoller Tendenzen im Zeichen des „Shareholder Value", immer noch viel zu oft ihrem eigentlichen Zweck nicht gerecht werden. Sie schwanken zwischen Pilgerfahrten ansonsten desinteressierter Anteilseigner zu den vorbereiteten Mittagsbüffets und verbalen Kreuzzügen von Weltverbesserern, die sich schon mit einer Aktie ein Podium für ihre Deklamationen verschaffen, seien es Fragen der Atomenergie oder der Gesundheitspolitik.

■ Die Entscheidungsgewalt der Hauptversammlung

Die Feststellung des Jahresabschlusses einer Aktiengesellschaft, mit dem zugleich die Höhe des Jahresüberschusses und des Bilanzgewinns festgelegt wird, fällt Vorstand und Aufsichtsrat zu. Nur für den seltenen Fall, dass beide Organe die Feststellung der Hauptversammlung überlassen, kommen die Aktionäre ins Spiel. In der Kommanditgesellschaft auf Aktien ist dies anders: Hier beschließt stets die Hauptversammlung über den Rechnungsabschluss des Geschäftsjahres. Die persönlich haftenden Gesellschafter müssen dem Beschluss allerdings zustimmen. Entscheiden Vorstand und Aufsichtsrat einer AG über den Jahresabschluss, haben sie zugleich das Recht,

In der jährlichen Hauptversammlung muss der Vorstand einer AG seinen Eigentümern Rede und Antwort stehen.

einen Teil des festgestellten Überschusses, im Normalfall bis zur Hälfte, vorab in die Gewinnrücklagen einzustellen. Der Rest kann dann als Dividende ausgeschüttet werden.

Neben der Entscheidung über den Bilanzgewinn der AG (nicht des Konzerns!) und damit auch über eine eventuelle Dividende besitzt die Hauptversammlung weitere Rechte. Sie bestellt ihre Vertreter im Aufsichtsrat, wählt die Wirtschaftsprüfer und beschließt über die Entlastung von Vorstand und Aufsichtsrat. Bis in die jüngste Zeit sind die Wahlen zum Aufsichtsrat und die der Wirtschaftsprüfer allerdings mehr oder weniger Erklärungen der Zustimmung zu den Vorschlägen der Verwaltung gewesen. Inzwischen nehmen die Aktionäre die Vorschläge manchmal etwas kritischer unter die Lupe. Die Verweigerung einer Entlastung ist ein öffentliches Misstrauensvotum der Versammlung, das aber keine zwingenden rechtlichen Folgen nach sich zieht.

■ Debatten zwischen Langeweile und Chaos

Wer zur Hauptversammlung eines Unternehmens geht, ist sich meist nicht der Tatsache bewusst, dass der Ablauf einer Vielfalt von Regeln unterliegt, die im Aktiengesetz aufgeführt sind. Darüber hinaus können die Gesellschaften in ihrer Satzung weitere Festlegungen treffen. Mit einer Frist von einem Monat beruft der Vorstand die jährliche Hauptversammlung ein. „Wenn das Wohl der Gesellschaft es fordert", kann auch der Aufsichtsrat ein Aktionärstreffen einberufen. Außerordentliche Hauptversammlungen können zum Beispiel bei Fusionen oder Kapitalschnitten erforderlich werden. Mit der Einberufung der Versammlung muss die Tagesordnung mit den Vorschlägen der Verwaltung zur Beschlussfassung veröffentlicht werden. Jeder Aktionär kann binnen einer Woche nach der Bekanntmachung einen Gegenantrag oder andere Wahlvorschläge der Gesellschaft mit der Aufforderung an seine Mitaktionäre übermitteln, sich seinen Anträgen anzuschließen.

Jeder Teilnehmer an einer Hauptversammlung muss nach seinem Eintreffen am Versammlungsort zunächst zu einem der Anmeldeschalter gehen. Dort wird seine Legitimation als Aktionär überprüft, die die Grundlage des Teilnehmerverzeichnisses ist. Der Aktionär erhält dann seine Stimmkarten und gegebenenfalls zusätzliches Informationsmaterial. Ein Notar wird später das Verhandlungsprotokoll beurkunden, einschließlich der Beschlüsse und Abstimmungsergebnisse.

Nach der Eröffnung der Versammlung durch den Aufsichtsratsvorsitzenden, der in der Regel der Versammlungsleiter ist, erhält meist zunächst der Vorstandsvorsitzende das Wort. Er erläutert die Entwicklung des Unternehmens, beschreibt wichtige Vorgänge, geht auf einzelne Tagesordnungspunkte ein und schildert die Zukunftsaussichten. Dann sind die Aktionäre zur Aussprache über die einzelnen Tagesordnungspunkte aufgerufen. Normalerweise melden sich zunächst die Vertreter der etablierten Aktionärsvereine zu Wort. Die weitere Debatte kann erhellend, aber auch ermüdend werden, da Hauptversammlungen gerne von wichtigtuerischen Dauerrednern als Forum benutzt werden. Andere Anteilseigner greifen vereinzelt zu Obstruktionstaktiken, um ihren Anliegen Nachdruck zu verschaffen. In solchen Fällen hat der Versammlungsleiter das Recht, zum Beispiel eine Redezeitbeschränkung zu verhängen.

Erregte Diskussionen können aufflammen, wenn der Vorstand eine wichtige Frage nicht beantwortet. Er darf eine Auskunft nach dem Gesetz zum Beispiel dann verweigern, wenn sie „nach vernünftiger kaufmännischer Beurteilung geeignet ist, der Gesellschaft oder einem verbundenen Unternehmen einen nicht unerheblichen Nachteil zuzufügen". Das ist ein Gummiparagraf mit großem Interpretationsspielraum. Oft regt sich bei Aktionären der Verdacht, der Vorstandsvorsitzende berufe sich auf den

Paragrafen nur deshalb, weil ihm eine öffentliche Erörterung der Frage aus persönlichen Gründen oder mit Rücksicht auf ein anderes Mitglied von Vorstand oder Aufsichtsrat peinlich ist. Der Fragesteller kann dann Widerspruch zu Protokoll geben. Dies eröffnet ihm die Möglichkeit, die Gründe für die Auskunftsverweigerung später gerichtlich überprüfen zu lassen. Darüber hinaus hat der Aktionär das Recht, von seinem Unternehmen eine Abschrift seines Debattenbeitrags mit der Antwort der Verwaltung einzufordern.

Mehrheiten und Minderheiten

Für die Beschlussfassung ist im Normalfall die Mehrheit der Stimmen ausreichend. Der Begriff Mehrheit bezieht sich dabei nicht auf mehr als 50 Prozent des gezeichneten Kapitals, sondern der in der Hauptversammlung abgegebenen Stimmen. Daneben gibt es Minderheitenrechte, für deren Durchsetzung eine geringere Quote von fünf oder zehn Prozent des Kapitals genügt. Im internationalen Vergleich gesehen ist der Minderheitenschutz, den das deutsche Aktiengesetz gewährt, relativ groß.

Schon Aktionäre, die fünf Prozent oder 500 000 Euro des gezeichneten Kapitals einer Aktiengesellschaft repräsentieren, können in bestimmten Fällen eine Hauptversammlung erzwingen. Dies geschah zum Beispiel im Verlauf des Übernahmeversuch des deutschen Reifenherstellers Continental durch den italienischen Konkurrenten Pirelli im Jahr 1991. Zu den Gegenständen, bei denen eine Minderheit von zehn Prozent oder eine Million Euro Grundkapital genügt, gehört der gerichtliche Antrag auf Bestellung eines Sonderprüfers. Sie kann dann verlangt werden, wenn beispielsweise der Verdacht vorliegt, dass in der Führung der Geschäfte Gesetz oder Satzung grob verletzt worden sind. Ein Beispiel für diesen Minderheitenschutz ist die denkwürdige Hauptversammlung bei BMW im Dezember 1959: Damals hat ein solcher Beschluss von Kleinaktionären verhindert, dass die Daimler-Benz AG den Konkurrenten übernehmen konnte. In der Praxis spielt die gerichtliche Sonderprüfung aber nur eine untergeordnete Rolle. Entweder unterläuft die Verwaltung einen solchen Vorstoß, indem sie ihrerseits freiwillig eine Sonderprüfung in Gang setzt. Und landet das Anliegen tatsächlich vor Gericht, verheddern sich die Parteien leicht in langwierigen juristischen Auseinandersetzungen. Zehn Prozent beträgt auch die Quote zur Geltendmachung von Ersatzansprüchen. Eine Minderheit von fünf Prozent oder 500 000 Euro kann gegen eine übermäßige Bildung von Gewinnrücklagen zum Nachteil einer höheren Ausschüttung vorgehen.

Über Fragen der Geschäftsführung darf die Hauptversammlung nur entscheiden, wenn der Vorstand dies wünscht. Dann allerdings muss er dem Beschluss folgen. Bei schwerwiegenden Eingriffen in die Rechte und Interessen der Aktionäre ist der Vorstand sogar verpflichtet, eine Entscheidung der Hauptversammlung herbeizuführen. Gegenüber gesetz- und satzungswidrigen Beschlüssen des Aktionärstreffens hat der anwesende Aktionär, sofern er Widerspruch zu Protokoll gibt, ein gerichtlich durchzusetzendes Anfechtungsrecht. Auch die nicht erschienenen Anteilseigner können das Recht wahrnehmen, wenn der Beschluss geeignet ist, einem Aktionär Sondervorteile zu verschaffen. Ein Beispiel wäre das Bezugsrecht bei einer Kapitalerhöhung allein für einen Mehrheitsaktionär. Das Klagerecht entfällt, wenn der Beschluss den anderen Aktionären einen angemessenen Ausgleich für ihren Schaden gewährt.

Die Minderheitsrechte umfassen des weiteren die Bestellung eines „besonderen Vertreters" der Aktionäre im Rang eines Vorstandsmitglieds. Er soll die Durchsetzung von Schadenersatzansprüchen sicherstellen, die möglicherweise gegen Organmitglieder der Aktiengesellschaft, aber auch gegen Außenstehende wie Kreditinstitute oder Wirtschaftsprüfer erhoben werden müssen. Hier könnten Vorstand und Aufsichtsrat befangen sein, sodass der Gesetzgeber die Notwendigkeit einer speziellen Regelung gesehen hat. Selbst wenn die Hauptversammlung, wie im März 2000 bei dem mit Milliardenverlusten kämpfenden Baukonzern Philipp Holzmann, die Einsetzung eines „besonderen Vertreters" ablehnt, können die Aktionäre, die mindestens zehn Prozent des gezeichneten Kapitals oder eine Million Euro vertreten, vor Gericht durchsetzen. Der Amtsrichter muss allerdings prüfen, ob die Unternehmensleitung tatsächlich den Eindruck erweckt, die Ansprüche nicht mit dem notwendigen Nachdruck zu betreiben. Schon fünf Prozent der Aktionäre reichen für den Antrag vor Gericht aus, wenn der dringende Verdacht besteht, „dass der Gesellschaft durch Unredlichkeit oder grobe Verletzungen des Gesetzes oder der Satzung Schaden zugefügt wurde".

Eine Mehrheit von 75 Prozent des vertretenen Kapitals erfordern andererseits alle Beschlüsse, mit denen die Satzung, das „Grundgesetz" einer Aktiengesellschaft, geändert wird. Eine solche „qualifizierte Mehrheit" ist ferner dem Grunde nach für Kapitalerhöhungen oder – im Fall einer Sanierung – für Kapitalherabsetzungen (Kapitalschnitte) und natürlich für den Beschluss zur Auflösung des Unternehmens erforderlich. Des Weiteren gehören hierzu der Abschluss von Beherrschungs- und Gewinnabführungsverträgen, die ein Mehrheitsaktionär anstrebt, einschließlich eines Abfindungsangebots an die übrigen Aktionäre sowie (so der Bundesgerichtshof 1982 in seiner umstrittenen „Holzmüller-Entscheidung) „Strukturentscheidungen" wie die Eingliederung oder Ausgliederung wichtiger Teilbetriebe. Das Zusammengehen mit einem anderen Unternehmen zählt gleichfalls zu den bedeutenden Grundsatzentscheidungen. Das Erfordernis einer 75-Prozent-Mehrheit bedeutet umgekehrt, dass ein Aktionär, der über mehr als 25 Prozent der Stimmrechte verfügt, eine „Sperrminorität", sozusagen den Fuß in der Tür hat.

■ Das Depotstimmrecht

Wer seine Aktien im Depot einer Bank hält, und dies ist der Normalfall, kann diese mit der Wahrnehmung seiner Stimmrechte in der Hauptversammlung beauftragen. Dahinter steht die Erkenntnis, dass die meisten Aktionäre weder die Zeit noch die Lust haben, persönlich zu erscheinen. Die Kreditinstitute treten auf diese Weise mit vielen Stimmkarten in den Aktionärstreffen auf. Zusammen mit ihren Fondsgesellschaften, die als Sammelstellen von großen und kleinen Anlegern ebenfalls bedeutende Aktienpakete halten, üben sie einen bedeutenden Einfluss aus. Das „Depotstimmrecht", obwohl auf einer freiwilligen Stimmübertragung beruhend, hat viel Kritik auf sich gezogen. Es gilt als Teil der „Deutschland AG", jener Verwobenheit von Industrie und Finanzwelt, die die Wirtschaft zu einer „Festung" gegen auch heilsame Veränderungen von außen macht. Die Banken ihrerseits haben das Depotstimmrecht stets als lästige Pflicht dargestellt und verwenden daher lieber den sachlich zutreffenderen Begriff „Vollmachtstimmrecht". Das Unbehagen am Depotstimmrecht ist groß. Andererseits stellt es sicher, dass in den Hauptversammlungen nicht gegebenenfalls eine kleine Minderheit ihre Vorstellungen durchsetzt, denn es ist schon gesagt worden: In den Abstimmungen zählt allein die Stimmenmehrheit. Zur Ausübung des Stimmrechts muss die Bank die Weisung der Aktionäre einholen: Sie legt ihnen zu jedem Tagesordnungspunkt einen Vorschlag für das Abstimmungsverhalten vor. Erteilt der Anteilseigner keine besondere Weisung, ist das Kreditinstitut an seine eigenen Vorschläge gebunden. Diese gehen allerdings meist mit den Vorschlägen von Vorstand und Aufsichtsrat konform.

■ Opposition und Obstruktion

Die Rollenverteilung in einer Hauptversammlung ist in den meisten Fällen relativ klar. Vorstand und Aufsichtsrat haben sich zuvor der Unterstützung ihrer Großaktionäre (soweit vorhanden) versichert, zumal diese meist im Aufsichtsrat vertreten sind. Hinzu kommen die Depotbanken, die nur in Ausnahmefällen den Vorschlägen der Verwaltung ihre Zustimmung versagen. Daher sind Mehrheiten von mehr als 95 bis fast 100 Prozent in deutschen Hauptversammlungen die Regel. Die etablierten Aktionärsvereinigungen, allen voran die Deutsche Schutzvereinigung für Wertpapierbesitz und die Schutzgemeinschaft der Kleinaktionäre, spielen mit ihren vergleichsweise kleinen Stimmpaketen die Rolle der „loyalen Opposition". Aber daneben gibt es immer wieder Einzelkämpfer, die „aus der Reihe tanzen". Dies können Wissenschaftler sein, die das Zahlenwerk der Gesellschaft genau unter die Lupe genommen haben, Fondsgesellschaften, die im Zeichen des „Shareholder Value" mehr Wertsteigerung anmahnen, und darüber hinaus Belegschaftsaktionäre mit speziellen Arbeitnehmeranliegen, Weltverbesserer, politische Agitatoren und egozentrische Selbstdarsteller.

Alle diese Gruppen nutzen den Ort der jährlichen Aussprache in einer AG. Dabei kann immer wieder beobachtet werden, dass sich die Verwaltung den ihr genehmen Aktionären gegenüber relativ großzügig zeigt, selbst wenn sie nicht, wie vom Gesetz verlangt, zu den Punkten der Tagesordnung reden. Andererseits lassen einzelne Aktionäre schnell die „gute Kinderstube" vermissen und ergehen sich in Polemik und sogar in persönlichen Beleidigungen. Wirklich von Schaden sind jene Hauptversammlungsteilnehmer, die dort ihren „Lästigkeitswert" erproben. Ein Beispiel ist jener Versender von Werbeartikeln, der als Dauerredner auftrat, wenn die Gesellschaft nicht zuvor einen größeren Posten seiner Artikel geordert hatte. Für Schlagzeilen sorgen immer wieder jene Aktionäre, die gegen geplante Unternehmenszusammenschlüsse (als Fusionen oder Gemeinschaftsunternehmen) zunächst in Hauptversammlungen und dann vor Gericht zu Felde ziehen. Ausgestattet mit nur wenigen Aktien, fechten sie die Beschlüsse in der Substanz an. Dies ist das gute Recht jedes Aktionärs, obwohl es zum Beispiel eine Fusion lange verzögern kann. Denn der Beschluss darf dem Grunde nach nicht in das Handelsregister eingetragen werden und wird damit nicht wirksam – anders als im „Spruch(stellen)verfahren", in dem das Gericht auf Antrag nur die Höhe eines Abfindungsangebots an die verbleibenden Aktionäre überprüft. Kriminelle Dimensionen erreichten die Aktivitäten der „Fundamentalopponenten" dann, als ihnen Sondervergünstigungen in Aussicht gestellt wurden und sie daraufhin ihre Anträge so schnell zurückzogen, wie sie sie gestellt hatten. Hier bietet inzwischen das Umwandlungsgesetz von 1994 einen Ausweg, indem unter gewissen Voraussetzungen die Verschmelzung auch bei noch bestehenden Klagen eingetragen werden kann – so geschehen zum Beispiel beim Zusammenschluss von Thyssen und Krupp.

■ Im Zeichen des Shareholder Value

Mehr als 70 Prozent des deutschen Aktienkapitals sind in großen Konzernen gebunden. Viele Unternehmen besitzen einen industriellen Mehrheitsaktionär, der dann auch auf den Hauptversammlungen den Ton angibt. Weitere große Stimmenpakete liegen bei Depotbanken. Immer stärker in den Vordergrund schieben sich allerdings die so genannten institutionellen Investoren. Dies geht vor allem zu Lasten der Kleinaktionäre. Der Grund ist einfach. Angesichts einer immer größeren Vielfalt an der Börse und der zunehmenden Beliebtheit des Aktiensparens vertraut ein immer größerer Teil der Bevölkerung ihr Geld professionellen Vermögensverwaltern an – den Investmentfonds, die alle Banken und eine Vielzahl anderer Finanzdienstleister anbieten. Sie sind ein wichtiger Teil der institutionellen Investoren. Zur Gruppe dieser Großanleger gehören des Weiteren Versicherungen, Pensionsfonds und Kapitalbeteiligungsgesellschaften. Gerade die institutionellen Investoren stehen unter besonderem Druck, für ihre Klientel das Bestmögliche aus den Unternehmen herauszuholen. Das Einfordern des „Shareholder Value" zielt dabei nicht, wie immer wieder behauptet wird, auf kurzfristiges „Zocken" an der Börse und auf einen möglichst weit reichenden Abbau von Arbeitsplätzen. Es geht vielmehr um eine andauernde und langfristige Wertsteigerung. Die darüber entstehende Diskussion könnte Hauptversammlungen theoretisch aufwerten.

Vor großen Hoffnungen sei allerdings gewarnt. Gerade institutionelle Anleger suchen in erster Linie den direkten Kontakt mit den Vorständen, obwohl solche Verbindungen schnell der Gleichbehandlung aller Aktionäre und sogar den Insidergesetzen zuwiderlaufen können. Dies ist beileibe nicht nur ein deutsches Problem. Arthur Levitt, der Vorsitzende der mächtigen amerikanischen Börsenaufsicht, bezeichnete im Oktober 1999 „die Versorgung der Analysten mit wichtigen, noch nicht veröffentlichten Informationen als Schandfleck auf unseren Finanzmärkten". Die Unternehmen ihrerseits suchen nämlich zunehmend den ständigen Dialog mit wichtigen Aktionären, Unternehmensanalysten und Finanzdienstleistern. Sie richten Abteilungen für „Investor Relations" ein und etablieren auf diese Weise eine „permanente Hauptversammlung".

■ Hauptversammlungen im Zeichen des Internet

Der Einladung zur Hauptversammlung der Daimler-Chrysler AG im April 2000 lag ein vierseitiger Antwortbogen bei. Danach hatte der Aktionär die Wahl: Er konnte für sich selbst oder für einen Bevollmächtigten Teilnahmekarten bestellen. Er hatte außerdem die Möglichkeit, zwei von der Gesellschaft Bevollmächtigten, einem Kreditinstitut oder einer Aktionärsvereinigung Weisungen zum Abstimmungsverhalten zu geben. Die eigentliche Überraschung lag allerdings in der Möglichkeit für die 1,8 Millionen Anteilseigner in aller Welt, ihre Weisungen an die Stimmrechtsvertreter über das Internet zu erteilen. Damit hatte Daimler-Chrysler der „virtuellen Hauptversammlung" in Deutschland den Boden bereitet.

Allerdings konnte der Aktionär im Frühjahr 2000 noch nicht unmittelbar während der Veranstaltung seine Stimme abgeben. Aus rechtlichen Gründen geht dies nur bis zwei Tage vor der Hauptversammlung. Auch die grundsätzliche Vollmacht zur Stimmabgabe muss vorab und überdies in schriftlicher Form übermittelt werden. Die grundsätzliche Stimmrechtsvollmacht und/oder die direkte Abstimmung über das Internet wird erst nach einer entsprechenden Gesetzesänderung möglich sein, die für das Jahr 2001 geplant ist.

Schon jetzt übertragen viele Gesellschaften ihre Hauptversammlungen über das Internet. Weitere Maßnahmen bedürfen gesetzlicher Änderungen. Dies betrifft zum Beispiel die Einladung mit Tagesordnung und Gegenanträgen, die bisher den Aktionären über die „Gesellschaftsblätter" wie den Bundesanzeiger und über die Depotbanken, auf jeden Fall also schriftlich übermittelt werden. Diese Bestimmung könnte durch die Möglichkeit der Veröffentlichung im Netz und an jeden Aktionär über E-Mail ergänzt werden. Ebenso wäre das Erfordernis der direkten Anwesenheit des Aktionärs oder seines Vertreters in der Hauptversammlung für Fragen, Redebeiträge und Abstimmungen durch die elektronische Komponente zu ergänzen. Dass dabei die schwierige Frage der „elektronischen Signatur" zur Identifikation der Frage- und Abstimmungsberechtigten zweifelsfrei gelöst werden müsste, versteht sich von selbst.

16. Die Mitbestimmung

■ Geschichte und Begriff

Die Versuche, den Arbeitnehmern Möglichkeiten der Einflussnahme in Betrieb und Unternehmen zu eröffnen, reichen zurück bis ins 19. Jahrhundert. Erste gesetzliche Regelungen finden sich bereits in der Gewerbeordnungsnovelle von 1891. Im internationalen Vergleich gilt Deutschland heute als das Land mit den meisten Mitbestimmungsgesetzen. Zahlreiche Vorschriften stellen sicher, dass die Arbeitnehmer über Veränderungen im Betrieb informiert und an Entscheidungen beteiligt werden. Die heutige Mitbestimmung ist vor allem geregelt im Gesetz über die Mitbestimmung der Arbeitnehmer in den Unternehmen der Montanindustrie (Montanmitbestimmungsgesetz) von 1951, im Betriebsverfassungsgesetz in seinen unterschiedlichen Fassungen und im Gesetz über die Mitbestimmung der Arbeitnehmer, das 1976 nach langwierigen Auseinandersetzungen verabschiedet wurde. Weitere Vorschriften sind enthalten im Montan-Mitbestimmungsergänzungsgesetz, wonach Unternehmen auch dann noch für eine Übergangszeit unter die Mitbestimmungsvorschriften der Montanindustrie fallen, wenn sie diesem Sektor (Produktion von Eisen, Stahl und Kohle) nicht mehr zuzurechnen sind. Die Mitbestimmung der leitenden Angestellten richtet sich nach dem Sprecherausschussgesetz von 1988. Gegenwärtig wird an einer Novellierung des Betriebsverfassungsgesetzes gearbeitet. Ziel ist es, die betriebliche Mitbestimmung dem Wandel der Arbeitswelt, etwa der Entwicklung neuer Beschäftigungsformen wie der Telearbeit, anzupassen. Immer bedeutsamer werden auch die Vorgaben des europäischen Rechts. Wichtig ist hier etwa die Richtlinie über den europäischen Betriebsrat, die in Deutschland durch das Gesetz über Europäische Betriebsräte in nationales Recht umgesetzt wurde. Danach müssen in Unternehmen, die gemeinschaftsweit – also in mehreren Mitgliedstaaten der europäischen Union – tätig sind, europäische Betriebsräte errichtet oder Verfahren vereinbart werden, welche die Unterrichtung und Anhörung der Arbeitnehmer sicherstellen.

Der Begriff der Mitbestimmung ist nicht eindeutig definiert und wird dementsprechend in unterschiedlichem Sinne verwandt. Allgemein lässt sich die Mitbestimmung umschreiben als Teilnahme der Arbeitnehmer oder ihrer Vertreter am Willensbildungs- und Entscheidungsprozess im Unternehmen. Der Grad der Einflussnahme variiert und reicht von der bloßen Unterrichtung über die Anhörung, Beratung und Zustimmung bis hin zur Mitbestimmung, bei der Arbeitgeber und Arbeitnehmer Entscheidungen nur gemeinsam treffen können. Die Mitbestimmung kann sich sowohl auf den Betrieb beziehen als auch auf die Ebene des Unternehmens.

Mitbestimmung im Betrieb – Das Betriebsverfassungsgesetz

Das Betriebsverfassungsgesetz will sicherstellen, dass Arbeitgeber und Arbeitnehmer im Betrieb partnerschaftlich zusammenarbeiten. Paragraf 2 fasst dies in die Worte: „Arbeitgeber und Betriebsrat arbeiten unter Beachtung der geltenden Tarifverträge vertrauensvoll und in Zusammenarbeit mit den im Betrieb vertretenen Gewerkschaften und Arbeitgebervereinigungen zum Wohl der Arbeitnehmer und des Betriebs zusammen." Das Gesetz regelt die Rechte des einzelnen Arbeitnehmers an seinem Arbeitsplatz und die Mitbestimmung auf der betrieblichen Ebene durch Betriebsrat sowie Jugend- und Auszubildendenvertretung. In seiner Fassung von 1952, die nach der Novellierung im Jahr 1972 in Teilen weitergilt, ordnet das Gesetz zudem die Mitbestimmung der Arbeitnehmer im Aufsichtsrat von Aktiengesellschaften und GmbHs, die zwischen 500 und 2000 Arbeitnehmer beschäftigen.

Zentrales Vertretungsorgan der Arbeitnehmer ist der Betriebsrat. Er wacht darüber, dass Gesetze, Verordnungen, Tarifverträge und Betriebsvereinbarungen, die zugunsten der Mitarbeiter bestehen, eingehalten werden. Außerdem nimmt er die Interessen der Beschäftigten gegenüber dem Arbeitgeber wahr. Mindestens einmal im Monat soll er zu einer Besprechung mit dem Arbeitgeber zusammenkommen. Maßnahmen des Arbeitskampfes zwischen Arbeitgeber und Betriebsrat sind unzulässig; tarifliche Auseinandersetzungen bleiben den Tarifparteien vorbehalten. Auf diese Weise soll der Friede in den Betrieben gewahrt werden. Einmal in jedem Kalendervierteljahr muss der Betriebsrat eine Betriebsversammlung einberufen, in der er die Belegschaft über seine Tätigkeit informiert. Die Versammlung findet während der Arbeitszeit statt. An ihr kann auch der Arbeitgeber teilnehmen und sich dort an die Mitarbeiter wenden. Mindestens einmal im jedem Kalenderjahr muss der Arbeitgeber in der Betriebsversammlung über das Personal- und Sozialwesen sowie über die wirtschaftliche Lage und Entwicklung des Betriebs berichten.

Ein Betriebsrat wird in allen Betrieben gebildet, in denen mindestens fünf Arbeitnehmer regelmäßig beschäftigt sind. Wahlberechtigt ist, wer das 18. Lebensjahr vollendet hat; wählbar, wer darüber hinaus dem Betrieb mindestens sechs Monate angehört. Ausgeschlossen von der Wahl sind leitende Angestellte, beispielsweise Prokuristen. Die Größe des Betriebsrats richtet sich nach der Zahl der Mitarbeiter im Betrieb. Sind bis zu 20 Arbeitnehmer beschäftigt, besteht der Betriebsrat aus einer Person, während etwa Betriebe mit bis zu 5000 Arbeitnehmern 27 Räte wählen. Mitglieder des Betriebsrats genießen besonderen Kündigungsschutz. Abhängig von der Größe des Betriebs ist auch, wie viele Räte von ihrer beruflichen Tätigkeit freigestellt werden, um sich gänzlich ihren Aufgaben im Betriebsrat widmen zu können. Den übrigen Räten muss der Arbeitgeber während der Arbeitszeit ausreichend Raum geben, damit sie ihre Aufgabe als Arbeitnehmervertreter wahrnehmen können. Dazu zählen Beratungen und Sitzungen vielfältiger Art. Die erforderlichen Arbeitsmittel, also etwa Räume und Büropersonal, muss der Arbeitgeber zur Verfügung stellen. Er trägt auch die übrigen Kosten, die durch die Arbeit des Betriebsrats verursacht werden.

Die regelmäßigen Betriebsratswahlen finden im Abstand von vier Jahren in der Zeit von März bis Mai statt. Wahlvorschläge können neben den Arbeitnehmern auch die im Betrieb vertretenen Gewerkschaften machen. Gewählt wird in geheimer und unmittelbarer Wahl, also ohne Zwischenschaltung von Wahlmännern. Arbeiter und Angestellte wählen ihre Vertreter in getrennten Wahlgängen. Wird gegen wesentliche Rechtsvorschriften verstoßen, kann die Wahl binnen zwei Wochen nach der Bekanntgabe des Ergebnisses beim Arbeitsgericht angefochten werden. Dazu sind sowohl die Arbeitnehmer als auch die im Betrieb vertretenen Gewerkschaften und der Arbeitgeber berechtigt. Die Kosten der Wahl trägt der Arbeitgeber. Gibt es in einem Unternehmen mehrere Betriebe, so werden aus den dort bestehenden Betriebsräten Vertreter in einen Gesamtbetriebsrat entsandt. Der Gesamtbetriebsrat ist zuständig für Angelegenheiten, die das Gesamtunternehmen betreffen und nicht in den einzelnen Betrieben geregelt werden können. Er ist den Betriebsräten aber nicht übergeordnet. In Konzernen kann außerdem ein Konzernbetriebsrat gebildet werden, der sich aus Vertretern der Gesamtbetriebsräte zusammensetzt.

Seine Mitwirkungs- und Mitbestimmungsrechte übt der Betriebsrat vor allem auf drei Gebieten aus: den sozialen, personellen und wirtschaftlichen Angelegenheiten. Zu den sozialen Angelegenheiten zählen beispielsweise Fragen des täglichen Arbeitsbeginns und der Pausen, die Aufstellung von Entlohnungsgrundsätzen und Regelungen über die Verhütung von Arbeitsunfällen. Auch in die Gestaltung von Arbeitsplatz, Arbeitsablauf und Arbeitsumgebung wird der Betriebsrat einbezogen. Die Beteiligung in personellen Angelegenheiten umfasst die Einstellung, Ein- und Umgruppierung sowie die Kündigung von Arbeitnehmern. Eine Kündigung, die ohne vorherige Anhörung des Betriebsrats ausgesprochen wird, ist unwirksam. In wirtschaftlichen Dingen (finanzielle Lage des Unternehmens, Rationalisierungsvorhaben etc.) haben die Arbeitnehmervertreter ein Unterrichtungs- und Beratungsrecht. Über geplante Betriebsänderungen, beispielsweise die Einführung grundlegend neuer Fertigungsverfahren oder die Verlegung des Betriebs, muss der Betriebsrat „rechtzeitig und umfassend" informiert werden. Außerdem muss der Arbeitgeber über die geplanten Änderungen mit dem Betriebsrat beraten.

Finden Arbeitgeber und Betriebsrat in einer mitbestimmungspflichtigen Angelegenheit, etwa der vorübergehenden Verlängerung der betrieblichen Arbeitszeit, keine einvernehmliche Lösung, so entscheidet die Einigungsstelle. Sie ist paritätisch mit Vertretern beider Seiten und einem neutralen Vorsitzenden besetzt.

Klassisches Instrument zur Regelung betrieblicher Angelegenheiten zwischen Arbeitgeber und Betriebsrat ist die Betriebsvereinbarung. Sie gilt zwingend und unmittelbar, muss also nicht erst in Arbeitsverträge der einzelnen Beschäftigten übernommen werden. Das Arbeitsentgelt und andere Arbeitsbedingungen, die üblicherweise in Tarifverträgen geregelt werden, können allerdings nicht zum Gegenstand von Betriebsvereinbarungen gemacht werden. Dennoch kommt es immer wieder vor, dass sich Belegschaft und Unternehmensleitung beispielsweise auf eine Erhöhung der tariflich vorgegebenen Wochenarbeitszeit einigen, um den Bestand des Unternehmens und damit auch den Erhalt der Arbeitsplätze zu sichern. Solche betrieblichen „Bündnisse für Arbeit", in denen der Arbeitgeber den Mitarbeitern als Gegenleistung für den Lohnverzicht verspricht, auf Entlassungen zu verzichten, sind zahlreichen Gewerkschaften ein Dorn im Auge. In einer viel beachteten Entscheidung hat das Bundesarbeitsgericht ihnen im Frühjahr 1999 das Recht zugestanden, sich mit einem Unterlassungsanspruch gegen solche betrieblichen Abreden zu wehren, falls sie tarifvertraglichen Regelungen widersprechen. Für die betroffenen Arbeitnehmer, denen damit im Ergebnis versagt wird, durch Lohnverzicht zum Erhalt ihrer Arbeitsplätze beizutragen, dürfte dies kaum verständlich sein.

Das Betriebsverfassungsgesetz hat jedoch selbst einen – in seiner Reichweite allerdings umstrittenen – Ausweg eröffnet, der auch in zunehmendem Maße genutzt wird: Betriebsvereinbarungen über tariflich geregelte Sachverhalte sind dann möglich, wenn die Tarifverträge entsprechende Öffnungsklauseln vorsehen und damit abweichende Bestimmungen zulassen.

Das Betriebsverfassungsgesetz gilt nur eingeschränkt für Unternehmen, die überwiegend politischen, religiösen oder künstlerischen Zwecken dienen. Diese so genannte Tendenzschutzklausel erfasst auch Zeitungen und Medien. Damit soll dem Arbeitgeber ermöglicht werden, den Betrieb unbeeinflusst von der Mitbestimmung der Arbeitnehmer an seinen Überzeugungen und Zielsetzungen, der „Tendenz", auszurichten.

Keine Anwendung findet das Betriebsverfassungsgesetz auch auf Verwaltungen und Betriebe des Bundes, der Länder, der Gemeinden und sonstiger Einrichtungen des öffentlichen Rechts. Für sie gilt stattdessen das Personalvertretungsgesetz. Pendant zum Betriebsrat ist hier der Personalrat; Gegenstück zur Betriebsversammlung ist die Personalversammlung. Wegen der besonderen Bindungen der Arbeitnehmer im öffentlichen Dienst ist die Mitwirkung der Beschäftigten weniger ausgeprägt als die Mitbestimmung der Belegschaft in der Privatwirtschaft.

Die Mitbestimmung der leitenden Angestellten ist im Sprecherausschussgesetz von 1988 geregelt. Da die leitenden Angestellten vom Geltungsbereich des Betriebsverfassungsgesetzes ausgenommen sind, musste für sie eine eigenständige Regelung getroffen werden, um ihnen die Mitwirkung in personellen und wirtschaftlichen Angelegenheiten zu eröffnen. Ihre Interessen werden von einem Sprecherausschuss wahrgenommen, der im Abstand von vier Jahren zeitgleich mit dem Betriebsrat gewählt wird. Leitende Angestellte sind beispielsweise Mitarbeiter, die zur selbständigen Einstellung oder Entlassung von Beschäftigten berechtigt sind, oder über Prokura beziehungsweise Generalvollmacht verfügen.

■ Mitbestimmung im Unternehmen – das Montanmitbestimmungsgesetz

Die Mitbestimmung der Arbeitnehmer in den Aufsichtsräten von Unternehmen des Bergbaus sowie der eisen- und stahlerzeugenden Industrie ist die weitestreichende in Deutschland. In Kapitalgesellschaften, die mehr als 1000 Mitarbeiter beschäftigen, wird der Aufsichtsrat zu gleichen Teilen mit Vertretern der Anteilseigner und der Arbeitnehmer besetzt. Um Patt-Situationen zu verhindern, kommt ein weiteres Mitglied hinzu, der so genannte neutrale Mann. Je nach Grundkapital der Gesellschaft besteht der Aufsichtsrat aus 11, 15 oder 21 Mitgliedern. Die Arbeitnehmer können überdies durch den Arbeitsdirektor unmittelbar Einfluss auf die Geschäftsführung der Gesellschaft nehmen. Das Montan-Mitbestimmungsergänzungsgesetz sieht vor, dass diese besondere Mitbestimmungsform unter bestimmten Voraussetzungen auch dann noch gilt, wenn Unternehmen in einem Konzern nicht mehr ausschließlich in der Montanindustrie tätig sind. Das Gesetz ist jedoch vom Bundesverfassungsgericht im Herbst 1998 in Teilen für verfassungswidrig erklärt worden. Ohnehin verliert die Montanmitbestimmung auf Grund des Strukturwandels immer mehr an Bedeutung. Gegenwärtig unterliegen noch 45 Unternehmen in Deutschland dieser Mitbestimmungsform. (Siehe hierzu Horst-Udo Niedenhoff, Mitbestimmung in der Bundesrepublik Deutschland, 12. Auflage, Köln 2000, Seite 399.)

■ Das Mitbestimmungsgesetz von 1976

In der Praxis sehr viel wichtiger ist das Mitbestimmungsgesetz. Seine Vorschriften gelten für Kapitalgesellschaften mit mehr als 2000 Beschäftigten, sofern sie nicht zur Montanindustrie zählen. Auch in diesen Gesellschaften ist der Aufsichtsrat paritätisch mit Vertretern der Anteilseigner und der Arbeitnehmer besetzt. Anders als in montanmitbestimmten Unternehmen fehlt im Aufsichtsrat jedoch der „neutrale Mann". Stattdessen steht dem Aufsichtsratsvorsitzenden im Falle eines Patt eine zweite Stimme zu. Weil der Vorsitzende in aller Regel dem Lager der Anteilseigner entstammt, haben diese damit trotz der numerischen Parität im Aufsichtsrat eine Mehrheit. Das Gesetz war zunächst sehr umstritten. Mehrere Unternehmen, Arbeitgeberverbände und die Deutsche Schutzvereinigung für Wertpapierbesitz riefen 1977 das Bundesverfassungsgericht an, um seine Verfassungsmäßigkeit überprüfen zu lassen. Sie hielten die im Grundgesetz gewährleistete Koalitionsfreiheit für verletzt. Das Gericht folgte ihren Argumenten jedoch nicht und billigte die angegriffenen Bestimmungen des Gesetzes.

■ Das Betriebsverfassungsgesetz von 1952

In Aktiengesellschaften und Gesellschaften mit beschränkter Haftung, die mehr als 500, aber weniger als 2000 Mitarbeiter beschäftigen, richtet sich die Mitbestimmung der Arbeitnehmer nach dem Betriebsverfassungsgesetz von 1952. Danach stellen die Arbeitnehmer ein Drittel der Aufsichtsratsmitglieder. Die Arbeitnehmervertreter werden in unmittelbarer Wahl von der Belegschaft gewählt. Wahlvorschläge können vom Betriebsrat und den Mitarbeitern unterbreitet werden, nicht aber von Gewerkschaften oder dem Arbeitgeber.

17. Vom Sterben der Unternehmen – Die Insolvenz

Erfolg am Markt ist das Lebenselixier der Unternehmen. Ihre Waren und Dienstleistungen müssen Abnehmer finden. Erweisen sich die Produkte als Ladenhüter, stellen sich schnell wirtschaftliche Schwierigkeiten ein, die das Unternehmen schließlich zugrunde richten können. Knapp 27 000 Unternehmen sind nach vorläufigen Zahlen allein im Jahr 1999 in Deutschland insolvent geworden. Die Gründe sind vielfältig. Missmanagement, unternehmerische Fehlentscheidungen, eine zu geringe Kapitaldecke zählen ebenso dazu wie äußere Einflüsse. Wenn es der Branche insgesamt nicht gut geht, Aufträge ausbleiben oder wichtige Kunden nicht mehr zahlen können, zieht das auch an sich gesunde Unternehmen in Mitleidenschaft.

Der Niedergang eines Unternehmens betrifft nicht nur die Eigner, sondern auch Außenstehende. Geschäftspartner müssen damit rechnen, dass ausstehende Forderungen nicht mehr beglichen werden, den Mitarbeitern droht der Verlust ihrer Arbeitsplätze, die Banken müssen sich darauf einstellen, ihre Kredite nicht mehr zurückzuerhalten. Es liegt nahe, dass die Gläubiger in dieser Situation versuchen zu retten, was zu retten ist. Sie müssen entscheiden, ob sie darauf setzen wollen, dass sich die Situation ihres Schuldners wieder bessert, oder ob sie ihr Risiko eindämmen. Dann werden sie die geschäftlichen Kontakte reduzieren und womöglich gerichtliche Titel erwirken, um so ihre Forderungen beitreiben zu können.

Kommt es ganz schlimm, so kann das Unternehmen seine Schulden überhaupt nicht mehr bezahlen: Es ist insolvent. Nun gilt es, den Schaden der Gläubiger so gut wie möglich zu begrenzen. Damit dies nicht jeder auf eigene Faust tut, gibt es ein besonderes Verfahren. Seit dem 1. Januar 1999 ist es als Insolvenzverfahren in der Insolvenzordnung geregelt. Dieses neue Gesetz hat nach Jahren der Diskussion die bis dahin geltende Konkurs-, die Vergleichs- und die Gesamtvollstreckungsordnung abgelöst und das Insolvenzverfahren in einem einzigen Regelwerk zusammengefasst. Grund für die Novellierung des Insolvenzrechts war die Erkenntnis, dass es in seiner überkommenen Form, die bis auf das Jahr 1877 zurückging, seine Funktion nicht mehr erfüllte. Das Schlagwort vom „Konkurs des Konkurses" veranschaulicht, dass in den meisten Fällen das vorhandene Vermögen nicht einmal ausreichte, um die Kosten des Verfahrens zu decken. Aber selbst, wo dies gelang und das Konkursverfahren eröffnet wurde, gingen die Gläubiger zumeist leer aus, weil kein verwertbares Vermögen mehr vorhanden war. Im Durchschnitt lag die Konkursquote bei weniger als 4 Prozent.

Die neue Insolvenzordnung will diese Missstände beheben. Sie enthält eine Reihe von Regelungen, die die Auszehrung des Schuldnervermögens eindämmen sollen. Dazu soll beispielsweise beitragen, dass ein Insolvenzverfahren nun zu einem früheren Zeitpunkt eröffnet werden kann als bislang. Außerdem ist die Gleichbehandlung der Gläubiger verstärkt worden, indem die Vorrechte verschiedener Gläubigergruppen abgebaut wurden. Neu geschaffen wurde der Insolvenzplan. Er soll den Beteiligten die Möglichkeit eröffnen, die Insolvenz in weiten Teilen nach ihren eigenen Vorstellungen abzuwickeln und sich auch für die Sanierung des Unternehmens zu entscheiden. Dahinter steht die Erwägung, dass es für die Gläubiger finanziell günstiger sein kann, wenn das Unternehmen nicht zerschlagen, sondern fortgeführt wird. Denn lässt sich seine Ertragskraft wieder herstellen, so besteht die Chance, dass künftig sämtliche Forderungen beglichen werden können, während die Verwertung des aktuell vorhandenen Vermögens dazu häufig nicht ausreichen würde.

■ Das Insolvenzverfahren

Das Insolvenzverfahren über ein Unternehmen kommt auf Antrag eines Gläubigers oder der Gesellschaft selbst in Gang. Voraussetzung ist, dass das Unternehmen zahlungsunfähig oder aber überschuldet ist. Beide Kriterien sind im Gesetz definiert. Danach ist ein Schuldner zahlungsunfähig, wenn er seine fälligen Zahlungspflichten nicht mehr erfüllen kann. Ein Indiz dafür ist es in der Regel, wenn der Schuldner seine Zahlungen einstellt. Überschuldet ist ein Unternehmen, wenn das Vermögen die bestehenden Verbindlichkeiten nicht mehr deckt. Ist eine dieser beiden Voraussetzungen erfüllt, darf die Unternehmensleitung mit dem Gang zum Insolvenzgericht nicht lange zögern: Nach längstens drei Wochen muss der Vorstand einer Aktiengesellschaft oder der Geschäftsführer einer GmbH die Eröffnung des Insolvenzverfahrens beantragen. Stellt der Schuldner – also etwa das Unternehmen – selbst den Antrag, reicht es auch aus, dass die Zahlungsunfähigkeit zwar noch nicht eingetreten ist, aber unmittelbar bevorsteht. Mit dieser Neuerung im Insolvenzrecht soll der Zeitpunkt der Verfahrenseröffnung nach vorn verlagert werden können. Dem liegt die Überlegung zugrunde, dass umso mehr verwertbares Vermögen vorhanden sein wird, je früher das Verfahren eingeleitet wird.

Während des Insolvenzverfahrens ist es ausgeschlossen, dass einzelne Gläubiger die Zwangsvollstreckung in das Vermögen des Schuldners betreiben. Das Insolvenzverfahren zielt stattdessen darauf ab, die Gläubiger gleichmäßig zu befriedigen und ihre Forderungen so weit als möglich zu begleichen. Das kann zum einen geschehen, indem das Vermögen des Schuldners verwertet wird. Es ist aber auch möglich, das Unternehmen fortzuführen, um die Zahlungsansprüche der Gläubiger aus den Erträgen der Geschäftstätigkeit erfüllen zu können.

Das Insolvenzverfahren erfasst das gesamte Vermögen des Schuldners. Nach der Konkursordnung war nur das Vermögen betroffen, das zum Zeitpunkt der Verfahrenseröffnung vorhanden war. Was der Schuldner danach erwarb, wurde nicht einbezogen. Die Insolvenzordnung bestimmt hingegen, dass die Insolvenzmasse auch das umfasst, was der Schuldner während des Verfahrens erlangt. Zuständig für die Entscheidung über den Insolvenzantrag ist das Amtsgericht, das in dieser speziellen Funktion als Insolvenzgericht bezeichnet wird. Im Regelfall gibt es in jedem Landgerichtsbezirk ein Insolvenzgericht. Es befasst sich mit allen Insolvenzverfahren in seinem Bezirk.

Bis zur endgültigen Entscheidung über den Eröffnungsantrag kann das Gericht vorläufige Maßnahmen treffen, damit sich die Vermögenslage des Schuldners nicht weiter verschlechtert und die Aussichten für die Gläubiger damit noch ungünstiger werden. Zu diesem Zweck kann das Insolvenzgericht beispielsweise einen vorläufigen Insolvenzverwalter bestellen und dem Schuldner verbieten, ohne dessen Zustimmung seine Geschäfte zu betreiben. Stellt sich heraus, dass das vorhandene Vermögen die Kosten des Insolvenzverfahrens nicht abdecken wird, lehnt das Gericht die Verfahrenseröffnung ab. Andernfalls ergeht der Eröffnungsbeschluss, und es wird zugleich ein Insolvenzverwalter ernannt. Die Gläubiger werden aufgefordert, ihre Forderungen innerhalb einer Frist von höchstens drei Monaten beim Insolvenzverwalter anzumelden. Dieser trägt die Ansprüche in eine Tabelle ein. Zugleich bestimmt der Eröffnungsbeschluss einen so genannten Berichtstermin, in dem die Gläubiger über den Fortgang des Verfahrens beschließen sollen. Außerdem werden in einem Prüfungstermin, der zeitgleich stattfinden kann, die angemeldeten Forderungen ihrem Betrag und ihrem Rang nach überprüft.

Mit der Verfahrenseröffnung verliert der Schuldner das Recht, sein Vermögen zu verwalten und darüber zu verfügen. An seiner Stelle handelt von nun an der Insolvenzverwalter. Er wird vom Gericht beaufsichtigt, das jederzeit Rechenschaft von ihm verlangen kann. Die Interessen der Gläubiger nimmt die Gläubigerversammlung wahr. Sie kann einen Gläubigerausschuss einsetzen, der den Insolvenzverwalter bei seiner Geschäftsführung überwacht. Überdies hat sie die Möglichkeit, statt des vom Gericht eingesetzten Verwalters eine andere Person für dieses Amt zu bestimmen. Das Gericht kann dieser Entscheidung nur ausnahmsweise widersprechen.

Für die Gläubiger in ihrer Gesamtheit ist es von Vorteil, wenn die Insolvenzmasse möglichst groß ist. Je mehr Vermögen verwertet werden kann, desto mehr Geld kann letztlich auch an die Gläubiger fließen. Die Insolvenzordnung eröffnet darum mehrere Möglichkeiten, um die Masse zu mehren. Sind die Insolvenzgläubiger durch bestimmte Rechtsgeschäfte des Schuldners benachteiligt worden, so kann der Insolvenzverwalter diese Geschäfte anfechten. Vermögen des Schuldners, das auf diese Weise Dritten übertragen worden ist, muss wieder der Insolvenzmasse zugeführt werden. Zu den anfechtbaren Rechtshandlungen zählt es beispielsweise, wenn der Schuldner einem Gläubiger im letzten Monat vor dem Eröffnungsantrag eine Sicherung einräumt, auf die er keinen Anspruch hat.

Im Verlauf des Verfahrens kann die zunächst vorhandene Masse gemindert werden, weil einzelne Gläubiger Sonderrechte geltend machen. So werden zum Beispiel die Gegenstände ausgesondert, die dem Schuldner gar nicht gehören, etwa ein Mietwagen. Die so genannte abgesonderte Befriedigung können alle Gläubiger beanspruchen, die über dingliche Sicherungsrechte, also etwa Hypotheken, Grundschulden oder Pfandrechte, verfügen. Sie können diese Rechte beispielsweise im Wege der Zwangsversteigerung geltend machen und den erzielten Erlös einstreichen, soweit sie entsprechende Forderungen an den Schuldner haben. Auch die Sicherungsübereignung, wie sie etwa bei Maschinen vorkommt, berechtigt den Sicherungseigentümer – häufig sind dies Banken – zur abgesonderten Befriedigung.

Die Konkursordnung kannte eine Fülle von Gläubigern, die bevorzugt befriedigt wurden. Dazu zählten etwa die Arbeitnehmer des insolventen Unternehmens oder frühere Beschäftigte, die Ansprüche auf eine betriebliche Altersversorgung erworben hatten. Weil auf diese Weise viel Geld vorab aus der Masse abfloss, blieb für die nicht privilegierten Gläubiger häufig kaum noch etwas übrig. Die Insolvenzordnung hat diese Bevorzugungen drastisch reduziert. Vorweg werden aus der Insolvenzmasse lediglich die so genannten Masseverbindlichkeiten bezahlt. Dazu zählen die Kosten des Insolvenzverfahrens, also die Gerichtskosten und die Vergütung des Insolvenzverwalters, und solche Verbindlichkeiten, die der Insolvenzverwalter begründet hat. Im Übrigen regelt das Gesetz detailliert, wie das Vermögen des Schuldners zu verwalten und zu verwerten ist.

Der Erlös der Verwertung wird an die Gläubiger verteilt. Das kann geschehen, sooft hinreichende Barmittel in der Insolvenzmasse vorhanden sind. Bei jeder Verteilung muss der Insolvenzverwalter ein Verzeichnis der Forderungen aufstellen, die berücksichtigt werden müssen. Er bestimmt auch den jeweiligen Bruchteil, der bei der Abschlagsverteilung zu zahlen ist. Sobald das gesamte Vermögen verwertet ist, kommt es zur Schlussverteilung. Danach hebt das Insolvenzgericht das Verfahren auf. Von nun an können die Gläubiger Forderungen, die offen geblieben sind, wieder unbeschränkt gegen den Schuldner geltend machen. Die Eintragung einer unbestrittenen Forderung in die Tabelle wirkt dabei wie ein vollstreckbares Urteil. Die Gläubiger müssen also nicht erst gegen den Schuldner prozessieren und einen Titel erstreiten.

■ Der Insolvenzplan

Als Kernstück des reformierten Insolvenzrechts wird häufig der Insolvenzplan bezeichnet, ein neues Instrument zur Abwicklung von Insolvenzfällen. Er gibt den Beteiligten die Möglichkeit, die Befriedigung der Gläubiger, die Verwertung der Insolvenzmasse und deren Verteilung sowie die Haftung des Schuldners nach Abschluss des Insolvenzverfahrens frei zu regeln. Sie können also von den Vorgaben abweichen, die das Gesetz für den Regelfall macht. Ein solcher Plan kann sowohl genutzt werden, um das Unternehmen zu liquidieren, als auch, um es zu sanieren und fortzuführen. Der Gesetzgeber hat die Sanierung offenkundig für vorzugswürdig gehalten, denn schon im ersten Paragrafen der Insolvenzordnung heißt es, dass in einem Insolvenzplan Regelungen „insbesondere zum Erhalt des Unternehmens" getroffen werden können.

Der Plan kann sowohl vom Insolvenzverwalter als auch vom Schuldner selbst aufgestellt und bei Gericht eingereicht werden. Die Gläubiger haben demgegenüber kein Initiativrecht. Die Gläubigerversammlung kann aber den Insolvenzverwalter mit der Ausarbeitung eines Plans beauftragen und ihm dessen Ziel vorgeben.

Der Plan besteht aus einem darstellenden und einem gestaltenden Teil. Im darstellenden Abschnitt geht es darum, Gläubiger und Gericht über die Ziele des Plans zu informieren und den Weg, auf dem sie zu erreichen sind. Soll das Unternehmen fortgeführt werden, muss dort auch das Sanierungskonzept geschildert werden. Dazu gehört unter anderem eine Übersicht über organisatorische und personelle Veränderungen, beispielsweise Stilllegungen oder Entlassungen, die geplant sind, um die Ertragskraft des Unternehmens wieder zu verbessern. Außerdem muss erläutert werden, wie die einzelnen Sanierungsmaßnahmen finanziert werden sollen. Wichtig ist auch, dass andere Konzepte geprüft und Vergleichsrechnungen dazu angestellt werden, um zu ermitteln, ob die Sanierung wirtschaftlich tatsächlich von Vorteil ist.

In seinem gestaltenden Teil legt der Plan fest, wie die Rechtsstellung der Beteiligten – also der absonderungsberechtigten Gläubiger, der Insolvenzgläubiger und des Schuldners – aussehen soll. Die Gläubiger werden dabei von Gesetzes wegen in verschiedene Gruppen unterteilt, es können aber noch weitere Gruppen gebildet werden. Das ist deshalb bedeutsam, weil über den Plan gruppenweise abgestimmt wird. Angenommen ist der Insolvenzplan, wenn jede Gruppe mehrheitlich zustimmt (Mehrheit nach Köpfen) und die Zustimmenden mehr als die Hälfte der Ansprüche der abstimmenden Gläubiger repräsentieren (Summenmehrheit). Damit kann eine geschickte Aufteilung der Gläubiger auf bestimmte Gruppen das Abstimmungsergebnis beeinflussen.

In einem Insolvenzplan kann beispielsweise der Erlass oder die Stundung von Forderungen vereinbart werden, oder die Parteien können sich über den Eigentumsübergang von Grundstücken oder beweglichen Dingen – etwa einem Maschinenpark – einigen. Der Vorteil des Plans ist, dass nicht eine Fülle von Einzelabreden getroffen werden muss, sondern stattdessen alle Vereinbarungen zusammengefasst werden können. Der Insolvenzplan wird vom Gericht geprüft und dann zur Stellungnahme unter anderem an den Gläubigerausschuss weitergeleitet. Anschließend bestimmt das Gericht einen Erörterungs- und Abstimmungstermin. Abgestimmt wird jeweils nach Gruppen. Auch wenn die erforderlichen Mehrheiten nach Köpfen und Summen dabei nicht erreicht werden, ist für den Schuldner noch nicht alles verloren. Das Gesetz bestimmt nämlich, dass die Zustimmung einer Gläubigergruppe gleichwohl als erteilt gelten kann. Voraussetzung ist, dass die Gruppe durch den Insolvenzplan nicht schlechter gestellt wird, als sie ohne Plan stünde, dass sie eine angemessene Zahlung erhält und dass die Mehrheit der abstimmenden Gruppen dem Plan zugestimmt hat. Durch dieses so genannte Obstruktionsverbot soll verhindert werden, dass einzelne Gläubiger sich missbräuchlich gegen den Plan sperren.

Ist der Insolvenzplan angenommen und wird die anschließende Bestätigung durch das Gericht rechtskräftig, treten all die Rechtswirkungen ein, die im Plan vereinbart worden sind. Damit sind beispielsweise Forderungen wirksam erlassen oder gestundet, ohne dass es noch weiterer Handlungen bedürfte. Stundung und Erlass können allerdings wieder hinfällig werden, wenn der Schuldner mit der Erfüllung des Plans in Rückstand gerät.

Sobald die gerichtliche Bestätigung des Insolvenzverfahrens rechtskräftig geworden ist, wird das Insolvenzverfahren aufgehoben. Das Amt des Insolvenzverwalters erlischt, und der Schuldner kann wieder über sein Vermögen verfügen. Die Gläubiger können aus dem rechtskräftig bestätigten Insolvenzplan in Verbindung mit der Eintragung in die Tabelle wie aus einem vollstreckbaren Urteil gegen den Schuldner vorgehen.

Das Insolvenzplanverfahren ist seit seiner Einführung kritisiert worden. Es sei zu umständlich und schwerfällig, als dass damit das gewünschte Ziel – Sanierung statt Zerschlagung – erreicht werden könne. Bislang dürfte es jedoch noch schwierig sein, eine abschließende Bewertung zu treffen. Im ersten Jahr seiner Geltung gab es noch kein Großverfahren, an dem sich die Tauglichkeit des neuen Instruments hätte erproben lassen.

■ Die Eigenverwaltung

Eine weitere Neuheit der Insolvenzordnung ist die Eigenverwaltung. Sie gibt dem Schuldner die Möglichkeit, unter der Aufsicht eines Sachwalters weiter über sein Vermögen zu verfügen. Der Baukonzern Philipp Holzmann, der Ende 1999 in schwere Bedrängnis geraten war und die Eröffnung des Insolvenzverfahrens beantragt hatte, wollte erreichen, dass ihm die Eigenverwaltung gestattet werde. Dazu kam es letztlich jedoch nicht, weil der Konzern seinen Eröffnungsantrag zurücknahm, nachdem ein Sanierungskonzept entwickelt worden war. Sinn der Eigenverwaltung ist es, die Kenntnisse und Erfahrungen der Geschäftsführung des insolventen Unternehmens besser zu nutzen. Während sich ein Fremdverwalter erst einarbeiten müsste und damit womöglich wertvolle Zeit verlöre, ist die bisherige Geschäftsführung mit dem Unternehmen bestens vertraut. Zudem soll mit der Eigenverwaltung ein zusätzlicher Anreiz dazu geschaffen werden, die Eröffnung des Insolvenzverfahrens möglichst frühzeitig zu beantragen: Der Schuldner soll damit rechnen können, dass er auch nach der Verfahrenseröffnung nicht vollständig von der Geschäftsführung ausgeschlossen wird. Das Gericht ordnet die Eigenverwaltung lediglich vorläufig an. Die endgültige Entscheidung ist der Gläubigerversammlung vorbehalten.

■ Verbraucherinsolvenzen und Restschuldbefreiung

Außerhalb der Unternehmensinsolvenz geregelt, aber dennoch erwähnenswert, ist die Verbraucherinsolvenz. Sie eröffnet Privatleuten die Chance, von ihren Schulden loszukommen, wenn sie ein eigens dafür geschaffenes Verfahren mit einer sieben Jahre währenden Wohlverhaltensphase durchlaufen. Voraussetzung der so genannten Restschuldbefreiung ist allerdings, dass ein Insolvenzverfahren überhaupt eröffnet wird. Daran scheitern viele Schuldner bereits deshalb, weil sie die Kosten nicht aufbringen können. Abhilfe ließe sich schaffen, wenn vermögenslosen Privatleuten Prozesskostenhilfe gewährt würde. Die Regelungen in der Insolvenzordnung sind in diesem Punkt allerdings nicht eindeutig und werden von den Gerichten bislang unterschiedlich ausgelegt. Die generelle Bewilligung von Prozesskostenhilfe in der Verbraucherinsolvenz würde die Länder vermutlich vor große finanzielle Schwierigkeiten stellen.

◼ Die Liquidation von Unternehmen

Unternehmen, die als Personengesellschaft, GmbH oder AG organisiert sind, werden mit der Eröffnung des Insolvenzverfahrens aufgelöst. Wird später allerdings ein Insolvenzplan bestätigt, der den Fortbestand des Unternehmens vorsieht, und wird das Insolvenzverfahren daraufhin aufgehoben, so kann das Unternehmen weitergeführt werden. Ansonsten wird das vorhandene Vermögen im Insolvenzverfahren an die Gläubiger verteilt und die Gesellschaft anschließend aus dem Handelsregister gelöscht.

Nicht immer stellen Unternehmen ihre Tätigkeit allerdings deshalb ein, weil sie insolvent geworden sind. Denkbar ist beispielsweise, dass die Gesellschafter die Auflösung beschließen, weil sie an ihrer Geschäftsidee nicht mehr festhalten wollen, weil sie in Streit geraten sind oder in den Ruhestand gehen wollen. In diesem Fall besteht das Unternehmen als so genannte Liquidationsgesellschaft fort, bis die Rechtsbeziehungen zu Dritten abgewickelt und das Vermögen vollständig auf die Gesellschafter verteilt ist. Dann erst ist die Gesellschaft wirklich beendet und wird aus dem Handelsregister getilgt.

Dritter Teil: Börsen, Märkte, Geldanlage

1. Aktienbörsen und Finanzplätze

▪ Die Börse – Markt in Reinkultur

Die Börse gilt seit jeher als nahezu perfekter Markt. Dort treffen Angebot und Nachfrage an Kapital unmittelbar aufeinander. Die Kurse der gehandelten Wertpapiere, der Preis für die Überlassung von Kapital, werden oftmals in Sekundenschnelle ermittelt. An kaum einem anderen Markt können die Marktteilnehmer in einer solchen Geschwindigkeit auf veränderte Marktdaten reagieren und ihre Dispositionen einem veränderten Umfeld anpassen. An den Güter- und Faktormärkten reagieren Angebot und Nachfrage auf eine veränderte Marktlage in der Regel mit deutlichen Verzögerungen. Lieferverträge werden in der Regel langfristig geschlossen, und Preisänderungen können oft nur mit erheblichem Aufwand umgesetzt werden. Zudem gibt es auf diesen Märkten oftmals auch strukturelle Besonderheiten: Die gehandelten Produkte sind nicht homogen genug, sodass diese Märkte zur Intransparenz neigen. Zudem kann unter Umständen die Zahl der Anbieter nur gering sein, sodass die Preisbildung auch durch mangelnden Wettbewerb beeinflusst werden kann.

Alle diese Argumente treffen für die Börse nur bedingt zu: Die Anzahl der Anbieter ist in der Regel ausreichend hoch – Sind die Umsätze in einem Papier gering, so spricht man von einem illiquiden Wert; hier kann es auch zu hohen Kursschwankungen kommen, die durch fundamentale Aspekte nicht notwendigerweise gerechtfertigt sind. Die Preise für die Wertpapiere, die Kurse, können ohne Kosten jede Sekunde geändert werden. Zudem ist das an der Börse gehandelte Produkt – Kapital – relativ homogen, was den Vergleich der verschiedenen Angebote deutlich erleichtert. Die hohe Transparenz der Aktienmärkte, die relativ hohe Homogenität der dort gehandelten Produkte und die hohe Anzahl der Anbieter und Nachfrager schaffen somit Voraussetzungen für einen Markt in Reinkultur.

Dennoch ist auch die Börse wohl kaum ein vollkommener Markt, wie es auch die Theorie vom effizienten Kapitalmarkt (efficient capital market hypothesis) postuliert. Ein Markt ist im Sinne dieser Theorie effizient, wenn die Kurse der Wertpapiere alle über das betreffende Papier vorhandenen Informationen widerspiegeln. Ist ein Markt effizient, gibt es keine über- oder unterbewerteten Papiere. Die Frage, ob Kapitalmärkte effizient sind oder nicht, lässt sich nicht eindeutig beantworten, doch aus der Empirie lassen sich drei Erkenntnisse herleiten: Zum einen reagieren die Kurse an den Börsen sehr rasch und meistens erwartungsgemäß auf neue Informationen, sodass Kapitalmärkte sicherlich effizienter sind als andere Märkte. Weiterhin lässt sich ein zukünftiger Aktienkurs nur schwerlich aufgrund öffentlich zugänglicher Informationen prognostizieren. Drittens gibt es für den Fall, dass es tatsächlich unter- oder überbewertete Aktien gibt, keine eindeutig richtige und erfolgreiche Methode, diese zu identifizieren.

■ Eurokurse, Stückaktien und europäische Branchenvergleiche

Seit Anfang Januar 1999 werden Aktien an den deutschen Börsen in Euro notiert. Kauf und Verkauforders können seither nur noch in Euro erteilt und ausgeführt werden. Das Euro-Einführungsgesetz schrieb zudem nur noch einen Mindestnennwert von einem Euro je Aktie oder einem Vielfachen davon vor, was einer weiteren Herabsetzung des Mindestnennwertes von zuvor 5 DM entsprach. Die Nennwert-Aktie hatte in Deutschland eine lange Tradition. Üblich waren lange Zeit Stückelungen von 50 oder 100 DM, später von 5 DM.

Viele Unternehmen nutzten die Umstellung auf den Euro zum Übergang auf die so genannte unechte nennwertlose Stückaktie, bei der auf die explizite Angabe eines Nennwertes verzichtet wird. Die Umstellung auf den Euro wurde dadurch einfacher, denn ob das Grundkapital einer AG in DM oder Euro notiert ist, ist bei Stückaktien gleichgültig. Bei einer Umrechnung der deutschen Nennwert-Aktien in Euro hätten sich ausnahmslos ungerade Beträge und so erhebliche Umstellungskosten bei den Unternehmen ergeben.

Nach dem Gesetz über die Zulassung von Stückaktien von 1998 verkörpert eine Stückaktie einen Anteil am Grundkapital einer Gesellschaft und ist folgendermaßen charakterisiert: Die Aktiengesellschaft verfügt über ein festgesetztes Grundkapital (Nennbetrag). Dieses Kapital ist in Aktien zerlegt, die jeweils einen gleich großen Teilbetrag des Grundkapitals repräsentieren. Aufgrund der in der Satzung der AG festgelegten Gesamtzahl der Aktien wird bestimmt, welchen Bruchteil des Grundkapitals eine einzelne Aktie verkörpert. Dieser rechnerische Nennwert muss seit Anfang 1999 mindestens einem Euro entsprechen. Der Börsenwert einer Aktiengesellschaft hat sich durch den Übergang des Unternehmens zur Stückaktie natürlich nicht geändert. Bei gleicher Aktienzahl blieb im Rahmen der Umstellung auch der Aktienkurs unverändert. Demzufolge ergab sich auch kein Anpassungsbedarf bei Finanzderivaten, also zum Beispiel Optionen.

Diese Umstellung machte die deutschen Aktien im internationalen Vergleich auch „leichter", denn die hohen Nennwerte der Vergangenheit machten die deutschen Titel optisch teuer. Das erschwerte ihre Handelbarkeit und machte sie insbesondere für Privatanleger unattraktiv. Dies zeigt sich an einem Vergleich des Deutschen Aktieninstituts mit amerikanischen Aktien, 1998. Danach notierten 75 Prozent der international gehandelten amerikanischen Aktien zwischen 10 und 60 Dollar, aber nur etwa 5 Prozent über 100 Dollar. Hingegen notierten von den dreißig Dax-Werten 17 über 100 DM und immerhin 5 über 1000 DM. Selbst die seinerzeitige Reduzierung des Nennwertes auf 5 DM reichte in vielen Fällen nicht aus, um „leichtgewichtige" Aktien zu erhalten. In Amerika entscheiden sich die meisten Gesellschaften für einen Aktiensplit, sobald ihr Aktienkurs eine bestimmte Schwelle, zumeist 100 Dollar, überschreitet.

Die Umstellung der Aktienkurse auf Euro-Notierungen hat zudem in ganz Europa zu einer größeren Transparenz zwischen Unternehmen in einer Branche geführt. Während früher beispielsweise vornehmlich deutsche Banken untereinander verglichen wurden, so lassen sich heute sehr viel einfacher alle Banken im Euroraum miteinander vergleichen. Gleiches gilt natürlich für alle anderen maßgeblichen Sektoren im europäischen Währungsraum.

■ Herausforderungen und Funktionen der Börse

„Die Börse ist eine Marktveranstaltung, deren besonderes Kennzeichen in der örtlich (Börsengebäude), zeitlich (Börsenhandelszeit) und persönlich (Börsenhändler, Makler) bedingten, regelmäßigen Konzentration von Angebot und Nachfrage nach Wertpapieren besteht." Diese in noch gar nicht so alten Wirtschaftshandbüchern anzutreffende Definition mutet ebenso spröde wie überholt an: Die berühmten, alten Börsengebäude in Frankfurt oder Paris haben zunehmend nur noch repräsentativen Charakter, im so genannten Präsenzhandel lichten sich die Reihen, weil ein Großteil des Handels bereits über elektronische Handelssysteme erfolgt und nicht mehr auf dem Parkett; die Börsenhandelszeiten werden Schritt für Schritt verlängert. Die stürmische Entwicklung an den Finanzmärkten, insbesondere aber die durch das Internet bedingten technologischen Neuerungen, verändern auch die Börsen in ihrer Struktur. Fast täglich erfolgen Meldungen über Zusammenschlüsse von bisher konkurrierenden Börsen und über neue, Internet-basierte Handelsplattformen, die den alten Börsen Konkurrenz machen.

Der Druck dieser neuen Technologien zwingt die Börsen wie auch die Emissionsbanken zu einer grundsätzlichen Überprüfung ihrer Rolle und damit einhergehend ihrer Strategie. Die neuen Zugangswege zum Handel mit Aktien, Anleihen und Derivaten haben in Europa unter anderem zu Plänen für den Aufbau einer gemeinsamen europäischen Börse geführt und die Deutsche Börse als Aktiengesellschaft zum Gang an die Börse und zur Umbenennung in „Euroboard" bewogen. Das wäre der Schlussstrich unter die schon seit Jahren erfolgende Umwandlung der Börsen in Deutschland von öffentlich-rechtlichen Körperschaften oder Vereinen des bürgerlichen Rechts (Börsenverein) in eine leistungsfähigere, privatrechtliche Organisation, die dem rapiden Wandel an den internationalen Finanzmärkten und der sie begleitenden technologischen Veränderungen besser Rechnung tragen kann.

Durch die Notierung der Börse an der Börse sollen alle wichtigen Marktteilnehmer die Möglichkeit zur Beteiligung an diesen Handels- und Abwicklungsplattformen und an der Wertschöpfung dieser Organisationen erhalten. Umgekehrt verfügt eine Börse mittels ihrer Aktien dann selbst über eine „Beteiligungswährung", das heißt, sie kann Anteile, die sie an anderen Börsen erwirbt, in ihren eigenen Aktien bezahlen. Beobachter rechnen damit, dass unter den Börsen in den kommenden Jahren Kooperationen, vor allem aber Akquisitionen und Fusionen in größerem Umfang genauso an der Tagesordnung sein werden wie zwischen Unternehmen der Automobilindustrie oder unter Finanzdienstleistern.

Unverändert geblieben ist die Einstellung vieler Menschen zur Börse. Seitdem es sie gibt – ihre Ursprünge liegen in den Zentren des börsenmäßigen Wechselgeschäftes in den italienischen Städten des 12. Jahrhunderts und im belgischen Brügge im 14. Jahrhundert –, entzweit sie die Gemüter. Den einen ist sie Tempel des Mammons, den anderen das Herz der Wirtschaft. Sie hat Schriftsteller seit jeher fasziniert, wovon zum Beispiel Emile Zolas „Das Geld" beredtes Zeugnis ablegt. Die Deutschen machen unterdessen seit einigen Jahren – erinnert sei an den Börsengang der Deutschen Telekom – verstärkt Bekanntschaft mit der Börse. Die Zahl der Aktionäre übersteigt mittlerweile die der Gewerkschaftsmitglieder in Deutschland. Das schwindende Vertrauen in die staatliche Altersversorgung rückt das Geschehen an der Börse viel stärker in den Mittelpunkt der persönlichen Vorsorgeplanung, als dies noch vor wenigen Jahren der Fall war.

Nicht geändert hat sich bisher auch die grundsätzliche wirtschaftliche Funktion einer Aktienbörse als Bindeglied zwischen Sparern und Investoren, also Kapitalanbietern und -nachfragern. Ihren ursprünglichen Zweck

Bald Vergangenheit: Parketthandel in Frankfurt

als Emissionsmarkt **(Primärmarkt)** zur Beschaffung hoher neuer Eigenka-
pitalmittel (durch Zusammenführung zahlreicher kleiner Anlagebeträge
einzelner Investoren) haben die Aktienbörsen zunächst im Lauf ihrer Geschichte an die Kreditinstitute verloren, die durch die laufenden Geschäftsbeziehungen und den persönlichen Kontakt mit ihren Kunden lange Zeit
über bessere Voraussetzungen für die Platzierung von Neuemissionen verfügten. Die Börsen sind jedoch gerade dabei, sich diese Funktion als
Primärmarkt wieder zu erobern – in Konkurrenz zu anderen Anbietern
von Plattformen für die Emission von Wertpapieren über das Internet.

Die entscheidende Rolle spielen Börsen als so genannter **Sekundärmarkt** für die in den Verkehr gebrachten Aktien. Denn kaum jemand
würde wohl die neu emittierten Aktien zu Anlagezwecken in sein Depot
nehmen, wenn er nicht die Möglichkeit hätte, die erwarteten Kursgewinne
zu realisieren, indem er sich bei Bedarf rasch und ohne Komplikationen
wieder von seinen Aktien trennen könnte. Mit dieser Funktion des Kapital-
austauschs ermöglicht es eine Aktienbörse, dass Aktionäre beliebig oft
durch andere Anleger ersetzt werden können, ohne dass das emittierende
Unternehmen selbst in irgendeiner Weise davon betroffen wäre.

■ Vom Auftrag zur Ausführung, Kosten, Handelsusancen, Kurszusätze

Um Wertpapiere kaufen zu können, benötigt der Anleger neben einem Konto zur finanziellen Abwicklung ein besonderes Wertpapierkonto (Depot). Hier werden die Wertpapiere des einzelnen Investors verbucht. Ein Wertpapierkauf oder -verkauf kann persönlich, telefonisch, schriftlich, per Fax oder auch über das Internet erteilt werden. Der Auftrag (Order) muss die genaue Wertpapierbezeichnung und die Wertpapierkennnummer enthalten. Diese Nummer ist eine sechsstellige Zahl, die zur Identifizierung von Wertpapieren dient. Daneben muss der Anleger die genaue Stückzahl oder den Nennbetrag der zu kaufenden oder verkaufenden Papiere angeben. Möglich sind zu einem bestimmten Kurs limitierte oder aber unlimitierte Wertpapierorders, die im Falle eines Kaufs billigst, bei einem Verkauf bestens ausgeführt werden. Zudem muss der Investor Angaben zum Zeitraum des Auftrags und dem Börsenplatz machen. Anleger können mittlerweile an allen deutschen Börsen während der gesamten Handelszeit Geschäfte mit einer Mindeststückzahl von einer Aktie im variablen Handel tätigen.

Bei jedem Wertpapierkauf oder -verkauf fallen Gebühren an. Bei deutschen Aktien wird eine Provision von bis zu einem Prozent vom Kurswert und eine Makler-Courtage von bis zu 0,8 Promille vom Kurswert erhoben, bei deutschen Renten fallen eine Provision von bis zu 0,5 Prozent vom Kurswert und eine Makler-Courtage von bis zu 0,75 Promille vom Nennwert an. Bei Limitänderungen oder limitierten, nicht ausgeführten Aufträgen verzichten einige Kreditinstitute auf Gebühren, während andere Gebühren von 10 DM oder mehr erheben. Bei kleineren Wertpapierorders fallen meist Mindestgebühren an. Für Aktien sind dies beispielsweise 50 DM und für Renten 30 DM. Depotgebühren sind weitere Kosten, die für die Anleger in der Regel zum Jahresende anfallen. Von dem Depotwert zum letzten Handelstag des Jahres wird ein bestimmter Prozentsatz als Depotgebühr belastet. Direktbanken berechnen im allgemeinen niedrigere Provisionssätze und Gebühren als andere Kreditinstitute.

Erteilt der Kunde seiner Bank einen Wertpapierauftrag, so leitet diese die Order an ihre Handelsabteilungen und die Börse weiter. Die Order wird im offenen Orderbuch eingetragen und ist dort für die berechtigen Marktteilnehmer einsehbar. Kommt der Auftrag zustande, wird er im Orderbuch gelöscht. Zwei Tage später erfolgt die Buchung der Wertpapiere im Depotkonto und die finanzielle Abwicklung auf dem Konto des Anlegers.

Bei der Kursfeststellung an der Börse bezeichnet der Kurswert den Preis, zu dem ein Wertpapier aktuell gehandelt wird. Kurszusätze sind zusätzliche

Ein Zentrum des Börsengeschäfts: Handelssaal der Deutschen Bank in Frankfurt

Erläuterungen zum Kurswert, die über Einzelheiten der Kursfeststellung oder der Angebots- und Nachfragesituation informieren sollen. Die wichtigsten Kurszusätze im Einzelnen:

b oder ohne Zusatz: Angebot und Nachfrage waren zu diesem Kurs ausgeglichen. Neben den unlimitierten Aufträgen wurden auch alle zum oder über dem genannten Kurs limitierten Kauforders und alle zum oder unter dem Kurs limitierten Verkauforders durchgeführt.

B: Brief. Zum genannten Kurs fanden keine Umsätze statt. Es lag lediglich Angebot in dem betreffenden Wertpapier vor, dem zu diesem Kurs keine Nachfrage gegenüberstand.

G: Geld. Es lag zum genannten Kurs nur Nachfrage und kein Angebot vor. Umsätze kamen nicht zustande.

bB: bezahlt Brief. Zum genannten Kurs fanden zwar Umsätze statt, es gab jedoch zusätzliches Angebot, für das sich zu diesem Kurs keine Käufer fanden.

bG: bezahlt Geld. Beim angegebenen Kurs gab es Umsätze, aber darüber hinaus war mehr Kaufinteresse als Angebot vorhanden.

D, ex D: ex (ohne) Dividende. Kurszusatz am Tag des Dividendenabschlags, meist am zweiten Tag nach der Hauptversammlung. Die Dividende des vergangenen Jahres ist ausgeschüttet und nicht mehr im Kurs der Aktie enthalten.

T: Taxiert. Kein Umsatz. Kurs wurde vom Kursmakler taxiert, also näherungsweise geschätzt.

■ Indizes messen den Puls der Börse

An den Wertpapierbörsen werden viele hundert Aktien und Anleihen notiert. Ihre Kurse verändern sich unterschiedlich stark und auch nicht immer in gleicher Richtung. Ein Index fasst die Entwicklung eines Marktsegmentes, eines Gesamtmarktes oder der Märkte mehrerer Länder in einer Zahl zusammen und gibt damit einen schnellen Überblick über die Börsentendenz des Tages, ohne dass die Kurse eines jeden Wertpapiers betrachtet werden müssen. Er dient zudem als Richtgröße für die Leistung eines Vermögensverwalters oder eines Investmentfonds. Diese versuchen, mit den Wertpapieren in ihren Portfolios eine bessere Entwicklung als der Index zu erreichen und sich damit den Anlegern zu empfehlen. Indexorientierte Fonds bilden ihre Portfolios anhand der Wertpapiere in dem zugrunde liegenden Index nach. Und auch viele Privatanleger vergleichen ihren eigenen Anlageerfolg an einem Vergleichsindex. Die größte Bedeutung erlangen Indizes vor allem an den Aktienmärkten.

Bekannte Indizes für den deutschen Aktienmarkt sind der F.A.Z.-Aktienindex und der Deutsche Aktienindex Dax. Der von der F.A.Z. entworfene Index beinhaltet derzeit 100 Aktien und wird seit September 1961 einmal täglich auf Basis von Kassakursen errechnet. Der Index bezieht sich auf den Kursstand vom 31. Dezember 1958. Dieser Tag ist gleich 100 Punkte gesetzt (Basis). Im Frühjahr 2000 überschritt der Index erstmals die Marke von 2500 Punkten. Der Dax wird seit dem 1. Juli 1988 berechnet. Er beinhaltet die 30 größten börsennotierten Unternehmen Deutschlands. Die 70 größten Unternehmen unterhalb des Dax bilden den M-Dax. Basis für beide Indizes ist der 30. 12. 1987 mit 1000 Punkten. Alle Werte des 1997 gegründeten Neuen Marktes, des deutschen Börsensegmentes für schnell wachsende Unternehmen, werden im Nemax-All-Share-Index abgebildet. Die 50 größten von ihnen sind im Nemax-50-Index zusammengefasst.

Durch die Einführung des Euro wachsen die europäischen Finanzmärkte zunehmend zusammen. Nach Wegfall des Währungsrisikos suchen Fondsmanager ihre Aktien immer öfter europaweit aus. Länderübergreifende

Bullig: Börseneinführung in Frankfurt

europäische Indizes gewinnen daher an Bedeutung. Der bedeutendste ist
dabei der Euro Stoxx 50-Index für die 50 größten Unternehmen des Währungsraumes. Er wird seit Ende Februar 1998 errechnet. Basis ist der 31. Dezember 1991 mit 1000 Punkten. Wichtigster Index in Amerika und der
wohl bekannteste und einer der ältesten der Welt ist der Dow Jones-Indus-
trial Average. Er umfasst 30 Werte, darunter die größten Industrieunternehmen der Vereinigten Staaten sowie seit kurzem auch einige wichtige
amerikanische Technologieaktien. Schon seit 1897 – damals noch mit 12
Werten – wird er berechnet. Charles Henry Dow, Chefredakteur der Wirtschaftszeitung „The Wall Street Journal", hatte ihn entwickelt. 1928 wurde
er grundlegend modernisiert und auf 30 Titel erweitert. Der Standard &
Poors-Index ist mit 500 amerikanischen Gesellschaften wesentlich breiter
angelegt und damit repräsentativer für den Gesamtmarkt. Der Nasdaq-100-
Index zeigt die Kursentwicklung der 100 größten Aktienwerte an der amerikanischen Technologiebörse Nasdaq an. An der Börse in Tokio wird vor
allem auf den Nikkei-Index geachtet.

Fast alle wichtigen Indizes werden fortlaufend errechnet und veröffentlicht. Für die Einbeziehung in einen Aktienindex sind bei den meisten
Indizes vor allem die Größe des Unternehmens, gemessen an dem Börsen-

wert (errechnet aus dem Kurs der Aktie multipliziert mit der Zahl der Aktien, die das Unternehmen zum Handel zugelassen hat) und den durchschnittlichen Umsätzen über eine längere Zeit maßgeblich. Kriterien sind auch das Marktsegment und das Land, in dem die Aktien gehandelt werden. So können in den Dax lediglich deutsche Unternehmen aufgenommen werden, die im amtlichen Handel oder Geregelten Markt an der Frankfurter Börse notiert sind.

Mindestens einmal im Jahr (wie beim Dax), häufig auch halbjährlich (M-Dax), wird die Zusammensetzung der Indizes überprüft. Damit soll gewährleistet werden, dass der Index noch repräsentativ für den Markt ist, den er abbilden soll. Jede Veränderung hat allerdings den Nachteil, dass historische Vergleiche des Index schwieriger werden. Eine Indexanpassung ist also immer ein Kompromiss zwischen Repräsentativität und Konstanz. Den einzelnen Wertpapieren sichert die Aufnahme in einen Index eine erhöhte Aufmerksamkeit und ist gewöhnlich mit einem Kursanstieg verbunden. Denn Investmentfonds, die mit ihrem Portfolio einen Index nachbilden, sind gezwungen, das neu aufgenommene Wertpapier zu kaufen. Die Herausnahme aus einem Index hat entsprechend negative Folgen für den Titel.

Aktienindizes werden als Performance- oder als Kursindex berechnet oder manchmal auch beides. Bei Performance-Indizes, die in Deutschland favorisiert werden, wird angenommen, dass Dividendenzahlungen und Erlöse aus Bezugsrechten wieder in die entsprechenden Aktien investiert werden. Bei einem Kursindex ist dies nicht der Fall. In den meisten Indizes werden die Aktien nach ihrem Börsenwert in dem Index gewichtet. Beim Dax hat die Deutsche Telekom mit derzeit mehr als 10 Prozent den größten Anteil. Das heißt, dass Kursverluste dieser Aktie den gesamten Index in die Verlustzone drücken können, selbst wenn die Mehrzahl der Titel Kursgewinne aufzuweisen hat. Der Gesamtmarkt wird entsprechend verzerrt dargestellt. Eine fehlende Gewichtung würde hingegen die unterschiedlichen Größenverhältnisse der Unternehmen vernachlässigen und damit ebenfalls die Repräsentativität des Index einschränken. Der Dow Jones ist ein Beispiel für einen Index, bei dem auf eine Gewichtung verzichtet wird. Er ist auch insofern eine Ausnahme, als er die Zusammensetzung nicht regelmäßig vornimmt und auch die Kriterien für eine Aufnahme sehr weit auslegbar sind. Dies hat dem Index verstärkte Kritik eingebracht, seiner großen Popularität aber nicht geschadet.

Manchmal werden Aktienindizes, die sehr viele Unternehmen aufgenommen haben, in Branchenindizes weiter aufgeteilt, die die Gesellschaften einem bestimmten Sektor zuordnen. Dadurch können die Kursentwicklungen einzelner Branchen miteinander verglichen werden.

Anbieter von Indizes sind unter anderem die Börsen in Deutschland (Dax), Frankreich (CAC-40) oder Schweiz (SMI), Medienunternehmen wie The Wall Street Journal (Dow Jones), Financial Times (FTSE 100 zusammen mit der Londoner Börse) oder die F.A.Z. (F.A.Z.-Indizes) und Banken (Weltaktienindex von Morgan Stanley). Indizes sind ein lohnendes Geschäft für die Anbieter. So müssen Fondsgesellschaften, die ihren Anlageerfolg an einem Index messen, eine Gebühr abführen. Für jeden Future, jede Option und jedes andere Produkt, dessen Basis ein Index ist sind Provisionen fällig. Daher versuchen immer mehr Unternehmen, weitere Indizes auf den Markt zu bringen. Besonders heftig ist dabei der Wettbewerb in Europa.

■ Die Deutsche Börse AG und die Regionalbörsen

Der Wertpapierhandel in Deutschland wird über sieben Börsenplätze abgewickelt: Berlin, Bremen, Düsseldorf, Frankfurt, Hamburg/Hannover, München und Stuttgart. Frankfurt nimmt dabei mit Abstand die wichtigste Position ein. Neben der größten deutschen Präsenzbörse hat hier auch die elektronische Börse Xetra ihren rechtlichen Sitz. Diese beiden Aktienmärkte vereinen rund 85 Prozent aller Aktienumsätze in Deutschland auf sich. In den großen Standardwerten ist der Anteil sogar noch größer. Seine bedeutende Stellung verdankt der Finanzplatz Frankfurt und damit auch die Börse dem Sitz der großen deutschen Banken und den vielen Vertretungen aller wichtigen internationalen Finanzinstitute. Hinzu kommt der Sitz der Deutschen Bundesbank, der lange Zeit wichtigsten Notenbank Europas. Jetzt profitiert Frankfurt von der Europäischen Zentralbank, die seit Einführung des Euro 1999 die europäische Geldpolitik von der Stadt am Main aus führt. Legt man die Börsenumsätze zugrunde, so gehört die Frankfurter Börse hinter New York, Tokio und London zu der größten der Welt. Zur Zeit des Kaiserreichs bis zum Ende des Zweiten Weltkrieges war die Berliner Börse die führende Börse in Deutschland. Die kleinste Börse der Bundesrepublik ist die Bremer Wertpapierbörse.

Die Bedeutung der Regionalbörsen ist in den vergangenen Jahren stetig zurückgegangen. Das liegt zum einen an den mittlerweile global ausgerichteten Banken, die den Wertpapierhandel auf wenige Börsenplätze beschränken wollen, um Kosten bei der Börsenmitgliedschaft, bei Personal und Gebäuden, bei der Abwicklung und im Handel selbst zu sparen. Zum

Die Struktur der neuen Börsenorganisation iX
Beteiligungen der Gesellschaften in Prozent

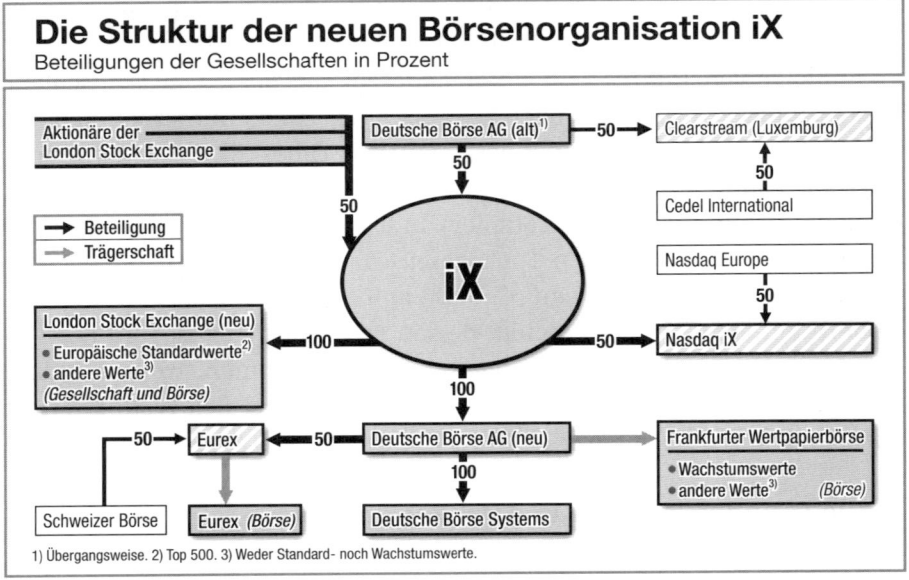

Aktionäre der London Stock Exchange

Deutsche Börse AG (alt)[1] —50→ Clearstream (Luxemburg)

50

50

→ Beteiligung
⇢ Trägerschaft

iX

50

Cedel International

Nasdaq Europe

50

London Stock Exchange (neu)
• Europäische Standardwerte[2] ←100—
• andere Werte[3]
(Gesellschaft und Börse)

—50→

100

—50→ Nasdaq iX

—50→ Eurex ←50— Deutsche Börse AG (neu)

100

Frankfurter Wertpapierbörse
• Wachstumswerte
• andere Werte[3] (Börse)

Schweizer Börse   Eurex (Börse)   Deutsche Börse Systems

1) Übergangsweise. 2) Top 500. 3) Weder Standard- noch Wachstumswerte.

anderen hat die schnell steigende Bedeutung des elektronischen Handels dazu geführt, dass immer mehr Umsätze in Xetra getätigt werden (siehe auch folgendes Kapitel). Doch nur die Düsseldorfer Börse ist an Xetra beteiligt. Die anderen Regionalbörsen haben nur einen maklergestützten Präsenzhandel, wobei die Aufträge aber weitgehend elektronisch in die Auftragsbücher der Makler gelangen und der klassische Händler auf den Börsenparketts kaum mehr zu sehen ist.

Die sinkende Bedeutung der Regionalbörsen hat dazu geführt, dass sie sich verstärkt in Nischenpositionen zurückziehen, die von der Frankfurter Börse noch vernachlässigt werden. Die Berliner Börse hat sich zum Beispiel auf den Handel mit osteuropäischen Werten spezialisiert. Die Stuttgarter Börse ist führend im Optionsscheinhandel. Immer wieder gingen Innovationen am Finanzplatz Frankfurt wie die Verlängerung der Handelszeiten oder die Herabsetzung der Mindestgröße für Aufträge im variablen Handel von den Regionalbörsen aus. Die Börsen in Hamburg und Hannover reagierten auf sinkende Umsätze mit einem Zusammenschluss, der die Kosten reduzieren soll. Weitere Fusionen unter den Regionalbörsen sind in Zukunft wahrscheinlich.

In Frankfurt wurden 1992 die Frankfurter Wertpapierbörse, der Kassenverein, die Wertpapierdatenzentrale und die Terminbörse DTB zur Deutsche Börse AG zusammengefasst. Die Gründung einer Aktiengesellschaft

hat die unternehmerischen Möglichkeiten für die Börse erweitert. Die Zusammenfassung aller wichtigen Börsenorganisationen einschließlich der
Abwicklung unter einem Dach hat für erhebliche Kosteneinsparungen gesorgt, da alle Dienstleistungen nun aus einer Hand angeboten werden
konnten. Es war zudem ein wichtiger Schritt auf dem Weg zur kostenspa-
renden Integration von Termin- und Kassamärkten sowie der Abwicklung
der Wertpapiergeschäfte. Der Finanzplatz Deutschland hat dadurch deutlich an Ansehen und Bedeutung gewonnen. Anteilseigner der Deutsche
Börse AG sind derzeit noch zu 70 Prozent deutsche Banken sowie zu je 10
Prozent ausländische Banken, Kurs- und Freimakler und die Regionalbörsen.

Die Deutsche Börse AG ist Trägerin der öffentlich-rechtlichen Frankfurter Wertpapierbörse und Betreiberin der elektronischen Börse Xetra. Sie
betreibt zudem die European Energy Exchange (EEX) genannte Börse, an
der Strom gehandelt wird. Im Jahr 1999 hatte die Deutsche Börse AG rund
1200 Mitarbeiter und erzielte Erlöse von 643 Millionen Euro. Rund 22
Prozent und damit den drittgrößten Anteil daran hatte Xetra – unter anderem durch die Bereitstellungsentgelte der Marktteilnehmer und die Gebühren für jede getätigte Transaktion. Ein weiteres Einnahmefeld sind der
Verkauf von Informationsprodukten wie Kursdaten. Der Deutsche Aktienindex Dax ist beispielsweise ein geschütztes Produkt der Deutsche Börse
AG.

Den Großteil ihrer Erlöse erzielt die Gesellschaft aber über ihre Tochterunternehmen. Nach der Fusion der DTB mit der schweizerischen Terminbörse Soffex zur Eurex 1998 hält die Deutsche Börse 50 Prozent der Anteile
an dem Zusammenschluss und bekommt 80 Prozent der Erlöse. An Clearstream, das aus der Verschmelzung der Abwicklungsorganisation Deutsche
Börse Clearing mit der luxemburgischen Cedel Anfang des Jahres 2000
hervorgegangen ist, besitzt sie ebenfalls 50 Prozent der Anteile. Hieraus
erzielte sie 1999 die größten Einnahmen. Eine vollständige Tochtergesellschaft ist hingegen die Deutsche Börse Systems, die Handelssysteme wie
Xetra oder das der Eurex entwickelt und verkauft. Neben der Düsseldorfer
nutzen auch die Wiener und die irische Börse das Xetra-System. Gemeinschaftsunternehmen hat die Deutsche Börse AG zudem zusammen mit dem
amerikanischen Online-Wertpapierhandelshaus MarketXT zur Verbesserung des transatlantischen Börsenhandels und mit der Wiener Börse zum
Betrieb von Newex gegründet, einer Börse für osteuropäische Aktien.

Im Zuge der Anfang Mai 2000 vereinbarten Fusion mit der London Stock
Exchange wird die Deutsche Börse AG unter anderem Namen noch über-

gangsweise weiterexistieren. Dafür sind vor allem steuerliche Gründe und die Beteiligung an Clearstream, die nicht in die Fusion einbezogen wird, verantwortlich. Die Aktionäre der jetzigen Deutsche Börse AG werden 50 Prozent der Anteile an der neuen deutsch-britischen Börse international exchanges, kurz iX genannt, halten. Mittelfristig wird die alte Deutsche Börse AG aufgelöst. Gleichzeitig wird ein neues Unternehmen gegründet (Arbeitstitel Deutsche Börse AG neu) – eine Tochtergesellschaft der iX. Es soll die Frankfurter Wertpapierbörse betreiben und die Beteiligung an der Eurex sowie die Technologiegesellschaft Systems einschließen. Die neue Gemeinschaftsbörse beabsichtigt, im Jahr 2001 selbst an die Börse zu gehen, ein Vorhaben, das die Deutsche Börse AG für 2000 geplant hat, aber wegen des Zusammenschlusses nicht mehr verwirklicht. Am Aktienmarkt notierte Börsenorganisationen sind derzeit weltweit noch eine Ausnahme. iX wird zusammen mit der amerikanischen Technologiebörse Nasdaq ein Gemeinschaftsunternehmen zum Aufbau eines europäischen Marktes für Wachstumswerte gründen, an dem beide Börsen mit je 50 Prozent beteiligt werden sollen.

■ Handelssegmente

An den deutschen Wertpapierbörsen gibt es drei verschiedene Börsensegmente: den amtlichen Handel, den geregelten Markt und den Freiverkehr. Jede börsennotierte Aktie und Anleihe in Deutschland wird einem der drei Marktsegmente zugeordnet. Daneben hat die Deutsche Börse mit dem Neuen Markt und dem Smax zwei zusätzliche Segmente geschaffen. Voraussetzung für die Aufnahme in eines dieser Segmente ist ein bestimmtes Zulassungsverfahren. Das exklusivste Marktsegment ist der amtliche Handel. Hier gelten besonders scharfe Reglementierungen. An die Unternehmen werden die höchsten Anforderungen gestellt. Alle deutschen Standardwerte sind in diesem Segment notiert. Derzeit werden hier rund 600 Aktien und 6000 Anleihen gehandelt. Der geregelte Markt ist das zweite große Marktsegment. Als gesetzlich kontrolliertes Segment bildet der geregelte Markt ein Sprungbrett für Aktiengesellschaften in den amtlichen Handel. Die Zulassungskriterien sind nicht ganz so streng wie im amtlichen Handel. Über 100 mittelgroße Aktiengesellschaften werden derzeit in diesem Segment notiert. Der Freiverkehr ist ein nur durch die Börse, und damit privatrechtlich, überwachtes Segment mit niedriger Zulassungsschwelle. Der Handel findet über das Telefon statt. Oftmals sind dort kleine Unternehmen mit geringem Aktienvolumen zu finden. Jungen Unternehmen wird der Gang an die Börse erleichtert. Rund 2700 Aktien und Optionsscheine von vornehmlich ausländischen Unternehmen sind dort gelistet. Mit dem Neuen Markt, einem Teilsegment des Freiverkehrs, ist 1997 von der Deutschen Börse ein Marktsegment für junge, wachstumsstarke und innovative Unternehmen geschaffen worden. Der Neue Markt ist damit das zweitjüngste deutsche Börsensegment. Die Aktien des Neuen Marktes müssen am geregelten Markt zugelassen sein. Mit Hilfe besonderer Zulassungsbedingungen, wie der erhöhten Publizitätspflicht, soll im Neuen Markt eine verbesserte Transparenz erreicht werden. So müssen die Unternehmen vierteljährlich ihre Unternehmenszahlen offen legen. Durch gute Wachstumsaussichten sind am Neuen Markt einerseits rasante Kurssteigerungen möglich, andererseits müssen Anleger ebenso mit starken Kursrückgängen rechnen. Die Deutsche Börse hat im Jahr 1999 kleinere in- und ausländische Aktiengesellschaften (Small Caps), deren Aktien zum amtlichen Handel oder geregelten Markt zugelassen sind, in einem neuen Qualitätssegment, dem Smax, zusammengefasst. Es verpflichtet die Unternehmen zu mehr Transparenz und Liquidität im Börsenhandel. Die Aufteilung in die verschiedenen Markt- und Handelssegmente schafft für die Unternehmen, die an den Kapitalmarkt gehen, maßgeschneiderte Bedingungen und für die Anleger die Möglichkeit, entsprechend ihren Liquiditäts- und Risikovorlieben zu investieren.

■ Abschied vom Parkett – Elektronischer Aktienhandel

Die Tage der traditionellen Präsenzbörse mit schreienden Händlern, die über das Börsenparkett rennen und mit Mobilfunktelefonen in der Hand Kundenaufträge in ihre Notizbücher schreiben, sind gezählt. Die Zukunft gehört dem Wertpapierhandel über den Computer. Schon heute werden in den großen Standardwerten bis zu 90 Prozent der Umsätze rein elektronisch gehandelt. In den mittleren und kleinen Werten ist es bereits rund die Hälfte mit steigender Tendenz.

Der Handel über Computer bietet viele Vorteile. Er kann große Volumina schneller handeln und anschließend besser verarbeiten als der Handel auf dem Parkett. Außerdem sind die Kosten des Handels und der anschließenden Wertpapierabwicklung weit niedriger. Denn die elektronische Vernetzung mit den Banken ermöglicht es, die Kundenaufträge sofort in das zentrale Orderbuch des Computersystems einzuspeisen, das die Kurse elektronisch berechnet und das Geschäft automatisch ausführt. Es sind also keine Makler mehr nötig. Die Verknüpfung mit der Wertpapierabwicklung beschleunigt und automatisiert die Nachbearbeitung und reduziert damit ebenfalls Kosten. Schließlich ist es nicht mehr nötig, im Börsensaal präsent zu sein. Gehandelt werden kann fernab jeder Börse, dort wo ein Computerbildschirm mit einem Zugang zum Handelssystem steht. Das spart Raum- und Personalkosten.

In Deutschland begann der elektronische Handel 1989 mit dem Start des Systems Ibis, das der Präsenzbörse kontinuierlich Marktanteile abnahm. 1997 wurde es ersetzt durch das neuentwickelte Xetra-System, das eine höhere Kapazität und erweiterte Möglichkeiten bot. Es erlaubt den Handel mit Aktien, Renten und seit kurzem auch mit Optionsscheinen. Mehr als 400 Teilnehmer sind derzeit an das Xetra-System angeschlossen, davon mehr als 100 im Ausland, vor allem in Großbritannien, Österreich und der Schweiz. Die österreichische und die irische Börse haben Xetra von der Deutsche Börse AG gekauft und handeln ihre Aktien ebenfalls auf diesem System. Im Rahmen der geplanten Fusion der Deutschen Börse und der London Stock Exchange wurde vereinbart, künftig Xetra gemeinsam zu nutzen. Die deutsche Terminbörse DTB handelte von Anfang an vollelektronisch. Dadurch gelang ihr der seltene Fall, den Handel mit dem wichtigsten europäischen Terminkontrakt, dem Euro-Bund-Future, von der britischen Terminbörse Liffe fast vollständig an die Eurex zu holen. Die Entscheidung für den elektronischen Handel war entscheidend dafür, dass die Eurex mittlerweile zur mit Abstand größten Terminbörse der Welt aufgestiegen ist. Sie hat damit den lange Zeit führenden amerikanischen Chicago Board of Trade (CBoT), wo sich der Handel noch auf dem Parkett vollzieht, abgelöst. Inzwischen hat auch der CBoT die Zeichen der Zeit erkannt und führt das elektronische Eurex-Handelssystem bei sich ein.

Aber auch der Parketthandel in Deutschland hat sich dem elektronischen Zeitalter nicht verschlossen. Wertpapieraufträge werden heute fast vollständig elektronisch in die Orderbücher der Kursmakler gespeist. Die Marktteilnehmer müssen also auch hier nicht mehr physisch vor Ort sein. Händler, die ihre Aufträge auf einem Zettel an den Makler reichen, gibt es kaum mehr. Dennoch ist der Handel an einer Präsenzbörse teurer als über Computer. Ihre Bedeutung dürfte daher in Zukunft weiter zurückgehen. Dies gilt insbesondere für die großen Standardwerte. Bei kleinen Aktien können die Makler einen Trumpf ausspielen: Nur sie haben das exklusive Recht, in das Orderbuch schauen zu dürfen. Treffen dort große Kaufaufträge auf ein geringes Angebot an Aktien, wie dies bei kleinen Titeln manchmal der Fall ist, kann er regulierend eingreifen, um unerwünschte, hohe Kurssprünge zu verhindern. In Xetra ist dies so nicht möglich, die Preisschwankungen sind daher generell höher. Diese Tatsache hat dazu geführt, dass über eine Kombination von Parkett- und elektronischem Handel – eine Art maklerüberwachtem Xetra-Handel – nachgedacht wurde. Die Pläne scheiterten bisher an rechtlichen Fragen.

■ Europas Börsen rücken zusammen

Die Globalisierung der Finanzmärkte ist weit vorangeschritten. Für die großen weltweit operierenden Banken gibt es keine nationalen Grenzen mehr. Sie bewegen Kapital mit Hilfe modernster Informationstechnologie in wenigen Sekunden einmal über den ganzen Erdball dorthin, wo es die höchste Rendite abwirft. Die internationalen Börsen als Marktplatz für dieses Kapital müssen sich darauf einstellen. Auch sie müssen sich internationaler ausrichten.

Doch während sich die großen Banken zu immer mächtigeren Finanzkonzernen mit weltweiter Präsenz zusammenschließen, herrscht unter den Börsen in Europa bisher noch Kleinstaaterei vor. Mehr als ein Dutzend Börsen mit unterschiedlichen Regeln für Zulassung und Handel und jeweils eigener Mitgliedschaft für die Marktteilnehmer, mit verschiedenen Handelsplattformen und Abwicklungssystemen sowie noch nicht vereinheitlichten Handelszeiten machen einen internationalen Wertpapierhandel für die Marktteilnehmer kompliziert und teuer. In Deutschland ist die Situation noch komplizierter. Hier kommen zur Frankfurter Börse noch einmal sechs Regionalbörsen hinzu.

Durch das Zusammenwachsen der europäischen Wirtschaft innerhalb der Europäischen Union und vor allem durch die Einführung einer gemeinsamen Währung ist unter den Marktteilnehmern kaum mehr Verständnis für die zerstückelte Börsenlandschaft in Europa vorhanden. Sie sind nicht mehr bereit, die Kosten dafür zu tragen. Sie fordern den Aufbau einer gemeinsamen europäischen Börse mit einem einheitlichen Handelssystem, nur einer Mitgliedschaft, einer Gesellschaft für die Abwicklung der Wertpapiergeschäfte und harmonisierte Regeln für Zulassung und Handel.

Kosteneinsparungen sind durch Kooperationen oder Fusionen der Börsen möglich. Die Zusammenarbeit in Teilbereichen – zum Beispiel der gemeinsame Betrieb eines Handelssystems – kann dabei aber nie die Einsparpotentiale eines vollständigen Zusammenschlusses erzielen. Kooperationen schienen den lange Zeit stark auf ihre Unabhängigkeit bedachten Börsen der einfachere Weg. Sie waren in den neunziger Jahren dominierend. Erst seit kurzem verstärkt sich die Tendenz zu Fusionen.

Viele der bisherigen Versuche, über Kooperationen oder Fusionen den Marktteilnehmern Kosteneinsparungen zu ermöglichen, scheiterten an nationalen Eitelkeiten und Eifersüchteleien. Keiner der Partner wollte sein teuer entwickeltes Handelssystem, seine gewohnten Handels- und Aufsichtsregeln oder seine Unternehmensstruktur aufgeben. Die Postenvergabe und die Verteilung der Anteile an einer fusionierten Börse führten ebenfalls zu Streit. Im vergangenen Jahr scheiterten die Pläne der Londoner und Frankfurter Börse zum Aufbau einer einheitlichen elektronischen Handelsplattform. Zuvor waren bereits die Verhandlungen zwischen der Pariser und Frankfurter Börse fehlgeschlagen. Allein die Terminbörsen beider Städte versuchten dreimal, zu einer Einigung zu kommen. Ursprünglich sollte bis zum Dezember 2000 die Allianz von acht europäischen Börsen starten. Sie hatten sich 1999 auf einheitliche Geschäftszeiten und -regeln sowie eine Verknüpfung ihrer elektronischen Handelssysteme geeinigt, auf eine Vollfusion mit einem gemeinsamen Handelssystem konnten sie sich aber nicht verständigen. Angesichts der zunehmenden Tendenz zu Fusionen unter den Börsen ist es mittlerweile fraglich, ob die Börsenallianz – die nicht mehr als eine Kooperation darstellt – noch eine Zukunft hat.

Erfolgreiche Kooperationen gibt es immerhin mit kleineren Börsen. Der Aktienmarkt in Wien handelt ebenso wie künftig die irische Börse über das deutsche Handelssystem Xetra. Die Terminprodukte der Börse Helsinki werden auf der Handelsplattform der deutsch-schweizerischen Terminbörse Eurex gehandelt. Im August 2000 hat die Zusammenarbeit der Eurex mit der amerikanischen Terminbörse CBoT begonnen. Seitdem handelt die CBoT elektronisch auf einem System, das weitgehend dem der Eurex entspricht.

Die Eurex ist eines der wenigen Beispiele für eine gelungene Fusion von Börsen in Europa. Sie ist 1998 aus dem Zusammenschluss der Deutschen Terminbörse DTB und der schweizerischen Derivatebörse Soffex hervorgegangen und mittlerweile zur größten Terminbörse der Welt aufgestiegen. Auf der Seite der Abwicklungsgesellschaften fusionierten Anfang des Jahres 2000 die Deutsche Börse Clearing und die luxemburgische Cedel zur neuen Gesellschaft Clearstream. Ihr entsteht durch den geplanten Zusammenschluss der französischen Abwicklungsgesellschaft Sicovam mit der Clearinggesellschaft Euroclear der größte Konkurrent in Europa. Weitere Fusionen im Clearing bahnen sich an. Gerade hier bietet sich die Zusammenlegung von Gesellschaften an, denn der Abwicklungsvorgang ist stark standardisiert, das Einsparpotential für die Marktteilnehmer ist sehr groß.

Der Zwang für die Börsen in Frankfurt, London und Paris, sich zu einem gemeinsamen Handelsplatz in Europa zusammenzuschließen, steigt. International tätige Banken sind mittlerweile – frustriert über die bisher unzureichenden Einigungserfolge der europäischen Börsen – dazu übergegangen, alternative Börsen aufzubauen. Mitte des Jahres 2000 will Tradepoint den europaweiten elektronischen Aktienhandel ermöglichen. Angesichts des Volumens, das die Banken täglich in den Handel einbringen, besteht für die traditionellen Börsen die Gefahr, dass sie einen Großteil der Liquidität an solchen auch ECNs (Electronic Communication Networks) genannten Börsen verlieren.

Im März 2000 sorgten die Börsen in Paris, Brüssel und Amsterdam für Aufsehen, als sie einen Zusammenschluss zu einer Börse mit dem Namen „Euronext" und Sitz in den Niederlanden ankündigten. Sie wäre nach der Londoner Börse die zweitgrößte in Europa und integriert vom Aktien-, Renten- und Terminhandel über die Warenmärkte bis zur Abwicklung erstmals grenzüberschreitend alle wichtigen Segmente einer Börse. Sie werden auf die drei Städte verteilt. Die drei Handelsplätze einigten sich, nur noch eine elektronische Handelsplattform – nämlich die französische – zu benutzen. Das spart künftig Investitions- und Entwicklungskosten. Im Herbst 2000 soll die Fusion umgesetzt sein, Ende 2000 ist ein Börsengang vorgesehen.

Die Deutsche Börse AG wäre damit nur noch der drittgrößte Handelsplatz in Europa gewesen. Daraufhin wurden bestehende Kontakte mit der London Stock Exchange intensiviert, Anfang Mai 2000 kündigten beide Börsen einen Zusammenschluss an. Die neue Börse mit dem Namen international exchanges oder kurz iX soll bis zum Jahresende verwirklicht sein. Sie wäre die mit Abstand größte Börse Europas. Der Wert der gehandelten Aktien entspräche ungefähr dem der japanischen Börse und der Hälfte der New York Stock Exchange. Ein Börsengang ist geplant. Einbezogen in den Zusammenschluss sind die beiden Kassamärkte und die Terminbörse Eurex. Die Abwicklung wurde allerdings ausgenommen, um eine Einigung zu ermöglichen. Es handelt sich also nicht um eine vollständige Integration, was zu Kritik geführt hat. Auch iX handelt künftig auf nur noch einer elektronischen Plattform, dem deutschen Xetra-System. Der Sitz der neuen Börse soll London sein. In Frankfurt verbleibt der Markt für Wachstumswerte, der zusammen mit der amerikanischen Technologiebörse Nasdaq internationaler ausgerichtet werden soll, und die Eurex. Sowohl Euronext als auch iX stellen bedeutende Schritte zur Realisierung der Europa-Börse dar. Weitere europäische Börsen werden sich den neuen Organisationen anschließen. Die Handelsplätze in Madrid und Mailand haben bereits Interesse an einem Zusammenschluss mit iX im kommenden Jahr bekundet. Wahrscheinlich ist, dass auch Euronext und iX langfristig verschmelzen werden. Beide Fusionsvorhaben können noch scheitern, doch die Gefahr dafür ist geringer als in der Vergangenheit, denn alle Börsen haben mittlerweile erkannt, dass sie europäisch denken müssen.

■ Wertpapiere und Genussscheine

An den Wertpapierbörsen werden überwiegend zwei Arten von Wertpapieren gehandelt. Zum einen sind dies Papiere, die ein Forderungsrecht beinhalten, zum anderen Titel, die eine Beteiligung verbriefen. Daneben gibt es einige Sonderformen. Börsenfähige Wertpapiere werden auch Effekten genannt. Die Papiere, die den Anlegern ein Forderungsrecht gegenüber dem Schuldner verleihen, werden als Renten, Anleihen, Schuldverschreibungen oder Obligationen bezeichnet. Der Käufer eines Rentenpapiers erwirbt das Recht auf Verzinsung des Wertpapiers und auf Rückzahlung des dem Schuldner für eine bestimmte Zeit überlassenen Betrags. Der Börsenkurs einer Anleihe wird gewöhnlich in Prozent ausgedrückt, der Nennwert wird mit 100 Prozent gleichgesetzt. Je nach Marktlage weicht der Börsenkurs während der Laufzeit des Papiers von diesem Nennwert ab.

Für Renten ist die Bezeichnung festverzinsliche Wertpapiere nicht ganz korrekt, da es unterschiedliche Formen der Verzinsung gibt. Möglich ist nicht nur eine regelmäßige, feste Verzinsung, sondern auch eine variable oder eine fehlende laufende Verzinsung. Bei Nullkupon-Anleihen (Zero-Bonds) beispielsweise werden während der Laufzeit keine Zinsen gezahlt. Allerdings entspricht die Differenz zwischen dem niedrigen Ausgabekurs und dem höheren Rücknahmekurs einer Verzinsung des eingesetzten Kapitals. Die Zinsen werden angesammelt und bei Fälligkeit der Anleihe mit dem Anleihebetrag ausgezahlt. Andere Anleihen wie Floating Rate Notes sind variabel verzinslich. Der Zins der Anleihe wird dabei an gewisse Referenzzinssätze gekoppelt und in regelmäßigen Abständen angepasst.

Rentenpapiere können auch anhand der Emittenten unterschieden werden. Durch den Verkauf von Anleihen erhalten die Schuldner die Mittel, die sie benötigen. Es gibt öffentliche und private Emittenten. Die öffentliche Hand, wie zum Beispiel der Bund, emittiert regelmäßig je nach Bedarf verschiedene Bundesanleihen und Bundesobligationen. Private Schuldner begeben Unternehmensanleihen und Bankschuldverschreibungen. Letztere können je nach ausgebendem Institut und je nach Ausgestaltung Pfand-

briefe, Kommunalobligationen oder verschiedenartige Schuldverschreibungen sein. Des Weiteren gibt es inländische und ausländische Schuldner, die
wiederum öffentlich oder privat sein können. Ein mögliches Währungsrisiko der Anleihen und der Zinszahlungen sollte von den Anlegern bedacht
werden.

Bank- oder Unternehmensanleihen, die neben dem Forderungsrecht bestimmte Sonderrechte verbriefen, sind Wandelschuldverschreibungen und
Optionsanleihen. Wandelschuldverschreibungen verbriefen ein Forderungsrecht und ein Umtauschrecht in Aktien der ausgebenden Aktiengesellschaft. Optionsanleihen sind mit einem festen Zinssatz ausgestattet, der
in der Regel unter dem Zinssatz von Anleihen mit vergleichbaren Laufzeiten liegt. Als Ausgleich sind der Anleihe ein oder mehrere Optionsscheine
(warrants) beigefügt, die abtrennbar und separat handelbar sind. In den
vergangenen Jahren haben viele Banken Scheine ohne Anleihen begeben.
Sie heißen „nackte Scheine" (naked warrants). Optionsscheine verbriefen
das Recht, Aktien, Anleihen oder andere Finanzprodukte zu festgelegten
Bedingungen zu beziehen oder zu verkaufen und haben oft eine Laufzeit
von mehreren Jahren. Sie bieten durch eine so genannte Hebelwirkung für
Anleger die Chance, von Kursbewegungen der Basisobjekte, wie zum Beispiel Aktien, überproportional zu profitieren, bergen aber auch ein großes
Kursrisiko. Für die Gewinnchance zahlt der Anleger beim Kauf des Optionsscheins neben dem rechnerischen Preis des Optionsscheins eine Prämie,
die Aufgeld genannt wird.

Neben den Rentenpapieren werden an den Börsen Beteiligungspapiere
gehandelt, die Aktien. Der Nennwert einer Aktie gibt ihren Anteil am
Grundkapital der Aktiengesellschaft an. Mit Blick auf eine einheitliche europäische Währung können, wie bereits an anderer Stelle ausgeführt, Aktiengesellschaften seit 1998 nennwertlose Aktien einführen. Bei nennwert-
losen Aktien, so genannten Stückaktien, ergibt sich das Kapital der Aktiengesellschaft aus der Zahl der Aktien. Nennwertaktien müssen mindestens
einen Nennwert von einem Euro haben. Viele Aktiengesellschaften haben
ihre Nennwertaktien bereits in Stückaktien umgewandelt. Der Börsenkurs
ist der Preis einer Aktie, der durch Angebot und Nachfrage bestimmt und
an der Börse ermittelt wird. Die Kurse werden je Aktie und seit 1. 1. 1999
nicht mehr in DM, sondern in Euro angegeben. Bei Aktien hat jeder Aktionär entsprechend seinem Anteil Anspruch auf einen Teil des ausgeschüt-
teten Gewinns der Aktiengesellschaft, die Dividende. Nach dem Umfang
der verbrieften Rechte und der Übertragbarkeit können verschiedene Ak-
tienarten unterschieden werden. Mit Blick auf die Rechte unterscheidet

man zwischen Stamm- und Vorzugsaktien. Vorzugsaktien verfügen im Gegensatz zu Stammaktien meist über eine bevorrechtigte Gewinnbeteiligung, haben aber keine Stimmrechte. Nach dem Kriterium der Übertragbarkeit können Inhaberaktien, Namensaktien und vinkulierte Namensaktien unterschieden werden. Inhaberaktien können leichter als Namensaktien übertragen werden.

Genussscheine sind börsenfähige Wertpapiere, die eine Zwischenstellung zwischen Aktien und Anleihen einnehmen. Von der konkreten Ausgestaltung der Emissionsbedingungen hängt ab, welchem Wertpapier die Genussscheine ähnlicher sind. An der Börse werden sie wie Anleihen in der Regel in Prozent gehandelt. Genussscheine verbriefen im Gegensatz zu Aktien keine Mitgliedschaftsrechte, sondern ein Recht auf Gewinnbeteiligung. Der Genussscheininhaber darf nicht an Hauptversammlungen teilnehmen und hat keine Stimmrechte. Genussscheine besitzen ein hohes Maß an Ausgestaltungsfreiheit, da gesetzliche Vorschriften weitgehend fehlen. Die Besonderheit liegt in der Art des Ertrages, der vom wirtschaftlichen Erfolg des Unternehmens abhängig ist. Dabei ist eine ausschließlich erfolgsabhängige Gewinnbeteiligung oder eine Kombination mit einem garantierten jährlichen Mindestzins denkbar. Auch Wandlungs- und Optionsrechte sind möglich. Mit dem Genussschein kann sogar eine Verlustbeteiligung verbunden sein. Genussscheine zählen in der Regel zum Fremdkapital des Unternehmens, bei entsprechender Ausgestaltung können sie als Eigenkapital gewertet werden. Gerade für Banken ist die Anerkennung als Eigenkapital wichtig, da sie besonderen aufsichtsrechtlichen Eigenkapitalvorschriften unterliegen. Kreditinstitute können durch die Emission von Genussscheinen ihr haftendes Eigenkapital erweitern. Aus diesem Grund werden die meisten Genussscheine mittlerweile von Banken begeben. Lange Zeit nutzten allerdings nur wenige Unternehmen diese Form der Kapitalbeschaffung. Die Emittenten waren oft sanierungsbedürftig, das Anlegerrisiko und die Renditen entsprechend hoch.

Eine Anlage in Genussscheinen ist für Investoren attraktiv, da Verzinsung und Ausschüttung meist höher als bei normalen Anleihen und Aktien sind. Damit wird dem Risiko Rechnung getragen, dass der wirtschaftliche Erfolg des Unternehmens maßgeblich die Rendite bestimmt und keine Mitspracherechte existieren. Auch die bei manchen Titeln vorhandene Marktenge und durchaus mögliche vorzeitige Kündigungen und Rückzahlungen der Gelder durch den Emittenten sollten von den Anlegern bedacht werden. Für die Anleger ist es wichtig, auf die Bonität der Emittenten zu achten. Unternehmen mit schlechten Geschäftszahlen bergen das Risiko eines Ertragsausfalls oder gar einer Verlustbeteiligung. Bankgenussscheine zum Beispiel müssen immer eine Verlustbeteiligung aufweisen, da sie sonst nicht als haftendes Eigenkapital anerkannt werden.

■ Der Gang an die Börse – Neuer Markt

Der Neue Markt ist vor allem durch die beachtlichen Kursgewinne bekannt geworden, die einzelne Aktien seit seinem Start als Börsensegment für Wachstumswerte am 10. März 1997 erzielt haben. Die Anleger am Neuen Markt gelten vielen gar als die Goldgräber unserer Zeit. Vor dem Hintergrund der zum Teil spektakulären Kursgewinne, die dort – trotz zum Teil massiver Rückschläge – seither zu erzielen waren, mag mancher Anleger dessen eigentlichen Zweck, nämlich die Kapitalbeschaffung für junge mittelständische Unternehmen, vergessen haben. Von daher ist die Erfolgsgeschichte des Neuen Marktes zunächst die Erfolgsgeschichte der dort notierten Unternehmen: Denn der Börsengang an den Neuen Markt hat ihnen die günstige Beschaffung von Eigenkapital zur Finanzierung ihrer ehrgeizigen Expansionspläne ermöglicht. Für die Erfolgsgeschichte des Neuen Marktes war sicherlich auch der Börsengang der Deutschen Telekom 1996 eine wichtige Hilfe. Viele Kleinanleger haben dabei erstmals Bekanntschaft mit der Börse überhaupt gemacht. Mittlerweile liegt der deutsche Neue Markt hinsichtlich Marktkapitalisierung, Kurs-Gewinn-Verhältnis und Zahl der gelisteten Unternehmen weit vor den vergleichbaren Börsensegmenten im europäischen Ausland, etwa dem französischen Nouveau Marche oder dem italienischen Nuovo Mercato.

Gerade kleine und mittelständische Unternehmen, die traditionell eine wichtige Rolle in der deutschen Wirtschaft spielen, hatten in der Vergangenheit große Schwierigkeiten, das für das Wachstum erforderliche Eigenkapital zu finden. Der Zugang junger Unternehmen zum Kapitalmarkt war lange Zeit im internationalen Vergleich eines der herausragenden strukturellen Probleme des Standortes Deutschland.

Das Handelsvolumen des Neuen Marktes beläuft sich mittlerweile auf zehn Prozent des gesamten deutschen Aktienmarktes. Auch der Anteil des elektronischen Handels steigt unaufhaltsam, so dass bald der überwiegende Teil des Umsatzes an diesem Markt für Wachstumswerte über das moderne und europaweit zugängliche Handelssystem Xetra laufen wird.

Als erste Unternehmen gingen die Mobilcom AG und die Bertrand AG an den Neuen Markt. Bis zum Jahresende 1997 waren bereits 17 Unternehmen notiert, deren Börsenwert zusammen immerhin bereits rund 9,6 Milliarden DM betrug. Im September 1998 ging mit der Brokat Infosystems AG bereits das fünfzigste Unternehmen an dieses Wachstumssegment der Frankfurter Börse. Die Mobilcom AG hatte ihren Börsenwert zu diesem Zeitpunkt bereits verdreißigfacht. Zum Jahresende 1998 betrug die Marktkapitalisierung der mittlerweile 63 am Neuen Markt notierten Unternehmen zusammen bereits rund 54 Milliarden DM.

Der Neue Markt-Index (Basis 31. 12. 1997: 1000), der zum 1. Juli 1999 in Nemax-All Share-Index umbenannt wurde, lag am 31. 12. 1998 bei 2744 Punkten. Im Jahr 1999 gingen weitere 140 Unternehmen an den Neuen Markt, auch aus dem Ausland, von woher mittlerweile nicht nur über dreißig der am Neuen Markt notierten Unternehmen stammen, sondern auch schätzungsweise 20 Prozent der Umsätze. Zum 1. Juli 1999 wurde von der Deutschen Börse AG erstmals der Nemax 50-Index berechnet, der die 50 größten Unternehmen am Neuen Markt widerspiegelt. Einige der Werte des Neuen Marktes wurden sogar bereits in die Dow Jones-Euro-Stoxx-Indexfamilie aufgenommen. Ende 1999 waren insgesamt 201 Unternehmen am Neuen Markt notiert, deren gesamter Börsenwert zum 31. 12. 1999 knapp 220 Milliarden DM ausmachte. Der Nemax All Share-Index lag zu diesem Zeitpunkt bei 4574 Punkten und gewann damit im Lauf des Jahres 1999 über 66 Prozent hinzu.

Waren im ersten Jahr vornehmlich Unternehmen aus der Software- und Telekommunikationsbranche auf dem Kurszettel des Neuen Marktes zu finden, kamen später auch Werte aus traditionellen Wirtschaftszweigen hinzu. Die Emissionen neueren Datums fanden vorzugsweise in den Bereichen IT-Service, Hardware, Software und Internet statt. Zu den Schwergewichten des Neuen Marktes, gemessen an der Marktkapitalisierung, zählen Broadvision Inc., EM.TV & Merchandising AG, Intershop Communications AG, Mobilcom AG, Qiagen N. V. und Consors Discount-Broker AG. Anfang 2000 kamen rund 29 Prozent der an der Wachstumsbörse notierten Unternehmen aus dem Internetsektor, rund 14 Prozent aus der Medienbranche, rund 10 Prozent aus dem IT–Service-Bereich und knapp 6 Prozent aus der Biotechnologie.

Die Anforderungen für eine Zulassung am Neuen Markt sind durch die Deutsche Börse AG klar geregelt und dienen einer hohen Liquidität und Transparenz:

-   Der Kandidat muss bereits über mindestens 1,5 Millionen Euro Eigenkapital verfügen
-   Das Unternehmen sollte bereits 3 Jahre bestehen

- Der Kurswert der zuzulassenden Aktien sollte mindestens 5 Millionen Euro erreichen
- Erlaubt sind nur Stammaktien
- Der Emissionsprospekt muss internationalen Standards entsprechen
- Über die Hälfte des Emissionsvolumens sollte aus einer Kapitalerhöhung stammen
- 100 000 Stück Aktien oder mehr sollen an die Börse gelangen
- Die Rechnungslegung muss nach den so genannten „International Accounting Standards (IAS)" erfolgen oder den amerikanischen Rechnungslegungsvorschriften (GAAP)
- Drei Quartalsberichte mit Gewinn- und Verlustrechnung, Kapitalflussrechnung und aktuellen Informationen pro Geschäftsjahr sind Pflicht
- Berichte erfolgen grundsätzlich in Deutsch und Englisch
- Mindestens eine Analystenkonferenz jährlich muss stattfinden
- Ad hoc-Publizität, also die Bekanntgabe kursrelevanter Unternehmensinformationen, z. B. das Eingehen eines strategisch wichtigen Kooperationsvertrages, ist obligatorisch

Das wichtigste Dokument beim Börsengang ist der Emissionsprospekt; er stellt das Kernstück des Zulassungsverfahrens dar. Seine Erstellung, Abstimmung, Prüfung und Veröffentlichung bestimmt maßgeblich den Zeitplan bis zur Aufnahme der Notierung. Aus Sicht des an die Börse gehenden Unternehmens soll er eine positive Darstellung der eigenen Tätigkeit sein, für die das Unternehmen begleitende Emissionsbank dient er als Vehikel für den Verkauf der Aktien des Unternehmens und muss von daher eine glaubwürdige „Equity story" beinhalten. Zugleich muss die Emissionsbank aber im eigenen Interesse sicherstellen, dass der Prospekt keine falschen oder irreführenden Angaben über das Unternehmen enthält, da die Emissionsbank andernfalls bei einem Fehlschlag der Emission über die Prospekthaftung von Anlegern in die Pflicht genommen werden kann.

Um eine ausreichende Liquidität der am Neuen Markt notierten Unternehmen jederzeit sicherzustellen, fungieren am Neuen Markt so genannte „Designated Sponsors", also Handelsbetreuer für die Werte der einzelnen Unternehmen. Wer am Neuen Markt gelistet werden möchte, braucht mindestens einen solchen Betreuer. Die höhere Liquidität gewährleistet der Sponsor, indem er sich bereit erklärt, jederzeit verbindliche Preise für den An- oder Verkauf der Aktien zu stellen. Er garantiert, auf eine Kursanfrage aus dem Markt binnen zwei Minuten mit einem Kurs zu reagieren, zu dem er bereit wäre, eine Order abzuwickeln. Die dabei von ihm garantierten

Mindestvolumina sind in der Regel für die unter Privatanlegern gehandelten Stückzahlen ausreichend, so dass diese darauf vertrauen können, ihre Aktien jederzeit zu angemessenen Konditionen handeln und marktgerecht bewerten zu können. Die Deutsche Börse AG legt strenge Maßstäbe für die Tätigkeit der Betreuer an und vergibt sogar Noten für die Qualität ihrer Arbeit, etwa im Hinblick auf die tägliche Quotierungsdauer und auf die Spanne zwischen Geld- und Briefkurs. Je geringer diese Spanne ist, desto höher ist die Liquidität in der gehandelten Aktie.

Die strengen Kriterien konnten nicht verhindern, dass es in einzelnen Werten des Neuen Marktes bis heute immer wieder zu Kursturbulenzen kommt. Der Handel in manchen Titeln ist so eng, dass Empfehlungen in einschlägigen Anlegermagazinen zu extremen Kursschwankungen innerhalb einer einzigen Handelssitzung führen können. Auch die hohen Zeichnungsgewinne und die Zuteilungsverfahren sorgen immer wieder für Kritik am Neuen Markt. Dennoch sind viele Marktbeobachter überzeugt, dass auch diese Phänomene, insbesondere nach den deutlichen Kurseinbrüchen im April 2000, bei denen viele Anleger erhebliches Lehrgeld zahlen mussten, Kinderkrankheiten sind. Mit zunehmender Liquidität des Marktes und einer steigenden Zahl von Unternehmen auf dem Kurszettel sollten extreme Kursschwankungen und hohe Zeichnungsgewinne, so heißt es, der Vergangenheit angehören. Händler und Anlageberater beobachten, dass die Anleger zunehmend sorgfältiger unter den einzelnen Aktien auswählen und nicht mehr wie zu Beginn der Geschichte des Neuen Marktes blind alles kaufen, was das Etikett „Neuer Markt" trägt.

■ Börsenrecht, Börsenprospekt, Börsenzulassung

Börsen sind keine reine Privatveranstaltung: Als bedeutsamer Marktplatz, der Kapitalanleger und Kapitalsuchende zusammenführt, werden sie zwar von der Wirtschaft getragen, unterliegen aber einer strengen Staatsaufsicht. Ein Anlass für die Schaffung des Börsengesetzes im Jahr 1896 waren Verluste des breiten Publikums an der Hamburger Kaffee-Terminbörse.

Wer eine Börse errichten will, benötigt nach diesen Vorschriften eine Genehmigung des jeweiligen Bundeslandes. So wacht in Hessen ein so genannter Staatskommissar generell über die Einhaltung der Gesetzesvorschriften. Das Bundesaufsichtsamt für den Wertpapierhandel wurde speziell dazu geschaffen, im Zusammenspiel mit den Handelsüberwachungsstellen der einzelnen Börsen Insiderhandel zu verhüten. Außerdem überwacht diese Bundesbehörde die Einhaltung der Publizitätsvorschriften, also die umgehende Veröffentlichung kursrelevanter Unternehmensdaten sowie des Erreichens (oder Unterschreitens) bestimmter Prozentanteile an Aktiengesellschaften durch Großaktionäre. Parallel dazu stehen die Banken unter der Kontrolle des Bundesaufsichtsamtes für das Kreditwesen. Auch die Börsen selbst führen ein strenges Regiment. Mit Effekten darf auf dem Parkett und per Computer nur handeln, wer von ihren Selbstverwaltungsorganen hierfür zugelassen worden ist – persönliche Zuverlässigkeit und berufliche Eignung werden von den Maklern ebenso verlangt wie die Hinterlegung einer Geldsicherheit.

Aktiengesellschaften können ihre Anteilsscheine nur dann an einer bestimmten Börse notieren lassen, wenn dies ein für das jeweilige Marktsegment zuständiger Ausschuss gestattet hat. Bei Amtlichem Markt und Geregeltem Markt stellt diese Entscheidung sogar einen Verwaltungsakt des öffentlichen Rechts dar; aber auch im Freiverkehr müssen bestimmte Verfahrensgrundsätze wie das Gebot der Gleichbehandlung beherzigt werden. Um Zutritt zum Amtlichen Markt zu erhalten, muss die betreffende Aktiengesellschaft einen Zulassungsprospekt erstellen, für den Geregelten Markt reicht ein Unternehmensbericht. Diese Unterlagen dienen der fairen Information der Anleger über die Qualität der angebotenen Wertpapiere. Wer hierin falsche oder unrichtige Angaben veröffentlicht, haftet den Investoren, wenn deren Aktien bei einer Firmenkrise abstürzen. Diese so genannte Prospekthaftung stützt sich auf eine ganze Reihe von Rechtsvorschriften und ist von den Gerichten noch darüber hinaus ausgedehnt worden. Sie kann auch Banken und Finanzdienstleistungsunternehmen treffen, wenn diese einen Anleger schuldhaft falsch beraten haben.

Dieser Rechtsrahmen wird immer enger, je mehr die Europäische Union bestrebt ist, durch eine Harmonisierung des Regelungsdickichts die Freiheit des Kapitalverkehrs und die Zusammenarbeit der Überwachungseinrichtungen über die Binnengrenzen hinweg auszubauen. So ist auch ein halbwegs einheitlicher Aufsichtsmaßstab gewährleistet, wenn einzelne Börsen sich grenzüberschreitend zusammenschließen. Allerdings besitzen die etablierten „Staatsbörsen" kein Monopol für das Zustandebringen von Handelsgeschäften. Geldinstitute und Großanleger (also insbesondere Versicherungsgesellschaften und Fondsgesellschaften) verkaufen sich oftmals Wertpapiere gegenseitig, ohne einen Makler dazwischenzuschalten, der in einem transparenten Verfahren die Kurse feststellt (Interbankenhandel; Telefonverkehr). Sogar eigene Handelsplattformen haben sich Privatinvestoren geschaffen. Und auch manche Kleinanleger erwerben beispielsweise

Aktien unmittelbar von der Gesellschaft, die diese zur Kapitalbeschaffung ausgegeben hat (Emittentin) – schließlich kann der Anteil an einer Aktiengesellschaft formlos übertragen werden.

■ Börsenkommissare auf der Spur von Insidergeschäften

Wer Aktien besitzt, kann Insidertipps gut gebrauchen: Wer mehr weiß als die anderen Anleger, ist beim Kauf und Verkauf von Wertpapieren den anderen leicht um eine Nasenlänge voraus. So kann er das Auf und Ab der Kurse bis zum Äußersten ausreizen. Besonders fair gegenüber der Masse der Geldgeber ist das allerdings nicht. Und daher würde ein Geldmarkt, an dem beispielsweise Manager ihren Informationsvorsprung über geplante Geschäfte oder gar Übernahmen des von ihnen geführten Unternehmens zugunsten des eigenen Privatportefeuilles ausnutzen dürften, viel an Attraktivität für große und kleine Investoren verlieren. Nach dem Vorbild des anglo-amerikanischen Rechts ist daher im Jahr 1994 auch in Deutschland der Insiderhandel unter Strafe gestellt worden: Mit einer bereits fünf Jahre zuvor erlassenen Richtlinie der Europäischen Union waren die bis dahin von der Wirtschaft selbst aufgestellten Verhaltensempfehlungen nicht mehr länger vereinbar. Das Verbot des Insiderhandels durch das Wertpapierhandelsgesetz (WpHG) ist allerdings nie ganz unumstritten gewesen: Manche Ökonomen vertreten die Auffassung, dadurch werde zum Schaden der Volkswirtschaft die bestmögliche Verteilung des Kapitals erschwert.

So genannte Insider dürfen ihr intimes Wissen nicht dazu benutzen, um für sich oder für andere Personen Wertpapiergeschäfte zu tätigen; sie dürfen es auch niemandem verraten oder für die Abgabe von Empfehlungen verwenden. Doch wer zählt zu diesem gleichermaßen privilegierten wie strafrechtlich gefährdeten Personenkreis? Nach Paragraf 13 WpHG gehört dazu, wer „Kenntnis von einer nicht öffentlich bekannten Tatsache hat", die sich auf einen Ausgeber von Wertpapieren (Emittent genannt) oder auf die Papiere selbst bezieht und die „geeignet ist, im Falle ihres öffentlichen Bekanntwerdens den Kurs erheblich zu beeinflussen". Allerdings: Insider kann nur sein, wer „als Mitglied des Geschäftsführungs- oder Aufsichtsorgans oder als persönlich haftender Gesellschafter des Emittenten", „aufgrund seiner Beteiligung an (dessen) Kapital" oder „aufgrund seines Berufs oder seiner Tätigkeit oder seiner Aufgabe bestimmungsgemäß" von dieser „Insidertatsache" erfährt. Dies zeigt, dass auch moderne Gesetze in dem Bestreben, möglichst sämtliche einschlägigen Fälle zu erfassen, alles andere als griffig formuliert sind. Noch komplizierter wird die Rechtslage dadurch, dass es auch noch den so genannten Sekundärinsider gibt – das Gesetz nennt ihn vornehm „Dritten". Dieser hat ein vor der Börse gehütetes Geheimnis erfahren, ohne selbst beruflich damit befasst zu sein. Auch ihm ist bei Strafe jeglicher Handel mit den betroffenen Papieren verboten; Ausplaudern und Weitertratschen sind ihm hingegen nicht verwehrt.

Wie aber soll eine derartige Straftat jemals aufgedeckt werden, bei der es – anders als bei Raub, Mord oder Totschlag – kein konkretes Opfer gibt? Schließlich werden Börsengeschäfte meist diskret abgewickelt. Fünf Jahre nach Inkrafttreten der Vorschrift ist daher auch erst ein einziges Urteil gegen einen Insider bekannt geworden; ansonsten wurden lediglich Ermittlungsverfahren gegen Zahlung einer Geldbuße eingestellt oder ohne Gerichtsverhandlung Strafbefehle verhängt. Ganz machtlos stehen die Börsenkommissare aber nicht da. So genannte Handelsüberwachungsstellen an den einzelnen Börsen lassen flächendeckend sämtliche Deals durch ihre Computer laufen. Wenn spezielle Filterprogramme entdecken, dass kurz vor Bekanntwerden einer Unternehmensneuigkeit eine auffällig große Order erteilt worden ist, forschen sie in detektivischer Kleinarbeit nach Querverbindungen zwischen dem Auftraggeber und der betroffenen Aktiengesellschaft. Bei begründetem Verdacht wird die Staatsanwaltschaft eingeschaltet. In Banken sollen zudem spezielle Beauftragte für die Befolgung des Gesetzes sorgen (Compliance-Officer) und „chinesische Mauern" zwischen verschiedenen Bankabteilungen das Durchsickern vertraulicher Informationen verhindern.

Auch das Bundesaufsichtsamt für den Wertpapierhandel soll durch Kontrollen Verstöße gegen die Markttransparenz aufdecken. So fahnden die Aufseher der Frankfurter Behörde sogar im Internet nach gezielten Falschmeldungen. Denn auch eine gezielte Kursmanipulation ist nach Paragraf 88 des Börsengesetzes strafbar. Doch diese Vorschrift ist bisher noch so gut wie nie zum Einsatz gekommen. Im Rahmen des Vierten Finanzmarktförderungsgesetzes soll ihre Anwendung deshalb erleichtert werden. Auch könnten die Börsen dazu übergehen, Verstöße zugelassener Marktteilnehmer selbst zu ahnden.

■ Aktien schlagen Renten – langfristige Vergleiche

Langfristig sind Aktien gegenüber Rentenpapieren die bessere Anlageform. Das zeigen zahlreiche Analysen. Abhängig von der gewählten Untersuchungsmethode sowie der Länge und der Auswahl der Zeitpunkte des

Was wurde aus 100 000 Mark?

Modellrechnung 1963 bis 1999, bereinigt um Inflation und Steuern (Angaben in DM)[1]

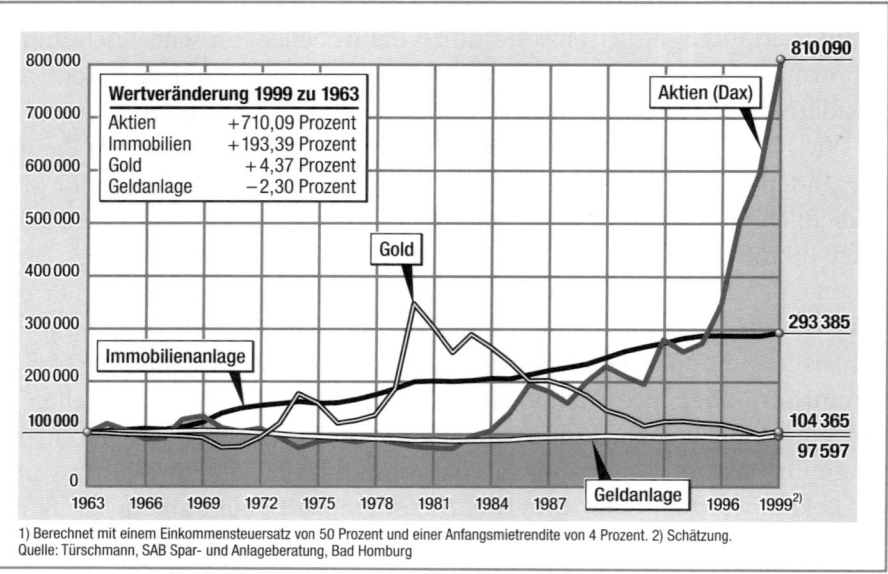

Wertveränderung 1999 zu 1963	
Aktien	+710,09 Prozent
Immobilien	+193,39 Prozent
Gold	+4,37 Prozent
Geldanlage	−2,30 Prozent

1) Berechnet mit einem Einkommensteuersatz von 50 Prozent und einer Anfangsmietrendite von 4 Prozent. 2) Schätzung.
Quelle: Türschmann, SAB Spar- und Anlageberatung, Bad Homburg

betrachteten Zeitraumes ermitteln Studien nominale Renditen für deutsche Aktien im Mittel zwischen 14,4 Prozent und 5,2 Prozent im Jahr. Inflationsbereinigt werden Aktienrenditen zwischen 14,6 Prozent und 2,06 Prozent berechnet. In der Nachsteuerbetrachtung auf der Basis inflationsbereinigter Daten weisen die Aktienrenditen Werte zwischen jährlich 9,32 Prozent und 3,18 Prozent auf. Für deutsche Rentenpapiere lassen sich nominale Renditen zwischen 9,9 Prozent und 2,08 Prozent feststellen. Inflationsbereinigt liegen die Rentenrenditen zwischen 5,34 Prozent und 1,07 Prozent. In der Nachsteuerbetrachtung weisen Anleihen eine Rendite zwischen 4,6 und −0,2 Prozent auf. Es ergibt sich demnach ein Renditevorsprung von deutschen Aktien über deutsche Renten im Zeitablauf von rund 4 Prozentpunkten. Auch Studien aus dem Ausland weisen durchgängig eine bessere Renditeentwicklung der Aktien im Vergleich zu festverzinslichen Wertpapieren aus.

Die Renditen der Aktien sind allerdings deutlich höheren Schwankungen ausgesetzt als die der Renten. So stieg der Index der Börsenzeitung im Durchschnitt der Jahre 1962 bis 1982 lediglich um knapp ein Prozent je Jahr. Von 1990 bis 1999 stieg der Deutsche Aktienindex dagegen um deutliche 300 Prozent. In beiden betrachteten Perioden erzielten Anleihen eine jährliche Rendite von rund 8 Prozent.

Der empirische Befund, dass Aktien Renten unter Renditegesichtspunkten schlagen, lässt sich wirtschaftstheoretisch wie folgt begründen. Besitzer von Anleihen sind Schuldner und halten somit Anteile am Fremdkapital eines Unternehmens. Inhaber von Aktien halten Anteile am Eigenkapital des Emittenten. Aktionäre sind demnach quasi Eigentümer eines Unternehmens.

Wer Anleihen bis zur Endfälligkeit hält, unterliegt bei seiner Anlage lediglich dem Ausfallrisiko. Dies tritt ein, wenn der Emittent der Anleihe nicht in der Lage ist, seine Schulden zu bedienen und der Inhaber der Anleihe die Kuponzahlungen und/oder die Rückzahlung der Anleihe nicht (vollständig) erhält. Wer seine Anleihe vor Endfälligkeit verkaufen will, unterliegt zudem dem Kursrisiko. Die Kurse von schon emittierten Anleihen fallen, wenn das allgemeine Zinsniveau steigt. Wenn die Zinsen fallen, steigen die Kurse. Auf diese Weise passt sich die Rendite der emittierten Anleihen an das aktuelle Marktniveau an. Gleichwohl gehen Anleger, die in Anleihen investieren, ein deutlich niedrigeres Risiko ein als Aktionäre. Diese tragen das so genannte unternehmerische Risiko. Wenn ein Unternehmen keinen Gewinn macht und nicht über hinreichend hohe Rücklagen verfügt, erhält der Aktionär keine laufenden Erträge (Dividende) auf seine Anlage. Darüber hinaus reagieren die Kurse von Aktien deutlich stärker auf Unternehmensnachrichten, die Einfluss auf den Gewinn des Unternehmens haben, als die Kurse von Anleihen – nach oben wie nach unten. Anleger, die bereit sind, das unternehmerische Risiko auf sich zu nehmen, erhalten im Vergleich zu Anlegern von Anleihen eine Risikoprämie. Diese ist umso größer, je länger der Betrachtungszeitraum ist.

Das Risiko der Aktienanlage lässt sich vermindern, in dem der anzulegende Betrag auf mehrere Aktien unterschiedlicher Branchen und Länder verteilt wird (Risikodiversifikation). Auf diese Weise lässt sich die Abhängigkeit der Rendite von einem Unternehmen (einer Branche, einem Land) vermindern. In einem Depot sollten sich stets sowohl Aktien als auch Renten befinden. Der optimale Anteil der verschiedenen Wertpapiergruppen im Depot ergibt sich durch die Risikofreudigkeit des einzelnen Anlegers.

■ Aktienkultur in Deutschland – Wandel des Geldvermögens

Lange Zeit hatte die deutsche Bevölkerung starke Vorbehalte gegen die Aktie als Anlageform. Einige Historiker machen dafür die Gründerkrise von 1873 verantwortlich. In der vorausgegangenen Hausse am Aktienmarkt war das Aktiengesetz liberalisiert worden. Viele Menschen waren erstmals Aktionär geworden und hatten die Aktienkurse auf Rekordhöhen getrieben. In der Gründerkrise verloren viele ihr Vermögen. Dies wiederholte sich nach dem Börsenkrach von 1929 und der sich anschließenden Weltwirtschaftskrise. Auch die Währungsreform 1948 war eine schmerzliche Erfahrung. Versuche der Bundesregierungen, in den fünfziger, sechziger und siebziger Jahren, Arbeitnehmer zu verstärkter Beteiligung an „ihrem" Unternehmen zu ermutigen und die Volksaktie (zum Beispiel Volkswagen) zu propagieren, hatten nur geringen Erfolg. Seit 1970 hat sich das Finanzvermögen deutscher Anleger von 524 Milliarden DM auf mehr als 5682 Milliarden DM in 1998 mehr als verzehnfacht. Zwischen 1970 und 1995 nahm dagegen der Anteil der Aktien am steigenden Geldvermögen der Deutschen kontinuierlich ab. Einen immer größeren Teil der Gelder investierten die Anleger in dieser Zeit in steuerbegünstigte, langfristige Versicherungsverträge und Investmentfonds. Selbst bei Berücksichtigung der über Investmentfonds bestehenden Aktienbestände verringerten die Deutschen ihren Aktienanteil am Geldvermögen zwischen 1975 und 1990 um rund ein Drittel.

Mit dem Börsengang der Deutschen Telekom 1996 hat sich die Aktienkultur in Deutschland grundlegend verändert. Rund 1,9 Millionen Privatanleger erhielten 285 Millionen der 690 Millionen ausgegebenen Aktien zugeteilt. Der Rest der Emission entfiel auf institutionelle Investoren im In- und Ausland. Der Anteil der Privataktionäre an der Emission betrug 62 Prozent. Die Telekom-Aktie wurde zur Volksaktie. Die Nachfrage nach Telekom-Aktien übertraf das vorhandene Angebot um das Doppelte. Doch bei der Zuteilung der Aktien setzte die Deutsche Telekom Maßstäbe. Jeder Zeichnungsauftrag eines Privatanlegers wurde berücksichtigt, und viele Privatanleger kamen in den Genuss einer bevorrechtigten Zuteilung. Mit einem Gesamtvolumen von 21 Milliarden DM wurde der Börsengang ein voller Erfolg. Der Mut der Anleger wurde mit kräftigen Kursanstiegen belohnt. Der Startschuss für eine wachsende Aktienkultur war gefallen.

Seit dem Börsengang der Telekom hat die Wirtschafts- und Finanzberichterstattung in allen Medien deutlich zugenommen. Ein weiterer Schritt zu einer entwickelteren Aktienkultur in Deutschland war die Schaffung des Neuen Marktes durch die Deutsche Börse AG. Die zuvor oft beklagte Eigenkapitalschwäche des deutschen Mittelstandes gilt angesichts der gewachsenen Risikobereitschaft der Bevölkerung, sich beispielsweise an Internet-, Telekommunikation-, Biotechnologie- oder Medienunternehmen zu beteiligen, die noch über viele Jahre Verluste machen werden, als überwunden.

Die gesetzliche Rentenversicherung wird angesichts der demographischen Struktur der Bevölkerung ihr Leistungsniveau nicht halten können.

Die Erkenntnis, für das Alter selbst Vorsorge treffen zu müssen, veranlasst immer mehr Menschen, Aktien zu kaufen. Schließlich hat die Aktie in langfristigen Renditevergleichen ihre Überlegenheit gegenüber anderen Anlageformen gezeigt. Nach Berechnungen des Deutschen Aktieninstitutes gibt es in Deutschland inzwischen mehr als 5 Millionen direkte Aktionäre. Insgesamt besitzen mehr als 10 Millionen direkt oder über Investmentfonds Aktien, das sind mehr als 15 Prozent der Bevölkerung. Von den 5 Millionen Aktionären besitzen 1,2 Millionen ausschließlich Belegschaftsaktien. Deutliche Unterschiede sind zwischen den alten (9 Prozent der Bevölkerung besitzen Aktien) und neuen (3,3 Prozent) Bundesländern zu verzeichnen.

Trotz der Entwicklung einer besseren Aktienkultur in der zweiten Hälfte der neunziger Jahre ist Deutschland noch kein Land der Aktionäre. Dies zeigt sich beim Blick auf die Aktienquote in anderen Ländern. So waren in den Vereinigten Staaten 25 Prozent der Bevölkerung direkte Aktienbesitzer, in Großbritannien 23 Prozent und in Schweden sogar 35 Prozent.

■ Finanzplatz New York

Das Geschehen an der Wall Street bestimmt in der Regel das Klima an den internationalen Finanzmärkten. Unter Wall Street sind dabei nicht nur die Aktivitäten in der traditionsreichen Einbahnstraße im Finanzdistrikt von Manhattan zu verstehen, sondern auch die professionellen Marktteilnehmer in den amerikanischen Wertpapiermärkten, also Investmentbanken, Brokerhäuser und Börsen. Sie schlagen täglich den größten Liquiditätspool der Welt um. Kein anderer Aktienmarkt hat eine Tiefe, die auch nur halbwegs an die des amerikanischen Aktienmarkts herankommt. Fast jeder zweite Haushalt in den Vereinigten Staaten besitzt Aktien oder Aktienfonds, und Unternehmen betrachten die Kapitalmärkte und nicht die Geschäftsbanken als ihre primäre Finanzierungsquelle.

Diese Markttiefe und natürlich die dominante Position Amerikas in der Weltwirtschaft haben die New York Stock Exchange (Nyse), auch Big Board genannt, zur Leitbörse der Weltfinanzmärkte gemacht. Wann immer der Handel auf dem Parkett der schon mehr als 200 Jahre alten Präsenzbörse etwas hektischer wird, strahlt dies auch auf ausländische Märkte aus. Die führende Stellung der Nyse ist aber an der Schwelle zum neuen Jahrtausend stärker denn je gefährdet. Ihre Einstufung als die Nummer 1 unter den Wertpapierbörsen bezieht sich heute nur mehr auf den kumulierten Marktwert der am Big Board gelisteten Unternehmen. Gemessen am Handelsvolumen hat sich die Wachstumsbörse Nasdaq erstmals im Jahr 1999 an die Spitze

Wall Street gibt den Takt vor für die Welt

katapultiert. An dem einstigen Freiverkehrsmarkt sind heute mehr Unternehmen notiert als an allen anderen amerikanischen Börsen zusammen. Die Nasdaq ist die Heimat für große Technologieunternehmen wie Microsoft, Cisco Systems und Intel, aber auch für zahlreiche Jungunternehmen, die die schärferen Zulassungsvoraussetzungen an der Nyse umgehen wollten.

Die Nasdaq ist eine Computerbörse, verfügt also nicht wie die Nyse über ein Börsenparkett, auf dem Tausende von Menschen für permanentes Gewimmel sorgen. Die Teilnehmer am Nasdaq-Handel verfolgen das Marktgeschehen vielmehr an Computer-Monitoren, die über das ganze Land

verstreut sind. Für jede Aktie an der Nasdaq gibt es meist mehrere Marktmacher, die im Wettbewerb mit anderen Marktmachern Preise stellen, zu
denen sie Wertpapiere an- und verkaufen. Ihren Ertrag erwirtschaften sie
somit aus der Differenz zwischen An- und Verkaufspreisen, dem so genannten Spread (Spanne). Diese Spanne ist umso niedriger, je liquider der Handel in einer Aktie ist. Während bei der Nasdaq also ein preisgetriebener
Handel praktiziert wird, ist das Geschäft an der Nyse auftragsgetrieben. Die
Kurse im Nyse-Handel sind ausschließlich Ergebnis von Angebot und Nachfrage. Zwar gibt es auch auf dem Parkett des Big Board eine Form von
Marktmachern, die so genannten Spezialisten. Sie stehen aber in keinem
Wettbewerb zueinander. Jede Aktie hat nur einen Spezialisten. Dieser verpflichtet sich, stets einen reibungslosen Handel zu gewährleisten. Er muss
deshalb immer wieder als Käufer oder Verkäufer einspringen und setzt sich
damit wie die Marktmacher der Nasdaq Kursveränderungsrisiken aus.

Marktmacher und Spezialisten sind aus der Sicht der Investoren Kosten.
Dies erklärt, warum elektronische Handelsplattformen, die die Anleger direkt zusammenführen, sich immer größere Scheiben aus dem amerikanischen Börsenhandel herausschneiden. Vor allem die Internet-Broker schleu-
sen ihre Aufträge fast ausschließlich über diese so genannten Electronic
Communications Networks (ECNs). Doch auch institutionelle Anleger schätzen die Anonymität und die niedrigen Transaktionskosten. Die Wall Street
dürfte somit im neuen Jahrtausend zu einer „Web Street" werden, an der
für einen parkettgestützten Handel irgendwann kein Platz mehr sein wird.

■ Finanzplatz London

London ist mit Abstand der wichtigste Finanzplatz in Europa. Seit Hun-
derten von Jahren siedeln sich Finanzhäuser, Banken und Börsen in der
Metropole an, und die Weltoffenheit der Briten und ihr Interesse am Handel
waren immer förderlich für Finanzgeschäfte aus der Londoner City. Zudem
arbeiten das britische Finanzministerium, die Bank von England, die Börsen
und Banken eng zusammen, um den Erfolg des Finanzplatzes durch eine
erfolgreiche Aufsicht und geschäftsfördernde Regeln zu unterstützen.

Der Beweis für das Gewicht des Londoner Standortes war die Entschei-
dung, den Sitz der größten europäischen Aktienbörse an der Themse an-
zusiedeln, sollte die Fusion der Deutschen Börse AG und London Stock
Exchange zur iX Erfolg haben. Dies unterstreicht die dominante Rolle des
Finanzplatzes London einmal mehr. Dies wird selbst vom Finanzplatz
Frankfurt anerkannt. Der Vorstandsvorsitzende der Deutschen Börse,

Europas wichtigster Finanzplatz London

Werner Seifert, veröffentlichte mit der Unternehmensberatung McKinsey ein Buch „European Capital Markets", in dem die führende Position des Finanzplatzes London unterstrichen wird. London dominiert gegenüber den konkurrierenden Finanzzentren Frankfurt und Paris in fast allen Geschäften in einem Verhältnis von fünf zu eins. Es gibt Kennzahlen, die auf die Stärke eines Finanzzentrums schließen lassen. Sie geben in allen Bereichen ein eindeutiges Bild. Nach Angaben von „European Capital Markets" gab es im Jahr 1999 in London mehr als 17 000 Bildschirme von Bloomberg, in Frankfurt waren es 3700; in London gibt es 71 auf Finanzthemen spezialisierte Finanzredaktionen der Medien, in Frankfurt 15.

In London sind 150 Unternehmen, die im derivativen Handel spezialisiert sind, angesiedelt, in Frankfurt 63; in London sind 168 Investmentbanken tätig, in Frankfurt 54 – und dies in London mit oft zehnfacher Personalstärke; in London gibt es 88 Investment Management Gesellschaften (Vermögensverwalter), in Frankfurt hingegen 13; in London gibt es 53 Privatbanken, in Frankfurt 16, und in London gibt es 477 Wertpapierhäuser und Broker, in Frankfurt 75. Das heißt, London ist in Europa der Platz, an dem mit Abstand die meisten Banken und Großinvestoren sitzen.

Ähnliche Rückschlüsse lassen sich ziehen aus der Personalstärke von

Führungskräften. Hier hat London ebenfalls fast fünf Mal so viele Führungskräfte in jeweils hochspezialisierten Fachbereichen des Investmentbanking
wie Frankfurt. Insgesamt arbeiten in der Londoner Finanzbranche fast so
viele Mitarbeiter, wie Frankfurt Einwohner hat. London ist nach all diesen
Faktoren größer als Frankfurt und Paris zusammen, und der Abstand von
London vergrößert sich in fast allen Bereichen ständig. London führt vor
allem in globalen Finanzprodukten, also im OTC derivativen Handel, im
Handel in festverzinslichen Papieren und vor allem im Devisenhandel. Londons Marktanteil im europäischen Devisenhandel vergrößerte sich nach
Angaben der Bank für Internationalen Zahlungsausgleich in den vergangenen acht Jahren von 49 auf 57 Prozent und der Marktanteil im Handel
von außerbörslichen derivativen Produkten von 50 auf 55 Prozent.

Auch bei den Börsen liegt London trotz des Erfolges der deutsch/schwei-
zerischen Terminbörse Eurex und des Neuen Marktes in Frankfurt vorn.
London ist der führende Platz für den Aktienhandel. 1999 sind 63 Prozent
des Londoner Umsatzes auf den Handel in internationalen Aktien entfallen.
Es wurden in London 499 internationale Aktien gelistet, und es würden
nach einer Fusion der Börsen aus London und Frankfurt zur Großbörse iX,
noch mehr sein. Gerade wegen dieser Bedeutung des Finanzplatzes London
war es in der Londoner City umstritten, den Markt für Wachstumswerte
bei einer Fusion zur iX in Frankfurt anzusiedeln.

Und auch wenn die Terminbörse Liffe fast alle Umsätze im Bund-Future
an die Eurex verloren hat, bleibt die Liffe eine große Terminbörse. Zudem
ist London Sitz für Europas größte Metallbörse, für eine der wichtigsten
Rohölbörsen der Welt und andere Rohstoffbörsen. Auch ist London einer
der Sitze von De Beers, dem südafrikanisch-schweizerischen Konglomerat,
das im Prinzip das globale Kartell im Diamantenmarkt steuert. Zudem ist
London einer der wichtigsten Goldhandelsplätze der Welt. Das Gewicht
Londons als Finanzplatz basiert weitgehend auf der Ansiedlung zahlreicher
Banken, Vermögensverwaltungsgesellschaften, Fondsgesellschaften und
Großkunden. Dies erklärt, warum Anleihen am Eurobond-Markt seit langem weitgehend aus London gesteuert werden und eine Großzahl der
grenzüberschreitenden großen Fusionen und Übernahmen aus London
heraus abgewickelt werden. Das Gewicht des Londoner Finanzzentrums
lässt sich an folgenden Zahlen abmessen: nach Angaben von „European
Capital Markets" stieg von 1996 bis 1997 der britische Marktanteil im Weltmarkt an exportierten Finanz-Dienstleistungen von 13 auf 18 Prozent, der
von Frankfurt sank von 8,7 auf 6,5 Prozent.

Finanzplatz Frankfurt

Die Geburt der D-Mark hat den Aufstieg des Finanzplatzes Frankfurt aus den Trümmern des Zweiten Weltkriegs eingeleitet. Frankfurts Weg zum deutschen Banken- und Börsenzentrum ist eng verknüpft mit der Geschichte der Deutschen Bundesbank und ihrer Vorgängerin, der Bank deutscher Länder. Die Entscheidung, die deutsche Zentralbank in Frankfurt anzusiedeln, hatte nicht nur historische Gründe, sondern hing auch mit der Einrichtung der Zweizonen-Wirtschaftsverwaltung der amerikanischen und englischen Besatzungszone nach dem Krieg in Frankfurt am Main zusammen. Die Bundesbank entwickelte sich zum Magneten für die Stadt. Inzwischen verkörpert Frankfurt den Finanzplatz Deutschland. Hier sitzen die großen deutschen Banken, hier haben die meisten in Deutschland vertretenen Auslandsbanken ihre Dependencen. Unter den 368 Kreditinstituten in Frankfurt sind 231 ausländische Banken. Insgesamt sind in Frankfurt etwa 60 000 Menschen im Finanzgewerbe beschäftigt, dass sind rund 13 Prozent aller in der Stadt Beschäftigten.

Wichtiger noch als die Anzahl der Banken ist für den Finanzplatz das Kraftzentrum Deutsche Börse AG, die ebenfalls in Frankfurt ihren Sitz hat. Schließlich sind viele Bankgeschäfte im Kern Börsengeschäfte. Die Deutsche Börse bildet seit Dezember 1992 als Aktiengesellschaft ein privatrechtliches Dach für alle deutschen Börsen einschließlich der dazugehörigen Dienstleistungen. Neben Banken und Maklern sind auch die Regionalbörsen an dieser Holding beteiligt. Das klingt technisch, hat aber große strategische Bedeutung. Aus einem provinziellen Sammelsurium regionaler Börsen ist so in kurzer Zeit ein schlagkräftiger Wettbewerber im schnelllebigen internationalen Börsengeschehen geworden. Entscheidend für die Aufholjagd war und ist der Gleichklang, mit dem Banken und Börsen, Politiker und Verwaltung ein gemeinsames Ziel verfolgten: den Finanzplatz Deutschland und sein Zentrum Frankfurt zu stärken. Der Gesetzgeber ging 1985 in Vorlage, indem er die Aufsichtsregeln liberalisierte und ausländische Banken zur Konsortialführung zuließ. Das Genehmigungsverfahren bei der Emission von auf D-Mark lautenden Anleihen wurde 1990 abgeschafft. Besonders wichtig war 1991 die Auflegung einer bis heute nicht abgeschlossenen Gesetzesserie zur Förderung des Finanzmarkts. Mit dem ersten dieser Gesetze wurde die Besteuerung von Börsenumsätzen aufgehoben. Die Bundesbank legte nach und senkte von 1987 an schrittweise die Mindestreserve. Im Jahr 1997 beschloss die Bundesbank, für Wertpapierpensionsgeschäfte keine Mindestreserve zu verlangen. Gemeinsam mit dem Bund wurde

Frankfurt – Banfurt; der Finanzplatz Deutschland

zudem die Palette staatlicher Anleihen über alle Laufzeiten hinweg komplettiert, was den Anleihemarkt früher noch als den Aktienhandel an eine internationale Spitzenstellung heranführte. Die frühzeitige Umstellung der Bundesanleihen auf den Euro sicherte die Marktführerschaft auch im gemeinsamen Währungsgebiet. Mit der Errichtung der Deutschen Terminbörse begann 1990 die Aufholjagd der deutschen Aktienmärkte. Anfangs von der scheinbar übermächtigen Londoner Konkurrenz belächelt, später aber gefürchtet, erlangte die mit dem Schweizer Terminmarkt fusionierte Eurex die Marktführerschaft nicht nur in Europa, sondern in der ganzen Welt. Die Deutsche Börse hatte als erste große internationale Börse die Zeichen der Zeit erkannt und auf den Computerhandel über das elektronische Handelssystem Xetra gesetzt. Zusammen mit einer einheitlichen und effizienten Abwicklung aller Wertpapiergeschäfte unter dem Dach der Deutsche Börse AG wurde so der Grundstein für die internationalen Erfolge des Finanzplatzes gelegt.

Von der Ansiedelung der Europäischen Zentralbank profitiert Frankfurt ähnlich wie von der Sogwirkung der Standortentscheidung für die Deutsche Bundesbank nach dem Zweiten Weltkrieg. Für die EU ist wichtig, dass die EZB die Tradition einer stabilitätsorientierten Geldpolitik von der Bundesbank übernommen hat. Und für Frankfurt ist entscheidend, dass diese Stadt zum Zentrum der europäischen Geldpolitik geworden ist. Hier wird der Zins für das gemeinsame Währungsgebiet gemacht. Da die Banken die Nähe zur Zentralbank suchen, was besonders für die professionellen EZB-Beobachter gilt, wird Frankfurt weiterhin im Blickpunkt der Akteure an den internationalen Kapitalmärkten stehen. Durch die Erfolgsgeschichte des Neuen Markts ist Frankfurt und mit der Stadt der gesamte Finanzplatz Deutschland zum Zentrum der Neuen Märkte für junge, innovative Wachstumsunternehmen aus ganz Europa geworden. Auch deshalb kann Frankfurt als Börsenplatz zuversichtlich in die Zukunft blicken.

■ Finanzplatz Zürich

Die frühere Vielfalt der schweizerischen Börsen in den drei Sprachregionen ist dem Zwang zur Rationalisierung zum Opfer gefallen. Die heutige schweizerische elektronische Börse – die Swiss Exchange (SWX) – hat ihren Sitz in Zürich und ist für die ganze Schweiz der repräsentative Handelsplatz für eine Vielzahl von Finanzprodukten geworden. Obwohl die Schweiz nur ein Kleinstaat ist, gehört die SWX zu den führenden Börsen der Welt. Sie verdankt ihre Position der Stärke und Internationalität des Finanzplatzes

Schweiz. An ihm wird internationales und privates Vermögen von über 3000 Milliarden Franken verwaltet. Die SWX offeriert eine breite Produktionspalette. Auf der Zürcher Börsenplattform werden nicht nur schweizerische und ausländische Aktien und Obligationen, sondern auch Derivate, Devisen und Repogeschäfte (Wertpapierleihe) gehandelt, und dies in allen wichtigen Währungen der Welt bei großen Umsätzen.

Handelspartner sind alle bedeutenden Global Player des internationalen Finanzmarktes. Die Börse bringt Teilnehmer aus aller Welt zusammen und verschafft ihnen jederzeit liquide Märkte. Dies ist vor allem für institutionelle Vermögen von großer Bedeutung. Täglich werden am Zürcher Markt 5000 verschiedene Wertpapiertitel gehandelt, darunter 250 ausländische Aktien, über 2000 Obligationen in- und ausländischer Schuldner, mehr als 500 Warrents und eine Vielzahl von Euro-Bonds in Dollar, in Euro und in Schweizer Franken.

Ein schnell wachsender Neuer Markt in Zürich für Aktien (SWX New Market) erlaubt es jungen Unternehmen, sich Eigenmittel in der Aufbauphase zu beschaffen. Die Notierungsbedingungen sind jenen der anderen europäischen Wachstumsmärkte angepasst. Tieferen Zutrittshürden (Mindesteigenkapital nur 2,5 Millionen Franken) stehen höhere Transparentsanforderungen gegenüber.

Das wichtigste Messinstrument für die Kursbewegungen an der Zürcher Börse für Schweizer Aktien ist der Swiss Market Index (SMI). Das ist ein Preisindex für die 25 wichtigsten eidgenössischen Aktien. Er umfasst 80 Prozent der Börsenkapitalisierung des gesamten Schweizer Aktienmarktes. Der Index ist zugleich Basis für die Bewertung zahlreicher Options- und Futures-Kontrakte, die an der deutsch-schweizerischen Gemeinschaftsbörse für Derivate gehandelt werden.

Analysten arbeiten ferner mit dem Swiss Performance Index (SPI). Er umfasst alle SWX-Aktien und gilt unter Analysten als moderner Total-Return-Index. Er bezieht auch die Dividendenerträge der im Index gewichteten Titel ein unter der Annahme, dass die Ausschüttungen wieder reinvestiert werden. Der SPI ist damit Gradmesser für die Qualität von Vermögensverwaltungen. Er wird durch zahlreiche Unterindizes und Branchenindizes ergänzt, was den SPI zu einem idealen Messinstrument gemacht hat.

Ein besonderes Gewicht hat für die Schweizer Börse der Swiss-BondIndex (SPI). Mit ihm wird eine Auswahl der an der Schweizer Börse gehandelten Obligationen in Schweizer Franken gewichtet. Die Titel müssen bestimmte Bonitätskriterien erfüllen. Seit 1999 werden in Zürich auch internationale

Anleihen auf Euro-Währung gehandelt. Zugleich ist in Zürich die erste vollintegrierte elektronische Repo-Handelsplattform der Welt installiert worden.

Neben London gilt Zürich als der bedeutendste Markt für außerhalb Amerikas gehandelte quellensteuerfreie internationale Anleihen auf Dollar-Basis. Dazu werden seit 1999 auch quellensteuerfreie Bonds in Euro-Währung umgesetzt. Die Zürcher Euro-Bondsabschlüsse sind für ausländische Kunden von der schweizerischen Umsatzabgabe befreit. Über 40 Prozent aller internationalen Anleihen werden allein von Vermögensverwaltungs- und Privatbanken in der Schweiz umgesetzt.

Käufe und Verkäufe in Obligationen über Zürich gelten als repräsentativ für die jeweilige Marktlage bei Euro-Bonds. Der Handel wird durch eine effiziente Abwicklung mit Anschluss an die beiden internationalen Clea-ring-Organisationen Cedel und Euro-Clear abgewickelt. Um die Kursent-wicklung von Euro-Dollarbonds zu messen, existiert ein besonderer SWX-Eurobonds-Index auf Dollarbasis.

Die Schweizer Börse gilt als ein bevorzugter Marktplatz für den Handel mit Wertpapieren großer institutioneller Anleger (Versicherungen, Invest-mentfonds und Pensionsfonds). Diese Großanleger müssen sich auf eine hohe Marktliquidität verlassen können. Ein Handicap für den Handel mit Aktien in Zürich ist noch immer die schweizerische Stempelsteuer, die Aktienumsätze auf Schweizer Boden verteuert und dem schweizerischen Bundesfiskus jährlich bis zu 3 Milliarden Franken in die Kasse bringt. Be-strebungen, den Stempel abzuschaffen, sind im Gange.

Ergänzt wird das reichhaltige Sortiment an handelbaren Kontrakten an der Zürcher Börse durch eine Vielzahl von Eurex-Produkten. Dazu gehören Geldmarkt-Kontrakte (Euribor-Future) für Großkunden ab einigen Millionen Euro. Gleichzeitig können auch Optionen auf Euribor-Future – auch für deutsche öffentliche Anleihen – gehandelt werden, ferner Euro-Schatz-Futu-re, fiktive kurzfristige öffentliche Schuldverschreibungen und Euro-Bobl-Fu-ture, fiktive mittelfristige Schuldverschreibungen mit Laufzeiten bis zu 5 Jahren.

Eine besondere Spezialität der Schweizer Börse ist ein kontinentaler Handel mit skandinavischen Aktien-Futures (Nordic Stoxx 30 SM Future) und Optionen.

■ Finanzplatz Tokio

Die Tokioter Börse ist 1878 gegründet worden und wurde kurz vor Ende des Zweiten Weltkriegs erstmals modernisiert. Im April 1949 eröffnete dieser Aktienmarkt wieder und erlebte mit dem wirtschaftlichen Erfolg Japans einen kontinuierlichen Aufstieg. Er gipfelte in den achtziger Jahren in einem boomenden Markt, dessen Volumen das der amerikanischen Börsen teilweise um 50 Prozent überschritt. Anfang der neunziger Jahre nach dem Kurseinbruch wandelten sich die Geschicke dieser Börse aber schnell. Die Zahl der ausländischen Unternehmen mit einer Notierung an der Tokioter Börse ist inzwischen deutlich gefallen und macht nur noch 42 Unternehmen aus, 1990 waren es noch 125 Unternehmen. Gleichzeitig ist die Gesamtzahl der notierten Unternehmen in den zurückliegenden zehn Jahren nahezu gleich geblieben, während die New York Stock Exchange beispielsweise einen Anstieg von 44 Prozent verzeichnen konnte. Eine wachsende Zahl institutioneller Investoren bevorzugt zudem den Handel außerhalb der Börse, was zu einer deutlich geringeren Liquidität am Tokyo Stock Exchange geführt hat. Aufgeschreckt durch den offensichtlichen Ansehensverlust, nahm die Tokioter Börsenverwaltung das fünfzigjährige Jubiläum im April 1999 zum Anlass, durchgreifende Reformen einzuleiten, um die eigene Position unter den großen Zentren im Aktienhandel in der Welt zu halten. Im Vordergrund der Bemühungen steht dabei eine völlige Modernisierung der traditionsreichen Börse. Seit April 1999 gibt es an der Tokioter Börse keinen Präsenzhandel mehr, denn auch die Titel der umsatzstarken Ersten Sektion werden nun über Computer gehandelt. Das Reformprogramm umfasst Schritte wie eine größere Kooperation mit anderen asiatischen Börsen, um nicht zuletzt auch kreuzweise Notierungen asiatischer Aktien zu ermöglichen. Indem sich die Tokioter Börse mit anderen asiatischen Aktienmärkten in anderen Zeitzonen zusammenschließt, kann sie ihre Handelszeiten ausweiten. Gleichzeitig wurde Ende 1999 ein neuer Markt für Risikokapital „Mothers" (Market of the high-growth and emerging stocks) unter dem Management der Börse Tokio eingerichtet. Damit soll einer neuen aufstrebenden Generation von Unternehmen in Japan die Chance gegeben werden, Kapital aufzunehmen und dabei nicht mehr allein auf den bislang dafür etablierten Telefonmarkt (Over-the-Counter-Markt), der von der Japan Securities Dealers Association betrieben wird, angewiesen sein. Mit dem Debüt des Nasdaq-Japan-Markt im Juni 2000 wird langfristig ein scharfer Konkurrenzkampf der Wagniskapital-Märkte in Japan erwartet. Zur langen Reformliste der Tokioter Börsenverwaltung gehört auch, dass künftig englischsprachige Bilanzen ausländischer Unternehmen anerkannt werden sollen, um die Kosten für die Letzteren zu reduzieren und wieder mehr Notierungen aus dem Ausland anzulocken. Die Zeitung „Nihon Keizai Shimbun", die die Rechte am Nikkei-225-Index hält, hat im April 2000 eine umfangreiche Überarbeitung massives Revirement des 50 Jahre alten Nikkei-225-Index bekannt gegeben. Insgesamt 30 Aktien aus den Branchen Bergbau, Chemie und Stahl, die kaum noch Beachtung finden, mussten den Platz räumen für zeitgemäße Werte wie beispielsweise den Elektronikherstellern Kyocera, Casio und TDK, Japans größten Mobiltelefon-Anbieter NTT DoCoMo und der Einzelhandelskette Seven Eleven Japan. Dabei handelt es sich um Unternehmen des neuen Japan, die als effizient, transparent und technologieorientiert gelten.

2. Kapitalmärkte

■ Der Euro-Anleihemarkt

Der Euro-Anleihemarkt ist erst mit der Einführung des Euro entstanden und darf nicht mit dem Eurobond-Markt verwechselt werden, dem Markt für internationale Anleihen. Bei dem Euro-Anleihemarkt handelt es sich vielmehr um den großen Kapitalmarkt der Währungsunion, an dem die Schuldner der Währungsunion – und dies sind zum größten Teil die Regierungen – ihr Geld aufnehmen.

Vor der Einführung des Euro war der europäische Kapitalmarkt zersplittert, und jede Regierung begab weitgehend in ihrer eigenen Währung an ihrem eigenen nationalen Markt Staatsanleihen. Diese Vielzahl kleiner Kapitalmärkte hat sich jedoch mit der Einführung des Euro Anfang 1999 zu dem größten Markt für Staatsanleihen in der Welt formiert. Schließlich emittieren die Mitgliedsstaaten der Währungsunion, also die Benelux-Länder, Finnland, Frankreich, Irland, Italien, Deutschland, Österreich, Portugal und Spanien, ihre Staatsanleihen nun in Euro. Dies hat einen gigantischen Block von Euro-Staatsanleihen geschaffen, der für Investoren erhebliche Vorteile hat.

Im Gegensatz zu früher hat der Euro-Anleihemarkt – alleine, weil er größer ist – eine wesentlich höhere Liquidität. Zudem können Investoren, die ehemals weitgehend auf Anlagen in ihrer Landeswährung fixiert waren, nun auch an den Anleihemärkten der anderen Mitgliedsstaaten der Währungsunion investieren, denn das Wechselkursrisiko ist durch den gemeinsamen Euro ausgeschaltet worden. Dies hat die Gruppe der Investoren, die sich für einzelne Anleihen interessieren, erheblich ausgeweitet. Zudem haben die nationalen Finanzministerien das durchschnittliche Volumen einzelner Anleihen erhöht, um die Effizienz der Emissionstätigkeit und die Liquidität der einzelnen Anleihen zu erhöhen. Zugleich ist der Euro-Anleihemarkt nach Angaben der Deutschen Bank transparenter, als es die einzelnen nationalstaatlichen Kapitalmärkte früher waren. Es werden Emissionskalender veröffentlicht mit Einzelheiten der Terminierung, Laufzeit und Liquidität einzelner Emissionen.

Freilich hat die Einführung des Euro und die Verschmelzung der nationalen Kapitalmärkte zu einem einheitlichen Euro-Anleihemarkt auch einen Wermutstropfen: Auch wenn es sich bei dem Euro-Anleihemarkt im Gegensatz zu den Vereinigten Staaten nicht um einen zentralen Emittenten, sondern um elf nationalstaatliche Schuldner handelt, spiegelt die Renditedifferenz der Staatsanleihen am Euro-Anleihemarkt nur noch marginal die unterschiedliche finanzielle Verfassung der einzelnen Emittenten wider. Schon vor der Einführung des Euro sank der Renditeaufschlag, der traditionell von fast allen Schuldnerländern über dem Renditeniveau von Bundesanleihen gezahlt werden musste, auf ein Minimum von etwa 30 Basispunkten herab.

Lange sind die Zeiten vorbei, wo Anleger das Wechselkursrisiko der Lira oder der Peseta eingingen, und dafür zehnjährige italienische oder spanische Staatsanleihen mit einer Rendite von elf oder 12 Prozent einkassieren konnten. Diese hohen Renditen, die noch vor einigen Jahren gezahlt wurden, sind alle fast auf das Niveau der Renditen von Bundesanleihen gesunken und geben vielen Investoren keinen Anreiz mehr, sich am Euro-Anleihemarkt für Staatsanleihen zu engagieren. Dies erklärt das Interesse vieler Anleger an Unternehmensanleihen, die wesentlich interessantere Renditen bieten.

Die Brutto-Emission der sechs größten staatlichen Schuldner der Währungsunion, nämlich Deutschland, Frankreich, Italien, Belgien, die Niederlande und Spanien, hat im Jahr 1999 gegenüber dem Vorjahr praktisch stagniert. Nach Angaben von J.P. Morgan wurden von den sechs Ländern insgesamt 419 Milliarden Euro emittiert. Wieder war Italien der größte Emittent mit einem Emissionsvolumen im Jahr 1999 von 138 Milliarden Euro, gefolgt von Deutschland mit 110 Milliarden Euro und Frankreich mit 81 Milliarden Euro festverzinslicher Staatsanleihen. Damit macht Italien 33 Prozent der Emissionen der Euro-Staatsanleihen aus, Deutschland 26 Prozent und Frankreich 19 Prozent.

Die Bruttoemissionstätigkeit des Marktes dürfte im Jahr 2000 voraussichtlich um 15 Prozent und die Netto-Emissionstätigkeit um sogar 46 Prozent sinken. Vor allem Italien wird die Emissionstätigkeit von Staatsanleihen voraussichtlich um 30 Prozent gegenüber 1999 einschränken. Damit wird Italien mit einer Emission von etwa 97 Milliarden Euro weniger als Deutschland mit etwa 100 Milliarden Euro emittierten. Damit dürfte Deutschland in der Währungsunion im Jahr 2000 der größte Emittent von Staatsanleihen am Euro-Anleihemarkt sein, erwartet J.P. Morgan.

Seit Einführung des Euro hat sich auch die Struktur des staatlichen Anleihemarktes in Europa geändert: Gegenüber 1998 sank die Emission von Staatsanleihen der sechs größten staatlichen Schuldner am langen Marktende – also bei Laufzeiten von 15 bis 30 Jahren – von 18 auf 10 Prozent aller Emissionen. Hingegen wurden wegen der hohen Volatilität am Markt und der steigenden Renditen eher am kurzen Ende des Marktes Anleihen aufgelegt, so dass die durchschnittliche Laufzeit der Euro-Staatsanleihen auf etwa 5,8 Jahre zusammengeschmolzen ist.

Im Gegensatz zum amerikanischen Markt gibt es in der Währungsunion keinen einzelnen staatlichen Emittenten, sondern immerhin elf staatliche Emittenten. Dies bedeutet, dass auch die Zinsstrukturkurve des Marktes nicht von einem einzelnen Emittenten vorgegeben wird wie in den Vereinigten Staaten, sondern am Euro-Anleihemarkt verschiedene Staatsanleihen für je unterschiedliche Teile der Zinsstrukturkurve den Status einer Benchmark angenommen haben. Dabei sind deutsche Staatsanleihen, also Bundesanleihen, mit ihrer Rendite im langfristigen Laufzeitenbereich – vor allem von 10 Jahren Laufzeit – marktführend. Im mittelfristigen Bereich sind es hingegen französische Anleihen. Dies hängt mit der jeweils größeren Liquidität der Marktsegmente zusammen und der Effizienz der entsprechenden Terminmärkte.

▪ Krisen, Kreditklemme und sichere Häfen

Die Schwere der Wirtschafts- und Finanzkrise, die Ende der neunziger Jahre zunächst Asien und dann auch Russland und Lateinamerika erschütterte, hat fast alle Beobachter überrascht. Die Folgen der Turbulenzen an den Finanzmärkten waren auch in den westlichen Industrieländern zu spüren. Während die Krise noch in vollem Gange war, begann schon die Diskussion über eine neue „Finanzarchitektur". Im Kern der Debatte geht es um die Frage, wie das internationale Finanzsystem krisenfester gemacht werden kann. Einen Königsweg hierfür scheint es zwar nicht zu geben.

Während der jüngsten Krisen aber konnten eine Reihe von wichtigen Erkenntnissen gewonnen werden, die für die künftige Krisenvermeidung wichtig sein werden.

Ihren Ursprung hatten die Krisen in Asien, Russland und Lateinamerika vor allem in fundamentalen Unzulänglichkeiten der betroffenen Länder. Schlechte Wirtschaftspolitiken, ein mangelhafter Ordnungsrahmen und fehlende Rechtssicherheit ließen sich in fast allen Krisenländern finden. Die Folge waren makroökonomische Ungleichgewichte, die schließlich nicht länger tragfähig waren und die Schwierigkeiten auslösten: In Thailand war das Leistungsbilanzdefizit immer größer geworden, und die Landeswährung Baht – durch einen festen Wechselkurs in ein Korsett gezwängt – war hoffnungslos überbewertet. Zur Finanzierung des Leistungsbilanzdefizits war ein stetiger Zustrom ausländischen Kapitals nötig. Als dieser versiegte, weil die internationalen Anleger Zweifel am politischen System und den wirtschaftlichen Konzepten der Regierung bekamen, musste Thailand den Wechselkurs freigeben. Der wirtschaftliche Niedergang des ehemaligen „Tigerstaates" war vorgezeichnet.

Einer Reihe von Ländern war es in dieser Zeit vor dem Hintergrund steigender Skepsis der internationalen Kapitalgeber nicht länger möglich, das System eines festen Wechselkurses aufrechtzuerhalten. Die Finanzkrise dieser Jahre hat damit die wesentlichen Schwächen starrer Wechselkurse abermals offenbart: In der Gewissheit, ein bestimmtes Austauschverhältnis für die eigene Währung garantiert zu bekommen, nehmen private Haushalte und Unternehmen gerne hohe Kredite im Ausland auf. Dort sind die Zinsen häufig niedriger, weil die eigene Regierung die Zinsen zur Aufrechterhaltung des festgezurrten Wechselkurses heraufsetzt. Eine hohe Auslandsverschuldung aber birgt erhebliche Risiken. Wenn der Druck zu groß wird, die Devisenreserven der Zentralbank dahinschmelzen und schließlich die feste Bindung des Wechselkurses aufgegeben werden muss, türmen sich die Schulden schnell in riesige Höhen. Eine Bedienung dieser Schulden ist kaum noch möglich, weil die eigene Währung abgewertet wird, die Rückzahlung aber in der fremden Währung geleistet werden muss. Es ist also immer mehr eigene Währung nötig, um eine bestimmte Summe in der Fremdwährung zu erhalten. Dies trifft freilich ebenso auf staatliche Schuldner zu. Auch sie erlagen vor Ausbruch der Krise allzu häufig der Verlockung, sich kurzfristig im Ausland zu verschulden. Die sogenannte Fristentransformation, also die Verlagerung der Schulden auf längere Laufzeiten, ist seither zu einem wichtigen Bestandteil in der Krisenprävention geworden.

Als besonders anfällig haben sich im Zuge der Krisen auch die Bankensysteme in einer Vielzahl von Ländern erwiesen. Vielfach konnten die Banken nicht mit der rasch vorangetriebenen Liberalisierung des Kapitalverkehrs mithalten. Eine Bankenkrise kann von mehreren Merkmalen gekennzeichnet sein: Das Verhältnis notleidender Kredite zu den gesamten Vermögenspositionen der Banken beträgt mehr als 10 Prozent oder steigt zumindest schnell; es kommt zu Schließungen, Übernahmen oder Fusionen von Banken oder einer umfangreichen Verstaatlichung von Instituten, möglicherweise im Zusammenhang mit einem fortgesetzten Run auf einzelne Banken; die Regierung friert Einlagen ein oder gibt allgemeine Einlagengarantien und greift zu umfangreichen staatlichen Finanzhilfen für einzelne Institute.

Die Liberalisierung der Finanzmärkte setzt aufgestaute Kreditnachfrage frei und zwingt die Banken, ihre aktuelle Bilanz angemessen zu bewerten. Vielfach – das haben die Krisen ebenfalls gezeigt – haben die Bankmitarbeiter nicht genügend Erfahrung, um die Risiken in dem neuen, deregulierten Umfeld angemessen zu beurteilen. Auch die Bankenaufsicht ist häufig überfordert. In der Diskussion hat sich inzwischen die Auffassung durchgesetzt, dass der Kapitalverkehr nur in dem Maße freigegeben werden sollte, wie die Voraussetzungen hierfür im Bankensystem geschaffen werden.

Kein gänzlich neues Phänomen stellte während der Turbulenzen an den Finanzmärkten die Flucht der Anleger in „sichere Häfen" dar. Unter dem Eindruck steigender Risiken in vielen aufstrebenden Märkten besannen sich die Investoren auf die Schuldner mit der besten Kreditwürdigkeit. Lange hatten sich die so genannten emerging markets des Zustroms ausländischen Kapitals erfreut. Anleihen der Schwellenländer waren heiß begehrt. Abzulesen war die große Beliebtheit dieser Wertpapiere an den immer kleiner werdenden Renditedifferenzen zu erstklassigen Schuldtiteln. Darin spiegelte sich die zunehmend niedrigere Risikoprämie wider, die Anleger für ein Engagement in Papieren der aufstrebenden Länder forderten. Nur wenige Marktbeobachter äußerten Zweifel daran, ob die Renditedifferenzen die wahren Unterschiede der staatlichen Schuldner in der Bonität angemessen ausdrückten. Als die Krise ausgebrochen war und immer weitere Teile Asiens erfasst hatte, änderte sich diese Einschätzung schlagartig. Die Anleger hatten das Vertrauen zum großen Teil verloren und brachten ihr Geld in Sicherheit. Vor allem amerikanische und deutsche Staatsanleihen mit längeren Laufzeiten waren in dieser Zeit gefragt. Die Renditen am deutschen Kapitalmarkt sanken auf historisch niedrige Niveaus.

Die letzten Krisen haben damit zugleich deutlich gemacht, wie eng die internationalen Kapitalmärkte und damit letztlich auch die Volkswirtschaften miteinander inzwischen verwoben sind. Das deutsche Wirtschaftswachstum hat durch die Rezession in weiten Teilen Asiens einen empfindlichen Dämpfer erhalten. Vor allem in den Vereinigten Staaten wuchs damals die Sorge, die düstere Stimmung an den internationalen Finanzmärkten könnte die amerikanische Kreditwirtschaft erfassen und zur Zurückhaltung bei der Vergabe neuer Kredite verleiten. Aber auch in Europa und in Asien fürchtete man, die drohenden Kreditausfälle bei Engagements in der Krisenregion könnten sich in einem Rückgang des heimischen Kreditangebots niederschlagen. Das Wort von der Kreditklemme machte die Runde. In Amerika kamen eine Reihe von Unternehmen zeitweise in Schwierigkeiten bei der Beschaffung neuen Kapitals. Amerikanische Unternehmen finanzieren sich häufiger am Kapitalmarkt als europäische. Ihre Bonität ist freilich niedriger als die des amerikanischen Staates. Die große Verunsicherung der Anleger und die damit verbundene Flucht in qualitativ hochwertige Anlageformen führte dazu, dass sich die Finanzierungsbedingungen für kleinere amerikanische Unternehmen erheblich verschlechterten. Um der Gefahr einer Kreditklemme, die den Wirtschaftsaufschwung in den Vereinigten Staaten hätte beenden können, zu begegnen, senkte die amerikanische Notenbank damals deutlich die Zinsen. Die zusätzliche Liquidität mag dazu beigetragen haben, eine Abkühlung des Wirtschaftsklimas in Amerika und damit auch in anderen Teilen der Welt zu verhindern.

▪ Grundlagen – Kupon, Kurs, Laufzeit, Tilgung, Währung

Im Gegensatz zu Aktionären verfügen Eigentümer von Anleihen über keine gesellschaftsrechtlichen Mitwirkungsrechte und nehmen bei einer möglichen Insolvenz des Emittenten eine – wie auch immer im Detail ausgestaltete – Gläubigerstellung ein. Der Kreis möglicher Emittenten solcher Papiere umfasst neben Unternehmen des finanziellen und nicht finanziellen Sektors auch öffentliche Stellen (Bund, Sondervermögen des Bundes, Länder und in Einzelfällen auch Gemeinden). Die Erscheinungsformen von Rentenpapieren sind vielfältig. Unterschiedliche Ausprägungen gibt es insbesondere hinsichtlich der Rückzahlungsregelungen und der Zinsregelungen.

Bei Bundesanleihen, Pfandbriefen oder Kommunalobligationen sowie bei Schuldverschreibungen, denen zusätzliche Wandlungs- oder Optionsrechte beigefügt sind, erfolgt die Rückzahlung nach einem bereits bei der Ausgabe der Wertpapiere definitiv festgelegten Terminplan. Kündigungsrechte bestehen auf keiner Seite. Eine andere, aus Anlegersicht besonders bei nicht börsengängigen Papieren interessante Variante besteht in der Möglichkeit, dem Eigentümer des Wertpapiers das Recht einzuräumen, das Papier ungeachtet des für den Normalfall vorgesehenen Tilgungsplans vorzeitig an den Emittenten zurückzugeben. Entsprechende Rückgabeklauseln findet man etwa bei den vom Bund mit einer Gesamtlaufzeit von sechs oder sieben Jahren emittierten Bundesschatzbriefen, die zwar nicht an der Börse gehandelt werden, jedoch nach Ablauf eines Sperrjahres jederzeit zum Nennwert (zuzüglich aufgelaufener Zinsen beim so genannten Typ B) zurückgegeben werden können.

Bei der zeitlichen Verteilung der Rückzahlung dominieren am Kapitalmarkt ganz eindeutig Wertpapiere mit gesamtfälliger Rückzahlung gegenüber solchen mit Ratenrückzahlung oder Anuitätenrückzahlung. In der Regel wird für Papiere mit gesamtfälliger Rückzahlung von Anfang an ein Nennwert genannter Betrag fixiert, der zum Ende der Laufzeit, bei Fälligkeit der Anleihe, gezahlt werden muss. Neben der definitiven betragsmäßigen Fixierung besteht eine zweite Möglichkeit darin, den Rückzahlungsbetrag an die Wertentwicklung einer exogenen, von der wirtschaftlichen Entwicklung des Schuldners zumindest nicht direkt abhängigen Größe zu koppeln. Als derartige Größen kommen Inflationsraten, Edelmetall- oder Ölpreise in Betracht. Unabhängig davon, wie sich der Rückzahlungsbetrag bemisst, stellt die Währung, in der die Rückzahlung zu erbringen ist, eine weitere Variable bei der Ausgestaltung von Anleihen dar. Seit Beginn der Europäischen Währungsunion werden alle Anleihen der Mitgliedstaaten in Euro begeben. Alle umlaufenden Staatsanleihen wurden auf Euro umgestellt. Private Schuldner haben ein Umtauschwahlrecht. Gleiches gilt für ausländische Schuldner, die Anleihen mit einem Nennwert zum Beispiel in D-Mark ausgegeben hatten.

Bei Anleihen mit fixiertem Rückzahlungsbetrag (Nennwert) muss der Ausgabepreis nicht mit dem Nennwert übereinstimmen. Wenn das Papier zu einem vom Nennwert abweichenden Kurs (man nennt den Ausgabebetrag dann unter oder über „pari") emittiert wird, beeinflusst der Aufschlag (Agio) oder Abschlag (Disagio) vom Nennwert die sogenannte Emissionsrendite, also die effektive Verzinsung des eingesetzten Geldbetrages. In Deutschland ist es weithin üblich, Anleihen mit einem leichten Emissionsdisagio auszustatten, also zum Beispiel den Emissionskurs einer zu 100 Prozent rückzahlbaren Anleihe auf 99 Prozent festzulegen. Die Emissionsrendite liegt demnach üblicherweise knapp über dem Nominalzins (Kupon). Einen Extremfall stellen die so genannten Nullkuponanleihen (Zero-Bonds) dar, bei denen während der Laufzeit überhaupt keine Zinszahlungen vorgesehen sind, dafür jedoch eine extrem große Differenz zwischen Ausgabe- und Rückzahlungsbetrag besteht (zum Beispiel Ausgabe im Jahr 1990 zu 40, Rückzahlung im Jahr 2002 zu 100).

In der Regel sind Anleihen jedoch dadurch gekennzeichnet, dass Zinszahlungen in Höhe des Kupons während der gesamten Laufzeit in fest vorgegebenen periodischen Abständen erfolgen. Kuponzahlungen können einmal je Jahr oder in mehreren unterjährigen Teilleistungen erbracht werden und können innerhalb der Zahlungsperiode vorschüssig, nachschüssig oder zu einem Zwischentermin fällig sein. Die Regel sind Wertpapiere, die jährliche nachschüssige Zahlungen vorsehen.

Die Höhe der in den einzelnen Jahren der Wertpapierlaufzeit zu zahlenden Zinsen liegt in der Regel zum Emissionszeitpunkt fest. Im einfachsten Fall wird dabei ein für alle Perioden konstanter Zinssatz festgesetzt. Es gibt jedoch auch die Möglichkeit, die jährlichen Zinszahlungen nach einer von vornherein festgelegten Zinsstaffel zu erhöhen. Der Bundesschatzbrief Typ A mit über sechs Jahren steigendem Kupon stellt das bekannteste Beispiel für eine so genannte Staffel- oder Stufenzinsanleihe dar. Neben der definitiven Festsetzung der maßgeblichen Zinssätze besteht außerdem die Möglichkeit, den Zins an die Entwicklung einer anderen Größe zu koppeln. Diese Floating Rate Notes oder einfach Floater genannten Papiere haben in den vergangenen Jahren an Bedeutung gewonnen. Als Bezugsgröße wird in aller Regel auf Indikatoren für das Zinsniveau im kurzfristigen Geldgeschäft zwischen Kreditinstituten zurückgegriffen, zum Beispiel auf die European Bank Offered Rate (Euribor).

Besitzer von Anleihen unterliegen im Wesentlichen zwei Risiken. Das erste ist das so genannte Ausfallrisiko und besteht darin, dass der Emittent die Anleihe nicht (vollständig) zurückzahlt oder Zinszahlungen nicht (vollständig) erfüllt. Um dieses Risiko zu begrenzen, kann durch geeignete rechtliche Regelungen dafür gesorgt werden, dass bestimmte Vermögensgegenstände des Emittenten ausschließlich zur Befriedigung der Ansprüche der Wertpapierinhaber herangezogen werden, dem Zugriff anderer Gläubiger jedoch nicht offen stehen. Am Rentenmarkt müssen schlechte Schuldner, bei denen das Ausfallrisiko hoch ist, eine höhere Rendite bieten als gute Schuldner, bei denen das Ausfallrisiko als gering gilt.

Das zweite Risiko, dem Besitzer von Anleihen ausgesetzt sind, ist das Kursrisiko. Nach der Emission einer Anleihe passt sich bei Zinsänderungen bei fixem Kupon der Kurs der Anleihe an veränderte Renditen an. Wenn zum Beispiel ein Emittent mit gleichem Ausfallrisiko eine Anleihe mit höherer Emissionsrendite und gleicher Laufzeit wie schon emittierte Anleihen begibt, dann werden Besitzer der schon im Umlauf befindlichen Anleihen diese verkaufen und stattdessen die neu auf den Markt kommende Anleihe kaufen. Die Kurse der alten Anleihe werden sinken. Wer diese Anleihen vor Endfälligkeit verkaufen will, bekommt nicht den Nennbetrag, sondern einen Kurs unter pari. Das Kursrisiko beinhaltet Chance wie Verlust. Wenn das allgemeine Zinsniveau sinkt, werden die schon emittierten Anleihen stärker nachgefragt und ihr Kurs steigt. Wer in diesem Fall seine alten Anleihen verkauft, erhält einen Kurs, der über dem Nennwert liegt. Wer Anleihen bis zur Endfälligkeit hält, bekommt immer den Nennwert zurückgezahlt. Er unterliegt insofern nicht dem Kursrisiko. Das Kursrisiko ist tendenziell umso größer, je länger die Laufzeit einer Anleihe ist.

Die Renten-Rendite hat also zwei wesentliche Bestandteile: die laufende Verzinsung, die sich durch die Kuponhöhe ausdrückt, und den Tilgungsgewinn oder –verlust, je nachdem, ob eine Anleihe unter pari oder über pari erworben wird.

Anleger aus dem Euro-Raum, die Anleihen mit einem nicht auf Euro lautenden Nennwert kaufen, tragen neben den genannten Risiken außerdem ein Währungsrisiko. Wer zum Beispiel eine Dollar-Anleihe kauft, erhält sowohl Zinszahlungen als auch Rückzahlung in dem zu dem Zeitpunkt der Zahlung bestehenden Dollar-Kurs zum Euro. Dieser kann höher sein, dann erzielt der Anleger dank Währungsgewinnen eine höhere Rendite. Der Euro kann aber auch in der Zwischenzeit an Wert gegenüber dem Dollar gewonnen haben. Dann schmälern Währungsverluste die Rendite.

Anhand der F.A.Z. Rentenrendite kann der Anleger die Entwicklung der Zinsen am deutschen Rentenmarkt an jedem Börsentag verfolgen. Durch die Aufteilung in öffentliche Anleihen, Pfandbriefe und Kommunalobligationen kann der Erwerber feststellen, wie hoch der Ertrag ist, den ihm sein festverzinsliches Wertpapier bringt. Anleiheschuldner können aus der Tabelle der F.A.Z.-Renditen ablesen, wie teuer mittel- bis langfristiges Kapital ist. Alternative Kennziffern zur Renditeentwicklung am deutschen Rentenmarkt sind die Umlaufrendite, die von der Deutschen Bundesbank börsentäglich festgestellt wird, und der Deutsche Rentenindex Rex der Deutschen Börse. Die Leser der Frankfurter Allgemeinen Zeitung finden die Umlaufrendite am Ende des Rentenmarktberichtes, F.A.Z. Rendite und Rex sowie die Weiterentwicklung des Rex, den Rex-Performance-Index (RexP) auf der

F.A.Z.-Renten-Rendite

$$K + S = \frac{1}{q^f} \times \left[\frac{z}{P} + \frac{\frac{z \times q^n - 1}{P \ q - 1}}{q^n} + 100 \right]$$

mit:

$$q = 1 + \frac{\tilde{e}}{100} \text{ und } e = \left[\left(1 + \frac{\tilde{e}}{100} \right)^P - 1 \right] \times 100$$

$$n = \text{Ganzzahl} \left[\frac{T_M - T_S}{j} \right] \times P \text{ und } f = \frac{T_1 - T_S}{B}$$

$$S = \frac{T_S - T_{-1}}{B} \times \frac{z}{P}$$

dabei sind:

j   = Zinstage des Jahres
P   = Perioden (Kuponzahlungen je Jahr)
B   = $\frac{j}{P}$ Tage in der Basisperiode
n   = Ganze Periode
f   = gebrochene Periode
S   = Stückzinsen
T. = Erfüllungstag
T₁ = Datum nächster Kupon
T₋₁ = Datum letzter Kupon
Tₘ = Endfälligkeitsdatum
ẽ   = Periodeneffektivzins (Prozent)
e   = Effektivzins jährlich (Prozent)
z   = Nominalzins jährlich (Prozent)
K   = Börsenkurs am Berechnungstag

nebenstehenden Kursseite. Die Umlaufrendite ist eine Durchschnitts- oder Gesamtrendite von im Umlauf befindlichen Anleihen und Obligationen der Bundesrepublik Deutschland, Anleihen der Deutschen Post, der Bahn, des Fonds Deutsche Einheit, Anleihen der Treuhandanstalt und auch ERP-Anleihen, die eine Laufzeit von mindestens drei Jahren haben. Bei der Berechnung der Umlaufrendite werden die Renditen der einzelnen Anleihen entsprechend ihres Emissionsvolumens gewichtet.

Noch einige Erläuterungen zur F.A.Z.-Renten-Rendite: Die in die Berechnung einbezogenen Papiere haben Restlaufzeiten bis zu einem halben Jahr weniger und bis zu fünf Jahren mehr als die in der Tabelle angegebenen vollen Jahre der Restlaufzeiten. Die über das Kalenderjahr, je nach Finanzierungsbedarf der öffentlichen Hände, gestreuten Emissionen werden auf diese Weise in Laufzeitengruppen gebündelt. Ein Beispiel: Anleihen, die noch drei Jahre und sechs Monate Laufzeit haben, und Titel, die bis zur Fälligkeit noch vier Jahre und fünf Monate haben, sind in der Restlaufzeitengruppe von vier Jahren zusammengefasst. Am Ende jeden Monats werden die Eingruppierungen der Rentenpapiere in Laufzeiten neu bestimmt. Anleihen, die dann unter die Grenze von drei Jahren und sechs Monaten gefallen sind, scheiden aus. Innerhalb der Kette der Laufzeiten rücken die entsprechenden Anleihen nach. Damit die Kette der zugrundeliegenden Rentenpapiere nicht abreißt, werden neue Emissionen mit einer Rest- oder Gesamtlaufzeit von zehn Jahren in die Berechnung aufgenommen. Die so neu aufgenommene Emission durchwandert Schritt für Schritt sämtliche Laufzeitengruppen der F.A.Z.-Renten-Rendite, bis sie am Ende mit einer

Restlaufzeit von drei Jahren und fünf Monaten aus der Berechnung aus-
scheidet.

Abschließend ein Beispiel zur Ermittlung der F.A.Z.-Renten-Rendite. Nehmen wir eine Anleihe (Nominalwert von 100 Euro) mit einem Kupon von
6 Prozent (Nominalzins), die zu 98 Prozent an der Börse gekauft wird.
Zusammengenommen ergibt dies eine laufende Verzinsung von 6,12 Prozent. Denn „sichere" jährliche Verzinsung von 6 Prozent ist nicht durch
Einsatz des vollen Nominalwertes (100 Euro) erzielt worden, sondern mit
nur 98 Euro. Dazu kommt noch ein Tilgungsgewinn von zwei Prozentpunkten, da Anleihen üblicherweise zu 100 Prozent zurückgezahlt werden. Die
Anleihe, die den Käufer 98 Euro gekostet hat, ist bei der Rückzahlung 100
Euro wert. Das ergibt einen Tilgungsgewinn von 2 Euro. Dieser Tilgungsgewinn muss in eine Renditebetrachtung einbezogen werden. In der F.A.Z.-
Renten-Rendite ist der Tilgungsgewinn laufzeitenabhängig enthalten; denn
2 Euro Tilgungsgewinn innerhalb eines Jahres sind mehr wert als 2 Euro
Tilgungsgewinn innerhalb von zehn Jahren. Die Berechnung der Rendite
und der Stückzinsen erfolgt taggenau, das heißt, es wird – wie in Deutschland banküblich – ein Monat mit 30 Zinstagen und das Jahr mit 360 Tagen
angesetzt.

■ Das Emissionsgeschäft

Die Begebung von Anleihen ist für die Banken nicht nur ein lukratives,
sondern auch ein prestigeträchtiges Geschäft. Aufmerksam verfolgen potenzielle Emittenten sowie die Mitarbeiter in den Konsortialabteilungen
die jeweiligen Ranglisten der besten Emissionshäuser. Steht eine Bank weit
oben, fließen ihr leichter zusätzliche Mandate zu. Beim Wettlauf um die
Gunst der Schuldner und die damit verbundene Aussicht auf einen der
vorderen Plätze in der Emissions-Rangliste unterbieten sich die Konsortialbanken nicht selten in den Konditionen; das freut den Schuldner.

Die meisten Anleihen werden als so genannte Fremdemissionen über
ein Konsortium aus verschiedenen Banken gegeben. Dabei bedient sich
ein Emittent bei der Ausgabe und Unterbringung der Anleihen der Banken
und nutzt so die Fach- und Marktkenntnisse der Kreditinstitute, überlässt
ihnen die technische Abwicklung der Transaktion und nicht selten auch
das Absatzrisiko für die Platzierung der Papiere bei den Anlegern. Den
Wettbewerb um den Zuschlag für eine Emissionsführung entscheidet neben den Konditionen in Form von Rendite und Ausgabepreis nicht zuletzt
die Vertriebskraft der beteiligten Banken. Wer über die meisten und besten

Kunden verfügt, erhält den Zuschlag. Um eine möglichst reibungslose und breite Platzierung im Markt sicherzustellen, wird in der Regel ein Konsortium aus mehreren Banken gebildet, dass entweder die Wertpapiere auf eigene Rechnung kauft und dann an die Anleger weiterverkauft oder die Papiere zum Verkauf auf Rechnung und Risiko des Emittenten vertreibt. Meistens wird eine Anleihe zur öffentlichen Zeichnung aufgelegt, wobei die Anleger anhand eines Verkaufsprospekts zur Abgabe von Zeichnungswünschen innerhalb einer gewissen Frist aufgefordert werden. Im Rahmen einer Konsortialquote werden die Schuldverschreibungen entsprechend der Gebote von den Konsortialbanken zugeteilt. Beim so genannten Mengentender stehen die Konditionen der Emission fest, die Anleger können ihre Zeichnungsbeträge nennen. Hingegen werden beim Zins- oder Preistender die Investoren aufgefordert, die gewünschten Zeichnungsbeträge und Zinssätze anzugeben, anhand derer dann die Preisfindung der Emission vorgenommen wird. Schließlich gibt es noch den so genannten freihändigen Verkauf, bei dem die Anleihen von einem ersten Verkaufstag an fortlaufend verkauft werden. Seltener als öffentliche Platzierungen sind so genannte Privatplatzierungen, bei denen Anleihen meist in vergleichsweise kleineren Beträgen schon vor beziehungsweise während der Emission ausschließlich an einen begrenzten Anlegerkreis verkauft werden.

Wie in vielen anderen Bereichen ist auch im Emissionsgeschäft das Internet auf dem Vormarsch. Der elektronische Vertriebskanal wird bei der Emission von Anleihen und auch bei Aktien immer wichtiger. Auffällig ist, dass besonders Privatanleger das Internet schätzen. Aber auch im Emissionsgeschäft mit institutionellen Investoren gehört dem Internet die Zukunft. Es erleichtert und beschleunigt das Emissionsverfahren, sorgt für einen direkten Zugang zum Kunden, der seinerseits alle wichtigen aktuellen Informationen der ihn interessierenden Neuemissionen elektronisch abrufen kann. Für die Banken sind schlankere Syndikatsstrukturen die Folge. Der Emittent erhält durch Internet-Emissionen einen Einblick in die Preisbildung und die Möglichkeit, potenzielle Investoren auch direkt anzusprechen. Allerdings werden die Konsortialbanken nicht gern die Namen der von ihnen angesprochenen Investoren nennen. Auch wenn auf lange Sicht durch zunehmende Internet-Emissionen das Geschäft für Banken schwieriger wird, weil transparenter, so wird dennoch nicht auf die Hilfe der Banken beim Verkauf von Neuemissionen verzichtet werden. Die Erfahrungen der Banken sowie die nach wie vor notwendige Beratung vieler Investoren werden weiterhin gebraucht. Schätzungen gehen davon aus, dass Ende 2001 in den Vereinigten Staaten rund 80 Prozent aller Geschäfte mit Staatsanleihen über das Internet abgewickelt werden. Insofern ist heute schon absehbar, dass die Grenze zwischen institutionellen Investoren und Bankdienstleistungen zunehmend verschwimmen werden.

Die Zinsstrukturkurve

Kapital hat seinen Preis. Wer sich Kapital beschaffen will, muss seinem Gläubiger für die Überlassung des Kapitals eine Vergütung bezahlen – in Form von Zinsen. Je nach Kreditart, Kreditnehmer und Kreditgeber gibt es an den Finanzmärkten inzwischen eine Vielzahl von Zinssätzen. Nicht nur die Fristigkeit der Ausleihung spielt dabei eine Rolle, sondern auch die Risikoklasse der Kreditnehmer. Aus dem Verhältnis der verschiedenen Zinssätze zueinander lassen sich Zinsstrukturen in Form von Kurven grafisch abbilden. Unter der Zinsstrukturkurve versteht man gemeinhin das Verhältnis der Zinssätze am Geld- und Kapitalmarkt für die unterschiedlichen Laufzeiten zueinander.

Dabei wird zwischen drei verschiedenen idealtypischen Verläufen von Zinsstrukturkurven unterschieden. Von einem normalen Verlauf der Zinsstrukturkurve sprechen Kapitalmarktexperten dann, wenn die Renditen der Geldmarkt- und Kapitalmarktpapiere mit steigender Restlaufzeit der Titel ebenfalls steigen, wenn also Kreditnehmer für die Überlassung von Kapital über einen längeren Zeitraum eben auch mehr bezahlen müssen, als wenn sie sich für auf kurze Sicht Kapital beschaffen wollen. Das Gegenteil einer normal verlaufenden Zinsstrukturkurve bildet die inverse Zinsstruktur, wenn die Renditen von Wertpapieren umso niedriger ausfallen, je länger deren Restlaufzeit ist. Die Zinskurve weist somit eine negative Steigung auf. Der dritte idealtypische Verlauf ist eine flache Zinsstrukturkurve, bei der die Renditen der Papiere mit verschiedenen Restlaufzeiten ähnlich oder nahezu gleich hoch sind.

Das Verhältnis der Zinsen für verschiedene Fristigkeiten von Anlagen kann sich ändern, was automatisch zu einer Veränderung der Zinsstrukturkurve führt. Denn Erwartungen über künftige Zinsänderungen oder über Veränderungen in der Preisentwicklung beeinflussen Angebot und Nachfrage am Kapitalmarkt für die Wertpapiere verschiedener Fristigkeiten. Das wiederum schlägt sich in der Zins- beziehungsweise Renditebildung für die einzelnen Titel nieder. Es kommt zu einer veränderten Zinsstruktur. Dabei kann die Zinskurve flacher oder steiler werden. Sie kann sich so stark verändern, dass sich ihre Steigung ins Gegenteil verkehrt.

Nimmt eine normale Zinsstrukturkurve zum Beispiel einen steileren Verlauf an, könnte das daran liegen, dass an den Finanzmärkten die Inflationsgefahren nun größer eingeschätzt werden. Doch das muss nicht unbedingt so sein. In einem steileren Verlauf können sich nämlich auch die Erwartungen einer Belebung der Konjunktur mit steigenden Realzinsen widerspiegeln oder sogar eine bevorstehende Zinserhöhung durch die Notenbank.

Beachtung findet vor allem der inverse Verlauf der Zinsstrukturkurve. Die inverse Zinsstruktur ergibt sich in der Regel, wenn mit fallenden Zinssätzen, also steigenden Wertpapierkursen gerechnet wird. In diesem Fall wird die Nachfrage nach Wertpapieren mit längerer Laufzeit steigen, weil sich die Anleger den vergleichsweise höheren Zinssatz für einen möglichst langen Zeitraum sichern wollen, beziehungsweise mit Kursgewinnen rechnen. Auf Seiten der Kapitalnehmer sinkt das Angebot an Titeln mit längerer Laufzeit, weil sich die Kapitalnehmer nicht mehr zu den relativ höheren Zinsen verschulden wollen und alsbald mit günstigeren Kapitalkosten – eben fallenden Zinsen – rechnen. Durch diese Konstellation tritt die erwartete Entwicklung auch tatsächlich ein: Die steigende Nachfrage bei sinkendem Angebot von Wertpapieren mit langen Laufzeiten führt zu Kurssteigerungen und damit zu einem sinkenden langfristigen Zins. Zu gleicher Zeit geht die Nachfrage nach kurzfristigen Wertpapieren zurück, da längerfristige Engagements für Kapitalgeber interessanter werden. Dies zusammen mit einem steigenden Angebot von kurzfristigen Papieren führt zu einer Erhöhung der Zinsen am kurzen Ende des Kapitalmarkts. Wenn sich die Entwicklung so fortsetzt, dass die kurzfristigen Zinsen über das Niveau der langfristigen Zinsen steigen, ist die Zinsstruktur invers.

Da die Zinsstruktur viel über die Erwartungen der Marktteilnehmer aussagt, wird mitunter die Forderung erhoben, die Europäische Zentralbank solle sich in ihrer Geldpolitik an der Zins- oder Renditestruktur orientieren. Denn Ziel ihrer geldpolitischen Maßnahmen ist mehr denn je den Stabilisierung der Erwartungen von Marktteilnehmern bezüglich der künftigen Inflationsentwicklung. Allerdings sind die Kausalzusammenhänge, die hinter der Veränderung der Zinskurve zu vermuten sind, zumeist alles andere als eindeutig, so dass sich die Zinsstruktur wohl nicht als geldpolitische Richtgröße eignet.

Risiken und Rating

Besitzer von Anleihen sind, wie beschrieben, zwei Risiken ausgesetzt. Zum einen dem Kurs- oder Marktrisiko, das darin besteht, dass das allgemeine Zinsniveau steigt und daraufhin der Kurs der Anleihe fällt, weil sich die Rendite aus Anleihekurs und Zins (Kupon) dem Marktniveau anpasst. Zum anderen dem Ausfallrisiko oder Kreditrisiko, dass der Emittent Zinszahlungen und/oder Rückzahlung der Anleihe wegen Insolvenz nicht (vollständig) leistet.

Ratingagenturen sind darauf spezialisiert, die Bonität eines Anleiheemittenten zu beurteilen. Die Agenturen werden in der Regel von den Emittenten beauftragt, ein Urteil über ihre Qualität als Schuldner abzugeben. Die Bewertung der Schuldnerqualität zielt darauf ab, das Ausfallrisiko einer Anleihe abzuschätzen. Derzeit sind weltweit drei Ratingagenturen bestimmend: die amerikanischen Moodys Investor Service und Standard & Poor's sowie die britische Fitch IBCA. Die Agenturen veröffentlichen in ausführlichen Schuldnerstudien ihre Einschätzung über die zukünftige Zahlungsfähigkeit des Emittenten. Das Urteil wird in einer Kenngröße, dem Rating, zusammengefasst. In die Einschätzung der Bonität gehen insbesondere eine Kennzahlenanalyse des Jahresabschlusses unter Berücksichtigung des Cash Flow ein, aber auch Interviews mit dem Management über die Strategie des Unternehmens und seine Position gegenüber seinen Wettbewerbern. Entscheidend ist, ob ein Unternehmen dauerhaft in der Lage ist, einen Überschuss aus Einzahlungen gegenüber Auszahlungen (Cash Flow) zu erzielen, um seine Schulden bedienen zu können, und welcher Art die Risiken sind, die den Cash Flow gefährden. Jede Ratingagentur hat dafür ihre eigene Notenskala, die aus den amerikanischen Schulnoten abgeleitet ist. Mit jeder Ratingkategorie verbindet sich zugleich die Vorstellung einer bestimmten Ausfallwahrscheinlichkeit der Anleihe. Je schlechter das Rating, desto höher das Risiko.

Das Rating ist eine wichtige Grundlage für die Bestimmung des Kurses einer Anleihe am Rentenmarkt. Für die Übernahme des Ausfallrisikos wird der Anleger mit einer (bei Nicht-Ausfall der Anleihe) höheren Rendite belohnt. Die (theoretische) Berechnung eines das Ausfallrisiko kompensierenden Renditeaufschlages (Spread) im Vergleich zu Anleihen mit höchster Schuldnerqualität erfolgt mit statistischen Modellen, in die Erfahrungswerte bezüglich der Rückzahlungsquoten und der Ausfallwahrscheinlichkeiten eingehen, die der Ratingkategorie eines Emittenten entsprechen.

Zusätzlich zum Rating werden weitere Ausstattungsmerkmale einer Anleihe wie zum Beispiel das Emissionsvolumen, die Besicherung sowie der

Bonitätsnoten (Ratings) der Agenturen Moody's, S & P und Fitch IBCA

Moody's/S&P/Fitsch IBCA	
Aaa/AAA/AAA	Beste Qualität, geringstes Ausfallrisiko
Aa1/AA+/AA+ Aa2/AA/AA Aa3/AA–/AA–	Hohe Qualität
A1/A+/A+ A2/A/A A3/A–/A–	Angemessene Deckung von Zins und Tilgung, viele gute Investmentattribute, aber auch Elemente, die sich bei einer Veränderung des wirtschaftlichen Umfeldes negativ auswirken können
Baa1/BBB+/BBB+ Baa2/BBB/BBB Baa3/BBB–/BBB+	Angemessene Deckung von Zins und Tilgung, aber auch spekulative Charakteristika oder mangelnder Schutz gegen wirtschaftliche Veränderungen
Ba1/BB+/BB+ Ba2/BB/BB Ba3/BB–/BB–	Sehr mäßige Deckung von Zins und Tilgung, auch in gutem Wirtschaftsumfeld
B1/B+/B+ B2/B/B B3/B–/B–	Geringe Sicherung von Zins und Tilgung
Caa1/CCC+/CCC+ Caa2/CCC/CCC Caa3/CCC–/CCC– Ca/CC/CC C/–/C/	Niedrigste Qualität, geringster Anlegerschutz, in akuter Gefahr eines Zahlungsverzuges, bei Moody's auch bereits im Zahlungsverzug
–/SD oder D/DDD –/–/DD –/–/D	In Zahlungsverzug, bei Fitch IBCA mit unterschiedlichen Erwartungen für die Rückzahlungsquoten (100–90 %, 90–50 %, unter 50 %)

Quelle: Moody's, S & P, Fitch IBCA

Bekanntheitsgrad des Emittenten von den Akteuren am Rentenmarkt mit Kursaufschlägen oder Kursabschlägen berücksichtigt. Ein geringes Volumen führt in der Regel zu einer geringeren Liquidität im Sekundärhandel. Da dies mit höheren Schwierigkeiten verbunden ist, die Anleihe zu einem akzeptablen Marktpreis schnell zu veräußern, wird dieses Liquiditätsrisiko am Markt in der Regel mit einem Spreadaufschlag bewertet. Dagegen führt ein bekannter Unternehmensname in der Regel dazu, dass sich das Unternehmen als Emittent im Vergleich zu anderen Unternehmen günstiger refinanzieren kann.

◼ Papiere des Bundes

Bundesanleihen zählen wegen der erstklassigen Bonität des Schuldners – der Bundesrepublik Deutschland – zu den beliebtesten festverzinslichen

Wertpapieren. Mit wachsendem Einkommen und Vermögen haben sich die Anlagegewohnheiten der privaten Haushalte gewandelt und die Gewichte unter den Anlageformen verschoben. Nicht zuletzt wegen des steigenden Renditebewusstseins der Anleger und der höheren Flexibilität haben Wertpapieranlagen im Vergleich zu Bankeinlagen als traditioneller Sparform in Deutschland an Bedeutung gewonnen.

Der Kreditbedarf des Bundes und seiner Sondervermögen wird zum überwiegenden Teil durch die Begebung von Wertpapieren gedeckt. Dabei bedient sich der Bund einer Reihe von unterschiedlichen Wertpapierarten. Mit Ausnahme weniger variabel verzinslicher Anleihen wie beispielsweise der Bundesschatzbriefe Typ B haben Bundeswertpapiere eine feste Verzinsung mit einer jährlichen Zinszahlung. Die Laufzeiten stehen fest, eine vorzeitige Rückzahlung durch Kündigung ist nicht vorgesehen.

Die seit dem Jahr 1952 aufgelegten Bundesanleihen haben eine bedeutende Rolle am deutschen und internationalen Kapitalmarkt. Ihre Konditionen sind wichtige Orientierungsgrößen für den gesamten Markt von Schuldtiteln, die in Euro notiert werden. Bundesanleihen werden im Tenderverfahren über die Bietergruppe Bundesemissionen auf den Markt gebracht und mehrmals im Jahr aufgelegt oder aufgestockt. Der Erwerb von Bundesanleihen, die Laufzeiten von 10 oder 30 Jahren haben, ist unbegrenzt. Die Volumina der einzelnen Anleihen sind durchaus unterschiedlich. Angestrebt werden aber meist zwischen 15 und 20 Milliarden Euro. Die Volumina haben in den vergangenen Jahren fast beständig zugenommen. In dieser Entwicklung spiegelt sich nicht nur der wachsende Kapitalbedarf des Bundes, sondern auch der Wunsch der Anleger nach möglichst hoher Liquidität der Anleihen wider. Anfang 1993 wurde die Mindeststückelung der Anleihen von 100 DM auf 1000 DM erhöht. Der Bund achtet bei seinen börsennotierten Wertpapieren auf hohe Emissionsvolumina. Dies kann gegebenenfalls auch durch Aufstockung bestehender Anleihen sichergestellt werden.

Seit Mitte 1997 ist bei bestimmten zehn- und dreißigjährigen Bundesanleihen die Trennung von Kapital- und Zinsansprüchen und deren getrennter Handel möglich. Durch dieses so genannte Stripping bietet der Bund seither Anlagemöglichkeiten in allen Laufzeiten bis zu 30 Jahren, obwohl er nur Papiere mit Laufzeiten von 30, 10, 5,25, und 2 Jahren sowie von 6 Monaten emittiert.

Eine ähnliche Bedeutung wie den Bundesanleihen kommt den Bundesobligationen zu, die eine Laufzeit von 5,25 Jahren haben. Sie werden seit 1979 begeben. Bundesobligationen sind allerdings Daueremissionen, die mit einem festen Nominalzins und variablen Ausgabekursen aufgelegt werden. Sie werden, wenn nötig unter Anpassung des Ausgabekurses, so lange fortlaufend verkauft, bis die Marktlage einen anderen Nominalzins erforderlich macht, längstens aber für drei Monate. Während dieser Zeit können nur natürliche Personen und gebietsansässige gemeinnützige, mildtätige oder kirchliche Einrichtungen diese Obligationen erwerben. Seit August 1995 wird nach dem Ende des freihändigen Verkaufs ein weiterer Teilbetrag einer Serie von Obligationen im Tenderverfahren begeben. Dort ist nur die Bietergruppe Bundesemissionen zeichnungsberechtigt.

Nach dem Ende des Tenderverfahrens wird die Serie in den Handel an den deutschen Wertpapierbörsen eingeführt.

Seit Januar 1998 werden Bundesanleihen, Teilbeträge der Bundesobligationen, Bundesschatzanweisungen und unverzinsliche Schatzanweisungen einheitlich im Tenderverfahren über diese Bietergruppe begeben. Ihr können inländische Kreditinstitute, Wertpapierhandelsunternehmen und Wertpapierhandelsbanken angehören, wenn sie eine bestimmte Platzierungskraft sicherstellen können.

Unter der Bezeichnung Bundesschatzanweisungen versteht man Anleihen des Bundes mit einer Laufzeit von 2 Jahren. Sie werden vierteljährlich im Tenderverfahren begeben. Die Volumina der Schatzanweisungen liegen typischerweise zwischen 5 und 7 Milliarden Euro.

Um die Bildung von Vermögen für breite Kreise der Bevölkerung zu fördern, hat der Bund 1969 Bundesschatzbriefe geschaffen. Der Kreis der Erwerber ist daher auf natürliche Personen und gemeinnützige, mildtätige und kirchliche Einrichtungen begrenzt. Es gibt zwei Formen von Schatzbriefen: Typ A hat eine Laufzeit von 6 Jahren, die Zinszahlung erfolgt jährlich. Typ B hat eine Laufzeit von 7 Jahren, die Zinsen werden hier gesammelt und am Ende der Laufzeit bezahlt. Die Besonderheit der Schatzbriefe liegt in den planmäßig steigenden Zinsen. Dies ist eingerichtet worden mit dem Ziel, dem Anleger einen Anreiz zu geben, die Anleihen bis zum Ende der Laufzeit zu halten. Ändert sich die Marktlage – beispielsweise weil die Kapitalmarktzinsen steigen – dann wird der Verkauf der laufenden Ausgabe eingestellt und neue Schatzbriefe mit aktuellen Konditionen aufgelegt. Bundesschatzbriefe können in Beträgen von 100 DM oder einem ganzen Vielfachen davon gekauft werden. Sie werden allerdings nicht in den Sekundärmarkt – die Börse – eingeführt.

Zu den Daueremissionen des Bundes zählen schließlich auch die so genannten Finanzierungsschätze des Bundes. Mit Laufzeiten von einem und zwei Jahren decken sie das kurze Ende des Kapitalmarktes ab. Finanzierungsschätze werden als so genannte Diskontpapiere aufgelegt: Der

Nennwert wird mit dem jeweiligen Zinssatz abgezinst. Der Unterschied zwischen dem abgezinsten Ausgabebetrag und dem zurückgezahlten Nennwert stellt damit den Zinsertrag dieser Anleiheform dar. Die Mindeststückelung beträgt 1000 DM. Wegen der kurzen Laufzeit werden Finanzierungsschätze nicht in den Börsenhandel eingeführt. Sie können auch nicht vor Ablauf der Laufzeit zurückgegeben werden.

Zu Bundesschuldtiteln kürzerer Laufzeit zählen auch die unverzinslichen Schatzanweisungen, die im Jargon der Marktteilnehmer nur „Bubills" genannt werden. Bubills haben nur eine Laufzeit von 6 Monaten. Wie Finanzierungsschätze sind auch sie Diskontpapiere, die Verzinsung entspricht also dem Unterschied zwischen Nennwert und Kaufpreis. Zwar kann grundsätzlich jedermann Bubills kaufen, meist sind es aber professionelle Anleger oder Zentralbanken, die diese Papiere erwerben. Das mag an der für Private recht hohen Mindeststückelung von 1 Million DM liegen. Die Volumina der Bubills liegen meist um 5 Milliarden Euro.

Wer ein Bundeswertpapier kaufen möchte, kann das bei nahezu allen inländischen Banken, Sparkassen und Kreditgenossenschaften tun. Dazu ist in der Regel ein schriftlicher Auftrag nötig. Bei Aufträgen für Papiere, die an der Börse gehandelt werden, kann ein Kurslimit gesetzt werden, das nicht überschritten werden darf. Das ist auch beim Verkauf möglich, dann bezeichnet das Limit den Kurs, der nicht unterschritten werden darf. In den anderen Fällen werden die Aufträge „billigst" oder „bestens", also zum jeweiligen Börsenkurs, ausgeführt. Wenn ein limitierter Auftrag nicht innerhalb einer vorgegebenen Zeitspanne ausgeführt werden kann, erlischt er.

Der Maßstab für den tatsächlichen Ertrag einer Geldanlage ist die Rendite. Um die Rendite zu berechnen, gibt es eine Reihe von finanzmathematischen Formeln. Private Anleger können sich aber meist mit einer Überschlagsrechnung begnügen: Rendite = (Nominalzins +/− Kursgewinn oder Verlust/Restlaufzeit in Jahren) × 100/Kaufkurs.

■ Pfandbriefe

Pfandbriefe sind langfristige Schuldverschreibungen, die Spezialbanken (Realkreditinstitute) emittieren und deren Erlös sie zur Vergabe hypothekarisch gesicherter Kredite verwenden. Sie lauten meist auf den Inhaber und werden in der Regel mit einem Disagio (Damnum) ausgegeben. Die Emittenten, die als so genannte Langfristfinanzierer bezeichnet werden, unterscheidet man nach der Rechtsform in öffentlich-rechtliche Grundkreditanstalten sowie private Hypothekenbanken und Schiffshypotheken-banken. Es gibt Hypothekenpfandbriefe und Öffentliche Pfandbriefe. Die Hypothekenpfandbriefe dienen zur Refinanzierung von Wohnungsbaudar-lehen. Öffentliche Pfandbriefe werden von den Spezialbanken zur Refinanzierung von Staatskrediten emittiert. Das Volumen der umlaufenden Öffentlichen Pfandbriefe liegt deutlich über jenem der Hypothekenpfand-briefe.

Spezialinstitute finden sich auf dem Gebiet des Pfandbrief- und Hypo-thekenbankwesens – außer in Deutschland – mittlerweile in einer Vielzahl von Nachbarländern, etwa in Dänemark, Norwegen, Schweden, Österreich, Luxemburg, Polen, Ungarn und Finnland sowie Frankreich. In Deutschland gibt es seit mehr als hundert Jahren ein Hypothekenbankgesetz. Trotz aller Novellierungen im Verlauf dieses Jahrhunderts sind seine tragenden Prinzipien, die ursprünglich formuliert worden sind, auch heute noch gültig. Dazu gehören das Deckungsprinzip, die strikte Wertermittlung, die sechzigprozentige Beleihungsgrenze eines Objektes für eine „1a Hypothek", der enge Kreis der Geschäftspartner im Staatskredit, der Treuhänder und das Befriedigungsvorrecht der Pfandbriefgläubiger im Insolvenzfall.

Um die Sicherheit der Pfandbriefe zu gewährleisten, unterliegt ihre Ausgabe strengen gesetzlichen Vorschriften. Die Gesamtsumme der ausgegebenen Pfandbriefe muss jederzeit durch in ein Hypothekenregister eingetragene Hypotheken gleicher Höhe und mit mindestens gleichem Zinsertrag gedeckt sein. Die heutigen Laufzeiten der Pfandbriefe liegen bei fünf Jahren und länger. Der Inhaber eines Pfandbriefes hat kein Kündigungsrecht. Die Rückzahlung der Pfandbriefe erfolgt entweder durch Auslosung, globale Kündigung meistens einzelner Serien oder freihändigen Rückkauf der Pfandbriefe.

Pfandbriefe werden an Wertpapierbörsen notiert. Sie sind also jederzeit vor dem eigentlichen Rückzahlungstermin verkäuflich. Als festverzinsliche Wertpapiere (fester Zins, relativ geringe Kursschwankung) mit grundpfandrechtlicher Sicherung und wegen ihrer Lombard- und Deckungsstockfähigkeit sind Pfandbriefe eine Kapitalanlage vor allem für institutionelle Investoren, wie etwa Versicherungsunternehmen.

Die Internationalisierung des Passivgeschäfts der Pfandbriefinstitute, die Einführung des Euro und damit eines einheitlichen europäischen Kapitalmarktes, bewirkten in den neunziger Jahren eine wahrhaft revolutionäre Entwicklung des Pfandbriefmarktes: mit dem Einsatz von Finanzinnovationen, der Einführung des Jumbo-Pfandbriefs (Großemission) und einer internationalen Strategie des Pfandbriefabsatzes.

Mit einem Marktvolumen von deutlich mehr als einer Billion Euro verfügt der deutsche Pfandbrief inzwischen über einen Anteil von rund 17 Prozent aller umlaufenden Anleihen am Euroland-Rentenmarkt. Der Pfandbrief hat in jüngster Zeit davon profitiert, dass er Eingang in wichtige Euroland-Indizes gefunden hat, in denen er im Regelfall die nach den Staatsanleihen größte homogene Wertpapierklasse darstellt.

Allein das Teilsegment der Jumbo-Pfandbriefe hat mit einem Umlauf von mehr als 300 Milliarden Euro das Volumen der meisten europäischen Staatsanleihenmärkte überflügelt. Damit hat dieses seit Mitte 1995 bestehende Marktsegment seine Position als viertgrößtes Einzelsegment des Euro-Bondmarktes weiter gefestigt. Mit einem Anteil am Bruttoabsatz inländischer Emittenten von rund 43 Prozent konnten die Pfandbriefbanken 1999 ihre Stellung als größte deutsche Emittentengruppe behaupten. Sie gaben zur Refinanzierung ihres Kreditgeschäfts neue Pfandbriefe im Volumen von insgesamt 282 Milliarden Euro aus, zehn Prozent mehr als im Vorjahr.

■ Bankschuldverschreibungen

Um ihr Kreditgeschäft zu finanzieren, benötigen die Banken Geld. Einer der Wege, sich dieses zu beschaffen, ist die Ausgabe von Wertpapieren, also Bankschuldverschreibungen. In fast allen Lehrbüchern zur Bankbetriebslehre findet sich denn auch die gleichlautende Definition: Bankschuldverschreibungen sind Schuldverschreibungen, die von Kreditinstituten zur Finanzierung ihres mittel- und langfristigen Kreditgeschäfts emittiert werden. Bei diesen Papieren kann es sich um festverzinsliche oder auch variabel verzinsliche Titel handeln. Je nach Emittent und Art lassen sich eine Vielfalt von Bankschuldverschreibungen unterscheiden.

So zählen zu den Bankschuldverschreibungen an erster Stelle die von den Realkreditinstituten begebenen Pfandbriefe und öffentliche Pfandbriefe, die auch Kommunalobligationen genannt werden. Pfandbriefe sind festverzinsliche Inhaberschuldverschreibungen, die durch Hypotheken oder Grundschulden gesichert sein müssen. Öffentliche Pfandbriefe sind Schuldverschreibungen, die durch Forderungen gegenüber öffentlichen Körperschaften oder Anstalten gedeckt sein müssen. Bereits im ersten Jahr des Euro hat sich der Pfandbriefmarkt als ein führendes Marktsegment des europäischen Rentenmarktes etabliert. Allein der Markt für Jumbo-Pfandbriefe, also für Pfandbriefe mit einem Emissionsvolumen von einer Milliarde Euro und mehr, hat gut 12 Monate nach der Einführung der neuen

Währung ein Umlaufvolumen von rund 300 Milliarden Euro erreicht. Er ist ein typisches Beispiel dafür, dass sich das Angebot seine Nachfrage schafft. Denn an der Entwicklung des Pfandbriefmarktes haben die emittierenden Institute wie Hypothekenbanken einen ganz entscheidenden Anteil: Sie haben die Weiterentwicklung des Pfandbriefes als Instrument der Mittelbeschaffung (Refinanzierung) in einem wahren Kraftakt vorangetrieben, liquide Märkte geschaffen und damit auch die Nachfrage ausländischer Investoren nach diesem typisch deutschen Refinanzierungsinstrument beflügelt. So haben bestimmte Emittenten Anfang 1999 mit Beginn der Währungsunion großvolumige Emissionen mit dem Ziel begeben, die Emission als sogenannte Benchmark und damit als Orientierungsgröße oder Messlatte für die Marktteilnehmer zu etablieren. Pfandbriefe gelten neben Wertpapieren des Bundes als Anleihen höchster Bonität. Inzwischen gibt es auch im Ausland verschiedene Versuche, einen dem Pfandbriefmarkt ähnlichen Markt zu etablieren. Dabei geben Fachleute vor allem Spanien und Frankreich, wo erste pfandbriefähnliche Schuldverschreibungen schon begeben worden sind, die besten Chancen, daraus ein liquides Marktsegment zu entwickeln.

Doch erschöpft sich die Vielfalt der Bankschuldverschreibungen bei weitem nicht in dem wohl bekanntesten Marktsegment der Pfandbriefe. So fallen unter den Oberbegriff der Bankschuldverschreibungen ebenso Schiffspfandbriefe und Schiffskommunalschuldverschreibungen, Schuldverschreibungen der Kreditinstitute mit Sonderaufgaben, Pfandbriefe und Kommunalschuldverschreibungen von Landesbanken sowie sonstige Bankschuldverschreibungen, die von den Großbanken, Landesbanken, Großsparkassen und von den genossenschaftlichen Banken begeben werden. In diese Klasse der sonstigen Bankschuldverschreibungen gehören Sparkassenobligationen, Sparschuldverschreibungen, Nullkupon-Anleihen, Rentenschuldverschreibungen, Optionsanleihen und Wandelschuldverschreibungen. Für die Emittenten haben die Bankschuldverschreibungen vor allem einen Vorteil: Die Emissionserlöse sind – mit zwei Ausnahmen – nicht an einen bestimmten Verwendungszweck gebunden. Außerdem unterliegt diese Art der Beschaffung von Finanzierungsmitteln anders als die Kreditaufnahme beim Kreditgeber nicht der Mindestreservepflicht, sofern die Laufzeit des einzelnen Titels vier Jahre nicht übersteigt. Mit den börsennotierten Bankschuldverschreibungen verschaffen sich die begebenden Kreditinstitute darüber hinaus Zugang zum organisierten Kapitalmarkt.

Unternehmensanleihen

Kaum ein Teil des europäischen Kapitalmarktes wird sich in den nächsten Jahren so kräftig entwickeln wie der Markt für hochrentierliche Unternehmensanleihen. In den Vereinigten Staaten müssen sich Unternehmen seit jeher wesentlich stärker über den Kapitalmarkt finanzieren, und Anleger sind seit langem an den hohen Renditen der Unternehmensanleihen interessiert. Daher belief sich das Volumen ausstehender Unternehmensanleihen am amerikanischen Kapitalmarkt Ende 1999 auf 670 Milliarden Dollar. In Europa hat in den letzten Jahren ebenfalls eine Entwicklung eingesetzt, die diesem Marktsegment eine große Zukunft verspricht.

Noch ist der europäische Markt für Unternehmensanleihen recht klein. Nach Angaben der Deutschen Bank wurden 1998 nur 43 Milliarden Euro in Unternehmensanleihen emittiert. 1999 waren es schon 121 Milliarden Euro, ein Anstieg um 180 Prozent. Davon macht der Markt für hochrentierliche Unternehmensanleihen bisher nur einen kleinen Teil aus. Ende 1999 belief sich das Volumen ausstehender Anleihen nach Angaben von Barclays Capital auf knapp 40 Milliarden Euro. Aber Londoner Banken wie Barclays Capital prognostizieren, dass der Markt in fünf Jahren auf ein Volumen von 200 bis 250 Milliarden Euro anschwellen könnte – und dies sind konservative Schätzungen. Selbst dann würde der europäische Markt für hochrentierliche Unternehmensanleihen von seiner Größe her erst ein Drittel des amerikanischen Marktes ausmachen.

Aber es gibt keinen Grund, warum der europäische Markt langfristig nicht die gleiche Größenordnung erreichen sollte – immerhin ist die Wirtschaftskraft, das Bruttoinlandsprodukt und die Bevölkerungszahl der beiden großen Wirtschaftsblöcke vergleichbar. Die Rahmenbedingungen für ein kräftiges Wachstum des Marktsegmentes stimmen auch. Immer mehr europäische Unternehmen erkennen, dass es auf Dauer günstiger ist, sich über den Markt für Unternehmensanleihen zu finanzieren, als sich Kredite von Banken einräumen zu lassen. Früher hätte das Anlegerinteresse gefehlt, aber in den vergangenen Jahren wurden auch die europäischen Anleger professioneller, und die Nachfrage nach europäischen hochrentierlichen Unternehmensanleihen stieg stetig an. Freilich waren es zuerst vor allem amerikanische Anleger und Fonds, die als stärkste Käufer am Markt auftraten. Aber mittlerweile sind es immer mehr europäische Anleger und Spezialfonds, die Unternehmensanleihen kaufen und dabei immer höhere Renditen fordern, also gleichzeitig Papiere von Emittenten mit immer niedrigeren Ratings akzeptieren.

Gleichzeitig begann in Europa eine Welle von Fusionen und Übernahmen, die mit der grundlegenden Umstrukturierung der europäischen Wirtschaft und Industrie einhergehen. Viele hochrentierliche Unternehmensanleihen werden im Rahmen von Management Buy-Outs (MBOs) oder Leveraged Buy-Outs (LBOs) begeben, und diese sind eine Folge der Neuordnung der europäischen Industrie: Unternehmen stoßen nach Fusionen und Übernahmen Geschäftszweige und Betriebe ab, weil sie nicht in den neuen Konzern passen, nicht zum Kerngeschäft gehören oder nicht rentabel genug sind. Oft werden MBOs oder LBOs über hochrentierliche Unternehmensanleihen finanziert.

Eine weitere Welle von entsprechenden Umstrukturierungen wird einsetzen, sobald die Besteuerung auf Kapitalgewinne aus der Veräußerung von Beteiligungen reduziert oder aufgehoben wird. All dies wird die europäische Umstrukturierung und damit den Markt für Unternehmensanleihen aufblühen lassen.

Schon im Jahr 1999 zeigte sich das kräftige Wachstum des Marktes: Nach Angaben von Barclays Capital schnellte die Emission von hochrentierlichen europäischen Unternehmensanleihen um 41 Prozent auf ein Emissionsvolumen von 18,2 Milliarden Euro empor – dies waren 89 Emissionen, begeben von 52 unterschiedlichen Emittenten. Insgesamt belief sich das Volumen der ausstehenden Anleihen auf knapp 40 Milliarden Euro, und zwar etwa 200 Anleihen von 109 unterschiedlichen Emittenten. 1999 war zudem das Jahr, in dem erstmals mehr Unternehmensanleihen in europäischen Währungen begeben wurden als in Dollar. Es wurden Anleihen von umgerechnet insgesamt 9,6 Milliarden Euro in europäischen Währungen begeben – dies war ein Marktanteil von 53 Prozent. Der Rest wurde in Dollar begeben.

Es ist anzunehmen, dass auf Dauer der Anteil, der in europäischen Währungen begeben wird, weiter steigen wird, wenn auch der Dollar die mit Abstand wichtigste Zweitwährung in der Emission bleiben wird. Ähnlich wie auch in den Vereinigten Staaten wird der Markt von den Emittenten aus der Telekommunikation geprägt. Sie machten am europäischen Markt 1999 63 Prozent aller neuen Emissionen aus und 57 Prozent des ausstehenden Marktvolumens. Auch wenn sich die Palette der Emittenten im vergangenen Jahr deutlich ausweitete, dürfte diese Branche den Markt allerdings auch weiterhin dominieren.

Interessant für Investoren ist die Kreditwürdigkeit der Emittenten, die Entwicklung der Ratings und des Risikos, einmal mit der Zahlungsunfähigkeit eines Emittenten konfrontiert zu werden. Ähnlich wie auch in Amerika wird der Markt für hochrentierliche Unternehmensanleihen von Emittenten dominiert, die – am europäischen Markt zu mittlerweile 66 Prozent – der mittleren Rating-Kategorie angehören. Konkret bedeutet dies bei Standard & Poors ein Rating von Bplus, B oder Bminus und bei Moody's von B2 und B3.

Die letzten Jahre zeigen dabei, dass immer mehr Emittenten Ratings vorweisen und die Emissionen von Emittenten, die kein Rating vorweisen können, langsam vom Markt verschwinden. 1999 waren es am europäischen Markt für hochrentierliche Anleihen nur fünf Adressen, die ihre Anleihen nicht mehr wie vorgesehen bedienen konnten, nämlich Alpha Shipping, Ermis Maritime, Global Ocean Carriers, ICO Global und Pan Oceanic Bulk.

In den kommenden Jahren wird es voraussichtlich mehr Fälle von notleidenden Unternehmensanleihen geben. Erstens wächst der Markt, und immer mehr Anleihen sind dann schon längere Zeit am Markt, eine Zeit, in der sich das Schicksal des Unternehmens verschlechtern kann. Es ist ein Zeichen junger Märkte für Anleihen, dass sie noch nicht viele notleidende Papiere haben, diese dann aber über die Jahre häufiger auftreten.

Zweitens hat sich die Struktur der Emittenten gewandelt. In den achtziger Jahren waren es in Amerika zum Bespiel Unternehmensanleihen, die vor allem in MBOs und LBOs verwendet wurden, die letztlich aber gestandene Betriebe finanzieren sollten. Dies hat sich geändert. Heute werden in Amerika und auf Dauer auch in Europa immer mehr junge und neue Unternehmen über den Markt für hochrentierliche Unternehmensanleihen finanziert, und diese Unternehmen bergen ein höheres Risiko. Daher auch die Entwicklung in den Vereinigten Staaten, wo trotz der Hochkonjunktur die Fälle von Zahlungsunfähigkeit von Unternehmen, die ein spekulatives Ratings besitzen, fast auf Rekordniveau gestiegen ist.

Gleichzeitig ist zu beobachten, dass Unternehmen in immer kürzerem Abstand in die Zahlungsunfähigkeit rutschen – viele von ihnen waren überhaupt erst zwei oder drei Jahre zuvor an den Markt für Unternehmensanleihen gekommen. Dies ist freilich auch eine Folge der Risikobereitschaft der Investoren, die für eine höhere Rendite auch bereit sind, ein höheres Risiko zu tragen und es damit riskanteren Unternehmen ermöglichen, sich an diesem Markt zu finanzieren. Es ist voraussichtlich nur eine Frage der Zeit, bis sich diese Entwicklung, die vor allem am amerikanischen Markt zu beobachten ist, auch am europäischen Markt durchsetzen wird.

■ Eurobond-Markt

Selten hat der Markt für Eurobonds eine so gravierende Änderung erfahren wie durch die Einführung des Euro. Durch die europäische Einheitswährung hat sich die Struktur der Emissionswährungen erheblich verschoben, und die Attraktivität des Euro als Emissionswährung hat zudem geholfen, das Emissionsvolumen des Marktes nochmals deutlich zu steigern.

Insgesamt haben Unternehmen, Nationalstaaten und regionale staatliche Schuldner, Banken und andere Emittenten 1999 Eurobonds in der Höhe von insgesamt 1,349 Billionen emittiert. Das waren nach Angaben von Capital Data Ltds 51 Prozent mehr als im Jahr 1998. Dabei ging der Zuwachs der Emissionen eindeutig auf das Konto von Unternehmen und Banken, weniger hingegen auf die Emissionstätigkeit von staatlichen Schuldnern.

Beim Eurobond-Markt muss sorgfältig gegenüber dem neuen Euro-Anleihemarkt unterschieden werden. Eurobonds sind eine Kategorie von Anleihen, die zumeist über internationale Konsortien in mehreren Ländern platziert werden. Sie können in allen Währungen begeben werden und haben zunächst nichts mit der Währung Euro zu tun. Das Produkte des Eurobond gibt es bereits viele Jahrzehnte, und seit den siebziger Jahren nutzen auch immer mehr europäische Emittenten Eurobonds, um Kapital am internationalen Anleihemarkt aufzunehmen.

Eurobonds sind so strukturiert, dass sie transparent und leicht handelbar sind. Ihre Konditionen sind international einheitlich. Eurobonds verfügen meist über eine einheitliche Zinsrechnung, eine jährliche Kuponzahlung und eine Abwicklung der Zahlungen über zwei Clearingstellen. Zudem gibt es meist kein Kündigungsrecht des Emittenten.

Vor der Einführung des Euro dominierte der Dollar den Markt als Emissionswährung, gefolgt vom Yen und zahlreichen europäischen Emissionswährungen, meist D-Mark und Franc. Seit Einführung des Euro ist allerdings die neue europäische Einheitswährung die dominierende Emissionswährung am Eurobond-Markt. Nach Capital Data Ltd wurden im Jahr 1999 insgesamt Eurobonds in der Währung Euro von 598,4 Milliarden Euro, also umgerechnet 602,2 Milliarden Dollar, begeben. Damit hat der Euro als Emissionswährung am Eurobond-Markt einen Marktanteil von 45 Prozent gegenüber dem Dollar von 42 Prozent. In Dollar wurden insgesamt 572,5 Milliarden Dollar Eurobonds emittiert. Weitere 13 Prozent der Emissionen von umgerechnet 174,2 Milliarden Dollar wurden in anderen Währungen, meist Pfund, Schweizer Franken und Yen, begeben.

Dies alles ist ein großer Unterschied zu der Emissionstätigkeit vor Einführung des Euro. 1998 machten Emissionen in Dollar 48 Prozent der gesamten Emissionen des Eurobond-Marktes aus, und Emissionen in den elf europäischen Währungen, die 1999 zum Euro verschmolzen, brachten es nur auf einen Marktanteil von 22 Prozent. Im Prinzip hat sich also die Emissionstätigkeit am Eurobond-Markt in Euro verdoppelt, während die Emissionstätigkeit in Dollar stagnierte.

Nach der Einführung des Euro verschmolz zudem der ehemalige Markt der elf nationalen Eurobond-Märkte zu einem einheitlichen Block von Eurobonds in der Währung Euro. Das Anleihevolumen ausstehender Eurobonds in Euro machte Ende es Jahres 1999 nach Angaben der Deutschen Bank umgerechnet 900 Milliarden Dollar aus – etwa die gleiche Größe wie das Volumen der Eurobonds in Dollar.

Eurobonds werden auch nach der Einführung des Euro durchaus von Emittenten im Raum der Währungsunion begeben. Dies sind Emittenten, die sich vor allem am internationalen Kapitalmarkt verschulden wollen, so vor allem Unternehmen und Staaten wie Portugal, Irland und Österreich. Nach Angaben der Deutschen Bank hat sich im Jahr 1999 die Struktur der Emittenten am Eurobond-Markt verschoben. Zwar bilden noch immer die Finanzinstitute mit einem Marktanteil von 55 Prozent die mächtigste Emittentengruppe, gefolgt von staatlichen Stellen mit einem Marktanteil von 16 Prozent, Supranationalen Organisationen mit 13 Prozent der Emissionen und Unternehmen mit 10 Prozent der Emissionen. Aber im vergangenen Jahr schnellte das Volumen der Unternehmensanleihen drastisch in die Höhe. So begaben europäische Unternehmen 1999 Eurobonds am internationalen Markt zu 165,8 Milliarden Dollar. Dies waren 505 einzelne Emissionen und weitaus mehr als 1998, als europäische Unternehmen nach Angaben von Capital Data nur 282 Emissionen in einer Gesamthöhe von 65,1 Milliarden Dollar begaben.

Hingegen ging das Emissionsvolumen der internationalen Institute und der Nationalstaaten prozentual und auch absolut zurück. Gleichzeitig zeigten Emittenten aus den Schellenländern ein größeres Interesse am Eurobond-Markt, so 1999 vor allem Argentinien, Brasilien, Mexiko, Ungarn und die Türkei. Es kamen aber auch neue Emittenten an den Markt, so Litauen, Israel und Marokko. Die relativ jungen Emittenten Zypern, Kroatien, Slowenien und Lettland nutzen den Euromarkt ein weiteres Mal nach Erstemissionen in den Vorjahren. Leider war 1999 auch das Jahr, in dem das erste Mal in der Geschichte des Eurobond-Marktes Emissionen nicht wie vorgesehen bedient wurden. So musste Pakistan seine Eurobonds in Dollar umschulden, und auch Ecuador musste umschulden.

▪ Abschied vom Mythos sicherer Staatsanleihen

Staatliche Schuldner sind sicher, meinen viele Anleger. Kein Land werde es wagen, die Zinskupons seiner ausstehenden Anleihen nicht zu überweisen oder sogar Emissionen nicht zurückzuzahlen. Schließlich verfügten die Akteure an den internationalen Kapitalmärkten über ein langes Gedächtnis, und jeder Schuldner, der zu einem späteren Zeitpunkt noch einmal an die Märkte zurückkehren möchte, müsse heute seine Anleihen bedienen. Diese Meinung gilt heute nicht mehr. Spätestens seit den Umschuldungsverhandlungen der Ukraine haben auch viele heimische Investoren erfahren, dass sich die Zeiten geändert haben. Der Zahlungsverzug der Ukraine Anfang 2000 hat viele Anleger hart getroffen. Dabei war die Ukraine nicht das erste und sicher nicht das letzte Beispiel für empfindliche Verluste mit Staatsanleihen. Im Hintergrund ziehen der Internationale Währungsfonds sowie die Banken die Fäden. Private Gläubiger sollen künftig in Umschuldungsverhandlungen von Schwellenländern einbezogen werden, damit nicht nur kreditgebende Banken und supranationale Organisationen – und damit letztlich die Steuerzahler – die Verluste von Wackelkandidaten tragen müssen, während spekulationsfreudige Anleger hohe Renditen einstreichen. Dieser Wunsch ist verständlich, um so genanntes Moral-Hazard-Verhalten zu begrenzen. Richtig ist aber auch, dass auf solche Risiken hingewiesen werden muss. Deshalb wird zu Recht gefordert, in die Anleihebedingungen von Staatsanleihen aus Schwellenländern so genannte Umschuldungsklauseln aufzunehmen. Diese sollen im wesentlichen Regeln darüber enthalten, wie eine Versammlung für die Gesamtheit der Anleger einberufen werden kann und mit welchen Mehrheiten diese Versammlung für alle Anleihegläubiger verbindliche Entscheidungen wie zum Beispiel einen ganzen oder teilweisen Schuldenerlass beschließen kann. Das deutsche Recht stehe der Verwendung von Umschuldungsklauseln nicht entgegen, meint die Bundesregierung. Dies gelte auch für ausländische Emissionen nach deutschem Recht. Wer sich also in Zukunft trotz aller Warnungen von vermeintlich hohen Renditen von Staatsanleihen exotischer Schuldner blenden lässt, muss unter Umständen mit dem vollständigen Verlust seines Einsatzes rechnen.

3. Devisenmärkte

■ Devisenhandel im Eurozeitalter

Die Einführung des Euro machte sich auch auf den Devisenmärkten bemerkbar. Seit Januar 1999 werden dort nämlich zehn Währungen weniger gehandelt. Bereits kurz darauf waren deutliche Umsatzrückgänge zu spüren. Händler sprachen seinerzeit von Einbußen von bis zu 35 Prozent. Doch bereits im Jahr zuvor hatte sich der Handel in den Währungen der Euro-Teilnehmerländer deutlich reduziert.

Mit der Einführung des Euro entfiel auch die Feststellung eines einheitlichen amtlichen Wechselkurses der D-Mark zu allen anderen wichtigen Währungen der Welt durch staatlich bestellte Kursmakler. Stattdessen legt heute die Europäische Zentralbank so genannte Referenzkurse fest (siehe Tabelle):

Referenzkurse des Euro zu anderen Währungen
Beispiel: 28. April 2000
Alle Wechselkurse wichtiger Währungen gegenüber dem Euro

Währung		Wechselkurs	Währung		Wechselkurs
USD	US Dollar	0.9085	EEK	Estl. Krone	15.6466
JPY	Japanischer Yen	97.480	HUF	Ungarische Forint	258.45
GRD	Griechische Drachme	336.20	PLN	Polnische Zloty	4.0607
DKK	Dänische Krone	7.4551	SIT	Slowenische Tolar	204.1857
SEK	Schwedische Krone	8.1400	CHF	Schweizer Franken	1.5710
GBP	Pfund Sterling	0.57940	CAD	Kanadische Dollar	1.3457
NOK	Norwegische Krone	8.1475	AUD	Australische Dollar	1.5552
CZK	Tschechische Krone	36.324	NZD	Neuseeländische Dollar	1.8733
CYP	Cypriotische Pfund	0.57330			

Quelle: Europäische Zentralbank

Zudem ermitteln Geschäftbanken über das so genannte „EuroFX", das von den Sparkassen und Genossenschaftsbanken entwickelt wurde, über ein elektronisches System den Wechselkurs des Euro zu anderen wichtigen Währungen. Die auf diese Weise festgestellten Kurse nehmen die dem System angeschlossenen Institute als Grundlage für Überweisungen und Scheckzahlungen.

Vor Einführung des Euro war der Devisenhandel ein stark wachsendes und lukratives Geschäft für Finanzinstitute weltweit. So betrugen die täglichen Umsätze im weltweiten Handel mit Währungen 1989 1110 Milliarden DM. 1995 waren es bereits 1710 Milliarden DM und 1998 2690 Milliarden DM.

Mittlerweile ist das Geschäft mit den Währungen dieser Welt schwierig geworden, nicht nur wegen des Wegfalls von 10 Währungen, sondern auch, weil die Spanne zwischen Kauf- und Verkaufkurs immer kleiner wird. Den Berufsstand des Devisenhändlers macht der Euro damit noch lange nicht überflüssig, denn Devisenhandel wird es geben, solange Kapitalverkehr und Warenaustausch auf der Welt zunehmen.

Die Händler konzentrieren sich seither auf drei große Währungsrelationen: Dollar/Euro, Euro/Yen und Dollar/Yen. Aufmerksamkeit gilt aber auch der erweiterten Präsenz in Währungen Osteuropas, Lateinamerikas und Asiens, wo allmählich ausreichende Liquidität entsteht. Das unternehmerische Engagement vieler Unternehmen in diesen Regionen wird auch den Bedarf nach Absicherung gegen Wechselkursrisiken erhöhen, auch wenn natürlich diese Währungen nicht an das frühere Devisenhandelsvolumen der jetzt im Euro zusammengefassten Währungen heranreichen.

Zugleich ändert sich die Natur des Devisengeschäfts. Das reine Kassageschäft, also der Kauf einer Währung und der gleichzeitige Verkauf einer anderen, verliert an Bedeutung, während Derivate verstärkt zum Einsatz kommen. Ein Großteil des Devisenhandels, vom Tagesmarkt über den Terminhandel bis hin zu Swap-Geschäften, wird dabei binnen weniger Jahre – wie bei Aktien – nach Einschätzung vieler Fachleute über das Internet abgewickelt werden.

◾ Devisenkurse als Spiegel der Volkswirtschaft

Der Wechselkurs ist nichts anderes als das Preisverhältnis zwischen zwei Währungen. Der Wechselkurs zeigt an, wie viele Einheiten einer Währung man für eine Einheit der anderen Währung erhält beziehungsweise bezahlen muss. Ein Wechselkurs von 1,2 Dollar je Euro besagt demnach, dass man am Devisenmarkt für einen Euro 1,2 Dollar erhält. Ein Kurs von 100 Yen je Dollar bedeutet, dass man 100 Yen bezahlen muss, um einen Dollar zu kaufen.

Wonach aber richtet sich der Preis, zu dem die Währung eines Landes oder mehrerer Länder – wie der Euro – an den Märkten gehandelt wird? Die ökonomische Theorie hat eine Reihe von Modellen entwickelt, um die Bestimmungsfaktoren für Wechselkurse zu erklären. Der flexible Wechselkurs bestimmt sich aus Angebot und Nachfrage nach Devisen. Nachfrage und Angebot an Devisen ergeben sich aus wirtschaftlichen Transaktionen mit dem Ausland. Deutschland beispielsweise erzeugt Nachfrage nach Devisen für Importe von Sachgütern und Dienstleistungen, für Transfers an das Ausland, für die Tilgung ausländischer Anleihen und für Anlage- und Portfolioinvestitionen außerhalb des Euro-Währungsgebiets. Aus währungspolitischer Sicht sind die anderen Teilnehmerländer der Währungsunion kein Ausland mehr, da sie mit dem Euro über dieselbe Währung verfügen. Ein Warenimport von Spanien nach Deutschland schafft daher keine Nachfrage nach Devisen mehr.

Die so genannte Kaufkraftparitätentheorie versucht, den Wechselkurs zweier Währungen durch die Kaufkraftverhältnisse in den entsprechenden Ländern zu erklären. Demnach soll sich der Wechselkurs entsprechend den Unterschieden in der Entwicklung der Kaufkraft in den beiden Ländern entwickeln.

Der Wechselkurs sollte demnach auf dem Niveau sein, das die Preise in nationaler Währung für identische Güter angleicht: Kostet ein paar amerikanischer Turnschuhe in den Vereinigten Staaten 50 Dollar und in Frankreich 60 Euro, dann müsste der Wechselkurs bei 0,83 Dollar je Euro liegen, um die Kaufkraft auszugleichen. Dieser Theorie zufolge deuten Abweichungen von diesem Wechselkurs auf eine Über- oder Unterbewertung einer Währung hin. Eine der großen Schwächen dieses Ansatzes ist die Vernachlässigung von solchen Gütern, die zwar das Preisniveau, nicht aber den Wechselkurs beeinflussen. Dazu zählen beispielsweise Grundstücke, Wohnungsmieten und Dienstleistungen. Außerdem werden andere Einflussgrößen für die Wechselkursentwicklung als Import und Export nicht berücksichtigt.

Eine veränderte Form der Kaufkraftparität bezieht sich darauf, dass die Wechselkursänderung auf längere Sicht den Änderungen im Verhältnis der Preisniveaus der betrachteten Länder entsprechen soll. Der Wechselkurs muss daher nicht zu jedem Zeitpunkt mit dem Preisniveauverhältnis übereinstimmen: Steigen die Preise im Inland stärker als im Ausland, dann werden heimische Unternehmen und Konsumenten auf Kosten der inländischen Güter verstärkt ausländische Güter nachfragen. Am Devisenmarkt steigt daher die Nachfrage nach der ausländischen Währung, und sie steigt im Kurs. Die heimische Währung wertet also ab. Ist die Inflation hingegen im Ausland höher als im Inland, dann geriete irgendwann die ausländische Währung am Devisenmarkt unter Druck. Zu beachten ist bei der Theorie der Kaufkraftparität, dass sie nur sehr eingeschränkt und auf sehr lange Zeiträume bezogen Gültigkeit hat. Das liegt nicht zuletzt daran, dass für die Bestimmung eines Wechselkurses andere Faktoren als die Güterströme eine Rolle spielen, etwa die Kapitalströme an den Finanzmärkten.

Bei diesen Kapitalströmen setzt die Zinsparitätentheorie an, um Wechselkursveränderungen zu erklären und möglicherweise auch vorherzusagen. Demnach fließt Kapital ins Inland, wenn dort die Zinsen steigen. Am Devisenmarkt wird die heimische Währung in größerem Umfang nachgefragt, weil es für Ausländer attraktiver wird, ihr Geld zu höheren Zinsen anzulegen. Die stärkere Nachfrage nach der heimischen Währung führt zu einer Aufwertung, der Wechselkurs steigt. Damit es zu einer solchen Wechselkursentwicklung kommen kann, müssen die Wertpapiere des Inlands und des Auslands in der Einschätzung der Anleger prinzipiell gleich sein, etwa in Bezug auf die Risikoeinschätzung oder die Bonität. Außerdem darf Ausländern der Zugang zum Kapitalmarkt nicht verwehrt sein. Kapitalverkehrsbeschränkungen können die Renditeunterschiede konterkarieren und Kapitalströme in andere Richtungen lenken.

Grundsätzlich ist es sicher richtig, dass der Wechselkurs Auskunft über die Wirtschaftskraft eines Landes gibt: Hohe Wachstumsraten und steigende Unternehmensgewinne ziehen ausländisches Kapital an und machen Anlagen in der Währung attraktiv. Ein Land mit niedrigem Wirtschaftswachstum lockt hingegen internationales Geld kaum an. Da sich das Tauschverhältnis der Währungen aber aus einer Vielzahl von Einflussfaktoren bestimmt, kann es auch in Zeiten kräftigen Wachstums zeitweise zu einem Wertverlust der Währung an den internationalen Märkten kommen. In der letzten Zeit hat sich außerdem gezeigt, dass sich im Wechselkurs nicht nur Unterschiede im Zinsniveau oder in den Wachstumsraten des Bruttoinlandsprodukts niederschlagen, sondern auch die Position der Länder und Regionen im Wettbewerb der Wirtschaftssysteme. Anleger bringen ihr Geld vor allem dorthin, wo sie langfristig die besten Ertragsperspektiven vermuten.

▊ Kassa- und Terminkurse/Devisenmärkte und Sorten

Geschäfte am Devisenmarkt lassen sich danach unterscheiden, ob sie sehr schnell erfüllt werden müssen oder erst zu einem späteren Zeitpunkt. Für die Devisengeschäfte am Kassamarkt gilt gemeinhin eine Pflicht zur Erfüllung innerhalb von zwei Tagen nach Abschluss. Schon vor geraumer Zeit haben sich die Banken international auf diese Frist geeinigt. Sie tragen damit dem Umstand Rechnung, dass die Abrechnung und Verbuchung der vielen Devisengeschäfte ein wenig Zeit braucht.

Nach Schätzungen der Bank für Internationalen Zahlungsausgleich in Basel ist der Anteil der Kassageschäfte am Devisenmarkt in den vergangenen Jahren kontinuierlich gesunken. Im Jahr 1989 wurden noch rund 60 Prozent aller Devisentransaktionen dort ausgeführt. Seither hat sich das Gewicht erheblich zu Gunsten des Devisen-Terminmarkts verschoben, der Ende 1998 einen Anteil von 60 Prozent hatte. Doch nicht nur die Gewichte haben sich verschoben, auch die Umsätze an den internationalen Devisenmärkten sind in den vergangenen Jahren immer weiter gestiegen. Im Tagesdurchschnitt werden dort inzwischen rund 2 Billionen Dollar gehandelt.

Der weitaus größte Teil der Kassageschäfte sind heutzutage Eigengeschäfte der Banken und anderer Finanzunternehmen. Sie haben keinen Bezug zu anderen Kunden. Daraus ergibt sich, dass der Anteil des Devisenhandels, mit dem Ströme von Gütern und Dienstleistungen verbunden sind, inzwischen sehr gering ist. Das bedeutet, dass der überwiegende Teil der Währungsgeschäfte mit der Ein- und Ausfuhr von Waren und Dienstleistungen nicht mehr viel zu tun hat.

Der Eigenhandel der Banken teilt sich auf in so genannte Spekulations- und Arbitragegeschäfte. Eine Reihe dieser Geschäfte setzt die gleichzeitige Nutzung von Kassa- und Terminmärkten voraus. Das typische Spekulationsgeschäft am Kassamarkt für Devisen ist der Kauf beziehungsweise der Verkauf von Devisen in der Erwartung einer Wechselkursänderung. Schon kleine Kursänderungen reichen häufig aus, weil die eingesetzten Summen recht hoch sind. Eine Bank mag zum Beispiel erwarten, dass die Europäische Zentralbank am Nachmittag die Zinsen erhöht und der Euro daraufhin gegenüber dem Dollar einige Cent an Wert gewinnt. In diesem Fall kauft die Bank vormittags Euro. Behält sie Recht, verkauft sie nachmittags zu einem höheren Kurs und streicht den Gewinn ein. Erweist sich die Spekulation als falsch, kann es sein, dass die Bank den Euro am Nachmittag nur zu einem niedrigeren Kurs verkaufen kann. In diesem Fall erleidet sie einen Verlust. Spekulationsgeschäfte am Kassamarkt für Devisen sind auch in der anderen Richtung möglich: Die Bank könnte zunächst die abwertungsverdächtige Währung verkaufen, um sie später zu einem günstigeren Kurs kaufen zu können.

Spekulationsgeschäfte beinhalten also nicht nur Chancen, sondern auch Risiken. Natürlich sind die Bankvolkswirte stets bemüht, gute Wechselkursprognosen zu erstellen. Häufig aber erweisen sich die Vorhersagen im Nachhinein als falsch. Die Folge ist, dass den beträchtlichen Gewinnen im Devisenhandel immer wieder auch erhebliche Verluste gegenüberstehen können.

Wichtig für den Eigenhandel der Banken sind darüber hinaus noch die Arbitragegeschäfte. Ziel dieser Geschäfte ist es, Kursdifferenzen, die zwischen Währungen an unterschiedlichen Handelsplätzen zur gleichen Zeit bestehen, Gewinn bringend auszunutzen. Wenn der Kurs des Euro gegenüber dem Dollar am Devisenmarkt in Tokio wegen eines höheren Euro-Angebots plötzlich fällt, kaufen international tätige Banken oder Makler in Tokio Euro, um sie umgehend an einem anderen Finanzplatz, etwa in Frankfurt oder London, zu einem höheren Kurs zu verkaufen. Diese Arbitragegeschäfte finden so lange statt, bis sich die Kurse an den Finanzplätzen rund um die Erde wieder angeglichen haben.

Eine besondere Form des Kursausgleichs ist die so genannte Dreiecksarbitrage. Sie entsteht dadurch, dass aus zwei Wechselkursen zwischen drei Währungen ein Kreuzwechselkurs, im Jargon der Finanzmärkte „cross rate" genannt, errechnet werden kann. Beispielsweise kann man aus den aktuellen Wechselkursen zwischen Euro und Dollar sowie Dollar und Yen den Kreuzwechselkurs zwischen Euro und Yen berechnen. Zeigt sich dabei, dass dieser Kurs vom tatsächlichen Euro/Yen-Kurs abweicht, bieten sich Möglichkeiten zu gewinnbringenden Arbitragegeschäften zwischen den drei Währungen.

■ Der Terminmarkt für Devisen

An den Devisen-Terminmärkten werden Devisengeschäfte abgeschlossen, die nicht innerhalb von zwei Geschäftstagen, sondern erst später in der Zukunft erfüllt werden müssen. Die Fristen hierfür sind aus Gründen der Vereinfachung standardisiert und werden meist in Monaten gemessen. Die Bedeutung dieser Termingeschäfte ist in den vergangenen Jahren erheblich gewachsen. Der wichtigste Grund für diese Entwicklung liegt in dem steigenden Bedarf nach Absicherung. Ein deutscher Exporteur etwa, der seine Waren an einen Kunden in Amerika liefert und seinem Abnehmer eine Zahlungsfrist von drei Monaten einräumt, geht ein Wechselkursrisiko ein. Der Kurs des Dollar gegenüber dem Euro kann am Tag der Zahlung über oder auch unter dem Kurs am Tag der Lieferung liegen. Der Exporteur kann versuchen, seine Dollar-Forderung an jemanden zu verkaufen, der ihm in drei Monaten Dollar liefern wird. Das kann ein deutscher Importeur sein, der aus Amerika Waren bezieht, die er in einem Vierteljahr bezahlen soll. Auch der Importeur hat damit ein Wechselkursrisiko. Am Terminmarkt kann der Exporteur dem Importeur die in drei Monaten fälligen Dollar zu einem Kurs verkaufen, der beiden behagt. Beide Partner schalten auf diese Weise ihr Wechselkursrisiko aus.

An den internationalen Devisenmärkten sind Kassa- und Termingeschäfte eng miteinander verbunden. Besondere Bedeutung haben in diesem Zusammenhang Swap-Geschäfte, bei denen ein Kassa- mit einem Termingeschäft verknüpft wird. Das englische Wort Swap bedeutet Tausch. Swap-Geschäfte kommen beispielsweise unter folgenden Umständen zustande: Wenn der Zins für Dreimonatsanlagen im Euro-Raum bei 4 Prozent liegt, der Zinssatz für vergleichbare Anlagen in Amerika aber bei 6 Prozent, dann ist es für einen Anleger aus dem Euro-Raum attraktiv, sein Geld in Amerika anzulegen. Freilich geht er dabei ein Wechselkursrisiko ein. Diesem Risiko kann der Investor ausweichen, indem er zeitgleich mit dem Kauf der Dollar am Kassamarkt sie am Terminmarkt für Dreimonatsdollar wieder verkauft. Dieses Geschäft ist jedoch nur dann sinnvoll, wenn der Zinsvorteil der Anlage in Dollar größer ist als der Unterschied zwischen Kassa- und Terminkurs, den so genannten Kurssicherungskosten.

■ Der Sortenhandel

Als Sorten wird ausländisches Bargeld, also Banknoten und Münzen, bezeichnet. Sortengeschäfte werden von fast allen Menschen irgendwann einmal, meist im Zusammenhang mit einer Urlaubs- oder Geschäftsreise, getätigt. Die Sortenkurse bilden sich zwar am freien Markt, sie hängen aber in der Regel von den Wechselkursen am Devisenmarkt ab. Sortengeschäfte werden nicht nur von Banken betrieben, sondern auch von Wechselstuben, Hotels und Taxigesellschaften. Wegen der hohen Kosten, die in Form von Transport- und Verwahrungskosten für Noten und Münzen anfallen, sind die Spannen für An- und Verkauf von Sorten meist deutlich größer als die Spannen im Devisenhandel. Da zwischen den Währungen der Euro-Teilnehmerländer kein Handel mehr stattfindet, haben sich die Banken im Euro-Raum entschlossen, diese Kosten in den An- und Verkaufskursen der beteiligten Währungen zu berücksichtigen. Bei den nationalen Notenbanken, in Deutschland also bei der Bundesbank, können bis zur Einführung der Euro-Banknoten und Münzen die ausländischen Sorten ohne Gebühr gegen D-Mark-Banknoten umgetauscht werden.

4. Geldmarkt

■ Die Technik des Geldhandels

Banken handeln nicht nur mit Wertpapieren wie Anleihen oder Aktien, sondern auch mit Geld. Überschüssige Liquidität bieten sie am Geldmarkt anderen Kreditinstituten an. Im Falle von Liquiditätsengpässen treten sie am Geldmarkt als Nachfrager auf und absorbieren Liquidität genau von jenen Instituten, die am Ende eines Tages zu viel davon haben. Auf dem Geldmarkt vollzieht sich der wesentliche Teil des Liquiditätsmanagements der Banken. Der Handel mit Geld über den Geldmarkt ist deshalb aus dem täglichen Bankgeschäft nicht mehr wegzudenken. Ein kluges Liquiditätsmanagement der Banken trägt dazu bei, Kosten zu sparen. Denn überschüssige und letztlich nicht angelegte, also nicht verliehene Liquidität verursacht Kosten in Form entgangener Zinseinnahmen. Plötzlich auftretende Liquiditätsengpässe, die es in letzter Minute durch Geldaufnahme noch zu beheben gilt, verursachen hingegen erhöhte Kosten in Form von relativ hohen Zinsen, die sich bei vorausschauenderem Liquiditätsmanagement hätten vermeiden lassen. Der Geldhandel zwischen Banken (Interbankengeldhandel) dient somit einerseits dem Ausgleich unvorhergesehener Schwankungen im Liquiditätsbedarf einzelner Kreditinstitute, andererseits der Überbrückung vorhersehbarer Liquiditätsengpässe oder –überschüsse in der Zukunft. Geldhandel und Geldmarkt sind nicht wie Börsen organisiert. Sie haben keinen festen Standort, keine börsenähnliche Zentralstelle. Letztendlich fehlen für Geldhandel und Geldmarkt eindeutige Definitionen und Abgrenzungen. Der Geldmarkt ist, was man am Geldmarkt dafür hält, lautet denn auch ein Bonmot der Geldhändler.

Grob gesprochen lässt sich zwischen Geldhandel im engeren und im weiteren Sinne unterscheiden: Geldhandel im engeren Sinne umfasst den Handel mit Zentralbankguthaben zwischen Kreditinstituten, den Handel mit Geldmarktpapieren – vor allem zwischen der Notenbank auf der einen und der Kreditwirtschaft auf der anderen Seite – sowie den Abschluss von kurzfristigen Offenmarktgeschäften mit Rückkaufvereinbarung (Pensionsgeschäfte, siehe Geldmarktgeschäfte der Europäischen Zentralbank). Unter Geldhandel im weiteren Sinne lassen sich alle Transaktionen zur kurz- und mittelfristigen Liquiditätsbeschaffung und Geldanlage fassen. Teilnehmer an diesen Geschäften sind nicht nur Banken, sondern auch Industrieunternehmen und multinationale Unternehmen, die als Geldgeber und -nehmer auftreten. Alle diese Teilnehmer handeln nicht nur Zentralbankguthaben, sondern auch Guthaben bei Kreditinstituten, also Banken- oder Buchgeld. Sie handeln selbstverständlich auch nicht mehr in bestimmten Landesgrenzen, sondern darüber hinweg, so dass vom internationalen Geldhandel gesprochen werden kann.

Am Geldhandel nehmen alle Kreditinstitute teil, viele von ihnen allerdings nur indirekt über Zentralinstitute. Sowohl die Großbanken als auch die Regionalbanken haben ihren Geldhandel stark zentralisiert. Privatbanken betätigen sich in unterschiedlichem Umfang als Geber und Nehmer im Geldhandel. Die öffentlich-rechtlichen Banken treten im Geldhandel vor allem mit ihren Landesbanken/Girozentralen in Erscheinung, mit denen die einzelnen Sparkassen wiederum ihre Geldgeschäfte abwickeln. Gleiches gilt für die Volks- und Raiffeisenbanken, die ihrerseits mit ihren genossenschaftlichen Zentralinstituten kontrahieren. Geldhandelsadressen am Geldmarkt sind somit nur die genossenschaftlichen Zentralinstitute und die DG Bank als Spitzeninstitut dieser Bankengruppe. Zudem nehmen Kreditinstitute mit Sonderaufgaben zum Teil aktiv am Geldmarkt teil. Und auch die Bausparkassen, die früher nur als Geber im Geldhandel anzutreffen waren, sind vor allem im Segment mittlerer Laufzeiten auch auf der Nachfrageseite zu finden. Denn mit der Geldaufnahme erweitern sie ihre Manövriermasse für die Zuteilung von Bausparverträgen. Des weiteren sind natürlich die Auslandsbanken aktive Teilnehmer im deutschen Geldhandel. Im Geldhandel auf internationaler Ebene kann nicht zwischen Auslands- und Inlandsbanken unterschieden werden.

■ Die Geldmarktgeschäfte der Europäischen Zentralbank

Eine Sonderrolle im Geldhandel spielen gemeinhin die Notenbanken – im Euro-Raum die Europäische Zentralbank. Ihre Sonderrolle ergibt sich schon allein dadurch, dass sie sowohl die Menge des von ihr zur Verfügung gestellten Zentralbankgeldes festlegen kann, als auch den Zinssatz, zu dem sie die Liquidität bereitstellt. Außerdem bestimmt sie die Höhe der von den Banken bei ihr zu haltenden Mindestguthaben (Mindestreservepolitik), die sich in Form von Pflichtguthaben auf Reservekonten bei den nationalen Zentralbanken finden. Das Mindestreservesystem führt zu einer strukturellen Liquiditätsverknappung bei den Kreditinstituten, schränkt also deren Spielraum bei der Kreditschöpfung ein. Insofern hat die Mindestreservepolitik der EZB einen indirekten Effekt auf die Geschehnisse im Geldhandel, ohne dass dieses Instrument direkt zu den Geldmarktgeschäften der EZB zu rechnen wäre.

Verschiedene Instrumente wurden der EZB an die Hand gegeben, mit denen sie in den Geldhandel direkt eingreift und damit die Zinsbildung am Geldmarkt beeinflusst. Dabei handelt es sich um die sogenannten Offenmarktgeschäfte. Den größten Teil der Liquidität stellt das Europäische System der Zentralbanken mit der EZB an der Spitze über ihre Hauptrefinanzierungsgeschäfte der Kreditwirtschaft zur Verfügung. Dabei handelt es sich um Offenmarktgeschäfte, die regelmäßig im Wege von Versteigerungen (Tendern) im wöchentlichen Abstand und mit einer Laufzeit von zwei Wochen den Banken angeboten werden. Der Zinssatz, zu dem die EZB diese Hauptrefinanzierungsgeschäfte ausschreibt, bildet die zentrale Größe im Geldhandel, auf den sich die Augen aller Marktteilnehmer richten und der über seine direkte Wirkung auf den Geldhandel und die Liquiditätslage der Banken hinaus eine hohe geldpolitische Signalwirkung hat. Somit fällt den wöchentlich ausgeschriebenen Refinanzierungsgeschäften eine Schlüsselrolle in der Geldpolitik zu, denn mit ihnen wird der geldpolitische Kurs der EZB über das Zinssignal zum Ausdruck gebracht.

Darüber hinaus hat die EZB die Möglichkeit, im Rahmen von längerfristigen Refinanzierungsgeschäften den Banken Liquidität anzubieten. Diese Geschäfte werden regelmäßig in monatlichen Abständen und mit einer Laufzeit von einem Vierteljahr ausgeschrieben. Die „Versteigerung" von Zentralbankgeld kann sich entweder als Mengentender oder als Zinstender vollziehen. Beim Mengentender legt die EZB den Zinssatz, zu dem sie Liquidität zur Verfügung stellt, im Voraus fest. Die an der Geldmarktgeschäften der EZB teilnehmenden Banken bieten dann nur noch den Betrag, den sie zum vorgegebenen Zinssatz in Anspruch nehmen wollen. Beim Zinstender hingegen legt sich die EZB gegenüber ihren Geschäftspartnern nicht auf einen bestimmten Zinssatz fest. Somit bieten die Banken sowohl den von ihnen gewünschten Betrag als auch den Zinssatz, zu dem sie das Geschäft abschließen wollen. Ihre Hauptrefinanzierungsgeschäfte hat die EZB in der Anfangsphase der Europäischen Währungsunion stets als Mengentender ausgeschrieben und den Banken den Geldmarktleitzins somit direkt vorgegeben, um eine Verunsicherung der Marktteilnehmer zu vermeiden. Im Fall von Zinstendern können die Zinsgebote der Banken in Zeiten ausgeprägter Zinsunsicherheiten oder Zinsänderungserwartungen so stark von der Zielvorstellung der Notenbank abweichen, dass das Ergebnis der Liquiditätszuteilung geldpolitisch gar nicht erwünscht ist. Gerade in der Frühphase der Währungsunion galt nicht nur die Zinsunsicherheit unter den Banken, sondern auch das für Institute in manchen Ländern ungewohnte Tenderverfahren als Quelle möglicher Verzerrungen in der Zinsbildung.

Viele Banken mussten sich in ihrem Liquiditätsmanagement und Bietungs-
verhalten zunächst an die europäische Dimension der Geldmarktgeschäfte
der Notenbank des Euro-Raumes gewöhnen.

Im Falle kurzfristiger starker Liquiditätsschwankungen und damit einhergehenden großen Zinsausschlägen im Geldhandel des Eurosystems kann
die EZB von Fall zu Fall auch so genannte Feinsteuerungsmaßnahmen vornehmen. Diese Maßnahmen werden in Form von so genannten Schnellten-
dern abgewickelt. Während im Rahmen der normalen Tender von der Ankündigung des Geschäfts bis zur Zuteilung von Liquidität an die Banken 24
Stunden vergehen, können diese Schnelltender innerhalb einer Stunde angekündigt und abgewickelt werden. Sie sind auch als bilaterale Geschäfte
möglich, die mit einer begrenzten Auswahl von Geschäftspartnern durchgeführt werden. Im Rahmen der Offenmarktgeschäfte kann die EZB darüber
hinaus so genannte strukturelle Operationen zur längerfristigen Anpassung
der Liquiditätsposition des Finanzsektors gegenüber dem Europäischen
System der Zentralbanken vornehmen. Diese Art von Geschäften können
als befristete Transaktionen, definitive Käufe oder Verkäufe von Wertpapieren oder durch die Begebung von Schuldverschreibungen erfolgen. In der
Regel sind diese Geschäfte der EZB ohne zeitliche Befristung angelegt.

Die Bahnen, in denen sich der Geldhandel tagtäglich bewegt, werden
allerdings nicht nur durch die Offenmarktgeschäfte des Euro-Zentralban-
kensystems entscheidend festgelegt. Die Zentralbank bietet durch „ständige
Fazilitäten" den Kreditinstituten die Möglichkeit, sich im Fall von Liquiditätsengpässen zu einem vorher festgelegten Zinssatz, der über dem Satz für
die Hauptrefinanzierungsgeschäfte liegt, für den folgenden Tag Geld zu
beschaffen (Spitzenrefinanzierungsfazilität). Gleichermaßen haben Banken
allerdings auch die Möglichkeit, überschüssige Liquidität am Ende eines
Handelstages über Nacht bei der EZB anzulegen (Einlagenfazilität). Auch
hier liegt der Zinssatz von vornherein fest. Er liegt unter dem Hauptfinan-
zierungssatz. Diese beiden Zinssätze bilden somit das Zinsband, innerhalb
dessen sich die Zinsbildung im Geldhandel vollzieht. Logischerweise wird
ein Zinssatz, zu dem eine Bank am Geldmarkt Liquidität über Nacht anderen Banken zur Verfügung stellt, niemals unter den Satz der Einlagenfazilität sinken, weil sie sich auf weniger ertragreiche Geschäfte als die mit der
Notenbank nicht einlassen wird. Gleiches gilt in umgekehrter Weise für die
von der EZB festgesetzte Zinsobergrenze durch den Satz für die Spitzenrefinanzierungsfazilität.

Wer als Geschäftspartner an den Geldmarktgeschäften mit der EZB teilnehmen will, muss bestimme Zulassungskriterien erfüllen. Grob gespro-

chen sind das all jene Finanzinstitute, die auch mindestreservepflichtig sind. Die Zulassungskriterien sind im gesamten Euro-Währungsgebiet einheitlich, so dass ein großer Kreis von Instituten Zugang zu diesen Geschäften hat. Außerdem ist sichergestellt, dass bestimmte operationale und aufsichtsrechtliche Anforderungen erfüllt werden. Für die Kreditgeschäfte mit der EZB müssen die Geschäftspartner zudem Sicherheiten stellen, für die wiederum harmonisierte Kriterien gelten. Dabei gibt es zwei Gruppen von Sicherheiten. Einmal handelt es sich um marktfähige Schuldtitel, die von der EZB für das gesamte Euro-Währungsgebiet festgelegte Kriterien erfüllen. Daneben gibt es marktfähige und auch nicht marktfähige Sicherheiten, die für die nationalen Finanzsysteme von besonderer Bedeutung sind und für die die nationalen Notenbanken Zulassungskriterien festgelegt haben und festlegen. Ein qualitativer Unterschied zwischen diesen beiden Arten von Sicherheiten besteht nicht.

Für den Geldhandel eine bedeutende Rolle spielt die reibungslose Abwicklung der Geldmarktgeschäfte zwischen den Marktteilnehmern und der EZB einerseits und zwischen den Kreditinstituten untereinander andererseits. Denn nur wenn dies gewährleistet ist, kann der Liquiditätsausgleich über den Geldmarkt funktionieren, sodass größere Verwerfungen in der Zinsbildung gar nicht erst aufkommen. Für diesen Zweck haben die EZB und die nationalen Notenbanken des Euro-Raums, also das System Europäischer Zentralbanken (ESZB), schon vor dem eigentlichen Beginn der Währungsunion ein grenzüberschreitendes Zahlungsverkehrssystem eingerichtet, welches als Interbank-Überweisungssystem angelegt ist. Dadurch sollte das Zusammenwachsen der nationalen Geldmärkte zu einem gemeinsamen europäischen Geldmarkt ermöglicht und die einheitliche Wirkung geldpolitischer Maßnahmen der EZB sichergestellt werden. Dieses Zahlungssystem mit dem Namen Target (Trans-European Automated Real Time Gross Settlement Express Transfer System) ist nichts anderes als die technische Verknüpfung der nationalen Zahlungssysteme. Es ist ausschließlich für Großbetragszahlungen konzipiert, die in Echtzeit abgewickelt werden. Darüber hinaus läuft ein gewichtiger Teil des Zahlungsverkehrs über das deutsche EAF-System (Euro Access Frankfurt). Im Rahmen dieses Systems werden mittels Datenfernübertragung Großbetragszahlungen voll automatisiert zwischen den Teilnehmern des Systems ausgetauscht. Neben diesen Systemen hat sich noch das Abrechnungssystem der Euro Banking Association (Euro Bankenvereinigung) EBA etabliert. An diesem System nehmen europäische und auch nicht europäische Banken teil. Es handelt sich somit um ein System, über das grenzüberschreitender Zahlungsverkehr ausgeglichen wird.

Geldanlage auf Konten und in Sparbriefen

Der Geld- und Kapitalmarkt bietet den Marktteilnehmern die Anlage und Beschaffung von Liquidität ganz verschiedener Fristigkeiten. Das kommt auch den Privatanlegern zugute. Denn auch sie können Geld auf Konten als Termin- beziehungsweise Festgelder und in Sparbriefen verschiedener Fristigkeit anlegen. Im Falle von Festgeldern vereinbart der Kunde mit seinem Kreditinstitut eine bestimmte Anlagedauer, die in der Regel in Abschnitten von einem oder mehr Monaten festgelegt wird und sich in der Verzinsung je nach Fristigkeit unterscheiden. Darunter fallen Einmonats-, Zweimonats- oder Dreimonatsgelder. Ebenso kommen Halbjahresgeld und Jahresgeld vor. Der Zins, den das Kreditinstitut für Termingelder zahlt, liegt über dem sehr geringen Zins, der für Geld auf dem Girokonto gewährt wird, von dem das Geld täglich abgerufen werden kann. Daneben gibt es auch so genannte Kündigungsgelder, die allerdings relativ selten vorkommen. Diese Gelder werden erst nach Einhaltung einer bestimmten Kündigungsfrist fällig. Die Höhe der Verzinsung von Termin- oder Festgeldern richtet sich neben der Laufzeit nach der Höhe der Einlage des Anlegers, nach der örtlichen Konkurrenzsituation zwischen verschiedenen Instituten, der jeweiligen Verhandlungsposition der Anleger sowie nach der Liquiditätslage des einzelnen Kreditinstitut.

Wer sein Geld längerfristig anlegen will, der kann es in Sparbriefe investieren, deren Laufzeit in der Regel zwischen vier und sechs Jahren liegt. Doch auch davon gibt es Abweichungen: die Mindestlaufzeit beträgt ein Jahr, die Höchstlaufzeit zehn Jahre. Für die Banken und Sparkassen sind Sparbriefe ein Instrument der mittel- und langfristigen Kapitalbeschaffung. Für die Anleger haben Sparbriefe den Vorteil vergleichsweiser höherer Zinssätze als bei Spareinlagen. Daneben können sich die Käufer einen festen Zins über längere Zeit sichern, was vor allem in Hochzinsphasen attraktiv ist. Außerdem fallen bei Kauf, Rückzahlung, Verwahrung und Verwaltung durch die Emissionsinstitute keine Gebühren an. Und nicht zuletzt setzt sich der Anleger keinen Kursschwankungen aus. Ferner können Sparbriefe beliehen werden.

5. Derivate

■ Grundlage der Geschäfte auf Termin

Handelsgeschäfte, die die Vertragsparteien zur sofortigen Erfüllung verpflichten, heißen Kassageschäfte. Fallen hingegen Abschluss und Erfüllung des Geschäftes zeitlich auseinander, spricht man von einem Termin- oder auch Zukunftsgeschäft. Die Gründe für das Abschließen von Termingeschäften sind vielfältig. Vorherrschend ist das Motiv der Absicherung, im angelsächsischen Sprachgebrauch Hedging genannt. Mit Terminprodukten kann man sich gegen Preissteigerungen oder Preisverfall im Kassamarkt absichern. So nutzen zum Beispiel Betreiber von Goldminen Derivate, um sich vor einem unerwarteten Verfall des Goldpreises zu schützen. Exportorientierte Unternehmen handeln Devisen auf Termin, damit die Rentabilität ihres Auslandsgeschäftes nicht von Währungsschwankungen abhängt. Professionelle Fondsmanager wiederum setzen Terminprodukte ein, um ihr Wertpapierportfolio gegenüber extremen Marktschwankungen abzuschirmen. Kurzum: Wer sich aus Gründen des Hedging am Terminmarkt engagiert, will verlässliche Kalkulations- und Dispositionsgrundlagen für sein Basisgeschäft schaffen.

Der Handel mit Terminprodukten wäre aber ineffizient oder sogar illiquide, wenn nur Marktteilnehmer involviert wären, die zum Zwecke der Absicherung handelten. Die Absicherungsbedürfnisse von Exporteuren, Viehzüchtern oder rohstoffverarbeitenden Unternehmen ähneln sich in der Regel. Es bedarf deshalb einer Gegenpartei, die freiwillig das Risiko übernimmt, das die Hedging-Parteien abwälzen wollen. Hier kommen die Spekulanten ins Spiel. Sie gleichen die Lücken zwischen Angebot und Nachfrage aus und sind damit gewissermaßen das Öl, das das Rad des Terminmarktes am Laufen hält. Dennoch geraten Personen und Unternehmen, die sich allein um der Spekulation willen am Terminmarkt engagieren, zuweilen ins Kreuzfeuer öffentlicher Kritik. Diese Kritik kulminiert immer dann, wenn ein Marktteilnehmer in eine größere Schieflage gerät. Beispiele sind in den neunziger Jahren die deutsche Metallgesellschaft, die britische Investmentbank Barings oder der amerikanische Risikofonds Long-Term Capital Management. All diese Fälle lösten in der Öffentlichkeit Entrüstungsstürme über das Derivate-Geschäft aus. Entscheidend für das Versagen waren jedoch jeweils unzureichende Kontroll- und Risikosteuerungsysteme sowie teilweise auch mangelnde Expertise bei den handelnden Akteuren.

Die Produkte des Derivate-Marktes sind heute komplexer denn je. Es handelt sich nicht mehr nur um direkt vom Kassamarkt abgeleitete Produkte, wie das aus dem Lateinischen stammende Worte „derivare" (ableiten) nahelegt. Es gibt inzwischen auch eine Vielfalt von Derivaten, deren zugrundeliegendes Produkt schon ein Derivat ist. Ihr Einsatz ist denn auch meist auf professionelle Marktteilnehmer beschränkt und bedarf oft komplexer mathematischer Modelle. Diese Komplexität verstärkt natürlich die Vorbehalte, die dem Derivate-Handel entgegengebracht werden. Selbst Aufsichtsbehörden tun sich inzwischen schwer, dem Innovationstempo in diesem Markt zu folgen, zumal viele der Produkte außerbörslich gehandelt werden. Von den zahlreichen Möglichkeiten der Absicherung und Risikosteuerung profitieren aber auch die Kassamärkte. So zieht die Einführung neuer derivativer Instrumente oft auch höhere Handelsvolumina in dem zugrundeliegenden Kassaprodukt nach sich.

Die Grundgeschäftsarten des Terminmarktes sind Optionen und Futures. Eine Option ist ein bedingtes Geschäft, bei der eine Partei über eine festgelegte Laufzeit das Recht auf den Kauf oder Verkauf eines Objektes hat, während die andere Partei, der Stillhalter oder Optionsgeber, sich für diese Laufzeit verpflichtet, auf Wunsch des Optionsnehmers zu erfüllen. Futures sind dagegen unbedingte Termingeschäfte, bei denen Käufer und Verkäufer sich gleichermaßen zu einem bestimmten Zeitpunkt in der Zukunft zur Erfüllung verpflichten. Anders formuliert: Eine Option kann, muss aber nicht ausgeübt werden. Futures müssen immer von beiden Parteien erfüllt werden.

Optionen können auf Aktien, Anleihen, Wertpapierkörbe, Indizes, Rohstoffe und auch Futures erworben werden. Dabei gibt es zwei Grundarten von Optionen: die Kaufoption (auch Call) und die Verkaufsoption (Put). Ein Call ist das Recht, gegen vorherige Zahlung einer Optionsprämie während einer vereinbarten Laufzeit von einem Stillhalter die Lieferung eines Objektes zu einem vorher festgelegten Preis (Basispreis oder Ausübungspreis) zu verlangen. Der Käufer eines Put erwirbt das Recht, einem Stillhalter ein Objekt zu einem vorher vereinbarten Basispreis anzudienen. Das Ganze sei anhand einer Kaufoption auf eine Aktie illustriert: Ein Käufer zahlt 10 Euro für einen Call, der ihn berechtigt, während einer festgesetzten Laufzeit eine Aktie für 100 Euro zu erwerben. Bleibt der Aktienkurs bis Ende der Laufzeit unter 100 Euro, verfällt die Kaufoption wertlos. Der Kapitaleinsatz von 10 Euro ist verloren. Im Geld oder „in the money" ist der Call erst dann, wenn der Aktienkurs auf mehr als 110 Euro steigt. Angenommen, der Kurs erreicht 120 Euro, dann hat der Optionskäufer seinen Eigenkapitaleinsatz von

10 Euro verdoppelt. Wenn er die für 100 Euro gelieferten Aktien sofort verkauft, bleiben ihm nämlich 20 Euro. Ein Anleger, der die gleiche Aktie im Kassamarkt für 100 Euro kauft und für 110 Euro verkauft, erwirtschaftet während derselben Zeit nur eine Rendite von 10 Prozent.

Optionen eröffnen also die Chance, unter relativ geringem Kapitaleinsatz eine weit höhere Rendite als im Kassamarkt zu erwirtschaften. Man nennt den skizzierten Effekt die Hebelwirkung (Leverage). Je höher der Leverage, desto größer ist jedoch auch das Risiko eines Totalverlustes. Das hohe Gewinnpotential erklärt, warum Optionen eine so hohe Anziehungskraft für aggressivere Investoren haben. Aus Sicht der Anleger, die einen Call oder Put nur zum Zwecke der Absicherung kaufen, ist der Erwerb einer Option nur der Abschluss einer Versicherung und die Optionsprämie die gezahlte Versicherungsprämie. Für den Optionsverkäufer ist der Gewinn niemals höher als die Optionsprämie. Die Verluste sind möglicherweise unbegrenzt, wenn es sich um den Verkauf eines Calls handelt. Beim Verkauf einer Verkaufsoption sind sie maximal so hoch wie der Basispreis abzüglich der Optionsprämie. Calls und Puts bieten eine Vielzahl von Kombinationsmöglichkeiten, die den Leverage noch erhöhen oder vor Preisausschlägen in beide Richtungen zugleich schützen. Dazu zählt unter anderem der so genannte Straddle, also der gleichzeitige Kauf eines Calls und eines Puts oder der gleichzeitige Verkauf eines Calls und eines Puts. Der erste Fall, der Long-Straddle, macht dann Sinn, wenn man turbulente Marktverhältnisse mit kräftigen Kursausschlägen erwartet. Das maximale Verlustrisiko ist hier auf die Summe der gezahlten Prämien begrenzt. Wer die Position eines Short-Straddle eingeht, freut sich bei sehr ruhigen Märkten, da dann die Optionsprämien als Gewinn verbucht werden können.

Futures sind eine standardisierte, börsengängige Form von so genannten Forwards, ebenfalls eine angelsächsische Kreation. Ein Forward-Kontrakt ist eine Transaktion, bei der zwei Parteien den Kauf oder Verkauf eines Objektes zu einer bestimmten Zeit in der Zukunft zu von vorneherein fixierten Bedingungen vereinbaren. Gegenstand dieser Kontrakte können Aktienindizes, Anleihen, Devisen, Rohstoffe oder landwirtschaftliche Produkte sein. Dass die Erfüllung bei Forwards und Futures unbedingt zu erfolgen hat, heißt nicht, dass die Teilnahme am Futures-Handel unweigerlich zu einer physischen Lieferung oder Andienung führen muss. Die Teilnehmer können sich dieser Verpflichtung vielmehr durch sogenannte Glattstellungsgeschäfte entledigen, die in der Regel vorgenommen werden. Damit dürfen beispielsweise in den Futures-Märkten für Kaffee oder Schweinebäuche auch Investoren mitmischen, die nicht am Handelsobjekt selbst

interessiert sind, sondern nur spekulatives Interesse haben. Das Futures-Ge-
schäft ist im Unterschied zu den Geschäften mit Optionen ein Nullsummenspiel. Die Verluste des einen sind bei Futures die Gewinne des anderen.

■ Optionsscheine, Indexscheine und Aktienanleihen

Unter einer Option versteht man eine Vereinbarung zwischen zwei
Marktakteuren, bei der Abschluss und Erfüllung des Geschäfts zeitlich auseinanderfallen. So wird bei einer Option vereinbart, einen vertraglich festgelegten Gegenstand wie zum Beispiel zu einem späteren Zeitpunkt zu
kaufen beziehungsweise zu verkaufen. Der Preis, zu dem dieser Gegenstand, der so genannte Basiswert (Underlying), den Besitzer wechselt (strike
price), wird bereits beim Abschluss des Geschäftes festgelegt.

Der Besitzer einer Kaufoption (eines Calls) erwirbt das Recht, eine bestimmte Menge des Basiswertes zu einem festgelegten Preis entweder jederzeit während der Laufzeit der Option (amerikanische Option) oder aber
am Ende der Laufzeit (europäische Option) zu erwerben. Liegt der Kurs der
dem Optionsschein zugrunde liegenden Aktie am Ende der Laufzeit über
dem Basispreis, so kann der Besitzer der Kaufoption die Aktien zu einem
billigeren Kurs als dem aktuellen Marktkurs erwerben; sein Gewinn setzt
sich aus der Kursdifferenz zwischen dem strike price und dem aktuellen
Kurs des Basiswertes zusammen, multipliziert mit der Anzahl der bezoge-
nen Aktien. Allerdings muss er von seinem Gewinn die Optionsprämie
abziehen, die er dem Verkäufer der Kaufoption entrichten muss. Diese
Prämie ist die Entschädigung dafür, dass der Verkäufer der Kaufoption sich
bereit erklärt, die Aktien bei Anforderung zu dem vorher vereinbarten Preis
zu liefern. Der Käufer der Kaufoption setzt auf steigende Kurse, der Verkäufer der Kaufoption auf sinkende oder stagnierende Kurse. Liegt der Kurs
des Basiswertes am Ende der Laufzeit unter dem vereinbarten strike price,
so wird der Käufer der Kaufoption die Option nicht ausüben; der Verkäufer
der Option erwirtschaftet einen Gewinn in Höhe der bereits vom Käufer
erhaltenen Optionsprämie.

Ein Beispiel: Der Käufer einer Option erwirbt für 10 Euro das Recht, 100
Aktien zu einem Kurs von 100 Euro zu erwerben; der aktuelle Kurs liegt
bei 70 Euro. Liegt der Kurs der Aktien am Ende der Laufzeit bei 120 Euro,
so hat der Käufer der Option im Vergleich zu einem Direkterwerb der
Aktien für 120 Euro mit einem Kapitaleinsatz von 10 Euro einen Gewinn
von 1990 Euro erwirtschaftet. Das sind 100 Aktien mal der Kursdifferenz
zwischen dem aktuellen Kurs und dem vereinbarten strike price der Option

(120 minus 100) abzüglich der Prämie von 10 Euro. Der Verkäufer der Option macht einen Verlust von 1990 Euro, der sich aus der Kursdifferenz abzüglich der erhaltenen Optionsprämie von 10 Euro ergibt. Das Beispiel zeigt die Chancen und Risiken von Optionen: Der Käufer der Option hat mit einem geringen Mitteleinsatz einen hohen Gewinn erwirtschaftet, der umso höher sein wird, je höher der Kurs des Basiswertes bis zum Ende der Laufzeit den strike price übersteigt. Sein maximaler Verlust ist auf die Optionsprämie begrenzt: Liegt der Kurs der Aktie zum Ende der Laufzeit unter 100 Euro, so wird er die Option verfallen lassen. In diesem Fall erwirtschaftet der Verkäufer der Kaufoption seinen maximalen Gewinn von 10 Euro – er streicht die Optionsprämie ein, ohne die Aktien liefern zu müssen. Je mehr der Kurs des Basiswertes zum Ende der Laufzeit über dem strike price notiert, umso höher ist sein Verlust, da er sich verpflichtet hat, die Aktien in jedem Fall zu liefern, unabhängig davon, wie hoch deren Kurs ist.

Statt Kaufoptionen (Calls) kann man auch Verkaufsoptionen (puts) handeln; der Käufer einer Verkaufsoption erwirbt das Recht, einen bestimmten Wert zu einem festgelegten Preis späteren Zeitpunkt zu verkaufen, während der Verkäufer einer Verkaufsoption sich gegen Zahlung der Optionsprämie verpflichtet, diesen Wert dem Verkäufer der Option zu dem vereinbarten Preis abzunehmen. Liegt der Kurs des Basiswertes am Ende der Laufzeit unter dem strike price, so erwirtschaftet der Käufer der Verkaufsoption einen Gewinn in Höhe der Kursdifferenz zwischen dem aktuellen Kurs und dem strike price abzüglich der gezahlten Optionsprämie, während der Verkäufer einen Verlust erwirtschaftet. Der Käufer der Verkaufsoption erwartet also sinkende Kurse, der Verkäufer steigende Kurse.

Wurden Optionen anfangs überwiegend auf Aktien ausgegeben, gibt es mittlerweile eine breite Palette von Optionsscheinen auf Indizes (Indexscheine), auf Zinsen oder Anleihen (Zinsscheine), auf Währungen (Währungsscheine) und andere Derivate, beispielsweise auf Terminkontrakte. Bei einem Indexschein auf den Dax beispielsweise erhält der Käufer eines Calls (eines Puts) für den Fall, dass der Dax über (unter) dem vereinbarten Basiskurs des Dax liegt, einen so genannten Differenzbetrag ausbezahlt, der sich aus der Differenz zwischen dem Schlusskurs des Dax am Ausübungstag und dem vereinbarten Basiskurs bemisst.

Neben den klassischen Optionen, die für den Privatanleger mit einem hohen Risiko behaftet sein können, gibt es mittlerweile auch eine breite Palette von Anlageformen, die derivative Strukturen aufweisen. Neben so genannten Discount-Zertifikaten verkaufen Banken auch verstärkt Aktien-

anleihen. Eine Aktienanleihe besteht aus einer Festgeld- und einer Optionskomponente. Gegen Zahlung eines festen Nominalbetrages verpflichtet sich
die Bank, dem Käufer der Anleihe eine Zinszahlung zu gewähren, die der
Anleger auf jeden Fall erhält. Die Rückzahlung des Nominalbetrages hingegen ist an den Kurs einer ausgewählten Aktie gebunden: Liegt der Kurs
der Aktie zum Stichtag unter dem vereinbarten Basispreis, so erhält der
Anleger statt des Nominalbetrages eine vorher vereinbarte Anzahl an Aktien als Rückzahlung. Notiert der Aktienkurs über dem Basispreis, so erhält
der Anleger den Nominalbetrag der Aktienanleihe zurück. Käufer von Aktienanleihen gehen somit davon aus, dass sich der Kurs der Aktie, die der
Aktienanleihe zugrunde liegt, während der Laufzeit in einer engen Band-
breite bewegt. Wer einen deutlichen Anstieg des Aktienkurses erwartet,
kauft statt der Aktienanleihe die Aktie, wer von einem sinkenden Aktienkurs ausgeht, kann seine Erwartungen durch den Kauf einer Verkaufsoption als Anlagestrategie umsetzen. Für das Risiko, nach Ablauf der Laufzeit
statt des Anleihebetrages die Aktien angedient zu bekommen, deren Kurs
gesunken ist, bekommt der Anleger den hohen Zinssatz.

Die Höhe des Zinskupons einer Aktienanleihe hängt von den erwarteten
Kursschwankungen der Aktie (Volatilität) ab, die der Anleihe zugrunde
liegt. Je höher die erwarteten Kursschwankungen sind, umso eher besteht
die Gefahr, dass der Anleger am Ende der Laufzeit die Aktien geliefert
bekommt und damit eine geringere Rendite erwirtschaftet. Deswegen
steigt mit zunehmendem Risiko, die Aktien geliefert zu bekommen – also
mit sinkendem Aktienkurs – die im Zinssatz enthaltene Optionsprämie, die
den Anleger für dieses Risiko entschädigen soll. Eine Aktienanleihe auf
einen volatilen Wert aus dem Neuen Markt hat demzufolge einen höheren
Zinskupon als eine Anleihe auf einen Dax-Wert. Die Höhe des Zinskupons
hängt auch von dem vereinbarten Basispreis ab. Je höher dieser über dem
aktuellen Kurs notiert, um so höher ist der Zinskupon, denn um so wahrscheinlicher ist es, dass der Anleger am Ende der Laufzeit die Aktien angedient bekommt.

Da Aktienanleihen eine Optionskomponente enthalten, sollte der Anleger auch darüber nachdenken, diese nicht bis zum Ende der Laufzeit zu
halten, sondern eventuell auch vorzeitig zu veräußern. Steigt der Kurs des
Basiswertes, wird die Lieferung von Aktien am Ende der Laufzeit der Aktienanleihe unwahrscheinlicher. Damit dominiert das Zinselement der Aktienanleihe deren Wertentwicklung zunehmend, da die Rückzahlung des
Nominalbetrages wahrscheinlicher wird. Die Aktienanleihe wird zunehmend vergleichbar mit normalen Anleihen und schneidet dann natürlich

auf Grund des hohen Zinskupons besser ab als diese. Das treibt den Kurs der Aktienanleihe in die Höhe und bietet dem Anleger die Möglichkeit, vor Ablauf der Frist auszusteigen und Kursgewinne mitzunehmen. Fällt hingegen der Kurs des Basiswertes, so wird die Andienung von Aktien am Ende der Laufzeit wahrscheinlicher, was den Wert der Anleihe schmälert – schließlich erhält der Anleger nicht den Nominalbetrag zurück, sondern ein Aktienpaket, das weniger wert ist. Damit muss der Kurs der Aktienanleihe sinken, damit das Risiko einer Ertragsminderung durch einen höheren Effektivzins kompensiert wird. Wer also eine Aktienanleihe erwirbt, muss sich zuerst eine Meinung über die Wertentwicklung des Basiswertes bilden; muss aber nicht unbedingt schon bei der Emission der Aktienanleihe zeichnen, um Gewinne zu erzielen. Das Risiko, Aktien angedient zu bekommen, hängt natürlich auch vom Marktumfeld ab. Solange die Aktienkurse zulegen, ist die Gefahr, am Ende der Laufzeit die Aktien geliefert zu bekommen, geringer.

■ Die Terminbörsen

Termingeschäfte können an Börsen und außerbörslich abgeschlossen werden. Der außerbörsliche Handel, den man auch das Over-the-counter- oder OTC-Geschäft nennt, findet in der Regel über Telefone statt und wird im Anschluss schriftlich dokumentiert. Der Vorteil des nichtbörslichen Handels liegt darin, dass die Kontrahenten das Termin-Geschäft (Kontrakt) auf ihre Bedürfnisse zuschneidern können. Aufgrund der individuellen Vertragsgestaltung gibt es aber wenig Gelegenheiten, sich durch Glattstellungen vorzeitig aus dem Geschäft zurückzuziehen. Der OTC-Handel ist vergleichsweise illiquide. Zudem besteht ein weitaus größeres Erfüllungsrisiko als im börslichen Terminhandel. Dieses Erfüllungsrisiko wird an Börsen weitgehend ausgeschaltet, da zwischen die Vertragspartner die so genannte Clearing-Stelle tritt. Hinter jedem Termingeschäft steht an einer Börse ein Clearing-Haus mit der letztendlichen Erfüllungsverantwortung. Geschäfte an Terminbörsen können denn auch nur Clearing-Mitglieder tätigen. Und bevor sie Mitglieder werden, müssen sie strengen Bonitätsanforderungen gerecht werden. Auswahlkriterien sind unter anderem die Eigenkapitalausstattung und Drittbankgarantien.

Wer an einer Terminbörse handelt, muss somit keine Gedanken an die Kreditwürdigkeit des Kontrahenten verschwenden. Denn direkter Vertragspartner ist immer die Clearing-Stelle. Und deren Mitglieder sorgen kollektiv für die Kapitalausstattung. Neben der Erfüllungssicherheit zeichnet sich der börsliche Terminhandel im Vergleich zum OTC-Geschäft auch durch hohe Marktliquidität, vergleichsweise geringe Transaktionskosten und effiziente Abwicklung aus. Der wesentliche Nachteil ist in der Standardisierung der Kontrakte zu sehen. Merkmale wie Kontraktgröße, Laufzeit, Liefermenge oder Ausübungspreis sind vereinheitlicht. Bei der Auflegung neuer Produkte müssen Börsen jeweils versuchen, den kleinsten gemeinsamen Nenner ihrer potenziellen Marktteilnehmer zu finden.

Der organisierte Terminhandel geht bis in das 16. Jahrhundert zurück, als Reisanbauer in Japan ihre überschüssigen Erntemengen nicht mehr direkt an die Händler weiterleiteten, sondern handelbare Reisscheine für Lagerbestände ausgaben. Die eigentliche Wiege der Terminbörsen ist jedoch Chicago, wo im Jahr 1848 „The Board of Trade of the City of Chicago", der Vorläufer des Chicago Board of Trade (CBoT), gegründet wurde. Heute sind drei der vier umsatzstärksten Terminbörsen der Welt, neben dem CBoT die Chicago Mercantile Exchange (Merc) und die Chicago Board Options Exchange (CBOE), in Chicago zu Hause. Dass die Stadt in Illinois und nicht die Finanzmetropole New York zur Hauptstadt des Terminhandels wurde, hat sie in erster Linie ihrer geographischen Lage zu verdanken. Der Mittlere Westen gilt als die Kornkammer Amerikas, und Chicago wurde schon früh zum Zentrum des amerikanischen Getreidehandels.

Agrarprodukte waren bis in die frühen siebziger Jahre des vergangenen Jahrhunderts das Rückgrat der Terminbörsen. Um Finanz-Kontrakte wurde der Terminhandel erst bereichert, nachdem das Weltwährungssystem von Bretton Woods zusammengebrochen war. Seinerzeit bat Leo Melamed, der Chef der Chicago Mercantile Exchange, den Wirtschaftswissenschaftler und späteren Nobelpreisträger Milton Friedman darum, ein Positionspapier zu verfassen, in dem er die Schaffung eines Marktes für Währungskontrakte anregen sollte. Friedman, ein Freund flexibler Wechselkurse und freien Kapitalflusses, argumentierte, dass Devisen-Futures einen stabilsierenden Effekt auf Wechselkurse haben und andere Finanzaktivitäten in Amerika stimulieren würden. Das Friedman-Papier überzeugte Schatzamt und Notenbank. Im Mai 1972 läutete die Merc über einen Ableger namens International Monetary Exchange den Handel mit Devisen-Terminkontrakten ein. Die Finanzrevolution im Terminhandel hatte damit begonnen, nicht einmal ein Jahr später gründete der CBoT mit der Chicago Board Options Exchange die bis heute umsatzstärkste Optionsbörse der Welt. Die Ära der Zinsfutures begann 1975 mit einem Futures-Kontrakt auf Hypothekenanleihen der halbstaatlichen Agentur „Ginnie Mae". 1977 folgten der so genannte T-Bond-Future, ein Kontrakt auf amerikanische Staatsanleihen, der bis heute das erfolgreichste Produkt des CBoT geblieben ist.

Der Erfolg der amerikanischen Terminbörsen fand weltweit seine Nachahmer, von London über Paris bis Singapur. Deutschland folgte erst im Jahr 1990 mit der Gründung der Deutschen Terminbörse (DTB), offenbar aber noch rechtzeitig. Die DTB-Nachfolgerin Eurex, 1998 aus der Fusion der DTB mit der schweizerischen Soffex (Swiss Options and Financial Futures Exchange) hervorgegangen, avancierte schnell zur umsatzstärksten Derivatebörse der Welt und entthronte damit den langjährigen Marktführer CBoT. Die Eurex beziehungsweise ihre Vorgängerin war von Beginn an eine reine Computerbörse, die den Marktteilnehmern einen schnelleren, billigeren und somit effizienteren Handel ermöglicht als im traditionellen, parkettgebunden Terminbörsengeschäft. Die einheitliche Systemplattform ist zudem über Fernmitgliedschaften (Remote Memberships) weltweit zugänglich. Der Eurex gelang es sogar, den lange in London bei der London International Financial Future Exchange (Liffe) konzentrierten Handel mit dem Bund-Future nach Deutschland zurückzuholen und diesen Kontrakt auf eine länger-laufende synthetische Bundesanleihe zum meist gehandelten Terminkontrakt der Welt zu machen.

Die Liffe und die Börsen in Chicago taten sich lange Zeit schwer, ihren liebgewonnen Parketthandel in den so genannten Pits um eine elektronische Alternative zu ergänzen. In Chicago spielte dabei eine Rolle, dass ein Großteil der Mitglieder nur mit agrarischen Produkten handelt. Und in diesem Geschäft sind elektronische Plattformen noch nicht so zwingend. Die Pits im Parkettsaal der Chicagoer Terminbörsen sind achteckige Börsenringe, innerhalb derer die Händler durch offenen Zuruf („open outcry") und Handzeichen miteinander kommunizieren. Es dürfte aber nur mehr eine Frage der Zeit sein, bis diese Tradition des Terminbörsengeschäfts ganz verschwinden dürfte. Beim CBoT wurden erste Weichen für die Digitalisierung des Handels im Jahr 1999 gestellt, als die Mitglieder in einem zweiten Anlauf einer strategischen Allianz mit Eurex zustimmten. Wenige Monate vorher hatte die Eurex den CBoT vom Spitzenplatz der umsatzstärksten Terminbörsen verdrängt. Die Verbindung dieser beiden führenden Terminbörsen dürfte die dominierende Plattform für Zins-Futures werden, während sich eine zweite transatlantische Achse, die Verbindung von Liffe und Merc, als führender Marktplatz für Geldmarkt-Futures etablieren will.

Hedge Funds

Schon das englische Wort „hedge" (Schutz, Hecke) weist daraufhin, dass es sich hier um Investmentvehikel handelt, bei denen der Absicherungsgedanke im Vordergrund steht. In der Tat war die Grundidee der ersten Hedge Funds, über den Einsatz von Derivaten ein Sicherheitsnetz für die Anlagen in den Kassamärkten einzuziehen. Doch spätestens seit der amerikanische Hedge Fund Long-Term Capital Management im Herbst 1998 an den globalen Finanzmärkten beinahe eine systemische Krise ausgelöst hatte, werden Hedge Funds eher als Risiko- und Spekulationsfonds wahrgenommen. Die Wahrheit liegt wohl in der Mitte, denn Hedge Fund ist heute ein Sammelbegriff für Investmentgemeinschaften, die eine Vielfalt von Anlagestrategien verkörpern.

Eine standardisierte Definition für Hedge Funds gibt es nicht. Allgemein werden darunter Investmentvehikel verstanden, die als private Partnerschaften organisiert sind, von professionellen Vermögensverwaltern betreut werden und einem breiten Publikum nicht zugänglich sind. Geldgeber sind primär betuchte Privatpersonen und institutionelle Adressen wie Pensionsfonds und Versicherer, aber auch die Hedge-Fund-Manager selbst bringen meist Privatvermögen ein. Die Eigenbeteiligung gewährleistet, dass die Interessen von Anlegern und Vermögensverwalter identisch sind. Dazu gehört auch, dass die Hedge-Fonds-Manager in hohem Maße erfolgsabhängig entlohnt werden. Neben einer kostendeckenden Verwaltungsgebühr, die gewöhnlich zwischen 1 Prozent und 2,5 Prozent liegt, streichen sie bis zu einem Viertel der erzielten Wertsteigerung selbst ein. Demgegenüber leben die Manager von herkömmlichen Publikumsfonds nur von den fixen Verwaltungsgebühren. Während man sich von Publikumfonds jeden Tag trennen kann, öffnet sich die Ausgangstür bei Hedge Funds meist nur vierteljährlich, bei manchen Fonds sogar nur alle sechs Monate. Damit soll gewährleistet werden, dass die Anlagestrategie nicht unter plötzlichen Zu- oder Abflüssen leidet.

Der große Vorzug von Hedge Funds liegt in ihrer Anlageflexibilität. Da sie im Gegensatz zu Publikumsfonds nicht Kapitalanlagegesetzen unterliegen, die den Einsatz von Derivaten stark beschränken, steht ihnen quasi die ganze Palette an Finanzmarktprodukten zur Verfügung, also auch alle Formen von Optionen, Futures oder Swaps. Über den Einsatz von Finanz-Derivaten hinaus kann die Hebelwirkung (Leverage) zudem über die Nutzung von Fremdkapital erhöht werden. Hedge Funds, die auf das Ausnutzen von Marktunvollkommenheiten abzielen, sind sogar auf einen hohen

Leverage angewiesen, wenn sie ansprechende Renditen erzielen wollen. Solche Arbitrage-Fonds gehören zu den geläufigeren Hedge-Fund-Kategorien. Diese Fonds zielen darauf ab, Vorteil aus den relativen Preisdifferenzen (Spreads) von gleichartigen oder ähnlichen Finanzinstrumenten zu ziehen. Sie kaufen normalerweise das eine Instrument und leerverkaufen das andere, gehen also gleichzeitig eine Long- und eine Short-Position ein. Die Strategien beruhen häufig auf mathematischen und statistischen Modellen. Das Risiko besteht darin, dass die Modelle funktionierende, also liquide Märkte unterstellen, in denen Positionen jederzeit aufgelöst werden können. Die Liquidität kann aber schnell verschwinden, wenn Marktteilnehmer durch exogene Faktoren plötzlich risikoscheu werden.

Die dem Anlagevolumen nach bedeutsamste Hedge-Fund-Kategorie ist die der so genannten Makro-Fonds. Solche Fonds analysieren volkswirtschaftliche Entwicklungen und gehen hierauf basierende Wetten auf Währungen, Anleihen, Aktien und Rohstoffe ein. Wenn beispielsweise ein Fondsmanager zu dem Schluss kommt, dass die wirtschaftliche Situation eines Landes zur Abwertung seiner Währung führen wird, dann nimmt er eine Short-Position in dieser Währung ein, zum Beispiel über den Verkauf eines Währungskontraktes. Solche Fonds werden denn auch zuweilen von Regierungen als Sündenböcke für unerwünschte Kapitalmarktentwicklungen gegeißelt. Über Arbitrage- und Makro-Fonds hinaus gibt es noch etwa ein Dutzend weiterer Hedge-Fund-Kategorien, darunter Fonds, die sich auf Spezialsituationen wie Fusionen und Konkurse fokussieren, oder Fonds, die nach überbewerteten Unternehmen suchen, deren Aktien sie dann leerverkaufen.

6. Altersvorsorge

▦ Das staatliche Rentensystem wackelt

Die staatliche Rentenversicherung in Deutschland ist nach dem Umlagesystem organisiert. Das von den Beitragszahlern eingezogene Geld wird sogleich an die Rentner ausgezahlt. Das bedeutet: Die jeweils arbeitende Generation finanziert die Ruheständler. Bei diesem Verfahren wird kein Vermögen gebildet und anschließend verzehrt. Vielmehr lebt die Rentenversicherung von der Hand in den Mund. Das ist so gewollt.

Das Umlagesystem schützt zwar im Prinzip gegen eine Geldentwertung, ist aber sehr anfällig gegen Veränderungen bei den Einnahmen und Ausgaben. Diese müssen im Gleichgewicht gehalten werden. Das gelingt nun aber nicht mehr so ohne weiteres. Das liegt sowohl an kurzfristig als auch an langfristig wirkenden Umständen.

Zu den kurzfristigen Einflussfaktoren gehören Schwankungen in der Beschäftigung. Wenn die Arbeitslosigkeit steigt, sinken die Beitragseinnahmen der Rentenversicherung. Längerfristig wirkt sich aus, wenn sich das Verhältnis von Beitragszahlern zu Rentenbeziehern verschlechtert, wie es heute der Fall ist. Immer weniger Beitragszahler müssen immer mehr Rentner finanzieren. Das wiederum hat mehrere Ursachen. Am wichtigsten ist, dass die Bevölkerung altert. Der Anteil der Menschen, die 60 Jahre alt oder älter waren, lag 1992 bei 20,4 Prozent. Dieser Anteil wird – unter bestimmten Annahmen – im Jahr 2030 bei 32,5 Prozent liegen. Zugleich hat sich aber auch das Renteneintrittsalter verringert, und auch längere Ausbildungszeiten wirken sich aus.

Deshalb ist der Beitragssatz, der 1957 einmal bei 14 Prozent gelegen hat, vorübergehend bis auf mehr als 20 Prozent erhöht worden. Ohne weitere Eingriffe in das Rentenrecht wird er im Jahr 2030 auf mehr als 26 Prozent und bei ungünstigeren Annahmen noch weit darüber hinaus steigen. Das wird als untragbar angesehen. Deshalb sollen auch die Ausgabensteigerungen begrenzt werden. Erste Ansätze dazu in der Schlussphase der Regierung Kohl – in die Rentenformel war ein den Anstieg der Rentenhöhe bremsender demografischer Faktor eingefügt worden – hatten nach dem Regierungswechsel 1998 keinen Bestand. Die neue Regierung will den Anstieg der Ausgaben nun zunächst dadurch bremsen, dass die Erhöhung der Renten in den Jahren 2000 und 2001 nicht der Entwicklung der Nettolöhne folgen wird, sondern der Steigerungsrate der Lebenshaltungskosten des Vorjahres.

Wie die beabsichtigte Rentenreform schließlich aussehen wird, bleibt abzuwarten. Entweder wird eine Höchstgrenze für den Beitragssatz fixiert. Das bedeutet, dass das Rentenniveau sinken wird. Das Rentenniveau ist eine standardisierte Verhältniszahl. Sie misst die Höhe der Rente eines Durchschnittsverdieners an dessen Nettoentgelt. Derzeit liegt das Rentenniveau bei etwa 70 Prozent. Es hat in der Vergangenheit schon unter 60 Prozent gelegen. Festzuhalten ist, dass die zukünftig tatsächlich gezahlte Rente auch bei sinkendem Rentenniveau steigen kann.

Wenn das heutige Rentenniveau aufrechterhalten werden soll, müssten die Beitragssätze stark steigen. Das jedoch soll vermieden werden, zumal zu erwarten ist, dass sich die Beitragssätze für die gesetzliche Krankenversicherung und die Pflegepflichtversicherung stärker erhöhen werden.

Wahrscheinlich ist daher, dass die Rentenreform einen etwas höheren Beitragssatz als heute, zugleich aber auch einen Rückgang des Rentenniveaus
mit sich bringen wird. Das heißt, dass sowohl Beitragszahler als auch Rentner zur Sanierung der gesetzlichen Rentenversicherung herangezogen werden. Unklar ist nur, in welchem Ausmaß das jeweils geschieht. Sicher ist
nur, dass keine Rentenreform die aus der Alterung der Bevölkerung her-
rührenden Belastungen fortzaubern kann.

■ Drei Beine der Vorsorge

Im Idealfall speist sich die finanzielle Versorgung im Alter aus drei
Quellen: der gesetzlichen Rentenversicherung, einer betrieblichen Altersversorgung und schließlich aus privaten Vorkehrungen. Aber nicht jeder
Ruheständler kann sich dieser Vielfalt erfreuen. Vor allem die betriebliche
Altersversorgung ist nicht sehr weit verbreitet. Klein- und Mittelbetriebe
haben sich in der Vergangenheit oft gescheut, diesen Weg zu gehen. Deshalb sollen die gesetzlichen Vorschriften so geändert werden, dass für alle
Unternehmen, unabhängig von ihrer Größe und Rechtsform, ein Anreiz
besteht, ihre Belegschaften für das Alter abzusichern. Bisher haben in der
Regel nur große Unternehmen ihren Beschäftigten eine betriebliche Altersversorgung angeboten.

Während der Umfang der privaten Vorkehrungen für eine Absicherung
im Alter wegen der Vielfalt der Möglichkeiten (Versicherungen, Immobilien, Wertpapiere) nicht genau ermittelt werden kann, werden Leistungen
aus der gesetzlichen Rentenversicherung und der betrieblichen Altersversorgung laufend statistisch erfasst. 1998 zahlte die gesetzliche Rentenversicherung 353 Milliarden DM an Renten. Die Leistungen aus der betrieblichen Altersversorgung können auf 27 Milliarden DM veranschlagt werden.
Unter den privaten Vorkehrungen sind die Auszahlungen der Versicherungswirtschaft aus Lebensversicherungen bekannt. Sie belaufen sich 1999
auf 86 Milliarden DM.

■ Die gesetzliche Rentenversicherung

Die gesetzliche Rentenversicherung hat wegen der Versicherungspflicht
nicht nur eine hohe Bedeutung für die Alterseinkünfte. Sie sichert nicht nur
den Ruhestand ab, sie gewährt gegebenenfalls auch zuvor schon Schutz bei
Erwerbs- oder Berufsunfähigkeit und für Hinterbliebene. Die Leistungen aus
der gesetzlichen Rentenversicherung sind der Höhe nach begrenzt. Das ist

die Folge davon, dass in der aktiven Beschäftigungszeit Beiträge nur bis zu einer bestimmten Einkommenshöhe (Beitragsbemessungsgrenze) erhoben werden. Wer ein Einkommen erzielt, das über der Beitragsbemessungsgrenze liegt, muss im Alter – und gegebenenfalls auch im vorzeitigen Versorgungsfall – mit einer mehr oder weniger großen Versorgungslücke rechnen.

Die Beitragszahlungen an die gesetzliche Rentenversicherung werden Jahr für Jahr für jeden Versicherungspflichtigen gesondert in Entgeltpunkte umgerechnet. Für jeden Entgeltpunkt gibt es einen bestimmten Betrag an Monatsrente (aktueller Rentenwert). Wer in einem Jahr genau so viel verdient hat wie der Durchschnitt aller Versicherten, erhält genau einen vollen Entgeltpunkt. Für Einkommen, die darunter beziehungsweise darüber liegen, werden die Entgeltpunkte dementsprechend berechnet. Außerdem kann es für Zeiten der Berufsausbildung, der Kindererziehung, des Wehrdienstes oder der Arbeitslosigkeit weitere Entgeltpunkte geben. Die Vorschriften hierfür wurden in der Vergangenheit jedoch mehrfach und einschneidend geändert. Auch in der Zukunft muss mit Änderungen gerechnet werden. Dabei ist ganz klar die Tendenz zu erkennen, für die Berechnung der Rentenhöhe nur noch Zeiten heranzuziehen, für die tatsächlich Beiträge an die Bundesversicherungsanstalt geflossen sind.

In der rentenpolitischen Diskussion spielt die Standard-Rente eine wichtige Rolle. Eine Standard-Rente bezieht ein Versicherter, der 45 Jahre lang immer genau das Durchschnittseinkommen aller Versicherten erzielt hat. Folglich hat der Standard-Rentner 45 Entgeltpunkte erworben. Multipliziert mit dem aktuellen Rentenwert (im ersten Halbjahr 2000 in den alten Bundesländern 48,29 DM, in den neuen Bundesländern 42,01 DM) ergibt sich die Standard-Rente. In den alten Bundesländern sind es 2173,05 DM (vor Abzug des Eigenanteils an der Krankenversicherung).

Altersrenten, die monatlich 4000 DM erreichen oder gar überschreiten, sind zwar nicht ausgeschlossen. Sie sind jedoch sehr selten. Die meisten Versicherten kommen über 62,12 Entgeltpunkte (Monatsrente 3000 DM) kaum hinaus.

■ Die betriebliche Altersversorgung

Auch in der betrieblichen Altersversorgung wird über neue rechtliche Grundlagen gesprochen. Vor allem im Zusammenhang mit der Entwicklung gemeinsamer europäischer Modelle könnte es zu Änderungen der bisher in Deutschland üblichen Möglichkeiten kommen. Die Versicherungswirtschaft hat eine Euro-Pensionskasse vorgeschlagen. Ob sich dieser Vorschlag international durchsetzen wird, bleibt abzuwarten. In der europäischen Diskussion haben auch bei der Altersvorsorge angelsächsische Überlegungen ein starkes Gewicht. Die im Vereinigten Königreich üblichen Pension-Funds finden bislang in Deutschland keine Entsprechung.

Knapp zwei Fünftel aller Beschäftigten in Deutschland arbeiten in Unternehmen, die eine betriebliche Altersversorgung bieten. Mithin könnte noch für drei Fünftel der Beschäftigten eine zusätzliche betriebliche Altersabsicherung geschaffen werden. Während 88 Prozent der Unternehmen mit 500 bis 999 Beschäftigten eine betriebliche Altersversorgung eingerichtet haben, sind es nur 24 Prozent der Unternehmen mit 2 bis 4 Beschäftigten. In der Größenklasse 20 bis 99 Beschäftigte haben sich 69 Prozent der Unternehmen dazu bereitgefunden.

Die vier Wege der betrieblichen Altersversorgung in Deutschland sind die Pensionszusage, die Pensionskasse, die Direktversicherung sowie die Unterstützungskasse. Am weitesten verbreitet ist die Pensionszusage. Etwas mehr als die Hälfte aller Arbeitnehmer, die überhaupt über eine betriebliche Altersversorgung verfügen, erhalten sie auf diesem Weg. Knapp ein Fünftel ist über eine Pensionskasse abgesichert, knapp ein Siebtel durch eine Direktversicherung und schließlich gut ein Achtel durch eine Unterstützungskasse.

Bei einer Pensionszusage – auch als Direktzusage bezeichnet – sichert das Unternehmen die Leistungszusagen, die es seinen Arbeitnehmern gegeben hat, durch die Bildung von Pensionsrückstellungen ab. Solange die Zahl der Beschäftigten steigt und das Durchschnittsalter der Belegschaft niedrig ist, entsteht ein Finanzierungseffekt: Die Zuführungen zu den Rückstellungen sind höher als die erforderlichen Entnahmen. Mittlerweile ist, mit dem Fortschreiten der Zeit und einer oft auch rückläufigen Zahl von Beschäftigten, der Finanzierungseffekt der Pensionszusagen geschwunden. Die vom Unternehmen gezahlten Renten muss der Arbeitnehmer wie Arbeitslohn versteuern.

Die Pensionskasse ist eine selbstständige Versorgungseinrichtung und unterliegt den Vorschriften des Versicherungsaufsichtsgesetzes. Dessen Anlagegrenzen sind folglich zu beachten. Für den Arbeitgeber sind die Beiträge an die Pensionskasse Betriebsausgaben. Der Arbeitnehmer muss die Rente mit dem Ertragsanteil versteuern.

Die Direktversicherung beruht auf einem Versicherungsvertrag, den der Arbeitgeber mit einem Versicherungsunternehmen schließt. Begünstigter ist der Arbeitnehmer. Versicherungsbeiträge des Arbeitgebers sind Betriebsausgaben. für den Arbeitnehmer jedoch lohnsteuerpflichtiges Einkommen.

Bis zu höchstens 3408 DM im Jahr kann der Arbeitnehmer allerdings solche Beiträge mit 20 Prozent pauschal versteuern lassen. Eine spätere Rente wird mit dem Ertragsanteil versteuert. Sofern keine Rente, sondern ein Kapital ausgezahlt wird, sind die Erträge dieser Versicherung, wenn sie eine Mindestlaufzeit von zwölf Jahren aufgewiesen hat, steuerfrei.

Eine Unterstützungskasse ist eine selbstständige Versorgungseinrichtung. Für sie sind jedoch keine Anlagevorschriften einzuhalten. Zuwendungen des Arbeitgebers an die Unterstützungskasse sind Betriebsausgaben. Der Arbeitgeber muss die spätere Rente wie Arbeitslohn versteuern. Aus steuerlichen Gründen schließt der Arbeitgeber für eine Unterstützungskasse oftmals eine Rückdeckungsversicherung ab. Er kann dann die eingegangenen Verpflichtungen und die Zahlungen dafür in voller Höhe steuerlich ansetzen. Auch Renten aus einer rückgedeckten Unterstützungskasse muss der Arbeitnehmer wie Arbeitslohn versteuern.

Die Leistungen aus der betrieblichen Altersversorgung werden bislang also nicht einheitlich besteuert. Eine Mehrzahl von Fachleuten hält die so genannte nachgelagerte Besteuerung für richtig: Vorsorgeaufwendungen werden nicht besteuert, aber ihr späterer Verzehr.

■ Die private Altersvorsorge

Die private Vorsorge für das Alter wird vor allem wegen der Schwierigkeiten der gesetzlichen Rentenversicherung immer wichtiger. Es besteht weithin auch Einvernehmen darüber, dass zusätzliche private Vorsorge staatlich begünstigt werden sollte. Deshalb wird derzeit heftig darüber diskutiert, was überhaupt als private Altersvorsorge gelten kann. Die Hauptakteure in dieser Auseinandersetzung sind Lebensversicherungen, Investmentfonds, Banken sowie Anbieter beziehungsweise Finanziers selbstgenutzter Immobilien.

Die staatliche Förderung des Sparens und der Vermögensbildung ist derzeit sehr unterschiedlich ausgestaltet. Sie auf einen Nenner zu bringen, ist keine leichte Aufgabe.

Gerhard Rupprecht, Vorsitzender des Hauptausschusses Lebensversicherung im Gesamtverband der Deutschen Versicherungswirtschaft, hat einige Merkmale genannt, die seiner Ansicht nach eine private Altersvorsorge kennzeichnen:
1. Die Garantie eines lebenslangen Mindesteinkommens.
2. Die Garantie einer Mindestsumme, die zu Beginn des Rentenalters zur Verfügung steht.

3. Eine Einkommenssicherung für den vorzeitigen Versorgungsfall.
4. Die Sicherung finanziell abhängiger Angehöriger im Todesfall.

Rupprecht stellt damit heraus, dass die so genannten biometrischen Risiken – Langlebigkeit, vorzeitiger Tod, Erwerbsunfähigkeit – gedeckt sein müssen. Es spricht viel dafür, dass die Berücksichtigung dieser Risiken bei der Zumessung staatlicher Förderung den Ausschlag gibt. Die Deckung solcher Risiken ist zwar eine Domäne der Versicherungswirtschaft. Aber nicht alle ihre Produkte erfüllen die oben genannten Merkmale. Zudem werden sich andere Anbieter – zum Beispiel Anbieter von Fondsanteilen – gegebenenfalls Versicherungsschutz hinzukaufen oder ihren Kunden den Erwerb solchen Schutzes zusätzlich empfehlen.

Es ist auch kein Zufall, dass sich im Frühjahr 2000 auf dem Immobilienmarkt eine neue Entwicklung abgezeichnet hat. Eine Bausparkasse hat Überlegungen angestellt, ob nicht so genannte reversed mortgages (umgedrehte Hypothek) eingeführt werden sollten. Auf diesem, in den Vereinigten Staaten von Amerika bereits üblichen Weg kann eine selbstgenutzte Immobilie in eine lebenslang fließende Rente umgewandelt werden. Denn ein Eigenheim, das im Alter zwar mietfreies Wohnen ermöglicht und dadurch eine Art Ersatzrente darstellt, dann aber doch (unbelastet) vererbt wird, hat eben gerade nicht der Altersversorgung gedient. Zur „klassischen" Altersvorsorge gehört eben auch der Kapitalverzehr, nicht nur der Verzehr der Erträge.

7. Investmentfonds

▓ Idee und Formen des Investmentsparens

Die Anfänge des Investmentsparens reichen bis ins 19. Jahrhundert zurück. Damals entstanden in Großbritannien die ersten Investmentgesellschaften. In den Vereinigten Staaten von Amerika fand die Idee des Investmentsparens ihre größte Verbreitung. Von dort ausgehend hat sie später in allen Industrienationen Fuß gefasst. In einem Fonds werden viele kleine Beträge zu einem großen Vermögen zusammengefasst. Investmentfonds bieten auch Anlegern, die über keine großen Vermögen verfügen oder sich noch in der Ansparphase befinden, weitgehende Chancengleichheit an den Anlagemärkten.

Nach gescheiterten Versuchen in den zwanziger Jahren (Deutscher Kapitalverein) wurden Investmentfonds erst in den fünfziger Jahren in der Bundesrepublik Deutschland wieder aufgelegt. Das Gesetz über Kapitalanlagegesellschaften (KAGG) stammt aus dem Jahr 1957. Heute sind mehr als 60 Kapitalanlagegesellschaften im BVI Bundesverband Deutscher Investment-Gesellschaften e. V., Frankfurt, zusammengeschlossen. Inzwischen hat der deutsche Investmentfondsmarkt in Europa – gemessen am Fondsvermögen – die erste Rangstelle erreicht. In Deutschland stellen die Aktienfonds die wichtigste Fondskategorie dar. In mehr als 650 Aktienfonds wird gut die Hälfte des gesamten Vermögens der Publikumsfonds verwaltet. Neben Rentenfonds erfreuen sich auch Offene Immobilienfonds nach wie vor reger Nachfrage. Das starke Wachstum der Fondsbranche in den vergangenen Jahren war mit einer beträchtlichen Ausweitung der Produktpalette verbunden. Hierzulande werden Investmentfonds vor allem über Bankberater vertrieben. Erst allmählich gewinnen andere Absatzwege, wie etwa der Außendienst von Versicherungsunternehmen und Direktbanken, an Bedeutung.

Kapitalanlagegesellschaften dürfen nur in der Rechtsform der Aktiengesellschaft oder der Gesellschaft mit beschränkter Haftung betrieben werden. Eine Investmentgesellschaft kann mehrere Sondervermögen verwalten. Neben den allgemeinen Vorschriften für alle Kreditinstitute (Kreditwesengesetz) ist von den Investmentgesellschaften das KAGG zu beachten. Dieses Gesetz, das im wesentlichen ein Anlegerschutzgesetz ist, regelt, welche Vermögensgegenstände unter Beachtung des Grundsatzes der Risikostreuung für ein Sondervermögen (Investmentfonds) erworben werden dürfen. Für einen Fonds dürfen etwa bis zu 10 Prozent Wertpapiere eines Ausstellers erworben werden, die amtlich notiert oder an anerkannten Märkten des In- und Auslandes gehandelt werden. Auch für Offene Immobilienfonds gelten Anlagegrenzen.

Eine Investmentgesellschaft muss zur Abwicklung der zum Sondervermögen gehörenden Geschäfte eine von ihr unabhängige Depotbank einschalten. Die Bank hat die Aufgabe, die Vermögensgegenstände der Investmentfonds auf einem Sperrdepot oder Sperrkonto zu verwahren und den gesamten Zahlungsverkehr abzuwickeln. Von ganz besonderer Bedeutung ist die Feststellung der Wertpapier- und Devisenkurse zur Bewertung des Sondervermögens an den Bewertungsstichtagen sowie der börsentäglichen Ermittlung und Veröffentlichung der Ausgabe- und Rücknahmepreise der Anteilscheine.

Dem Käufer von Investmentfondsanteilen muss ein Verkaufsprospekt mit Vertragsbedingungen des Sondervermögens und der letzte Rechenschaftsbericht ausgehändigt werden. Der Prospekt muss alle Angaben enthalten, die zum Zeitpunkt des Erwerbs für die Beurteilung des Anteilscheins von wesentlicher Bedeutung sind. Der Anleger wird in regelmäßigen Abständen durch Rechenschafts- oder Zwischenberichte unterrichtet. Geschlossene Immobilienfonds unterliegen nicht dem KAGG.

Beim Investmentfonds zahlen Anleger ihr Geld bei der Investmentgesellschaft ein. Die Gesellschaft legt die Mittel im eigenen Namen für gemeinschaftliche Rechnung der Anleger nach dem Grundsatz der Risikomischung, gesondert vom eigenen Vermögen, in Form von Geldmarkt-, Wertpapier-, Beteiligungs-, Investmentfondsanteil-, Grundstücks-, Gemischten Wertpapier- und Grundstücks- oder Altersvorsorge-Sondervermögen an. Die Anlagen können im In- und Ausland erfolgen. In den Vertragsbedingungen des einzelnen Fonds werden die Anlagemöglichkeiten im Rahmen der gesetzlichen Vorschriften aufgeführt.

Die insgesamt von einem Anleger eingebrachten Mittel oder ihm zuzurechnende Wertsteigerungen der hierfür erworbenen Vermögensgegenstände und hieraus erzielten Erträge bilden den Fonds. Über die sich an diesem Investmentfonds ergebenden Rechte der Anleger werden Wertpapiere (Anteilscheine, Investmentzertifikate) ausgestellt. Die Anteilscheine haben keinen Börsenkurs. Der Preis eines Fondsanteils (Anteilwert) ergibt sich vielmehr aus der Teilung des gesamten Fondsvermögens durch die Anzahl der ausgegebenen und im Umlauf befindlichen Anteile. Der Anteilwert stellt die Grundlage für die Berechnung des Ausgabe- und Rücknahmepreises dar. Der Ausgabepreis ist der um den Ausgabeaufschlag (zur Deckung der Ausgabekosten) erhöhte Anteilwert. Die Höhe der Ausgabekosten ergibt sich aus den Vertragsbedingungen. Häufig hängen diese auch von der Höhe des Anlagebetrages ab.

Die Kapitalanlagegesellschaften nehmen jederzeit Anteile zum Rücknahmepreis, der im Regelfall mit dem Anteilwert identisch ist, zurück. Veränderungen der Anteilpreise, die täglich veröffentlicht werden, ergeben sich aus den in der Regel täglichen Wertveränderungen der Vermögensgegenstände des Fonds sowie den zufließenden Erträgen. Zur Ausschüttung gelangen die im Laufe eines Geschäftsjahres dem Fonds zugeflossenen ordentlichen und daneben auch außerordentliche Erträge, wie beispielsweise Veräußerungsgewinne. Ordentliche Erträge sind bei Wertpapierfonds, Dividenden und Zinseinnahmen, bei Offenen Immobilienfonds Mieterträge und Zinseinnahmen. Die Erträge werden üblicherweise einmal jährlich ausgeschüttet. Bei thesaurierenden Fonds werden die erwirtschafteten Erträge nicht ausgeschüttet, sondern einbehalten und wiederangelegt. Die

Ergebnisse der Fondsanlage werden in Deutschland nach der so genannten BVI-Methode ermittelt. In der jüngster Zeit haben sich jedoch auch in- und ausländische Spezialanbieter auf dem deutschen Markt der Messung des Anlageerfolges von Fonds etabliert.

Häufig werden bei den Kapitalanlagegesellschaften keine Einmaleinzahlungen, sondern Sparpläne abgeschlossen. Der Fondssparer verpflichtet sich dabei, meist monatlich einen bestimmten Betrag für den Erwerb von Anteilen eines Fonds oder mehrerer Fonds zu leisten. Manche Produkte sehen auch die Kombination mit einer Lebensversicherung vor. Als besonders interessant dürfte sich in Zukunft der Bereich der Vermögensverwaltung mit Fonds erweisen. Hier stellen die Akteure eine Reihe von Sondervermögen für die unterschiedlichen individuellen Bedürfnisse und Präferenzen zusammen. Dadurch lässt sich die breite Palette von Fonds in vorteilhafter Weise zur effizienten Abdeckung bestimmter Anlageklassen im Sinne von Bausteinen einsetzen. Eine Vermögensverwaltung auf der Grundlage von Fonds kommt der Strategie entgegen, sich bei Anlageentscheidungen von Einzelwerten zu lösen und auf die Auswahl von Märkten, Branchen und Währungen zu beschränken. Diese sind zuverlässiger zu beurteilen als etwa eine bestimmte Aktie.

◼ Der Investment-Markt boomt

Allein im Jahr 1999 stieg das in Wertpapierfonds international verwaltete Vermögen gegenüber dem Vorjahr um 40 Prozent auf mehr als 11,5 Billionen Euro. Zwar beruhte dieses ungeheuerlich anmutende Wachstum zum Teil auf veränderten Wechselkursen, da das Vertrauen in die junge europäische Einheitswährung erst noch begründet werden muss. Doch auch ohne den Wertzuwachs von Dollar, Yen und Pfund gegenüber dem Euro stieg das Fondsvolumen weltweit immer noch um gut ein Viertel.

Der Sprung ins neue Millenium brachte die deutschen Sparer zugleich an die Spitze einer Entwicklung, die nach Ansicht vieler Beobachter die nächsten Jahre, wenn nicht Jahrzehnte prägen dürfte: Die Umschichtung von festverzinslichen Papieren hin zu Dividendentiteln erfolgt in Riesenschritten. Während die privaten Anleger hierzulande 1998 erst 39 Prozent ihres Fondsvermögens in Aktien investiert hatten, waren es nur ein Jahr später schon mehr als 55 Prozent. Der Zuwachs um fast die Hälfte führt die lange Zeit als Hinterwäldler verspottete einheimische Anlegergemeinde an Quoten heran, wie sie die Schweiz (58 Prozent Aktienfonds) oder die Vereinigten Staaten (64 Prozent) aufweisen. Selbst die Briten, die mit einer

Aktienquote von rund 90 Prozent die Riege der Industrienationen anführen, sind – gemessen in absoluten Zahlen – schon in Sichtweite: den 170 Milliarden Euro in aktienorientierten deutschen Publikumsfonds stehen im Vereinigten Königreich knapp 280 Milliarden Euro gegenüber, wobei in beiden Ländern Privatinvestoren insgesamt jeweils etwa 340 Milliarden Euro in Wertpapierfonds halten.

Um diese 340 Milliarden Euro, vor allem aber um den „Rest" des Geldvermögens von rund 3 Billionen Euro, über den die Deutschen verfügen, buhlen zur Zeit mehr als 3000 Publikumsfonds, die entweder in der Bundesrepublik zugelassen oder vertriebsberechtigt sind. Die Qual der Wahl wird für den Anleger immer stärker, denn Jahr für Jahr steigt das Fondsangebot gegenwärtig um mindestens 10 Prozent. Außerdem nimmt die Differenzierung beständig zu. Längst ist die traditionelle Aufteilung in Rentenfonds und Aktienfonds, Mischfonds und Geldmarktfonds unzureichend, um das Universum der Wertpapier-Investoren wirklichkeitsgetreu abzubilden. Auch die klassische Einteilung nach Ländern und Regionen, in denen das Fondsvermögen investiert wird, verliert in einer zunehmend global organisierten Wirtschaft an Bedeutung.

In den Fokus des Interesses von Anlegern und Investmentstrategen gerät stattdessen die Analyse der Unternehmenslandschaft nach Börsenwert und Branchenzugehörigkeit: Wessen Geschäftszweck an das Internet gekoppelt ist, an die Biotechnologie oder die Medien, wird von den genau auf diese Branchen spezialisierten Fonds bezüglich des Anlagepotenzials hin untersucht. Zählt eine Gesellschaft, gemessen am Wert aller ihrer Aktien, zu den großen an der Börse, ist sie zudem permanent im Blickfeld der auf Standardwerte („Blue Chips") spezialisierten Fondsmanager. Für die Nebenwerte, die eine mittelgroße („Midcap") oder kleine („Smallcap") Marktkapitalisierung aufweisen oder in einem besonderen Börsensegment („Neuer Markt") notiert werden, gibt es ebenfalls eigene Fonds. Dank der beständigen Auffächerung der Fondskriterien verbessert sich für den Investmentsparer die Chance, dem eigenen Portefeuille ein klares Profil zu verleihen. Zugleich wächst aber mit der zunehmenden Spezialisierung der Fonds das Risiko, schief zu liegen. Wer etwa in der Asienkrise auf Fernost konzentrierte Fonds besaß, musste in der Wertentwicklung ein dickes Minus hinnehmen.

Weitere Gliederungsmöglichkeiten bestehen beispielsweise nach Themen oder Trends, die ein Fondsmanager erkannt hat und verfolgen will und die ihm, etwa unter dem Begriff „Sport", ein Engagement bei so unterschiedlich anmutenden Gesellschaften wie Adidas und Manchester United erlauben. Als Trend kann auch der Drang junger Konsumenten bezeichnet – und für die Aktienwahl genutzt – werden, vor allem Markenartikel zu kaufen: das Handy von Nokia, die Stereoanlage von Sony, das Essen bei McDonalds symbolisieren die uniformen Wertmuster und Verhaltensweisen, die der Portfoliostratege eines Fonds zum Thema „Young Generation" umsetzen kann.

Durch die Altersvorsorge-Sondervermögen, kurz AS-Fonds, wurde 1998 eine Fondskategorie mit Leben erfüllt, welche der Gesetzgeber in Deutschland erst kurz zuvor erlaubt hatte, nämlich sogenannte Zielfonds. Obgleich durchaus auch andere Anlageziele für Fonds denkbar sind, konzentrieren sich die Produktentwickler der Kapitalanlagegesellschaften bislang auf die Schaffung der AS-Fonds, deren Ziel die auf lange Sicht angelegte Vorsorge für das Alter ist. Der Zuspruch zu diesen Mischfonds, die einen Aktienanteil von mindestens 21 Prozent aufweisen müssen, zu maximal 30 Prozent in Immobilien investiert sein dürfen und als dritte Komponente Rentenwerte enthalten, wäre wohl höher, wenn sich den Sparern oder ihren Arbeitgebern stärkere steuerliche Anreize für entsprechende Einzahlungen böten. Diesen Schluss legt der immense Erfolg der „401 (k)"-Sparpläne in den Vereinigten Staaten nahe, die – begleitet von betrieblicher und staatlicher Förderung – bei vielen Arbeitnehmern ein nachhaltiges Interesse für die eigene Fondsanlage und die Kursentwicklung an den Börsen geweckt haben.

Amerika dient weithin als Vorbild für die hiesige Fondsbranche, wenn es um die Implementierung innovativer Investmentformen geht. So fasst in Europa die Führung von Fonds mittels eines klaren Anlagestils Fuß. Als gegensätzliche Stilformen sind die Ausrichtung auf werthaltige Aktien (value stocks) einerseits und Wachstumstitel (growth stocks) andererseits geläufig. Wertorientierte Fondsmanager suchen nach Aktiengesellschaften, die aus ihrer Sicht einen hohen Unternehmenswert aufweisen, aber an der Börse vergleichsweise niedrig bewertet sind. Auf Wachstum ausgerichtete Portfoliomanager fahnden dagegen nach Unternehmen, die mit einem überdurchschnittlichen Anstieg des Umsatzes aufwarten können und gleiches für die Zukunft erwarten lassen. Für die „Growth"-orientieren Anleger ist in der Regel die aktuelle Ertragslage einer Gesellschaft und folglich auch die Relation von Kurs zu Gewinn sekundär – eine Geisteshaltung, die an der Börse wechselweise belohnt und bestraft wird. Die Bezeichnung „Growth Fund" wird von der Anglizismen liebenden Investmentbranche übrigens auch für eine Differenzierung ganz anderer Art verwendet: Ein solcher Fonds verspricht Investoren mit weitem Zeithorizont, dass das eingesetzte Kapital nach längerer Zeit beträchtlich gewachsen ist. Erreicht werden soll dies gewöhnlich durch einen hohen Aktienanteil und eine Thesaurierung, also umgehende Reinvestition etwaiger Erträge. Im Gegensatz dazu bietet ein „Income Fund" dem Sparer ein laufendes Zusatzeinkommen und investiert deshalb vorwiegend in festverzinsliche Papiere oder Aktien mit hoher Dividendenrendite, wodurch regelmäßige und relativ stabile Ausschüttungen möglich werden.

Wer dem Auf und Ab am Aktienmarkt folgen möchte und im Durchschnitt auf einen allmählichen Anstieg vertraut, gibt möglicherweise dem passiven, an einen Index gekoppelten Anlagestil den Vorzug gegenüber der aktiven Auswahl einzelner Aktien durch einen Portfoliomanager. Der Reiz des Mittelmaßes, mit dem sich der passive Investor bewußt bescheidet, entspringt der verblüffenden Tatsache, dass nur rund ein Viertel aller aktiv geführten Fonds ihren Vergleichsindex schlagen, unabhängig von der Länge des Betrachtungszeitraums.

Dank der immer feineren Aufgliederung der Anlagemärkte kann der Fondsparer heute sein Geld zwar viel genauer als früher auf einzelne Vermögensklassen (Asset Classes) und ihre Untergruppen aufteilen, doch benötigt er nun auch mehr Zeit, um selbst den Marktüberblick zu wahren, beziehungsweise mehr Geld, wenn er nämlich einen Berater engagiert. Mit der groben Festlegung seiner Anlageziele kommt dagegen aus, wer sein Kapital einem Dachfonds (fund of funds) anvertraut. Diese Investmentvehikel engagieren sich bei einer Vielzahl von Fonds, teilweise nur des eigenen Finanzkonzerns, häufig aber auch bei – überlegenen – Wettbewerbern.

Einen besonderen Fondstyp hat sich die Investmentindustrie schließlich mit den Laufzeitfonds ausgedacht. Wenn diese nach Ablauf einer bestimmten, vorher festgelegten Frist aufgelöst werden, erhält der Anleger – bei der Variante mit Kapitalgarantie – zumindest seinen Einsatz zurück. So können auch alle diejenigen vom boomenden Invesmentmarkt profitieren, die den Unwägbarkeiten der Börse nicht vollkommen trauen.

■ Performance auf lange Sicht

Über die Wertentwicklung (Performance) der Anteile deutscher Publikumsfonds sowie ausländischer Fonds deutscher Provenienz veröffentlicht der BVI Bundesverband Deutscher Investment-Gesellschaften, Frankfurt, regelmäßig umfangreiche Übersichten. Die Angaben des BVI erfassen nahezu das gesamte Angebot deutscher Fonds. Auch in anderen Ländern, voran den Vereinigten Staaten von Amerika, sind Informationen über nationale Investmentfonds weit verbreitet. Allerdings sind die verfügbaren Angaben über Staatsgrenzen hinweg noch nicht ohne weiteres vergleichbar. Denn es gibt noch methodische Unterschiede, zugleich aber auch Bemühungen, Regeln zu entwickeln, die überall angewendet werden.

Deutsche Anleger müssen darauf achten, auf welche Währung sich Angaben über die Wertentwicklung beziehen. Wird sie in einer Fremdwährung berechnet, wirken sich Veränderungen des Wechselkurses zum Euro (beziehungsweise zuvor gegenüber der D-Mark) zusätzlich aus. Der BVI berichtet sowohl über die Wertentwicklung einer so genannten Einmalanlage als auch über jene von Sparplänen.

Bei der Berechnung der Wertentwicklung einer Einmalanlage werden die Anteilwerte der Fonds zu Beginn und zum Ende der betrachteten Periode verglichen, wobei etwaige zwischenzeitlich vorgenommene Ausschüttungen als wertsteigernd berücksichtigt werden. Damit werden Fonds, die Erträge ausschütten, und solche, die sie einbehalten (thesaurieren), miteinander vergleichbar. Auch Unterschiede in der Anreicherung der Ausschüttung mit realisierten Kursgewinnen werden mit dieser Methode ausgeglichen. Es wird so gerechnet, als seien die Ausschüttungen sofort wieder in Anteilen des gleichen Fonds angelegt worden.

Was bedeutet die Angabe, der Wert eines Fondsanteils sei in den vergangenen fünf Jahren um 43,6 Prozent gestiegen? Diese Wertsteigerung sagt etwas über die Leistung der Fondsverwalter aus. Sie ist jedoch nicht gleichzusetzen mit dem Erfolg, den der Käufer eines Anteils erzielt hat. Dazu müssten zu allererst die Ausgabekosten berücksichtigt werden. Denn die Anteile können in der Regel nicht zum Anteilwert erworben werden, sondern nur zu einem höheren Ausgabepreis (Anteilwert plus Ausgabeaufschlag).

Der Verband schlägt vor, die Wertentwicklung unter Berücksichtigung des individuell gezahlten Ausgabeaufschlages wie folgt zu ermitteln: Die vom Verband ausgewiesene Prozentzahl der Wertentwicklung wird um 100 erhöht. Diese Summe wird geteilt durch die Summe aus 1 zuzüglich eines Hundertstel des individuell gezahlten Ausgabeaufschlages in Prozent. Vom Ergebnis müssen 100 abgezogen werden. In Zahlen heißt das für einen Fonds, der seine Anteile mit 5 Prozent Ausgabeaufschlag verkauft, bei einer Wertsteigerung von 43,6 Prozent, dass 143,6 durch 1,05 geteilt werden müssen. Das macht 136,8. Folglich beträgt der Anlageerfolg unter Berücksichtigung der Ausgabekosten 36,8 Prozent.

Angaben über die Wertentwicklung für verschieden lange Zeiträume können durch die Umrechnung auf eine jährliche Rendite (effektive Verzinsung) vergleichbar gemacht werden. Eine Wertsteigerung von 43,6 Prozent in fünf Jahren ist genauso gut wie eine Wertsteigerung von 106,1 Prozent in zehn Jahren. In beiden Fällen stellt sich die Rendite auf effektiv 7,5 Prozent jährlich. Eine Wertsteigerung von 36,8 Prozent in fünf Jahren entspricht einer effektiven jährlichen Rendite von knapp 6,5 Prozent. Der persönliche Anlageerfolg fällt noch geringer aus, wenn die Wiederanlage von Ausschüttungen nicht zum Anteilwert erfolgen konnte. Außerdem können weitere individuelle Kosten (etwa Depotkosten) anfallen. Die Kosten der Fondsverwaltung werden jedoch direkt aus dem Fondsvermögen gedeckt und mindern daher die Wertentwicklung.

In den 20 Jahren von Ende März 1980 bis Ende März 2000 wiesen deutsche Aktienfonds mit Anlageschwerpunkt Deutschland sehr unterschiedliche Wertentwicklungen auf. Der beste Fonds erzielte eine Wertsteigerung von 2141,0 Prozent. Das entspricht einer jährlichen Rendite von 16,8 Prozent. Es gab aber auch einen Fonds, der es auf ein Plus von lediglich 324,3 Prozent brachte. Das ergibt immerhin noch eine Rendite von 7,5 Prozent. Fonds, die sich mit Schwerpunkt im Ausland engagieren, haben in dieser Zeit sowohl besser (Wertsteigerung 2499,1 Prozent, Rendite 17,7 Prozent) als auch schlechter (Wertsteigerung 148,8 Prozent, Rendite 4,7 Prozent) abgeschnitten. Werden kürzere Anlageperioden betrachtet, liegen zum Teil ganz andere Fonds vorne beziehungsweise hinten.

Das zeigt: Neben dem Anlageschwerpunkt eines Fonds – Aktien, Renten, Inland, Ausland, Spezialitäten und so fort – wirken sich auf die Wertentwicklung die jeweiligen Kauf- und Verkaufsentscheidungen der Fondsverwalter durchaus aus. Besonders wichtig ist aber die allgemeine Verfassung der Börsen: In den 20 Jahren von Ende 1965 bis Ende 1985 erzielten Aktienfonds mit deutschen Aktien beispielsweise eine durchschnittliche Wertsteigerung von 601,7 Prozent (Rendite 10,3 Prozent).

Da Einkünfte aus Kapitalvermögen in Deutschland grundsätzlich steuerpflichtig sind, weist eine prozentual gleich hohe Wertsteigerung zweier Fondsanteile mit Berücksichtigung der gegebenenfalls fälligen unterschiedlich hohen Steuerbelastung eine ganz andere Qualität auf. Jedenfalls darf der Faktor Steuer nicht übersehen werden. Grundsätzlich sind Aktienfonds, bei denen der Anteil steuerfreier Kursgewinne vergleichsweise hoch ist, unter steuerlichen Gesichtspunkten attraktiver als Fonds, bei denen steuerpflichtige Zinseinnahmen eine große Rolle spielen.

Die Wertentwicklung für Sparpläne rechnet der Verband für Zeiträume von 10 bis 35 Jahren in Schritten von 5 Jahren Anlagedauer dem absoluten Betrag nach aus. Unterstellt wird eine monatliche Einzahlung von 50 Euro. Für die sieben Fonds, die Ende 1999 schon 35 Jahre lang bestanden haben, ergibt sich im Durchschnitt ein Anlageergebnis von 247 763 Euro. Das entspricht einer jährlichen effektiven Rendite von 11,55 Prozent. Der Sparplan im besten Fonds brachte 324 692 Euro, im schlechtesten aber nur 191 877 Euro.

Ferner werden die Ergebnisse von Sparplänen für vermögenswirksame Leistungen (Anlagedauer sieben Jahre) ermittelt. In 31 Sieben-Jahres-Perioden von 1962 bis 1998 ergab sich als effektive Verzinsung ein Durchschnitt von 8,25 Prozent jährlich. Aber auch bei Sparplänen kommt es auf die zeitliche Lage der Anlageperiode an. In zwei Perioden war ein Verlust zu verzeichnen, zehn weitere Perioden brachten Renditen von höchstens fünf Prozent jährlich. In acht Perioden überschritt die Rendite zehn Prozent.

Gleich hohe Wertsteigerungen zweier Fondsanteile können sich auch hinsichtlich des Risikos unterscheiden, mit dessen Inkaufnahme sie erwirtschaftet worden sind. Unter Risiko wird hier die Beweglichkeit (Volatilität) des Fondspreises verstanden, bezogen auf seinen Durchschnittspreis in einer Periode. Eine andere Kennzahl zur Beurteilung von Wertentwicklungen ist die nach dem Nobelpreisträger William F. Sharpe benannte Sharpe-Ratio. Sie setzt die Rendite, die ein Fonds über eine risikolose Geldanlage etwa in erstklassigen Geldmarktpapieren hinaus erzielt, ins Verhältnis zur Volatilität. Je höher die Sharpe-Ratio ausfällt, desto mehr Rendite je Risikoeinheit wird erwirtschaftet.

8. Lebensversicherungen

Die Lebensversicherung gehört zu den klassischen Formen der Altersvorsorge. Das belegen einige statistische Daten. Etwas mehr als die Hälfte aller Haushalte in Deutschland verfügt über mindestens eine Police. In den alten Bundesländern sind es 54,9 Prozent der Haushalte, in den neuen Bundesländern 52,7 Prozent. Insgesamt bestehen mehr als 85 Millionen Verträge. Sie lauten auf eine Versicherungssumme von zusammen 3150 Milliarden DM. Die Beiträge im Jahr 1999 stellten sich auf 115 Milliarden DM.

Ein wachsender Anteil der privaten Geldvermögensbildung geschieht über Versicherungen. Die Vermögensanlagen der Lebensversicherer haben mittlerweile 1000 Milliarden DM überschritten. Die Branche ist zuversichtlich, auch in den nächsten Jahren zu den wachsenden Sparten zu gehören. Denn sie hofft, von der erwarteten Verstärkung privater Altersvorsorge einen gehörigen Teil auf sich lenken zu können.

Allerdings muss sich die Lebensversicherung einem für sie bislang ungewohnten Wettbewerb stellen. Die Öffnung des deutschen Marktes nach Außen durch die Verwirklichung eines gemeinsamen europäischen Binnenmarktes auch für private Versicherungsgeschäfte seit Mitte des Jahres 1994 zeigt ihre Wirkungen. Ferner ist erst kürzlich die lange Jahre unangefochtene steuerliche Begünstigung der Erträge aus Kapital bildenden Lebensversicherungen unverhofft ins Wanken geraten. Zwar gilt vorerst noch die überkommene Besteuerung weiter, der zufolge Erträge aus Kapital bildenden Lebensversicherungen mit mindestens fünf Jahres-Beitragszahlungen und einer Mindestvertragsdauer von zwölf Jahren steuerfrei bleiben. Aber ob das so bleibt beziehungsweise wie die steuerliche Behandlung der Lebensversicherung künftig geregelt wird, ist noch nicht entschieden.

Auch in anderer Beziehung wandelt sich das Umfeld. Die Versicherungswirtschaft muss ihre Produkte besser als bisher erklären, weil ihr Angebot als intransparent und schwer verständlich gilt. Die Branche hat es allerdings nicht leicht, muss sie doch Begriffe wie Rechnungszins, Rückkaufwert, Ablaufleistung, Schlussdividende und Überschussbeteiligung verständlich machen. Das sind Begriffe, die einen Laien schnell verwirren. Nun sind neue Muster-Versicherungsbedingungen ausgearbeitet worden. Es wird freilich auch mit diesen Bedingungen dabei bleiben, dass Versicherung ein sehr erklärungsbedürftiges Produkt ist.

Die Vertriebswege könnten sich mit dem Aufkommen des Internet noch stärker als bisher differenzieren. Bisher werden die allermeisten Versicherungsverträge, etwa 75 Prozent, über jeweils fest angestellte eigene Außendienstmitarbeiter oder über so genannte Einfirmenvertreter verkauft. Das dem Kunden bekannt werdende Angebot bleibt damit von vorneherein beschränkt. Der Vertrieb über Makler, die nicht an eine bestimmte Versicherungsgesellschaft gebunden sind, breitet sich aber überdurchschnittlich stark aus. Diesen Vertriebsweg wählen auch die meisten ausländischen Anbieter. Für diese ist der Aufbau eines eigenen Außendienstes in der Regel zu kostspielig. Die so genannten Direktversicherer, denen zunächst ein stärkerer Gewinn von Marktanteilen zugetraut worden ist, sind nicht so rasch gewachsen, wie das ursprünglich erwartet worden war.

Wegen der Einschaltung des Internet in den Vertrieb könnte wieder einmal auch die Kalkulation der Branche in den Mittelpunkt einer allgemeinen Diskussion rücken. Die von dem Mathematiker August Zillmer (1831 bis 1893) entwickelte Methode, die Abschlusskosten (Vertriebskosten) zu verrechnen, führt im Ergebnis dazu, dass diese aus den ersten Beiträgen des Versicherten gedeckt werden. So genannte ungezillmerte Tarife, bei denen die Abschlusskosten auf längere Zeiträume bis hin zur gesamten Vertragslaufzeit verteilt werden, sind zwar nicht unbekannt, haben aber noch keine vorherrschende Verbreitung gefunden. Das könnte sich wegen der Konkurrenz zu Anteilen von Investmentfonds ändern.

Die Bevölkerung weiß trotz der weiten Verbreitung, die Versicherungen gefunden haben, über die Branche und ihr Angebot gewöhnlich wenig. Sie scheut sich zudem vielfach, hartnäckig zu fragen und sich rechtzeitig auch bei unabhängigen Institutionen zu informieren. Dabei ist es vor allem für junge Leute mit Familie wichtig, den Unterschied zwischen einer Risiko-Lebensversicherung und einer Kapital bildenden Lebensversicherung zu kennen. Eine Risiko-Lebensversicherung, verbunden mit einer Berufsunfähigkeits-Zusatzversicherung, kann eine erste gute Absicherung sein, solange die Sozialversicherung wegen der Wartezeiten auch in Notfällen noch nicht leistet. Eine ähnlich ausreichend hohe Absicherung über eine Kapital bildende Lebensversicherung zu erreichen, erfordert einen vergleichsweise hohen Aufwand, weil bei dieser auch ein Sparvorgang eingeschlossen ist.

Wenn es richtig ist, wie die Versicherungsunternehmen sagen, dass Versicherungen nach wie vor aktiv verkauft werden müssen und Abschlüsse nicht von selbst ins Haus kommen, dann muss sich die Branche fragen lassen, warum auch dann Kapital bildende Lebensversicherungen verkauft werden, wenn eine Risiko-Versicherung aus der Sicht des Kunden – und langfristig sogar aus der Sicht der Versicherung – richtiger wäre. Wahrscheinlich liegt das daran, dass die Versicherungsunternehmen durch die Art, wie sie den Verkauf von Versicherungsverträgen mit Provisionen bedenken, ihrem Außendienst entsprechende Anreize bieten.

Den Versicherungsunternehmen fällt es bislang auch schwer, ihre Leistungen deutlich zu machen. Regelmäßige Mitteilungen über den Stand des erreichten Versicherungsschutzes setzen sich erst allmählich durch. Erst recht ist es nicht üblich, die erzielten Ergebnisse bei der Anlage des Vermögens in eine auf den Kunden gemünzte Rendite umzurechnen. Das ist zwar nicht einfach, weil die Kapital bildende Lebensversicherung auch Schutz bietet bei vorzeitigem Tod, Invalidität und Erwerbsunfähigkeit und deshalb mehr ist als ein auf das Erleben abgestellter Sparvorgang. Aber die Kundschaft zieht heute Vergleiche zu den Anlageergebnissen von Investmentfonds und kann, wenn sie nicht umfassend und klar informiert wird, leicht zu Fehlschlüssen kommen.

Die Besonderheit einer klassischen Kapital bildenden Lebensversicherung besteht in der garantierten Mindestleistung. Das heißt: Der Kunde einer Versicherungsgesellschaft trägt kein direktes Anlagerisiko. Vielmehr verwaltet die Versicherung die für ihn angesammelten Mittel. Die Versicherung garantiert für dieses Vermögen eine Mindestverzinsung in Höhe des so genannten Rechnungszinses. Der Rechnungszins ist Mitte 2000 von bis dahin 4,0 auf 3,25 Prozent gesenkt worden. Das war wegen der vorangegangenen Zinsrückgänge am Kapitalmarkt erforderlich geworden. Der Versicherte erhält über den Rechnungszins hinaus eine Beteiligung an verbliebenen Überschüssen. Diese Überschüsse fallen nicht nur von Gesellschaft zu Gesellschaft unterschiedlich hoch aus, so dass es für einen Kunden schon wichtig ist, eine alles in allem gut wirtschaftende Versicherungsgesellschaft als Partner zu haben. Auch bei der gleichen Gesellschaft können die Überschüsse von Jahr zu Jahr schwanken. Das deutsche Bilanzrecht erlaubt allerdings über die Bildung und Auflösung von stillen Reserven einen gewissen Ausgleich, so dass die Gesamtverzinsung des Vermögens bei einer Versicherung im Zeitablauf gewöhnlich nicht stark schwankt.

Bei der Sonderform der fondsgebundenen Lebensversicherung liegt das Anlagerisiko – wie grundsätzlich bei der Geldanlage in Fondsanteilen – beim Kunden. Die Sparanteile werden jeweils in Fondsanteilen angelegt, deren Wert mit den Börsenkursen und im Einklang mit den Anlageentscheidungen der Fondsverwalter steigt und fällt. Das Anlagerisiko kann gegebenenfalls durch Umschichtungen verringert werden. Je nach den Vertragsbedingungen einer fondsgebundenen Lebensversicherung kann es möglich sein, Anteile an einem Aktienfonds einige Jahre vor der Fälligkeit des Vertrages in Anteile an weniger kursgefährdeten Fonds mit festverzinslichen Wertpapieren umzutauschen.

Der Anteil der Kapital bildenden Einzel-Lebensversicherung (einschließlich der fondsgebundenen Lebensversicherung) am Neugeschäft ist in den vergangenen Jahren kontinuierlich gefallen. Hatte der Anteil Mitte der achtziger Jahre des 20. Jahrhunderts noch bei drei Fünftel gelegen, ist er Ende der neunziger Jahre auf weniger als zwei Fünftel zurückgegangen. Das ist in erster Linie auf das Vorrücken der Einzel-Rentenversicherung zurückzuführen. Deren Anteil erhöhte sich von 3,6 Prozent (1985) auf 20,6 Prozent (1998).

Die private Rentenversicherung ist im Zusammenhang mit den Steuerplänen der Regierung weiter ins Rampenlicht gerückt. Denn private Rentenversicherungen ohne Kapitalwahlrecht sollten von der Besteuerung ausgenommen werden. Kapitalwahlrecht bedeutet, dass der Kunde noch unmittelbar vor dem geplanten Beginn der Rentenzahlung stattdessen eine Kapitalzahlung verlangen kann. Rentenversicherungen ohne dieses Recht seien in Deutschland nicht zu verkaufen, meint die Branche, und bei ge-

nauerem Hinsehen ist auch jeder Kunde gut beraten, der sich ein Kapitalwahlrecht einräumen lässt. Denn private Rentenversicherungen können
weit in die Zukunft reichen, so dass Flexibilität angezeigt ist. Wer kann sich
heute schon festlegen, ob er tatsächlich in 35 Jahren eine private Rente
beziehen will? Vielleicht ist zu diesem Zeitpunkt eine Kapitalzahlung viel
willkommener. Diesem Umstand tragen die Anbieter von privaten Rentenversicherungen Rechnung. Denn kalkulatorisch ist es für sie gleich, ob sie
ein Kapitalwahlrecht einräumen oder nicht. Der Monatsbeitrag ändert sich
dadurch nicht.

Offenbar will die Regierung mit der Besteuerung von Versicherungsverträgen, an deren Ende eine größere Summe zur Auszahlung gelangt, verhindern, dass Versicherte auf einen Schlag über eine große Summe verfügen. Die Vorstellung ist wohl, dass nur eine laufende Rente Schutz vor
Altersarmut und vor an die Allgemeinheit gerichteten Ansprüchen bietet.
Auch wenn in Einzelfällen mit einem Missbrauch größerer Kapitalauszah-
lungen gerechnet werden muss, verbietet sich doch allgemein eine solche
Misstrauenserklärung gegenüber der Bevölkerung und die damit einherge-
hende staatliche Bevormundung, die zudem nicht verhindern könnte, dass
auch laufende Rentenbezüge durchgebracht werden können.

Die Freistellung von Rentenversicherungen ohne Kapitalwahlrecht von
einer Besteuerung könnte falsche Signale setzen. Wegen der langen Laufzeit von Rentenversicherungen sollte es ein Kapitalwahlrecht geben, ohne
dass dies nachteilige steuerliche Konsequenzen mit sich bringt. Wenn die
Regierung jedoch an einer solchen Differenzierung festhält, müsste ein
Kunde wegen der für ihn erforderlichen Flexibilität für die spätere private
Rente entweder mehr sparen oder sich mit einer geringeren Rente bescheiden. Oder der Kunde wählt von vornherein eine Kapital bildende Lebensversicherung, deren Auszahlungsbetrag er dann später in eine Leibrente
investieren kann.

Private Rentenversicherungen gibt es in vielen Ausprägungen. Heute
noch vorherrschend ist der Kauf einer sofort beginnenden Leibrente: Der
Kunde zahlt einmalig einen größeren Betrag ein, zum Beispiel die fällig
gewordene Summe aus einer Kapital bildenden Lebensversicherung, und
erhält von sofort an bis an sein Lebensende eine Rente. Ihre Höhe ist (wegen
der auch hier üblichen Beteiligung an den Überschüssen, die unterschiedlich hoch ausfallen kann) nicht garantiert. Es sind vielfältige ergänzende
Vereinbarungen möglich, zum Beispiel, dass die Rente mindestens für eine
gewisse Zeit von Jahren gezahlt wird (Rentengarantiezeit) oder dass die
Rente jährlich um einen gewissen Prozentsatz steigt. Es können auch Ver-

einbarungen darüber getroffen werden, ob der Versicherer beim Ableben des Versicherten noch Zahlungen an den überlebenden Ehegatten oder Lebenspartner leisten muss.

Private Rentenversicherungen gibt es auch mit einer Ansparphase (Aufschubdauer). Wer später eine solche private Rente beziehen möchte, muss sich zunächst eine Vorstellung darüber machen, wie hoch wegen der bis dahin zu erwartenden Geldentwertung die Rente ausfallen sollte. Die Formulierung dieses Versorgungszieles ist wegen der in ihrer Höhe nicht garantierten Überschussbeteiligung schwierig.

Auf die Einzelheiten der Vertragsgestaltung sollte besonders geachtet werden. Was geschieht, wenn der Versicherte unmittelbar vor Beginn des Rentenbezugs stirbt? Dann werden zum Beispiel die eingezahlten Beiträge zurückgezahlt – aber nicht mehr. Das heißt im Extremfall, dass in der Aufschubzeit mit null Prozent Verzinsung gespart worden ist. Wenn der Versicherte den Rentenbeginn erlebt, aber vor dem Ende der vereinbarten Rentengarantiezeit stirbt, werden die noch ausstehenden garantierten Rentenzahlungen durch eine einmalige Kapitalzahlung abgegolten. Stirbt der Versicherte nach dem Ende der Rentengarantiezeit, ist der Vertrag erloschen.

Vor diesem Hintergrund stellen sich zwei Fragen. Ist es nicht besser, auf eine Leibrente zu verzichten und von einer Rente aus selbst angelegtem Vermögen zu leben? Richtig ist, dass die Rentenversicherung mit Kapitalverzehr verbunden ist. Ebenso richtig ist aber auch, dass das selbst verwaltete Vermögen und dessen Erträge nicht ausreichen können, wenn man nur alt genug wird. Immerhin reicht, wie Professor Heinrich Bockholt, Koblenz, berechnet hat, ein Vermögen von 100 000 DM, das sich mit netto fünf Prozent verzinst, aus, fast 15 Jahre lang eine sogleich mit monatlich 500 DM beginnende und sich dann jährlich um 50 DM steigernde Rente zu beziehen. Aber eben nur knapp 15 Jahre lang.

Zweitens stellt sich die Frage, ob statt einer Rentenversicherung nicht besser der Abschluss einer Kapital bildenden Lebensversicherung erwogen werden sollte, deren zu erwartender Auszahlungsbetrag dann den Kauf einer Leibrente möglich macht. Eine solche Versicherung kann gegenüber einer Rentenversicherung einen nur wenig höheren Monatsbeitrag erfordern (es kommt jedoch immer auf den Einzelfall und die gewählte Versicherungsgesellschaft an). Empfehlenswert kann eine Kapital bildende Lebensversicherung auch mit Blick auf die versprochenen Leistungen im Todesfall vor Beginn der Rentenzahlung sein. Da sind die Leistungen der Kapital bildenden Lebensversicherung um so höher, je weiter die Vertragslaufzeit vorangeschritten ist.

9. Immobilien

■ Wenig Daten und regional aufgesplittert

Immobilien spielen im Leben der Menschen eine wichtige Rolle als Wohnraum, Arbeitsstätte und Orte des gemeinschaftlichen Lebens. Auch wirtschaftlich haben sie eine große Bedeutung. Etwa hundert Hektar Land werden im statistischen Durchschnitt Tag für Tag neu bebaut: mit Straßen und Plätzen, Wirtschaftgebäuden, Wohnungen und sozialen Einrichtungen. Tag für Tag werden zugleich aber auch große Gelände der Natur durch Abriss und Nutzungsänderungen wieder zurückgegeben, so dass trotz intensiver Bebauung kaum mehr als 10 Prozent der Gesamtbodenfläche Deutschlands versiegelt sind. Jährlich werden – gemessen am Grunderwerbssteueraufkommen – Grundstücke und Gebäude im Wert von ungefähr 350 Milliarden DM gehandelt. Hinzu kommen Milliardenbeträge für Abriss, den Bau und die Modernisierung sowie der Handel mit Anteilen an Grundstücksgesellschaften, Vermietungs- und Beratungsleistungen, Architektur- und Ingenieuraufwendungen. Das Volumen der bestehenden Baufinanzierungen liegt für sich allein schon bei 1,3 Billionen DM. Der Wert des immobilienbezogenen Güter- und Leistungsaustausches in Deutschland beträgt nach groben Schätzungen 2,5 bis 2,8 Billionen DM im Jahr. Damit müssen sich die Immobilienmärkte von ihrer wirtschaftlichen Bedeutung her nicht hinter den Aktienbörsen verstecken. Dennoch ist über die Immobilienmärkte weitaus weniger bekannt als über die Wertpapiermärkte, weil es für Immobilien keinen einheitlichen Markt gibt, sondern relativ unabhängige Regionalmärkte mit eigenen Gesetzmäßigkeiten. Auch rankt sich das wirtschaftswissenschaftliche Instrumentarium seit jeher um moderne Strategien für Arbeit und Kapital. Der Faktor „Boden" aber spielt für Fragen der Wettbewerbsfähigkeit und der Markterfolge einer Wirtschaft nur eine untergeordnete Rolle. Das beginnt sich jedoch zu ändern.

■ Vom regionalen zum überregionalen und internationalen Markt

Dazu beigetragen hat Anfang der neunziger Jahre die Öffnung der Grenzen in Europa – durch den freien Verkehr von Personen, Waren, Dienstleistungen und Kapital auf dem europäischen Binnenmarkt – und die politische Wende, mit dem Fall von Mauer und Stacheldraht in Osteuropa. Beides zusammen hat die Globalisierung der Wirtschaft beschleunigt und Investitionen über Grenzen hinweg in einem großen Ausmaß erhöht, so dass sich die Immobilienmärkte – die überwiegend von nationalen und regionalen Einflüssen geprägt waren – auch internationalen Einflüssen zu öffnen beginnen.

Einen maßgeblichen Schub erhalten die grenzüberschreitenden Investitionen in Europa auch durch die gemeinsame Währung. Der Euro hat die Chance, nach dem Dollar zur zweitgrößten Reservewährung der Welt zu werden. In jedem Fall trägt er maßgeblich dazu bei, den alten Kontinent zum größten und kaufkräftigsten Binnenmarkt der Welt zusammenzu schweißen. Mit der einheitlichen Währung entfallen die Währungsrisiken in den Mitgliedsländern der Währungsunion, sodass sich der Selektionsmechanismus für Standortentscheidungen verändert. Die einheitliche Währung begünstigt grenzüberschreitende Investitionen, weil betriebliche Planungen weder durch Wechselkursschwankungen, Umtausch- und Sicherungskosten noch durch unterschiedlich starke Inflationsraten und Zinsveränderungen gestört werden.

Entscheidende Impulse gewinnen die europäischen Immobilienmärkte im Bewusstsein der Wirtschaft aber auch, seit der Mangel an modernen Gebäuden einem statistisch ausreichenden Angebot gewichen ist und der Staat Fördermaßnahmen – vor allem die steuerlichen Erleichterungen – abbaut. Seit nicht mehr allgemeine Tendenzen – wie Mangel, Steuervorteile und Inflationsschübe – für Werthaltigkeit von Immobilieninvestitionen sorgen, gewinnen die individuellen Investitionskriterien an Bedeutung, wie die Lage, der richtige Zeitpunkt für Kauf und Verkauf, das Preis-Leistungs-Verhältnis, die Qualität des Gebäudes, bis hin zur richtigen Finanzierung, der besseren Rechtsform und bei Vermietung der Bonität der Mieter. Wo diese Kriterien stimmen – und dazu kann ein professionelles Management beitragen –, da sind auch gute Voraussetzungen für Wertverbesserungen von Immobilieninvestitionen vorhanden. Wertsteigerungen werden Ergebnis gestalterischer Prozesse.

◼ Professionalisierung in der Immobilienwirtschaft

Was die Konsumgüterindustrie schon vor Jahren durchlebt hat, beginnt allmählich auch die Immobilienmärkte zu erfassen: der Weg von der Produktions- in die Absatzwirtschaft: mit einer Fülle unterschiedlicher Produkte und Produktionsverfahren für differenzierte Märkte und Kundengruppen. Diese Marktsegmentierung wird begleitet von einer schnell wachsenden Dienstleistungsbranche, mit Marketing, Beratung, Research, Datenbanken zur Leistungsmessung von Kosten und Erträgen aus Immobilienbeständen

und einer Vielzahl von fachspezifischen Publikationen. Auch den Bildungs-
einrichtungen erschließen sich neue Betätigungsfelder mit der Immobi-
lienökonomie.

Eine ähnliche Professionalisierung erlebt die Vermögensdisposition.
Steuervorteile hatten die Kapitalanlage in Immobilien über Generationen
hinweg in das Rechtskleid der Personengesellschaft gezwängt. Nicht die
laufenden Erträge allein, sondern einkommensteuerliche Erleichterungen
sorgten für Rentabilität. Nicht der Ertrags-, sondern der Substanzwert war
Maßstab für Investitionen. Mit dem Abbau der Steuervergünstigungen –
wie den niedrigen Einheitswerten und der Einschränkung der Verrechnung
hoher steuerlicher Verluste mit anderen Einkünften – beginnt sich die
Geldanlage in Immobilien von der Steuerorientierung in Richtung Ertrags-
steigerung zu verlagern. Die Erkenntnisse der Wertpapierspezialisten wird
nun auch für Immobilienanlagen genutzt: das Asset- und Portfolio-Manage-
ment, Diversifizierungsstrategien, die Gestaltung von Vermögensübertra-
gungen sowie die Verbriefung von Rechten und der Handel damit. Aus der
privaten Vermögensanlage wird privates Anlagevermögen. Durch systematische Erfassung, Steuerung und Kontrolle von Beständen wird es möglich,
Risiken besser zu identifizieren und Ertragspotentiale optimaler zu nutzen.

Für die Professionalisierung der Immobilienmärkte sorgen auch zahlreiche Wirtschaftsunternehmen. Auf der Suche nach Kosteneinsparungen und
neuen Ertragsquellen beginnen sie ihre betrieblichen Immobilien zu entdecken. In zahlreichen Unternehmen sind sie der größte Posten auf der
Aktivseite der Bilanz. Es werden Flächen eingespart, nicht Notwendiges
wird abgestoßen oder ertragreicher genutzt. Betriebliche Immobilien werden sogar Bestandteil strategischer Unternehmensplanung und in eigenständige Betriebsformen eingebracht, um Dispositionsfreiheit zu gewinnen.

Zur Professionalisierung tragen auch die Immobilienmakler bei. Die
Zahl der vorwiegend auf Immobiliengeschäfte konzentrierten Vollerwerbs-
betriebe wird auf etwa 9000 geschätzt. Darin sind Tochtergesellschaften
und Abteilungen von Kreditinstituten eingeschlossen. Viele von ihnen beginnen über Ländergrenzen hinweg zu kooperieren und elektronische
Netzwerke aufzubauen. Sie stellen einen Teil ihres Angebotes auf eigenen
Web-Seiten dar oder machen es im Rahmen von organisierten Gemein-
schaftsaktivitäten – wie die beiden großen Maklerverbände (RDM und
VDM) – in Internet-Börsen einem überregionalen und internationalen Publikum zugänglich. Aus lokalen Firmen werden – vor allem im Geschäft
mit Büro- und Gewerbeimmobilien – überregionale und zum Teil auch
internationale Beratungskonzerne, mit neuen Märkten und neuen Konkur-

renten. Wirtschaftsprüfungsgesellschaften, Unternehmensberatungen und Investmentbanken drängen mit großem Engagement in die einst verpönte Immobilienbranche.

■ Schärfere Zyklen auf den Immobilienmärkten.

Solange Mangel an modernen Wohn- und Geschäftsgebäuden herrschte und Inflationsschübe die Immobilienkonjunktur immer wieder auf Touren brachten, waren Konjunkturzyklen auf den deutschen Immobilienmärkten nicht sonderlich ausgeprägt. Mit der Wiedervereinigung und der Öffnung des Ostens begann sich das Anfang der neunziger Jahre zu ändern. In wenigen Jahren sind mehr als 5 Millionen Menschen aus dem Osten als Aus- und Übersiedler nach Westdeutschland gekommen. Sie haben eine Sonderkonjunktur auch auf den Immobilienmärkten entfacht, mit einer steigenden Nachfrage nach Wohn- und Arbeitsraum und Mieten und Preisen, die in die Höhe gingen; und es gab das Jahrhundertgeschenk für steuergeplagte Investoren: die Sonderabschreibungen für Ostdeutschland.

Die Geldvermögensbildung der privaten Haushalte ist in Deutschland allein im Jahr 1998 um rund 250 Milliarden DM gestiegen. Von 1988 bis 1995 haben außerdem drei Millionen private Haushalte Immobilieneigentum erworben. Das Geldvermögen der privaten Haushalte ist zu Beginn des Jahres 2000 auf 5,7 Billionen DM gestiegen, das Immobilienvermögen sogar auf 7,3 Billionen.

Nach dem Höhenflug der Konjunktur sind Mitte der neunziger Jahre dann auch die deutschen Immobilienmärkte in das Kielwasser der internationalen Konjunkturkrise geraten, mit steigenden Leerständen und sinkenden Mieten und Preisen auf den Immobilienmärkten. Der Abbau von Steuervorteilen hat den Abschwung in Deutschland noch verschärft. Der Aufschwung, der seither folgt, verläuft jedoch in unterschiedlichem Tempo. Amerika eilte in Siebenmeilenstiefeln voraus, mit einem Wirtschaftswachstum, mit dem die europäischen Märkte nicht Schritthalten konnten, sodass der Euro unter Druck geriet.

Doch beginnt der europäische Binnenmarkt zur Wende ins Millennium – auch durch den günstigen Euro und die Konjunkturerholung – an Attraktivität zu gewinnen. Zwar steht das außerordentliche Wachstum der neuen Kommunikationsbranchen im Vordergrund. Doch mit den extremen Schwankungen der Aktien für die neuen Werte beginnen Immobilien durch ihre Substanz und Schutzfunktion als Risikoausgleich und Zufluchtsort an Gewicht zu gewinnen.

Zum Beginn des neuen Millenniums werden den Immobilienmärkten national als auch international gute Noten ausgestellt. Allerdings verlaufen die Zyklen in den einzelnen Ländern und in den Metropolen keineswegs stromlinienförmig. Es gibt nicht nur Unterschiede im Tempo und in der Intensität von Angebot und Nachfrage, sondern es gibt unter den Städten und Regionen auch Gewinner und Verlierer. Zu den Gewinnern zählen die neuen Dienstleistungszentren mit hohem Lebensstandard und besten Verkehrsanbindungen, zu den Verlierern die alten Industriestandorte, in denen nicht mehr investiert wird und aus denen die Menschen abwandern. Krasse Beispiele hierfür liefern einige ostdeutsche Regionen.

E-Commerce mit dem Einkauf über Internet und neue Arbeitsformen mit Telearbeit und virtuellen Unternehmen werden Immobilien aus Sicht der Fachleute weniger Einbußen als Expansionsmöglichkeiten bescheren. Schon in wenigen Jahren werden zwei Drittel der Bevölkerung das sechzigste Lebensjahr überschritten haben und viel Zeit für Einkauf, Unterhaltung, Kultur und Freizeit nutzen. Das berufstätige Drittel aber ist – zumindest in der Woche – auf schnellen und bequemen Einkauf angewiesen und wird dem E-Commerce voraussichtlich zu einem großen Erfolg verhelfen. Das deutet darauf hin, dass die neuen Kommunikationssysteme und Organisationsformen den Immobilienmärkten nicht schaden, wohl aber ihre äußeren Erscheinungsweisen und internen Infrastrukturen verändern werden.

10. Warenmärkte

■ Die Talfahrt der Edelmetalle

Edle Metalle sind Objekte der Begierde. Das hat unterschiedliche Gründe. Man kann sie zu Schmuck verarbeiten, und sie ermöglichen bestimmte industrielle Prozesse. Man kann damit Reichtum zur Schau stellen und Vermögenswerte anonymisieren. Man kann damit spekulieren oder sie als „Versicherung" gegen harte Zeiten horten. Edle Metalle haben zwei besondere Vorteile: sie sind selten und sie sind kaum zerstörbar. Man kann sie leicht formen und verarbeiten und mit verhältnismäßig geringen Masseverlusten immer wieder rückgewinnen.

Das gilt insbesondere für Gold. Es oxydiert nicht, lässt sich strecken und dehnen wie kein anderes Metall, mischt sich schwer mit anderen Metallen und ist damit relativ fälschungssicher. Einerseits ist es allgegenwärtig, in Böden, Gesteinen, Pflanzen, Flüssen, Meeren und Meteoriten finden sich

Spuren davon. Aber nur in bestimmten Gegenden ist die Ansammlung groß genug, um eine wirtschaftliche Gewinnung möglich zu machen. Schon 4400 vor Christus in der vorgeschichtlichen Negade-Kultur im alten Ägypten und etwa zeitgleich in Indien und im Kaukasus hat man Gold aus Flüssen gewaschen. Der bergmännische Abbau bei Assuan und in Nubien soll bereits um 2200 vor Christus begonnen haben. Im 7. Jahrhundert vor Christus wurden die ersten Goldmünzen in den Verkehr gebracht.

Aber erst im 19. Jahrhundert nach Christus begann Gold eine wichtige Rolle als Währungsmittel zu spielen. England führte 1816 die Goldwährung ein. 1848 begann die legendäre „Goldgräber-Zeit" in Kalifornien, kurz danach in Alaska, Australien und Sibirien. 1885 fand man die ersten Goldfelder in Südafrika. Das Deutsche Reich führte 1871 die Goldwährung ein. Andere Länder folgten. Nach dem Ersten Weltkrieg wurden die Goldmünzen jedoch praktisch überall durch Papiergeld ohne Golddeckung als Zahlungsmittel ersetzt. Erst im Abkommen von Bretton Woods 1944 wurde Gold als Mittel zur Sicherung der Währungsstabilität wieder entdeckt. Damals verpflichteten sich die Vereinigten Staaten, Dollarguthaben gegen einen Festpreis von 35 Dollar je Feinunze in Gold zu tauschen. Als diese Zusage am 15. August 1971 aufgehoben wurde, übernahmen die schnell entstehenden freien Goldmärkte die Preisbildung für das Edelmetall. Entsprechend unterlag und unterliegt der Goldpreis noch heute großen Schwankungen. In Zeiten hoher Inflationsraten während der siebziger Jahre wurde viel Gold als Absicherung gegen eine Entwertung des Papiergeldes gekauft. Der Zusammenbruch des Schah-Regimes in Iran und die daraus resultierende Ölpreiskrise sorgte schließlich dafür, dass der Goldpreis im Januar 1980 mit 850 Dollar je Feinunze seinen bisherigen Rekordstand erreichte. In den folgenden Jahren sind die Goldpreise jedoch ständig gesunken. Dazu haben Verkäufe aus den Beständen der Notenbanken nicht unerheblich beigetragen. Zudem ermöglichen heute auch moderne Formen von Wertpapier- und Termingeschäften einen effizienten Inflationsschutz.

Fachleute schätzen, dass etwas mehr als ein Viertel alles Goldes, das bisher jemals gewonnen wurde, in den Tresoren der Notenbanken lagert. Diese Vorräte haben im Vergleich zu anderen Anlagemöglichkeiten zwei erhebliche Nachteile: die Sicherheitskosten sind hoch und sie bringen keine Zinsen. Deshalb sind die Notenbankgouverneure daran interessiert, sich Schritt für Schritt davon zu trennen. 1999 haben unkoordinierte Verkäufe und die Nachwirkungen der Südost-Asienkrise, die sich in schleppender Nachfrage der Schmuckindustrie niederschlug, dazu geführt, dass der Goldpreis mit 255 Dollar den niedrigsten Stand seit 20 Jahren erreichte.

Etwas anders sieht es bei Silber aus. Heute stammt mehr als die Hälfte der jährlichen Silberförderung aus Mexiko und Lateinamerika, den Vereinigten Staaten und der ehemaligen Sowjetunion. Das hängt unter anderem damit zusammen, dass Silber inzwischen überwiegend als „Abfallprodukt" der Förderung von Buntmetallen wie Blei, Zink, Kupfer und Nickel anfällt. Im Gegensatz zu Gold stammt die Hauptnachfrage nach Silber heute weniger von den Schmuckherstellern – mit Ausnahme Indiens –, sondern aus der Industrie, die das Metall als Katalysator für chemische Prozesse, für die Produktion von Spiegeln, im Fotosektor und als Leitmaterial für elektrischen Strom nutzt. Der Preis für Silber hängt im wesentlichen von der Höhe der industriellen Nachfrage ab – mit einer Ausnahme: der Spekulation. 1998 hat es der amerikanische Investor Warren Buffet geschafft, durch heimliche Aufkäufe das Angebot so zu verknappen, dass der Silberpreis auf mehr als 7,40 Dollar je Unze hochschoss. Als er verkaufte, sanken die Preise wieder auf um 5 Dollar, jene psychologisch wichtige Marke, um die der Preis meist pendelt. Seit Mai 1999 wird Silber an der Londoner Metallbörse auf Termin gehandelt.

Platin und Palladium werden ebenfalls sowohl als Industrie- als auch als Edelmetalle bewertet. Industrielle Abnehmer verwenden sie vor allem für die Herstellung von Fahrzeug-Abgaskatalysatoren oder Katalysatoren in der Chemie und Pharmazie. Platin wird im wesentlichen aus Russland und Südafrika, Palladium überwiegend aus Russland auf dem Weltmarkt geliefert. Entsprechend anfällig sind die Preisbewegungen für beide Metalle für politische Störungen dieser Lieferungen. 1999 wurden die russischen Lieferungen von Palladium vorübergehend durch die Einführung einer Ausfuhrsteuer unterbrochen. Deshalb wurde ein Rekordpreis von 800 Dollar je Feinunze registriert.

■ Das schleichende Ende der Opec

Dafür, dass Preisbewegungen an den Warenmärkten trotz aller Bemühungen von Statistikern und Fundamentalisten nur schwer zu prognostizieren sind und dass es immer wieder Überraschungen geben kann, bietet das Rohöl ein hervorragendes Beispiel. Gerade in der jüngsten Vergangenheit hat sich immer wieder gezeigt, dass scheinbare Erkenntnisse über Verhaltensmuster durch die Realität widerlegt wurden, Preisprognosen nicht das Papier wert waren, auf dem sie gedruckt wurden, und elektronisch übermittelte Voraussagen bereits überholt waren, bevor sie ihren Empfänger erreichten. Kein anderer Markt kann im selben Ausmaß durch Gerüchte oder gezielte Fehlinformationen so bewegt werden.

Das erklärt sich daraus, dass die meisten modernen Volkswirtschaften heute – noch – in hohem Maße von Rohöl als Ausgangsmaterial für Treib- und Schmierstoffe sowie für die Chemie und Pharmazie abhängig sind. Sollte sich die Industriegesellschaft tatsächlich in dem derzeit prognostizierten Tempo zur Informations- und Dienstleistungsgesellschaft wandeln, könnte sich das grundlegend ändern. Aber vorerst ist es noch nicht soweit. Und diese Tatsache versucht die Organisation Erdöl exportierender Länder (Opec) immer wieder, sich zu Nutze zu machen, mit unterschiedlichem Erfolg. Gegründet wurde sie im September 1960 von Venezuela, Iran, Irak, Kuwait und Saudi-Arabien, nachdem zuvor die großen Ölkonzerne den Markt beherrscht hatten. 1973 gelang es der Organisation zum ersten Mal, den Ölmarkt nachhaltig zu beeinflussen. Mit Lieferboykotts gegen die Vereinigten Staaten und die Niederlande (damals Hauptumschlags- und Verarbeitungszentrum für Rohöl in Nordwesteuropa), einer Drosselung der Produktion um 25 Prozent und einer erzwungenen Erhöhung des Basispreises wurde der Welt demonstriert, welche Macht die Organisation, die inzwischen durch den Beitritt weiterer Länder rund 90 Prozent des weltweiten Rohölexports kontrollierte, nunmehr besaß.

Innerhalb weniger Wochen hatte sich der Ölpreis am Weltmarkt mehr als vervierfacht. Kaum hatte sich die Weltwirtschaft etwas von diesem ersten „Ölpreisschock" erholt, kam der nächste. Der politische Umschwung im Iran, der zum Sturz des Schah von Persien führte, setzte im Herbst 1978 die nächste nach oben gerichtete Preisschraube in Gang. Am freien Markt wurden im Juni 1979 mehr als 40 Dollar je Barrel (ein Barrel entspricht knapp 159 Litern) gezahlt, verglichen mit 10 bis 12 Dollar im Spätsommer 1978. Marktbeobachter, die daraufhin prognostizierten, 1985 werde der Preis bei mehr als 52 Dollar je Barrel liegen, wurden allerdings enttäuscht. Sie hätten ein Komma zwischen die beiden Ziffern setzen sollen. Durch die Erschließung neuer Ölvorkommen in Ländern, die nicht der Opec angehören, wie Großbritannien Mexiko und Norwegen, umfangreiche Lieferungen aus der damaligen Sowjetunion – die harte Devisen benötigte – an den Weltmarkt sowie Maßnahmen zur effizienteren Nutzung von Energie war der Bedarf an Opec-Öl gesunken. Schon im März 1982 musste die Opec in Form eines Quotensystems eine „freiwillige" Beschränkung der Ölförderung ihrer inzwischen 13 Mitgliedsländer beschließen. Die Quoten wurden entsprechend dem aktuellen Bedarf und den individuellen Produktionsmöglichkeiten verteilt.

Eine Umkehrung der Vorzeichen: Die Opec gestaltete nicht mehr den Markt, sondern der Markt diktierte der Organisation. Und die Organisation verlor sehr schnell den Zusammenhalt.

In den folgenden Jahren jedoch sank der Bedarf an Opec-Öl weiter, während von Quotendisziplin nach wie vor nichts zu spüren war. 1985 hatte der Weltmarktpreis für Rohöl bereits die Marke von 10 Dollar je Barrel wieder unterschritten. Erst eine „konzertierte Aktion" zur Förderbeschränkung, die 1999 von der Opec und verschiedenen, nicht der Organisation angehörenden Ländern wie Mexiko, Norwegen und Russland vereinbart wurde, brachte Erfolge. Zuvor hatten sich die Ölpreise erneut schier unaufhaltsam auf 10 Dollar, den niedrigsten Stand seit 1986, zu bewegt. Durch das überraschend disziplinierte Förderverhalten der meisten Opec-Staaten ist hingegen eine Preisspirale in Gang gesetzt worden, die bei 30 Dollar je Barrel ihren vorläufigen Höhepunkt fand. Die Organisation als solche hat freilich Federn lassen müssen: von den vor 1990 registrierten 13 Mitgliedsländern ist eines ausgetreten, eines (Irak) lahmgelegt und ein weiteres nur bedingt kooperationsbereit (Iran).

■ Rohstoff-Terminkontrakte bewegen die Märkte

Rohstoffe sind Wirtschaftsgüter und Spekulationsobjekte zugleich. Die Entwicklung ihrer Preise gibt Aufschluss über den Zustand der Wirtschaft eines Landes und spiegelt gleichzeitig die Risikobereitschaft finanziellen Engagements wider. Die Rohstoffberichterstattung einer Tageszeitung versucht beides transparent zu machen. Für die Preisveränderungen an den Rohstoffmärkten gibt es im wesentlichen zwei Arten von Gründen: die „technischen" und die fundamentalen.

„Technisch" bedingte Preisschwankungen sind zumeist kurzlebig. Auslöser können Nachrichten über Missernten durch Dürre- oder Flutkatastrophen, Frostschäden, Pflanzenkrankheiten oder Schädlinge sein. Auch politische Unruhen können die Produktion von Rohstoffen bedrohen, wie im Kupfergürtel Sambias oder im Edelmetallbergbau Südafrikas. Tarifauseinandersetzungen, Maschinenschäden und Grubenunglücke verursachen Produktionsausfälle, Hafenarbeiterstreiks behindern den Transport. Solche Vorfälle beziehungsweise entsprechende Berichte oder Gerüchte treiben die Preise für den betroffenen Rohstoff häufig sprunghaft nach oben. Die Freude der Anbieter, die jetzt plötzlich unerwartet hohe Erträge erzielen können, ist aber meist nur kurz. Ist nämlich die gemeldete „Krise" vorüber oder stellt sich gar heraus, dass es gar keine gab, schwingt das Preispendel wieder zurück. Häufig wird dabei sogar zeitweise das vor der „Krise" herrschende Preisniveau unterschritten.

Versuche, das Angebot künstlich zu verknappen und damit die Preise nach oben zu treiben, hat es in der Vergangenheit immer wieder gegeben. Sie sind jedoch über kurz oder lang alle gescheitert. Langfristige Preisveränderungen für einen Rohstoff oder eine Gruppe von Rohstoffen (Metalle, Genussmittel, Fasern) sind nicht nur ein Signal für diesen besonderen Markt. Sie können häufig auch als Frühwarnung hinsichtlich der konjunkturellen Entwicklung in einem Land oder einer Region gesehen werden. Das hängt damit zusammen, dass man aus den Vorratskäufen der verarbeitenden Industrie auf deren Erwartungen hinsichtlich ihres künftigen Geschäftsverlaufs schließen kann.

Für die Erzeuger von Rohstoffen hängt alljährlich die Existenz davon ab, ob sie einen angemessenen Preis für ihr Produkt erzielen. Dem Verarbeiter ist daran gelegen, das benötigte Rohmaterial zu einem kalkulierbaren und angemessenen Preis kaufen zu können. Beide möchten nicht erleben, dass wilde, unvorhersehbare Preisausschläge ihren Erfolg zunichte machen. Um sich hiergegen abzusichern, nutzen sie neben dem Abschluss fester Lieferund Bezugsverträge auch die Warenterminbörsen in Europa, Amerika und Asien. Vor der Gründung des Chicago Board of Trade, der ältesten institutionellen Warenbörse der Welt, sahen sich beispielsweise die Farmer in Amerika in einer höchst unsicheren Lage. Um dieses Risiko zu mindern, wurden in Chicago in den sechziger Jahren des 19. Jahrhunderts die ersten standardisierten Terminkontrakte für Rohstoffe eingeführt. Ein Terminkontrakt ist die verbindliche Zusage, eine bestimmte Menge einer Ware mit einer genormten Güte (Qualität) zu einem vorher fest vereinbarten Termin in der Zukunft zu liefern (vom Produzenten) oder abzunehmen (vom Händler oder Verarbeiter). Die einzige verhältnismäßig variable Größe dabei ist der Preis, der unter anderem dadurch bestimmt wird, wie häufig der Terminkontrakt während seiner Laufzeit gehandelt wurde. Gehandelt wird er an der zuständigen Warenbörse, von zugelassenen Händlern und Brokern. Auf welchem Preisniveau die jeweilige Transaktion abgeschlossen wird, hängt davon ab, wie der Broker das voraussichtliche Verhältnis von Angebot und Nachfrage zum Zeitpunkt des Liefertermins beurteilt. Grundlage seiner Entscheidung sind Produktions- und Verbrauchsstatistiken, Wetterberichte, politische Entwicklungen, Konjunkturprognosen und Strukturanalysen für einzelne Industriezweige.

Die Warenterminbörse beteiligt sich nicht selbst am Kauf oder Verkauf von Terminkontrakten. Sie bietet lediglich den Erzeugern und den Verarbeitern die Möglichkeit, ihr Preisrisiko oder einen Teil davon auf andere zu übertragen. Damit schlägt die Stunde der Spekulanten. Denn Rohstoffterminbörsen funktionieren erfahrungsgemäß nur, wenn sich neben den lediglich auf Absicherung gegen Risiken bedachten „Hedgern" auch in ausreichendem Umfang spekulative Investoren beteiligen. Sie bringen dem Markt die erforderliche Liquidität und damit auch Flexibilität. Sie übernehmen und tragen das Risiko, das anderen zu hoch ist. Ihr auf Gewinnmaximierung ausgelegtes Engagement sorgt durch einen ständigen Fluss von Aufträgen für das hohe Umsatzvolumen an den Warenbörsen, das die „Hedger" benötigen, damit keine Schieflagen entstehen. Die bedeutendsten Warenbörsen der Welt sind der Chicago Bord of Trade, an der überwiegend Agrarprodukte gehandelt werden, in New York die Mercantile Exchange (Rohöl, Benzin, Kohle und Heizöl) und die Commodity Exchange, in London die London Metal Exchange (LME, Nichteisen-Metalle und Silber) und die London Financial Futures and Options Exchange (unter anderem Kaffee, Zucker und Kakao) sowie in Paris die Matif (Weizen, Raps und Ölsaaten). Die Warenterminbörse in Hannover, an der seit 1999 Schlachtschweine, Brotweizen und Kartoffeln gehandelt werden, hat nur regionale Bedeutung. Das gleiche gilt für die ATA Agrar-Terminbörse in Amsterdam sowie für viele entsprechende Einrichtungen in Asien.

11. Wie liest man den Börsenteil einer Zeitung?

Für manche Leser ist der Börsenteil einer Zeitung ein Buch mit sieben Siegeln. Zugegeben, die Flut von Zahlen und Tabellen sowie die hohe Informationsdichte können auf den ersten Blick mehr verwirren als aufklären. Doch die Beschäftigung mit dem Kursteil lohnt sich. Für den geübten Leser erschließen sich die aktuellen Tendenzen und Entwicklungen an den Aktien-, Anleihe-, Devisen- und Rohstoffmärkten dieser Welt in kürzester Zeit. Auch wenn heutzutage immer mehr Kursinformationen über elektronische Medien zeitnäher als auf gedrucktem Papier bezogen werden können, stellt der Kursteil nach wie vor einen der wichtigsten Service-Teile der Zeitung dar. Wer weiß, an welcher Stelle er welche Informationen findet, kann zielsicher die ihn interessierenden Kurse nachschlagen und darüber hinaus die Wertentwicklung seiner Papiere leicht mit den Notierungen des Gesamtmarkts vergleichen.

Durch das stark gestiegene Interesse an der Geldanlage und vor allem an Aktien haben viele Printmedien ihre Börsenteile kräftig ausgebaut. Selbst in Regionalzeitungen finden sich heute nicht selten mehrere Kursseiten mit Börseninformationen. Diesem veränderten Informationsinteresse hat der Anfang 1999 neu konzipierte Wirtschaftsteil der Frankfurter Allgemeine Zeitung Rechnung getragen. Seit dem Start der Europäischen Währungsunion besteht der Wirtschaftsteil aus zwei Produkten. Das erste Produkt enthält die Wirtschaftspolitik, allgemeine Wirtschaftsnachrichten sowie die Unternehmensberichterstattung. Das zweite Produkt unter dem Titel Finanzmarkt bringt montags die Berichte aus Wall Street, vom Europlatz Frankfurt und vom internationalen Kapitalmarkt sowie einen Artikel über die wesentlichen Entwicklungen aus der Fonds-Branche. Von Dienstag bis Samstag bringt der Finanzmarkt einen umfangreichen Kursteil über insgesamt zehn Seiten und darüber hinaus viele Berichte über die nationalen und internationalen Finanzmärkte sowie alles Wissenswerte rund um die Geldanlage.

Auf der Titelseite des Finanzmarktes erfahren die Leser, was die Akteure an den internationalen Märkten bewegt. Nicht nur über die aktuelle Kursentwicklung wird regelmäßig berichtet, sondern auch über die Strukturveränderungen verschiedener Marktplätze oder in unterschiedlichen Ländern. Zudem werden immer wieder herausragende Aktienwerte beziehungsweise Branchenentwicklungen wie beispielsweise Internet-Werte oder der Neue Markt vorgestellt. Hier finden sich wertvolle Hinweise und Einschätzungen zu bevorstehenden Börsengängen und anderen Neuemissionen oder neuen Fondsprodukten.

Regelmäßig werden dienstags auf der ersten Seite im Wechsel die wichtigsten Auslandsbörsen, mittwochs das Geschehen an den Devisenmärkten, donnerstags der Emissionskalender für internationale Anleihen, freitags ein Parkettgespräch mit Analysten oder Fondsmanagern und samstags die Börsenwoche veröffentlicht.

Auf den Seiten „Finanzmärkte und Geldanlagen" im Finanzmarktteil ergänzen zwei herausragende Kurstabellen die Berichte rund um die Geldanlage. Die Dow Jones Euro Stoxx 50-Tabelle zeigt nicht nur die Kursentwicklung der 50 größten Aktiengesellschaften des gemeinsamen Währungsgebiets im Tages- und Jahresvergleich, sondern liefert zusätzlich wesentliche Kennziffern für Anlageentscheidungen wie Börsenwerte, Gewinne je Aktie, Kurs-Gewinn-Verhältnisse oder Dividendenrenditen. Daneben werden in der Nemax 50-Tabelle die 50 größten Aktien des Neuen Marktes zusammengefasst, wobei ähnlich wie in der Stoxx-Übersicht viele Zusatzinformationen über die reine Kursdarstellung hinaus veröffentlicht werden. Ein täglicher Marktbericht einschließlich einer Tabelle der Gewinner und Verlierer am Neuen Markt rundet die Darstellung dieses wichtigen Aktiensegments ab. Im Finanzmarkt werden alle Themen rund um die Börse für die privaten und institutionellen Anleger behandelt. Regelmäßige Berichte und Kolumnen beleuchten das Geschehen an den internationalen Aktien- und Rentenmärkten. Weitere Schwerpunkte sind die Zinspolitik der Notenbanken, die Entwicklungen an den Termin- und Rohstoffmärkten, alle Steuerfragen der Kapitalanlage sowie das weite Feld der Geldanlage mit Investmentfonds oder mit Optionsscheinen und vieles mehr. Auch die Einflüsse der Charttechnik auf den Börsenhandel werden regelmäßig behandelt, ebenso wie das Zusammenwachsen der Euro-Branchen an den verschiedenen nationalen Aktienbörsen im Zuge der Einführung der gemeinsamen Währung.

Investmentfonds spielen bei Anlageentscheidungen privater und institutioneller Anleger eine wichtige Rolle. Angesichts der Vielzahl der angebotenen Fondsprodukte – inzwischen sind deutlich mehr Investmentfonds in Deutschland zum Vertrieb zugelassen, als Aktien an den heimischen Börsen notieren – fällt es vielen Privatanlegern schwer, sich im unübersichtlichen Fondsgeschäft zurechtzufinden. Mit einer umfangreichen Berichterstattung über Investmentfonds trägt die F.A.Z. der wachsenden Bedeutung dieser Anlageinstrumente Rechnung und will darüber hinaus die Transparenz in diesem Marktsegment erhöhen. Hierfür hat die F.A.Z. zusammen mit der Fondsanalysegesellschaft Feri Trust GmbH und der Wirtschaftsnachrichtenagentur vwd GmbH ein neues Konzept entwickelt, das dem Anleger den Umgang mit Investmentfonds erleichtern soll. Im Vordergrund stehen dabei zwei wesentliche Anlagekriterien privater Anleger, die persönliche Risikoneigung und der gewünschte Anlagehorizont. Diese beiden Anlagegesichtspunkte werden jeweils in drei Kategorien unterteilt: geringes, mittleres und hohes Risiko auf der einen Seite, sowie kurz-, mittel- und langfristiger Anlagehorizont auf der anderen. Die Einteilung der Risikogruppen orientiert sich an der Höhe der potenziellen Verlustrisiken, die ein Anleger höchstens eingehen möchte. Der Anlagehorizont gliedert sich in den Laufzeiten bis fünf Jahre (kurzfristig), sechs bis zehn Jahre (mittelfristig) und mehr als zehn Jahre (langfristig). Kombiniert man jede der drei Risikoneigungen jeweils mit den drei Laufzeiten, so entstehen insgesamt neun verschiedene Kombinationsmöglichkeiten. Alle in Deutschland zum öffentlichen Vertrieb zugelassenen Investmentfonds sind in diese neun Felder eingeteilt worden. In der Regel dienstags und donnerstags werden die besten 15 Fonds in den jeweiligen Feldern in einer Rangliste vorgestellt. In den dazugehörigen Fondsberichten werden die Anlagestrategien ausgewählter Fonds vorgestellt. Darüber hinaus wird einmal monatlich ein Fonds-Musterdepot veröffentlicht, das eine ähnliche Risikostruktur und ähnliche Laufzeiten wie die sogenannten AS-Fonds beziehungsweise professionelle Pensionskassen bei der Anlage zur Altersvorsorge aufweist. Der Aktienanteil in dem F.A.Z.-Fondsdepot (10 Fonds mit einem Anteil von jeweils 10 Prozent) soll nicht unter 40 und nicht über 80 Prozent liegen. Zusätzlich werden regelmäßig die attraktivsten neuen Fonds vorgestellt. Einmal im Quartal wird der Frage nachgegangen, welche Fondsgesellschaft für ihre Anleger das meiste Geld verdient hat. In einer Tabelle wird die Rangliste der besten Kapitalanlagegesellschaften veröffentlicht, wobei in den dazu gehörigen Beiträgen ausgewählte Geschäftsführer der Gesellschaften Auskunft über die Entwicklungen der Branche und ihre Strategien geben.

Neben der Dow Jones Euro Stoxx-50-Tabelle und der Nemax-50-Tabelle werden im Kursteil auch die 100 Werte des Deutschen Aktienindex Dax im Überblick dargestellt. Die Dax-Tabelle auf der ersten Kursseite zeigt außer den Höchst- und Tiefstkursen der vergangenen 52 Wochen für jede Aktiengesellschaft auch den Börsenwert sowie das geschätzte Ergebnis je Aktie und das daraus resultierende Kurs-Gewinn-Verhältnis sowie die Wertpapierkennnummer. Darüber hinaus werden alle wichtigen Kurse im Frankfurter Parketthandel und im elektronischen Xetra-Handel geliefert, einschließlich der prozentualen Wertveränderung gegenüber dem Vortag und seit Jahresbeginn. Daneben finden sich die Dividenden, die Dividendenrenditen sowie die Stückumsätze aller deutschen Börsen und das Xetra-Handelsvolumen. Neben dem täglichen Marktbericht über das Geschehen an den deutschen Börsen und der Umsatzstatistik sowie der Tagesgewinner und -verlierer gibt eine Tabelle mit den wichtigsten Aktienindizes der Welt einen umfassenden Überblick. Darunter zeigt die MSCI-Tabelle der Weltaktienmärkte von Morgan Stanley Capital International auf einen Blick die täglichen und monatlichen Kursveränderungen sowie die prozentuale Wertentwicklung wichtiger Börsen rund um den Globus auf Basis von Euro, Dollar und lokalen Währungen.

Zur Einführung des Euro hat die Frankfurter Allgemeine einen neuen F.A.Z.-Euro-Aktienindex entwickelt. Er wird auf der ersten Kursseite neben den klassischen F.A.Z.-Indizes, den F.A.Z.-Aktien-Index, den F.A.Z.-Performance-Index sowie der F.A.Z.-Branchen-Indizes veröffentlicht. Der F.A.Z.-Euro-Aktien-Index ergänzt die beiden auf deutsche Aktien begrenzten Indizes, die von dieser Zeitung seit Jahren publiziert werden. Das sind der mit Einheitskursen berechnete F.A.Z.-Aktienindex aus 100 Titeln (Basis Ende 1958 gleich 100 Punkte) sowie der aus Schlusskursen ermittelte F.A.Z.-Performance-Index aus 167 Aktien (Basis Ende 1992 gleich 100 Punkte). Der F.A.Z.-Euro-Index folgt in der statistischen Methode dem F.A.Z.-Perfomance-Index. Es handelt sich um einen Index nach Paasche, das heißt, die Bedeutung eines Kurses für den Index (sein „Gewicht") richtet sich nach den Verhältnissen am jeweiligen Berechnungstag. Als Gewicht wird die Höhe des börsennotierten Grundkapitals verwendet. Aus praktischen Gründen geht in die Indexberechnungen die Zahl der jeweils ausgegebenen Aktien ein. Kursveränderungen, die auf Bezugsrechte zurückgehen, werden rechnerisch ebenso ungeschehen gemacht wie Kursabschläge als Folge von Dividendenzahlungen. In der Indexformel sind entsprechende Ausgleichsfaktoren vorgesehen. Ein Strukturänderungsfaktor erlaubt das Auswechseln von Aktien, ohne dass sich dies auf den Wert des Gesamtindex auswirkt. Zum F.A.Z.-Euro-Aktienindex gehören wie auch zum F.A.Z.-Aktien-Index zwölf Branchenindizes.

Auf der zweiten Kursseite erleichtert ein ausführlicher Erläuterungskasten das Lesen und Verstehen der Fachbegriffe im Kursteil. Auf vielfachen Wunsch unserer Leser sind auf der zweiten Kursseite die Segmente Fortlaufende Notierungen, Kassakurse und Geregelter Markt zusammengefasst und alphabetisch sortiert worden. Diese Tabelle wird auf der dritten Kursseite unterhalb der Freiverkehrsaktien fortgesetzt. Um weiterhin kenntlich zu machen, in welchem Segment die jeweiligen Aktien notieren, ist vor der Aktie eine zusätzliche Spalte eingefügt worden, in der zuerst der Börsenplatz und danach das Marktsegment angegeben wird. Darüber hinaus sind diejenigen Aktien, die im Börsenindex Smax für mittelständische Gesellschaften vertreten sind, gesondert gekennzeichnet.

In der Tabelle Freiverkehrswerte auf der dritten Kursseite wird der Dax-Verlauf in Form eines Bar-Charts einschließlich einer Umsatzgrafik dargestellt. Unter der Fortsetzung der Freiverkehrswerte auf der vierten Kursseite finden sich aktuelle Optionsscheine. Da mit der Gemeinschaftswährung die Neuen Märkte in Europa früher oder später zusammenwachsen, sind diese auf der fünften Kursseite in Form einer Überblickstabelle zusammengefasst worden. Für den Neuen Markt in Deutschland (ohne Nemax-50), den Nouveau Marché in Frankreich, den Nieuwe Markt in den Niederlanden sowie den Euro-NM in Belgien und den Nuovo Mercato in Italien werden über die jeweiligen Kursinformationen hinaus auch die Börsenwerte der Gesellschaften und die Aktienumsätze geliefert, damit sich die Anleger ein Bild über die Größe der dort notierten Wachstumsunternehmen und der Liquidität des Handels machen können. Der tägliche Bericht über die Entwicklungen an Europas Börsen wird um eine Tabelle der Gewinner und Verlierer aus dem Euro Stoxx ergänzt. Zudem wird grafisch die Branchenentwicklung abgebildet. Auf der sechsten Kursseite nimmt der tägliche Bericht über die amerikanischen Börsen einen großen Raum ein. In den Kurstabellen amerikanischer Aktien wird besonders der schnell wachsende Computer-handel an der Nasdaq berücksichtigt. Daneben finden sich auf dieser Seite Marktberichte und Kursnotierungen zu den Börsen in Asien und Australien sowie dem internationalen Devisenmarkt und den Warenmärkten. Auf der siebten und achten Kursseite werden neben einem täglichen Rentenmarkt-bericht alle amtlich in Deutschland gehandelten Anleihen veröffentlicht. Mit Blick auf den entstandenen riesigen einheitlichen Euro-Rentenmarkt hat die F.A.Z. zusammen mit der DG Bank eine neue Darstellungsform entwickelt, um das Marktgeschehen an Europas Anleihemärkten transpa-renter zu machen. Hierfür werden nicht nur die Renditen für Bundesanlei-hen in allen Laufzeitbereichen in Tages-, Wochen- Monats- und Jahresver-gleichen beobachtet, sondern vor allem wird auf die Renditeveränderun-gen von Euroanleihen privater Schuldner sowie auf die Renditeentwicklung fast aller Staatsanleihen rund um den Globus im Verhältnis zu Bundesan-leihen geschaut. Ein täglicher Emissionsbericht mit einem Kalender der neu auf den Markt kommenden Euroanleihen informiert den Anleger über Neuemissionen und deren Konditionen.

Leicht können im Kursteil wichtige Marktdaten wie Kreditkosten für Hypotheken, Raten- oder private Dispositionskredite sowie Renditen für Spareinlagen, Bundesschatzbriefe, Bundesobligationen, Sparbriefe oder Geldmarktsätze und Notenbankzinsen verfolgt werden.

Einen großen Raum nimmt auch die Berichterstattung über internatio-nale Terminmärkte ein, wobei besonders die Optionen an der Eurex her-vorgehoben werden. Die beiden letzten Kursseiten sind allein dem stür-misch wachsenden Markt von in- und ausländischen Investmentfonds vor-behalten, die ebenso wie die halbseitige Darstellung der Optionsscheine von der Wirtschaftsnachrichtenagentur vwd geliefert werden.

12. Hoffentlich gut beraten – Vermögensverwaltung

■ Anlageberater im Überblick

Mit dem stetigen Anstieg des Geldvermögens der Deutschen, das zu Beginn des 21. Jahrhunderts 3 Billionen Euro erreicht hat, wird der Bedarf an kompetenter Anlageberatung immer größer. Dies gilt für die Masse der Sparer ebenso wie für die mehr als 130 000 Millionäre. Während die Inves-toren nach rentablen, sicheren und fungiblen Wertobjekten Ausschau hal-ten, geraten sie selbst in das Visier der Anbieter von Kapitalanlagen. Banken und Vermögensberater, Portfolioverwalter und Finanzplaner buhlen um die Gunst und das Geld der Bürger. Der Finanzanalyst Volker Looman hat die Situation so skizziert: Auf der einen Seite des Flusses stehen reiche Menschen, die ihr Geld bewahren und vermehren möchten. Auf der anderen Seite des Stromes stehen Banken, Immobilienfirmen, Investmentfonds und Versicherungen, die einen Teil des Kuchens abhaben wollen. In der Mitte bewegen sich, Fährleuten vergleichbar, Anlagevermittler, Anwälte, Notare, Steuerberater und Vermögensverwalter, um die Investoren und die Unternehmen gegen Entgelt zusammenzubringen.

In Zusammenhang mit Beratung klagen Anleger häufig über zwei Punkte: Die Beratung erfolge nicht vollkommen neutral, da der Finanzplaner mit einem Auge auch auf die Provisionen schiele. Zum anderen berücksichtige die Beratung häufig nur Teilaspekte des Vermögensmanagements, selten aber ganzheitlich Familiensituation, Lebensplanung und sämtliche damit zusammenhängenden Finanzfragen wie die Liquiditätssteuerung im Zeitverlauf, erforderliche Versicherungen und sich wandelnde Chancen- und Risikoprofile. Dass eine anspruchsvolle, neutrale Analyse mit anschließenden konkreten Handlungsanweisungen erheblichen Aufwand verursacht, den der Kunde tragen muss, verdrängen die meisten Anleger und beharren auf einer – scheinbar – kostenfreien Beratung wie einst am Bankschalter oder im Büro des Versicherungsagenten.

Gegen das traditionelle Gespräch mit dem – möglicherweise seit Jahren vertrauten – Kundenberater ist nichts einzuwenden, sofern sich der Anleger möglicher Einschränkungen hinsichtlich Objektivität und Vollständigkeit der Finanzanalyse und -beratung bewußt ist. Gerade bei geringeren Anlagesummen mag diese Form der Betreuung, gemessen am Verhältnis von Aufwand zu potenziellem Ertrag, vollkommen zufriedenstellend sein. So offerieren inzwischen zahlreiche Banken und Sparkassen, aber auch einige große unabhängige Finanzdienstleister für Anlagebeträge von wenigen tausend Euro standardisierte, zumeist fondsgestützte Modelle der Vermögensverwaltung. In der Regel basieren derartige Konzepte auf der Einstufung der Anleger in 3 bis 5 Gruppen, die sich in den Ausschüttungszielen, dem Zeithorizont des finanziellen Engagements sowie der Risikoneigung unterscheiden. Die einzelnen Modellportefeuilles eines Anbieters divergieren in der Gewichtung von Aktien- und Rentenfonds und mitunter in der Verwaltungsgebühr, die zusätzlich zu den Managementgebühren der einzelnen Fonds erhoben wird. Insgesamt summieren sich die direkt oder indirekt berechneten Vergütungen für die Führung des Portefeuilles jährlich leicht auf 3 Prozent des Anlagebetrages – annähernd soviel, wie eine risikolose

Anlage am Geldmarkt abwirft. Unter Berücksichtigung des minimalen Zeitaufwands, den der Sparer für die Delegation der Investmentverantwortung und die anschließende fortlaufende Kontrolle benötigt, kann eine solche Form der Kapitalverwaltung dennoch interessant sein. Allerdings sollte der Kunde darauf achten, dass zumindest ein Kerngedanke anspruchsvollen Vermögensmanagements auch in der abgespeckten Version für Kleinsparer verwirklicht wird: Die Auswahl einzelner Depotpositionen sollte nach klar definierten und vorab publizierten Kriterien erfolgen und nicht von vornherein auf Produkte eines einzigen Konzerns beschränkt sein.

Wer in größeren finanziellen Dimensionen denkt und den entsprechenden Preis zu zahlen bereit ist, kann hingegen auf die Erfüllung aller Bedingungen einer qualitativ hochwertigen Anlageberatung bestehen. Für Finanzplaner, die das in Amerika entwickelte und inzwischen rund um die Welt etablierte Gütesiegel Certified Financial Planner (CFP) tragen, gelten beispielsweise folgende „7 Gebote": Nach Erfassung und Analyse sämtlicher relevanter Kundendaten (Grundsatz der Vollständigkeit) und der Untersuchung auf Wechselwirkungen (Vernetzung) hin folgt die Planung auf Basis der Lebensumstände des Kunden und seines Zielsystems (Individualität). Dabei muss fehlerfrei und auf Grundlage aktueller Gesetze (Richtigkeit) vorgegangen werden; die Planungsergebnisse müssen schließlich plausibel und nachvollziehbar (Verständlichkeit) präsentiert und dem Kunden in schriftlicher Form zur Verfügung gestellt werden (Dokumentationspflicht). Darüber hinaus ist der CFP zur Wahrung allgemeiner Berufsgrundsätze verpflichtet, die auch für andere Finanzplaner als Maßstab gelten, wie Vertraulichkeit und Integrität. Die Vorschriften verlangen allerdings nicht eine formale Unabhängigkeit gegenüber Finanzkonzernen, so dass ein in genannter Form zertifizierter Finanzplaner durchaus als Angestellter einer Bank tätig sein kann – eine Tatsache, die Kritiker als unvereinbar mit dem Gebot der Neutralität und Objektivität bezeichnen.

Neben dem Titel CFP, den der Deutsche Verband Financial Planners (im Internet: www.devfp.de) nach Prüfung der Aus- oder Weiterbildung vergibt, existieren eine Fülle anderer Berufsbezeichnungen für Anlage-, Finanz- und Vermögensberater. Als durch Industrie- und Handelskammer geprüfter Finanz- beziehungsweise Finanzfachwirt, von der Bankakademie (www.bankakademie.de) geprüfter Financial Consultant oder gar als diplomierter Investmentanalyst der traditionsreichen Deutschen Vereinigung für Finanzanalyse und Anlageberatung (www.dvfa.de) wartet ein Teil der Berater auf; ein Großteil aber verfügt nur über einen mehr oder minder umfangreichen Erfahrungsschatz aus der Praxis. Wer als Finanzdienstleister vom Bundesaufsichtsamt für das Kreditwesen (www.bakred.de) beaufsichtigt wird, gibt die Registriernummer in der Regel auf seinem Briefpapier an. Allerdings wird nur ein Bruchteil aller in der Anlageberatung Tätigen amtlich kontrolliert.

Einen gewissen Anhaltspunkt für die Seriosität kann auch die Mitgliedschaft in einem der zahlreichen Berufsverbände geben, die häufig eigene Standesregeln entwickelt haben. Dazu zählt der Verband unabhängiger Vermögensverwalter Deutschland (www.vuv.de), der Bundesverband Deutscher Vermögensberater (BDV), der Bundesverband Finanzdienstleistungen (www.fifa.de) sowie die Deutsche Gesellschaft für Finanzplanung (www.finanzplanung.de). Letztere hat auch einen Leitfaden konzipiert, der zehn Fragen zur fachlichen Einschätzung eines Investmentberaters enthält. Als wichtigstes Kriterium muss der Anleger jedoch prüfen, ob er es mit einem reinen Berater zu tun hat, der sein Geld ausschließlich mit der Beratung gegen Honorar verdient, oder mit jemandem, der zugleich auch Investmentprodukte vermittelt und dafür von dritter Seite Provisionen kassiert. Wie die Beratung durch einen Bankangestellten kann natürlich auch die parallele Vermittlungstätigkeit eines Anlagespezialisten vom Kunden toleriert werden, doch muss diese Tatsache bekannt sein. Wenn explizit ein „reinrassiger" Berater gesucht wird, sollte der Ausschluß von Vermittlungstätigkeiten schriftlich erklärt und als Teil der Geschäftsgrundlage dokumentiert werden. Da für eine anspruchsvolle Bestands- und Bedarfsanalyse inklusive Investitionsplanung von renommierten Anlageexperten durchaus ein Stundenhonorar bis zu 500 Euro verlangt wird, lohnt sich der zeitliche Aufwand für eine eingehende Durchleuchtung vor Abschluss eines Beratungsvertrags allemal.

■ Die Vermögensverwaltung

Die Privatvermögen sind in Deutschland in stürmischem Tempo gewachsen. Erbschaften, Wertsteigerungen von Effektenvermögen und höhere Einkommen in einer wachsenden Volkswirtschaft haben ein Sparwunder vollbracht. Auch die Anlagemöglichkeiten haben sich als Folge der Globalisierung der Finanzmärkte vervielfacht. Das Bedürfnis nach einer professionellen Vermögensberatung und Verwaltung hat entsprechend zugenommen. Nun ist es nicht jedermanns Sache, sich ständig mit der Anlage seiner Ersparnisse zu beschäftigen. Das Prinzip der Arbeitsteilung hat sich auch bei der privaten Kapitalanlage durchzusetzen begonnen. Das Einschaltung von Fachleuten bei der Betreuung größerer Vermögenswerten ist sogar unerlässlich geworden. Neben dem Steuerberater nimmt heute auch der Vermögensberater einen festen Platz im Dienstleistungsangebot ein.

Ein Vermögensmanager wird seine Kunden umfassend betreuen. Seine Arbeit wird mit einer gründlichen Analyse der vorhandenen Vermögenswerte und aller kurz- und langfristigen Verpflichtungen beginnen. Die Erfahrung hat gezeigt, dass es – überspitzt ausgedrückt – nicht zwei Anleger mit völlig gleichen Interessen gibt. Jeder hat seine persönlichen Vorstellungen von dem, was er aus seinen Ersparnissen machen möchte. Ein gutes Einfühlungsvermögens des Beraters in die Vorstellungen seiner Kunden ist die Voraussetzung für eine fruchtbare und dauerhafte Zusammenarbeit.

Klassische Vermögensberater waren bis zum Ersten Weltkrieg die Privatbankiers auch in Deutschland. Sie gehörten – wie der Hausarzt – zur Familie gut situierter Bürger. Privatbankiers hafteten bei ihrer Tätigkeit uneingeschränkt mit ihrem eigenen Vermögen. Inzwischen sind aus den Bankiers Banker geworden, die Vorstände von Vermögensverwaltungsbanken, die heute teilweise in Form von Aktiengesellschaft geführt werden. Die Banken, welche Kundenvermögen professionell verwalten, beschäftigen festangestellte Berater, die nach Weisungen der Geschäftsleitung ihre Kunden betreuen. Lediglich in der Schweiz, vor allem in Genf und Zürich, arbeiten noch immer ein paar Dutzend echte Privatbankiers, die auch für größere Vermögen in- und ausländischer Kunden tätig sind.

Für ihre Beratungs- und Verwaltungstätigkeit werden meist feste jährliche Entgelte vereinbart, verschiedentlich auch Erfolgshonorare. Das ist allerdings umstritten. Das Vertrauen zwischen Kunden und Bankberatern basiert heute vor allem auf dem Goodwill des ausgewählten Kreditinstituts. Angestellten Vermögensberater können Ihren Arbeitgeber wechseln. Das bleibt das Risiko des Kunden.

Erfolgreiche angestellte Vermögensberater nabeln sich zuweilen von ihrem Arbeitgeber ab und betreuen bankunabhängige Klienten auf eigene Rechnung. Als Selbständige erhalten sie Vollmacht auf Kundenkonten und Depots. Sie sind treuhänderisch für ihre Klienten tätig, ein Zugriffsrecht auf die Vermögenswerte haben sie nicht. Wenn Banken den Beratern zuweilen Rabatte auf die Kundenumsätze gewähren, sollte der Vermögensverwalter diese Vorteile uneingeschränkt an den Kunden weitergeben.

Wer für eine professionelle Vermögensverwaltung zahlt, kann von seinen Vertragspartnern eine entsprechende Leistung verlangen, die je nach der Börsenlage ganz unterschiedlich positioniert sein kann. In guten Börsenzeiten wird man vom Vermögensverwalter das Erwirtschaften einer überdurchschnittlichen Performance (Gesamtertrag) erwarten können.

Messlatte bei Aktien werden die entsprechenden Indizes sein. Bei Obligationen wird sich der Anlageerfolg an der Durchschnittsrendite der Bondmärkte messen lassen. In schriftlich fixierten Vereinbarungen zwischen Berater und Kunden sollte festgelegt werden, ob die Vermögen konservativ oder eher risikoorientiert verwaltet werden sollen. Der Berater ist verpflichtet, die Vermögen im Sinne der getroffenen Basis-Vereinbarungen zu betreuen.

Das Leistungsentgelt wird gewöhnlich frei ausgehandelt. Die Banken arbeiten in der Regel mit gestaffelten Limiten. Je größer das Vermögen, desto geringer die prozentualen Kosten. Die unabhängigen Vermögensverwalter können flexibler auf Kundenwünsche eingehen. Im Durchschnitt dürften die Verwaltungskosten zwischen 0,25 und ein Prozent des Vermögensvolumens liegen. Faustregel: Je kleiner das Vermögen, desto kostspieliger die Verwaltung. Wenn in Investmentfonds investiert wird, sind Sondervereinbarungen über die Beratungskosten üblich. Der Investmentsparer muss ja schon für die Tätigkeit der Fondsmanager direkt oder indirekt Gebühren zahlen.

Die moderne Technik macht es heute leicht, Kunden in kurzen Abständen mit Zwischenberichten zu versorgen. Mindestens alle halbe Jahr sollte im persönlichen Gespräch Bilanz gezogen werden. Stellt sich dabei heraus, dass die Zusammenarbeit mit dem Berater aus der Sicht des Kunden unbefriedigend ist, kann gewöhnlich fristlos der Verwaltungsvertrag gekündigt werden. Zu kurzfristig sollte aber die Zusammenarbeit zwischen Kunde und Vermögensverwalter nicht geplant werden.

Die professionelle Vermögensberatung wird sich heute nicht nur auf die Betreuung von Wertpapiervermögen beschränken können. Von vornherein sind auch Erbfälle zu berücksichtigen. Vermögenswerte, die im Ausland gehalten werden, bedürfen zuweilen der ergänzenden Beratung ausländischer Spezialisten.

13. Direktbanken

■ Günstige Konditionen

Direktbanken sind Finanzinstitute, die ihre Produkte und Dienstleistungen im Internet und in den meisten Fällen auch über Telefon und Fax anbieten. Auf Filialen, wie sie die großen Universalbanken haben, verzichten sie ebenso wie auf eine Anlageberatung ihrer Kunden. Typische Nutzer

der Direktbanken sind daher Personen, die bereits gut über den Handel
mit Wertpapieren und über die Finanzmärkte informiert sind. Direktbanken im engen Sinn sind Online-Banken, die vor allem im klassischen Kredit-
und Einlagengeschäft tätig sind. Darüber hinaus gibt es so genannte On-
line- oder Discount-Broker, die ihren Kunden ermöglichen, selbständig über
Internet, Telefon oder Fax Wertpapiere zu handeln. Im Normalfall bieten
Online-Banken heute beides an.

Der Verzicht auf Filialen und auf Beratung ermöglicht diesen Banken,
einen enormen Kostenblock vor allem bei Personal und Gebäuden einzu-
sparen. Dadurch können sie ihre Produkte zu weit niedrigeren Preisen
anbieten als die großen Filialbanken. Die Ersparnis beträgt gewöhnlich
mehr als 50 Prozent. Etwas geringer ist der Preisnachlass bei den wenigen
Direktbanken, die ihren Kunden eine telephonische Anlageberatung anbieten.

Auf der Suche nach dem preisgünstigsten Anbieter muss sich der Interessent durch eine Vielzahl von verschiedenen Tarifmodellen wühlen, die
einen Vergleich erschweren. Im Wertpapierhandel kostete eine Transaktion
im Frühjahr 2000 im günstigsten Fall gerade noch rund 0,2 Prozent des
gehandelten Volumens. Zum Vergleich: Die Universalbanken berechnen
meist noch bis zu 1 Prozent. Die Direktbanken fordern meist eine Grund-
gebühr für jede Transaktion, auf die dann noch einmal eine volumenab-
hängige Provision aufgeschlagen wird. Zu beachten ist häufig eine Min-
destgebühr. Die Gebührensätze variieren meist abhängig vom Volumen des
Wertpapierauftrages, von der Art des Wertpapiers, dem Börsenplatz und
der Art der Auftragserteilung. So sinkt der prozentuale Provisionssatz, je
höher das Volumen ist. Ein Auftrag über den Handel mit Aktien ist gewöhnlich teurer als einer für Renten. Der Kauf oder Verkauf von inländischen
Titeln ist billiger als der von ausländischen Papieren. Für einen über Internet erteilten Auftrag ist weniger zu bezahlen als über Telefon oder Fax,
weil auch die Kosten für die Bank niedriger sind, denn wegen der elektronischen Erfassung der Daten eines Internet-Auftrages ist keine manuelle
Eingabe mehr erforderlich.

Bei den Depotkosten wird zunehmend Anlegern, die viel handeln und
daher den Banken hohe Provisionen sichern, ein Rabatt oder sogar völliger
Erlass angeboten, um sie an sich zu binden. Einige Banken haben Gebühren
für die Depotführung sogar für alle Kunden abgeschafft. Manche berechnen auch für das Erteilen eines limitierten Auftrages, für das Zuschicken
von Kontoauszügen und ähnlichen Dienstleistungen keine Gebühren mehr.

Geld sparen kann der Anleger zudem dadurch, dass er seine Aufträge

– vor allem wenn er sie über Internet erteilt – häufig schneller am Markt platzieren kann als bei einer Filialbank, wo der Kunde seinen persönlichen Berater am Telefon antreffen muss, will er einen Auftrag erteilen. Sonst ist sogar der Weg in die nächste Filiale nötig. In dieser Zeit kann sich der Kurs bereits zum Nachteil des Kunden verändert haben. Einschränkend muss allerdings gesagt werden, dass die schnell wachsende Zahl von Direktbank-Kunden zeitweise zur Überlastung der Internet-Seiten führt und dadurch auch hier Verzögerungen bei der Auftragserteilung auftreten. Kauft oder verkauft der Anleger bei seiner Direktbank über Telefon, ist er oft in Warteschleifen gefangen.

■ Handeln ohne Beratung

Wer über eine Direktbank handelt, agiert ohne jegliche Beratung. In der Regel muss der Kunde bei Eröffnung des Kontos mittels eines Fragebogens sich selbst einschätzen. Meistens unterscheiden Banken zwischen konservativen Anlegern, die dem Substanzerhalt den Vorzug geben, risikobewussten Anlegern, die höhere Ertragserwartungen bei angemessenem Risiko anstreben und spekulativ orientierten Investoren, die auch bereit sind, hohe Risiken einzugehen. Der Anleger stuft sich selbst in diejenige Kategorie ein, mit der er sein Anlageverhalten am besten umschrieben sieht. Will der Kunde anschließend ein Geschäft tätigen, das nicht seinem Risikoprofil entspricht, weil es zu riskant ist, wird das Geschäft nicht ausgeführt und der Kunde darüber informiert. Nach Absprache mit der Direktbank kann der Kunde sich dann bei Bedarf in seiner Risikoneigung hochstufen lassen. Verbraucherschützer raten Anlegern allerdings, sich bei den Fragebogen eher zurückhaltend einzustufen, anstatt den Börsenguru zu spielen.

Wer Termingeschäfte eingehen will, muss zusätzlich die gesetzlich vorgeschriebenen Broschüren zu Termingeschäften lesen und unterschreiben, um Termingeschäftsfähigkeit zu erlangen. Die Direktbanken haften im Anschluss daran nicht für eventuelle Verluste aus Termingeschäften, da sie nach Auffassung des Bundesgerichtshofes deutlich reduzierte Aufklärungspflichten gegenüber ihren Kunden haben, weil sie sich in der Regel an erfahrene und gut informierte Anleger wenden.

Die Kunden der traditionellen Banken haben gegenüber den Kunden der Direktbanken nicht nur den Vorteil einer professionellen Anlageberatung, sondern profitieren auch zunehmend von einer verbraucherfreundlicheren Haltung der Gerichte, welche die Banken bei einer fehlerhaften Beratung in die Pflicht nehmen. So hat der Bundesgerichtshof entschieden, dass Banken ihre Kunden sorgfältig zeitnah und vollständig über alle für das Anlagegeschäft relevanten Umstände unterrichten müssen, die für das Anlagegeschäft von Bedeutung sind. So muss die Beratung zum einen anlegergerecht sein, das heißt, der Wissensstand und die Risikoneigung des Kunden muss berücksichtigt werden; zum anderen muss die Beratung objektgerecht sein, indem alle Risiken und Eigenschaften des Anlageobjektes zutreffend dargestellt werden. Der Kunde einer Direktbank kann sich im Zweifelsfall nicht auf eine mangelhafte Beratung durch das Institut berufen.

Aber auch Kunden einer Direktbank sind nicht ohne Schutz: Verpflichtet sich eine Direktbank, den Kunden über wichtige Entwicklungen zu informieren, so kann der Kunde im Fall eines Verlustes Schadenersatz verlangen. So erhielt ein Kunde, der von einer Direktbank nicht auf das Auslaufen seiner Optionsscheine hingewiesen wurde, Schadenersatz zugesprochen. Ebenfalls mit Schadenersatz können Kunden rechnen, die aufgrund der Tatsache, dass ihre Aufträge mit einer zeitlichen Verzögerung ausgeführt worden ist, Verluste hinnehmen müssen. Experten empfehlen den Kunden von Direktbanken einige Vorsichtsmaßnahmen, die im Falle einer späteren Auseinandersetzung mit der Direktbank hilfreich sein können: Der Kunde tut zum einen gut daran, sämtliche Transaktionen zu dokumentieren. Fax-Protokolle oder Ausdrucke von Online-Transaktionen sollten deswegen aufbewahrt werden. Bei umfangreicheren Geschäften ist es ratsam, Zeugen hinzuzuziehen, die beispielsweise telefonische Orders bezeugen können. Weiterhin sollte der Kunde Abrechnungen und Kontoauszüge umgehend kontrollieren. Im Falle einer Reklamation sollte der Kunde keine Zeit verlieren, zudem sollte er aus Beweisgründen stets schriftlich oder per Fax reklamieren.

14. Geldgeschäft online

■ Internet – Chancen und Risiken

Die Geldanlage in Internet-Aktien gehört mittlerweile zu einem der interessantesten Themen an der Börse. Unternehmen wie Yahoo, Amazon oder AOL haben innerhalb kürzester Zeit ihren Anlegern hohe Kursgewinne beschert. Doch den enormen Ertragschancen stehen auch erhebliche Risiken gegenüber: Experten gehen davon aus, dass viele der in den vergangenen Jahren gegründeten Internet-Unternehmen die kommenden zehn Jahre nicht überleben werden – das Internet-Investment dürfte für die Aktionäre dieser Unternehmen dann zu einem Totalverlust werden. Wer aber nicht in Internet-Aktien investiert, verpasst auch gute Gewinnchancen. Für ein erfolgreiches Investment in Internet-Aktien ist es wichtig, etwas über die Unternehmen und das Internetgeschäft zu wissen.

Bei Internet-Unternehmen kann man grob zwischen Infrastrukturanbietern, Portalanbietern, Internet-Service-Anbietern und E-Commerce-Anbietern unterscheiden. Unter den Anbietern von Infrastruktur unterscheidet man zwischen Hardwareunternehmen, welche Netzwerke aufbauen, spezielle Netzwerkrechner (Server) und Hardware zur Verbindung von Netzwerken (router, hubs, switches oder bridges) anbieten, und Softwareunternehmen, welche die für den Betrieb notwendige Software anbieten. Zu den Infrastrukturanbietern zählen auch die Anbieter von Sicherheitslösungen für Internet-Rechner. Viele Unternehmen, die in diesem Bereich tätig sind, sind bereits seit Jahren erfolgreich am Markt. Portalanbieter bieten ihren Kunden sozusagen den Einstieg in die Internet-Welt an; sie ermöglichen den Nutzern eine einfache Navigation durch das World Wide Web. Die Einnahmequellen dieser Portalanbieter sind vor allem Werbung und Beteiligungen an den Umsätzen der Internethändler. Unter dem Begriff Internet-Dienstleister lassen sich verschiedene Dienste zusammenfassen: Internet-Access-Provider verschaffen ihren Kunden den physischen Zugang zum Internet, Web-space-Provider stellen ihren Kunden darüber hinaus auch Internet-Basisdienste und Speicherplatz für eine eigene Homepage zur Verfügung. Zu den Internet-Dienstleistern zählt man auch Suchmaschinen, die das Auffinden von Homepages oder Informationen im Netz erleichtern, Marketing-Firmen, die Unternehmen bei ihrem Internet-Auftritt beraten oder diesen konzipieren. Unter dem Begriff E-Commerce kann man den Handel mit Produkten und Dienstleistungen über das Internet zusammenfassen. Dazu gehören elektronische Einkaufsportale, elektronische Marktplätze, auf denen Anbieter und Nachfrager aufeinandertreffen, Internet-Auktionen und Suchmaschinen, die ihren Kunden das billigste Angebot eines Produktes im Internet heraussuchen.

Bei einem Engagement in Internet-Aktien sollte der Anleger einige grundlegende Regeln beachten, die das Risiko etwas reduzieren. Als erste Regel sollten Anleger bei der Investition in Internet-Aktien längerfristig denken. Wer über einen langen Anlagehorizont verfügt und Geld investiert, das er kurzfristig nicht benötigt, kann zwischen zehn und zwanzig Prozent seiner Mittel in Zukunftstechnologien investieren; dazu gehören auch Internet-Werte. Die kurzfristig enorm hohen Kursschwankungen fallen bei einer langfristigen Anlagestrategie weniger ins Gewicht. Weiterhin sollte der Anleger seine Mittel streuen: Da viele Unternehmen den Wettbewerb der kommenden Jahre wohl nicht überleben werden, sollte man in möglichst viele verschiedene Unternehmen investieren, um zu diversifizieren. Ein Totalverlust kann dann durch einen anderen sehr erfolgreichen Gewinner kompensiert werden, so dass die Gesamtrendite des Portfolios akzeptabel bleibt.

Da eine Auswahl einzelner Titel angesichts der vielen Unternehmen für den Privatanleger schwierig ist, sollte er auch über eine Anlage in einem Internet-Aktien-Fonds oder in Aktienkorb-Zertifikaten auf Internet-Werte nachdenken. Aktienkorbzertifikate, auch Partizipationsscheine oder Basketzertifikate genannt, stellen eine Alternative zur Direktanlage in Aktien oder in einem Fonds dar. Der Emittent eines Zertifikates verpflichtet sich, zu einem vorher festgelegten Termin dem Käufer des Zertifikates einen Geldbetrag zurückzuzahlen, dessen Höhe sich nach dem Wert der Kurse der Aktien bestimmt, die dem Zertifikat zugrunde liegen. Steigt der Kurs der Aktien, die dem Zertifikat zugrunde liegen, so steigt auch der Wert der Zertifikate. Der Nachteil solcher Zertifikate besteht darin, dass sie in ihrer Zusammensetzung häufig statisch sind, Neuemissionen oder neue Kursentwicklungen finden dann in der Regel kaum Berücksichtigung bei der Zusammensetzung der Zertifikate. Der Vorteil dieser Zertifikate gegenüber Fonds besteht darin, dass sie aufgrund des geringeren Management-Aufwandes keinen Ausgabeaufschlag berechnen. Allerdings sollte der Anleger Bankspesen und Maklercourtage in sein Kalkül mit einbeziehen. Der Vorteil eines Fonds gegenüber den Zertifikaten besteht in dem aktiveren Management des Portfolios und der breiteren Streuung der Titel.

Für die Anleger, die statt auf einen Fonds oder ein Zertifikat zu setzen lieber direkt in Internet-Aktien investieren wollen, haben Experten einige weitere Ratschläge parat: Viele Analysten empfehlen, bei einem Engagement in Internet-Werten auf den Marktführer zu setzen. Die Marktführer haben es zumeist einfacher, Kunden und Mitarbeiter zu gewinnen. Zwar sind die Nummer zwei und drei in einem Geschäftsfeld in der Regel günstiger bewertet als der Marktführer, der so genannte „Gorilla", dafür sind ihre Perspektiven aber zumeist nicht so gut wie die des Marktführers. Eine weitere Anlageempfehlung lautet dahingehend, bei der Auswahl von Einzelwerten weniger auf diejenigen Unternehmen zu setzen, die das Internet als Medium nutzen, sondern die Unternehmen zu bevorzugen, welche die Hintergrundtechnologien, die sogenannten „enabeling technologies", herstellen. Das Unternehmen, das seine Produkte nur über das Internet vertreibt, sieht sich unter Umständen einem schärferen Wettbewerb ausgesetzt als das Unternehmen, welches die Software herstellt, die man zum elektronischen Vertrieb der Waren nutzt. So sehen Experten in den kommenden Jahren bessere Kurschancen für Internet-Infrastrukturanbieter, während die Zukunft vieler E-Commerce-Unternehmen eher fraglich sei. Das Problem dieser Unternehmen liegt vor allem darin, dass ihr Geschäftsmodell leicht zu kopieren ist; ob ein Portal oder ein E-Commerce-Unternehmen erfolgreich sein wird, hängt vor allem davon ab, ob es den betreffenden Unternehmen gelingen wird, die kritische Masse an Kunden auf ihre Homepage zu ziehen. Aus diesem Grund ziehen viele Analysten bei der Bewertung von Internet-Aktien auch die Anzahl der Kunden als Bewertungskriterium zu Rate; je mehr Kunden ein Unternehmen aufweisen kann, um so eher ist ein hoher Aktienkurs zu rechtfertigen.

Die Bewertung von Internet-Unternehmen gestaltet sich recht schwierig, da viele der traditionellen Kennziffern bei diesen Unternehmen versagen. Oftmals stehen klassische Analyseinstrumente wie eine ausreichende Bilanzhistorie nicht zur Verfügung, und traditionelle Bewertungsverfahren, bei denen man beispielsweise zukünftige Gewinne auf die Gegenwart abzinst, versagen angesichts der Tatsache, dass die Gewinne dieser Unternehmen noch in weiter Ferne liegen. Aus diesen Gründen müssen sich Analysten oft mit „weichen" Methoden behelfen, indem sie das Geschäftsumfeld des Unternehmens analysieren. Neben einem einzigartigen Produkt und einem überzeugenden Geschäftsmodell sollte das Unternehmen auch auf ein kreatives Management verweisen können. Zudem muss man das Wettbewerbsumfeld des Unternehmens – die Anzahl der Konkurrenten und die Höhe der Markteintrittsbarrieren – genau studieren. Bei der Auswahl der Werte sollten Anleger darauf achten, ob das Unternehmen einen etablierten Markennamen hat, der garantiert, dass genügend Besucher auf dessen Dienste im Internet zurückgreifen werden. Zudem sind hohe Marktanteile enorm wichtig, ein Unternehmen, das in einem etablierten Internet-Markt starten will, hat in der Regel wenig Chancen.

Wer sich in europäischen Internet-Aktien engagieren will, sollte zudem darauf achten, ob das Geschäft der Unternehmen aufgrund kultureller oder rechtlicher Unterschiede oder aufgrund einer zeitweise notwendigen Präsenz im Land einen inländischen Anbieter erfordert. In diesem Fall kann der Anleger auf den inländischen Wert setzen, da diese europäischen Internet-Werte ein größeres Wachstumspotenzial bieten als die amerikanischen Gegenstücke. Wo aber aufgrund mangelnder Markteintrittsbarrieren eine Konkurrenz durch amerikanische Unternehmen droht, muss der Anleger vorsichtiger agieren.

■ Finanzinformationen im Internet

Wer mit Wertpapieren handelt, will informiert sein. Er möchte die wichtigsten Kennzahlen seines Titels und die Meinung von Analysten zu diesem Papier wissen. Nachrichten, die den Kurs seiner Aktie, Anleihe oder seines Optionsscheins beeinflussen, möchte er sofort erfahren, um unmittelbar reagieren zu können. Das Internet bietet den Anlegern mittlerweile ein breites, kostenloses Angebot solcher Informationen.

Unter den Anbietern dieser Daten finden sich zum einen Direktbanken und Discount Broker, die den Wertpapierhandel über das Internet und manchmal auch über Telefon/Fax ermöglichen. Zwar bieten sie den Handel selbst nur ihren Kunden an, aber auf ihren Seiten finden sich auch für Nichtkunden detaillierte Finanzinformationen. Börsendaten veröffentlichen zum anderen auch Nachrichtenagenturen und unabhängige Anbieter wie zum Beispiel Internet-Suchmaschinen.

Umfangreiche Kursinformationen bieten unter anderem die Internet-Seiten des Discount Brokers Comdirect (www.comdirect.de) und der Deutschen Bank 24 (www.deutsche-bank24.de). Kurse gibt es zu den Wertpapieren aller deutschen Börsen und wichtigen ausländischen Märkten. Daten sind sowohl zu den Aktien- als auch den Renten-, Devisen- und Edelmetallmärkten zu erhalten. Auch Informationen zu Futures und Optionsscheinen können abgefragt werden. Zudem werden die wichtigsten Aktienindizes wie Dax, Euro Stoxx 50, Dow Jones oder der Nasdaq-Index und Rentenindizes wie der Rex-Index veröffentlicht. Zu den meisten Kursen können sich die Anleger zudem Charts anzeigen lassen, die den Tagesverlauf oder verschiedene Zeiträume zwischen drei oder sechs Monaten bis zu drei Jahren abbilden. Optionsscheinrechner ermöglichen es, die Veränderung des Optionspreises zu berechnen, wenn sich die Schwankungsanfälligkeit (die so genannte Volatilität) oder der Kurs des Basispapiers verändert. Die meisten kostenlos veröffentlichten Kurse im weltweiten Netz sind um mindestens 15 Minuten zeitverzögert, denn Echtzeit-Daten sind sehr teuer, weil die Börsen dafür hohe Gebühren verlangen. Einige wenige Internet-Adressen wie die von Comdirect, der Direkt Anlage Bank (www.diraba.de) oder von Finanztreff (www.finanztreff.de) bieten teilweise kostenlose Echtzeit-Kurse, die sich allerdings nicht fortlaufend aktualisieren. Zudem ist meist eine Registrierung des Nutzers mit Angabe einiger persönlicher Daten notwendig. Ausführliche Kursdaten liefert zunehmend auch die Deutsche Börse AG auf ihrer Internet-Seite (www.exchange.de).

Umfangreiche Kursinformationen und einen Optionsscheinvergleich

Finanzinformationen im Internet

Inhalt	Internet-Adressen[1])
Kursinformationen	www.bank24.de www.comdirect.de www.finanztreff.de www.onvista.de finanzen.de.yahoo.com
Aktien des Neuen Marktes	www.instock.de
Internet-Aktien	www.internet.com
Neuemissionen	www.schnigge.com
Termine und Berichte von Hauptversammlungen	www.hauptversammlung.de www.sdk.org.
Wertpapieranalyse	www.onvista.de www.consors.de
Volkswirtschaftliches Research	www.dbresearch.com www.mit.edu/krugman/www/
Deutsche und internationale Finanznachrichten	www.vwd.com www.bank24.de www.comdirect.de
Amerikanische Finanznachrichten	www.bloomberg.com/markets cnn.fn.com/markets
Investmentfonds	www.micropal.de www.bvi.de www.fondsweb.de

1) Auswahl
Quelle: F.A.Z.

bieten zudem die Internet-Seite von Onvista (www.onvista.de) und im Aktienbereich auch die Internet-Suchmaschine Yahoo (finanzen.de.yahoo.com). Sie verweist auf mehrere andere Finanz-Internet-Seiten, bei denen allerdings oft eine Registrierung nötig ist. Durch Mausklick ist es möglich, sich die Bilanzen einer Aktiengesellschaft mehrerer Jahre in Kurzform anzusehen, um zum Beispiel Veränderungen der Eigenkapitalquote oder des Verschuldungsgrades zu analysieren. Informationen zum Thema Optionsscheine und dabei Hilfe zur Auswahl des richtigen Scheins gibt auch die Seite www.topwarrants.de, die von erfahrenen Anlegern für „Neulinge" erstellt wurde.

Für den Anleger sind nicht nur Kursdaten wichtig, sondern auch aktuelle Nachrichten, die den Kurs seiner Wertpapiere beeinflussen können. Wichtige Ad-hoc-Meldungen der Unternehmen liefern zum Beispiel die Internet-Seiten von Onvista und der Nachrichtenagentur vwd (www.vwd.com.). Unternehmensnachrichten bieten fast alle Discount Broker und viele der unabhängigen Anbieter. Über den amerikanischen Markt informieren unter anderem der Fernsehsender CNN (cnn.fn.com/markets) und die Nachrichtenagentur Bloomberg (www.bloomberg.com/markets). Spezielle und umfangreiche Informationen zum Neuen Markt bieten die Seiten von www.instock.de. Wer sich für Internet-Aktien interessiert, findet dazu detaillierte Daten auf der Seite www.internet.com.

Auch viele volkswirtschaftliche Faktoren wie Zins-, Währungs- und Konjunkturentwicklung haben Einfluss auf die Kurschancen der Wertpapiere. Die Deutsche Bank Research (ww.dbresearch.com) veröffentlicht Studien zu diesen Themenbereichen auf ihrer Internet-Seite. Ein Teil davon ist frei zugänglich, ein anderer Teil nur nach einer Registrierung. Auch andere Banken haben einen Teil ihrer Analysen in das Netz gestellt, beschränken den Zugang aber bis auf einige Demonstrationsstudien meist auf ihre Kunden. Der Discount Broker Consors (www.consors.de) veröffentlicht im weltweiten Netz einen Teil der Finanzmarktanalysen der Muttergesellschaft Schmidt Bank. Paul Krugman, einer der angesehensten Ökonomen am Massachusetts Institute of Technology (M.I.T.), äußert sich auf seiner eigenen Web-Seite (web.mit.edu/krugman/www/) zu aktuellen Wirtschaftsthemen.

Vor dem Kauf einer Aktie wollen die Anleger wissen, wie die Analysten die Umsatz- und Gewinnschätzungen des Unternehmens bewerten. Eines der umfangreichsten Angebote bietet in diesem Bereich Onvista. Auf diesen Seiten finden Anleger unter anderem wichtige Aktien-Kennzahlen wie Kurs-Gewinn-Verhältnis, Dividendenrendite, Streubesitz oder erwarteter Gewinn je Aktie. Die jüngsten Empfehlungen der Banken zum Kauf oder Verkauf bestimmter Werte sind ebenso nachzulesen wie die Bilanzen und Gewinn-und-Verlust-Rechnungen des Unternehmens in den vergangenen Jahren. Die Termine von den Hauptversammlungen der Aktiengesellschaften erfährt der Anleger unter www.hauptversammlung.de. Diese Seite der Deutschen Schutzvereinigung für Wertpapierbesitz (DSW) bietet auch eine kurze, kritische Zusammenfassung der Veranstaltungen. Zudem findet der Aktionär auch Ratschläge, wie er sich vor unseriösen Geschäftspraktiken im Finanzbereich schützen kann. Die Schutzgemeinschaft der Kleinaktionäre (SdK) äußert sich auf ihrer Seite ebenfalls zu den wichtigsten Hauptversammlungen (www.sdk.org). Für Einsteiger in das Wertpapiergeschäft, die mehr über einzelne Finanz-Fachbegriffe wissen wollen, bieten sich die vielen Börsenlexika der Discount Broker an. Anleger, die an die Zeichnung einer Neuemission denken, sollten sich die Internet-Seite des Börsenmaklers Schnigge (www.schnigge.com) ansehen. Die dort veröffentlichten Kurse des vorbörslichen Handels mit neuen Aktien geben einen ersten Hinweis darauf, ob der Markt an dem Wert interessiert ist.

Porträts und Vergleiche der Kursentwicklung einzelner Investmentfonds sind unter den Adressen www.micropal.de oder www.fondsweb.de zu finden. Der Bundesverband Deutscher Investmentgesellschaften (BVI) stellt über seine Internet-Seite (www.bvi.de) Verbindungen zu den Seiten der meisten Investmentfonds her, wo der Anleger weitere Informationen findet. Bei jeder Informationssuche im Internet sollte der Nutzer auf die Herkunft der Daten achten, warnen Fachleute. Es gab bereits Fälle, bei denen Aktienkurse vor allem von kleinen Werten unter Druck gerieten, als im Internet falsche Meldungen, zum Beispiel über eine gescheiterte Fusion, verbreitet wurden.

◼ Neuemissionen über das Internet

Den Anfang machte 1996 die Springstreet Brewery, die ihre Aktien als erstes Unternehmen weltweit über das Internet platzierte. 1997 verkaufte die Internet 2000 AG als erstes europäisches Unternehmen ihre Aktien über das Internet. Mittlerweile gehört dieser Emissionskanal zum festen Bestandteil des Börsengeschehens. 1999 haben bereits 53 Unternehmen in Deutschland Aktien online angeboten. Denn das Internet bietet Emittenten, Anlegern und Finanzdienstleistern einen weltweiten, kostengünstigen und direkten Zugang zu möglichen und bestehenden Investoren.

Rechtlich wird eine solche Internet-Emission wie ein klassischer Börsengang behandelt, das heißt, es muss zuvor ein Prospekt veröffentlicht werden, der von einer staatlichen Stelle, in Deutschland dem Bundesaufsichtsamt für das Wertpapierwesen in Frankfurt, geprüft und gebilligt wurde. Während bei einem herkömmlichen Börsengang die jeweiligen Vorschriften desjenigen Landes zu beachten sind, dessen Anlegerpublikum angesprochen werden soll, muss bei einer Internet-Emission sichergestellt werden, dass die im Internet verbreiteten Informationen nicht auch ein öffentliches Angebot in anderen Ländern darstellen, ohne dass die dortigen Vorschriften beachtet wurden. So wäre beispielsweise ein deutscher Verkaufsprospekt nicht ausreichend, wenn Informationen über eine Emission im Internet in Amerika als öffentliches Angebot betrachtet würden. Aus diesem Grund enthalten Web Sides deutliche Hinweise, an wen sich die im Zusammenhang mit einer Aktienemission stehenden Informationen richten („Disclaimer"), also soll im Fall eines öffentlichen Angebots eines deutschen Unternehmens deutlich gemacht werden, dass diese Informationen sich ausschließlich an Anleger mit Wohnsitz in Deutschland richten. Bisher verlangt das deutsche Recht Emissionsprospekte in gedruckter Form. In den Vereinigten Staaten sind elektronische Prospekte den gedruckten bereits gleichgestellt.

Vor große Herausforderungen stellt das Internet die traditionellen Emissionsbanken, die bisher die Unternehmen auf den Weg auf die Börse begleitet haben und meist als Gruppe (Konsortium) die Aktien vorab vom Emittenten übernommen und platziert haben. Ob es noch notwendig sein wird, solche Emissionsbanken im Internetzeitalter einzuschalten, wird sich zeigen müssen. Denn das Internet ist eine effiziente Plattform für die direkte Zusammenführung von Anlegern und Emittenten. Die Vorteile für den einzelnen Anleger sind klar: Die Informationen sind per Mausklick verfügbar, die Teilnahme an der Zeichnung kann ohne Eröffnung eines neuen Kontos erfolgen. Der Kunde muss sich nur online registrieren lassen. Die Zahlung erfolgt bei Zuteilung der Aktien über das herkömmliche Lastschriftverfahren. Das emittierende Unternehmen kann über eine Online-Emission direkt alle Anleger ansprechen und nicht nur, wie beim herkömmlichen Emissionsverfahren, über ein Bankenkonsortium, den Kundenkreis der beteiligten Banken. Dadurch können die Aktien auch breiter gestreut werden. Auch ließen sich über das Internet die Aktien in einem transparenten und fairen Auktionsverfahren verkaufen. Die bisherige Zuteilungspraxis mit hohen Zeichnungsgewinnen und einer für den einzelnen Anleger nicht nachvollziehbaren Zuteilungspraxis könnte so der Vergangenheit angehören.

Zu berücksichtigen wird bei der Entwicklung zur bankenunabhängigen Emission sein, dass die Banken neben der Übernahme und Platzierung der auszugebenden Aktien weitere wichtige Funktionen erfüllen: Sie bewerten das Unternehmen im Vorfeld und überprüfen damit die Angemessenheit des Emissionspreises. Zudem haften sie für den Inhalt des Emissionsprospektes und schaffen damit das für die Anleger notwendige Vertrauen in die „Equity Story" eines Unternehmens.

■ Sicherheit bei Finanzgeschäften im Internet

Finanzgeschäfte wie die Kontoführung oder der Aktienhandel gehören zu den beliebtesten kommerziellen Anwendungen im Internet. Nachdem Internet-Aktienhändler wie E-Trade oder Charles Schwab mit Finanztransaktionen über das Internet in Amerika großen Erfolg hatten, sind inzwischen auch alle deutschen Banken mit hohem finanziellen Aufwand nachgezogen. Knapp zehn Millionen Konten werden in Deutschland über On-line-Dienste wie T-Online und AOL oder direkt über das Internet geführt. Rund eine Million Privatanleger verwalten ihre Aktiendepots inzwischen über das Netz. Angesichts der wachsenden Begeisterung für Aktien, die sich nahezu parallel zur steigenden Internet-Nutzung entwickelt, erleben die Internet-Banken zur Zeit einen wahren Höhenrausch – der schon dazu geführt hat, dass ihre Computer dem Ansturm der Anleger in Spitzenzeiten wie dem Infineon-Börsengang nicht mehr gewachsen waren und stunden-lang keine Anfragen mehr bearbeiten konnten.

Die Finanzinstitute haben ein hohes Interesse daran, den Weg ihrer Kunden ins Internet zu beschleunigen. Denn eine Überweisung oder ein Aktienkauf verursacht im Internet nur einen Bruchteil der Kosten, die bei einer herkömmlichen Transaktion in der Bankfiliale anfallen. Jeder Kunde, der sein Konto über sein Aktiendepot über das Internet führt, senkt die Kosten der Bank und facht damit gleich einen neuen Wettbewerb an: Internet-Broker wie Fimatex (eine Tochtergesellschaft der Société Générale), EQ-Online aus Finnland oder die zur Spardabank gehörende Netbank geben die Kostenvorteile an ihre Kunden weiter und bieten den Aktienhandel inzwischen zu deutlich günstigeren Konditionen an als die Banken oder Sparkassen.

Trotz hoher Investitionen in Technik und Personal kämpft die Branche immer noch gegen die Kritik, kein absolut sicheres Verfahren für diese sensiblen Transaktionen über das weltweite Datennetz erfunden zu haben. Zwar haben Bankgeschäfte innerhalb geschlossener Online-Dienste wie T-Online oder AOL eine lange Tradition und gelten als sicher. Dafür sorgt das sogenannte PIN/TAN-Verfahren: Mit der gleichbleibenden persönlichen Identifikationsnummer (PIN) und der wechselnden Transaktionsnummer (TAN) ist der Nutzer immer eindeutig identifizierbar. Obwohl rund 1500 Banken und Sparkassen in Deutschland an diesem System beteiligt sind, drängen fast alle ins offene Internet. Das PIN/TAN-Verfahren gilt als um-ständlich, wenig nutzerfreundlich und nicht mehr zeitgemäß. Außerdem wollen sich die Kreditinstitute nicht in die Abhängigkeit der Online-Dienste begeben und eigene Marken im Internet aufbauen.

Obwohl die Zahl der Missbrauchsfälle beim Internet-Banking bei Null liegt, gehören Sicherheitsbedenken zu den größten Hemmnissen der elek-tronischen Bankgeschäfte. Denn das offene Internet bietet gegenüber den geschlossenen Online-Diensten den sicherheitstechnischen Nachteil, dass sensible Daten während des Transports zwischen Kunde und Bank theore-tisch abgefangen, gelesen und verändert werden können. Aus diesem

Grund haben Banken und Softwareunternehmen Verschlüsselungsverfahren entwickelt. Vereinfachend gesprochen bewirkt eine solche Verschlüsselung, dass die Daten, die im Prinzip aus vielen Nullen und Einsen bestehen, vor der Übertragung mit einem aufwendigen Verfahren in Unordnung gebracht werden. Zwar können die Daten weiterhin von technisch versierten Kriminellen während der Übertragung gelesen werden. Aber ohne den entsprechenden Schlüssel können die Datendiebe mit dieser wirren Kombination aus Nullen und Einsen nichts anfangen. Erst die Bank als berechtigter Empfänger besitzt den Schlüssel, um wieder Ordnung in die Daten zu bekommen. Die Experten streiten allerdings immer wieder um die Länge der Schlüssel, also das Ausmaß der Unordnung, mit der die Daten auf die Reise geschickt werden. Je länger der Schlüssel, desto höher ist die Unordnung und desto größer ist der Aufwand, eine solche Verschlüsselung zu knacken.

In Deutschland haben sich die Kreditinstitute bereits 1998 auf den sogenannten HBCI-Standard (Homebanking Computer Interface) als einen nach diesem Prinzip funktionierenden Sicherheitsstandard geeinigt. Neben der Verwendung eines sehr langen Schlüssels setzt das Verfahren zusätzlich auf die digitale Unterschrift zur Identifizierung des Nutzers. Danach soll jeder Bankkunde eine Chipkarte erhalten, auf der nicht nur der Schlüssel, sondern auch seine jeweilige digitale Signatur gespeichert sind. Allerdings wird dieser als sicher geltende Standard auch zwei Jahre nach einer Einführung nur von wenigen Banken angeboten, da die Chipkarte recht teuer ist und viele Nutzer das notwendige Lesegerät für die Chipkarte nicht haben. Viele Banken begnügen sich noch mit kostengünstigeren Verschlüsselungsverfahren und verzichten ganz auf den Einsatz digitaler Signaturen. Zwar erfordert es viel kriminelle Energie, diese Verschlüsselungen zu knacken, doch solange dies theoretisch möglich ist, bleibt das Sicherheitsproblem bestehen – bei allen Beteuerungen der Banken.

Obwohl der HBCI-Standard erst von wenigen Banken eingeführt wurde, arbeitet die Industrie bereits am Sicherheitsstandard der Zukunft. Dieser setzt zusätzlich sogenannte biometrische Verfahren ein, die unverwechselbare menschliche Eigenschaften zur Identifizierung nutzen. Dazu gehört neben dem Fingerabdruck auch die menschliche Iris. Ein kurzer Blick in eine Kamera genügt – und der Computer weiß, mit wem er es zu tun hat.

■ Wenn Handel zur Sucht wird – Daytrader

Mit der zunehmenden Börsenkultur und steigenden Kundenzahlen bei Online-Banken in Deutschland hat sich auch ein Phänomen etabliert, das bisher überwiegend in Amerika bekannt war: das so genannte Daytrading. Unter Daytrading versteht man das Handeln von Wertpapieren im Sekundentakt; oftmals wird ein und dasselbe Wertpapier innerhalb eines Tages mehrmals gekauft und verkauft. Börsendaten kommen in Echtzeit über das Internet oder spezielle Börsensoftware, und auch die Orders könne innerhalb von Sekunden abgewickelt werden, während dies bei einem herkömmlichen Bankkunden bedeutend länger dauern würde. Daytrader beobachten keine Firmen oder Markttrends, sondern handeln ausschließlich aufgrund kurzfristiger Bewegungen am Markt. Sie halten in der Regel nie eine Position offen, wenn sie den Schreibtisch verlassen, da sie jederzeit eingreifen wollen.

In so genannten Daytrading-Centern können private Anleger mit Hilfe elektronischer Medien professionelle Börsenhandels- und Informationssysteme zum Kauf oder Verkauf von Wertpapieren oder Terminprodukten in Anspruch nehmen. Die Trading-Center stellen ihren Kunden gegen eine monatliche Gebühr von 100 bis 1500 DM einen Arbeitsplatz zur Verfügung, der sich kaum von dem eines professionellen Börsenhändlers unterscheidet. Um zu vermeiden, dass sich die Hobby-Händler überschulden, muss jeder Kunde einen Betrag von etwa 50000 DM bei einer Bank hinterlegen; übersteigen die Verluste eine bestimmte Summe, so wird das Terminal des Kunden gesperrt und alle Kontrakte, die er noch hält, verkauft, bis er frisches Geld nachschießt.

Daytrading enthält eine wichtige rechtliche Unsicherheit: Noch ist unklar, ob es sich bei Daytrading-Geschäften um so genannte Differenzgeschäfte handelt. Ein Differenzgeschäft liegt vor, wenn die Anleger die zugrunde liegenden Finanzinstrumente gar nicht kaufen, sondern nur an der Differenz zwischen An- und Verkaufskurs verdienen wollen. Liegt ein Differenzgeschäft vor, so wäre das als ein Spiel zu betrachten, und laut Bürgerlichem Gesetzbuch können Schulden aus Spielen nicht eingeklagt werden. Übertragen auf die Geschäfte der Daytrader würde dies bedeuten, dass Erfüllungsansprüche aus diesen Geschäften gerichtlich nicht einklagbar wären – die Bank würde auf den Verlusten des Daytraders sitzen bleiben. Der Daytrader könnte gegenüber seiner Bank geltend machen, dass die Geschäfte unwirksam seien, und die Bank müsste den alten Kontostand des Kunden vor Beginn der Daytrading-Geschäfte wieder herstellen. Dieses

Problem ließe sich dadurch lösen, dass man Daytrading-Geschäfte als Börsentermingeschäfte einstufen würde, diese sind nämlich von dieser Regelung ausgenommen.

Eine weitere rechtliche Unsicherheit besteht darin, ob die Betreiber von Daytrading-Centern Beratungsleistungen erbringen müssen und bei mangelnder oder fehlerhafter Beratung haften müssen. Nach Ansicht von Experten muss vor allem geprüft werden, ob die Betreiber der Daytrading-Center der so genannten Aufklärungshaftung (Paragraf 31 Wertpapierhandelsgesetz) unterliegen, in deren Rahmen sie die Anleger im „Rahmen des Erforderlichen zweckdienlich" aufklären müssen. Das Bundesaufsichtsamt für das Kreditwesen vertritt die Ansicht, dass das Wertpapierhandelsgesetz zu einer fairen Aufklärung der Kunden über Chancen und Risiken der angebotenen Geschäfte verpflichtet und die Daytrading-Center nachhaltig auf die hohen Verlustrisiken aufmerksam machen müssten. Allerdings wird auch die Auffassung vertreten, dass Daytrading-Center nur Räume und Computer vermieten, aber keine Wertpapierdienstleistungen erbringen. Sobald aber mehr als Schreibtische und Computer im Daytrading-Center bereitstehen oder beispielsweise Prospekte ausliegen, stuft das Bundesaufsichtsamt für den Wertpapierhandel diese als Finanzdienstleister ein. Die Betreiber von Daytrading-Centern benötigen eine Genehmigung des Bundesaufsichtsamtes für das Kreditwesen.

Die hohen Verlustrisiken werden von vielen Daytradern verdrängt; die Hoffnung, mit wenig Arbeit rasch reich zu werden, hat viele Menschen dazu bewogen, ihren Arbeitsplatz zu kündigen und sich komplett dem Daytrading zu verschreiben. Das könnte ein Fehler sein: Studien gehen davon aus, dass etwa 70 Prozent der Börsenamateure den Handelstisch mit Verlusten verlassen.

15. Steuerfragen der Geldanlage

▪ Kursgewinne, Dividenden, Verluste

Gewinne aus Verkäufen von Aktien und Anleihen sowie aus Termingeschäften sind in Deutschland dann steuerfrei, wenn sie außerhalb der Spekulationsfrist von einem Jahr anfallen. Maßgeblich für die Bemessung der Frist ist der Kalendertag. So können zum Beispiel am 30. Juni 2000 gekaufte Aktien vom 1. Juli 2001 an verkauft werden, ohne dass der Fiskus zugreift. Für Wertpapiere, die verschenkt oder geerbt wurden, gilt das Datum als maßgeblich, an dem der Vorbesitzer die Papiere erworben hat. Wenn also der Erblasser Wertpapiere vor mehr als einem Jahr erworben hat, kann der Erbe sie schon am Tag nach dem Tod steuerfrei verkaufen.

Die Gewinnausschüttungen der Unternehmen an die Aktionäre, die Dividenden, sind von den Aktionären als Einkünfte aus Kapitalvermögen zu versteuern. Vom Veranlagungszeitraum 2000 an beträgt der so genannte Sparerfreibetrag 3000 DM bei Ledigen (6000 DM bei Verheirateten). In dieser Höhe sind Zins- und Dividendeneinkünfte von der Steuer befreit. Die von dem Unternehmen geleistete Körperschaftsteuer wird dem Aktionär auf seine Einkommensteuerschuld angerechnet. Wenn der Einkommensgrenzsteuersatz des Aktionärs niedriger ist als der Körperschaftsteuersatz auf ausgeschüttete Gewinne, erhält der Aktionär die „zuviel gezahlte" Steuer zurück. Wenn der Einkommensgrenzsteuersatz höher liegt als der Körperschaftsteuersatz, muss der Aktionär Steuern „nachzahlen". Diese Anrechnung entfällt vom Jahr 2001 an und wird durch das so genannte Halbeinkünfteverfahren ersetzt. Dividenden müssen dann zur Hälfte mit dem Einkommensgrenzsteuersatz des Aktionärs versteuert werden.

Spekulationsgewinne, also private Veräußerungsgewinne aus allen Wertpapiergeschäften, die innerhalb eines Jahres abgeschlossen wurden, müssen bis zu einer Höhe von insgesamt 999 DM nicht versteuert werden. Diese Freigrenze gilt für jeden Ehegatten mit entsprechenden Einkünften gesondert. Von den Gewinnen aus Kauf und Verkauf können Werbungskosten wie Bankspesen und Maklergebühren abgezogen werden. Wenn Wertpapiere auf Kredit gekauft wurden, dürfen nach Ansicht von manchen Steuerexperten auch die zwischen Kauf und Verkauf angefallenen Schuldzinsen abgezogen werden, falls zwischen Kauf und Verkauf kein Dividenden- oder Zinstermin lag. Spekulationsgewinne von 1000 DM und mehr unterliegen vollständig als „sonstige Einkünfte" der Einkommensteuer des Anlegers. Verluste aus Spekulationsgeschäften dürfen mit Spekulationsgewinnen verrechnet werden. Wenn die Spekulationsverluste die Spekulationsgewinne übertreffen, ist ein Vortragen von Spekulationsverlusten ins folgende Steuerjahr (Verlustpolster) möglich.

Wenn Wertpapiere zeitlich gestaffelt gekauft werden, unterstellt das Finanzamt, dass die zuerst gekauften Papiere auch zuerst verkauft werden (First-in-First-out). Wer also von einem bestimmten Papier nicht mehr Stücke verkauft, als er vor einem Jahr und einem Tag schon im Depot hatte, muss seinen Gewinn nicht versteuern. Wenn sich ein Teil der verkauften Papiere noch nicht so lange in seinem Besitz befand, ist nur der auf diesen Teil entfallene Gewinn steuerpflichtig. Dabei ist der durchschnittliche Preis aller innerhalb der Spekulationsfrist zugekauften Papiere maßgeblich.

Steuerfrei ist der Verkauf von Bezugsrechten, wenn der Aktionär die Altaktien länger als ein Jahr besitzt. Wenn die Altaktien weniger als ein Jahr im Besitz des Aktionärs sind, gehen viele Finanzämter bei Verkauf von Bezugsrechten von einem steuerpflichtigen Spekulationsgeschäft aus. Wer aufgrund seines Bezugsrechtes junge Aktien erwirbt, muss den Gewinn versteuern, wenn er sie innerhalb eines Jahres seit Zuteilung verkauft. Wenn die Spekulationsfrist für die alten Aktien abgelaufen ist, ist der Preis der jungen Aktien am ersten Handelstag Basis für die Ermittlung des Gewinns. Wenn die alten Aktien innerhalb der Spekulationsfrist erworben wurden und der Verkauf auch die jungen Aktien erfasst, wird zur Ermittlung des Preises der jungen Aktien dem Aktienkurs der Wert des Bezugsrechts hinzugerechnet. Dann ist der durchschnittliche Preis aller innerhalb der Spekulationsfrist zugekauften Papiere zu ermitteln.

Gewinne aus Termingeschäften sind immer dann steuerpflichtig, wenn die Laufzeit des Kontraktes weniger als ein Jahr beträgt. Gewinne aus Termingeschäften sind auch dann steuerpflichtig, wenn Papiere mit längeren Laufzeiten weniger als ein Jahr nach dem Kauf veräußert werden.

Von Finanzbeamten wird freimütig eingeräumt, dass das Finanzamt praktisch keine Möglichkeit hat zu prüfen, ob ein Privatanleger Wertpapiere innerhalb der Spekulationsfrist kauft und verkauft und welche Gewinne er dabei erzielt. Die Finanzverwaltung gibt auch unumwunden zu, dass Spekulationsgewinne von Privatleuten so gut wie nie deklariert werden.

■ Zinserträge

Um in den Genuss des Sparerfreibetrages von 3000 DM für Ledige (6000 DM für Verheiratete) zuzüglich einer Pauschale für Werbungskosten von 100 DM zu kommen, müssen Steuerpflichtige ihren Depot führenden Banken so genannte Freistellungsaufträge erteilen. Diese dürfen in der Summe den Sparerfreibetrag nicht überschreiten. Sobald die Zinseinkünfte und die von 2001 an zur Hälfte zu berücksichtigenden Dividenden des Anlegers auf die im Depot enthaltenen Papiere den im Freistellungsauftrag genannten Betrag übersteigen, leitet die Bank automatisch pauschal 30 Prozent der Zinseinkünfte an das Finanzamt ab. Ledige mussten zum Beispiel im Jahr 2000 von einem in Aktien und Rentenpapieren angelegten Vermögen von 77 500 DM an Steuern auf ihre zusätzlichen Kapitaleinkünfte in Höhe von 30 Prozent (Zinsen) und 25 Prozent (Dividenden) jeweils zuzüglich 5,5 Prozent Solidaritätszuschlag bezahlen, sobald sie eine Rendite von mehr als 4 Prozent erzielten. Technisch betrachtet handelt es sich bei der dieser als Zinsabschlag oder Kapitalertragsteuer bezeichnete Steuer um eine Quellensteuer, weil sie von der Depot führenden Bank direkt an den Fiskus abgeführt wird.

In der Einkommensteuererklärung sind Zinserträge und Dividendenzahlungen, wenn sie den Sparerfreibetrag überschreiten, als Einkünfte aus Kapitalvermögen anzugeben. Steuerpflichtige mit einem Einkommensgrenzsteuersatz von weniger als 30 Prozent bei Zinserträgen erhalten von der Bank „zuviel gezahlte" Steuern zurück. Steuerpflichtige, deren Einkommensgrenzsteuersatz über 30 Prozent liegt, müssen Steuern „nachzahlen". Auch Anleger, die Zinseinkünfte auf Anleihen bekommen, die in einem Depot bei einem ausländisches Finanzinstitut hinterlegt sind und die von diesem nicht automatisch dem deutschen Fiskus gemeldet werden, müssen diese in ihrer Einkommensteuererklärung als Einkünfte aus Kapitalvermögen angeben. Die Zinserträge werden dann mit dem individuellen Einkommensgrenzsteuersatz des Anlegers versteuert. Ausländer, die auf ihre Anlagen bei einer Bank in Deutschland Zinsen erhalten, sind von der Zinsabschlagsteuer befreit. Dies ist in den Staaten der Europäischen Union von wenigen Ausnahmen abgesehen üblich. Deutsche, die auf im Ausland „geparkte" Gelder Zinseinkünfte erhalten, müssen diese dem deutschen Fiskus melden.

Da dies offenbar viele Anleger „vergessen", ist seit langem ein Streit innerhalb der Europäischen Union um eine einheitliche Zinsbesteuerung entbrannt. Der jüngste Kompromiss dazu sieht vor, dass in den meisten Mitgliedsländern bei grenzüberschreitend gezahlten Zinsen das heimische Finanzamt von 2003 an informiert wird. Von 2010 an sollen dann alle Banken in den Mitgliedsländern derartige Kontrollmitteilungen an das heimische Finanzamt des Anlegers senden. Dabei handelt es sich, wie von Kritikern beklagt wird, um eine Lockerung des Bankgeheimnisses, das zum Beispiel in Deutschland dann nur noch für Inländer gelten würde. Der Kompromiss, der in der portugiesischen Stadt Feira getroffen wurde, steht unter dem Vorbehalt, dass Österreich, wo das Bankgeheimnis Verfassungsrang genießt, seine Verfassung ändert. Darüber hinaus hat Luxemburg angekündigt, dass es nur dann Kontrollmitteilungen versenden wird, wenn zum Beispiel die Schweiz oder Monaco dies auch tun. Entscheidungen über eine Harmonisierung der Zinsbesteuerung müssen innerhalb der EU einstimmig getroffen werden. Es gilt deshalb als unwahrscheinlich, dass sich Länder wie Deutschland, das eine europaweite Zinsbesteuerung wünscht, gegen die Bedenken der kleineren Staaten wie zum Beispiel Luxemburg durchsetzen.

Grundsätzlich sind Inländer als Inhaber von Rentenpapieren stärker von der Besteuerung betroffen als Aktionäre, da Kuponzahlungen in der Regel höher sind als die Dividendenzahlungen der Aktiengesellschaften. Zudem sind Anleger zunehmend bereit, Aktien von Wachstumsunternehmen zu kaufen, die meist keine Dividenden zahlen, aber hohe (nach Ablauf der Spekulationsfrist) steuerfreie Kursgewinne versprechen. Aufgrund der Besteuerung der Zinserträge kommen Anleihen mit hohen Kupons etwas aus der Mode. Um ihre Steuerzahlungen zu verringern, greifen Anleger zunehmend zu Anleihen, die zu einem Kurs unter ihrem Nennwert (unter pari) gehandelt werden. Die bis zur Fälligkeit anfallenden Kursgewinne können (außerhalb der Spekulationsfrist) steuerfrei realisiert werden.

Aus steuerlicher Sicht können auch Nullkuponanleihen (Zero-Bonds) interessant sein. Im Unterschied zu Anleihen mit Kupon ist eine Nullkuponanleihe dadurch gekennzeichnet, dass der Ausgabepreis deutlich unter dem Nennwert liegt und die Einlösung bei Fälligkeit zum Nennbetrag erfolgt. Der Besitzer der Anleihe verzichtet auf laufende Zinserträge. Am Ende der Laufzeit der Anleihe wird dem Anleger der gesamte Ertrag in Form des über dem Ausgabepreis liegenden Rückzahlungsbetrages ausgezahlt. Von der Differenz aus Rückzahlungsbetrag und Ausgabepreis behält die Bank automatisch pauschal 35 Prozent als Einkommensteuer ein und leitet sie an die Bank weiter. Der Anleger muss diese Einnahme als „Einkünfte aus Kapitalvermögen" in seiner Steuererklärung angeben. Für den Zeitpunkt des Anfalls der Steuerzahlung ist der Zeitpunkt des Kapitalzuflusses maßgeblich. Einnahmen aus Kapitalvermögen gelten in der Regel in dem Veranlagungszeitraum als bezogen, in dem sie tatsächlich zugeflossen sind. Anleger, die also zur Fälligkeit und damit bei Rückzahlung der Nullkuponanleihe weniger Einkünfte und damit einen niedrigeren Einkommensgrenzsteuersatz haben als während der Laufzeit der Anleihe, vermindern somit im Vergleich zu einer Anlage in Anleihen mit jährlichen zu versteuernden Zinserträgen ihre Steuerlast.

■ Besteuerung von Investmentfonds

In Deutschland gibt es ein zweistufiges System der Steuererhebung. Bei bestimmten Einkünften kommt es zu einer vorläufigen Steuererhebung im Abzugswege. Beispielsweise werden so von den Lohn- und Gehaltszahlungen die Lohnsteuer mit dem Solidaritätszuschlag und gegebenenfalls die

Kirchensteuer einbehalten. In vergleichbarer Weise erfolgen – je nach den persönlichen Verhältnissen des Anlegers – Einbehalte in Form des Zinsabschlages mit dem Solidaritätszuschlag auf Zinseinkünfte. Ein unbeschränkt steuerpflichtiger Privatanleger kann unter einer der drei folgenden Voraussetzungen eine volle oder teilweise Befreiung seiner in einem inländischen Depot verwahrten Fondsanteile vom Zinsabschlag und dem Solidaritätszuschlag hierauf erreichen:

- Nutzung von Guthaben im so genannten Stückzinsentopf,
- Erteilung eines Freistellungsauftrages oder
- Vorlage einer Nichtveranlagungsbescheinigung.

In diesen Fällen sieht das depotführende Institut bei der Ausschüttung von Erträgnissen sowie der Gutschrift der Erlöses aus der Rückgabe von Fondsanteilen vom Einbehalt des dreißigprozentigen Zinsabschlages mit dem damit verbundenen Solidaritätszuschlag ab. Soweit die Abführung des Zinsabschlages mit dem Solidaritätszuschlag durch inländische thesaurierende Fonds zu einer Minderung des Anteilwertes geführt hat, erstattet das depotführende Institut den befreiten Anlegern die Differenz. Für eigenverwahrte ausschüttende oder thesaurierende Fonds können Anleger jedoch nicht von diesen Befreiungsmöglichkeiten Gebrauch machen.

Steuerpflichtige sind gehalten, nach Ablauf eines Kalenderjahres eine Einkommensteuererklärung abzugeben. In der Erklärung müssen alle Einkünfte aufgeführt werden, auch wenn sie schon einem Steuerabzug (zum Beispiel der Lohnsteuer oder Kapitalertragsteuer) unterlegen haben. Einkünfte aus Kapitalvermögen wie Zinsen und Dividenden müssen in der Anlage KSO zur Einkommensteuererklärung angeben werden.

Die endgültige Einkommensteuerschuld wird nach der Maßgabe des persönlichen Steuersatzes ermittelt. Hierauf werden die einbehaltenen Steuern angerechnet, soweit der Steuerpflichtige die entsprechenden Bescheinigungen zusammen mit der Einkommensteuererklärung einreicht. Falls die vorausbezahlten Steuern höher als die sich aufgrund der Steuererklärung ergebende Einkommensteuerschuld sind, werden – von Ausnahmen bei ausländischen Quellensteuern abgesehen – die Überzahlungen erstattet. Diese Grundsätze gelten auch für Investmentanteile.

Die Investmentfonds – Wertpapier-, Geldmarkt- und Offene Immobilienfonds – schütten in der Regel einmal im Jahr die vereinnahmten Erträge (Zinsen, Dividenden, Mieteinnahmen) an ihre Anteilinhaber aus. Gewinne aus dem Verkauf von Wertpapieren oder Grundstücken bleiben zur Stärkung der Substanz überwiegend im Fonds. Fondserträge sind wie alle anderen Kapitalerträge bei Privatanlegern im Kalenderjahr des Zuflusses zu erfassen. Bei ausschüttenden Fonds ist dies der Zeitpunkt der Ausschüttung, üblicherweise sechs bis neun Wochen nach dem Ende des Geschäftsjahres. Für die thesaurierende Variante ist hingegen die Ertragsthesaurierung am letzten Tag des Geschäftsjahres maßgebend. Die erwirtschafteten Erträge verbleiben dauerhaft im Fondsvermögen; eine Ausschüttung an den Anleger findet nicht statt.

Allerdings ist nicht die gesamte Ausschüttung zu versteuern. In der Ausschüttung enthaltene Gewinne aus dem Verkauf von Wertpapieren und Bezugsrechtserlösen bleiben im Privatvermögen – unabhängig von der Besitzdauer im Fonds – steuerfrei. Der private Inhaber von Fondsanteilen ist nach dem vielfach als Transparenzprinzip bezeichneten Konzept so zu stellen, als hätte er die im Fonds enthaltenen Aktien, Rentenwerte und Geldmarktanlagen unmittelbar erworben. Daraus folgt, dass wie bei einer vergleichbaren Direktanlage auf die steuerpflichtigen Zinserträge des Fonds ein Zinsabschlag, eine fünfundzwanzigprozentige Kapitalertragsteuer, jeweils zuzüglich des Solidaritätszuschlages, erhoben werden. Inhaber inländischer Investmentfonds müssen Dividendeneinnahmen nur zur Hälfte versteuern. Dagegen gilt für Dividendeneinnahmen ausländischer Fonds der volle Steuersatz.

Um den Sparerfreibetrag unverzüglich und nicht erst im Rahmen der Einkommensteuererklärung auszuschöpfen, kann jeder Anleger gegenüber seiner Investmentgesellschaft, Bank oder Sparkasse einen Freistellungsauftrag für seine Kapitaleinkünfte erteilen. Der Sparerfreibetrag beträgt 5000 DM, bei zusammenveranlagten Ehegatten beläuft er sich auf 6000 DM.

Ohne Nachweis entsprechender Aufwendungen kann ein Steuerpflichtiger darüber hinaus einen Werbungskostenpauschalbetrag von 100 DM (zusammenveranlagte Ehegatten 200 DM) beanspruchen. Höhere Werbungskosten, etwa Honorar für den Anlageberater, Aufwendungen für Fachliteratur, Büro- und Depotkosten, Safemiete sowie anfallende Telefonkosten können unter Beifügung entsprechender Belege geltend gemacht werden. Der Ausgabeaufschlag zählt nicht zu den Werbungskosten. Name und Adresse des Anlegers sowie die Höhe des tatsächlich in Anspruch genommen Freistellungsauftrags teilt die depotführende Stelle im Sammelantragsverfahren dem Bundesamt für Finanzen mit. Dieses unterrichtet ab bestimmten Beträgen das Wohnsitz-Finanzamt des Anlegers. Bei Eigenverwahrung der Fondsanteile ist eine Berücksichtigung der einbehaltenen Zinsabschlagsteuer nur im Rahmen der Einkommensteuererklärung möglich.

Anleger, die nicht zur Einkommensteuer veranlagt werden, können alternativ zum Freistellungsauftrag zinsabschlagpflichtige Erträge durch die Vorlage einer von ihrem Wohnsitzfinanzamt ausgestellten Nichtveranlagungsbescheinigung ohne Steuereinhalt vereinnahmen. Beträgt der Zeitraum zwischen Kauf und Verkauf von Fondsanteilen nicht mehr als zwölf Monate, so ist der Gewinn aus dem Verkauf als Spekulationsgeschäft steuerpflichtig. Die Frist beginnt mit dem Tag, der auf den Tag des Kaufes folgt. Liegen die gesamten Spekulationsgewinne eines Anlegers im Kalenderjahr unter 1000 DM, sind sie steuerfrei. Sobald sie diese Freigrenze überschreiten, ist der gesamte Gewinn zu versteuern. Für steuerlich zusammenveranlagte Eheleute gilt diese Freigrenze getrennt, so dass nicht ein Ehegatte die Freigrenze des anderen für seine Spekulationsgewinne nutzen kann.

Das Ergebnis nach Steuern jeder Wertpapieranlage wird nachhaltig von dem Anteil der steuerfreien Ertragsbestandteile an dem gesamten Wertzuwachs bestimmt. Dabei ist zu beachten, dass der Anteil der steuerfreien Kursgewinne am gesamten Ertrag bei Aktien im Allgemeinen höher ist als bei festverzinslichen Wertpapieren. Im Einzelfall kann sich durch Tausch von Renten- in Aktienfonds die Steuerlast senken lassen. Aktienfonds sind allerdings keine für jeden Zweck geeignete Anlageform. Vielmehr muss sich der Anleger für eine bestimmte Ertrag-Risiko-Kategorie entscheiden. Dividendenwerte kommen nach Ansicht von Fachleuten vor allem für jene Anleger in Betracht, denen die mit festverzinslichen Wertpapieren erzielbare Rendite nach Steuern nicht ausreicht und die bereit sind, dafür stärke Wertschwankungen in Kauf zu nehmen.

16. Gesetzliche Rahmenbedingungen

■ Finanzmarktförderungsgesetze

Mit dem internationalen Ruf der Bundesrepublik als Finanzplatz stand es zu Beginn der achtziger Jahre nicht zum Besten: Der Rechtsrahmen des deutschen Kapitalmarkts galt als dürftig, weil sich – anders als im Ausland – die Regeln weitgehend nur auf Geschäfte mit Aktien bezogen. Längst hatte sich jedoch auch ein schwunghafter Handel mit anderen Anlageformen entwickelt, etwa mit Anteilen an so genannten Publikumskommanditgesellschaften. Betrugsfälle beim Vertrieb und aufsehenerregende Unternehmenszusammenbrüche auf diesem „grauen" Kapitalmarkt riefen, da der Gesetzgeber untätig blieb, die Gerichte auf den Plan.

Die Europäische Union zwang dann unter anderem mit Richtlinien über die Transparenz von Beteiligungen an börsennotierten Gesellschaften, zum Verbot von Insiderhandel und über Wertpapierdienstleistungen den Bundestag zum Handeln. Mit dem Ersten Finanzmarktförderungsgesetz hob er 1990 die Besteuerung von Börsenumsätzen auf und glich die Wettbewerbsbedingungen der Investmentunternehmen an europäische Maßstäbe an. Vier Jahre später verabschiedete das Parlament nach langen Diskussionen das Zweite Finanzmarktförderungsgesetz. Das Paragrafenwerk sollte das Vertrauen der Anleger in die Integrität des Marktes stärken sowie der Internationalisierung und Elektronisierung des Wertpapierhandels Rechnung tragen. Bank- und Börsenrecht wurden modernisiert, Aktien-, Depot- und Kapitalanlagegesellschaften-Gesetz auf den neuesten Stand gebracht. Erstmals ermöglichte das Gesetz Geldmarktfonds; es setzte den Mindestnennbetrag von Aktien (auf damals fünf DM) herab und eröffnete Kapitalanlagegesellschaften neue Geschäftsmöglichkeiten. Die Börsenaufsicht durch die Bundesländer wurde ausgeweitet.

Den Schwerpunkt des Zweiten Finanzmarktförderungsgesetzes bildete jedoch das neu geschaffene Wertpapierhandelsgesetz. Das hierdurch ins Leben gerufene Bundesaufsichtsamt für den Wertpapierhandel in Frankfurt, das ein „Gütesiegel" im weltweiten Wettbewerb um Geldanleger darstellen sollte, erhielt weitreichende Kompetenzen: Kreditinstitute und sonstige Händler müssen der Behörde jegliches Geschäft mit denjenigen Wertpapieren oder Derivaten melden, „die zum Handel an einem organisierten Markt in einem Mitgliedstaat der Europäischen Union oder in einem anderen Vertragsstaat des Abkommens über den Europäischen Wirtschaftsraum zugelassen oder in den Freiverkehr einer inländischen Börse einbezogen sind". Das Amt ist ermächtigt, selbst Rechtsverordnungen zu erlassen, und kann die Auskunftspflichten der Betroffenen mit Zwangsmitteln durchsetzen; Verstöße können als Ordnungswidrigkeit oder sogar als Straftat geahndet werden. Eingeführt wurde außerdem die Pflicht zu so genannten Ad-hoc-Mitteilungen: Börsennotierte Aktiengesellschaften müssen „unverzüglich" neue Tatsachen aus ihrem Geschäftsbereich veröffentlichen, die den Kurs beeinflussen könnten; zuvor müssen die Börsen sowie das Bundesaufsichtsamt verständigt werden. Auch diese Vorschrift soll für Fairness, Gleichbehandlung und Transparenz sorgen und Insidergeschäften vorbeugen: Wenn eine geplante Übernahme die Kursphantasie der beteiligten Manager beflügelt, sollen auch die außenstehenden Anteilseigner davon profitieren können. Großanleger werden darüber hinaus zu einer Meldung verpflichtet, wenn ihr Stimmrechtsanteil bestimmte Schwellenwerte erreicht, über- oder unterschreitet; eine ähnliche Regelung fand sich zwar bereits im Aktiengesetz, schützte aber Anleger, die bei einer Entscheidung über den Erwerb von Anteilen eine ausreichende Informationsbasis über die Machtverhältnisse in der betreffenden Gesellschaft benötigen, weniger stark. Die Bekanntgabe des maßgeblichen Einflusses und der Verflechtungen der jeweiligen Unternehmen hat wegen des gesellschaftlichen Einflusses großer Firmen auch eine ordnungspolitische Bedeutung. Für Investoren, die diese bereits bei Erreichen einer Fünf-Prozent-Hürde einsetzenden Veröffentlichungspflichten verletzen, hat sich der Gesetzgeber eine besonders trickreiche und schmerzhafte Sanktion ausgedacht: Sie können ihre Stimmrechte nicht ausüben und verlieren den Anspruch auf ihre Dividende.

Den nächsten Erneuerungsschub für das Kapitalmarktrecht brachte 1998 das Dritte Finanzmarktförderungsgesetz. Die Ermittlungsbefugnisse des Bundesaufsichtsamtes für den Wertpapierhandel wurden gestärkt, ausländischen Unternehmen hingegen einige Lockerungen der Meldepflichten zugestanden. Auf Kritik der Schutzvereinigungen von Kleinanlegern stieß, dass die Verjährungsfristen für Schadensersatzansprüche wegen fehlerhafter Anlageberatung und unrichtiger Angaben in Verkaufsprospekten verkürzt wurden; im Gegenzug wurden jedoch unter anderem die Prüfungskompetenzen des Bundesamtes hinsichtlich dieser Hochglanz-Werbebroschüren ausgedehnt, allerdings nur auf deren Vollständigkeit, und der entsprechende Bußgeldrahmen auf eine Million DM verzehnfacht. Jungen Unternehmen wurde der Zugang zur Börse beim „Going Public" erleichtert. Erstmals geregelt wurde auch der gegenteilige Fall, nämlich der Rückzug vom dortigen Handel („Delisting"). Die Palette der Fondstypen wurde ausgeweitet. Insbesondere sind seither die so genannten Altersvorsorge-Sondervermögen (in anderen Ländern nennt man Derartiges schlicht Pensionsfonds) zulässig, die – angesichts der kriselnden „Staatsrente" – mit ihrer speziellen Mischung von Aktien- und Substanzwerten die private Alterssicherung stärken sollen. Erlaubt wurde Kapitalanlagegesellschaften ferner die Schaffung von Dachfonds zur Vermögensverwaltung für Investmentsparer. Änderungen im Gesetz über Unternehmensbeteiligungsgesellschaften erleichterten zudem die Bereitstellung von Wagniskapital für junge und mittelständische Betriebe.

Zugleich wurde mit dem Stückaktiengesetz den Unternehmen die Umstellung auf Anteilsscheine ohne Nennbetrag gestattet – eine Möglichkeit, die auch mit Blick auf die Einführung des Euro gerne genutzt worden ist, um die Umrechnung auf „krumme" Werte zu vermeiden. Mit dem Kapitalaufnahmeerleichterungsgesetz erhielten Konzerne die Erlaubnis, ihre Bi-

lanz statt nach den Rechnungslegungsvorschriften des deutschen Handelsgesetzbuchs gemäß internationalen Standards (US-GAAP oder IAS) zu erstellen. Dies erleichtert vor allem solchen Unternehmenszusammenschlüssen
die Aufstellung eines Jahresabschlusses, die an ausländischen Börsen notiert sind, wo sie ohnehin eine Bilanz nach den dort gebräuchlichen Methoden vorlegen müssen.

Auch seither ist die Gesetzgebungsmaschine in dem Bemühen, den
Standort Deutschland juristisch auf Vordermann zu bringen, nicht zum
Stillstand gekommen. Im Aktienrecht, das eng mit dem Kapitalmarktrecht
verflochten ist, hat das Gesetz zur Kontrolle und Transparenz im Unternehmensbereich (KonTraG) Mehr- und Höchststimmrechte einzelner Anteilseigner abgeschafft. Der Einfluss der Banken wurde ein wenig zurückgedrängt
und die Stellung des Aufsichtsrats als Vertretungsorgan der Aktionäre gegenüber dem Vorstand behutsam gestärkt. Der Rückkauf eigener Anteile
durch Unternehmen wurde ebenso erleichtert wie die Ausgabe von Aktienoptionsplänen (stock options) an das Management.

Mit dem Vierten Finanzmarktförderungsgesetz steht die Struktur der
staatlichen Börsenaufsicht auf dem Prüfstand. Hoffnungen richten sich hier
zudem auf die Einführung von Betriebspensionsfonds und eine Reform des
Börsenterminrechts. Zum Schutz der Anleger könnten Berichtspflichten der
Unternehmen, welche bislang auf den Amtlichen Handel beschränkt sind,
auf den Geregelten Markt ausgedehnt werden. Zugleich soll der Straftatbe-
stand im Börsengesetz gegen Kursmanipulationen handhabbar gestaltet
werden. In Vorbereitung ist obendrein ein Gesetz, das Anteilseignern die
Ausübung ihrer Stimmrechte auf elektronischem Weg sowie die Ausgabe
von Namensaktien erleichtern soll. Diese kommen zunehmend in Mode,
weil sie die Kontaktpflege zum Anleger (investor relationship) erleichtern.
Im anglo-amerikanischen Raum, wo sie ohnehin verbeitet sind, eignen sie
sich auch besser als „Akquisitionswährung" bei Firmenübernahmen.

17.   Ratschläge für den Umgang mit den Medien

■ Der Umgang mit den Medien

1.   Kleine Informationen kündigen große Umwälzungen an

Anfang der achtziger Jahre erschienen in amerikanischen Zeitungen Notizen, wonach das amerikanische Verteidigungsministerium damit begonnen habe, bisher streng gehütete Geheimnisse militärischer Nachrichtentechnik für die zivile Forschung und für die praktische Auswertung freizugeben. Viel Aufsehen erregten die damaligen Hinweise nicht.

Ebenso wenig erkannten die Börsianer an der Wall Street die Bedeutung jener Zeitungsmeldung 1980, dass der IBM-Konzern von einem bis dahin unbekannten Programmierer Bill Gates sein Microsoft-Disc Operating System erworben hätte. Damit war aber der Grundstein zu einer technischen Revolution gelegt. Als 1986 Bill Gates' Firma Microsoft an die Börse ging, ließ dies anfänglich auch nur einen kleinen Kreis von Neugierigen aufmerken. Nur wer frühzeitig auf Bill Gates und seine neue Gesellschaft gesetzt hatte, dem war zu gratulieren. Ein Anteil Microsoft kostete anfänglich 21 Dollar. Im Jahr 2000 war die Aktie, bei ständigen Kursschwankungen und unzähliger Aktiensplitts pro Stück mehr als 15000 Dollar wert. Als eine Zeitung in San Franzisko ein Foto veröffentlichte, das den damaligen Präsidenten der Vereinigten Staaten Ronald Reagan im Gespräch mit Bill Gates in Palo Alto, dem Sitz der Stanfort Universität, zeigte, da erst horchte ein breiterer Kreis von Anlegern auf. Der Schulterschluss zwischen der Regierung und der „Bill Gates Generation" wurde auch am Kapitalmarkt vollzogen.

In Autogaragen wurde Amerika neu entdeckt. In atemberaubendem Tempo wurde geforscht und wurden neue Produkte entwickelt, die den Übergang von der Industrie- zur Kommunikationsgesellschaft herbeiführten. Wer Zeitung las und verstand, was sich hinter der neuen Technik alles verbergen könnte, der konnte – mit einem Schuss Fantasie – sein Glück an der Börse machen. Der Run auf eine neue Generation von Aktien im High Tech-Bereich in den neunziger Jahren glich dem Goldrausch des vorigen Jahrhunderts.

Bis High Tech-Aktien in Europa bekannt wurden, dauerte es noch länger als in Amerika. Amerikanische Broker, die die neuen Unternehmen zu vermarkten begannen, ließen sich in Deutschland schon in den achtziger

Jahren hören. So stand in München damals schon ein Finanzkongress im Zeichen der „New Economy". Die Europäer blieben jedoch zunächst zurückhaltend. Die Sendboten der neuen Zeit hatten es schwer, ihre Jünger zu finden. Als man damals in München die Amerikaner fragte, welche neuen Aktien man denn kaufen sollte, um sich an der High Tech-Industrie zu beteiligen, wurde ein Dutzend Namen genannt, die man heute alle nicht mehr kennt. Microsoft war nicht dabei. Die alte Börsenregel „Wer zu früh Recht hat, hat oft Unrecht" bestätigte sich aufs Neue. Wer jedoch Zeitungsmeldungen lesen konnte, war der Zeit auf dem Weg in die neue Kommunikationsgesellschaft voraus.

Der 1999 verstorbene Börsenkolumnist André Kostolany war für seine überspitzten Formulierungen bekannt. Gefragt, wie man am besten an der Börse verdienen könne, meinte er, das sei ganz einfach. Man sollte ein paar Qualitätsaktien kaufen, nachdem man sie sich vorher genau angesehen hatte. Dann brauche man nur zur nächsten Ecke in die Apotheke zu gehen und sich Schlaftabletten zu kaufen. Wache man nach fünf Jahren wieder auf, würde man bestimmt reich geworden sein. Ganz so einfach ist es natürlich nicht. Auch die besten Unternehmen können aufgrund von Marktveränderungen und falscher Entscheidungen über Nacht abstürzen. In den letzten Jahrzehnten hatte manches Großunternehmen aus der „Old Economy" nicht mehr gehalten, was sich die Anleger bisher davon versprachen. Wer aber Bilanzanalysen in den Zeitungen zu lesen verstand, konnte zwischen den Zeilen frühzeitig aufziehende Gewitter in bestimmten Branchen wahrnehmen.

Wie schwierig es ist, sich ein Bild von einem Unternehmen zu machen, lässt sich am Fall der Kanaltunnel-Aktien in den neunziger Jahren ersehen. Bevor der erste Spatenstich unter Wasser getan worden war, gab es einen Run auf die neuen Aktien. Sie wurden anfänglich bis auf Kurse von 6,40 Euro in die Höhe getrieben. 2000 konnte man sie an der Pariser Börse zu 1,40 Euro kaufen. Die Rechnung der Gesellschaft ging zunächst nicht auf. Das Unternehmen geriet tief in die roten Zahlen. Das alles wurde frühzeitig in Zeitungen prognostiziert. Dann gab es einen Meinungsumschwung. Der Tunnel werde sich doch noch rentieren. Sogar eine zweite Röhre wird inzwischen geplant. Vielleicht haben jetzt Aktionäre mit Verspätung doch noch Glück.

Brauchen wir aber Zeitungen überhaupt noch? Werden wir nicht auf viel modernere Weise mit Nachrichten versorgt? Ein Klick im Internet dauert Sekunden. In den elektronischen Medien dauert es Bruchteile von Sekunden, um Nachrichten zu übermitteln. Die Zeitung wird vergleichsweise im Schneckentempo produziert und vertrieben. Aber was nützen die vielen schnellen Informationshäppchen, die im Internet und im Fernsehen täglich serviert werden? Der Kaufmann, der Bankier, die Politiker und schließlich auch die Kapitalanleger müssen es genauer wissen. Sie brauchen Hintergrund, Analyse, Deutung. Da ist die Zeitung immer noch allen anderen Medien voraus.

Der Sparer wird heute mit verlockenden Angeboten aus vielfältigen Quellen überschwemmt. Wenn wir versuchen, uns einen Reim auf alles zu machen, was wir angeboten bekommen, stehen wir eher ratlos den Offerten gegenüber. Geld kann man heute in den entferntesten Ländern der Welt investieren. Hohe Renditen werden versprochen. Aber ob der nächste Zinskupon einer südamerikanischen Dollar-Anleihe auch pünktlich bezahlt werden wird, das ist nicht so sicher. Hier kann der Zeitungsleser zu allererst Hilfe erwarten. Vor allem in der Zeitung wird der Anleger Hintergrundberichte finden, etwa über die Lage in großen Schuldnerländern. Die Zeitung unterrichtet über die konjunkturelle Entwicklung einzelner Wirtschaftszweige. Das hängt oft genug mit gesellschaftlichen Veränderungen, manchmal auch mit Klimakatastrophen zusammen. Der Zeitungsleser kann sich frühzeitig Gedanken darüber machen, wo er sein Geld vielleicht in nächster Zeit am vorteilhaftesten anlegen könnte, oder von welchen Märkten er es lieber rechtzeitig abziehen sollte.

Kurse und Preise werden oft maßgeblich von der Politik beeinflusst. Wenn wir wissen, was sich auf der politischen Bühne abspielt und wie es in der Politik weitergehen dürfte, können wir das in unserem eigenen Erwartungshorizont im Umgang mit unserem Geld einbeziehen. Für den Einfluss der Politik auf unser Leben gibt es zwei große Ereignisse im 20. Jahrhundert, dem Zweiten Weltkrieg bis 1945 und die große Ölkrise in den siebziger Jahren.

Als das Ende des Zweiten Weltkrieges näherrückte und Millionen von Deutschen aus den Ostprovinzen vor den Russen flüchteten, enthüllte Reichspropagandaminister Joseph Goebbels im März 1945 in einer Kolumne in der Zeitschrift „Das Reich" den von allen ausländischen Nachrichtenwellen abgeschnittenen Deutschen ein Geheimnis. Er schrieb: Die Gegner wollten Deutschland, wenn es die Waffen strecke, in vier Teile zerstückeln. Dieser Hinweis war als ein letzter Appell zum Durchhalten gedacht. Wer aber damals aufmerksam Zeitung las, für den konnte die Goebbelsche Bemerkung indessen ein Vermögen, ja ein Leben wert sein. Der Hinweis auf die Teilung Deutschlands (sie war im Februar 1945 auf der Krim beschlossen worden, aber in Deutschland nicht bekannt) war nur so zu interpretieren, dass die Russen nicht im Rheinland und die Amerikaner nicht zwischen Oder und Elbe herrschen würden. Die drei Westalliierten würden, so konnte man vermuten, den westlichen Teil Deutschlands bekommen.

Später berichtete ein Berliner Börsianer von seiner Flucht kurz vor Kriegsende nach Frankfurt am Main. Der Goebbels-Artikel hatte ihn elektrisiert. Er zog noch am gleich Tag die Konsequenzen, ließ Hab und Gut in Berlin zurück, steckte alle seine Effekten in einen Rucksack und machte sich auf in den Westen, bevor auch noch die Amerikaner nach Frankfurt kamen. Am 8. Mai 1945 hieß es dann in einer der ersten Befehle der Russen in Groß-Berlin (also für den damaligen Ost- und den späteren Westsektoren), sämtliche Bankkonten würden gesperrt, Wertpapiere seien nicht mehr handelsfähig. In den westlichen Sektoren aber blieben die Privatguthaben in Reichsmark erhalten. Banken und Sparkassen öffneten bald wieder ihre Schalter, und noch vor der Währungsreform gab es wieder eine Börse in Frankfurt. Die Berliner Börse im Sowjetischen Sektor blieb geschlossen. Die Russen heizten ihre Gulaschkanonen mit dem Inhalt geplünderter Reichsbanktresore. Im Westen begann das zivile Leben, nicht zuletzt mit Hilfe des Bank- und Börsenhandels, noch in der Reichsmarkzeit, was unschätzbare Vorteile für die Menschen hatte.

Im Oktober 1973 wurde Israel von arabischen Staaten in den Jom-Kippur-Krieg verwickelt. Die Länder des Nahen Ostens bildeten ein Ölkartell und trieben den Rohölpreis in kurzer Zeit von 1,80 Dollar auf zunächst 20 Dollar und schließlich bis auf 36 Dollar pro Fass. Alle Verbraucherländer auch in Europa und Amerika gerieten in Schwierigkeiten, die Weltwirtschaft beinahe aus den Fugen. Ende 1974 folgte eine weltweite Rezession. Natürlich fand diese dramatische Entwicklung eine Antwort an Märkten und Börsen. Dass es im Nahen Osten brodelte, war schon in den sechziger Jahren kein Geheimnis mehr. Man musste ganz einfach damit rechnen, dass die Scheichs den Ölhahn bei passender Gelegenheit zudrehen würden. In den Zeitungen wurden ständig Berichte über die Zuspitzung der Krise veröffentlicht. In der Wirtschaft und an den Börsen gab es ein frühes Wetterleuchten. Wer Zeitungen zu lesen verstand, der wurde 1973 nicht überrascht. Eine der frühzeitigen Reaktionen war eine Flucht in die Grundstücksmärkte. Hier wurde während der Ölkrise schnell übertrieben, so dass es dann schon 1975 auch an dem Grundstücksmarkt wieder nach unten ging. Am meisten aber wurde der Dollar betroffen. Der Run auf Gold begann, und schließlich wurde der Preis für eine Unze Feingold, die vor 1973 etwa 40 Dollar kostete, bis auf 850 Dollar am 21. Januar 1980 hochgetrieben. Dann begann die Wende, nicht nur am Goldmarkt. Es dauerte indessen Jahre, bis wieder eine Normalisierung eintrat. Was da geschah, stand alles frühzeitig in der Zeitung.

Die alte Sehnsucht des Menschen, einen Blick in die Zukunft werfen zu können, wird die Zeiten überdauern. Kann uns die Zeitung helfen? Sie kann es, ebenso wie andere Informationsmedien. Sie beschreibt alle Tage die Gegenwart, sie liefert den Hintergrund für alles, was ist und vermutlich werden wird. Von der richtigen Einschätzung der Information hängt der Wert jeder Zeitungsnotiz für den Leser ab. Das gilt auch für Geldgeschäfte.

Eines der Geheimnisse, die Zukunft zu deuten, ist das Wissen um den zyklischen Verlauf alles Wirtschaftens. In der Zeitung erhalten wir Auskunft. Wirtschafts- und Finanzteile von Zeitungen mit ihrer breiten Kursberichterstattung sind ein unentbehrliches Hilfsmittel, um den Wald vor Bäumen zu sehen. Der Mensch ist von Natur aus zyklisch programmiert. Er lebt in einem 24-Stunden-Rhythmus zwischen Tag und Nacht. Er ist dem Wechsel der Jahreszeiten ausgeliefert. Das ganze Leben lang bestimmen die Zyklen unser Verhalten. Dies hat auch für die Ökonomie seine Folgen.

Zwischen den beiden Weltkriegen wurden von den Ökonomen Kondratieff und Joseph Schumpeter Theorien von wiederkehrenden langen und kurzen Wellen in der Weltwirtschaft entwickelt. Anfang der dreißiger Jahre konzipierte der russische Wissenschaftler Kondratieff seine Theorie der „langen Wellen" von jeweils 50 bis 60 Jahren. Am Ende jedes Langzeitzyklus gäbe es fundamentale Veränderungen im technischen Fortschritt und zugleich auch in der gesellschaftlichen Entwicklung.

Nach Schumpeter hat es seit Beginn des industriellen Zeitalters bisher vier lange Wellen gegeben:
1. 1800 bis 1850: Die Zeit der Frühmechanisierung und der Dampfmaschine.
2. 1850 bis 1890: Die Zeit der Elektrizität und der Eisenbahnen.
3. 1890 bis 1940: Die Zeit der Serienfabrikation, der Entwicklung des Autos und der Flugzeuge.
4. 1940 bis 1990: Die Zeit der Automatisierung und der Computer.

Folgt man dieser Theorie, befinden wir uns jetzt mitten in der fünften langen Welle – der neuen Informations- und Kommunikations-Gesellschaft. Zeitungsleser sind mit den umwälzenden zyklischen Veränderungen frühzeitig konfrontiert worden. Wer las, konnte manches voraussehen, was um die Jahrhundertwende das Leben veränderte.

Innerhalb jedes langen Zyklus gibt es nun wiederum kurzfristige Wellen, Perioden von fünf bis sieben Jahren. In einem Langzeitzyklus pflegen die Börsen und auch die Unternehmen aufgrund aller Erfahrung immer wieder zu übertreiben. Die Konjunktur läuft heiß, die Zentralbanken müssen bremsen, und die Börsen eilen den Gewinnerwartungen weit voraus. Es kommt zu Übertreibungen, die dann durch Geldverknappung und Geldverteuerung der Notenbanken korrigiert werden müssen. Die Börsenkurse fallen, und die Konjunktur kühlt sich ab. Die Märkte werden im Rahmen der kleinen Zyklen immer wieder auf den Boden der Realitäten zurückgeführt. Sind die Spekulationsblasen geplatzt und finden die Märkte wieder auf den Boden der Realitäten zurück, dann beginnt ein neuer „kleiner Zyklus", es geht wieder bergauf. Diese kurzfristigen Bewegungen sind sehr deutlich an den Kapitalmärkten, in der Geldpolitik der Zentralbanken und schließlich im Verhalten der Unternehmen erkennbar und spiegeln sich in den Informationen der Medien wider.

Folgt man den zyklischen Gesetzen, dürfte der gegenwärtige Kommunikationszyklus etwa um das Jahr 2030 herum zu Ende gehen. Wenn es so wäre, stünden uns an der Schwelle des neuen Jahrhunderts noch viele Jahre eines starken Wachstums in der Weltwirtschaft bevor. Aber wer langfristig denkt und disponiert, auch wer sich – in mittleren Jahren stehend – heute Gedanken über seine Altersversorgung macht, tut gut daran, damit zu rechnen, dass die gegenwärtige lange Welle wohl mit ziemlicher Sicherheit auf jeden Fall noch vor Beginn der zweiten Hälfte des Jahrhunderts zu Ende gehen dürfte. Der Zeitungsleser wird an vielen kleinen, scheinbar nebensächlichen Nachrichten frühzeitig das Auslaufen der Dynamik auch des „5. Kondrattief" erkennen können.

Für den Alltag und damit auch für langfristige Anlagedispositionen in den Unternehmen und am Kapitalmarkt ist auch ständige Beobachtung der kurzen Wellen wichtig. Wer die kurzen Wellenbewegungen ständig registriert und zu bewerten versteht, kann zweifellos daraus Vorteile ziehen. Was kann getan werden, um systematisch den Rhythmus eines kurzfristigen Zyklus zu verfolgen? Eine Antwort darauf kann das Führen eines zyklischen Kalendariums sein. Wir tragen die Erwartungen etwa in der Geldpolitik in den Kalender ein, malen uns gleichzeitig die Folgen von geldpolitischen Veränderungen aus und stellen uns vor, wie sich das etwa an der Börsen auswirken könnte. Wechselt die Notenbankpolitik von billigem Geld zu teurem Geld, dann wird das in Etappen geschehen, und diese Etappen lassen sich vorzüglich in einem Kalendarium erfassen, womit wir frühzeitig die Folgen etwa von Zinsveränderungen für unsere Entscheidungen nutzbar machen können. Zugegeben: Das zyklische Kalendarium ist ein recht einfaches und vielleicht primitives Mittel, uns rechtzeitig Vorstel-

Zyklisches Kalendarium*)

Datum	Erwartung	Entscheidung	Folgen	Reaktion
1. 3.	Gerüchte Geld-zinserhöhung	1. 4. Euro-Zins-erhöhung + 0,5 Prozent	Geldmarktzins + 0,5 Prozent	Anleihekäufe einstellen Aktien selek-tieren
1. 6.	Weitere Geld-verteuerung wahrscheinlich	1. 8. Euro-Zins-erhöhung + 1,0 Prozent	Geld und Kapital teuerer, Bond-kurse fallen	Anleihen ver-kaufen, Aktien-bestände ab-bauen
10. 1.	Neue Geld-verteuerung wahrscheinlich	10. 2. Euro-Zins-erhöhung + 1,0 Prozent	Renten-Baisse Konjunkturrück-gang	Höherverzinste Anleihen kaufen Aktien meiden

*) = Beispiel, Zins- Konjunktur- und Börsenentwicklung am Beginn einer fünf- bis sechsjährigen kurzen Welle im Rahmen eines fünfzigjährigen Langzeit-Zyklus.
Am Ende einer fünfjährigen kurzen Welle wird sich frühzeitig eine Kapital- und Geldzinsentspannung erkennen lassen. Geldzinsen und Kapitalrenditen werden langsam billiger, ein Einstieg in die zuvor stark gedrückten Aktien ist weniger risikoreich.
Die jeweiligen Erwartungen – Zinsentscheidungen der Zentralbank und die Folgen für Konjunktur und Börsen – sind aus der Zeitung frühzeitig erkennbar.

lungen von der nächsten Zukunft zu machen. Der Vorteil ist, dass solche Aufzeichnungen ohne großen Aufwand möglich sind. Wir brauchen dazu nur einen Bleistift und eine Zeitung.

Unsere Medienlandschaft wird zwar mit Texten und Bildern über-schwemmt, aber deren Qualität lässt oft zu wünschen übrig. Immer weni-ger von dem Stoff, der uns so überreichlich geboten wird, können wir überhaupt noch verdauen. Die Kurse von heute können wir uns zwar über-all beschaffen. Aber warum der Kurs der Aktie X plötzlich fällt und der Wert der Aktie Y mit einmal überdurchschnittlich steigt, das ist aus den Tageskursen nicht erkennbar. Erst durch Hintergrundberichte und Analy-sen erfahren wir, wie sich die Kursveränderungen erklären. Die Zeitung wird alle Ereignisse, von der Politik angefangen über Wirtschaft, Zinsen und Börsen, registrieren und auch kommentieren. Den Wert der Kommen-tare schätzen wir nach der Verlässlichkeit der Kommentatoren ab, die der Zeitungsleser kennt.

Umfragen am Anfang unseres neuen Jahrhunderts haben ergeben, dass die elektronischen Medien keineswegs die Zeitungen verdrängt haben. Ganz im Gegenteil. Das Zeitungslesen hat eher zugenommen, weil man in der Informationsflut Einordnung und Deutung sucht.

2. Die Zeitungen und die Wirtschaft

Medien und Wirtschaft haben daher mehr gemeinsam, als man annimmt. Die frühesten Einrichtungen einer geregelten Nachrichtenübermittlung wurden unter anderem mit von Kaufleuten geschaffen. Als im Mittelalter die Städte und damit Gewerbe und Handel aufblühten und Ende des 15. Jahrhunderts von Mitteleuropa aus die Entdeckung und Eroberung der Welt begann, bildeten die geschriebenen Mitteilungen der Kaufleute eine der Hauptnachrichtenquellen. Große Handelshäuser wie die Fugger oder die Welser, die nicht nur über ihre Unternehmungen in den verschiedenen Ländern im Bild sein mussten, sondern deren Geschäfte auch sehr stark von der politischen Entwicklung in der Welt abhingen, ließen sich durch ihre Agenten oder Geschäftsfreunde fortlaufend über alles Neue unterrichten. Besonders Auslandsnachrichten wurden auf diesem Wege gesammelt. Die Kaufmannsbriefe bildeten damals eine der Hauptquellen für das Wissen von ausländischen Ereignissen. Berühmt geworden sind vor allem die Nachrichtensammlungen des Hauses Fugger, die „Fugger-Zeitungen".

Die großen Handelsplätze wie Augsburg, Nürnberg, Frankfurt, Genua, Venedig, Brüssel oder Lyon waren zugleich wichtige Nachrichtenzentren. Die Nachricht steht am Anfang der Zeitungsgeschichte. Auch das Wort Zeitung bedeutete ursprünglich nichts anderes als Nachricht oder Neuigkeit. Die ersten – allerdings in unregelmäßiger Folge gedruckten – Nachrichtenblätter waren die „Neuen Zeitungen", was so viel hieß wie „Neueste Nachrichten". Die frühesten periodisch erscheinenden Blätter waren die „Messrelationen". Sie wurden in der Regel zwei- bis dreimal jährlich zu den jeweiligen Messen – daher der Name – veröffentlicht und enthielten eine Übersicht über das bis dahin Geschehene. Sie waren Medien im Dienst der Wirtschaft. Die Messrelationen wurden im 17. Jahrhundert von meist wöchentlich erscheinenden Blättern abgelöst, die in fast allen größeren Städten herausgegeben wurden. Sie enthielten neben allgemeinen Nachrichten vom Weltgeschehen, insbesondere von den damaligen Kriegen, schon zahlreiche wirtschaftliche Informationen wie Berichte über Geldgeschäfte der einzelnen Staaten, der Fürsten und der Städte, Notierungen von Wechselkursen, Mitteilungen aus den großen Hafenstädten über ein- und auslaufende Schiffe, Ernteberichte und Konkursmeldungen.

Wichtig für die Entwicklung der Zeitungen waren auch die im 17. Jahrhundert entstandenen Intelligenzblätter. Der Begriff Intelligenzblatt kommt von intellegere – Einsicht nehmen. Sie gingen hervor aus den von

Zeitungsleser von Bildhauer Kurt Laurenz Metzler; Aluminium und Bronze (Unikat)

einem Franzosen erfundenen, öffentlich einsehbaren Inseratenlisten. Hier kommt ein weiteres Interesse der Wirtschaft ins Spiel: die Zeitungen als Anzeigenplattform.

Von diesen Anfängen des Zeitungswesens bis zu den Zeitungen von heute, von den Geschäftsmitteilungen über die früheren „Handels-Nachrichten" bis zu allgemein verständlichen Wirtschaftsteilen, ist ein weiter Weg gewesen. Immer waren jedoch Entwicklung und Bedürfnis der Wirtschaft in starkem Maße mit der Entwicklung der Medien verknüpft. Das zeigte sich besonders in der Zeit der Industrialisierung im 19. Jahrhundert. Technische Fortschritte durch die Einführung des Telegrafen oder die Verbreitung des Telefons, durch die Konstruktion von Setzmaschinen und Rotationsmaschinen gaben dem Nachrichtenwesen und den Zeitungen neue Impulse. Damals entstand die Massenpresse, die nicht mehr nur im Abonnement, sondern auch im Straßenverkauf abgesetzt wurde. Die Wirtschaftsberichterstattung erhielt entscheidende Impulse durch den Aufschwung der Börsen. Denn wo sonst als an der Börse zahlte sich die bessere und vor allem schnellere Information sofort in barer Münze aus? Aus dem Bestreben, Börseninformationen auf schnellstem Wege zu verbreiten, entstanden die ersten Nachrichtenagenturen. Durch die Freigabe der elektrischen Telegrafenleitungen Aachen-Berlin für die Übermittlung privater Nachrichten konnte zum Beispiel das Wolffsche Telegraphenbüro 1849 erstmals in der Berliner Nationalzeitung Kursberichte aus Amsterdam und Frankfurt vom Vortag veröffentlichen. Im 20. Jahrhundert hat die elektronische Datenverarbeitung die Nachrichtenübermittlung weiter revolutioniert, nicht zuletzt an den Börsen. Die Zeitungsherstellung ist durch elektronisch gesteuerte Redaktionssysteme perfektioniert worden. Mit den neuen elektronischen Medien, vor allem mit der Online-Information im Internet, ist den gedruckten Medien eine neue Konkurrenz entstanden, die vor allem als zielgerichtetes Suchmedium genutzt wird.

Journalismus als Aufklärung

Auch die Vorgängerin der Frankfurter Allgemeinen Zeitung, die vielzitierte Frankfurter Zeitung, ist aus einer Affinität zur Wirtschaft entstanden. Sie wurde gegründet von den Bankiers H. B. Rosenthal und Leopold Sonnemann. Rosenthal hatte schon 1856 für seine Kundschaft täglich einen „Geschäftsbericht" über die Lage an der Börse und in der Wirtschaft herausgegeben. Daraus wurde die „Frankfurter Handelszeitung" und 1866 die „Frankfurter Zeitung". Sonnemann ging es darum, „dem deutschen Publikum die großen Gefahren des Aktienwesens nahe zu legen". Er hatte auch einen handfesten Anlass für sein Vorhaben: Sein Vater hatte bei einer Aktienemission Geld verloren, und andere Zeitungen wollten darüber nicht berichten.

Bei Sonnemann ging es also nicht mehr allein um Nachrichtensammlung zu Gunsten eines eng umgrenzten privilegierten Leserkreises wie in den Anfängen. Die Interessen eines breiten Publikums wurden in den Vordergrund gerückt, so wie heute wieder im Zeichen des Börsenbooms. Schon 1784 hatte der Gymnasialprofessor Karl Philipp Moritz in seiner Schrift „Ideal einer gedruckten vollkommenen Zeitung" gefordert, es solle ein Blatt für das Volk sein. Moritz sah die Zeitung als moralische Anstalt. Sie sollte die Stimme der Wahrheit sein. Sie sollte aufdecken, was lobens- oder tadelnswert erschien, und aus der Flut der Begebenheiten das herausheben, was die Menschen interessiert. Die von aufklärerischem Pathos getragene Forderung hat seither die Entwicklung der Zeitungen immer wieder mitbestimmt. Diese Entwicklung war keineswegs auf Deutschland beschränkt. In der zweiten Hälfte des vorigen Jahrhunderts entstand in Amerika das, was heute als investigativer Journalismus bekannt ist. Der amerikanische Verleger Pulitzer, dessen Namen den renommiertesten amerikanischen Journalistenpreis ziert, formulierte 1872 sein journalistisches Rezept wie folgt: „Politische und moralische Reform durch Sensation." Und später schrieb er: „Die Presse mag ausschweifend sein. Aber sie ist das moralische Werkzeug der Welt von heute. Durch die Furcht vor der Presse werden mehr Verbrechen, Korruption und Unmoral verhindert als durch das Gesetz." Die Frankfurter Zeitung schrieb 1901: „An die Presse wird das schwer zu erfüllende Verlangen gestellt, dass sie das Unsolide, das Unreelle, das Schwindelhafte schon in den Anfängen zutreffend erkenne … und das Publikum warne, solange noch Zeit dazu ist. Soll dies wirksam geschehen, soll es gerade die große Menge schützen, die nicht sachkundig und selbstdenkend genug ist, so muss die Presse auch Fraktur schreiben dürfen." Auch der heute häufig anzutreffende parteiische anwaltschaftliche Journalismus hat seine Wurzeln im vorigen Jahrhundert. Das zeigt das Beispiel des Textilfabrikantensohns Friedrich Engels, der als Journalist tätig war und im Ton der Zuverlässigkeit Überzeugungen formulierte statt Tatsachen, wie es in einer Marx-Biographie heißt. Oft hätten bei ihm Behauptungen anstelle von Informationen gestanden.

■ Die Pressefreiheit liegt in der Vielfalt

Aus diesen Anfängen und unterschiedlichen Ansätzen erklärt sich die Vielfalt der Zeitungen und ihrer Inhalte. In einer auf Privateigentum gegründeten freiheitlichen Gesellschaftsordnung wie in der Bundesrepublik sind Zeitungsverlage privatwirtschaftliche Unternehmen, deren Tätigkeit anders als in früheren Zeiten durch die im Grundgesetz verankerte Meinungs-, Informations- und Pressefreiheit gesichert ist. Danach hat jeder das Recht, seine Meinung in Wort, Schrift und Bild frei zu äußern und zu verbreiten. Der Verleger entscheidet im Prinzipiellen, was für eine Zeitung er machen will: ein Boulevardblatt wie die Bildzeitung oder eine reine Wirtschaftszeitung wie das Handelsblatt oder die Börsen-Zeitung, ein Regionalblatt wie die Stuttgarter Zeitung oder eine überregionale Tageszeitung wie die Frankfurter Allgemeine Zeitung oder die Welt, eine Wochenzeitung wie die Zeit oder ein Sonntagsblatt wie die Welt am Sonntag. Dabei sind Zeitungsunternehmen Unternehmen eigener Art: Der Verleger ist zwar Unternehmer und Arbeitgeber, aber Redakteure sind persönlich für den Inhalt der Zeitung verantwortlich. In jeder Zeitung weist das Impressum (lateinisch „das Gedruckte") als Pflichteindruck aus, wer die juristische Verantwortung für die redaktionellen Inhalte und für den Anzeigenteil trägt. Die Pressefreiheit besteht in der Vielfalt der Verleger, ihrer Zeitungen und in ihrer Konkurrenz untereinander. Jeder Verleger kann sich sein Publikum suchen, jeder Leser seine Zeitung und jeder Journalist das Verlagsunternehmen und die Zeitung, in der er und für die er arbeiten will.

■ Das Presserecht setzt Grenzen

Pressefreiheit ist nicht schrankenlos. Als Einrichtung freiwilliger Selbstkontrolle wacht der Deutsche Presserat über die Einhaltung eines Ehrenkodex – freilich mit begrenzten Einflussmöglichkeiten. In den Pressegesetzen der Bundesländer ist festgelegt, dass Nachrichten vor ihrer Verbreitung mit der nach den Umständen gebotenen Sorgfalt auf Inhalt, Wahrheit und Herkunft zu überprüfen sind (Sorgfaltspflicht). Das spielt für die Wirtschaftsteile eine besondere Rolle, weil hier fast immer auch finanzielle Folgen mitzubedenken sind. Das Presserecht sieht bei Tatsachenbehauptungen – ganz gleich ob sie falsch oder doch richtig sind – die Möglichkeit von Gegendarstellungen durch die Betroffenen vor. Eine Gegendarstellung dient nach Feststellungen des Bundesgerichtshofs „einem elementaren Schutzinteresse der durch Zeitungsveröffentlichung Betroffenen gegenüber den großen Einflussmöglichkeiten der modernen Presse". Der Schutz wird noch dadurch verstärkt, dass die Entgegnung des Betroffenen vom Nachweis der Wahrheit und Richtigkeit freigestellt wird. Gegendarstellungen haben also mit Wahrheitsfindung nichts zu tun. Bei wahrheitswidrigen Zeitungsmeldungen kann unter Umständen auch Widerruf verlangt werden. Die Zeitung muss dann den Hinweis veröffentlichen, sie hielte die Darstellung nicht aufrecht. Schließlich sind zivilrechtliche Schadensersatzansprüche möglich, wenn Veröffentlichungen schuldhaft zu nachweisbaren Schäden geführt haben. Das kann für eine Zeitung sehr teuer werden, wenn sie zum Beispiel ein Unternehmen mit einer Falschmeldung über finanzielle Schwierigkeiten ins Gerede bringt.

3. Wie Nachrichten entstehen

Tag für Tag fließt ein unaufhaltsamer Strom von Nachrichten in die Redaktionen der Medienhäuser. Dieser Nachrichtenstrom aus aller Welt wird in den Redaktionen kanalisiert und durch einen Filter gepresst, um für die Leser Nutzer, Hörer, Zuschauer verdaulich zu werden; denn mehr als ein bestimmtes Maß an Neuigkeiten können und wollen sie nicht aufnehmen. Der tägliche Materialzufluss in der Hamburger Zentrale der Deutschen Presse Agentur aus dem eigenen Korrespondenten- und Mitarbeiternetz liegt bei 280 000 Wörtern. Dazu kommt die schwer bezifferbare Flut von Nachrichten, die die Agentur in anderer Form erreicht.

Wenn man 10 Wörter in eine Zeile und 40 Zeilen auf eine Buchseite druckte, dann ergäbe dieser tägliche Nachrichtenzustrom ein Buch von mindestens 700 Seiten. Davon gibt dpa in seinem 24-stündigen Basisdienst 105 000 Wörter täglich weiter, also etwa die Hälfte der eingehenden Wörter. Große Tageszeitungen wie die Frankfurter Allgemeine Zeitung oder auch Rundfunk und Fernsehen wählen für ihre Nachrichtenblocks aus einem Angebot von gut 300 000 Wörtern aus. Davon ist nur ein kleiner Teil in einer Zeitungsausgabe unterzubringen. Bei kleineren Zeitungen mit weniger Platz kann von dem anfallenden Material noch weniger veröffentlicht werden. Nur in den elektronischen Medien fließt der Strom unaufhörlich.

■ Die Nachrichtenquellen

Die Massenmedien beziehen ihr Material im Wesentlichen aus folgenden Quellen:

- durch eigene Redakteure und Korrespondenten, die wiederum weitergeben, was sie gesehen, gehört, gelesen oder erfragt haben. Es ist der Stolz jeder größeren Zeitung, ihren Lesern statt konfektionierter Nachrichtenware eine individuelle Berichterstattung zu bieten. Die Frankfurter Allgemeine Zeitung ist daher an allen wichtigen Zentren im In- und Ausland mit eigenen Wirtschaftsredakteuren oder langjährigen freien Mitarbeitern vertreten;
- über die Nachrichtenagenturen. Nachrichtenagenturen sind Unternehmen, die durch ihre Journalisten mit schnellsten Beförderungsmitteln Nachrichten zentral sammeln, sichten und festen Beziehern weiterliefern. In der Bundesrepublik sind im Wesentlichen folgende Agenturen tätig: die Deutsche Presse-Agentur (Kürzel: dpa), die im Eigentum der Zeitungsverleger ist und mit den wichtigsten ausländischen Nachrichtenagenturen Austauschabkommen hat; die Vereinigten Wirtschaftsdienste (vwd), die als größte Wirtschaftsnachrichtenagentur des Kontinents gelten; die amerikanische Nachrichtenagentur Associated Press (AP), die französische Agentur Agence France Presse (AFP), die britische Agentur Reuters (Reuter, rtr) als die älteste und einst größte Agentur der Welt und die junge amerikanische Finanzagentur Bloomberg;
- von so genannten Korrespondenzbüros und Informationsdiensten, von denen es in der Bundesrepublik etwa 1000 gibt.

Die Masse der kleinen und mittleren Tageszeitungen ist in starkem Maße auf die Agenturen und Korrespondenzbüros angewiesen. Nur die großen Zeitungen und die Rundfunk- und Fernsehanstalten verfügen über Korrespondentennetze im In- und Ausland. Bei der F.A.Z. stammt etwa ein Viertel der veröffentlichten Nachrichten aus Agenturmeldungen, die noch bearbeitet werden, der Rest aus eigenen Quellen. Bei den meisten deutschen Tageszeitungen kommen aber etwa vier Fünftel der Inlands- und der Auslandsmeldungen von Agenturen, bei vielen Zeitungen sogar mehr als neunzig Prozent.

Eine Redaktion spielt die Rolle eines großen Filters. Die Wirtschaftsberichterstattung drängt also nicht, wie oft angenommen, wie eine Sammellinse alle Ereignisse des Tages zusammen, sondern sie nimmt eine bewusste Auswahl vor. Es gilt weniger das Wort des amerikanischen Verlegers Pulitzer, der einmal gesagt hat: „Ich drucke alles, was der liebe Gott passieren läßt", sondern es gilt der Wahlspruch der New York Times: „All the news that fit to print". Es geht also um Einordnung und Deutung, die heute von den Medienhäusern durch Online-Informationen noch ergänzt wird.

Was ist eine Nachricht?

Nach Ansicht amerikanischer Publizistikwissenschaftler sollte eine Nachricht möglichst viele der folgenden Merkmale aufweisen, um beim Leser anzukommen:
- Das Ereignis muss unmittelbar geschehen.
- Der Schauplatz muss möglichst nahe zum Empfänger liegen, ein Gesichtspunkt, der durch die weltweite Verflechtung an Bedeutung eingebüßt hat. Er ist allerdings sehr wichtig für Regional- und Lokalblätter.
- Das Ereignis muss möglichst viele Bürger berühren.
- Bekannte Personen machen eine Nachricht attraktiver.
- Interesse oder Spannung; ein Zugunglück interessiert leider mehr als die Nachricht, wie viele Züge regelmäßig unfallfrei verkehren.
- Was spricht die Gefühle an?

Jede Nachricht soll in einer klaren, genauen und gemeinverständlichen Sprache darüber informieren, wer was wann wo wie und warum getan oder angekündigt hat. Dabei muss dem Leser schon in der Überschrift in möglichst packender, aber zugleich zutreffender Weise das Wichtigste mitgeteilt werden. Denn: Nicht alle Leser haben immer Zeit, eine kurze oder eine lange Meldung ganz zu lesen. Auch der Aufbau jeder Nachricht folgt bestimmten handwerklichen Regeln. Bei jeder Meldung muss in der Zeitung erkennbar sein, von wem sie stammt, von einem Redakteur oder Mitarbeiter der Zeitung (in diesem Fall ist ein Autorenzeichen angegeben) oder von einer Nachrichtenagentur (die mit ihrer Kurzbezeichnet genannt wird). In der Meldung selbst steht das Wichtigste ganz am Anfang, damit der Leser möglichst schnell über den eigentlichen Kern der Meldung informiert wird.

Die Blattmacher

Die Platzierung der Nachricht im Blatt oder innerhalb einer Nachrichtensendung verrät, welche Bedeutung ihr die Redaktion zumisst. Hier liegt ein Vorteil der gedruckten Medien gegenüber den Online-Medien. Am Kopf der Wirtschaftsseite wird stets das wichtigste Ereignis des Tages zu finden sein: der „Aufmacher". Mit ihm wird die Seite „aufgemacht". Er muss mit seiner über mehrere Spalten gehenden Überschrift der Seite täglich Profil geben. Diese Nachricht aus der Flut von Meldungen aus aller Welt auszuwählen, wird jeden Tag aufs Neue zu einem viel journalistisches Fingerspitzengefühl erfordernden Entscheidungsprozess. Nicht selten werfen überraschende Ereignisse in letzter Minute alle Planungen über den Haufen. Steht der Aufmacher fest, kann die Seite weiter aufgebaut werden: Wichtige, größere Nachrichtenkomplexe erhalten zweispaltig Raum, die übrigen Meldungen kommen einspaltig ins Blatt. Die Bearbeitung von Nachrichten erfordert neben solidem Wissen ein großes Maß an Verantwortungsbewusstsein. Keine Nachricht wird veröffentlicht, ehe sie nicht von einem anderen als dem Verfasser gegengelesen und überprüft worden ist. Das gilt vor allem im Wirtschaftsteil; denn kaum anderswo können die Folgen einer Fehlinformation so schwerwiegend sein wie hier.

Der Journalist C. P. Scott vom „Manchester Guardian" hat den berühmten Satz geprägt: „Comments are free, but facts are sacred." (Der Kommentar ist frei, aber die Fakten sind heilig.) Auf die tägliche Redaktionsarbeit bezogen, heißt das, in mühsamer Kleinarbeit alles das aus den Informationen herauszustreichen, was die Objektivität der Nachricht beeinträchtigen würde. Das gilt insbesondere für eine kommentierende Wortwahl. Formulierungen wie „die wünschenswerte Zinssenkung" oder „diese verantwortungslose Lohnforderung" gehören nicht in eine Nachricht. Allerdings gehört zur vollständigen Information, dem Leser fremde Wertungen mitzuteilen, „die ihrerseits geistige Tatsachen sind" (Karl Jaspers). So ist es wichtig zu erfahren, welche Meinungen beispielsweise die Parteien und die Regierung in der Frage der Gesundheitsreform vertreten. Ebenso interessieren die Meinungen von Arbeitgebern und Gewerkschaften über eine Lohnerhöhung. Den Leser wird weiter interessieren, wie die Banken eine Diskonterhöhung oder Wirtschaftsforschungsinstitute die weitere Konjunkturentwicklung beurteilen. Selbst die Wiedergabe von Gerüchten, die an der Börse umlaufen, kann eine wichtige Nachricht sein.

4. Kommentare in der Zeitung

Jede Zeitung veröffentlicht Nachrichten, aber nicht jede Zeitung äußert in Glossen oder Leitartikeln eine eigene Meinung. Die Frankfurter Allgemeine Zeitung hat sich von Anfang an zum Ziel gesetzt, nicht nur Nachrichten zu verbreiten, sondern zugleich meinungsbildend zu wirken. Daher nehmen auf der Titelseite wie auf der ersten Seite des Wirtschaftsteils die Kommentare einen breiten Raum ein. Die F.A.Z. tritt ein für eine freiheitliche Gesellschaftsordnung und für die Soziale Marktwirtschaft. Sie bekennt sich zur Ausgewogenheit und zur Mitte, mit kritischer Distanz nach allen

Seiten. Die Zeitung ist in diesem Sinn ein „Meinungsblatt". Sie will die Leser in Leitartikeln auf den Weg leiten, auf dem sich die Zeitung bewegt. Jeder Kommentar ist ein Angebot zum Nachdenken und zur Auseinandersetzung mit den Argumenten der Zeitung. Der Leitartikel soll dem Leser keine Meinung aufzwingen, ihm aber doch sagen, was die Zeitung für richtig hält oder was sie lobt oder tadelt, was sie ablehnt oder fordert. Die Zeitung will mit den Kommentaren nicht belehren, sondern überzeugen, ermutigen oder warnen.

■ Freiheit bedarf der Unterstützung

Die Wirtschaftsredaktion der F.A.Z. hat sich von jeher zu den Grundsätzen einer freiheitlichen Wirtschaftsordnung, zu einer liberalen Wirtschaftspolitik, zur ökonomischen Vernunft bekannt. Kurzgefasst lautet dieses Motto: So viel wirtschaftliche Freiheit wie möglich, so viel Staat wie unbedingt nötig. Der Gründungsherausgeber der Zeitung, Erich Welter, hat dazu geschrieben: „Die Wirtschaftsordnung steht nicht isoliert in der Welt. Sie hängt aufs engste mit der gesellschaftlichen oder politischen Ordnung zusammen. Man kann nicht politisch Freiheit exerzieren und wirtschaftlich ‚Richt Euch!' kommandieren. Will man auf wirtschaftlichem Gebiet mit Zwang regieren, muss man politisch in der Lage sein, diesen Zwang anzuwenden. Wer umgekehrt die Freiheit auf dem einen Gebiet will, muss sich auch für eine freie Ordnung auf dem anderen Gebiet entscheiden. Die Freiheit ist unteilbar ... Freilich, eine freie Ordnung stellt sich nicht von selbst her. Eine befriedigende marktwirtschaftliche Ordnung, die allein dem Wesen einer freien Gesellschaft entsprechen kann, fällt nicht vom Himmel. Treiben lassen genügt nicht. Die Freiheit bedarf des Schutzes, auch des Schutzes vor dem Missbrauch falsch verstandener Freiheit." Aber nicht nur die Freiheit bedarf der Unterstützung, sondern alle diejenigen, die im Gerangel der mächtigen, etablierten Interessengruppen zu wenig Gehör finden. Das sind die Verbraucher, die sozial Schwachen, die Einzelkämpfer, die tüchtigen Kleinen.

■ Die Linie einer Zeitung

Wer sonst als eine unabhängige einflussreiche Zeitung könnte den Politikern immer wieder vor Augen führen, was sie im kompromissbereiten politischen Alltagsgeschäft längst aus den Augen verloren haben: Die Messlatte des wirtschaftspolitischen Ideals. Was gute Tagespolitik ist, ist bekanntlich selten gute Ökonomie (Herbert Giersch). Die Politiker in der Demokratie, die wiedergewählt werden wollen, denken in der Regel kurzfristig und sind auf den nächsten Wahltermin fixiert. Eine meinungsbildende Zeitung kann dagegen auf die langfristigen Aspekte aufmerksam machen. Dabei darf der Einwand nicht schrecken, dass manches im politischen Alltag „nicht geht", politisch nicht durchsetzbar ist. Politisch durchsetzbar ist, wofür sich genügend Kräfte mobilisieren lassen. Das war in den Anfängen der Marktwirtschaft in Deutschland so, und das wird mit der Fortentwicklung der Sozialen Marktwirtschaft im wiedervereinigten Deutschland so bleiben.

Kleines Wörterbuch der Wirtschaft

Abschreibungen

Aufwendungen eines Unternehmens, die der Tatsache Rechnung tragen, dass Teile des Anlagevermögens (Maschinen, Fahrzeuge, Büroeinrichtungen) durch Gebrauch an Wert verlieren. Man unterscheidet zwischen der linearen und der degressiven Abschreibungsmethode. Im ersten Fall wird jedes Jahr ein bestimmter Prozentsatz des Anschaffungswertes abgeschrieben; die Teilbeträge sind daher immer gleich. Im zweiten Fall bezieht sich der gleichbleibende Prozentsatz auf den Restwert. Daher sind die Abschreibungsbeträge am Anfang höher als gegen Ende der Abschreibungsperiode. Vermögensgegenstände wie Grundstücke und Unternehmensbeteiligungen unterliegen keiner Abnutzung. Verlieren sie dennoch an Wert, Grundstücke zum Beispiel durch eine schlechtere Verkehrsanbindung, werden Sonderabschreibungen erforderlich. Für Unternehmen, die mit Gewinn arbeiten, zählen die Abschreibungen zu den wichtigsten Quellen der Selbstfinanzierung neuer Anlagen.

Ad-hoc-Publizität

unverzügliche Information der Öffentlichkeit über Vorgänge in börsennotierten Gesellschaften, die die Kursentwicklung der Aktien erheblich beeinflussen können. In gravierenden Fällen wird die Veröffentlichung mit einer zeitweiligen Aussetzung des Börsenhandels verbunden, bis die Nachricht die wesentlichen Marktteilnehmer erreicht hat.

Afrikanische Entwicklungsbank (African Development Bank, AFDB)

1963 als Gemeinschaftsunternehmen von 48 afrikanischen Staaten in Abidjan (Cote d' Ivoire) gegründet. Nichtafrikanische Mitglieder, darunter auch Deutschland, sind 1982 beigetreten. Die Bank hat im September 1964 ihre Arbeit aufgenommen; sie soll die wirtschaftliche Entwicklung und den sozialen Fortschritt der Mitgliedsstaaten in Afrika fördern.

Akquisition

Mehrheitsübernahme einer Gesellschaft durch ein anderes Unternehmen. Das übernommene Unternehmen wird Teil eines Konzerns. Im Fall eines Erwerbs aller Anteile kann es auch zur Fusion, das heißt zur vollständigen Verschmelzung auf den Käufer, kommen. Akquisitionen können bar oder auch mit Aktien des Erwerbers bezahlt werden.

Aktie

verbrieftes Anteilsrecht an einer Aktiengesellschaft. Gegen Überlassung des Kapitals (den Kauf der Aktie) erwirbt der Anleger das Recht auf eine Beteiligung am Unternehmenserfolg in Form einer Dividende. In der Regel ist mit dem Besitz der Aktie auch ein Mitspracherecht auf der Aktionärsversammlung des Unternehmens verbunden. Die meisten Aktien werden fortlaufend an der Börse gehandelt.

Aktienanleihe

Verpflichtung der Bank, gegen Zahlung eines festen Nominalbetrages dem Käufer der Anleihe eine Zinszahlung zu gewähren, die der Anleger auf jeden Fall erhält. Die Rückzahlung des Nominalbetrages hingegen ist an den Kurs einer ausgewählten Aktie gebunden: Liegt der Kurs der Aktie zum Stichtag unter dem vereinbarten Basispreis, erhält der Anleger statt des Nominalbetrages eine vorher vereinbarte Anzahl an Aktien als Rückzahlung. Notiert der Aktienkurs über dem Basispreis, bekommt der Anleger den Nominalbetrag der Anleihe zurück.

Aktiengattung

Unterscheidung in Stamm- und Vorzugsaktien nach dem Kriterium des Stimmrechts. Stammaktien verbriefen das volle Stimmrecht auf der Hauptversammlung. Bei Vorzugsaktien ist das Stimmrecht meist ausgeschlossen; dafür stehen dem Vorzugsaktionär eine höhere Dividende, eine Garantiedividende oder andere Vorrechte zu. Nach dem Kriterium der Übertragbarkeit unterscheidet man Inhaber-, Namens- und vinkulierte Namensaktien.

Aktiva

die linke Seite der Bilanz. Die Aktiva umfassen das gesamte Vermögen eines Unternehmens, aufgeteilt in Anlage- und Umlaufvermögen sowie die Rechnungsabgrenzungsposten und die Bilanzierungshilfen.

Allgemeinverbindlichkeit

Erklärung des Arbeitsministers, die einen Flächentarifvertrag auch für jene Unternehmen verbindlich macht, die dem Arbeitgeberverband nicht angehören. Die Erklärung ist an bestimmte Voraussetzungen geknüpft und betrifft vor allem die Bauwirtschaft.

Amsterdamer Vertrag

die dritte bedeutende Reform der Europäischen Union – nach der Einheitlichen Europäischen Akte und dem Maastrichter Vertrag. Durch diesen Vertrag, der am 17. Juni 1997 in Amsterdam ausgehandelt und am 2. Oktober 1997 am selben Ort unterzeichnet worden ist, sollte die Gemeinschaft für die Aufnahme neuer Mitglieder vorbereitet werden. Die Reform der Entscheidungsprozeduren ist aber weit hinter den Erwartungen zurückgeblieben, so dass im Jahr 2000 über eine weitere Vertragsänderung verhandelt werden musste. Immerhin ist es gelungen, die Asyl- und Visum-Politik, die Einwanderung, die Kontrollen an den Außengrenzen sowie die Zusammenarbeit in Justizsachen unter das Dach des Vertrages zu stellen.

Amtssprachen

im Jahr 2000 hat es elf Amtssprachen in der Europäischen Union gegeben. Grundsätzlich hat jedes Mitgliedsland das Recht, seine Sprache als Amtssprache anerkennen zu lassen. Damit müssen jeder Text und jede Konferenz in alle Amtssprachen übersetzt werden. Demgegenüber gibt es die Arbeitssprachen. Von Sitzung zu Sitzung kann man sich, je nach Teilnehmern, auf eine Auswahl von meistens drei Sprachen beschränken.

Angebotspolitik

wirtschaftspolitische Konzeption, die – im Gegensatz zur Nachfragesteuerung (siehe Keynesianismus) auf der Angebotsseite der Wirtschaft ansetzt und auf eine Belebung der wirtschaftlichen Aktivitäten abzielt. Im Mittelpunkt des Konzepts steht die Befreiung der Wirtschaft von administrativen Eingriffen.

Anlagevermögen

alle Gegenstände, die zum dauernden Gebrauch im Unternehmen bestimmt sind. Hierzu gehören Grundstücke, Gebäude, Maschinen, Werkzeuge, Einrichtungsgegenstände, Patente und Lizenzen, aber auch langfristige Finanzanlagen. Das Anlagevermögen sollte durch Eigenkapital und langfristige Fremdmittel finanziert werden.

Anleihe-Rendite

annualisierter Ertrag, den eine Anleihe für den Käufer über ihre Laufzeit effektiv abwirft. Die Rendite wird als Prozentzahl ausgedrückt. Wichtige Determinanten sind die Nominalverzinsung, der Einstandskurs, zu dem der Käufer die Anleihe erwirbt, und die Restlaufzeit. Zur Ermittlung der Rendite kann folgende Näherungsformel verwendet werden: Nominalzins plus (im Zähler: 100 minus Einstandskurs; im Nenner: Restlaufzeit); dieser Wert geteilt durch den Einstandskurs.

Arbeiterbewegung

Organisation der Arbeiter in der Industriegesellschaft mit dem Ziel der Ausweitung von Anrechten am Arbeitsmarkt und in der Gesellschaft. Nach 1890 hat sich die Arbeiterbewegung in die Sozialdemokratische Partei und die Gewerkschaften aufgespalten.

Arbeitgeberverbände

Organisationen der Unternehmer – als Antwort auf die Selbstorganisation der Arbeitnehmer (seit dem ausgehenden neunzehnten Jahrhundert). Sie schließen mit den Gewerkschaften Tarifverträge ab und wirken als sozialpolitische Lobby gegenüber der Politik und der Öffentlichkeit.

Arbeitskampf

letztes Mittel, wenn Tarifverhandlungen gescheitert sind: Gewerkschaften streiken, Arbeitgeber sperren aus. Rechtlich besteht kein Zwang zur Einigung. Häufig entscheidet ein Schlichter.

Arbeitslosenhilfe

Leistungen, die an das Arbeitslosengeld anknüpfen. Sie wird aus dem Etat des Arbeitsministers finanziert und von der Bundesanstalt für Arbeit ausgezahlt.

Arbeitslosenversicherung

Pflichtversicherung, die jeweils zur Hälfte von den Arbeitnehmern und den Arbeitgebern finanziert wird.

AS-Fonds

Kurzbezeichnung für Altersvorsorge-Sondervermögen. Die speziell für Zwecke der Altersvorsorge entwickelten Investmentfonds investieren ihre Mittel überwiegend in Aktien und Offene Immobilienfonds. Die AS-Fonds schütten ihre Erträgnisse nicht aus. Die Fonds können mit Spar- und Auszahlplänen kombiniert werden.

Asiatische Entwicklungsbank
(Asian Development Bank, ADB)

1966 in Manila gegründet. Die Bank vergibt Darlehen zur Finanzierung von Entwicklungsprojekten im asiatischen und pazifischen Raum.

Assoziierung

ermöglicht Drittländern vertraglich eine engere Form der Zusammenarbeit mit der Europäischen Union. Unterschieden wird zwischen der Entwicklungshilfe-Assoziierung und der Beitritts-Assoziierung. Die erste Form soll Ländern der Dritten Welt vor allem den Zugang zum Binnenmarkt ermöglichen, die zweite soll zur späteren Vollmitgliedschaft in der Europäischen Union führen.

Aufsichtsrat

ein vom Gesetz vorgeschriebenes Organ einer Aktiengesellschaft oder Genossenschaft. Auf freiwilliger Basis können auch Gesellschaften mit beschränkter Haftung und Kommanditgesellschaften ein solches Gremium bestellen. Seine Aufgaben erstrecken sich unter anderem auf die Kontrolle des Vorstands – also des Managements – sowie die Prüfung von Jahresabschluss und Lagebericht der Gesellschaft. Der Aufsichtsrat besteht aus Vertretern der Anteilseigner und der Arbeitnehmer. Zusammen mit dem Vorstand bildet er die so genannte Verwaltung.

Aufwendungen

alle Zahlungen und Wertminderungen in einem Zeitabschnitt. Sie werden von den Erlösen abgezogen. Was bleibt, ist der Gewinn (oder Verlust) in der Erfolgsrechnung. Die Palette der Aufwendungen umfasst die Materialkosten, Löhne und Gehälter, Steuern sowie Abschreibungen.

Ausgabeaufschlag

Vergütung für die Vertriebsleistung bei der Platzierung von Investmentfondsanteilen. Die Höhe des prozentualen Aufschlages hängt zum einen vom anzulegenden Kapital und zum anderen von der gewählten Fondskategorie (beispielsweise Aktienfonds oder Rentenfonds) ab.

Außenhandel

Internationaler Warenaustausch. Export (Ausfuhr) und Import (Einfuhr) ergeben als Saldo die Handelsbilanz. Unterschieden wird zwischen Intra- und Extra-Außenhandel. Intra-Außenhandel ist der Warenaustausch innerhalb von Wirtschaftsgemeinschaften, zum Beispiel innerhalb der Europäischen Union. Statt von Exporten ist hier die Rede von Versendungen. Importe heißen hier Eingänge. Der Extra-Außenhandel betrifft immer den Warenaustausch mit Drittländern: Er erfasst also zum Beispiel alle Exporte in die Vereinigten Staaten.

Bedingtes Kapital

Kapitalreserve in einem Unternehmen. Geschaffen für Käufer einer Anleihe mit Bezugsrecht von Aktien des Unternehmens.

Beherrschungsvertrag

Vereinbarung zwischen einer Muttergesellschaft und einem Tochterunternehmen in einem Konzern. Die Tochtergesellschaft wird mit allen Rechten und Pflichten der Muttergesellschaft unterstellt. Den verbliebenen außenstehenden Aktionären wird ein Abfindungsangebot für ihre Aktien unterbreitet oder wahlweise eine Garantiedividende zugesichert.

Beistandskredit

Kreditzusagen des Internationalen Währungsfonds an die Mitglieder. Dient der Überbrückung von kurzfristigen Zahlungsbilanzungleichgewichten. Der Beistandskredit ist auf zwölf bis achtzehn Monate befristet; er wird an wirtschaftspolitische Auflagen gekoppelt.

Beitragsbemessungsgrenzen

jährlich entsprechend der Nettolöhne steigende Berechnungsgrenzen in der Renten-, Kranken-, Arbeitslosen- und Pflegeversicherung. Sie bestimmen, bis zu welcher Obergrenze die Bruttoeinkommen höchstens zur Beitragszahlung herangezogen werden.

Bestätigungsvermerk (Testat)

Bestätigung des unabhängigen Abschlussprüfers der Gesellschaft, dass der Jahresabschluss und die Buchführung mit dem Gesetz übereinstimmen und ein den tatsächlichen Verhältnissen entsprechendes Bild der Vermögens-, Finanz- und Ertragslage vermitteln.

Betriebsvereinbarung

Vertrag zwischen der Unternehmensleitung und dem Betriebsrat, der Teile der Einkommens- oder Arbeitsbedingungen regelt und für die Beschäftigten zwingend ist. Was üblicherweise in Tarifverträgen festgelegt wird, darf allerdings nicht Inhalt einer Betriebsvereinbarung sein – es sei denn, der Tarifvertrag sieht dies ausdrücklich vor.

Bevölkerungsdichte

Einwohner je Quadratkilometer. Ein statistischer Indikator, der anzeigt, ob ein Land relativ dünn oder dicht besiedelt ist.

Big Board

in der Börsensprache der Name für die New York Stock Exchange, die größte Aktienbörse der Welt.

Bilanz

Aufstellung des Vermögens (Aktiva; linke Seite) und der Finanzierungsquellen, bestehend aus Eigen- und Fremdkapital (Passiva; rechte Seite).

Bilanzrichtlinien-Gesetz (BiRiLiG)

deutsches Gesetz, mit dem Richtlinien der Europäischen Union zum Einzelabschluss (4. EG-Richtlinie), Konzernabschluss (7. EG-Richtlinie) und über die Bilanzprüfung (8. EG-Richtlinie) in innerstaatliches Recht umgesetzt worden ist. Das Bilanzrichtlinien-Gesetz ist ein „Artikelgesetz", mit dem andere Gesetze, vor allem das Handelsgesetzbuch (HGB), geändert worden sind. Für den Einzelabschluss gelten die neuen Vorschriften seit den Geschäftsjahren nach dem 31. Dezember 1986 und für den Konzernabschluss seit den Jahren nach dem 31. Dezember 1989.

Biometrische Risiken

Langlebigkeit, vorzeitiger Tod und Erwerbsunfähigkeit. Sie sollten bei der Altersvorsorge beachtet und abgedeckt werden.

Bookbuilding

Verfahren zur Neuemission von Aktien. Der Emittent gibt einen Mindest- und einen Höchstkurs vor (die Bookbuilding-Spanne), zu dem er die neuen Aktien verkaufen will. Interessenten geben während der Bookbuilding-Phase an, wie viele Aktien sie zu welchem Preis kaufen wollen. Der Emittent erfasst so das Interesse für seine Aktien und legt auf dieser Basis den Emissionskurs fest. Alle Interessenten, die diesen Kurs oder mehr geboten haben, müssen die gezeichneten Aktien abnehmen. Um die Anleger nicht zu vergraulen, setzen die Emittenten den Emissionskurs oft so niedrig fest, dass die Erstzeichner einen Emissionsgewinn erzielen.

Bruttoinlandsprodukt (BIP)

der umfassende Ausdruck der gesamtwirtschaftlichen Leistung, der inländischen Wertschöpfung. Die Statistik erfasst das BIP zum einen zu laufenden Preisen (nominal), zum anderen zu konstanten Preisen (real). Das reale BIP gibt die preisbereinigte Wertschöpfung eines Landes an. In der Volkswirtschaftlichen Gesamtrechnung wird das BIP nach der Entstehung, Verwendung und Verteilung dargestellt.

Buchführung (Buchhaltung)

die lückenlose und systematische Dokumentation aller Geschäftsvorgänge in einem Unternehmen. Sie soll einem sachverständigen Dritten einen Überblick über die Lage der Gesellschaft erlauben. Die Buchführung dient als Grundlage der Besteuerung. Die Pflicht zur ordnungsgemäßen Buchführung ergibt sich aus dem Handelsgesetzbuch und aus der Abgabenordnung.

Bündnis für Arbeit

informelles Gremium aus Vertretern der Bundesregierung, der Wirtschaft und der Gewerkschaften. Absicht ist, zentrale wirtschaftspolitische Ziele im Konsens besser zu erreichen. Kritiker sehen darin eine Aushöhlung demokratischer und marktwirtschaftlicher Prinzipien.

Call

englische Bezeichnung für Kaufoption.

Cash-flow

Kennzahl für die Selbstfinanzierungskraft eines Unternehmens. Zu diesem Zweck werden vor allem die einbehaltenen Gewinne, die Abschreibungen und die Zuführungen zu den langfristigen Rückstellungen zusammengerechnet. Die langfristigen Rückstellungen sind zwar Fremdmittel, stehen aber, so lautet die Annahme, dem Unternehmen auf längere Zeit zur Verfügung.

Chart-Analyse

grafische Darstellung des Kursverlaufs einer Aktie, Anleihe oder Währung. Die Chart-Analyse versucht, in diesen Darstellungen gewisse Muster zu erkennen, aus denen sich Prognosen über die zukünftige Entwicklung ableiten lassen. Das Gegenstück ist die Fundamentalanalyse, bei der Prognosen aus der Analyse fundamentaler Daten, wie Umsatz- und Gewinnentwicklung eines Unternehmens, gewonnen werden.

Clearing und Settlement

Abwicklung von Wertpapiergeschäften nach Ausführung eines Auftrages im Handel. Dazu gehören unter anderem die Schlussnoten und die komplette Abrechnung bis zur Einbuchung gekaufter Wertpapiere in die Konten der Marktteilnehmer. Im Derivate-Handel werden die Sicherheitsleistungen berechnet, die die Marktteilnehmer leisten müssen. Im Rahmen des Nettings werden die einzelnen Positionen der Handelsteilnehmer untereinander verrechnet.

Clearstream

Gesellschaft zur Abwicklung von Wertpapiergeschäften. Sie ist am 1. Januar 2000 aus der Fusion der Deutsche Börse Clearing und der luxemburgischen Cedel International entstanden. Sie ist eines der größten Clearing-Häuser in Europa.

Comprehensive Development Framework (CDF)

holistische Entwicklungsstrategie der Weltbank. Entwicklungsländer selbst setzen Entwicklungsprioritäten und formulieren die Strategie.

Corporate Governance

Unternehmensführung nach den Grundsätzen moderner Kapitalmarkterfordernisse. Geht vor allem in der Frage der Transparenz, der Offenlegung von Interessenkonflikten und der Verpflichtung zur kontinuierlichen Wertschöpfung über das Aktiengesetz und andere gesetzliche Anforderungen hinaus.

Dachfonds

Investmentfonds, der nicht direkt in Aktien oder Rentenwerte investiert, sondern in Anteile an anderen Fonds. Das auch als „Fund of Funds" bekannte Konzept ermöglicht dem Anleger, selbst relativ kleine Sparbeträge auf verschiedene Vermögensklassen, Regionen oder Branchen zu streuen. Ein Nachteil sind die doppelten Verwaltungskosten. Ein alternatives Konzept sind sogenannte Umbrella-Fonds, die dem Anleger ermöglichen, seine Mittel in verschiedene Unterfonds einer einzelnen Investmentgesellschaft zu investieren und zwischen diesen Unterfonds umzuschichten.

Dax

wichtigster Index für deutsche Aktien. Die Abkürzung steht für Deutscher Aktienindex. Er umfasst die 30 nach Börsenwert und Umsatz größten deutschen Aktien und wird seit 1. Juli 1988 jeden Tag fortlaufend berechnet.

Daytrading

Handeln von Wertpapieren im Sekundentakt; oft wird dasselbe Wertpapier innerhalb eines Tages mehrmals gekauft und verkauft. In der Regel hält der Daytrader keine Positionen über Nacht.

Delta

Begriff aus der Theorie der Optionspreise. Gibt an, um wieviel Prozent sich der Optionspreis verändert, wenn sich der Preis des Wertpapiers, auf das sich die Option bezieht, um eine Einheit ändert.

Derivate

handelbare Produkte, die aus klassischen Wertpapieren, Devisen oder Rohstoffen abgeleitet sind. Beispiele für solche Terminprodukte sind Optionen, Futures und Swaps.

Deutsche Börse AG

Zusammenfassung der Frankfurter Wertpapierbörse FWB, des Kassenvereins, der Wertpapierdatenzentrale und der Terminbörse DTB unter einem Dach. 1992 gegründet, mit Wirkung vom 1. Januar 1993. Das Unternehmen ist derzeit mit 50 Prozent an der Terminbörse Eurex und an der Abwicklungsgesellschaft Clearstream beteiligt und hat eine hundertprozentige Tochtergesellschaft Deutsche Börse Systems. Die Deutsche Börse AG ist Trägerin der Frankfurter Wertpapierbörse. Durch die geplante Fusion mit der London Stock Exchange wird die Deutsche Börse AG mittelfristig aufgelöst; es soll eine neue Gesellschaft als Tochterunternehmen der neuen deutsch-britischen Börse iX gegründet werden.

Devisen-Cross-Rate

Austauschverhältnis zweier Währungen, das über die Wechselkurse der beiden Währungen zu einer dritten Währung, meist den Dollar, ermittelt wird.

Direktbank

Finanzinstitute, die ihre Produkte und Dienstleistungen im Internet und in den meisten Fällen auch über Telefon und Fax anbieten. Auf Filialen, wie sie die großen Universalbanken haben, verzichten sie ebenso wie auf eine Anlageberatung ihrer Kunden. Direktbanken im engen Sinn sind Online-Banken, die vor allem im klassischen Kredit- und Einlagengeschäft tätig sind. Darüber hinaus gibt es so genannte Online- oder Discount-Broker, die ihren Kunden ermöglichen, selbständig über Internet, Telefon oder Fax Wertpapiere zu handeln. Im Normalfall bieten Online-Banken heute beides an.

Discount Broker
siehe Direktbank.

Dividende
Gewinnanteil, der auf eine Aktie gezahlt („ausgeschüttet") wird. Die Dividende wird von der Hauptversammlung beschlossen.

Dividendenrendite
ergibt sich durch die Division der vom Unternehmen gezahlten Dividende durch den aktuellen Kurs der Aktie.

Dow Jones Industrial Average
wichtigster amerikanischer Aktienindex. Er umfasst 30 Werte, darunter die größten Industrie- und Finanzkonzerne der Vereinigten Staaten sowie seit kurzem auch einige Technologie-Unternehmen. Schon seit 1897 – damals noch mit 12 Werten – wird er berechnet.

Dritter Weg
vom polnischen Ökonomen Oskar Lange geprägter Ausdruck für eine angeblich harmonische Verbindung zwischen Kapitalismus und Sozialismus, mit der die Extremformen beider Systeme gemieden, ihre jeweiligen Vorzüge jedoch genutzt werden sollen. In der Realität wie auf der logischen Ebene hat sich erwiesen, dass die Strukturprinzipien beider Systeme einander fundamental widersprechen, so dass auch kein gedeihlicher Mittelweg zu finden ist.

Dumping
liegt vor, wenn ein Unternehmen seine Waren im Ausland deutlich billiger anbietet als im Inland. Nach den Regeln der Welthandelsorganisation (WTO) darf ein Land Anti-Dumping-Zölle erheben, wenn ökonomischer Schaden durch Dumping nachgewiesen werden kann.

DVFA/SG-Ergebnis
Gewinnkennzahl, die das von Sondereinflüssen bereinigte Jahresergebnis offen legen soll. Es hat zum Ziel, den normalen Geschäftsverlauf widerzuspiegeln. Das DVFA/SG-Ergebnis – die beiden Kürzel stehen für die „Deutsche Vereinigung für Finanzanalyse und Anlageberatung" sowie die „Schmalenbach-Gesellschaft Deutsche Gesellschaft für Betriebswirtschaft" – bietet einen objektiven Vergleichsmaßstab, weil alle individuellen Bilanzmaßnahmen eliminiert werden.

EBIT (Earnings before interest and taxe)
EBT (Jahresüberschuss vor Steuern), EBIT (Jahresüberschuss vor Steuern und Zin-

sen) und EBITDA (Jahresüberschuss vor Steuern, Zinsen und Abschreibungen) gewinnen als Erfolgszahlen für Unternehmen international immer größere Bedeutung.

ECN

Abkürzung für Electronic Communication Network. Es handelt sich um alternative elektronische Börsen, die in den vergangenen Jahren zunehmend in Wettbewerb zu den traditionellen Börsen getreten sind. Sie sind in Amerika entstanden, weil die klassischen Börsen sich zu lange dem zukunftsweisenden elektronischen Börsenhandel verweigert haben. In Europa ist ihr Marktanteil im Aktienbereich niedrig, im Rentenbereich bedeutsam. Bekannte Beispiele sind Tradepoint, Instinet oder EuroMTS.

Eigenkapital

in einem Unternehmen arbeitende Mittel, die dem Unternehmen oder den Eigentümern gehören. In einer Aktiengesellschaft besteht das Eigenkapital aus dem gezeichneten Kapital (Grundkapital) der Aktionäre, den Gewinnrücklagen aus Jahresüberschüssen sowie der Kapitalrücklage aus dem Aufgeld (Agio) bei Kapitalerhöhungen.

Electronic Commerce (E-Commerce)

Ausdruck für den elektronischen Handel im Internet. Viele Unternehmen nutzen das Internet als neuen Absatzkanal, um Produkte unter Umgehung bisheriger Handelsstufen direkt zu verkaufen. Unterscheiden lassen sich der Verkauf an den Verbraucher (Business-to-Consumer) und der Handel zwischen zwei Unternehmen (Business-to-Business).

Emerging stocks

junger japanischer Risikokapitalmarkt unter dem Management der Tokyo Stock Exchange, der Ende 1999 eingerichtet worden ist, um japanischen Jungunternehmern die Möglichkeit zu geben, Kapital aufzunehmen.

Entlastung

Zustimmung der Aktionäre in der Hauptversammlung für die Führungsorgane einer Aktiengesellschaft. Die Verweigerung ist ein Misstrauensvotum, das allerdings keine rechtlichen Folgen nach sich zieht.

Erdgipfel von Rio de Janeiro

Konferenz der Vereinten Nationen 1992, die zu wichtigen Umweltübereinkommen geführt hat: zum Klimaschutz, zum Erhalt der biologischen Vielfalt, gegen die Wüstenbildung.

Euribor

Abkürzung für European Banking Offered Rate. Im Interbankenhandel im Euro-Raum angewendeter kurzfristiger Geldmarktsatz zur Übernahme kurzfristiger Einlagen oder Kredite mit drei Monaten Laufzeit von Schuldnern erstklassiger Bonität.

Euro

Gemeinschaftswährung der Europäischen Union. Der Euro ist nach langen Vorarbeiten am 1. Januar 1999 in zunächst elf Ländern der Europäischen Union als Buch-Währung eingeführt worden. Noten und Münzen sollen zum Jahresbeginn 2002 in Umlauf kommen. Großbritannien, Schweden, Dänemark und Griechenland wollten (oder konnten) der Euro-Zone noch nicht beitreten (Griechenland wird nun 2001 Mitglied). Die Europäische Zentralbank in Frankfurt wacht über die innere Stabilität des Euro. Die Finanzminister der teilnehmenden Länder versuchen seit der Euro-Einführung, ihre Finanz- und Haushaltspolitik enger aufeinander abzustimmen.

Euro Stoxx 50

wichtigster Index für die Standardwerte im Euro-Raum. Umfasst die 50 nach Börsenwert und Umsatz größten Werte des gemeinsamen Währungsgebietes. Er wird seit Ende Februar 1998 börsentäglich fortlaufend errechnet.

Euronext

geplanter Zusammenschluss der Börsen in Paris, Brüssel und Amsterdam. Soll noch im Jahr 2000 verwirklicht sein.

Europäischer Pass

siehe Sitzlandprinzip.

Europäisches Parlament

Abgeordnetenversammlung der Europäischen Union (EU); tagt eine Woche im Monat in Straßburg, sonst in Brüssel. Im Jahr 2000 haben dem Parlament 622 Abgeordnete aus den 15 Ländern der Europäischen Union angehört. Die Abgeordneten werden seit 1979 direkt von den Bürgern der Union alle fünf Jahre gewählt. Im Lauf der Jahre hat des Europäische Parlament mehr und mehr Rechte erhalten und ist heute in der Gesetzgebung fast dem Ministerrat, dem Beschlussorgan der EU-Regierungen, gleichgestellt.

Exklusivlizenz

Monopolrecht der Deutschen Post zur Beförderung von Briefen und adressierten Katalogen bis 200 Gramm und 5,50 DM Einzelpreis sowie für Massendrucksachen (Infopost) bis 50 Gramm. Das Monopolrecht ist gesetzlich bis Ende 2002 befristet.

Externe Effekte

theoretischer Baustein, der Umweltprobleme erklärt. So gibt es Situationen, in denen wirtschaftliches Handeln zu Folgen führt, die den Akteur nicht allein treffen, sondern auch andere berühren. Auflagen oder Anreize können daher notwendig sein, damit keine Entscheidungen auf Kosten Dritter getroffen werden.

Fazilitäten

Kreditmechanismen des Währungsfonds. 1. Erweiterte Fazilität (EFF): dreijähri-

ger Beistandskredit für Länder im Strukturwandel. 2. Kompensatorische Fazilität
(CCF): Ausgleich für vorübergehende Exportausfälle. 3. Armutslinderung- und
Wachstumsfazilität (PRGF – ehemals Esaf.): Strukturhilfen für die ärmsten Entwicklungsländer zur Armutslinderung und Wachstumsförderung; wird in Zusammenarbeit mit der Weltbank und der Schuldeninitiative (HIPC) genutzt. 4.
Ergänzende Reservefazilität (RSF): Geschaffen nach der Mexiko-Krise, um in au-
ßergewöhnlichen Notfällen rasch und unbürokratisch ausreichende Liquidität
zur Verfügung zu stellen; teurer und kurzfristiger als normale Kredite. 5. Vorbeugende Kreditfazilität (CCL): Das neueste Kreditinstrument zur Krisenprävention; Anreizstruktur ist wenig attraktiv, eine Überarbeitung steht daher bevor.

Feindliche Übernahme

Übernahmeversuch eines Unternehmens gegen den Willen des Managements.
Zur Abwehr greift dieses nach sogenannten Giftpillen (zum Beispiel in Gestalt
von Satzungsänderungen) oder sucht nach einem „weißen Ritter", der das Unternehmen zu einem höheren Preis und im Einverständnis mit dem bestehenden Management erwirbt.

Finanzausgleich

Mechanismus, durch den die unterschiedliche Wirtschaftskraft der einzelnen
Gebietskörperschaften, die sich im Steueraufkommen niederschlägt, weitgehend
ausgeglichen wird. Man unterscheidet zwischen dem horizontalen Ausgleich wie
dem Länderfinanzausgleich, bei dem reichere Länder die ärmeren unterstützen,
und dem vertikalen Ausgleich zwischen verschiedenen staatlichen Ebenen.

Flächentarif

ein Tarifvertrag, der zwischen einer Gewerkschaft und Arbeitgeberverbänden
ausgehandelt wird und für eine ganze Branche gilt. Er wird auch Verbandsta-
rifvertrag genannt. Mehr als die Hälfte der derzeit geltenden Tarifverträge sind
Flächentarife. Sie umfassen mehr als 300 Wirtschaftszweige.

Fonds

Sammelvermögen, an dem viele Anteilseigner beteiligt sind. Durch die Zusammenfassung vieler kleiner Beträge zu einem Fonds ergeben sich Vorteile, zum
Beispiel vergleichsweise niedrige Verwaltungskosten und die Möglichkeit, das
gemeinsame Vermögen breit gestreut zu investieren.

Fondsgebundene Lebensversicherung

Sonderform, bei der der Kunde das Anlagerisiko trägt, weil er bei Ablauf der
Versicherung Fondsanteile erhält, deren Wert von der Struktur des Portefeuilles
und dessen Bewertung an der Börse abhängt.

Freihandelszone

regionaler Zusammenschluss mehrerer Länder zur Abschaffung der Zölle (Beispiel: Nordamerikanische Nafta). Im Gegensatz zur politisch ehrgeizigeren Zollunion (Beispiel: Europäische Union) werden in einer Freihandelszone die Zölle
gegen Drittstaaten nicht einheitlich festgelegt.

Freistellungsauftrag

Dividenden und Zinseinkünfte sind bis zu einem Betrag von 3000 DM zuzüglich 100 DM Werbungskostenpauschale (6000 DM Verheiratete) von der Einkommensteuer befreit, wenn den Depot führenden Banken ein so genannter Freistellungsauftrag vorliegt. Liegt den Banken kein Freistellungsauftrag vor oder übersteigen die Kapitaleinkünfte den Freibetrag, führen die Banken automatisch 30 Prozent Zinsabschlagsteuer und 25 Prozent der Dividendeneinkünfte an das Finanzamt ab

Fremdkapital

in einem Unternehmen arbeitende Mittel, die nicht von den Eigentümern stammen. Fremdkapital gehört den Kreditgläubigern, zumeist Banken, Anleihegläubigern oder Lieferanten. Zum Fremdkapital zählen darüber hinaus die Rückstellungen.

Friedenspflicht

Zeitspanne, in der die Arbeitgeber und die Gewerkschaften auf die Lösung eines Tarifkonflikts am Verhandlungstisch setzen oder in der ein Tarifvertrag gültig ist. Während der Friedenspflicht darf weder gestreikt noch ausgesperrt werden.

Fusion

Verschmelzung zweier Unternehmen. Das kann durch die Gründung einer neuen Einheit geschehen oder durch die Fusion des einen Teils auf den Fusionspartner. Fälschlicherweise werden Akquisitionen, bei denen das erworbene Unternehmen zur Tochtergesellschaft wird, oft als Fusionen bezeichnet.

Fusionskontrolle

staatliche Aufsicht, die greift, wenn sich Unternehmen zusammenschließen (fusionieren) oder wenn sie von anderen übernommen werden. Die Wettbewerbsbehörden können Zusammenschlüsse (Fusionen) und Übernahmen untersagen. Die staatliche Aufsicht soll sicherstellen, dass keine marktbeherrschenden Stellungen von Unternehmen entstehen oder verstärkt werden und genügend Wettbewerber am Markt erhalten bleiben.

Future

englische Bezeichnung für einen standardisierten, an der Börse gehandelten Terminkontrakt. Der Bund-Future ist ein Terminkontrakt auf eine (fiktive) Bundesanleihe mit einem Kupon von 6 Prozent, einem Nennwert von 250 000 DM und einer Restlaufzeit von 8,5 bis 10 Jahren. Der Bund-Future ist einer der meistgehandelten Terminkontrakte der Welt. Mit ihm lässt sich auf eine Änderung der langfristigen Zinsen spekulieren beziehungsweise ein Zinsrisiko absichern. Entsprechend können Anleger durch Kauf oder Verkauf des Dax-Future auf steigende oder fallende Aktienkurse spekulieren oder ein Aktienportefeuille gegen Kursverluste absichern.

Gebietskörperschaften

Bund, Länder und Gemeinden, juristische Personen öffentlichen Rechts, die sich auf ein bestimmtes Gebiet erstrecken.

Genehmigtes Kapital

Ermächtigungsrahmen für Kapitalerhöhungen eines Unternehmens. Die Hauptversammlung kann die Ermächtigung für maximal fünf Jahre erteilen.

Generationenvertrag

gedankliches Konzept für das Umlageverfahren der gesetzlichen Rentenversicherung. Die jeweils aktive erwerbstätige Bevölkerung erhält über ihre Sozialversicherungsbeiträge und Steuern die Rentner. Die Beitragszahler sparen nicht direkt für das eigenen Alter, sondern verlassen sich darauf, dass sie im Alter ebenfalls von der nachfolgenden Generation versorgt werden.

Gesellschafterversammlung

Zusammenkunft der Eigentümer einer Gesellschaft mit begrenzter Haftung (GmbH).

Gesellschaftsblätter

durch die Unternehmenssatzung festgelegte Presseerzeugnisse für Mitteilungen einer Kapitalgesellschaft. Gesetzlich bindend ist nur der Bundesanzeiger.

Gesundheitsreform 2000

ist zum 1. Januar 2000 in Kraft getreten. Wesentliche Inhalte sind die Einführung kostensparender Fallpauschalen in den Krankenhäusern, die Stärkung der Hausärzte, die Einführung einer Positivliste für Arzneien, eine bessere Verzahnung von ambulantem und stationärem Bereich, die Einführung eines gesamtdeutschen Risikostrukturausgleichs zugunsten der Ost-Krankenkassen von 2001 an.

Gewerkschaften

Koalitionen zur Vertretung von Arbeitnehmerinteressen; Partner beim Abschluss von Tarifverträgen.

Gewinn- und Verlustrechnung

Erfolgsrechnung eines Unternehmens. Sie bildet zusammen mit der Bilanz und (bei Kapitalgesellschaften) dem erläuternden Anhang den Jahresabschluss. Die Gegenüberstellung von Erträgen und Aufwendungen zeigt, ob und in welcher Höhe ein Gewinn oder ein Verlust während des Geschäftsjahres erwirtschaftet worden ist.

Gezeichnetes Kapital

das Aktienkapital und damit die Dividendenbasis eines Unternehmens, vielfach auch als Grundkapital bezeichnet.

Globalisierung

arbeitsteilige Vernetzung der Unternehmen im globalen Maßstab, die sich in den vergangenen Jahrzehnten durch sinkende Kosten für Transport und Telekommunikation beschleunigt hat. Eine Messziffer für diesen Prozess ist der private, grenzüberschreitende Kapitalfluss (Direktinvestitionen) für Firmenkäufe oder Fusionen.

Goodwill

Geschäfts- oder Firmenwert, der über den Wert der einzelnen Vermögensgegenstände (Substanzwert) hinausgeht. Der Käufer eines Unternehmens honoriert damit künftige Ertragserwartungen, die auf immateriellen Faktoren wie tüchtige Belegschaft, gutes Management, eingeführte Marken und dichtes Vertriebsnetz beruhen. In der Konzernbilanz darf der Goodwill sofort mit dem Eigenkapital verrechnet oder zunächst ausgewiesen (aktiviert) und dann über bestimmte Zeitspannen hinweg abgeschrieben werden.

Gratisaktien

in korrekter Form „Kapitalerhöhung aus Gesellschaftsmitteln" genannt. Rücklagen eines Unternehmens werden in dividendenfähiges Kapital umgewandelt. Die neuen Aktien sind nicht „gratis", sondern haben den Aktionären schon zuvor als Rücklagen gehört.

Günstigkeitsprinzip

ein Grundsatz in Paragraf 4, Absatz 3 des Tarifvertragsgesetzes, der besagt, dass von einem Tarifvertrag abweichende Regelungen nur zugunsten der Arbeitnehmer zulässig sind (zum Beispiel in Form übertariflicher Leistungen). Die Auslegung dieses Prinzips ist aber dort umstritten, wo – im Rahmen betrieblicher Bündnisse für Arbeit – die Arbeitnehmer vorübergehend Einkommenseinbußen oder unbezahlte Mehrarbeit in Kauf nehmen, um eine befristete Beschäftigungsgarantie zu erhalten. Die bisherige Rechtsprechung des Bundesarbeitsgerichts verweigert sich einer solchen Interpretation. In Wirtschaft und Teilen der Politik wird daher der Ruf nach gesetzlichen Öffnungsklauseln erhoben.

Handelsregister

Sammelstelle für alle Mitteilungen eines Unternehmens im Hinblick auf die Gründung, Veränderungen in der Leitung und Kapitalzusammensetzung sowie Auflösung.

Hauptversammlung

die Zusammenkunft der Aktionäre einer Aktiengesellschaft. Sie findet zumindest einmal im Jahr statt. Wichtigste Aufgaben: Beschluss über die Gewinnverwendung einschließlich Dividende und über mögliche Erhöhung oder Senkung des Kapitals; Entlastung von Vorstand und Aufsichtsrat; Wahlen zum Aufsichtsrat und Bestellung des Abschlussprüfers.

Hebel

charakterisiert das Verhältnis zwischen dem Betrag, der zum Erwerb des Basiswertes aufgewendet werden muss, und dem zum Kauf des Optionsscheins notwendigen Kapital. Die Größe des Hebels gibt dem Anleger Auskunft darüber, in welchem Maße der Käufer eines Optionsscheines an der Kursentwicklung des Basiswertes partizipiert.

Hedge Fonds

Investmentvehikel, das als private Partnerschaft organisiert, einem breiten Publikum nicht zugänglich ist und bei der Auswahl der Finanzinstrumente keinen aufsichtsrechtlichen Schranken unterliegt.

HIPC

Schuldeninitiative der Weltbank und des Währungsfonds für die ärmsten hoch verschuldeten Entwicklungsländer. Der Teilnehmerkreis ist auf der Kölner Wirtschaftsgipfelkonferenz 1999 auf 40 Länder erweitert worden. Außerdem sind die Entschuldungsbedingungen verbessert worden.

Hochzins-Bonds

Anleihen, deren Kupons deutlich über dem Marktdurchschnitt liegen. Ein Qualitäts-Manko soll durch hohe Zins-Anreize kompensiert werden. Die meisten Hochzins-Anleihen sind von süd- und mittelamerikanischen sowie osteuropäischen Schuldnern in den Markt geschleust worden. Um die Risiken zu verteilen und dennoch von den hohen Renditen profitieren zu können, werden solche Titel gebündelt in Risikofonds eingebracht und in Form von Investmentanteilen verkauft. Dadurch wird das Einzelrisiko für den Anleger vermindert.

IAS International Accounting Standards

von internationalen Fachleuten erarbeitete Bilanzregel für Unternehmen, mit denen versucht werden soll, eine Brücke zwischen der auf den Gläubigerschutz ausgerichteten europäischen Sicht und der amerikanischen Betrachtungsweise, die sich auf die Kapitalanleger konzentriert, zu schlagen. Die IAS haben gute Chancen, zum global gültigen Standard zu werden.

Immobilienasset- und Portfolio-Management

Begriffe aus der Finanzmarkttheorie, die eine systematische Planung, Steuerung und Kontrolle eines Bestandes unterschiedlicher Wertpapiere einschließen. Die darauf aufgebauten Konzepte werden auf Immobilien als einzelne Vermögenswerte (Assets) und als Gruppe von Grundstücken und Gebäuden (Portfolio) übertragen. Ziel ist es, über grafisch ausgerichtete Beurteilungskataloge (Scoring-Modelle zur Positionierung der Immobilienobjekte in einer Portfoliomatrix) rendite- und risikoorientierte Entscheidungskriterien zu erhalten, die eine zielgerichtete Optimierung im Objekt (Assetmanagement) und im Bestand (Portfoliomanagement) ermöglichen.

Index

Kennzahl, die mehrere Preise (oder die Kurse mehrerer Wertpapiere) in einer Zahl zusammenfasst und damit einen schnellen Überblick über die Entwicklung eines Marktes gibt. Bekannte Indizes sind der Deutsche Aktienindex Dax und der Dow Jones Industrial Average.

Index-Zertifikat

Schuldverschreibung, bei der die Höhe der Rückzahlung an einen Index gekoppelt ist, beispielsweise an den Punktestand des Deutschen Aktienindex Dax. Mit diesen Wertpapieren lässt sich einfach und mit kleinen Beträgen auf die Entwicklung des Dax spekulieren.

Inflation

Maßstab für zumeist exzessive Preissteigerungen. Als eine Art Stabilitätskriterium gilt unter den Zentralbanken heute zumeist eine Verteuerung der Lebenshaltung von nicht mehr als 2 Prozent im Jahresdurchschnitt. Dahinter beginnt die so genannte schleichende Inflation, die übergeht in die galoppierende Inflation.

Infrastruktur

alle öffentlichen, der Allgemeinheit dienenden Einrichtungen einer Volkswirtschaft, zum Beispiel das Verkehrswege- und Telekommunikationsnetz.

Insiderhandel

strafbare Geschäfte mit Effekten durch Unternehmensinsider oder andere Personen, die von kursrelevanten Ereignissen erfahren, bevor diese der Öffentlichkeit durch die vorgeschriebenen Ad-hoc-Mitteilungen bekannt gemacht werden. Das 1995 in Kraft getretene Wertpapierhandelsgesetz will damit das Vertrauen der Anleger am Kapitalmarkt auf einen fairen und transparenten Handel schützen.

Insolvenzordnung

Neuordnung des Konkursrechts, die seit 1999 in Kraft ist. Das Regelwerk hat die frühere Konkurs- und Vergleichsordnung abgelöst und fasst nun alle Bestimmungen über das Insolvenzverfahren in einem Gesetz zusammen. Wesentliche Neuerung ist die Einführung des Insolvenzplans, mit dem es möglich sein soll, notleidende Unternehmen zu sanieren, statt sie zu zerschlagen.

Interamerikanische Entwicklungsbank
(Inter-American Development Bank, IDB)

seit 1959 in Washington tätig. Die sogenannte Lateinamerika-Bank ist die größte Quelle langfristigen Entwicklungskapitals für Lateinamerika; sie hat die Weltbank als Kapitalgeber seit einigen Jahren auf Platz zwei verdrängt.

International Bank for Reconstruction and Development (IBRD)

siehe Weltbank.

Internationale Energieagentur (IEA)

1974 als Antwort auf den Lieferboykott der Opec-Staaten im Rahmen der Organisation für Wirtschaftliche Zusammenarbeit und Entwicklung (OECD) gegründet. Die Agentur soll dazu beitragen, die starke Abhängigkeit der Mitgliedsländer vom Rohöl durch die Entwicklung anderer Energiequellen zu mäßigen. Sie bemüht sich, regelmäßig, den Energiebedarf und die vorhandenen Ressourcen zu schätzen.

Internationale Entwicklungsorganisation
(International Development Association, IDA)

Tochtergesellschaft der Weltbank, 1960 als Kreditgeber für die schwachen Mitgliedsländer gegründet. Sie gewährt langfristige, zinslose Kredite. Ihr Kapital wird in der Regel alle drei Jahre von den finanzstärkeren Mitgliedsländern aufgefüllt.

Internationale Finanzgesellschaft (International Finance Corporation, IFC)

Mitglied der Weltbankgruppe seit 1956. Die IFC hat den Auftrag, den Privatbereich in den Entwicklungsländern zu fördern. Ihr Engagement an Privatunternehmen kann sich als Eigenkapitalbeteiligung, als Kredit oder auch als Garantie gestalten.

Internationale Liquidität

die Währungsreserven aller Länder zusammengerechnet.

Internationaler Währungsfonds (International Monetary Fund, IWF)

Institution der 1944 auf der „Internationalen Währungs- und Finanzkonferenz der Vereinten und Assoziierten Nationen" in Bretton Woods beschlossenen Währungsordnung. Der Währungsfonds in Washington soll über geordnete Währungsbeziehungen zwischen den 182 Mitgliedsländern wachen und bei vorübergehenden Zahlungsbilanzschwierigkeiten helfend eingreifen. Nach dem Zusammenbruch des Festkurssystems hat die Bedeutung der währungspolitischen Zusammenarbeit und die regelmäßige Überwachung der Wirtschaftspolitik (surveillance) der Mitgliedsländer durch den Fonds deutlich zugenommen.

Internationales öffentliches Gut

Länder stellen sich ohne Absprache schlechter, wenn Umweltprobleme grenzüberschreitender Natur sind oder sich ihre Folgen auf einen Staat beschränken. Beispiele sind die Verschmutzung des Rheins oder die drohende Klimaveränderung. Zugleich profitieren Länder, die sich nicht beteiligen, von den Maßnahmen der anderen.

Internet-Portal

hochfrequentierte Einstiegsseiten ins Internet, zum Beispiel Yahoo oder Lycos. Diese Seiten bieten viele Navigations- und Suchmöglichkeiten und erlauben eine erste Orientierung im WWW. Die Portal-Seiten sind bei den Internet-Nutzern sehr beliebt.

Investitionen

Grundlage für betriebswirtschaftliches und volkswirtschaftliches Wachstum. In der Gesamtwirtschaft werden die so genannten Bruttoanlageinvestitionen in Ausrüstungs- und Bauinvestitionen eingeteilt. Die Investitionsquote gibt in der Volkswirtschaft den Anteil der Bruttoanlageinvestitionen am Bruttoinlandsprodukt an.

Investivlohn

jener Teil des Lohns, der nicht direkt an die Arbeitnehmer ausgezahlt wird, sondern ihnen beispielsweise in Form von Belegschaftsaktien zufließt. Die Beschäftigten werden dadurch am Gewinn (oder Verlust) des Unternehmens beteiligt. Die Gewerkschaften lehnen den Investivlohn mit dem Hinweis ab, den

Arbeitnehmern dürfe über das Arbeitsplatzrisiko hinaus nicht auch noch das unternehmerische Risiko aufgebürdet werden.

Investor Relations

institutionalisierte Pflege der Verbindung eines Unternehmens mit den großen Kapitalgebern.

IPO

siehe Neuemission.

IWF

siehe Internationaler Währungsfonds.

iX

geplanter Zusammenschluss der Deutsche Börse AG und der London Stock Exchange. iX ist die Muttergesellschaft, die ein Tochterunternehmen in Deutschland (Arbeitstitel Deutsche Börse AG neu) und eines in Großbritannien (Arbeitstitel: LSE neu) haben wird. Zusammen mit der Nasdaq plant die iX den Aufbau eines Gemeinschaftsunternehmens zum Aufbau eines europäischen Marktes für Wachstumswerte auf Basis des deutschen Neuen Marktes.

Jahresabschluss

die zum Ende des Geschäftsjahres aufgestellte Bilanz mit der Gewinn- und Verlustrechnung sowie (bei Kapitalgesellschaften) mit dem erläuternden Anhang und dem Lagebericht. Er wird von unabhängigen Wirtschaftsprüfern geprüft und in Aktiengesellschaften danach vom Aufsichtsrat „festgestellt".

Jahresüberschuss

der Gewinn eines Unternehmens nach Steuern und allen anderen Aufwendungen. Zuweisungen sowie Entnahmen bei den Rücklagen und die Berücksichtigung eines eventuellen Gewinnvortrags führen zum Bilanzgewinn. Dieser bildet die Grundlage für die Gewinnverwendungsbeschlüsse der Hauptversammlung. Vorstand und Aufsichtsrat dürfen vorweg bis zur Hälfte eines Jahresüberschusses den Gewinnrücklagen zuführen.

Kapitaldeckungsverfahren

kapitalgedeckte Vorsorge als Alternative zum Umlageverfahren. Während des Berufslebens sparen die Erwerbstätigen für ihr Alter einen Kapitalstock an, aus dessen Erträgen später die Rente finanziert wird.

Kapitalgesellschaften

Unternehmen, bei denen die Haftung der Eigentümer auf deren Kapitalanlage beschränkt ist. Hauptformen sind die Aktiengesellschaft (AG) und die Gesellschaft mit beschränkter Haftung (GmbH).

Kapitalschnitt

Zusammenlegung von Anteilen eines Unternehmens, dessen Kapitalbasis angegriffen ist. Das dadurch geschrumpfte Kapital müssen die Anteilseigner meist durch eine anschließende Kapitalerhöhung wieder auffüllen.

Kartellbehörde

staatliche Einrichtung, die den Wettbewerb in der Wirtschaft sichern soll. Die Behörde müsste eigentlich Wettbewerbsbehörde heißen, da nicht nur Kartelle den Wettbewerb gefährden. Wettbewerbsbehörden in Deutschland sind das Bundesministerium für Wirtschaft, das Bundeskartellamt und die Landeskartell-ämter.

Kartelle

Absprachen von Unternehmen zu dem gemeinsamen Zweck, den Wettbewerb untereinander zu entschärfen oder auszuschalten, zum Beispiel durch Preisab-sprachen oder Aufteilen von Absatzgebieten. Kartelle sind in Deutschland nach dem Gesetz gegen Wettbewerbsbeschränkungen (GWB) und in der Europäi-schen Union nach dem EU-Wettbewerbsrecht verboten.

Kartellgesetz

Kurzbezeichnung für das deutsche Gesetz gegen Wettbewerbsbeschränkungen (GWB), das 1958 in Kraft getreten ist.

Kartellnovelle

Ergänzungsgesetz zum deutschen Gesetz gegen Wettbewerbsbeschränkungen. Bisher ist das Gesetz durch sechs Novellen ergänzt worden: 1965, 1973, 1976, 1980, 1990 und 1998.

Kaufkraft

ergibt sich als Kehrwert des Preisniveaus. Steigen die Verbraucherpreise (über eine längere Zeit) zum Beispiel um 100 Prozent, dann ergibt das für die Binnen-kaufkraft der Währung einen Restwert von 50 Prozent. Den Außenwert einer Währung zeigt der Wechselkurs an.

Keynesianismus

einflussreiche ökonomische Lehrmeinung, benannt nach dem britischen Wirt-schaftswissenschaftler John Maynard Keynes (1883 bis 1946). Im Mittelpunkt steht die gesamtwirtschaftliche Nachfrage; sie gilt als Ansatzpunkt für die Steue-rung der Wirtschaft. Ist die Nachfrage zu schwach, um Vollbeschäftigung zu gewährleisten, soll der Staat zum Ausgleich mehr Güter und Dienste nachfragen und dazu notfalls ein Haushaltsdefizit, über Kredite finanziert, in Kauf nehmen (deficit spending). Der Staat trägt durch seine Ausgabenpolitik die Verantwor-tung für Vollbeschäftigung und Wirtschaftswachstum. In den sechziger Jahren haben fast alle Industrienationen versucht, ihre Wirtschaft mit Hilfe staatlicher Ausgabenpolitik keynesianischer Art zu steuern.

Konsolidierung

eine Politik, die sich darauf richtet, die Ausgaben zu begrenzen und Schulden abzubauen.

Konstituierende Prinzipien

wesentliche Grundlagen der Marktwirtschaft, formuliert von Walter Eucken in dessen Werk „Die Grundsätze der Wirtschaftspolitik". Zu ihnen zählen Privateigentum, freie Preisbildung auf wettbewerblich organisierten Märkten, Geldwertstabilität, Vertragsfreiheit, Haftung, Stetigkeit der Wirtschaftspolitik. Sie werden ergänzt von den so genannten regulierenden Prinzipien: Regeln gegen Beschränkungen des Wettbewerbs, ein offenes Außenhandelssystem, Privatrechtsordnung und Rechtssicherheit, ein Haushaltsrecht für den Staat und eine mit der wirtschaftlichen Ordnung vereinbare demokratische politische Ordnung, versehen mit einer unbestechlichen Verwaltung.

KonTraG

Gesetz zur Kontrolle und Transparenz im Unternehmensbereich. Es ist am 1. Mai 1998 in Kraft getreten. Mit diesem Gesetz sollen Missmanagement und Kompetenzmissbrauch eingeschränkt werden. Es verbessert die Abschlussprüfung, weitet sie vor allem auf das Risikomanagement aus. Es lässt erstmals einen Konzernabschluss nach amerikanischem Recht oder IAS (siehe IAS) zu und erleichtert den Erwerb eigener Aktien.

Kontrollmehrheit

Anteil am Kapital einer Gesellschaft, von wo an die Beherrschung des Unternehmens vermutet werden kann. Der britische Übernahmekodex und wohl auch das geplante Übernahmegesetz in Deutschland gehen von einem Wert von 30 Prozent aus.

Konvergenz

Gleichlauf der wichtigsten volkswirtschaftlichen Eckdaten. Die Konvergenz hat in der Europäischen Union wegen der Gemeinschaftswährung Euro eine große Bedeutung: Nur jene Staaten der Europäischen Union sind 1999 zur Euro-Zone zugelassen worden, die den Konvergenzkriterien für Preisstabilität, Staatsschuld, Nettoneuverschuldung und Höhe des langfristigen Zinssatzes genügt haben. Auch nach der Einführung des Euro müssen die teilnehmenden Länder alljährlich Konvergenzberichte in Brüssel vorlegen, die von der Kommission und den Finanzministern geprüft und bewertet werden.

Konzern

Zusammenschluss von Unternehmen unter dem Dach einer beherrschenden Muttergesellschaft. Sie hält Anteile in Höhe von mindestens 50 Prozent des gezeichneten Kapitals. Unterschieden wird zwischen dem faktischen Konzern, der auf die entstandenen Abhängigkeitsverhältnisse abhebt, und dem Vertragskonzern, in dem diese Abhängigkeiten vertraglich festgeschrieben sind. Konzerne sind zur Erstellung eines Konzernabschlusses verpflichtet.

Konzertierte Aktion

eine Einrichtung, die auf dem Stabilitätsgesetz beruht. Der Wirtschaftsminister lädt Vertreter der Wirtschaft, der Gewerkschaften, der öffentlichen Hände und Wirtschaftsexperten ein, wenn Gefahr für die großen Ziele der Wirtschaftspolitik – Geldwertstabilität, Beschäftigung, Wachstum, außenwirtschaftliches Gleichgewicht – besteht. Die Konzertierte Aktion hat als Modell für eine moderne Wirtschaftspolitik gegolten. Seit der Mitte der siebziger Jahre ist sie jedoch nicht mehr einberufen worden.

Kurs–Gewinn-Verhältnis

errechnet sich aus dem Aktienkurs dividiert durch den erwarteten, um außerordentliche Einflüsse bereinigten Gewinn. Je höher das Kurs–Gewinn-Verhältnis ist, desto teurer ist die betreffende Aktie.

Kurszusätze

ergänzen die Wertpapierkurse und geben Hinweise auf die Situation am Markt und das Verhältnis von Angebot und Nachfrage.

Ladenschlussgesetz

schreibt in Deutschland dem Einzelhandel die Öffnungszeiten der Läden vor. Es steht im Widerspruch zum Grundsatz der Wettbewerbsfreiheit und wirkt wettbewerbsbeschränkend. Daher wird vielfach (auch von der Monopolkommission) eine Abschaffung des Gesetzes gefordert.

Lagebericht

Teil des Jahresabschlusses von Kapitalgesellschaften. Im Lagebericht soll der Verlauf des Geschäftsjahres geschildert, Forschung und Entwicklung im Unternehmen beleuchtet, Vorgänge besonderer Bedeutung nach Schluss des Geschäftsjahres genannt und auf die voraussichtliche Zukunftsentwicklung eingegangen werden.

Laissez faire

die häufig abfällig gemeinte Bezeichnung für eine Gesellschaftsordnung, in der sich der „Nachtwächterstaat" angeblich nicht um die Schwachen und Armen kümmert. Der Begriff stammt aus dem 18. Jahrhundert: Im Frankreich Colberts sind Kaufleute gefragt worden, was der Staat tun müsse, damit es wieder Wohlstand im Land gebe. Die Kaufleute haben geantwortet: laissez faire, laissez passer – lassen Sie uns unser Gewerbe treiben, versperren Sie uns nicht mit Zollschranken den Weg. Die Idee des laissez faire ist ein Element der Theorie des Liberalismus.

Libor

Abkürzung für London Interbank Offered Rate. Im Interbankenhandel in London angewendeter kurzfristiger Geldmarktsatz zur Übernahme kurzfristiger Einlagen oder Kredite von Schuldnern erstklassiger Bonität.

Limit

vom Käufer eines Wertpapieres angegebener Kurs, den er höchstens zu zahlen bereit ist. Wenn der Verkäufer eines Wertpapieres ein Limit setzt, darf der Börsenmakler den Verkaufsauftrag nur ausführen, wenn dieser Mindestkurs nicht unterschritten wird.

Lobbyismus

Versuch der Einflussnahme auf das politische Geschehen durch Verbände und Unternehmens-Vertreter. Der Begriff leitet sich von der Wandelhalle des britischen Parlaments in Westminster – der Lobby – ab.

Lobbyliste

eine Liste des Bundestages, in der jeder eingetragen werden muss, der unmittelbar am Parlamentssitz in Berlin lobbyistisch tätig sein will. Durch die Liste soll eine gewisse Transparenz gewährleistet und heimliche Einflussnahme ausgeschlossen werden. In der Lobbyliste des Bundestages sind im Frühjahr 2000 insgesamt 2638 Verbände und Unternehmen registriert gewesen.

Lockvogelangebote

liegen vor, wenn ein Handelsunternehmen (meist vorübergehend) eine oder mehrere seiner Leistungen deutlich billiger anbietet als sein übriges Sortiment und/oder als seine Konkurrenten, oder sie sogar unter seinem eigenen Einstandspreis anbietet.

Lohn-Preis-Spirale

stabilitätswidrige Entwicklung, die von Lohnsteigerungen angetrieben wird, die über dem Produktivitätsfortschritt liegen. Die Unternehmen versuchen, die gestiegenen Arbeitskosten in Form von höheren Preisen an die Verbraucher weiterzugeben, die Gewerkschaften versuchen in der Folge, die gestiegenen Preise durch noch höhere Tarifabschlüsse auszugleichen, was die Arbeitskosten weiter erhöht. In Form der Lohnindexierung („scala mobile") ist dieses Phänomen in früheren Jahren in Italien zu beobachten gewesen.

Lohnquote

Anteil der Einkommen der abhängig Beschäftigten (Löhne und Gehälter) an der Summe aller Einkünfte einschließlich derer aus Unternehmertätigkeit und Vermögen (Volkseinkommen).

Lohnstückkosten

Löhne und Gehälter je produzierter Einheit.

Management-Buy-Out

meist der über Kredite finanzierter Kauf eines Unternehmens durch das Management. Ein Management-Buy-Out (MBO) kommt oft im Zuge von Abspaltungen durch einen Großkonzern zustande.

Marktbeherrschung

liegt (nach dem Gesetz gegen Wettbewerbsbeschränkungen, Paragraf 19) vor, wenn ein Unternehmen keine Konkurrenten hat oder zumindest keinem wesentlichen Wettbewerb ausgesetzt ist.

Meistbegünstigung

die wichtigste Bestimmung der Welthandelsorganisation (WTO). Sie besagt, dass der günstigste Zolltarif, der einem Land eingeräumt wird, auch allen anderen WTO-Mitgliedern zugebilligt werden muss. Die Klausel (auf Englisch: most-favoured-nation) steht wegen ihrer Bedeutung in Artikel Eins des Gatt-Vertrages von 1948, der Kern der WTO-Abkommen ist.

Missbrauchsaufsicht

Aufsicht der Wettbewerbsbehörde über erlaubte Kartelle und andere Ausnahmen vom Wettbewerbsprinzip sowie über marktbeherrschende Unternehmen, damit diese ihre Marktstellung nicht missbräuchlich ausnutzen.

Mitbestimmung

das Recht der Arbeitnehmer oder ihrer Vertreter, bei Entscheidungen im Unternehmen beteiligt zu werden. Unterschieden wird zwischen der Mitbestimmung im Betrieb (sie bezieht sich zum Beispiel auf die Arbeitsbedingungen, auf Einstellungen oder Kündigungen) und der Mitbestimmung auf der Unternehmensebene (hier können die Beschäftigten über ihre Vertreter im Aufsichtsrat Einfluss ausüben).

Monetarismus

Lehrmeinung, die eine enge Beziehung zwischen Veränderungen der Geldmenge und der Inflationsrate sieht. Ihre Vertreter empfehlen daher, Geldpolitik ausschließlich über eine Steuerung der Geldmenge zu betreiben. Die meisten Monetaristen befürworten in der Währungspolitik flexible Wechselkurse; sie sind konsequente Anhänger einer möglichst wenig regulierten Marktwirtschaft.

Monopolkommission

Gremium von fünf Fachleuten, das den Stand der Unternehmenskonzentration in Deutschland darstellen und beurteilen sowie die Wettbewerbspolitik kritisch würdigen soll. Sie besteht seit 1974 und wird von der Bundesregierung ernannt.

Montan-Mitbestimmung

die strengste Form der Mitbestimmung der Arbeitnehmer in den Betrieben. Sie gilt für Unternehmen des Bergbaus und der eisen- und stahlerzeugenden Industrie. Der Aufsichtsrat ist zu gleichen Teilen mit Vertretern der Arbeitnehmer- und der Arbeitgeberseite besetzt. Hinzu kommt ein neutrales Mitglied, damit Stimmengleichheit vermieden werden kann.

Mothers-Markt (Market Nasdaq Japan Markt)

ein neuer japanischer Wagniskapitalmarkt, der im Juni 2000 unter der Führung des japanischen Internet-Unternehmens Softbank Corporation und der Börse Osaka (Osaka Securities Exchange) den Handel aufgenommen hat.

Multilaterale Versicherungsagentur (MIGA)

Tochtergesellschaft der Weltbank, 1988 mit dem Ziel gegründet, ausländische Investitionen in den Entwicklungsländern gegen politische Risiken zu versichern.

Nachhaltige Entwicklung

Leitbild der Umweltpolitik, das zur Abkehr vom Leben auf Kosten späterer Generationen verpflichtet.

Nasdaq

National Association of Securities Dealers Automated Quotation – ein elektronisches Handelssystem, über das in den Vereinigten Staaten vor allem die Wachstumswerte und Technologie-Aktien gehandelt werden.

Nennwert

auch Nominalwert. Bei einer Anleihe der Betrag, den der Schuldner zurückzahlen muss. Bei einer Aktie der Betrag, mit dem eine einzelne Aktie am Grundkapital einer Aktiengesellschaft beteiligt ist. Viele deutsche Unternehmen haben inzwischen auf Aktien ohne Nennwert („Stückaktien") umgestellt.

Nettokreditaufnahme (Neuverschuldung)

Betrag, den der Staat zur Deckung des Defizits eines Haushaltsjahres am Kapitalmarkt aufnehmen muss. Die Nettokreditaufnahme gibt an, um wie viel die öffentlichen Schulden wachsen.

Neuemission

Begriff für den Börsengang eines Unternehmens (Aktienneuemission). Eine bisher nicht börsennotierte Gesellschaft strebt eine Aufnahme in den Aktienhandel an. Dies wird auch als Initial Public Offering (IPO) bezeichnet. Auch bei der Herausgabe von Anleihen spricht man von Emission.

New Economy (Neue Ökonomie)

häufig verwendetes Schlagwort für die neue Form des Wirtschaftens im Internet-Zeitalter. Kennzeichen der New Economy ist die Zusammenarbeit der Unternehmen in Netzwerken, zum Beispiel beim Betrieb elektronischer Marktplätze. An den Börsen werden die Unternehmen der New Economy wegen hoher Gewinnerwartungen hoch bewertet.

Nikkei-225 Index

der wichtigste Aktienindex an der Tokioter Börse. Im Frühjahr 2000 sind 30 Aktien der alten Ökonomie durch Werte des „neuen Japan", die als effizient, transparent und technologieorientiert gelten, ersetzt worden.

Nullkuponanleihe

auch Zerobond. Anleihe, bei der der Schuldner während der vereinbarten Laufzeit keine Zinszahlungen leistet. Dafür wird das Papier deutlich unter dem Rückzahlungskurs (mit einem „Disagio") ausgegeben.

Öffnungsklausel

ein Passus im Tarifvertrag, der es den Unternehmen unter bestimmten Voraussetzungen erlaubt, die vereinbarten Einkommens- oder Arbeitsbedingungen zu unterschreiten. Mit Blick auf die so genannten betrieblichen Bündnisse für Arbeit werden in jüngster Zeit gesetzliche Öffnungsklauseln gefordert. Danach sollen Abweichungen nach unten auch gegen den Willen der Tarifvertragsparteien möglich sein, sofern der Betriebsrat oder eine qualifizierte Mehrheit der Beschäftigten dem zustimmt.

Öko- Steuer

Verteuerung des Energieverbrauchs in Jahreschritten. Die Einnahmen fließen in die Sozialversicherung. Dahinter steht die Vorstellung einer doppelten Dividende: durch die höheren Energiepreise soll die Umweltbelastung sinken, durch die geringeren Arbeitskosten soll die Beschäftigung steigen.

Old Economy

Schlagwort für Unternehmen, die in der „alten Industriegesellschaft" gegründet worden sind und deren Kennzeichen heute ein vergleichsweise geringes Wachstum ist. An der Börse werden die Zukunftsaussichten der „alten Wirtschaft" meist weniger gut eingeschätzt als die der „New Economy". Die Unternehmen aus der „alten Wirtschaft" zahlen vielfach hohe Dividenden, werden aber nur mit einem niedrigen Preis-Gewinn-Verhältnis bewertet. Dagegen werden hohe Preise für Wachstumswerte der „New Economy" an der Börse geboten, vor allem in der Elektronik und in der Biologie, obwohl diese Gesellschaften vielfach überhaupt noch keine Dividende zahlen.

Online-Dienst

ermöglicht den Zugang zum Internet und zu geschlossenen Informationsangeboten, wie T-Online oder AOL. Neben diesen Diensten entwickeln sich immer mehr so genannte Internet Service Provider, also reine Zugangsdienstleister ins Internet.

OPEC

Organisation der Erdöl exportierenden Länder. Gegründet am 17. September 1960 in Bagdad von Venezuela, Iran, Irak, Kuwait und Saudi-Arabien. 1961 ist Katar beigetreten, 1962 sind Libyen und Indonesien dazugekommen, später auch Nigeria, Algerien, Ecuador und die Vereinigten Arabischen Emirate. Ecuador und Gabun sind in den neunziger Jahren ausgetreten. Die Mitgliedschaft Iraks ruht seit dessen Versuch, Kuwait zu annektieren (August 1990).

Option

Vereinbarung zwischen zwei Marktakteuren, bei der Abschluss und Erfüllung des Geschäfts zeitlich auseinanderfallen. Bei einem „Call" (Kaufoption) erhält der Erwerber der Option das Wahlrecht, einen vertraglich festgelegten Gegenstand (den „Basiswert") zu einem späteren Zeitpunkt zu einem vorab festgelegten Preis zu kaufen – oder auf den Kauf zu verzichten. Erwirbt er einen „Put" (Verkaufsoption), darf er den Gegenstand entsprechend auf Wunsch verkaufen. Der Verkäufer der Option („Stillhalter") muss sich dem Entscheid des Käufers anpassen; als Gegenleistung erhält er eine Optionsprämie. Der vorab vereinbarte Preis, zu dem der Basiswert (das „Underlying") den Besitzer wechselt, heißt „strike price". Optionen eignen sich einerseits zum Spekulieren auf

Kursveränderungen des Underlying, andrerseits zum Absichern finanzieller Risiken.

Optionsschein

börsengehandeltes Wertpapier, das dem Inhaber die Option verbrieft, ein anderes Wirtschaftsgut – meist Aktien oder Währungen – innerhalb einer bestimmten Frist zu einem vorab festgesetzten Preis vom Emittenten des Optionsscheins zu erwerben. Optionsscheine ermöglichen durch den „Hebeleffekt", mit geringem Kapitaleinsatz auf hohe Gewinne zu spekulieren – was allerdings mit erheblichen Risiken behaftet ist.

Osteuropabank
(European Bank for Reconstruction and Development, EBRD)

1991 als Regionalbank für Osteuropa mit Sitz in London gegründet. Sie hat die Aufgabe, die marktwirtschaftliche Transformation Mittel- und Osteuropas vornehmlich durch die Zusammenarbeit mit dem Privatbereich zu fördern.

OT-Verbände

Arbeitgeberverbände ohne Tarifbindung. Sie erbringen die üblichen Dienstleistungen wie Lobbyarbeit und Beratung, ihre Mitglieder sind aber nicht mehr an den ausgehandelten Flächentarif gebunden, sondern können eigene Bedingungen mit ihren Mitarbeitern oder der Gewerkschaft vereinbaren.

Over the counter (OTC)

angelsächsische Bezeichnung für einen außerbörslichen Handel von Finanzinstrumenten.

Partnerschaftsgesellschaft

neue Rechtsform, die seit 1995 Freiberuflern die Möglichkeit zum Zusammenschluss in einer Personengesellschaft gibt. Da beispielsweise Ärzte, Anwälte oder Architekten im Rechtssinn kein Gewerbe ausüben, sind ihnen die Offene Handelsgesellschaft und die Kommanditgesellschaft verschlossen.

Patentgesetz

Gesetz, das Erfindern für zwanzig Jahre eine alleinige Verwertung ihrer Erfindung zusichert.

Personengesellschaften

Gesellschaften, die meist in der Rechtsform der Kommanditgesellschaft (KG) oder Offenen Handelsgesellschaft (OHG) betrieben werden. Die seit 1995 mögliche Partnerschaftsgesellschaft wird bisher nur zurückhaltend angenommen. Anders als bei den Kapitalgesellschaften haften die Gesellschafter hier auch mit ihrem Privatvermögen. Oft arbeiten sie persönlich in dem Unternehmen mit. Eine Zwischenform ist die GmbH & Co. KG, bei der eine Kapitalgesellschaft – nämlich die GmbH – die Rolle des „unbeschränkt" haftenden Gesellschafters übernimmt. Da somit auch eine Personengesellschaft ihre Haftung begrenzen kann, sind die Pflichten dieser Unternehmen im Zusammenhang mit der Führung und Offenlegung ihrer Bücher inzwischen denen der Kapitalgesellschaften angenähert worden.

Pflegeversicherung

Risikoversicherung für den Pflegefall (seit 1995). Gesetzliche oder private Kassen gewähren im Pflegefall – nach dem Grad der Pflegebedürftigkeit – gestaffelte Leistungen. Der Pflicht zur Versicherung folgt die Versicherungspflicht in der gesetzlichen Krankenversicherung.

Philippskurve

statistische Beziehung zwischen dem Anstieg der Nominallöhne (und damit dem Preisniveau) und dem Wachstum der Arbeitslosenrate (1958 von dem britischen Ökonom Alban W. Philipps für Großbritannien beschrieben). Entsprechend der Philippskurve gehen hohe Arbeitslosenraten mit sinkenden Inflationsraten einher und umgekehrt. Daraus wird gefolgert, dass man nur zwischen weniger Arbeitslosigkeit und mehr Inflation oder mehr Arbeitslosen und weniger Inflation wählen könne. Hohe Arbeitslosigkeit und hohe Inflation in den siebziger Jahren haben an der Aussagekraft der Philipps-Kurve Zweifel aufkommen lassen.

Preisbindung der zweiten Hand

liegt vor, wenn ein Hersteller alle Händler, die sein Produkt verkaufen wollen, dazu verpflichtet, es nur zu dem von ihm festgesetzten Preis zu verkaufen. Sie ist in Deutschland verboten (Ausnahme: Zeitungen, Zeitschriften, Bücher).

Primärenergie

Rohenergie aus Holz, Kohle, Wasser, Kernspaltung, Erdöl oder Erdgas. Primärenergie wird zur Erzeugung anderer Energien und Energieträger wie Strom oder Benzin benötigt.

Produktivität

Kennzahl für die Leistung der Produktionsfaktoren. Die Arbeitsproduktivität misst die je Zeiteinheit hergestellten Güter und Dienstleistungen (in Menge oder Wert), die Kapitalproduktivität die Leistung von Maschinen. Die Arbeitsproduktivität steigt, wenn mit der gleichen Menge an Arbeit in der gleichen Zeit mehr Güter oder Dienste produziert werden.

Produktivität (gesamtwirtschaftliche)

Bruttoinlandsprodukt je Erwerbstätigen oder Erwerbstätigenstunde.

Prospekthaftung

siehe Verkaufsprospekt

Public Relations

institutionalisierte Pflege des Dialogs eines Unternehmens mit der Öffentlichkeit.

Publikumsfonds

Investmentfonds, die für das breite Anlegerpublikum aufgelegt werden (Gegenstück: Spezialfonds). Die Anteile an diesen Fonds schwanken im Wert und verkörpern ein Anrecht auf einen entsprechenden Teil des Fondsvermögens und die dazugehörigen Erträge, die angesammelt (thesauriert) oder jährlich ausgeschüttet werden. Publikumsfonds ermöglichen dem Privatanleger, selbst einen geringen Anlagebetrag diversifiziert anzulegen und damit die Risiken zu streuen.

Put

englische Bezeichnung für Verkaufsoption.

Put/Call-Ratio

gibt das Verhältnis der Verkaufsoptionen zu den Kaufoptionen an. Sie kann als Indikator für Marktentwicklungen herangezogen werden. Gibt es mehr Puts als Calls, so erwarten die Marktteilnehmer fallende Kurse, der Wert der Put/Call-Ratio liegt über Eins. Bei einem Wert unter Eins werden steigende Kurse angenommen.

Qualifizierte Mehrheit

in aller Regel eine Abstimmungsmehrheit von 75 Prozent für wichtige Beschlüsse einer Hauptversammlung – wie Satzungsänderungen oder Kapitalzusammenlegungen (Kapitalschnitte).

Realeinkommen

Nominaleinkommen abzüglich der Teuerungsrate.

Rechnungszins

Zins, mit dem Lebensversicherer die von ihnen garantierte Leistung kalkulieren. Seit dem 1. Juli 2000 beträgt er 3,25 Prozent.

Regulierungsbehörde für Telekommunikation und Post

Wettbewerbsbehörde für die Märkte der Telekommunikation und Post mit Sitz in Bonn. Sie soll in Zusammenarbeit mit dem Bundeskartellamt für chancengleichen und fairen Wettbewerb auf den Telekommunikations- und Postmärkten sorgen.

Rendite

siehe Anleihe-Rendite

Reversed Mortgages (umgedrehte Hypothek)

in Amerika möglicher Weg zur Beschaffung von Einkünften im Alter. Lebenslange Rente gegen Hingabe einer Immobilie.

Risikostrukturausgleich

Finanzausgleich zwischen den gesetzlichen Krankenkassen. Der Risiko-Strukturausgleich ist 1994 eingeführt worden, um Ungleichgewichte zwischen den Kassen zu glätten. 1999 sind im Rahmen des Risikostrukturausgleichs rund 23 Milliarden DM umverteilt worden, wobei die Mittel vor allem den Ortskrankenkassen zugute gekommen sind, während Ersatz- und Betriebskrankenkassen zusammen rund 20 Milliarden DM eingezahlt haben.

Rückstellung für Beitragsrückerstattung
Bilanzposten auf der Passivseite von Versicherungsunternehmen. Die Rückstellung dient dazu, die Beteiligung der Kunden an den erwirtschafteten Überschüssen zu glätten.

Sachverständigenrat
Institution zur Begutachtung der gesamtwirtschaftlichen Entwicklung. Der Sachverständigenrat ist ein aus fünf Mitgliedern gebildeter unabhängiger Rat (auch bekannt als die Fünf Weisen), gegründet 1963. Sie schreiben jährlich ein Gutachten, in dem die Wirtschaft und die Wirtschaftspolitik auf Schwachstellen hin analysiert werden.

Schengener Abkommen
der erfolgreiche Versuch, zwischen Frankreich, Deutschland und den Benelux-Staaten Schritt für Schritt die Personenkontrollen an den Binnengrenzen abzuschaffen. Inzwischen sind dem Abkommen auch Spanien, Portugal, Italien, Österreich und Griechenland beigetreten. Dänemark, Finnland und Schweden wollen ebenfalls beitreten, sodass dann – bis auf Großbritannien und Irland – alle Staaten der Europäischen Union Mitglied sind. Benannt ist das Abkommen nach dem kleinen Winzerort Schengen am Luxemburger Ufer der Mosel. Nach dem ersten Schengener Abkommen, unterzeichnet am 14. Juni 1985, ist am 19. Juni 1990 ein zweiter Vertrag in Schengen geschlossen worden: das „Durchführungsübereinkommen" regelt Fragen der inneren Sicherheit und der Verbrechensbekämpfung nach dem Wegfall der Grenzkontrollen.

Schocktherapie
wirtschaftspolitische Reformen auf einen Schlag mit dem Ziel der Kohärenz und Effizienz des Systemwandels, unter Inkaufnahme sozialer Verwerfungen. Steht im Gegensatz zum Gradualismus, der auf allmähliche und nur schrittweise Reformen setzt, um die Anpassungslasten erträglich zu halten, der aber als nur halbherziges Reformkonzept auch vergleichsweise teuer ist.

Securities and Exchange Commission (SEC)
amerikanische Aufsichtsbehörde für das gesamte Wertpapiergeschäft.

Shareholder Value
Steigerung des Unternehmenswerts durch kontinuierliche Weiterentwicklung. Shareholder Value wird oft mit einseitigem Arbeitsplatzabbau verwechselt. Er ist ein umfassendes Konzept, das zwar den Kapitalgebern des Unternehmens Vorrang einräumt, aber durch die Berücksichtigung aller wichtigen Interessen die langfristig gedeihliche Entwicklung und eine angemessene Rentabilität sichert.

Sharpe-Ratio

Kennzahl zur Beurteilung der Ertragsqualität (Mehr-Rendite gegenüber einer risikolosen Geldanlage) eines Investment-Fonds, benannt nach ihrem Erfinder, dem Nobelpreisträger William F. Sharpe. Je höher sie ausfällt, desto mehr Rendite je Risikoeinheit wird erwirtschaftet.

Sitzlandprinzip

eine Versicherung, die in einem Land der Europäischen Union ordnungsgemäß zum Geschäftsbetrieb zugelassen worden ist. Sie darf in allen anderen Ländern der Gemeinschaft tätig werden (europäischer Pass).

Sonderprüfer

Zwangsmittel der Aktionäre in einer Aktiengesellschaft. Sonderprüfer können eingesetzt werden, um eventuelle Verstöße der Verwaltung gegen Gesetz oder Unternehmenssatzung zu untersuchen.

Sondervermögen

Teile der öffentlichen Haushalte von Bund, Ländern und Gemeinden, die rechtlich selbstständig sind und daher nicht in den regulären Haushaltsplänen auftauchen, auch Schatten- oder Nebenhaushalte genannt. In der Regel enthalten die Sondervermögen Schulden, für die eine Regierung die Verantwortung nicht übernehmen möchte, zum Beispiel die Schulden der ehemaligen DDR, die im Erblastentilgungsfonds untergebracht sind.

Sonderziehungsrechte (special drawing rights)

Währungsreserven aus der Retorte, 1967 durch vertragliche Vereinbarungen von den Mitgliedsländern des Währungsfonds geschaffen. Die Sonderziehungsrechte (SZR) sind Guthaben beim Währungsfonds, die den einzelnen Mitgliedern entsprechend ihrer Quoten zugeteilt worden sind und nur im Handel zwischen den Notenbanken genutzt werden können. Ihr Wert wird täglich auf der Grundlage eines Währungskorbes bestimmt, dem die wichtigsten Währungen angehören. Mit der zunehmenden Bedeutung der internationalen Kapitalmärkte haben die Sonderziehungsrechte ihre Bedeutung verloren, da es keinen Mangel an internationaler Liquidität gibt.

Sozialbudget

Zusammenstellung aller Ausgaben für die soziale Sicherheit, gegliedert nach Funktionen (Alter, Krankheit, Wohnen), aber auch nach Institutionen (Arbeitslosenversicherung). Das Sozialbudget gibt einen Anhaltspunkt, in welchem Umfang sozialpolitische Maßnahmen die Steuer- und Beitragszahler belasten.

Soziale Marktwirtschaft

politisches Markenzeichen in Deutschland – zunächst der CDU, später der Wirtschaftsordnung der Bundesrepublik. Es ist die von Ordo-Liberalen entwickelte Form der Marktwirtschaft, in der die Sozialpolitik mit eigenständigen Einrichtungen eine wichtige Rolle spielt. Es gehört zu den Leistungen Ludwig Erhards, mit diesem Schlagwort erfolgreich für die Einführung der Marktwirtschaft nach dem Ende der Kriegswirtschaft des Nationalsozialismus geworben zu haben.

Sozialhilfe
Hilfen zum Lebensunterhalt und in besonderen Lebenslagen. Sozialhilfe erhält, wer aus seinem Einkommen oder Vermögen nicht menschenwürdig leben kann.

Sozialleistungsquote
Anteil der Sozialleistungen am Bruttoinlandsprodukt.

Spekulationssteuer
Kursgewinne sind nur dann von der Einkommensteuer befreit, wenn Aktien oder Anleihen erst nach Ablauf einer Frist von einem Jahr verkauft werden. Werden die Wertpapiere vor Ablauf der einjährigen Frist wieder veräußert, sind die Kursgewinne (Veräußerungswert abzüglich Anschaffungskosten) als sonstige Einkünfte in der Steuererklärung anzugeben und mit dem individuellen Einkommensgrenzsteuersatz des Anlegers zu versteuern, wenn sie die Freigrenze von 999 DM übersteigen.

Sperrminorität
Kapitalanteil von 25 Prozent in einer Aktiengesellschaft. Mit der Sperrminorität können Grundsatzbeschlüsse in einer Hauptversammlung blockiert werden.

Spezialfonds
in Deutschland gebräuchliche Investmentfonds für institutionelle Anleger (Gegenstück: Publikumsfonds). Nach dem Gesetz über Kapitalanlagegesellschaften werden diese Sondervermögen jeweils für höchstens zehn Anleger aufgelegt, von denen keiner eine natürliche Person sein darf.

Spread
englischer Begriff für Renditeabstand zwischen Anleihen. Unter anderem werden Spreads berechnet zwischen Anleihen mit verschiedenen Laufzeiten, mit verschiedener Schuldnerqualität und auf Anleihen, die in verschiedenen Währungen denominiert sind.

Spruchstellenverfahren
gerichtliche Überprüfung der Angemessenheit von Abfindungsangeboten. Das Verfahren führt nicht zur Blockade der dahinter stehenden Beschlüsse über Fusionen oder Beherrschungsverträge.

Staatsquote
Verhältnis zwischen den Staatsausgaben von Bund, Ländern und Gemeinden sowie der Sozialversicherungen und dem Bruttoinlandsprodukt. Die Staatsquote gibt den Umfang der Staatstätigkeit in einer Volkswirtschaft an.

Stabilitätsgesetz
Gesetz zur Förderung der Stabilität und des Wachstums der Wirtschaft vom

8. Juni 1967. In diesem Gesetz werden die Ziele der deutschen Wirtschaftspolitik definiert: Stabilität des Preisniveaus, hoher Beschäftigungsstand, außenwirtschaftliches Gleichgewicht, stetiges und angemessenes Wirtschaftswachstum. Das Gesetz enthält auch wirtschaftspolitische Instrumente, die bei der Verwirklichung der Ziele helfen sollen (zum Beispiel Konzertierte Aktion).

Stammaktien

stimmberechtigte Anteile an einer Aktiengesellschaft.

Steuerprogression

Steuertarif mit wachsenden Grenzsteuersätzen. Der Grenzsteuersatz gibt an, wie viel von der jeweils zusätzlich verdienten D-Mark/Euro abgeführt werden muss. Ein progressiver Tarif belastet höhere Einkommen überdurchschnittlich, die Steuerschuld wächst schneller als das Einkommen, während bei einem proportionalen Tarif Steuerschuld und Einkommen gleichmäßig zunehmen.

Steuerquote

Anteil der Steuern am Bruttoinlandsprodukt.

Stille Reserven

Teile des Eigenkapitals eines Unternehmens, die nicht in der Bilanz sichtbar werden. Stille Reserven können zu Steuerstundungen oder sogar zu Steuerentlastungen führen. Vor allem erlauben sie ein Glätten starker Gewinnschwankungen und damit eine stetige Dividendenpolitik. Möglichkeiten zur Bildung stiller Reserven entstehen auf der Aktivseite zum Beispiel durch hohe Abschreibungen auf das Anlagevermögen, auf der Passivseite durch besonders großzügige Rückstellungen.

Stimmrecht

Recht eines Aktionärs, auf der jährlichen Hauptversammlung eines Unternehmens seine Stimme abzugeben und so über wichtige Angelegenheiten mitzuentscheiden. So wählen die Aktionäre beispielsweise den Aufsichtsrat, der wiederum den Vorstand des Unternehmens beruft – oder auch abberufen kann. Üblicherweise gewährt jede Aktie ein Stimmrecht. Stimmrechte können beschränkt werden.

Stock Option Plan

Plan zum Aktienbezug durch das Management. Dieses erhält als Teil der erfolgsabhängigen Vergütung Optionen auf Anteile am eigenen Unternehmen. Sie können beim Erreichen bestimmter Ziele, zum Beispiel einer vorher definierten Steigerung des Aktienkurses, ausgeübt werden. Der Bezugspreis ist dann geringer als der aktuelle Aktienkurs.

Strategische Allianzen

Unternehmensverbindung zur Erringung gemeinsamer Vorteile oder zur Erschließung neuer Märkte. Zumeist, aber nicht notwendigerweise, von einer Kapitalverbindung begleitet.

Streubesitz

wenn Aktien von einer Vielzahl von Aktionären gehalten werden.

Stripping

englischer Begriff für das Zerlegen einer Anleihe in den Mantel („Kapital-Strip")
und die einzelnen Kupons („Zins-Strip"). Durch die Zerlegung entstehen mehrere
Nullkupon-Anleihen, die unabhängig voneinander gehandelt werden können.
Mit Nullkuponanleihen lässt sich die Besteuerung von Anleihezinsen auf einen
späteren Zeitpunkt verschieben.

Strukturdarlehen

schnell abfließende Zahlungsbilanzkredite der Weltbank, die an gesamtwirtschaftliche Auflagen gebunden sind.

Stückaktien

verbriefen einen gleichen Anteil am Vermögen der Gesellschaft. Im Zuge der
Einführung des Euro haben viele Unternehmen ihre Aktien in Stückaktien umgewandelt. Auswirkungen auf den Börsenwert hat diese Wandlung nicht.

Surveillance

Überwachungsmandat des Internationalen Währungsfonds; seit 1978 in der
Satzung verankert. Durch regelmäßige Überwachung und wirtschaftspolitischen
Dialog mit den Mitgliedsländern soll der Währungsfonds frühzeitig auf
Schwachstellen aufmerksam machen und Korrekturen empfehlen. Die Überwa-
chungsfunktion ist im Rahmen der zahlreichen Finanzkrisen der jüngsten Zeit
immer weiter ausgebaut worden.

Swap

Oberbegriff für Finanzgeschäfte, bei denen die Partner Zins- oder Währungs-
zahlungen austauschen (englisch: to swap). Beispielsweise kann ein Anleger, der
einen Rückgang der Zinsen erwartet, über einen Zinsswap die variable Verzinsung einer Anleihe für den Rest der Laufzeit gegen einen Festzins tauschen.

Swap-Satz

Begriff der Devisenhändler für die Differenz zwischen dem Kassa- und dem
Terminkurs einer Fremdwährung. Der Swap-Satz wird maßgeblich durch das
unterschiedliche Zinsniveau auf den Geldmärkten für die beiden zu tauschen-
den Währungen bestimmt.

Tarifautonomie

in Deutschland in der Verfassung als Grundrecht verankert. Die Koalitionsfreiheit für Gewerkschaften und Arbeitgeberverbände schließt das Recht ein, zur
Förderung der Arbeits- und Wirtschaftsbedingungen eigenständig Verträge abzuschließen. Ein Eingriff der Politik in die Preisgestaltung auf dem Arbeitsmarkt
ist ausgeschlossen.

Tarifvertrag

Abmachung zwischen Gewerkschaften und Arbeitgeberverbänden oder einzelnen Unternehmen, durch die als Kollektivvertrag die Arbeits- und Einkommensbedingungen für eine Vielzahl von Beschäftigten geregelt wird. Man unterscheidet – je nach Regelungsinhalt – zwischen Vergütungstarifverträgen, Mantel- oder Rahmentarifverträgen, Tarifverträgen mit Mantelbestimmungen, Änderungsverträgen und Parallelverträgen sowie – je nach Kontrahenten – zwischen Verbands- oder Flächentarifen und Haus- oder Firmentarifen.

Telefonhandel

Wertpapiergeschäfte, die vor oder nach der Börse zwischen Kreditinstituten und Maklern – überwiegend über das Telefon – abgeschlossen werden.

Telekommunikationsgesetz

Gesetz, mit dem in Deutschland der volle Wettbewerb beim Telefonieren eingeführt worden ist. Das Gesetz vom 26. Juli 1996 ist am 1. Januar 1998 in Kraft getreten. Marktbeherrschende Anbieter sind nach dem Telekommunikationsgesetz (TKG) – über das allgemeine Wettbewerbsrecht hinaus – besonderen Verpflichtungen unterworfen – beispielsweise zur Preisgenehmigung (asymmetrische Regulierung).

Termingeschäfte

Geschäfte, die erst zu einem zukünftigen Zeitpunkt zu vorab vereinbarten Bedingungen erfüllt werden. Grundgeschäftsarten sind Optionen und Futures.

Treasuries

Schuldverschreibungen des amerikanischen Schatzamtes; das amerikanische Gegenstück zu den Bundesanleihen.

True and fair view

der wichtigste Grundsatz des heute geltenden Bilanzrechts. Die Bilanzierung in einem Unternehmen soll danach nicht nur die Forderungen der Gläubiger absichern, sondern auch den Anlegern und der Öffentlichkeit ein wahrheitsgetreues Bild über die Lage der Gesellschaft ermöglichen.

Umverteilung

Umverteilung von Einkommen oder Arbeit. Die Gewerkschaften versprechen sich von einer Erhöhung der Lohnquote eine Stärkung der Massenkaufkraft und dadurch zusätzliche Arbeitsplätze. Die Umverteilung von Arbeit (durch Teilzeitarbeit, Arbeitszeitverkürzung oder Vorruhestand) soll ebenfalls mehr Menschen in Beschäftigung bringen. In der Praxis sind die Beschäftigungseffekte beider Modelle wegen der höheren Kosten eher negativ.

Umweltschutz

Sammelbegriff für alle Maßnahmen, die dem Schutz der Natur gelten – eine Grundaufgabe der Politik.

Umweltschutz-Lizenzen

Zertifikate, die vom Staat ausgegeben werden und die gehandelt werden können. Sie erlauben dem Inhaber, die Umwelt in genau bestimmter Höhe zu
belasten. Das marktwirtschaftliche Instrument führt dazu, dass Emissionen dort
vermieden werden, wo es am billigsten ist.

Universaldienst

Mindestangebot von Dienstleistungen der Post und der Telekommunikation, zu
dem alle Kunden unabhängig von ihrem Wohnort oder Geschäftssitz in bestimmter Qualität zu einem erschwinglichen Preis Zugang haben müssen. Zu
den durch Rechtsverordnung festgelegten Universaldienstleistungen gehören
zum Beispiel der Sprachtelefondienst mit bestimmten Merkmalen, die Telefonauskunft, öffentliche Telefonzellen und die Beförderung von Briefen und Paketen.

US-Gaap

Amerikanische Regeln für die Rechnungslegung von Unternehmen. Sie sind
bisher die einzigen, die von der amerikanischen Börsenaufsicht anerkannt werden. Daher gibt es international Bestrebungen, sich diesen Regeln anzupassen.

Verkaufsprospekt

Bericht, den eine Aktiengesellschaft oder eine Kommanditgesellschaft auf Aktien vorlegen muss, wenn sie Aktien öffentlich zum Verkauf anbietet. Der Prospekt muss die Lage des Unternehmens vollständig und richtig darstellen; Risiken
dürfen nicht verschwiegen werden. Anleger können anderenfalls Schadensersatz geltend machen (Prospekthaftung). Wenn die Aktien an einer Börse gehandelt werden sollen, muss das Unternehmen zumeist einen Zulassungsprospekt
einreichen und veröffentlichen.

Verkehrsträger

Gruppen der öffentlichen Verkehrswirtschaft nach Verkehrsmittel (Güterverkehr,
Eisenbahn. Luftfahrt, Schifffahrt)

Volatilität

Messzahl, mit der die Stärke der Börsenkursschwankungen gemessen wird. Wird
mit Hilfe langer Zeitreihen, für die die statistische Standardabweichung ermittelt wird, berechnet.

Vorstand

oberstes Führungsorgan in einer Aktiengesellschaft. Vorstand und Aufsichtsrat
bilden zusammen die Verwaltung einer AG.

Vorzugsaktien

stimmrechtslose Anteile an einer Aktiengesellschaft. Das fehlende Stimmrecht
wird in der Regel durch eine gegenüber den Stammaktien erhöhte Dividende
ausgeglichen.

Wegekosten

Kosten, die bei Bau, Betrieb, Unterhaltung und Verwaltung der Verkehrswege entstehen.

Weltbank (International Bank for Reconstruction and Development, IBRD)

1944 auf der Konferenz von Bretton Woods zusammen mit dem Internationalen Währungsfonds gegründet, rechtlich selbstständige Sonderorganisation der Vereinigten Nationen mit Sitz in Washington (seit 1946 tätig). Aufgaben: Armutsüberwindung, Förderung eines angemessenen Wachstums und Verbesserung des Lebensstandards in den Entwicklungsländern. Dies geschieht durch Projektfinanzierung, immer mehr aber durch Struktur- und Sektorprogramme und durch technische Zusammenarbeit. Der Weltbank gehören 181 Mitgliedsländer an, die Grundkapital gezeichnet haben. Die Bank refinanziert sich auf dem internationalen Kapitalmarkt und vergibt ihre Mittel zu bankmäßigen Konditionen.

Welthandelsorganisation

internationale Behörde in Genf, die die Einhaltung der Handelsregeln überwacht und in Verhandlungen (auch Handelsrunden genannt) weitere Marktöffnungen beschließt. Die Welthandelsorganisation (WTO) ist 1995 gegründet worden; sie ist die Nachfolgeorganisation des Gatt.

Wertpapierspesen

Gebühren, die die eingeschalteten Banken und Makler dem Auftraggeber für die Abwicklung eines Börsenauftrags berechnen. Die Spesen teilen sich auf in die Bank-Provision und die Makler-Courtage. Die Spesen beim Kauf/Verkauf von Aktien beziehungsweise Renten sind unterschiedlich hoch.

Wettbewerbsfreiheit

Freiheit zu Wettbewerb auf den Märkten und Freiheit durch Wettbewerb. Zur Wettbewerbsfreiheit gehören Gewerbefreiheit, freie Konsumwahl, freie Preisbildung, offene Märkte.

Wettbewerbspolitik

soll Freiheit zu Wettbewerb ermöglichen und sichern und Beschränkungen des Wettbewerbs verhindern.

Wissenschaftliche Beiräte

Wissenschaftler, die in institutionalisierten Gremien verschiedene Bundesministerien beraten.

World Wide Web (WWW)

der Multimedia-Dienst des Internet. Erlaubt eine grafisch ansprechende Präsentation von Texten, Bildern und Videos, die mit Hilfe des so genannten Browsers (von Microsoft oder Netscape) angeschaut werden können. Erst die Erfindung des WWW und des Browsers haben das Internet für eine breite Öffentlichkeit zugänglich gemacht. Obwohl das WWW nur ein Dienst des Internet ist, wird es häufig als Synonym verwendet.

Xetra

elektronisches Börsenhandelssystem der Deutsche Börse AG und künftig auch von iX. Seit Ende 1997 in Betrieb. Gehandelt werden können Aktien, Renten und Optionsscheine. Mehr als 400 Teilnehmer, davon mehr als 100 im Ausland, sind an das System angeschlossen.

Zeichnungsgewinne

entstehen bei der Neuemission von Aktien, wenn der Emittent diese nicht im Auktionsverfahren, sondern im Bookbuilding-Verfahren zuteilt. Die Aktien werden den Anlegern zu einem vorher festgelegten Preis zugeteilt (bei Überzeichnung zumeist verlost). Wenn die Aktie bei der Erstnotierung aufgrund der starken Nachfrage über dem Emissionspreis notiert, entstehen bei den Anlegern, welche die Aktien zum Emissionspreis zugeteilt bekommen haben, Zeichnungsgewinne, wenn sie ihre Aktien zum höheren Kurs verkaufen.

Zerobond

siehe Nullkuponanleihe

Ziehungsrechte

Anspruch auf Devisenkredite, den jedes Mitgliedsland beim Internationalen Währungsfonds im Falle von Zahlungsbilanzschwierigkeiten geltend machen kann. Das Kreditvolumen richtet sich nach der Höhe der Mitgliedsquote. Bis zu 25 Prozent der Quote (Reservetranche) können ohne wirtschaftspolitische Auflagen gezogen werden.

Ziel-Mittel-Schema

Schema, das jedem Ziel der Wirtschaftspolitik (Beispiel: Stabilität des Geldwertes) ein bestimmtes Instrument (Geldpolitik) oder einen bestimmten Träger der Wirtschaftspolitik (Notenbank) zuordnet. Nach dem Schema kann es nur dann zu einer konfliktfreien Ziel-Mittel-Zuordnung kommen, wenn die Zahl der Ziele gleich der Zahl der Mittel ist.

Zinsabschlagssteuer

Betrag, den die Banken in Deutschland automatisch an das Finanzamt abführen – sofern ein Freistellungsauftrag des Anlegers erschöpft ist oder kein Freistellungsauftrag vorliegt. Der Betrag beträgt 30 Prozent der Zinsen. Diese Besteuerung an dem Ort, wo die Zinsen erstmals beim Anleger erfasst werden (so genannte Quellensteuer), gibt es in anderen europäischen Ländern nicht. Pläne zu einer einheitlichen europäischen Zinssteuer sind bisher gescheitert. Nach einem Kompromissvorschlag sollen die Länder der Europäischen Union entweder eine Quellensteuer von 20 Prozent auf alle Dividenden- und Zinserträge erheben oder so genannte Kontrollmitteilungen an die heimischen Steuerbehörden der Anleger schicken.

Zinskurve

ergibt sich, wenn man an einem bestimmten Tag die Zinshöhe für alle unterschiedlichen Laufzeiten in einem Schaubild graphisch abbildet. Da länger laufende Kredite typischerweise höhere Zinsen als Kurzläufer haben, ist die Zinskurve meist positiv geneigt. Die Zinskurve ist „invers", wenn die kurzfristigen Zinsen höher als die langfristigen sind.

Zyklisches Verhalten

Reaktionen auf regelmäßig wiederkehrende Schwankungen der Wirtschaft, der Zinsen und der Börsen. Wissenschaftler haben fünfzig bis sechzig Jahre dauernde Langzeitzyklen seit Ende des 18. Jahrhunderts, dem Beginn der Industrialisierung, ausgemacht. Außerdem gibt es kurzfristige Schwankungen, die in der Regel fünf bis sechs Jahre dauern, jedoch sind erhebliche Abweichungen möglich. Bei Unternehmen und Kapitalanlegern kann richtiges zyklisches Verhalten gegen Verluste schützen und Gewinn-Chancen bieten. In der Regel läuft die Börse den Wirtschaftserwartungen nach beiden Seiten voraus. Die Zinsen folgen gewöhnlich nur träge dem Wirtschaftskreislauf.

Die Autoren und ihre Beiträge

Hans D. Barbier:
    Die Ordnung der Wirtschaft

Hanno Beck:
    Der deutsche Sparkassensektor; Die Börse – Markt in Reinkultur; Options-
    und Indexscheine sowie Aktienanleihen; Handeln ohne Beratung; Inter-
    net – Chancen und Risiken; Wenn Handel zur Sucht wird – Daytrader

Björn-Peter Böer:
    Der Investment-Markt boomt; Anlageberater im Überblick

Elke Bohl:
    Die Mitbestimmung; Vom Sterben der Unternehmen – Die Insolvenz

Heinz Brestel:
    Finanzplatz Zürich; Die Qual der Wahl; Ratschläge für den Umgang mit
    den Medien

Horst Dohm:
    Kleines Wörterbuch der Wirtschaft

Folker Dries:
    Finanzplatz New York; Grundlage der Geschäfte auf Termin; Die Termin-
    börsen; Hedge Funds

Jürgen Dunsch:
    Die Führung von Unternehmen; Formen der Erfolgsbeteiligung von Mit-
    arbeitern; Die Kapitalbeschaffung der Unternehmen; Kooperationen –
    Akquisitionen – Fusionen; Die Publizität der Unternehmen; Kleinaktio-
    näre und institutionelle Investoren

Erich Erlenbach:
    Banken und Versicherungen; Das staatliche Rentensystem wackelt; Drei
    Beine der Vorsorge; Performance auf lange Sicht; Lebensversicherungen

Benedikt Fehr:
   Die Volks- und Raiffeisenbanken

Nico Fickinger:
   Lohnpolitik (Tarifverbände)

Jens Friedemann:
   Die Immobilienmärkte

Georg Giersberg:
   Die Rechnungslegung der Unternehmen; Wie gut ist ein Unternehmen?

Heike Göbel:
   Die Finanz- und Steuerpolitik; Die Sozialpolitik

Ingried Hielle:
   Die Warenmärkte

Carl Graf Hohenthal:
   Die Rolle der Verbände; Die Sozialpolitik; Die Energiepolitik

Karen Horn:
   Die Berater und ihr Rat; Transformation

Peter Hort:
   Die Europäische Union

Joachim Jahn:
   Die Gründung eines Unternehmens; Börsenrecht, Börsenprospekt, Bör-
   senzulassung; Börsenkommissare auf der Spur von Insidergeschäften;
   Finanzmarktförderungsgesetze

Jürgen Jeske:
   Einführung; Das Mosaik der Wirtschaftsnachrichten; Frühindikator für
   konjunkturelle Wendepunkte; Unternehmensnachrichten gehen viele
   an; Die Unternehmer; Die Unternehmen; Der Mittelstand – eine deutsche Besonderheit; Menschen in der Wirtschaft; Ratschläge für den Umgang mit den Medien (Die Zeitungen und die Wirtschaft; Wie Nachrichten entstehen; Kommentare in der Zeitung)

Lothar Julitz:
Die deutsche Wirtschaft im Euro-Raum

Carola Kaps:
Der Internationale Währungsfonds und die Weltbank

Inge Kloepfer:
Die Zinsstrukturkurve; Bankschuldverschreibungen; Die Technik des Geldhandels; Die Geldmarktgeschäfte der Europäischen Zentralbank; Geldanlage auf Konten und in Sparbriefen

Klaus Peter Krause:
Die Wettbewerbspolitik

Konrad Mrusek:
Die Handelspolitik

Hanno Mußler:
Aktien schlagen Renten – langfristige Vergleiche; Aktienkultur in Deutschland – Wandel des Geldvermögens; Grundlagen – Kupon, Kurs, Laufzeit, Tilgung, Währung; Risiken und Rating; Kursgewinne, Dividenden, Verluste; Zinserträge

Christoph Noack:
Die Lohnpolitik (Tarifverbände)

Barbara Odrich:
Finanzplatz Tokio

Kerstin Papon:
Vom Auftrag zur Ausführung, Kosten, Handelsusancen und Kurszusätze; Handelssegmente; Wertpapiere und Genussscheine

Martin Roth:
Banken, Sparkassen und genossenschaftliche Institute; Sicherheit und Liquidität der Banken; Eurokurse, Stückaktien und Branchenvergleiche; Herausforderungen und Funktionen; Der Gang an die Börse, Neuer Markt; Devisenhändler im Euro-Zeitalter; Neuemissionen über das Internet

Manfred Schäfers:
Die Sozialpolitik; Die Umweltpolitik

Dyrk Scherff:
Indizes messen den Puls der Börse; Deutsche Börse AG und Regionalbörsen; Der Abschied vom Parkett – Elektronischer Aktienhandel; Europas Börsen rücken zusammen; Günstige Konditionen locken; Börseninformationen im Netz

Holger Schmidt:
Das Internet: Ein Welt-Markt-Platz; Sicherheit bei Finanzgeschäften im Internet

Bettina Schulz:
Finanzplatz London; Der Euro-Anleihemarkt; Unternehmensanleihen; Euro-Bondmarkt

Kerstin Schwenn:
Die Verkehrspolitik

Holger Steltzner:
Finanzplatz Frankfurt; Das Emissionsgeschäft; Abschied vom Mythos sicherer Staatsanleihen; Der Börsenteil einer Zeitung

Heinz Stüwe:
Telekommunikation und Regulierung: Wettbewerb mit Schiedsrichter

Claus Tigges:
Die Geld- und Währungspolitik; Krisen, Kreditklemme und sichere Häfen; Papiere des Bundes; Devisenkurse als Spiegel der Volkswirtschaft; Kassa- und Terminkurse – Devisen und Sorten

Fred Zeyer:
Pfandbriefe; Idee und Formen des Investmentsparens; Besteuerung von Investmentfonds

Grafik und Reproduktionen:
Thomas Heumann und Eckard Kaiser

Register

Kursive Zahlen verweisen auf ein Stichwort im *Kleinen Wörterbuch der Wirtschaft* (S. 649 – 687)